ABÍLIO MADEIRA BORDALO
Juiz Conselheiro Jubilado

CRISTINA BORDALO DE MATOS
Licenciada em Direito

ANTOLOGIA DE ACÓRDÃOS DO SUPREMO TRIBUNAL ADMINISTRATIVO E TRIBUNAL CENTRAL ADMINISTRATIVO

ANO VIII – N.º 1

Setembro a Dezembro
2004

ANTOLOGIA DE ACÓRDÃOS DO SUPREMO TRIBUNAL ADMINISTRATIVO
E TRIBUNAL CENTRAL ADMINISTRATIVO

AUTORES
ABÍLIO MADEIRA BORDALO
CRISTINA DE MATOS

EDITOR
EDIÇÕES ALMEDINA, SA
Rua da Estrela, n.º 6
3000-161 Coimbra
Tel.: 239 851 904
Fax: 239 851 901
www.almedina.net
editora@almedina.net

EXECUÇÃO GRÁFICA
G.C. — GRÁFICA DE COIMBRA, LDA.
Palheira – Assafarge
3001-453 Coimbra
producao@graficadecoimbra.pt

ABRIL, 2005

DEPÓSITO LEGAL
124927/98

Toda a reprodução desta obra, por fotocópia ou outro qualquer processo,
sem prévia autorização escrita do Editor,
é ilícita e passível de procedimento judicial contra o infractor.

Acórdãos do Supremo Tribunal Administrativo Pleno

1.ª Secção (Contencioso Administrativo)

ACTO ADMINISTRATIVO. FUNDAMENTAÇÃO. INCONGRUÊNCIA. CONTRADIÇÃO. CLASSIFICAÇÃO DE SERVIÇO. M.º P.º. PRINCÍPIO DA PROPORCIONALIDADE.

(Acórdão de 13 de Outubro de 2004)

SUMÁRIO:

I – A incongruência ou contradição, quando reportada à fundamentação do acto administrativo, pode significar uma de duas coisas: que tal fundamentação é contraditória entre si, anulando-se mutuamente, ou que, não o sendo, a mesma briga contudo com a estatuição contida no acto, hipóteses ambas estas que de modo igual conduzem à sua falta de fundamentação.

II – O tribunal administrativo pode sindicar a deliberação do CSMP que classifica o serviço de certo magistrado à luz do princípio da proporcionalidade, por forma a apurar se tal classificação não se mostra desadequada aos fundamentos em que se baseia.

ACORDAM NO PLENO DA 1ª. SECÇÃO DO SUPREMO TRIBUNAL ADMINISTRATIVO:

João Manuel de Almeida Bretes, melhor identificado nos autos, vem recorrer para este Tribunal Pleno do acórdão da Secção, de 12/1/2000 (fls. 49 e segts. dos autos), que negou provimento ao recurso contencioso que junto daquela o mesmo intentara, visando o acórdão do *Conselho Superior do Ministério Público*, de 22/4/98, que havia classificado de "Bom" o serviço que tinha prestado enquanto delegado do Procurador da República no tribunal de trabalho de Vila Franca de Xira, no período compreendido entre 1/1/94 e 8/5/96.

Nas suas alegações para este Tribunal Pleno formula o ora recorrente as conclusões seguintes, que se transcrevem:

«1 – O Recorrente interpôs Recurso Directo de Anulação do acórdão de 22 de Abril de 1998 do Exm.º Conselho Superior do Ministério Público que atribuiu a classificação de "Bom" ao serviço por si prestado entre o dia 1/1/94 e 8/5/1996, com fundamento em vício de forma, e violação dos princípios constitucionais da justiça, proporcionalidade.

«2 – Entendeu o Acórdão Recorrido negar provimento ao Recurso Contencioso por não verificação dos alegados vícios.

«3 – O Recorrente não se conforma com esta Decisão, razão pela qual vem interpor o presente Recurso Jurisdicional.

«4 – É que limita-se a Decisão Recorrida a fazer o seguinte raciocínio: sendo a classificação de "Bom" atribuída ao Recorrente, na sequência da Inspecção a que foi sujeito, baseada em factos censuráveis, "nenhuma dúvida pode haver de que existe uma correspondência lógica entre a sua fundamentação e a sua decisão", concluindo, sem mais, pela não verificação do vício de forma por falta de fundamentação.

«5 – Sem que, no entanto apure, em concreto, das razões de tais atrasos, e se perante os restantes factores a ponderar se justifica o peso atribuído ao único factor qualificado de "menos positivo", a tal ponto de inviabilizar a atribuição da classificação de "Bom Com Distinção".-

«6 – Efectivamente as condições de trabalho, os elevadíssimos índices de volume de trabalho, o facto de tais atrasos se encontrarem as mais das vezes explicados e fundados em atrasos dos trabalhadores, em negociações com mandatários judiciais e em complexidade dos temas, a inexistência de danos, o facto do Relatório do Exm.º Inspector ser todo ele favorável, a ausência de processos disciplinares, a mudança de jurisdição,

«7 – Tudo isto ponderado, facilmente se chegaria à conclusão que atendendo às circunstâncias em que os atrasos ocorreram não podem determinar a não atribuição de uma classificação de mérito.

«8 – Não obstante o Relatório ser todo ele, objectiva e subjectivamente laudatório, encomiástico e extremamente favorável, por um lado, e encontrar-se o aspecto qualificado como "factor menos positivo" plenamente justificado face às circunstâncias do caso concreto, o que também resulta do próprio Relatório, termina pela atribuição da classificação de "Bom".

«9 – Pelo que é inexorável concluir pela incongruência e contradição insanável do Relatório da Inspecção e que acabou por ser absorvida no Acto Recorrido, e consequente verificação do vício de forma por falta de fundamentação.

«10 – Ao concluir de forma diversa violou a Decisão Recorrida o art.º 124.º, art.º 125.º, n.º 3 do C.P.A. e art.º 268.º, n.º 3 da C.R.P..

«11 – Efectivamente, a fundamentação do Relatório de Inspecção e na sua esteira o Acórdão impugnado não esclarecem, face à matéria de facto apurada, as razões que determinaram a não atribuição da classificação de "Bom Com Distinção", inexistindo, pois, um esclarecimento concreto dos motivos que levaram à prática daquele acto.

«12 – Até porque o Recorrente sempre teria direito à classificação de "Bom" como classificação presumida (art.º 90.°, n.º 3 da LOMP), uma vez requereu a inspecção, o fez para evitar o "Bom" como classificação presumida e crente numa avaliação justa do seu mérito.

«13 – O que nos conduz aos seguintes paradoxos conexionados entre si: a classificação emergente de uma inspecção requerida é igual á classificação presumida, e a verificação do mérito pela inspecção, provoca a mesma classificação, que a emergente da mera presunção do art.º 90.º, n.º 3 da LOMP.

«14 – Ora, a constatação do mérito, que inegavelmente foi alcançada, impede que se equipare a sua classificação à classificação presumida, uma vez que se trata da classificação média supletiva, sucedânea, tabelar; ou seja, a que se atribui na ausência de mérito ou de demérito.

«15 – E não é admissível que umas vezes o parecer do Procurador da República, superior hierárquico do Recorrente, seja decisivo para não atribuir a classificação de "Bom Com Distinção", como aconteceu com a segunda Inspecção (1993), onde, apesar de ser esta a proposta de classificação, o CSMP entendeu baixar a classificação para "Bom".

«16 – Na Inspecção ora *sub judicio*, não obstante o Sr. Procurador ter emitido uma informação altamente laudatória, foi o próprio Sr. Instrutor/Inspector que julgou irrelevante tal informação e, na esteira do Acto Recorrido atém-se a um mero "Bom".

«17 – Pelo que, a classificação obtida por via do Acto Recorrido não atendeu a alguns "critérios" e "elementos" a que tinha necessariamente de atender, ou, fê-lo mas de forma incongruente ou contraditória.

«18 – Sendo em face dos fundamentos constantes do Relatório, a proposta classificativa de "Bom" e na sua esteira o Acórdão de 22 de Abril do Exm.º CSMP manifestamente inadequada, desproporcionada e injusta.

«19 – Face ao exposto é inexorável concluir que o Acórdão de 22 de Abril de 1998 do Exm.º Conselho Superior do Ministério Público, se encontra inquinado de vício de forma, emergente da sua incongruente e contraditória fundamentação e, simultaneamente, violador de lei substantiva, por ostensiva desfocagem entre os pressupostos de facto e de direito e a classificação e, mais ainda, porque colide com os princípios da justiça, proporcionalidade que devem caracterizar toda a actividade da Administração Pública.

«20 – Ao decidir de forma diversa violou a Decisão recorrida o art.º 124.º e 125.º do C.P.A., art.º 268.º, n.º 3 da C.R.P., os art.ºs 88.º, n.º 1 e 91.º, n.º 1 e 2 da LOMP e o art.º 266.º, n.º 2 da C.R.P..

«21 – Pelo que deve ser concedido provimento ao presente Recurso e revogada a Decisão Recorrida com todas as legais consequências ».

Não houve contra-alegações.

O Exm.º magistrado do Ministério Público junto deste Tribunal é de parecer que o presente recurso jurisdicional não merece provimento.

Redistribuído que foi o processo ao presente relator e colhidos que se mostram os vistos legais, cumpre decidir.

***

No domínio da matéria de facto, a qual, como é sabido e em princípio vincula este Tribunal Pleno como tribunal de revista, aquilo que de essencial se colhe no acórdão da Secção, ora recorrido, é que na sequência de uma inspecção extraordinária por si requerida e que tem por objecto o serviço prestado pelo ora recorrente na sua qualidade de delegado do Procurador da República no tribunal de trabalho de Vila Franca de Xira, no período compreendido entre 1/1/94 e 8/5/96, depois de juntos ao processo de inspecção os elementos referidos no n.º 2 da referida matéria, o respectivo inspector apresentou o relatório de fls. 167 a 188 do processo instrutor, formulando conclusões, com a proposta de ser atribuída ao ora recorrente a Classificação de Bom.

Notificado de tal proposta, respondeu o interessado, sustentando dever ser antes classificado de "Bom com distinção".

Seguidamente o inspector manteve no processo a sua anterior proposta.

Em 22/4/98 o Conselho Superior do Ministério Público deliberou nos termos constantes de fls. 22 a 24 dos autos, deliberação a qual, na parte que agora interessa é do seguinte teor:

«[...] Magistrado com dezasseis anos de serviço, sempre como delegado do Procurador da República, possuía cerca de dois anos e quatro meses quando foi inspeccionado, nesta altura, e tendo já duas classificações de Bom, como nos anteriores, no Tribunal Judicial de Vila Franca de Xira, pelo Conselho Superior do Ministério Público, ou seja, nos de 7 de Março de 1989 e 14 de Dezembro de 1993, respectivamente.

Com muito boas informações da hierarquia, realça-lhe especialmente, o seu superior hierárquico, "a excelente preparação técnica" e a "elevada adaptação profissional" que lhe evidenciou.

Ainda na parte de interesse para o conhecimento e apreciação do Lic. João Manuel de Almeida Bretes, o Senhor Inspector refere tratar-se de um magistrado competente, muito experiente, com um périplo que já fez passar pelos tribunais de jurisdição comum e os do tribunal laboral.

De realçar, até, no interesse colhido no Tribunal do Trabalho o belo aspecto qualitativo e quantitativo, a ofuscar, apenas, os períodos em que os processos administrativos terão estado a aguardar a propositura da correspondente acção.
Propõe-lhe a classificação de Bom.
Nos termos e para os efeitos do disposto no art.º 91.º, n.º 5, da LOMP, usou o Lic. João Manuel de Almeida Bretes do constante de fls. 191 a 206, finalizando, embora com toda a delicadeza, discordar e entender ser merecedor de classificação de Bom com distinção.
O senhor Inspector respondeu a fls. 207 por forma a manter a proposta que anteriormente tinha feito.
Este Conselho Superior, após apreciação de todos os elementos carreados para os autos, classifica o serviço prestado pelo Lic. João Manuel Almeida Bretes, como Delegado do Procurador da República no Tribunal Judicial* de Vila Franca de Xira, entre o dia 1/1/94 e 8 de Maio de 1996 de BOM».

***

Foi com base na matéria de facto que de modo sumário acima se transcreveu que o acórdão da Secção, ora recorrido, julgou não se verificarem os vícios que o recorrente contencioso assacava à deliberação do CSMP, de 22/4/98, que o havia classificado de "Bom" pelo seu já referido serviço no tribunal de trabalho de Vila Franca de Xira, assim julgando improcedente o mesmo recurso contencioso.
É semelhante juízo que tal interessado agora impugna, como vimos, perante este Tribunal Pleno.
Ora, o primeiro vício de que o aresto impugnado conheceu, dos que então vinham assacados à referida deliberação de CSMP, foi o da sua alegada falta de fundamentação, já que a mesma – segundo o então defendido pelo recorrente – se apresentava, nesse plano, como incongruente e contraditória, tese essa que não merecendo, como si disse, acolhimento no acórdão da Secção, agora o recorrente, inconformado, reedita perante este Tribunal Pleno.
Mas sem razão, adiante-se desde já.
A incongruência ou contraditoriedade, quando reportada à fundamentação do acto administrativo e como vício gerador da sua anulabilidade, pode significar uma de duas coisas: que tal fundamentação é contraditória entre si, anulando-se mutuamente, ou que, não o sendo, a mesma briga contudo com a estatuição contida no acto, hipóteses ambas estas que de modo igual conduzem à sua falta de fundamentação.
No caso *sub judice*, porém, nem uma nem outra coisa se verifica no que tange à deliberação recorrida do CSMP, de 22/4/98, mostrando-se a mesma isenta de vício na respectiva fundamentação, como bem ajuizou o acórdão da secção.
Na verdade, tal deliberação acima transcrita na sua parte útil, faz ressaltar, no âmbito agora considerado, as qualidades evidenciadas pelo interessado no seu já referido desempenho profissional, como as muito boas informações da hierarquia ("excelente preparação técnica" e "elevada adaptação profissional"), bem como tratar-se de um magistrado "competente" e "muito experiente", com "bela prestação", qualitativa e quantitativa.

Só que a mesma deliberação, ainda no domínio da sua fundamentação, menciona também de forma expressa, como já se viu, que as acima referidas menções (favoráveis) eram "ofuscadas" pelos "(...) períodos em que os processos administrativos terão estado a aguardar a propositura da correspondente acção".
Assim, o que se verifica é que, no domínio da fundamentação da deliberação que procedeu à classificação de serviço do ora recorrente, surgem considerações de natureza laudatória, de par com outras que o não são, o que, como é evidente, não envolve qualquer incongruência ou contradição, nem entre si nem, tão pouco, com a classificação adoptada.
Ali, porque esta tem por natureza de ponderar todos os elementos relativos à prestação do serviço em causa, sejam eles favoráveis ou desfavoráveis.
Aqui, porque não existindo prefigurado qualquer critério legal na ponderação de cada um dos elementos a apreciar, nem de todos entre si na obtenção da classificação final, não se pode afirmar que a ocorrência em concreto de algum elemento favorável ou desfavorável conduza necessariamente a uma certa classificação, sendo ilegal qualquer outra diversa.
Na ausência, pois, de tal critério legal, o tribunal não pode, em princípio e com as precisões mais adiante formuladas, sindicar da correcção do juízo que levou a autoridade administrativa à escolha da classificação que esta veio no caso a adoptar.
Mas o recorrente defende ainda que a classificação de serviço abraçada pela deliberação do CSMP – de "Bom", recorde-se mais uma vez – viola princípios gerais da actividade administrativa, no caso da justiça e da proporcionalidade, tese esta que contudo não mereceu acolhimento no acórdão ora recorrido.
E entendemos que bem.

***

Quando mais acima se disse que o tribunal não pode sindicar da correcção do juízo formulado pela autoridade administrativa, no caso o CSMP, quanto à classificação de serviço atribuída ao ora recorrente, tal não significa que semelhante juízo não esteja sujeito, como toda a actividade administrativa, entre outros, aos princípios da justiça e proporcionalidade (art.º 266.º, n.º 2 da Const.) e nessa medida possa ser sindicado pelo tribunal.
Começando por este último (proporcionalidade em sentido concreto) e no que ao caso dos autos diz respeito, o mesmo postula desde logo que haja uma adequação entre a valoração feita pela Administração (CSMP) relativa aos elementos que ponderou no âmbito da considerada actividade profissional do inspeccionado e a classificação que na sequência lhe atribuiu.
Ora,. no caso, temos que o CSMP, como vimos, considerou alguns aspectos do desempenho profissional do ora recorrente como laudatórios, enquanto outros (o atraso na propositura de acções) o foram de forma negativa.
Assim sendo, não se poderá considerar como desadequada que no apontado quadro valorativo feito por aquele Conselho o mesmo tenha classificado o já aludido desempenho profissional do ora recorrente como de "Bom".
E, sendo assim como é, não se pode do mesmo passo dizer que tal classificação seja de molde a ferir o princípio da justiça, aqui absorvido de todo pelo da proporcionalidade.

---

* Aqui há lapso manifesto, pois, como resulta de todo o processo de inspecção, trata-se, no caso, do *Tribunal do Trabalho* de Vila Franca de Xira e não do Tribunal Judicial da mesma localidade.

Há deste modo que concluir, como o fez o acórdão recorrido (que não padece de erro de julgamento), que a deliberação do CSMP, de 22/4/98, impugnada contenciosamente, não sofre de falta de fundamentação, nem tão pouco viola os princípios da justiça e da proporcionalidade.
Termos em que se nega provimento ao recurso jurisdicional.
Custas perlo recorrente.
Taxa de justiça: € 300.
Procuradoria: € 150.
Lisboa, 13 de Outubro de 2004.

Pedro Manuel de Pinho de Gouveia e Melo (Relator)
António Fernando Samagaio
Fernando Manuel Azevedo Moreira
Abel Ferreira Atanásio
João Pedro Araújo Cordeiro
José Manuel da Silva Santos Botelho
Maria Angelina Domingues
Luís Pais Borges
Rosendo Dias José

Recurso n.º 44 015/98

ACTO ADMINISTRATIVO. PLURALIDADE DE FUNDAMENTOS. RECURSO CONTENCIOSO. INVALIDADE DE UM DOS FUNDAMENTOS. APRECIAÇÃO DE TODOS OS FUNDAMENTOS.

(Acórdão de 28 de Outubro de 2004)

SUMÁRIO:

Tendo o acto contenciosamente impugnado uma pluralidade de fundamentos, a invalidade de um deles não obsta a que o tribunal conheça dos restantes e só no caso de concluir pela invalidade de todos eles pode e deve julgar o acto nulo ou anulável.

ACORDAM NO PLENO DA 1ª SECÇÃO DO STA:

A "Sociedade de Construções Pimenta & Rendeiro, L.ª" interpôs, na 1ª Secção deste STA, em 26 de Janeiro de 1990, recurso contencioso de anulação do despacho do Senhor Secretário de Estado da Administração Local e Ordenamento do Território de 18/11/89, que lhe indeferiu recurso hierárquico de parecer desfavorável, emitido pela Comissão de Coordenação da Região de Lisboa e Vale do Tejo, ao estudo preliminar de loteamento de um terreno rústico, no sítio do Moinho de Baixo, Ericeira, Mafra.

No seu visto inicial, o Ex.º Magistrado do Ministério Público (fls. 80) suscitou a questão prévia da não recorribilidade de tal despacho, por estar em causa um parecer da CCRLVT.
Por acórdão da Secção de 19/03/92 (fls. 91 e segs.) foi desatendida a referida questão prévia.
Prosseguindo os autos, aquele Magistrado, no seu parecer final, foi de opinião que o recurso merecia provimento em virtude da vigência plena do DL n.º 321/83, de 5/07, no qual se baseara o despacho recorrido, carecer da regulamentação prevista no seu art. 5.º e por se tratar de diploma organicamente inconstitucional dado tratar-se de matéria da competência reservada da Assembleia da República sem que tivesse sido obtida autorização desta (fls. 163 e segs.).
Por acórdão de 7 de Novembro de 1996 (fls. 169 e segs.) foi dado provimento ao recurso contencioso de anulação por violação de lei, derivado da arguida inconstitucionalidade orgânica, com prejuízo do conhecimento dos restantes vícios alegados.
De tal decisão foi interposto recurso obrigatório pelo magistrado do Ministério Público para o Tribunal Constitucional (fls. 191) e recurso para este Tribunal Pleno pela Entidade Recorrida (fls. 194), tendo ambos sido admitidos (fls. 195 e 235) e ordenada a suspensão do recurso neste Pleno (fls. 235 com referência ao acórdão interlocutório do Pleno de fls. 227 e segs.) de 14/05/97.
Suspenso o recurso no Pleno, os autos prosseguiram seus termos no Tribunal Constitucional para apreciação do recurso obrigatório interposto pelo Magistrado do Ministério Público quanto à referida inconstitucionalidade orgânica do DL n.º 321/83, de 5/07.
Por acórdão daquele Tribunal, de 4 de Abril de 2000, foram julgadas inconstitucionais as normas do art. 2.º, n.º 1, alínea e) e n.º 2 alínea l) do citado DL e do art. 3.º, n.º 1 do mesmo diploma, na parte em que se refere às aludidas alínea e) do n.º 1 e l) do n.º 2 do art. 2.º, por violação do art. 168.º, n.º 1, alínea g) da Constituição (na redacção dada pela Lei Constitucional n.º 1/82, de 30 de Setembro) e, em consequência, foi negado provimento ao recurso interposto pelo magistrado do Ministério Público (fls. 261 e segs.).
Remetidos os autos à Secção do Contencioso Administrativo deste Supremo Tribunal os mesmos foram arquivados por mero lapso, tendo a Recorrente contenciosa requerido, em 20/02/2004, que fosse proferido despacho, pelo relator na Secção, a ordenar a subida do processo a este Tribunal Pleno para apreciação e conhecimento do recurso interposto para ele pela Entidade Recorrida (fls. 270 e segs.).
Indo os autos com vista ao Ex.º Magistrado do Ministério Público o mesmo concordou com o requerido.
Pelo despacho do relator na Secção (fls. 276) foram os autos remetidos a este Tribunal Pleno para conhecimento do recurso interposto a fls. 195 pela Entidade Recorrida, ora recorrente, que concluiu, assim, as suas alegações, após convite que lhe foi dirigido pelo relator, na sequência de promoção do Ex. Magistrado do Ministério Público:

"1. O Tribunal Constitucional nunca se pronunciou pela inconstitucionalidade orgânica das alíneas e) do n.º 1 e l) do n.º 2 do art.º 22.º e n.º 1 do art.º 3.º, todos do DL 321/83 de 5 de Julho.
2. Mesmo que se considerem estas normas feridas de inconstitucionalidade orgânica, o DL 321/83 de 5 de

Julho foi substituído pelo DL 93/90 de 19 de Março, que impede a recorrida de lotear pelos factos violadores apontados no despacho impugnado.

3. Também não existindo inconstitucionalidade orgânica, sempre existirá inconstitucionalidade material nos termos do dever Constitucional do Estado, espelhado na alínea b) do n.º 2 do art.º 66 da CRP.

4. O acórdão recorrido, contrariamente ao que nele expressamente se faz ver, não se pronunciou pela última parte do despacho que, nos termos das alíneas b) e c) do n.º 1 do art.º 17.º do DL 400/84 de 31 de Dezembro é, por si só suficiente, para obstar ao loteamento conforme expressa o despacho".

A Sociedade de Construções Pimenta e Rendeiro, Lda. contra-alegou sustentando que o recurso não merece provimento.

Também o Exm.º magistrado do Ministério Público emitiu parecer no sentido que o acórdão recorrido não merece censura quando declara procedente o vício de violação de lei, derivado da declarada inconstitucionalidade orgânica do DL n.º 321/83, de 5/7, nos termos nele indicados.

DO DIREITO

Deu o acórdão recorrido como provada a seguinte matéria de facto:

"*a*) A recorrente apresentou na Câmara Municipal de Mafra pedido de aprovação do estudo preliminar de loteamento de terrenos situados no Moinho de Baixo, freguesia de Ericeira, Mafra;

b) Por ofício de 23/03/89, a Câmara Municipal de Mafra comunicou à recorrente haver deliberado em sentido favorável à viabilidade da proposta, condicionada aos pareceres, autorizações e aprovações das entidades cuja audição é obrigatória;

c) Nessa conformidade foi o processo enviado à CCRLVT (Comissão Coordenadora e Regional de Lisboa e Vale do Tejo), a qual veio a produzir a informação DPF 599 de 21/4/89 de que resultou o parecer desfavorável homologado pelo Subdirector Geral do Ordenamento do Território, com fundamento em deficiências de instrução do processo e na consideração de a área em causa ficar abrangida pela Reserva Ecológica Nacional;

d) Em 28/7/89 a recorrente apresentou novo requerimento à CCRLVT, juntando diversos elementos com vista à sanação das apontadas deficiências de instrução;

e) Esse requerimento conduziu a nova informação desfavorável da CCRLVT, agora apenas com base na ocupação de solos incluídos na R.E.N., sobre a qual incidiu despacho concordante do seu Presidente;

f) Deste despacho o recorrente interpôs recurso hierárquico para o Ministro do Planeamento e da Administração do Território;

g) Sobre esse recurso foi emitido o parecer de fls. 44/47 destes autos em que se propôs o seu indeferimento;

h) Em 18 de Novembro de 1989, o Secretário de Estado da Administração Local e Ordenamento do Território proferiu o seguinte despacho, que constitui o acto ora recorrido:

"Ao abrigo do art. 14.º, n.º 2 do DL n.º 400/84, de 31/12 e do despacho de Sua Excelência o Senhor Ministro do Planeamento e da Administração do Território n.º 90/87, de 2/9, indefiro o recurso hierárquico apresentado pela Sociedade de Construções Pimenta & Rendeiro, L.ª do parecer desfavorável emitido pela Comissão de Coordenação Regional da Região de Lisboa e Vale do Tejo e constante da Informação Técnica 1271/89, de 3/9, com os seguintes fundamentos:

A pretensão da recorrente considera a ocupação de áreas nitidamente abrangidas pelo disposto nas alíneas *e*) do n.º 1 e *i*) do n.º 2 do art. 2.º do DL n.º 321/83, de 5 de Julho.

A aceitação da pretensão acarretaria inevitavelmente a produção de efeitos perniciosos sobre a estabilidade ecológica e paisagística da região, com a destruição do ecossistema consagrado pelo diploma e correspondentes alíneas supra citadas.

Da mesma forma, considero que seriam manifestamente afectados valores fundamentais do património paisagístico natural com grave inconveniente para o ordenado desenvolvimento do local, nos termos das als. *b*) e *c*) do n.º 1 do art. 179.º, do DL n.º 400/84, de 31/12".

Após a fixação da matéria de facto o acórdão recorrido começou por analisar a questão da inconstitucionalidade orgânica das normas do DL n.º 321/83 em que o acto recorrido se baseou – as als. *e*) do n.º 1 e *i*) do n.º 2 do art. 2.º e art. 3.º, n.º 1 – invocada pelo Ministério Público já que o vício relativo à exequibilidade imediata daquele diploma só faria sentido se se concluísse pela sua validade.

E, depois de ter concluído que o citado DL n.º 321/83 se inscrevia na esfera da reserva relativa da competência legislativa da Assembleia da República e que o Governo ao editar aquele diploma o fez sem autorização desta, julgou o mesmo ferido de inconstitucionalidade orgânica por violação do disposto no art. 168.º, n.º 1, *g*) da CRP, na versão de 1982, pelo que o despacho contenciosamente recorrido, ao basear-se em tal diploma para indeferir a pretensão da Sociedade de Construções Pimenta & Rendeiro, L.ª carecia de base legal, o que acarreta a sua anulabilidade por infringir o princípio da legalidade.

Assim, julgando procedente o alegado vício de violação de lei, derivado da declarada inconstitucionalidade orgânica, o acórdão recorrido anulou o acto contenciosamente recorrido, dando provimento ao recurso.

Como já se referiu, deste acórdão foram interpostos dois recursos: um para este Pleno pela Entidade Recorrida e o outro para o Tribunal Constitucional pelo Ministério Público por dever de ofício, e que, nos termos legais, o primeiro ficou suspenso até que o Tribunal Constitucional decidisse a questão da inconstitucionalidade orgânica do DL n.º 321/83, de 5 de Julho.

Ora, aquele Tribunal, pelo seu acórdão de 4/4/de 2000, constante de fls. 261 e segs, dos presentes autos, confirmou o acórdão recorrido e julgou inconstitucionais as normas em que o despacho contenciosamente impugnado se baseou para indeferir a pretensão da Sociedade de Construções Pimenta & Rendeiro, L.ª, com os seguintes fundamentos:

"7. O Tribunal Constitucional, no Acórdão n.º 368/92 (in *Acórdãos do Tribunal Constitucional, 23.º* Vol., pág. 211), declarou já "a inconstitucionalidade, com força obrigatória geral, por violação da alínea *g*) do n.º 1 do artigo 168.º da Constituição, da norma constante da alínea *c*) do n.º 1 do artigo 2.º do Decreto-Lei n.º 321/83, de 5 de Julho, bem como da norma ínsita no n.º 1 do artigo 3.º do mesmo diploma, com referência à aludida alínea c) do n.º 1 do artigo 2.º", decisão que fundamentou, em síntese, nos seguintes termos:

"...Por um lado, a circunstância de a regulação ínsita nas normas *sub specie* ter introduzido no ordenamento jurídico preexistente um princípio básico que ali se não consagrava (qual seja o de proibir a realização de obras, construções, aterros, escavações, destruição do coberto vegetal ou da vida animal nas arribas, incluindo uma faixa até 200m para o interior do território contados a partir do respectivo rebordo), desta sorte efectuando uma fundamental e verdadeira inovação;

Por outro lado, que a matéria objecto das ditas normas faz parte de um sistema de protecção da natureza e do equilíbrio ecológico; e

Ainda por outro, que o diploma em que tais normas se encontram não foi emitido a coberto de autorização parlamentar".

Posteriormente os Acórdãos n.ºs 515/93, 203/95 e 218/99 (ainda inéditos), julgaram inconstitucionais, por identidade de razão com o decidido no acórdão n.º 368/92, as normas dos artigo 2.º, n.ºs 1, alínea d), e 2, alínea a) (o primeiro); 2.º, n.º 1, alínea d) e 3.º, n.º 1 (o segundo) e 2.º, n.º 1, alínea b) e 3.º, n.º 1 (o terceiro).

É esta jurisprudência, cujas razões são inteiramente transponíveis para as normas que vêm recusadas nos presentes autos, em que continua a estar em causa o inovatório estabelecimento do quadro de princípios básicos fundamentais da regulamentação do sistema de protecção da natureza e do equilíbrio ecológico, que mais uma vez há que reiterar".

E concluiu:

Em face do exposto, decide-se julgar inconstitucionais as normas do artigo 2.º, n.º 1, alínea e), e n.º 2 alínea i) do Decreto-Lei n.º 321/83, de 5 de Julho e do artigo 3.º, n.º 1 do mesmo diploma, na parte em que se refere às aludidas alínea e) do n.º I e i) do n.º 2 do artigo 2.º, por violação do artigo 168.º, n.º I, alínea g) da Constituição (na redacção dada pela Lei Constitucional n.º 1/82, de 30 de Setembro) e, em consequência, negar provimento ao presente recurso, confirmando-se a decisão recorrida".

Remetidos que foram os autos a este STA pelo Tribunal Constitucional, após trânsito em julgado do citado aresto, é então altura de conhecer do recurso interposto do acórdão da Secção para este Tribunal Pleno pela Entidade Recorrida.

O acórdão da Secção deu provimento ao recurso por o acto contenciosamente impugnado carecer de base legal, uma vez que o DL n.º 321/83, de 5 de Julho, em cujas normas aquele se baseara para indeferir a pretensão da recorrente contenciosa afrontavam o art. 168.º, n.º 1, al. g) da Constituição da República, tendo o Tribunal Constitucional confirmado o assim decidido, pelas razões transcritas que aqui se dão por reproduzidas para todos os efeitos legais.

Consequentemente, as conclusões da alegação da Entidade Recorrente, quanto à questão da inconstitucionalidade orgânica do DL n.º 321/83, sempre estariam votadas ao insucesso. De resto, é de todo irrelevante, ao contrário do que se afirma na conclusão 1ª, que o Tribunal Constitucional, anteriormente, não se tivesse pronunciado pela inconstitucionalidade orgânica das normas daquele diploma em que o despacho contenciosamente impugnado se fundamentou para indeferir o recurso hierárquico da ora recorrida. Depois, face ao princípio "tempus regit actum", irreleva do mesmo modo, contra o que se afirma na conclusão 2ª, que o DL n.º 321/83 tenha sido substituído pelo DL n.º 93/90, de 19/03.

Na 3ª conclusão sustenta a Entidade Recorrente que "Também não existindo inconstitucionalidade orgânica sempre existirá inconstitucionalidade material nos termos do dever Constitucional do Estado, espelhado na alínea b) do n.º 2 do art. 66.º da CRP". Só que, com isso, se está a olvidar que o que está em causa é o despacho impugnado e os seus fundamentos e não outros que dele não constam.

Na conclusão 4ª, porém, a Entidade ora Recorrente sustenta que o acórdão recorrido não se pronunciou quanto à última parte do despacho a qual, nos termos das alíneas b) e c) do n.º 1 do art. 17.º do DL 400/84 de 31 de Dezembro é, por si só suficiente, para obstar ao loteamento conforme expressa o mesmo.

Já vimos que o acórdão recorrido apenas conheceu da inconstitucionalidade orgânica do DL n.º 321/83, em cujas normas se baseou a 1ª parte do despacho contenciosamente impugnado para indeferir a pretensão da recorrente.

Simplesmente, e como consta da alínea h) da matéria de facto transcrita, a entidade ora Recorrente, na 2ª parte do seu referido despacho, invoca um segundo fundamento legal para indeferir a aludida pretensão, nos seguintes termos: "Da mesma forma, considero que seriam manifestamente afectados valores fundamentais do património paisagístico natural com grave inconveniente para o ordenado desenvolvimento do local, nos termos das als. b) e c) do n.º 1 do art. 17.º do DL n.º 400/84, de 31/12".

Estamos, assim, perante uma única decisão administrativa indivisível – indeferimento do recurso hierárquico de parecer desfavorável emitido pela CCRLVT a pedido de aprovação de estudo preliminar de loteamento – mas que assentou em dois fundamentos jurídicos distintos e autónomos, no sentido de que qualquer um deles é, por si só, suficiente para aquela decisão. Em situações como esta, o tribunal, para anular a aludida decisão, não se pode bastar com a apreciação de um só dos fundamentos invocados nessa decisão para, se o reputar ilegal, invalidar o acto. Como se salienta no acórdão deste STA de 10 de Maio de 2000, proferido no Proc. n.º 39 073, quando a decisão administrativa assentar numa pluralidade de fundamentos jurídicos autónomos e suficientes, cada um, para a alicerçar, só após a constatação da improcedência de todos eles é que o tribunal fica habilitado a invalidar o acto contenciosamente impugnado. E isto seja qual for o tipo de ilegalidade de um ou outro dos fundamentos que serviu de pressuposto à anulação do acto.

No caso vertente, não obstante o acórdão recorrido ter concluído que o fundamento invocado pela decisão administrativa, contenciosamente impugnada, carecia de fundamento legal por o DL n.º 321/83, de 5 de Julho, em que esta se baseou para indeferir a pretensão sobre o loteamento, era organicamente inconstitucional, determinante da sua anulabilidade, cumpria ao tribunal "a quo", antes de tomar tal decisão, apurar, de seguida, se o outro fundamento, que também serviu de espaldar à referida decisão administrativa, era ou não legal e conforme à realidade fáctica, porque se o for, e encontrando-nos face a disposições legais imperativas, perante as quais a Administração actua vinculadamente, o acto de indeferimento do pedido em causa não poderá ser contenciosamente anulado, embora a sua base de fundamentação fique juridicamente reduzida. – Neste sentido, o citado acórdão que se seguiu muito de perto.

Consequentemente, o acórdão recorrido ao limitar-se ao julgamento da inconstitucionalidade orgânica do DL 321/83 para anular o acto contenciosamente recorrido e ao considerar prejudicada a apreciação do outro fundamento daquele, incorreu em erro de julgamento.

Pelo exposto, acordam em dar provimento ao presente recurso, ordenando-se a baixa do processo à Subsecção.

Custas pela ora recorrida Sociedade de Construções, fixando-se a taxa de justiça e a procuradoria, em 400 e 200 Euros.

Lisboa, 28 de Outubro de 2004.

António Samagaio (Relator)
Azevedo Moreira
Santos Botelho
Pais Borges
Angelina Domingues
J. Simões de Oliveira
Adérito Santos

Recurso n.º 28055

APOIOS FINANCEIROS. SISTEMA DE APOIO A JOVENS EMPRESÁRIOS (SAJE). CONDIÇÕES DE ADMISSÃO.

(Acórdão 24 Novembro de 2004)

SUMÁRIO:

I – A al. *a)* do n.º 1 do art. 3.º do DL n.º 22/97, de 23 de Janeiro, diploma que criou o SAJE (Sistema de Apoio a Jovens Empresários), impõe, como condição de acesso ao referido sistema de apoios, que os jovens empresários detenham na sociedade uma participação social maioritária ("igual ou superior a 51%") e que detenham na respectiva gestão uma posição proporcional a essa participação maioritária ("proporcionalmente representados").

II – Essa representação proporcional não pode considerar-se assegurada se a gestão da sociedade for repartida em paridade com sócios não jovens, como sucede na situação em que, segundo o pacto social, para obrigar a empresa, a jovem empresária necessita igualitariamente da assinatura de outro sócio gerente, não jovem, assim podendo ver bloqueada a 50% qualquer decisão que a sua participação social maioritária lhe permita assegurar.

ACORDAM, EM CONFERÊNCIA, NO PLENO DA 1.ª SECÇÃO DO SUPREMO TRIBUNAL ADMINISTRATIVO:

RELATÓRIO
1. "CASA DO CAMPO, EMPREENDIMENTOS TURÍSTICOS, LDA", sociedade por quotas com sede em Molares, Celorico de Basto, recorre para este Pleno do acórdão da 2ª Subsecção, de 28.05.2002 (fls. 77 e segs.), que negou provimento ao recurso contencioso interposto dos despachos da MINISTRA DO PLANEAMENTO e do SECRETÁRIO DE ESTADO DA JUVENTUDE, datados, respectivamente, de 31.10.2000 e 10.10.2000, pelos quais foi homologada a deliberação da Comissão Nacional do SAJE que não aprovou a candidatura da recorrente ao SAJE (Sistema de Apoio a Jovens Empresários).

Na sua alegação, formula as seguintes
CONCLUSÕES:
1. A candidatura da Recorrente preenche a condição prevista na al. *a)* do n.º 1 do art. 3.º do DL n.º 22/97.

2. Na verdade, a jovem empresária detém 52% do capital social e está mais do que proporcionalmente representada na gestão: ESTÁ MAIORITARIAMENTE REPRESENTADA NA GESTÃO: Partilha-a com o sócio não jovem e detém 52% do capital social. ELA É IMPRESCINDÍVEL PARA OBRIGAR A SOCIEDADE! E ELA QUEM COMANDA! Mais: A VONTADE CONJUNTA DOS DOIS OUTROS SÓCIOS NÃO VENCE A SUA. Esta situação não configura a PARIDADE a que se reporta o douto Acórdão recorrido.

3. A expressão REPRESENTAÇÃO PROPORCIONAL adoptada pela norma em causa destina-se a acautelar o protagonismo dos jovens sócios nas situações em que seja possível preenchê-la – o que não acontece com a Recorrente – ou naquelas em que os jovens empresários não estejam REFORÇADAMENTE representados na gestão.

4. Se a lei quisesse que os jovens empresários, além de deverem deter 51% ou mais do capital das sociedades comerciais, não repartissem a gestão em paridade com outros sócios (não jovens, é claro, pois que se o fossem também nenhuma questão se colocaria) teria consagrado a expressão EXCLUSIVAMENTE representados na respectiva gestão em vez de PROPORCIONALMENTE representados na respectiva gestão (de resto, não vislumbramos como se asseguraria na prática, no caso concreto da Recorrente, "... no mínimo uma maioria na gerência ..."como se afirma no Acórdão a fls. 84.

5. Ao concluir que o acto objecto do recurso contencioso não violou a al. *a)* do n.º 1 do artigo 3.º do DL 22/97, de 23 de Janeiro, porque a candidatura da Recorrente não preenchia a condição da REPRESENTAÇÃO PROPORCIONAL na gestão da sociedade, o douto Acórdão recorrido violou aquela mesma norma.

6. Ao afirmar que "... a regulação da gestão da sociedade foi alterada de modo a dar satisfação ..."às exigências legais "... como se documenta a fls. 20, o que no entanto irreleva para o caso em virtude de a mesma haver ocorrido em data posterior à da apresentação da candidatura", o douto Acórdão recorrido incorreu em ERRO DE JULGAMENTO, o qual constitui um dos pressupostos da decisão.

Nestes termos
Deve o recurso ser julgado procedente e, em consequência, deve ser revogado o Acórdão recorrido.

II. Contra-alegou a entidade recorrida MINISTRA DE ESTADO E DAS FINANÇAS (sucedeu, na orgânica do

XV Governo Constitucional, e na matéria em causa, à Ministra do Planeamento), concluindo nos seguintes termos:
• A al. a), n.º 1, art. 3.º do DL 22/97, de 23.1, contém a exigência de que, numa sociedade por quotas, à data da candidatura de um projecto ao SAJE, o sócio jovem, além de maioritário no capital da empresa, não pode deter a gerência em termos de, para obrigar a empresa, necessitar igualitariamente da assinatura de outro sócio gerente, não jovem.
• O acórdão recorrido, ao sancionar esta leitura, cumpriu a lei.
• Daí se sustentar que o presente recurso não merece provimento.
III. A Exma magistrada do Ministério. Público neste Supremo Tribunal emitiu parecer no sentido do não provimento do recurso, mantendo a posição já assumida no recurso contencioso, e pelas razões ali invocadas.
Colhidos os vistos, cumpre decidir.

FUNDAMENTAÇÃO
A) A decisão recorrida teve em conta, por referência aos elementos dos autos, a seguinte factualidade relevante:
– A recorrente apresentou, em 14.09.98, a sua candidatura ao regime de incentivos do Sistema de Apoio a Jovens Empresários (SAJE), criado pelo DL n.º 22/97, de 23 de Janeiro, e cujo regulamento de aplicação (previsto no art. 19.º) foi aprovado pela Resolução do Conselho de Ministros n.º 13/97, de 25 de Janeiro;
– À data de apresentação da candidatura, o capital social da recorrente pertencia: 52% à jovem empresária Gabriela; os restantes 48% aos outros dois sócios, ambos com mais de 35 anos, Maria Fernanda e Francisco Xavier, na proporção de 0,4% e 47,6%, respectivamente;
– A Comissão Técnica do SAJE, após instrução do processo, emitiu o seguinte parecer desfavorável, propondo a reprovação da candidatura da recorrente:
"À data de apresentação da candidatura os jovens empresários não estão proporcionalmente representados na gestão da empresa uma vez que é sempre necessário a assinatura de dois sócios gerentes para obrigar a sociedade, sendo um deles obrigatoriamente um promotor com idade superior a 35 anos [...]. Assim, a presente candidatura não cumpre o disposto na alínea a) do n.º 1 do art. 3.º do DL n.º 22/97 de 23 de Janeiro."
– Pela Comissão Nacional do SAJE, e com base no referido parecer técnico, foi tomada a seguinte deliberação:
"A candidatura n.º P1064 – Casa do Campo – Empreendimentos Turísticos, Lda, após realizada a audiência prévia de interessados e analisado o processo, foi reprovada por incumprimento do disposto na alínea a) do n.º 1 do art. 3.º do Decreto-Lei n.º 22/97 de 23. de Janeiro."
– Esta deliberação foi homologada por despachos da Ministra do Planeamento e do Secretário de Estado da Juventude, de 31.10.2000 e 10.10.2000, respectivamente.
B) Com base na factualidade exposta, decidiu o acórdão impugnado negar provimento ao recurso contencioso, por entender que não se verificavam os vícios imputados ao acto recorrido (que qualificou – e bem – como despacho conjunto das duas entidades recorridas, às quais foi legalmente atribuída a competência dispositiva conjunta para a homologação das deliberações da Comissão Nacional do SAJE).

Entendeu o acórdão sob recurso que, "atento o estatuído nas já citadas disposições do no 2 do art. 1.º e art. 3.º, n.º 1, alínea a) do DL n.º 22/97, interpretadas conjugadamente, e face ao que deflui do CSC, não pode senão concluir-se que, no caso, o quadro normativo daí emergente contém a exigência de que, à data da candidatura de um projecto ao SAJE, o sócio jovem, além de dever ser titular da maioria no capital da sociedade, não deve poder deter a gerência em termos igualitários aos de outro sócio gerente, não jovem, bem se compreendendo, assim, a reprovação de uma candidatura de uma sociedade ao referido apoio em que a vertente jovens empresários na gestão da sociedade em causa acaba por ser paritária com a não jovem".
Insurgindo-se contra tal decisão, alega a recorrente que, sendo jovem empresária, detém 52% do capital social e está mais do que proporcionalmente representada na gestão, ou seja, está maioritariamente representada na gestão, partilhando-a com o sócio não jovem, e que se a lei quisesse que os jovens empresários não repartissem a gestão em paridade com outros sócios, teria usado a expressão exclusivamente em vez de proporcionalmente.
Pelo que, "ao concluir que o acto objecto do recurso contencioso não violou a al. a) do n.º 1 do artigo 3.º do DL 22/97, de 23 de Janeiro, porque a candidatura da Recorrente não preenchia a condição da representação proporcional na gestão da sociedade, o douto Acórdão recorrido violou aquela mesma norma".
É esta, por conseguinte, a única questão que se coloca no presente recurso jurisdicional, consistente em saber se a candidatura da recorrente ao SAJE (Sistema de Apoio a Jovens Empresários), satisfazia as condições previstas na al. a) do n.º 1 do art. 30.º do DL n.º 22/97, de 23 de Janeiro, e se, por conseguinte, ao não anular o acto recorrido (que homologou a deliberação de reprovação dessa candidatura, por falta da referida condição), o acórdão impugnado fez, como pretende a recorrente, incorrecta aplicação desse normativo.
Dir-se-á, desde já, que nenhuma razão assiste à recorrente, não merecendo a decisão agravada a censura que lhe vem dirigida.
O SAJE (Sistema de Apoio a Jovens Empresários) foi criado pelo DL n.º 22/97, de 23 de Janeiro, diploma que considera "decisiva a aposta na iniciativa e capacidade empreendedora dos jovens", justificativa da "existência de um sistema próprio e autónomo de incentivos" (preâmbulo do diploma).
Nos termos do art. 1.º, n.º 2, "O SAJE tem por objectivo o apoio a projectos que visem a criação, expansão e modernização de empresas detidas maioritariamente por jovens empresários com idades compreendidas entre os 18 e os 35 anos à data de apresentação da candidatura".
E, de entre as condições que devem reunir as entidades promotoras, inclui-se a da aludida al. a) do n.º 1 do art. 3.º:
"Serem consideradas pequena ou média empresa (PME), em nome individual ou sob a forma de sociedade comercial, devendo, neste último caso, os jovens empresários deter uma participação social igual ou superior a 51% e estarem proporcionalmente representados na respectiva gestão".
Impõe este normativo, como condição de acesso ao referido sistema de apoios, que os jovens empresários detenham na sociedade uma participação social maiori-

tária ("igual ou superior a 51%") e que detenham na respectiva gestão uma posição proporcional a essa participação maioritária ("proporcionalmente representados").

Visando claramente a sociedade por quotas (ao reportar-se à representação *na gestão*), o preceito não exige uma gestão exclusiva dos jovens empresários, mas sim uma representação destes na gestão que seja proporcional à sua participação social maioritária.

Ora, essa representação proporcional não pode considerar-se assegurada se a gestão for repartida em paridade com sócios não jovens, como sucede na situação dos autos, em que, segundo o pacto social, para obrigar a empresa, a jovem empresária necessita igualitariamente da assinatura de outro sócio gerente, não jovem, assim podendo ver bloqueada a 50% qualquer decisão que a sua participação social maioritária lhe permita assegurar.

Essa representação *paritária* ou *igualitária* na gestão da empresa não pode considerar-se consonante com a imposição legal de representação proporcional a que alude o normativo em causa.

Como bem se afirma no acórdão impugnado, não é concebível que "numa situação em que a gerência da sociedade se encontre organizada de molde a que a mesma é assegurada em plano de igualdade pela jovem empresária e outro sócio maior de 35 anos, e detendo aquela a maioria, do capital, a jovem empresária se considere proporcionalmente representada na respectiva gestão".

Terá, pois, que entender-se à al. *a)* do n.º 1 do art. 30.º citado, como exigência de que a participação social maioritária dos jovens empresários seja acompanhada de uma participação igualmente maioritária na gestão (só assim será proporcional), para efeito de. poderem beneficiar deste sistema especial de incentivos que "contempla um conjunto de apoios a fundo perdido, instrumentos financeiros e infra-estruturas de apoio".

Só com esta interpretação do preceito em análise se respeita devidamente o desiderato legal de protecção e incentivo do protagonismo dos jovens empresários, ou seja, da decisiva "aposta na iniciativa e capacidade empreendedora dos jovens", justificativa da "existência de um sistema próprio e autónomo de incentivos", que decorre com toda a clareza do preâmbulo do diploma, e do objectivo expresso no seu art. 2.º, n.º 1.

É evidente que caberia à empresa, para dar satisfação às exigências do diploma, e no respeito das prescrições do Código das Sociedades Comerciais, encontrar as fórmulas e mecanismos adequados a que o modelo de gestão adoptado fosse compatível com a referida exigência legal, não competindo, obviamente, ao tribunal proceder a qualquer indicação nesse sentido.

Improcedem, deste modo, as conclusões da alegação da recorrente.

DECISÃO

Com os fundamentos expostos, acordam em negar provimento ao recurso. confirmando a decisão impugnada.

Custas pela recorrente, fixando-se a taxa de justiça e a procuradoria, respectivamente, em 450 € e 250 €.
Lisboa, 24 de Novembro de 2004.

Pais Borges (Relator)
António Samagaio

Azevedo Moreira
Abel Atanásio
Santos Botelho
Angelina Domingues
João Cordeiro
Costa Reis

Recurso n.º 47 094/01

DECLARAÇÃO DE INEXISTÊNCIA DE CAUSA LEGÍTIMA DE INEXECUÇÃO. EXECUÇÃO DE JULGADO ANULATÓRIO. IMPOSSIBILIDADE SUPERVENIENTE DA LIDE. RESPONSABILIDADE POR CUSTAS.

(Acórdão de 13 de Outubro de 2004)

SUMÁRIO:

I – Não tendo a Administração dado integral execução ao julgado anulatório no prazo de 60 dias a contar do requerimento do interessado, previsto no art. 5.º, n.º 1 do DL n.º 256-A/77, de 17 de Junho, pode este requerer ao tribunal que proferiu a decisão a declaração de inexistência de causa legítima de inexecução (arts. 6.º, n.º 1 e 7.º, n.º 1 do mesmo diploma).

II – Verificando-se à data da apresentação do pedido os respectivos pressupostos legais (previstos nos arts. 5.º a 7.º do DL n.º 256-A/77), e tendo os mesmos deixado de verificar-se supervenientemente (ter sido dada execução ao julgado anulatório), em virtude de circunstâncias não imputáveis ao requerente, o incidente deve ser julgado findo por impossibilidade superveniente da lide, sem responsabilidade do requerente quanto a custas.

ACORDAM, EM CONFERÊNCIA, NO PLENO DA 1ª SECÇÃO DO SUPREMO TRIBUNAL ADMINISTRATIVO:

RELATÓRIO

I. Luís António Martins dos Santos, id. a fls. 2, requereu neste STA, por apenso aos autos de recurso contencioso n.º 39.766, a declaração de inexistência de causa legítima de inexecução do acórdão deste STA de 12.04.2002, proferido naquele processo, que anulou o despacho do Ministro da Indústria e Energia, de 24.10.95, com fundamento na violação do art. 100.º do CPA.

Por acórdão da 3ª Subsecção, de 18.12.2002 (fls. 50 e segs.), foi indeferido o pedido formulado, com o fundamento de que o acórdão anulatório se encontrava já integralmente executado, sendo julgado findo o incidente.

É desta decisão que vem interposto o presente recurso jurisdicional, em cuja alegação o recorrente formula as seguintes
CONCLUSÕES:
1. O recorrente veio a juízo requerer a declaração de inexistência de causa legítima de inexecução de julgado porquanto:
a) A Entidade ora Recorrida não executou espontaneamente o julgado no prazo que, para o efeito, a lei lhe fixa;
b) Por isso, o Recorrente dela requereu a execução integral do julgado – o que fez em 14/Fevereiro/2001;
c) Face ao silêncio da Entidade Recorrida veio a juízo em 20/Setembro/2001.
2. Em 27/Março/2002 – na pendência dos autos, portanto – a Entidade ora Recorrida prolatou "acto decisório expresso", que carreou para os autos.
3. De tal junção não foi o Recorrente notificado – seja nos autos, seja mediante "notificação pessoal", tal como exigido pelo art. 268.º, n.º 3, da Constituição, que aquela não substitui nem dispensa.
4. O douto acórdão recorrido:
a) Indeferiu o pedido de declaração de inexistência de causa legítima de inexecução;
b) Julgou findo o incidente;
c) Condenou o Recorrente nas custas e taxa de justiça.
5. Porém, foi o "acto decisório expresso" – prolatado na pendência dos presentes autos – que "esvaziou" o pedido de declaração de inexistência de causa legítima de inexecução, tornando a lide supervenientemente impossível, sem que tenha sido o Recorrente a dar-lhe causa.
6. Assim, e salvo o merecido respeito, o douto acórdão recorrido não fez boa interpretação e aplicação do direito aos factos: o caso é de extinção da instância, por impossibilidade superveniente da lide, sem responsabilidade processual tributária do Recorrente, que não lhe deu causa (arts. 287.º, *e*), e 447.º do Código de Processo Civil, "ex vi" do art. 1.º da LPTA).
Nestes termos (...), deve ser revogado o douto acórdão recorrido, com todas as suas legais consequências, como é de direito e da melhor JUSTIÇA.
II. Contra-alegou a entidade recorrida (actualmente o Ministro da Economia), concluindo nos seguintes termos:
a) O dever instituído pelo artigo 100.º foi tempestivamente observado;
b) O sentido da decisão comunicada ao ora recorrente mantém em tudo o anteriormente decidido.
III. O Exmo magistrado do Ministério Público neste Supremo Tribunal emitiu parecer no sentido da improcedência do recurso.
Colhidos os vistos, cumpre decidir.

FUNDAMENTAÇÃO
OS FACTOS
O acórdão recorrido considerou assentes, com interesse para a decisão, os seguintes factos:
a) Por acórdão proferido a fls. 66 e segs. dos autos principais foi anulado o despacho do Ministro da Indústria de 17 de Agosto de 1995, com fundamento na preterição do direito de audiência prévia do interessado, previsto no art. 100.º do CPA.
b) Em 4 de Agosto de 2000, o Ministro da Economia – entidade sucessora da competência antes atribuída ao Ministro da Indústria – dirigiu ao Requerente o ofício cuja cópia consta a fls. 13 dos autos, do seguinte teor:
"Na sequência do Acórdão proferido no processo em epígrafe, para efeitos de execução do mesmo, venho solicitar a V. Ex.ª que se pronuncie sobre o teor do Parecer n.º 08/AJ/95 da Auditoria Jurídica do ex-Ministério da Indústria e Energia (cuja cópia se anexa), nos termos do disposto no art. 100.º do CPA.
Mais informo que o sentido provável da decisão será o de concordância com as conclusões do referido parecer, conforme despacho de 30/7/00 exarado por S. Ex.ª o Ministro da Economia na Nota Informativa n.º 28/GJ/00 de que também se junta cópia.
Anexos: dois documentos"
c) Em resposta ao ofício referido em *b)* o ora Requerente enviou a exposição que consta, por fotocópia, a fls. 29 e 30 dos autos, datada de 18 de Setembro de 2000, que se dá por reproduzida.
d) O Consultor Jurídico do Ministério da Economia pronunciou-se sobre a resposta do Requerente referida em *c)*, na sua Informação n.º 33/GJ/02 de 20 de Março de 2002, que consta de fls. 42 a 44 inc., concluindo:
"portanto é meu parecer que, salvo melhor opinião, seja o interessado notificado de que a decisão não pode deixar de em tudo ser a de concordância com as conclusões do Parecer n.º 08/AJ/95 da então Auditoria Jurídica do Ministério da Indústria e Energia".
Sobre esta Informação foi exarado o seguinte despacho do Ministro da Economia, em 27.03.02: *"Visto. Concordo nos termos propostos na presente informação".*
e) Por ofício de 02.04.2002, foram levados ao conhecimento do Requerente a Informação e despacho referidos em *d)* (fls. 41).
Dá-se ainda por assente o teor do requerimento da entidade recorrida, de fls. 36 e 37, no qual se esclarece ter havido *"erróneo encaminhamento"* e *"posterior errado arquivamento"* da resposta do requerente à audiência prévia, que por essa razão *"foi tida por inexistente".*

O DIREITO
O acórdão recorrido, com o fundamento de que o julgado anulatório se encontrava já executado, indeferiu o pedido de declaração de inexistência de causa legítima de inexecução, julgando findo o incidente e condenando o requerente nas custas (100 € de taxa de justiça).
Considerou para tanto:
«*No caso presente, tendo a anulação contenciosa por fundamento a violação do art. 100.º do CPA, segundo o qual "concluída a instrução, e salvo o disposto no art. 103.º, os interessados têm o direito de ser ouvidos no procedimento antes de ser tomada a decisão final, devendo ser informados, nomeadamente, sobre o sentido provável desta", a execução de julgado cumpre-se com a prolação de novo acto, antecedido da prática da formalidade faltosa.*
O que (...) não impede que, após o cumprimento da formalidade legal, seja emitido novo acto de conteúdo decisório idêntico ao acto anulado.
Ora, face aos factos documentados no processo e constantes das alíneas b) a e) inc. da matéria de facto, é patente que o requerente foi ouvido no procedimento, em cumprimento do julgado anulatório, no âmbito do direito de audiência previsto no art. 100.º do CPA, antes de ser proferido o novo despacho decisório de 27-03-02.»
Como se alcança da respectiva alegação, o recor-

rente insurge-se contra o decidido, sustentando que veio a juízo pedir a declaração de causa legítima de inexecução, dado que, após requerer à entidade recorrida a execução do julgado, aquela entidade não procedeu a essa execução, e que foi na pendência dos presentes autos que a mesma prolatou o novo "acto decisório expresso", assim "esvaziando" o pedido de declaração de inexistência de causa legítima de inexecução, pelo que, em seu entender, o caso é de extinção da instância, por impossibilidade superveniente da lide, sem responsabilidade processual tributária do Recorrente, que não lhe deu causa [arts. 287.º, e) e 447.º do Código de Processo Civil, "ex vi" do art. 1.º da LPTA].

Ou seja, o recorrente, não contestando o fundamento da decisão recorrida, de que o acórdão anulatório se encontra já executado, restringe o âmbito da sua impugnação à parte final da decisão, que entende dever ser, não de indeferimento do pedido formulado, mas sim de impossibilidade superveniente da lide imputável à autoridade recorrida, e, como tal, sem responsabilidade do requerente quanto a custas

Cremos que lhe assiste razão.

A decisão impugnada considerou – e bem – que o acórdão anulatório se encontra já executado a partir da prolação do despacho de 27.03.2002, ou seja, do novo "acto decisório expresso" (ainda que de conteúdo idêntico ao anterior) expurgado do vício que determinara a anulação, isto é, precedido da efectiva audiência do interessado.

Decisão que se mostra conforme à jurisprudência deste Pleno, segundo a qual a execução de acórdão anulatório consiste na "*prática, pela Administração, dos actos e operações materiais necessárias à reintegração da ordem jurídica violada, de modo a estabelecer a situação que o interessado teria à data do acto ilegal se o mesmo não tivesse sido praticado*", mas entendendo-se também que "*a eficácia do caso julgado anulatório se circunscreve ao vício ou vícios que determinaram a anulação contenciosa*", nada obstando, pois, a que a Administração emita um novo acto com idêntico conteúdo decisório desde que expurgado dos referidos vícios (Acs. do Pleno de 21/02/2002 – Rec. 25.909-A, de 12/12/2001 – Rec. 43.741-A, de 29/01/97 – Rec. 27.977, entre muitos outros).

Só que essa execução do julgado anulatório, ou seja, a prolação do novo "acto decisório expresso" (despacho de 27.03.2002) expurgado do vício procedimental que determinara a anulação do acto anterior, ocorreu já na pendência do presente incidente de execução, instaurado a 20.09.2001.

O que dos autos resulta é que o ora recorrente, a 14.02.2001 (fls. 5), requereu à Administração, nos termos do art. 5.º, n.º 1 do DL n.º 256-A/77, de 17 de Junho, a execução do acórdão anulatório (de 12.04.2000), por a mesma não ter sido espontaneamente efectuada no prazo de 30 dias posterior ao trânsito da decisão.

E que, por a Administração não ter dado execução integral à referida decisão no prazo de 60 dias a contar da apresentação daquele requerimento, formulou em juízo, a 20.09.2001, nos termos do art. 6.º, n.º 1 e 7.º, n.º 1 do mesmo diploma, o pedido de declaração de inexistência de causa legítima de inexecução.

É evidente que, quando o ora recorrente formulou em juízo este pedido, já a entidade recorrida tinha dado início ao procedimento de execução, procedendo à audiência prévia do interessado sobre o projecto de decisão, como se vê do doc. de fls. 13, e como o próprio recorrente reconhece no art. 6.º do pedido.

Só que tal procedimento não teve a sequência adequada, uma vez que a resposta do interessado a tal audiência, remetida por fax de 18.09.2000 (e que a entidade requerida começou por afirmar não ter existido, pelo que o processo teria ficado suspenso à espera de tal resposta) foi, afinal, como esclareceu a mesma entidade a fls. 36, objecto de "*erróneo encaminhamento para o Senhor Auditor Jurídico*", o que "*conduziu a um posterior errado arquivamento da mesma resposta, a qual por essa razão, não se encontrando no lugar devido do arquivo correspondente, foi tida por inexistente*".

O que levou a mesma entidade a requerer ao tribunal "*a suspensão da instância para conclusão do processo burocrático do artigo 100.º do CPA*".

Daí que, volvidos 6 meses sobre o envio de tal resposta, sem lhe ter sido comunicada qualquer nova decisão da entidade administrativa, o ora recorrente tenha legitimamente concluído pela falta de execução espontânea do julgado anulatório, e, assim, formulado com inteira legitimidade o pedido de declaração de inexistência de causa legítima de inexecução.

Tudo para concluir que não é imputável ao recorrente a falha dos serviços da entidade recorrida quanto ao indevido arquivamento – e consequente inconsideração – da sua resposta à audiência prévia, e que, por essa razão, a mesma entidade tenha deixado o procedimento "suspenso", à espera de tal resposta, deixando passar o aludido prazo de 60 dias sem dar execução ao julgado anulatório.

Daqui resulta, sem sombra de dúvida, que foi legitimamente formulado pelo ora recorrente o pedido de declaração de inexistência de causa legítima de inexecução, por se verificarem, à data da sua apresentação em juízo, os respectivos pressupostos legais (previstos nos arts. 5.º a 7.º do DL n.º 256-A/77, de 17 de Junho), pressupostos que deixaram de verificar-se supervenientemente em virtude de circunstâncias não imputáveis ao requerente, o que determinou a impossibilidade superveniente da lide, já que o julgado anulatório se mostra, a partir de então, integralmente executado.

Não pode pois ser atendido, tal como se decidiu, o pedido de declaração de inexistência de causa legítima de inexecução, uma vez que o julgado anulatório se mostra já executado, mas com fundamento em impossibilidade superveniente da lide, imputável à entidade recorrida, como tal, sem responsabilidade do requerente quanto a custas.

Procedem, nesta conformidade, as conclusões da alegação do recorrente.

DECISÃO

Com os fundamentos expostos, acordam em conceder provimento ao recurso, revogando a decisão impugnada, e considerar findo o incidente de declaração de inexistência de causa legítima de inexecução por impossibilidade superveniente da lide não imputável ao requerente.

Sem custas.
Lisboa, 13 de Outubro de 2004.

Pais Borges (Relator)
António Samagaio

Azevedo Moreira
Rosendo José
Santos Botelho
Angelina Domingues
Costa Reis

Recurso n.º 39 766

DEFICIENTE DAS FORÇAS ARMADAS (DFA). REVISÃO DA PENSÃO DE REFORMA. APLICAÇÃO DO DL N.º 134/97, DE 31 DE MAIO. VIOLAÇÃO DO PRINCÍPIO DA IGUALDADE (NÃO).

(Acórdão de 13 de Outubro de 2004)

SUMÁRIO:

I – Os militares que foram qualificados deficientes das Forças Armadas na vigência do DL n.º 43/76, de 20 de Janeiro, não têm direito à revisão da pensão de reforma a que alude o artigo 1.º do DL n.º 134/97, de 31 de Maio.
II – O disposto no citado DL n.º 134/97, só é aplicável aos deficientes das Forças Armadas que foram qualificados como tais pelo DL n.º 210/73, de 9 de Maio.
III – A diferença de regime entre os deficientes das Forças Armadas que foram qualificados como tais na vigência do DL n.º 43/76, de 20 de Janeiro e os que o foram ao abrigo do DL n.º 210/73, de 9 de Maio, não viola o princípio da igualdade, plasmado no n.º 2 do artigo 13.º da Constituição da República.

ACORDAM NO PLENO DA 1ª SECÇÃO DO STA:

1 – RELATÓRIO
O TENENTE GENERAL COMANDANTE DE PESSOAL DO EXÉRCITO PORTUGUÊS, inconformado com o acórdão do Tribunal Central Administrativo (TCA), de 7/02/03, que, confirmando a sentença do Tribunal Administrativo do Círculo de Lisboa, deu provimento ao recurso contencioso de anulação do despacho do General Comandante do Pessoal do Exército, de 16/01/98, pelo qual indeferiu a pretensão do ora recorrido, Coronel Graduado, Leopoldo Alberto Faro Pereira Pinto, Deficiente das Forças Armadas (DFA), em que solicitava a revisão da pensão de reforma, nos termos do DL n.º 134/97, de 31 de Maio, interpôs recurso para o Pleno da 1ª Secção deste STA, com fundamento em oposição com o decidido pelo acórdão da Secção, de 29/01/02, no Proc. n.º 48 067, ao abrigo do disposto na alínea b)', do art. 24.º do ETAF.
Por acórdão deste STA de 19/02/2004, foi verificada a alegada oposição de julgados e ordenado o prosseguimento do recurso, após o que aquele recorrente alegou tendo formulado as seguintes conclusões:
"l. O Coronel Graduado, DFA, Pereira Pinto encontrava-se na situação de baixa de serviço, desde 06Nov70, tendo passado à situação de reforma extraordinária, a seu pedido, em 08Fev79 ao abrigo do Dec Lei 43/76 de 20 de Janeiro, da qual passou a beneficiar, por despacho de 25Out98.
2 O Militar Fernando Garção Nobre identificado no Acórdão Fundamento, foi julgado incapaz para o serviço activo na vigência do Dec Lei 43/76 de 20 de Janeiro, e, DFA, por despacho de 08Out84, em circunstâncias idênticas.
3. O Acórdão fundamento considera, em sede da jurisprudência uniforme desse Venerando Supremo Tribunal Administrativo que são "automaticamente deficientes", nos termos do n.º 1 do art.º 18.º do Dec Lei 43/76 de 20 de Janeiro, aqueles militares que, como DFAs tenham sido efectivamente qualificados antes da entrada em vigor desse diploma.
4. O Dec Lei 134/97 de 31 de Maio abrange, apenas, os militares que hajam sido qualificados DFAs, antes da entrada em vigor do Dec Lei 43/76 de 20 de Janeiro.
5. O Coronel Graduado, DFA, Pereira Pinto não satisfaz os requisitos consubstanciados quer na alínea b) ou c) do n.º l do art.º 18.º do Dec Lei 43/76 de 20 de Janeiro."

Notificado o recorrido do acórdão que decidiu haver oposição de julgados, não contra-alegou, tendo o Ex.º Procurador-Geral Adjunto emitido o seguinte parecer:
"A tese ínsita no acórdão fundamento corresponde à orientação uniforme que se formou neste STA sobre a matéria e de que são exemplo, além dos arestos nele citados, os acórdãos de 2003.06.17, 2003.05.21, 2003.05.29, 2002.02.20, 2002.07.11, e 2001.03.06, respectivamente nos processos n.ºs 2024/02, 919/02, 2021/02, 47 898, 47 948 e 47 043.
Atentas as razões em que assenta esta orientação, emito parecer no sentido de que deverá ser concedido provimento ao presente recurso, revogando-se o acórdão recorrido, e, consequentemente, a sentença do TAC, e, mantendo-se, por essa via, o acto contenciosamente impugnado."
Colhidos os vistos, cumpre decidir.

2 – MATÉRIA DE FACTO
Deu o acórdão recorrido como provado os seguintes factos que este Tribunal Pleno, por ser de revista, tem de acatar:
"a) O recorrente é militar do Quadro Permanente do Exército, Deficiente das Forças Armadas, graduado em Coronel;
b) Cumpria uma Comissão de Serviço no Exército Português, quando sofreu um acidente na ex-província de Moçambique, tendo sido atingido pelo rebentamento de uma mina quando se deslocava em coluna por uma picada que liga Vila Nova Coimbra a Mandiaca;
c) Em 6.11.1970 foi desligado do serviço militar por incapacidade física, sem direito a vencimento ou pensão, por despacho do Secretário de Estado do Exército, nos termos do art.º 30.º do decreto 28404, de 31.12.1937;
d) Após revisão do seu processo, foi homologado, por despacho de 25.10.1978, novo parecer que consi-

derou a doença sofrida pelo recorrente como adquirida em serviço de campanha;

e) Ao abrigo do disposto no art.º 18.º n.º 1, al. c) do Dec-Lei n.º 43/76 de 20.1, foi automaticamente considerado DFA;

f) Na vigência do Dec-Lei n.º 43/76 de 20 de Janeiro, o recorrente não fez qualquer declaração expressa de opção pelo serviço activo no regime que dispensa plena validez;

g) Com a data de 12.6.97 apresentou um requerimento, dirigido à Caixa Geral de Aposentações, a solicitar a revisão da sua pensão de reforma ao abrigo do disposto no Dec-Lei n.º 134/97 de 31 de Maio;

h) Em 2.2.98, o Sr. General Comandante do Pessoal e Exército proferiu o despacho ora impugnado, com base na informação n.º 27, de 15.1.98, da qual retira o seguinte trecho:

"(...)

a) O requerente não está abrangido pelo Dec-Lei 134/97, de 31 de Maio (art.º 1.º), uma vez que este diploma contempla apenas os DFA que, entre outros requisitos, sejam qualificados como tal ao abrigo de legislação anterior ao Dec-Lei 43/76 e já se encontravam na reforma extraordinária antes da vigência do regime jurídico instituído por esse diploma, o que não é o caso do interessado.

b) Assim, o requente não tem direito à promoção regulada pelo Dec-Lei 134/97, pelo que improcede o pedido de o Exército informar a C.G.A. com vista à alteração da pensão de reforma nos termos desse diploma".

Com base nesta factualidade o acórdão recorrido desenvolve o seguinte raciocínio para demonstrar que aos DFAs declarados como tais na vigência do DL n.º 43/76, de 20 de Janeiro – como é o caso do recorrente contencioso – se lhes aplica também o regime do DL n.º 134/97, de 31 de Maio:

"O art.º 1.º do Dec-Lei n.º 134/97 dispõe o seguinte:

«Os militares dos quadros permanentes deficientes das Forças Armadas, nos termos das alíneas b) e c) do n.º 1 do art.º 18.º do Dec-Lei n.º 43/76, de 20 de Janeiro, na situação de reforma extraordinária com um grau de incapacidade geral de ganho igual ou superior a 30%, e que não optaram pelo serviço activo, são promovidos ao posto a que teriam ascendido, tendo por referência a carreira dos militares à sua esquerda à data em que mudaram de situação, e que foram normalmente promovidos aos postos imediatos".

Por sua vez, o art.º 18.º n.º 1, al. c) do Dec-Lei 43/76 preceitua que "O presente diploma é aplicável aos ... cidadãos considerados automaticamente DFA ao abrigo do disposto no Dec-Lei n.º 210/73 de 9 de Maio.

Como justamente se escreve na decisão recorrida, "o nó górdio da interpretação e aplicação dos mencionados preceitos ao caso concreto reconduz-se a saber se o *direito à revisão da pensão de reforma* cabe apenas aos Deficientes das Forças Armadas assim considerados ao abrigo de legislação anterior ao Dec-Lei n.º 43/76 (como está pressuposto no acto recorrido), ou antes, ainda que esse grau de desvalorização seja reconhecido em momento posterior.

Ora, em primeiro lugar, a lei não estabelece qualquer distinção no que toca ao momento em que a incapacidade é reconhecida para atribuir a faculdade de requerer a revisão da pensão de reforma. E, diz o aforismo latino, onde o legislador não distingue, não cabe ao intérprete e aplicador da lei distinguir.

Por outro lado, não existe qualquer razão objectivamente válida que permita dar um tratamento distinto às duas situações que são substancialmente idênticas.

Trata-se, em ambos os casos, de Deficientes das Forças Armadas com uma incapacidade geral de ganho igual ou superior a 30%. Partindo do pressuposto que o legislador consagrou as soluções mais justas e se soube exprimir em termos adequados – art.º 9.º n.º 3 do Código Civil – tem de se concluir que quis dar tratamento igual às duas situações, sob pena de violação do princípio constitucional da igualdade – art.º 13.º da Constituição da República Portuguesa".

Este entendimento é, a nosso ver, irrefutável.

O regime jurídico dos DFA, constante do Dec-Lei 43/76 de 20 de Janeiro não pode deixar de ser aplicável à situação particular do ora recorrido, conforme resulta do aludido art.º 18.º n.º 1, al. c).

A intenção do legislador foi a de reconhecer o direito à plena reparação de consequências sobrevindas no cumprimento do dever militar aos que foram chamados a servir em situação de perigo, fazendo aplicar o Dec-Lei 43/76 aos combatentes que se deficitaram nas campanhas pós – 61, como é manifestamente o caso do recorrido.

Ou seja: o Dec-Lei 134/97, ao abrigo do qual o ora recorrido requereu a revisão da sua pensão de reforma, veio precisamente rever a situação dos militares DFA que, tendo sido promovidos, como é o caso do recorrente, não viram contudo reconhecido o direito à actualização da pensão de reforma (cfr. art.º 4.º do Dec-Lei 295/73 e 18.º n.º 1, al. c) do Dec-Lei 43/76), como justamente o entendeu a decisão recorrida.

Tem sido este, de resto, o entendimento pacífico deste T.C.A., como resulta dos acórdãos de 1.7.99, Rec. 1087/98, de 23.9.99, Rec. 1096/98, de 21.10.99, Rec. 1566/98 e de 11.11.99, Rec. 1576/98). – improcedem, pois, na íntegra, as conclusões da alegação da entidade recorrida".

Ao assim decidir o acórdão recorrido do Tribunal Central Administrativo fê-lo em manifesta oposição com o acórdão fundamento, de 29/01/02, Proc. n.º 48 067, deste STA, como foi declarado pelo acórdão de fls. 197 e segs., porquanto sendo as situações fácticas idênticas (ambos os interessados militares foram considerados DFAs durante a vigência do DL n.º 43/76) o acórdão recorrido decidiu que era aplicável o regime do DL n.º 134/97 no que concerne à revisão de reforma, mas o acórdão fundamento perfilhou solução oposta, ou seja, que este último diploma só se aplicava aos militares julgados DFAs antes da entrada em vigor do DL n.º 43/76, e não também àqueles que o tivessem sido durante a vigência deste último.

Com efeito, lê-se em I do sumário do acórdão fundamento que "Aos militares dos quadros permanentes deficientes das Forças Armadas que como tal foram qualificados na vigência do DL n.º 43/76, de 20 de Janeiro, não é aplicável o regime previsto no DL n.º 134/97, de 31 de Maio".

A questão a decidir consiste, assim, em saber se o recorrente contencioso, ora recorrido, tem direito ao regime de promoções e correspondente pensão de reforma estabelecido nos arts. 1.º e 2.º do DL n.º 134/97, de 31 de Maio, sendo certo que aquele foi qualificado DFA na vigência do DL n.º 43/76.

Já vimos que o acórdão recorrido decidiu pela afirmativa enquanto o acórdão fundamento, numa situação em tudo idêntica, perfilhou a solução oposta.

A jurisprudência deste STA é abundante e pacífica no sentido do acórdão fundamento, como o evidencia a citação de arestos no parecer do Ex.º Procurador-Geral Adjunto, havendo, para além desses, muitos outros constantes da Base de Dados do Ministério da Justiça (www.dgsi.pt). Tal orientação, consolidada nas Subsecções, foi recentemente confirmada por este Tribunal Pleno, no seu acórdão de 26/06/2003, proferido no Proc. n.º 037594, constante da referida Base de Dados.

Ora, como não se vislumbram razões que imponham alteração a esta jurisprudência, limitar-nos-emos a seguir a sua argumentação plasmada no citado aresto deste Pleno.

Dispõe o referido art. 18.º, n.º 1, do DL n.º 43/76, de 20 de Janeiro: o presente diploma é aplicável aos:
1. Cidadãos considerados, automaticamente, DFA:
(....)
c) ...Os considerados deficientes ao abrigo do disposto no Decreto-Lei n.º 210/73, de 9 de Maio.

Por contraposição aos n.ºs 2 e 3 do preceito (que consideram DFA, respectivamente, aqueles que venham a ser como tal reconhecidos, após revisão do processo, e os que o venham a ser reconhecidos após contrair deficiência em data ulterior à vigência deste diploma), o n.º 1 define o universo dos que são considerados "automaticamente DFA", ou seja, aqueles que, independentemente de qualquer procedimento ou declaração formal, ficam abrangidos pelo regime consagrado neste diploma.

Entre estes, como resulta da apontada al. c), "Os considerados deficientes ao abrigo do disposto no Decreto-Lei n.º 210/73, de 9 de Maio".

O DL n.º 210/73 estabelece, no seu art. 1.º, n.º 1, que "os militares dos quadros permanentes das forças armadas deficientes em consequência de acidentes ou doenças resultantes do serviço de campanha (...) podem continuar na situação de activo ou optarem pela situação de reforma extraordinária".

E a Portaria n.º 619/73, de 12 de Setembro, que regulamenta aquele DL no que se reporta aos militares do Exército, depois de referir que "são considerados deficientes para os efeitos consignados no Decreto-Lei n.º 210/73, de 9 de Maio, os militares que tenham sofrido desvalorização permanente na capacidade geral de exercício da sua actividade profissional, em consequência de acidentes ou doenças resultantes do serviço de campanha (...)" (n.º 1), estabelece uma série de procedimentos a observar, tendentes ao apuramento da incapacidade permanente, fazendo depender de tais actos ou procedimentos, que culminam com um acto de homologação ministerial, a atribuição da qualidade de deficiente.

Ora, como resulta da matéria de facto dada como provada, al. e), que de resto não se questiona, o ora recorrido foi considerado automaticamente DFA ao abrigo do disposto no art. 18.º, n.º 1, al. c) do DL n.º 43/76, de 20/01.

A jurisprudência deste Supremo Tribunal Administrativo tem entendido, que todas as situações referidas no n.º 1 do art. 18.º do DL n.º 43/76 são situações necessariamente estabelecidas e qualificadas ex ante, e juridicamente definidas por acto ou diploma concreto, e que as situações ainda não apreciadas à data da entrada em vigor daquele diploma ficam de pleno sob o império deste.

Do que resulta, pois, que a situação prevista na citada al. c) ["considerados deficientes ao abrigo do disposto no Decreto-Lei n.º 210/73, de 9 de Maio"], só é relevante, para efeito de qualificação desses militares como "automaticamente DFA", se essa qualidade de "deficiente" tiver sido reconhecida ao abrigo deste diploma e não do DL n.º 43/76.

A própria expressão literal usada na alínea c) ["os considerados deficientes"], contrastando com as empregadas no n.º 2 ["venham a ser consideradas"] e no n.º 3 ["venham a contrair deficiência ... e forem consideradas"], mostra claramente reportar-se aquela disposição a cidadãos que já tivessem sido considerados deficientes ao abrigo do Decreto-Lei n.º 210/73, e, portanto, a circunstâncias pretéritas.

De resto, entendimento contrário implicaria o reconhecimento de que a lei teria pactuado com o absurdo no atribuir imediatamente, por qualificação automática, o regime nela estabelecido a situações ainda juridicamente inexistentes, não obstante a sua eventual realidade material e relativamente às quais nem sequer se sabia se eram susceptíveis de tutela jurídica por falta de adequada e competente apreciação."

Ou seja, nem o DL n.º 210/73 nem a Portaria n.º 619/73, que o regulamenta relativamente aos militares do Exército, estabelecem uma atribuição automática da qualidade de DFA, só podendo ser "considerados automaticamente DFA", para efeito do art. 18.º, n.º 1, al. c) do DL n.º 43/76, os cidadãos que já tivessem sido formalmente considerados deficientes ao abrigo do disposto no DL n.º 210/73.

Não podia, pois, o ora recorrido ser "considerado, automaticamente, DFA", ao abrigo do disposto no art. 18.º, n.º 1, al. c) do DL n.º 43/76, de 20 de Janeiro, uma vez que só veio a ser qualificado DFA na vigência do DL n.º 43/76.

Por outro lado, e reforçando o entendimento que o disposto no art. 1.º do DL n.º 134/97, de 31/05 contempla, exclusivamente, aqueles militares que foram qualificados DFAs antes da vigência do DL n.º 43/76, de 20/01, ou seja, ao abrigo do DL n.º 210/73, pode dizer-se, na esteira do acórdão fundamento, que aquela norma – art. 1.º do DL 134/97 – tal como o diploma em que se insere, foi produzido, como consta, do respectivo preâmbulo, na sequência da declaração de inconstitucionalidade com força obrigatória geral da norma da alínea a) do n.º 7 da Port. n.º 162/76, de 24 de Março, e visou a reconstrução da situação jurídica dos deficientes das Forças Armadas nas situações de Reforma extraordinária ou de beneficiários de pensão de invalidez que já teriam podido beneficiar do direito de opção nos termos da legislação em vigor anteriormente ao DL n.º 43/76, de 20 de Janeiro, aos quais, por efeito da norma julgada inconstitucional não era reconhecido o direito de optar pelo ingresso no serviço activo (cfr. acórdão do TC n.º 563/96, de 10 de Abril de 1996 in DR, I Série-A, de 16 de Maio de 1996).

Em consonância com aquela finalidade expressa na nota preambular, o art.º 1.º do DL 134/97 apenas abrangeu na sua previsão os militares que tenham sido qualificados como DFA antes da entrada em vigor do DL 43/76, de 20.01, pois aqueles que o foram ao abrigo deste último diploma já tinham a faculdade de optar pelo ingresso no serviço activo em regime de despensa de plena validez.

Com feito, só os militares considerados DFAs no domínio do DL n.º 210/73, de 9/05, é que não puderam usufruir do direito de opção pelo serviço activo nos termos da legislação então em vigor já que era a esses e só a esses que se referia a proibição da norma da al. *a)* do art.º 7.º da Portaria n.º 162/76, de 24.03, suprimida da ordem jurídica por ter sido declarada inconstitucional, com força obrigatória geral, pelo referido Acórdão do TC n.º 563/96.

Ora, o recorrido, conforme resulta da matéria de facto, als. *e)* e *f)*, foi considerado deficiente das Forças Armadas, ao abrigo do disposto no art. 18.º, al. *c)* do DL n.º 43/76, de 20 de Janeiro, e não do DL n.º 210/73, pelo que lhe não é aplicável o art. 1.º do DL n.º 134/87, de 31/05, sendo certo que poderia ter optado pelo serviço activo no regime que dispensa plena validez, faculdade esta consentida por aquele diploma.

Em suma: O art. 1.º do DL n.º 134/97, de 31/05, apenas visou a situação daqueles militares DFAs que eram afectados pela *a)* do n.º 7 da Portaria n.º 162/76, ou seja, daqueles militares que, não tendo podido optar pelo ingresso no serviço activo nos termos do DL n.º 43/76, também não tiveram acesso às promoções a esse mesmo serviço, visto terem sido considerados DFAs ao abrigo do DL n.º 210/73.

Como o recorrido foi considerado DFAs na vigência do DL n.º 43/76, não pode beneficiar do disposto no art. 1.º do DL n.º 134/98, de 31/05, ou seja, da revisão da sua pensão de reforma.

Nem se diga que, desta forma, se viola o princípio da igualdade plasmado no art. 13.º, n.º 2, da Constituição da República, pois, como se afirma no acórdão do Tribunal Constitucional de 3/10/2001, in DR, II Série, de 27/11/2001, que não declarou inconstitucional a norma do art. 1.º do DL n.º 134/97, de 31/05, compreende-se que o caso do recorrido não tenha sido um dos visados pelo referido art.º 1.º, pois que ele também não estivera abrangido pelo inconstitucionalizado n.º 7 da Portaria n.º 162/76: o recorrido não esteve na situação dos que foram prejudicados por não terem tido possibilidade de optar pelo serviço activo nas condições previstas no DL 43/76 e assim acederem às promoções decorrentes dessa opção.

"A invocada desigualdade de tratamento resultante do DL 134/97, entre militares reconhecidos como DFA antes e depois da publicação do Dec-Lei 43/76 não é, portanto, arbitrária e destituída de fundamento racional – antes assenta num critério distintivo que decorre da linha de raciocínio que fundamentou a declaração de inconstitucionalidade, com força obrigatória geral, constante do acórdão n.º 563/96. É que neste aresto se entendeu que a possibilidade de opção pelo serviço activo antes da publicação do DL n.º 43/76 não era "igual" à possibilidade de opção pelo serviço activo depois dessa mesma publicação.

Assim, a situação do recorrido, que foi reconhecido como DFA já na vigência deste último diploma, não é igual à dos militares que foram reconhecidos como DFA anteriormente. O art.º 1.º do DL 134/97 limita-se, portanto, a tratar diferentemente situações em si mesmo diferentes.

Nos termos expostos, acordam em dar provimento ao presente recurso e, em consequência, em revogar o acórdão recorrido e em negar provimento ao recurso contencioso.

Custas pelo recorrido, fixando-se a taxa de justiça e a procuradoria, respectivamente, em 250 e 100 Euros, apenas no TCA.

Lisboa, 13 de Outubro de 2004.

António Samagaio (Relator)
Santos Botelho
Azevedo Moreira
Pais Borges
Rosendo José
Angelina Domingues
Costa Reis

Recurso n.º 1 918/03

EXPROPRIAÇÃO.
VÍCIOS E FORMAS DE INVALIDADE.
EXTEMPORANEIDADE
DO RECURSO CONTENCIOSO.

(Acórdão de 13 de Outubro de 2004)

SUMÁRIO:

I – **O conhecimento da extemporaneidade do recurso contencioso tem precedência sobre a apreciação «de meritis».**

II – **Se o recorrente assevera que os vícios por si arguidos acarretam a nulidade do acto, deve a extemporaneidade do recurso averiguar-se através da formulação de um juízo hipotético, sob forma condicional, em que se determine qual é, na eventualidade de os vícios existirem, a forma de invalidade que lhes corresponde.**

III – **Os expropriados não podem opor à expropriação de que sejam alvo o seu simples direito de propriedade, pois o que pode ofender a lei não é a expropriação enquanto instituto típico, constitucionalmente ligado aos direitos dominiais, mas sim o modo particular como o procedimento expropriativo em concreto surgiu e se desenrolou.**

IV – **Assim, a denúncia de que não existe, no caso, a utilidade pública declarada pelo acto expropriativo não se apresenta como uma ofensa do direito de propriedade, determinante de que o acto venha a ser declarado nulo, mas como uma violação das normas reguladoras do procedimento expropriativo, conducente à anulação do acto.**

V – **A afirmação de que o acto recorrido expropriou um terreno para que a entidade expropriante futuramente o vendesse e assim se financiasse não configura a imposição de um imposto oculto, nem uma ofensa do conteúdo essencial do direito de propriedade das expropriadas, nem uma falta de vontade para atingir o fim invo-**

cado na declaração de utilidade pública, mas antes a emergência de um vício de desvio de poder, causal da anulação do acto.

VI – Assente que a hipotética existência dos vícios invocados pelas recorrentes, encarados segundo as únicas perspectivas em que eles são minimamente possíveis, só poderá acarretar a anulação do acto contenciosamente recorrido, e assente ainda que o recurso contencioso foi interposto mais de dois anos depois de as recorrentes terem sido notificadas do acto, há que rejeitar o recurso contencioso, por extemporaneidade na sua interposição.

ACORDAM NO PLENO DA 1.ª SECÇÃO DO SUPREMO TRIBUNAL ADMINISTRATIVO:

MARIA HELENA MATOS REIS e MARIA LÍDIA DE MATOS REIS ARAÚJO, identificadas nos autos, interpuseram recurso jurisdicional do acórdão da Subsecção, de fls. 176 e ss., que negou provimento ao recurso contencioso que haviam deduzido do despacho de 21/10/99, do Secretário de Estado da Administração Local e do Ordenamento do Território, acto este que declarara a utilidade pública urgente da expropriação de um imóvel de que as recorrentes são comproprietárias.

As recorrentes terminaram a sua alegação de recurso, oferecendo as seguintes conclusões:

1 – O n.º 2 do art. 62.º da CRP rege (entre o mais) a prática dos actos de expropriação, ou seja, a prolação das declarações de utilidade pública de certos e determinados bens.

2 – Os requisitos de legitimidade impostos a esses actos (utilidade pública, legalidade, justa indemnização) limitam o poder público de expropriar e, enquanto tal, constituem garantia constitucional da propriedade sobre determinado bem.

3 – Toda a limitação do poder de expropriar constitui uma garantia do poder directo, imediato e exclusivo do proprietário sobre concretos e determinados bens.

4 – O direito de não ser privado da propriedade por acto de autoridade, salvo nos termos e nas condições fixadas na CRP e, por remissão desta, na lei, constitui elemento essencial desse direito.

5 – Uma declaração de utilidade pública que expropria por erro um dado terreno que na realidade não se destina ao fim de utilidade pública invocado viola os requisitos constitucionais de exercício do poder expropriativo e o núcleo essencial do direito subjectivo de propriedade, visto estar ausente o requisito constitucional da utilidade pública.

6 – Conforme se vê no requerimento em que a CM Lisboa pediu ao Governo a expropriação ora em causa (inserido no processo administrativo apenso ao processo 45.899, da 3.ª Subsecção da 1.ª Secção desse Venerando Tribunal) e também resulta do Plano de Urbanização do Alto do Lumiar, a parte da parcela expropriada às recorrentes, destinada à implantação do edifício 26.3, não se destina à construção de fogos no âmbito do programa PER do Alto do Lumiar, mas a venda livre.

7 – O erro cometido pelo autor do acto administrativo ao invocar que essa parte da parcela expropriada se destina à construção de fogos no âmbito do programa PER do Alto do Lumiar traduz-se na expropriação de um terreno sem que, relativamente a ele, se verifique a exigência constitucional de destinação a um fim de utilidade pública.

8 – O acto recorrido viola as limitações impostas à expropriação pelo n.º 2 do art. 62.º da CRP e ofende o núcleo essencial do direito subjectivo de propriedade das recorrentes, pelo que é nulo nos termos da al. d) do n.º 2 do art. 133.º do CPA, atento o disposto no art. 17.º da CRP.

9 – Acresce que tal acto seria nulo, mesmo na tese da co-recorrida, de que a expropriação da área destinada ao edifício 26.3 satisfaz o fim da expropriação por se destinar a ser dado em pagamento aos empreiteiros que construíram os fogos de realojamento.

10 – Se isso estivesse provado (e não está), deparar-se-ia um imposto oculto a que só as recorrentes estariam sujeitas, e não os cidadãos em geral.

11 – O imposto é uma "prestação pecuniária, singular ou reiterada, que não apresenta conexão com qualquer prestação retributiva e de que é titular uma entidade pública que utiliza as receitas assim obtidas para a cobertura das suas despesas" (cfr. Saldanha Sanches, Manual de Direito Fiscal, Coimbra, 2002, pág. 9).

12 – A operação alegada, mas não provada pela co-recorrida, ocultaria um imposto pela razão evidente de que a maior valia do terreno urbanizado, excedente ao valor da aquisição do terreno bruto (correspondente ao montante da justa indemnização), seria retirada às recorrentes e compensada em dinheiro nos cofres da co-recorrida, que neles conservaria uma quantia que, doutra forma, teria de pagar aos empreiteiros para satisfazer a despesa pública.

13 – Essa mais valia, na sua destinação económica, pertence às ora recorrentes que poderiam ficar sujeitas, quando muito, ao imposto ou encargo de mais valia.

14 – Se a tese da recorrida tivesse sido provada (e não o foi), o acto recorrido violaria os artigos 103.º, n.º 2, e 13.º da CRP, pelo que seria nulo nos termos da al. d) do n.º 2 do art. 133.º do CPA, atento o disposto no art. 17.º da CRP.

15 – Acresce que tal operação constituiria uma fraude à lei que, por si só, é também fonte de nulidade, nos termos do n.º 1 do art. 133.º do CPA, visto implicar a ausência da vontade de atingir o fim invocado na declaração de utilidade pública.

Só a entidade expropriante CM Lisboa contra-alegou por intermédio do seu Presidente, tendo apresentado as conclusões seguintes:

I – O acto de expropriação da parcela de terreno das recorrentes não permite consubstanciar a ofensa do conteúdo essencial de um direito fundamental, «maxime» o direito de propriedade, tal como configurado pelo art. 62.º, n.º 1, da CRP.

II – O direito de propriedade inscrito no texto da Lei Fundamental, no seu art. 62.º, n.º 1, é aí plasmado na sua vertente abstracta, enquanto consagração da garantia institucional e individual da propriedade privada, faculdade de uma pessoa ser titular de um bem, podendo dele usufruir e dispor.

III – Nesse preceito constitucional não está em causa a dimensão subjectiva do direito de propriedade, pelo que daí não se extrai uma interpretação conforme ao direito concreto das recorrentes sobre o seu bem, identificado no processo expropriativo.

IV – As recorrentes sindicam um erro sobre os pressupostos de facto que determinaram a prolação da declaração de utilidade pública de expropriação, considerando que foram expurgadas do seu direito de propriedade sem que tal se fundasse num fim de utilidade pública, o que significa que pretendem a apreciação do seu direito de propriedade numa vertente subjectiva.

V – Não existindo uma ofensa ao conteúdo desse direito fundamental, pois aí apenas se almeja o carácter abstracto do mesmo, não há lugar a vício gerador de nulidade, nos termos do art. 133.º, n.º 2, al. d), do CPA.

VI – A interpretação que as recorrentes encetam sobre as permutas efectuadas pela entidade expropriante no âmbito do plano especial de realojamento é falaciosa e não encontra eco nas alegações desta.

VII – Não se configura no caso concreto um «imposto oculto», na exacta medida em que a expropriação está sempre sujeita ao pagamento de uma justa e contemporânea indemnização, nos termos do art. 1.º do Código das Expropriações.

VIII – O conceito de imposto escapa em absoluto à aquisição da propriedade pela autoridade administrativa por via de processo expropriativo, para efeitos de utilidade pública.

IX – A não afectação do bem expropriado ao fim de utilidade pública a que a expropriação se destina é susceptível de configurar um vício de desvio de poder que não é gerador de nulidade, mas de anulabilidade.

X – Nenhum dos fundamentos indicados pelas recorrentes é susceptível de consubstanciar um vício determinante da nulidade do acto administrativo contenciosamente impugnado.

XI – Inexistindo nulidade, os pretensos vícios, a existirem (o que não se concebe), seriam apenas hábeis a gerar anulabilidade, cujo regime vem previsto nos artigos 136.º do CPA e 28.º, n.º 1, al. a), da LPTA.

XII – Tendo as recorrentes sido notificadas do acto administrativo impugnado em 16/12/99 e tendo apresentado em juízo o seu recurso em 11/3/02, o prazo legal para interposição do recurso contencioso de anulação encontrava-se largamente ultrapassado, sendo o mesmo intempestivo.

O Ex.º Magistrado do M.ºP.º junto deste Pleno emitiu douto parecer no sentido do não provimento do recurso.

A matéria de facto pertinente é a dada como provada na decisão «sub censura», que aqui se dá por integralmente reproduzida – como estabelece o art. 713.º, n.º 6, do CPC (cfr. os artigos 726.º e 749.º do mesmo diploma).

Passemos ao direito.

O recurso contencioso dos autos tomou por objecto o acto que declarou a utilidade pública, com carácter urgente, da expropriação de várias parcelas de terreno com vista «à construção de fogos no âmbito do programa especial de realojamento (PER) do Plano de Urbanização do Alto do Lumiar». Enquanto destinatárias desse acto, as recorrentes, na sua petição, atacaram-no com um único fundamento – o de que ele seria nulo por ofensa do direito fundamental de propriedade, já que, segundo dizem, parte da área expropriada não servirá a execução do PER, mas receberá um edifício destinado a venda livre. Na alegação final, as recorrentes acrescentaram a esse fundamento do recurso um outro, também apresentado como causal da nulidade do acto. Assim, e confrontadas com a alegação da entidade expropriante – a CM Lisboa – de que a expropriação dos terrenos em que se edificará para venda livre também cumpre, ainda que indirectamente, os fins de utilidade pública a que o acto se inclina, as recorrentes contrapuseram que, nessa hipótese, o procedimento expropriativo consubstanciaria a imposição de um imposto oculto, determinante da inconstitucionalidade e da invalidade do acto.

Foi sobre esses dois fundamentos que o acórdão recorrido, na sua apreciação «de meritis», se debruçou. Convém salientar que o acórdão adoptou o entendimento de que não teria que apreciar se o recurso contencioso era, ou não, tempestivo, mas que lhe cumpria somente ver se as duas nulidades invocadas existiam. Portanto, a Subsecção confinou a sua pronúncia à ocorrência, não exactamente dos vícios, mas da forma de invalidade (isto é, a nulidade) que as recorrentes atribuíram ao acto, fazendo-o a partir da assumida certeza de que o recurso seria extemporâneo se tais vícios, existindo embora, apenas acarretassem a anulação do acto.

Ora, esta metodologia do aresto impugnado não é a melhor. A «causa petendi» dos recursos contenciosos são os vícios assacados ao acto, e não as consequências jurídicas que deles decorram. Consequentemente, o que a Subsecção deveria ter feito era perguntar-se se os vícios invocados eram potencialmente causais da nulidade ou da anulação do acto. Para responder a essa pergunta, a Subsecção haveria de discorrer por forma a, «in fine», ficar em condições de emitir um juízo hipotético, sob forma condicional – juízo esse em que se determinariam com precisão os efeitos jurídicos (ou a nulidade, ou a anulabilidade) da hipotética existência dos vícios. Seguidamente, e se acaso tivesse concluído que os vícios arguidos, na eventualidade de existirem, mais não poderiam causar do que a anulação do acto, a Subsecção veria se o recurso contencioso fora extemporaneamente interposto – pois esta questão de índole formal, e que até vinha suscitada no processo, antecede necessariamente o conhecimento da efectiva existência dos vícios. Ora, será esta disposição metódica que seguidamente observaremos, pois a inserta no acórdão «sub judicio», apesar de não censurada pelas recorrentes, não se reveste de uma consolidação formal que se devesse impor aos poderes de revisão que agora exercemos. Ademais, nada obsta a que, nessa linha de raciocínio, porventura concluamos pela rejeição do recurso contencioso, posto que esse resultado, para além de pedido na contra-alegação, continua a ser perfeitamente atingível «ex officio».

Uma última nota se impõe. Dissemos que, relativamente a cada um dos fundamentos do recurso, iríamos determinar qual é, na eventualidade do vício invocado existir, a forma de invalidade que lhe corresponde – pois essa tarefa antecede necessariamente a apreciação sobre a tempestividade do recurso. Mas, nesse labor, só consideraremos os vícios segundo as qualificações jurídicas que os tornem minimamente possíveis, afastando desde logo todas as outras, ainda que enunciadas pelas recorrentes, cuja aplicabilidade aos mesmos vícios se revele absolutamente impossível – pois uma coisa é a arguição de um vício e outra o tratamento jurídico dele (e, como já dissemos, outra ainda é a forma de invalidade que se lhe segue). Apesar de não haver impedimento lógico a que se formule um juízo hipotético (do género, «se o vício acaso existir, corresponder-lhe-á esta forma de invalidade») sabendo-se de antemão da impossibilidade do antecedente, nenhum sentido faria que a indagação «de jure» – que persegue sempre finalidades práticas – encarasse os vícios segundo perspectivas antecipadamente tidas por abstrusas, erróneas ou infrutíferas. Daí que, na formulação do juízo hipotético «supra» referido, devamos encarar os vícios à luz dos aspectos em que a sua invocação apresente um mínimo de razoabilidade, simultaneamente desatendendo qualquer qualificações jurídicas artificiais que as recorrentes porventura hajam emprestado aos vícios.

De acordo com o que nos propusemos, comecemos por averiguar se o acto, na hipótese de ser verdade que enfermou do erro de expropriar para a execução do PER uma parcela de terreno que a esse fim se não destinava «ab initio», padece de nulidade por ofensa do direito fundamental de propriedade das recorrentes, ou se a esse eventual vício apenas pode corresponder, no máximo, a mera anulabilidade.

Neste particular, as recorrentes argumentam da seguinte forma: a propriedade privada é, enquanto direito fundamental, constitucionalmente garantida, podendo os cidadãos ser dela expropriados por razões de utilidade pública (nos termos do art. 62.º, n.º 2, da CRP); ora, o erro discernido no acto – o de se expropriar para um destino que é, afinal, privado – exclui que ele sirva aquela utilidade pública; logo, o acto expropriativo ofendeu o mencionado preceito constitucional e é nulo, nos termos do art. 133.º, n.º 2, al. d), do CPA.

Sobre isto, o acórdão recorrido dissera que o direito de propriedade privada está protegido no art. 62.º da CRP enquanto mera categoria abstracta, inconfundível com o direito subjectivo de propriedade das recorrentes. Daí que o acto nunca pudesse ter ofendido o referido preceito constitucional e não pudesse ser nulo, mas, quando muito, apenas anulável – caso em que o recurso seria extemporâneo.

Esta decisão da Subsecção, aliás estribada em profusa jurisprudência que nos abstemos de repetir, é inequivocamente exacta. Com efeito, o art. 62.º da CRP não diz que os múltiplos direitos de propriedade dos cidadãos são sacrossantos e intangíveis, como se estivessem a coberto de quaisquer limitações ou constrangimentos; e antes estabelece o princípio sumamente geral de que, no nosso país, existe o direito de propriedade privada, que «todos» podem vir a deter e a transmitir. Por isso é que o acórdão recorrido, na linha de muitos outros arestos, afirmou que o art. 62.º, n.º 1, da CRP alude ao direito de propriedade enquanto «categoria abstracta», não querendo com isso dizer que a norma constitucional seja forçosamente imprestável para solucionar quaisquer casos concretos – o que seria excessivo – mas pretendendo inculcar que o preceito versa sobre o «direito à propriedade», em termos gerais, e não sobre este ou aquele particular direito subjectivo de dominialidade, integrável na mesma categoria genérica. Sendo assim, o art. 62.º, n.º 1, da CRP só se mostra susceptível de violação directa em situações deveras extravagantes, em que a algum cidadão fosse recusado o direito de aceder à qualidade de «dominus» (independentemente do bem concreto que estivesse em causa), ou o de nessa qualidade se manter, ou o de a transmitir, casos esses em que o cidadão afectado surgiria como que posto intoleravelmente à margem das regras gerais que, no ordenamento jurídico português, aplicam e desenvolvem o princípio consagrado no dito art. 62.º. Só neste singular plano é que o problema do direito de propriedade concerne ao domínio dos direitos fundamentais, porque só aí ele se relaciona com aspectos que verdadeiramente fundam e estruturaram a organização política, económica e social do país e, por via disso, a vida dos seus habitantes.

Por outro lado, o próprio art. 62.º da CRP dispõe que os cidadãos podem ser privados dos seus bens através de expropriação por utilidade pública, o que mostra que, aos vários direitos subjectivos de propriedade incidentes sobre bens expropriados, não se reconhece a intangibilidade própria do conteúdo essencial dos direitos fundamentais. Pode, evidentemente, acontecer que um procedimento expropriativo enferme de quaisquer vícios «ab origine», que globalmente o inquinem. Mas, nesse caso, os efeitos invalidantes desses vícios não decorrem da ofensa do «direito de propriedade privada», proclamado no art. 62.º da CRP, e antes resultam da infracção das regras infraconstitucionais a que a expropriação se deveria ater.

Do que atrás dissemos, facilmente se depreende que a iniciativa de se expropriar um bem qualquer («mediante o pagamento de justa indemnização»), só poderia apresentar-se como violadora do direito à propriedade do respectivo «dominus», consagrado no art. 62.º n.º 1, da CRP, se tal bem devesse ser tido como não expropriável; mas esta condição é clara e imediatamente afastada pelo n.º 2 do próprio artigo, em que logo se diz que as expropriações por utilidade pública são realizáveis. Portanto, os expropriados não podem opor à expropriação de que sejam alvo o seu simples direito de propriedade; e, por isso, eles não podem atacar a expropriação enquanto instituto típico que desapossa alguém de um domínio, independentemente dos pormenores que em concreto caracterizam e individualizam a expropriação que esteja em causa, e apenas podem insurgir-se contra os modos que o procedimento expropriativo adoptou desde o seu início e durante o seu desenrolar.

Nesta conformidade, as recorrentes, ao denunciarem a ocorrência de um erro nos pressupostos do acto contenciosamente recorrido, estão a afirmar que a expropriação, embora perfeitamente concebível em abstracto ou «ex ante», apresentou «ex post» uma fisionomia violadora das regras procedimentais a que se devia submeter. Assim, o vício imputado ao acto não é configurável como uma ofensa do conteúdo essencial do direito fundamental de propriedade, mas como uma ilegalidade que, enquanto reportada às normas reguladoras de um certo tipo de procedimentos administrativos, é simplesmente causal da anulação do acto (cfr. o art. 135.º do CPA).

Assente que o primeiro fundamento do recurso contencioso não pode trazer a nulidade do despacho impugnado, mas tão só a sua anulabilidade, vejamos agora as consequências da hipotética existência do outro fundamento.

As recorrentes afirmam que, a ser verdade que o terreno não destinado ao PER foi expropriado para ser dado em pagamento aos empreiteiros que construiriam os fogos de realojamento, o acto incorporou um imposto oculto, correspondente à privação, sofrida pelas comproprietárias, da diferença entre os valores do terreno não urbanizado e urbanizado. Daí que, já no presente recurso, as recorrentes defendam que o acto é nulo, seja por incorporar a imposição oculta de um imposto, seja por ofensa do conteúdo essencial de um direito fundamental, seja ainda por nele faltar a vontade de atingir o fim invocado na declaração de utilidade pública.

A este propósito, a Subsecção disse não estar provado que o acto contenciosamente impugnado dissimulou a aplicação de qualquer imposto; e acrescentou que tal alegação traduz um vício de desvio de poder, a que somente corresponderia a anulabilidade do acto, e não a sua nulidade.

Ora, também neste particular não merecem censura as considerações tecidas pela Subsecção. Desde logo, não se capta muito bem qual é a mais valia de que as recorrentes se dizem privadas; pois, se é certo que um terreno urbanizado vale mais do que um não urbanizado, também é indesmentível que a urbanização dele tem um custo justificativo desse aumento de valor. Mas, mesmo que a discrepância pecuniária invocada pelas recorrentes constituísse um seu prejuízo, só por fantasia este poderia ser qualificado como o resultado da aplicação de um imposto, ainda que dissimulado ou oculto. O que, em verdade, então sucederia era que as recorrentes, através da alegação ora em apreço, estariam antecipadamente a queixar-se que a indemnização a satisfazer não iria ser justa, por não reparar plenamente todas as potencialidades lucrativas que o terreno expropriado incorporava. Todavia, se as recorrentes acham que a discussão sobre o «quantum» indemnizatório deve estender-se à referida diferença de valor (entre o terreno não urbanizado e o urbanizado), deverão tratar desse assunto no processo de expropriação correspondente, que é a sede própria para se discutir e determinar o valor da indemnização. O que, em termos lógicos, se mostra absurdo é colocar o antecedente de que essa discussão se justifica para daí se extrair a consequência de que o próprio processo de expropriação (onde tal discussão deveria fazer-se) não deve existir.

Por outro lado, também não se vê como é que o alegado propósito de usar o terreno expropriado como dação em pagamento aos empreiteiros que executariam o programa PER poderia afectar um direito fundamental das recorrentes – que, ao que cremos, se referem também aqui ao direito de propriedade. «Mutatis mutandis», valem neste ponto as considerações que acima expendemos acerca da impossibilidade de o art. 62.º da CRP ser directamente ofendido por um processo expropriativo que, não recusando a necessidade de indemnizar, se haja afastado de outras regras que lhe são aplicáveis.

E as recorrentes também não têm a mínima razão quando defendem que o acto contenciosamente recorrido carece do elemento essencial que consiste na vontade do seu autor. Pois, no caso dos autos, essa vontade é, tão só, a de expropriar determinados bens, e ela está inequivocamente manifestada no próprio teor do despacho expropriativo. O que verdadeiramente perpassa pela denúncia das recorrentes não é que o autor do acto o tivesse praticado sem vontade – pois elas próprias dizem que a vontade dele se inclinou a um fim diferente do referido na declaração de utilidade pública e, nessa medida, admitem que ao acto presidiu uma vontade qualquer – mas que a vontade do autor do acto se ordenou a um propósito diferente do que a lei erigiu para a atribuição do poder discricionário de expropriar. Deste modo, e tal como a Subsecção afirmou, a arguição das recorrentes redundará, afinal, num desvio de poder, vício este que, a existir realmente, causaria a anulabilidade do acto, e não a sua nulidade (cfr. os artigos 19.º da LOSTA e 135.º do CPA).

Em suma: o segundo fundamento esgrimido pelas recorrentes em prol da nulidade do acto contenciosamente impugnado nunca poderá acarretar essa drástica consequência – pois o acto não traduz a emergência de um qualquer imposto, nem afecta o conteúdo essencial de algum direito fundamental, nem foi praticado sem vontade. Portanto, e na parte relativa a terrenos em que porventura se não execute o programa PER, o acto poderá, quando muito, apresentar uma discrepância entre o fim principal por ele prosseguido e o fim a que legalmente se deveria ordenar, hipótese em que enfermará do vício de desvio de poder, causal de mera anulabilidade.

Torna-se agora certo que os dois fundamentos do recurso contencioso, pelas recorrentes invocados, traduzem a arguição de vícios conducentes à simples anulação do acto. Ora, o prazo para as recorrentes interporem o recurso contencioso dos autos era de dois meses, contados da notificação do despacho impugnado (cfr. o art. 28.º, n.º 1, al. a), da LPTA). Como a Subsecção deu como assente que as recorrentes foram notificadas do acto em 16/12/99 e o recurso contencioso apenas foi interposto em 11/3/02, é cristalino que o dito recurso foi extemporaneamente interposto, impondo-se a sua rejeição (cfr. o art. 57.º, § 4.º, do RSTA).

Nestes termos, acordam em:

a) Negar provimento ao presente recurso jurisdicional.

b) Alterar a pronúncia decisória inserta no acórdão recorrido, substituindo-a pela rejeição do recurso contencioso dos autos, por extemporaneidade na sua interposição.

c) Condenar as recorrentes nas custas do processo, fixando-se:

Taxa de justiça: 400 euros.
Procuradoria: 200 euros.
Lisboa, 13 de Outubro de 2004.

Madeira dos Santos (Relator)
António Samagaio
Santos Botelho
Azevedo Moreira
Rosendo José
Angelina Domingues
Pais Borges
Jorge de Sousa
J. Simões de Oliveira

Recurso n.º 424/02

FUNDO SOCIAL EUROPEU.
PEDIDO DE PAGAMENTO DE SALDO.
DELEGAÇÃO DE PODERES.
INDEFERIMENTO TÁCITO.
RECURSO CONTENCIOSO.
RECURSO HIERÁRQUICO FACULTATIVO.

(Acórdão de 24 de Novembro de 2004)

SUMÁRIO:

I – Só há lugar a recurso hierárquico facultativo quando o acto a impugnar é imediatamente recorrível – art.º 167.º, n.º 1, do CPA.
II – Deste modo, e sendo que o acto do Sr. Director do DAFSE que indeferiu o pagamento de um determinado saldo – atenta a delegação de competência operada e a lesividade e definitividade desse acto – era imediatamente sindicável o recurso hierárquico dele interposto era meramente facultativo e, por isso, insusceptível de possibilitar a abertura de uma nova via contenciosa.
III – O que significa que a competência reservada que o Sr. Director do DAFSE detinha nessa matéria determinava que os actos por ele praticados tivessem de ser sujeitos a imediato escrutínio contencioso sob pena de se consolidarem definitivamente na ordem jurídica.
IV – É certo que o n.º 2 do art.º 167.º do CPA consente que, na sequência do recurso administrativo, a Autoridade a quem o mesmo foi dirigido possa reponderar a situação, apreciando a ilegalidade ou a inconveniência do acto, podendo mesmo, se o quiser, revogá-lo. Só que tal não é obrigatório e, sendo assim, a atitude silenciosa daquela é insusceptível de ser judicialmente sindicada.

ACORDAM NO PLENO DA SECÇÃO DE CONTENCIOSO ADMINISTRATIVO DO STA:

A União Geral de Trabalhadores (adiante abreviadamente designada por UGT), recorre do Acórdão da Secção, de 25/9/03, **que rejeitou** – com fundamento na ilegalidade da sua interposição, nos termos do artigo 57.º § 4.º do RSTA – **o recurso contencioso que dirigiu contra o indeferimento tácito do recurso hierárquico** interposto para o Sr. Ministro do Trabalho e Solidariedade do despacho do Sr. Director Geral do Departamento para os Assuntos do Fundo Social Europeu (DAFSE).
Inconformada com este julgamento **a Recorrente agravou para este Tribunal** tendo **concluído as suas alegações da seguinte forma**:
1. Não tendo o Director Geral do DAFSE invocado qualquer delegação de competência ao comunicar à ora recorrente "indeferir" a sua pretensão, tal notificação não contém elementos essenciais – CPA, artigos 68.º e 38.º;
2. O acto notificado não é, assim, oponível à ora recorrente por inobservância de requisitos consignados na lei – art.º 68.º CPA – omissão que implica ineficácia subjectiva do acto notificado;
3. Os actos ineficazes – como é o caso *sub judice* – não são contenciosamente recorríveis;
4. Pretendendo a ora Recorrente pôr em causa o acto ineficaz, só poderia usar uma garantia impugnatória graciosa, no caso o recurso hierárquico necessário – art.º 167.º, n.º 1, do Código do Procedimento Administrativo;
5. A entidade recorrida não seguiu o procedimento previsto no artigo 34.º do CPA pelo que em obediência ao princípio da boa fé – artigo 6.º A do CPA – não poderia violar a confiança suscitada pela sua actuação;
6. Sempre, aliás, o delegante poderia revogar actos ilegais praticados pelo delegado – CPA, art.º 142.º, n.º 2 – sendo certo que a delegação não confere ao delegado competência exclusiva;
7. A decisão recorrida, não assegurando a tutela jurisdicional efectiva da ora recorrente viola também a Lei Fundamental – art.º 202.º, n.º 2, da Constituição da República.

A Autoridade recorrida contra alegou e, embora não tivesse formulado conclusões, concluiu pela **manutenção do Acórdão recorrido**.
A Ilustre Magistrada do Ministério Público – no seu douto parecer de fls. 123 – **pronunciou-se no sentido do não provimento do recurso**.

FUNDAMENTAÇÃO
I. MATÉRIA DE FACTO.
A decisão recorrida julgou **provados os seguintes factos**:
a) Em 4/5/01 a recorrente solicitou ao Director Geral do DAFSE o pagamento da quantia de 332.563.893$00, relativamente ao pedido de pagamento de saldo dos processos de formação profissional realizada no período compreendido entre 1994 e 1996 – doc. de fls. 41.
b) Pelo Despacho n.º 9132/2001, de 4-04-2001 – publicado no Diário da República, II série, n.º 101, de 2-04-2001 – o Sr. Ministro do Trabalho e Solidariedade delegou no Director Geral do DAFSE, a competência para "*suspender pagamentos e reduzir ou suprimir apoios no âmbito do Quadro de Apoio Comunitário II*" – ponto 1.2.2.7, do citado Despacho.
c) Tal pretensão foi indeferida por decisão do Sr. Director Geral do DAFSE comunicada à recorrente pelo ofício n.º 4026, de 7-06-2001 – doc. de fls. 39.
d) Inconformada com tal decisão, em 19-07-2001, dela interpôs recurso hierárquico para o Ministro do Trabalho e Solidariedade, invocando o art.º 30.º do Decreto Regulamentar n.º 15/94, de 6-06-94 – doc. de fls. 31.
e) Como não foi notificada de qualquer decisão do recurso referido em *c)*, a recorrente, presumindo-o indeferido, apresentou, em 13-09-2002, neste STA o recurso contencioso com vista à anulação do tácito de indeferimento imputado ao Sr. Ministro do Trabalho e Solidariedade – doc. de fls. 2.

II. O DIREITO
O relato antecedente informa-nos que a Recorrente interpôs **recurso contencioso de anulação do indeferimento tácito** que se formou na sequência do silêncio do Sr. Ministro do Trabalho e da Solidariedade relativamente ao recurso hierárquico que lhe dirigiu pedindo-lhe a revogação do acto do Sr. Director do DAFSE que lhe

indeferiu o pedido de pagamento de saldo relativo às acções de formação profissional que tinha ministrado.

O douto Acórdão recorrido – depois de afirmar que a Autoridade Recorrida tinha o dever legal de decidir o mencionado recurso hierárquico e, consequentemente, que se tinha formado indeferimento tácito – **rejeitou o recurso contencioso fundamentando essa rejeição** no facto do acto praticado pelo Sr. Director do DAFSE o ter sido no exercício de poderes delegados e que, sendo assim, e sendo que, por força desse acto de delegação, detinha os poderes necessários à sua prática concluiu que **o mesmo tinha definido a situação da Recorrente**.

E, nesta conformidade, **considerando que aquele acto era lesivo** e, por isso, **imediatamente recorrível**, porque «*para efeitos contenciosos os actos praticados por delegação ou subdelegação têm o mesmo carácter impugnável do correspondente acto praticado pelo delegante*», concluiu que o recurso hierárquico dele interposto tinha natureza meramente facultativa e, consequentemente, que **a impugnação judicial do acto silente formado na sequência da interposição desse recurso era ilegal** face ao que se prescrevia no art.º 57.º, § 4.º, do RSTA.

1. A questão que se nos coloca é, assim, a de **saber se o douto Acórdão recorrido fez correcto julgamento** quando considerou que – atenta a definitividade e lesividade do acto proferido pelo Sr. Director do DAFSE na sequência da delegação de poderes para a sua prática – o recurso hierárquico dele interposto para o Sr. Ministro do Trabalho era meramente facultativo e se, por isso, era ilegal interposição de recurso contencioso do acto silente deste.

E **a resposta a esta questão**, diga-se desde já, **só pode ser afirmativa**.

Na verdade, e sendo ponto assente que a Autoridade Recorrida delegara no Director do DAFSE a competência para suspender os pagamentos e reduzir ou suprimir os apoios concedidos no âmbito do Quadro de Apoio Comunitário II – a Recorrente nem sequer questiona esta matéria – e que, por via dessa delegação o referido Director passou a dispor de competência própria reservada para aqueles efeitos, **o acto por ele praticado revestiu o carácter de definitivo** uma vez que – como bem se decidiu no douto Acórdão recorrido – **os actos do delegado serão definitivos e executórios na medida em que o sejam os actos do delegante** e era inquestionável que o acto requerido pela Agravante teria estas características se tivesse sido praticado pelo Sr. Ministro do Trabalho.

Como também é inquestionável que, nestas circunstâncias, **o silêncio do Sr. Ministro do Trabalho** – ainda que formador de indeferimento tácito – **era insusceptível de conter qualquer lesividade própria**.

Deste modo, e sendo que **só há lugar a recurso hierárquico facultativo quando** o acto a impugnar é imediatamente recorrível – art.º 167.º, n.º 1, do CPA – e que, in casu, o acto do Sr. Director do DAFSE, atenta a mencionada delegação de competência e a sua lesividade e definitividade, era imediatamente sindicável – art.º 25.º da LPTA – **o recurso interposto pela Recorrente para a Autoridade Recorrida tinha natureza facultativa e, por isso, era insusceptível de possibilitar a abertura de uma nova via contenciosa**.

Ou seja, a competência reservada que o Sr. Director do DAFSE detinha nesta matéria determinava que os actos por ele praticados tivessem de ser **sujeitos a imediato escrutínio contencioso sob pena de se consolidarem definitivamente na ordem jurídica**. – Neste sentido vd., entre outros, os Acórdãos do STA de 8.10.03 (rec. 1494/03), de 11.2.03, (rec. 2041/02.), de 20/6/02 (rec. 48.014) e de 14/3/02 (rec. 48.235) e M. Caetano, "Manual de Direito Administrativo", 10.ª, ed., pgs. 226 a 230 e 468 e F. Amaral "Conceito e Natureza do Recurso Hierárquico", pg. 59 e seg.s.

É certo que o n.º 2 do art.º 167 do CPA consentia que, na sequência do recurso administrativo deduzido, a Autoridade Recorrida pudesse reponderar a situação, **apreciando a ilegalidade ou a inconveniência do acto, podendo mesmo**, se o quisesse, **revogá-lo**. Só que tal não sucedeu e não era obrigatório que sucedesse e **a sua atitude silenciosa era insusceptível de ser judicialmente sindicada**.

Daí que bem andou o Tribunal recorrido quando considerou que **esse acto silente era judicialmente inimpugnável** e, consequentemente, que – atento o disposto no § 4.º do art.º 57.º do RSTA – **era ilegal a interposição de recurso contencioso desse indeferimento tácito**.

2. A Recorrente sustenta que a **notificação** do mencionado acto do Sr. Director do DAFSE **foi irregular** – já que faltam elementos essenciais – **e que essa irregularidade** determina **a ineficácia daquele acto** e confere-lhe o **direito de impugnar o indeferimento tácito aqui sindicado** – conclusões 1.ª a 4.ª.

Mas sem razão.

Na verdade, como é sabido e tem sido repetido múltiplas vezes por este Tribunal, o **acto de notificação é um acto instrumental, exterior, diferente e posterior** ao acto notificando e, por isso, a sua eventual **irregularidade respeita unicamente a esse acto** e, nessa medida, é **incapaz de condicionar ou afectar a legalidade substancial do acto** que se pretende levar ao conhecimento do interessado. A repercussão daquela ilegalidade **restringe-se unicamente à eficácia do acto notificando** e, porque assim, e porque se trata de **actos autónomos** – apesar de interligados – a sua impugnação deve fundamentar-se nos seus vícios próprios.

Deste modo, e sendo que, como ficou dito, in casu, o acto sindicado é o despacho do Sr. Director do DAFSE **a eventual ilegalidade da sua notificação terá apenas reflexos na eficácia desse acto** – designadamente ao nível da sua consolidação na ordem jurídica e do início da produção dos seus efeitos – sendo, no entanto, **inócua relativamente à recorribilidade do indeferimento tácito aqui em causa**.

É certo que constitui menção obrigatória do acto "a indicação da autoridade que o praticou e a *menção da delegação ou subdelegação de poderes*, quando exista." – al. *a*), do n.º 1 do art.º 123.º do CPA, com sublinhado nosso. – e que o incumprimento dessa obrigação tem consequências, mas também o é que estas não poderão determinar a impugnabilidade do acto impugnado.

São, assim, **improcedentes as considerações** – e conclusões – feitas pela Recorrente a propósito da alegada irregularidade da notificação do acto do Director do DAFSE e de essa eventual irregularidade poder consentir a impugnabilidade do acto aqui sindicado.

Por outro lado, também improcede a conclusão relativa ao invocado incumprimento do disposto no art.º 34.º do CPA pois que a **circunstância de a Administração** não ter recorrido ao que aí se prescreve nenhuma consequência tem na recorribilidade do acto impugnado.

Finalmente ainda se dirá que o decidido **de nenhum modo restringe ou diminui os direitos e as garantias de defesa do Recorrente,** pelo que não foi feita qualquer violação ao preceituado no art.º 202.º da CRP.

Termos em que acordam os Juízes que compõem este Tribunal **em negar provimento ao recurso e em confirmar a douta decisão recorrida.**

Custas pela Recorrente, fixando-se a taxa de justiça em 300 euros e a procuradoria em metade.

Lisboa, 24 de Novembro de 2004.

Costa Reis (Relator)
António Samagaio
Azevedo Moreira
Santos Botelho
Angelina Domingues
Pais Borges
J Simões de Oliveira
Rosendo José – (vencido. Considero que o recurso devia ser provido porque a falta de indicação do autor do acto e da qualidade em que o praticou tem o efeito de induzir em erro o particular sobre a necessidade de recurso hierárquico e determina a impossibilidade do acto como se não tivesse sido notificado. O recurso contencioso deveria prosseguir com a introdução da necessária correcção quanto à entidade recorrida, porque o recorrente desconhecia os poderes delegados do D.G.

Nem se diga que o particular pode vir com novo recurso agora que foi tido por certo que havia delegação e lhe foi negado remédio nestes autos. É que poderão suscitar-lhe questões de prazo que nestes autos se colocam e não se pode negar o remédio correcto para "remeter o doente para os curandeiros".

Recurso n.º 1 402/02-20

INEXISTÊNCIA DE AUDIÊNCIA DOS INTERESSADOS (ART. 103, N.º 1, ALÍNEA A) DO C.P.A.).

(Acórdão de 13 de Outubro de 2004)

SUMÁRIO:

I – **A situação de urgência que justifica a não audiência dos interessados, nos termos da alínea a), do n.º 1, do art. 103.º do C.P.A. tem natureza excepcional, só ocorrendo quando haja de prosseguir determinada finalidade pública em que o factor tempo se apresente como elemento determinante e constitutivo e seja impossível cumpri-la através da observância dos procedimentos normais.**

II – **A natureza urgente da decisão, passa, por isso, a ser um requisito que habilita a Administração a praticar um determinado acto sem audiência do interessado.**

III – **Porém a urgência terá de resultar objectivamente da própria decisão e deverá estar ligada a imperativos indeclináveis.**

ACORDAM, EM CONFERÊNCIA, NO PLENO DA 1ª SECÇÃO DO SUPREMO TRIBUNAL ADMINISTRATIVO:

1 – RELATÓRIO

1.1 Subtil – Laboratório de Análises Clínicas, Lda., com sede na Av. Duque de Ávila, 66, 1.º, Lisboa, recorre do Acórdão da Secção, de 4-11-03, a fls. 90/103, que negou provimento ao recurso contencioso por si interposto do despacho, de 22-3-02, do Secretário de Estado da Saúde, que suspendeu o contrato de adesão da empresa à prestação de saúde na área das análises, até ao apuramento dos factos no processo de inquéritos ou até novo despacho ministerial.

Nas suas alegações formula as seguintes conclusões:

"1ª O despacho sub judice violou frontalmente o disposto nos artigos 61.º, 62.º e 266.º da CRP, nos art°s 3.º e 180.º do CPA e na cláusula 26ª do contrato de prestação de serviços de saúde de que a ora recorrente é titular, pois não existe nem foi sequer invocado qualquer fundamento legal, regulamentar ou contratual que permita a suspensão da referida relação contratual – cfr. texto n.ºs 1 a 3;

2ª O despacho sub judice constitui a aplicação de uma medida de coacção de suspensão de direitos da ora recorrente, no âmbito de um procedimento de natureza meramente administrativa, como se refere no acórdão recorrido, face à alegada existência de indícios da prática de ilícitos de natureza criminal, por entidade sem quaisquer competências jurisdicionais e com total violação de todas as garantias do processo criminal, pelo que é nulo (v. arts. 27.º a 32.º da CRP, art. 199.º do CPP e art. 133.°/2 do CPA) – cfr. texto n° 4;

3ª A eventual existência de documentos falsos, que a ora recorrente desconhece inteiramente, apenas poderá determinar a suspensão dos "pagamentos relativamente aos actos que suscitam dúvidas" (v. cláusula 26.º/1 e 2 do contrato), não podendo fundamentar a suspensão da relação contratual (v. art. 266.º da CRP e arts. 3.º e 4.º do CPA) – cfr. texto n.º 4;

4ª O acórdão recorrido enferma assim de manifestos erros de julgamento, pois foram aplicadas medidas de carácter penal no âmbito de um procedimento de natureza administrativa e o contrato sub judice só permite a respectiva denúncia unilateral ou a suspensão de determinados pagamentos, mas não a suspensão da respectiva relação contratual (v. art. 266.º da CRP e art. 3.º do CPA) – cfr. texto nos 1 a 5;

5ª O acto sub judice enferma de manifestos erros de facto e de direito pois a ora recorrente não praticou qualquer acto ilícito, desconhecendo quais os factores concretos que terão determinado a suspensão do contrato em análise – cfr. texto n.ºs 6 e 7;

6ª Os pretensos indícios referidos no relatório da Inspecção-Geral de Finanças, além de não se encontrarem, minimamente comprovados, constam de documento abrangido por Segredo de Justiça (v. art. 86.º do CPP), não podendo ser divulgado nem considerado no presente processo – cfr. texto n.ºs 7 e 8;

7ª O acto sub judice violou frontalmente o disposto no art. 268.º/1 e 3 da CRP e nos art°s 55.º, 66.º, 68.º e 70.º do CPA, pois a ora recorrente nunca foi notificada do início do procedimento que culminou com o despacho recorrido – cfr. texto n.ºs 9 a 11;

8ª A ora recorrente não foi ouvida previamente à prolação do acto sub judice, não lhe foi facultado acesso a qualquer documento constante do respectivo processo instrutor, desconhecendo e estando impossibilitada de exercer o seu direito de defesa relativamente a quaisquer factos susceptíveis de qualificação criminal (v. art. 32.º da CRP) – cfr. texto n.º 11;

9ª No acto em análise não foram ainda indicados quaisquer fundamentos da dispensa ou inexistência de audição prévia da ora recorrida, nem foi elaborado o necessário relatório do instrutor, pelo que foram frontalmente violados os arts. 8.º, 10.º, 103.º e 105.º do CPA, sendo assim nulo ou, pelo menos, anulável o despacho recorrido (v. arts. 267º/4 e 268.º/1 da CRP; art. 133.º/2/d) do CPA) – cfr. texto n.ºs 11 e 12;

10ª Do tipo legal e circunstâncias em que o acto sub judice foi praticado, não resulta de qualquer forma o reconhecimento pelo seu autor da existência de anteriores actos constitutivos de direitos, nomeadamente no que se refere ao reconhecimento da idoneidade e capacidade da ora recorrente, pelo que, não havendo voluntariedade quanto à revogação daqueles actos anteriores, falta um elemento essencial do despacho sub judice, que, assim, é manifestamente nulo (v. art. 123°/1 e 134°/1 do CPA) – cfr. texto n.ºs 13 e 15;

11ª O despacho recorrido violou o disposto nos art°s 138.º e segs. do CPA, pois sempre teria revogado ilegal e intempestivamente os referidos actos constitutivos de direitos, sem se fundar na sua ilegalidade, que nem sequer foi invocada – cfr. texto n.ºs 16 e 17;

12ª O acto recorrido enferma de manifesta falta de fundamentação de facto e de direito, ou, pelo menos, esta é obscura, insuficiente e incongruente, pelo que foram frontalmente violados o art. 268.°/3 da CRP e os arts. 124.º e 125.º do CPA, pois:

a) O acto recorrido não contém quaisquer razões concretas de facto e de direito do decisivo sub judice, limitando-se à emissão de meros juízos conclusivos e formulas passe-partout, não remetendo especificada e completamente para qualquer parecer ou informação constante do processo, de onde conste de forma clara, suficiente e congruente os respectivos fundamentos;

b) O acto sub judice não invocou ou demonstrou sequer a aplicação in casu de qualquer norma jurídica válida e eficaz que pudesse fundamentar a decisão tomada, não referindo também quaisquer fundamentos relativamente à decisão de dispensar a audição prévia da ora recorrente (v. art. 103.° do CPA) – cfr. texto n.ºs 18 a 23;

13ª O acto em análise violou frontalmente os princípios da justiça e proporcionalidade (v. art. 266.º da CRP; cfr. art. 5.º e 6.º do CPA), pois sempre seria absolutamente desnecessária a suspensão da relação contratual da ora recorrente, bastando ordenar a suspensão dos "pagamentos relativamente aos actos que suscitem dúvidas" (v. cláusula 26ª do contrato) – cfr. texto n.ºs 24 a 26;

14ª A suspensão da relação contratual da ora recorrente decretada pelo acto sub judice, bem como a sua ulterior divulgação em diversos meios de comunicação social, causaram e causam actualmente prejuízos absolutamente desproporcionados e injustificados, que não seriam provocados se a entidade recorrida tivesse adoptado uma conduta conforme à lei, violando da mesma forma os princípios da prossecução do interesse público, legalidade, boa fé, confiança e do respeito pelos direitos e interesses legalmente protegidos da ora recorrente (v. art. 2.º, 9.º, 18.º e 266.º da CRP; cfr., arts. 3.º, 4.º, 5.º, 6.º e 6.°-A do CPA) – cfr. texto. n.ºs 27 e 28;

15ª O doutro acórdão recorrido enferma assim de manifestos erros de julgamento, tendo violado frontalmente, além do mais, o disposto nos arts. 27.° a 32.°, 61.º, 62.°, 266.° e 268.° da CRP, nos arts. 3.° e segs., 55.° e segs., 100.° e segs., 124.°, 125.° e 138.° e segs. do CPA, no art. 199.° do CPP e na cláusula 26ª do contrato administrativo agora suspenso.

Nestes termos, deve ser dado provimento ao presente recurso, revogando-se o douto acórdão recorrido..." – cfr. fls. 135-139.

1.2 A Entidade Recorrida, tendo contra-alegado, apresentou as seguintes conclusões:

"1. O fundamento legal, regulamentar ou contratual que permite a suspensão da relação contratual, é o contrato celebrado entre as partes, não havendo assim qualquer violação dos artigos 61.º, 62.° e 266.° da CRP e art. 3.° e 180.° do C.P.A. e da cláusula 26ª do contrato da prestação de serviços de saúde;

2. O acto de suspensão praticado pela Administração foi proferido no âmbito das relações contratuais existentes entre as partes, estritamente no uso de direitos/poderes administrativos, e não como medida de segurança, por entidade sem qualquer competência jurisdicional no âmbito do processo criminal;

3. A existência de documentos falsos legitima a suspensão do contrato, nos termos do clausulado do contrato existente entre as partes;

4. Não foram aplicadas medidas de carácter penal no âmbito de um procedimento de natureza administrativa, mas sim a manifestação de vontade do contraente público em sede de contrato existente entre as partes, permitindo o contrato a denúncia unilateral do contrato pela Administração, nele se incluindo também a mera suspensão;

5. Os indícios constantes do Relatório da Inspecção-Geral de Finanças não se encontravam abrangidos pelo segredo de justiça, pois do seu conteúdo foi dado conhecimento oficial às entidades envolvidas, para que tomassem os procedimentos necessários a acautelar o interesse público, numa fase anterior à remessa do Relatório para o Ministério Público e instauração do inquérito;

6. Só depois do conhecimento do relatório e dos factos dele constantes, foi tomada a medida de suspensão do contrato de convenção, e ordenada a remessa ao Ministério Público para averiguação dos eventuais crimes;

7. Face à gravidade dos factos que deram origem à suspensão do contrato, não existe a obrigação legal nem contratual de notificar o interessado do início do procedimento que lhe deu origem, mas a necessidade de tomar medidas em defesa do interesse público – art.º 55.º, n.º 2 do CPA;

8. A recorrente não ficou impossibilitada de se defender relativamente aos alegados indícios que lhe são imputados, por do acto constar a fundamentação dos factos em que assentou, por remissão ou concordância com os fundamentos constantes do relatório da Inspecção-Geral de Finanças, que constitui parte integrante do respectivo acto de acordo com o estabelecido no n.º 1 do art. 125.º do C.P.A.

9. A recorrente não está impossibilitada de exercer o seu direito de defesa relativamente a quaisquer factos susceptíveis de qualificação criminal, pois no final do inquérito, que se encontra a decorrer, deles será notificada pelo Ministério Público;

10. A decisão de suspender o contrato era urgente de modo a prevenir o prejuízo que a sua manutenção provocaria, sendo assim, dispensável a audiência de interessados face à urgência da decisão, nos termos do disposto na al. a) do n.º 1 do art. 103.º do C.P.A., sem que a lei exija dispensa fundamentada pelo órgão instrutor, como resulta da distinção efectuada pelo art. 103.º do CPA, nos números 1 e 2;

11. Não foram revogados quaisquer actos constitutivos de direitos pela entidade recorrida, não se tratando de acto de revogação de acto anterior, mas da execução de contrato existente entre as partes, configurando a suspensão um acto primário, pelo que o regime previsto nos artigos 138.º, 140º/b. e 141/1 do C.P.A. não têm aplicação no presente caso;

12. O despacho recorrido fundamenta-se nos factos constantes do relatório da Inspecção-Geral de Finanças, o qual constitui parte integrante do respectivo acto, nos termos do disposto no n.º 1 do art. 125.º do C.P.A.;

13. Não existe falta de fundamentação de direito por o despacho sub judice remeter para contrato que lhe serve de fundamento de direito;

14. Também não se verifica qualquer violação dos princípios da justiça e proporcionalidade, por se encontrar devidamente justificada a suspensão do contrato em face das violações indiciadas, e dos direitos ou interesses a acautelar;

15. Por último, não há violação dos princípios da prossecução do interesse público, legalidade, boa-fé, confiança e do respeito pelos direitos e interesses legalmente protegidos da recorrente, nem tal alegação se mostra fundamentada ou sustentada em quaisquer factos os fundamentos.

Termos em que, mantendo-se o acto recorrido..." – cfr. fls. 141-144.

1.3 No seu Parecer de fls. 146, o Magistrado do M. Público pronuncia-se pelo não provimento do recurso jurisdicional.

1.4 Colhidos os vistos cumpre decidir.

FUNDAMENTAÇÃO
2 – A MATÉRIA DE FACTO
A matéria de facto pertinente é a dada como provada no Acórdão recorrido, que aqui consideramos reproduzida, como estabelece o n.º 6, do artigo 713.º do CPC.

3 – O DIREITO
3.1 Em causa está o Acórdão da Secção, de 4-11-03, que negou provimento ao recurso contencioso interposto pela Recorrente do despacho do Secretário de Estado da Saúde, de 22-3-02, que suspendeu o contrato de adesão da empresa à prestação de saúde na área das análises, até ao apuramento dos factos no processo de inquérito ou até novo despacho ministerial.

3.2 Na 1ª conclusão da sua alegação a Recorrente sustenta que o Acórdão recorrido inobservou o disposto nos artigos 61.º, 62.º e 266.º da CRP, nos artigos 3.º e 180.º do CPA e na clausula 26ª do contrato de prestação de serviços de saúde, na medida em que não existe nem foi invocado qualquer fundamento legal, regulamentar ou contratual que permita a suspensão da relação contratual.

Não lhe assiste razão, como se irá ver de seguida, não tendo o dito aresto violado qualquer dos preceitos invocados pela Recorrente.

Com efeito, como bem se assinala no Acórdão da Secção, no despacho objecto de impugnação contenciosa vem expressamente invocado, como fundamento para a decretada suspensão, a "gravidade dos factos indiciados, a necessidade de acautelar o interesse dos utentes do Serviço Nacional de Saúde, o interesse público em geral, o bom funcionamento do Serviço Nacional de Saúde e as relações financeiras decorrentes da convenção...", tudo isto depois de ter remetido para o relatório da auditoria realizada em Março de 2002 pela Inspecção-Geral de Finanças, onde, segundo se refere, teriam sido "detectados fortes indícios de prática de crimes de falsificação de documentos e burla envolvendo" a Recorrente – cfr. a alínea E) da matéria de facto dada como provada, a fls. 96.

Ora, o ponto 7º da cláusula 26ª do contrato a que aderiu a Recorrente permite que, em caso de grave violação do clausulado, ao primeiro outorgante assiste a faculdade de denunciar o respectivo contrato, daí que, estando a Administração habilitada a denunciar o contrato, desde que verificados os legais pressupostos, também necessariamente lhe assistirá o poder de o suspender até nova decisão.

Temos, assim, que aqui se coonesta o entendimento a este nível perfilhado pelo Acórdão recorrido segundo o qual no despacho recorrido "ficou expresso o quadro, não apenas factual, mas também jurídico, em que se insere a norma apontada ...." deste modo improcedendo a 1ª conclusão da alegação da Recorrente.

3.3 Sustenta, ainda, a Recorrente ter existido violação dos artigo 27.º a 32.º da CRP, art. 199.º do CPP e 133.º, n.º 2 do CPA, dado que o acto impugnado se consubstancia na aplicação de uma medida de coacção de suspensão do direitos da ora Recorrente, à margem do processo legalmente previsto e com total violação das garantias do processo criminal.

Só que também aqui se não pode subscrever a posição defendida pela Recorrente.

E, isto, decisivamente, pela circunstância da tal tese assentar em pressuposto errado, qual seja o de que o despacho contenciosamente impugnado se traduziu na aplicação de uma "medida de coacção de suspensão de direitos da ora recorrente".

Na verdade, o mencionado despacho não tem a apontada natureza, antes correspondendo ao mero exercício de um dos poderes da Administração perante a co-contratante Particular em matéria de contrato administrativo, e que radica, designadamente, no poder de controle da execução do contrato administrativo de prestação de serviços de saúde que estava em execução – cfr. a alínea d), do artigo 180.º do CPA, nada tendo a ver com o exercício de quaisquer competências jurisdicionais nem, tão-pouco, se traduzindo em acto praticado no âmbito de um processo criminal.

Improcede, por isso, a 2ª conclusão da alegação da Recorrente.

3.4 Com a 3ª e a 4ª conclusão da sua alegação a Recorrente defende que a hipotética existência de documentos falsos, que, aliás, desconhece, apenas poderia determinar a aplicação da medida prevista nos pontos 1 e 2 da cláusula 26ª do contrato ou seja, a suspensão dos pagamentos relativamente aos actos que suscitassem dúvidas e não a suspensão da relação contratual.

Mais uma vez não lhe assiste, não tendo o Acórdão recorrido violado o disposto nos artigos 266.º da CRP e 3.º e 4.º do CPA, improcedendo as conclusões 3ª e 4ª.

De facto, como já se realçou no ponto "3.3", no caso em análise não deparamos com a aplicação de uma medida de carácter penal no âmbito de um procedimento de natureza administrativo, antes significando o despacho do Secretário de Estado, de 22-3-02, o exercício de um dos poderes da Administração, ancorando-se, designadamente, no disposto no ponto 7º da cláusula 26ª do contrato, sendo que, como correctamente se refere no Acórdão recorrido, a situação em análise não se enquadra na previsão dos pontos referenciados pelo Recorrente, na medida em que se não tratava de equacionar a mera suspensão de pagamentos, não sendo descabido realçar que a ponto 2 da dita cláusula não afasta a possibilidade do exercício do direito de denunciar o contrato para as situações de grave violação do clausulado, tal como previsto no ponto n.º 7.

Por outro lado, como também se destaca no Acórdão da Secção, os documentos a que se alude no despacho do Secretário de Estado são os apontados pela IGF.

3.5 Nas suas conclusões 5ª e 6ª a Recorrente considera que o acto sub judice enferma de manifestos erros de facto e de direito, dado que não praticou qualquer acto ilícito, desconhecendo quais os factos concretos que terão levado à suspensão do contrato, sendo que os indícios referidos no relatório da IGF, além de não minimamente comprovados, constam de documento abrangido pelo Segredo de Justiça, não podendo ser divulgados no presente processo (cfr. o artigo 86.º do CPP).

Acontece porém que, contra o que defende a Recorrente, não procede a censura que dirige ao Acórdão da Secção.

Na verdade, tal como se fez constar no dito aresto, o acto recorrido remete expressamente para o relatório de progresso da auditoria realizada pela IGF em Março de 2002, especificamente no concernente aos aí referenciados indícios de falsificação de documentos e burla, que envolveriam a Recorrente e médicos do Centro de Saúde de Sete Rios, destarte carecendo de suporte bastante a posição da Recorrente quando sustenta o desconhecimento dos factos que lhe são imputados.

Acresce que, como devidamente se realça no Acórdão recorrido, não basta a mera afirmação que é feita pela Recorrente no sentido de não ter praticado qualquer acto ilícito, sem entrar na análise do conteúdo daquele relatório da IGF, relatório esse que, como se fez consignar no Acórdão recorrido "enuncia aspectos concretos de irregularidades como a apresentação de requisições de séries emitidas cerca de oito anos antes, sem correspondência entre o nome indicado e a assinatura do beneficiário, não numeradas, com números provenientes de locais de prestação diferentes e inúmeras outras irregularidades descritas no relatório junto com o processo instrutor" – cfr. fls. 99-100 – sendo que estas referências constantes do Acórdão, por envolverem matéria de facto, escapam aos poderes de cognição deste Pleno, nos termos do n.º 3, do artigo 21.º do ETAF, por em causa não estar qualquer das situações previstas no n.º 2, do artigo 722.º do CPC, com o que se tem da acatar o decidido em sede da aludida matéria de facto.

Importa, ainda, salientar que, diversamente do defendido pela Recorrente, não cumpre aqui chamar à colação a questão do segredo de justiça (artigo 86.º do CPP), já que o relatório a que aludiu o Acórdão da Secção foi encarado como elemento para onde remete o acto recorrido, ou seja, como algo que faz parte do processo instrutor, o que, de per si, não chega para que se possa pertinentemente equacionar a questão do segredo de justiça, vista como censura juridicamente relevante do Acórdão recorrido.

3.6 Na conclusão 7ª da sua alegação a Recorrente considera que existiu violação dos artigos 268.º, n.º 1 e 3º da CRP e nos artigos 55.º, 66.º, 68.º e 70.º do CPA, já que nunca foi notificada do início do procedimento que culminou com o despacho recorrido.

Acontece, porém, que os citados preceitos não foram inobservados, destarte improcedendo a mencionada conclusão.

De facto, como acertadamente se refere no Acórdão da Secção, a situação em discussão enquadra-se na previsão da parte final do n.º 2, do artigo 55.º do CPA, não havendo, por isso, lugar à obrigatoriedade de comunicação consignada no n.º 1, do dito artigo 55.º, constituindo uma excepção ao regime geral acolhido no aludido n.º 1.

É que, destinando-se o procedimento em curso a detectar eventuais fraudes na execução do contrato, susceptíveis de justificar o exercício de algum dos poderes contratualmente outorgados à Administração, a notificação sempre poderia ser legitimamente vista como um possível obstáculo à eficaz e atempada consecução de tal específico objectivo.

3.7 Sustenta, ainda, a Recorrente nas conclusões 8ª e 9ª que foram violados os artigos 32.º, 267.º, n.º 4 e 268.º, n.º 1, da CRP, 8.º, 100.º, 103.º, 105.º e 133.º, n.º 2, alínea d), do CPA, ao lhe ter sido denegado o direito de audiência e defesa, acabando por ficar impossibilitada de apresentar as suas razões relativamente a quaisquer factos susceptíveis de qualificação criminal, ao que acresce o facto de não ter sido elaborado o relatório do instrutor.

Porém, não lhe assiste razão, não procedendo as ditas conclusões 8ª e 9ª, não tendo o Acórdão recorrido inobservado qualquer dos preceitos nelas referenciado.

Em primeiro lugar importa relembrar o que já se disse no ponto "3.3 "deste Acórdão, onde se afastou a qualificação que a Recorrente defendia para o acto objecto de impugnação contenciosa.

Com efeito, diversamente do entendimento perfilhado pela Recorrente, tal acto nada tem a ver com a aplicação de medidas de coacção, antes correspondendo à manifestação de vontade do contraente público em matéria de contrato administrativo, mediante o exercício de um dos seus poderes, sendo que tal acto se não insere num qualquer processo criminal.

Por outro lado, como bem se refere no Acórdão recorrido, no caso em discussão a decisão de suspender a execução do contrato era urgente, atendendo ao quadro delineado pela Administração e já referenciado no ponto "3.5", daí que se justificasse a não observância da formalidade prescrita no artigo 100.º do CPA, ao abrigo do disposto na alínea a), do n.º 1, do artigo 103.º do CPA.

É que, convenhamos, no caso dos autos, o factor tempo era um elemento determinante na finalidade pública a prosseguir e que visava obviar à continuação de práticas tidas por irregulares da parte da Recorrente.

Já em relação à alegada falta de elaboração do relatório importa realçar que para que se pudesse relevantemente equacionar a questão da eventual constituição da apontada omissão como fonte de invalidade do acto recorrido necessário seria que a Recorrente tivesse demonstrado que a instrução do processo estava atribuída a órgão diverso daquele que tinha competência para o decidir, o que não chegou a suceder, não se tendo procedido a tal demonstração.

Ora, a previsão do artigo 105.º do CPA reporta-se àqueles casos em que a instrução do procedimento incumbe a órgãos diferenciados, não regendo para os casos em que a instrução e a decisão do procedimento caibam ao mesmo órgão, sendo que, nesta última situação, em rigor, não existe lugar a essa fase procedimental.

3.8 Com as suas conclusões 10ª e 11ª a Recorrente, partindo do pressuposto de que o acto recorrido se apresenta como revogatório de actos constitutivos de direitos, sustenta a violação dos artigos 138.º e seguintes do CPA, bem dos artigos 123.º, n.º 1 e 134.º, n.º 1, do mesmo diploma legal, neste último caso, com base em alegada falta de voluntariedade quanto à revogação.

Não lhe assiste razão, improcedendo as referidas conclusões, não tendo o Acórdão inobservado os preceitos indicados pela Recorrente.

Na verdade, a tese defendida pela Recorrente naufraga, desde logo e, decisivamente, pela circunstância de o despacho do Secretário de Estado, de 22-3-02, não ter a apontada natureza revogatória, não se assumindo como acto secundário, antes se traduzindo na prática de um acto primário, no exercício de competência dispositiva diversa daquela que foi exercida com referência aos actos que a Recorrente, indevidamente, tem por revogados.

3.9. Pretende, ainda, a Recorrente, na sua 12ª conclusão, que o acto enferma de falta de fundamentação de facto e de direito, com a consequente violação dos artigos 268.º, n.º 3 da CRP e 124.º e 125.º do CPA.

Acontece, contudo, que, também quanto a esta questão lhe não assiste razão, como se irá ver de seguida.

Com efeito, tal como já resulta do exposto no ponto "3.2" deste acórdão, o acto recorrido não enferma da apontada falta de fundamentação, na medida que nele se aduzem as razões de facto que o suportam, o mesmo sucedendo em relação à fundamentação de direito, sendo que em relação a esta última ela poderia facilmente ser intuída pela Recorrente partindo da análise da fundamentação de facto, uma vez que a questão em causa se situa em parâmetros jurídicos pré-definidos, concretamente os constantes da cláusula 26ª do contrato, tornando, por isso, perfeitamente cognoscível o quadro jurídico em que o acto se moveu.

Por outro lado, no concernente às razões para a não realização da audiência da Recorrente, importa relembrar o que já se disse no ponto "3.7", ou seja, que, no caso em apreço, motivos objectivos ligados à urgência na tomada decisão, atentos os objectivos que se pretendiam prosseguir, justificam que não tivesse havido lugar a audiência.

Em face do exposto, improcede a conclusão 12ª, não tendo sido violados os preceitos nele indicados.

3.10 Quanto à tese da violação dos princípios da justiça e da proporcionalidade, a que se alude na 13ª conclusão da alegação, temos que, em face dos factos em que se alicerçou o acto recorrido, a medida tomada, ou seja, a suspensão da relação contratual se não assume como tendo desrespeitado tais princípios, tanto mais que, como também já anteriormente se referiu (cfr. o ponto "3.4", deste acórdão), a situação em análise não se enquadra na previsão dos n.ºs 1 e 2 da cláusula 26°, mas, antes, no n.º 7 do dita cláusula, o que implica a improcedência da referida conclusão, não tendo sido violados os preceitos nela indicados, aqui se sufragando, consequentemente, o que a este propósito, se refere no Acórdão recorrido.

3.11 Quanto à matéria da conclusão 14ª, cumpre salientar que a factualidade dada como provada, conjugada como tudo o que já se explanou nos pontos anteriores deste acórdão, não nos habilita a ter por violados qualquer dos preceitos e princípios nela invocados, faltando o suporte factual integrativo das fontes de invalidade invocadas pela Recorrente, deste modo improcedendo tal conclusão.

3.12 Em face do já exposto necessariamente improcede, também, a 15ª conclusão da alegação, não tendo sido violados os preceitos nela referenciados.

3.13 Improcedem, assim, todas as conclusões da alegação da Recorrente.

4 – DECISÃO

Nestes termos, acordam em negar provimento ao recurso jurisdicional, mantendo o Acórdão recorrido.

Custas pela Recorrente, fixando-se a taxa de justiça em 400 € e a procuradoria em 200 €.

Lisboa, 13 de Outubro de 2004.

Santos Botelho (Relator)
António Samagaio
Azevedo Moreira
Rosendo José
Maria Angelina Domingues
Pais Borges
Costa Reis

Recurso n.º 1 218/02

PATRIMÓNIO CULTURAL. RECUSA DE AUTORIZAÇÃO DE EXPORTAÇÃO DE PINTURA. FUNDAMENTAÇÃO. DIREITO DE PREFERÊNCIA. PRINCÍPIOS DA JUSTIÇA, IGUALDADE, CONFIANÇA, BOA-FÉ E JUSTA INDEMNIZAÇÃO.

(Acórdão de 24 de Novembro de 2004)

SUMÁRIO:

I– Está suficientemente fundamentada a decisão do SEC de recusar a exportação de uma pintura para o estrangeiro quando nela se identifica e referencia a obra, se invoca a sua raridade no contexto das colecções nacionais e internacionais, e se evidencia a respectiva importância para o património cultural.

II – O facto de o Estado não ter usado do seu direito de preferência no momento em que o recorrente adquiriu a pintura não o impede de posteriormente recusar a sua exportação, pois estas medidas são vias distintas da realização do interesse público, a adoptar segundo critérios de adequação e proporcionalidade, oportunidade e conveniência, sem esquecer as condicionantes de natureza orçamental.

III – Essa restrição legal não atenta contra os princípios da justiça, – igualdade, confiança e boa-fé e justa indemnização, pois é ditada a benefício de valores e interesses que segundo a Constituição constituem tarefas fundamentais do Estado e não atinge o proprietário nos poderes de uso e fruição da coisa nem na faculdade genérica de disposição, apenas se ficando pela introdução de limites espaciais ao respectivo comércio jurídico.

ACORDAM NO PLENO DA SECÇÃO DE CONTENCIOSO ADMINISTRATIVO DO SUPREMO TRIBUNAL ADMINISTRATIVO:

-I-

JEAN JACQUES ALPHANDERY recorre para o Tribunal Pleno do acórdão da Secção de Contencioso Administrativo deste Supremo Tribunal, 1ª Subsecção, que negou provimento ao recurso contencioso interposto do despacho de 8.3.02 do SECRETÁRIO DE ESTADO DA CULTURA que lhe indeferiu o pedido de autorização para a exportação de uma pintura flamenga a óleo sobre madeira do século XVI que havia adquirido em leilão público.

Nas suas alegações, o recorrente formulou as seguintes conclusões:

"1ª O despacho sub judice violou clara e frontalmente o disposto nos arts. 13.° e 22.° da CRP, 3.° e 6.°-A do CPA e 8°/2 e 35 da Lei n.° 13/85, de 6 de Julho, bem como os princípios constitucionais da confiança, boa-fé, Justiça e justa indemnização (v. arts. 62.° e 266.° da CRP), pois não se verificam in casu, nem foram invocadas, quaisquer circunstâncias que impossibilitassem a exportação da pintura em causa, tendo-se extinguido faculdades ou restringido o direito de propriedade do ora recorrente, sem qualquer indemnização – cfr. texto n.°s 1 a 3;

2ª A seguir-se a tese do acórdão recorrido, as normas do art. 35.° da Lei 13/85, de 6 de Julho, na medida em que permitem a limitação ou restrições de faculdades integrantes do direito de propriedade privada, sem qualquer indemnização, sempre seriam claramente inconstitucionais, por violação dos princípios da Justiça, confiança e boa-fé e da justa indemnização (v. arts. 13.°, 22.° e 62.° da CRP), pelo que deveria ter sido recusada a sua aplicação in casu (v. art. 204.° da CRP e art.4°/3 do ETAF) – cfr. texto n.°s 3 a 4;

3ª Do acto recorrido não constam quaisquer razões de facto e de direito que o fundamentem, nem naquele acto se remete de forma concreta e especificada para qualquer informação que contenha os referidos fundamentos, sendo certo que as razões invocadas pela entidade recorrida na sua resposta são absolutamente irrelevantes, pois a nossa lei não admite qualquer fundamentação a posteriori (v., entre outros, Acs. STA de 89.06.20, Proc. 27011; de 88.03.03, Proc. 18263; de 87.07.23, AD 314/252; de 83.11.24 BMJ 332/489; de 88.11.19, Proc.15519) – cfr. texto n.°s 5 a 10;

4ª O acto sub judice enferma assim de manifesta falta de fundamentação de facto e de direito, ou, pelo menos, esta é obscura, insuficiente e incongruente, pelo que foram frontalmente violados o art. 268°/3 da CRP e os arts. 124.° e 125.° do CPA – cfr. texto n.°s 8 a 11;

5ª O despacho sub judice violou frontalmente o conteúdo essencial do direito fundamental de propriedade do ora recorrente, constitucionalmente consagrado no art. 62.° da CRP, tendo determinado a privação imotivada e arbitrária de faculdades que o integram, sem qualquer indemnização (v. art. 17/2 da Declaração Universal dos Direitos do Homem, DR, I Série, de 87.03.09; cfr. arts. 8.°, 13.° e 18.° e 62.° da CRP) – cfr. texto n.°s 12 a 14;

6ª A entidade recorrida permitiu ao ora recorrente a compra do bem em causa sem qualquer limitação, criando-lhe a convicção de que não seriam levantados quaisquer obstáculos ao livre exercício do seu direito de propriedade (v. art. 6°-A do CPA), para em momento posterior, quando o recorrente pretendeu transferir o bem em causa para o estrangeiro, lhe negar a possibilidade de exercício do seu direito, sem qualquer indemnização (v. art. 62.° da CRP) – cfr. texto n.º 15;

7ª O indeferimento da pretensão apresentada pelo ora recorrente violou assim os princípios da Justiça, do respeito pelos, direitos e interesses legalmente protegidos dos cidadãos, da igualdade, da confiança e da boa-fé (v. arts. 1.°, 2, 9.°/b), 13.°, 18.°, 61.°, 62.°, 266.°, 268.°/4 da CRP; cfr. arts. 3.°, 4.°, 5.°, 6.° e 6.°-A do CPA) – cfr. texto n°. 15 e 16;

8ª O douto acórdão recorrido violou assim frontalmente o disposto nos arts. 13.°, 22.°, 62.°, 204.º, 266.° e 268.°/3, da CRP, nos arts. 3.°, 6.°-A, 124.°, 125.° do CPA, nos arts. 8.°/2 a 35.° da Lei 13/85, de 6 de Julho e no art. 4.°/3 do ETAF."

Contra-alegando, o recorrido defendeu a improcedência do recurso.

O Ministério Público pronunciou-se no sentido de que o mesmo não merece provimento.

O processo foi aos vistos legais, cumprindo agora decidir.

-II-

O acórdão recorrido considerou provados os seguintes factos:

1. Em 25/5/99 a empresa Leiria e Nascimento realizou um leilão de obras de arte no qual foi posto à venda uma pintura flamenga a óleo sobre madeira do século XVI, sem que tenha sido anunciada qualquer restrição ou condicionalismo à sua comercialização.

2. O Ministério da Cultura, o IPM ou qualquer outra entidade pública não procederam a qualquer licitação no referido leilão, nem fizeram qualquer comunicação sobre eventuais direitos, ónus, limitações ou restrições relativamente à pintura em causa.

3. O Recorrente licitou a referida obra de arte.

4. E, em 24/1/00, requereu ao Sr. Ministro da Cultura autorização para a sua exportação para os EUA.

5. Sobre tal pedido foi elaborada pelo Instituto Português de Museus a seguinte Informação:

"Em 24/1/00 deu entrada neste Instituto um pedido de autorização definitiva para os EUA (Bernard Chauchet Care of Art Logistic Corp – New York) de uma pintura quinhentista representando a Santa Parentela pedido esse apresentado por Abel Fernando Vinagre e Silva como representante do requerente Sr. Jean Jacques Alphandrey, de nacionalidade francesa.

Na sequência do pedido apresentado foi por este Instituto solicitado ao Museu Nacional de Arte Antiga um parecer técnico sobre o interesse da peça para as colecções nacionais. Do parecer emitido pelo Dr. José Alberto Seabra Carvalho, Técnico Superior da área de pintura daquele Museu (o ofício 191/45-M – 1/00, de 8/05/2000), passamos a citar:

«De salientar que se trata de uma pintura publicada por Luis Reis-Santos em "Obras – primas da pintura flamenga dos séculos XV e XVI em Portugal" (...) nessa data pertencia à Colecção Ricardo Espírito Santo Silva (...) Pelas figuras – tipo, solidamente construídas segundo um modelo algo repetitivo, o desenho decorativo do "drape d´honneur" e a própria arquitectura do trono representado, pesado e rectilíneo na sua recusa de um vocabulário gótico e tradicionalista, creio que a atribuição a um mestre do circulo de Barend Van Orley (Bruxelas) é a mais plausível, bem como uma datação à volta de 1520. O colorido sóbrio mas "vistoso" e uma certa opacidade dos azuis e vermelhos nos panejamentos também concorrem nesse sentido.

A iconografia é rara na pintura existente em Portugal. Apenas conheço uma outra peça, de menores dimensões, também flamenga e da mesma época, existente em colecção privada de Cascais e que suponho ser inédita.»

Efectivamente, o tema iconográfico apresentado na tábua em anexo – Santa Parentela – é raro não apenas no contexto das colecções nacionais, mas também internacionais...
(..........................)
Face ao acima exposto, ressalvamos a extrema importância histórica artística desta obra, digna de integrar o património cultural nos termos do n.° 2 do art. 55.° da Lei 107/01, nesse sentido propondo-se:

1. – O indeferimento, ao abrigo do n.° 3 do art. 64.º referida Lei, do pedido de exportação definitiva
para o estrangeiro da obra em epígrafe.
2. – A eventual aquisição da obra pelo IPM, desde que exista disponibilidade orçamental para essa operação.
À consideração superior.
30/1/02."

6. Sobre esta informação, a Directora do IPM proferiu o seguinte despacho:
"Concordo. À consideração de Sua Excelência o Secretário de Estado da Cultura.
02.02.04".

7. E o Sr. Secretário de Estado da Cultura, no rosto dessa informação, exarou o despacho ora recorrido que é do seguinte teor:
"Indefiro o pedido de exportação definitiva da obra conforme proposta e autorizo o IPM a tratar da respectiva aquisição.
02.03.08
José Conde Rodrigues
Secretário de Estado."

-III-

O acórdão recorrido negou provimento ao recurso contencioso do despacho que recusou a exportação da obra de arte de pintura flamenga do século XVI representando a Santa Parentela, recurso esse interposto pelo seu proprietário.

No presente recurso jurisdicional, o recorrente insiste em que aquele acto enferma das ilegalidades que a subsecção não lhe reconheceu a saber:

a) Violação do disposto nos arts. 13.° e 22.° da CRP, 3.° e 6.°-A do CPA e 8.°/2 e 35 da Lei n.º 13/85, de 6 de Julho, bem como os princípios constitucionais da confiança, boa-fé, Justiça e justa indemnização (arts. 62.° e 266.° da CRP), por não se verificarem quaisquer circunstâncias que impossibilitassem a exportação da pintura em causa;

b) Ilegal restrição, sem indemnização, do direito de propriedade, e violação do núcleo essencial deste direito, pela privação arbitrária e não motivada de faculdades que o integram;

c) Aplicação de norma inconstitucional, a entender-se que o art. 35.° da Lei no 13/85 permite tais restrições: violação dos princípios da Justiça, confiança e boa-fé e da justa indemnização (v. arts. 13.°, 22.° e 62.° da CRP);

d) Violação da igualdade, confiança e boa-fé, por ter sido criada ao recorrente a convicção de que não seriam levantados quaisquer obstáculos ao livre exercício do seu direito de propriedade;

e) Falta de fundamentação, de facto e de direito.

Comecemos pelo vício de falta de fundamentação.

Ao contrário do que o recorrente alega, o acto contém uma remissão suficientemente clara para os fundamentos da informação-proposta sobre a qual o seu autor despacha, e que é da responsabilidade do Instituto Português de Museus.

Efectivamente, ao dizer que indefere o pedido de exportação "conforme proposto", a entidade recorrida não pode senão estar a manifestar a sua concordância e a querer apropriar-se da motivação constante da mesma informação, a qual, por força do disposto no art. 125.°, n.° 1, do CPA, passou a constituir parte integrante do mesmo acto. Deste modo, o órgão administrativo utilizou a faculdade de fundamentação per relationem que este preceito prevê.

Assim, tudo se resume a saber se a dita informação se acha, por sua vez, fundamentada, na tripla vertente da clareza, suficiência e congruência, e na dupla dimensão dos factos e do direito.

O recorrente entende que não, por no seu modo de ver faltar a indicação de factos concretos susceptíveis de fundamentar a decisão, havendo, em vez disso, juízos conclusivos e valorativos. Por isso, a fundamentação é obscura e insuficiente.

Todavia, não lhe assiste razão.

A informação do IPM começa por identificar e referenciar o quadro em questão como fazendo parte das "obras-primas da pintura flamenga dos séculos XV e XVI em Portugal", e da antiga colecção Ricardo Espírito Santo Silva. Seguidamente, atribui-lhe a datação e autoria, considerando que se está na presença de um tema iconográfico "raro não apenas no contexto das colecções nacionais, mas também em termos internacionais". Além disso, a própria iconografia "é rara na pintura existente em Portugal". Prosseguindo depois com outras explicitações de carácter mais técnico, o parecer conclui tirando categoricamente a conclusão de que a obra é de "extrema importância histórico-artística", sendo por isso "digna de integrar o património cultural". Segue-se a proposta de indeferimento do pedido de exportação para o estrangeiro, ao abrigo do n.º 3 do art. 64.º da Lei n.º 107/2001, considerando também o disposto no art. 55.º, n.º 2, da mesma lei.

Ora, é bem de ver que o parecer incorpora, não apenas os juízos de facto propriamente ditos que devem integrar a motivação dum acto desta matriz (como a autoria provável da pintura, época e suas demais características, bem como a respectiva referenciação nas colecções nacionais), como também os juízos técnico-valorativos acerca da respectiva importância e raridade que lhe permitem, depois, firmar a conclusão de que a mesma deve continuar a pertencer ao património cultural do País, e de que, consequentemente, a sua exportação deve ser recusada.

É perfeitamente nítido o itinerário cognoscitivo e valorativo que se percorreu, e que explica a adesão à solução decisória da recusa de exportação, em detrimento da solução contrária. Assim como se acha claramente expresso o apelo do quadro normativo formado pelos preceitos da Lei n.º 107/2001 que expressamente se citam, e que constituem, além do mais, o próprio tipo legal da decisão.

Não há, por conseguinte, défice de clareza ou de suficiência na fundamentação, que cobre tanto o aspecto factual como de jure. E nem se argumente que o parecer está pejado de juízos de ordem valorativa, pois, face àquele tipo legal, o que à Administração se pedia era justamente que exprimisse, por intermédio dum juízo desse tipo, de pendor eminentemente técnico e pericial, os motivos por que a pintura devia continuar a integrar o património cultural do País, em vez de se perder numa venda para o estrangeiro.

O acórdão recorrido, ao decidir que o acto não enferma de falta de fundamentação, não merece, pois, qualquer censura.

Passemos agora às restantes arguições.

O recorrente queixa-se de que foram violados os arts. 8.º, n.º 2, e 35.º da Lei n.º 13/85, de 6.7.

Esta lei, porém, já não se encontrava em vigor à data da prática do acto recorrido, revogada como fora pela Lei n.º 107/2001, de 8.9 (cf. os seus arts. 114.º e 115.º).

Tal circunstância não é, porém, impeditiva de que se conheça da denunciada violação sob o domínio da lei nova, face à caracterização do vício feita pelo recorrente, e que resultaria de "não se verificarem, nem terem sido invocadas, quaisquer circunstâncias que impossibilitassem a exportação da pintura de Portugal", e ainda de a Administração não ter oportunamente usado do direito de preferência que lhe assistia, deixando que o recorrente adquirisse o quadro em leilão realizado no País.

A matéria é hoje regulada nos arts. 64.º e segs. da Lei n.º 107/01.

O art. 64.º (disposição que é invocada na informação sobre que assenta o despacho recorrido) prescreve do seguinte modo:

Art. 64.º

1 – A exportação e a expedição temporárias ou definitivas de bens que integrem o património cultural, ainda que não inscritos no registo patrimonial de classificação ou inventariação, devem ser precedidas de comunicação à administração do património cultural competente com a antecedência de 30 dias.

2 – A obrigação referida no número anterior respeitará, em particular, as espécies a que alude o n.º 3 do artigo 55.º, independentemente da apreciação definitiva do interesse cultural do bem em causa.

3 – A administração do património cultural competente poderá vedar liminarmente a exportação ou a expedição, a título de medida provisória, sem que de tal providência decorra a vinculação do Estado à aquisição da coisa.

4 – As exportações e as expedições que não obedeçam ao disposto no n.º 1 do presente artigo e no artigo 65.º, nos n.ºs 1 e 5 do artigo 66.º e no artigo 67.º são ilícitas.

Por sua vez, o art. 550.º, n.º 2, estabelece que integram o património cultural, entre outros, os bens culturais móveis "que, não sendo de origem ou de autoria portuguesa, se encontrem em território nacional e se conformem com o disposto no n.º 1 do artigo 14.º".

Neste art. 14.º definem-se como bens culturais "os bens móveis e imóveis que, de harmonia com o disposto nos n.ºs 1, 3 e 5 do artigo 2.º, representem testemunho material com valor de civilização ou de cultura".

Muito embora não haja coincidência entre as fórmulas utilizadas na lei antiga e na nova lei, qualquer delas exige que a exportação de bem móvel pertencente ao património cultural deva ser precedida de comunicação à Administração e autorização desta.

Torna-se também evidente que, no pensamento de qualquer das duas leis, a possibilidade de o Estado proibir a exportação de determinada obra tem em vista a preservação, defesa e valorização do património cultural do País.

Logo, ao contrário do que o recorrente sustenta, o despacho impugnado, ao enaltecer as qualidades de determinada obra de arte, a sua raridade no contexto das colecções nacionais e até a nível internacional, e a "extrema importância histórico-artística" de que se reveste, invocou realmente uma série de circunstâncias, atinentes aos pressupostos da decisão de autorização, impeditivas da sua exportação para o estrangeiro.

Improcede, assim, a arguição de violação dos arts. 8º/2 e 35.º da Lei n.º 13/5, ainda que com o benefício da respectiva convolação e transposição para o regime da actual Lei n.º 107/01, até ao limite em que os respectivos pressupostos deixam de coincidir materialmente e passariam a requerer um ataque autónomo, feito no quadro do texto em vigor.

Improcede também o vício de violação de lei que derivaria de o Estado não ter usado do direito de preferência na aquisição do quadro, pois, tal como o acórdão recorrido disse, o não exercício do direito de preferência contemplado no n.º 3 do art 35.º da Lei n.º 13/85 (em vigor à data do leilão em que o recorrente licitou a peça) não exclui o direito do Estado recusar a exportação do bem cultural Trata-se de duas faculdades diferentes, e de duas vias distintas de realizar o interesse público da protecção do património cultural, podendo a Administração optar por qualquer delas, no uso de critérios de adequação e proporcionalidade, oportunidade e conveniência, sem esquecer as condicionantes de natureza orçamental.

Vejamos agora se o acto afronta o conteúdo essencial do direito de propriedade, ou algum dos princípios constitucionais mencionados pelo recorrente – igualdade, justiça, justa indemnização, boa-fé e confiança.

Em primeiro lugar, e como se tem repetidamente afirmado na Jurisprudência deste S.T.A., a inconstitucionalidade não é atributo que possa ser imputado a determinado acto administrativo, devendo essa arguição ser idoneamente dirigida contra a norma ao abrigo da qual esse acto é praticado. O acto administrativo que se tiver estribado em norma inconstitucional enfermará, isso sim, de ilegalidade.

Com essa ressalva, dir-se-à que a possibilidade legal de o Estado se opor à exportação de uma obra do património cultural não constitui uma limitação inconstitucional do núcleo essencial do direito de propriedade, mas um simples condicionamento a uma dimensão secundária desse direito, de que unicamente resulta a introdução de limites espaciais ao respectivo comércio jurídico. O proprietário não é atingido nos seus poderes de uso e fruição da coisa, nem na faculdade genérica de disposição, ficando apenas impedido de a vender no exterior.

É sabido que a protecção constitucional do direito de propriedade não o converte num direito absoluto, devendo ser exercido (incluindo no que à respectiva transmissão respeita), "nos termos da Constituição" – cf. o art. 62.º da C.R.P., que o recorrente invoca.

Ponto é que a restrição introduzida pela lei não seja arbitrária, e se ancore em fundamento legítimo.

Ora, a protecção e a valorização do património cultural dos portugueses são fins tão importantes que o art. 9.º da Constituição considerou merecerem ser incluídos entre as "tarefas fundamentais do Estado" (al. *e*)). Mais adiante, em sede de direitos e deveres culturais, a C.RP. insiste em que incumbe ao Estado "promover a salvaguarda e a valorização do património cultural..." – art. 78°, n.º 2, al. *c*). E é a benefício destes valores que a lei introduz restrições à exportação, como aliás é comum noutros sistemas.

Essas restrições nada têm, por conseguinte, de arbitrário, possuindo antes uma manifesta justificação sócio-cultural, que serve de fundamento legítimo para que a situação dos proprietários destas classes de bens mereçam, da parte do legislador, um tratamento diferenciado, que só na aparência pode parecer atentatório da igualdade garantida pelo art. 13.º da C.R.P.

Por outro lado, não se apresentam como medidas materialmente injustas, isto é, tomadas com quebra da harmonia que deve existir entre o interesse público concretamente prosseguido pela Administração e os interesses legítimos dos cidadãos que são afectados (v. Acs. do S.T.A. de 1.7.97, proc.º n.º 41.177 e 24.9.03, proc.º n.º 34/02). Improcede, assim, a arguição de violação do princípio da Justiça.

Tão pouco se descortina, na decisão administrativa sob censura, ofensa do princípio da protecção da confiança e da boa-fé. Da circunstância de a pintura em causa não ter sido adquirida pelo Estado (exercendo o direito de preferência) no leilão em que foi comprada pelo recorrente não pode retirar-se a conclusão de que dessa forma se criou para este a convicção de não iriam ser levantados obstáculos à respectiva exportação. Como atrás se disse, trata-se de dois planos diferentes, pelo que o não uso da preferência não significa que a Administração não visse na pintura interesse cultural, ou dessa forma abdicasse da faculdade de impedir a respectiva exportação, se e quando esta hipótese se viesse a colocar. De resto, a justificação pata a não aquisição da obra bem podia residir exclusivamente em razões de índole financeira.

Como é óbvio, a protecção e salvaguarda do património cultural tem de conseguir-se por outras vias, sem necessidade de tomar o Estado proprietário de todos os bens, de interesse cultural – o que seria, de resto, pura utopia.

Cabe, finalmente, abordar a questão da inexistência de indemnização.

Em primeiro lugar, a lei do património não diz que nestes casos esteja vedada a indemnização; limita-se a habilitar o órgão administrativo a exercer os poderes (ablativos) de bloquear a exportação do bem, praticando o acto administrativo do tipo do que foi neste caso emitido.

Depois, no caso sub judice, apenas está em causa a legalidade de tal acto, podendo o tribunal anulá-lo se desconforme à lei, mas não emitir pronúncia sobre aspectos da actuação administrativa que se não resolvam em vícios do mesmo acto, e para os quais o contencioso administrativo reserve outra forma de reacção (como será o caso da via reparadora da indemnização).

Deste modo, mesmo que o particular disponha de direito de indemnização não é este o meio próprio para obter a condenação da Administração ao respectivo pagamento.

Isto, se conseguir demonstrar que, em concreto, essa medida lhe causou efectivo prejuízo, designadamente por a venda no estrangeiro lhe ir proporcionar um ganho superior ao que resultaria da transacção da pintura no mercado interno – o que no caso dos autos não se mostra minimamente provado.

Improcede, por conseguinte, a totalidade das alegações do recorrente.

Nestes termos, acordam em *negar provimento* ao recurso.

Custas pelo recorrente.
Taxa de justiça: 475,00 €.
Procuradoria: 50%.
Lisboa, 24 de Novembro de 2004.

J Simões de Oliveira (Relator)
António Samagaio
Azevedo Moreira
Isabel Jovita
João Cordeiro
Santos Botelho
Abel Atanásio
Angelina Domingues

Recurso n.º 672/02

PENSÕES DE APOSENTAÇÃO. PENSÕES DEGRADADAS. ACTUALIZAÇÃO. DEC-LEI N.º 110-A/81, DE 14 DE MAIO E PORTARIA N.º 54/91, DE 19 DE JANEIRO.

(Acórdão de 9 de Novembro de 2004)

SUMÁRIO:

I – Do artigo 7.º-A do Dec-Lei n.º 110-A/81, de 14/5, introduzido pelo Dec-Lei n.º 245/81, de 24/8, e do n.º 4 da Portaria n.º 54/91, de 19/1, não resultou a indexação permanente das pensões de aposentação aos vencimentos dos funcionários no activo, com a mesma categoria do funcionário aposentado.

II – Assim sendo, apenas tendo procedido esta Portaria, como expressamente refere no seu n.º 4, à actualização das pensões degradadas abrangidas pela actualização estabelecida no artigo 7.º-A do referido Dec-Lei, com referência aos vencimentos em vigor naquela data (1/5/81 – artigos 1.º e 7.º deste diploma, na redacção original e artigo 7.º-A, aditado pelo Dec-Lei n.º 245/81, de 24/8), o montante dos vencimentos dos funcionários do activo com as categorias correspondentes à dos pensionistas a levar em conta para efeitos de actualização das pensões destes, ao abrigo do disposto no referido n.º 4 desta Portaria, é o vigente em 1/5/81 e não o vigente em 1/1/91.

ACORDAM, EM CONFERÊNCIA, NO PLENO DA SECÇÃO DO CONTENCIOSO ADMINISTRATIVO DO SUPREMO TRIBUNAL ADMINISTRATIVO:

1. RELATÓRIO

1.1. **Amílcar Augusto Pires e Borges,** com os devidos sinais nos autos, interpôs recurso para o Pleno desta Secção do acórdão da Secção do Contencioso Administrativo do Tribunal Central Administrativo de 24/10/2 002, que revogou a sentença do Tribunal Administrativo de Círculo de Coimbra de 12/10/99, e, em consequência, manteve a decisão do **Director Coordenador da Caixa Geral de Aposentações** de 24/12/97, que indeferiu o requerimento do recorrente de rectificação da sua pensão de aposentação tendo em conta o vencimento da sua categoria do activo em 1/1/91, em vez do vencimento de 1/5/81, como havia sido considerado no despacho contenciosamente impugnado de actualização da sua pensão.

O recurso foi interposto ao abrigo do artigo 24.º, alínea b') do ETAF, tendo sido indicado como fundamento do recurso o acórdão, também do TCA, de 11/4/2 002, proferido no recurso n.º 4 586/00.

Por acórdão de 26/6/2 003, foi julgado verificar-se a invocada oposição de acórdãos e ordenado o prosseguimento do recurso (fls 162-163).

1.2. Nas suas alegações, o recorrente formulou as seguintes conclusões:

1.ª) – O acórdão recorrido referiu-se de maneira deficiente à questão em apreço, ao não examinar directamente os termos desta questão;

2.ª) – Esta encontra-se assim apenas tratada – e bem tratada – no acórdão fundamento, que beneficiou de um exame igualmente cuidado na douta sentença da primeira instância.

3.ª) – De facto, a nova percentagem introduzida pelo n.º 4 da Portaria n.º 54/91, de 19 de Janeiro, não teria qualquer significado se a data de referência para as pensões a actualizar fosse a de Maio de 1981.

4.ª) – Defrontar-se-ia nesse caso uma disposição legal que se teria de considerar fraudulenta, por tão ostensivamente inaplicável.

5.ª) – Assim, é inquestionável que a pretendida correcção de 1991 teria de se reportar a montantes de vencimento bem mais próximos.

6.ª) – E a boa hermenêutica do preceito aponta efectivamente para que, nesse n.º 4, se quis remeter para a data do antecedente n.º 3, ou seja, 1 de Janeiro de 1991.

1.3. A autoridade recorrida contra-alegou, tendo formulado as seguintes conclusões:

A) – O Estatuto da Aposentação consagra um sistema em que as pensões, uma vez fixadas, têm uma evolução independente das correspondentes remunerações do pessoal no activo, beneficiando, em regra, das actualizações estabelecidas, geralmente com periodicidade anual, pelo Governo.

B) – Este regime não gera, em princípio, distorções entre o valor das pensões e o das correspondentes remunerações do pessoal no activo, sendo que as alterações de paridade, existente à data da passagem à situação de aposentação, entre o valor das pensões e dos vencimentos devem-se, normalmente, à revalorização de categorias ou carreiras e à criação ou aumento de suplementos remuneratórios, por serem aplicáveis somente ao pessoal no activo.

C) – Quando as reestruturações ou revalorizações de carreiras ou de categorias beneficiam de aumentos muito superiores aos das pensões já fixadas surge o comummente designado fenómeno da "degradação" do seu valor, pois o regime de aposentação dos funcionários públicos não consagra, como vimos, um sistema de indexação permanente do valor das pensões ao das remunerações do activo (foi o que sucedeu, por exemplo, com as pensões atribuídas anteriormente à entrada em vigor do novo sistema retributivo, ou seja, antes de 1989.10.01, que, quando comparadas com as pensões calculadas posteriormente, ainda que, por vezes, com base em categoria superior e mais tempo de serviço, atingem valores significativamente inferiores).

D) – O mecanismo que conduz à degradação das pensões, acima explicado, leva anos a operar, sendo combatido de duas formas: indexação permanente ou indexações instantâneas periódicas.

E) – Tanto o Decreto-lei n.º 110-A/81, como a Portaria n.º 54/91, são manifestações deste último processo de recuperação de pensões ditas degradadas.

F) – Com o aditamento do artigo 7.º-A ao Decreto-lei n.º 110-A/81, teve-se em vista a recuperação das pensões degradadas através da indexação instantânea do valor daquelas a uma percentagem (76,5%) dos vencimentos (previstos no Decreto-lei n.º 110-A/81) das correspondentes categorias do activo, em 1981.05.01, e não por meio de uma qualquer indexação permanente das referidas pensões aos vencimentos em causa.

G) – As pensões que beneficiaram de tal "indexação" foram as que se encontravam já fixadas à data de entrada em vigor daquele diploma (1981.05.01).

H) – É que as pensões de aposentação calculadas após a entrada em vigor do Decreto-lei n.º 110-A/81 já teriam, naturalmente, em consideração a totalidade (100%) da remuneração da tabela de vencimentos aprovada pelo artigo 1.º daquele diploma, pelo que não faz qualquer sentido aplicar o artigo 7.º-A, que manda atender a apenas 76,5% dos vencimentos a que se refere aquela tabela, a tais pensões.

I) – Tome-se o caso do recorrente, por exemplo, a sua pensão foi fixada em 1988.10.24 – portanto, no seu cálculo foi considerada a última remuneração por si auferida (prevista na tabela de vencimentos aprovada pelo Decreto-lei n.º 26/88, de 30 de Janeiro, tabela essa já muito superior à do Decreto-lei n.º 110-A/81) – e evoluiu de harmonia com o disposto nos diplomas de actualização de pensões que foram posteriormente publicados.

J) – Que sentido teria, com efeito, dizer que a sua pensão era actualizada com base em 76,5% de uma remuneração inferior àquela que havia sido considerada no cálculo da sua pensão (a 100%)?

K) – O artigo 4.º da Portaria n.º 54/91, de 19 de Janeiro, que também veio proceder a uma correcção extraordinária das pensões consideradas degradadas em 1981, ao elevar para 92% a percentagem de actualização das pensões que foram abrangidas pela alínea a) do n.º 1 do artigo 7.º-A do Decreto-lei n.º 110-A/81, manda tomar em conta os vencimentos em vigor em 1981.05.01 e não, naturalmente, os vencimentos que vigoraram em anos posteriores, o que apenas poderia acontecer se tivesse sido instituído um sistema de indexação permanente das pensões às remunerações, o que seguramente não sucedeu.

L) – O regime de actualização (e não de cálculo) extraordinária das pensões previsto no Decreto-lei n.º 110--A/81 e na Portaria n.º 54/91 (o regime é o mesmo, os vencimentos e as pensões destinatárias também, apenas varia a percentagem da remuneração) teve por alvo – como todos os regimes de actualização extraordinária de pensões – as pensões já fixadas aquando da sua entrada em vigor, sendo que o artigo 4.º da Portaria teve a particularidade de se destinar ao universo anteriormente abrangido pelo Decreto-lei, isto é, de se aplicar apenas às pensões que, fixadas até 1981.05.01, haviam já beneficiado de uma actualização para 76,5% dos vencimentos do activo.

M) – Não faz qualquer sentido pretender que um mecanismo de recuperação de pensões degradadas se aplique às pensões ainda não fixadas e, por isso, necessariamente, ainda não degradadas.

N) – A tese defendida no douto Acórdão recorrido faz descaso desta realidade, parecendo deslocalizar a questão da sua sede – a actualização de pensões – para uma outra com a qual ela não tem, manifestamente, pontos de contacto (mas que é a única que permite manter alguma coerência ao entendimento que vem sendo acolhido por alguma jurisprudência, o de que o regime do Decreto-lei n.º 110A/81 se aplica também às pensões calculadas depois da sua entrada em vigor): as pensões mínimas.

O) – Com efeito, se as pensões ainda não fixadas não podem – ab initio, depreende-se – ter valor inferior a uma dada percentagem de uma determinada remuneração, o que está em causa são verdadeiras pensões mínimas (de que beneficiarão todos aqueles que se aposentarem posteriormente sem perfazer o tempo de serviço para uma pensão completa).

P) – A corrente jurisprudencial acima aludida sustenta--se em frágeis argumentos de ordem literal (como o tempo verbal da alínea a) do n.º 1 do artigo 7.º-A – que, na nossa perspectiva, procura, simplesmente, enfatizar o carácter de generalidade e abstracção da lei – e a referência a cálculo, em vez de actualização, de pensões – o que tem de ser entendido como uma referência a uma operação aritmética e não de uma forma abusivamente restritiva por referência a conceitos de ordem procedimental do Estatuto da Aposentação), ora de ordem racional (do n.º 2 do artigo 7.º-A resultaria, supostamente, uma redundância, caso o n.º 1 do mesmo artigo não se aplicasse a pensões a fixar no futuro – quando o que sucede é precisamente o contrário). O artigo 7.º do Decreto-lei n.º 110A//81 já havia sido aplicado antes da entrada em vigor do Decreto-lei n.º 245/81, que lhe aditou o artigo 7.º-A, isto é as pensões que já haviam sido actualizadas em 15%, pelo que, a não existir tal norma, poderia haver lugar a redução do valor de algumas delas).

Q) – Assim, a interpretação jurisprudencial destas normas até agora realizada, salvo a que foi feita no Acórdão Recorrido, está inquinada de contradições, a menor das quais não é seguramente a de tornar virtualmente inútil o importante processo de recuperação de pensões degradadas em curso, que toma por base os vencimentos em vigor em 1989.10.01 (anteriores pois, àquelas por referência aos quais alguns Tribunais entendem deverem as pensões ser "actualizadas" ab initio) – cfr. art. 7.º da Lei n.º 30-C/2000, de 29 de Dezembro.

R) – Na verdade, esta última Lei, determinou que as pensões de aposentação dos pensionistas da CGA calculadas até 1989.09.30 (anterior sistema retributivo), fossem recalculadas (actualizadas) extraordinária e excepcionalmente com base nas remunerações fixadas para vigorar em 1989.10.01 (novo sistema retributivo) para idênticas categorias de pessoal no activo.

S) – Daqui decorre que se o legislador em 2000 mandou considerar no recálculo das pensões consideradas degradadas o vencimento a que os interessados teriam direito em 1989.10.01, resulta claro que a remissão para os vencimentos das categorias do activo realizada pelo artigo 4.º da Portaria n.º 54/91 nunca poderia ter por alvo data posterior.

T) – Aliás, isso resulta também do teor literal daquele artigo, que reza: "É elevada para 92% a percentagem de actualização das pensões que foram abrangidas pela alínea a) do n.º 1 do art. 7.º-A do Decreto-lei n.º 110-A/81, de 14 de Maio, na redacção dada pelo Decreto-lei n.º 245/81, de 24 de Agosto, com referência aos vencimentos em vigor naquela (e não nesta) data", isto é, em 1981.05.01 (e não 1991.01.01).

1.4. Exm.º Magistrado do Ministério Público emitiu o douto parecer de fls 201-202, no qual defendeu que o vencimento relevante para a actualização da pensão do recorrente era o de 1/5/81 e, consequentemente, que o recurso não merecia provimento.

1.5. Foram colhidos os vistos dos Exm.ºs Juízes Adjuntos, pelo que cumpre decidir.

2. FUNDAMENTAÇÃO

1. Conforme já foi referido, por acórdão de 26/6/2003, foi decidido verificar-se oposição de julgados entre o acórdão recorrido e o acórdão, também do TCA, de 11/4/2002, proferido no recurso n.º 4 586/00, em virtude de terem dado soluções opostas à mesma questão fundamental de direito.

Não tendo sido suscitada, após a sua prolação, a questão da falta de oposição, que consideramos ter sido acertadamente decidida nesse acórdão, dá-se como definitivamente assente essa oposição. A questão fundamental de direito que se discute é a de saber qual os vencimentos relevantes para efeitos de aplicação da Portaria n.º 54/91, de 1 de Maio: os vencimentos dos trabalhadores no activo estabelecidos em 1/5/81 ou os estabelecidos em 1/1/91.

Vejamos qual das soluções se apresenta correcta.

2. O acórdão do Pleno desta Secção de 6/5/2 004, proferido no recurso n.º 989/03, por oposição de julgados, tratou da questão do artigo 7.º – A do Decreto-Lei n.º 110 – A/81, de 14/5, e da Portaria n.º 54/91, de 19 de Janeiro, procederem ou não à indexação permanente das pensões de aposentação aos vencimentos dos funcionários no activo, com a mesma categoria do funcionário aposentados, questão essa de que decorre a mesma solução a dar ao caso *sub judice*.

Nele se escreveu:

"O n.º 1 do art. 7.º do Decreto-Lei n.º 110-A/81, de 14 de Maio, estabeleceu um aumento de 15%, com efeitos a partir de 1-5-1981, para pensões de aposentação, de reforma e de invalidez, pensões de sobrevivência e pensões de preço de sangue e outras a cargo do Ministério das Finanças e do Plano, com excepção das resultantes de condecorações e das Leis n.ºs 1942, de 27 de Julho de 1936, e 2127, de 3 de Agosto de 1965.

O n.º 1 do art. 7.º-A do mesmo Decreto-Lei, aditado pelo Decreto-Lei n.º 245/81, de 24 de Agosto, estabeleceu que as pensões a que se refere aquele n.º 1 do artigo 7.º, nomeadamente as pensões de aposentação, serão determinadas, com efeitos a partir de 1 de Setembro de 1981, de forma que os vencimentos a ter em conta no seu cálculo sejam de montante igual a 76,5% dos vencimentos das categorias correspondentes do activo fixados nos termos do presente diploma.

No n.º 2 do mesmo artigo, estabelece-se que «o processo de cálculo estabelecido no número anterior será aplicado às pensões aumentadas nos termos do artigo 7.º, não podendo, em qualquer caso, resultar dessa aplicação redução dos montantes percebidos».

A Portaria n.º 54/91 fixou o aumento das pensões dos funcionários da Administração Pública a partir de 1 de Janeiro de 1991, determinando, no seu n.º 4.º, que «é elevada para 92% a percentagem de actualização das pensões que foram abrangidas pela alínea a) do n.º 1 do artigo 7.º-A do Decreto-Lei n.º 110-A/81, de 14 de Maio, na redacção dada pelo Decreto-Lei n.º 245/81, de 24 de Agosto, com referência aos vencimentos em vigor naquela data».

No texto destas disposições não se faz qualquer alusão a indexação das pensões de aposentação às remunerações dos funcionários do activo da categoria correspondente à do funcionário aposentado.

É certo que no Preâmbulo do Decreto-Lei n.º 110-A/81 se anuncia que a actualização de pensões efectuada «terá lugar independentemente das medidas correctivas da degradação da generalidade das pensões que o Governo se encontra empenhado em levar a cabo a breve prazo, de acordo com o calendário que as limitações orçamentais aconselharem e tendo em vista permitir o acompanhamento automático pelas pensões da evolução dos vencimentos do pessoal no activo».

No entanto, o Decreto-Lei n.º 245/81, ao aditar àquele diploma o seu art. 7.º-A, não concretizou esse objectivo, pois limitou-se a estabelecer que os vencimentos a ter em conta no cálculo das pensões de aposentação, de reforma e de invalidez seriam de montante igual a 76,5% dos vencimentos das categorias correspondentes do activo fixados nos termos desse diploma.

Como é óbvio, se se pretendesse indexar, daí em diante, as pensões referidas aos vencimentos dos funcionários no activo, a redacção desta norma não incluiria esta referência final aos vencimentos aí fixados, pois ela aplicar-se-ia a esses e a quaisquer outros que viessem a ser fixados no futuro. Negrito nosso).

Assim, tem de concluir-se que os elementos fornecidos pelo texto das normas referidas conduzem à conclusão de que, com o referido art. 7.º-A do Decreto-Lei n.º 110-A/81, não se pretendeu garantir, daí em diante, a indexação das pensões de aposentação aos correspondentes vencimentos dos funcionários no activo com a mesma categoria.

Ora, na falta de outros elementos que induzam à eleição de um sentido menos imediato do texto, o intérprete deve optar em princípio por aquele sentido que melhor e mais imediatamente corresponde ao significado natural das expressões verbais utilizadas, na pressuposição (imposta pelo n.º 3 do artigo 9.º do Código Civil, que vale até que se demonstre que não é correcta) de que o legislador soube exprimir o seu pensamento em termos adequados. (Neste sentido, pode ver-se BAPTISTA MACHADO, Introdução ao Direito e ao Discurso Legitimador, página 182.)

Os elementos normativos posteriores confirmam que não ocorreu a referida indexação.

Na verdade, o subsequente diploma de actualização de vencimentos de funcionários públicos, que foi o Decreto-Lei n.º 15-B/82, de 20 de Janeiro, depois de estabelecer os montantes dos vencimentos correspondentes a cada uma das letras (regime de fixação de vencimentos então vigente), estabelece no n.º 1 do seu art. 5.º que «são aumentadas em 11%, com efeitos a partir de 1 de Janeiro de 1982, as seguintes pensões, determinadas nos termos do artigo 7.º do Decreto-Lei n.º 110-A/81, de 14 de Maio, na redacção do Decreto-Lei n.º 245/81, de 24 de Agosto: a) Pensões de aposentação, de reforma e de invalidez», percentagem esta que se refere no respectivo Preâmbulo que é a correspondente ao «aumento médio dos vencimentos do pessoal no activo». **Ora, se ao aumentos das pensões estivesse indexado ao vencimento do correspondente funcionário no activo, para além de não se justificar a fixação autónoma de aumento, a percentagem de aumento teria de ser, para cada titular de pensão de aposentação, a que fosse efectuada relativamente à concreta categoria do correspondente funcionário no activo e não qualquer aumento médio.** (negrito nosso).

Por outro lado, se tivesse havido tal indexação, não teria sido necessário referir, nos posteriores diplomas de fixação de vencimentos de funcionários públicos, os aumentos das pensões de aposentação, pois estes decorreriam,

naturalmente, do aumento dos funcionários no activo.
Ora, a generalidade dos diplomas posteriores ao Decreto-Lei n.º 245/81 que actualizaram vencimentos de funcionários públicos, incluíram também normas autónomas relativas aos aumentos das pensões de aposentação, sempre fixando o aumento da pensão através de uma percentagem e sem relação exacta com o vencimento do funcionário no activo de categoria correspondente à do pensionista, como pode constatar-se nos seguintes diplomas (A partir de 1989, as actualizações das pensões de aposentação passaram a ser fixadas através de Portarias, que, embora sem valor para derrogar os regimes legais previstos em diplomas com valor legislativo, mantiveram idênticos critérios de actualização.

Podem ver-se, até ao ano 2000, as seguintes Portarias:
– n.º 904-B/89, de 16 de Outubro (n.º 8.º);
– n.º 54/91, de 19 de Janeiro (n.º 1.º);
– n.º 77-A/92, de 5 de Fevereiro (n.º 14.º);
– n.º 1164-A/92, de 18 de Dezembro (n.º 15.º);
– n.º 79-A/94, de 4 de Fevereiro (n.º 13.º);
– n.º 1093-A/94, de 7 de Dezembro (n.ºs 14.º e 15.º);
– n.º 101-A/96, de 4 de Abril (n.º 15.º);
– n.º 60/97, de 25 de Janeiro (n.º 15.º);
– n.º 29-A/98, de 16 de Janeiro (n.ºs 15.º e 16.º);
– n.º 147/99, de 27 de Fevereiro (n.ºs 15.º e 16.º);
– n.º 239/2000, de 29 de Abril (n.ºs 14.º e 15.º);
– Decreto-Lei n.º 106-A/83, de 18 de Fevereiro (art. 5.º);
– Decreto-Lei n.º 57-C/84, de 20 de Fevereiro (art. 5.º);
– Decreto-Lei n.º 40-A/85, de 11 de Fevereiro (art. 5.º);
– Decreto-Lei n.º 20-A/86, de 13 de Fevereiro (art. 5.º);
– Decreto-Lei n.º 780/86, de 31 de Dezembro (art. 5.º);
– Decreto-Lei n.º 26/88, de 30 de Janeiro (art. 5.º);
– Decreto-Lei n.º 98/89, de 29 de Março (art. 5.º).

Por outro lado, nos referidos Decretos-Lei n.ºs 15-B/82 (art. 10.º), 106-A/83 (art. 10.º), 57-C/84 (art. 19.º, n.º 2), 40-A/85 (art. 17.º, n.º 2), 20-A/86 (art. 12.º, n.º 2), 26/88 (art. 11.º, n.º 2) estabelece-se que o Decreto-Lei n.º 110-A/81 se mantém em vigor «em tudo que não contrarie o presente diploma», o que tem implícita a sua revogação na parte em que o contraria (como decorre, aliás, dos princípios gerais enunciados no art. 7.º, n.º 2, do Código Civil), pelo que, prevendo-se naqueles um regime de actualização distinto do previsto neste, se teria de se concluir pela revogação deste Decreto-Lei n.º 110-A/81, se interpretado como prevendo uma indexação para o futuro das pensões de aposentação ao vencimento do funcionário no activo da categoria correspondente.

Conclui-se, assim, que o regime de actualização de pensões de aposentação previsto no Decreto-Lei n.º 110-A/81 não implicava uma indexação, para o futuro, dos montantes das pensões aos vencimentos dos correspondentes funcionário no activo, antes aquela actualização era feita de forma independente em relação à evolução destes vencimentos.

A Portaria n.º 54/91, de 19 de Janeiro, por ser um diploma de valor normativo inferior aos dos diplomas legislativos referidos, não pode alterar o regime deles constante (art. 112.º, n.º 6, da C.R.P.), pelo que não podia introduzir, para o futuro, um regime de indexação que contrariasse o previsto em diplomas com valor legislativo.

De qualquer modo, esta Portaria n.º 54/91 veio elevar «para 92% a percentagem de actualização das pensões que foram abrangidas pela alínea a) do n.º 1 do artigo 7.º-A do Decreto-Lei n.º 110-A/81, de 14 de Maio, na redacção dada pelo Decreto-Lei n.º 245/81, de 24 de Agosto, com referência aos vencimentos em vigor naquela data», o que revela que os vencimentos a considerar para aplicação da percentagem de actualização são os que vigoravam em 14 de Maio de 1981 (aquela data) e não os vencimentos dos correspondentes funcionários do activo que fossem fixados após essa data, como seria adequado considerar se tivesse havido a indexação. Por outro lado, o facto de esta Portaria fazer referência às «pensões que foram abrangidas pela alínea a) do n.º 1 do artigo 7.º-A do Decreto-Lei n.º 110-A/81, de 14 de Maio», leva a concluir que ele se reporta apenas a essas, que beneficiaram da actualização extraordinária aí prevista. (Estas pensões que beneficiaram da actualização extraordinária prevista no art. 7.º-A do Decreto-Lei n.º 110-A/81 eram não só as anteriormente calculadas, mas também as calculadas após aquela data cujo montante, sem esta actualização, fosse inferior ao que desta resultava, como é jurisprudência pacífica deste Pleno, adoptada nos seguintes acórdãos:** (negrito nosso)
– de 11-12-1991, proferido no recurso n.º 26001, publicado em Apêndice ao Diário da República de 30-3-93, página 754;
– de 20-2-1992, proferido no recurso n.º 27631, publicado em Apêndice ao Diário da República de 30-9-94, página 145;
– de 26-1-1995, proferido no recurso n.º 30060; e
– de 11-12-1996, proferido no recurso n.º 33971, publicado no Apêndice ao Diário da República de 30-10-98, página 971;
– de 11-12-1996, proferido no recurso n.º 29188, publicado no Apêndice ao Diário da República de 30-10-98, página 912.

Embora tal jurisprudência seja citada no acórdão recorrido e seja transcrita grande parte de um dos acórdãos referidos, a questão tratada nesses arestos do Pleno não foi a da indexação permanente das pensões aos vencimentos dos funcionários no activo, mas sim de saber se a actualização operada pelo art. 7.º-A do Decreto-Lei n.º 110-A/81, para além de se aplicar a pensões anteriormente fixadas, se aplicava também às que viessem a ser fixadas no futuro. Foi esta questão que aqueles acórdãos do Pleno deram resposta afirmativa, o que tem o alcance de estabelecer que as pensões fixadas após a entrada em vigor do Decreto-Lei n.º 110-A/81 não podiam ser inferiores a 76,5% do vencimento que o funcionário no activo da categoria correspondente auferia por força deste diploma.) **O argumento em contrário utilizado pelo recorrido no presente recurso jurisdicional de que esta actualização, que ocorreu cerca de 10 anos depois da prevista no Decreto-Lei n.º 110-A/81, não produziria qualquer efeito prático por, com as actualizações anuais entretanto ocorridas, todas as pensões a que se reportava o referido art. 7.º-A, n.º 1, alínea a), já terem montante superior, não é procedente, pois a Portaria n.º 54/91 impôs o recálculo daquelas pensões a que se reportava com base na percentagem de actualização de 92% sobre os vencimentos em vigor naquela data, incidindo sobre o montante assim calculado as posteriores actualizações operadas pelos citados diplomas legislativos, sendo o valor obtido após todas essas actualizações o mon-

tante da pensão actualizado, a vigorar após essa Portaria, com as posteriores actualizações." (Negrito nosso).

Ora, esta doutrina, tirada com extremo rigor e profundidade, tem plena aplicação ao caso *sub judice*, dela resultando que a actualização das pensões degradadas, operada pela Portaria n.º 54/91, se reporta aos vencimentos dos funcionários no activo vigentes em 1/5/81 (data da produção de feitos do Dec-Lei n.º 110 – A/81 (cfr. o seu artigo 35.º).

3. Acresce que, como se refere no acórdão que se vem citando, *"O art. 7.º da Lei n.º 30-C/2000, de 29 de Dezembro, vem apenas confirmar, mas de forma concludente, que, pelo menos antes de 1989, não tinha havido uma indexação permanente dos montantes das pensões de aposentação, aos vencimentos dos funcionários públicos no activo.*

Na verdade, estabelece-se aí uma actualização que se refere ser extraordinária e a título excepcional, das pensões de aposentação, reforma e invalidez dos pensionistas da Caixa Geral de Aposentações, calculadas com base em remunerações em vigor até 30 de Setembro de 1989, determinando-se, além do mais, que:

a) As pensões são recalculadas, a título excepcional, com base nas remunerações fixadas para vigorar em 1 de Outubro de 1989 para idênticas categorias do pessoal no activo;

b) Ao valor obtido nos termos da alínea anterior são adicionados os valores correspondentes às actualizações normais das pensões estabelecidas desde 1 de Outubro de 1989 até ao corrente ano, com exclusão das majorações atribuídas no mesmo período, tendo em vista a fixação do valor da pensão devida a 1 de Janeiro de 2001;

c) A remuneração indiciária a considerar para efeitos do disposto na alínea a) é a correspondente ao índice para que transitou o pessoal detentor da mesma categoria e remuneração nos termos do Decreto-Lei n.º 353--A/89, de 16 de Outubro;

d) O valor da remuneração a tomar em conta para efeitos da alínea anterior é o valor líquido, resultante da dedução da quotização para a Caixa Geral de Aposentações e para o Montepio dos Servidores do Estado, na percentagem em vigor em 1 de Outubro de 1989.

Em face destas disposições, é inequívoco que, na perspectiva legislativa, não existia, como resultado do Decreto-Lei n.º 110-A/81, na redacção do Decreto-Lei n.º 245/81, uma indexação permanente das pensões de aposentação aos correspondentes vencimentos dos funcionários no activo da mesma categoria, pois o recálculo com base nos vencimentos dos funcionários no activo é feito com carácter extraordinário e a título excepcional. (negrito nosso).

O facto de este diploma ser posterior ao acórdão fundamento não é obstáculo a que ele seja citado, pois, pelo que se referiu, ele não implica uma alteração do regime jurídico que vigorava quando ele foi prolatado, no que concerne à inexistência de indexação automática e permanente das pensões, limitando-se a confirmar o que já resultava dos textos legais anteriores."

4. Em face de todo o exposto, impõe-se concluir que o Dec-Lei n.º 110-A/81 não procedeu à indexação das pensões em relação às quais estabeleceu a sua actualização aos vencimentos dos funcionários no activo nas categorias correspondentes, pelo que, não estabelecendo também a Portaria n.º 54/91 essa indexação e apenas tendo procedido, como expressamente refere, à **actualização das pensões degradadas abrangidas pela actualização estabelecida no artigo 7.º-A do referido Dec--Lei, com referência aos vencimentos em vigor naquela data** (1/5/81 – artigos 1.º e 7.º deste diploma, na redacção original e artigo 7.º-A, aditado pelo Dec-Lei n.º 245/81, de 24/8), o montante dos vencimentos dos funcionários do activo com as categorias correspondentes à dos pensionistas a levar em conta para efeitos de actualização das pensões destes, ao abrigo do disposto no n.º 4 da Portaria n.º 54/91, é o vigente em 1/5/81, como decidiu o acórdão recorrido, e não em 1/1/91, como defende a recorrente, com base na doutrina do acórdão fundamento.

De assinalar, finalmente, que a dedução da percentagem dos descontos para a Caixa Geral de Aposentações e Montepio dos Servidores do Estado, estabelecida no n.º 3 da portaria no 54/91 não fornece qualquer subsídio no sentido da pretensão do recorrente, pois que apenas se aplica às pensões calculadas com remunerações postas em vigor a partir de 1 de Outubro de 1989, sendo o seu objectivo atenuar as diferenças, para mais, das pensões em relação aos vencimentos, em virtude daquelas serem calculadas com base nos vencimentos ilíquidos, o que se não verifica, por natureza, nas pensões degradadas.

Improcedem, assim, todas as conclusões das alegações do recorrente.

3. DECISÃO

Nesta conformidade, acorda-se, no Pleno desta Secção, em negar provimento ao recurso jurisdicional, confirmando o acórdão recorrido.

Custas pelo Recorrente, fixando-se a taxa de justiça em 100 euros e a procuradoria em metade.

Lisboa, 9 de Novembro de 2004.

António Madureira (Relator)
Azevedo Moreira
António Samagaio
Rosendo José
Angelina Domingues
Pires Esteves
João Belchior

Recurso n.º 254/03-20

PRINCÍPIO DA HIERARQUIA DAS NORMAS. ART.º 4.º, N.º 3, DO ETAF (DL N.º 129/84, DE 27/4).

(Acórdão de 28 de Outubro de 2004)

SUMÁRIO:

A norma do n.º 3 do art.º 4.º do ETAF (DL n.º 129/84, de 27/4), na parte em que dispõe dever o tribunal recusar a aplicação de norma que contrarie outra de grau hierárquico superior, não padece de inconstitucionalidade.

ACORDAM NO PLENO DA 1ª. SECÇÃO DO SUPREMO TRIBUNAL ADMINISTRATIVO:

Associação Portuguesa do Frio, melhor identificada nos autos, vem recorrer para este Tribunal Pleno do acórdão da Secção, de 26/6/2002 (de fls. 182 e segts. dos autos), que rejeitou o recurso contencioso que naquela haviam dirigido contra o indeferimento tácito, atribuído ao *Ministro do Trabalho e da Solidariedade*, por falta de decisão do recurso administrativo que lhe tinham dirigido tendo por objecto o também indeferimento tácito, por parte da Comissão Executiva do Instituto do Emprego e Formação Profissional, do pedido ao mesmo Instituto formulado de pagamento do saldo final em matéria de apoio financeiro no âmbito de cursos de formação profissional por si realizados em 1996/1997.

Nas suas alegações para este Tribunal Pleno formula a ora recorrente, *Associação Portuguesa do Frio*, as conclusões seguintes, que se transcrevem:

«**A)** Tendo o, aliás Douto, Acórdão recorrido adoptado e reproduzido como motivação a que foi utilizada em diferente aresto, proferido no âmbito de recurso cujos pressupostos de facto e de Direito eram relevantemente distintos, por neste o particular recorrente se ter socorrido da prerrogativa de não acatar a norma que considerou ilegal enquanto naquele o particular, aqui Recorrente, optou por cumprir o mesmo acto normativo sem questionar a sua legalidade, encontra-se o Acórdão recorrido inquinado de vício de forma, por deficiência de fundamentação.

«**B)** O juízo de legalidade concreta que os tribunais administrativos formulem sobre determinado acto normativo destina-se a fiscalizar a conformidade dos actos normativos e administrativos dos poderes públicos e não a sancionar os comportamentos dos particulares que com o mesmo acto normativo se conformem.

«**C)** Constituindo a invocação de ilegalidade das normas um direito e não um dever dos cidadãos, a obediência por parte dos particulares ao preceituado em normas legais vigentes não pode ter como consequência a invalidação dos comportamentos legalmente conformes destes, nomeadamente com preterição do direito do particular a sindicar determinado acto Administrativo Público, ainda que tais normas legais venham posteriormente a ser qualificadas como ilegais pelo Tribunal que, concretamente, aprecia determinado direito.

«**D)** Sendo a obediência à lei do princípio que vigora no nosso ordenamento jurídico e a desobediência, ainda que legítima, a excepção que a lei admite para defesa dos direitos dos cidadãos, pode-se permitir mas não se pode exigir a estes um juízo sistemático de prognose sobre a legalidade dos actos normativos, pelo que o Acórdão recorrido viola aquele princípio ao erigir em regra a excepção, devendo, por ilegal, ser revogado.

«**E)** O n.º 3 do art.º 4, do ETAF, interpretado no sentido de que os tribunais administrativos devem recusar a aplicação de normas que considerem ilegais, por contrariarem outras de hierarquia superior, mesmo nos casos que delas se queiram prevalecer cidadãos que com as mesmas se conformaram para defesa dos seus direitos contra actos da Administração que pretendem impugnar, é inconstitucional por violação dos princípios do direito de defesa contra actuações abusivas da Administração e da segurança Jurídica, consagrado o primeiro no art.º 268.º da CRP e ínsito o segundo nos art.ºs. 2.º e 9.º, al. b), do mesmo diploma».

Contra-alegou a autoridade recorrida, na pessoa do *Secretário de Estado do Trabalho*, sustentando o improvimento do presente recurso jurisdicional.

E da mesma opinião é o Exm.º Magistrado do Ministério Público junto deste Tribunal Pleno, no seu parecer de fls. 218 v.º

Redistribuído que foi o processo ao presente relator e colhidos os vistos legais, cumpre decidir.

***

Conforme resulta da matéria de facto recolhida no acórdão da Secção, e que este Tribunal Pleno tem em princípio que acatar como tribunal de revista, a ora recorrente, *Associação Portuguesa do Frio*, impugnou contenciosamente perante aquela o indeferimento tácito, que atribuiu ao Ministro do Trabalho e da Solidariedade, resultante da falta de decisão deste membro do Governo do recurso administrativo que lhe havia dirigido tendo por objecto o indeferimento tácito por parte da comissão executiva do Instituto do Emprego e Formação profissional (IEFP) da sua pretensão relativa ao pagamento do saldo final em matéria de apoio financeiro no âmbito de cursos de formação profissional que a mesma recorrente havia realizado nos anos de 96/97.

O acórdão impugnado, na parte dele que agora interessa, estando na presença de um indeferimento tácito atribuído ao Ministro do Trabalho e da Solidariedade, conheceu da questão prévia, suscitada em tempo oportuno pelo Exm.º magistrado do Ministério Público junto da Secção, da não formação do alegado indeferimento tácito, isto na base, segundo se defendia, de a matéria relativa aos apoios financeiros no âmbito da formação profissional em causa caber ao órgão dirigente – a comissão executiva – do IEFP, a quem competia a última palavra nesse domínio, sendo do acto desse mesmo órgão ou, como no caso, do seu indeferimento tácito, que cabia recurso contencioso, não tendo assim o Ministro do Trabalho e da Solidariedade o dever de decidir o recurso administrativo que lhe fora dirigido, não se havendo portanto formado o alegado indeferimento tácito.

Entrando na apreciação da questão prévia assim delineada, seguindo de perto o entendimento já firmado no acórdão deste Supremo Tribunal, de 10/2/2000 (rec. n.º 45.421), que citou, na esteira de outros arestos que também mencionou deste mesmo tribunal, o acórdão ora recorrido ponderou que no caso em apreciação a então recorrente, Associação Portuguesa do Frio, havia interposto recurso administrativo para o Ministro do Trabalho e da Solidariedade, ao abrigo do art.º 30.º, n.º 1, do Dec. Reg. n.º 15/94, de 6/7, recurso esse que se devia entender com de natureza tutelar, por se tratar de um recurso visando o órgão dirigente de um instituto público (o IEFP), perante pessoa jurídica diversa, dotada de poderes de superintendência (art.º 177.º, n.º 1, do Cód. Proc. Adm.), no caso o já aludido Ministro.

Só que, mais ponderou o acórdão recorrido – continuando a seguir o entendimento perfilhado no já referido ac. de 10/2/2000, deste Supremo Tribunal – a imposição feita naquele art.º 30.º, n.º 1, do Dec. Reg. n.º 15/94, de recurso tutelar (necessário) para o Ministro do Trabalho e da Solidariedade no domínio em causa contrariava o disposto no art.º 177.º, n.º 2, do Cód. Proc. Adm., segundo o qual "o recurso tutelar só existe nos casos expressamente previstos na lei".

Isto porque, continuou o acórdão ora impugnado, o termo lei utilizado nesta última disposição legal deve ser interpretado como exigindo que a imposição de recurso titular tenha de constar de acto formalmente legislativo, tudo na esteira do entendimento já firmado nesse domínio pelo ac. n.º 161/99, de 10/3/99, do Tribunal Constitucional, entendimento esse que assim se perfilhou.

E daí a conclusão, ainda para o acórdão recorrido, da ilegalidade da imposição de recurso tutelar feita no caso pelo art.º 30.º, n.º 1, do Dec. Reg. n.º 15/94, não tendo assim o Ministro do Trabalho e da Solidariedade o dever de decidir o recurso que, sob a sua capa, lhe fora dirigido, não se havendo deste modo formado o alegado indeferimento tácito, motivo por que o mesmo aresto da Secção, com base na falta de objecto, acabou por rejeitar o recurso contencioso.

É este juízo decisório que a ora recorrente impugna perante este Tribunal Pleno através do presente recurso jurisdicional.

Vejamos se fundamentadamente.

***

Das conclusões das respectivas alegações, mais acima transcritas, resulta que o ora recorrente não ataca o entendimento, acima já sumariamente exposto, na base do qual o acórdão da Secção considerou infringir o n.º 1 do art.º 30.º do Dec. Reg. n.º 15/94 – ao impor recurso administrativo (tutelar) na matéria já referida para o então Ministro do Emprego e Segurança Social – a norma do n.º 2 do art.º 177.º do Cód. Proc. Adm., norma essa que exige para a previsão de recurso tutelar que a mesma revista à natureza de lei formal (lei da Assembleia da República ou decreto-lei do Governo).

Trata-se assim de entendimento que há que dar, por indiscutido, como assente no caso *sub judice*.

Aquilo que a ora recorrente discute é coisa diversa e consiste em dois núcleos argumentativos.

O primeiro deles é que, segundo o que defende, o acórdão recorrido padece de "vício de forma, por deficiência de fundamentação", isto porque, segundo o que alega, o caso sobre o que se debruçou o ac. deste Supremo Tribunal, de 10/2/2000, já acima referido, cujo entendimento, como se viu, o aresto impugnado perfilhou, seguindo-o muito de perto, assume uma feição diversa do caso dos autos, tanto de facto como de direito, e daí que a motivação invocada no acórdão ora recorrido "não se reportar à situação concreta submetida a julgamento".

Mas, salvo o devido respeito, não é assim.

Desde logo porque a recorrente incorre em erro quando defende, como se viu, que o acórdão recorrido possa estar inquinado de "vício de forma, por deficiência de fundamentação".

É que semelhante vício é próprio não das sentenças judiciais, mas apenas dos actos administrativos, sendo que aquelas – como no caso o acórdão recorrido – se encontram sujeitas ao quadro de nulidades do art.º 668.º do Cód. Proc. Civil, no qual a falta de fundamentação só ocorre quando a sentença "não especifique os fundamentos de facto e de direito que justificam a decisão", falta essa de especificação que só existe, como é entendimento corrente, quando for absoluta, hipótese essa que como é evidente se não verifica no caso do acórdão recorrido.

Mas, para além disso, e como decorre da exposição mais acima feita, aquilo que o acórdão da Secção abordou ao remeter, perfilhando o respectivo entendimento, para o já citado ac. deste Supremo Tribunal, de 10/2/2000, foi apenas uma questão estritamente jurídica, que era, como se viu, a de saber se o n.º 1 do art.º 30.º do Dec. Reg. n.º 15/94, ao criar o aí previsto recurso tutelar necessário afrontou a regra do n.º 2 do art.º 177.º, do Cód. Proc. Adm., questão essa que, como igualmente se viu, recebeu resposta afirmativa.

E para cuja solução era totalmente irrelevante – por se tratar de pura questão de hierarquia entre normas jurídicas – o desenho em concreto das situações em que a aludida questão veio a ser suscitada e decidida.

Improcede assim a matéria da conclusão 1ª. das alegações.

***

O segundo núcleo argumentativo desenvolvido pela recorrente contra o acórdão da Secção desdobra-se em duas asserções: de um lado, defende que ao lançar mão do recurso tutelar previsto como necessário no aludido n.º 1 do art.º 30.º do Dec. Reg. n.º 15/94 limitou-se a obedecer ou a cumprir com o referido preceito, não podendo por isso ser penalizada em resultado de o tribunal vir a considerar, como aconteceu, tal preceito ilegal e, em consequência, rejeitar o recurso contencioso que havia interposto; mas, por outro lado, defende ainda a recorrente que a norma do n.º 3 do art.º 4 do ETAF, na parte em que estatui deverem os tribunais administrativos recusar a aplicação de normas que contrariem outras de hierarquia superior – norma essa de que socorreu, no caso, a Secção para desaplicar o preceito do n.º 1 do art.º 30.º do Dec. Reg. n.º 15/94 – é inconstitucional por ofensiva do direito de defesa dos particulares contra actuações abusivas da Administração, violando ainda o princípio da segurança jurídica.

Será assim?

É ponto assente nos autos, como acima se disse, contrariar o preceito do n.º 1 do art.º 30.º do Dec. Reg. n.º 15/94 a norma do n.º 2 do art.º 177.º do Cód. Proc. Adm., sendo consequentemente aquele ilegal, ilegalidade essa que não precisa de ser declarada para que produza os seus efeitos: é que o próprio ordenamento jurídico, sob pena de contradição insanável, afasta por si do seu seio aquela ou aquelas das suas normas que porventura contrariem outras de grau hierárquico superior.

Donde nenhum direito ou interesse se pode acolher à sombra de uma norma ilegal – no caso por ela desrespeitar outra de grau hierárquico superior com a qual se devia antes conformar.

Questão diferente é já a de saber se o particular, porventura prejudicado por uma norma regulamentar ilegal, não poderá accionar por via da responsabilidade civil a Administração que a editou, questão essa que contudo escapa de todo ao objecto do processo dos autos e que por isso se não tratará.

Está assim refutada a primeira das duas asserções, acima referidas, feitas pela recorrente.

Passando agora à questão da alegada inconstitucionalidade do n.º 3 do art.º 4.º do ETAF (DL n.º 129/84, de 27/4), no seu segmento já referido, desde já se adianta que a mesma se não verifica.

Aquele preceito, na parte que dele agora interessa, ou seja, ao dispor que os tribunais administrativos (e fiscais) devem recusar a aplicação de normas que contrariem outras de grau hierárquico superior, limita-se a explicitar um princípio que é imanente ao próprio ordenamento jurídico e que sempre assim vigoraria independentemente da sua tradução positiva, como no caso acontece no aludido preceito legal.

É que, como é sabido, uma dada situação não é geralmente apenas regida por uma norma legal.

Há antes que fazer apelo àquilo que se designa por "bloco legal" para o efeito.

Daí que no caso a pretensão processual anulatória da ora recorrente se não faça, como ela pretende, tendo apenas como pano de fundo a norma do n.º 1 do art.º 30.º do Dec. Reg. n.º 15/94, mas antes em conjugação com o preceito, de hierarquia superior, do n.º 2 do art.º 177.º do Cód. Proc. Adm..

E, sendo assim, torna-se inviável que a mesma recorrente pretenda ver formado um indeferimento tácito de uma sua pretensão dirigida à Administração (no caso ao IEFP) com base em recurso tutelar que no caso – atento o bloco legal aplicável – se revelava ilegal.

Por outro lado, deve recordar-se que, como repetidamente tem entendido este Supremo Tribunal, o chamado indeferimento tácito assume feição marcadamente processual, não criando, modificando ou extinguindo qualquer relação jurídico-administrativa.

Daí que a rejeição decretada do recurso contencioso dos autos, por o mesmo ter por objecto indeferimento tácito que se não formou, não inibe o interessado, no caso a ora recorrente, de lançar mão de outro porventura meio processual com vista à definição judicial da sua pretensão, ou até de renovar esta perante a Administração de forma a haver lugar à formação de um indeferimento tácito, abrindo-se depois de novo a via contenciosa.

Significa isto que, contrariamente ao que pretende a recorrente, a aplicação do princípio constante do segmento referido do n.º 3 do art.º 4.º do ETAF, não conduz a uma situação de "indefensão" daquela.

Improcede assim, também, a matéria das conclusões B), C), D), e E) das alegações.

Termos em que se nega provimento ao recurso jurisdicional.

Custas pela recorrente.
Taxa de justiça: 400 €.
Procuradoria: 200 €.
Lisboa, 28 de Outubro de 2004.

Gouveia e Melo (Relator)
António Samagaio
Azevedo Moreira
Isabel Jovita
Silva Santos Botelho
Angelina Domingues
Pais Borges
Adérito Santos

Recurso n.º 45 687/02

RECURSO CONTENCIOSO. INQUÉRITO. REMESSA A DIVERSAS ENTIDADES. ACTO LESIVO. RECORRIBILIDADE CONTENCIOSA.

(Acórdão de 13 de Outubro de 2004)

SUMÁRIO:

I – O despacho do Secretário de Estado das Obras Públicas que, – concordando com a Informação da Auditoria Jurídica –, ordena a remessa do Relatório de inquérito levado a efeito por uma Comissão designada pelo Ministro do Equipamento Social (na sequência de um acidente ocorrido em viaduto da A 15, do qual resultou a morte de quatro pessoas), à Procuradoria Geral da República, ao Instituto de Desenvolvimento e Inspecção das Condições de Trabalho e ao Presidente do Instituto das Estradas de Portugal, não é um acto administrativo produtor de efeitos jurídicos externos em relação às empresas que intervieram na construção do viaduto em causa.

II – A possibilidade de as empresas referidas em 1 serem afectadas negativamente na respectiva esfera jurídica depende do que for subsequentemente decidido pelos destinatários do despacho impugnado, de cuja actuação (não comprometida pelo despacho em causa) se poderão oportunamente defender pela forma tida por adequada.

III – Só os actos administrativos que operam, por si, a modificação da situação jurídica concreta das recorrentes, podem ser considerados lesivos.

IV – O juízo sobre a lesividade do acto recorrido, porque respeitante à própria legalidade do processo, precede a análise das restantes questões, sendo independente de qualquer consideração quanto a eventuais ilegalidades do acto em causa.

ACORDAM EM CONFERÊNCIA NO PLENO DA 1ª SECÇÃO DO SUPREMO TRIBUNAL ADMINISTRATIVO:

1.1. Nova Estrada, ACE e NOVOPCA – Construtores Associados S.A, inconformados com o acórdão da 1ª Secção, 1ª Subsecção deste S.T.A., proferido a fls. 537 e segs, dele recorreram para este Pleno, concluindo as respectivas alegações do seguinte modo:

"a. O despacho impugnado não pode ser considerado acto interno, já que não esgota os seus efeitos exclusivamente no interior da Administração, no âmbito das relações interorgânicas.

b. O despacho em causa lesou gravemente as ora recorrentes, na medida em que lhes negou o direito de sobre ele ser ouvida e pronunciar-se, ao abrigo dos princípios da Participação dos interessados a da Colaboração da Administração com os particulares.

c. o exercício destes direitos revestia, in casu, especial importância na medida em que conteúdo do despacho, concordando absolutamente com as conclusões do relatório elaborado pela Comissão de Inquérito, é substancialmente desfavorável para a ora recorrente, prejudicando-a em particular.

d. Tais conclusões foram alcançadas a partir de metodologias e premissas que a recorrente não aceita, facto que oportunamente comunicou, em exposição devidamente fundamentada.

e. Ao reiterar, sem mais, o conteúdo daquele relatório, o despacho impugnado manifestou total desconsideração pelas razões apresentadas pela ora recorrente na sua exposição, facto que consubstancia uma clara violação dos princípios acima referidos.

f. Essa circunstância pode e deve ser invocada pelas recorrentes em sede própria, impugnando contenciosamente o acto por via do qual são lesados os seus direitos de intervenção na preparação das decisões que lhe dizem respeito.

g. O despacho impugnado configura, portanto, uma decisão desfavorável para as ora recorrentes, e como tal um verdadeiro acto administrativo, nos termos do artigo 120.º do CPA, na medida em que consubstancia uma declaração de concordância com o Parecer da Auditoria jurídica e com o relatório da Comissão de Inquérito, estes, por sua vez, elaborados com total desconsideração dos princípios da colaboração dos interessados e da sua participação em procedimentos nos quais sejam directamente implicados.

h. Ainda que se entendesse que o despacho impugnado configura, de facto, um acto interno, sempre se diria que tal qualificação não pode excluir a possibilidade da sua impugnação contenciosa, atento o disposto no n.º 4 do artigo 268.º da Constituição da República Portuguesa, já que lesou, efectivamente, a esfera das ora recorrentes, na medida em que lhes negou o seu direito de participação no procedimento que conduziu à elaboração do Relatório Final da Comissão de Inquérito, o qual por sua vez, mereceu inteira concordância do mencionado Despacho."

1.2. A entidade recorrida contra-alegou pela forma constante de fls. 590 a 594, inc, formulando a final as conclusões seguintes:

"1. Decidiu o douto acórdão recorrido que a recorribilidade do acto, radica na verificação do pressuposto processual da lesão das posições subjectivas dos particulares e que do acto em causa não resultou qualquer efeito lesivo dos direitos das recorrente;

2. Embora admitindo formalmente o princípio, não deixaram as recorrentes de confundir os eventuais vícios do acto com a questão da irrecorribilidade do mesmo;

3. E persistiram, ao confundir o objecto do recurso jurisdicional com o objecto do recurso contencioso;

4. E ainda quando invocaram uma lesão "em termos especialmente gravosos", não conseguiram demonstrá-la, em termos alheios ao do conceito dos alegados dos vícios do acto administrativo (quod erat demonstrandum);

1.3. A Exmª Magistrada do M.º Público emitiu o parecer de fls. 596 do seguinte teor:

"A meu ver, improcede a alegação das recorrentes que, desde logo, merece o reparo de não comportar qualquer ataque ao acórdão recorrido, mas apenas ao acto impugnado.

Ora, como é sabido, os recursos jurisdicionais versam sobre a sentença recorrida e não sobre os actos contenciosamente impugnados. Assim, se na alegação e respectivas conclusões, o recorrente omitir por completo qualquer reparo à sentença, o recurso não deve vingar.

No entanto, poderá entender-se, no caso em análise, que os factos alegados como fundamento de recorribilidade do acto impugnado, constituem também suporte de erro de julgamento do acórdão recorrido que rejeitou o recurso contencioso, por ilegalidade da sua interposição.

Mas, nem por isso o recurso deverá ter êxito.

Com efeito, pelas razões aduzidas no meu parecer de fls. 534 e 535 e que foram acolhidas no aresto recorrido, creio que efectivamente o acto impugnado é contenciosamente irrecorrível.

Na verdade, considero que o despacho recorrido não define qualquer situação jurídica concreta dos recorrentes ou de outra pessoa ou entidade, nem compromete as decisões que vierem a ser tomadas na sequência de ordenada remessa de cópia às entidades ali indicadas. Por isto, tal despacho não produz quaisquer efeitos, directos e imediatamente lesivos, na esfera jurídica das recorrentes, antes se caracterizando como um acto interno, proferido apenas para produzir efeitos no domínio das relações interorgânicas, não gozando consequentemente de garantia de recurso contencioso consagrada no n.º 4 do art.º 268.º do C.R.P.

Do exposto, sou de parecer que o presente recurso jurisdicional não merece provimento."

2. Colhidos os vistos legais, cumpre apreciar e decidir.

2.1 Com interesse para a decisão, o acórdão recorrido considerou provados os seguintes factos:

"Com relevância para a decisão dá-se como provado o seguinte:

a) O despacho recorrido foi proferido na sequência de um acidente ocorrido em 19-1-01, no viaduto da Fanadia, na A15.

b) Foi ordenado um inquérito por despacho do Ministro do Equipamento Social, de 19-1-01, levado a efeito por uma Comissão de Inquérito, também designada naquele despacho, tendo por objecto o apuramento das circunstâncias em que ocorreu o acidente.

c) A Comissão de Inquérito elaborou e apresentou um Relatório Final cuja cópia consta de fls. 213-277

d) Tal Relatório foi depois remetido à Auditoria Jurídica do Ministério do Equipamento Social (cfr o doc. de fls. 60), que elaborou a Informação n° 48/01, de 1-4-02, e respectivas conclusões, conforme documento de fls. 47-59, cujo teor aqui se dá por reproduzido.

e) Foi, então, proferido o despacho n.º 21-I SEOP//2001, de 29-5-01, de autoria do Secretário de Estado das Obras Públicas, do seguinte teor:

"1. Vista a Informação n.º 48/01, 27/AJ/01, de 2 de Abril de 2001, da Auditoria Jurídica deste Ministério e o parecer concordante do Senhor Auditor Jurídico, concordo com a análise aí formulada e a conclusão B) (fls. 13) uma vez que na conclusão anterior são, tão somente, indicados os intervenientes.

2. Embora a matéria em causa deve estar já submetida à sede própria, uma vez que do acidente resultaram mortes e feridos, determino o envio do processo de inquérito e da informação acima identificada à Procuradoria-Geral da República, para efeitos de apuramento da eventual responsabilidade criminal e outras com esta conexas (cfr fls 12 da Informação).

3. No Relatório Final do processo de inquérito foi, ainda, referida a irregularidade decorrente de a adjudicação à Mecanotubo não ter sido antecedida de concurso público, como o deveria ser, no caso de se confirmar o valor do contrato, por força do estabelecido na cláusula n.º 33.4 do contrato de concessão e remissões nesse local efectuadas para as legislação comunitária e nacional aplicáveis (cfr fls 5 da Informação da Auditoria Jurídica).

4. Tal irregularidade integra assim, uma violação do contrato de concessão, sem prejuízo dos demais efeitos que possa produzir em sede de apuramento da responsabilidade respectiva

5. No Relatório Final descrevem-se ainda indícios de infracção à legislação de segurança, higiene e saúde do trabalho (cfr fls 12 da Informação da Auditoria Jurídica) pelo que determino o envio do processo de inquérito e da Informação da Auditoria Jurídica ao Instituto de Desenvolvimento e Inspecção das Condições de Trabalho.

6. No parecer do Instituto de Desenvolvimento e Inspecção das Condições de Trabalho e na Informação da Auditoria Jurídica (cfr fls 9) faz-se ainda menção ao acto da fiscalização efectuada pela empresa Kaiser, Engenharia, SA, contratada pela própria concessionária, dificultar uma apreciação independente e objectiva das situações, uma vez que as empresas construtoras fazem parte do concessionário. De futuro a fiscalização das obras deverá ser efectuada por empresas que ofereçam garantias de imparcialidade e independência.

7. Refere-se ainda no antedito Relatório o facto do Instituo das Estradas de Portugal não se ter pronunciado sobre o Projecto de Execução do Viaduto o que se "poderá traduzir num alheamento técnico por parte do representante do concedente, e que não se concilia com as suas atribuições orgânicas nem com o papel que lhe foi definido no próprio contrato de concessão." (cfr fls 8 da Informação da Auditoria Jurídica). O Instituto das Estradas de Portugal deve prestar informação sobre quais as circunstâncias que conduziram a tal situação e, para o futuro, ter em consideração que a mesma não pode ocorrer.

8. Nos termos do contrato e da lei como se refere na conclusão B) da Informação da Auditoria Jurídica "a responsabilidade contratual perante a Administração, bem como a extracontratual, por culpa ou risco, pelos prejuízos causados a terceiros pela concessionário ou pelas entidades por si contratadas (...) cabem à concessionária, Auto-Estradas do Atlântico – Concessões Rodoviárias de Portugal, SA."

9. De acordo com o contrato de Concessão e como se refere a fls 11 da Informação da Auditoria Jurídica "a responsabilidade contratual por incumprimento e cumprimento defeituoso dos deveres e obrigações emergentes do contrato de Concessão ou das determinações do concedente, prevista na cláusula 78 (Base LXXV) poderá determinar a aplicação de multas contratuais pelo Concedente, cujo montante (actualizável anualmente, de acordo com IPC publicado para o ano anterior) variará entre um mínimo de 1.000.000$00 e 20.000.000$00, desde que tal aplicação seja precedida da audiência da Concessionária, nos termos do artigo 100.º do Código do Procedimento Administrativo."

10. Para efeitos de instrução do processo de aplicação das penalidades contratuais (cláusula 78) deverá o processo ser remetido ao Instituto das Estradas de Portugal para apreciação e elaboração da respectiva proposta.

11. Assim, determino a remessa de cópia do processo:
a) à Procuradoria-Geral da República
b) ao Instituto de Desenvolvimento e Inspecção das Condições de Trabalho.
c) ao Presidente do Instituto das Estradas de Portugal.

12. Notifique-se a Concessionária e dê-se conhecimento do presente despacho à Auditoria Jurídica.
(...), – cfr. o doc. de fls. 43-45.

2.2. O DIREITO

2.2.1. As Recorrentes discordam da decisão do acórdão da 1ª Subsecção deste S.T.A., que rejeitou por ilegalidade, nos termos do art.º 57.º § 4.º do R.S.T.A., o recurso contencioso por elas interposto do despacho n.º 21-I/SEOP/2001, de 29-5-01, do Secretário do Estado das Obras Públicas, a que se refere a alínea *e)* da matéria de facto.

Sustentam, em síntese, o seguinte:

– Ao invés do decidido, o despacho impugnado não pode ser considerado acto interno, já que não esgota os seus efeitos exclusivamente no interior da Administração (no âmbito das relações interorgânicas).

– O despacho em causa lesou gravemente as ora recorrentes na medida em que lhes negou o direito de sobre ele serem ouvidas e pronunciar-se, o que, no caso, revestia especial importância, dado que o conteúdo do despacho, concordando absolutamente com as conclusões do relatório elaborado pela Comissão de Inquérito, lhes é substancialmente desfavorável, prejudicando-as em particular.

– Nesta conformidade, as Recorrentes deverão poder impugnar contenciosamente "o acto por via do qual são lesados os seus direitos de intervenção na preparação das decisões que lhe dizem respeito".

– Ainda que se entendesse que o despacho impugnado configura, de facto, um acto interno, tal qualificação não pode excluir a possibilidade da sua impugnação contenciosa, atento o disposto no n.º 4 do art.º 268.º da Constituição, já que lesou a sua esfera jurídica ao negar--lhes o aludido direito de participação no procedimento em causa.

Não têm, porém, razão.

DE FACTO:

2.2.2. Como bem se considerou no acórdão sob recurso, aderindo-se à fundamentação aduzida no acórdão de 1.10.02, proc. 48.016 (transitado em julgado) – proferido a propósito do mesmo acto, em que foi Recorrente a concessionária Auto – Estradas do Atlântico – concessões Rodoviárias de Portugal –, *«o despacho recorrido não define qualquer situação jurídica concreta» das Recorrentes «ou de qualquer outra pessoa ou entidade. Em tal despacho, o seu autor ...concordando com a opinião dos Serviços sobre o acidente e as suas causas, ordenou a remessa de cópia do processo: i) à Procuradoria Geral da República "para efeitos e apuramento da eventual responsabilidade criminal e outras com esta conexas"; ii) ao Instituto de Desenvolvimento e Inspecção das Condições de Trabalho por se descreverem no Relatório "indícios de infracção à legislação de segurança, higiene e saúde do trabalho"; iii) ao Presidente do Instituto das Estradas de Portugal, para efeitos de instrução do processo de aplicação de penalidades contratuais para apreciação e elaboração da respectiva proposta".*

Os destinatários do acto impugnado são pois, os serviços do Ministério que deverão remeter cópia do pro-

cesso às entidades indicadas no despacho, tuteladas ou não pelo autor do acto, para os fins ali indicados."

Nesta linha de entendimento, inteiramente correcta, terá, pois, de considerar-se, ao invés do defendido pelas Recorrentes, que o acto objecto do recurso contencioso rejeitado pelo acórdão em apreço *não é produtor de efeitos jurídicos externos em relação às Recorrentes, susceptíveis de lhe garantir a possibilidade de o impugnar contenciosamente.*

Os efeitos do acto em análise produzir-se-ão apenas, com carácter imediato nas relações entre a entidade recorrida e as demais entidades a quem foi ordenada a remessa do Relatório para os fins apontados no despacho – a Procuradoria-Geral da República, o Instituto de Desenvolvimento e Inspecção das Condições de Trabalho e o Presidente do Instituto das Estradas de Portugal.

A possibilidade das Recorrentes serem afectadas negativamente na respectiva esfera jurídica, depende do que for subsequentemente decidido pelos destinatários do despacho impugnado, de cuja actuação se poderão, oportunamente, defender, sendo caso disso, pela forma adequada, sendo que tal actuação não fica decisivamente comprometida pelo aludido despacho.

E, ao contrário do que as Recorrentes mostram entender – com evidente erro de perspectiva jurídica que afecta toda a sua argumentação em favor da recorribilidade do acto contenciosamente impugnado –, no juízo sobre a *lesividade* não podem interferir considerações sobre possíveis ilegalidades do acto em causa.

O juízo sobre a lesividade do acto recorrido precede, logicamente, qualquer outra análise, pois dele depende a legalidade da existência do próprio processo.

De outro modo, de resto, sempre que um Recorrente apontasse ilegalidades a determinado acto, ter-se-ia de admitir o recurso contencioso; ou então, a admissão do recurso teria de ficar dependente do juízo prévio sobre a existência dessas invocadas ilegalidades.

Situações que, como parece evidente, são juridicamente insustentáveis.

Em súmula: O despacho objecto do recurso contencioso rejeitado pelo acórdão recorrido não é produtor de quaisquer efeitos externos em relação às Recorrentes, pelo que não é lesivo; como tal, não pode gozar da garantia constitucional da recorribilidade contenciosa, consagrada no art.º 268.º, n.º 4 da nossa Lei Fundamental (no mesmo sentido, a propósito de situação similar, o ac. do Pleno de 6-2-02, rec. 42.271).

Tendo decidido por esta forma, o acórdão recorrido não merece qualquer censura.

3. Nestes termos, acordam em negar provimento ao recurso, confirmando a decisão recorrida.

Custas pelas Recorrentes, fixando-se:
Taxa de justiça: € 450.
Procuradoria: € 250.
Lisboa, 13 de Outubro de 2004.

Angelina Domingues (Relatora)
António Samagaio
Azevedo Moreira
Rosendo José
João Cordeiro
Pais Borges
Costa Reis

Recurso n.º 194/02

REVISTA EXCEPCIONAL NOS TERMOS DO ART.º 150.º DO CPTA. CONTENCIOSO PRÉ-CONTRATUAL. PROCESSO ESPECIAL URGENTE. PRAZO.

(Acórdão de 24 de Novembro de 2004)

SUMÁRIO:

I – A norma geral que dimana dos artigos 66.º; 67.º e 69.º n.º 1 do CPTA permite, em caso de inércia da Administração o uso da acção administrativa especial no prazo de um ano a contar do termo do prazo legalmente estabelecido para a emissão do acto ilegalmente omitido.

II – Mas nada impede que, ao lado do regime geral, a lei consagre, para casos pontuais, regimes especiais, quer de tipos de processo contencioso (como os processos de contencioso pré-contratual) quer de formação de indeferimento no procedimento gracioso, (maxime em recurso administrativo de decisão de primeiro grau) quer de prazos de utilização dos meios contenciosos, desde que semelhante desvio das regras comuns se mostre necessário à eficácia e prontidão das decisões a proferir na matéria, fique garantida a segurança jurídica, a efectividade da tutela e sejam dirigidos à obtenção de valores superiores aos sacrificados.

III – A questão de determinar qual o prazo para o uso do meio urgente previsto no artigo 100.º do CPTA (seja impugnatório ou de condenação) em caso de inércia da Administração, como a falta de decisão de recursos administrativos (de que é exemplo o previsto no art.º 99.º do DL 59/99, de 2/3) resolve-se por interpretação conjugada dos artigos 1.º n.º 1 e 2.º n.º 7 da Directiva do Conselho de 21 de Dezembro de 1989 (89/665/CEE); 3.º n.º 2 do DL 134/98; 100.º e 101.º do CPTA com os artigos 59.º n.ºs 4 e 5; 66.º, 67.º e 69.º n.º 1 do CPTA, no sentido de que se mantém inalterado o prazo do citado art.º 3.º n.º 2, agora constante do artigo 101.º do CPTA, tendo como consequência ser de um mês o prazo de utilização do meio contencioso – quer antes quer depois da entrada em vigor do CPTA – contado a partir da *data em que o recurso administrativo se "considera indeferido"*, data esta que o interessado conhece automaticamente por aplicação do n.º 3 do artigo 99.º do DL 59/99, em conjugação com a data em que o interpôs.

IV – A norma do n.º 1 do artigo 59.º do CPTA refere-se a actos que devam ser notificados e o artigo 101.º a actos em que não há lugar a notificação. Nestes últimos incluem-se os actos que resultam de se considerar indeferido um recurso administrativo,

A falta de decisão de recurso administrativo no prazo legalmente previsto dá lugar a considerar-se iniciado o prazo do recurso contencioso por determinação legal. A notificação neste caso está efectuada com a notificação da decisão primária, tanto que não existe nada a notificar para além do acto primário e o momento a partir do qual começa a contar-se o prazo do recurso contencioso está rigorosamente certo, por força do artigo 99.º do DL 59/99.

ACORDAM EM CONFERÊNCIA NA SECÇÃO DE CONTENCIOSO ADMINISTRATIVO DO STA:

1. A Configuração do Litígio.
1.1. **LN RIBEIRO CONSTRUÇÕES, S. A.**, recorre ao abrigo do artigo 150.º n.º 1 do CPTA do Acórdão do TCA de 14 de Julho de 2004, que manteve a decisão do TAF de Sintra de indeferimento dos pedidos de providências cautelares dirigido contra
O MUNICÍPIO DE CASCAIS
Consistindo na suspensão de eficácia da adjudicação da empreitada de recuperação e remodelação da "Casa Verdades de Faria – Museu da Música Portuguesa; de abstenção de celebrar o contrato de empreitada e de suspensão dos efeitos desse contrato, caso tenha sido celebrado.
A decisão da primeira instância, que o TCA confirmou, assenta essencialmente na consideração de que o prazo de um mês para impugnar os actos relativos à formação dos contratos, constante do artigo 3.º n.º 2 do DL 134/98, se aplica também ao indeferimento tácito de reclamação da exclusão de um concorrente à adjudicação de um contrato de empreitada, regulada nos artigos 98.º n.º 6, 49.º n.º 3 e 99.º n.º4 do DL 59/99.
Desta asserção retirou a consequência de que o recurso fora interposto para além do prazo, pelo que mesmo uma decisão expressa do recurso administrativo não poderia dar lugar a uma substituição do objecto do recurso interposto da presunção de indeferimento, mas fora de prazo.
1.2. Para delimitar com exactidão a questão jurídica importa partir da matéria de facto provada que esteve na base da decisão em revista e da alegação da recorrente.
A matéria de facto considerada nas decisões das instâncias é a seguinte:
1 – O concurso público para a empreitada de recuperação e remodelação da "Casa Verdades Faria – Museu da Música Portuguesa", adiante designada "Casa da Música" foi aberto e publicitado por aviso publicado no DR III Série de 24.6.2003.
2 – Em 30 de Setembro de 2003 a concorrente LN Ribeiro, agora recorrente, foi notificada de ter sido excluída por decisão da Comissão de Abertura do Acto Público, por não demonstrar aptidão para a execução da obra.
3 – Reclamou daquela exclusão para a Comissão, em 6 de Outubro de 2003, mas não obteve resposta alguma.
4 – Em 30 de Outubro de 2003, interpôs recurso para a CMC do tácito indeferimento da reclamação para a Comissão acabada de indicar, nos termos conjugados dos artigos 49.º e 98.º n.º 6 do DL 59/99, de 2 de Março.
5 – Em 21 de Nov. foi ouvida sobre projecto de decisão da reclamação pela Comissão, tendo apresentado a sua posição em 18 de Dezembro seguinte.

6 – Em 23 de Janeiro de 2004 foi notificada da deliberação da Comissão de Abertura do Acto Público do Concurso, de 20 de Janeiro, de que mantinha a decisão de a excluir porque não demonstrou aptidão técnica para a execução da obra.
7 – Em 30 de Janeiro de 2004 requereu que fosse substituído pelo indeferimento expresso de 20 de Janeiro o objecto do recurso que havia interposto para a CMC em 30 de Outubro.
8 – A requerente foi notificada em 16 de Fevereiro de 2004 para se pronunciar sobre o projecto de indeferimento do recurso administrativo relativo à sua exclusão.
9 – Por deliberação da CMC de 1 de Março de 2004, a empreitada foi adjudicada ao concorrente MIU–Gabinete Técnico de Engenharia, Ld.ª.
10 – Em 26 de Março de 2004 foi celebrado o contrato de adjudicação da empreitada ao concorrente acabado de referir.

Ocorrência Processual Posterior à Sentença de 1.ª Instância que se colhe deste Meio Contencioso e da Acção Principal, intentada como Acção Administrativa Especial no TAF de Sintra e pendente no TCA em recurso Jurisdicional:
– Em 19 de Março de 2004 deu entrada no TAF de Sintra o pedido de providências cautelares em que foi proferida a decisão do TCA de que vem interposto o recurso de revista.
– A medida cautelar pedida a titulo principal era a suspensão de efeitos da adjudicação efectuada em 1 de Março, com a consequente abstenção de a CMC celebrar o contrato e a título subsidiário, se o contrato já estivesse celebrado, determinar a suspensão dos seus efeitos com a consequente paralisação do início da obra ou dos trabalhos iniciados.
– Posteriormente, deu entrada em 6 de Abril de 2000 no TAF de Sintra petição inicial em que era pedida a anulação do indeferimento tácito do recurso hierárquico que a A. interpusera para a CMC, a condenação da R. a admitir a A. ao concurso e também a anular o acto de adjudicação de 1 de Março de 2004 à sociedade MIU e reconhecer-se o direito da A. a ser a adjudicatária do concurso.
– Em 5 de Maio de 2004 foi proferida a sentença de indeferimento da pretensão pelo TAF de Sintra que deu lugar ao recurso para o TCA S de cujo Acórdão vem interposta a presente revista.
– Mas, precisamente no dia anterior, 4 de Maio de 2004, a CMC baseada em parecer dos serviços, proferiu acto expresso de indeferimento da reclamação que a requerente lhe tinha dirigido em 30 de Outubro de 2003 e cujo objecto tinha alargado pelo requerimento de 30 de Janeiro de 2004.
– No meio contencioso principal a recorrente pediu que fosse considerado o acto expresso e alargado a ele o âmbito da impugnação e que sendo uma nova decisão haveria de ser tido objecto válido de pretensão impugnatória, pelo que não poderia repetir-se a mesma decisão tomada no processo em que eram pedidas as providências, mas realmente foi proferida decisão no TAF que repetiu os fundamentos da providência e acentuando que o acto expresso era totalmente ineficaz julgou caducado o direito ao uso dos meios contenciosos (Cf. Proc. Do TAF de Sintra n.º 666/04.2BESNT e recurso pendente no TCA sob o n.º 394/2004).

1.3. Para melhor compreender e delimitar o objecto da controvérsia que é objecto da revista, atentemos nas conclusões da alegação da recorrente.

A alegação da recorrente, quanto ao fundo, diz, em resumo:
– Requereu as medidas cautelares e ao mesmo tempo pediu na acção principal a condenação da R. no acto então em falta de decisão do recurso administrativo interposto da sua exclusão, pois que tal decisão expressa não existia.
– Mas a decisão administrativa expressa surgiu em 5 de Maio de 2004, na pendência da acção principal e deste pedido de medidas e muito depois de feita a adjudicação.
– A recorrente pediu também, desde o início, no processo principal, para o caso de vir a ser proferida decisão expressa no recurso administrativo, a respectiva anulação, portanto em pedido subsidiário sucessivo.
– Considera por isso que o objecto do processo principal não se limitava ao indeferimento tácito que foi analisado nas decisões das instâncias, pelo que, havendo um acto expresso de Maio de 2004, nunca se podia considerar caducado o seu direito de acesso aos meios contenciosos, contra este último acto, que era também ele objecto do litígio, já que era ele que se achava indicado desde a data da propositura do meio principal.
– A recorrente não foi notificada do acto tácito, pelo que não se iniciou o prazo para dele recorrer, face ao disposto no n.º 4 do artigo 59.º do CPTA.
– Os actos sujeitos a recurso hierárquico necessário não eram contenciosamente impugnáveis, pelo que não se iniciou em relação a eles a contagem do prazo de recurso, pelo que o prazo se inicia com a notificação da decisão do recurso hierárquico.
– Antes da entrada em vigor do CPTA os particulares não tinham o ónus de impugnar os actos tácitos no âmbito dos procedimentos concursais a que se refere o DL 134/98.
– O acto tácito formado em sede de procedimento de formação de contratos é igual ao acto tácito comum, isto é, mera faculdade impugnatória e não um acto a partir de cujo conhecimento comece a decorrer o prazo de impugnação.
– A sentença e o Acórdão do TCA aplicaram mal o artigo 59.º do CPTA porque o prazo para o recurso só se inicia com a notificação e no indeferimento tácito, não havendo notificação, a regra do n.º 1 reporta-se à decisão do recurso administrativo e não ao objecto desse recurso.
– A inércia da administração deu lugar a uma situação a que se aplicam os novos meios processuais atenta a data de entrada do processo, e, como o recurso hierárquico ainda não tinha sido decidido, tinha lugar a acção administrativa especial para condenação no acto devido, a intentar no prazo de um ano previsto no artigo 69.º do CPTA, pelo que, diferentemente do decidido, não caducou o direito de propor a acção e o meio acessório não podia ser rejeitado com esse fundamento.

2. *A questão jurídica central – Coordenação da impugnação do indeferimento tácito nos procedimentos de formação de certos contratos com o regime dos meios contenciosos em geral, no antecedente e no novo regime do CPTA.*
A sentença, mantida pelo Acórdão do TCA, julgou do seguinte modo:
Excluída do concurso pela deliberação da Comissão de Abertura do Concurso Público que também referimos como "Comissão", a requerente da providência reclamou tempestivamente, em 6 de Outubro de 2003, nos termos do artigo 98.º n.º 6 do DL 59/99, de 2 de Março, para a CMC. E, na falta de notificação de qualquer decisão em dez dias, teve a reclamação por indeferida, nos termos do n.º 4 do artigo 49.º do mesmo diploma pelo que recorreu para a Câmara, em 30 de Outubro seguinte, dentro do prazo da al. *b)* do n.º 2 do art.º 99.º do DL 59/99.
Como não obteve notificação de decisão, nem ela foi proferida, em 13 de Novembro o recurso administrativo considera-se indeferido nos termos do n.º 4 do artigo 99.º do mesmo diploma.
E era a partir desta data que se contava o prazo para a impugnação contenciosa do indeferimento assim formado. Mas, como a impugnação apenas deu entrada no TAF em 19 de Março de 2004, estava ultrapassado o prazo de um mês para o recurso contencioso previsto nos artigos 3.º n.º e do DL 134/98 e 101.º do CPTA, contado da notificação, ou a ela não havendo lugar, a contar da data do conhecimento do acto. No caso, o conhecimento deriva da data de interposição e do mecanismo legalmente regulado como indeferimento.
A primeira e mais relevante questão jurídica que emerge da exposição antecedente consiste em saber se, para efeitos de impugnação contenciosa e respectivo prazo, o regime de indeferimento tácito da reclamação administrativa regulado nos artigos 49.º n.º 4 e 98.º n.º 6, bem como o regime de indeferimento tácito do recurso administrativo regulado nos n.ºs 1, 2, 3 e 4 do artigo 99.º, todos do DL 59/99, são equiparados pela lei a um verdadeiro e próprio indeferimento (embora por ficção legal) ou se apenas criavam os pressupostos para permitir ao interessado recorrer à via impugnatória (até 1 de Janeiro de 2004) e agora, na vigência do CPTA, também mantêm o valor de indeferimento, ou são tratados como em geral toda a inércia administrativa que permite o acesso à acção especial do artigo 66.º do CPTA, nas condições do n.º 1 al. *a)* do artigo 67.º, meio que alia (ou permite cumular) ao aspecto puramente destrutivo uma componente constitutiva condenatória, isto é, se o silêncio da Administração naqueles procedimentos pré-contratuais tem ou não exactamente a mesma natureza e efeitos da presunção de indeferimento que em termos gerais facultava o acesso à via jurisdicional durante o prazo de um ano, tal como constava do art.º 109.º n.º 1 do CPA e era entendimento praticamente unânime da jurisprudência deste STA (acesso cuja via própria, para as situações comuns, é agora indicada no artigo 67.º n.º 1 al. a) do CPTA, no mesmo prazo de um ano), ou se a via da acção especial urgente de contencioso pré-contratual para os actos e contratos a que se refere o art.º 100.º n.ºs 1 e 2 do CPTA, tem um regime especial de indeferimento tácito, bem como saber se, para o uso de meios contenciosos de defesa contra estes indeferimentos tácitos também se aplica exclusivamente o prazo especialmente curto de um mês.
Na outra alternativa estaria a posição da recorrente que defende ter desaparecido o regime do indeferimento tácito do CPTA e por isso ser sempre aplicável o prazo de um ano do artigo 69.º contado a partir do termo do prazo legal estabelecido para a emissão do acto ilegalmente omitido.
A questão jurídica enunciada foi respondida pela sentença em termos correctos, havendo agora apenas que

explicitar melhor as razões que sustentam a interpretação das normas que a sentença aplicou e que são realmente aplicáveis ao caso.

3. *As exigências de um processo urgente em que se podem impugnar actos de trâmite por oposição ao tradicional recurso do acto administrativo final.*

3.1. A inteira compreensão das soluções adoptadas pelo DL 134/98, depois vertidas para os art.ºs 100.º; 101.º e 102.º do CPTA, tem que ser procurada na análise do quadro normativo em que se inseriram, e neste desempenha especial relevo a Directiva do Conselho de 21 de Dezembro de 1989 (89/665/CEE).

Esta Directiva estabeleceu para os estados membros o *dever de adoptar medidas "tão rápidas quanto possível"* (art.º 1.º n.º 1) dotadas de eficácia e meios de execução (n.º 7 do artigo 2.º por remissão do n.º 1 do artigo 1.º) capazes de responder à brevidade dos processos de adjudicação dos contratos submetidos ao direito público.

Ou seja, a Directiva assume que a brevidade dos processos de adjudicação é uma necessidade de importância capital e um valor a preservar, pelo que as garantias dos particulares não podem ser conseguidas através do sacrifício daquela indispensável brevidade dos referidos procedimentos de adjudicação, antes tem de obter-se através da criação de meios ágeis de controle, correcção, anulação e indemnização dos lesados pelas violações das regras jurídicas aplicáveis.

Para se inserir nesta filosofia e não violar a Directiva, criando uma demora incompatível com a rapidez de meios exigida, O DL 59/99 não podia criar uma reclamação da exclusão de um concorrente seguida de um recurso administrativo que falseasse aquele princípio de eficiência e celeridade e deixasse a questão em aberto e mesmo completamente parada, durante mais de um ano, como sucederia se a consequência da inacção da Administração na decisão daquela reclamação e depois do recurso administrativo apenas pudesse retirar-se, nos termos gerais, ao fim do prazo de 30 dias (artigos 165.º e 174.º n.º 1 do CPA), dando a partir daí lugar à possibilidade de o interessado presumir o indeferimento (art.º 109.º do CPA) para lançar mão do meio impugnatório dentro de um ano, nos termos do artigo 28.º n.º 1 al. *d)* da LPTA. Convenhamos que era deixar a questão nos moldes comuns, isto é, sem lhe imprimir as características do meio *"tão rápido quanto possível"* que a Directiva impõe, mesmo que depois se criasse um processo jurisdicional urgente.

Ou seja, a urgência da situação impõe não apenas alterações nos meios e prazos processuais em fase jurisdicional, mas também nos mecanismos administrativos conducentes a uma rápida decisão final, mesmo em certos casos em que existe inércia da Administração e simultaneamente, prazos para os particulares interessados actuarem mais expeditamente.

3.2. O que fica dito conduz-nos à questão central que consiste na necessidade que o legislador teve de imprimir aceleração nos meios que envolvessem inércia da Administração por falta de decisão em tempo útil.

Daí que o DL 59/99 se tenha afastado segura e conscientemente da solução que resulta dos artigos 109.º n.º 1 do CPA e 28.º n.º 1 da LPTA.

E nesta senda, a solução encontrada firma-se no texto do n.º 3 do artigo 49.º do DL 59/99, em que se diz que a reclamação nele prevista se considera indeferida se não for notificada decisão no prazo de dez dias posteriores à sua apresentação e, no *artigo 99.º n.º 4,* estabelece que o recurso administrativo tem efeito suspensivo da decisão primária e *"considera-se indeferido se o recorrente não for notificado da decisão no prazo de dez dias após a sua apresentação".*

Ao assim estatuir, a lei não se limitou a encurtar os prazos do regime geral para a decisão da reclamação e do recurso administrativo nos processos relativos à formação dos contratos de empreitada de obras públicas.

Também atribuiu um efeito diferente ao silêncio ou inacção da Administração.

Não disse que após os dez dias o particular podia lançar mão dos meios impugnatórios durante um ano, como referiam os artigos 108.º do CPA e 28.º n.º 1 *d)* da LPTA.

Diz a lei especial, aplicável ao caso que nos prende, que o recurso se considera indeferido (para todos os efeitos, evidentemente) o que tem alcance diferente das diferentes palavras usadas no n.º 1 do art.º 109.º do CPA.

Atentemos, para melhor entender a lei, no preâmbulo do DL 59/99, onde se aceita que a transposição do Direito Comunitário anteriormente efectuada nesta matéria fora inadequada, pelo que o legislador se diz apostado na sua adequação, afirmando com especial relevo que se fez uma longa preparação do diploma, com audição de variadas entidades com experiência no sector e adianta mesmo que foram testadas algumas das soluções previstas. Ora, se bem que nestas afirmações não esteja concretizado nenhum aspecto relativo aos meios administrativos e sua coordenação com os meios contenciosos de protecção dos concorrentes, os objectivos e cuidados a que se refere o dito intróito vão certamente também ao encontro da matéria do recurso administrativo previsto nas disposições em análise e da sua coordenação com os meios contenciosos e a respectiva adequação às imposições que a Directiva lança sobre o Estado-Membro. Efectivamente, não apenas as normas comunitárias substantivas exigiram a adaptação da legislação nacional, como também as normas processuais tiveram de ser adaptadas através do DL 134/98, pelo que o legislador ao elaborar o DL 59/99, não podia deixar de ter presentes as exigências da Directiva relativa aos processos de recurso em matéria de adjudicação (de formação dos contratos ou pré-contratual) dos contratos de direito público de obras e de fornecimentos – Directiva 89/665CEE.

O sentido da expressão usada na lei: "considera-se indeferido" é o de se formar um acto com características e efeitos preclusivos idênticos ao indeferimento expresso, transformando a decisão recorrida em decisão do órgão "ad quem", de tal modo que uma eventual pronúncia expressa posterior será relevante ou irrelevante sob o ponto de vista da possibilidade de utilização dos meios de defesa, nos termos gerais do acto administrativo que se pronuncia sobre a mesma matéria de acto anterior, ou seja, a legalidade do uso do meio fica dependente do sentido e conteúdo do novo acto, no cotejo com o acto sobre o qual incide.

Isto por que, se a Administração não cumprir os prazos de decisão dos meios administrativos de reclamação e recurso, a lei determina, nos casos regulados pelas referidas normas do DL 59/99, que a sua inércia vale indeferimento, para que nenhum protelamento advindo desta inacção venha entravar a decisão de todos os aspectos do concurso, mesmo os relativos a candidatos excluídos, de modo a obter decisões num espaço de tempo tão curto, que esses concorrentes ainda venham, pelo menos em número significativo de casos, se possível e se lhe for reconhecido o direito, a integrar-se entre os concorrentes, tudo em tempo útil para o prosseguimento do concurso sem grandes demoras e para a realização das obras públicas visadas pelo procedimento de escolha do empreiteiro em condições de concorrência e de legalidade.

Ou seja, a lei adoptou, nos termos restritos indicados, para a inércia na decisão de recursos administrativos e para efeitos dos procedimentos pré-contratuais em análise uma concepção de acto tácito diferente da que se colhe do artigo 109.º n.º 1 do CPA, e fê-lo para garantia das necessidades públicas de promover as obras públicas em tempo útil, apesar das formalidades que não podem ser postergadas e de modo a conciliar este objectivo com a defesa dos interesses dos particulares de forma mais efectiva e eficaz através da criação de mecanismos capazes de permitir que sejam defendidos de modo rápido e, na medida do possível, para que ainda possam ter repercussão sobre os actos posteriores do procedimento, da adjudicação e da execução do contrato de que se ocupam os procedimentos pré-contratuais tendentes à adjudicação de obras.

Tanto assim é que as referidas normas do DL 59/99 não se limitam a dizer que se considera indeferido o recurso, acrescentando logo o modo de determinar a partir de quando se considera assim indeferido, apontando um prazo que não é susceptível de nenhuma manipulação ou dúvida, que é o decurso de dez dias sobre a apresentação do recurso (e da reclamação) sem que tenha sido efectuada notificação da decisão respectiva. Este prazo é também importante para que a decisão administrativa primária se torne eficaz e útil, de modo a terminar a suspensão de efeitos determinada pelo recurso administrativo obrigatório e assim se prosseguirem desde logo os interesses a cargo das pessoas colectivas públicas.

A preocupação da lei em estabelecer um marco preciso para o indeferimento mostra, também, que se quis elevar este indeferimento ao nível de um indeferimento expresso, isto é, contendo os mesmos efeitos para garantia dos meios de defesa contra tal acto, tudo em nome da rapidez exigida pela matéria, de modo a não prejudicar o interesse público no prosseguimento e decisão com brevidade dos procedimentos de escolha daqueles que nos contratos públicos vão ser associados à realização do fim público e também a harmonizar com esta necessária brevidade a defesa dos interesses legítimos dos particulares que entram na relação concursal com a Administração.

Esta filosofia subjacente ao DL 59/99 é exactamente a mesma a que o Estado Português estava vinculado pela Directiva 89/665/CEE, que tinha presidido à emissão do DL 134/98 e que impregnava a preparação que em 1999 se fazia do CPTA, como é demonstrado pelo facto de o Código de Procedimento e Processo Tributário aprovado pelo DL 433/99, de 26/X, ter antecipado muitas das soluções inovatórias do CPTA.

De modo que a solução vertida nos artigos 100.º e 101. do CPTA é ainda a mesma do DL 134/98, na redacção que lhe foi dada pelo art.º 5.º da Lei 4-A/2003, de 19 de Fev.

Como auxiliar interpretativo do sentido das soluções da lei vigente, pode invocar-se também o facto de o CPTA ter abandonado completamente, e mesmo afastado, a relevância contenciosa da anterior terminologia 'indeferimento tácito', que foi banida quer a propósito da impugnação de actos quer da condenação no acto devido, e até no meio especial urgente destinado ao contencioso pré-contratual. Mas, é curioso notar que, apesar disso, se manteve no artigo 101.º do CPTA a redacção do n.º 2 do art.º 3.º do DL 134/98, de o prazo para a impugnação em sentido amplo, se contar, não havendo notificação do acto, a partir da data do respectivo conhecimento. Esta persistência no CPTA em indicar a data do conhecimento do acto não notificado, seria em toda a linha desnecessária, atenta a regra geral da alínea c) do n.º 3 do artigo 59.º, que manda contar os prazos dos meios impugnatórios a partir do conhecimento do acto. Pelo que parece bastante claro neste contexto que o art.º 101.º do CPTA se reporta a casos específicos de conhecimento de acto relativo à formação dos contratos, porque este conhecimento não é obtido por via da notificação, sempre que um recurso administrativo nesta matéria não obtenha decisão notificada no prazo estabelecido para o efeito. Ora, um acto que normalmente será conhecido do proponente no concurso de adjudicação de um contrato público sem ter havido notificação ou será praticado na sua presença, e neste caso sempre estaria dispensada a notificação, ou será um acto como o regulado no artigo 99.º n.ºs 3 e 4 do DL 59/99, conhecido sem necessidade de notificação, o qual a lei parece ter tido especialmente em vista.

De notar também que, enquanto o art.º 109.º do CPA refere "a faculdade de presumir indeferida a pretensão", o artigo 175.º n.º 3 do mesmo Código, sobre a falta de decisão de recursos administrativos em geral, e o n.º 4 do art.º 99.º do DL 59/99 usam as palavras, no primeiro caso: "considera-se o recurso tacitamente indeferido", e no segundo: "o recurso considera-se indeferido".

Esta importante diferença de consequências que a lei faz resultar da falta de decisão administrativa prende-se com o facto de, no artigo 175.3 do CPA e 99.4 do DL 59/99, estar em causa uma falta de resposta em recurso administrativo, situação em que a omissão é de acto secundário, mas existe e regula a situação um acto primário.

Nestas condições o indeferimento tácito tem todas as condições para ser um acto susceptível de ser equiparado pela lei, sem grande artifício nem presunção, a um acto expresso de indeferimento, porque ele tem o conteúdo, os fundamentos, a direcção e toda a carga genética que constam do acto primário.

E, nesta perspectiva, nem se pode dizer que o indeferimento do artigo 99.º n.º 4 do DL 59/99 se afasta da solução geral da lei, de considerar indeferido o recurso administrativo decorridos os prazos para a respectiva decisão sem que ela seja proferida ou notificada, conforme a lei determinar.

O que não significa que se entendam como aplicáveis as mesmas consequências, para efeitos contenciosos, à falta de impugnação do indeferimento em geral e ao indeferimento regulado para os procedimentos de adjudicação dos contratos de empreitada. A diferença consiste em que, no contencioso pré-contratual relativo às empreitadas existe norma expressa que define sempre exactamente o momento do indeferimento e, portanto, permite com toda a transparência a data do conhecimento do acto de que "se considera indeferido" bem como o seu conteúdo real, que é o do acto primário (enquanto no recurso administrativo comum o particular não saberá normalmente quando foi efectuada a remessa ao decisor, nem se foi ou não ordenada instrução e, portanto, se o prazo de decisão é de 30 dias ou o máximo de três meses e desde quando se conta) e também existe norma expressa que incisivamente estatui que o prazo do recurso contencioso é (sempre) de um mês, acrescentando também a lei que, neste caso, não havendo notificação, o prazo de utilização dos meios contenciosos se conta do conhecimento do acto, que é seguro e imediatamente apreensível pelo particular interessado.

Na interpretação que se vem apontando, a norma do artigo 59.º n.º 1 do CPTA refere-se a actos que devam ser notificados e o artigo 101.º a estes e a actos em que não há lugar a notificação. Nestes últimos incluem-se os actos que resultam de se considerar indeferido um recurso administrativo, tanto mais que o acto está notificado, uma vez que o respectivo conteúdo passou a ser o que era o do acto recorrido, que a lei transforma em acto final para, a partir dele, evitando mais delongas, se começar imperativamente a contar o prazo de uso dos meios contenciosos.

3.3. A consequência da interpretação apontada para os mencionados preceitos leva a que o particular tinha, no caso "sub juditio", de considerar o recurso administrativo indeferido na data indicada no Acórdão – 13 de Novembro de 2003 – e dispunha, a partir desse dia, do prazo de um mês para o impugnar, a contar da data do respectivo conhecimento, que era exactamente o esgotamento desse mesmo dia sem ser notificada de decisão, como estipulava, o art.º 3.º n.º 2 do DL 134/98 e estabelece agora, com a mesma redacção e prazo, o art.º 101.º do CPTA.

O que avulta desde logo, na letra destas normas, é o facto de terem especificado a solução aplicável ao contencioso pré-contratual em caso de não haver lugar a notificação, como sucede nas situações de se considerar indeferido um recurso adminstrativo, pelo que tem de entender-se que o legislador não apenas as conhecia como as teve especificamente em vista. E importa repetir para que fique bem claro, entende-se que *a letra do art.º 3.º n.º 2 do DL 134/98 e do artigo 101 do CPTA expressa com assento literal suficiente e claro, que mesmo não havendo lugar a notificação das decisões que em procedimentos pré-contratuais são por força do mecanismo legal instituído para o efeito do conhecimento dos interessados, o prazo de utilização do meio jurisdicional, que é de um mês, começa a decorrer logo que os interessados tiverem conhecimento de tais decisões, desde que elas configurem acto destacável ou ponham termo a uma parte do procedimento com efeitos imediatamente lesivos, ou afectam em definitivo um proponente.*

Resulta do próprio texto do artigo 100.º do CPTA e do princípio da tutela judicial efectiva que os actos e as normas intra-procedimentais cuja produção de efeitos externos individuais fica latente até à prática do acto final, não tem de ser objecto de reacção contenciosa em prazo contado a partir do respectivo conhecimento, porque também no âmbito do contencioso pré-contratual quanto a estes actos se seguirá o princípio geral e comum da impugnação concentrada, isto é, juntamente com a impugnação do acto que com efeitos externos causar lesão relevante de interesses dos proponentes e candidatos.

Por outro lado, tem de entender-se, pela forma como o artigo 99.º do DL 59/99 regula o recurso administrativo, que a lei procurou evitar que ele se transformasse numa demora para a resolução definitiva de todas as questões relativas ao concurso e também que o recorrente que o interpôs tem conhecimento perfeito e exacto da data do indeferimento prescrito como solução inexorável, sempre que faltar a notificação de decisão expressa em dez dias.

Este entendimento do acto que resulta de a lei dizer que se considera indeferido o recurso administrativo pode designar-se de *regime especial de indeferimento tácito* porque realmente tem o sentido de um indeferimento e não resulta de uma decisão expressa.

Mas, para evitar dúvidas e os reparos dos que se amarram ao facto de ter desaparecido do CPTA a referência a indeferimento tácito não vemos nenhuma dificuldade em afirmar que a estatuição legal **«considera-se (o recurso) indeferido se o recorrente não for notificado da decisão no prazo de dez dias ...»** pode ser designada como transformação da decisão primária em **decisão final** pela inércia do ente administrativo recorrido, a partir do momento limite estabelecido na lei. É neste sentido que a parte final do preâmbulo do DL 204/98, de 11/7, diz, referindo-se a uma solução com semelhanças adoptada no respectivo artigo 46.º: "... foi acautelado o cumprimento dos princípios e institutos do CPA ... salientando-se ... o carácter de decisão final no procedimento do indeferimento tácito". Note-se, no entanto, que esta nomenclatura contém um risco que consiste em se criarem confusões sobre o conceito de acto final, aqui usado como acto final do procedimento ou como posição final da Administração sobre a questão substancial, mais do que como conceito operativo ou com alguma validade para a apreciação dos pressupostos do controle contencioso do acto.

Seja qual for a designação dada ao resultado de se considerar indeferido o recurso administrativo, o certo é que a lei determina que a partir daquele momento em que se considera indeferido começa inexoravelmente a decorrer o prazo para se usarem os meios contenciosos *em matéria de formação dos contratos,* na medida em que se trate de acto destacável, solução esta que se afasta substancialmente do regime geral, quer do anterior indeferimento tácito que consistia em criar a faculdade para o lesado de no prazo geral de um ano impugnar aquela inacção como se de um acto de indeferimento se tratasse – alínea d) do n.º 1 do artigo 28.º da LPTA, quer do regime actual de reagir contra a inércia da Administração através da condenação na prática do acto devido – a que se referem os art.ºs 66.º; 67.º e 69.º n.º 1 do CPTA – também no prazo de um ano, contado a partir do termo do prazo legal estabelecido para a prática do acto requerido.

Isto é, nas situações comuns a falta de decisão administrativa facultava a abertura da via impugnatória, como continua a suceder, e agora também condenatória, sem significar um indeferimento em sentido estrito, ou algo de equiparado.

Mas, diferentemente, nos apontados artigos 49.º para a reclamação e 99.º para o recurso administrativo, ambos do DL 59/99, ainda que através de um mecanismo de ficção legal paralelo, criou-se uma figura que corresponde, nos respectivos contornos e efeitos, ao acto de indeferimento expresso, pelo que também não pode deixar de se dizer, afastadas as peias de linguagem e esclarecido o quid a que nos referimos, que se trata de indeferimento tácito, porque não sendo expresso, por força das disposições legais acima invocadas tem efeitos idênticos aos do indeferimento expresso.

Nem se diga que é uma forma de todo desadequada de o legislador exprimir a solução legal, porque no pólo oposto, isto é, para efeitos de deferimento tácito, também a lei cria uma figura com o valor de acto igual ao de deferimento expresso, como a doutrina e a jurisprudência têm entendido e encontra suporte legal no actual artigo 108.º do CPA.

É sabido que foi para evitar que a protecção trazida pelo acto de indeferimento ficcionado acabasse por se virar contra os particulares, que realmente visava proteger, que o acto tácito de indeferimento evoluiu para uma simples faculdade de acesso à via contenciosa.

Entendeu-se então que, estando a Administração em falta, era demasiado oneroso exigir ao particular que reagisse no prazo curto de dois meses, quando a Administração ainda poderia pronunciar-se em tempo útil e continuava vinculada a fazê-lo.

No caso dos artigos em análise, do DL 59/99, a valoração do legislador foi diferente e em consequência estabeleceu que, após o decurso daqueles prazos sem notificação do particular, se esgotou o tempo útil para a Administração se pronunciar, e dada a urgência de prosseguir com o procedimento e de resolver também em tempo útil o diferendo com o recorrente administrativo era de considerar indeferido o recurso, terminada a suspensão de efeitos do acto recorrido na via administrativa e considerar o acto objecto daquele recurso como acto final do procedimento, e dar por iniciado o decurso do prazo curto de utilização do meio contencioso. Esta opção foi tomada para casos particulares de actos surgidos na formação de certos contratos, em que a simples possibilidade de abertura do meio contencioso no prazo comum de um ano não satisfazia as necessidades de conclusão dos procedimentos administrativos em tempo útil em concertação com a tutela eficaz e efectiva, pelo que o meio de que se lançou mão se mostra devidamente ponderado e adequado em relação com os fins a atingir. Nestes casos, em que a via contenciosa só é realmente útil se utilizada em prazos curtos, houve que agilizar os modos de superar a falta de decisão dos recursos administrativos e que criar mecanismos apropriados seguros e claros em prazos especialmente curtos quer para o recurso administrativo, quer para a subsequente decisão, quer para a falta dela e em qualquer destas das hipóteses para a utilização do meio jurisdicional adequado.

Nos casos comuns de recursos administrativos não decididos no prazo legal existe também o objectivo inscrito no n.º 3 do art.º 175.º do CPA e 46.º do DL 204/98, de 11/7, de pôr fim à suspensão de efeitos decorrente do recurso administrativo e de passar à execução do acto primário agora como acto final, isto é conferir efeitos substantivos à falta de decisão do recurso, mas os efeitos contenciosos, designadamente de prazo para o respectivo uso e o momento a partir do qual se conta, não têm que ser os mesmos que estão consagrados para os actos relativos à formação dos contratos porque a lei não dotou estas situações com normas que permitam estabelecer uma data precisa do indeferimento ou acto final, sem outras informações da Administração.

Chegados a este ponto, haverá que ter em conta a objecção de o Tribunal estar a defender a tese da eficácia e efectividade dos meios de defesa dos particulares e, ao mesmo tempo, ir na direcção de uma solução que pode conduzir, em determinados casos, a considerar intempestivo e por isso inadmissível o uso do meio contencioso contra actos relativos à formação dos contratos.

Mas não são justas tais observações.

Efectivamente, se a lei quis agilizar os instrumentos de actuação ao dispor dos particulares e se estes não entenderam que a agilização passava também pelos novos prazos e novas formas para requererem ou proporem os meios que lhes são facultados ou falharam na respectiva utilização, não será o meio legal que se apresenta deficiente, mas a utilização que dele se fez.

A redução significativa do prazo de utilização dos meios contenciosos, tal como dos prazos dos meios administrativos de defesa dos particulares, é consequência de estarmos perante procedimentos e contencioso em que os concorrentes têm de ter um dinamismo do ponto de vista da defesa jurídica dos seus interesses correspondente ao que se exige do ponto de vista técnico e económico para a realização das obras públicas a concurso, e além disso os actos relativos à formação dos contratos inserem-se num procedimento que tem de avançar apesar do uso de meios de defesa dos interesses dos concorrentes, muitas vezes dirigidos contra actos instrumentais e não contra a apreciação final de uma relação jurídica, ou seja, as possibilidades de impugnação conferidas pelo DL 134/98 e art.º 100.º do CPTA significam um enorme alargamento das formas de defesa dos particulares, pelo que essa facilidade tem necessariamente de ser contrabalançada com a fixação de prazos muito curtos para os particulares agirem e até ultrapassarem a inércia da Administração. Em suma, a filosofia subjacente a estes meios não pode ater-se aos conceitos e formas de pensar tradicionais, baseados na impugnação unitária do acto final do procedimento, a adjudicação.

E, se bem se reparar, os requerentes até entenderam adequadamente a solução do n.º 3 do artigo 49.º e adequaram a defesa dos seus interesses à interpretação correcta desta norma, visto que, após o decurso do prazo sem serem notificados de decisão da reclamação para a Comissão, passaram logo, e bem, ao recurso administrativo.

Mas já parece não terem adoptado o mesmo raciocínio para a interpretação do artigo 99.º n.º 4 em relação com a questão do tempo concedido para a impugnação deste indeferimento tácito específico, cujo regime logo avulta com regulação bem diferenciada da faculdade comummente concedida de uso de meios contenciosos face à inércia da entidade sobre quem impende o dever legal de decidir.

Mas tinham instrumentos para entender o correcto sentido da lei, tanto mais que esta interpretação do regime jurídico agora afirmado estava traçada na análise de anteriores casos colocados à decisão deste STA.

Na verdade, este Supremo Tribunal teve ocasião de decidir repetidamente que o meio processual introduzido pelo DL 134/98, de 15 de Maio, é o meio processual único para a defesa dos particulares perante actos que ofendam os seus direitos ou interesses em matéria de formação dos contratos a que se aplica, pelo que não é possível o uso do recurso comum no prazo geral.

Esta doutrina, transposta para o novo regime dos meios contenciosos constante do CPTA, significa que sempre que o objecto do litígio seja relativo à formação de contratos da natureza dos enunciados no n.º 1 do art.º 100.º não é aplicável a acção administrativa especial de condenação à prática do acto devido nos prazos gerais previstos no artigo 69.º, mas é na acção urgente de contencioso pré-contratual, regulada nos artigos 100.º e 101.º e nas condições específicas de prazo estatuídas neste último, que tem cabimento, entre outros possíveis, um pedido do tipo da condenação na prática do acto devido.

Sobre o momento a partir do qual se devia contar o prazo de interposição do recurso previsto no DL 134/98 (e agora o prazo da acção administrativa especial urgente do artigo 100.º do CPTA), mesmo em caso de indeferimento tácito, pronunciou-se expressamente o Acórdão deste STA apontado já pela sentença do TAF, proferido no Proc. 44147, de 24 de Abril de 2002, em cujo sumário se afirma que *o prazo para a interposição de recurso contencioso dos actos regulados pelo DL 134/98 é o estabelecido no n.º 2 do artigo 3.º, quer se trate de actos expressos, quer de actos de indeferimento tácito*, que a partir da sua formação aos interessados incumbe controlar, presumindo-se por isso o seu conhecimento.

Este Acórdão partiu dos pressupostos acima enunciados e que tinham também sido explanados pela primeira vez nos Ac. da 2.ª Subsecção de 14.12.99, P. 45664; de 11 de Janeiro de 2000, no P. 4552-A e de 29.2.2000 no P. 45552.

Além destes, muitos outros Acórdãos versam alguns aspectos desta matéria destacando-se, p.e., entre os primeiros também, os Ac. de 15.2.200, P. 45849; de 20.2.2000, P. 46692; de 3.5.2000, P. 45904; de 20.12.2000, P. 46692; de 27.3.2001, P. 46712; de 29.3.2001, P. 47090; de 20.6.2001, P. 47032 e de 18.10.2001, P.47840

Mas foi no mencionado Ac. de 24 de Abril de 2002, P. 44147, que os princípios enformadores do regime tiveram pela primeira vez importante desenvolvimento no sentido da definição do prazo legal para o uso dos meios contenciosos quando se estivesse na presença de indeferimento tácito.

Escreveu-se naquele Acórdão: *"... Estabelecendo o DL 134/98 um regime especial de recurso com carácter urgente, o prazo nele estabelecido para a sua interposição é aplicável a todos os recursos, quer respeitem a actos expressos quer a actos tácitos, dado se tratar de um regime especial unitário. E que não havendo pela sua natureza, lugar à notificação nos actos tácitos, o prazo se começa a contar a partir da sua formação, que aos interessados incumbe controlar, presumindo-se o seu conhecimento."*

3.4. Consequências do regime de prazo de uso dos meios contenciosos.

Assente que o prazo de um mês se aplica à impugnação do indeferimento expresso e do indeferimento regulado pelo artigo 99.º do DL 59/99 tem de concluir-se que as instâncias que na providência cautelar desconheciam a invocação de acto expresso decidiram correctamente a questão jurídica do prazo do recurso tal qual lhes era colocada, pelo que a revista não pode ser concedida, independentemente dos efeitos que se devam retirar na acção do prosseguimento do procedimento do recurso administrativo para além do indeferimento legalmente determinado, com emissão de vários actos que culminaram com a emissão de acto expresso.

De modo que há agora apenas que firmar a solução jurídica da questão do prazo para uso dos meios contenciosos, nos termos apontados.

4. CONCLUSÃO – DECISÃO.

1. A questão fundamental de direito de determinar qual o prazo para o uso do meio urgente previsto no artigo 100.º do CPTA (seja impugnatório, seja condenatório) em caso de inércia da Administração, como a falta de decisão de recursos administrativos, de que é exemplo o previsto no art.º 99.º do DL 59/99, decide-se por interpretação conjugada dos artigos 1.º n.º 1 e 2.º n.º 7 da Directiva do Conselho de 21 de Dezembro de 1989 (89/665/CEE); 3.º n.º 2 do DL 134/98; 100.º e 101.º do CPTA com os artigos 59.º n.º 1; 66.º; 67.º e 69.º n.º 1 do CPTA no sentido de o prazo do citado art.º 3.º 2, agora constante do artigo 101.º do CPTA, se aplicar a todos os casos de uso daquele meio contencioso, quer antes quer depois da entrada em vigor do CPTA, de modo que, sob pena de caducidade, tem de ser interposto em um mês contado a partir da data em que se considera indeferido o recurso administrativo nos termos do n.º 4 do artigo 99.º do DL 59/99, data que o interessado conhece automaticamente por aplicação da disposição legal e pela data em que apresentou o recurso.

2. A norma do n.º 1 do artigo 59.º do CPTA refere-se a actos que devam ser notificados e o artigo 101.º a estes e também a actos em que não há lugar a notificação. Nestes últimos incluem-se os actos que resultam de se considerar indeferido um recurso administrativo, quando exista uma forma legalmente estabelecida de tornar absolutamente certo o indeferimento e a sua data, para a partir dela se contar o prazo de utilização dos meios contenciosos. Ou em diferente modo de analisar este ponto, mas de sentido convergente, a notificação do particular está efectuada com a notificação do acto primário que era recorrido, uma vez que não existe outro conteúdo a notificar e aquele acto passou a ser, ou a valer como sendo, a decisão final do procedimento.

6. A solução jurídica da questão central permite decidir o recurso no sentido de negar a revista e manter a decisão das instâncias.

Custas pela recorrente.

Lisboa, 24 de Novembro de 2004.

Rosendo Dias José (Relator)
António Fernando Samagaio
Fernando Manuel Azevedo Moreira
Abel Ferreira Atanásio
João Cordeiro
José Manuel Santos Botelho (vencido na forma da declaração do voto do Senhor Conselheiro José Cândido de Pinho)
Maria Angelina Domingues
João Manuel Belchior
Isabel Jovita Loureiro Santos Macedo
Américo Joaquim Pires Esteves
Luís Pais Borges
Jorge Manuel Lopes de Sousa (com declaração junta)

Alberto Acácio de Sá Costa Reis
Adérito da Conceição Salvador dos Santos
Alberto Augusto Andrade de Oliveira
José Manuel Almeida Simões de Oliveira
José Cândido de Pinho (vencido conforme voto anexo)
Rui Manuel Pires Ferreira Botelho
José António Freitas de Carvalho
Jorge Artur Madeira dos Santos (junta declaração de voto)
António Bento São Pedro
António Políbio Ferreira Henriques
Fernanda Martins Xavier e Nunes
Edmundo António Vasco Moscoso

Recurso n.º 903/04-12

Voto de Vencido

Pretendendo-se dar passos em frente na defesa dos direitos dos administrados, o que às vezes sucede, na prática, ao contrário. Este é, a meu ver, um bom exemplo disso.

Não acolhemos a tese do acórdão pelas seguintes razões.

Em primeiro lugar, não concordamos que o *prazo* para recorrer deva ser de trinta dias. Na verdade, esse é o prazo para se recorrer de um acto expresso, conforme resulta do art. 3.°, n.° 2, do DL n.° 134/98, de 15/05, na redacção da Lei n.º 4-A/2003, de 19/02 (só esses são notificáveis, só desses se pode ter verdadeiramente conhecimento).

Quando os arts. 49.°, n.° 3 e 99.º, n.° 4 do DL n.° 59/99, de 2/03 dizem que as impugnações ali referidas (reclamação, recurso hierárquico e tutelar) se consideram indeferidas o que está a dizer-nos é que, na falta de decisão – decorridos os respectivos prazos – se presumem indeferidas. Ou seja, estabelecem actos tácitos de indeferimento, tal como decorre do princípio plasmado no art. 109.° do CPA.

O facto de os termos utilizados não serem exactamente os mesmos do art. 109.° do CPA não significa que outro seja o entendimento. Na verdade, n havendo acto expresso, *não se pode fazer de conta que o silencio obtido tem o valor de acto expresso*. É acto tácito, sim.

E não se diga, ainda, que a circunstância de o legislador não se ter expressado da mesma forma como o fez no art. 175.° n.° 3 do CPA (diz que decorridos os prazos para a decisão do recurso hierárquico sem que tenha sido tomada uma decisão, "considera-se o recurso tacitamente indeferido") altera o sentido da natureza da decisão. Mesmo não estando incluído no nosso caso o advérbio *tacitamente*, nem por isso o silêncio passa a ter natureza diferente da que sempre lhe foi atribuída.

Aliás, dizer que se considera indeferido é expressão em tudo semelhante à do 108.°, n.° 1 do CPA ("consideram-se concedidas") e nem por isso alguém se atreveu a afirmar que essa "decisão" não é de deferimento tácito (a epígrafe do artigo, por si só, encarregar-se-ia de demonstrar o contrário).

Nem o DL n° 134/98, nem o DL n.° 59/99, em ponto algum dos respectivos articulados, nos permitem concluir que, em casos como os apontados, os efeitos a extrair se equivalem aos do acto expresso. Assim, as consequências do silêncio são materialmente as que deles emanam, na sua exacta concatenação e harmonização com o regime material do CPA e, em termos adjectivos, com o da LPTA e, presentemente, com o do CPTA.

Produzido, assim, um acto tácito de indeferimento, é depositado na esfera do interessado um "plus" de garantia que ele utilizará ou não, consoante o seu desejo, conforme a sua estratégia pessoal.

E não é pelo facto de estarmos aí perante procedimentos de natureza urgente que se altera este quadro de regras e princípios.

Sempre a doutrina e jurisprudência entenderam que a impugnação podia ser feita no prazo de um ano, *sem prejuízo de recurso do acto expresso* que a Administração viesse (quando o viesse) a praticar.

E se o espírito do DL n.° 134/98, nesta matéria específica, foi recebido pelo CPTA (diploma que, aliás, revogou aquele: cfr. art. 16.°, al. *f*), da Lei n° 15/2002, de 22/02), mais razões haverá para se concluir ser essa a solução que perdura.

Efectivamente, relativamente ao contencioso pré-contratual, no tocante aos actos expressos, os processos contenciosos devem ser intentados no prazo de um mês (art. 101.° do CPTA). Tudo como dantes!

Quanto aos actos tácitos?

Nada a lei diz em especial, tal como não diziam nem o DL 134/98, nem o DL n.º 59/99.

E portanto, relativamente a estes o regime da sua impugnação é o que emana do art. 690.° do CPTA, segundo o qual, «Em situações de inércia da Administração, o direito de acção caduca no prazo de um ano contado desde o termo do prazo legal estabelecido para a emissão do acto legalmente devido» (negrito nosso).

Como se vê, trata-se de uma estatuição que se encontra em sintonia perfeita com o estatuído no art. 28.°, al.*d*), da LPTA no que concerne ao reacção contenciosa (em vez de recurso, agora o meio a utilizar é o da acção especial de condenação prevista nos arts. 66.° e sgs do CPTA, é a única diferença a assinalar).

É esta a "unidade do sistema" que podemos encontrar no CPTA, decorrente, ela mesma, da unidade do sistema anterior, e que, em nossa opinião, apresentava as mesmas coordenadas.

Em suma, nada, nem ninguém, nos afiança que o prazo deva ser de trinta dias para a impugnação do acto tácito e, pelo contrário, o regime de direito substantivo relacionado com os respectivos mecanismos adjectivos de reacção apontam-nos o prazo de um ano para o efeito.

Temos, assim, que aquele era um *verdadeiro acto tácito de indeferimento* como outro qualquer e, como tal, estava sujeito aos prazos de impugnação do art. 28.°, n.° 1, al.*d*), da LPTA como todos os da mesma espécie.

Sublinhe-se: acto tácito de natureza comum e não especial, como é proposto no acórdão. A circunstância de se estar perante um procedimento urgente não pode tornar diferente a substância dos regimes de institutos tão caros ao nosso ordenamento como é o do acto tácito de indeferimento que, precisamente, tem por objectivo a defesa das posições dos particulares perante a inércia da Administração e, que, portanto, representa um instrumento ao serviço dos administrados e não contra eles. Não tendo a função de consagração de direitos substantivos (esse papel tem-no o "acto tácito de deferimento"), favorece o interessado na medida em que lhe reconhece um poder de reactividade de tipo impugnativo que ele utilizará ou não, conforme lhe aprouver. Tratar-se-á, sempre, de uma *faculdade*.

Mas, se for tratado como acto tácito especial de efeitos "equiparados" ou "equivalentes" aos do acto expresso, isso implicará que o interessado dele deva recorrer em prazo certo (e curto). E isso representa, tenhamos a coragem de o reconhecer, ir *contra o administrado*.

Além disso, a tese do acórdão, levaria a considerar-se precludido o direito de impugnar uma vez transcorrido o dito prazo de 30 dias. E isto equivaleria a afirmar que, contra tudo o que se tem ensinado sobre o acto tácito de indeferimento, o interessado devia socorrer-se dos meios de reacção contenciosa "obrigatoriamente".

Ora, o encurtamento de prazos, visando a celeridade e a defesa do interesse público, ao mesmo tempo também defende os interesses dos particulares concorrentes. Entender que, perante um acto tácito de indeferimento, o interessado deve ou é obrigado a impugnar, é atentar contra os cânones por que se norteiam os ditos interesses e vilipendiar o instituto do acto tácito tal como o conhecemos do art. 109.º citado, que apenas faculta ao particular a possibilidade de imediatamente reagir contra a Administração.

E, assim, em vez de garantístico, este regime representaria um atentado contra os interesses do particular.

Por outro lado, não tem cabimento, salvo o devido respeito, "obrigar" o lesado a recorrer do acto tácito para, posteriormente, se lhe consentir um novo recurso perante a prática de acto expresso. Podendo parecer que isso represente um acréscimo de garantia, em boa verdade representa uma oculta armadilha. Basta pensar na possibilidade de a Administração nunca vir a produzir nenhum acto expresso. Em tal hipótese, pelo decurso do prazo de 30 dias (muito curto e, portanto, pouco garantístico dada a curta folga para o interessado se preparar para a reacção contenciosa), teria precludido o direito de impugnação!

Seria dar por um lado, aquilo que se tira por outro.

Em suma, a tese do acórdão não se aplaude.

a) Primeiro, porque transforma um acto tácito "comum" num acto tácito "especial" (sem qualquer apoio legal e doutrinal). Se até ao momento apenas conhecíamos o acto ficto reportado ao "acto silente", com a doutrina agora exposta coloca-se o acto tácito de indeferimento a um duplo nível: *o silêncio ficciona-se como indeferimento tácito especial, que, por sua vez, se ficciona como acto expresso vulgar*.

b) Segundo, porque reverte a favor da Administração um instituto que foi pensado para a defesa dos administrados que estão em relação administrativa com a Administração perante a inacção desta. O que equivale a dizer que é contrário aos interesses dos particulares a favor de quem o instituto foi pensado.

c) Terceiro, fulmina com o dever de decisão plasmado no art 9.º do CPA. Na tese do acórdão, a Administração pode conscientemente demitir-se do dever de decidir expressamente. Sabendo que a jurisprudência do mais alto tribunal da hierarquia da jurisdição administrativa equipara para todos os efeitos o seu silêncio a um acto expresso, preferirá ficar inerte e muda.

d) Por fim, porque transposta para o novo CPTA a posição do acórdão faz tábua rasa do alcance traçado para o art. 69.º Referente que é à reacção contenciosa perante actos tácitos, o prazo de um ano ali previsto deixa de ser considerado para se levar apenas em conta o de trinta dias, por equiparação a um regime radicado em acto expresso, como é o caso do art. 101.º do mesmo Código.

Eis os motivos por que não concordamos com os fundamentos do acórdão.

Lisboa, 24 de Novembro de 2004. José Cândido de Pinho.

Declaração de Voto

Concordo com a solução dada à questão do prazo de impugnação, mas entendo que a intempestividade da pretensão a formular no processo principal de contencioso pré-contratual não é fundamento de indeferimento das providências respectivas, por força do disposto no n.º 6 do artigo 132.º do CPTA. Lisboa, 24-11-2004 – Jorge Manuel Lopes de Sousa.

Declaração de Voto

Voto a decisão mas não acompanho as considerações feitas no acórdão a propósito da natureza do indeferimento tácito, já que considero que todos os indeferimentos solventes são, no regime anterior ao CPTA, "Fictiones juris". Para o melhor esclarecimento da minha posição, remeto para o acórdão que relatei em 5-7-00, no recurso 38945. Jorge Artur Madeira dos Santos.

Recurso n.º 903/04-12

REFORMA AGRÁRIA. INDEMNIZAÇÃO. PERDA DO DIREITO DE USO E FRUIÇÃO.

(Acórdão de 24 de Novembro de 2004)

SUMÁRIO:

É ilegal, por violação de lei, designadamente dos art.os 1.º, n.º 1 da Lei 80/97, 3.º, n.º 1 e 14.º do DL 199/88, de 31-5 e 2.º da Portaria 197/A/95 de 17 de Março, o acto administrativo que não atribuiu qualquer indemnização ao proprietário de prédio, expropriado e ocupado e posteriormente devolvido, no âmbito das leis sobre reforma agrária, pela perda do direito de uso e fruição do aludido prédio, durante o tempo que durou a ocupação.

ACORDAM EM CONFERÊNCIA NO PLENO DA 1ª SECÇÃO DO SUPREMO TRIBUNAL ADMINISTRATIVO:

1.1. Carlos Eduardo Caiado Ferreira e Sofia Nunes Mexia Caiado Ferreira (id.os a fls. 2) interpuseram na 1ª Secção do S.T.A., recurso contencioso do Despacho Conjunto do Ministro da Agricultura, Desenvolvimento Rural e das Pescas e do Secretário de Estado do Tesouro e Finanças proferido, respectivamente, em 10/5/2001 e em 28/5/2001, que lhes fixou o valor da indemnização no âmbito da aplicação das Leis da Reforma Agrária, de 1.152.219$00 pela privação do uso e fruição do prédio rústico denominado "Sanchares".

1.2. Por acórdão da 1ª Secção, 1ª Subsecção, proferido a fls. 153 e segs foi concedido provimento ao recurso e anulado o acto contenciosamente recorrido.

1.3. Inconformado com a decisão referida em 1.2, interpôs o Ministro da Agricultura, Desenvolvimento Rural e Pescas recurso jurisdicional para o Pleno da 1ª Secção, cujas alegações, de fls. 173 e segs, concluiu do seguinte modo:

"1ª– O presente recurso tem por objecto o douto acórdão de 2003/10/02 apenas na parte em que decidiu a revogação do acto recorrido, por não ter fixado aos recorrentes indemnização correspondente à parte de terreno ocupado (203 hectares), presumivelmente explorados pelos recorrentes a título de exploradores.

2ª– O douto acórdão recorrido, contrariamente ao afirmado pelos recorrentes, concluiu que o arrendamento relativamente à "Herdade de Sanchares" apenas abrangia 18,000 ha.

3ª– Nada nos autos indicia, nem tão pouco os recorrentes o referem, a existência de exploração directa da restante área (203,0000 hectares).

4ª– Havendo devolução do património expropriado, como deu por provado o douto acórdão, a indemnização é relativa apenas à perda de uso e fruição do prédio em que mediou a ocupação – art.º 3.º n.º 1 al. c) do DL n.º 199/88, de 31/05 –.

5ª– A perda de fruição corresponde ao rendimento líquido do bem durante o período em que o titular dele esteve privado é calculado tendo em conta a exploração que nele era praticada a data da ocupação – art.º 5.º n.º 1 do DL n.º 38/95.

6ª– Relativamente aos 203,0000 ha., não havia exploração, pois os recorrentes dizem que a mesma era por arrendatário e o acórdão deu como provado que o arrendamento respeitava apenas a 18.0000 ha., estes indemnizados.

7ª– Não havendo exploração daqueles 203,0000 ha., não houve perda de rendimento, não sendo, por isso, indemnizável período em que aquela área esteve expropriada.

8ª– Ao decidir em contrário o douto acórdão violou entre outros dispostos no art.º 3.º n.º 1 al. c) do DL n.º 199/88, de 31/05, pois só é indemnizável, nos termos da lei, a perda de rendimento".

1.4. Os recorridos particulares contra-alegam pela forma constante de fls. 185 e segs, concluindo:

"I. Os recorridos particulares concordam com o Acórdão Recorrido, devendo ser indemnizados pela perda de uso e fruição da propriedade rústica denominada "Sanchares", com a área total de 221 hectares, pelo período de tempo que se viram privados da sua fruição.

II. Ficou provado, designadamente, que o referido prédio foi expropriado na sua globalidade; que não estava abandonado à data da ocupação/expropriação e que, durante a expropriação, foi explorado agricolamente por um terceiro sem qualquer título e sem pagamento de qualquer correspectivo aos recorridos.

III. O Art.º 2.º n.º 1 da Portaria 197A/95 de 17/3 manda indemnizar os expropriados de acordo com os rendimentos líquidos médios do património multiplicados pelo número de anos da privação.

IV. Sendo essa indemnização devida, conforme jurisprudência unânime deste Tribunal, a título de lucros cessantes.

V. Partindo do ponto assente da necessidade de indemnizar, cumpre definir os moldes em que tal indemnização deve consistir.

VI. Os Recorrentes, conforme decidido pelo Tribunal, uma vez que não foi dada por provada a relação locatária, devem então ser indemnizados na qualidade de exploradores directos da parte de sequeiro do prédio "Sanchares" com área de 203 hectares, devolvido em 3/2/1982.

VII. No sentido da exploração directa do património pronunciaram-se os recorridos, designadamente, a fls. 70 e 71; a fls. 72 e 74 ou a fls. 37A, todas do processo instrutor junto a estes autos.

VIII. Bem como no Art 34 da PI onde sustentam esta posição."

1.5. O Senhor Procurador-Geral Adjunto emitiu, a fls. 193 o seguinte parecer:

"Pelas razões invocadas pelo recorrente, a que aderimos, é nosso parecer que o recurso merecerá provimento, afigurando-se-nos assim que, não tendo os recorrentes contenciosos provado ou sequer alegado a exploração directa da parcela não arrendada (cerca de 203 hectares) do prédio rústico em causa, não lhes assiste direito à indemnização por privação temporária do respectivo uso e fruição, entre a data da sua ocupação e da sua devolução, em conformidade com o disposto no Art.º 3.º, n.º 1, al. c) do Decreto-Lei n.º 199/88, de 31 de Maio e do Art.º 5.º, n.º 1 do mesmo diploma, redacção do Decreto-Lei n.º 38/95, de 14 de Fevereiro."

2. Colhidos os vistos legais, cumpre apreciar e decidir.

2.1. Com interesse para a decisão o acórdão recorrido considerou assentes os seguintes factos:

"Consideramos assente a seguinte factualidade em relevo para a decisão.

1.º– Os recorrentes Eduardo e Sofia, filho e neta de Ivo Ferreira, falecido no dia 8/10/2000, são os únicos herdeiros deste.

2.º– Ivo Ferreira era viúvo de Maria Celeste Soares Caiado Ferreira, proprietária do prédio rústico denominado Herdade de Sanchares, artigo 2.º, Secção T, freguesia do Torrão, concelho de Alcácer do Sal, falecida entretanto em 1/11/95.

3.º– Este prédio, que havia sido dado de arrendamento a José Cardoso com efeitos a partir de 1/01/1970, pela renda anual de 80.000$00 (fls. 19 a 21 e 78 a 80 do p.a.), viria a ser ocupado no âmbito da aplicação das leis da Reforma Agrária em 29/01/1976.

4.º– A parte de sequeiro, com área de 203,5671 ha. foi devolvida em 3/02/1982; a de regadio, com a área de 18,2079 há., foi devolvida apenas 21/06/1990.

5.º– O 1.º contrato aludido em 3.º (fls. 19 a 21) não identifica a área arrendada, mas o de fls. 78 a 8ª do p.a. refere que o seu objecto era «parte do prédio rústico», enquanto que a «declaração de direitos sobre prédios rústicos nacionalizados ou expropriados» de fls. 74 do processo instrutor menciona como área arrendada apenas 18.000 hectares.

6.º– O valor ilíquido da indemnização referente à parte de regadio foi de 1.152.219$00, conforme despacho dos recorridos de 10 e 28 de Maio de 2001."

2.2. O DIREITO

A entidade recorrente discorda da decisão do acórdão recorrido, na parte em que anulou o acto contenciosamente impugnado relativamente ao segmento do mesmo em que não fixou uma indemnização correspondente à área de sequeiro ocupada.

Vejamos se lhe assiste razão

Transcreve-se, para melhor compreensão do que subsequentemente se dirá e, dado o seu carácter sucinto, o segmento do acórdão recorrido que é objecto do presente recurso jurisdicional:

4– Apesar do referido, cumpre ainda apreciar o invocado problema do erro sobre os pressupostos de facto e de direito, já que da sua apreciação poderá advir uma alteração à dimensão quantitativa da indemnização a calcular.

A Administração tomou em consideração apenas a área de regadio do prédio, enquanto os recorrentes afirmam que todo ele (incluindo a parte de sequeiro) estava dado de arrendamento ao tempo da ocupação.

Este aspecto, porém, tal como o desenham os recorrentes, não se mostra demonstrado, pois os documentos dos autos e do processo instrutor apenso não são de molde a confirmar a veracidade da afirmação. Se o contrato de arrendamento não especificava a área arrendada, tal não quer dizer que ele abrangesse a totalidade do terreno. O documento de fls. 80, ao mencionar que o contrato tinha por objecto «parte do prédio rústico», e o de fls. 72, ao identificar 18.000ha como área arrendada, faz inculcar que os recorrentes neste particular não terão razão. Assim, não se pode dar por verificado o vício.

Contudo, alcançada esta conclusão, e relevado aqui, a propósito, o princípio da presunção da legalidade do acto administrativo, que inclui, como se sabe, os fundamentos em que se suporta, então é certo que a Administração incorreu em erro sobre os pressupostos de direito, violando de lei, ao não fixar também uma indemnização correspondente a essa parte de terreno ocupada (cerca de 203hectares) a titulo de explorador directo, nos termos do art. 2.º, n.° 1, da Portaria n.º 197-A/95 (tb. Art. 1.º, n.° 1, da Lei n.° 80/77, de 26/10 e 3.º, n.° 1, do DL n° 199/88, de 31/05).

5– Posto isto, o recurso merece provimento, tomando--se inútil ir mais fundo na análise do caso, no que respeita às demais conclusões das alegações.

O Ministro recorrente, sustenta, em síntese, que "os recorrentes não faziam a exploração directa dos referidos 203,5671 hectares, pois nem alegam tal exploração, nem tão pouco existem nos autos elementos indiciadores da sua existência. O acórdão em apreço entendeu que o arrendamento respeitava apenas aos 18,2079 hectares que foram indemnizados, pelo que forçoso se tornava concluir que os recorrentes não tiveram perda de rendimento daqueles 203,5671 hectares, uma vez que relativamente aos mesmos não havia exploração, nem directa nem indirecta, ou seja, estariam abandonados, como era muito comum nessa data.

Nesta parte, o douto acórdão recorrido merece censura, ao determinar que o despacho recorrido violaria a lei, ao não atribuir indemnização relativamente a áreas devolvidas nas quais não existia exploração e, consequentemente, não houve perda de rendimento, ou seja, não houve prejuízo indemnizável, violando os art^{os} 3.º, n.º 1, al. c) e 5.º n.º 1 do DL 199/85, de 31.5, devendo nessa parte ser revogado".

Sem razão, porém
Efectivamente:

Constitui facto assente que *todo o prédio foi ocupado* no âmbito da aplicação das Leis da Reforma Agrária em 29-1-76 (ponto 3 da matéria de facto)

O referido prédio estava "dividido" em área de regadio – 18,2079 hectares – e área de sequeiro – 203,5671 hectares –, esta última *devolvida* em 3-2-82 (ponto 4 da matéria de facto)

Os recorrentes, embora tivessem alegado no recurso contencioso que todo o prédio estava arrendado, ao invés do entendido pela Administração, sustentaram que, no caso de vingar a tese da entidade recorrida quanto ao não arrendamento da parte de sequeiro, deveriam quanto a essa área do prédio ser indemnizados como exploradores directos, pelo que, sempre o acto recorrido, que não os indemnizou no respeitante à área de sequeiro, enfermava de vício violação de lei.

O acórdão recorrido concluiu não ter sido feita prova quanto ao arrendamento da dita área de sequeiro; mas dentro desse condicionalismo, considerou, o despacho contenciosamente impugnado deveria ter atribuído uma indemnização aos proprietários, a título de exploradores directos, nos termos do art.º 2.º, n.º 1 da Portaria n.º 197--A/95 (art.º 1.º, n.º 1 da Lei 80/77, DE 26 710 e 3.º, n.º 1 do DL 199/88, de 31-5).

E não merece censura o decidido.

Por um lado, ao invés do sustentado pelo Recorrente "não se provou que a área de sequeiro estivesse abandonada", designadamente que não tivesse quaisquer culturas florestais, como é próprio desse tipo de terrenos.

Por outro, aceitar o entendimento defendido pela entidade recorrida equivaleria a ter como correcta uma interpretação da legislação aplicável neste domínio, que excluiria da indemnização a perda da faculdade do proprietário do prédio ocupado lhe dar o destino que entendesse, dentro dos seus poderes de uso e fruição – com ressalva apenas dos limites traçados (de um modo genérico) na lei, bem como das restrições por ela estabelecidas –, durante todo o período que mediou entre a ocupação e a devolução, a não ser que provasse que à data da ocupação estava a obter um rendimento líquido do prédio ocupado.

Ora, essa solução não foi, inequivocamente, querida pelo legislador, que apenas exceptuou de indemnização os casos em que, tendo havido expropriação ou nacionalização de prédios rústicos, os mesmos se mantiveram na posse dos seus ex-titulares ou dos respectivos rendeiros (art. 2.º, n.º 2 da Portaria 197/A/95 de 17-3).

De facto, conforme se afirma no Preâmbulo do Decreto-Lei 199/88, de 31-5-88, *"todo o capital fundiário que integra o prédio rústico e se acha afecto à exploração agrícola será a avaliado em função do rendimento agrícola apto a gerar"*. E mais adiante:

"O período de tempo que mediou entre a data da ocupação, nacionalização ou expropriação e a data da atribuição da reserva foi por vezes longo e durante esse período o titular do prédio nenhum rendimento pôde extrair da exploração do terreno sobre que veio a incidir a reserva.

Tais prejuízos causados pela expropriação ou nacionalização devem ser igualmente objecto de reparação."»

Esta intenção foi materializada, designadamente, nos art.ºs 1.º, n.º 1 da Lei 80/97, 3.º, n.º 1 do DL 199/88, de 31.5 e 2.º, n.º 1 da Portaria 197/A/95 de 17 de Março, apontados pelo acórdão recorrido, e também, com clareza, pelo art.º 14.º do DL 199/88, de 31.5 (redacção do DL 38/95 de 14.2)

Dispõe, com efeito, o art.º n.º 3, n.º 1 alínea *c*) do DL 199/88 que "as indemnizações definitivas calculadas nos termos deste diploma visam compensar a privação temporária do uso e fruição dos bens indicados no artigo 2.º, n.º 1 alíneas *a*) e *c*), no caso de devolução desses bens em momento ulterior ao da sua nacionalização ou expropriação", sendo que, nos termos do art.º 2.º, n.º 1, alínea *a*) para o qual o transcrito preceito remete, compreende-se nos prédios rústicos objecto de expropriação ou nacionalização ao abrigo da legislação sobre reforma agrária *"todo o capital fundiário constituído por terra e plantações, melhoramentos fundiários e obras e construções".*

Por seu turno, o artigo 14.º, n.º 1 do DL 199/88, em referência, prescreve:

"Os proprietários ou titulares de outros direitos reais de gozo sobre bens nacionalizados ou expropriados a quem tenham sido devolvidos esses bens em data posterior à da ocupação, nacionalização ou expropriação terão direito a uma indemnização pela privação temporária de uso e fruição dos bens devolvidos."

Face ao exposto, impõe-se concluir que, decidindo pela ilegalidade do acto recorrido, na parte em que não atribuiu aos proprietários do prédio em causa (expropriado e ocupado no âmbito das leis sobre reforma agrária), no respeitante à área de sequeiro, qualquer indemnização pela perda do direito de uso e fruição do prédio, o acórdão recorrido não merece censura, não violando as disposições legais apontadas pelos Recorrentes.

3. Nestes termos, acordam em negar provimento ao recurso, confirmando o acórdão recorrido.

Custas pelo Recorrente, fixando-se:
Taxa de justiça: €400.
Procuradoria: €200.
Lisboa, 24 de Novembro de 2004.

Angelina Domingues (Relatora)
Azevedo Moreira
António Samagaio
Santos Botelho
Abel Atanásio
Isabel Jovita
Rosendo José
Simões de Oliveira

Recurso n.º 1/02-20

REVISÃO DE PROCESSO DISCIPLINAR.
DEVER LEGAL DE DECIDIR.

(Acórdão de 28 de Outubro de 2004)

SUMÁRIO:

I – O pedido de revisão de sanção disciplinar deve ser dirigido à entidade que emitiu o acto punitivo e não àquela que sobre ela detenha poderes tutelares.

II – Se o pedido é apresentado a esta, que se não pronuncia, não se forma qualquer indeferimento tácito já que lhe não cabia o dever legal de o decidir, carecendo de objecto o recurso contencioso dele interposto.

III – Assim, de acordo com o disposto no n.º 1 do art.º 60 do Regulamento Disciplinar dos CTT (Portaria n.º 348/87, de 28.4) "O interessado na revisão de um processo disciplinar apresentará requerimento nesse sentido ao conselho de Administração." e não ao Ministro que tutele a empresa.

ACORDAM NO PLENO DA SECÇÃO DE CONTENCIOSO ADMINISTRATIVO DO SUPREMO TRIBUNAL ADMINISTRATIVO:

I – RELATÓRIO
F...................................., com melhor identificação nos autos, vem recorrer do acórdão da 2.ª Subsecção, de 2.11.03, que rejeitou o recurso contencioso por si interposto do acto tácito que imputou ao **Ministro do Equipamento Social** na sequência do requerimento que lhe dirigiu e que visava a revisão da sanção disciplinar que lhe foi imposta enquanto funcionário dos CTT.

Terminou a sua alegação formulando as seguintes conclusões:

a)– O Acórdão deve ser sanado dos erros que o enfermam.

b)– Devem ser fixados ao Patrono os honorários e aceites as despesas pelo patrocínio judiciário.

c)– O processo disciplinar cuja revisão se requer embora instruído pelo CA dos CTT foi decidido pela Tutela e Julgado por esse Venerando Tribunal.

d)– A revogação ou alteração de um acto administrativo terá que seguir o disposto no art.º 18 da LOSTA e no art.º 142 do CPA.

e)– A Tutela dos CTT é a única entidade que pode decidir revogar ou alterar a decisão que tomou e, o STA, o único Tribunal com jurisdição para o fazer melhor, para apreciar o recurso do acto de indeferimento tácito da Tutela.

Não foi apresentada contra-alegação.
O Magistrado do Ministério Público emitiu Parecer sustentando a manutenção do julgado.
Colhidos os vistos cumpre decidir.

II – FACTOS
Matéria de facto que importa fixar:

A. Na sequência de processo disciplinar, por deliberação de 24.1.96, proferida pelo Conselho de Administração dos CTT, foi imposta ao recorrente a sanção disciplinar de despedimento, "ao abrigo do n.º 5 do art.º 10 do RD/CTT aprovado pela Portaria n.º 348/87, de 27 de Abril...". (doc. n.º 2)

B. Dela interpôs o recorrente recurso contencioso no TAC de Lisboa e, face ao seu inêxito, recurso jurisdicional para este STA, onde tomou o n.º 42641, também ele julgado improcedente.(doc. n.º 2)

C. Por decisão da 7.ª Vara Criminal da Comarca de Lisboa, transitada em julgado, o recorrente foi absolvido da acusação formulada no processo crime instaurado com base nos factos (pelo menos parte) que haviam servido de fundamento à sanção disciplinar.

D. Em 7.3.02 o recorrente, por intermédio do seu advogado apresentou ao Ministro do Equipamento Social um pedido de revisão do processo disciplinar com o seguinte teor: "Excelência
F.., solteiro, maior, portador do BI n.º 6077477, emitido em 16.01.98 pelo SIC de Lisboa e do cartão de contribuinte fiscal n° 104059265, residente na Rua Rio Corgo n.º 13, Bairro Padre Cruz, 1600-703 Lisboa, vem ao abrigo do disposto no art.º 78 do ED aprovado pelo Decreto-Lei n° 24/84 de 16 de Janeiro, requerer a V. Exa. a revisão do processo disciplinar que lhe foi instaurado enquanto funcionário dos CTT, na sequência do qual o Conselho de Administração da indicada entidade deliberou em 24.01.96, puni-lo com a pena disciplinar de despedimento.

As circunstâncias e os meios de prova susceptíveis para demonstrar a inexistência dos factos que determinaram a condenação constam da sentença (junta sob Doc. n.º 1) da 7ª Vara Criminal de Lisboa, que absolveu o requerente e que transitou em julgado em 99/03/26, pelo que nunca poderia ser utilizada pelo requerente no processo disciplinar.

Face ao exposto, requer a V. Exa se digne nomear instrutor que proceda à requerida revisão.

Junta: 1 documento, ofício da Ordem dos Advogados e despacho de nomeação Lisboa 2002, Março 07." (doc. n.º 3).

E. O acto tácito constituído sobre este requerimento foi o objecto do presente recurso contencioso.

III – DIREITO

1. Nas conclusões *a)* e *b)* da sua alegação refere o recorrente que o acórdão recorrido contem erros materiais que devem ser corrigidos e ainda que não foram fixados os honorários devidos ao advogado constituído a coberto do regime jurídico do apoio judiciário. Quanto aos erros apontados importa referir que se trata um simples erro de numeração sem qualquer relevância no seu conteúdo decisório. Todavia, corrigindo a situação, declara-se que o ponto IV passa a ponto II. Quanto à omitida fixação de remuneração, até pela existência deste recurso, dir-se-á que a questão será considerada a final.

2. O acórdão recorrido, depois de afirmar a competência da jurisdição administrativa, tratou assim a pretensão do recorrente:

"Ora, não restam dúvidas que ao caso *sub judicio* não é aplicável o Estatuto Disciplinar dos Funcionários e Agentes da Administração Central, Regional e Local, aprovado pelo DL 28/94 e designadamente o seu art.º 78.º e seguintes, ao abrigo do qual o pedido de revisão aqui em causa foi formulado.

E, conforme tem entendido a jurisprudência deste Tribunal, de forma reiterada, desde o acórdão do Tribunal de Conflitos n.º 20.05.2000, P. 339, também à situação *sub judice* não é aplicável o Estatuto Disciplinar do Pessoal dos CTT, aprovado pela Portaria n.º 348/87, de 28.04, uma vez que o mesmo não se inclui nos regimes jurídicos salvaguardados no n.º 2 do art.º 9.º do DL n.º 87/92, do n.º 2 do art.º 3.º do DL 277/92 e do n.º 3 do art.º 5.º do DL 122/94, pois «o que se quis ressalvar foram somente os regimes especiais em matéria de segurança social e benefícios complementares da mesma natureza, por forma a tutelar não apenas os direitos adquiridos por trabalhadores, beneficiários e pensionistas, mas também as expectativas dos demais trabalhadores oriundos dos CTT EP, enquanto fundadas num quadro normativo compaginável com a natureza privada das entidades que aquela sucederam.».

Mas, assim sendo, não tinha a autoridade recorrida competência para apreciar o pedido de revisão disciplinar em causa, sujeito a regime de direito privado.

De qualquer modo, ainda que se entendesse aplicável ao caso o Estatuto Disciplinar do Pessoal dos CTT aprovado pela Portaria n.º 348/87, de 28.04, como se entendeu no Acórdão deste Tribunal de 20.05.98, proferido no rec. 42 641, que negou provimento ao recurso jurisdicional interposto pelo aqui recorrente da sentença do TAC de Lisboa, que negou provimento ao recurso contencioso que este interpusera da deliberação do Conselho de Administração dos CTT, de 24.01.96, que o puniu com a pena disciplinar de despedimento, pela infracção prevista e punida nos art.º 3.º e 16.º, n.º 1 e 2, *i)* do citado Regulamento Disciplinar dos CTT, cuja revisão ora se pede (cf. certidão junta aos autos a fls.15 e seguintes), a solução não seria diferente.

Com efeito, nesse caso, o pedido de revisão do referido processo disciplinar, teria de ser dirigido ao Conselho de Administração dos CTT, entidade competente para o apreciar, nos termos do art.º 60.º, n.º I do referido Regulamento Disciplinar dos CTT.

Assim, o Ministro da Tutela, à data em que o pedido de revisão foi formulado o então Ministro do Equipamento Social e actualmente o Ministro da Economia, não tinha, nem tem competência primária para apreciar o pedido de revisão do procedimento disciplinar que lhe foi formulado pelo recorrente, pois a sua competência, na matéria, esgotar-se-ia na apreciação do eventual *recurso tutelar facultativo* da deliberação do Conselho de Administração dos CTT, nos termos do art.º 62, n.º 2 do referido diploma legal.

E, não sendo a entidade competente para apreciar o pedido de revisão formulado pelo recorrente, não tinha a autoridade recorrida o dever legal de o decidir, pelo que não se formou o acto tácito de indeferimento ora sob recurso.

Com efeito, embora nos termos do n.º 1 do art.º 9.º do CPA, os órgãos administrativos tenham o dever de se pronunciar sobre as pretensões dos particulares, só existe esse dever de decisão se se tratar de *assunto da sua competência,* pelo que a falta de decisão final sobre pretensão dirigida a órgão administrativo *incompetente,* não confere ao interessado a faculdade de presumir indeferida essa pretensão, para poder exercer o respectivo meio legal de impugnação (cf. n.º 1 do art.º 109.°)

Consequentemente, o presente recurso contencioso, carece de objecto, pelo que terá de ser rejeitado, por ilegalidade na sua interposição, nos termos do §4° do art.º 57.° do RSTA.

Termos em que, acordam os juizes deste Tribunal, em rejeitar o presente recurso contencioso, por ilegalidade da sua interposição (art.º 57.° §4° do RSTA)."

As alegações do recorrente não abalam a conclusão de rejeição do recurso contencioso a que ali se chegou. Com efeito, na construção adiantada no acórdão recorrido, ainda que se figurasse a existência de um recurso administrativo do Conselho de Administração dos CTT para o Ministro da tutela no âmbito dos procedimentos disciplinares, e consequentemente, nos de revisão desses procedimentos, o certo é que o pedido teria que ser apresentado perante a entidade com competência primária para apreciar o pedido e nunca perante a entidade com competência para conhecer desse recurso administrativo. Para além de decorrer dos princípios gerais sobre a matéria é o que resulta, também, do n.º 1 do art.º 60.º do Regulamento Disciplinar dos CTT (Portaria n.º 348/87, de 28.4) onde diz que "O interessado na revisão de um processo disciplinar apresentará requerimento nesse sentido ao conselho de Administração."

De resto, mesmo aceitando-se a tese incipientemente exposta pelo recorrente, de que a entidade competente para conhecer do pedido de revisão era o Ministro por ter sido ele quem emitiu o acto final no processo disciplinar donde resultou o seu despedimento, o certo é que no seu caso a decisão final do processo administrativo coube ao CA dos CTT e não ao Ministro, tendo sido o acto daquele que foi apreciado nos tribunais, primeiro no TAC de Lisboa e depois neste Tribunal por via do recurso (conf. doc. n.º 2 junto com a petição de recurso e alínea B) da matéria de facto).

Improcedem, assim, as restantes conclusões da alegação do recorrente.

IV – DECISÃO

Nos termos e com os fundamentos expostos acordam em negar provimento ao recurso.

Custas a cargo do recorrente, sem prejuízo do apoio judiciário concedido, fixando-se a Taxa de Justiça e a Procuradoria em, respectivamente, 300 e 150 euros.

Fixam-se ao advogado constituído os honorários previstos na Portaria n.º 150/02, de 19.2, tanto pelo recurso contencioso como pelo recurso jurisdicional e defere-se o pagamento das despesas pedidas (fls. 85, ponto n.º 4).

Lisboa, 28 de Outubro de 2004.

Rui Botelho (Relator)
António Samagaio
Azevedo Moreira
Pais Borges
Angelina Domingues
J Simões de Oliveira
Santos Botelho

Recurso n.º 508/03

VÍTIMAS DE LESÕES CORPORAIS GRAVES. INDEMNIZAÇÃO. SUCESSÃO *MORTIS CAUSA*.

(Acórdão de 13 de Outubro de 2004)

SUMÁRIO:

I – A chamada "indemnização" de que fala o art.º 1.º do DL n.º 423/91, de 30/10, não assume a natureza jurídica correspondente ao *nomen juris* utilizado, revestindo antes carácter assistencial posta a cargo do Estado, nos termos do mesmo preceito, encontrando-se o respectivo direito incidivelmente ligado à pessoa da vítima aí considerada.

II – Sendo a correspondente prestação feita *intuitu persona*, o direito à mesma não se transmite, por sua natureza, por via sucessória (n.º 1 do art.º 2025.º do Cód. Civil.

ACORDAM NO PLENO DA 1ª. SECÇÃO DO SUPREMO TRIBUNAL ADMINISTRATIVO:

Maria Helena dos Santos Azevedo Moreira, Helena Maria Moreira de Oliveira Peixoto, Maria Cristina Moreira de Oliveira e José Pedro Moreira de Oliveira, todos melhor identificados nos autos, vêem recorrer para este Tribunal Pleno do acórdão da Secção, de 4/4/2000 (fls. 116 e segts. dos autos), que negou provimento ao recurso contencioso que junto daquela haviam interposto do despacho do *Secretário de Estado Adjunto do Ministro da Justiça,* de 28/4/98, o qual determinou o arquivamento do procedimento relativo a um pedido formulado pelos mesmos ao Ministro da Justiça, em que na sua qualidade de "únicos e legais herdeiros" de João Mesquita Oliveira, já falecido, solicitavam a concessão por parte do Estado de uma indemnização ao abrigo do "Decreto-Lei n.º 423/91, de 30 de Outubro, Decreto Regulamentar n.º 4/93, de 22 de Fevereiro e Lei n.º 10/96, de 23/3", no montante de 4.000.000$00.

Nas suas alegações para este Tribunal concluem os ora recorrentes do seguinte modo, que se transcreve:

1. «À face do art.º 1.º do Dec. Lei n.º 4223/91 não se exclui a possibilidade dos herdeiros de uma vítima de crime violento que entretanto faleceu (mas de uma causa que não as lesões sofridas pelo crime violento) requererem ao Estado a indemnização que caberia ao falecido se vivo fosse.

2. A indemnização prevista no cit. DL 423/91 é restrita ao dano patrimonial resultante da lesão e será fixada em termos de equidade, tendo como limite máximo 6.000.000$00. Ou seja, exclui-se terminantemente possíveis reparações de danos morais.

3. Salvo o devido respeito por opinião contrária, se o legislador quisesse excluir a possibilidade de os herdeiros reclamarem o direito à indemnização do falecido vítima de crime violento e pelos danos patrimoniais sofridos por este, tê-lo-ia referido expressamente – o que não fez. Pelo que,

4. Não constando da Lei tal exclusão, aplicar-se-ão as regras gerais, ou seja, chamam-se os herdeiros à titularidade das relações jurídicas patrimoniais da pessoa falecida e a consequente devolução dos bens que a esta pertenciam (art.º 2024.º do Cód. Civil).

5. Ora, a indemnização em causa prende-se unicamente com despesas pagas pela vítima com tratamentos médicos, despesas efectivamente suportadas pela vítima, daí que se justifique que os herdeiros possam pedir o direito à referida indemnização – que mais não é do que serem ressarcidos das despesas efectuadas pela vítima e comprovadas.

6. O douto Acórdão recorrido ao considerar que a indemnização prevista no cit. Dec. Lei n.º 423/91 de 30/10 porque baseada numa ideia de solidariedade social não constitui objecto de sucessão e por tal motivo não se transmite aos herdeiros da vítima, violou os citados art.ºs do referido Dec. Lei, bem como, os art.ºs 2024.º e 2025.º do C. Civil, e assim, deverá revogar-se, por outro, que considere que tal indemnização é transmissível aos herdeiros da vítima ».

Contra-alegou o Secretário de Estado Adjunto do Ministro da Justiça, defendendo o improvimento do presente recurso jurisdicional.

E igual posição é subscrita pelo Exm.º magistrado do Ministério Público junto deste Tribunal Pleno, no seu parecer de fls. 164.

Redistribuído que foi o processo ao presente relator e colhidos os vistos legais, cumpre decidir.

***

Aquilo que neste momento há que reter da matéria de facto apurada no acórdão ora recorrido é que os recorrentes, na sua qualidade de herdeiros de João Mesquita Oliveira, entretanto falecido em 17/3/97, vieram requerer em 5/1/98 ao Ministro da Justiça, com fundamento no DL n.º 423/91, de 30/10, o pagamento pelo Estado de uma indemnização, no montante de 4.000.000$00, em virtude dos danos corporais e materiais sofridos por aquele João Mesquita Oliveira na sequência de um "atentado terrorista" de que o mesmo foi alvo em 28/10/81 levado a cabo pelas "FP-25 de Abril".

Requerimento este que não obteve deferimento em resultado de o despacho do Secretário de Estado Adjunto do Ministro da Justiça, de 28/4/98, ter decidido o arquivamento do procedimento administrativo entretanto iniciado, com o fundamento de a "indemnização" prevista no referido DL n.º 423/91 ter objectivos de solidariedade social, visando com a sua atribuição compensar a vítima pelos prejuízos sofridos, não sendo a mesma, atenta essa sua natureza, transmissível por via sucessória (como pretendiam os ora recorrentes no seu aludido requerimento).

O acórdão da Secção, com base na matéria de facto acabada no essencial de se referir, passou a indagar se semelhante entendimento perfilhado no despacho do referido Secretário de Estado – e atacado contenciosamente pelos ora recorrentes perante a mesma Secção – padecia de erro nos seus pressupostos de direito, uma vez aqueles defenderem, contrariamente ao decidido no mencionado despacho, ser o direito à invocada indemnização transmissível da esfera do respectivo titular, por sua morte, para os respectivos herdeiros (os próprios recorrentes).

Questão esta que obteve no acórdão da Secção resposta negativa, a qual o levou nessa base a negar, como já se disse, provimento ao recurso contencioso.

É semelhante juízo que os recorrentes, inconformados, agora impugnam perante este Tribunal Pleno no recurso jurisdicional que trazem do aludido acórdão da Secção.

Vejamos se com fundamento bastante.

***

Segundo o n.º 1 do art.º 2025.º do Cód. Civil "não constituem objecto de sucessão as relações jurídicas que devam extinguir-se por morte do respectivo titular, em razão da sua natureza ou por força da lei".

Ora, a questão que importa enfrentar é a de saber se a chamada "indemnização", quando a ela tenham direito vítimas de lesões corporais graves resultantes directamente de actos intencionais de violência praticados em território português, nos termos do art.º 1 do DL n.º 423/91, de 30/10, é susceptível, como direito de natureza patrimonial, de transmissão por via sucessória, podendo ser exercido pelo novo ou novos titulares.

Que a lei – este último decreto-lei, bem como do Dec. Reg. n.º 4/93, de 22/2, e a Lei n.º 10/96, de 23 de Março que a integram – nada dispõem, de forma expressa, sobre a insusceptibilidade dessa transmissão sucessória, é ponto indiscutido nos autos.

Daí que o problema a resolver seja o de apurar se o aludido direito das vítimas de actos intencionais de violência assume ou não a natureza estritamente pessoal, pois em caso afirmativo tal direito, por inerente ao respectivo titular enquanto tal, extingue-se por sua morte, sendo assim insusceptível de transmissão por via sucessória (n.º 1 do art.º 2025.º do Cód. Civil).

Foi neste sentido que se orientou o despacho contenciosamente recorrido, posição a que aderiu, como mais acima também se deixou relatado, o acórdão ora recorrido.

E desde já se adianta não merecer semelhante entendimento qualquer censura.

A concessão de indemnização pelo Estado, assim a designa de forma expressa o n.º 1 do art.º 1.º do já referido DL n.º 423/91, às vítimas de lesões corporais graves resultantes directamente de actos intencionais de violência praticados em território português, encontra-se sujeita a três requisitos, como o diz o citado preceito, requisitos esses de verificação cumulativa, sendo dois de natureza positiva – als. *a)* e *b)* – e o terceiro de natureza negativa [al. *c)*, tudo do aludido n.º 1].

Não interessando, para o caso *sub judice*, este último requisito – não terem as vítimas de lesões graves obtido ou sendo provável que obtenham reparação efectiva nos termos previstos na mesma al. *c)*, que não foi questionado nos autos – e não interessando também o requisito positivo da al. *a)*, uma vez resultar dos termos do próprio requerimento de concessão que no caso a vítima o preenchia, atenta a lesão corporal por ele sofrida, resta-nos o requisito, também positivo, da al. *b)*, o qual reza assim: "ter o prejuízo provocado uma perturbação considerável do nível de vida da vítima ou das pessoas com direito a alimentos".

Ora, se o preceito do n.º 1 do art.º 1.º do DL n.º 423/91 arvora como um dos requisitos positivos do direito a requerer "indemnização" ao Estado, como ele próprio se expressa, por parte da vítima de lesões corporais graves, a circunstância de tais lesões terem implicado prejuízo ou seja, danos de natureza patrimonial, os quais provocaram, para usar os termos do preceito da citada al. *b)* "uma perturbação considerável do nível de vida da última ou das pessoas com direito a alimentos", isso só pode significar uma coisa.

É que aquilo que o Estado atribui às vítimas referidas não assume a natureza de uma indemnização, como erradamente a qualifica, como já se disse, o legislador, no referido preceito do n.º 1 do art.º 1.º do DL n.º 423/91, que não vincula o intérprete nessa parte.

É que a existência de um dano constitui requisito e medida da obrigação de indemnizar quando posta a cargo de alguém, como resulta do art.º 562.º do Cód. Civil, segundo o qual, a mesma "deve reconstituir a situação que existiria, se não se tivesse verificado o evento que o obriga à reparação".

Ora isso não se verifica na situação contemplada no art.º 1.º do DL n.º 423/91, onde, como vimos, o que faz nascer, nesta parte, a obrigação de reparação para o Estado, ou de "indemnização" como nele, já se disse, se refere, é a vítima de lesões corporais graves ter sofrido "uma perturbação considerável do nível de vida".

O que significa que só nessa hipótese, que assim constitui o limiar verificado o qual faz desencadear a responsabilidade do Estado, é que este intervém, através da sua actividade prestativa com vista a minorar ou atenuar esse desequilíbrio, provocando no nível de vida da vítima de lesões corporais graves resultantes directamente de actos intencionais de violência.

Pois esta responsabilidade do Estado só intervém quando, como se estatui na al. c) do n.º 1 do referido art.º 1.º do DL n.º 423/91, nenhum mecanismo legal de reparação do dano da vítima previsto na legislação processual penal tenha funcionado ou seja previsível que isso venha acontecer.

Trata-se pois de uma providência de carácter assistencial posta a cargo do Estado em favor da vítima de lesões corporais graves, ligada incidivelmente à sua pessoa e que cessa naturalmente com o posterior decesso da mesma vítima, quando ele ocorrer, como vimos que no caso *sub judice* veio a acontecer com a vítima dos autos.

Destinando-se a prestação devida pelo Estado a minorar ou suavizar a "perturbação considerável do nível de vida da vitima" (ou das pessoas com direito a alimentação) resultante das lesões corporais por ele sofridas, sendo assim uma obrigação *intuitu persona*, a mesma extingue-se e não se transmite por via sucessória aos herdeiros da vítima, tal como e bem decidiu, como se disse, o acórdão recorrido, que não padece do erro de julgamento que os recorrentes lhe assacam.

Improcede deste modo a matéria de todas as conclusões das suas alegações.

Termos em que se nega provimento ao recurso jurisdicional.

Custas pelos recorrentes.
Taxa de justiça: € 200.
Procuradoria : € 100.
Lisboa, 13 de Outubro de 2004.

Pedro Manuel de Pinho de Gouveia e Melo (Relator)
António Fernando Samagaio
Fernando Manuel Azevedo Moreira
Abel Ferreira Atanásio
João Pedro Araújo Cordeiro
José Manuel da Silva Santos Botelho
Rosendo Dias José
Maria Angelina Domingues
Luís Pais Borges

Recurso n.º 44 177

2.ª Secção (Contencioso Tributário)

ARTIGO 10.º, 4, IN FINE, DA LEI N.º 85/2001, DE 04.VIII. INCONSTITUCIONALIDADE.

(Acórdão de 20 de Outubro de 2004)

SUMÁRIO:

A norma constante do artigo 10.º, 4, in fine, da Lei n.º 85/2001, de 04.VIII, que determina que, na execução das sentenças anulatórias dos actos de liquidação de emolumentos registrais, será deduzida, na restituição da quantia paga, a parcela correspondente à participação emolumentar dos funcionários do registo comercial, enferma de inconstitucionalidade, por violação do estatuído nos artigos 2.º, 111.º, 3, e 205.º da Constituição.

ACORDAM NO PLENO DA SECÇÃO DE CONTENCIOSO TRIBUTÁRIO DO SUPREMO TRIBUNAL ADMINISTRATIVO:

IBERSOL, SGPS, SA, com sede na Praça do Bom Sucesso, 105-109, 9.º, Porto, recorre, nos termos do artigo 284.º do CPPT, do acórdão da Secção de fls. 232--237 que, concedendo provimento a recurso do Director--Geral dos Registos e do Notariado, revogou sentença do 1.º Juízo do TT de 1ª Instância do Porto e julgou legal a "compensação" efectuada pelo recorrente, a coberto do n.º 5 do artigo 10.º da Lei n.º 85/2001, de 04 de Agosto. A seu ver, tal acórdão está em oposição com o proferido pela mesma Secção do STA em 26.III.2003, no processo n.º 1560/02, já transitado em julgado.

Culmina a atinente alegação com as seguintes conclusões:

1ª A exigência da participação emolumentar constitui uma flagrante violação do caso julgado, pois a sua imposição foi anulada pelo Tribunal por decisão transitada em julgado;

2ª O fundamento da anulação da liquidação, decidida no respectivo processo de impugnação, residiu na desconformidade da lei com o direito comunitário, designadamente com o disposto na Directiva 69/335/CEE;

3ª A participação emolumentar foi calculada nos termos dessa Tabela de Emolumentos, pelo que a sua exigência infringe o âmbito do caso julgado, pois está a criar-se um tributo que comunga com o anterior do mesmo vício;

4ª A parte final do n.º 4 do art.º 10.º da Lei n.º 85//2001, de 04.VIII, enferma de patente inconstitucionalidade, por violação do disposto no n.º 2 do art.º 205.º da Constituição e, bem assim, por infracção do conteúdo essencial do princípio da separação e interdependência dos poderes (art.º 114.º da CRP) e do núcleo fundamental do princípio do Estado de Direito (art.º 2.º da CRP);

5ª Ao contrário do acórdão recorrido, o acórdão fundamento considerou que a retenção de uma quantia a título de participação emolumentar, por parte da Direcção-Geral dos Registos e do Notariado, consubstanciaria uma flagrante violação do caso julgado;

6ª A IBERSOL adere integralmente a esta jurisprudência, pois o Tribunal ordenou a anulação da liquidação e a consequente restituição da totalidade dos emolumentos pagos, não tendo sido ressalvada uma qualquer parte da liquidação, designadamente uma parte relativa à participação emolumentar;

7ª Esta jurisprudência foi, igualmente, prolatada pelo Acórdão n.º 86/2004 do Plenário do Tribunal Constitucional, a 04.II.2004, no processo n.º 351/03, que julgou a norma invocada pela DGRN, para reter a quantia em causa, inconstitucional por violação dos princípios da segurança jurídica, da separação de poderes e da obrigatoriedade das sentenças, consagrados nos artigos 2.º, 111.º, 1, e 205.º, 2, da Constituição;

EM SUMA:

8ª A retenção de uma quantia a título de participação emolumentar consubstancia uma violação do caso julgado, devendo ser esta a jurisprudência acolhida pelo STA no presente recurso por oposição de acórdãos.

Contra-alegando, o Director-Geral dos Registos e do Notariado conclui:

1. No seguimento da douta decisão judicial referente ao respectivo processo de execução, o DGRN procedeu à emissão da nota discriminativa da quantia a restituir;

2. Tal quantia foi, efectivamente, paga em 28 de Fevereiro de 2002.

3. Nos termos daquela nota discriminativa, foi pago o montante da liquidação anulada (€ 74 849.61), acrescida dos competentes juros, procedendo-se, em seguida, à dedução da quantia de € 251, nos termos da nova tabela anexa ao R.E.R.N., bem como da quantia de € 6 841,25, a título de participação emolumentar.

4. A DGRN não poderia deixar de cumprir o disposto no n.º 4 do art.º 10.º da Lei n.º 85/2001, de 04 de Agosto.

5. que, aliás, tal como refere o acórdão proferido no presente processo, "(...) é até obrigatória".

6. Tal dispositivo legal não faz mais do que prever uma compensação a aplicar aos montantes objecto da decisão jurisdicional, aos quais deverão ser deduzidas as quantias relativas ao emolumento devido pelo mesmo acto, atendendo ao novo R.E.R.N., aprovado pelo DL n.º 322-A/2001, de 14.XII, em como as relativas às participações emolumentares dos notários, conservadores e oficiais.

7. Os montantes a devolver e os acréscimos legais são calculados tomando em consideração os montantes totais anulados, não se operando a compensação nesse momento, mas simplesmente sobre o montante total a devolver pelo Estado ao sujeito passivo.

8. Não existe, pois, qualquer violação da matéria objecto de caso julgado.

O EMMP entende que o recurso merece provimento – cfr. fls. 312 e 283.

Corridos os vistos legais, cumpre decidir.

Quanto à questão preliminar da existência dos pressupostos específicos do recurso, concorda-se com o que, a respeito, se decidiu no atinente despacho de fls.283 v.º, sendo evidentes quer a similitude factual relevante, quer a identidade da questão fundamental de direito e mostrando-se provado por presunção (v. artigos 349.º e 350.º, 1, do Código Civil) o trânsito em julgado do acórdão fundamento, nos termos da 2ª parte do n.º 4 do artigo 763.º do CPC, texto anterior ao DL n.º 329-A/95, de 12.XII.

Reafirma-se, portanto, a existência da invocada oposição de acórdãos.

Na decisão revogada pelo aresto recorrido, a fls. 186/7, ordenou-se se solicitasse ao Conselho Superior da Magistratura que emitisse a ordem de pagamento no valor de € 6 841,25 a favor de IBERSOL, SGPS, SA, nos termos do n.º 2 do artigo 12.º do DL n.º 256-A/77, de 17 de Junho.

O *thema decidendum* circunscreve-se à questão de saber se a "participação emolumentar" liquidada pela DGRN à ora recorrente, por ocasião da restituição de uma quantia anulada num anterior processo de impugnação judicial contra liquidação de emolumentos registrais, envolve violação do direito comunitário e de caso julgado. Ainda, se a parte final do n.º 4 do artigo 10.º da Lei n.º 85/2001, de 04.VIII (esteio de tal liquidação), enferma de inconstitucionalidade, por violação do disposto no n.º 2 do artigo 205.º da CRP e, bem assim, por infracção do conteúdo essencial da separação e interdependência dos poderes (art.º 111.º da CRP), do núcleo fundamental do princípio do Estado de Direito (art.º 2.º da CRP) e do princípio da igualdade, previsto no artigo 13.º da Constituição.

Tal problemática foi enfrentada *ex professo* no acórdão do Plenário do Tribunal Constitucional n.º 86/2004, de 4 de Fevereiro último, publicado no D.R. IIª Série n.º 67, de 19 de Março pp., onde, a final, se decidiu "julgar inconstitucional, por violação do disposto nos artigos 2.º, 111.º, n.º 3, e 205.º, n.º 2, da Constituição, a norma constante do n.º 4 do artigo 10.º da Lei n.º 85/2001, de 4 de Agosto, na parte em que determina que, na execução das sentenças anulatórias dos actos de liquidação, será deduzida, na restituição da quantia paga, a parcela correspondente à participação emolumentar dos funcionários do registo comercial."

No que tange à alegada violação do princípio da igualdade, como aí se entendeu, ela não ocorre, "desde logo porque assenta na comparação de dois regimes sucessivos – o que foi estabelecido para o cálculo dos emolumentos pela tabela aprovada pelo Decreto-Lei n.º 332-A//2001, de 14 de Dezembro (que revogou a Portaria n.º 996/98, de 25 de Novembro, excepto no que respeita aos emolumentos pessoais, o que agora não releva, portaria essa que, por sua vez, havia substituído a tabela constante da Portaria n.º 883/89).

Ora, o Tribunal Constitucional tem afirmado repetidamente que "*o princípio da igualdade* – que obriga a tratar por igual o que for essencialmente igual e a dar tratamento diferente ao que for essencialmente diferente –, enquanto princípio vinculativo da lei, apenas opera, em regra, sincronicamente. E isto porque o legislador, em via de princípio, não tem por que manter as soluções jurídicas que alguma vez adoptou. A sua função caracteriza-se, justamente, pela liberdade de conformação e pela auto-revisibilidade. E, por isso, 'salvo nos casos em que o legislador tenha de deixar intocados direitos entretanto adquiridos, não está ele obrigado a manter as soluções consagradas pela lei a cuja revisão procede' [...]".

Quanto à violação do *princípio do respeito pelo caso julgado*, em tal aresto se começa por notar que "ao mandar deduzir à quantia paga, naturalmente em função da tabela aplicável à respectiva liquidação, o montante correspondente a participação emolumentar, o n.º 4 do artigo 10.º da Lei n.º 85/2001 implica necessariamente que, nesta parte, se mantenha a aplicação dessa tabela, não obstante ter sido anulada a liquidação por ilegalidade da mesma; e que este regime é definido para os casos em que a decisão de anulação, baseada nessa ilegalidade, adquiriu força de caso julgado.

Assim, não parece que se possa duvidar de que a norma em apreciação regula – e regula apenas – situações julgadas definitivamente por sentença anulatória e que contém um regime parcialmente incompatível com aquele julgamento."

E mais à frente se observa que, para excluir da devolução o montante da participação emolumentar "o n.º 4 citado – na parte relevante – não definiu nem remeteu para nenhum critério o cálculo de tal participação, o que significa que a sua execução implica necessariamente a manutenção da aplicação da tabela julgada ilegal pelo Acórdão do Supremo Tribunal Administrativo (...), por implicar 'uma imposição cujo montante aumenta directamente e sem limites na proporção do capital subscrito'.

Não houve, pois, qualquer alteração das circunstâncias, qualquer elemento novo, de facto ou de direito, posterior à anulação, que justifique o recurso, neste ponto, à teoria dos limites temporais do caso julgado.

Em nada releva a afirmação de que houve uma nova liquidação; o que interessa é o critério de cálculo aplicado."

E passando a "averiguar se, à luz da Constituição, é inconstitucional uma norma destinada, apenas, a afectar situações anteriormente definidas por decisão com força de caso julgado", o acórdão que vimos seguindo vem a referir que "o Tribunal Constitucional se pronunciou já sobre o alcance da protecção constitucional do caso julgado, mantendo a orientação desenhada pelo Acórdão n.º 87 da Comissão Constitucional (de que, atrás, respigou o essencial da atinente argumentação, notamos nós).

Assim, e em primeiro lugar, o Tribunal observou por diversas vezes que decorre da Constituição a exigência de que as decisões judiciais sejam, em princípio, aptas a constituir caso julgado.

...

Em segundo lugar, o Tribunal Constitucional continuou a afirmar que o caso julgado é um valor constitucionalmente tutelado (...).

...

Em terceiro lugar, reafirmou a ausência da consagração na Constituição de um princípio e intangibilidade absoluta do caso julgado.

...

Por último e em quarto lugar, o Tribunal Constitucional tem reconhecido que, apesar de não ter valor absoluto a tutela constitucional do caso julgado, uma lei retroactiva não pode "atingir o caso julgado nos casos em que, segundo a Constituição, é proibida qualquer retroactividade, por intermédio de uma lei individual" (...). É o que sucede, como se sabe, com as leis restritivas de direitos, liberdades e garantias (n.º 3 do artigo 18.º da Constituição), as leis penais incriminadoras (artigo 29.º, n.º 1), ou (após a revisão constitucional de 1997) as leis que criam impostos (...).

Assim, apurada a orientação que tem vindo a ser seguida pelo Tribunal Constitucional, e que se considera de manter, há que a aplicar à norma em apreciação, que, diga-se desde já, não respeita a nenhuma das três áreas, acabadas de referir, em que é constitucionalmente proibida qualquer retroactividade. Com efeito, o Tribunal já por diversas vezes se pronunciou no sentido de que os emolumentos notariais e registrais correspondem a taxas e não a impostos (...).

Esta circunstância não garante, todavia, a legitimidade constitucional da norma em apreciação no presente recurso. É que o n.º 4 do artigo 10.º da Lei n.º 85/2001, na parte que lhe respeita, e como já se viu, apenas se pretende aplicar a situações jurídicas já definidas por sentença transitada em julgado; e o seu efeito traduz-se, também se viu já, em contrariar (parcialmente) a definição da relação controvertida resultante da decisão anulatória.

Não cabe ao Tribunal Constitucional, no âmbito da apreciação deste recurso, pronunciar-se sobre a forma como deveria ou não ser executado o acórdão anulatório; a verdade, todavia, é que não pode deixar de observar que, ao determinar à Administração que deduza a quantia correspondente à participação emolumentar, o n.º 4 do artigo 10.º da Lei n.º 85/2001 está a definir uma forma de execução "das sentenças anulatórias dos actos de liquidação" (n.º 4 citado) que implica que "a Administração [vá] praticar um acto idêntico com o [...] mesmo [...] vício [...] individualizado e condenado [...] pelo juiz administrativo", o que provocaria "nulidade, por ofensa do caso julgado" desse acto (Vieira de Andrade, *A Justiça Administrativa*, 4ª ed., Coimbra, 2003, pp. 321 e 322).

Não pode, pois, o Tribunal Constitucional deixar de concluir pela inconstitucionalidade da mesma norma, por violação dos referidos princípios da segurança jurídica, da separação de poderes e da obrigatoriedade das sentenças, consagrados nos artigos 2.º, 111.º, n.º 1, e 205.º, n.º 2, da Constituição.

...

Com efeito, (...), não se pode dizer que a norma em apreciação apenas vem regular *tipos de situações* nas quais se incluiriam, também (isto é, além de outras), situações já definidas por sentença transitada em julgado; impede-o a circunstância de *apenas* se pretender aplicar a anulações já julgadas definitivamente e, logo, perfeitamente identificadas, contrariando (parcialmente) a determinação judicial de restituição da quantia paga nos termos de uma tabela julgada ilegal.

...

Aliás, mesmo que assim se não entenda, por se ver ainda na norma umas das "leis gerais que incid[em] sobre as situações materiais do tipo das que tenham sido objecto de sentença", ocorreria igualmente inconstitucionalidade por não se encontrar justificada por um valor constitucionalmente mais relevante, pelo menos, do que o da segurança jurídica, proporcionada pelo caso julgado.

É que, por um lado, ... a participação emolumentar integra a remuneração dos conservadores, constituindo uma parte variável do seu vencimento (artigos 52.º e seguintes do Decreto-Lei n.º 519-F2/79, de 29 de Dezembro); e o julgamento de inconstitucionalidade implica a imposição ao Estado do dever de restituir uma quantia que, entretanto, já foi entregue aos seus destinatários últimos.

Por outro, no entanto, não podemos esquecer que a norma se aplica apenas aos casos em que foi interposto (oportunamente) recurso de anulação das liquidações."

Sufragamos, sem reservas, tal tese do Tribunal Superior a quem cabe a última palavra na matéria nuclear do presente processo.

Termos em que se acorda conceder provimento ao recurso, por isso que se revoga o aresto recorrido, em consequência se mantendo na ordem jurídica a decisão da 1ª instância de fls. 186-187.

Não é devida tributação – cfr. artigos 2.º e 3.º (*a contrario*) da Tabela das Custas no STA. aprovada pelo DL n.º 42 150, de 12.II.1959 (*vide* artigo 14.º, 1, do DL n.º 324/2003, de 27 de Dezembro).

Lisboa, 20 de Outubro de 2004.

Luís Filipe Mendes Pimentel (Relator)
Lúcio Alberto da Assunção Barbosa – (revendo posição face à posição do Plenário do TC).
Domingos Brandão de Pinho
Vítor Manuel Marques Meira
Alfredo Aníbal Bravo Coelho Madureira
Jorge Manuel Lopes de Sousa
João Plácido Fonseca Limão
António José Pimpão
José Norberto de Melo Baeta de Queiroz (revendo a posição assumida no acórdão recorrido, face ao entendimento entretanto adoptado pelo Tribunal Constitucional).

Recurso n.º 313/03

JUROS INDEMNIZATÓRIOS. TAXA DOS DEVIDOS QUANDO EM PROCESSO JUDICIAL SE DETERMINE TER HAVIDO ERRO IMPUTÁVEL AOS SERVIÇOS.

(Acórdão de 20 de Outubro de 2004)

SUMÁRIO:

> Na vigência do Código de Processo Tributário, os juros indemnizatórios devidos na sequência de impugnação judicial que anulou o acto de liquidação, no qual ocorreu erro imputável aos serviços, devem ser contados à taxa do artigo 559.º do Código Civil, já que o artigo 24.º do Código de Processo Tributário nem estabelece essa taxa, nem, quanto a ela, remete para as leis tributárias.

ACORDAM NO PLENO DA SECÇÃO DE CONTENCIOSO TRIBUTÁRIO DO SUPREMO TRIBUNAL ADMINISTRATIVO:

1.1. O **DIRECTOR-GERAL DOS REGISTOS E DO NOTARIADO** recorre para o Pleno da Secção de Contencioso Tributário deste Supremo Tribunal Administrativo do acórdão de 8 de Outubro de 2003, proferido pela Secção no presente processo, que concedeu provimento ao recurso jurisdicional interposto por **SONAE, SGPS, S.A.**, com sede em Espido, Maia, de sentença de tribunal tributário de 1ª instância prolatada em processo de execução de julgado.

Fá-lo por oposição com o acórdão de 20 de Fevereiro de 2002, da mesma Secção, proferido no recurso n.º 26669.

Formula as seguintes conclusões:

«I. O acórdão proferido nos presentes autos pela 2ª secção do S.T.A., rec. n.º 1041/03, encontra-se em oposição com outro também por ela proferido em 20 de Fevereiro de 2002, no recurso n.º 026.669;

2. Os quais, no domínio da mesma legislação e respeitando à mesma questão de direito, assumem soluções opostas.

3. As doutas decisões foram proferidas no domínio da mesma legislação uma vez que em ambos os recursos esteve em causa a aplicação, entre outros, das tabelas de emolumentos dos registos e do notariado, da Lei Geral Tributária aprovada pelo Decreto-Lei n.º 398/98, de 17 de Dezembro (designadamente, o n.º 2 do art.º 12.º, arts.º 35.º n.º 10, 43.º e 102.º n.º 2); art.º 24.º e 83.º do CPT, art.º 559.º do Código Civil e art.º 22.º da Constituição da República Portuguesa.

4. Em ambas, o *thema decidendum* traduziu-se em determinar se o *quantum* devido a título de juros indemnizatórios, destinados a compensar o contribuinte pelo prejuízo decorrente do pagamento indevido da prestação tributária, será calculado com base na taxa básica de desconto do Banco de Portugal em vigor no início do retardamento da liquidação do imposto a qual se manterá inalterada até à entrada em vigor da L.G.T. (proc.º 1041/03) ou, se pelo contrário, deverá ser calculada tendo em conta as diferentes taxas que sucessivamente vigoraram desde a data do pagamento indevido do tributo, por só assim se exprimir "a medida legal considerada idónea para a mensuração do dano respeitante a uma obrigação pecuniária" (Ac. STA de 20/02/2002, proc. n.º 026.669).

5. Temos, então, por um lado, um acórdão que estabelece que o quantum devido a título de juros indemnizatórios destinados a compensar o contribuinte pelo prejuízo decorrente do pagamento indevido da prestação tributária, será calculado com base na taxa básica de desconto do Banco de Portugal em vigor no início do retardamento da liquidação do imposto a qual se manterá inalterada até à entrada em vigor da L.G.T. (acórdão proferido em 08 de Outubro de 2003, recurso n.º 1041/03);

6. E, por outro lado, temos outro, segundo o qual, os mesmos juros indemnizatórios devem ser calculados tendo em conta as diferentes taxas que sucessivamente vigoraram desde a data do pagamento indevido do tributo, por só assim se exprimir "a medida legal considerada idónea para a mensuração do dano respeitante a uma obrigação pecuniária" (Acórdão de 20 de Fevereiro de 2002, recurso n.º 026.669).

7. A Direcção-Geral dos Registos e do Notariado não se conformando com o decidido no recurso n.º 1041/03, exalta a JUSTIÇA da decisão proferida no Acórdão de 20 de Fevereiro de 2002, recurso n.º 026.669, pelo qual norteou a sua actuação em matéria de cumprimento das decisões judiciais proferidas em sede de impugnação judicial de emolumentos.

8. A aplicação das taxas dos juros indemnizatórios, prende-se com a questão da aplicação da lei no tempo das normas sobre juros indemnizatórios e com a natureza do artigo 43.º da Lei Geral Tributária.

9. O art.º 43.º, n.º 1, da L.G.T. deve ser considerado uma norma sobre o modo de realização de um direito de indemnização e não como constitutiva de um novo direito indemnizatório [...] assume a natureza de uma norma instrumental, que não altera a substância do direito de indemnização, limitando-se a fornecer ao lesado um meio processual de obter mais facilmente [...] o seu direito à indemnização. [...] Assim aquela norma será uma verdadeira «norma de processo», que deverá ter, para efeitos de aplicação das leis no tempo um tratamento idêntico às normas processuais propriamente ditas.

10. Sendo assim, regulando aquele art.º 43.º da L.G.T. o conteúdo da obrigação de indemnização abstraindo do facto que lhe deu origem [...], ela será de **aplicação imediata** às relações jurídicas já constituídas, subsistentes à data de entrada em vigor, nos termos da parte final do n.º 2 do citado art.º 12.º [do Código Civil].

11. No que concerne à aplicação da lei no tempo das normas sobre juros indemnizatórios no que respeita à alteração das taxas de juro aplicáveis ao longo do período de tempo em que aqueles são devidos, estes devem ser calculados, no caso de não ser a mesma a taxa legal durante todo o período de contagem, com base nas várias taxas de juros legais que vigorarem durante esse período, aplicando cada uma delas relativamente ao período da sua vigência.

12. O indicado Acórdão proferido em 20 de Fevereiro de 2002, no recurso n.º 26.669, determinou a aplicação das várias taxas de juro em vigor em cada período, desde a data da prática do acto até ao termo do prazo de execução espontânea da sentença condenatória.

13. Segundo este, a contagem dos juros indemnizatórios devidos "[...] deve ser feita tendo em conta as taxas que sucessivamente vigoraram desde a data do pagamento indevido do tributo, dado que estas exprimem a medida legal considerada idónea para a mensuração do dano respeitante a uma obrigação pecuniária. Depois, ainda porque essa é a solução que decorre da regra do art.º 12.º, n.º 2, da LGT relativo à aplicação das leis no tempo. [...]".

14. Doutrina a que aderimos e que é igualmente defendida no parecer elaborado pela Sociedade de Advogados "Sousa Franco, Paz Ferreira & Associados", a pedido destes serviços, oportunamente já junto aos presentes autos.

15. No caso *sub judice,* sendo o acto de liquidação anulado respeitante a uma inscrição de um aumento de capital no RCPC, apresentado a registo em 23 de Dezembro de 1997, na 3ª Secção da Conservatória do Registo Comercial do Porto (Ap. 20) (efectuado em 09 de Março de 1998), e atendendo ao previsto no Código do Processo Tributário aprovado pelo Decreto – Lei n.º 154/91, de 23 de Abril, as taxas de juro aplicáveis na determinação do quantum devido a título de juros indemnizatórios teriam de ser, necessariamente, as que constam do artigo 15.º do presente articulado,

16. As quais foram efectivamente aplicadas.

Nestes termos e nos demais de direito deve:
a) ser dado provimento ao presente recurso, decidindo-se pela existência de oposição entre os mencionados Acórdãos;

b) determinar-se que a Direcção-Geral dos Registos e do Notariado, fez uma correcta aplicação das taxas de juro, em conformidade com a lei e com a jurisprudência vertida no indicado acórdão proferido em 20 de Fevereiro de 2002, recurso n.º 026.669.

c) considerar-se não haver qualquer quantia mais a restituir a título de juros indemnizatórios; tudo em consequência

d) da Direcção-Geral dos Registos e do Notariado ter procedido a todas as diligências que se lhe impunham para integral cumprimento da decisão judicial proferida»

1.2. Contra-alegou a recorrida, concluindo assim:

«1ª Na vigência do n.º 4 do art. 83.º do C. P. T., a taxa de juros indemnizatórios a que se refere o art. 24.º do C. P. T. correspondia à taxa que vigorava no momento do pagamento indevido, mantendo-se inalterada ainda que a taxa básica de desconto do Banco de Portugal sofresse modificações;

2ª Por força desta escolha do legislador, na aplicação daquela norma não se colocava a questão da alteração das taxas aplicáveis ao longo do período em que os juros eram devidos, pois determinou-se a aplicação de uma taxa de juro fixa;

3ª A entrada em vigor da L. G. T. alterou a forma de determinação dos juros, passando a aplicar-se as taxas legais sucessivamente aprovadas nos diferentes períodos de contagem dos juros;

PELO QUE

4ª A questão da alteração das taxas de juro apenas se coloca após a entrada em vigor da L. G. T. pois esta Lei não contém qualquer regra especial sobre esta matéria, devendo a questão ser resolvida face dos princípios gerais sobre a aplicação da lei no tempo;

ASSIM,

5ª Para os juros que se contam a partir da entrada em vigor da L G. T., e apenas para estes, deverá aplicar-se a regra consagrada no n.º 2 do art. 12.º desta lei, calculando-se os juros indemnizatórios, no caso de não ser a mesma a taxa legal durante todo o período de contagem com base nas várias taxas de juros legais que vigorarem durante esse período, aplicando cada uma delas relativamente ao período da sua vigência;

6ª A referida alteração legislativa não implica a eliminação dos juros que foram sendo calculados de acordo com o regime legal instituído pelos mencionados artigos do C. P. T. e uma recontagem dos juros a coberto de uma aplicação retroactiva do regime instituído na L. G. T.;

7ª A forma de cálculo dos juros prevista no art. 43.º da L. G. T. aplica-se apenas aos juros que se contam a partir da entrada em vigor da L. G. T., não interferindo no cômputo dos juros efectuado de acordo com o regime previsto pelo C. P. T.;

8ª No ordenamento jurídico português vigora o princípio da não retroactividade das leis, no sentido de que elas só se aplicam para futuro;

9ª O simples facto de o n.º 4 do art. 83.º do C. P. T. ter sido revogado pela L. G. T. não implica, como parece pretender a Direcção-Geral dos Registos e do Notariado, que a norma que o substituiu tenha vigência retroactiva pois essa retroactividade não foi afirmada pelo legislador;

ACRESCE QUE,

10ª Ainda que o legislador tivesse desejado conferir eficácia retroactiva à norma em causa, a verdade é que tal opção em princípio não afectaria a relação jurídica já constituída entre a SONAE e a Direcção-Geral dos Registos e do Notariado, pois «ficam ressalvados os efeitos já produzidos pelos factos que a lei se destina a regular», nos termos da parte final do n.º 1 do art. 12.º do Código Civil.

Termos em que deverá negar-se provimento ao recurso, confirmando-se a jurisprudência constante do Acórdão proferido nos presentes autos, com todas as consequências legais».

1.3. O relator do processo na Secção proferiu oportuno despacho considerando verificar-se a invocada oposição de acórdãos.

1.4. O Exm.º Procurador-Geral Adjunto junto deste Tribunal é de parecer que o acórdão recorrido merece ser confirmado, «nos termos da jurisprudência maioritária da Secção».

1.5. O processo tem os vistos dos Exm.ºs. Adjuntos.

2. Transcreve-se da sentença da 1ª instância a factualidade que fixou:

«Por sentença, transitada em julgado, e proferida nos autos de impugnação judicial que correram termos neste Juízo e Secção sob o n.º 40/98, determinou-se a anulação da liquidação versando sobre os emolumentos de registo nacional de pessoas colectivas, no valor de 36.561.500$00 e condenou-se a entidade liquidadora a pagar à impugnante juros indemnizatórios sobre tal montante, contados desde 23.12.997 até à emissão da respectiva nota de crédito a seu favor.

Esgotado o prazo de execução espontânea de tal sentença, a impugnante requereu, em 17.07.2001, execução de julgado, ao abrigo do art. 5.º n.º 1 do Dec.-Lei n.º 256-A/77, de 17.06.

Até à data da instauração da presente execução (09.10.2001), a Administração não se tinha ainda pronunciado sobre tal requerimento».

3.1. A ora recorrida, que viu acolhida pelos tribunais a sua pretensão de anulação do acto tributário de liquidação de emolumentos registrais, e ditada a obrigação de pagamento de juros indemnizatórios a seu favor, contados desde 23 de Dezembro de 1997 até à emissão da respectiva nota de crédito a seu favor, entende que esses juros devem ser contados às taxas, sucessivamente aplicáveis, de 11%, 10% e 7%.

Porém, a decisão proferida no presente processo de execução do julgado, não negando o direito a juros indemnizatórios, entendeu que as taxas a considerar são de 11%, 10%, 9,25% e 8,25%, «em conformidade com a vigência de cada taxa de desconto», posto que essa taxa sofreu variações ao longo do tempo, a elas havendo que atender.

Mereceu provimento o recurso jurisdicional dessa sentença interposto pela ora recorrida para a Secção de Contencioso Tributário deste Supremo Tribunal Administrativo (STA), a qual decidiu, em súmula, que «no período compreendido entre 23/12/97 e 1/1/99, os juros indemnizatórios devem ser calculados à taxa que vigorou naquela data, mantendo-se inalterada até à data da entrada em vigor da L.G.T., ou seja até 1/1/99».

A divergência do recorrente com a decisão que impugna respeita, pois, ao modo como, nos termos do disposto nos artigos 24.º n.º 3 e 83.º n.º 4 do Código de Processo Tributário (CPT), combinados, devem contar-se os juros indemnizatórios a que tem direito. O recorrente defende que «os mesmos juros indemnizatórios devem ser calculados tendo em conta as diferentes taxas que sucessivamente vigoraram desde a data do pagamento indevido do tributo, por só assim se exprimir "a medida legal considerada idónea para a mensuração do dano respeitante a uma obrigação pecuniária"», como se decidiu no acórdão de 20 de Fevereiro de 2002, recurso n.º 26.669, que aqui serve de fundamento. A recorrida adere ao entendimento perfilhado pela Secção no presente processo.

Como aponta o Exm.º Procurador-Geral Adjunto, é já numerosa a jurisprudência da Secção de Contencioso Tributário deste Tribunal que decidiu no mesmo sentido do acórdão agora recorrido: sem preocupações de completa exaustão, apontam-se os arestos proferidos nos recursos n.ºs. 388/03, em 2 de Julho de 2003, 1079/03, em 20 de Novembro de 2002, 1076/03 e 1040/03 (além do aqui recorrido), em 8 de Outubro de 2003, 1183/03, em 29 de Outubro de 2003, 1385/03, em 12 de Novembro de 2003, 1042/03, em 12 de Dezembro de 2003, 1645/03, em 24 de Março de 2004, e 1828/03, em 12 de Maio de 2004. Pode, ainda, acrescentar-se que em nenhum dos apontados acórdãos houve votos de vencido e que, ao menos após os de 8 de Outubro de 2003, não se encontra jurisprudência da Secção que retome o entendimento expresso no aresto que aqui serve de fundamento.

3.2. Começamos por transcrever o acervo normativo que interessa à decisão:

Nos termos do artigo 24.º n.ºs 1 e 2 do CPT há lugar a juros indemnizatórios

– «quando, em reclamação graciosa ou processo judicial, se determine que houve erro imputável aos serviços»; e

– «quando, por motivo imputável aos serviços, não seja cumprido o prazo legal da restituição oficiosa dos impostos».

O n.º 3 do mesmo artigo estabelece que «o montante dos juros referidos no número anterior será calculado, para cada imposto, nos termos dos juros compensatórios devidos a favor do Estado, de acordo com as leis tributárias». Atente-se em que os «juros referidos no número anterior» – n.º 2 do artigo 24.º – não são senão os juros indemnizatórios devidos «quando, por motivo imputável aos serviços, não seja cumprido o prazo legal da restituição oficiosa dos impostos».

Acrescenta o artigo 24.º n.º 6 do mesmo diploma que «os juros [indemnizatórios] serão contados desde a data do pagamento do imposto indevido até à data da emissão da respectiva nota de crédito».

Ainda no mesmo diploma foi introduzido, pelo artigo 1.º decreto-lei 7/96 de 7 Fevereiro (que, nos termos do seu preâmbulo, visou harmonizar as soluções acolhidas pelos vários códigos tributários), o n.º 4 do artigo 83.º, com esta redacção: «a taxa de juros compensatórios corresponde à taxa básica de desconto do Banco de Portugal em vigor no momento do início do retardamento da liquidação do imposto, acrescida de cinco pontos percentuais».

Esta alteração não foi longeva, pois todo ao artigo 83.º do CPT foi revogado pelo artigo 2.º do decreto-lei n.º 398/98, de 17 de Dezembro, que aprovou a Lei Geral Tributária (LGT), a qual iniciou a sua vigência em 1 de Janeiro de 1999.

Esta lei, por sua vez, dispõe sobre a taxa dos juros compensatórios que ela é «equivalente à taxa dos juros legais fixados nos termos do número 1 do artigo 559.º do Código Civil» (artigo 35.º n.º 10).

Aos juros indemnizatórios dedica a LGT o artigo 43.º, segundo o qual a respectiva «é igual à taxa dos juros compensatórios» (n.º 4).

3.3. O CPT consagrou, pois, no tocante à taxa dos juros indemnizatórios, dois regimes: quando, por motivo imputável aos serviços, a restituição do imposto seja oficiosa e ocorra fora dos prazos fixados na lei, os juros serão calculados, «para cada imposto, nos termos dos juros compensatórios devidos a favor do Estado, de acordo com as leis tributárias» – isto até à vigência do decreto-lei n.º 7/96, de 7 de Fevereiro, o qual, como se viu, harmonizou as várias disposições contidas nessas leis; quando a obrigação de restituição resulte de erro imputável aos serviços, determinado em reclamação graciosa ou processo judicial, o CPT não define a taxa, nem remete para as leis tributárias, impondo-se, na falta de previsão ou remessa, o apelo à norma geral do artigo 559.º do Código Civil.

E o decreto-lei n.º 7/96, ao acrescentar ao artigo 83.º do CPT o seu n.º 4, não alterou o regime dos juros indemnizatórios quando a respectiva obrigação resulte de erro imputável aos serviços, determinado em reclamação graciosa ou processo judicial, uma vez que, como consta da sua letra, a nova disciplina só vale para os juros compensatórios, e dos n.ºs 2 e 3 do artigo 24.º resulta que a taxa dos juros indemnizatórios só é igual à dos compensatórios nos casos em que os serviços, por motivo a si imputável, não cumpram o prazo legal da restituição oficiosa dos impostos – mas não já naqueloutros casos em que a obrigação de restituição resulte de erro imputável aos serviços, determinado em reclamação graciosa ou processo judicial.

3.4. Quer no caso de que trata o presente processo, quer naquele de que se ocupou o acórdão fundamento, não estavam em causa juros indemnizatórios em que os serviços tenham faltado à obrigação de tempestiva e oficiosamente restituir impostos. Ao invés, em ambas as situações a obrigação de juros emergia de ter havido cobrança indevida, em resultado de erro imputável aos serviços, reconhecido em processo de impugnação judicial.

Por isso, e como se viu, a nenhum dos casos é aplicável o n.º 4 do artigo 83.º do CPT.

A taxa dos juros indemnizatórios deve, pois, determinar-se, no caso vertente, à luz dos apontados artigos 24.º n.º 1 do CPT e 559.º do Código Civil. Este último estabelece que «os juros legais e estipulados sem determinação de taxa ou quantitativo são os fixados em portaria conjunta dos Ministros da Justiça e das Finanças e do Plano».

Assim, os juros indemnizatórios devidos à recorrida, que devem ser contados desde 23 de Dezembro de 1997, por força da decisão judicial transitada em julgado em execução, hão-de calcular-se à taxa que resulta do referido artigo 559.º do Código Civil, até à entrada em vigor da Lei Geral Tributária, ou seja, até 1 de Janeiro de 1999, que é o período temporal em discussão.

Daí que não se nos coloque a alternativa sobre que as partes discreteiam nas suas alegações de recurso: a não aplicação ao caso do n.º 4 do artigo 83.º do CPT torna improfícua a discussão sobre se a taxa de juros varia ou não, até à entrada em vigor da LGT, em função da taxa básica de desconto do Banco de Portugal, pois este problema só pode colocar-se face a esta norma, mas não perante a previsão dos artigos 24.º do CPT e 559.º do Código Civil, em que a variação da taxa não tem a ver senão com as portarias referidas neste último artigo (acontecendo que, no caso, só há que atender à portaria n.º 1171/95, de 25 de Setembro).

Ora, é certo que, quer o acórdão recorrido, quer o acórdão fundamento, resolveram, contraditoriamente, a questão que vem colocada nas alegações produzidas no presente recurso por oposição de acórdãos.

Mas nem por isso fica, agora, o Tribunal condicionado por qualquer das duas decisões em confronto, isto é, não é forçoso que adopte alguma das soluções encontradas pelos dois arestos, podendo resolver livremente a situação dos autos.

A oposição entre soluções previamente encontradas pelo Tribunal, se é condição necessária para a interposição do recurso por oposição de acórdãos, não implica constrangimento aos poderes de cognição do Tribunal, que continua a estar sujeito, apenas, à lei – artigo 203.º da Constituição – e que indaga, interpreta e aplica as regras de direito sem sujeição às alegações das partes ou aos precedentes judiciais – artigo 664.º do Código de Processo Civil.

Nada impede, pois, que a decisão do presente recurso se afaste, quer do acórdão recorrido, quer do acórdão fundamento.

4. Termos em que acordam, em Pleno, os juízes da Secção de Contencioso Tributário deste Supremo Tribunal Administrativo em, concedendo provimento ao recurso, revogar o aresto recorrido, determinando que os juros indemnizatórios devidos até 31 de Dezembro de 1998 sejam calculados à taxa que resulta do artigo 559.º do Código Civil e da portaria n.º 1171/95, de 25 de Setembro.

Custas a cargo da recorrida, fixando-se em 300 € (trezentos EUR) a taxa de justiça e em 50% a procuradoria.

Lisboa, 20 de Outubro de 2004.

José Norberto de Melo Baeta de Queiroz (Relator) – (revendo posição à luz da argumentação do acórdão de hoje mesmo no processo n.º 1076/03, aliás, aqui seguida de perto).

Francisco António Vasconcelos Pimenta do Vale – (Subscrevendo a declaração do Exm.º Relator)
Domingos Brandão de Pinho
Luis Filipe Mendes Pimentel
Lúcio Alberto da Assunção Barbosa
Vítor Manuel Marques Meira
João Plácido Fonseca Limão (revendo anterior posição)
António Pimpão (revendo anterior posição)
Jorge Manuel Lopes de Sousa.

Recurso n.º 1 041/03

Acórdãos do Supremo Tribunal Administrativo

1.ª Secção (Contencioso Administrativo)

ACÇÃO PROCEDIMENTAL. IDONEIDADE DO MEIO PROCESSUAL. ART. 7.º DO DEC. LEI 48.051, DE 21-11-67.

(Acórdão de 7 de Outubro de 2004)

SUMÁRIO:

I– O art. 7.º do Dec. Lei 48051, de 21/XI/67, não impede o lesado por facto ilícito do Estado ou das demais pessoas colectivas públicas de exercer o direito de indemnização mediante acção de responsabilidade civil extracontratual, no caso de não ter sido interposto recurso contencioso do acto administrativo tido por lesivo.

II– Tal preceito configura uma situação equivalente à do art. 570.º do C.P.Civil, relacionando-se com a interrupção do nexo de causalidade e/ou com a culpa do lesado na produção do dano, limitando a extensão ou o âmbito da indemnização quando exista uma corresponsabilidade do lesado na produção desse dano, decorrente de negligência processual do lesado, por falta ou deficiente impugnação contenciosa do acto administrativo ilegal ou de utilização dos demais meios processuais.

ACORDAM NA 1ª SECÇÃO DO SUPREMO TRIBUNAL ADMINISTRATIVO:

1. RELATÓRIO

António Alberto da Silva Almeida, identificado nos autos, recorreu para este Supremo Tribunal da sentença do Tribunal Administrativo de Círculo de Coimbra que, na ACÇÃO PROCEDIMENTAL ADMINISTRATIVA (art. 12.º, n.º 1 da Lei 83/95, de 31 de Agosto), sob a forma ordinária, intentada contra o MUNICÍPIO DE S. PEDRO DE SUL, absolveu o réu da instância por inidoneidade do meio processual, formulando (em síntese) as seguintes conclusões:

– impedir o prosseguimento da acção procedimental administrativa por não se ter adoptado o recurso contencioso, seria coarctar a possibilidade de defesa dos interesses em causa pelos restantes titulares, por estes não terem conhecimento da deliberação adoptada pelo recorrido, pois não foram notificados, havendo assim violação dos artigos 52.º, 3, a) da Constituição;

– o art. 12.º da Lei 83/95, de 31 de Agosto prevê em simultâneo, indistintamente e sem que exista precedência entre os dois meios processuais entre si, o recurso à acção para defesa dos interesses referidos no n.º 1 daquele diploma e o recurso contencioso contra actos lesivos, pelo que a decisão entendendo o contrário violou o referido artigo;

– antes de 17 de Junho de 1997, data da deliberação que no entender da decisão deveria ter sido objecto de recurso contencioso, já existiam várias omissões culposas por parte dos órgãos do réu;

– com efeito quando o depósito de sucata foi instalado, contrariamente ao que entendeu o M. Juiz "a quo" já existia regulamentação legal sobre a matéria (o Dec. Lei 343/75, de 3 de Julho, fazendo depender tal localização de licença municipal e sujeitando a falta desta à aplicação de multa (art. 4.º, n.º 2 e 5, n.º 2 do referido diploma). Ora, ao abrigo desta legislação o recorrido nada fez, ou seja não licenciou, não aferiu o cumprimento das regras, tendo assim um comportamento omissivo ao permitir o funcionamento da instalação de sucata em causa;

– o Dec. Lei 117/94, revogou a anterior legislação e veio impor no art. 12.º, 1 a legalização dos parques de sucata não licenciados, para tanto concedendo um prazo de dois anos, e o encerramento nos casos de incumprimento. Mais uma vez o recorrido nada fez do que se lhe impunha de forma automática, o que originou a violação das referidas normas;

– durante a vigência do Dec. Lei 268/98, de 28 de Agosto o réu também nada fez, não aplicando nenhum dos seus preceitos, mantendo assim o seu comportamento omissivo;

– por outro lado o recorrente alegou na petição inicial a violação de deveres de actuação que não tinham como consequência apenas o encerramento do depósito e a sua transferência, como seja a falta de vedação arbórea ou arbustiva, a falta de impermeabilização do chão do parque de sucata, a falta de áreas de armazenagem, a falta de sistema de descontaminação de sucata;

– foi imputada a omissão do réu, ao permitir este estado de coisas, causou danos ao recorrente e aos demais cidadãos do lugar de Drizes;

– o primeiro pedido que o recorrente formula é a condenação do réu no pagamento de uma indemnização pelos danos causados pelo comportamento omissivo deste, onde se inserem as questões acima referidas, que nada têm a ver com o objecto da deliberação mencionada, e que não poderiam ser tratadas em sede de recurso contencioso.

Nas suas contra-alegações o réu entendeu que o recorrente não sintetizou as conclusões das alegações do recurso, nos termos do art. 690.º, 1 do C.P.Civil e defendeu a manutenção da decisão recorrida. Conclui que o recorrente deveria ter vindo com o recurso contencioso contra a deliberação de 1998 no âmbito da referida lei (Lei 83/95, de 31 de Agosto) e não com a acção de responsabilidade civil extracontratual, já que tal responsabilidade poderia ser assegurada com a anulação contenciosa daquela deliberação (art. 7.º, 2ª parte do Dec. Lei 48.051).

Neste Supremo Tribunal o Ex.mo Procurador-geral Adjunto emitiu parecer no sentido de ser negado provimento ao recurso, por entender que através da interposição do recurso contencioso poderia ter assegurado a tutela dos seus interesses.

Colhidos os vistos legais foi o processo submetido à conferência.

2. FUNDAMENTAÇÃO
2.1. Matéria de facto

A decisão recorrida deu como assente a seguinte matéria de facto:

a) O Pedro da Silva Garrido, instalou um depósito e desmonte de sucata num terreno sito em Drizes, freguesia de Várzea, S. Pedro do Sul, desde há cerca de 30 anos;

b) em 1985, o autor foi residir num prédio contíguo aquele onde se encontra instalado o depósito de sucata;

c) por reclamação do autor, a Câmara municipal tomou a deliberação, n.º 512/97, datada de 17-6-97, em que ordena o encerramento do estabelecimento do Pedro Garrido e a transferência para um terreno na zona da lixeira, a ceder pela Câmara Municipal;

d) o Pedro Garrido não cumpriu a ordem;

e) pela deliberação 751/97, por não ter sido cumprida a anterior deliberação, foi decidido notificar o Pedro Garrido de que se não cumprisse aquela deliberação, cometeria o crime de desobediência;

f) porém, por deliberação de 10-2-98, a Câmara Municipal decidiu manter o assunto pendente, aguardando o resultado de diligências promovidas pelo proprietário da sucata, que afirmava que ia mudar as suas instalações para outro local;

g) o autor foi notificado de tal deliberação nos termos constantes do ofício de fls. 93 que se dá como reproduzido;

h) o autor não interpôs recurso de tal deliberação.

Dado o seu manifesto interesse transcreve-se o teor do ofício de fls. 93 (notificação da deliberação de 4-8-99):

"Em referência ao assunto em epígrafe e na sequência da deliberação n.º 512/97, tomada na reunião do dia 17/6/97, na qual foi decidido que o Sr. Pedro deveria encerrar o parque de sucata em Drizes e transferi-lo para um terreno na zona da lixeira, a ceder, por esta Câmara Municipal informa-se V.Exa. que a cedência do mesmo só poderá ser feita após o encerramento da lixeira, o que se prevê que seja até ao fim do mês de Setembro".

A referida deliberação 512/97 (fls. 103) é, na parte dispositiva, do seguinte teor: " (...) Deverá, de imediato, o Sr. Pedro da Silva Garrido, proprietário da sucata, retirar o material que lesa o vizinho colocando-o na lixeira em espaço a ceder pela Câmara Municipal, fazendo as obras necessárias até ao encerramento desta, sendo que não pagará nada por esta ocupação. Após a selagem da lixeira, que ocorrerá nos próximos três meses, será vendido ao Sr. Pedro da Silva Garrido um lote até 5000 m2 para parque de sucata que será cercado em conformidade com o projecto que lhe será apresentado nos termos da lei, sendo que o preço a pagar por esse lote será o praticado no Parque Industrial, estando a Câmara Municipal na disposição de adquirir o terreno onde está o actual parque de sucata para construir um Parque de Merendas".

2.2. Matéria de direito

A decisão recorrida absolveu o réu da instância por ter entendido que o presente meio processual (acção ordinária não era idóneo).

Para chegar a esta conclusão entendeu, em suma, que "até 1998, não se vê que o réu, tivesse autorizado a laboração do estabelecimento de sucata em contravenção com as normas legais. O que se verifica é que promoveu diversas diligências para que aquele armazém de sucata mudasse de lugar, oferecendo a autarquia terreno para o efeito, tudo com o conhecimento do autor, a quem a Câmara municipal comunicava o resultado das diligências. Até 1998, não se vê que tivesse havido relações jurídico-administrativas sufragando a actividade ilícita do Pedro Garrido. Depois dessa data, pela deliberação referida, não impugnada, a sua actividade ficou a coberto de acto administrativo não contenciosamente impugnado, pelo que se tem de concluir ser este o meio impróprio, para atacar a actividade da Câmara Municipal e pedir a competente indemnização pelos danos causados. Como prevê a Lei 83/85, de 31/8, a acção procedimental administrativa compreende a acção para defesa dos interesses referidos no art. 1.º e o recurso contencioso com o fundamento em ilegalidade contra quaisquer actos administrativos lesivos dos mesmos interesses. Assim, o autor deveria ter vindo com o recurso contencioso contra a deliberação de 1998 no âmbito da referida lei e não com a acção de responsabilidade civil extracontratual, já que tal responsabilidade podia ter sido assegurada com a anulação contenciosa daquela deliberação (art. 7.º, 2ª parte do Dec. Lei 48.051) (...)".

Julgamos que a decisão recorrida não pode manter-se.

Desde logo, e *em primeiro lugar*, ao absolver o réu da instância por impropriedade do meio, com invocação da 2ª parte do art. 7.º do Dec. Lei 48.051, interpretando-o em termos similares ao art. 69.º, 2 da LPTA, está a seguir um entendimento que não é aquele que actualmente a jurisprudência seguida neste Supremo Tribunal tem acolhido. O entendimento deste preceito, como se pode ver no sumário do Acórdão de 31-10-2000

(recurso 46.354), traduzindo orientação geralmente seguida e que é a seguinte:
"I – O art. 7.° do Dec. Lei 48051, de 21/XI/67, não impede o lesado por facto ilícito do Estado ou das demais pessoas colectivas públicas de exercer o direito de indemnização mediante acção de responsabilidade civil extracontratual, no caso de não ter sido interposto recurso contencioso do acto administrativo tido por lesivo. II – Tal preceito não consagra uma excepção peremptória antes configura uma situação equivalente à do art. 570.° do C.P.Civil, relacionando-se com a interrupção do nexo de causalidade e/ou com a culpa do lesado na produção do dano, limitando a extensão ou o âmbito da indemnização quando exista uma corresponsabilidade do lesado na produção desse dano, decorrente de negligência processual do lesado, por falta ou deficiente impugnação contenciosa do acto administrativo ilegal ou de utilização dos demais meios processuais.".

Esta orientação mereceu consagração através do acórdão do Pleno da Secção de 27/02/96 (recurso 23058), podendo ver-se expressa, entre outros, e por mais recentes, nos seguintes acórdãos: de 11/01/00 (recurso 45240), de 3/02/00 (recurso 44014), de 31/10/2000 (recurso 46354), de 03/05/2001 (recurso 47084) e 11/01/2001 (recurso 44447) e 25-6-2003 (recurso 495/03).

No Acórdão de 19-2-2002 (recurso 40348), seguindo esta orientação, acolheu a funcionalidade do referido art. 7.º, 2ª parte do Dec. Lei 48.051, mas por ter entendido possível, *em concreto*, concluir que a interposição do recurso evitaria os danos cuja indemnização pedida (ou seja, por não haver um nexo de causalidade entre a falta de interposição do recurso e o dano sofrido, cuja indemnização era pedida), nos seguintes termos:

"(...) Este Supremo Tribunal, em acórdão do Pleno de 27/2/96, proferido no recurso n.º 23 058, interpretou-o no sentido de que a sua segunda parte "não pretendeu estabelecer um regime de caducidade do direito de indemnização ou uma excepção peremptória fundada no caso decidida ou resolvido, por falta de oportuna impugnação contenciosa, com o consequente preclusão do direito à propositura da acção ressarcitória, tendo antes directamente a ver com a interrupção do nexo de causalidade e/ou culpa do lesado na produção do dano, pretendendo apenas limitar a extensão ou o âmbito do dano, quando haja uma co-responsabilização do administrado na produção do dano". Esta jurisprudência tem vindo a ser seguida uniformemente por este Tribunal, mas com o entendimento de que há corresponsabilização do administrado quando os danos podiam ser evitados através da competente impugnação contenciosa do acto administrativo ilegal, complementada pelo uso dos demais meios processuais, designadamente a execução do julgado, posto que este se apresente um meio idóneo para assegurar a sua reparação (vd., neste sentido, por todos, os acórdãos de 31/10/2000 e de 10/10/ 001, proferidos nos recursos n.ºs 46354 e 38714, respectivamente). Neste entendimento, que se perfilha, não se pode falar, contrariamente ao decidido na sentença recorrida, em sanação das ilegalidades no âmbito da acção, antes havendo que apurar, em concreto, mediante a apreciação, a fazer através de um juízo de prognose póstuma, da possibilidade real da interposição de recurso (eventualmente complementada pela utilização dos demais meios processuais) evitar a produção dos danos cujo ressarcimento é pedido, com vista a apurar da existência de nexo de causalidade entre o facto ilícito e culposo alegado e os danos invocados. (...)".

Assim, o argumento da sentença de que a actividade da Câmara Municipal ficou a coberto de acto administrativo não contenciosamente impugnado, não permite concluir que a acção de indemnização é um meio impróprio. Não é a caducidade do direito ao recurso contencioso, nem tampouco, a existência de uma relação de subsidiariedade entre a acção e o recurso, que está subjacente ao art. 7.º, 2ª parte do Dec. Lei 48.051. Este Supremo Tribunal entende a 2ª parte do art. 7.º do Dec. Lei 48.051 não como consagrando um pressuposto processual, sobre a *idoneidade do meio*, mas sim como uma disposição semelhante ao art. 570.º do C.Civil, com reflexos na determinação dos danos e da sua imputação (também) ao lesado (*nexo de causalidade entre a actividade do lesado ao não interpor o recurso e os danos invocados*).

Daí que a questão só possa ser decidida perante os *concretos danos pedidos* e os *danos que seriam evitados com a interposição do recurso*, e não através da mera identificação de um acto administrativo recorrível, não impugnado, como fez a decisão recorrida.

A decisão recorrida não pode, com a sua fundamentação manter-se, uma vez que está sistematicamente deslocada, não abordando os aspectos decisivos da questão: tratou a questão como excepção dilatória e não identificou os danos concretamente invocados como causa de pedir na acção de indemnização e os danos que poderiam ser evitados com a interposição do recurso, ponderando então quais os danos *concausados pelo lesado*.

Por outro lado, mesmo dentro dos limites da interpretação que este Supremo Tribunal tem dado ao art. 7.º, n.º 2 do Dec. Lei 48.051, também não pode decidir-se, desde já a presente acção.

Na verdade, como vamos ver o pedido de indemnização vai para além dos danos susceptíveis de serem imputados ao autor, por não ter recorrido da deliberação que adiou o encerramento do depósito de sucata.

O pedido formulado pelo autor foi o seguinte:
"(...)ser o réu condenado a:
– a) pagar ao autor a quantia de 4.000.000$00, pelos danos que o seu comportamento omissivo lhe causou, a que devem acrescer os juros legais contabilizados desde a data da citação até efectivo e integral pagamento;
– Encerrar, de imediato, o depósito de sucata identificado nos artigos 2.º e 3.º desta petição;
– retirar desse depósito, imediatamente, toda a sucata aí existente;
– repor o terreno onde funciona o tal depósito no seu estado anterior;
– pagar custas e procuradoria (...)" – cfr. fls. 11 dos autos.

O acto administrativo, que segundo a sentença recorrida, se fosse impugnado tutelava toda a pretensão do recorrente foi o acto que, adiou o encerramento da sucata, por um período que se previa de três meses.

Assim, no máximo, o que poderia imputar-se ao autor, por não ter impugnado esse acto (de adiamento do encerramento) seria apenas o *prejuízo decorrente do adiamento do encerramento da sucata*, e não os danos sofridos até ao despacho que ordenou o encerramento.

O autor invoca que o dono da sucata "há mais de 15 anos" coloca e recebe sucata no referido local, que guarda em montes (art.ºs 16.º a 19.º da petição inicial); que desmonta veículos automóveis donde escorrem óleos que vão inquinar as águas subterrâneas e do rio Vouga (art. 20.º e 21.º); queima pneus e plásticos (art. 29.º); o chão não está impermeabilizado (art. 36.º); não possui sistema de descontaminação da sucata (art. 38.º).

Invoca que tal situação viola o disposto no art. 5.º do Dec. Lei 268/98 (art. 40.º) e que o réu nunca exerceu a competência de fiscalizar o disposto no Dec. Lei 268/98, de 28 de Agosto (art.ºs 52.º a 55.º) e imputa ao comportamento omissivo (falta de fiscalização, nos termos da lei) a causa do empresário Pedro Garrido nunca ter encerrado o seu depósito de sucata, já que se tivesse feito uso das competências atribuídas por lei a situação teria termina do há muito (art. 56.º e 57.º); sendo essa omissão a causa dos danos que sofreu e que quantificou em 4.000.000$00 (art.ºs 58.º a 61.º da petição).

Torna-se, pois, claro que os danos que o autor imputa ao comportamento do réu não emergem (todos eles) da falta de impugnação do despacho que adiou o encerramento da sucata. Mesmo que o autor recorresse de tal acto, e obtivesse a sua anulação, *tal não afastava a verificação dos danos invocados até essa data, emergentes do funcionamento ilegal do depósito de sucata.*

Assim, parece evidente que por força do art. 7.º, 2ª parte do Dec. Lei 48.051 (mesmo na interpretação acolhida por este Supremo Tribunal) não pode afastar-se a ressarcibilidade de todos os danos invocados pelo autor, designadamente, os danos sofridos até ao despacho que adiou o encerramento do depósito de sucata, que o recorrente não impugnou.

Impõe-se assim a revogação da decisão recorrida, uma vez que o meio processual é o próprio, e não se verifica a excepção do art. 7.º, 2ª parte do Dec. Lei 48.051 quanto à totalidade do pedido, impondo-se o prosseguimento do processo, se nada mais obstar.

3. DECISÃO

Face ao exposto, os juízes da 1ª Secção do Supremo Tribunal Administrativo acordam em conceder provimento ao recurso, revogar a decisão recorrida e ordenar a baixa dos autos para prosseguimento da sua tramitação, se nada mais obstar.
Sem custas.
Lisboa, 7 de Outubro de 2004.

São Pedro (Relator)
João Belchior
Rosendo José

Recurso n.º 69/04

ACTO ADMINISTRATIVO CONTIDO EM DIPLOMA LEGISLATIVO (INSTALAÇÃO DE CASINO EM LISBOA). RECURSO CONTENCIOSO. QUESTÕES PRÉVIAS (ORDEM DE CONHECIMENTO). RECORRIBILIDADE, EXTEMPORANEIDADE, ILEGITIMIDADE. NOTIFICAÇÃO DE ACTO ADMINISTRATIVO CONTIDO EM DECRETO-LEI. PUBLICAÇÃO. COMPETÊNCIA ADMINISTRATIVA DO GOVERNO. ACTO NULO.

(Acórdão de 23 de Setembro de 2004)

SUMÁRIO:

I – A distinção entre o direito ao recurso contencioso e o direito material à anulação do acto recorrido impõe que se conheça em primeiro lugar das condições de existência do processo – onde se inclui a irrecorribilidade do acto impugnado – depois, das condições de procedibilidade ou pressupostos processuais e, finalmente, das condições de procedência..

II – Tal entendimento conduz a que o conhecimento das questões prévias suscitadas – irrecorribilidade do acto, ilegitimidade do recorrente e extemporaneidade do recurso – se inicie pela verificação da existência do objecto do recurso – irrecorribilidade – a que se seguirá, se for necessário, a extemporaneidade da interposição do recurso, quer se considere pressuposto processual ou condição de procedência e, finalmente, a ilegitimidade do recorrente, já que esta só deverá colocar-se em relação a recursos que estejam em tempo.

III – O n.º 3 do artigo 268.º da CRP não permite leitura desviante da garantia pretendida, qual é do efectivo conhecimento, com as formalidades e cautelas da lei, das decisões que porventura alterem a situação jurídica do destinatário de um acto administrativo.

IV – Por isso é que o nº 1 da artigo 29.º LPTA, que estatui sobre o prazo do recurso contencioso, para ser conforme à Constituição, tem de contar-se da notificação do acto, ainda que haja publicação dele, a menos que seja desfavorável para a posição jurídica do interessado, o que acontecerá quando a publicação for posterior à notificação, pois, então, só a partir daquela o acto é eficaz.

V – Em relação aos actos administrativos contidos em diploma legislativo, todavia, é sempre aplicável o regime de publicidade constitucionalmente determinado (art.º 119.º da CRP), não carecendo tais actos de notificação.

VI – Se a competência para a criação de zonas de jogo é do Governo, à luz do DL 422/89, não enferma do vício de incompetência, por falta de atribuições, a deliberação Governamental (contida no DL 15/03, de 30.1) que permite a construção de um novo casino, na mesma zona, ao concessionário de Zona já instalada.

VII – O facto de, segundo alguns, "as alusões constitucionais e legais à competência administrativa do Governo tanto poderem respeitar ao órgão complexo (Governo propriamente dito), como a cada um dos órgãos simples que o integram (Ministros, Secretários de Estado ou Subsecretários de Estado) e que se não confundem com os respectivos titulares" podendo, nessa concepção mais restrita, colocar-se a dúvida suscitada pelos recorrentes, de aquele acto ser da competência do Ministro da área respectiva e não do órgão colegial em que se integra, apresenta-se como irrelevante.

VIII – A existir essa possibilidade, ou não existiria qualquer ilegalidade pela decorrência natural do princípio de que quem pode o mais pode o menos, ou a existir, o vício não seria de incompetência absoluta, mas relativa, ocasionando simples anulabilidade, já que não se poderia dizer que tendo o acto sido praticado pelo Governo e não pelo Ministro ele fosse estranho às suas atribuições na justa medida em que este constitucionalmente se integra naquele.

ACORDAM NA SECÇÃO DE CONTENCIOSO ADMINISTRATIVO DO SUPREMO TRIBUNAL ADMINISTRATIVO:

I – RELATÓRIO

A **Associação dos Concessionários de Bingo, Saviotti – Empreendimentos Turísticos, S.A., Jardim Zoológico e de Aclimação em Portugal, S.A., Sporting Clube de Portugal**, todos com melhor identificação nos autos, vieram "intentar e fazer seguir um *recurso contencioso de anulação* do acto administrativo do Conselho de Ministros constante do Decreto-Lei n.º 15/2003, de 30 de Janeiro, designadamente dos seus artigos 1.º e 2.º, que autoriza a exploração de jogos de fortuna ou azar em dois casinos, um situado no Estoril e outro em Lisboa, à Sociedade Estoril Sol (III), Turismo, Animação e Jogo, S.A., a qual é regulada pelo contrato de concessão celebrado entre o Estado e a Estoril Sol em 14 de Dezembro de 2001 com as necessárias adaptações constantes de aditamento a realizar àquele contrato, o que faz contra o **Conselho de Ministros** na qualidade de autoridade recorrida e contra a **Estoril Sol**, o **Município de Lisboa**, e o **Instituto de Financiamento e Apoio ao Turismo**," na qualidade de contra-interessados.

Alegaram, resumidamente, que o acto impugnado padecia dos seguintes vícios:

I – Vício de violação de lei por violação do artigo 3.º, n.ºs 1 e 2 do Decreto-Lei n.º 422/89.

II – Vício de violação de lei por violação do disposto nos artigos 3.º, n.º 3 e 10, n.º 1 do Decreto-Lei n.º 422/89.

III – Vício de violação de lei por violação do artigo 8.º do Decreto-Lei n.º 422/89.

IV – Vício de violação de lei por inobservância do artigo 11 da Lei de Defesa da Concorrência (Decreto-lei n.º 371/93, de 20 de Outubro).

V – Violação do Direito Comunitário, designadamente dos artigos 87 e 12 do Tratado de Roma.

VI – Vício de forma por violação do artigo 10.º, n.º 1 do Decreto-Lei n.º 422/89

VII – Vício de forma por violação do disposto no artigo 9.º, n.º 1 alínea *c*) e do artigo 3 alínea *l*) do Decreto-Lei n.º 184/88 de 25 de Maio.

VIII – Vício de incompetência absoluta por violação do disposto no artigo 9.º do Decreto-Lei n.º 422/89.

A autoridade recorrida, pela mão do Primeiro Ministro, veio responder ao recurso, defendendo a sua improcedência e suscitando aos seguintes questões prévias:

A) Irrecorribilidade do acto;
B) Ilegitimidade dos recorrentes;
C) Extemporaneidade do recurso.

A Estoril Sol, e a Câmara Municipal de Lisboa adoptaram idênticas posições invocando as mesmas questões.

O Instituto de Financiamento e Apoio ao Turismo suscitou a sua própria ilegitimidade.

Por despacho de fls.354, de 30.4.04, foi admitida como assistente, nos termos do art.º 49.º do RSTA, a "Promora – Actividades Turísticas, Promoção e Gestão de Empreendimentos SA., sem prejuízo da apreciação da legitimidade das recorrentes, a efectuar posteriormente, que, a existir, asseguraria a sua.

Os recorrentes tiveram a oportunidade de se pronunciar.

Sobre as referidas questões a Magistrada do Ministério Público junto deste Tribunal emitiu o seguinte parecer:

"Compulsados os autos verifica-se que os recorrentes Associação dos Concessionários de Bingo, Saviotti, Empreendimentos Turísticos, SA, Jardim Zoológico e de Aclimação em Portugal e Sporting Clube de Portugal interpuseram, em 4.4.03 – conf. fls. 2 e 70 – recurso contencioso de anulação do "... acto administrativo do Conselho de Ministros constante do DL n.º 15/2003, de 30 de Janeiro, designadamente dos seus artigos 1 e 2, que autorizam a exploração de jogos de fortuna ou azar em dois casinos, um situado no Estoril e outro em Lisboa, à Sociedade Estoril Sol III, Turismo, Animação e Jogo, SA, – sic. fls. 2 – contra-interessada e recorrida particular (bem como o Município de Lisboa e o Instituto de Financiamento e Apoio ao Turismo).

Em 16.6.03 – cf. fls. 79 – a Promora veio requerer a sua admissão como assistente processual daquelas recorrentes.

A autoridade recorrida (o senhor Primeiro Ministro), na sua resposta a fls. 93 e seguintes, veio suscitar várias questões prévias, nomeadamente, a irrecorribilidade do acto impugnado, a ilegitimidade activa e a intempestividade da interposição do recurso, sendo também manifestada a sua oposição ao pedido de assistência deduzido pela Promora – fls. 123 e seguintes.

A recorrida particular Estoril III Sol requer seja reconhecida a sua legitimidade e a sua admissão como contestante, as quais, pelas razões por ela invocadas a fls. 112 e 113, nada temos a opor.

Acompanhando a Entidade Recorrida, as recorridas Estoril SOL III e o Senhor Presidente da Câmara de Lisboa – conf. fls. 253 – suscitaram, com fundamentos idênticos, as questões da ilegitimidade de todos os recorrentes (o que inviabiliza a aceitação da Promora como assistente) a irrecorribilidade do acto e a da extemporaneidade da interposição do recurso.

O Instituto de Financiamento e Apoio ao Turismo, na sua resposta de fls. 243 e seguintes invoca a sua ilegitimidade que decorre, na sua tese, de natureza hipotética e indirecta do prejuízo causado com o provimento do recurso.

Afigura-se-nos que nenhuma das questões suscitadas deve proceder. Na verdade, e quanto à questão de irrecorribilidade do acto impugnado, também nós entendemos que o D.L. n.º 15/2003, de 30 de Janeiro, contém um verdadeiro acto administrativo, pois define uma situação jurídica administrativa concreta da qual é beneficiária a concessionária ESTORIL SOL III (e prejudicados todos os Recorrentes), que materializa uma autorização concedida à Estoril Sol para construir e instalar um casino em Lisboa. O acto contenciosamente impugnado apresenta-se pois como um acto constitutivo de direitos, materialmente definitivo. Encontra-se igualmente dotado de executividade, habilitando o Governo e a ESTORIL SOL a fixarem os termos de exploração do novo Casino de Lisboa, cujo cumprimento pode ser imposto coercivamente a terceiros que, se não o impugnarem, com ele se hão-de conformar.

Quanto à questão da ilegitimidade dos Recorrentes afigura-se-nos que devem ser considerados partes legítimas e, consequencialmente, admitir-se a Promora a intervir como assistente, notificando-se oportunamente, nos termos e para os efeitos do artigo 54.º, n.º 1 da L.P.T.A., pois que não havia sido ordenado o seu cumprimento relativamente aos demais Recorrentes aquando da dedução do pedido de assistência processual – pois todos detêm um interesse directo, pessoal e legítimo na anulação do acto recorrido. Nesta matéria subscrevemos as razões para tanto invocadas na resposta das fls. 317 e seguintes, que ilustram capazmente os benefícios que podem vir a obter com a destruição dos efeitos jurídicos do acto anulado.

A questão da extemporaneidade da interposição do presente recurso prende-se com a apreciação do seu mérito. Se o acto for declarado nulo, o recurso foi tempestivamente interposto. Se, após a apreciação e decisão das eventuais nulidades de que o acto contenciosamente impugnado possa padecer, subsistirem vícios geradores de mera anulabilidade, então o recurso deverá ser rejeitado, por extemporânea interposição: tal como defendem a Actividade Recorrida e as Recorridas Particulares, o termo inicial do prazo previsto nos artigos 28.º e 29.º ambos de L.P.T.A. reporta-se ao momento da publicação e não do início da vigência, pese embora o muito respeito que nos merece opinião contrária.

Por último resta afirmar o nosso desacordo com a pretendida ilegitimidade passiva invocada pelo Instituto Financeiro e de Apoio ao Turismo.

Acompanhando aqui também os Recorrentes afigura-se-nos manifesto que é ele um dos principais beneficiários directos das obrigações da concessionária caso se mantenha na ordem jurídica o acto contenciosamente impugnado (os indirectos seriam os indicados nas alíneas a), b), c) e d) do n.º 1 do artigo 4.º e das alíneas a) e b) do artigo 5.º, n.º 1 do Decreto Lei citado). Tanto basta para que seja considerado parte legítima no presente recurso."

II – FACTOS

Matéria de facto que se fixa:

A – Na I Série – A do Diário da República, de 30 de Janeiro, foi publicado o Decreto-Lei n.º 15/2003, de 30.1. Os seus artigos 1.º e 2.º têm o seguinte teor:

Artigo 1.º – Na zona de jogo do Estoril é autorizada a exploração de jogos de fortuna ou azar em dois casinos, um situado no Estoril outro em Lisboa.

Artigo 2.º – A exploração do casino de Lisboa é regulada pelo contrato de concessão, celebrado em 14 de Dezembro de 2001, entre o Governo Português e a Estoril Sol (III), Turismo, Animação e Jogo, SA, publicado no Diário da República, 3.ª série, n.º 27, de 1 de Fevereiro de 2002, com as necessárias adaptações, que constarão de aditamento àquele contrato, a formalizar no prazo de 180 dias a contar da data da entrada em vigor do presente diploma.

B – O presente recurso contencioso, que tem como objecto o acto administrativo contido na alínea A, deu entrada neste Tribunal no dia 7 de Abril de 2003.

Colhidos os vistos cumpre decidir.

III – DIREITO

1. Importa conhecer das diversas questões prévias colocadas pela autoridade recorrida e pelas recorridas particulares: a irrecorribilidade do acto, a ilegitimidade dos recorrentes e a extemporaneidade do recurso. O conhecimento dessas questões terá que obedecer a um qualquer critério, uma vez que a procedência de uma delas poderá prejudicar o conhecimento de uma ou das restantes. Haverá de iniciar-se a abordagem por uma ordem sequencial determinada pela lógica, pela ordem natural das coisas.[1] "Se nos ativermos à destrinça entre o direito ao recurso e o direito material à anulação do acto recorrido, impõe-se começar por indagar das condições de existência do próprio processo e, só depois, se for caso disso, das condições de procedibilidade ou pressupostos processuais, e finalmente das condições de procedência. Na hipótese vertente, tal entendimento conduz a que o conhecimento das questões prévias suscitadas se inicie pela verificação da existência do objecto do recurso, a que se seguirá, se for necessário, o da extemporaneidade, quer se considere como pressuposto processual ou condição de procedência". Trata-se de uma consequência imediata do disposto no art.º 46, n.º 1 do RSTA, segundo o qual "os recursos contenciosos podem ser interpostos pelos que tiverem interesse directo, pessoal e legítimo na anulação do acto administrativo".

2. Quanto à recorribilidade do acto importa verificar que os recorrente vêm impugnar o acto administrativo contido nos art.ºs 1 e 2 do DL 15/2003, de 30.1, que autorizou a exploração de jogos de fortuna ou azar em dois casinos, um situado no Estoril – já em funcionamento há largos anos – e outro em Lisboa, à Sociedade Estoril Sol (III), Turismo, Animação e Jogo, S.A., a qual é regulada pelo contrato de concessão celebrado entre o Estado e a Estoril Sol em 14 de Dezembro de 2001 –

---

[1] Acórdão STA de 1.6.95 no recurso 35993 (no mesmo sentido os acórdãos de 3.5.94 no recurso 31091, de 19.10.95 no recurso 34201, de 5.12.01 no recurso 46678 e de 14.1.04 no recurso 1575/03).

que abrangia até aí, somente, o casino do Estoril – com as necessárias adaptações constantes de aditamento a realizar àquele contrato. A possibilidade de um acto administrativo integrar um acto legislativo – no caso um decreto-lei – é inquestionável, o que de resto as recorridas também não põem em causa. Ora, o art.º 2.º, sob a epígrafe de "Instalação de um casino em Lisboa", dispõe que "Na zona de jogo do Estoril é autorizada a exploração de jogos de fortuna e azar em dois casinos, um situado no Estoril e outro em Lisboa." O art.º 2.º, epigrafado de "Normas aplicáveis", estabelece que "A exploração do casino de Lisboa é regulada pelo contrato de concessão celebrado, em 14 de Dezembro de 2001, entre o Governo Português e a Estoril Sol (III), Turismo, Animação e Jogo, SA, publicado no Diário da República, 3.ª Série, n.º 27, de 1 de Fevereiro de 2002, com as necessárias adaptações, que constarão de aditamento àquele contrato, a formalizar no prazo de 180 dias a contar da data da entrada em vigor do presente diploma." Sabendo-se que a Estoril Sol é beneficiária da concessão da zona de jogo do Estoril, onde explora um casino, o que as disposições em causa determinaram foi, exclusivamente, a autorização para a abertura de um novo casino, agora em Lisboa, mediante a extensão do contrato existente ao qual teriam, naturalmente, de ser aditadas novas regras decorrentes da existência de um novo espaço físico. Basicamente traduz-se num benefício, pese embora com condicionalismos ainda não conhecidos, concedido à Sociedade Estoril Sol.

Trata-se, assim, de um verdadeiro e típico acto administrativo já que encerra uma decisão (deliberação) de um órgão da Administração pública que, ao abrigo de normas de direito público, visa produzir efeitos numa situação individual e concreta (art.º 120.º do CPA). Integra-se na categoria dos actos administrativos permissivos[2] que são "os que facultam ou permitem a alguém a adopção de uma conduta que em princípio lhe está vedada." O próprio art.º 2 fala em autorizar a exploração de jogos, a favor da Estoril Sol, sendo certo que as autorizações são actos administrativos comuns desta categoria. Portanto, o acto impugnado nos autos é um autêntico acto administrativo já que se consubstancia numa deliberação do governo, que visou produzir efeitos numa situação individual e concreta – a exploração de um casino em Lisboa – ao abrigo de normas de direito público – o DL 422/89, de 2.12

Improcede, assim, a questão da irrecorribilidade do acto.

3. Vejamos, agora, se o recurso é extemporâneo. Começamos pela extemporaneidade, porquanto a questão da legitimidade dos recorrentes só será de colocar em relação a recursos que sejam tempestivos.

Estamos perante um recurso contencioso interposto, em 7 de Abril de 2003, de um acto administrativo contido num decreto-lei publicado em 30 de Janeiro de 2003.

Sobre esta questão pronunciou-se o Pleno desta Secção no recurso 35705, de 3.4.01, (no seguimento do, também do Pleno, de 5.6.00 proferido no recurso 35702) com o seguinte discurso:

"Nos termos do n.º 3 do artigo 268.º CRP, *Os actos administrativos estão sujeitos a notificação aos interessados, na forma prevista na lei* (...)

Disposição imperativa da Constituição, não permite outra leitura desviante da garantia pretendida, qual é do efectivo conhecimento, com as formalidades e cautelas da lei, das decisões que porventura alterem a situação jurídica do destinatário de um acto administrativo.

Por isso é que o n.º 1 do artigo 29.º da LPTA que estatui que o prazo para a interposição de recurso de acto expresso (anulável) se conta da respectiva notificação ou publicação, quando esta seja imposta por lei, tem que ser restringido a uma leitura conforme à Constituição, que não pode deixar de ser a da notificação do acto, ainda que haja publicação dele, a menos que seja menos favorável para a posição jurídica do interessado, o que acontecerá quando a publicação for posterior à notificação, pois, então, só, a partir daquela o acto é eficaz.

Há que atender porém ao que obriga efectivamente a Constituição. Na verdade, o que o n.º 3 do artigo 268.º exige é a notificação aos *interessados*, ou seja, aos detentores de posições jurídicas, concretas ou difusas, de qualquer forma ameaçadas ou afectadas pelo acto. É o que decorre daquele normativo constitucional, combinado com o disposto nos artigos 52.º, 53.º e 66.º do Código do Procedimento Administrativo (CPA)."

E mais adiante:

"Nos termos do n.º 1 do artigo 119.º CRP são publicados no jornal oficial, Diário da República, entre outros, os decretos-lei [al. c)] e, bem assim, as portarias [al. h)], acrescentando o n° 2 que *A falta de publicidade dos actos previstos nas alíneas a) a h) do número anterior* (...) *implica a sua ineficácia jurídica.*

E se é verdade que a interpretação do artigo 29.º, n.º 1, da LPTA, em conformidade com o n.º 3 do artigo 268.º CRP, implica que a publicação obrigatória não dispensa a obrigatoriedade da notificação individual aos interessados dos actos administrativos, para efeitos da contagem do prazo de interposição do recurso contencioso, também o é, porém, que em relação aos actos administrativos contidos em diploma legislativo, é sempre aplicável o regime de publicidade constitucionalmente determinado, não carecendo tais actos de notificação, pois, em tais situações, o prazo de interposição do recurso contencioso é alargado, podendo iniciar-se com a execução do acto ou com os actos de aplicação (acórdão STAP, de 5 de Junho de 2000, rec. 35702)."

Regressando ao caso dos autos, e para além do que ficou dito a propósito da publicação como forma de conferir eficácia aos actos legislativos – e seguramente com eles, aos actos administrativos por eles veiculados – terá necessariamente de concluir-se que não tendo havido um procedimento administrativo em que os recorrentes tivessem sido intervenientes, e muito menos fossem os seus destinatários, também inexistia a obrigação legal de os notificar (art.ºs 52.º, 53.º, 54.º e 66.º do CPA[3]).

Por outro lado, assim como o prazo de impugnação de um típico acto administrativo se conta a partir da data da sua **publicação** ou **notificação**, *independentemente da data em que começa a produzir os efeitos jurídicos nele contidos,* também o da impugnação contenciosa de um acto administrativo contido em diploma legislativo se

---
[2] Marcelo Caetano, "Manual", I, 9.ª edição, 437.

[3] Conf. o acórdão STA de 3.12.99 proferido no recurso 41377 em cujo sumário se pode ler que «"Interessado" para efeitos de notificação não é a mesma coisa que "interessado" para efeitos de legitimidade procedimental: o "interesse" afere-se em função dos "efeitos directos e concretos" da decisão.»

conta a partir da data da sua publicação, independentemente de quaisquer factores que retardem a produção dos seus efeitos. É o que resulta, sem margem para dúvidas, do preceituado no art.º 29.º, n.º 1, da LPTA onde se estatui que o "prazo para a interposição de recurso de acto expresso se conta da respectiva **notificação** ou **publicação**, quando esta seja imposta por lei". Assente que a eficácia de um acto administrativo apenas está dependente de um desses dois momentos, e não de um outro qualquer, somente haverá de averiguar-se qual deles ocorre no caso concreto. No caso dos autos, como se viu, só a publicação releva.

Ora, para além do vício de incompetência por falta de atribuições, todos os demais invocados pelos recorrentes – vício de violação de lei por violação do artigo 3.º, n.ºs 1 e 2 do Decreto-Lei n.º 422/89, vício de violação de lei por violação do disposto nos artigos 3.º, n.º 3 e 10, n.º 1, do Decreto-Lei n.º 422/89, vício de violação de lei por violação do artigo 8.º do Decreto-Lei n.º 422/89, vício de violação de lei por inobservância do artigo 11 da Lei de Defesa da Concorrência (Decreto-lei n.º 371/93, de 20 de Outubro), violação do Direito Comunitário, designadamente dos artigos 87 e 12 do Tratado de Roma, vício de forma por violação do artigo 10.º, n.º 1 do Decreto-Lei n.º 422/89, vício de forma por violação do disposto no artigo 9.º, n.º 1 alínea c) e do artigo 3 alínea l) do Decreto-Lei n.º 184/88 de 25 de Maio – são geradores de mera anulabilidade, regra geral em matéria de invalidade dos actos administrativos (art.º 135 do CPA). O invocado vício de incompetência, a existir, seria gerador de nulidade nos termos da alínea b) do n.º 2 do art.º 133.º do CPA. Sucede, todavia, que tal vício consistiria, para os recorrentes, na circunstância de a competência para adjudicar a concessão de jogo ser do governo, nos termos do art.º 8.º do DL 422/89, e a jurisprudência deste tribunal, tirada em 1938, ter concluído "que se deve entender conferida ao Ministro da pasta respectiva a competência para a prática de actos quando a lei se limita a referir que a competência é do Governo sem dizer qual é o órgão a quem especificamente a comete."

Só que uma tal arguição, mesmo numa análise superficial[4], não consubstancia, fundadamente, vício de incompetência por falta de atribuições. Com efeito, Governo, segundo a Constituição (art.º 182.º) é o órgão de condução da política geral do país e o órgão superior da administração pública", sendo constituído "pelo Primeiro-Ministro, pelos Ministros e pelos Secretários e Subsecretários de Estado" (art.º 183.º, n.º 1). "O Conselho de Ministros é constituído pelo Primeiro-Ministro, pelos Vice-Primeiros-Ministros, e pelos Ministros" (art.º 184.º, n.º 1), sendo certo que pode haver Conselhos de Ministros especializados (art.º 184.º, n.º 2) e que "Os decretos-leis e os demais decretos do Governo são assinados pelo Primeiro-Ministro e pelos Ministros competentes em razão da matéria" (art.º 201.º, n.º 3).

Se a competência para a criação de zonas de jogo é do Governo, à luz do DL 422/89, o certo é que, no caso em apreço, essa competência foi efectivamente exercida pelo Governo. Na verdade, é o próprio DL 15/03, que o afirma indubitavelmente quando refere, na parte final do preâmbulo, que "nos termos da alínea a) do n.º 1 do art.º 198.º da Constituição, o Governo decreta o seguinte", vindo, a final, o diploma a ser assinado pelos Ministros da respectiva área. É certo que o citado artigo 198 da CRP fixa a competência legislativa do Governo e aquilo que está em causa nos autos é um acto administrativo e, portanto, a competência que relevaria seria a sua competência administrativa. Essa encontra-se, contudo, no art.º 199.º, podendo ver-se na alínea g) competir ao Governo "Praticar todos os actos e tomar todas as providências necessárias à promoção do desenvolvimento económico-social e à satisfação das necessidades colectivas". Sendo, justamente, um desses actos, por força do art.º 9.º do DL 422/89, a concessão de jogo. Terá, pois, de concluir-se que o acto recorrido deliberado pelo Governo, a entidade competente para o emitir, não sofre de qualquer vício de incompetência e muito menos passível de acarretar a sua nulidade.

É certo, como refere Marcelo Rebelo de Sousa (Lições de Direito Administrativo, I, 245), que "...as alusões constitucionais e legais à competência administrativa do Governo tanto podem respeitar ao órgão complexo (Governo propriamente dito), como a cada um dos órgãos simples que o integram (Ministros, Secretários de Estado ou Subsecretários de Estado) e que se não confundem com os respectivos titulares" podendo, nesta concepção mais restrita, colocar-se a dúvida suscitada pelos recorrentes, isto é, o acto recorrido ser da competência do Ministro da área respectiva e não do órgão colegial em que se integra. Só que, a existir essa discrepância, ou não existiria qualquer ilegalidade pela decorrência natural do princípio de que quem pode o mais pode o menos, ou a existir, o vício não seria de incompetência absoluta, mas relativa, ocasionando simples anulabilidade, já que, não se poderia dizer que tendo o acto sido praticado pelo Governo e não pelo Ministro ele fosse estranho às suas atribuições na justa medida em que este constitucionalmente se integra naquele.

O acto foi publicado no DR a 30.1.03, não padece de qualquer vício gerador de nulidade, e o recurso contencioso apenas entrou em tribunal a 7.4.03, para além, assim, dos dois meses previstos no art.º 28.º da LPTA.

O recurso contencioso é, por isso, extemporâneo, não podendo prosseguir.

IV – DECISÃO

Nos termos e com os fundamentos expostos acordam em rejeitar o recurso.

Custas a cargo dos recorrentes fixando-se a taxa de justiça e a Procuradoria em 450 e 300 euros, respectivamente.

Lisboa, 23 de Setembro de 2004.

Rui Botelho (Relator)
Santos Botelho
Freitas Carvalho

Recurso n.º 731/03-11

---

[4] Outra não é possível, por se tratar de um vício do acto que tem, portanto, a ver com o mérito do recurso.

ACTO CONSTITUTIVO DE DIREITOS. REVOGAÇÃO.

(Acórdão de 16 de Novembro de 2004)

SUMÁRIO:

I– Os actos constitutivos de direitos apenas podem ser revogados com fundamento na respectiva ilegalidade e dentro do prazo mais longo de interposição do recurso contencioso.

II– A formação de um deferimento tácito constitutivo de direitos, não impede a sua posterior revogação por acto expresso, desde que o acto revogado seja ilegal, e o acto revogatório seja proferido dentro do prazo legalmente admissível, com fundamento na respectiva ilegalidade.

ACORDAM NA 1ª SECÇÃO DO SUPREMO TRIBUNAL ADMINISTRATIVO:

1. RELATÓRIO

LUIS & DELGADO, LDA., identificada nos autos, recorreu para este Supremo Tribunal da sentença proferida pelo Tribunal Administrativo de Círculo de Lisboa, que julgou improcedente o RECURSO CONTENCIOSO DE ANULAÇÃO interposto do despacho de PRESIDENTE DA CÂMARA MUNICIPAL DA AMADORA, formulando as seguintes conclusões:

a) Uma fracção destinada a loja encontra-se licenciada para o exercício de actividades comerciais por contraposição ao fim habitacional e industrial de outras edificações, pelo que, a instalação de uma pastelaria com fabrico próprio – sendo uma actividade comercial por natureza – não implica a alteração do alvará de utilização já emitido, mas apenas uma especificação do destino comercial concreto – o da restauração.

b) Assim, ao contrário do que se propugna no douto acórdão do tribunal a quo, as obras a realizar na fracção visavam tão só adaptá-la às exigências de cariz técnico e de salubridade que implicam na generalidade os estabelecimentos de restauração. Por conseguinte, a alteração pretendida pela recorrente cingia-se a mudanças físicas da estrutura da loja que não contendiam com a utilização que lhe estava atribuída pela edilidade camarária, termos em que, encontrando-se o processo de legalização ainda em curso no momento da entrada em vigor do Dec. Lei 445/91 de 20/11, o regime aplicável à situação sub judice é o constante no Dec. Lei 166/70 de 15/04.

c) Mas ainda que se entendesse que o fim visado – e principal – pela recorrente consistia na alteração do uso da fracção destinada a loja em pastelaria com fabrico próprio – como faz o douto aresto ora impugnado – sempre diríamos que o regime aplicável à situação vertida nos presentes autos continua a ser o consagrado no Dec. Lei 166/70, e não o Dec. Lei 445/91 como propugna o douto aresto ora impugnado. Isto porque,

d) O Dec. Lei 445/91 vem reformular em larga escala os processos de licenciamentos urbanísticos introduzindo novas regras e uma estrutura procedimental que inexistia no diploma anterior, por esta razão, os processos de licenciamento em curso no momento da entrada em vigor daquele diploma regem-se pelo disposto no decreto de 1970. Esta transitoriedade impunha-se pelas regras de segurança e tutela jurídica de expectativas legítimas entretanto criadas nos particulares interessados.

e) Depois, porque assim a ser, não podemos deixar de concluir que todos os pedidos prévios são requisitos e condições necessárias para alcançar a alteração da utilização da fracção ou seja, o pedido de aprovação do projecto de obras não pode ser analisado como autónomo e independente do pedido de emissão da licença de utilização, mas antes como parte integrante e "conditio sine qua non" de um único processo de licenciamento de alteração do uso.

f) Consequentemente, o pedido de emissão de licença de utilização apresentado pelo recorrente já após a entrada em vigor do Dec. Lei 445/91 consubstancia a última fase do processo de licenciamento da fracção destinada a loja em pastelaria com fabrico próprio processo esse que já se encontrava em curso naquele momento.

g) A norma contida no n.º 3 do art. 72.º do Dec. Lei 445/91 deve ser interpretada tendo por base a unidade do sistema jurídico e que o legislador se expressou em termos adequados (art. 9.º, n.º 1 e 3 do Cód. Civil), em conformidade, para afastar qualquer coincidência e conflito de aplicação daquela regra e da constante no n.º 1 do mencionado preceito e atendendo à precedência numérica desta em relação àquela, impõe-se o entendimento de que o n.º 3 do art. 72.º do Dec. Lei 445/91 só contempla os pedidos de alteração dos alvarás de licenças de construção e de utilização emitidos ao abrigo do DL 166/70, cujos processos de licenciamento não se encontram em curso no momento da entrada em vigor deste diploma.

h) Esta regra é aliás a que se encontra vertida no art. 26.º, n.º 1 do Dec. Lei 445/91 pela qual se esclarece que as novas regras só se aplicam à emissão da licença de utilização de obras cujo processo de licenciamento tenha sido efectuado à luz do DL 445/91.

i) Decorre do exposto que por força do disposto no art. 72.º, n.º 1 e 3 em conjugação com o consignado no art. 26.º, n.º 1 todos do Dec. Lei 445/91 de 20/11 e art. 9.º do Cód. Civil, o regime aplicável ao processo de licenciamento da fracção sita na cave esquerda do prédio sito na Rua Sebastião da Gama, n.ºs 8 a 8 C da freguesia da Mina, concelho da Amadora, na qual a recorrente instalou o seu estabelecimento comercial de pastelaria com fabrico próprio, é o Dec. Lei 166/70 de 15/04.

j) No que respeita à alegada falta de licença de construção a que inovadoramente o douto tribunal a quo vem fazendo referência, não pode deixar de realçar-se que a apresentação do pedido de aprovação do projecto de obras tinha um momento próprio definido no Dec. Lei 166/70, assim atento o consignado no art. 5.º, 6.º, 9.º e 12.º daquele diploma, aquela apresentação é precedida por um pedido de licença – o que ocorreu a 13/03/1984 – pela emissão de pareceres de várias entidades – v.g. Comissão de Moradores da freguesia da Mina, Bombeiros Voluntários da Amadora – e pela junção ao procedimento administrativo da Declaração do técnico responsável pelas obras – o que ocorreu a 19/11/1984.

k) Nesta senda, a aprovação pela edilidade camarária em 21/02/1985 do projecto de obras apresentado pela recorrente consubstancia uma verdadeira autorização para a realização das obras e a legalização da fracção tal como pedido pela interessada.

l) Este entendimento não é repudiado pelo disposto no art. 3.º do Dec. Lei 166/70 como quer fazer crer o douto tribunal a quo, porquanto as obras dispensadas de licenciamento municipal, ao contrário das outras, não carecem de observar os trâmites procedimentais nem às exigências prescritas pelos art.s 5.º, 9.º e 12.º do Dec. Lei 166/70, bastando-se a edilidade camarária em apurar da conformidade com o plano ou o anteplano da urbanização e com as prescrições regulamentares aplicáveis (art. 3.º).

m) Assim, a aprovação camarária do projecto de obras e consequentemente do pedido de legalização da fracção para pastelaria com fabrico próprio, efectuado pela recorrente, consubstancia um verdadeiro acto de licenciamento constitutivo do direito de realizar as obras.

n) O alvará consiste num mero documento que titula/formaliza o direito de efectuar as obras mas a sua não emissão não obsta à plena eficácia da deliberação camarária, e tanto assim é que a 17 de Fevereiro de 1985 a edilidade camarária veio certificar que a recorrente se encontrava autorizada a instalar na fracção objecto destes autos uma pastelaria com fabrico próprio. Este é o entendimento que resulta do disposto no art. 13.º, n.º 2 do Dec. Lei 166/70.

o) Nesta conformidade, tendo sido aprovado por deliberação camarária em 21/02/85 a realização de obras na fracção supra descrita com o fim de alterar o seu uso de loja para pastelaria, não foi fixado qual o prazo para a conclusão das obras nem de caducidade da autorização concedida. Aquele prazo não se encontra também previsto no Dec. Lei 166/70.

p) Por sua vez, o art. 17.º, n.º 1 do diploma em referência não prescreve prazo algum para ser requerida vistoria para efeitos de licença de utilização;

q) Assim sendo, se não foi prescrito à recorrente pela deliberação camarária tomada a 21/02/1985 o prazo para a conclusão das obras, se tal prazo não se encontra estipulado no DL 166/70 e se o requerimento de vistoria pode em bom rigor jurídico ser feito em qualquer altura, a autorização para obras de alteração na fracção mantém os seus efeitos.

r) Aquela lacuna jurídica foi na verdade assinalada pelo Supremo Tribunal Administrativo: "Efectivamente, no período entre 1979 e 1990, no regime de licenciamento de obras particulares constituído pelo Decreto-lei 166/70 e legislação complementar, não existiu disciplina jurídica, com valor formal de lei, que estabelecesse a caducidade de actos administrativos de licenciamento ou dos respectivos alvarás" Ac. STA de 28 de Maio de 1997, in BMJ 467, p. 384.

s) Por este motivo, atento o princípio da legalidade que deve imperar na actuação administrativa – art. 266.º da C.R.P. e art. 3.º do C.P.A. – não pode a edilidade camarária vislumbrar prazos de caducidade sem que os mesmos estejam legalmente previstos;

t) Ademais, diversamente da posição propugnada pelo douto tribunal a quo, o diploma que rege o pedido de vistoria e a emissão da licença de utilização é o Dec. Lei 166/70, como já assinalado anteriormente, pelo que, sendo requerida vistoria a 13 de Outubro de 2000 e verificando-se a sua realização somente a 29 de Março de 2001, constata-se o decurso de um prazo de mais de 45 dias, o que conduz à constituição, por deferimento tácito, do direito à utilização da fracção pela recorrente como pastelaria com fabrico próprio por força do preceituado nos n.ºs 1 e 3 do art. 17.º do aludido diploma;

u) Ante o deferimento tácito e a consolidação do direito à utilização da fracção com o fim pretendido, é a edilidade camarária obrigada a expedir o alvará de licença sem que questione sequer da conformidade da obra com o projecto aprovado;

v) Mas ainda que se entendesse que o Dec. Lei 445/91 é o diploma aplicável à situação sub judice, haveria sempre lugar a um deferimento tácito do pedido de licenciamento da utilização da fracção como pastelaria com fabrico próprio, atento o que se consagra no art. 27.º, n.º 8 daquele decreto.

w) E nem se obste com a validade e existência na ordem jurídica do indeferimento emitido pela edilidade camarária em resposta a uma requerimento subscritos pela advogada signatária desta peça que não actuava na qualidade de representante da recorrente (como aliás bem notou o douto tribunal a quo), porquanto tal decisão é inoponível à recorrente e nessa medida nenhum acto que lhe seja oposto pode vir fundamentado naquele indeferimento.

x) Para além, constituído que se encontrava o direito à utilização da fracção como pastelaria com fabrico próprio por deferimento tácito, o acto administrativo de indeferimento expresso ora impugnado consubstancia uma revogação ilícita daquele, diversamente do proposto pelo douto tribunal a quo, porquanto enquanto constitutivo de direitos só podia ser revogado mediante o consentimento do titular – art. 140.º, n.º 1, alínea *b)* e 2, alínea *b)* do C.P.A. – o que não se verificou;

y) E nem se obste com a desconformidade das obras realizadas com o projecto aprovado ou com as normas de direito urbanístico, porque caberia à edilidade camarária obstar ao deferimento tácito, bastando para o efeito que promovesse a vistoria no prazo de 45 dias imediatamente subsequentes à data do requerimento;

z) Com efeito, não pode olvidar-se que o deferimento tácito consubstancia um acto pelo qual a administração consente a utilização requerida e anui quanto à conformidade da obra efectuada com a aprovada no projecto – art. 168.º, n.º 1 do C.P.A.. Neste acto tácito, estão imanentes os mais elementares cânones de direito administrativo e da segurança jurídica dos actos firmados na ordem jurídica, por isso, não pode alegar o douto tribunal a quo permitir-se uma revogação de um acto tácito de deferimento por um acto expresso de indeferimento.

aa) Semelhante comportamento era contra legem. A este respeito já decidiu a suprema jurisprudência administrativa: "O deferimento tácito do pedido de licenciamento só pode ser revogado nas condições estabelecidas para a revogação dos actos constitutivos de direitos. O acto expresso de indeferimento posterior constitui revogação desse deferimento tácito, sendo ilegal" Ac. STA de 13 de Fevereiro de 1992 in Base de Dados Jurídicas.

bb) Por fim, a actuação e omissão da edilidade camarária ao longo de quase 20 anos criou junto da recorrente a expectativa, legitima, alias, de que a instalação do seu estabelecimento comercial na fracção objecto destes autos se encontrava devidamente licenciado.

cc) Disso são exemplo a certificação emitida pela edilidade camarária a 17 de Fevereiro de 1989 (fls 36), o alvará de licença de exploração do estabelecimento comercial cujo pressuposto de emissão é a detenção da licença de utilização (art. 10.º da Portaria n.º 6065 de 20/03/1969) e a deliberação de 7/12/2000 que ordenou que se procedesse ao isolamento acústico e insonorização.

dd) Por outro lado, o estabelecimento sempre esteve aberto ao público e o exercício da actividade era patente a qualquer entidade fiscalizadora sem que até ao momento da emissão do acto administrativo ora impugnado tivesse suscitado qualquer óbice à continuação da actividade, o que levou os sócios da recorrente a investir e apostar todas as suas economias no estabelecimento comercial.

ee) Pelo exposto, facilmente se conclui que o acto que ordenou o encerramento do estabelecimento comercial de pastelaria da recorrente é ilegal por atentar claramente contra o princípio da boa fé que deve nortear a actividade administrativa – art. 6.º/A, n.º 1 e 2, alínea *a)* do C.P.A.

ff) Nesta conformidade e por tudo o exposto precedentemente o aludido acto administrativo é ilegal, por violação da lei, e por consequência, anulável nos termos do disposto nos artigos 135.º e 136.º do C.P.A.

Contra-alegou o recorrido – Presidente da Câmara Municipal da Amadora – defendendo a manutenção da sentença.

Neste Supremo Tribunal o Ex.mo Procurador-geral Adjunto emitiu parecer no sentido de ser negado provimento ao recurso, embora não aderindo por inteiro à fundamentação jurídica aduzida na sentença. Concordou com a sentença, quando esta entendeu que o procedimento tendentes ao licenciamento de obras e ao licenciamento da utilização são procedimento autónomo e diferenciados, podendo, assim, estar sujeitos a disciplinas jurídicas diferentes (por força da aplicação da lei no tempo). Discordou da fundamentação jurídica no que respeita à aprovação do projecto de obras. *"Não obstante* (argumenta o M.P.) *o certo é que a pedra de toque da ilegalidade do funcionamento do estabelecimento de pastelaria em causa antes residiria, a meu ver, no facto das obras terem sido executadas em desacordo com o projecto aprovado e daí resultando o inevitável indeferimento do pedido de licença de utilização, como veio a acontecer. Indeferimento expresso que reveste, na verdade, natureza revogatória do deferimento tácito que entretanto se formara na sequência do pedido de vistoria formulado (art. 27.º, n.º 8 do Dec. Lei 445/91). Todavia, por se ter fundado em ilegalidades detectadas e tempestivamente praticado, esse indeferimento expresso não se encontra ferido de qualquer ilegalidade que o invalide – art. 141.º, n.º 1 do CPA.".*

Colhidos os vistos legais, foi o processo submetido à conferência para julgamento.

2. FUNDAMENTAÇÃO
2.1. Matéria de facto

A sentença recorrida deu como assentes os seguintes factos:

1. A recorrente é proprietária do estabelecimento comercial de pastelaria com fabrico próprio, sito na Rua Sebastião da Gama, lote 8 C, Casal de São Brás, freguesia da Mina, Amadora, denominado Luar Azul – documentos de fls. 16 a 19;

2. A recorrente tem como sócios-gerentes, João Fernandes Lemos e Alberto Manuel Paulos Aguiar – documentos de fls. 16 a 19;

3. Em 21/11/1984 a recorrente apresentou junto da Câmara Municipal da Amadora, um pedido de aprovação de projecto de legalização da fracção correspondente à c/v esquerda do lote 43-A, actualmente n.º 8 a 8 C, no qual requereu a transformação da fracção, destinada a loja, em pastelaria com fabrico próprio, juntando todos os documentos nos quais figuravam as alterações/obras a efectuar – por acordo;

4. Em 21/02/1985 foi aprovado o projecto pela Câmara Municipal – por acordo;

5. Em 25/02/1985 foi a recorrente notificada dessa aprovação – por acordo;

6. Em 20/07/1988 foi emitido o alvará, a favor da recorrente, da licença de exploração de um estabelecimento de pastelaria, nos termos da Tabela 11 do Decreto n.º 8364, de 25/08/1922, referente ao licenciamento de estabelecimentos insalubres, incómodos, perigosos e tóxicos, conforme previsão da Portaria n.º 6065, de 30/03/1929 – documento de fls. 20 e 21;

7. Em 17/02/1989 a Câmara Municipal certificou que foi autorizada a instalação na fracção referida em 1., de pastelaria com fabrico próprio – documento de fls. 36;

8. Em 06/10/1993 a Delegação Regional de Indústria e Energia de Lisboa e Vale do Tejo comunicou ao gerente da recorrente que "é concedida licença de laboração ao estabelecimento industrial dessa firma destinado a fabrico de pastelaria" – documento de fls. 37;

9. Em 18/08/1995, foi solicitada a realização de vistoria à fracção, para efeitos do art.º 9.º do RAU, subscrito pela Advogada subscritora da petição inicial, sem indicação de poderes de representação – documento de fls. 65;

10. Em 06/10/1995, a Câmara Municipal realizou a vistoria à fracção explorada pela recorrente e elaborou o respectivo auto de vistoria, no qual se emitiu o parecer de que "A loja não deve ser utilizada, por não se encontrar de acordo com o projecto de alterações 740 PB/84, deferido em 21.2.85, relativamente ao qual deverá levantar a licença respectiva, apresentar telas finais para aprovação da Câmara e solicitar depois vistoria de utilização." – Documento de fls. 63;

11. Por ofício datado de 24/10/1995, foi a advogada, despacho de indeferimento ao requerimento assente propostos em 10. – Documento de fls. 62;

12. Em 25/09/2000 o Presidente da Câmara Municipal da Amadora emitiu um notificação ao João Fernandes, gerente da recorrente, notificado a este em 29-9-2000, para efeitos de audiência dos interessados, o qual dispunha que "Por se verificar que o estabelecimento de restauração (pastelaria) supramencionada e respectivo fabrico, não se encontrarem licenciados face a esta Câmara já que, e, de acordo com o relatório elaborado pelo serviço de Fiscalização Técnica do Departamento de Administração Urbanística se verificou que o antigo projecto de legalização referente a esta fracção, visando a transformação da loja, inicialmente prevista no projecto, em pastelaria, apesar de ter sido deferido por esta edilidade, não foi nunca levantada a respectiva licença com o correspondente pagamento das taxas devidas, implicando, tal facto, a caducidade da mesma, pelo que o referido estabelecimento se encontra a funcionar ilegalmente, por não estar em conformidade com o respectivo projecto de construção "bem como que" ...o sentido provável da Decisão Final referente a este é o de ordenar o encerramento da fracção em causa acompanhada do despejo sumário dos seus ocupantes..."– Documento de fls. 22 e 23;

13. Em 13/10/2000, João Fernandes Lemos apresentou a sua defesa escrita, na sequência da notificação assente em 12. – Documento de fls. 24 a 29;

14. Em 13/10/2000, João Fernandes Lemos, requereu a realização de vistoria à fracção para fins de emissão de licença de utilização, "por forma a verificar-se se as obras nela (fracção) efectuadas no decurso de 1985 correspondem às previstas no projecto de alterações constantes do processo n.º 740 PB/84, devidamente aprovado e licenciado por essa Câmara Municipal e, consequentemente, mandar emitir o alvará de licença de utilização da fracção como pastelaria" – Documento de fls. 38;

15. Em reunião da Câmara Municipal, de 07/02/2001, "A. Tendo em conta que, na sequência de diversas queixas dos residentes do rés-do-chão direito do prédio onde se situa o estabelecimento supra mencionado, contra o ruído provocado pela laboração desta Pastelaria e do fabrico de bolos durante a madrugada ... foi efectuada a competente medição de ruído pelos Serviços de Metrologia/Departamento de Serviços Urbanos desta Câmara Municipal os quais concluíram que efectivamente os níveis sonoros provenientes daquele eram superiores ao estabelecido no artigo 14.º do Regulamento Geral Sobre Ruído (Decreto-Lei n.º 251/87, de 24 de Junho) que permite como valor máximo 10 dB(A), em virtude do valor apurado ser de 14,8 dB(A), assim violando aquele preceito; B. Considerando ainda, que este grau de incomodidade tem provocado graves sequelas psicológicas nos moradores naquela fracção ... uma vez que o direito ao descanso, sossego e tranquilidade daqueles tem sido altamente afectado...", foi concedido o prazo de 22 dias úteis à recorrente para proceder "... à insonorização do local e ao seu isolamento acústico, com vista à redução dos ruídos para o nível legalmente admissível." – documento de fls. 41;

16. Em 20/02/2001, foi emitido mandado de notificação do teor da deliberação assente em 15, ao gerente da recorrente, João Fernandes Lemos, mandado que foi cumprido em 08/03/2001 – documento de fls. 39 e 40;

17. Em 29/03/2001, foi realizada vistoria pela Câmara, concluindo que "...o estabelecimento não se encontra de acordo com o projecto aprovado, nomeadamente a falta do lavatório na zona de passagem para a zona de fabrico, a falta de resguardo da ante – câmara da casa de banho e vestiário do pessoal, verificando-se ainda que o vestiário está a ser utilizado como armazém e o acesso do mesmo é feito directamente pela zona de fabrico e que na ante-câmara não existe lavatório, mas sim um polivan. ... Verifica-se ainda, a não existência da conduta de extracção de vapores, sendo os mesmos expelidos através de um tubo ligado a uma grelhagem colocada no muro de suporte de terras da zona verde atravessando sob a passagem de peões a tardoz do edifício." – Documento de fls. 64;

18. Em 06/07/2001, o Presidente da Câmara proferiu decisão à sua resposta, em fase de audiência prévia, assente em 13., no sentido de "Concordo. À Fiscalização Municipal", atendendo aos pareceres do Gabinete de Apoio Jurídico e do Gabinete Jurídico-Administrativo da Polícia Municipal / Fiscalização Municipal que entenderam "...que se deverá indeferir o pedido apresentado pelo notificado na sua pronúncia escrita, e formular-se como Decisão Final para esse processo de notificação conceder àquele o prazo de 15 dias para encerrar o estabelecimento em causa, sob pena de, se tal não ocorrer, esta Câmara proceder ao encerramento coercivo..." – documento de fls. 32 a 35;

19. Em 13/07/2001 foi o gerente da recorrente, João Lemos, notificado da decisão assente em 18., por ofício datado de 12/07/2001, sob o n.º 014830 – documento de fls. 30 e 31 e confissão;

20. Em 17/07/2001 o sócio da recorrente requereu junto do Presidente da Câmara a emissão de alvará da licença de utilização e das guias para pagamento das taxas devidas – documento de fls. 45 e 46.

2.2. Matéria de direito

a) Delimitação do objecto do recurso (questões a decidir)

A recorrente, na petição do recurso, imputou ao acto impugnado o vício de violação de lei, por o mesmo traduzir uma revogação ilegal de anterior acto constitutivo de direitos (cfr. fls. 13 dos autos).

Nas alegações finais veio arguir um novo vício – violação da boa fé (fls. 107 e 108 dos autos).

A sentença recorrida, apesar de concluir que o acto administrativo não era ilegal, sobre a violação da boa fé e a eficácia invalidante dessa violação nada disse.

O recorrente, nas alegações de recurso, insurge-se contra a sentença, por esta não ter reconhecido os vícios de violação de lei (por revogação ilegal de acto constitutivo de direitos) e violação da boa fé.

Em nosso entender, questão da violação da boa fé – como vício do acto impugnado – não faz parte do objecto do presente recurso jurisdicional.

Os recursos jurisdicionais têm como objecto a decisão recorrida, ou mais concretamente, os vícios da decisão recorrida. Os vícios imputados ao acto só podem ser conhecidos no tribunal de recurso, na medida em que tenham sido apreciados na sentença – *a não ser que sejam de conhecimento oficioso*[1].

A decisão recorrida não apreciou a existência, nem a relevância invalidante da violação do princípio da boa fé, e como o conhecimento desse vício, que não é de conhecimento oficioso, tal questão não faz parte do objecto do presente recurso.

É certo que a sentença, por não ter conhecido de vício, poderia quando muito ter incorrido em "omissão de pronúncia"[2]. Contudo, não sendo também este vício da sentença de conhecimento oficioso,[3] (artigos 668.º, n.º 3 e 716.º n.º 1 do Código de Processo Civil), e não tendo o mesmo sido arguido, também não é possível incluí-lo no objecto do presente recurso jurisdicional.

Assim, o objecto deste recurso jurisdicional limita-se à apreciação do vício de violação de lei, *por revogação ilegal de acto constitutivo de direitos* – que a sentença entendeu não existir.

---

[1] É este o entendimento claro e uniforme da jurisprudência deste Supremo Tribunal: "(...) O recurso jurisdicional, sem prejuízo do conhecimento das questões de conhecimento oficioso, tem de circunscrever-se àquilo que foi efectivamente decidido pelo tribunal a quo, uma vez que os recursos, conforme os artigos 676.º e 684.º do Código de Processo Civil, visam a modificação da decisão, não visam decisões sobre questões novas (cfr. acs. de 24.11.1992, rec. 30535, de 23.03.00, rec. 45165, de 4.5.2000, rec. 45905, de 20.11.2002, rec. 42180 e de 21.01.03, rec. 44491)." – Ac. de 28-1-03, rec. 48363.

[2] Sublinhe-se que o vício em causa apenas foi arguido nas alegações finais, sem que resulte dos autos que apenas se evidenciou posteriormente.

[3] As nulidades da sentença, referidas no art. 668.º do C.P.Civil, designadamente a omissão de pronúncia não são de conhecimento oficioso, como é também jurisprudência uniforme deste Supremo Tribunal – cfr. 22-9-99, rec. 23.837 – e do Supremo Tribunal de Justiça – Ac. de 13-4-94, rec. 084599.

b) A sentença recorrida

O recorrente defende, nos autos, que o acto que mandou proceder ao encerramento do estabelecimento comercial da recorrente viola o Dec. Lei 166/70 e art. 140.º do C.P.A., desenvolvendo, essencialmente, quatro argumentos.

– ao concreto licenciamento das obras e posterior licença de utilização é aplicável o Dec. Lei 166/70 de 15/4;
– foi deferida o licenciamento da construção e não há caducidade dessa licença, pois o Dec. Lei 166/70 não impõe qualquer prazo para ser requerida a vistoria, não havendo assim caducidade dessa licença em qualquer circunstância;
– houve um deferimento tácito da licença de utilização, por não ter sido realizada a vistoria requerida no prazo legal;
– o acto de indeferimento da licença de utilização (o acto objecto do recurso contenciosos) é assim ilegal.

A sentença recorrida estruturou-se em torno da refutação dos referidos argumentos, concluindo:
– O Dec. Lei 166/70 de 15/4 é aplicável ao procedimento do licenciamento de obras, e o Dec. Lei 445/91, de 20/11, a partir da sua entrada em vigor, é aplicável ao procedimento tendente a obter a licença de utilização.
– há caducidade da licença de construção por não terem sido pagas as taxas, sendo tal pagamento uma condição de obtenção da licença;
– não está legalmente previsto o deferimento tácito da licença de utilização e verificam-se duas situações para a ocorrência do indeferimento: "*o não pagamento das taxas e o auto de vistoria, ocorrida em Março de 2001 concluir em sentido desfavorável*".
– mesmo que tivesse havido deferimento tácito, o mesmo foi revogado pelo indeferimento expresso.

Conclui, assim, pela legalidade do acto impugnado.

c) Análise dos fundamentos do recurso.

Tendo em atenção o vício imputado ao acto – *revogação ilegal de acto constitutivo de direitos* – as questões levantadas nos autos, podem colocar-se nestes termos:
– i) *identificação do acto invocado como constitutivo de direitos – acto revogado;*
– ii) *identificação dos fundamentos do acto recorrido, na sua vertente revogatória;*
– iii) *apreciação da validade de tais fundamentos.*

Na verdade as questões enumeradas pelo recorrente enquadram-se perfeitamente no aludido esquema (há argumentos tendentes a mostrar a formação de um deferimento tácito da licença de utilização e argumentos tendentes a mostrar a ilegalidade da revogação desse deferimento tácito) e o mesmo tem a virtualidade de evidenciar com clareza o problema essencial, que é, note-se, o *apuramento dos vícios do acto recorrido.* Esta sistematização das questões permite, porém, uma abordagem do presente caso, a partir da análise dos *pressupostos do acto recorrido* (o dito acto revogatório). E que, apesar de grande parte da controvérsia girar em torna da formação ou não de um acto constitutivo de direitos, o certo é que, mesmo esta categoria de actos, é passível de revogação, *com fundamento em ilegalidade, e no prazo legalmente previsto.*

Portanto, depois de devidamente identificado o acto revogado, e o acto revogatório, iremos verificar se os fundamentos do acto revogatório, e que no caso se reconduzem à ilegalidade do acto revogado, *estão certos* e se o acto foi proferido no *prazo legal.* Se assim for, – e vamos ver que é – não há qualquer ilegalidade na revogação (acto recorrido), ficando prejudicadas as demais questões.

i) *identificação do acto constitutivo de direitos*

O acto constitutivo de direito invocado pelo recorrente é o deferimento tácito da licença de utilização.

Tal deferimento tácito formou-se, defende a recorrente, porque em 13 de Outubro de 2000 o se legal representante requereu uma vistoria à fracção autónoma onde se situa o estabelecimento de pastelaria, de forma a verificar a conformidade das obras efectuadas com o projecto de alterações n.º 740 PB/84, e a vistoria só foi realizada em 29 de Março de 2001. Entende o recorrente que, por força do disposto no art. 17.º, n.º 4 do Dec. Lei 166/70, se formou deferimento tácito quanto ao "direito à utilização", 45 dias depois de requerida a vistoria.

ii) *identificação e fundamentos do acto revogatório deste "acto de deferimento tácito".*

O acto impugnado foi proferido em 6-7-2001, e fundamentou-se na vistoria realizada em 29/3/2001, que descreveu uma situação de facto mostrando a desconformidade das obras levadas a cabo com o projecto de alteração que fora deferido "*o estabelecimento não se encontra de acordo com o projecto aprovado, nomeadamente a falta do lavatório na zona de passagem para a zona de fabrico, a falta de resguardo da ante – câmara da casa de banho e vestiário do pessoal, verificando-se ainda que o vestiário está a ser utilizado como armazém e o acesso do mesmo é feito directamente pela zona de fabrico e que na ante-câmara não existe lavatório, mas sim um polivan. ... Verifica-se ainda, a não existência da conduta de extracção de vapores, sendo os mesmos expelidos através de um tubo ligado a uma grelhagem colocada no muro de suporte de terras da zona verde atravessando sob a passagem de peões a tardoz do edifício*" – cfr. ponto 17 da matéria de facto.

iii) *verificação dos fundamentos (válidos) do acto revogatório*

O acto revogatório do acto tácito ocorreu antes de ter decorrido um ano, a partir da formação deste (a vistoria é pedida em 13 de Outubro de 2000 e o acto revogatório é de 6 de Julho de 2001), e um dos seus fundamentos é a ilegalidade do invocado deferimento tácito da licença de utilização, isto é, *a desconformidade das obras com o projecto de alterações licenciado.*

Deste modo, a questão é muito simples de decidir: o acto revogatório foi proferido dentro do prazo legal e tem como um dos seus fundamentos a ilegalidade do acto revogado – (desconformidade entre a licença de construção e as obras levadas a efeito), cuja veracidade (ou exactidão) nem sequer foi posta em causa[4]. Na verdade,

---

[4] O Art. 17.º do Dec. Lei 166/70, de 15 de Abril tem a seguinte redacção:
– "1. Sempre que a utilização de edificação nova, reconstruída, ampliada ou alterada dependa de licença municipal, deverá a vistoria respectiva efectuar--se dentro dos quarenta e cinco dias seguintes àquele em que houver sido requerida, desde que haja sido efectuado o pagamento das taxas devidas.
2. Se o requerente não tiver satisfeito desde logo as taxas devidas, será notificado, até ao quinto dia posterior àquele em que for recebido o requerimento, para efectuar o pagamento.
3. Findo o prazo referido no n.º 1 sem que se tenha procedido a vistoria ou quando feita a vistoria os peritos se pronunciarem unanimemente em sentido favorável, não poderá impedir-se ou reprimir-se a utilização, salvo se prazo superior estiver fixado em disposição regulamentar, tendo em vista as exigências da salubridade relacionadas com a natureza da utilização.
4. A câmara municipal é obrigada a expedir o alvará de licença logo que se verifique direito à utilização.
5. Tratando-se de obra cuja utilização dependa de vistoria de outros

quer por força do art. 17.º do Dec. Lei 166/70, de 15/4, quer por força do art. 26.º, 2 do Dec. Lei 445/91, de 20/11, a desconformidade da construção com o projecto licenciado inviabiliza a emissão da licença de utilização, sendo assim ilegal um deferimento tácito de licença de utilização em desconformidade com o que foi anteriormente licenciado. O que, de resto é elementar: de nada valeria o licenciamento de um projecto de construção de obras particulares, se o seu titular pudesse fazer as obras que muito bem entendesse, e total desrespeito com os limites do licenciamento, sem qualquer sanção jurídica.

Por outro lado, como este Supremo Tribunal tem entendido nada obsta a que um acto de deferimento tácito, possa ser revogado (expressa ou implicitamente) pela prolação de um acto expresso de indeferimento[5].

Desta feita podemos concluir que, independentemente da lei aplicável, da caducidade ou não do licenciamento de obras por falta de pagamento das taxas, da existência de uma *anterior* vistoria oponível, ou não, à recorrente (*vistoria pedida pela ora advogada da recorrente e que afirma ter então agido sem poderes de representação, para que não possam ser oponíveis ao mandante as consequências decorrentes da realização da mesma vistoria*) a verdade é que o acto recorrido na sua qualidade de *acto revogatório* foi proferido com uma fundamentação que se reconduz à ilegalidade do acto revogado, e dentro do prazo máximo do recurso contencioso.

Caberia à recorrente, para fundamentar a invalidade do acto impugnado, na sua componente revogatória, demonstrar que o fundamento invocado (ilegalidade do acto revogado) bastante para lhe conferir plena validade, não era verdadeiro. Tal demonstração só poderia ser feita mostrando a ilegalidade dessa fundamentação, ou seja, no que agora nos interessa, *alegando e mostrando que a obra efectuada – contrariamente ao afirmado no despacho recorrido – estava de acordo com o projecto de alterações, anteriormente licenciado.*

Sem essa demonstração, e decorrendo dos autos exactamente o contrário, (uma vez que não foram postas em causa as verificações constatadas no auto de vistoria), torna-se evidente que o acto revogatório cumpriu os requisitos legalmente exigidos, no art. 141.º, 1 e 2 do C.P.Adm: *foi proferido a tempo e com fundamento em ilegalidade* do alegado acto constitutivo de direitos (o *diferimento tácito – ilegal – do pedido da licença de utilização*).

O julgamento da validade do acto impugnado, na sua veste revogatória prejudica todas as questões levantadas pelo recorrente que – em bom rigor nunca enfrentaram este problema essencial para a resolução do litígio.

Toda a argumentação do recorrente visou a demonstração da existência de um acto constitutivo de direitos (um acto tácito de deferimento da licença de utilização). Contudo, mesmo que o recorrente tivesse razão neste aspecto, tal não significaria que, apesar disso, o acto revogatório fosse ilegal – uma vez que a lei permite a revogação de actos constitutivos de direitos, desde que verificados determinados requisitos ou pressupostos. Relativamente aos pressupostos da revogação lícita de actos constitutivos de direitos, o recorrente *apenas considerou uma hipótese: o consentimento do interessado* (cfr. conclusão x), pág. 198 dos autos), "*o que não se verificou*".

Mas não é assim. Ou melhor, não é *apenas* assim.

A lei distingue entre a *revogação dos actos constitutivos de direitos válidos* (art. 140.º do CPA) e *revogação dos actos constitutivos de direitos inválidos* (art. 141.º do C.P.A.).

Os *actos constitutivos de direitos inválidos*, podem ser revogados, com fundamento na respectiva ilegalidade – cfr. art.141.º do CPA: "*Os actos administrativos que sejam inválidos só podem ser revogados com fundamento na sua invalidade e dentro do prazo do respectivo recurso contencioso ou até à resposta da entidade recorrida*".

Deste modo, o acto recorrido cumprindo todos os requisitos do art. 141.º do C.P.Adm. não contém o vício que lhe foi imputado, pelo que o recurso deve ser julgado improcedente.

3. DECISÃO

Face ao exposto, os juízes da 1ª Secção do Supremo Tribunal Administrativo acordam em negar provimento ao recurso.

Custas pela recorrente. Taxa de justiça 400€. Taxa de justiça: 50%.

Lisboa, 16 de Novembro de 2004.

São Pedro (Relator)
Fernanda Xavier
João Belchior

Recurso n.º 453/04-12

---

serviços do Estado, realizar-se-á uma só vistoria, conjunta, competindo aos serviços municipais convocar todos os peritos.

6. Se qualquer dos peritos que intervierem na vistoria se pronunciar desfavoravelmente, por se verificar inobservância de prescrições legais ou regulamentares do projecto aprovado ou de qualquer outro condicionamento da licença da obra, terá de fundamentar o seu parecer, devendo o auto nesse caso ser submetido a homologação da entidade ou entidades que represente, as quais se pronunciarão dentro dos trintas dias seguintes ao da vistoria.

7. A falta de homologação dentro dos prazos fixados no número anterior faz incorrer o responsável pela omissão na obrigação de indemnizar o interessado pelas perdas e danos resultantes da demora.

8. O requerente deverá ser notificado da data da vistoria, bem como, quando for caso disso, das resoluções que incidirem sobre o respectivo auto, cujo exame lhe será sempre facultado.

[5] A jurisprudência deste STA tem decidido uniformemente que é improcedente, por falta do requisito legal da existência de deferimento do pedido de licenciamento, o pedido de intimação judicial para passagem de alvará (seja de loteamento, de licenciamento de obras ou de licença de utilização), "*sempre que o suposto deferimento tácito (ou expresso) do licenciamento em causa, em que aquele pedido se baseia, tiver sido revogado por acto expresso posterior a que não seja atribuída ilegalidade geradora de nulidade*", entendendo-se que a legalidade do acto revogatório não pode ser avaliada no processo de intimação. (cfr., por exemplo, os Acs. de 27.03.2003 – Rec. 515/03, de 28.11.2000 – Rec. 46.779, de 09.11.2000 – Rec. 46.694, e de 04.05.2000 – Rec. 45.986). Esta jurisprudência – formada em casos diferentes é certo – confirma, sem margem para dúvidas, que *um acto expresso de deferimento* pode ser *revogado* por um *posterior acto expresso de indeferimento*. Nos Acórdãos de 22-10-96, rec. 40.191 e de 12-11-96, rec. 39.098 é expressamente afirmado que o acto silente de deferimento pode ser revogado por acto expresso posterior, mas a "sua revogação só pode assentar em ilegalidade". De facto, a formação do acto tácito de deferimento tem a ver unicamente com o preenchimento dos requisitos do deferimento (tácito) da pretensão e não com a legalidade do seu ficcionado conteúdo podendo assim ser revogados "com fundamento em ilegalidade, no prazo fixado na lei para o recurso contencioso" – Ac. do STA de 26-8-98, rec. 43.987.

ACTO IMPLICITO.
AUTORIZAÇÃO TÁCITA.
ACTO RECORRÍVEL.
TEMPESTIVIDADE.

(Acórdão de 21 de Setembro de 2004)

SUMÁRIO:

I– É contenciosamente recorrível a autorização tácita da Câmara Municipal que aprovou a construção de dois depósitos de água, por considerar que os mesmos não careciam de licenciamento, sendo neste caso objecto do recurso contencioso o "acto implícito" e não o acto, ou actos concludentes de onde, necessariamente, se infere.

II– É tempestivo o recurso contencioso desse acto implícito (autorização tácita) interposto dentro do prazo referido no art. 28.º da LPTA contado a partir da entrega da certidão a que se refere o art. 29.º do mesmo diploma, certidão essa que nem sequer continha todos os elementos necessários à identificação do acto, data da sua formação, e respectiva fundamentação.

ACORDAM NA 1ª SECÇÃO DO SUPREMO TRIBUNAL ADMINISTRATIVO:

1. RELATÓRIO

LUIS MANUEL SOUSA SILVA, identificado nos autos, recorreu para este Supremo Tribunal da sentença proferida no tribunal administrativo de círculo do Porto, que rejeitou (por extemporaneidade e irrecorribilidade) o recurso contencioso de anulação do "despacho de 24 de Abril de 1998" do Presidente da Câmara Municipal de Fafe, formulando as seguintes conclusões:

A) decidiu o m.juiz "a quo" que o prazo de interposição do recurso se contaria a partir da notificação do ofício que continha o acto recorrido e que, o pedido de certidão desse mesmo acto, em 20-4-98, ao abrigo do art. 31.º, 1 da LPTA configurava um expediente manifestamente dilatório;

B) no requerimento de 2-3-98, já o recorrente havia solicitado a passagem de certidão ao abrigo do disposto no art. 31.º da LPTA, contudo a mesma não foi emitida, conforme solicitado;

C) no requerimento de 20-4-98 o recorrente insistiu no pedido de certidão para instruir o recurso contencioso de anulação, e certo é que por força desse pedido o recorrente mandou passar certidão que foi enviada ao recorrente e que, por sua vez serviu para instruir o presente recurso de anulação;

D) não se entende a sentença recorrida, quando considera que se está perante um expediente manifestamente dilatório;

E) sustenta também o m.juiz "a quo"que o acto impugnado é um despacho que se limita a veicular uma mera informação, e que se não pode sequer considerar um acto administrativo, muito menos definitivo e executório e lesivo de direitos ou interesses legalmente protegidos;

F) o que decorre da posição expressa pelo recorrido é que não houve qualquer despacho susceptível de ser contenciosamente impugnado, uma vez que não houve licenciamento dos depósitos, mas sim tácita aprovação;

G) se o m.juiz "a quo" tivesse razão, e a nosso ver não tem, o recorrente ficaria impedido de atacar a decisão do recorrido;

H) o único despacho relativo aos depósitos de água que foram implantados em frente da casa do recorrente, com manifestos prejuízos para este, é o despacho que surge em consequência do requerimento efectuado em 2-3-98 pelo recorrente;

I) tal despacho é o despacho do recorrido presidente datado de 29-3-98, o qual é definitivo e executório e lesivo dos interesses do recorrente, e por isso passível de ser contenciosamente impugnado.

Não foram produzidas contra-alegações.

Neste supremo tribunal o Ex.mo Procurador-geral adjunto, emitiu parecer no sentido de ser negado provimento ao recurso.

Colhidos os vistos legais, foi o processo submetido à conferência para julgamento.

2. FUNDAMENTAÇÃO
2.1. Matéria de facto

A decisão recorrida deu como assente a seguinte matéria de facto:

A) a 1ª interessada particular levou a efeito uma operação de loteamento na freguesia de Arões S. Romão, Fafe, tendo sido implantados dois depósitos de água de grande dimensão para abastecimento público de água nomeadamente aos prédios a edificar nos lotes criados em consequência da referida operação de loteamento, em parcela de terreno que confronta com o prédio do ora recorrente no qual este edificou a sua casa de habitação;

B) face à implantação dos depósitos no local em questão, o recorrente, por requerimento datado de 02.03.98, solicitou ao ora recorrido sr. Presidente da Câmara Municipal de Fafe, que o informasse se tais depósitos tinham sido licenciados e em caso afirmativo a passagem de certidão do acto administrativo de licenciamento, com indicação do autor do acto, a data em que o mesmo foi proferido e a respectiva fundamentação, nos termos do art. 31.º, n.º 1 da LPTA (cfr. Doc. de fls. 10 dos autos, cujo teor aqui dou por integralmente reproduzido);

C) sobre o retro referido requerimento recaiu o despacho do ora recorrido, do Sr. Presidente da Câmara Municipal de Fafe, datado de 29.03.98, do teor seguinte: "transmita-se ao requerente/reclamante que os depósitos em causa são infra – estruturas do loteamento, acordadas na sua localização com a Indáqua e a Câmara e que se tomaram públicos, não havendo qualquer licenciamento mas tácita aprovação." (cfr. fls. 119 do pa);

D) tal despacho foi notificado ao recorrente pelo director do departamento de planeamento municipal, através do oficio n.º 1744/dpm, datado de 01.04.98, cujo teor consta de fls. 120 do pa e aqui dou por integralmente reproduzido, tendo sido recepcionado pelo recorrente em 14.04.98 (cfr. fls. 121 do pa);

E) em 20.04.98 o ora recorrente apresentou nos competentes serviços da Câmara Municipal de Fafe novo requerimento dirigido ao Sr. Presidente da Câmara

Municipal de Fafe, ali registado sob o n.º 1897, em que solicitava fosse mandada "passar certidão do acto administrativo – despacho de 29 de Março de 1998, relativo ao processo 5/pl/95, a que corresponde o vosso oficio n.º 1744/dpm, de 1 de Abril de 1998, a qual deve indicar o autor do acto, a data em que o mesmo foi proferido e a respectiva fundamentação, nos termos do preceituado no artigo 31.º, n.º 1, da lei de processo dos tribunais administrativos – dec. Lei n.º 267/85, de 16 de Julho."

F) a certidão solicitada foi emitida pelo director do departamento de planeamento municipal em 29.04.98, dela constando que é do seguinte teor o despacho proferido no dia 29.03.98 pelo Sr. Presidente da Câmara: "transmita-se ao requerente / reclamante que os depósitos em causa são infra-estruturas do loteamento, acordadas na sua localização com a Indaqua e a Câmara e que se tomaram públicos, não havendo qualquer licenciamento mas tácita aprovação." (cfr. Doc. de fls. 12 dos presentes autos, cujo teor aqui dou por integralmente reproduzido);

G) tal certidão foi entregue ao ora recorrente em 20.05.98;

H) o presente recurso contencioso foi instaurado em 29.06.98 (cfrl fls. 2 dos autos).

Consideramos, relevante para apreciação do recurso:

I) o despacho recorrido foi proferido no rosto de uma informação, na sequência do requerimento feito pelo ora recorrente em 2-3-98 (fls. 118 do pa), informação com o seguinte teor:

"*à consideração do Sr. Presidente.*

O requerente pretende saber se a instalação dos dois reservatórios do lugar de sub Nogueira da freguesia de S. Romão, foram licenciados e em caso afirmativo, solicita uma certidão do acto administrativo do licenciamento e cópia que comprove a propriedade do terreno.

A localização do reservatório resultou de um acordo entre o promotor do loteamento a Indaqua e a Câmara, conforme se depreende do ofício n.º 10285 daquela empresa.

Não há no processo uma aprovação expressa da instalação dos reservatórios. Contudo depreende-se do despacho superior de 14-11-97 exarado no ofício anteriormente referido, que a localização terá sido aprovada.

Um dos reservatórios é público. Foi mudado dos terrenos a lotear para este novo local.

O outro reservatório faz parte das infra-estruturas do loteamento que será também público com a recepção das obras de urbanização.

Como referimos um reservatório é público e o outro será a curto prazo público também. Levanta-se a dúvida se por este motivo carecia de licenciamento."

J) o despacho acima referido consta de fls. 110 do processo apenso, tendo sido emitido sob o ofício da Indaqua dirigido à Câmara Municipal de Fafe, sob o assunto" reservatório para o loteamento der Arrochela – Arões S. Romão", e onde era referida a necessidade de "mudança do actual reservatório para a proximidade do novo", e é do seguinte teor: "concordo. Remeter ao processo e dar cópia ao promotor do loteamento para que adquira e coloque o reservatório de 80 m3 14-11-97. Em tempo: dado que o que aqui se refere não corresponde ao que me foi dito pelo Sr. ... José Manuel deve este ofício ser--lhe remetido previamente. 14-11-97".

2.2. Matéria de direito

A decisão recorrida rejeitou o recurso por dois fundamentos: (i) *extemporaneidade*, por entender que o prazo do recurso começou a correr com a notificação, através de ofício, do teor do despacho do Sr. Presidente da câmara de 29-3-98 (cópia junta a fls. 120 do pa), e não da entrega de certidão desse mesmo despacho, entregue ao recorrente em 29-4-98; (ii) *irrecorribilidade*, por entender que este despacho não contém qualquer decisão lesiva dos interesses do recorrente.

O recorrente sustenta quer a tempestividade, quer a recorribilidade do acto impugnado.

Começaremos por apreciar a recorribilidade do acto – apesar de não ser essa a ordem seguida na decisão recorrida – porque o julgamento desta questão permite um recorte preciso do acto impugnado, ou seja, dos seus elementos essenciais, cuja notificação é condição de oponibilidade do acto, e, desse modo do início do prazo do recurso.

Tanto na petição inicial, como nas alegações do recurso o recorrente dirige o seu recurso contra um acto do Presidente da Câmara com o seguinte conteúdo:

"*transmita-se ao requerente/reclamante que os depósitos em causa são infra-estruturas do loteamento acordadas na sua localização entre a Indaqua e a Câmara e que se tornaram públicos, não havendo qualquer licenciamento, mas tácita aprovação*".

O recorrente – e porque apenas lhe foi certificado este acto – não integrou este despacho na informação anterior. Essa informação era do seguinte teor:

"*à consideração do Sr. Presidente.*

O requerente pretende saber se a instalação dos dois reservatórios do lugar de sub nogueira da freguesia de S. Romão, foram licenciados e em caso afirmativo, solicita uma certidão do acto administrativo do licenciamento e cópia que comprove a propriedade do terreno.

A localização do reservatório resultou de um acordo entre o promotor do loteamento a Indaqua e a Câmara, conforme se depreende do ofício n.º 10285 daquela empresa.

Não há no processo uma aprovação expressa da instalação dos reservatórios. Contudo depreende-se do despacho superior de 14-11-97 exarado no ofício anteriormente referido, que a localização terá sido aprovada.

Um dos reservatórios é público. Foi mudado dos terrenos a lotear para este novo local.

O outro reservatório faz parte das infra-estruturas do loteamento que será também público com a recepção das obras de urbanização.

Como referimos um reservatório é público e o outro será a curto prazo público também. Levanta-se a dúvida se por este motivo carecia de licenciamento."

Esta informação por seu turno para ser compreendida deve ser articulada com o despacho para onde remete, o despacho e que consta de fls. 110 do processo apenso, proferido no rosto do ofício da Indaqua dirigido à Câmara Municipal de Fafe, sob o assunto" reservatório para o loteamento da Arrochela – Arões S. Romão", e onde era referida a necessidade de "mudança do actual reservatório para a proximidade do novo", e é do seguinte teor: "*concordo. Remeter ao processo e dar cópia ao promotor do loteamento para que adquira e coloque o reservatório de 80 m3 14-11-97. Em tempo: dado que o que aqui se refere não corresponde ao que me foi dito pelo Sr. ... José Manuel deve este ofício ser-lhe remetido previamente. 14-11-97*".

Desta sequência de actos procedimentais facilmente concluímos que a localização dos depósitos de água, no local contestado pelo ora recorrente, não foi decidida pelo despacho comunicado ao ora recorrido, constante da certidão, que lhe foi entregue, e por este identificado como o "acto recorrido".

O despacho impugnado apenas determinou que se *transmitisse ao requerente reclamante* um entendimento, segundo o qual não tinha havido licenciamento, e que a localização fora tacitamente aprovada". Não foi, portanto, esse despacho, aquele que "tacitamente" aprovou a localização dos depósitos de água.

O despacho onde ocorreu tal aprovação (no entendimento da informação acima referida, e acolhida no despacho recorrido) foi o despacho de 14-11-97 – fls. 110 do apenso: "contudo, diz-se nessa informação, *depreende-se do despacho superior de 14-11-97 exarado no ofício anteriormente referido, que a localização terá sido aprovada*".

O despacho ora recorrido, relativamente à localização dos depósitos de água nada decidiu, nem expressa, nem implicitamente, limitando-se a transmitir ao recorrente o que já tinha sido decidido – que *tinha havido uma anterior aprovação tácita*, e que *não tinha havido licenciamento*.

A lesividade relevante para efeitos contenciosos, ou seja, a produção de efeitos nefastos na esfera jurídica do recorrente dá-se com o acto que, entendendo não ser necessário prévio licenciamento, aprovou a localização dos depósitos de água, junto da residência do recorrente. O acto posterior que manda transmitir a existência dessa aprovação tácita, sem necessidade de licenciamento, não pode confundir-se com o anterior, nem pode – para efeitos de recurso – entender-se que a tenha absorvido.

A "aprovação tácita" tem, neste caso, o sentido (não de uma aprovação por mero decurso do tempo sem decisão contrária – "presunção de deferimento tácito"), mas de uma aprovação "implícita", ou seja, que se infere dos termos de um acto expresso – o despacho de 14-11-97 – cfr. Sobre a distinção entre as diversas hipóteses de actos tácitos, Rogério Soares, Direito Administrativo, Coimbra, 1978, pág. 309. Este autor, sob a denominação de "*declarações anómalas*" inclui a (i) declaração tácita ("a declaração que se exprime projecta luz sobre outra que ficou tácita"), o (ii) "acto concludente" (partindo de um acto formalmente expresso retira-se a conclusão de que e administração "só pudera ter dado a um outro procedimento uma decisão com um certo conteúdo, apesar de o não ter manifestado por via directa"), sublinhando que, nestes casos, a *declaração implícita se depreende de uma declaração expressa*; e (iii) o "silêncio" (os típicos deferimentos e indeferimentos tácitos do direito administrativo, decorrentes da falta de decisão no prazo legal, quando a lei atribua relevo a tal silêncio), onde a função do "acto" decorre do valor atribuído por lei ao incumprimento de um dever de decisão. O caso destes autos, atendendo à referida classificação das *declarações implícitas*, é um "*acto concludente*", uma vez que partindo de um acto formalmente expresso (o acto de 14-11-97) e de não haver uma manifestação por via directa, infere-se a existência de uma "autorização tácita" para a localização dos depósitos de água naquele local.

Será possível entender que o recorrente pretende, ao fim e ao cabo, recorrer do acto que permitiu a construção naquele local dos depósitos de água (incluindo a hipótese, de ter ocorrido uma "*via de facto*", isto é uma actuação sem acto)?

E, portanto, imperfeitamente expressa, ou mesmo errada na sua exteriorização, a sua intenção era recorrer contenciosamente do acto que *implicitamente autorizou*, sem necessidade de licenciamento, a localização dos depósitos de água?

Julgamos que sim.

Como decorre das suas alegações de recurso o recorrente põe em causa a ausência de um acto de licenciamento, por entender que é aí que radica a ilegalidade. Por isso diz, por exemplo, na conclusão:

"*f) o que decorre da posição expressa pelo recorrido é que não houve qualquer despacho susceptível de ser contenciosamente impugnado, uma vez que não houve licenciamento dos depósitos, mas sim tácita aprovação*". É esta situação (de contornos difusos) que, ao fim e ao cabo, o recorrente pretende discutir judicialmente, através da impugnação do acto que constava da certidão solicitada ao abrigo do art. 31.º da LPTA.

Este entendimento permite identificar o acto recorrido como sendo a "autorização tácita", acima recortada, apesar do recorrente não identificar claramente qual o acto ou actos concludentes de onde a mesma decorre. Mas este "erro" na identificação dos actos concludentes não lhe é imputável e não obsta a que seja entendível, qual o conteúdo e sentido do acto (implícito) recorrido.

Não lhe é imputável porque na certidão que lhe foi entregue não constavam todos os elementos indispensáveis à identificação do acto ou actos concludentes, isto é, *dos actos de onde decorre inelutavelmente o acto implícito*.

E também não obsta à correcta delimitação do objecto do recurso (acto recorrido), como sendo a "autorização tácita" sobre a localização, sem licenciamento dos referidos depósitos. É, de resto *esta autorização tácita* que o recorrente coloca como alvo da sua pretensão anulatória: começa por duvidar da sua existência (art. 44.º da petição) mas, caso exista, sofre do vício de incompetência (art.s 45.º e 46.º da petição), de falta de fundamentação (art. 51.º e 52.º da petição) e violação de lei (art.s 56.º e seguintes da petição).

Este entendimento justifica-se, finalmente, por razões de economia e celeridade processuais e pela aplicação do princípio "pro actione".

A economia e celeridade processuais decorrem de não ser necessária a interposição de novo recurso contencioso do acto implícito de aprovação da localização dos depósitos de água. De resto, caso venha a concluir-se pela *inexistência* da invocada "autorização tácita" (opção pelas vias de facto sem acto administrativo prévio) é este processo o meio próprio para a declaração da inexistência jurídica dessa "autorização" – (vício de conhecimento oficioso, mas de algum modo aflorado pelo recorrente no art. 44.º da petição).

O princípio "*pro actione*" (favorecimento do processo) impondo a interpretação das normas no sentido de favorecer o acesso ao tribunal e evitar situações de denegação de justiça, pode ser invocado em situações de dificuldade de identificação do acto recorrível, como é manifestamente o caso – cfr. Vieira de Andrade, A Justiça Administrativa, Lições, pág. 416 e nota 873, Acórdão do STA de 9-11-2000 (Recurso 45390) e Sérvulo Correia e Mafalda Carmona CJA, n.º 44, pág. 30.

Assim, o acto recorrido não é aquele que a sentença recorrida entendeu como tal, ou seja, não é o acto constante da certidão que foi entregue ao recorrente, mas sim a "autorização tácita" que nesse acto se referiu existir, e para onde, ao fim e ao cabo esse acto remete.

A decisão recorrida entendeu ainda que o recurso foi extemporaneamente interposto. Com efeito, entendeu-se na sentença, que a notificação feita ao recorrente (ofício com o teor do despacho do Presidente da Câmara de 15 de Abril de 1998), não continha qualquer insuficiência na notificação do acto, e que foi objecto do pedido de certidão. Deste modo, o prazo do recurso, no entendimento da sentença, começou a correr a partir da notificação referida na al. D) dos factos provados, isto é da notificação do ofício de 15-4-98. O recurso ao art. 31.º da LPTA constitui, na tese da decisão recorrida, "*um expediente manifestamente dilatório*", e, portanto, tendo o recurso sido interposto em 29-6-98, o mesmo foi extemporaneamente interposto.

Julgamos, todavia, que sem razão, tendo em conta o recorte do acto recorrido anteriormente feita.

Da análise da questão anterior, e da identificação ou concretização do acto recorrível, concluímos que nem o ofício referido (de 15-4-98) com a notificação do teor do "despacho do Presidente da Câmara", nem a certidão entregue ao recorrente, solicitada ao abrigo do art. 31.º da LPTA, continham o acto recorrível, uma vez que nem sequer continham todos os elementos necessários, ou seja, os actos concludentes, de onde fosse possível inferir a existência e conteúdo do acto implícito, objecto do recurso – *a autorização tácita, sem prévio licenciamento, da localização e construção dos depósitos de água* – cfr. Matéria de facto aditada neste tribunal, sob as alíneas *i*) a *j*).

Do exposto resulta que o "acto recorrido" (acto implícito) não fora cabalmente notificado ao recorrente, nem sequer com a entrega da certidão ao abrigo do art. 31.º da LPTA, pelo que, por maioria de razão, não pode considerar-se meramente dilatório o uso da faculdade concedida no aludido preceito. Perante os termos ambíguos do ofício referido na al. C) da matéria de facto ("*transmita-se ao requerente/reclamante que os depósitos em causa são infra – estruturas do loteamento, acordadas na sua localização com a Indaqua e a Câmara e que se tornaram públicos, não havendo qualquer licenciamento mas tácita aprovação*") não é dilatória a pretensão de ver certificado o autor do acto, a data em que o mesmo foi proferido e respectiva fundamentação. O que o recorrente pretendia era que lhe fosse certificado, com toda a clareza, o acto que autorizou a construção dos depósitos de água, qual o seu autor e qual a sua fundamentação. Esta pretensão só seria meramente dilatória, se um destinatário normal, colocado perante o referido ofício, pudesse desde logo ficar ciente dos referidos elementos. O facto da certidão emitida ser uma cópia do ofício, não permite inferir que o ofício já continha todos os elementos necessários. Só seria assim se o anterior ofício já contivesse todos os elementos legais, e como vimos não era esse o caso.

Assim, tendo o recurso sido interposto dentro do prazo de dois meses, contados da entrega da certidão, emitida ao abrigo do art. 31.º da LPTA, o mesmo foi tempestivamente interposto, pelo que também quanto a este fundamento deve revogar-se a decisão recorrida.

3. DECISÃO

Face ao exposto, os juízes da 1ª Secção do Supremo Tribunal Administrativo acordam em conceder provimento ao recurso, revogar a sentença recorrida e ordenar o prosseguimento dos autos, se nada mais obstar.

Sem custas.

Lisboa, 21 de Setembro de 2004.

São Pedro (Relator)
Fernanda Xavier
Alberto Augusto Oliveira

Recurso n.º 787/03

ADMINISTRAÇÃO PÚBLICA. CONCURSO. LISTA DE CLASSIFICAÇÃO FINAL. PUBLICAÇÃO. NOTIFICAÇÃO. PRAZO DE RECURSO.

(Acórdão de 3 de Novembro de 2004)

SUMÁRIO:

I – Os "candidatos admitidos" a que se referem as alíneas *a*) e *b*) do n.º 1 do artigo 40.º do Decreto-Lei n.º 204/98, de 11 de Julho, compreendem os candidatos aprovados e os candidatos reprovados;

II – Se, apesar de serem mais de 100 os candidatos admitidos, e de a lista de classificação final ter sido publicada em Diário da República, a homologação da mesma foi dada a conhecer a alguns dos candidatos reprovados, via postal, com cópia da acta da reunião de júri que apreciou os comentários por eles produzidos em sede de audiência prévia, tal comunicação deve entender-se como notificação da homologação;

III – Tendo aquela notificação ocorrido depois da publicação da lista, deve, em relação aos notificados, prevalecer como termo inicial do prazo de interposição de recurso hierárquico.

ACORDAM EM SUBSECÇÃO, NA SECÇÃO DO CONTENCIOSO ADMINISTRATIVO DO SUPREMO TRIBUNAL ADMINISTRATIVO:

1.

1.1. Fernando Lopes de Nascimento António e outros, identificados nos autos, interpuseram, no Tribunal Central Administrativo, recurso contencioso de anulação do despacho do Ministro da Justiça que, por despachos de 2/2/01, rejeitou, a todos os ora recorrentes, os recursos hierárquicos que (num único requerimento, subscrito por advogada) para ele haviam deduzido do acto do Director-

-Geral Adjunto da Polícia Judiciária de homologação da lista de classificação final do concurso para admissão de 30 candidatos ao Curso de Formação de Subinspectores da Polícia Judiciária.

Todos os despachos impugnados têm o seguinte texto: "Concordo com a presente informação pelo que, ao abrigo da alínea d) do artigo 173.º do Código de Processo Administrativo, rejeito o recurso, por extemporâneo".

Os recorrentes alegaram que o recurso hierárquico foi tempestivo, e que o acto de homologação violou vários preceitos legais.

1.2. Pelo acórdão daquele Tribunal de fls.350, foi negado provimento ao recurso.

1.3. Inconformados, deduziram o presente recurso jurisdicional, em cujas alegações concluíram:

"1. Os Recorrentes foram opositores ao concurso interno de ingresso para admissão de 30 candidatos ao curso de formação para Subinspectores da Polícia Judiciária, aberto pelo aviso n.º 8297/99, em 6 de Maio de 1999;

2. O concurso foi classificado de ingresso, para a admissão de 30 candidatos;

3. Contra a classificação do concurso como de ingresso e necessárias provas psicológicas de selecção reagiram os Recorrentes em 9 de Maio de 2000, defendendo ser o mesmo de acesso e, consequentemente, sem necessidade de tais provas;

4. Os Recorrentes vieram a ser reprovados com fundamento, na sua exclusão na prova psicológica de selecção;

5. Em sede de participação de interessados, os Recorrentes intervieram, mais uma vez suscitando as questões referidas na conclusão 3ª;

6. A partir do dia 21 de Setembro de 2000 os Recorrentes foram notificados via pessoal da sua exclusão, tendo o júri do concurso determinado a notificação do Recorrentes dos fundamentos da sua exclusão e das questões suscitadas em 9 de Maio de 2000 e posteriormente repetidos em sede da audiência prévia.

7. Em 8 de Setembro de 2000, a lista de classificação final do concurso em que os Recorrentes eram opositores foi homologada, vindo a ser publicada no Diário da República, II série, n.º 218, de 20 de Setembro de 2000;

8. Em 6 de Outubro 2000 os Recorrentes interpuseram recursos hierárquicos necessários do acto de homologação da lista de classificação final.

9. Não tendo a autoridade ad quem proferido decisão sobre tais recursos hierárquicos no prazo de 90 dias, os Recorrentes pediram ao Tribunal a suspensão da eficácia do acto homologatório da lista de classificação final, em 6 de Fevereiro de 2001;

10. Em 9 de Fevereiro de 2001 vieram os Recorrentes a ser notificados da rejeição dos seus recursos hierárquicos por extemporaneidade;

11. Tal rejeição fundamentou-se no facto da autoridade ad quem considerar que os Recorrentes haviam sido notificados com a publicação no Diário da República de 20 de Setembro do aviso da lista de classificação final, data a partir da qual se iniciou a contagem do prazo para interposição do recurso hierárquico necessário, tese que veio a ser acolhida pelo Acórdão recorrido;

12. Do acto de rejeição dos recursos hierárquicos necessários, interpuseram os Recorrentes recurso contencioso, ao qual, pelo Acórdão recorrido, foi negado provimento, com fundamento na legalidade dos actos sindicados, que rejeitaram aqueles recursos;

13. O Acórdão recorrido fundamenta o decidido com base na invocação de que a lista de candidatos abrange cerca de 250 candidatos e que tendo sido tal lista de classificação final publicada no DR de 20 de Setembro de 2000, o prazo de interposição terminou no dia 4 de Outubro de 2000, já que o mesmo se iniciara com tal publicação;

14. Os recursos hierárquicos foram interpostos em 6 de Outubro de 2000, com fundamento em que a notificação válida era a constante na notificação pessoal referida na conclusão 6, e não a publicitada no Diário da República de 20 de Setembro de 2000;

15. Esta última notificação não dava a conhecer aos Recorrentes os fundamentos da sua exclusão, os quais apenas constavam da notificação pessoal, violando-se assim vários normativos Constitucionais e do Código de Procedimento Administrativo, de que se destacam o artigo 268.º, n.º 3 da CRP, o artigo 68.º, n.º 1, alínea a) e n.º 2 do CPA, e o artigo 66.º em conjugação com o anteriormente referido, ambos do CPA;

16. O Acórdão recorrido faz uma incorrecta interpretação da lei e dos factos ao considerar como aplicável aos Recorrentes o disposto na alínea b) do n.º 1 do artigo 40.º do DL n.º 204/98 e não alínea a) do mesmo artigo, invocando para tal conclusão, que a lista de classificação final se reporta a um universo de cerca de 260 candidatos, quando a lei se refere a candidatos admitidos e estes só foram 96;

17. São inconstitucionais os artigos 40.º, n.º 1, alínea b) e n.º 2, bem como o 44.º, alínea b), ambos do DL n.º 204/98, na medida que, se entenda que, no primeiro deles se considera como suficiente a fundamentação publicada por extracto em Diário da República relativamente ao candidatos excluídos, por violação do estatuído no número 3 do artigo 268.º da CRP, e o segundo preceito, na medida em que se entenda que, por estabelecer a contagem do prazo para a interposição de recurso hierárquico, com início na data da publicação no Diário da República do aviso da lista de classificação final, nos termos referidos pelo artigo 40.º, n.º 1, alínea b) e n.º 2 do D.L. n.º 204/98, não permitindo aos interessados ter conhecimento global do acto, nomeadamente da sua fundamentação, para que possa avaliar o alcance integral do seu conteúdo, a fim de decidir do recurso aos meios de impugnação adequados.

18. O dever de notificação é um ónus da Administração, nos termos insertos nos artigos 9.º, 66.º, 123.º, 124.º e 125.º do CPA, pelo que tendo os Recorrentes intervindo no procedimento concursal suscitando irregularidades, deviam ser notificados da posição da Administração quanto a tais questões o que só era possível pela notificação pessoal, como veio a ser feita;

19. Tendo a Administração, quando tomou posição relativamente às irregularidades suscitadas pelos Recorrentes determinado a sua notificação pessoal com o envio da lista de classificação final homologada, o prazo para os Recorrentes recorrerem hierarquicamente de tal acto, conta-se nos termos da previstos na alínea do artigo 44.º do DL n.º 204/98;

20. Não pode a Administração beneficiar de um erro para que conduziu os Recorrentes, a pugnar-se pela aplicabilidade aos Recorrentes da publicitação em Diário da República da lista de classificação final, quando os mesmos haviam suscitado várias questões no procedi-

mento concursal, que apenas tiveram resposta com a notificação pessoal ocorrida depois de 21 de Setembro de 2000;

21.Tendo os Recorrentes interposto recursos hierárquicos em 6 de Outubro de 2000, os recursos são tempestivos, pelo que a decisão do Ministro da Justiça que os rejeitou por extemporâneos é ilegal.

Assim, o Acórdão recorrido ao negar provimento ao recurso dos actos do Ministro da Justiça faz uma incorrecta interpretação da matéria factual e dos dispositivos legais aplicáveis, mormente os artigos 40.º e 44.º do DL n.º 204/98, que contém preceitos inconstitucionais que o Acórdão recorrido aplica, pelo que deve ser revogado e substituído por outro, que aprecie e julgue a ilegalidade dos actos atacados, dando procedência ao recurso e determinando a descida dos autos ao Tribunal Central Administrativo, para o recurso ser conhecido quanto ao respectivo mérito, por ser de toda a Justiça".

1.4. A autoridade recorrida contra-alegou, concluindo:

"*1.º – O recurso hierárquico necessário foi interposto extemporaneamente, pois segundo o previsto no n.º 2 do art. 43.º do DL n.º 204/98, de 11 de Julho, o mesmo deveria ter sido interposto no prazo de 10 dias úteis, contados da publicação do aviso no Diário da República contendo os fundamentos da exclusão ou a publicitação de classificação final nos termos da al. b) do n.º 1 do art.º 40.º do mesmo diploma.*

2.º – A interpretação dos recorrentes segundo a qual não seria aplicável ao presente caso a alínea *b*) do art. 40.º do Dec. Lei n.º 204/98, por na lista de classificação final apenas terem sido aprovados 96 candidatos, contraria a letra e o espírito da lei.

3.º – "Candidatos admitidos" é diferente de "candidatos aprovados", como resulta do confronto do art. 40.º com os arts. 41.º e 42.º do diploma em análise e a lei prevê a notificação através de publicação para maior celeridade e simplicidade no procedimento de notificação, contando, pois, todos os que devem ser notificados, aprovados ou excluídos do concurso.

4.º – As razões expendidas na notificação pessoal nada têm a ver com os fundamentos da exclusão dos recorrentes, pelo que o conteúdo daquela nunca serviria para completar o conteúdo da notificação por publicação.

5.º – O acto de homologação da lista final não foi comunicado aos recorrentes pela notificação pessoal, senão de forma indirecta e, em qualquer caso, confirmativa – nesta notificação refere-se apenas que a lista de classificação final, devidamente homologada, fora já publicada.

6.º – A decisão do júri sobre as alegações dos recorrentes em sede de audiência prévia, notificada pessoalmente, não é passível de recurso, por ser apenas um acto instrumental do concurso em causa, sendo o acto de homologação o que reveste a característica de impugnabilidade.

7.º – A alínea *b*) do art. 40.º do Dec. Lei n.º 204/98 não enferma da pretendida e invocada inconstitucionalidade, pois esta norma exige que a lista a publicar contenha a fundamentação para a não aprovação de candidatos, em anotação sucinta, pelo que está assegurada a tutela efectiva dos direitos, designadamente de defesa, dos concorrentes.

Termos em que, negando provimento ao presente recurso, farão V. Ex.ªs a costumada JUSTIÇA".

1.5. A EMMP emitiu parecer no sentido do não provimento do recurso.

Colhidos os vistos, cumpre apreciar e decidir.

2.1. O acórdão recorrido considerou a seguinte matéria de facto:

"FACTOS (com interesse para a causa)

1 – Na sequência da abertura de concurso interno ara ingresso de 30 candidatos a curso de formação de Subinspectores da Polícia Judiciária pelo Aviso n.º 8297/99, os aqui recorrentes apresentaram as suas candidaturas.

2 – Por despacho de 8/9/00 foi homologada a lista de classificação final do referido concurso (fls 96 aqui rep.) anexa à acta da reunião do júri de 4/9/00.

3 – O acto de homologação e respectiva lista de classificação final foi publicado no DR, II Série, n.º 218, de 00.09.20.

4 – Os recorrentes foram notificados via postal em data posterior a 21/9/00 daquela lista de classificação homologada.

5 – Em 6/10/00 os recorrentes interpuseram recursos hierárquicos para o Ministro da Justiça daquele acto de homologação, juntos de fls ... e aqui dados por rep.

6 – Sobre cada um dos recursos hierárquicos foi emitida informação de serviço no sentido de que os mesmos não merecem provimento, e de que de qualquer forma devem ser rejeitados, por intempestivos, nos termos do art. 173.º al. *d*) do CPA.

7 – Sobre estas informações de serviço o Ministro da Justiça proferiu em 2/2/01 despachos relativamente a todos os aqui recorrentes, com o seguinte conteúdo:

"Concordo com a presente informação pelo que, ao abrigo da alínea *d*) do artigo 173.º do Código de Processo Administrativo, rejeito o recurso, por extemporâneo."

8 – Os recorrentes foram notificados deste despacho em 9/2/01.

9 – O presente recurso contencioso de anulação deu entrada neste tribunal em 2/3/01.

10 – A lista de candidatos abrange cerca de 250 candidatos".

2.2.1. Como se disse, os actos contenciosamente impugnados rejeitaram os recursos hierárquicos, com base na sua extemporaneidade.

No acórdão, ora em crise, começou por afastar-se que a extemporaneidade do recurso hierárquico colidisse com a tempestividade do recurso contencioso. E, com efeito, não há qualquer dúvida sobre a tempestividade da interposição do recurso contencioso em relação aos actos nele impugnados.

Portanto, como o acórdão afirmou, o que havia que apreciar era o mérito do recurso contencioso, isto é, se procedia o ataque aos actos de rejeição dos recursos hierárquicos, enquanto nesse ataque se discordava, precisamente, da decisão de rejeição.

E o acórdão acabou a concluir que não se verificava qualquer vício, em relação a nenhum dos recursos hierárquicos, tendo sido, todos eles, interpostos para além do prazo. Negou, pois, o provimento ao recurso contencioso.

É só esta matéria que está em discussão.

2.2.2. Os actos contenciosamente impugnados foram proferidos em sede de concurso processado ao abrigo do disposto no DL 204/98, de 11 de Julho.

O acto de homologação e respectiva lista de classificação final foi publicado no *Diário da República*, II Série, n.º 218, de 20.09.2000.

Nessa lista, constam, como candidatos aprovados, 96 candidatos, e, como candidatos excluídos, 220 candidatos.

Os recursos hierárquicos foram interpostos em 6.10.2000, uma Sexta-feira.

O acórdão julgou correcta a decisão administrativa de considerar estar ultrapassado, à data da interposição do recurso hierárquico, o prazo de 10 dias, que terminava a 4.10.2000, por entender que tal prazo se contava desde referida publicação em *Diário da República*.

As alegações criticam o acórdão do Tribunal Central Administrativo por erro na subsunção dos factos ao direito, e por aplicação de normas inconstitucionais.

Em termos de direito infra-constitucional, a primeira crítica ao acórdão dirige-se ao facto de ter julgado aplicável ao caso o disposto na alínea b) do n.º 1 do artigo 40.º do DL 204/98.

Para os recorrentes, tratando-se de 96 candidatos aprovados, não se verificava a previsão do preceito (conclusão 16). Os recorrentes fazem equivaler a previsão, "candidatos admitidos", inserta naquele preceito, à realidade, candidatos aprovados.

Vejamos.

Quando se trata de admissão/não admissão de candidaturas, o diploma refere-se ao número de candidatos a excluir, como elemento para a determinação da forma de comunicação do projecto de exclusão e da decisão de exclusão – artigo 34.º

E é natural que assim seja, já que naquela fase só há que proceder à comunicação aos excluídos, pois são eles que, sendo imediatamente lesados, têm interesse em se pronunciar ou recorrer.

O número de candidatos excluídos, determinante de uma ou outra forma de comunicação é o número 100 – até 100, de uma forma, igual ou mais de 100, de outra forma.

Todos os candidatos não excluídos na fase de admissão são candidatos admitidos (artigo 35.º), que, por isso, são convocados para a realização dos métodos de selecção previstos.

As formas de comunicação a estes candidatos para efeito de audição, face ao projecto de lista de classificação final, está modelada, tal como anteriormente, pelo número de candidatos, menos de 100 e igual ou mais de 100 – artigo 38.º;

E, igualmente estão modeladas pelo patamar 100 as formas de comunicação da lista final homologada – artigo 39.º, n.º 3 e artigo 40.º.

O diploma, na fase de classificação, utiliza ora, simplesmente, a expressão "candidatos" (*p. ex.*, artigos 36.º, 38.º, 39.º), ora a expressão "candidatos admitidos" (*p. ex.*, as alíneas a) e b) do n.º 1 do artigo 40.º). Também usa a expressão "candidatados aprovados" (*p. ex.*, artigos 41.º e 42.º).

O que subjaz à previsão de diversas formas de comunicação é o número de comunicações que se tem de efectuar, o que significa que o que determina uma ou outra forma é a dimensão da tramitação que o número de comunicações exige, com consequências ao nível do próprio tempo de actuação.

Como se viu, o diploma estabeleceu como elemento distintivo o número 100.

Assim, para se perceber o sentido da lei, na utilização das expressões "candidatos", "candidatos admitidos", para o efeito de se saber que forma de comunicação se utiliza, deve indagar-se do número de comunicações a realizar.

Numa lista de classificação final, se pode haver alguma dúvida sobre a exigência de comunicação àqueles que foram aprovados em lugar que permite a nomeação, por se encaixar no número de vagas para que foi aberto o concurso, não oferece qualquer dúvida que têm de tomar conhecimento dessa classificação os que com ela ficam prejudicados. E esses são quer os que ficaram aprovados, mas em lugar para além das vagas, quer, ainda mais nitidamente, aqueles que ficaram reprovados. Todos eles são lesados pela decisão. Por isso, são eles que, em primeira linha, podem ter interesse na oposição à decisão.

Não pode pois interpretar-se o artigo 40.º como significando, na expressão "candidatos admitidos", apenas aqueles que foram aprovados. Desde logo, porque entre os aprovados se cobrem diferentes situações jurídicas, depois, e mais decisivamente, porque os candidatos aprovados não são aqueles que primariamente têm de tomar conhecimento da decisão de homologação da lista, ou seja, o número de candidatos aprovados não reflecte o número de comunicações que necessariamente têm de ser realizadas.

Assim, o preceito há-de ser entendido como abrangendo aqueles que ficaram reprovados.

No caso dos autos, o número dos que foram reprovados/excluídos, foi muito superior a 100, por isso, também, o número total dos candidatos que integraram a lista de classificação o foi.

Assim, a alínea b), do n.º 1 do artigo 40.º aplicava-se ao caso dos autos).

2.2.3.1. Os recorrentes alegam erro de interpretação, tendo em conta uma inadequada apreciação da actuação processual seguida pela autoridade recorrida no respectivo procedimento; sustentam que a autoridade administrativa, pelos menos em relação a eles, além da publicação da lista em *Diário da República*, efectuou uma notificação por forma diversa, e é dela que se deve contar o prazo de interposição de recurso.

Conforme matéria de facto assente, que não vem contrariada, os recorrentes foram notificados da lista de classificação homologada, via postal, em data posterior a 21/9/00.

O processo instrutor apenso está incompleto, dele não constando sequer a comunicação que constitui o doc. 3, apresentado com a petição inicial, a título de exemplo da referida notificação via postal.

Mas a existência de tais comunicações não foi impugnada.

Deve-se, pois, enfrentar as questões supondo a existência de comunicação conforme exemplo dado pelo dito documento n.º 3, ou seja, nos termos tidos por assentes no aresto.

O problema reside em saber se essa comunicação pode ter relevo para a determinação do termo inicial do prazo de recurso hierárquico.

Relembre-se todo o teor de tal comunicação, que provém da Directora do Departamento de Recursos Humanos da Directoria-Geral da Polícia Judiciária:

"Na sequência das alegações apresentadas por V. Ex[a], no âmbito da audiência prévia efectuada aos candidatos, nos termos do art.º 38.º do Decreto-Lei n.º 204/98, de 11 de Julho, referentes ao projecto de lista de classificação final do concurso mencionado em epígrafe, cujo aviso de afixação foi publicado no Diário da República n.º 171, II série, de 27/07/2000, tenho a honra de remeter a V. Exa. cópia da acta da reunião de júri realizada em 04/09/2000, homologada por despacho do Exmo. Sr. Director-Geral Adjunto de 08/9/2000, na qual o digníssimo júri do concurso apreciou essas mesmas alegações, bem como procedeu à elaboração da lista definitiva de classificação final, a qual foi objecto de publicação no DR n.º 218, II série, de 20/09/00".

Aquela comunicação dá a conhecer, directamente, a cada um dos ora recorrentes a acta da reunião do júri em que foi apreciada a posição que tomaram em sede de audiência prévia, e, ao mesmo tempo, dá a conhecer a lista de classificação final e sua homologação.

Quer dizer, diversamente, do que defende a autoridade recorrida nas suas contra-alegações, procede-se nessa comunicação a uma verdadeira e formal notificação, isto é, assegura-se ao interessado um conhecimento "pessoal, oficial e formal" do acto de homologação da lista, e é "nisso que consiste uma notificação (cfr. **Mário Esteves de Oliveira, Pedro Gonçalves, J. Pacheco Amorim**, "Código do Procedimento Administrativo", 2.ª Edição, pág. 348).

Que efeitos tirar desta comunicação/notificação face à publicação da lista em Diário da República?

2.2.3.2. Deve, aqui, proceder-se uma ligeira incursão no direito constitucional, não, exactamente, para o debate, em profundidade, do problema de constitucionalidade trazido às alegações de recurso, que não vai ser necessário travar, mas para ajudar à resposta à pergunta acabada de formular.

A redacção inicial da Constituição da República não continha qualquer referência à notificação ou publicação dos actos administrativos, limitando-se a expressar que os cidadãos têm o direito de "conhecer as resoluções definitivas" tomadas nos processos em que sejam directamente interessados – artigo 269.º, n.º 1.

Com a primeira revisão constitucional passou a contemplar-se: "Os actos administrativos de eficácia externa estão sujeitos a notificação dos interessados, quando não tenham de ser oficialmente publicados" (artigo 268.º, n.º 2).

A 2.ª revisão, Lei Constitucional n.º 1/89, procedeu a nova alteração, passando a prescrever: "Os actos administrativos estão sujeitos a notificação dos interessados, na forma prevista na lei" (artigo 268, n.º 3), sem qualquer ressalva na hipótese de publicação obrigatório.

E assim se tem mantido o texto constitucional.

O alcance da alteração operada em 1989, no que respeita à dicotomia notificação/publicação, não é líquido, designadamente quanto à possibilidade de a lei ordinária considerar a publicação de um acto administrativo como uma forma de notificação.

Com efeito se se aceitar que "a notificação de actos que afectem direitos e interesses legalmente protegidos é uma garantia fundamental e a divulgação em jornal oficial ou em edital da notícia de um acto não é (juridicopublicamente) uma notificação, mas sim uma publicação. Admitir esta (e a insegurança dos seus resultados), em detrimento daquela e da garantia de conhecimento efectivo que ela proporciona constituiria, pois, violação do conteúdo essencial de um direito fundamental" (**Mário Esteves de Oliveira, Pedro Gonçalves, J. Pacheco Amorim**, ibidem, pág. 362), ou que "Os actos devem ser sempre notificados aos interessados mesmo quando tenham de ser oficialmente publicados. Diferentemente do que sucedia perante o texto de 1982, em que apenas se exigia a notificação quando os actos não devessem ser oficialmente publicados, o texto actual insinua que a notificação é um mais em relação à publicação e os interessados têm um direito à notificação que não fica consumido pela sua publicação" (J.J. Gomes Canotilho, Vital Moreira, Constituição da República Portuguesa Anotada, 3.ª edição revista, anotação IV do art. 268.º, pág. 935), as ditas dúvidas são legítimas.

Há-de reparar-se que o problema não se centra, tanto, na unificação conceptual que a lei ordinária realize entre o conceito de notificação e o conceito de publicação, o problema focaliza-se, sim, na possibilidade de não se realizar a notificação *stricto sensu*, seja por a lei ordinária proceder, em certos casos, à dita unificação conceptual, seja por prever, expressamente, a sua dispensa ou a sua substituição por publicação.

Esse problema é evidente nos chamados procedimentos em massa, ou processos em massa. Por exemplo, a lei federal alemã do procedimento administrativo, de 25 de Maio de 1976, que previa a possibilidade de as notificações serem substituídas por anúncio público quando houvesse que realizar mais de 300 comunicações, contempla, agora, essa possibilidade desde que o número de comunicações seja superior a 50 (redacção dada pela *Gesetz zur Beschleunigung von Genehmigungsverfahren – GenBeschlG*, de 12.9.96).

E também ocorre nos casos de procedimentos de concurso, sendo ou não procedimentos em massa, isto é, independentemente do número de concorrentes. Por exemplo, em Espanha, o "Regime Jurídico das Administrações Públicas e do Procedimento Administrativo Comum", também permite a substituição da notificação pela publicação, "*Cuando se trate de actos integrantes de un procedimiento o de concurrencia competitiva de cualquier tipo. En este caso, la convocatoria del procedimiento deberá indicar el tablón de anuncios o medio de comunicación donde se efectuarán las sucessivas publicaciones, careciendo de validez las que se lleven a cabo en lugares distintos*" (artigo 59.º da *Ley 30/1992*, de 26 de Novembro, na redacção da *Ley 4/1999*, de 13 de Janeiro).

Afigura-se (como, afinal, também parece ser a posição dos autores supracitados, se se proceder a uma leitura mais ampla dos seus escritos), que o legislador constituinte não intentou a supressão total da publicação em substituição da notificação, designadamente para os tipos de situações acabados de relatar.

E a génese da redacção introduzida em 1989 aponta nesse sentido.

Com efeito, aquela redacção surge por alteração do próprio texto proposto no Relatório da Comissão Eventual para a Revisão Constitucional, o qual, eliminando, apenas a anterior referência à "eficácia externa", mantinha a ressalva da publicação oficial obrigatória (cfr. *Diário da Assembleia da República*, suplemento, II Série – A n.º 29, de 14 de Abril de 1989).

A eliminação da ressalva foi sugestão do deputado Rui Machete nos seguintes termos:

"Permitam-me também que sublinhe a hipótese – que seria interessante se viesse a ser alterada a própria redacção proposta pela CERC – de suprimir a expressão «quando não tenham de ser oficialmente publicados».

Na realidade, a garantia da notificação oficial nem sempre significa uma vantagem para os cidadãos, devendo a lei ordinária ajuizar, em cada caso, como é que a notificação deverá ser feita aos interessados para melhor acautelar os seus interesses" (cfr. *Diário da Assembleia da República,* I Série, n.º 82, de 23 de Maio de 1989, fls. 4184).

E foi imediatamente aceite pelo Partido Socialista, pela voz do deputado Almeida Santos, "pois é evidente que se trata de um reforço das garantias dos administrados" (Idem, fls. 4185)

Houve, pois, o intuito de melhor acautelar, reforçar as garantias dos administrados, mas é controverso que se tenha eliminado, em abstracto, a possibilidade de substituição da notificação, em sentido estrito, pela publicação.

Todavia, o que parece indubitável, e essa a razão desta pequena incursão, é que é a notificação que tem a primazia, é a notificação, por ser o acto que permite a maior segurança quanto ao conhecimento pessoal, dir-se-ia, numa linguagem extra-jurídica, quanto ao conhecimento personalizado do acto administrativo pelo seu destinatário, que deve ser utilizada, se nada obstar. E é pelo menos isto que parece também poder retirar-se dos acórdãos do Tribunal Constitucional n.º 489/97, de 2 de Julho de 1997 (em *Diário da República,* II Série, de 18.10.1997 e também *BMJ* 469, pág. 83) e n.º 579/99, de 20.10.99, este em situação com alguma similitude com a presente (em *Acórdãos do Tribunal Constitucional,* 45.º vol., pág. 229)

Mais ainda, se for utilizada a notificação, ainda que tenha havido outra forma de comunicação, não é inútil. Podendo admitir-se que a notificação seja substituída pela publicação, não é de admitir que a notificação seja, alguma vez, interdita, e, se for utilizada, não pode ficar desprovida de efeitos.

2.2.3.3. Nas situações legalmente padronizadas de notificação e publicação obrigatórias, deve valer como termo inicial do prazo de recurso, aquela que tenha ocorrido em último lugar. A jurisprudência tem-se firmado sobre o prazo de interposição de recurso contencioso, mas as razões em que se funda são válidas para a interposição de recurso hierárquico.

Como se reflectiu no Ac. deste Tribunal de 25.11.2003, rec. 48132, "Nos termos do n.º 1 do artigo 29.º da LPTA, "o prazo para a interposição de recurso de acto expresso conta-se da respectiva notificação ou publicação, quando esta seja imposta por lei".

Este preceito deve ser interpretado no sentido de que quando a publicação precede a notificação, deve atender-se à data desta última.

Aliás, o Tribunal Constitucional no Ac. n.º 489/97, de 2 de Julho de 1997 (em *Diário da República,* II Série, de 18.10.1997 e também *BMJ* 469, pág. 83) já julgou inconstitucional por violação do artigo 268.º, n.º 4, da Constituição da República, a norma do artigo 29.º, n.º 1, da LPTA, quando interpretada no sentido de mandar contar o prazo para o recurso contencioso de actos administrativos sujeitos a publicação obrigatória da data da publicação, e não da sua notificação aos interessados, se esta foi posterior àquela.

E nesta linha têm sido repetidas as decisões deste STA (por ex., Acs. em subsecção de 24.11.99, rec. 40875, *Apêndice ao Diário da República* – Ap. –, pág. 6769, 23.2.2000, rec. 41047, *Ap.* pág. 1566, 11.10.2000, rec. 38242, *Ap.* pág. 7274, e do Pleno de 3.4.2001, rec. 35705, *Ap.* pág. 452), devendo considerar-se, mais globalmente, que o prazo de interposição de recurso contencioso de acto expresso sujeito a notificação e publicação obrigatórias se conta a partir da data do último destes actos de comunicação".

2.2.3.4. O Tribunal Constitucional também já decidiu ser "inconstitucional, por violação do artigo 268.º, n.ºs 3 e 4, da Constituição, a norma do n.º 60 do Regulamento dos Concursos de Habilitação ao Grau de Consultor e de Provimento para Chefe de Serviço da Carreira Médica Hospitalar, aprovado pela Portaria 114/91, de 7 de Fevereiro, na redacção que lhe foi dada pela Portaria 502/91, de 5 de Junho, interpretada no sentido de que o prazo de 10 dias para interposição de recurso hierárquico necessário se conta da publicação do resultado do concurso, ainda que tal publicação não inclua a fundamentação, e haja sido requerida passagem de certidão desta, essencial face à decisão de interpor aquele recurso" (Ac. n.º 438/02, de 23.10.2002, processo n.º 790/01).

O problema de constitucionalidade que os recorrentes suscitam nas suas alegações é muito próximo do que foi enfrentado no julgamento do Tribunal Constitucional acabado de indicar.

Ele impunha que se começasse por abordar se a fundamentação constante da publicação da lista em *Diário da República,* era, enquanto tal, suficiente.

Porém, como antecipadamente enunciámos, não se torna necessário aprofundar essa vertente da crítica.

Na verdade, no caso sob apreciação, pode discutir-se se haveria necessidade das duas formas de comunicação que foram efectuadas – a publicação da lista e a notificação a cada um dos interessados, designadamente àqueles que exerceram o direito de participação em sede de audiência prévia.

Mas o certo é que o DL 204/98 não proíbe a notificação. Mais, o artigo 40.º, n.º 5, prevê, mesmo, expressamente, a possibilidade de notificação pessoal, independentemente do número de candidatos "5 – Quando todos os candidatos se encontrem no serviço, pode ser feita notificação pessoal".

Por sua vez, o artigo 44.º dispõe:

"Artigo 44.º

Contagem do prazo

O prazo de interposição do recurso conta-se, consoante o caso:

a) Da data do registo do ofício contendo os fundamentos da exclusão ou cópia da lista de classificação final, respeitada a dilação de três dias do correio;

b) Da publicação do aviso no Diário da República contendo os fundamentos da exclusão ou a publicitação da lista de classificação final nos termos da alínea *b)* do n.º 1 do artigo 40.º;

c) Da data de afixação da lista de classificação final no serviço;

d) Da data da notificação pessoal".

Se, por qualquer circunstância, a Administração utilizou não uma, mas mais que uma forma de comunicação do acto, afigura-se que os seus destinatários puderam confiar que ambas valiam como meio legal de comunicação do acto. Essa confiança na actuação da contraparte, neste particular, a confiança no valor da comunicação pessoal remetida pela Administração aos ora recorrentes, é um corolário do principio da boa-fé que deve reger as relações entre a Administração Pública e os particulares (artigo 6.º-A do CPA).

No caso, o meio de comunicação por escrito dirigido a cada um dos interessados, ora recorrentes, não só não é proibido por lei como é aquele que assegura melhor produção do conhecimento do acto de homologação da lista e seus fundamentos.

Em circunstâncias deste tipo, correspondendo aquela comunicação à forma de dar conhecimento dos actos administrativos privilegiada constitucionalmente, não se afigura que a solução possa ser outra que não a de lhe dar relevo, para efeito da contagem do prazo de recurso hierárquico, por ter sido a efectuada em último lugar (diga-se, aliás, que numa perspectiva de erro, induzido pela conduta da Administração, ou de atraso desculpável, este tipo de solução encontra, agora, expresso acolhimento no artigo 58.º, n.º 4 do CPTA, preceito que é uma das manifestações da promoção do acesso à justiça, tal como enunciada no respectivo artigo 7.º).

Haveria, pois, que considerar tempestivos os recursos hierárquicos, errando o acórdão quando julgou correcta a decisão administrativa de rejeição.

3. Nos termos expostos, concedendo provimento ao presente recurso, revoga-se o acórdão impugnado e anulam-se os actos contenciosamente recorridos.
Sem custas.
Lisboa, 3 de Novembro de 2004.

Alberto Augusto Oliveira (Relator)
Políbio Henriques
Rosendo José

Recurso n.º 185-04

CÂMARA MUNICIPAL. RECRUTAMENTO DE UM CHEFE DE SERVIÇOS. DL 323/89, DE 26.9. DL 198/91, DE 9.5. LEI N.º 13/97, DE 23.5.

(Acórdão de 24 de Novembro de 2004)

SUMÁRIO:

I – Pelo art.º 1.º da Lei n.º 13/97, de 23.5, o art.º 4.º do DL 323/89, foi alterado passando a ter a seguinte redacção "1. *O recrutamento para os cargos de director de serviços e chefe de divisão é feito por concurso...* e o seu art.º 4.º veio estatuir que *"As normas regulamentares do disposto no presente diploma, nomeadamente sobre o júri, a abertura e o funcionamento dos concursos, são aprovadas pelo Governo mediante decreto-lei ..."*

II – Em 3 de Setembro de 1997 foi publicado esse diploma legal, o DL 231/97, que, depois de enunciar no art.º 1.º o seu objecto e âmbito, desenvolvidos nos artigos subsequentes, contém um artigo, o art.º 17.º, que, sob a epígrafe de "Adaptação à administração local autárquica", dizia o seguinte: *"A adaptação do presente decreto-lei à administração local autárquica será feita através de diploma próprio."*, diploma que não chegou a ser publicado.

III – Em consequência, não está sujeita a concurso público prévio a nomeação de um chefe de serviços do quadro de uma Câmara Municipal ocorrida em 1.2.99.

ACORDAM NA SECÇÃO DE CONTENCIOSO ADMINISTRATIVO DO SUPREMO TRIBUNAL ADMINISTRATIVO:

O **Presidente da Câmara de Sousel** vem recorrer da sentença do Tribunal Administrativo de Círculo de Lisboa (TAC), de 6.11.03, que concedeu provimento ao recurso contencioso, interposto pelo **Magistrado do Ministério Público** junto daquele Tribunal, do seu despacho de 1.2.99, que nomeou o licenciado **Carlos Manuel Rio Santos** como Chefe de Divisão da Câmara Municipal a que preside.

Terminou as suas alegações formulando as seguintes conclusões:

1. A Lei 13/97 veio a consagrar como único meio de recrutamento para os cargos de pessoal dirigente da Função Pública o concurso público, tendo no seu art. 4.º previsto a regulamentação da sua execução mediante Diploma próprio, o que veio a acontecer pelo Dec. Lei 231/97 de 3 de Setembro.

2. Este Diploma no seu art. 17.° veio a dispensar a aplicação do mesmo e, por consequência dos princípios constantes da Lei 13/97, à Administração Local Autárquica remetendo para Diploma próprio a sua aplicação aquele ramo da Administração.

3. O facto de no preâmbulo da Lei 13/97 se remeter a aplicação desta para o regime geral de recrutamento para a Função Pública e bem assim pelo facto de no art. 4.° da dita Lei se aludir à necessidade de existir Diploma que regulamente a execução daquela lei e também porque num diploma regulamentador se excluir da sua aplicação a Administração Local Autárquica, significa inequivocamente a vontade do legislador em não impor a regra do concurso público para aquele ramo da Administração como único meio de recrutamento de pessoal dirigente pelo menos até que existisse diploma que o aplicasse.

4. Daí que o despacho pelo qual se nomeou o Dr. Carlos Rio Santos para o cargo de Chefe da Divisão Geral da Câmara Municipal de Sousel é perfeitamente válido.

5. A douta sentença para aplicar à Administração Local Autárquica a Lei 13/97 e não obstante o regime de excepção para este ramo de Administração previsto no art. 17.° do Dec. Lei 231/97, entendeu que o princípio geral previsto na Lei 13/97 se aplica à Administração Local Autárquica através do regime geral de selecção e recrutamento de pessoal para a Administração Pública, o que no nosso entendimento além de violar o art. 17.° do Dec. Lei 231/97, viola o art. 112.° da C.R.P. nos n.° 2, 7 e 8.

6. Viola o art. 17.º do Dec. Lei 231/97 porque aplica o princípio da obrigatoriedade de concurso público previsto na Lei 13/97 à Administração Local Autárquica, fazendo letra morta do decreto que regulamenta a sua aplicação e indo buscar essa regulamentação a um regime geral que não estava talhado para a previsão da Lei 13/97 em que institui como único meio de recrutamento o concurso público.

7. Aliás, a própria Lei 13/97 no seu preâmbulo e no art. 4º alude à necessidade de criar um diploma novo que regulamente a sua execução pelo que, por maioria de razão, assume-se que aquele que existia ao tempo da sua publicação não servia esse propósito.

8. Viola o art. 112.º n.º 2, 7 e 8 da C.R.P. porquanto apresentando-se o Dec. Lei 231/97 como decreto regulamentador da Lei 13/97, a aplicação desta só pode fazer--se através daquele sendo por isso inconstitucional pretender-se "regulamentar" a aplicação da Lei 13/97 com outro diploma que não o Dec. Lei 231/97 como a douta sentença o fez através do regime geral de recrutamento de pessoal para a Função Pública.

9. Existe uma clara interdependência entre a Lei 13/97 que assume a figura de uma verdadeira Lei quadro que estabelece um princípio geral obrigatório de recrutamento de pessoal dirigente para a Função Pública – o concurso público – e o Dec. Lei 231/97 expressamente criado para regulamentar a sua execução, pelo que aplicar a Lei com outro decreto regulamentador que não aquele Diploma ou pretender aplicar a Lei 13/97 sem o diploma que o regulamenta é fazer uma interpretação não conforme a Constituição, o que viola o art. 112.º n.º 2, 7 e 8 da Constituição.

10. A douta sentença foi buscar apoio no preâmbulo do Dec. Lei 231/97, mais propriamente na expressão: "... bem **como as normas que viabilizam** a **aplicação imediata à Administração Local**" para contrariar o disposto no art. 17.º daquele Diploma.

11. Considerando a forma clara e inequívoca como o preceito – art. 17.º – está redigido, é impossível pretender dele extrair outra interpretação que não a que resulta da sua leitura, sendo igualmente certo que não se pode derrogar a sua aplicação pelo que possa dizer-se no preâmbulo.

12. Ainda que exista contradição entre o preâmbulo e a letra do preceito, é este que deve prevalecer pois é este que contém o comando normativo que vai produzir efeitos sobre os destinatários. O Mto. Juiz ao entender de forma diversa violou a Lei 13/97, o art. 17.º do Dec. Lei 231/97 e o art. 112.º da Constituição da República Portuguesa.

13. A imposição do concurso público como único meio de contratação de pessoal dirigente para as Autarquias Locais só se veio a fazer com o Dec. Lei 514/99, a partir do qual e por força da Lei 49/99 no art. 39.º n.º 5 se veio a considerar que a entrada em vigor da mesma não prejudicava as comissões de serviço de pessoal dirigente existentes à data da sua entrada em vigor onde necessariamente se inclui aquela que por nomeação se criou relativamente ao Dr. Carlos Santos. Também por aqui logo o problema estaria resolvido.

14. Entendemos assim que ao tempo o despacho de nomeação foi validamente tomado não padecendo de qualquer vício e por isso se deve manter com a consequente revogação da douta sentença posta em crise.

Não foi apresentada contra-alegação.
Colhidos os vistos cumpre decidir.

II – FACTOS

Matéria de facto fixada no TAC:

1. Carlos Manuel Rio Santos é Licenciado e, nessa qualidade, foi nomeado, em regime de comissão de serviço, para o cargo de Chefe de Divisão de Administração Geral da Câmara Municipal de Sousel por despacho datado de 1 de Fevereiro de 1999 do Presidente da respectiva Câmara;

2. Na sequência do despacho referido em 1., e no mesmo dia 1 de Fevereiro de 1999, o Recorrido particular tomou posse do cargo, para o qual havia sido nomeado.

III – Direito

1. Está em causa nos presentes autos apenas uma questão traduzida na resposta a dar a esta pergunta: poderia um presidente de Câmara Municipal, em 1.2.99, nomear um chefe de serviços sem a sua prévia submissão a concurso público? O recorrente entendeu que sim mas a decisão recorrida, em conformidade com o recorrente contencioso, concluiu que não.

Vejamos então o discurso da sentença:

"Atentas as versões expendidas pelas partes e atendendo à base legal que contempla o assunto em apreço, afigura-se pertinente analisar toda a legislação existente e que deva ser considerada, dada a sua implicação com a matéria discutida, a fim de se firmar decisão sobre a questão.

Da conjugação do disposto nos artigos 3.º, 4.º e 5.º do DL 323/89 de 26.09, na redacção que aqueles foi dada pela lei n.º 13/97 de 23.05, nomeadamente a alteração efectuada no n.º 1 do art.º 4.º deste último diploma, conclui-se que «*O recrutamento para os cargos de director de serviços e chefe de divisão é feito por concurso, que se processará nos termos do respectivo aviso de abertura, de entre funcionários que reunam cumulativamente os seguintes requisitos ...* "

Posteriormente, mais concretamente em 3 de Setembro de 1997, surge o DL 231/97 que visou definir o regime de várias matérias que careciam de concretização regulamentar desde a vigência da lei 13/97, vindo assim completar a opção legislativa desencadeada anteriormente.

Ora, logo no início do preâmbulo do DL 231/97 de 03.09 pode ler-se:

"*A Lei n.º 13/97, de 23 de Maio, alterou os artigos 3.º e 4.º do Decreto-Lei n.º 323/89, de 26 de Setembro, nomeadamente consagrando o concurso como único procedimento de recrutamento a utilizar para os cargos de chefe de divisão e director de serviços dos quadros de pessoal da Administração Pública.*

"*Regulamenta-se também a composição e o funcionamento da comissão de acompanhamento e observação dos concursos para os lugares dirigentes bem como as normas que viabilizam a aplicação imediata à administração local.*"

"*Foram ouvidas, nos termos da lei, as associações sindicais e a Associação Nacional de Municípios Portugueses.*"(sublinhado de nossa autoria)

É certo que, entretanto, entrou em vigor a lei n.º 49/99 de 22 de Junho, a qual veio regular o estatuto do pessoal dirigente dos serviços e organismos da administração central e local do Estado e da administração regional, diploma este através do qual foram revogados o Decreto-lei 323/89, de 26 de Setembro, a lei n.º 13/97, de 23 de Maio e o Decreto-lei n.º 231/97, de 3 de Setembro (art. 40.º).

E, é igualmente correcto afirmar que o Decreto-lei n.º 514/99 de 24 de Novembro, foi publicado com o objectivo de ser materializada a aplicação à administração local, já anteriormente avançada pela lei n.º 49/99, de 22 de Junho, ordenar tal aplicação com as necessárias adaptações.

Ou seja, este último diploma visou essencialmente dar consistência, concretizar a aplicação de tais normas às especificidade da administração local, as quais apenas de forma geral e com âmbito alargado se encontravam previstas na lei n.º 49/99, de 22 de Junho.

Mas, importante é que nos concentremos na legislação vigente à data dos factos, ou se preferirmos, que determinemos que legislação seria de aplicar ou não, à data da nomeação efectuada, isto é, a 1 de Fevereiro de 1999.

Ora, mesmo que dúvidas tivéssemos obre a aplicação do DL n.º 323/89, de 26 de Setembro, as mesmas seriam absolutamente dissipadas face à expressa previsão plasmada no DL n.º 198/91 de 29 de Maio, onde expressamente se refere que:
"1 – *O Decreto-Lei n.º 323/89, de 26 de Setembro, com excepção do capítulo III e o artigo 23.º aplica-se ao pessoal dirigente das câmaras municipais e dos serviços municipalizados, com as adaptações constantes do presente diploma.*"

Por sua vez, o legislador voltou a ser claro nesse sentido quando no artigo 5.° do DL n.º 198/91 de 29 de Maio, volta a regular o recrutamento dos chefes de divisão.

Posteriormente, em 23 de Maio, quando é publicada a lei n.º 13/97 que introduziu nova redacção nos artigos 3.° e 4.° do Decreto-lei 323/89, de 26.09, manteve-se a exigência de o recrutamento para o cargo de chefe de divisão ser feito por concurso (v. art.º 4.°).

E, com o DL nº 231/97 de 3 de Setembro, tal como foi demonstrado na argumentação acima referenciada, permaneceu a abrangência à administração local, sendo várias as referências que no seu âmbito lhe são efectuadas e das quais resulta a sua aplicação.

Senão, vejamos:
A expressão *"Administração Pública"* engloba não só a administração central, como a administração local do Estado.

Sendo igualmente explícita a aplicação à administração local quando no preâmbulo se menciona que "*... bem como, as normas que viabilizam a aplicação imediata à administração local.*"

Ora, é óbvio que, não faria qualquer sentido ter-se ouvido as associações sindicais e a Associação Nacional de Municípios Portugueses no âmbito de elaboração do projecto do Decreto-lei em referência, se o seu conteúdo não versasse matéria de relevo para a administração local...

Por outro lado, não pode ainda deixar de salientar-se que o Decreto lei n.º 204/98 de 11 de Julho, que regulamentou o concurso como forma de recrutamento e selecção do pessoal para os quadros da Administração Pública, determinou igualmente a sua aplicação à administração local autárquica (conforme dispõe o n.º 2 do seu art.º 2.°).

Acresce que, do artigo 17.° do DL 231/97 não pode retirar-se, como aparentemente pretendem os Recorridos, que o diploma só se aplica à administração central, mas antes, que se prevê a adaptação do diploma em análise à administração local autárquica, por meio de diploma próprio, sendo de aplicar o regime daquele emergente enquanto tal não suceder.

Atendendo a que a decisão impugnada data de 1 de Fevereiro de 1999, a legislação que abrangia a questão e que deveria ter sido observada, só poderia ter sido esta que em síntese se apreciou já que a Lei 49/99 de 22 de Junho e o Decreto Lei n.º 514/99 de 24 de Novembro, embora pertinentes para o funcionalismo público das autarquias locais e disciplinadores dessas mesmas matérias, não integravam ainda a base legal em vigor no momento da ocorrência dos factos, agora em apreço.

Relativamente ao argumento igualmente aduzido pelos Recorridos e juridicamente plasmado no n.º 5 do artigo 39.° da Lei n.º 49/99 de 22 de Junho, preceito este que determinou que «*A entrada em vigor da presente lei não prejudica as comissões de serviço de pessoal dirigente existentes à data da sua entrada em vigor, nem a contagem dos respectivos prazos.*», o mesmo não contende com a posição que entendamos de tomar.

Na verdade, por determinação legal, a aplicação da nova lei não poderá atentar contra as comissões de serviço já existentes. Porém, tal disposição terá obrigatoriamente de ser lida ou interpretada no sentido de «comissões de serviço conformes aos ditames legais» – como não poderia deixar de ser, e como bem defende o Magistrado do Ministério Público – e não quaisquer comissões que se tenham iniciado ou perdurem em clara violação de normas legais de natureza imperativa, como são as emergentes dos regimes que estamos a analisar.

E, sendo assim, não se vislumbra possível manter na ordem jurídica o despacho impugnado nem os efeitos que o mesmo produziu, na medida em que o mesmo padece do vício de violação de lei, por incumprimento do n.º 1 do art.º 4.° do DL 323/89 de 26.09, com a redacção dada pela lei.13/97, de 27.05, aplicável à administração local, por força do art.º 1° n.º 3 do DL 323/89 de 26.09 e dos art.ºs 1.° n.º 1 e 5.° n.º 1 do DL 198/91 de 29.05.

E, não colhendo ou não havendo suporte legal para a tese aqui defendida pela Autoridade Recorrida nem pelo Recorrido Particular que afasta a aplicação do regime emergente dos Decretos lei n.ºs 323/89 e 231/97 e Lei n.º 13/97 à Administração local forçoso é, em conformidade, julgar-se procedente o recurso interposto e nulo o despacho impugnado."

2. Vamos lá a ver. Em 26.9.89 foi publicado o DL 323/89 cujo escopo foi o de definir "*o estatuto do pessoal dirigente dos serviços e organismos da administração central, local do Estado e regional ...*" (art.º 1.º, n.º 1) sendo certo que o seu n.º 3 determinou que "*O presente diploma será aplicado, com as necessárias adaptações, à administração local mediante decreto-lei*". O que veio a ser feito pelo Decreto-lei 198/91, de 29.5. O art.º 4.º daquele DL 323/89, que se reportava ao "Recrutamento de directores de serviços e chefes de divisão" dispunha, no seu n.º 1, que "*O recrutamento para os cargos de director de serviços e chefe de divisão é feito por escolha de entre funcionários que reunam cumulativamente os seguintes requisitos*: (a) licenciatura adequada; (b) Integração em carreira do grupo de pessoal técnico superior; (c) Seis ou quatro anos de experiência profissional ...".
Pela Lei n.º 13/97, de 23.5, este preceito, foi alterado passando a ter a seguinte redacção "1. *O recrutamento para os cargos de director de serviços e chefe de divisão*

é feito por concurso, que se processará nos termos do respectivo aviso de abertura, de entre funcionários que reunam cumulativamente os seguintes requisitos:". Foram-lhe, também, introduzidos dois artigos respeitantes à composição do júri e aos métodos de selecção (4.º A e 4.º B), sendo que o art.º 4.º da Lei veio estatuir que *"As normas regulamentares do disposto no presente diploma, nomeadamente sobre o júri, a abertura e o funcionamento dos concursos, são aprovadas pelo Governo mediante decreto-lei, aplicando-se subsidiariamente o regime geral de recrutamento e selecção de pessoal para os quadros da Administração Pública."*

Portanto, a partir de 23 de Maio de 1997, o concurso passou a ser a forma de recrutamento dos directores de serviço, tanto da Administração Pública Central como da Administração Pública Local, estando, todavia, a sua plena eficácia dependente da publicação e entrada em vigor do Decreto-lei que a iria regulamentar, de acordo com o supra referido art.º 4.º.

Em 3 de Setembro de 1997 é publicado esse diploma legal, o DL 231/97, que, depois de enunciar no art.º 1.º o seu objecto e âmbito, desenvolvidos nos artigos subsequentes, contém um artigo, o art.º 17.º, que, sob a epígrafe de **"Adaptação à administração local autárquica"**, diz o seguinte: *"A adaptação do presente decreto-lei à administração local autárquica será feita através de diploma próprio."* O diploma aqui referido não chegou a ser publicado. É este o quadro legal aplicável ao acto impugnado, de 1.2.99 (o recorrido particular foi nomeado por despacho desse dia, tomando de imediato posse, pontos 1 e 2 da matéria de facto) já que a legislação que o revogou – a Lei n.º 49/99, de 22.6 e o DL 514/99, de 24.11 – foi publicada posteriormente.

Se é certo que Pela Lei n.º 13/97, de 23.5, foi instituído o concurso como forma de recrutamento dos chefes de serviço, na função pública, não é menos certo que a sua concretização ficou dependente da publicação de um decreto-lei regulamentador, que veio a ser o citado DL 231/97; contudo, este mesmo decreto-lei anunciou que a sua adaptação à *"administração local autárquica"* seria *"feita através de diploma próprio"*, o que não chegou a acontecer. E sendo assim, sem esse diploma de adaptação, não era exigível, no âmbito da Administração Local, que o recrutamento se processasse mediante concurso. Tanto mais que para as Regiões Autónomas (art.º 18.º) era dito que as suas disposições eram de aplicação imediata *"cabendo a sua execução administrativa aos órgãos e serviços das respectivas administrações regionais."* A acrescer a tudo, sempre haveria a ponderar a necessidade de se exigir clareza legislativa quando a falta de um requisito ou de um procedimento for geradora de nulidade, como sucederia no caso em apreço. Por outras palavras, cominando a sua falta com nulidade, a lei teria de ser muito clara quando exigisse um concurso público para o preenchimento de um determinado lugar.

A circunstância de o preâmbulo de o DL 231/97 conter algumas passagens, designadamente aquelas que são citadas na sentença, que inculcam a ideia de que o diploma se aplicava, desde logo, à Administração Local não afasta a interpretação que se fez do referido art.º 17.º tanto mais que em qualquer das suas normas não se vê qualquer sinal que permita concluir que se aplica também às autarquias locais. Com efeito, o seu art.º 4.º quando fala em constituição e composição do júri refere-se, apenas, a despacho do membro do Governo competente (e de outras categorias da Administração central, não havendo qualquer referência aos órgãos das autarquias); o que também sucede com a abertura do concurso (art.º 5.º) ou com a lista final de graduação (art.º 15.º). A circunstância de aí se ter dito que a Associação Nacional de Municípios Portugueses fora ouvida apenas permite concluir que já não terá de o ser quando for emitido o diploma previsto no referido art.º 17.º. Finalmente, o conteúdo de um preâmbulo de um diploma legal é algo que, seguramente, ajuda a interpretar o seu texto se aí se observarem dúvidas interpretativas consistentes, mas não pode pretender adulterar o seu sentido ou criar uma normatividade própria que se sobreponha à que decorre do preceito interpretando.

É verdade que o recorrente poderia muito bem tê-lo feito, pois possuía todos os instrumentos necessários para o efeito, já que as disposições respeitantes a concursos previstas para o recrutamento na Administração Central eram simples e lineares, sendo perfeitamente adaptáveis, não carecendo de quaisquer operações especiais. Só que não estava obrigado a fazê-lo.

Procedem, assim, todas as conclusões da alegação do recorrente.

IV – DECISÃO

Nos termos e com os fundamentos expostos acordam em conceder provimento ao recurso jurisdicional, revogando a sentença recorrida e negando provimento ao recurso contencioso.

Sem custas.

Lisboa, 24 de Novembro de 2004.

Rui Botelho (Relator)
Santos Botelho
Freitas Carvalho

Recurso n.º 987/04

CONCESSÃO DE SERVIÇO PÚBLICO ESSENCIAL. PRESCRIÇÃO DO CRÉDITO. ART.º 10.º DA LEI 23/96, DE 26.07.

(Acórdão de 3 de Novembro de 2004)

SUMÁRIO:

I – A Lei 23/96, de 26.07 criou no ordenamento jurídico alguns mecanismos destinados a proteger o utente de serviços públicos essenciais.

II – Embora o âmbito da Lei 23/96 não se restrinja aos meros consumidores finais, foram estes que, como se diz na "exposição de motivos" enunciada na Proposta de Lei, a mesma visou especialmente proteger.

III – O art.º 10.º, n.º 1 da citada Lei, ao estabelecer um prazo de prescrição de seis meses do direito de exigir o pagamento do preço do serviço prestado após a sua prestação, constitui um dos referidos mecanismos para protecção dos consumidores finais.

IV – Tal prazo não se aplica a dívidas resultantes de fornecimento de energia eléctrica em baixa tensão, para iluminação pública, urbana ou rural, efectuado em cumprimento de um contrato de concessão de serviço público celebrado entre a Autora e a Ré Câmara Municipal.

V – Com efeito, as relações entre a Autora e a Ré, no âmbito do referido contrato de concessão, não são as de mero utente ou consumidor final, mas as do titular do serviço público, para com o concessionário desse serviço, para o qual transferiu a gestão do mesmo.

ACORDAM, EM CONFERÊNCIA, OS JUÍZES DA SECÇÃO DO CONTENCIOSO ADMINISTRATIVO DO SUPREMO TRIBUNAL ADMINISTRATIVO:

I – RELATÓRIO
COOPERATIVA ELÉCTRICA DO LOUREIRO CRL, com os sinais dos autos, interpõe recurso do despacho saneador do Mmo. juiz do Tribunal Administrativo de Círculo de Lisboa (TACL), que julgou procedente a excepção de caducidade do direito de exigir o preço do serviço de fornecimento de energia eléctrica prestado pela Autora, ora recorrente, e absolveu do pedido a Ré CÂMARA MUNICIPAL DE OLIVEIRA DE AZEMÉIS, na presente acção declarativa de condenação sob a forma ordinária.

A recorrente termina as suas alegações de recurso, formulando as seguintes CONCLUSÕES:
A. Mediante escritura pública celebrada em 26 de Setembro de 1953, a Recorrente e a Recorrida celebraram entre si um contrato de concessão de distribuição de energia eléctrica em baixa tensão.
B. Sendo que tal contrato se encontra em vigor e validamente eficaz desde há 50 anos.
C. Entretanto, aquando da análise dos seus dados contabilísticos, a Recorrente veio a verificar que a Recorrida, a partir de 1 de Janeiro de 1989, deixou de efectuar o pagamento relativo ao fornecimento de energia eléctrica para a iluminação pública da freguesia do Loureiro.
D. Fornecimento esse da responsabilidade da Recorrente, de acordo com o referido contrato de concessão.
E. A mui douta sentença deu provimento à excepção peremptória de prescrição, fundamentada no art.º 10.º, n.º 1 da Lei n.º 23/96, de 26 de Julho, que havia sido invocada pela Recorrida na sua contestação.
F. Salvo melhor opinião, a referida excepção peremptória da prescrição nunca deveria ter sido julgada procedente, nem tão pouco se deveria ter considerado a Lei n.º 23/96, de 26 e Julho, aplicável ao caso. Assim,
G. As autarquias locais são pessoas colectivas territoriais, dotadas de órgãos representativos, que visam a prossecução de interesses próprios das populações representadas, sendo que
H. De acordo com o art.º 17.º, n.º 1 da Lei n.º 159/99, de 14 de Setembro, «é da competência dos órgãos municipais o planeamento, a gestão e a realização de investimentos nos seguintes domínios: *a)* Distribuição de energia eléctrica em baixa tensão *b)* Iluminação pública urbana e rural.

I. "Um contrato administrativo é um contrato pelo qual uma pessoa se obriga para com a administração a colaborar no desempenho de atribuições administrativas, sujeitas às exigências do interesse público» (Marcelo Caetano, in Manual de Direito Administrativo, pág.284).
J. Consideram-se contratos administrativos os de concessão de serviços públicos essenciais (art.º 178.º, n.º 2, *c*) do CPA), como o contrato de fornecimento de energia eléctrica, a cargo do Recorrente.
K. Estamos perante um contrato administrativo, cujo objecto é o fornecimento de energia eléctrica de baixa tensão e que visa a prossecução de serviços públicos essenciais, da competência das autarquias (art.º 17.º, n.º 1 da Lei 159/99), neste caso da Recorrida, entre os quais a iluminação pública urbana e rural.
L. Deste modo, torna-se pouco plausível a aplicabilidade da Lei n.º 23/96, de 26 de Junho, dado que a mesma cria no ordenamento jurídico alguns mecanismos destinados a proteger o utente de serviços públicos essenciais.
M. Nos termos do seu art.º 1.º, n.º 3 «considera-se utente (…) a pessoa singular ou colectiva a quem o prestador do serviço se obriga a prestá-lo». Ora
N. A recorrida é uma pessoa colectiva de direito público, a quem incumbe a realização de fins públicos, designadamente a prestação de serviços essenciais como o fornecimento de energia eléctrica para a iluminação pública urbana e rural.
O. Sendo que os utentes desses mesmos serviços serão os munícipes, ou seja, os cidadãos representados pela autarquia aqui Recorrida.
P. Acresce que, nos termos do art.º 2.º, n.º 1 da Lei n.º 23/96, "As organizações representativas dos utentes têm direito de ser consultadas quanto aos actos de definição do enquadramento jurídico dos serviços públicos e demais actos de natureza genérica que venham a ser celebrados entre (…) as autarquias e as entidades concessionárias."
Q. Assim, estabelecendo-se um direito de participação dos utentes, quando em causa esteja a prestação de um serviço público essencial, distingue-se inequivocamente, na lei, pessoas jurídicas completamente diferentes. As organizações representativas dos utentes, as autarquias e as entidades concessionárias.
R. Respectivamente, os munícipes, enquanto consumidores e utentes da iluminação pública, a Recorrida e a Recorrente.
S. Do exposto, resulta a total inaplicabilidade da Lei n.º 23/96 ao presente caso e, consequentemente, do prazo de prescrição de seis meses previsto no art.º 10.º deste diploma.
T. Torna-se assim manifestamente infundada a douta sentença recorrida.
U. Por ter violado, além do mais, o disposto no art.º 309.º do CC.

***

Contra-alegou a recorrida, concluindo pela manutenção do decidido.

O Digno Magistrado do MP emitiu o seguinte parecer:
«A sentença sob recurso, julgando procedente a excepção de caducidade/prescrição que havia sido invocada, absolveu a R. Câmara Municipal de Oliveira de Azeméis do pedido referente a importâncias em dívida à A por fornecimento de energia eléctrica no âmbito de um contrato de concessão entre ambos celebrado.

Para tanto, ponderou-se na decisão que a R. deveria ser considerada "utente" à luz da definição constante do n.º 3 do art.º 1.º da Lei n.º 23/96, de 26.07, e, como tal, de harmonia com o disposto no art.º 10.º, n.º 1 do mesmo diploma, o direito de exigir o pagamento do preço do serviço prestado teria prescrito seis meses após a sua prestação.

Inconformada com essa decisão, vem a recorrente defender a inaplicabilidade da referenciada Lei ao caso em apreço, para o que argumenta que a R. Câmara não deveria ser qualificada como "utente" do serviço público essencial de fornecimento de energia eléctrica, desde logo porque ela própria teria a competência de planear, gerir e realizar investimentos no domínio da iluminação pública e rural, nos termos do art.º 17.º, n.º 1 da Lei n.º 159/99, de 14 de Setembro.

Vejamos:

A Lei n.º 23/96, de acordo com a sua própria epígrafe, criou no "ordenamento jurídico alguns mecanismos destinados a proteger o utente de serviços públicos essenciais", tendo ao definir o âmbito da sua aplicação e finalidade considerado no n.º 3 do art.º 1.º que era "utente para os efeitos previstos neste diploma, a pessoa singular ou colectiva a quem o prestador de serviço se obriga a prestá-lo.

Ora, em meu entender, a noção de utente prevista nesse n.º 3, potencialmente abrangendo a R. Câmara enquanto pessoa colectiva e a quem a ora recorrente forneceu energia eléctrica, não pode ser dissociada do objectivo essencial consagrado na lei e que expressamente visava proteger o utente de serviços públicos essenciais.

Acontece que não se me afigura que, para efeito de aplicabilidade do regime constante do diploma em causa, a R. Câmara possa ser qualificada como mero utente de serviço público essencial, já que ela própria é a garante e responsável da prestação do serviço de fornecimento de energia eléctrica pública à comunidade que serve, muito embora, na situação em apreço, tenha transferido para uma empresa privada a concretização dessa prestação.

Daí que o regime previsto na Lei n.º 23/96, incluindo a previsão prescricional do seu artigo 10.º, apenas deva ser aplicado e proteger pessoas singulares e colectivas que usufruam do direito de exigir a prestação de serviços públicos essenciais e não as entidades públicas responsáveis por essa prestação, designadamente no domínio das relações entre estas e as concessionárias.

Em reforço desse entendimento, como vem alegado pela recorrente, poderá invocar-se o direito de participação conferido no art.º 10.º do diploma às organizações representativas de utentes na definição do enquadramento jurídico dos serviços públicos, enquanto entidades diferenciadas das próprias autarquias e das concessionárias.

Concluindo, a meu ver, a decisão recorrida padece de erro de julgamento ao considerar aplicável ao pedido formulado o prazo de prescrição de seis meses constante do art.º 10.º da Lei n.º 23/96».

Colhidos os vistos legais, foi o processo à conferência, tendo sido decidido, por acórdão de 06.07.2004, ordenar a junção aos autos de certidão da escritura que titula o contrato de concessão a que se alude no art.º 1.º da petição inicial, a qual foi junta pela Autora a fls. 143 e seguintes, tendo, de seguida sido ainda ordenada a junção de certidão do caderno de encargos dado por reproduzido na referida escritura e onde constarão os termos do contrato, o que não foi satisfeito, tendo a Ré alegado não o ter localizado, não obstante as buscas feitas nesse sentido.

Cabe, pois, decidir.

II – OS FACTOS

Consideram-se assentes os seguintes factos, alegados pela Autora e não impugnados pela Ré na contestação, relevantes para a decisão do presente recurso jurisdicional:

a) A Autora celebrou com a Ré, por escritura pública de 19.02.1934, um contrato de concessão de distribuição de energia eléctrica em baixa tensão, para iluminação pública da freguesia do Loureiro, concelho de Oliveira de Azeméis, energia essa que a Autora adquiria então à União Eléctrica Portuguesa e actualmente à EDP SA (cf. documento de fls.143 e seguintes).

b) Por força do contrato referido em *a)*, a A ficou obrigada a fornecer à Ré e esta a adquirir-lhe a referida energia eléctrica e a efectuar o respectivo pagamento, nas condições estipuladas no contrato.

c) A partir do mês de Janeiro de 1989, a Ré deixou de efectuar o pagamento referente ao consumo de energia eléctrica fornecida pela A, não obstante interpelada para efectuar o pagamento das facturas em dívida e que, mensalmente, lhe são remetidas.

d) A Ré foi citada para a presente acção em 31.10.2001 (cf. fls.18).

III – O DIREITO

A decisão recorrida julgou procedente a excepção de caducidade do direito de exigir o pagamento do preço do serviço prestado, invocada pela Ré na sua contestação e absolveu esta do pedido, decisão com que a Autora não concorda, por entender não ser aplicável, ao caso, o prazo de prescrição previsto no n.º 1 do art.º 10.º da Lei n.º 23/96, de 26.07, como se decidiu, daí o presente recurso jurisdicional.

A questão sob recurso é, pois, tão só a de saber se ao presente caso é aplicável o citado preceito legal, nos termos do qual «*O direito de exigir o pagamento do preço do serviço prestado prescreve no prazo de seis meses após a sua prestação*».

A Lei 23/96, de 26.07, criou no ordenamento jurídico alguns mecanismos destinados a proteger o utente de serviços públicos essenciais.

Efectivamente, como resulta do art.º 1.º da citada Lei, a mesma «*consagra regras a que deve obedecer a prestação de serviços públicos essenciais em ordem à protecção do utente*» (n.º 1), como é o caso do «*serviço de fornecimento de energia eléctrica*» (n.º 2, *b*), considerando-se «*utente, para os efeitos previstos neste diploma, a pessoa singular ou colectiva a quem o prestador do serviço se obriga a prestá-lo.*» (n.º 3)

Ora, entendemos que a Autora tem razão quando defende que, ao caso, não é aplicável o curto prazo de prescrição (e não de caducidade) previsto no n.º 1 do art.º 10.º da citada Lei n.º 23/96, porque a Ré não pode ser considerada *utente* para efeitos da referida Lei.

Na verdade, como se fez constar da *exposição de motivos* da referida Lei, enunciada na Proposta de Lei n.º 20/VII, aprovada em Conselho de Ministros de 28 de Março de 1996 e publicada no DR II Série, n.º 33, de 4 de Abril de 1996, «*É tarefa do Estado prover à satisfação de necessidades essenciais e contribuir para o bem estar e a qualidade de vida de todos. (...).*

O presente diploma tem em vista o regime jurídico de serviços públicos essenciais. Nas sociedades modernas, os serviços de fornecimento de água, gás, electricidade e telefone, exigem especial atenção do legislador, atenta a sua especial natureza e características. É em relação a estes serviços que mais se justifica, desde já, a intervenção do legislador, em ordem à protecção do utente dos mesmos.

Domínio tradicional do Estado, Regiões Autónomas, Autarquias e empresas públicas, os serviços públicos essenciais, já hoje entregues também a empresas privadas, são fundamentais para a prossecução de um nível de vida moderno e caracterizam-se tendencialmente pela sua universalidade, por serem prestados em regime de monopólio (local, regional ou até nacional) e por deverem atender a envolventes especiais, que não a mera óptica comercial ou economicista.

Isso implica que a prestação de serviços públicos essenciais deva estar sujeita ao respeito por certos princípios fundamentais, em conformidade com a índole e as características desses serviços – princípio da universalidade, igualdade, continuidade, imparcialidade, adaptação às necessidades e bom funcionamento – assim como implica que ao utente sejam reconhecidos especiais direitos e à contraparte, impostas algumas limitações à sua liberdade contratual.

A necessidade de proteger o utente é maior quando ele não passa de mero consumidor final. Mas isso não significa que o legislador deva restringir o âmbito deste diploma a tal situação. Encara-se o problema em termos gerais, independentemente da qualidade em que intervém o utente de serviços públicos essenciais, sem prejuízo de se reconhecer que é a protecção do consumidor a principal razão que justifica este diploma e de nele se consagrar uma protecção acrescida para o consumidor quando é caso disso. (...)»

É, pois, manifesto que, embora o âmbito da Lei n.º 23/96 não se restrinja aos meros consumidores finais, foram estes, como se diz na «*exposição de motivos*», que se visou especialmente proteger com o referido diploma legal, sejam eles pessoas singulares ou colectivas. Ora, o art.º 10.º da citada Lei, ao estabelecer prazos de prescrição e de caducidade de seis meses, constitui, sem dúvida, uma protecção acrescida para esses consumidores.

Ora, a Ré não é o *utente* e muito menos o *consumidor final* do serviço público de fornecimento de energia eléctrica para iluminação pública, prestado pela Autora.

A Ré é antes a responsável por esse serviço público, que tem de garantir aos munícipes e cuja gestão transferiu para a Autora, através de um contrato de concessão.

Com efeito, as autarquias dispõem de atribuições, entre outros, no domínio da energia (cf. art.º 13.º, n.º 1, *b*) do DL 159/99, de 14.09).

Assim e nos termos do n.º 1 do art.º 17.º do citado DL 159/99, é da competência dos órgãos municipais o planeamento, a gestão e a realização de investimentos, nos domínios da "*Distribuição de energia eléctrica em baixa tensão*" e da "*Iluminação pública urbana e rural*" (cf. anteriormente, do art.º 8.º, *c*) da Lei n.º 77/84, de 08.03), para o que se podem socorrer, como no caso, de empresas privadas para a prestação desses serviços, transferindo temporariamente e em exclusivo os poderes necessários para o efeito (gestão indirecta), mediante contrato de concessão (cf. art.º 3.º, n.º 1, *b*) DL 344-B/82, de 01.09)

Mas, sabido é que, nestes casos, o concedente mantêm a titularidade dos direitos e poderes relativos à organização e gestão do serviço público concedido, como o poder de regulamentar e de fiscalizar a gestão do concessionário, aplicando-se aqui, no essencial, os princípios da tutela administrativa. O serviço público concedido nunca deixa, pois, de ser uma atribuição e um instrumento da entidade concedente, que continua a dona do serviço, sendo o concessionário a entidade que recebe o encargo de geri-lo, por sua conta e risco[1].

Mas, assim sendo, as relações entre a Autora e a Ré, no âmbito do referido contrato de concessão, não são as de um mero utente para com o fornecedor do serviço público, mas as do titular do serviço público para com o concessionário para o qual transferiu a gestão do mesmo.

Não é, afinal, à Ré, como consumidor, que o serviço público aqui em causa se destina, mas sim aos seus munícipes, cabendo aos órgãos municipais garantir essa prestação, através da concessionária, aqui Autora e ora recorrente.

E que a Ré não é um mero *consumidor final ou* mesmo *utente* para efeitos do n.º 3 do art.º 10.º da citada Lei, resulta também do art.º 2.º da citada Lei n.º 23/96.

Com efeito, ali se dispõe que:

«1. *As organizações representativas dos utentes têm o direito de ser consultadas quanto aos actos de definição do enquadramento jurídico dos serviços públicos e demais actos de natureza genérica que venham a ser celebrados entre o Estado, as Regiões Autónomas ou as autarquias e as entidades concessionárias*».

2. *Para esse efeito, as entidades públicas que representem o Estado, as Regiões Autónomas ou as Autarquias nos actos referidos no número anterior, devem comunicar atempadamente às organizações representativas dos utentes os respectivos projectos e propostas, de forma que aquelas se possam pronunciar sobre estes no prazo que lhes for fixado e que não será inferior a 15 dias.*

3. (...)».

Ou seja, estabelece-se neste preceito legal, uma clara diferenciação entre os *utentes* dos serviços públicos essenciais abrangidos pelo diploma e definidos no n.º 3 do art.º 1.º, por um lado, e as entidades obrigadas à satisfação desses serviços públicos essenciais, designadamente as *autarquias e os concessionários* desses serviços, por outro.

Do que se conclui, que ao crédito invocado pela Autora não é aplicável o prazo de prescrição previsto no n.º 1 do art.º 10.º da citada Lei 23/96, já que o crédito que a Autora vem exigir nestes autos é um crédito sobre a Ré Câmara Municipal de Oliveira de Azeméis, por incumprimento de obrigação assumida por esta no contrato de concessão do serviço público de fornecimento de energia eléctrica para iluminação pública de uma das suas freguesias e não um crédito sobre os consumidores ou utentes desse serviço público, tais como definidos no n.º 3 do art.º 1.º do mesmo diploma.

---

[1] Cf. neste sentido, o Prof. Marcelo Caetano, *Manual de Direito Administrativo*, p. 1081 e seguintes.

E, assim sendo, a decisão recorrida padece do invocado erro de julgamento, pelo que não se pode manter.

IV – DECISÃO

Termos em que, acordam os juízes deste Tribunal, **em conceder provimento ao recurso jurisdicional, revogar a decisão recorrida e ordenar a baixa dos autos ao Tribunal "*a quo*", para ulteriores termos se a tanto nada obstar.**
Sem custas.
Lisboa, 3 de Novembro de 2004.

Fernanda Xavier (Relatora)
António Madureira
Alberto Augusto Oliveira

Recurso n.º 33/04

CONCURSO PÚBLICO. CONCESSÃO DE OBRAS PÚBLICAS. PRAZO DA CONCESSÃO. DL 100/84, DE 29.3. DELIBERAÇÃO CAMARÁRIA. ANULABILIDADE.

(Acórdão de 14 de Outubro de 2004)

SUMÁRIO:

I – A deliberação camarária que, na sequência de concurso público, procede à adjudicação do direito à construção e exploração, por 25 anos, de um campo de jogos municipal respeita a concessão de obras públicas.
II – Por força do disposto nos artigos 40.º e 11.º, respectivamente, do Decreto-Lei n.º 100/84, de 29 de Março, e do Decreto-Lei n.º 390/82, de 17 de Setembro, tal concessão não poderia ser por prazo superior a 20 anos.
III – Assim, a referida deliberação é anulável, por violação destes preceitos legais.

ACORDAM, NA SECÇÃO DO CONTENCIOSO ADMINISTRATIVO, DO SUPREMO TRIBUNAL ADMINISTRATIVO:

RELATÓRIO
1. *David Pereira da Silva, Emanuel Branco e João Morais Leitão*, melhor identificados nos autos, interpuseram no Tribunal Administrativo do Circulo de Lisboa, recurso contencioso de anulação da deliberação, de 25.6.97, da Câmara Municipal de Lisboa, que, na sequência de concurso público, adjudicou à recorrida particular *AB GOLF – Sociedade de Empreendimentos Desportivos e Turísticos, Lda.*, o direito de construção e exploração de um campo de golfe municipal.

A fundamentar o recurso, os recorrentes invocaram a existência de erro nos pressupostos de facto e de direito, falsidade das declarações do concorrente vencedor, violação de lei, por errónea aplicação do direito, violação da auto vinculação por parte da entidade adjudicante, desvio de poder, violação dos princípios da imparcialidade, igualdade e justiça e nulidade do concurso, por violação do disposto nos arts 40, do DL 100/84, de 20.3, e 11, do DL 390/82, de 17.4.

Por sentença de 14.2.02, proferida a fls. 465, e segts., dos autos, foram julgados inexistentes todos os vícios imputados ao acto impugnado e, por consequência, negado provimento ao recurso contencioso.

Desta sentença vieram os recorrentes interpor recurso, tendo apresentado alegação (fls. 501, 551), na qual formularam as seguintes **conclusões**:
1. A decisão recorrida é ilegal por manter na ordem jurídica um acto administrativo ilegal por violação de lei e desvio de poder.
2. Deve o acto recorrido – a deliberação da Câmara Municipal de Lisboa de adjudicação do direito de construção e exploração de um campo de golfe municipal, proferida na «hasta pública para atribuição do direito de construção e exploração de um campo de golfe municipal» – ser anulado, sendo certo que enferma de erro nos respectivos pressupostos de facto, violação de lei, desrespeito dos critérios auto vinculantes arbitrariedade na respectiva prolação, violação dos princípios gerais do Direito e nulidade da hasta pública.
3. A decisão sub judice em termos abstractos enquadrou correctamente a discricionariedade técnica, mas faz tábua rasa dos casos dos erros grosseiros, notórios e manifestos e na omissão de factores de avaliação constantes das propostas e dos relatórios de apreciação das propostas, vícios que se dão aqui, brevitatis causa, por reproduzidos.
4. Mais grave é a não obediência aos critério de adjudicação autovinculantes, designadamente a resolução da decisão administrativa de adjudicação com base num critério inovatório, superveniente e não publicitado – para além do absurdo – «comprimento jogável».
5. Os critérios de adjudicação seleccionados no artigo 13.º do regulamento do concurso são ilegais, pois aparentemente conferem uma arbitrariedade à autoridade recorrida ao ponto de se afirmar expressamente que as decisões não são reclamáveis...
6. Finalmente, o concurso é nulo. A recda. submeteu a concurso a concessão por um prazo de 25 anos, sendo certo que o máximo permitido na lei para concessão de espaços públicos é de 20 anos (cfr. art.º 40.º do Dec.Lei 100/84 de 20.03, art.º 11.º do Dec. Lei 390/82 de 17.9, art.º 4.º do doc. junto sob o n.º 2).
7. E no caso em apreço não subsistem dúvidas que se trata de um tipo de contratos de concessão de obra pública que se verifica quando uma pessoa colectiva de direito público transfere para outra pessoa o poder de construir, por conta própria, determinadas coisas públicas artificiais, destinadas ao uso público ou ao estabelecimento de um serviço público, as quais ficarão na posse do concessionário durante certo número de anos para que este cobre dos utentes as taxas que forem fixadas (cf. Marcelo Caetano, Manual de Direito Administrativo, pág. 583).

Termos em que, e nos demais doutamente supridos por V. Excelências, deverá o presente recurso merecer provimento, anulando-se a sentença recorrida e substituindo-se por outra que declare nulo ou anulável o acto recorrido, seguindo-se os ulteriores termos legais.

A entidade recorrida apresentou alegação (fls. 600, ss.), na qual sustenta que os recorrentes não impugnam a sentença e se limitam a pedir a reapreciação da legalidade do acto contenciosamente impugnado, apresentando alegação que corresponde, na maior parte, a cópia textual da petição do recurso contencioso. Conclui no sentido de que deve ser julgado improcedente o recurso e mantida a sentença recorrida, por não ser merecedora de qualquer crítica.

O representante do **Ministério Público** junto deste Supremo Tribunal emitiu o seguinte parecer (fls. 644):

Considero que não assiste razão aos recorrentes e que a douta sentença recorrida não merece censura.

No que concerne, especificamente, à alegada violação do art. 40.º do D.L. n.º 100/84 de 29.3 e do art. 10.º do D. L. 390/82 de 17.9, afigura-se-me que tais normas não são aplicáveis, visto não se estar perante a concessão de exclusivo, nem de obra de serviço público, sendo que o conceito de obra ou de serviço público pressupõem sempre um fim de utilidade pública, consubstanciado na satisfação de necessidades colectivas, que não é prosseguido, *in casu*.

Quanto às restantes conclusões do recurso, que incidem sobre os vícios que o recorrente imputa ao acto recorrido, mantenho o parecer do M. P. de fls. 454.

Colhidos os vistos legais, vêm os autos à conferência. Cumpre decidir.

FUNDAMENTAÇÃO
OS FACTOS
2. A sentença recorrida deu por assente a seguinte **matéria de facto**:

A Câmara Municipal de Lisboa abriu concurso para atribuição em hasta pública do direito de construção e exploração de um campo de golfe municipal, ao qual se candidataram os recorrentes e a Recorrida particular AB GOLF – SOCIEDADE DE EMPREENDIMENTOS DESPORTIVOS E TURÍSTICOS, LDA.

O anúncio do concurso foi publicado no Boletim Municipal, n.º 146, de 28 de Novembro de 1996, no qual são enumerados (artigo 13.º), por ordem decrescente, os critérios de adjudicação, aí constando:

"ART. 13.º:
*1. Devido às características do local e ao interesse global do empreendimento a Câmara apreciará livremente as propostas em harmonia com os seus interesses, reservando-se desde já o direito de não aceitar qualquer uma delas, ou de fazer a adjudicação a quem, embora não tenha oferecido o maior valor, dê melhor garantia de uma exploração eficiente.
2. A adjudicação será efectuada à proposta mais vantajosa, atendendo-se por ordem decrescente aos seguintes critérios:*
– Taxas a praticar;
– Concepção estética e funcional do projecto;
– Serem apresentadas por concorrentes que ofereçam garantias de boa execução e demonstrem qualidade técnica nos projectos e em construção de equipamentos semelhantes;
– Experiência na exploração de equipamentos congéneres;
– Rentabilidade prevista do projecto;
– Valores a pagar à C.ML. a título de taxas, bem como outras contrapartidas;
– Prazo de execução.
3. Quanto à decisão da CML nesta matéria, nenhuma reclamação será admitida".

Consta do artigo 4.º das "Condições de Acordo":
"ART 4.º:
*A atribuição é a título precário, pelo prazo de 25 anos e não fica de modo algum subordinada às leis reguladoras do contrato de locação.
a) o prazo previsto poderá ser prorrogado pelo período de10 anos;
b) o prazo da concessão será contado a partir da data de emissão do Alvará de Licença de Utilização".*

Dá-se por reproduzido o teor do documento junto aos autos a fls. 56 (cópia do anúncio da Hasta Pública).

Do conteúdo global das quatro actas elaboradas, respectivamente em 10.1.97, em 16.01.97, em 24.01.97 e em 6.06.97 (documentos juntos a fls. 162 a 170 dos autos) que consubstanciam o Relatório de análise e de apreciação das propostas feitas pela Comissão de Apreciação, esta propôs, por aplicação dos critérios de adjudicação, os atrás transcritos, que a adjudicação deveria ser efectuada ao Concorrente n.º 1 (Recorrida particular).

Dá-se por reproduzido o teor das actas juntas aos autos a fls. 162 a 170 – actas da Comissão de Apreciação das Propostas, que consubstanciam o Relatório de análise e de apreciação das propostas feitas pela Comissão de Apreciação, bem como da Deliberação 382/CM/97 (documento de fls. 171).

No tocante ao valor das taxas a praticar, foi verificado pela Comissão, que os ora Recorrentes apresentaram um valor mais elevado, porquanto o Concorrente n.º 1 apresentou os montantes de esc. 300$00 (bate bolas), esc. 1500$00 (30 min. de lições) e esc. 2000$00 (campo), sendo esses valores, respectivamente de esc. 400$00, 2500$00 e 1750$00 os propostos pelos Recorrentes. (cfr. doc. fls. 162).

No tocante à capacidade de um balde de bolas, a Comissão considerou que existia um balde "tipo", cuja capacidade seria de 50 bolas (doc. fls. 168).

No que concerne a outros serviços e valores que os ora Recorrentes entendem não terem sido valorados, justificou a Comissão terem os mesmos sido ponderados de forma global, sendo certo que, nos termos das Condições e Programa da Hasta Pública, não se exigia uma especificação tão exaustiva (doc. fls. 168).

Por outro lado e, relativamente à concepção estética e funcional do projecto, conforme resulta do doc. de fls. 165, a Comissão apreciou no local "(...) *as características do terreno e as soluções preconizadas pelos concorrentes, bem como a integração do projecto no mesmo, tendo salientado a solução preconizada pelo Concorrente número 1, desenvolvendo o campo numa linha sinuosa de molde a aproveitar os socalcos do mesmo.*" (acta n.º 2, cujo teor se dá por reproduzido).

Consta da Acta n.º 3 (fls. 166):
"Aos vinte e quatro dias do mês de Janeiro de mil novecentos e noventa e sete, pelas 15 horas, nas instalações do Departamento de Estrutura Verde da Câmara Municipal de Lisboa, reuniu-se a Comissão nomeada pelos Exmos Senhores Vereadores Eng.º Rui Godinho e Caleia Rodrigues para apreciar as propostas apresentadas à "Hasta Pública para atribuição do direito de construção e exploração de um Campo Municipal de Golfe".

Apreciados os projectos apresentados por ambos os concorrentes, a Comissão considerou que ambas as propostas apresentam soluções viáveis, a nível de projecto, bastante semelhantes e exequíveis. A Comissão considerou como factor diferenciador o comprimento global "jogável", dado o mesmo traduzir um melhor aproveitamento do espaço disponível. Nestes termos temos;
– Concorrente 1; 1985metros
– Concorrente 2; 1372metros
Assim, e em face dos resultados obtidos quer na análise feita na primeira reunião, quer em face dos presentes, propor a adjudicação ao Concorrente número 1, A.B.Golfe (...)".

Entendeu a Comissão que a ponderação da área global jogável, que permitirá um melhor aproveitamento do espaço disponível, não constituía, um novo critério de adjudicação, mas tão só, uma forma de melhor aferir a concepção estética e funcional do projecto – um dos critérios este de selecção, concluindo através desta avaliação, que a área no projecto dos Recorrentes era manifestamente inferior.

No tocante ao critério de "Serem apresentados por concorrentes que ofereçam garantias de boa execução e que demonstrem qualidade técnica nos projectos e em construção de equipamentos semelhantes", a Comissão apurou, dos elementos apresentados, que o Concorrente n.º 1 construiu 1 campo, estando a construir outro e os ora Recorrentes construíram também um campo e projectaram três (cfr. doc. de fls. 162).

Posteriormente, por terem sido suscitadas dúvidas pelos ora Recorrentes, foram apresentados e juntos ao processo fotografias, as quais a Comissão entendeu corroborem as informações prestadas pelo Concorrente n.º 1.

Relativamente à experiência na exploração de equipamentos congéneres, constatou a Comissão que o Concorrente n.º 1 dispunha de experiência reduzida, patenteando os ora Recorrentes experiência muito reduzida (cf. doc. de fls. 162).

No que concerne ao critério de "Rentabilidade prevista no projecto", também este requisito mereceu apreciação da Comissão, tendo concluído que os ora Recorrentes, apresentaram valores semelhantes ao do Concorrente n.º 1 (cfr. doc. de fls. 162).

Na proposta do Concorrente n.º 1, os valores a pagar à C.M.L. eram inferiores aos dos ora Recorrentes.

A Comissão entendeu que a ponderação deste critério, teria de ser analisado e ponderado com os demais, não sendo assim consequentemente, e por si só, decisivo para a escolha do adjudicatário.

No que respeita ao valor dos descontos a praticar pelos ora Recorrentes a munícipes de Lisboa, a Comissão entendeu que nunca poderia valorizar este ponto, dado que a Tabela de Taxas e Outras Receitas Municipais (doc. de fls. 174), ao estabelecer os valores a pagar pela utilização de componentes desportivos não efectua, e bem, qualquer discriminação entre "munícipes" e "não munícipes", sendo certo que a valorização deste ponto acabaria por violar o princípio da igualdade.

Nessa matéria, ficou consignado o seguinte em acta (fls. 168):

"– *Estamos face a uma Hasta Pública que implica para a C.M.L. a oneração de um terreno municipal com um direito de ocupação em regime precário (artigo 4.º das Condições de Acordo) pelo que se estranha que o concorrente venha apelar para o Dec. Lei 55/95, quando este se aplica e define o regime da realização de despesas públicas com locação, empreitadas de obras públicas, prestação de serviços e aquisição de bens, bem como o da contratação pública relativa à prestação de serviços, locação e aquisição de bens móveis (art.º 1.º Dec. Lei), ora a realidade nada tem a ver com o descrito no citado diploma legal.*

– relativamente à capacidade de um balde de bolas a Comissão considerou que existiria um «balde tipo» cuja capacidade seria sempre de 50 bolas.

– No que respeita ao valor dos descontos a praticar pelo concorrente a munícipes de Lisboa a Câmara nunca poderia valorizar este ponto dado que a Tabela de Taxas e outras Receitas Municipais quando estabelece os valores a pagar pela utilização de componentes desportivos não discrimina entre munícipes e não munícipes. A valorização deste ponto equivaleria a pactuar com princípios discriminatórios violando claramente o princípio da igualdade dos cidadãos.

– Em relação à utilização grátis por parte de Jovens do Desporto Escolar trata-se de um assunto fora do âmbito da CML, na verdade a responsabilidade nesta matéria cabe ao Ministério da Educação / Direcção Regional da Educação de Lisboa, pelo que não é possível fazer uma apreciação ponderada sobre esta matéria".

A Entidade recorrida veio a adjudicar à Recorrida particular o direito de construção e exploração do campo de golfe municipal.

O DIREITO

3. Alegam os recorrentes que a sentença recorrida julgou erradamente, ao decidir pela inexistência do vícios imputados ao acto impugnado, designadamente o de violação 40 e 11, dos DL 100/84, de 20.3, e DL 390/82, de 17.4, respectivamente.

Para os recorrentes este vício implica a nulidade do acto de adjudicação impugnado. Pois que este respeita a contrato de concessão de obra pública, pelo prazo de 25 anos, sendo que, por força daqueles preceitos legais, esse prazo não poderia exceder 20 anos.

Diverso foi o entendimento afirmado pela sentença recorrida, que concluiu não ter a Câmara visado a concessão de «qualquer 'exclusivo' à Recorrida particular, ou obra ou serviço público».

Vejamos.

A deliberação impugnada foi tomada na sequência do procedimento concursal denominado *Hasta Pública para Atribuição do Direito de Construção e Exploração de um Campo de Golfe Municipal*, de acordo com *Programa e Condições* fixados pela entidade recorrida (fls. 65, dos autos).

Do artigo 1 das *Condições* do concurso decorre que tal campo de golfe será instalado em terreno municipal, como decorre do artigo 1.º das *Condições* da hasta pública.

E, como estabelece o *Programa*,

ART.º **2.º**
As áreas de ocupação são as seguintes:
a) Área total 15,5 hectares;
b) Área de construção máxima 500m2.

ART.º **3.º**
A área de construção destina-se aos seguintes equipamentos:
– Restaurante-bar

– Salas de vídeo e reunião
– Loja de golfe
– Balneários e Instalações sanitárias
– Serviços
– Circulações

a) A construção desenvolver-se-á a nível do piso térreo;
b) Nos terrenos deverá ser construído um caminho pedonal, no sentido Norte-Sul, que será público, não vedado e de permanente acesso, devendo o concessionário garantir a segurança dos seus utilizadores.

ART.º 4.º

A base de licitação será de 250.000$00 (duzentos e cinquenta mil escudos), e corresponderá ao valor mensal a pagar.

ART.º 13.º

1 – ...
2 – A adjudicação será efectuada à proposta mais vantajosa, atendendo-se por ordem decrescente, aos seguintes critérios:
– taxas a praticar
– ...
Por outro lado, conforme as Condições estabelecidas,

ART.º 4.º

– a Atribuição é a título precário, pelo prazo de 25 anos e não fica de modo algum subordinada às leis reguladoras do contrato de locação.

a) O prazo previsto poderá ser prorrogado por períodos de 10 anos até ao limite de 5 prorrogações;
b) O prazo de concessão será contado a partir da data da emissão da licença de utilização.

ART.º 12.º

– Finda a atribuição, por qualquer dos motivos referidos, o adjudicatário deve abandonar os terrenos, no estado em que se encontrarem, no prazo que lhe for comunicado por via postal registada.

Em face do que se conclui, desde logo, que a obra em causa reúne as características de obra pública, a que correspondem quaisquer «trabalhos de construção, grande reparação e adaptação de bens imóveis, feitos total ou parcialmente por conta da Administração para fins de utilidade pública» – M. Caetano, *Manual de Direito Administrativo*, vol. II, 1001. No caso concreto, trata-se de cumprir a imposição, constitucionalmente dirigida aos poderes públicos, no sentido da promoção da cultura física e do desporto (art. 79/2 CRP).

Para além disso, as transcritas disposições normativas do concurso público evidenciam também que a entidade recorrida se propôs realizar aquela obra através do sistema de execução indirecta da concessão, que «segue o esquema BOT (*build, operate and transfer*), isto é, o concessionário *executa* a obra, efectua a sua *gestão* durante um certo prazo, e *devolve* depois a obra à Administração: a lei portuguesa define essa concessão como "um contrato administrativo pelo qual alguém se encarrega de executar e explorar uma obra pública cobrando aos utentes as taxas que forem devidas"» – Pedro Gonçalves, *Concessão de Serviços Públicos*, Liv. Almedina, Coimbra 1999, 90[1].

---

[1] A referida definição de concessão, constante do **art. 1, n.º 5**, do **DL 405/93**, de 30.12, manteve-se, em termos idênticos, no **DL 59/99**, de 2.3,

É o que se verifica no caso sujeito, em que o adjudicatário irá construir e explorar a obra, cobrando taxas aos utentes (art. 13.º, n.º 2 do Programa), devolvendo-a à entidade concedente, no termo do prazo da concessão (art. 12 das Condições).

Temos, pois, que a entidade recorrida, Câmara Municipal de Lisboa, através do acto de adjudicação impugnado, decidiu celebrar contrato de concessão de obras públicas.

Tal concessão, como vimos, foi feita pelo período de 25 anos (art. 4 das Condições). Sendo que, por força do que dispõem os mencionados artigos 40[2] do DL 100/84 e 10[3] do DL 390/82, não poderia ser feita por prazo superior a 20 anos.

Assim, o acto impugnado incorreu em violação destes preceitos legais, como vem alegado pelos recorrentes.

Todavia, diversamente do que afirmam os mesmos recorrentes, este vício do acto impugnado não determina a nulidade, mas antes mera anulabilidade do acto impugnado, nos termos do art. 135.º do Código do Procedimento Administrativo (CPA).

Com efeito, esse acto não se enquadra no elenco das 'deliberações nulas', taxativamente fixado no art. 88.º do DL 100/84, nem se mostra carecido de qualquer dos elementos essenciais, conforme prevê no art. 133.º, n.º 1 do CPA, nem configura qualquer dos casos de nulidade configurados no n.º 2 deste preceito legal.

DECISÃO

4. Nos termos expostos, acordam em conceder provimento ao recurso jurisdicional, revogando a sentença recorrida, e em julgar procedente o recurso contencioso, anulando a deliberação impugnada.

Sem custas.

Lisboa, 14 de Outubro de 2004.

Adérito Santos (Relator)
Cândido de Pinho
Azevedo Moreira

Recurso n.º 1921/02

---

que revogou aquele diploma legal e cujo **art. 2** dispõe: «**3**. Entende-se por empreitada de obras públicas o contrato administrativo, celebrado mediante o pagamento de um preço, independentemente da sua forma, entre um dono de uma obra pública e um empreiteiro de obras públicas e que tenha por objecto quer a execução quer conjuntamente a concepção e a execução da sobras mencionadas no n.º 1 do artigo 1.º, bem como das obras ou trabalhos que se enquadrem nas subcategorias previstas no diploma que estabelece o regime do acesso e permanência na actividade de empreiteiro de obras públicas, realizados seja por que meio for e que satisfaçam as necessidades indicadas pelo dono da obra. **4**. Entende-se por concessão de obras públicas o contrato administrativo que, apresentando as mesmas características definidas no número anterior, tenha como contrapartida o direito de exploração da obra, acompanhado ou não do pagamento de um preço. **5**. ...».

[2] **Artigo 40.º (Concessões):** A concessão de exclusivos e de obras e serviços públicos não poderá ser feita por prazo superior a 20 anos, devendo sempre salvaguardar-se o direito de fiscalização da assembleia e da câmara municipal.

[3] **Artigo 11.º (Prazo da concessão e direito de resgate):** 1 – Nenhuma concessão pode ser feita por prazo superior a 20 anos. 2 – Em todos os contratos de concessão deve ser previsto o direito a resgate pela entidade concedente, a partir, pelo menos, do décimo ano de exploração.

CPTA. PROCESSO EXECUTIVO. CONTRA-INTERESSADOS. REVERSÃO. CASO JULGADO NO RECURSO CONTENCIOSO.

(Acórdão de 3 de Novembro de 2004)

SUMÁRIO:

I – Ainda que o recurso contencioso haja sido julgado no regime jurídico da LPTA, a acção executiva instaurada depois de 1.1.04 (data em que o Código entrou em vigor, art.º 7.º da Lei n.º 4-A//2003, de 19.2, cujo art.º 2.º alterou o art.º 7.º da Lei n.º 15/2002) é regulada pelo CPTA. É o que resulta do n.º 4 do art.º 5.º da Lei n.º 15/2002, de 22.2, onde se refere que "As novas disposições respeitantes à execução das sentenças são aplicáveis aos processos executivos que sejam instaurados após a entrada em vigor do novo Código."

II – Na execução de sentenças de anulação de actos administrativos é admissível a intervenção de contra-interessados por força do n.º 1 do art.º 177.º do CPTA onde se diz que *"Apresentada a petição, é ordenada a notificação da entidade ou entidades requeridas, bem como dos contra-interessados a quem a satisfação da pretensão possa prejudicar, para contestarem no prazo de 20 dias."*

III – O Acórdão anulatório transitado em julgado, para além dos efeitos constitutivos e conformativos, tem efeitos repristinatórios e ultraconstitutivos.

IV – Os efeitos repristinatórios reportam-se, se tal for possível, à reconstituição de situação actual hipotética que existiria se não fosse a prática do acto objecto de anulação contenciosa.

V – Por sua vez, os efeitos ultraconstitutivos manifestam-se no processo de execução e podem consistir na especificação dos actos e operações de execução, bem como na anulação ou declaração de nulidade dos actos contrários ao julgado, sobretudo por força do dever de conformação com o caso julgado material.

VI – No recurso contencioso o caso julgado é constituído pela decisão de anulação do acto recorrido ou pela declaração da sua inexistência ou nulidade e pelo vício que fundamenta a decisão.

VII – Se o acto impugnado foi anulado por, indevidamente, se ter indeferido o pedido de reversão por se ter entendido que as parcelas não foram aplicadas à finalidade prevista na declaração de utilidade pública, podendo sê-lo, em violação do preceituado no art.º 5.º, n.º 1, do Código das Expropriações (CE/91) então haverá de praticar-se um novo acto que aprecie o pedido de reversão formulado no pressuposto de que tal direito existe efectivamente na esfera jurídica das requerentes.

ACORDAM NA SECÇÃO DE CONTENCIOSO ADMINISTRATIVO DO SUPREMO TRIBUNAL ADMINISTRATIVO:

I – RELATÓRIO

COMBUSTÍVEIS LÍQUIDOS, LIMITADA, com os demais sinais dos autos, vem "interpor, nos termos dos artigos 173.º e ss. do CPTA, acção executiva fundada em sentença de anulação de acto administrativo contra o **Ministro das Cidades, do Ordenamento do Território e do Ambiente**", com fundamento no Acórdão do Pleno deste Tribunal, de 8.5.03, que anulou o indeferimento tácito do pedido de reversão, formulado pela exequente ao seu antecessor (Ministro do Equipamento, do Planeamento e da Administração do Território), no recurso contencioso 46233/02-20, em que figurava também como contra-interessada a Câmara Municipal de Lisboa.

Concluiu assim o pedido:

"Nestes termos, deverá a presente execução ser julgada integralmente procedente, condenando-se o Senhor Ministro do Equipamento, do Planeamento e da Administração do Território a emitir acto de autorização da reversão do direito de propriedade da Exequente sobre a parcela 53-8 da Planta Parcelar n.º l19l2-B, aprovada por Portaria publicada no DG, II Série, de 6.7.1970, bem como da reversão do direito ao arrendamento da parcela n.º 53-A da mesma Planta Parcelar, direito de que a Exequente é titular.

Mais requer a V. Exa, nos termos do art.º 176º/4 do C.P.T.A., se digne ordenar que a prática do acto devido seja realizada no prazo máximo de 15 dias, sob pena de imposição ao Senhor Ministro do Equipamento, do Planeamento e da Administração do Território de sanção pecuniária compulsória não inferior a 10% do salário mínimo nacional mais elevado em vigor no momento da interposição da acção, por cada dia de atraso no cumprimento dos comandos do acórdão que se executa."

O **Ministro das Cidades, Ordenamento do Território e Ambiente** contestou o pedido defendendo a aplicação, à execução dos autos, do ETAF e LPTA e não do CPTA, concluindo que:

"Assim, e por forma a dar execução à decisão desse Alto Tribunal, encontra-se em curso a preparação do adequado acto no âmbito da fase administrativa do processo de reversão, ficando a adjudicação e investidura da posse do bem relegada para a análise na "fase judicial", da competência do tribunal da comarca da situação do prédio, nos termos do art.º 73.º e 77.º do CE/91.

De qualquer modo, e atenta a complexidade das questões envolvidas, a multiplicidade dos diversos interesses de carácter público e privado obrigam, naturalmente, à análise pormenorizada dos aspectos factuais e legais que podem ter relevância para a decisão final por parte da Administração Central.

Assim, e dando cumprimento ao douto despacho de que foi notificado vem o signatário informar o Ex.mo Senhor Conselheiro Relator que face à problemática fáctico-jurídica em causa, prevê-se que a decisão final do processo administrativo em curso não poderá previsivelmente, dado os procedimentos administrativos exigíveis no caso, ser tomada antes de decorridos 60 dias."

A **Câmara Municipal de Lisboa** veio invocar causa legítima de inexecução, porquanto:

"1° Conforme decorre do PDML (Plano Director Municipal de Lisboa), prevê-se para o local um interface de passageiros de 2° nível.

2° Bem como a integração das parcelas em área verde de protecção à via existente .

3° O que implica, a muito curto prazo, a solicitação de nova declaração de utilidade pública de expropriação.

4° Tal qual decorre do documento que ora se junta sob o n.° 1.

5° Consequentemente, existe grave prejuízo para o interesse público na execução da sentença."

Colhidos os vistos, cumpre decidir.

II – FACTOS

Factos relevantes que importa fixar:

a) Por acórdão do Pleno, de 8.5.03, transitado em julgado, foi anulado por este Supremo Tribunal, e com os fundamentos dele constantes, o acto de indeferimento tácito imputado ao Ministro do Equipamento, do Planeamento e da Administração do Território que se formou em virtude de não ter decidido o requerimento que lhe foi dirigido em 30.3.99 no sentido de renovar, nos termos do art.º 5.º do Código da Expropriações de 1991 (CE/91), o pedido de reversão do seu direito ao arrendamento da parcela n.º 53-A e do seu direito de propriedade sobre a parcela n.º 53-B da planta Parcelar n.º 11912-B, aprovada pela portaria publicada no DG, II Série, de 06.07.70, no âmbito do procedimento em que a **Câmara Municipal de Lisboa** figurava como entidade expropriante.

b) Aquelas parcelas (53 da Planta Parcelar n.º 11912-B, aprovada por portaria publicada no DG, II Série, de 6.7.70, que se subdivide em duas: as parcelas n.ºs 53-A e 53-B, de que a recorrente era, respectivamente, arrendatária e proprietária) haviam sido expropriadas na sequência do DL 48592, de 26.9.68, que veio considerar abrangidas pelo disposto no artigo 1.º do DL 45561, de 13.2.64, as obras de ligação da Avenida Marechal Carmona (2.ª Circular), ao limite do concelho de Lisboa, na Calçada de Carriche.

c) Com vista à execução do referido acórdão "entregou a Exequente dois requerimentos, um em 21.7.2003, dirigido ao Sr. Ministro das Cidades, do Ordenamento do Território e do Ambiente (doc. 2), outro em 17.7.2003, dirigido à Câmara Municipal de Lisboa (doc. 3), em que requeria a autorização da reversão dos dois direitos que foram expropriados e o consequente reconhecimento da sua qualidade de arrendatária", requerimentos que não mereceram qualquer resposta..

d) Em 20.4.04 fez entrar neste tribunal a presente acção executiva.

Colhidos os vistos cumpre decidir.

III – DIREITO

1. Antes de mais, importa referir que a presente execução é regulada pelo CPTA, tal como defende a exequente. É o que resulta inequivocamente do n.º 4 do art.º 5.º da Lei n.º 15/2002, de 22.2, onde se refere que "As novas disposições respeitantes à execução das sentenças são aplicáveis aos processos executivos que sejam instaurados após a entrada em vigor do novo Código." Como o Código entrou em vigor em 1.1.04 (art.º 7.º da Lei n.º 4-A2003, de 19.2, cujo art.º 2.º alterou o art.º 7.º da Lei n.º 15/2002) e a acção foi instaurada em 24.4.04 é a nova regulamentação que se lhe aplica.

Por outro lado, a intervenção da Câmara Municipal de Lisboa na execução ocorre a coberto do n.º 1 do art.º 177.º do CPTA onde se diz que *"Apresentada a petição,* *é ordenada a notificação da entidade ou entidades requeridas, bem como dos contra-interessados a quem a satisfação da pretensão possa prejudicar, para contestarem no prazo de 20 dias."* Ora, ainda que mais não houvesse, a Câmara teve intervenção no recurso contencioso justamente nessa qualidade e só por essa razão já tinha o direito de intervir neste processo. Mas, para além disso, é a própria exequente que refere ter-lhe dirigido um requerimento com vista à execução do julgado (alínea c) da matéria de facto) o que deveria levá-la a aceitar que a Câmara pudesse posteriormente pronunciar-se sobre essa vicissitude ocorrida no procedimento administrativo, no consequente processo judicial. Ficam nos autos, portanto, a contestação e documentos apresentados pela Câmara Municipal de Lisboa.

2. Vejamos. Não foi invocada causa legítima de inexecução pela entidade executada, o Ministro das Cidades, do Ordenamento do Território e do Ambiente e aquela que foi suscitada pela Câmara, na sua contestação, é irrelevante já que só o executado tem a possibilidade de o fazer (art.ºs 175.º, n.º 2, e 163.º do CPTA) e esta intervém, apenas, como contra-interessada.

Como se assinala no acórdão STA de 4.7.02, proferido no recurso 37648A, sobre um pedido de reversão em tudo semelhante este:

« Encontramo-nos, por isso, na fase em que se manifestam os poderes jurisdicionais de declaração dos actos devidos, enquanto explicitação dos efeitos repristinatórios e ultraconstituivos do Acórdão anulatório, mediante a reconstituição da situação actual hipotética que existiria não fosse a prática ou formação do acto objecto de invalidação, sendo que, na ausência de espontânea e integral execução do Acórdão anulatório, ao Tribunal incumbe a especificação dos actos e operações em que a execução do dito aresto deva consistir.

Neste particular contexto adquire particular relevo não só o conteúdo decisório do mencionado Acórdão, de ... como também o vício que o legitimou.

Na verdade, como é sabido, no recurso contencioso o caso julgado é constituído pela decisão de anulação do acto recorrido ou pela declaração da sua inexistência ou nulidade e pelo vício que fundamenta a decisão.

Vê-se, assim, que a eficácia do caso julgado se circunscreve ao vício que determinou o Acórdão "anulatório".»

No caso dos autos, tendo a agora requerente impugnado contenciosamente o acto de indeferimento tácito imputado ao Ministro do Equipamento, do Planeamento e da Administração do Território que se formou em virtude de não ter decidido o requerimento que lhe foi dirigido em 30.3.99 no sentido de renovar, nos termos do art.º 5.º do Código das Expropriações de 1991 (CE/91), o pedido de reversão do seu direito ao arrendamento da parcela n.º 53-A e do seu direito de propriedade sobre a parcela n.º 53-B da planta Parcelar n.º 11912-B, aprovada pela portaria publicada no DG, II Série, de 06.07.70, foi, por acórdão do Pleno, de 8.5.03, transitado em julgado, concedido provimento ao recurso com a consequente anulação do acto recorrido.

Para assim se decidir, entendeu-se, no mencionado acórdão, que "A conclusão a que se chega é, pois, de que as parcelas não foram aplicadas à finalidade prevista na declaração de utilidade pública, podendo sê-lo. Tanto basta para que o acto impugnado viole o preceituado no art.º 5, n.º 1, do Código das Expropriações" (fls.

283/284). Ora, dispõe esse preceito (CE/91) que "Há direito de reversão se os bens expropriados não forem aplicados ao fim que determinou a expropriação no prazo de dois anos após a adjudicação ou, ainda, se tiver cessado a aplicação a esse fim, sem prejuízo do disposto no n.º 4."

Torna-se, pois, necessário que a Administração dê execução à decisão anulatória, uma vez que o Tribunal não se lhe pode substituir, praticando os actos jurídicos e as operações necessárias à reintegração da ordem jurídica e à reconstituição da situação actual hipotética que existiria se não tivesse sido cometida a ilegalidade que motivou a procedência do recurso contencioso.

Ora, se o acto impugnado foi anulado por, indevidamente, se ter indeferido o pedido de reversão, então haverá de praticar-se um novo acto, a notificar aos interessados e a publicar nos termos legais, que aprecie o pedido de reversão formulado no pressuposto de que tal direito existe efectivamente na esfera jurídica da exequente. Para o efeito fixa-se em 45 dias o prazo para sua emissão (art.º 179.º do CPTA).

Custas pela executada, pelos mínimos.
Lisboa, 3 de Novembro de 2004.

Rui Botelho (Relator)
Santos Botelho
Freitas Carvalho

Recurso n.º 46233-A

DOCENTES CONTRATADOS. DOCENTE LICENCIADO NÃO PROFISSIONALIZADO. EXERCÍCIO TRANSITÓRIO DE FUNÇÕES. ÍNDICE REMUNERATÓRIO.

(Acórdão de 30 de Setembro de 2004)

SUMÁRIO:

I – De acordo com os artigos 33.º, n.º 2 do DL n.º 139-A/90, de 28/04 e 1.º da Portaria n.º 367/98, de 29/06, a contratação de pessoal docente destina-se a um *exercício transitório* das funções docentes.

II – As contratações de docentes não profissionalizados, naquelas condições, obedece, no que à remuneração respeita, ao disposto no art. 9.º e anexo II da citada Portaria, alterado pela Portaria n.º 1042/99, de 26/11.
Assim, para um professor não profissionalizado, dotado de licenciatura, o índice remuneratório seria o 120, alterado para 126, a partir de 1/06/2001.

III – Tão pouco o exercício de funções em regime de contrato de provimento – fora dos requisitos previstos nas disposições mencionadas em I – impede que o índice remuneratório seja superior ao vencimento dos docentes integrados na carreira em escalão equiparável.
Mesmo nessa hipótese, o que releva é o índice acordado no contrato, face ao que dispõe o art. 21.º do DL n.º 12/99, de 10/08.

ACORDAM NA 1ª SUBSECÇÃO DA 1ª SECÇÃO DO STA:

I – José Rico Moita, professor contratado, com os demais sinais dos autos, recorre jurisdicionalmente do acórdão do TCA que negou provimento ao recurso contencioso ali interposto contra o acto do **Secretário de Estado da Administração Educativa**, que lhe indeferiu o recurso hierárquico do despacho de 4/09/2001 da Directora Regional Adjunta de Educação, através do qual decidiu pela improcedência da impugnação do processamento de vencimento.

Nas alegações respectivas concluiu:
«*1ª Estando assente que o recorrente celebrou um contrato administrativo de serviço docente, nos termos do art. 33.º, n.º 2 do D.L. n.º 139-A/90, não se pode subtrair o mesmo ao regime da Portaria 367/98, de 28/06, nomeadamente do seu art. 9.º.*

2ª Assim não considerando viola o Acórdão recorrido o disposto nestes normativos.

3ª De acordo com o art. 9.º da Portaria n.º 367/98, de 29/06 e seu Anexo 11, alterado pela Portaria n.º 1042/99, de 26/11, o recorrente tem direito à remuneração fixada inicialmente no seu contrato, ou seja a remuneração correspondente ao índice 124. Assim,

4ª O Acórdão recorrido viola estes dispositivos.

5ª Viola, ainda, o Acórdão recorrido o disposto no art. 186.º, n.º 1, do C.P.A. e art. 406.º, n.º 1 do Código Civil ao dar como boa a alteração unilateral, por parte da Administração, da cláusula remuneratória de um contrato».

***

A entidade recorrida não apresentou alegações.
O digno Magistrado do M.P. opinou contra o provimento do recurso.
Cumpre decidir.

II – OS FACTOS
O acórdão recorrido deu por assente a seguinte factualidade:
«*A – O recorrente exerce funções docentes na Escola Básica 2,3 Visconde Juromenha, como professor não profissionalizado, tendo como habilitação académica a licenciatura em Engenharia Mecânica do Instituto Superior Técnico.*

B – Em 03 de Novembro de 2000, celebrou um contrato administrativo de serviço docente, nos termos do n.º 2 do artigo 33.º do DL n.º 139-A/90, de 28 de Abril – Estatuto da Carreira Docente –, e até Junho, inclusive, foi-lhe processado o vencimento pelo índice 124 previsto no anexo 11 da Portaria n.º 367/98, de 29 de Junho, com a alteração da Portaria n.º 1042/99, de 26 de Novembro.

C – Tendo sido notificado de que o seu vencimento iria passar a ser processado pelo índice 76, por estar a leccionar com habilitação mínima, recorreu para a Directora Regional de Educação de Lisboa, que indeferiu a pretensão, por despacho.

F – Tendo interposto recurso hierárquico necessário, foi o mesmo indeferido pelo acto ora impugnado em concordância com o parecer seguinte:
«(...)
Aquando da homologação do respectivo contrato, o CAE informou a Escola de que deveria proceder à rectificação do Índice de vencimento, uma vez que, embora possuidor de uma licenciatura, o docente não fazia prova de um dos cursos regulados pelo Decreto n.º 37029 ou n.º 20420, tal como é exigido pelos diplomas regulamentadores das habilitações próprias e suficientes para a docência dos ensinos básico e secundário;
Assim, e de acordo com as orientações da Circular n.º 9/99/DGAE, de 03,AGO., foi o respectivo Índice de vencimento alterado de 124 para 76, já que se tratava de docente colocado num grupo para o qual não possuía habilitação » (fls.16/17).

III – O DIREITO

O recorrente, *professor contratado* para o exercício de funções docentes, licenciado em Engenharia Mecânica pelo Instituto Superior Técnico, foi abonado desde o início com o vencimento correspondente ao índice 124, como *licenciado não profissionalizado*.

No entanto, a partir de Junho de 2001 viu o vencimento reduzido por ter passado a ser processado pelo índice 76.

No seu entender, este retrocesso viola a Portaria n.º 367/98, de 29 de Junho.

Vejamos.

De acordo com o documento de fls. 6 dos autos, a contratação do recorrente teve em vista o exercício de funções docentes ao 3.º ciclo – Código 27.

O contrato foi celebrado nos termos do n.º 2 do art. 33.º do D.L. n.º 139-A/90, de 28 de Abril, diploma que aprovou o *Estatuto da Carreira dos Educadores de Infância e dos Professores dos Ensinos Básico e Secundário* (loc. cit.).

Como do citado preceito resulta, o objectivo da contratação era a satisfação de necessidades do sistema educativo não colmatadas pelo pessoal docente dos quadros de zona pedagógica ou resultantes de ausências temporárias dos docentes que não pudessem ser supridas nos termos do n.º 2 do artigo 27.º do diploma. Era, por isso, um **"exercício transitório de funções docentes"**.

Segundo o n.º 4 do art. 33.º, «*Os princípios a que obedece a contratação de pessoal docente ao abrigo do n.º 2 ...são fixados por portaria conjunta dos Ministros das Finanças e da Educação*».

Enquanto não foi publicada a portaria conjunta ali mencionada, os docentes eram contratados ao abrigo dos DL n.ºs 18/88 e 35/88, de 21 de Janeiro e 4 de Fevereiro, respectivamente.

Com a Portaria n.º 367/98, de 29/06, ficou, finalmente, estabelecido o quadro legal de regulamentação da contratação de pessoal docente.

E de acordo com o art. 9.º deste diploma, os docentes contratados eram remunerados com base no índice 100 aplicável ao pessoal docente nos termos do anexo II àquele diploma.

Este anexo sofreu, entretanto, alteração pela Portaria n.º 1042/99, de 26 de Novembro, com início de vigência reportado a 1 de Setembro de 1999.

Ora, para um professor licenciado, *não profissionalizado*, como era o caso, o referido anexo previa o índice 120, com aumento para 124 a partir de 1 de Junho de 2000.

Seria este o índice adequado à situação do recorrente?

Tanto o art. 33.º, n.º 2 do DL n.º 139-A/90, como o art. 1.º da Portaria n.º 367/98, dispunham que o "exercício transitório de funções docentes" poderia ser assegurado por indivíduos que preenchessem os «*requisitos de admissão a concurso de provimento*».

E tais requisitos eram os que os artigos 22.º a 24.º do DL n.º 139-A/90 estabeleciam, entre os quais o da alínea b) do n.º 1 do primeiro dos artigos citados, isto é, o da titularidade das «*habilitações legalmente exigidas*».

Quer isto dizer que, para leccionar no Grupo 27, nos termos do *Despacho Normativo n.º 3-A/2000, de 21/01* (que alterou o elenco das habilitações próprias e suficientes para os 2.º e 3.º ciclos do ensino básico e secundário constante do *Despacho Normativo n.º 32/84, de 9/02*), de acordo com o mapa II a ele anexo, o recorrente, embora licenciado em engenharia mecânica, deveria mostrar possuir *algum dos cursos indicados na parte final do mapa*. E não o demonstrou.

Equivale a dizer que, face a este Despacho, não reunia os "*requisitos de admissão a concurso*". Isso é, porém, uma coisa; outra, é o valor da remuneração.

Dito isto, anuímos:

É certo que o art. 9.º da Portaria n.º 367/98, ao remeter a remuneração dos docentes contratados ao abrigo das normas que estabelece para o seu anexo II, contém implícita a ideia de que apenas contempla a contratação de indivíduos com habilitações académicas que confiram habilitação própria ou suficiente nos termos do Despachos Normativos acima aludidos. Estamos, pois, de acordo com o teor do art. 9.º da resposta da entidade recorrida (fls. 25 dos autos).

O que não concordamos é que, na falta dessa habilitação própria ou suficiente, a contratação pudesse ser efectuada ao abrigo do DL n.º 77/88, de 3/09, como o afirmou no art 14.º da mesma peça. Este diploma, com efeito, tem objectivos e escopos diferentes dos prosseguidos pela Portaria em causa, dele não resultando que possa ser utilizado, mesmo em sede residual ou de normação subsidiária, para a contratação dos docentes que não tivessem sido abrangidos pelos "contratos-escola" previstos no art. 12.º da Portaria 367/98. Aliás, também desta Portaria não resulta, sequer, que a contratação para o «*exercício provisório de funções docentes*» (pois é disso que se trata) tenha cobertura noutro qualquer regime que não, unicamente, o que dele emerge.

Portanto, se esta Portaria é especial, dado o âmbito e objecto específico que se propõe atingir, não pode recorrer-se a outro diploma qualquer para suprir qualquer lacuna, inexistente, aliás.

Consequentemente, igualmente se não concebe que a remuneração possa ser a que corresponda ao índice menor dos constantes no anexo II do DL n.º 312/99, de 10 de Agosto, ao contrário do que diz a recorrida no seu articulado de resposta.

O acórdão sob censura, por outro lado, fazendo-se eco do argumento invocado pela entidade recorrida, entende que outra não poderia ser a solução, senão a redução do índice para o equivalente *ao mais baixo da carreira do pessoal docente*, já que «*...não faria sentido que um docente não integrado na carreira e apenas* detentor de habilitação considerada (casuisticamente) "mínima" auferisse uma remuneração superior às fixadas nos seus anexos II e III, que se reportam a docentes já integrados nas carreiras reguladas pelos Decretos-Lei n.º 100/86, de 17 de Maio, e 409/89, de 18 de Novembro».

Este argumento é, porém, falacioso.

Para quem está integrado na carreira, a remuneração respectiva há-de corresponder ao escalão próprio da antiguidade no exercício efectivo de funções e à situação de profissionalização e de habilitação académica de cada um. É esse o percurso que o docente enfrenta, tal como acontece com a generalidade das carreiras profissionais.

Mas, se o docente está fora da carreira e apenas se encontra a exercer funções por curtos períodos, em regime de transitoriedade, então não se lhe aplicam necessariamente as disposições que são próprias de um estatuto derivado da carreira. Nesse caso, porque não beneficia de todas as prerrogativas dos profissionais integrados na carreira, nada obsta a que o legislador o "compense" ou discrimine positivamente no aspecto remuneratório relativamente àqueles, precisamente porque se trata de uma situação precária e temporária. O benefício que o Estado colhe da prestação de um docente nestas condições – relativamente ao qual não tem vínculo permanente – é retribuído pela atribuição de um índice superior.

Aliás, o espírito do legislador na matéria nunca foi o de estabelecer nestas circunstâncias discriminações negativas ou restrições remuneratórias. Veja-se, por exemplo, o disposto no art. 12.º, n.º 3 do DL n.º 409/89, de 18/11, que estipulava que ao exercício de funções em regime de *contrato de provimento* corresponderia a remuneração a *fixar no respectivo contrato*, «a qual não poderá ser inferior ao vencimento dos docentes integrados na carreira, em escalão equiparável». Disso é exemplo, actualmente, a correspondente disposição do art. 21.º do DL n.º 312/99, de 10/08 (diploma que revogou o anteriormente citado), com uma redacção precisamente igual.

Decisiva, portanto, em tais situações, é a remuneração *acordada* no contrato, a qual, não podendo ser inferior à dos docentes integrados na carreira em escalão equiparável, já à deles poderá mesmo ser superior.

No caso em apreço, porém, não importa, sequer, lançar mão desse regime, face à força dispositiva da Portaria n.º 367/98.

Assim, porque esta Portaria, sendo diploma especial, não revela nenhuma lacuna que deva ser integrada por outra qualquer norma, nem estabelece quaisquer outros sinais de distinção para além dos que, em matéria remuneratória, constam do anexo II, também o não pode fazer o intérprete.

Temos, assim, que a remuneração só podia ser a que resultasse dos índices ali estabelecidos:

Indivíduo não licenciado/ não profissionalizado> índice **80** (em 1/06/2000: **84** e após 1/06/2001: **86**)

Indivíduo não licenciado/profissionalizado -> índice **108**

Indivíduo licenciado/não profissionalizado -> índice **120** (em 1/06/2000: **124** e após 1/06/2001: **126**)

Indivíduo licenciado/profissionalizado> índice **150**.

A questão remuneratória só podia ser encarada e resolvida dessa maneira. E se o recorrente cai sob a alçada do terceiro dos grupos, então o índice correcto seria o 124 (a partir de 1/06/2000), tal como estava contratualizado.

Deste modo, por ter sido violado o art. 9.º da Portaria em causa, deveria o acto ter sido anulado.

IV – DECIDINDO

Face ao exposto, acordam em:

1.º – Conceder provimento ao recurso jurisdicional, revogando o acórdão recorrido; e, em consequência:

2.º – Conceder provimento ao recurso contencioso, anulando o acto impugnado.

Sem custas.

Lisboa, 30 de Setembro de 2004.

Cândido de Pinho
Santos Botelho
Pais Borges

Recurso n.º 1801/03-11

GESTÃO DE RESÍDUOS. PARECER VINCULATIVO DA CÂMARA MUNICIPAL. ACTO CONTENCIOSAMENTE RECORRÍVEL.

(Acórdão de 19 de Outubro de 2004)

SUMÁRIO:

I – **Os projectos de operações de gestão de resíduos devem ser acompanhados de um parecer da Câmara Municipal competente que ateste a compatibilidade da sua localização com o respectivo plano director municipal (art. 11.º do Dec. Lei 239/97, de 9/9), sendo nulas e de nenhum efeito as autorizações concedidas, caso não seja atestada a referida compatibilidade (art. 11.º, n.º 3 do referido diploma legal).**

II – **O parecer da Câmara Municipal, referido em I, quando negativo é um parecer vinculativo, pois impede, sob pena de nulidade, a autorização dos projectos de operações de gestão de resíduos.**

III – **A deliberação de uma Câmara Municipal, declarando nulo um anterior parecer, por si emitido, atestando a compatibilidade da localização de um projecto de gestão de resíduos, com o plano director municipal não sendo ainda a decisão final do (novo) procedimento, compromete irreversivelmente o seu sentido, sendo, por isso, atenta a sua lesividade (autónoma e imediata) de considerar destacável para efeitos de recurso contencioso.**

ACORDAM NA 1ª SECÇÃO DO SUPREMO TRIBUNAL ADMINISTRATIVO:

1. RELATÓRIO

RESIOESTE – VALORIZAÇÃO E TRATAMENTO DE RESÍDUOS SÓLIDOS, SA, recorreu para este Supremo Tribunal da sentença proferida no TAC de Lisboa que, com fundamento na sua irrecorribilidade, rejeitou o RECURSO

CONTENCIOSO DE ANULAÇÃO da declaração de nulidade do parecer de 31 de Janeiro de 2000, proferida pela CÂMARA MUNICIPAL DO CADAVAL, formulando as seguintes conclusões:

a) o sentido do parecer que atestou a compatibilidade da localização do Aterro Sanitário do Oeste com o Plano Director Municipal do Cadaval, emitido pela Câmara Municipal do Cadaval, em 31 de Janeiro de 2000, influi decisivamente na emissão posterior do parecer favorável à localização do Aterro Sanitário do Oeste, nos termos das disposições conjugadas do art. 11.º, n.º 1 e 3 do Dec. Lei 239/97 e do art. 4.º, n.º 5 da Portaria n.º 961/98 e, consequentemente, no acto final do procedimento de autorização prévia, previsto nos artigos 8.º e seguintes do Decreto-lei 239/97;

b) no contexto constitucional actual, impõe-se a abertura do recurso contencioso a actos não horizontalmente definitivos desde que os mesmos sejam lesivos de direitos dos particulares;

c) por seu turno, se se entender que a declaração de nulidade do parecer da Câmara Municipal do Cadaval pode colocar em causa a validade do procedimento de autorização prévia antes desenvolvido, então importa concluir que tal acto, embora incidindo sobre um acto de procedimento, é imediatamente lesivo;

d) face ao exposto, e se se entender que a declaração de nulidade do parecer da Câmara Municipal do Cadaval pode colocar em causa a validade do procedimento de autorização prévia antes desenvolvido, não deverá, então, proceder o entendimento exposto na douta sentença recorrida de que a declaração de nulidade do parecer camarário de 31 de Janeiro de 2000 incide sobre um acto de trâmite e, nessa medida, não consubstancia um acto recorrível, sob pena de se ter violado o n.º 4 do art. 268.º da Constituição.

A entidade recorrida não contra-alegou.

Neste Supremo Tribunal, o Exmo. Procurador-Geral Adjunto emitiu parecer no sentido de ser negado provimento ao recurso.

Colhidos os vistos legais, o processo foi submetido à conferência.

2. FUNDAMENTAÇÃO
2.1. Matéria de facto

A decisão recorrida deu como assente a seguinte matéria de facto:

a) O exclusivo da exploração e gestão do sistema multimunicipal de valorização e tratamento de resíduos sólidos urbanos do Oeste foi adjudicado, em regime de concessão, à recorrente, por um prazo de 25 anos;

b) em 31-1-2000 a Câmara Municipal do Cadaval emitiu parecer pelo qual atestou a compatibilidade da localização do Aterro Sanitário do Oeste com o Plano Director Municipal do Cadaval, cujos termos aqui se dão por reproduzidos na íntegra;

c) em 28-2-2000, a recorrente apresentou no Instituto dos Resíduos o projecto de operações de gestão, munido, entre, outros, do parecer referido em 2, com vista à obtenção da autorização prévia;

d) em 1-8-2000 o Presidente do Instituto dos Resíduos considerou o projecto em questão, genericamente, objecto de parecer favorável, nos termos aqui dados como reproduzidos na íntegra;

e) em 20-10-2000 o Instituto dos Resíduos, considerando verificadas as condições e satisfeitos os requisitos para a aprovação do projecto de construção das infra-estruturas do Aterro Sanitário do Oeste, submeteu-o à apreciação do Ministro do Ambiente e do Ordenamento do Território;

f) por despacho de 23-10-2000, o Ministro do Ambiente e do ordenamento do Território autorizou o projecto aludido em 5;

g) em 27-9-2002, depois de efectuada a vistoria, o Instituto dos Resíduos emitiu a Autorização Prévia n.º 3/ /2001, cujos termos aqui se dão por reproduzidos na íntegra;

h) em 26-3-2001, a Câmara Municipal do Cadaval deliberou declarar a nulidade da deliberação da Câmara Municipal tomada na sessão de 31-1-2000, de emitir parecer favorável à localização do Aterro Sanitário do oeste na Quinta de S. Francisco, cujos termos aqui se dão por reproduzidos na íntegra;

i) em 2-3-2002, considerando a deliberação referida em 8 e propondo-se proceder ao encerramento coercivo e suspensão de actividades do aterro sanitário a Câmara Municipal notificou a recorrente, nos termos e para os efeitos do art. 101.º do Código de procedimento Administrativo;

j) em 2-5-2003, a recorrente interpôs recurso contencioso de anulação da deliberação proferida em 26-3--2001 pela Câmara Municipal do Cadaval;

l) oportunamente o Vice Presidente da Câmara Municipal do Cadaval, António Justiniano da Silva interpôs recurso contencioso do acto ora impugnado nos autos bem assim como requereu a suspensão de eficácia do acto, os quais correm termos na 1ª Secção do TAC de Lisboa, sob os n.ºs 288/01 e 288/01, e foram arquivados.

2.2. Matéria de direito

A decisão recorrida rejeitou o recurso por entender que o acto não era recorrível. Para tanto, em síntese, entendeu que o parecer que atesta a compatibilidade da localização do aterro com o Plano Directo Municipal insere-se no "iter" procedimental tendente a obter junto do Presidente do Instituto dos Resíduos a autorização para a gestão e exploração de resíduos. Deste modo, o referido parecer – a par dos restantes elementos – que instruem o pedido de autorização prévia, integram-se na fase preparatória do respectivo procedimento. A deliberação camarária que declara a nulidade do aludido acto preparatório, não pode por maioria de razão produzir efeitos imediatos, pelo que carece de lesividade própria.

A recorrente defende que o sentido do aludido parecer influi decisivamente sobre o conteúdo do acto final de procedimento, sendo susceptível de conter lesividade própria, o mesmo acontecendo com a deliberação que declara a nulidade de anterior parecer favorável.

Vejamos a questão, começando por destacar (i) o relevo do aludido parecer no procedimento tendente à autorização das operações de Armazenamento, Valorização e Eliminação de Resíduos, de forma a podermos determinar, de seguida, (ii) quais os seus efeitos lesivos na esfera da recorrente e, (iii) finalmente se o mesmo é contenciosamente recorrível.

Nos termos do art. 6.º, n.º 4 do Dec. Lei 366/97, de 20/12 (diploma que constituiu a ora recorrente e criou "o sistema multimunicipal de valorização e tratamento de resíduos sólidos urbanos do Oeste, integrado pelos municípios de Alcobaça, Alenquer, Arruda dos Vinhos, Azambuja, Bombarral, Cadaval, Caldas da Rainha, Lourinhã,

Nazaré, Óbidos, Peniche, Rio Maior, Sobral de Monte Agraço e Torres Vedras"):
"Os projectos de construção das infra-estruturas, bem como as respectivas alterações, deverão ser previamente aprovados pelo Ministro do Ambiente, com dispensa de quaisquer outros licenciamentos".
O procedimento de obtenção da referida autorização vem referido nos artigos 10.º e 11.º do Dec. Lei 239/97, de 9/9, nos seguintes termos:

"ARTIGO 10.º
Processo de autorização
1 – O requerimento da autorização a que se refere o artigo 8.º é dirigido à autoridade competente para a decisão final, acompanhado dos elementos exigidos:
 a) Nas disposições legais e regulamentares que regem a instrução dos processos de avaliação do impacte ambiental, quando seja o caso;
 b) Por portaria do Ministro do Ambiente, no caso de resíduos industriais, resíduos sólidos urbanos ou outros tipos de resíduos.
2 – Nos casos em que a decisão final compete ao Ministro do Ambiente, incumbe ao Instituto dos Resíduos instruir o processo de autorização.
3 – Os processos de autorização relativos à instalação e funcionamento de unidades ou equipamentos de valorização e eliminação de resíduos perigosos hospitalares independentes ou integrados em unidades de saúde, regem-se pelo disposto em portaria conjunta dos Ministros da Saúde e do Ambiente.

"ARTIGO 11.º
Localização
1 – Os projectos de operações de gestão de resíduos devem ser acompanhados de *parecer da Câmara Municipal competente que ateste a compatibilidade da sua localização com o respectivo plano municipal de ordenamento do território*, bem como de parecer favorável à localização, quanto à afectação de recursos hídricos, a emitir pela direcção regional do ambiente e dos recursos naturais competente.
2 – Na falta de plano municipal de ordenamento do território plenamente eficaz, o parecer referido no número anterior compete à respectiva comissão de coordenação regional
3 – *São nulas e de nenhum efeito as autorizações concedidas em desrespeito do disposto nos números anteriores*.".

Decorre do exposto que, no caso especial da ora recorrente, o único acto de licenciamento que necessita é a autorização do Ministro do Ambiente (art. 6.º, n.º 4 do Dec. Lei 366/97, de 20/12) e que o parecer da Câmara Municipal que ateste a compatibilidade da localização dos projectos com os planos municipais de ordenamento do território, *vincula a decisão final sempre que seja negativos*, isto é, sempre que não atestem essa compatibilidade. O parecer favorável da Câmara Municipal não é assim uma condição suficiente, *mas é uma condição necessária*. Nesta medida, podemos concluir com toda a certeza, *um parecer negativo é vinculativo*.

No presente caso, depois de ter sido emitido um parecer favorável, quanto à compatibilidade do projecto e do Plano Director Municipal, a Câmara Municipal declarou a sua nulidade. Este acto (declarando a nulidade) tem, neste contexto, a natureza e consequências jurídicas de um *parecer negativo*, e, nessa medida, por força do disposto no art. 11.º, n.º 3 do Dec. Lei 239/97, de 9/9, implicará a nulidade das autorizações concedidas pela entidade competente (Ministro do Ambiente). Com efeito, a declaração de nulidade do acto não pode deixar de ter *efeitos retroactivos*, destruindo e substituindo o anterior parecer, tudo se passando, então, como se nunca tivesse sido emitido parecer favorável – cfr. art. 134.º do Cód. Proc. Adm. *"o acto nulo não produz quaisquer efeitos jurídicos, independentemente da declaração de nulidade"*.
Julgamos que nestas circunstâncias, o acto recorrido tem efeitos lesivos *autónomos e actuais*.
Apesar do acto recorrido se projectar directamente sobre um acto de trâmite (sobre um dos elementos indispensáveis à autorização) o certo é que se projecta em termos tais que condiciona inelutavelmente a decisão final. A decisão final, obtida (a partir do acto recorrido e dos seus efeitos retroactivos) *sem um parecer favorável* atestando a compatibilidade do projecto com o P.D.M. *será nula, nos termos do art. 11.º, n.º 3 do Dec. Lei 239/97, de 9/9.*
No caso dos autos, e porque o acto final fora já proferido, é a deliberação recorrida que de forma *imediata e irremediável* afecta a esfera jurídica da recorrente. É este novo parecer, posterior ao acto final, que vai implicar a reapreciação do projecto e a consequentemente modificação da autorização final. Mas vai também legitimar tanto a C. Municipal, como qualquer entidade, a poder invocar a nulidade do acto final. Como de resto foi patente neste processo, tendo a Câmara Municipal, em 2-3-2002, invocando tal nulidade, querido proceder ao encerramento coercivo e suspensão de actividade do aterro sanitário (cfr. alínea *l*) da matéria de facto). Este procedimento compatível com o regime da nulidade do acto de autorização, por sua vez decorrente da nulidade do parecer de compatibilidade, mostra que a deliberação recorrida irradia, por si só, efeitos concretos nefastos para o recorrente.
Não restam dúvidas que, se a sua deliberação que declarou a nulidade do parecer anterior, *for ilegal* – mormente por tal parecer não ser nulo, mas válido – *a autorização concedida pelo Ministro do Ambiente, já concedida, é também plenamente válida.*
Parece assim, indiscutível que o acto que, em primeira linha, determina a produção de efeitos lesivos na esfera jurídica da recorrente, é o acto recorrido.
Entendeu, todavia, a sentença recorrida que, neste caso, se torna necessária uma nova decisão da entidade competente (Instituto de Resíduos), sendo de tal decisão – se lhe for desfavorável – que cabe recurso. Sendo certo, sublinhou a sentença que o referido art. 11.º, 3 do Dec. Lei 239/97 comina com *nulidade* a decisão a emitir com desrespeito pelo parecer camarário.
A questão que se coloca, agora é outra. É de saber se o interessado que é lesado (irremediavelmente) com a emissão de um parecer vinculativo deve recorrer, desde logo de tal parecer, ou se deve esperar pela prática do acto final, e recorrer apenas deste – embora insurgindo-se contra a validade do parecer vinculativo.
A doutrina nacional quanto à recorribilidade dos pareceres vinculativos não é unânime. MARCELO CAETANO considerava tais pareceres definitos, mas não executórios e daí irrecorríveis – Manual de Direito Administrativo, Vol. II, pág. 1320: " (...) *não se está, em rigor, face de um*

parecer e sim perante um acto definitivo carecido de homologação para se tornar executório". FREITAS DO AMARAL considerando que "*na realidade quem decide é a entidade que emite o parecer. Esta é que será a verdadeira decisão: a decisão da segunda entidade é uma formulação de algo que já estava pré-determinado no parecer*" – Direito Administrativo, vol. III, pág. 138 – parece abrir desse modo uma porta à recorribilidade de tais pareceres. VASCO PEREIRA DA SILVA admite sem hesitações a recorribilidade destes pareceres. Quer partindo da *ideia de co-decisão*, quer partindo do entendimento segundo o qual o parecer vinculativo *afecta de forma decisiva a competência* da autoridade investida do poder de decisão (o que levaria mesmo a doutrina mais clássica a considerar recorríveis os pareceres vinculativos, como excepção à regra geral da irrecorribilidade dos pareceres), quer na perspectiva da doutrina que *valoriza autonomamente fenómenos procedimentais*. "*A vontade da Administração* – conclui o autor – *não se manifesta unicamente no momento da decisão final, como se tivesse "caído do céu aos trambolhões", antes é o resultado de um procedimento, no qual podem participar os particulares e autoridades administrativas muito diversas, sendo que os diversos estádios desse procedimento que afectem imediatamente os particulares devem poder ser autonomamente impugnáveis, tal como o respectivo acto final*" – Em Busca do Acto Administrativo Perdido, Lisboa, 1998, pág. 704 e 705.

A jurisprudência deste Tribunal também não tem sido unânime, embora se incline, ultimamente, para admitir a recorribilidade contenciosa dos pareceres vinculativos. Como se disse no Acórdão de 30-9-2003 (recurso 826/03):
"*(...) A jurisprudência deste STA encontra-se dividida quanto a esta matéria. A título de exemplo, e citando apenas acórdãos do Pleno da Secção, o acórdão de 7/5/96, proferido no recurso n.º 27 573, decidiu, embora com quatro votos de vencido, pela irrecorribilidade dos actos desta natureza, tendo levado ao seu sumário a seguinte doutrina: "I. O parecer emitido pela CCRLVT, a pedido de uma Câmara Municipal para, na vigência do DL n.º 166/70, de 15/4, aquela deferir ou indeferir um pedido de licenciamento de obra particular, é sempre um acto meramente opinativo, como mero instrumento auxiliar da decisão. II. Porque o recurso contencioso de anulação pressupõe sempre a existência de um verdadeiro acto administrativo e aquele parecer não reveste, nem tem as características e a natureza próprias de um acto administrativo por lhe faltar a produção de efeitos externos, ou porque não define a situação jurídica de terceiros, não é susceptível de recurso."*

A partir de 2001, operou-se uma mudança na jurisprudência deste Supremo Tribunal, consubstanciada nos acórdãos do Pleno de 16/1/01 e de 15/11/01 (com um voto de vencido neste último), proferidos nos recursos n.ºs 31 317 e 37 811, respectivamente. De acordo com ela, à qual aderimos e que iremos seguir de perto, os pareceres vinculativos, proferidos por órgãos pertencentes a entidades estranhas da entidade com competência para a prática da decisão final, constituem actos prejudiciais do procedimento, ou seja, actos administrativos contenciosamente recorríveis, já que produzem efeitos no âmbito das relações entre dois órgãos administrativos de pessoas colectivas e um particular e que se pode considerar como uma estatuição autoritária (que cria uma obrigação a um órgão administrativo – Câmara Municipal – e a um particular – a ora recorrente) relativa a um caso concreto, produzido por outro órgão de pessoa colectiva diferente, no uso de poderes administrativos.

No caso sub judice, e como já acima demonstrámos, estamos perante um parecer vinculativo, emitido previamente por uma autoridade da Administração Central, ao abrigo de competências constitucionais e legais próprias (cfr. artigos 66.º, n.º 2, alínea c) da CRP e as disposições citadas da Lei n.º 13/85 e dos Decretos n.ºs 20 985 e 28 536), bem diferenciadas das do órgão da autarquia local a quem a CRP e a lei ordinária (artigos 237.º, n.º 2 e 239.º da CRP e 64.º, n.º 5, alínea a) da Lei n.º 169/99, de 18/9) confiam outro tipo de interesses subordinados ao "princípio da unidade do Estado", exercício esse que, conforme pacífica jurisprudência deste STA, não configura qualquer forma de tutela, mas antes o exercício de competências próprias ou concorrentes com a Administração Local.

Este parecer, de natureza desfavorável à recorrente, foi emitido, não no exercício de uma função de administração consultiva, mas consubstanciando, antes, uma avaliação traduzida na emissão de um juízo crítico de um órgão que, por opção legal, tem um sentido determinante sobre o sentido da decisão procedimental, já que impõe mesmo o sentido desta, uma vez que faz a indicação do conteúdo que deverá constar da resolução final de tal procedimento, de modo que esta só pode ser de homologação daquele parecer.

Assim, tal parecer desfavorável implica simultaneamente um efeito conformativo (a decisão tem de ser homologada) e preclusivo (inviabiliza, por inutilidade, o exercício de competências dispositivas próprias do órgão principal decisor, que passa a ser do próprio autor do parecer). (...). Tal parecer realizou não apenas uma função definitória ou concretizadora do direito aplicável a uma relação jurídica que se constituíra entre dois órgãos da Administração pertencentes a pessoas colectivas diferentes (relações inter-orgânicas externas), mas também em relação aos próprios particulares requerentes.

Assume, assim, no caso concreto, a natureza de um acto prejudicial do procedimento, cuja força jurídica é mais intensa do que a dum mero acto pressuposto, visto ter influência sobre os termos em que é exercido o poder decisório final, na medida em que define logo a posição jurídica dos interessados, ou seja compromete irreversivelmente o sentido da decisão final" – citado acórdão de 15/11/01.

Em face do exposto, correspondendo o parecer vinculativo proferido e que constitui o objecto do presente recurso ao exercício de uma competência constitucional e legal própria, não se vê motivo algum para admitirmos qualquer desvio ao princípio geral da recorribilidade contenciosa directa dos actos lesivos destacáveis (Acórdão da Subsecção de 4/10/95, recurso n.º 32 582).

Este é, para além de tudo quanto ficou dito, o procedimento que confere uma mais eficaz tutela efectiva do direito da recorrente, ao permitir uma maior celeridade no procedimento (ver a possibilidade, admitida por Pedro Gonçalves, in Apontamento sobre a função e a natureza dos pareceres vinculantes, CJA n.º 0, pág. 3-12, dos particulares poderem impugnar contenciosamente os pareceres, após a sua aceitação lesiva pelo acto decisório final, em contraponto a outra posição, segundo a qual o acto contenciosamente recorrível seria esse acto final decisório, embora os vícios invocados devessem ser os do parecer).

E, além disso, aquele que permite um mais correcto exercício do princípio do contraditório, pois que, inquestionavelmente, são os autores dos actos que estão em melhores condições para o fazer (...)"

Julgamos ser esta a melhor doutrina.

Na verdade, e tendo em conta o caso concreto dos autos, a recorrente é *já titular de uma autorização concedida pela autoridade competente*, torna-se claro ser a deliberação recorrida a *única causa da lesão* dos interesses da recorrente.

Será, por outro lado, completamente inútil refazer o procedimento, no caso da *deliberação recorrida ser inválida: a autorização já concedida manterá plena validade*. Se a doutrina e a jurisprudência já aceitavam a recorribilidade contenciosa de pareceres vinculativos, emitidos antes de ser proferido o acto final, então, por maioria de razão se deve admitir tal recorribilidade quando o parecer vinculativo condicionador do acto final, só surge, como no presente caso, já depois do acto definitivo.

Acresce, finalmente – como referiu, a final, o Acórdão acima transcrito, que a tutela de todos os interesses envolvidos, quer da Câmara Municipal, quer da recorrente, é melhor assegurada se forem os autores dos actos a fazerem valer as suas razões em juízo, o que não aconteceria se apenas fosse impugnável o acto final.

Assim, e pelos fundamentos referidos julgamos que a deliberação recorrida, embora com a natureza de *parecer vinculativo* tem lesividade autónoma e actual, por condicionar irremediavelmente a deliberação final, sendo por isso contenciosamente recorrível, nos termos do art. 268.º, 4 da Constituição.

3. DECISÃO

Face ao exposto, os juízes da 1ª Secção do Supremo Tribunal Administrativo acordam em conceder provimento ao recurso, revogar a decisão recorrida na parte em que considerou que o acto era irrecorrível, por ser um mero acto de trâmite, e determinam a baixa para prosseguimento dos autos, se nada mais obstar.

Sem custas.

Lisboa, 19 de Outubro de 2004.

São Pedro (Relator)
Fernanda Xavier
João Belchior

Recurso n.º 1896/03

INFORMAÇÃO PRÉVIA. DEFERIMENTO TÁCITO. REVOGAÇÃO DO ACTO TÁCITO. AUDIÊNCIA PRÉVIA. CONCEITOS INDETERMINADOS: – *ENVOLVENTE E ALTURA E ALINHAMENTO DOMINANTES.*

(Acórdão de 14 de Outubro de 2004)

SUMÁRIO:

I – O deferimento tácito de pedido de informação prévia pode, em caso de ilegalidade, ser objecto de revogação por acto expresso.

II – Na obsta a que os fundamentos invocados na decisão da informação prévia, mesmo que esta tenha sido solicitada por terceira pessoa, sejam utilizados na decisão do indeferimento do pedido de licenciamento, desde que se mostrem ainda consistentes e relevantes ao caso.

III – Utilizado pelo interessado o direito de resposta em sede de audiência prévia (art. 100.º do CPA), não tem a entidade decisora que contra-argumentar sobre cada um dos argumentos por aquele apresentados.
Não tendo a resposta suscitado questões novas que merecessem nova pronúncia, não está o órgão obrigado a rebater os argumentos da defesa e reiterar os já explanados no sentido provável da decisão anteriormente comunicada.

IV – *Envolvente* e altura *dominante* são conceitos vagos e indeterminados que, perante o quadro da situação de facto, podem ser sindicados pelo tribunal.

ACORDAM NA 1ª SUBSECÇÃO DA 1ª SECÇÃO DO STA:

I – "**Dunas de Aveiro – Construções Ldª**", com sede na AV. 25 de Abril, n.º 33, 2.º, em Ílhavo, recorre jurisdicionalmente da sentença lavrada no TAC de Coimbra, que negou provimento ao recurso contencioso ali movido contra o despacho de 8/11/2001 do Sr. **Vereador do Pelouro de Obras Particulares da Câmara Municipal de Ílhavo**.

Nas alegações respectivas, concluiu da seguinte maneira:

«1 – O projecto de arquitectura submetido a licenciamento não viola quaisquer normas imperativas, estando até de acordo com a primeira informação técnica que foi prestada no procedimento de informação prévia – a construção indeferida não contraria a cércea máxima para o local, estando de acordo com a envolvência e por razões de estética procurou-se que os gavetos opostos ficassem com alçados semelhantes e no que respeita às garagens, o projecto possui virtualidades que lhe permite adaptações necessárias para o cumprimento das regras do PDM.

2 – O indeferimento do projecto de arquitectura apresentado a licenciamento não se encontra fundamentado, por insuficiência e, até, ausência de motivação, quer de facto, quer de direito – o acto recorrido não revela os factos relacionados com a pretensão de licenciamento (com o projecto de arquitectura apresentado) que justifiquem o indeferimento do pedido e no Despacho proferido ou no parecer que o integra não vem referida qualquer norma que tenha sido violada e que inviabilize o licenciamento.

3 – O acto recorrido não dá (nem poderia dar) a motivação para que se considere ser o sentido da informação prévia condição obrigatória a observar pelo recorrente, nem indica a disposição legal que a tal obriga e igualmente também não indica o que determina ser o procedimento de informação prévia requerido por terceira pessoa uma imposição ao requerente do licenciamento, ora recorrente.

4 – A recorrente é alheia ao procedimento de informação prévia, já que nunca teve intervenção, espontânea ou provocada, no procedimento de informação prévia, não podendo o mesmo produzir efeitos em relação à recorrente, nos termos do artigo 132.º do C.P.A.

5 – A informação prévia vincula quem a presta, não vincula quem a solicita – tem por fim apontar a viabilidade de construção num determinado terreno, por forma a que os cidadãos, com certeza e segurança, saibam que poderão construir nas condições da informação prévia, se requererem o licenciamento da obra no decurso de um ano e, sendo deferida, a autarquia fica obrigada a deferir o licenciamento da obra que for requerido no espaço de um ano em conformidade com aquela; não retira direitos a um licenciamento com solução urbanística diferente já que o procedimento do licenciamento de uma obra é autónomo do procedimento de informação prévia.

6 – Ao fundamentar-se o acto recorrido com razões inadmissíveis e inaplicáveis, não se pode ter por fundamentado o acto recorrido. A fundamentação invocada terá que se considerar obscura ou, já que não permitem colher com perfeição o sentido das razões que determinaram a prática do acto. Se assim não for entendido, haverá que considerar-se que a invocação de não cumprimento da informação prévia equivale à ausência de fundamentação, nesta parte, tomando os demais argumentos insuficiente para que se considere o acto fundamentado.

7 – Para que se tenha por fundamentado o acto administrativo exige-se que, *perante o itinerário cognoscitivo e valorativo constante daquele acto, um destinatário normal possa ficar a saber por que se decidiu em determinado sentido* (ac. STA, de 28.5.87; ap.-DR de 30/11/88, p. 468), devendo, também, a fundamentação ser expressa através de sucinta exposição das motivações de facto e de direito da decisão e a fundamentação deve ser clara, congruente e suficiente, de maneira a que o destinatário do acto fique a conhecer os motivos concretos da decisão... (Ac. STA, de 25/06/97, p.º 29092), o que não se verifica no caso concreto – muitas das vezes a ilegalidade de um acto só se apreende em razão dos motivos que acompanham o acto.

8 – O projecto de arquitectura submetido a licenciamento pela recorrente está conforme o acto tácito de deferimento, tendo-se este por consolidado na ordem jurídica e, por conseguinte, não poderá ser motivo de indeferimento a invocação de não cumprimento da informação prévia – já que o despacho revogatório datado de 26/04/2001 foi proferido não nesta data mas sim a 18/06/2001, sendo recebido pela requerente da informação prévia no dia 20/06/2001, dois dias depois de esta apresentar o requerimento para a declaração de deferimento tácito (conforme resulta da conjugação dos n.ºs 4, 5 e 8 dos factos dados como provados e artigos 4.º e 5.º da p.i. apresentada em sede de impugnação); bem como não é eficaz perante a recorrente o despacho notificado a 18/06/01 e recebido a 20/06/01 pela requerente da informação prévia, por tal acto constituir deveres ou encargos para particular e, assim, só começam a produzir efeitos a partir da sua notificação aos destinatários (art.º 132.º do CPA).

9 – O deferimento tácito da informação prévia tem-se como consolidado na ordem jurídica e, por via disso, o acto recorrido pelos motivos nele invocados (não cumprimento da informação prévia, designadamente) para além de não fundamentado, terá de ser tido como produzido em violação dos normativos contidos nos artigos 3.º, 4.º e 5.º, n.º 2 do CPA e artigos 31.º, 34.º e 36.º do D.L. 445/91, de 20/11, na redacção que lhe foi dada pelo D.L. 250/94, de 15/10.

10 – Acresce que, a decisão constante da informação prévia não é válida, já que a entidade recorrida, ao pedir a elaboração de um estudo urbanístico para o local e impô-lo como obrigatoriedade ao particular, estabeleceu um instrumento urbanístico, não admissível por lei e, por conseguinte, tem de se ter por nulo e, por via dessa nulidade, nula também é o acto recorrido.

11 – A entidade recorrida, no acto recorrido, ao referir-se à decisão da informação prévia como motivo para indeferimento do projecto de arquitectura apresentado, considerou o estudo obrigatório para o particular – a recorrente – mesmo que não tenha sido esta a requerer a informação prévia e não ter tido conhecimento e não lhe seja eficaz essa decisão. A entidade recorrida considerou o estudo urbanístico efectuado, como regra a observar obrigatoriamente por quem queira construir naquele local. A entidade recorrida tomou, pois, como norma geral e abstracta, as condições e condicionantes do estudo urbanístico que integra a decisão final do procedimento de informação prévia. Ao considerar esse estudo deste modo, colocou-lhe as vestes de um verdadeiro instrumento urbanístico, não admissível por lei. Deste modo, é nulo e de nenhum efeito, por não legal.

12 – Também, um pedido de licenciamento que não seja apresentado em conformidade com uma informação prévia terá sempre que ser analisado e apreciado autonomamente – uma informação prévia não retira direitos a um licenciamento com solução diferente, não ficando o particular obrigado a erigir nos moldes aí previstos. Não se procedendo deste modo, antes impondo-se como norma a decisão da informação prévia que se baseou num estudo urbanístico, elevou-se esta e o estudo urbanístico que a integra à categoria de instrumento urbanístico não legal, por não previsto na lei e, por conseguinte, nulo e de nenhum efeito, nos termos do disposto no art.º 133.º do CPA, ferindo igualmente de nulidade o acto recorrido.

13 – A sentença recorrida refere que o indeferimento se baseou em diversos factos concretos, que foram levados ao conhecimento da recorrente, fazendo a sua elencagem. Tais factos concretos, por si só, não podem

justificar o indeferimento, porquanto admitem interpretações diversas, o que a recorrente manifestou na resposta que formulou no âmbito da audição prévia.

14 – Tendo a recorrente exercido o direito de audição prévia, a entidade recorrida não poderia passar ao indeferimento puro e simples, sem que previamente, analisasse e contraditasse os argumentos apresentados pela recorrente, concedendo-lhe prazo para regularizar o procedimento – as irregularidades apresentadas não são substanciais, mas sim susceptíveis de correcção (não se mostraram insanáveis) e, na prossecução do interesse público, a administração terá de respeitar os interesses dos particulares e, por conseguinte haveria que permitir a reformulação do projecto, antes do seu indeferimento, ou, então, como é usual e norma prática das autarquias em sede do licenciamento de obras particulares, formular condições a observar pela recorrente, condições mesmo que prévias ao levantamento da licença de construção.

15 – A cércea proposta pela recorrente não contraria a cércea máxima para o local, pois a recorrente pretende edificar em conformidade com o n.º 2 do art.º 9.º do regulamento do PDM, por o local se enquadrar em espaço urbano de nível I.

16 – No que respeita a edificações em espaços urbanos de nível I, dispõe o n.º 2 do art.º 11.º do regulamento do PDM que *é permitida a construção em prédios existentes ou resultantes de destaque ...bem como a alteração do existente, de acordo com os seguintes parâmetros: a) os alinhamentos, cérceas e tipologia de implantação da edificação serão definidos de acordo com a envolvente* ..., sendo que, na envolvência do terreno onde a recorrente quer construir existem prédios com igual cércea e até de cércea superior; o terreno é um terreno de gaveto, no gaveto oposto existe um prédio de r/c+ 1piso+recuado; a norte existe um prédio de r/c+2 pisos e imediatamente a poente um prédio de r/c+3 pisos; a construção pretendida é de r/c+1+recuado. Deste modo, está em conformidade com a envolvência.

17 – Aquando da apresentação do articulado do art.º 54.º da LPTA, a recorrente requereu a inspecção ao local para aí se aferir com rigor qual das posições se apresenta como correcta e certa, a qual se impõe (ou a concretização de outro meio de prova) para que se pratique justiça. Não foi feito, tomando-se como certa a posição da entidade recorrida, o que fere o princípio do contraditório.

18 – O acto recorrido está ferido de vício: por falta de fundamentação, não se encontrando motivado de facto e de direito; por violação do disposto nos artigos 3.º (princípio da legalidade), artigo 4.º (princípio da prossecução do interesse público e da protecção dos direitos e interesses dos cidadãos) artigo 5.º, n.º 2 (princípio da proporcionalidade), todos do CPA; artigos 31.º, 34.º e 36.º do D.L. 445/91, de 20/11, na redacção que lhe foi dada pelo D.L. 250/94, de 15/10; artigo 11.º do RPDM de Ílhavo aprovado por Resolução do Conselho de Ministros n.º 140/99, de 05/11/99».

Alegou, igualmente, o recorrido, pugnando pelo improvimento do recurso.

Neste tribunal, o digno Magistrado do MP limitou-se a sufragar o parecer emitido pelo MP na 1ª instância, concluindo, por isso, que o recurso não merece provimento.

Cumpre decidir.

II – OS FACTOS

A sentença recorrida deu por assente a seguinte factualidade:

«1. Mediante requerimento, datado de 16-01-2001, Maria Odete de Paiva Simões, deu entrada na Câmara Municipal de Ílhavo, de um pedido de "informação prévia" para construção de um bloco de habitação e garagens com rés-do-chão, 1° andar e 2° andar recuado, com alinhamento de 10 metros ao eixo da via e 5 metros para muro de vedação, logradouros laterais de 3 metros e as garagens no fundo do lote, em toda a sua largura com 6 metros de profundidade, no prédio urbano, inscrito na matriz sob o art.º 7528.º, da freguesia da Gafanha da Nazaré, concelho de Ílhavo – cfr. teor de fls. 2-7 e segs. do Vol. 2 do PA;

2. Sobre o pedido acima referido, incidiu o despacho datado de 31-03-2001, proferido pelo Vereador em exercício, Eng. Marcos Labrincha Ré, que constitui fls. 2-5 e 2-6 do Vol.. 2 do P A em que solicitou a elaboração de um estudo com base nos argumentos ali constantes e que, aqui, se dão por reproduzidos;

3. Em 26-04-2001, o mesmo Vereador em Exercício, com base na informação DOPGU/mariop 2001/04/26 160/013, condicionou a construção solicitada pela requerente Maria Odete, na informação prévia, à observação de várias regras ali definidas sob os pontos 1 a 10 – cfr. teor de fls. 2-3 e 2-4 do Vol. 2 do P A;

4. O despacho acima referido, de 26-04-2001, foi notificado, à requerente Maria Odete, através do ofício na 07628, datado de 18-06-2001, mediante carta registada com AR, o qual se mostra por esta assinado em 20-06--2001 – cfr. teor de fls. 2-1 e 2-1 do Vol. 2 do PA;

5. A requerente, Maria Odete, em 18-06-2001, dirigiu ao Presidente da Câmara de Ílhavo, um requerimento (que deu entrada no mesmo dia nos serviços camarários), em que, com base nos fundamentos ali constantes, invocava o deferimento tácito do pedido de informação prévia anteriormente feito e informava que iria proceder à entrega do projecto para licenciamento com as características indicadas no respectivo pedido cfr. teor de fls. 3-10 e 3-11 do Vol. 3 do PA;

6. Com data de 17-07-2001, a ora recorrente – Dunas de Aveiro, Construções, Lda, deu entrada nos serviços camarários, de um projecto de arquitectura, nos termos constantes de fls. 4-4 a 4-29 do Vol. 4 do PA;

7. Em 08-08-2001, o Vereador em exercício, proferiu em, 08-08-2001, despacho sobre a informação DOPGU/mariop 2001/08-02 2444/01 2, concordando com a referida informação, solicitando parecer jurídico e determinando fosse dado conhecimento do despacho à requerente Maria Odete, o que foi feito através do ofício n.º 102910 1 de 21.

08-2001 – cfr. teor de fls. 3-3 a 3-4 do Vol. 3 do PA;

8. Após o parecer jurídico n.º 1/01 – 2001/10/01, o Vereador do Pelouro de Obras Particulares, emitiu despacho em 08-11-2001, o qual notificado à requerente Maria Odete, mediante ofício n.º 1.3997, datado de 12-11-2001, com o seguinte teor: "na sequência do despacho do Sr. vereador, datado de 2001-08-08 e, com referência ao assunto em epígrafe, informamos ser nosso entendimento que, o pedido de informação prévia, em questão, foi tacitamente deferido, nos termos do art. 61.º, do DL 445/91 de 20 de Novembro, com as alterações introduzidas pelo DL 250/91, de 15 de Outubro, por decurso do prazo previsto no art. 38.º do mesmo diploma

legal. No entanto, após a data da formação de deferimento tácito referido, foi praticado acto expresso de indeferimento, acto este posterior já ao anterior acto tácito, pelo que, constitui o mesmo acto revogatório desse mesmo deferimento tácito. Ora, apesar do acto tácito de deferimento daquele pedido de informação prévia, só pode ser revogável por ilegalidade, pois é constitutivo de direitos, não tendo até à data sido impugnado ou atacado o acto expresso de indeferimento (acto revogatório do acto tácito de deferimento), firmou-se o mesmo na ordem jurídica, como caso resolvido, pelo que, o projecto de arquitectura entretanto entregue deverá cumprir e encontrar-se de acordo com as normas constantes da informação prévia, notificada ao requerente pelo oficio 0762801-06-18" cfr. teor de fls. 3-1 e 3-2 do Vol. 3 do PA;

9. Relativamente ao projecto de arquitectura apresentado em 17-07-2001, pela ora recorrente Dunas de Aveiro – foi emitido o parecer que constitui fls. 4-3 do Vol. 4 do PA e, o Vereador em exercício emitiu em 08-08-2001 despacho no sentido de dar cumprimento ao disposto no art.° 100.º do CPA, comunicando-se à recorrente a intenção de indeferir a sua pretensão (cfr. fls. 4-3 Verso do referido Vol.), o que foi feito mediante ofício n.° 10290, datado de 21-08-2001;

10. Em cumprimento do disposto no art 100.º do CPA, a ora recorrente pronunciou-se nos termos constantes do requerimento que constitui fls. 5-9 e 5-10, do Vol. 5 do PA, requerimento este que deu entrada nos serviços camarários em 27-08-2001, tendo-lhe sido atribuído o n.° de registo 3479/01;

11. Face ao parecer n.° 2/01– 2001/10/11, e que constitui fls. 5-4 a 5-7 do Vol. 5 do PA, o Vereador em exercício profere em **08-11-2001**, despacho de concordância com o referido parecer, no sentido de indeferir o projecto de arquitectura apresentado por não dar cumprimento à informação prévia emitida em 26-04-2001;

12. Este despacho e o referido parecer 2/01 foi notificado à recorrente através do ofício n.° 13998, datado de 12-11-2001 – cfr. teor de fls. 5-1 a 5-3 do Vol. 5 do PA».

III – O DIREITO

Entende a recorrente que o acto em crise padecia do vício de forma por "insuficiência" e "ausência de motivação", quer de facto, quer de direito.

E isto pelos seguintes motivos:

a) Por não se referir a factos relacionados com a pretensão de deferimento do projecto de arquitectura e por nenhuma norma a esse respeito ter sido indicada (conclusão 2ª);

b) Por não dar a "motivação" pela qual o acto teve em conta o sentido da "informação prévia", quando o certo é que, além de esta ter sido pedida por outra pessoa, a informação não vincula quem a solicita e é mesmo autónomo do procedimento de licenciamento com solução urbanística diferente (conclusões 3ª, 4ª, 5ª, 6ª, 7ª e 8ª).

Apreciemos.

Apresentado o pedido de informação prévia em 16/01/ /2001, *somente* em 26/04/2001 foi proferido despacho, que apenas foi notificado à requerente Maria Odete pelo ofício n.º 076280, de 18/06/2001.

Significa que chegou a ocorrer deferimento tácito do pedido (pelo decurso do prazo estabelecido no art. 38.º do DL n.º 445/91, de 15/10, com a redacção do DL n.º 250/94, de 15/10), o qual, embora represente uma ficção legal de acto administrativo, produz todos os efeitos jurídicos substantivos típicos do acto expresso (cf. **Freitas do Amaral**, "Curso de Direito Administrativo", vol. II, p. 336 e **Esteves de Oliveira**, "Direito Administrativo", pag. 478/479).

Mas, por outro lado, também é verdade que esse acto tácito viria a ser revogado, mesmo sem ter sido assim designado, pelo despacho de 26/04/2001 (no sentido da revogação implícita dos actos tácitos de deferimento de pedidos de informação prévia com base em ilegalidade destes, ver: *Ac. do STA de 25/02/99, Proc. n.º 042332; de 12/11/96, Proc. n.º 039098; de 11/05/2000, Proc. n.º 045249; 18/05/2000, Proc. n.º 044457; 4/07/2000, Proc. n.º 044812*).

Contudo, deste acto expresso nenhum recurso foi interposto, pelo que se consolidou na ordem jurídica, como caso resolvido.

É certo que diferentes e autónomos são os alcances dos actos proferidos em sede de "informação prévia" e de "procedimento de licenciamento". Todavia, nada obsta a que no acto que indefira o licenciamento o seu autor se socorra dos motivos pelos quais prestou informação prévia negativa, se estes ainda se mostrarem consistentes e relevantes ao caso.

A este propósito, coisas diferentes são a "falta de fundamentação", e "fundamentação errada".

O que não é acertado é dizer que o acto recorrido não se fundou em factos relativos ao pedido de licenciamento e, pois, ao projecto de arquitectura.

Aliás, se bem se reparar, já em 12/11/2001, Maria Odete era notificada de que o **projecto de arquitectura** deveria «*cumprir e encontrar-se de acordo com as normas constantes da informação prévia, notificada ao requerente pelo ofício 076280.*» (fls. 3-1 do Vol. III, do p.i.).

Sublinhe-se, por outro lado, que, sobre o **projecto de arquitectura** apresentado pela recorrente "Dunas", também foi emitida *Informação técnica* em que era chamada a atenção para alguns aspectos do Projecto que não respeitavam outros tantos pontos da Informação Prévia, como é o caso da cércea máxima prevista para o local, dos afastamentos, da área das garagens (fls. 4-3, do vol. IV do p.i.).

Informação que ainda dava conta da necessidade de apresentação do estudo cromático e descrição dos materiais de revestimento das fachadas, do projecto de deposição de resíduos sólidos, da reformulação dos alçados, do cumprimento do n.º 10 do art. 37.º do DL n.º 64/90, de 21/02, da al. *d*) do art. 69.º e ainda do 121.º, ambos do RGEU.

Esta Informação foi comunicada à recorrente para efeito do art. 100.º do CPA (fls. 4-1 do cit. p.i.), a que se seguiu a resposta de fls. 5-9 do vol. V, do P.I. e, mais tarde, o despacho recorrido de 8/11/2001 (fls. 5-4, do vol. V, do p.i.).

Ou seja, além da reiteração de itens negativos que vinham já da informação prévia (e nada obstava a que de novo fizessem parte dos fundamentos invocáveis no procedimento de licenciamento), alguns foram "ex novo" trazidos à colação tendo em vista a decisão final.

Eram circunstancialismos fácticos e jurídicos que se ajustavam, na óptica da Câmara, à situação concreta emergente da apresentação do projecto de arquitectura.

Pelo exposto, e como dizíamos, pode estar errada a fundamentação, mas não se aceita que inexista ou que tenha desconsiderado os arts. 124.º e 125.º do CPA.

A recorrente insiste, depois, no facto de o pedido de informação prévia se ter consolidado, por ter sido tacitamente deferido, para daí concluir que os aspectos negativos do posterior acto expresso não se poderem repercutir na sua esfera, já que diziam respeito a um pedido efectuado por terceira pessoa (a referida Maria Odete Paiva Simões).

E, assim ter-se-ia violado os arts. 3.º, 4.º e 5.º, n.º 2, do CPA, 31.º, 34.º e 36.º do DL n.º 445/91.

Em primeiro lugar, nesta alegação deparamos com uma flagrante contradição. Por um lado, a recorrente considera que o acto expresso revogatório do deferimento tácito da informação prévia não se lhe podia aplicar, nem em relação a si podia ser eficaz, por não ser o seu destinatário. Mas, por outro lado, pretende servir-se do acto tácito formado sobre um pedido formulado por outrem.

Isto é, somente pretende extrair da situação os efeitos favoráveis, não já os que não servem a sua tese. Ora, na unidade do sistema, é todo o bloco de legalidade, e não apenas parte dele, que se aplica ao quadro de facto sobre o qual se erige uma determinada pretensão. Por isso, se a um deferimento tácito (não importa se recaído sobre pedido feito por outrem) se seguiu um acto revogatório, será à roda deste que a discussão se tem que travar.

É verdade que o pedido foi feito por pessoa diferente. Mas isso não é decisivo quanto ao que aqui se debate. Tal como o pedido de licenciamento pode ser efectuado sem ser, necessariamente, precedido de "informação prévia", assim também a circunstância de ter havido informação prévia a solicitação de terceira pessoa não impede que o acto de licenciamento requerido por outro interessado possa servir-se dos fundamentos invocados na decisão tomada anteriormente. É que o pedido de informação prévia, tal como o do licenciamento, é analisado e decidido no rigor *objectivista* do enquadramento legal aplicável, sem qualquer influência subjectivista em razão da identidade dos respectivos requerentes. O que releva é a *situação de facto objectiva* e o plano jurídico-legal em que aquela se move e do qual se pretende extrair efeitos.

Assim, em nada os arts. 3.º, 4.º e 5.º, n.º 2, do CPA se mostram agredidos, visto que não foram violados, com tal atitude, os princípios da legalidade, da prossecução do interesse público e da protecção dos direitos e interesses dos cidadãos, e da proporcionalidade ali contidos.

Da mesma maneira não se vê de que modo possam ter sido ofendidas as disposições citadas do DL n.º 445/91.

Quanto ao primeiro artigo referido (art. 31.º), consiste, unicamente, na alusão às "*disposições aplicáveis*" ao *pedido de informação prévia* (arts. 10.º, 11.º, 12.º, n.º 3 e 13.º: o primeiro, referente ao *conteúdo e forma do pedido*; o segundo, à *instrução do processo*; o terceiro, à *natureza constitutiva de direitos* da respectiva decisão; o último, ao *prazo de validade* do conteúdo da informação prévia prestada). Ora, por tudo o que atrás se disse, em nenhum daqueles momentos do "procedimento de informação" se verificou algum desrespeito pelas normas apontadas (De todas, apenas a da alusão à natureza constitutiva de direitos seria pertinente. No entanto, tal como sucede com qualquer outro acto expresso constitutivo de direitos inválido, nos termos do art. 141.º do CPA, não havia aí impedimento à sua revogação por acto posterior, como tivemos ocasião de dizer).

Quanto ao art. 34.º, também ele se refere às "*disposições aplicáveis*", mas agora ao *pedido de licenciamento*.

Porém, também neste passo, não vemos em que medida o acto impugnado tenha acometido qualquer das ditas disposições.

Finalmente, a mesma conclusão se alcança quanto à pretendida violação do art. 36.º do mesmo diploma, referente à "*apreciação do projecto de arquitectura*".

A este respeito, pretendendo integrar as ditas violações, a recorrente insurge-se ainda contra o facto de ter sido pedido pela entidade recorrida um "*estudo urbanístico para o local*" na decisão constante da informação prévia.

Não se sabe a que estudo a recorrente se refere, já que nem o despacho de 31/03/2001 (fls. 2-6 do II vol., do p.i.), nem o de 26/04/2001 (fls. 2-4, do cit. vol.), referem expressamente este "estudo urbanístico", mas somente um «estudo cromático e descrição dos materiais de revestimento das fachadas».

Se, como nos parece, se referia eventualmente ao estudo solicitado tendo em vista a "hipótese de construção de duas moradias familiares geminadas" (ver despacho de 31/03/2001: fls. 2-6 do II vol. do p.i.), traduzido na Informação DOPGU 160/01 3 (fls. 2-3, do cit. vol.), ele não representa um novo instrumento urbanístico, mas sim o contributo interno para uma análise técnica sobre a possibilidade daquele tipo de construção no respeito pela área e construções envolventes. O que não é mais do que, através do *princípio do inquisitório* (art. 56.º do CPA), indagar até que ponto uma tal solução mereceria a adesão do particular com vista a assegurar o cumprimento da legalidade, designadamente o respeito do PDM.

E isso em nada ofende os preceitos invocados.

Improcedem, pois, as conclusões 9ª a 12ª.

Na conclusão 13ª a recorrente considera que os factos concretos que motivaram o indeferimento do licenciamento poderiam merecer diferentes interpretações e, por isso, não deveriam ter servido para a decisão negativa tomada.

Na 14ª entende que, uma vez apresentada a resposta, em obediência ao art. 100.º do CPA, deveria a entidade contraditar os argumentos por si fornecidos e, até, permitir que pudesse corrigir o projecto.

No que concerne à 1ª, ela é claramente inócua. Na verdade, a fundamentação utilizada no parecer de fls. 4-3 do vol. IV do p.i., e de que o acto final se apropriou, contém os elementos suficientes para a solução que veio a ser tomada. Se, porventura, os dados de facto em que laborou não podiam levar à decisão obtida, isso só pode querer significar que estariam erradas as premissas ou a conclusão. Todavia, sobre este assunto, que até poderia, eventualmente, conduzir a outro tipo de vícios invalidantes (não invocados), nada disse a recorrente.

Quanto à 14ª, tem razão a recorrente apenas num aspecto: sobre a resposta apresentada por si (fls. 5-9 do vol V. do p.i.), o órgão decisor não se debruçou autonomamente. Todavia, a decisão singela que tomou («*Concordo. Notifique-se o requerente nestes termos*») serviu-se, por remissão, dos argumentos vazados no parecer n.º 2/01.

Assim, ao intervir, a recorrente exerceu o direito de participação no procedimento e na formação do acto final. Por seu turno, o órgão competente para a decisão não tinha que rebater, um a um, os argumentos da resposta. Não tinha, efectivamente, que contra-argumentar, bastando-lhe que indicasse os motivos pelos quais não decidia da forma defendida pelo particular. A este respeito diz-se que a entidade decisora continua apenas vinculada a esclarecer os motivos por que decide daquele modo, *desde que resulte esclarecido, também, o motivo determinante para não aceitar as razões expostas em sede de audiência prévia* (v. entre outros ac. de 24/3/98 da 1ª Secção do STA, rec. 42.380; de 9-3-00, rec. 44.231, Pleno da 1ª Secção de 13.4.2000, rec. 41540; de 3/03/2004, Proc. n.º 0110/04).

Deste modo, contendo a informação técnica enviada à recorrente as razões pelas quais poderia vir a ser indeferido o pedido de licenciamento (fls. 4-1 do vol. IV do p.i.), e não tendo a resposta suscitado *questões novas* que merecessem nova pronúncia (art. 107.º do CPA), não estava o recorrido obrigado a rebater os argumentos da defesa e reiterar os já explanados no sentido provável da decisão anteriormente comunicada.

Termina este ponto a recorrente por dizer que lhe deveria ter sido permitida a reformulação do projecto, o que não teria acontecido.

Não é verdade. Na comunicação efectuada para efeito do direito de audiência (fls. 4-2 do vol. IV do p.i.) foi expressamente referido que haveria revisão do processo e do despacho de indeferimento que fosse proferido, desde que a interessada viesse a dar cumprimento aos condicionalismos observados na dita informação.

Improcede, deste jeito, a conclusão em apreço.

Finalmente, a recorrente propugna, nas conclusões restantes (especialmente 15ª a 17ª) que a cércea pretendida estava de acordo com a área envolvente e, por conseguinte, com o art. 9.º, n.º 2 e 11.º, n.º 2, do PDM de Ílhavo.

Vejamos.

Face ao n.º 2, al. *a*), do art. 9.º do PDM, Gafanha da Nazaré, local de implantação do prédio projectado, está incluída em *espaço urbano* de nível I, cuja construção obedece às regras expostas no art. 11.º.

Ora, o art. 11.º, n.º 2, al. *a*) dispõe da seguinte maneira:

«2) É permitida a construção em prédios existentes ou resultantes de destaque (preenchimento de espaços destinados a habitação, comércio, indústria, serviços e equipamento), bem como a alteração do existente, de acordo com os seguintes parâmetros:

a) Os alinhamentos, cérceas e tipologia de implantação da edificação serão os definidos de acordo com a **envolvente**, *não sendo invocável a eventual existência de edifícios vizinhos que excedam a altura ou alinhamento* **dominantes** *do conjunto»* (destaque nosso).

Vê-se, pela transcrição efectuada, que, no caso de construção de edificações, a cércea e tipologia de cada uma deve estar conforme ("de acordo com") a *envolvente*.

Trata-se de um **conceito indeterminado**, como outros que povoam o universo normativo em matéria de urbanismo e construção., a respeito do qual se disse em acórdão do STA de 18/06/2003, Proc. n.º 01283/02:

«Como este Supremo Tribunal vem ultimamente decidindo, ao usar tais termos o legislador não está a entregar à Administração poderes discricionários, mas a fixar- -lhe um quadro de vinculação, se bem que mitigado pela possibilidade de preenchimento de **conceitos vagos e indeterminados** *– v. sobre a matéria os* **Acs. deste STA de 22.9.09, P. n.º 44.217, 11.5.99, P. n.º 43.248, e 29.3.01, P. n.º 46.939, de 20/6/02, P.41.706, de 11/3/03, P.42.973 e de 26/3/03, P.1168/02.** Aliás, se assim não fosse, a revogação do deferimento tácito com tal fundamento não seria sequer possível porque não se fundaria em ilegalidade (Vide sobre este problema o ac. de 26/3/93, P. 1168/02).*

Se o trecho citado nos dá conta da sindicabilidade, em certos casos, da utilização dos conceitos vagos e indeterminados, de modo mais eloquente, este mesmo tribunal defendeu já um controle judicial mais amplo dos conceitos indeterminados.

Disse-se, com efeito:

«... o uso de conceitos indeterminados, não é uma fórmula de concessão à autoridade de uma qualquer margem de apreciação insusceptível de controle judicial pleno ulterior, sem embargo da existência de situações, em que, por razões essencialmente práticas se aceite redução do controle judicial, em situações em que as normas contenham juízos de valor de carácter não jurídico, fazendo apelo a regras técnicas, científicas, ou juízos de prognose, valorizações subjectivas de situações de facto...

... Nas situações, de conceitos meramente descritivos, dos que contenham conceitos de valor cuja concretização resulte de mera exegese dos textos legais, sem necessidade de recurso a valorações extra legais ou quando tais juízos envolvam valorações especificamente jurídicas, o tribunal haverá de proceder ao controle pleno, designadamente de interpretação/aplicação realizada pela Administração no acto prolatado ao seu abrigo...

... Estando em causa um juízo de enquadramento de um projecto de loteamento numa zona em que, por força do PDM as cérceas e números de pisos ficam condicionados ao enquadramento urbano, o tribunal tem pleno poder de apreciação, uma vez que se trata de mera operação subsuntiva dos factos a tal norma e à interpretação meramente jurídica da mesma» (Ac. do STA de 20/11/2002, Proc. n.º 0433/02).

Ora, no caso em apreço o conceito *"envolvente"* significa o espaço urbano e construtivo que compreenda e abarque o do prédio construendo. Não, porém, uma envolvência qualquer, deve afrontar-se desde já. Com efeito, quis o próprio legislador (repare-se no texto legal acima transcrito) que ela fosse a *dominante*, isto é, a predominante ou a preponderante no local.

Quer dizer, o relevo para a integração do conceito vai inteiro para uma situação de superioridade numérica. Por isso é que o legislador não deixou de frisar muito bem que a *«eventual existência de edifícios vizinhos que excedam a altura ou alinhamentos dominantes do conjunto»* não seria invocável. Quer isto dizer que, na verdade, o que importa para a noção da envolvência é a carga que domine o *"conjunto"*, é a *regra*, não a *parte* ou a *excepção*.

Ora, a avaliar pelos documentos do processo, a regra que domina o conjunto é a que ditou a prática do acto. A existência de edificações de cércea como a pretendida para o terreno em causa constitui, mesmo na tese da recorrente, a excepção e não a regra. Não é, portanto, um problema de cércea *máxima*, como o defende a recorrente, mas uma questão de cércea, altura e alinhamentos em desconformidade com a tipologia *"dominante"* da área *"envolvente"*.

Em suma, também são de improceder as conclusões mencionadas.

IV – DECIDINDO
Face ao exposto, acordam em negar provimento ao recurso, confirmando a sentença recorrida.
Custas pela recorrente.
Taxa de justiça: €300.
Procuradoria: €150.
Lisboa, 14 de Outubro 2004.

Cândido Pinho (Relator)
Azevedo Moreira
Pais Borges

Recurso n.º 220/04

INTIMAÇÃO PARA PASSAGEM DE ALVARÁ. LOTEAMENTO. MONTANTE DAS TAXAS.

(Acórdão de 6 de Outubro de 2004)

SUMÁRIO:

I– Nos termos do disposto no art. 32.º, n.ºs 3 e 4, do DL n.º 448/91, de 29/11, na redacção introduzida pela Lei n.º 26/96, de 1/8, a câmara municipal, ao deferir o pedido de licenciamento da operação de loteamento e das obras de urbanização, liquidava as taxas devidas, cabendo recurso da liquidação para os tribunais tributários.

II– Com vista a obter a passagem do alvará, o beneficiário de um licenciamento desse género apenas tinha que depositar ou pagar o «quantum» liquidado pela câmara, sendo irrelevante que, entre o momento da liquidação e o do depósito ou pagamento, tivesse sido publicado um novo regulamento municipal que determinara um aumento das taxas.

ACORDAM NA 1.ª SECÇÃO DO SUPREMO TRIBUNAL ADMINISTRATIVO:

O Presidente da Câmara Municipal de Sintra interpôs recurso jurisdicional da sentença do TAF de Lisboa que o intimou a, no prazo de trinta dias e «sob pena de aplicação de multa diária», emitir a favor da ora recorrida Fachada Construções, S A, o alvará referente ao licenciamento das obras de urbanização do loteamento incidente sobre o prédio rústico denominado Terras das Sesmarias, sito na freguesia de S. Pedro de Penaferrim, inscrito na matriz no art. 78.º da secção Q e descrito na Conservatória sob o n.º 2.719.

O recorrente culminou a sua alegação de recurso oferecendo as seguintes conclusões:
1 – A douta sentença recorrida aplicou ao caso concreto o DL n.º 445/91, de 20/11, quando estamos perante um processo de loteamento e não perante o regime jurídico do licenciamento municipal de obras particulares.
2 – Assim sendo, a douta sentença recorrida tem de ser reformada, nos termos do art. 669.º, n.º 2, al. a), do CPC, «ex vi» do art. 1.º da LPTA, porquanto houve manifesto lapso na aplicação da norma jurídica respectiva.
3 – É condição do conhecimento do pedido de intimação para emissão de alvará o pagamento ou depósito das taxas devidas nos termos do disposto nos ns.º 1 e 3 do art. 32.º – cfr. o art. 68.º-A, n.º 2, do DL n.º 448/91, de 29/11, na redacção que lhe foi dada pela Lei n.º 26/96, de 1/8.
4 – Ora, no presente caso, quando a ora recorrida, em 24/7/03, efectuou os depósitos das taxas, as mesmas não eram as devidas, por insuficientes face à aprovação de um novo regulamento e tabela de taxas e outras receitas do Município de Sintra, o qual veio a ser publicado no apêndice n.º 2, DR, II Série, em 10/2/03.
5 – Apesar de ter efectuado novo depósito de taxas em 14/5/04, a notificação do tribunal para o efeito, a verdade é que o tribunal não pode substituir-se à Administração na esfera de actividades que lhe é própria.
6 – Bem como o pagamento das taxas é um requisito substancial da emissão do respectivo alvará – «vide», entre outros, os acórdãos do STA «in» recursos 45.269, de 18/8/99, e 46.455, de 16/11/00.
7 – Logo, a atitude que a Administração tome perante a falta de um requisito substancial de uma pretensão que lhe seja dirigida não pode ser judicialmente erradicada a pretexto de que, no decurso da própria lide, o requisito se veio a produzir.

A recorrida contra-alegaram, tendo formulado as conclusões seguintes:
1 – Por força do acórdão deste STA de 22/1/04, a Sr.ª Juíza da 4.ª Secção do 1.º Juízo Liquidatário do TAF de Lisboa tinha, nos presentes autos, de dar cumprimento ao nele estipulado, ou seja, decidir unicamente do montante das taxas devidas pela emissão do alvará.
2 – E, a propósito das taxas, o referido acórdão foi bem claro no sentido de o DL 448/91 não impor expressamente que o requerimento de emissão de alvará fosse instruído com documento comprovativo do pagamento das taxas devidas, conforme se retirava do n.º 2 do seu art. 30.º, limitando-se o n.º 1 deste preceito a referenciar o pagamento de taxas como condição de emissão do alvará.
3 – Ora, a realidade é que tais taxas já se encontravam pagas aquando da apresentação do requerimento de 24/7/03, requerimento este que completou o requerimento de 20/11/01 e no qual tinha sido solicitada a emissão do alvará.
4 – Com efeito, tendo a CM Sintra, por deliberação de 14/11/01, licenciado o loteamento da ora recorrida, a câmara, nesta mesma deliberação, procedeu à liquidação do montante das taxas devidas pela emissão do alvará.
5 – E tal liquidação ocorreu nos termos e em conformidade com o disposto no n.º 3 do art. 32.º do DL 448/91, na redacção que lhe foi dada pela Lei 26/96, de 1/8, preceito este que dispunha que a câmara municipal, com o deferimento do licenciamento, procedia à liquidação das taxas, de acordo com o regulamento aprovado pela assembleia municipal.
6 – Assim, sob o ponto de vista jurídico, o momento legalmente relevante para a fixação do montante das

taxas a pagar é precisamente o momento em que é deferido o pedido de licenciamento do loteamento, e mais nenhum outro momento.

7 – As taxas devidas pela emissão do alvará de loteamento são, pois, as taxas cujo montante tiver sido liquidado na própria deliberação camarária que tiver deferido o pedido de licenciamento de loteamento, sendo pois irrelevantes quaisquer alterações que, posteriormente, sofra o regulamento que estava em vigor no momento do deferimento do pedido de loteamento.

8 – É, pois, o que está claramente dito nos arts. 68.º-A, n.º 2, e 32.º, n.º 3, do DL 448/91.

9 – Por conseguinte, o montante da taxa devida pela emissão do alvará à ora recorrida era o montante que foi fixado pela CM Sintra aquando da sua deliberação de 14/11/01 – 4.047.740$00/20.190,05 euros.

10 – Assim sendo, face aos arts. 68.º-A, n.º 2, e 32.º, n.º 3, do DL 448/91, há lugar à intimação do Sr. Presidente da CM Sintra para emissão do alvará a favor da ora recorrida, pelo que, neste aspecto, a sentença recorrida deve ser mantida por este STA.

11 – Porém, mesmo que se entendesse não ser este o montante devido pela emissão do alvará por, entretanto, ter ocorrido uma alteração ao regulamento municipal de taxas de Sintra, não haveria que censurar a atitude tomada pela Sr.ª Juíza na sentença recorrida.

12 – Com efeito, é preciso não esquecer que, face ao acórdão deste STA de 22/1/04, o procedimento administrativo para emissão de alvará não se extinguiu, pelo que o mesmo se encontra ainda em curso.

13 – Assim, caberia à CM Sintra, em face do novo regulamento, proceder à liquidação das taxas devidas pelo licenciamento do loteamento, o que o Sr. Presidente da CM Sintra acabou por fazer em face da notificação feita nesse sentido pela Sr.ª Juíza.

14 – Estranha-se, pois, que o Sr. Presidente da CM Sintra venha agora invocar que o tribunal se substituiu à Administração na liquidação das taxas pois, se tivesse considerado haver intromissão do tribunal na esfera de actuação do poder local, certamente tê-lo-ia dito nos autos, não procedendo a tal liquidação.

15 – De igual modo se estranha todo o comportamento tido pelo Sr. Presidente da CM Sintra neste processo, ao lutar desesperadamente para que não seja emitido o alvará de loteamento em favor da recorrida, quando, na realidade, o loteamento está licenciado por expressa deliberação camarária de 14/11/01.

16 – Tal comportamento é tanto mais estranho relativamente à recorrida quando, no que concerne a outros procedimentos administrativos para emissão de alvará, a CM Sintra sempre se preocupou em notificar os requerentes para a necessidade de serem supridas deficiências instrutórias em tais procedimentos, coisa que nunca chegou a fazer com a ora recorrida, conforme, aliás, o reconheceu este STA no seu acórdão de 22/1/04.

17 – Sendo a Administração Pública uma pessoa de bem, a atitude correcta do Sr. Presidente era, muito simplesmente, fazer respeitar as deliberações camarárias (constitutivas de direitos dos particulares) anteriormente tomadas pela CM Sintra, e não forçar os particulares a terem que recorrer a juízo, gastando tempo e dinheiro para que tais deliberações sejam efectivamente cumpridas.

18 – De qualquer forma, o tribunal não violou a esfera de actuação da Administração Municipal, pois limitou-se, em termos de estrita legalidade e não invadindo a liberdade de actuação administrativa, a notificar o Presidente da CM Sintra para, nos termos do DL 448/91, proceder à liquidação das taxas devidas por via do novo regulamento municipal em vigor.

19 – Liquidada que está a taxa pela CM Sintra e provado o depósito do remanescente por referência à quantia que já se encontrava depositada, não há quaisquer obstáculos a que o tribunal intime o Sr. Presidente da CM Sintra a emitir o alvará em favor da recorrida, pelo que, também por aqui, a sentença recorrida deve ser mantida por este Venerando Supremo Tribunal Administrativo.

O Ex.º Magistrado do M.ºP.º junto deste STA emitiu douto parecer no sentido do não provimento do recurso em virtude de «o momento legalmente relevante para a fixação do montante das taxas devidas» ser «o do deferimento do pedido de licenciamento», sendo irrelevantes quaisquer alterações que as taxas posteriormente venham a sofrer.

A matéria de facto pertinente é a dada como provada na decisão «sub censura», que aqui damos por integralmente reproduzida – como estabelece o art. 713.º, n.º 6, do CPC.

Passemos ao direito, começando pelas origens do presente recurso.

Em 20/11/01, a recorrida solicitou a emissão do alvará relativo ao licenciamento das obras de urbanização de um determinado loteamento, tendo-o feito seis dias depois da ocasião em que a CM Sintra licenciara tais obras; e, como esse requerimento não obtivesse deferimento, a ora recorrida interpôs no TAC de Lisboa uma primeira intimação judicial para a passagem do mesmo alvará. Contudo, por sentença do TAC de 9/7/03, essa pretensão foi indeferida em virtude de o requerimento para a emissão do alvará, apresentado junto dos serviços camarários, não ter sido instruído com os documentos comprovativos da prestação de caução, do pagamento das taxas devidas e do termo de responsabilidade.

Confrontada com essa sentença, a aqui recorrida, em 24/7/03, voltou a requerer na câmara a emissão do alvará, juntando então a esse seu requerimento os documentos comprovativos da prestação de caução, do termo de responsabilidade e do pagamento das taxas, bem como o alvará de industrial da construção civil. Como o almejado alvará continuasse a não ser emitido, a recorrida deu então início à presente lide, em que novamente pretende a intimação judicial do aqui recorrente, o Presidente da CM Sintra, para emitir o alvará relativo ao licenciamento camarário das referidas obras de urbanização.

Através da sentença de fls. 111 e ss. dos autos, proferida em 13/11/03, o TAC de Lisboa indeferiu o pedido de intimação judicial do ora recorrente, para tanto entendendo que a deliberação de licenciamento caducara em virtude de o pedido apresentado na câmara só ter sido instruído mais de um ano depois da data da prolação daquele acto. Contudo, o acórdão do STA de fls. 202 e ss. revogou a dita sentença por julgar não verificada aquela caducidade; e, considerando que ainda não estava decidida a questão «relacionada com o montante das taxas devidas», o mesmo aresto determinou que os autos baixassem ao TAC a fim de que tal assunto fosse objecto de julgamento.

Realizada a baixa do processo, veio o pedido de intimação dos autos a ser julgado pela sentença de fls. 243 e ss., ora «sub censura». A sentença considerou que, à luz do acórdão do STA, todos os requisitos do deferimento do pedido estavam já assegurados, à excepção de um, ainda em dúvida – o que respeitava à questão de se saber se a aqui recorrida pagara ou depositara as taxas pelo montante devido, pois ela fizera-o em conformidade com o que a câmara liquidara aquando do deferimento do pedido de licenciamento, mas num «quantum» inferior ao que, no momento do pagamento ou depósito, decorria do Regulamento e Tabela de Taxas que entretanto entrara em vigor no município de Sintra. Sobre esse assunto – que traduz uma questão prévia que, embora de natureza fiscal, é cognoscível nos tribunais administrativos (cfr. o art. 4.º, n.º 2, do ETAF) – a sentença ponderou que a dita prestação fora aceite pela câmara sem reparos e que, se eles acaso se justificassem, deveria a Administração ter notificado a interessada «para proceder ao pagamento das novas taxas, sob pena do não prosseguimento do procedimento». Depois, considerando «sanado» qualquer vício ou irregularidade concernente «ao pagamento das novas taxas», a sentença deferiu o pedido e intimou o aqui recorrente a emitir o pretendido alvará «no prazo de 30 dias, sob pena de aplicação de multa diária».

É desta sentença que vem interposto o presente recurso jurisdicional, cujo âmbito é delimitado pelas conclusões da respectiva alegação. Assinalaremos desde já que as duas primeiras conclusões – em que o recorrente aponta à sentença o manifesto lapso de ela se ter referido ao DL n.º 445/91, de 20/11, em vez de aludir ao DL n.º 448/91, de 29/11 – perderam entretanto relevância, dado que a sentença foi reformada nesse preciso segmento. E, assim sendo, resta-nos apreciar as cinco conclusões restantes, em que o recorrente diz duas essenciais coisas: que o depósito das taxas que a recorrida efectuou não é operatório, pois foi realizado por um montante inferior ao exigido pelo regulamento então vigente; e que o depósito acrescente que ela fez em 14/5/04, na sequência de iniciativa do tribunal, não é susceptível de sanar a insuficiência do anterior. Note-se, contudo, que esta segunda questão é subsidiária da primeira, pois é óbvio que só teremos de apurar da relevância do depósito subsequente se antes tivermos concluído pela irrelevância do depósito inicial.

Atentemos, portanto, no primeiro depósito de 20.190,05 euros, cujo comprovativo a aqui recorrida juntou ao seu requerimento de 24/7/03, em que pediu a passagem do alvará. Essa importância correspondia precisamente ao montante em que a câmara, ao deferir o pedido de licenciamento em 14/11/01, liquidara as taxas que seriam devidas. Ora, podemos desde já adiantar que a recorrida tem razão quando defende que só tinha que proceder ao depósito do «quantum» que fora liquidado aquando do acto que licenciou as obras.

Com efeito, o art. 32.º, n.º 3, do DL n.º 448/91, de 29/11, na redacção introduzida pela Lei n.º 26/96, de 1/8, dispunha que «a câmara municipal, com o deferimento do pedido de licenciamento, procede à liquidação das taxas, em conformidade com o regulamento aprovado em assembleia municipal». E o n.º 4 do mesmo artigo estabelecia que, «da liquidação das taxas cabe recurso para os tribunais tributários de 1.ª instância, nos termos e com os efeitos previstos no Código de Processo Tributário». Ao prever que se impugnasse em juízo a liquidação, o DL n.º 448/91 logo sugeria que ela tinha a vocação de estabelecer a importância a depositar que, assim, estaria a coberto de eventuais alterações que viessem a incidir no modo de cálculo das taxas. Ora, essa sugestão é verdadeira e funda-se em razões extremamente simples.

Dissemos «supra» que a determinação das mencionadas taxas constitui uma questão de índole fiscal. Ora, sendo a liquidação das taxas o facto tributário atendível, deverá essa liquidação fazer-se e valer segundo a lei vigente aquando do seu exercício, pois a modificação de uma liquidação anterior pela acção de um regulamento posterior envolveria uma aplicação retroactiva da lei fiscal – que não é admitida no nosso ordenamento jurídico («vide» o art. 103.º, n.º 3, da Constituição). Deste modo, a circunstância de o depósito das taxas só ter sido efectuado «in casu» depois da entrada em vigor de um novo regulamento não afectava o «quantum» já previamente definido, pelo que a aqui recorrida apenas continuava obrigada a depositar as taxas em consonância com a liquidação que lhe fora comunicada.

Como a recorrida depositou exactamente a importância que a câmara liquidara, tem de se concluir que ela satisfez as taxas que eram devidas, cumprindo, desse modo, a correspondente condição de deferimento do seu pedido de passagem de alvará (cfr. o art. 68.º-A, n.º 2, do DL n.º 448/91). Assim, e ainda que por razões algo diversas das enunciadas na decisão «sub judicio», a sentença merece ser confirmada, já que é correcto o seu julgamento de que a recorrida prestou as taxas segundo o «quantum» adequado. Mostrando-se improcedente a conclusão 4.ª, torna-se inútil enfrentar o conteúdo das conclusões seguintes, que pressupunham que as taxas depositadas em 24/7/03 eram insuficientes. E, como a conclusão 3.ª da alegação de recurso não integra verdadeiramente uma qualquer crítica à decisão «a quo», temos que o recurso soçobra por completo, nada obstando a que o decidido se mantenha na ordem jurídica.

Nestes termos, acordam em negar provimento ao presente recurso jurisdicional e em confirmar, pelas razões expostas, a sentença recorrida.

Sem custas.

Lisboa, 6 de Outubro de 2004.

Madeira dos Santos (Relator)
Angelina Domingues
Jorge de Sousa

Recurso n.º 901/04-13

INTIMAÇÃO PARA PROTECÇÃO DE DIREITOS, LIBERDADES E GARANTIAS. NATUREZA DO PROCESSO. PRESSUPOSTOS.

(Acórdão de 18 de Novembro de 2004)

SUMÁRIO:

I– O meio processual de intimação para protecção de direitos, liberdades e garantias previsto nos artigos 109.º a 111.º do C.P.T.A. corresponde à concretização do ditame veiculado no n.º 5, do art. 20.º da C.R.P.

II – Se olharmos ao figurino delineado no preceito constitucional vemos que em causa não está a criação de um qualquer meio cautelar, uma vez que o que se pretende é a efectivação de um direito a processos céleres e prioritários, de forma a obter uma eficaz e atempada protecção jurisdicional contra ameaças ou atentados aos direitos, liberdades e garantias pessoais dos particulares.

III – Estamos, por isso, em presença de um direito constitucional de amparo a efectivar através das vias judiciais normais.

IV – Pretendeu-se consagrar uma tutela jurisdicional reforçada, deste modo vincando a posição do cidadão como sujeito de direitos e liberdades, dando a tais direitos, liberdades e garantias um estatuto de "prefered position".

V – Podemos, assim, encarar o regime acolhido nos já referidos artigos 109.º a 111.º do CPTA, como uma clara manifestação da incidência e projecção de uma parcela nuclear do Direito Constitucional sobre institutos de Direito Processual Administrativo, assumindo-se, por isso, o Contencioso Administrativo como um dos elementos de garantia dos direitos fundamentais.

VI – Os pressupostos do pedido de intimação são os seguintes:
– a necessidade de emissão urgente de uma decisão de fundo do processo que seja indispensável para protecção de um direito, liberdade ou garantia;
– que não seja possível ou suficiente o decretamento provisório de uma providência cautelar, no âmbito de uma acção administrativa normal, seja comum ou especial.

VII – O processo de intimação caracteriza-se pela preferência, sumariedade e urgência, visando a obtenção de uma protecção rápida e contundente ao exercício de um direito, liberdade ou garantia pessoal, frente a qualquer tipo de ameaças, restrições, lesões ou violações, provenientes, designadamente, da actuação ou omissão da Administração.

ACORDAM, EM CONFERÊNCIA, NA 1ª SECÇÃO DO SUPREMO TRIBUNAL ADMINISTRATIVO:

1 – RELATÓRIO

1.1 Ana Maria de Morais Pereira Merelo, advogada, residente na Quinta da Mina D'Água, Estrada do Porto Velho, Aldeia da Piedade, Azeitão e Donzília Cordeiro Chouriço de Almeida e Silva, casada, residente na Quinta do Pinheiro, Estrada do Porto Velho, Aldeia da Piedade, Azeitão, vêm, ao abrigo do disposto nos artigos 109.º e seguintes do CPTA, requerer intimação judicial para protecção de direitos, liberdades e garantias, contra o Primeiro-Ministro e o Ministro do Ambiente, no sentido de estes "se absterem de praticar qualquer acto que ponha em causa os princípios constitucionais e legais do nosso ordenamento jurídico, nomeadamente, qualquer acto administrativo que possibilite as anunciadas demolições, sem a existência dos respectivos títulos executivos.

Para o efeito, alegam, em resumo, o seguinte:
– De acordo com notícias divulgadas, nos dias 18 e 19 de Setembro de 2004, pelos jornais Expresso e Público e pelos canais de televisão SIC, SIC Notícias, RTP 1 e RTP 2, o Requerido Ministro do Ambiente tinha a intenção de proceder à demolição de 4 moradias, sitas no Parque Nacional da Arrábida, «com inicio na próxima semana»;
– Ainda segundo tais notícias, algumas dessas casas situam-se na Aldeia da Piedade;
– Por sua vez, em entrevista concedida à SIC Notícias pelo Primeiro-Ministro, foram confirmadas as informações veiculadas nos já aludidos meios de comunicação social, esclarecendo aquele, ainda, que se «tratava de dar cumprimento a decisões do STJ, relativamente às quais já há muito tempo o Ministério Público reclamava os meios necessários para as poder executar»;
– Sucede que entre essas casas se encontram as habitações permanentes das aqui Requerentes;
– Sendo que contra elas correm processos judiciais, ainda pendentes, no Tribunal da Comarca de Setúbal;
– É, por isso, patente que os processos em causa ainda não estão concluídos, não se encontrando, assim, reunidos os pressupostos legais para as anunciadas demolições;
– Ora, dada a qualidade funcional dos Requeridos, as Requerentes não podem deixar de considerar como sérias as declarações veiculadas nos órgãos de comunicação social, no sentido da demolição das suas casas;
– Só que, tais demolições, a ocorrerem sem existência do competente título executivo, violariam os seus direitos e garantias essenciais, perturbando o regular funcionamento da Justiça e atentando contra o princípio da separação de poderes, deste modo pondo em causa os princípios do Estado Democrático;
– São, por isso, obrigadas a aceder à via judiciária com o objectivo de obter o decretamento do pedido de intimação que aqui formulam, como única via de obviar a uma lesão iminente e irreversível de direitos e garantias constitucionalmente consagradas.

1.2 O Primeiro-Ministro, tendo respondido, estrutura a sua defesa nos seguintes e resumidos termos:
– Uma vez que as Requerentes não aduzem elementos de natureza substantiva susceptíveis de consideração, não tendo, inclusivamente, demonstrado o preenchimento dos requisitos que permitem a utilização deste meio processual, a sua atenção irá incidir sobre "questões formais";
– Assim é que, desde logo, importa realçar que o meio processual utilizado é impróprio face ao peticionado;
– Com efeito, estamos em face de um pedido típico de uma providência cautelar, não pretendendo as Requerentes obter uma decisão de fundo ou sobre o mérito da questão em litigio, antes procurando assegurar o tempo suficiente para que as sentenças a proferir nos processos em curso nos "tribunais comuns" possam manter utilidade;
– Ora, de acordo com o n.º 1, do artigo 109.º do CPTA a intimação serve para impor providências (ou a sua ausência) que impliquem uma decisão de fundo;
– Acresce que as Requerentes não indicaram qual a posição jurídica que têm por ameaçada, limitando-se ao que apelidam de defesa de "direitos e garantias

essenciais", o que não é manifestamente suficiente e que, novamente, leva à já referida impropriedade do meio processual utilizado;

– Por outro lado, também ficou por demonstrar que, no caso em análise, fosse insuficiente a tutela cautelar, designadamente, através do decretamento provisório de medidas já por si provisórias;

– Finalmente, é patente a sua ilegitimidade passiva, uma vez que carece de competência para às supostas demolições, sendo que as atribuições relativas à demolição de edificações construídas ilegalmente em parques naturais são exercidas pelo Ministro do Ambiente e do Ordenamento do Território.

1.3 O Ministro do Ambiente e do Ordenamento do Território, tendo respondido, vem sustentar a improcedência de pedido de intimação, concluindo nos seguintes termos:

"i) As requerentes pretendem utilizar este meio processual para discutir se existe ou não título executivo, sendo que este não é o meio próprio;

ii) Face ao pedido formulado pelas requerentes (que os requeridos sejam intimados para se absterem de praticar actos administrativos que possibilitem as demolições sem título executivo) existe uma clara inutilidade do mesmo, uma vez que a promoção das demolições em execução de sentença exige título executivo;

De qualquer modo,

iii) em face do expendido em II e III (maxime em 12 e 13, e 17 e 18), apresenta-se de concluir que, os títulos executivos ilustrados supra, respeitam a instância própria do direito privado;

iv) termos em que a presente intimação se revela meio processual impróprio ao desiderato prosseguido pelas requerentes.".

1.4 Notificadas para, querendo, se pronunciarem quanto às questões prévias levantadas nas respostas dos Requeridos, as Requerentes nada vieram a dizer.

1.5 Cumpre decidir.

FUNDAMENTAÇÃO
2 – A matéria de facto
Com relevância para a decisão dá-se como assente o seguinte:

a) Durante o fim de semana, de 18 e 19 de Setembro de 2004, os órgãos de comunicação social – Jornal Expresso, Jornal O Público, SIC, SIC Notícias, RTP 1, RTP 2 – noticiaram o que referiram como sendo a intenção do Ministro do Ambiente proceder à demolição de 4 moradias, no Parque Natural da Arrábida. – cfr. os docs. de fls. 19 e 20.

b) De acordo com as mesmas notícias, algumas dessas casas situam-se na Aldeia da Piedade. – cfr. os docs. de fls. 19 e 20.

c) Em 18 de Setembro de 2004, em entrevista concedida à SIC Notícias, pelo Primeiro-Ministro foram confirmadas as informações a que se alude em *a)*, esclarecendo-se, ainda, que se «tratava de dar cumprimento a decisões do STJ, relativamente, às quais já há muito tempo o Ministério Público reclamava os meios necessários para as poder executar».

d) Entre estas casas encontram-se as moradias das Requerentes, sitas na Aldeia da Piedade.

e) Em acção que foi intentada pelo Ministério Público em que figurava como Ré, para além de outros, a agora Requerente Ana Merelo, foi preferido Acórdão pela Relação de Évora, em 10-10-95,o qual, julgando procedente a apelação, revogou a sentença recorrida e condenou os ditos RR "a demolirem, no prazo de 30 dias, a expensas suas, a casa de habitação (referida da al. D) da especificação), que construíram no prédio denominado "Mina D'Água", sito em Aldeia da Piedade..." – cfr. o doc. de fls. 75/87.

f) Tendo a Requerente Ana Merelo interposto recurso de revista para o STJ este, por Acórdão, de 6-2-97, negou a revista – cfr. o doc. de fls. 88/139.

g) Recorreu, então, a Requerente Ana Merelo para o Tribunal Constitucional, do mencionado Acórdão do STJ, sendo que, contudo, o TC, por Acórdão de 23-10-01, negou provimento ao recurso interposto pela Requerida. – cfr. o doc. de fls. 140/159.

h) Tendo o M. Público accionado a execução do julgado a que se reporta o Acórdão da Relação de Évora, a que se alude em

i), a mesma Requerente deduziu oposição por embargos, tendo, porém, tais embargos sido julgados improcedentes, por sentença, de 31-1-03, do 1.º Juízo Cível do Tribunal Judicial de Setúbal – cfr. os docs. de fls. 160/180.

j) Por ofício, datado de 28-5-04, a Drª Ana Merelo foi notificada pela Vara Mista do Tribunal Judicial da Comarca de Setúbal, de que tinha sido designado o dia 15-10-04, pelas 10H00, para a realização de audiência preliminar no processo n.º 224/20002 (A), em que é Autor o Ministério Público de Setúbal e Ré a aqui Requerente Donzília de Almeida e Silva – cfr. o doc. de fls. 22.

l) Através de ofício, datado de 26-7-04, a Requerente Ana Merelo foi citada pelo 1.º Juízo Cível do Tribunal Judicial da Comarca de Setúbal, nos termos do n.ºs 5 a 7 do artigo 236-A do CPC, para contestar a habilitação de herdeiros, a que se reporta o processo n.º 652/C/1994, onde figura como Requerente o Ministério Público e como Requerida a dita Requerente – cfr. o doc. de fls. 21.

3 – O DIREITO
3.1 Como decorre da sua petição de fls. 13/17, as Requerentes solicitam que os Requeridos (o Primeiro-Ministro e o Ministro do Ambiente) sejam intimados "para se absterem de praticar qualquer acto que ponha em causa os princípios constitucionais e legais do nosso ordenamento jurídico, nomeadamente, qualquer acto administrativo que possibilite as anunciadas demolições, sem a existência dos respectivos títulos executivos" – cfr. fls. 16, in fine.

Do exposto resulta que estamos no âmbito da "intimação para protecção de direitos, liberdades e garantias", prevista nos artigos 109.º a 111.º do CPTA.

Ora, atendendo à posição que foi assumida pelos Requeridos nas suas respostas, onde, para além do mais, levantam questões atinentes com a verificação dos pressupostos que condicionam o deferimento do pedido de intimação, não é descabido que nos detenhamos um pouco sobre este novo meio processual, agora acolhido no CPTA, por forma a tentar encontrar os seus traços definidores, tudo isto, com o objectivo de uma melhor compreensão dos interesses em jogo.

3.2 Importa salientar, desde logo, que estamos em presença da efectiva concretização do ditame veiculado no n.º 5, do artigo 20.º da CRP.

Na verdade, o mencionado preceito constitucional estatui que "Para defesa dos direitos liberdades e garantais pessoais, a lei assegura aos cidadãos procedimentos judiciais caracterizados pela celeridade e prioridade, de modo a obter a tutela efectiva e em tempo útil contra ameaças ou violações desses direitos".

Trata-se, aqui, sem margem para dúvidas, de uma das mais relevantes inovações introduzidas pela Lei Constitucional n.º 1/97 (4ª Revisão Constitucional).

Se olharmos ao figurino delineado no citado preceito vemos que em causa não está a criação de um qualquer meio cautelar, uma vez que o que se pretende é a concretização de um direito a processos céleres e prioritários, de forma a obter uma eficaz e atempada protecção jurisdicional contra ameaças ou atentados aos direitos, liberdades e garantias pessoais dos cidadãos.

O aludido preceito constitucional impunha, por isso, ao Legislador ordinário o dever de conformar os vários processos, entre eles, obviamente, os administrativos, no sentido de assegurar a protecção dos direitos, liberdades e garantias, através de uma via preferente e sumária.

Pode, assim, concluir-se que estamos em presença de um "direito constitucional de amparo de direitos a efectivar através das vias judiciais normais" – apud Gomes Canotilho, in "Direito Constitucional e Teoria da Constituição", 5ª edição, a págs. 499/500.

Pretendeu-se consagrar uma tutela jurisdicional reforçada nas situações tipificadas no já mencionado preceito, deste modo vincando a posição do cidadão como sujeito de direitos e liberdades, dando a tais direitos, liberdades e garantias um estatuto de "prefered position".

Vide, nesta linha, Eduardo Garcia de Enterria, in "Hacia una nueva justicia administrativa", a págs. 39 e Ângela Figueruelo Burrieza, in "El Derecho a la tutela judicial efectiva", a págs. 57.

Podemos, assim, encarar o regime acolhido nos já referidos artigos 109.º a 111.º do CPTA como uma clara manifestação da incidência e projecção de uma parcela nuclear do Direito Constitucional sobre institutos de Direito Processual Administrativo, assumindo-se, por isso, o contencioso administrativo como um dos elementos de garantia dos direitos fundamentais.

Os mencionados preceitos concedem ao juiz administrativo um poder de injunção, ainda que limitado às situações em que esteja em causa a protecção de direitos, liberdades e garantias, habilitando-o a adoptar todas as medidas necessárias a salvaguardar o exercício em tempo útil, dos direitos, liberdades e garantias, deste modo o dotando dos meios de acção indispensáveis a assegurar a defesa das "liberdades" dos "Particulares".

O Legislador ordinário, dando cumprimento à imposição veiculada no n.º 5, do artigo 20.º do CRP, procedeu à revalorização fundamental do papel do juiz administrativo no campo da protecção dos direitos, liberdades e garantias, dando-lhe meios para obviar, rápida e eficazmente, às ameaças aos direitos, liberdades e garantias.

O Interessado que pretenda aceder à via contenciosa mediante o pedido de intimação deverá invocar a lesão, ou ameaça de lesão, dos seus direitos, liberdades ou garantias, devendo formular o seu pedido contra o Ente Público de que proceda o acto ou omissão que ponha em risco ou atente contra os direitos, liberdades e garantias, podendo, também, formular o pedido contra Particulares, designadamente Concessionários, quando vise suprir a omissão por parte da Administração das providências adequadas a prevenir ou reprimir condutas lesivas dos direitos liberdades e garantias do Interessado (cfr. n.º 2, do artigo 109.º do CPTA).

Temos, assim, que a pretensão terá de fundar-se na lesão ou ameaça de lesão de um direito, liberdade ou garantia, o que, de resto, deve ser devidamente referenciado pelo Interessado na sua petição.

Cfr., neste sentido, Jesus González Pérez, in "Manual de Derecho Procesal Administrativo", a págs. 438 e Pedro González Salinas, in "El Proceso Administrativo para la Proteccion de los Derechos Fundamentales" – REDA, n.º 23, a págs. 643/68.

O conteúdo do pedido será a condenação do Requerido na adopção de uma conduta positiva ou negativa, que poderá, inclusivamente, traduzir-se na prática de um acto administrativo (cfr. os n.ºs 1 e 3, do artigo 109.º do CPTA).

Os pressupostos do pedido de intimação são os seguintes:

– a necessidade de emissão urgente de uma decisão de fundo do processo que seja indispensável para protecção de um direito, liberdade ou garantia;

– que não seja possível ou suficiente o decretamento provisório de uma providência cautelar, no âmbito de uma acção administrativa normal, seja comum ou especial

Ver, nesta linha, José Carlos Vieira de Andrade, in "A Justiça Administrativo (Lições), 5ª edição, a págs. 247.

Retomando, agora, uma ideia já atrás aflorada, importa relembrar que não nos encontramos no domínio da tutela cautelar, já que a tutela que proporciona o pedido de intimação para protecção de direitos, liberdades e garantias se insere "num processo de fundo, claramente dirigido a proporcionar a tutela final, que se debruce sobre a relação jurídico-administrativa, e com carácter de urgência" – apud Mário Aroso de Almeida, in "O Novo Regime do Processo nos Tribunais Administrativos", 2ª edição, a págs. 255.

De qualquer maneira estamos em presença de um processo que se caracteriza, como já se viu anteriormente, pela preferência, sumariedade e urgência, visando a obtenção de uma protecção rápida e contundente ao legítimo exercício de um direito, liberdade ou garantia frente a qualquer tipo de ameaças, restrições, lesões ou violações, provenientes, designadamente, da actuação ou omissão da Administração.

Confrontar, nesta linha, Javier Salas y Joaquin Tornos Mas, in "Ley de Proteccion Jurisdicional de los Derechos de la Persona" – RAP, n.º 93, a págs. 49 e seguintes.

3.3 Feita que foi esta breve incursão sobre a temática da intimação para protecção de direitos, liberdades e garantias, importa, agora, reverter ao caso em análise, para apurar se se verificam todos os pressupostos que condicionam o deferimento do pedido formulado pelas Requerentes.

Ora, desde já se adianta que a resposta não pode deixar de ser negativa, como se irá ver de seguida.

Com efeito, mesmo admitindo como hipótese meramente discursiva que os relatos efectuados pelos órgãos de comunicação social referenciados pelas Requerentes são de molde a indiciar uma determinada intenção por parte dos Requeridos em relação às moradias em questão, o que é certo que dos mesmos se não pode retirar que os Requeridos pretendam definir, pela via de acto administrativo, a situação jurídica das Requerentes no concernente às ditas moradias.

É que o se pode concluir, desde logo, do teor do artigo 3.º da petição das Requerentes, onde se refere que o Primeiro-Ministro pretenderia dar cumprimento a decisões do STJ, ou seja, mesmo no enquadramento fáctico enunciado pelas Requerentes não se trataria da prática de actos administrativos determinando, ex novo, a demolição das moradias, mas, sim, como já se viu, "dar cumprimento a decisões do STJ" – cfr. fls. 14.

Aliás, cumpre aqui salientar que, ainda que supostamente fosse essa a intenção do Primeiro-Ministro, o que, no caso dos autos ficou por demonstrar, o que é certo que, mesmo assim, sempre carecia de competência dispositiva sobre tal matéria, uma vez que ela assiste ao Ministro do Ambiente e do Ordenamento do Território, daí que o pedido de intimação contra o dito Primeiro-Ministro não fizesse, por isso, qualquer sentido, não lhe incumbindo, consequentemente, a prática do comportamento pretendido pelas Requerentes.

Por outro lado, mesmo que, hipoteticamente, fosse de admitir que o Requerido Ministro do Ambiente e do Ordenamento do Território tivesse, supostamente, intenção de desencadear a demolição das moradias em causa, mediante a prática de acto administrativo, o que, como já vimos, não é o caso, ainda assim, o pedido formulado pelas Requerentes também não poderia deixar de ser desatendido.

De facto, se esse fosse o caso, e já vimos que não é, então bastaria às Requerentes solicitar o decretamento provisório de uma providência cautelar (eventualmente, da suspensão de eficácia do acto administrativo que viesse a determinar as referidas demolições), não se verificando, por isso, o pressuposto a que alude a parte final do n.º 1, do artigo 109.º do CPTA, na medida em que a tutela cautelar seria suficiente para atingir os fins prosseguidos pelas Requerentes, a saber: evitar a concretização das demolições através de acto administrativo.

Acresce que, para além do já exposto, o pedido de intimação também tem, necessariamente, de naufragar, já que, como decorre claramente da petição, as Requerentes não referenciam, minimamente, um direito, liberdade ou garantia pessoal que fosse merecedor da tutela que lhe é conferida pelo meio processual previsto nos artigos 109.º a 111.º do CPTA.

Na verdade, a petição não permite reconhecer uma qualquer situação jurídica individualizada susceptível de se integrar no conceito de direito, liberdade ou garantia pessoal, não se evidenciando que a actuação dos Requeridos, tal como ela se mostra delineada pelas Requerentes, se apresente com atentatória do exercício de um direito, liberdade ou garantia das Requerentes, não se colocando, por isso, a questão da necessidade da adopção de medidas adequadas ao pleno restabelecimento e cabal exercício dos aludidos direitos, liberdades ou garantias.

É que, como flui da petição, as Requerentes limitam-se a apelar vagamente à violação de "direitos e garantias essenciais das requerentes", sem os concretizar minimamente, falando, ainda, da perturbação do "regular funcionamento da Justiça" e da violação do "princípio da separação de poderes", pondo em causa os princípios do Estado Democrático", o que tudo consubstanciaria, na sua óptica, uma lesão iminente e irreversível "dos direitos e garantias das requerentes constitucional e legalmente consagrados" – cfr. os artigos 10.º e 12.º da dita peça processual.

Só que, tal alegação, como já atrás se adiantou, não se subsume no conceito de direitos, liberdades e garantias pessoais das Requerentes.

Finalmente, importa referir que, no caso dos autos, os Tribunais Judiciais já se pronunciaram sobre a situação da moradia da Requerente Ana Merelo, tendo o Acórdão do STJ, de 6-2-97, confirmado anterior Acórdão da Relação de Évora, de 10-10-95, o qual, por sua vez, condenou a Requerente a demolir a casa de habitação em questão, sendo que, por Acórdão do TC, de 26-10-01, foi negado provimento ao recurso interposto pela dita Requerente do já mencionado Ac. do STJ, ao que acresce a circunstância de, tendo sido desencadeado pelo M. Público o processo de execução do referido Ac. de Relação e tendo a Requerente deduzido embargos à aludida execução, o Tribunal Judicial da Comarca de Setúbal, por decisão de 31-3-03, julgou improcedentes tais embargos – cfr. as alíneas e) a h), da matéria de facto dada como provada.

Por outro lado, o Requerido Ministro do Ambiente e do Ordenamento do Território, refere, também, que, no processo respeitante à Requerida Donzília Silva, já foi proferida decisão de mérito onde esta foi condenada a demolir a casa pré-fabricada construída na sua propriedade na Aldeia da Piedade (cfr. os artigos 14.º e 15.º da resposta).

Ou seja, existindo já pronúncias dos Tribunais Judiciais sobre a questão da demolição das questionadas moradias, proferidas no âmbito de acções neles intentadas, sempre este STA estaria impossibilitado de se imiscuir em matérias atinentes com a execução de decisões dos mencionados Tribunais Judiciais, nelas se incluindo, obviamente, as que tivessem a ver, designadamente, com a existência ou inexistência de título executivo que habilitasse o desencadear do processo judicial conducente à dita demolição, por a questão, então, se não reconduzir a um litígio sobre uma relação jurídica administrativa.

Temos, assim, em suma, que não nos encontramos perante uma situação que justifique a tutela especial que concede o presente meio processual de intimação, por não se ter apurado qualquer conduta da Administração, sujeita ao Direito Administrativo, susceptível de infringir ou ameaçar infringir qualquer princípio ou norma do ordenamento jurídico relativo ao exercício de direitos, liberdades ou garantias pessoais das Requerentes.

4 – DECISÃO

Nestes termos, acordam em indeferir o pedido de intimação para protecção de direitos, liberdades e garantias deduzido pelas Requerentes.

Sem custas, nos termos da alínea c), do n.º 2, do artigo 73.º-C, do CCJ.

Lisboa, 18 de Novembro de 2004.

Santos Botelho (Relator)
Azevedo Moreira
Rui Botelho

Recurso n.º 978/04-11

LEGITIMIDADE CONTENCIOSA ACTIVA DO MUNICÍPIO.

(Acórdão de 23 de Setembro de 2004)

SUMÁRIO:

I– A *legitimidade/pressuposto* no recurso contencioso é aferível pela forma como a situação é descrita na petição inicial, pela marca como é invocado o direito e pelo modo como é materializada a ofensa a este, independentemente do exame sobre o fundo ou mérito da impugnação, inerente que é à *legitimidade/condição*.

II– O Município tem legitimidade activa para recorrer contenciosamente de um acto de um Director Geral que impede a realização das suas atribuições legais, o prosseguimento do interesse público das populações do concelho e a concretização de interesses próprios.

ACORDAM NA 1ª SUBSECÇÃO DA 1ª SECÇÃO DO STA:

I – O **Município da Amadora**, recorre jurisdicionalmente da sentença do TAC de Lisboa que, com fundamento em *ilegitimidade activa*, rejeitou o recurso contencioso ali interposto do acto da **Directora Geral do Património** que fez anunciar a venda em hasta pública de um determinado prédio do Estado.

Nas alegações respectivas, concluiu da seguinte maneira:

«*I. A ilegitimidade activa, como pressuposto processual que é, reporta-se ao início do processo e deve aferir-se pela titularidade jurídica controvertida, tal qual se mostra configurada pelo recorrente;*

II. O Município da Amadora encontra-se interessado na aquisição do terreno denominado "Posto Central de Avicultura", pelo que pretende também apresentar-se a licitar a aquisição desse terreno;

III. O interesse do Município na anulação do acto reside precisamente na possibilidade de poder vir a apresentar-se à Hasta Pública licitando a aquisição do aludido terreno;

IV. A vantagem que para o recorrente resultará da anulação do acto recorrido será precisamente essa possibilidade de licitar ou até mesmo adquirir aquele terreno;

V. Mas o Município da Amadora também tem um interesse legítimo em ver salvaguardados os compromissos anteriormente assumidos pelo Estado relativamente ao terreno em questão;

VI. O acto recorrido não é um acto de mera execução do Despacho n.º 450/2002/SET/F, de 09/09/2002;

VII. É à Direcção Geral do Património do Estado, de acordo com o Despacho Normativo n.º 27-A/2001, que compete fixar as condições da hasta pública, bem como as condições de licitação dos bens;

VIII. No caso vertente o Despacho do Sr. Secretário de Estado do Tesouro e das Finanças consiste apenas numa lista com a identificação dos prédios do Estado a alienar em hasta pública, da qual consta o terreno em questão;

IX. As condições da alienação foram fixadas pela entidade recorrida nos presentes autos;

X. O acto recorrido apresenta um conteúdo autónomo relativamente ao despacho n.º 450/2002/SET/F, de 9/09//2002, na medida em que é aquele acto que define as condições da alienação do imóvel, de acordo com o legalmente imposto;

XI. O acto recorrido não só é recorrível, como o Município da Amadora possui legitimidade activa para o impugnar contenciosamente, na medida em que a sua anulação implicará também a reformulação das condições de alienação do terreno, podendo o recorrente desta forma ver assegurado o cumprimento dos compromissos anteriormente afirmados com a Administração Central relativamente ao terreno em questão;

XII. A douta decisão recorrida enferma de erro manifesto de julgamento e viola o art. 46.º do RSTA, 24.º da LPTA e 268.º, n.º4, da CRP».

Não houve contra-alegações.

O digno Magistrado do MP, no seu parecer final, opinou no sentido do provimento do recurso.

Cumpre decidir.

II – OS FACTOS

A sentença recorrida deu por assente a seguinte factualidade:

«*a*) Por despacho n.º 450/2002/SET/F, de 9/09/2002, do Secretário de Estado do Tesouro e das Finanças, praticado ao abrigo das competências delegadas pela Ministra de Estado e das Finanças, foi aprovada uma lista com a identificação dos prédios do Estado a alienar em hasta pública, entre os quais se conta o prédio designado por Posto Central de Avicultura, com a área de 593 062m2, inscrito sob o artigo matricial 2, Secção C, da freguesia da Falagueira, Venda Nova, e descrito na 1ª Conservatória do Registo Predial da Amadora sob a ficha n.º 00990//070994, inscrição G1;

b) Por anúncio assinado pela Directora Geral do Património, datado de 30-09-2002, foi anunciada a venda deste prédio em hasta pública, sendo designado a data de 15-10 para a praça».

Nos termos do art. 712.º do CPC, adita-se ainda a seguinte factualidade constante dos autos:

1. Para a zona em que o prédio se encontra integrado, estava em elaboração o Plano de Pormenor da Falagueira/Damaia/Venda Nova.

2. No decurso de negociações entre diversas entidades, entre as quais figurava a Câmara Municipal da Amadora, foi celebrado um "protocolo de acordo", assumindo compromissos relativamente à cedência de parcelas do prédio ora posto em venda, também designado "Quinta do Estado" e "Falagueira".

III – O DIREITO

A sentença em crise considerou que a recorrente, por falta de interesse, não tinha *legitimidade activa* para o recurso. Consequentemente, rejeitou-o.

O recorrente jurisdicional, no que é seguido pelo M.P. junto deste tribunal, sustenta o contrário.

Vejamos a quem assiste razão.

Como é sabido, a *legitimidade* é um pressuposto processual aferível pela forma como a situação é descrita na petição inicial, pela marca como é invocado o direito e pelo modo como é materializada a ofensa a este, independentemente do exame sobre o fundo ou mérito do recurso (**J. Castro Mendes**, in *Direito Processual Civil, II*, pag. 153).

No contencioso administrativo é, habitualmente, levado em consideração para a caracterização da *legitimidade activa* (cfr. art. 821.º, n.º 2, do C.A.; art. 46.º, n.º 1, do RSTA) o critério do *interesse*.

E esse interesse «há-de ser aferido de acordo com a descrição do pleito a que o recorrente procede no articulado inicial (Ac. do STA de 24/04/2003, Proc. N.º 044693)

Terá que ser um interesse *directo, pessoal* e *legítimo* (art. 821.º, n.º2, do C.A.; art. 46.º, n.º1, do RSTA).

Directo, na medida em que do provimento do recurso lhe advenha um proveito imediato e objectivo. *Directo*, também, na medida em que o provimento implique a anulação de um acto que esteja a constituir um obstáculo à satisfação de uma pretensão ou seja causa imediata de um prejuízo (**M. Caetano**, *Estudos de Direito Administrativo*, edições Ática, n.º 46, pag. 240 e *Manual de Direito Administrativo*, 10ª ed., II, pag. 1356; **Fermiano Rato** in *Revista de Direito Administrativo*; **F. Amaral**, *Direito Administrativo*, *IV*, 1988, pag. 168/170; *Ac. STA de 28/4/94, in AD n.º 394/1111*). E *directo*, por fim, de forma a que se traduza numa verosímil posição de utilidade ou vantagem, independentemente de ficar ou não eliminada a causa da lesão que motive o recurso (*Ac. do STA de 22/02/93, Rec. N.º 25 160*). Nesta perspectiva, a legitimidade não é a *legitimidade-condição*, ligada ao fundo da causa, mas como se disse mero pressuposto processual (*Ac. do STA de 17/11/96, Rec. N.º 38005 e 1/10/98, Rec. N.º 43 423*, entre outros).

Pessoal, no sentido da existência de um relação de titularidade entre a pessoa do recorrente e a pretensão por cuja vitória pugna ou o prejuízo causado pelo acto cuja anulação pretende obter (**M. Caetano**, in «*Estudos*...», pag. 242 e «*Manual*...», II, 1357).

Legítimo, supondo-se estar em sintonia com a ordem jurídica estabelecida e por esta não reprovada (**M. Caetano**, «*Manual*...» cit, II, pag. 1357; **F. Amaral**, ob. cit. pag. 171; **Guilherme da Fonseca**, in «*Condições de procedibilidade*» na obra *Contencioso Administrativo*, Livraria Cruz, Braga, pag. 201).

Ora, como se disse, sendo a *legitimidade/pressuposto processual* diferente da *legitimidade/condição (Ac. do STA de 12/12/2002, Proc. N.º 0828/02)*, o que importa é olhar para a forma como se encontra configurada a causa de pedir, isto é, como a relação material controvertida é configurada, independentemente da *titularidade da posição jurídica substantiva* (**V. Andrade**, in *A Justiça Administrativa*, 3ª ed., pag. 221), a fim de se ajuizar da vantagem ou utilidade que do provimento do recurso possa advir (*Ac. do STA de 2/03/2004, Proc. N.º 046 937*).

Como já foi decidido, um município é parte legítima para recorrer dum acto desde que possa obter um benefício imediato na execução das suas *atribuições* (*Ac. do STA de 17/01/89, Proc. N.º 025 410;Ac. do STA, de 1/07/93, Proc. N.º 030 938*).

No caso em apreço, de acordo com as afirmações do recorrente contencioso, o terreno a alienar, no todo ou em parte, serviria propósitos do Município na realização de algumas das suas atribuições e na concretização de interesses próprios. Para tanto destacaríamos, a construção de um novo edifício dos Paços do Concelho e a implementação de rede viária e "interface" de transportes (cfr. fls. 32).

Mas, para além disso, se no terreno em causa, como diz o Município recorrente, já se encontra em construção a ligação do metropolitano da Pontinha à Falagueira (arts. 10.º a 12.º da p.i.), se está previsto o alargamento da Estrada dos Salgados em área incluída na proposta de venda do terreno (art. 14.º da p.i.), se ali se pensa construir o Tribunal (art. 15.º da p.i.), o metro de superfície (arts. 17.º e 18.º da p.i.), o pavilhão multiusos e melhorar o parque escolar da Brandoa e respectivos acessos (art. 20.º da pi), crê-se estarem reunidos elementos mais que suficientes que atestam a utilidade do recurso para o recorrente.

Por outro lado, admitindo ser verdade, ainda, que a venda, além de não salvaguardar os compromissos assumidos do Estado com o Município (art. 48.º da p.i.), implicaria o encerramento imediato de uma via pública (Estrada dos Salgados) que integra o leque das acessibilidades do Município entre Amadora e Benfica (art. 51.º) e impossibilitaria a execução de grande número de obras projectadas e aprovadas, as quais se mostram de grande importância para o desenvolvimento e ordenamento do Município (art. 52.º da p.i.), os prejuízos para as populações do concelho seriam evidentes, caso o interesse público que o Município prossegue não fosse acautelado e assegurado pela via impugnativa contenciosa de que aquele lançou mão.

Tudo para concluir, enfim, estar demonstrado o pressuposto da legitimidade activa para o recurso contencioso e, assim, procederem as conclusões da alegação do recurso a este respeito.

E tendo sido a *ilegitimidade* o fundamento para decisão de rejeição tomada (cfr. fls. 105) – uma vez que *não foi expressamente decidida* a questão da *irrecorribilidade* do acto suscitada pela entidade recorrida, concernente à sua natureza de *mera execução* do despacho do Secretário de Estado do Tesouro e das Finanças – ao tribunal "a quo" cumprirá fazer prosseguir os autos com vista à apreciação dessa questão.

IV – DECIDINDO

Face ao exposto, acordam em conceder provimento ao recurso, revogando a sentença recorrida e ordenando a remessa dos autos à 1ª instância para prosseguimento nos sobreditos moldes.

Sem custas.

Lisboa, 23 de Setembro de 2004.

Cândido de Pinho (Relator)
Azevedo Moreira
Pais Borges

Recurso n.º 1612/03-11

LICENCIAMENTO. EMBARGO DE OBRA. REVOGAÇÃO. DIREITO DE CONSTRUIR. PRINCÍPIO DA PROPORCIONALIDADE. EMBARGO PARCIAL. PRINCÍPIO DA PARTICIPAÇÃO. AUDIÊNCIA PRÉVIA. NOTIFICAÇÃO.

(Acórdão de 26 de Outubro de 2004)

SUMÁRIO:

I – O embargo de obra com fundamento em violação do licenciamento não é, nos seus próprios termos, revogação de um licenciamento;

II – Aquele embargo não viola o direito de construir se está demonstrado que a obra estava a ser executada com desrespeito do respectivo licenciamento;

III – O embargo de parte de obra supõe que nas circunstâncias da determinação daquela medida é logo possível identificar, com clareza, os sectores autónomos ilegais, destacáveis do todo;

IV – Não há violação do princípio da proporcionalidade se embargo de obra realizada com desrespeito do respectivo licenciamento abrange toda a obra, quando nas circunstâncias da determinação não é possível proceder àquela identificação;

V – A verificação da previsão do artigo 103.º, n.º 1, alíneas a) e b), do CPA não exige uma declaração formal do órgão instrutor, podendo estar afirmada, implicitamente, na proposta formulada ao órgão decisor;

VI – A notificação é um acto meramente instrumental e complementar, que visa assegurar a eficácia do acto administrativo, mas não a validade do próprio acto.

ACORDAM EM SUBSECÇÃO, NA SECÇÃO DO CONTENCIOSO ADMINISTRATIVO DO SUPREMO TRIBUNAL ADMINISTRATIVO:

1.
1.1. João Francisco Justino, contribuinte n.º 128361123, residente na Rua Cândido dos Reis, n.º 44, 2705-191 Colares, interpõe recurso contencioso de anulação do despacho do Secretário de Estado Adjunto e do Ordenamento do Território, de 6 de Dez. de 2002, que determinou o embargo das obras de construção de moradia de que é proprietário, sita no parque Natural Sintra-Cascais.

Imputa-lhe violação do direito de participação do artigo 8.º do CPA, de audiência prévia, do artigo 100.º do CPA, de revogação ilegal de actos constitutivos de direitos, artigos 136.º e 141.º do CPA e 52.º do DL n.º 445/91, de falta de fundamentação, artigo 124.º e ss do CPA e 268.º, n.º 3, da CRP, do direito de propriedade, artigo 62.º, n.º 1, da CRP, do princípio da proporcionalidade, artigo 5.º, n.º 2, do CPA e artigo 266.º, n.º 2, da CRP.

1.2. Na resposta, a autoridade recorrida pronunciou-se pelo não provimento do recurso.
1.3. Foi cumprido o artigo 67.º do RSTA.
1.4. Nas suas alegações, o recorrente manteve quanto alegou no requerimento de interposição do recurso, finalizando:

"A) No caso concreto, a CMS não cumpriu os prazos e os termos fixados pelos artigos 17.º, n.ºs 5 e 6, 35.º e 45.º do Decreto-Lei n.º 445/91, e aprovou o projecto de construção titulado pelo Alvará de Licença de Construção n.º 235/2000 sem antes proceder à consulta da entidade responsável pelo Parque Natural Sintra Cascais;

B) Tal situação, ainda que pudesse ser representada como uma ilegalidade, sempre teria de ser encarada como uma ilegalidade já convalidada na ordem jurídica, na medida em que, à data da prática do acto recorrido, em 06/12/2002, há muito que tinha decorrido o prazo de um ano para a revogação daqueles actos administrativos anuláveis (artigos 136.º e 141.º do CPA), os quais, por esta via, se encontrarram validamente consolidados na ordem jurídica e a produzir todos os efeitos inerentes à categoria de actos constitutivos de direitos;

C) O recorrente nunca foi informado sobre o andamento do procedimento que deu origem ao acto recorrido, nem tão pouco foi notificado para se pronunciar em sede de audiência prévia, tal como impõem os artigos 8.º e 100.º e ss. do CPA, em concretização do artigo 268.º, n.º 3, da CRP;

D) Ao não ter sido acompanhado do acto recorrido ou dos fundamentos que dele faziam parte integrante, o Auto de Embargo levantado em 07/02/2003 não permitiu que o ora recorrente tivesse conhecimento dos fundamentos de facto e de direito que serviram de base à prática do acto recorrido, privando-o da possibilidade de sequer ponderar se a actividade administrativa desenvolvida pela entidade recorrida visou, efectivamente, assegurar uma correcta realização do interesse público, tal como é alegado naquele Auto;

E) Embargar a execução de uma obra que se encontrava validamente titulada por um alvará de licença de construção, implica a violação do direito de propriedade do recorrente, uma vez que aquele alvará titulava o exercício do direito a construir no prédio do ora recorrente, fazendo acrescer este direito ao direito de propriedade do recorrente;

F) O acto recorrido viola o princípio da proporcionalidade, na medida em que era possível discriminar em que termos é que a obra executada pelo recorrente estava a violar o projecto aprovado pela entidade responsável pelo Parque Natural de Sintra-Cascais e não havia necessidade de se proceder ao embargo de toda a obra de construção.

Em conformidade, deve o presente recurso ser julgado provado e procedente, devendo, em conformidade, ser declarado nulo ou anulado o acto recorrido".

1.5. A autoridade recorrida contra-alegou, sustentando desenvolvidamente a legalidade do acto impugnado.
1.6. O EMMP emitiu o seguinte parecer no sentido do não provimento do recurso, referindo:

"(...)
Da violação dos artigos 8.º (princípio da participação) e 100.º (audiência dos interessados) do CPA.

O despacho ordenando o embargo foi proferido no âmbito de um procedimento instaurado em razão da obra de construção em causa se encontrar em desconformidade com o projecto aprovado pela Comissão Directiva do Parque Natural de Sintra – Cascais e visava, em última análise, a demolição das correspondentes obras.

A decisão final do procedimento traduzia-se, portanto, numa ordem de demolição e não numa ordem de embargo, definindo-se esta como uma mera medida cautelar da primeira com carácter preventivo e urgente, tendo como objectivo impedir a continuação da obra violadora da legalidade.

Daí que, não consistindo a decisão de embargo da obra uma decisão final do procedimento, não haja lugar ao cumprimento do artigo 100.º do CPA – cfr. Acórdão do Pleno da secção de 15-11-01, no recurso n.º 36.521.

Refira-se, por outra parte, que a própria notificação do embargo ao particular poderá assumir a" dupla função de proibição de continuação da obra e audiência do interessado com vista à reposição da legalidade"– neste sentido, acórdão de 28-10-99, no recurso n.º 45.122.

Da violação dos artigos 136.º e 141.º do CPA (Revogabilidade dos actos inválidos).

A este respeito, defende o recorrente ter ocorrido uma ilegal revogação da licença de construção deferida pela Câmara Municipal de Sintra, uma vez que não teria sido observado o prazo de um ano para a revogação dos actos administrativos inválidos.

Ora, o certo é que na situação em apreço a questão colocada não tem qualquer razão de ser, já que o embargo foi ordenado como decorrência das obras estarem a ser levadas a efeito em desconformidade com essa licença e, como tal, de modo algum se pretende questionar a legalidade dessa licença e erradicá-la da ordem jurídica, antes essa legalidade é erigida como pressuposto para a actuação da administração.

De todo o modo, nunca um embargo poderá configurar uma revogação duma licença de construção, não se encontrando, por isso, sujeita aos limites temporais impostos pelo artigo 141.º do CP à revogação, por ilegalidade, dos actos administrativos.

Violação do artigo 124.º do CPA dever de fundamentação).

Ainda aqui se me afigura nenhuma razão assistir ao recorrente.

De facto, o despacho impugnado contenciosamente mostra-se fundamentado com a necessária suficiência, nele se encontrando explanadas com clareza as motivações de facto e de direito da decisão de embargar a obra, o que foi apreendido pelo recorrente como inequivocamente é demonstrado pela forma como minutou o seu recurso contencioso.

Violação do direito de propriedade e do princípio da proporcionalidade.

Relativamente à violação do direito de propriedade é abundante e pacífica a jurisprudência deste Supremo Tribunal no sentido de que o " jus aedificandi" não integra o núcleo essencial do direito de propriedade, antes constituindo uma mera faculdade legal a exercitar nos limites impostos pela lei – confrontar acórdãos de 4-97 e 22-03-01, nos recursos n.ºs 29.573 e 41.349.

No referente ao invocado princípio da proporcionalidade, apresenta-se como patente que a adequação e eficácia do embargo decretado enquanto medida cautelar exige que a sua acção paralisadora atinja a totalidade da obra e não apenas as específicas partes que colidam com os parâmetros definidos na licença de construção.

De improceder, deste modo, as conclusões E) e F) da alegação do recorrente".

2.
2.1. Considera-se apurada a seguinte matéria de facto, dando-se por reproduzidos, integralmente, todos os documentos referenciados, os quais, salvo outra indicação, integram o processo administrativo apenso:

a) No lugar do Penedo, freguesia de Colares, concelho de Sintra, situa-se a denominada "Quinta do Pombeiro", prédio que tem uma área total de 71 332 m2, sendo composto por uma parte urbana e por uma parte rústica, ambas inscritas nas matrizes prediais respectivas sob os artigos 578 e 3205, e artigo 7.º, da secção K (cfr. S.O.P.72/98, do PNSC);

b) No âmbito do processo de licenciamento de construção naquele prédio, requerido pelo ora recorrente, a Câmara Municipal de Sintra consultou a entidade responsável pela gestão e fiscalização do Parque Natural Sintra-Cascais, que, por deliberação da sua Comissão Directiva, datada de 16 de Março de 1998, emitiu um parecer favorável sobre um projecto apresentado pelo ora recorrente, que contempla uma área de construção de 572 m2, distribuídos por dois pisos (cfr. deliberação sobre S.O.P.72/98, do PNSC);

c) O terreno insere-se em:
Área de Ambiente Rural de elevada Protecção Paisagística cerca de 88%, e Área de Ambiente Urbano – Qualificada, cerca de 12% (cfr. SOP72/98, do PNSC);

d) O presidente da Câmara Municipal de Sintra emitiu a favor do ora recorrente o Alvará de Licença de Construção n.º 235/2000, que titula o licenciamento de uma construção no prédio quinta do Pombeiro, Colares, por deliberação camarária de 7.1.2000, apresentando as seguintes características: "Cércea autorizada 10, N.º de pisos 2 acima, e – abaixo da cota da soleira; área de construção 578m2; Volumetria 1502 m3 (...)" (cfr. doc. n.º 3, com a petição);

e) O presidente da Câmara Municipal de Sintra emitiu a favor do ora recorrente o Alvará de Licença de Obras n.º 320/2001, titulando a renovação da licença titulada pelo alvará n.º 235/2000, com validade até 24 de Fevereiro de 2003 (doc. n.º 4 com a petição);

f) Pela Informação n.º 228/2001, de 7.8.2001, dos Vigilantes da Natureza do PNSC, consta que, após denúncia telefónica, o serviço de fiscalização detectou que a construção em causa "apresenta um número de pisos superior ao que consta do Projecto aprovado por este Parque" (cfr. anexo 5);

g) Nos termos da SOP 133/01, do PNSC, Memorando sobre as construções, a "obra não está a ser construída em conformidade com o projecto apreciado e aprovado pela deliberação da CD do PNSC de 16.03.1998 (...) verificando-se a existência de um terceiro piso mais cave";

h) De acordo com a Informação de 11.9.2001, os vigilantes da natureza do PNSC tentaram a notificação do ora recorrente no seu domicílio para comparecer e prestar esclarecimentos, mas a "empregada do Sr Justino recusou-se a assinar a notificação. Contudo, esta senhora disponibilizou-se a facultar o contacto telefónico do Sr. Justino" (anexo 7 da SOP 133/01);

i) De acordo com o ofício n.º 21/GAT-NP/02, do chefe de gabinete do presidente da Câmara Municipal de Sintra para o chefe de gabinete do Secretário de Estado

Adjunto e do Ordenamento do Território, a Câmara Municipal de Sintra:
"III. Em 10 de Outubro de 2001, foi emitida certidão de embargo, por despacho do mesmo vereador, em virtude de se ter constatado que a obra em questão não estava a ser executada em conformidade com o projecto aprovado, tendo a Autarquia notificado o proprietário da obra em 15 de Novembro de 2001;
IV. Invocando a ilegalidade do embargo, o proprietário continuou a executar a obra, facto que obriga os fiscais desta autarquia a deslocarem-se inúmeras vezes ao local para visitá-la/vistoriá-la, sem sucesso, conforme atestam o livro de obra e certidão de embargo";
j) Em 27.11.2002, foi emitida a Informação n.º 285/2002, por um assessor do Gabinete do Secretário de Estado Adjunto e do Ordenamento do Território;
l) Em 6.12.2002, e sobre n.º Informação n.º 285/2002, o Secretário de Estado Adjunto e do Ordenamento do Território proferiu o despacho recorrido com o seguinte teor integral:
"1. Sem prejuízo do prosseguimento do processo contra-ordenacional que determinei pelo meu despacho de 8/8/2002, atentos os factos descritos na informação SOP 133/01 do Parque Natural de Sintra/Cascais e nos termos das disposições legais citadas na presente informação, decido ao abrigo da delegação de competência de S. Ex. o MCOTA pelo n.º 3, al. e) do seu despacho 15790/2002, DR, 2ª Série, n.º 158, de 11/07/2002:
a) O embargo das obras de construção de moradia pertencente a João Francisco Justino, melhor identificado no processo administrativo, ao abrigo do artigo 105, n.º 1 al. *b)* do DL n.º 380/99, de 22 de Setembro.
b) A comunicação à Conservatória do Registo Predial competente, através da Comissão Directiva do Parque Natural de Sintra/Cascais, do acto de embargo para os efeitos do que dispõe o n.º 4 do artigo 105.º do DL 380/99, de 22 de Setembro.
2. Mais determino:
Que o titular da licença de construção acima identificado seja, pela Comissão Directiva do Parque Natural de Sintra/Cascais, notificado para, em sede de audiência prévia, se pronuncie, querendo, no prazo máximo de 15 (quinze), por escrito nos termos do art. 100.º n.º 1 do CPA, sobre a intenção de, na sequência do embargo, ser determinada a demolição ao abrigo do art. 105.º/1 al. *b)* do DL 380/99, das obras de construção da moradia referida, na parte em que violam o disposto no art. 15.º n.º 3 do Regulamento do Plano de Ordenamento do Parque Natural de Sintra Cascais e não correspondem ao projecto aprovado pela Câmara Municipal de Sintra em conformidade com o parecer do órgão competente da área protegida, para cujo cumprimento voluntário pelo proprietário é fixado um prazo máximo de 120 (cento e vinte) dias.
3. Proceda-se, de imediato, às comunicações que permitam dar execução ao determinado supra e dê-se conhecimento do presente despacho ao Exmo. Senhor Presidente da Câmara Municipal de Sintra.
4. Solicito ao ICN, através da Comissão Directiva do PNSC informação sobre o licenciamento e execução das obras na capela";
m) A ordem de embargo foi executada em 7 de Fevereiro de 2003 (auto de embargo, e certidão de notificação);
n) O recorrente reconhece que as obras de construção da moradia não correspondem ao projecto aprovado e licenciado (artigo 29.º da petição).

2.2. Como se disse, está sob impugnação uma ordem de embargo. Procederemos à apreciação dos vícios que lhe vêm cominados iniciando pelos de viciação material.
2.2.1. A ilegal revogação de acto constitutivo de direitos (conclusões A e B).
Do corpo das alegações e conclusões A e B resulta que o recorrente admite que o licenciamento do projecto de construção titulado pelo Alvará de Licença de construção n.º 235/2000 foi ilegal. Porém, ter-se-ia consolidado na ordem jurídica. Na sua perspectiva, o acto recorrido revogou-o ilegalmente.
Comece-se por dizer que não foi suporte do acto impugnado a ilegalidade do licenciamento.
O acto impugnado, conforme a informação em que se suportou, considerou que esse problema já não se podia colocar.
A questão que esteve em causa foi a desconformidade das obras com o licenciamento obtido e titulado pelo alvará.
É, por isso, completamente irrelevante a discussão sobre a correcção do acto de licenciamento.
Mas, o que é mais importante, e na esteira do parecer do EMMP, é que um embargo de obra com fundamento em violação do licenciamento não é, nos seus próprios termos, revogação de um licenciamento. Um embargo de obra com fundamento em violação do licenciamento intenta é que o licenciamento não seja desrespeitado, que o acto constitutivo de direitos seja respeitado. E a questão reside em saber se a obra desrespeita o acto que a autorizou. Se houver desconformidade, o interessado tem de reposicionar a obra nos limites da licença; se não houver, o interessado tem o direito de exigir a anulação da ordem de embargo e de accionar os meios necessários à reparação do prejuízo sofrido. Em qualquer caso, o acto de licenciamento continua em plena vigência na ordem jurídica, não sendo afectado, muito menos revogado pelo embargo.
2.2.2. Violação do direito de propriedade (conclusão E).
Embora o recorrente utilize a expressão violação do direito de propriedade, não é, exactamente, ao direito de propriedade que se reporta.
Vejamos das suas alegações (ponto IV 1):
"A emissão de alvará é, conforme refere o artigo 21.º, n.º 1 do Decreto-Lei n.º 445/91, condição de eficácia de uma licença de construção e legitima, a partir daí, o exercício do direito de construir naquele prédio, já que, e conforme é entendimento pacífico na doutrina e jurisprudência, o direito a edificar não constitui parte integrante do direito de propriedade".
E, mais à frente (IV 2), terminando a alegação sobre este ponto, refere:
"Embargar a execução de uma obra que se encontrava validamente titulada por um alvará de construção, implica a violação do direito de propriedade do recorrente, uma vez que aquele alvará titulava o exercício do direito de construir no prédio do ora recorrente, fazendo acrescer este direito ao direito de propriedade do recorrente".
Quer dizer, não é, precisamente, uma afronta do direito de propriedade que o recorrente entende ter-se verificado. Ele aceita que o direito de construir não integra aquele direito. E, se o aceita, desnecessária se torna a discussão sobre essa matéria.
O que vem sublinhado é que o embargo viola o direito de construir, legitimado por uma licença de construção,

titulada esta pelo Alvará de licença de construção n.º 235/2000, renovado pelo Alvará de licença de obras n.º 320/2001.

Vistas as coisas assim, como se impõe, por ser deste modo que efectivamente vêm colocadas, o problema resume-se em saber se houve violação de lei por erro nos pressupostos; isto é, se a obra estava a ser executada na estrita conformidade com as autorizações ou licenças concedidas, é ilegal o embargo, pois que supõe, exactamente, tal desrespeito.

Ora, neste ponto, poderemos dizer, imediatamente, que o alvará em que se funda o recorrente não lhe dá razão.

Com efeito desse alvará consta: "cércea autorizada 10, N.º de pisos 2 acima, e – abaixo da cota da soleira".

Ora, o recorrente em nenhum ponto contesta que a obra se encontrava com quatro pisos, o que foi pressuposto do embargo e ficou a constar também do auto de embargo; e, além de não contestar esse facto, reconhece, expressamente, que construíra uma cave em desrespeito do alvará.

Não pode, pois, suportar-se no alvará para a realização de obra diversa daquela cujo licenciamento ele titula, nem pode suportar-se nele para afirmar a alegada violação do direito de construir.

2.2.3. Violação do princípio da proporcionalidade (conclusão F).

Defende o recorrente que só deveria ter havido embargo das obras a mais.

Assinale-se que o recorrente não aponta qualquer violação do despacho em relação aos normativos que o admitem. Ora, se o despacho se contém nos estritos limites da lei, a violação do princípio da proporcionalidade só se poderia reportar à lei, mas quanto a ela também nada diz o recorrente.

Justifica-se, no entanto, acrescentar e sublinhar que, e na linguagem do Ac. de 28.10.1999, rec. 45122 (*Apêndice Diário da República*, de 23 de Setembro de 2002, pág. 6126 e sgts.), "o embargo é uma medida cautelar, de carácter preventivo e urgente, visando impedir a continuação de uma obra lesiva da legalidade que está a ser levada a efeito, evitando-se, assim, a consolidação de um facto consumado em desconformidade com a lei, já a demolição é um acto unilateral e autoritário, visando a reintegração da ordem jurídica violada, a reposição do *statu quo ante*".

No presente caso, está-se perante a construção de um único prédio, no qual se revela, no momento da determinação do embargo, que há um acrescento ilegal de um piso abaixo da cota da soleira e de um piso acima da cota da soleira, somando quatro pisos, contra os dois autorizados, e se tem conhecimento, ainda, que a construção tem vindo a ser prosseguida com o não acatamento de precedente embargo, exarado por outra entidade (cfr. supra 2.1.i)).

Não só as interligações entre os pisos admitidos e os pisos acrescentados se hão-de presumir de natureza arquitectónica diversa, como o prosseguimento face a prévio embargo não permite ter a certeza do que se encontrará no momento da execução da medida.

Este tipo de situações não representa o campo de aplicação do embargo parcial, destinado a contemplar partes de obras que imediatamente se apresentem à entidade competente como destacáveis e autonomizáveis com toda a clareza (cfr. art. 57.º, n.º 4, do DL 445/91, e art. 102.º, n.º 5, do DL n.º 555/99).

Diga-se que essa impossibilidade de destaque, em sede de medida cautelar, veio a ser confirmada pelas referências sobre o estado da obra constantes do auto de embargo, conforme se enuncia no ponto 40 das alegações da autoridade recorrida.

Isto, evidentemente, não impede que a minuciosa distinção venha a ser realizada na eventual determinação de demolição.

Aí, sim, tudo deve ser feito para que a mesma incida, exclusivamente, sobre a parte ilegal, se puder ser destacada do todo.

E foi, aliás, para essa medida, que foi determinada a audição do interessado.

Diga-se, também, que a demolição expontânea das obras a mais implica, imediatamente, o levantamento do embargo. Desaparecida a causa, o mesmo quadro legal que justificou o embargo, impõe o seu levantamento. Ele só persiste, portanto, enquanto as obras a mais lá estão.

O embargo não impede, antes reforça que o interessado está completamente titulado para realizar as obras necessárias à eliminação do ilegal.

O que o embargo intenta, cautelarmente, é que mais nenhuma violação se cometa.

O recorrente, não foi, portanto, vítima de qualquer medida violadora do princípio ou preceitos que enumera. O embargo era, ele mesmo, a medida mínima possível, perante a obra em causa, obra, que em parte, o recorrente reconhece desconforme à licença obtida.

2.2.5. Violação do direito de participação e audiência (conclusão C).

A audiência dos interessados, como figura geral do procedimento administrativo decisório de 1.º grau, representa o cumprimento da directiva constitucional de "participação dos cidadãos na formação das decisões e deliberações que lhes disserem respeito" (artigo 267.º, n.º 5, da CRP), determinando para o órgão administrativo competente a obrigação de associar o administrado à tarefa de preparar a decisão final. Princípio da participação que teve consagração expressa no art. 8.º do CPA, normativo que impõe à Administração o dever de "assegurar a participação dos particulares (...) na formação das decisões que lhes disserem respeito, designadamente através da respectiva audiência, nos termos deste Código". E é no artigo 100 e seguintes do CPA que vêm concretizados quer os termos da audiência, quer, ainda, as condições e circunstâncias em que não existe ou pode ser dispensada tal audiência.

A exigência de audiência de interessado prévia a determinação de embargo não tem tido resposta uniforme neste STA. A divergência na jurisprudência foi recenseada, em termos para que se remete, no Ac. de 1.7.2003, rec. n.º 41000.

Afigura-se que não se pode partir de uma tese geral (e no fundo a jurisprudência recenseada também não partiu) quanto à natureza dos embargos para dela decidir quanto à exigência de audiência. Haverá que analisar cada embargo, pois é, afinal, pelo acto concreto em si que se deve verificar se se está perante alguma das situações permitindo ou impondo a ausência de audiência.

Diga-se que, se bem que se admita que o facto de no DL n.º 445/91, de 20 de Novembro, ainda na redacção do DL n.º 250/94, de 15 de Outubro, se prever a audição para a demolição (artigo 58.º) e não se prever para o embargo (artigo 57.º), não é decisivo quanto ao regime deste (cfr. citado Ac. no rec. 1429/02), não deixa de impressionar que o DL n.º 555/99, de 16 de Dezembro, ainda na redacção do DL n.º 177/2001, de 4 de Junho, tenha mantido o mesmo tipo de disciplina, reiterando a audiência quanto à demolição (artigo 106.º) e omitindo qualquer referência à mesma no que respeita ao embargo, apesar de estabelecer um detalhado regime para esta medida (artigos 102.º a 105.º).

Entende-se que se deve concluir que, em regra, nos embargos sob aqueles regimes, a audiência não se verificará, podendo, no entanto, as circunstâncias do caso levar a solução diversa.

O presente embargo surge num procedimento (não foi, por isso, determinado sem procedimento, ao contrário do que sustenta a autoridade recorrida) impulsionado por denúncia telefónica e num quadro que se pode sintetizar com os seguintes elementos:

i) "Após denúncia telefónica sobre suposta ilegalidade na construção da moradia no terreno em causa, a equipa de fiscalização do Corpo de vigilantes da Natureza do PNSC deslocou-se em 3 de Agosto de 2001 ao local, onde em placa destinada ao efeito está inscrito/ /anunciado que a obra em questão está titulada pelo alvará de licença n.º 235/00 emitido em 24.02.00, mas que não está a ser construída em conformidade com o projecto apreciado e aprovado (...).

(...)

Uma denúncia escrita e assinada datada de 28.08.01, e recebida no PNSC relatava também as dúvidas sobre a legalidade da obra e referia a continuação dos trabalhos (anexo 8 e anexo 9) verificando-se a existência de um terceiro pisos mais cave" (do SOP 133/01);

ii) Pela Câmara Municipal de Sintra foi o gabinete do autor do acto ora impugnado informado que:

"III – Em 10 de Outubro de 2001, foi emitida certidão de embargo da obra (...) em virtude de se ter constatado que não estava a ser executada em conformidade com o projecto aprovado, tendo a Autarquia notificado o proprietário da obra em 15 de Novembro de 2001";

IV. Invocando a ilegalidade do embargo, o proprietário continuou a executar a obra, facto que obriga os fiscais desta autarquia a deslocarem-se inúmeras vezes ao local para visitá-la/vistoriá-la, sem sucesso, conforme atestam o livro de obra e certidão de embargo";

iii) Face a estes elementos, o assessor do autor do acto concluiu na Informação n.º 285/2002, antes de propor o embargo:

"9. O facto de as obras em causa já terem sido objecto de embargo por parte da Câmara Municipal de Sintra não impede, ao que se julga, o seu embargo por parte de S. Exa. o Secretário de Estado (...) julga-se que, pelo menos nos casos em que a ordem de embargo não tenha sido ainda acatada, o poder em causa deve ser visto como um poder de exercício concorrente (...). É o que se verifica no caso vertente, em que a Câmara Municipal determinou o embargo das obras, mas não se mostra disposta a recorrer aos meios que tem ao seu dispor para fazer cumprir a ordem dada, preferindo recorrer à via jurisdicional, em vez de se socorrer do privilégio da execução prévia, previsto pelo 149.º, do Código do Procedimento Administrativo".

Desta situação, ressalta:

A obra já se encontrava embargada, por outra entidade;
Apesar do embargo, continuava a obra;
De continuação em continuação, a obra poderia estar terminada quando, finalmente, se conseguisse obter a notificação do interessado e a sua audição, desprovendo a medida de qualquer interesse.

A determinação imediata do embargo, quando o Secretário de Estado ficou perante todos os elementos disponíveis, afigurava-se como inerente à urgência da medida. A urgência existia quer na perspectiva do impedimento de novas agressões, como na perspectiva de não se comprometer a utilidade da decisão. Tratava-se de uma situação que se ia arrastando com sucessiva violação do licenciamento, nos termos do alvará que o titulava, o que impunha uma imediata intervenção tal era o grau de violação que se apresentava e continuação de violação que razoavelmente era de prever.

Observa-se, sem dúvida, que não existiu posição expressa quer do instrutor quer do autor do acto a afirmar a exigência de não audiência.

Já se julgou, no Ac. deste Tribunal de 14.5.98, rec. n.º 41373 (*Apêndice Diário da República* de 26 de Abril 2002, pág. 3567 e segts), e perante ausência de decisão de dispensa, nos termos do artigo 103.º, n.º 2, a), do CPA, que "a omissão dessa formalidade não é impeditiva do funcionamento da norma do art. 103.º/2-a) que delimita negativamente o enunciado do art. 100.º, integrando o bloco legal disciplinador do direito de audiência dos interessados. Com efeito, saber se o fim visado pelo legislador se cumpriu implica a análise das ocorrências de um dado procedimento e não das representações sobre essa realidade. A declaração de dispensa de audiência ou a ausência dela não muda a realidade em si mesma. Dito de outro modo, a existência de uma declaração expressa de dispensa da audiência ou a ausência dela pode trazer ao interessado o ónus de demonstrar o erro desse juízo administrativo e a sua falta conduzir a que a dúvida se resolva contra a Administração, mas não obsta a que o juiz qualifique juridicamente os factos de que deva conhecer, isto é, aprecie se a audiência formal era dispensável".

Mutatis mutandis, o pensamento acabado de citar poderia ser transposto para os casos de inexistência. Mas, reconhece-se que não se trata de pensamento inquestionado.

Ocorre que, o caso presente impõe a mesma solução, por outro caminho.

O órgão instrutor não enunciou, literalmente, a presença de uma situação de inexistência, do artigo 103.º, n.º 1, do CPA, mas o pressuposto de tal situação resulta dos elementos em que se baseia e da proposta simultânea do embargo e da notificação para audição quanto à demolição.

O órgão instrutor estava vinculado a passar à fase da proposta (cfr. **M. Esteves de Oliveira, Pedro C. Gonçalves, J. Pacheco Amorim**, em "Código do Procedimento Administrativo, Comentado", 2.ª Edição, pág. 463, anotação II do artigo 103.º).

Há que interpretar a proposta do instrutor como deixando implícita a exigência de não audição para o embargo, antes, e apenas, para a demolição. Neste quadro, não se impunha uma declaração formal, estando ela implicitamente contida e afirmada.

Não houve, assim, a violação do princípio de participação e audiência.

2.2.6. Violação do dever de fundamentação (conclusão D).

Consta da conclusão D, em plena conformidade com respectivo corpo alegatório, que o recorrente faz radicar este vício no facto de Auto de Embargo levantado em 07/02/2003 "não ter sido acompanhado do acto recorrido ou dos fundamentos que dele faziam parte integrante", o que "não permitiu que o ora recorrente tivesse conhecimento dos fundamentos de facto e de direito que serviram de base à prática do acto recorrido, privando-o da possibilidade de sequer ponderar se a actividade administrativa desenvolvida pela entidade recorrida visou, efectivamente, assegurar uma correcta realização do interesse público, tal como é alegado naquele Auto".

O recorrente não faz derivar o vício, pois, de falta de fundamentação de que o próprio despacho padeça, mas da sua notificação.

Ora, a notificação de um acto administrativo não se confunde com o seu conteúdo. A notificação é um acto meramente instrumental e complementar, que visa assegurar a eficácia do acto administrativo. É, pois, a eficácia do acto administrativo que pode ficar afectada pela ausência ou por uma deficiente notificação, mas não a validade do próprio acto.

Este entendimento constitui jurisprudência firme deste STA – cfr. acs. de 14.03.91, rec. 24486, 4.11.93, rec. 32072, 20.11.97, rec. 41719, 10.3.99, rec. 32796, 6.4.2000, rec. 43522, 1.3.2001, rec. 43368, de 21.01.03, rec. 44491 e de 28.01.2003, rec. 48363.

A deficiente notificação não importa, assim, qualquer vício de forma no acto recorrido.

3. Pelo exposto, improcedendo todos os vícios cominados ao acto, nega-se provimento ao recurso.

Custas pelo recorrente.
Taxa de justiça: 300 euros.
Procuradoria: 150 euros.
Lisboa, 26 de Outubro de 2004.

Alberto Augusto Oliveira (Relator)
Políbio Henriques
António Madureira

Recurso n.º 498/03

PROCESSO DISCIPLINAR. PODER DISCRICIONÁRIO. MEDIDA DA SANÇÃO.

(Acórdão de 3 de Novembro de 2004)

SUMÁRIO:

I – **A graduação da sanção disciplinar de suspensão, dentro dos limites legalmente estabelecidos, é uma actividade incluída na discricionariedade imprópria (justiça administrativa), podendo sofrer os vícios típicos do exercício do poder discricionário, designadamente o desrespeito pelo princípio da proporcionalidade, na sua vertente da adequação.**

II – **Nas hipóteses em que a medida tomada se situa dentro de um círculo de medidas possíveis, deve considerar-se proporcionada e adequada aquela de que a Administração se serviu.**

ACORDAM NA 1ª SECÇÃO DO SUPREMO TRIBUNAL ADMINISTRATIVO:

1. RELATÓRIO

F.., identificado nos autos, recorreu para este Supremo Tribunal do Acórdão do Tribunal Central Administrativo, que julgou improcedente o recurso contencioso de anulação do despacho de Ex.mo Sr. Ministro da Saúde, de 16-7-01, que manteve a pena disciplinar de suspensão graduada em 60 dias, formulando as seguintes conclusões:

a) Na fixação da medida da pena, não foram ponderadas as circunstâncias de facto, favoráveis ao recorrente, apuradas ao longo da instrução;

b) Embora não dispensassem o cumprimento das obrigações funcionais inerentes ao exercício do seu cargo, certo é que aquelas circunstâncias, pelo seu valor e número, são suficientes para diminuir consideravelmente o juízo de censura ou grau da culpa do recorrente, justificando a fixação da pena no seu limite mínimo;

c) E para, em conjugação com a sua personalidade e as diminutas consequências dos seus actos, determinar a suspensão da execução desta pena por um período não superior a um ano;

d) Não decidindo assim o douto despacho recorrido fez "vista grossa" sobre um erro grosseiro ou palmar do Senhor Ministro da Saúde;

e) Validando um despacho destes que violou o disposto nos art.ºs 28.º e 33.º do Estatuto Disciplinar e que, por isso, deveria ter declarado nulo e de nenhum efeito.

Não foram produzidas contra-alegações.

Neste Supremo Tribunal o Exmo Procurador-geral Adjunto, emitiu parecer no sentido de ser negado provimento ao recurso.

Colhidos os vistos legais, foram os autos submetidos à conferência.

2. FUNDAMENTAÇÃO
2.1. Matéria de facto
O Acórdão recorrido deu como assente a seguinte matéria de facto:

a) o recorrente exerce as funções de Chefe de Serviço da carreira médica de clínica geral, na extensão de Lijó, do Centro de Saúde de Barcelos;

b) por despacho de 14-7-2000, do Sr. Inspector Geral de Saúde, foi-lhe instaurado o processo disciplinar n.º 81/00-D;

c) em tal processo, foram dados como provados os factos constantes do parecer de fls. 8, cujo teor aqui se dá por integralmente reproduzido;

d) com base em tal factualidade, o ora recorrente foi punido com a pena disciplinar de suspensão graduada em 90 dias.

Dado o seu manifesto interesse para o julgamento do recurso, transcrevem-se os factos dados como provados no processo disciplinar, para onde remete a al. c):

"(...)
– o arguido, pelo menos de Janeiro a 10 de Outubro de 2000, se Segunda a Sexta-Feira, no período da manhã,

devendo comparecer ao serviço às 8,30 horas, o fez invariavelmente às 10,30 horas, e, no período da tarde, devendo comparecer às 14,00 horas, o fez invariavelmente às 15,30 horas;

– com a referida conduta o arguido violou, livre e conscientemente, os deveres de zelo, assiduidade e pontualidade, previstos no art. 3.º, n.º 4 alíneas b), g) e h) e n.ºs 6,11, e 12 do Estatuto Disciplinar;

– no mesmo período, o arguido não elaborou, não organizou nem manteve actualizado o processo clínico dos utentes no seu ficheiro;

– com a referida conduta o arguido violou, livre e conscientemente, o dever especial previsto no art. 53.º, em conjugação com o art. 49.º do Regulamento dos Centros de Saúde, e, ainda, os deveres gerais de zelo e lealdade, previstos no art. 3.º, n.º 4 alíneas b) e d) e n.ºs 6 e 8 do Estatuto Disciplinar;

– bem sabendo que, com a sua conduta, ia causar prejuízo ao serviço público e ao interesse geral;

– os factos descritos consubstanciam infracção disciplinar, punível com a pena de suspensão, nos termos do art. 24.º, n.º 1 do E.D.;

– contra o arguido militam as circunstâncias agravantes especiais previstas no art. 31.º, n.º 1, alíneas b) e g) do Estatuto disciplinar;

– não concorre a favor do arguido nenhuma das circunstâncias atenuantes especiais previstas no art. 29.º do E.D. (...)"

2.2. Matéria de direito

O Acórdão recorrido negou provimento ao recurso contencioso, invocando o seguinte:

"(...) *Em primeiro lugar, e como é sabido, a fixação administrativa da pena, quando esta é variável dentro do respectivo escalão, em conformidade com o disposto no art. 28.º do Estatuto Disciplinar dos Funcionários e Agentes da Administração Central, Regional e Local, insere--se na denominada discricionariedade técnica ou administrativa, pelo que é insidicável contenciosamente, salvo nos casos de erro palmar, ou grosseiro (cfr. Ac. do STA de 20-10-90, BMJ 400/712; Luís V. Abreu "Para o Estudo do procedimento Disciplinar no Direito Administrativo português, Almedina, 1993, pág. 64 e seguintes.*

Em segundo lugar, é visível que a entidade recorrida justificou a inexistência das circunstâncias alegadas, susceptíveis de importarem diminuição do grau da culpa do recorrente, circunstâncias essas atinentes, no essencial, à posse de notas pessoais acerca do estado clínico dos doentes (inexistentes no ficheiro clínico oficial) e nas qualidades pessoais do recorrente, que não foram postas em dúvida, mas não são suficientes, por si só, para dispensar o recorrente de cumprir as obrigações funcionais correspondentes ao exercício do seu cargo.

Deste modo é evidente – conclui o acórdão recorrido – *que a pena aplicada não padece de qualquer erro grosseiro, inexistindo igualmente a pretensa violação dos artigos 28.º e 33.º do Estatuto Disciplinar".*

O recorrente insurge-se contra o decidido no Acórdão do Tribunal Central Administrativo, por entender que o acto punitivo enferma de erro manifesto ou palmar, dado não terem sido ponderadas todos os factos com interesse para a boa decisão da causa. Os factos, com interesse e que não foram devidamente ponderados, no entendimento do recorrente, são os seguintes:

– (i) *doença do recorrente* ("houve uma real e forte razão na base da infracção do dever de pontualidade, que foi a doença do recorrente");

– (ii) *a violação dos seus deveres funcionais não afectou o atendimento pelo recorrente de todos os utentes inscritos diariamente*;

– (iii) *apesar de não ter ficheiros clínicos actualizados para os utentes que seguia, demonstrou-se que a circunstância de conhecer bem os doentes e de tomar notas pessoais sobre a situação clínica de cada um deles permitiram ao recorrente elaborar relatórios, informações e declarações, não sendo conhecido caso algum de doentes prejudicados pela falta daqueles ficheiros*;

– (iv) *constatou-se que o recorrente é considerado um "médico humano, dedicado e amigo, gozando da estima de todos.*

De tais factos – *se tivessem sido devidamente ponderados* – decorria, de forma evidente, para o recorrente, que a pena a aplicar fosse a mínima dentro do respectivo escalão, com a respectiva execução suspensa por período não superior a um ano. Imputa, assim, ao acto recorrido erro manifesto ou grosseiro na apreciação dos factos e ponderação da decisão punitiva.

Entendemos que a crítica feita ao Acórdão recorrido não tem razão de ser. Com efeito, como vamos ver, as premissas onde o Acórdão recorrido baseou a sua conclusão são todas elas verdadeiras.

É verdade, *em primeiro lugar*, que no domínio da fixação concreta de uma sanção disciplinar, variável (com um limite máximo e um limite mínimo) como é o caso das penas de suspensão, a Administração age no exercício do poder discricionário.

O recorrente entendeu violados os artigos 28.º e 33.º do Estatuto Disciplinar, por entender que a suspensão deveria ser graduada no seu limite mínimo e que a mesma deveria ainda ser suspensa na sua execução. No art. 28.º estabelece-se o critério da *"medida e graduação das penas"*, e no art. 33.º estabelece-se a *possibilidade de suspensão das penas*, e *respectivos requisitos*. A aplicação destes preceitos pode envolver o exercício de poderes discricionários e vinculados. É vinculada, por exemplo, a verificação dos factos de que depende a aplicação do critério da medida e graduação das penas como é vinculada a verificação dos requisitos e os limites (entre 1 a 3 anos) da suspensão das penas. É vinculada a existência dos factos e a sua qualificação jurídica como infracção disciplinar. É vinculada também a verificação dos requisitos e a duração da suspensão das penas disciplinares.

No que respeita à pena de suspensão prevista no art. 24.º do Estatuto é vinculada a qualificação jurídica dos factos e a sua inclusão nas respectivas alíneas, implicando que a aplicação da moldura abstracta de 20 a 120 dias (n.º 2 do art. 24.º) ou 121 a 240 dias (n.º 3 do mesmo artigo) também seja vinculada. Porém a graduação da pena entre 20 a 120 dias – questão concretamente levantada nestes autos – cabe ao poder *discricionário* (discricionariedade imprópria, ou justiça burocrática) da Administração.

A suspensão das penas só pode ser decretada quando se verifiquem certos requisitos, e nessa medida a actividade administrativa é vinculada. Mas, mesmo verificando--se todos os requisitos que permitem a suspensão da medida, não se segue a necessária suspensão. Diz a lei que as penas disciplinares *"podem ser suspensas"* (art. 33.º, 1 do Estatuto Disciplinar). Trata-se, assim, de uma opção atribuída à Administração, a ser ou não utilizada, de acordo com os critérios do art. 33.º, 1 do ED *"ponderados o grau de culpabilidade e o comportamento do arguido, bem como as circunstâncias da infracção"*. Também esta escolha cabe assim no domínio da *discricionariedade* – cfr. FREITAS DO AMARAL, Direito Administrativo, 1998, Vol II, pág. 197, incluindo a graduação da pena na "justiça administrativa", modalidade da discricionariedade imprópria, que viria na reimpressão da referida obra (2002) a concluir que as espécies da discricionariedade imprópria (liberdade probatória, discricionariedade técnica e justiça burocrática), se deveriam reconduzir ao género da discricionariedade *"stricto sensu"*, por entender que o facto da Administração estar obrigada a escolher livremente de entre as várias soluções possíveis a mais adequada ainda cabe na definição de discricionariedade, não sendo assim uma diferença relevante; a jurisprudência deste Supremo Tribunal também tem invariavelmente considerado como exercício do poder discricionário as actuações, no âmbito do processo disciplinar, relativas à *graduação, atenuação extraordinária e suspensão das penas*, com se pode ver, entre outros, nos acórdãos de 4-12-86 – BMJ 362-581; de 2-2-89 – Ap. de 14-11-94; de 26-1-90 – BMJ 363-637, de 29-3-90 – Ap. de 12-1-95; de 3-5-90 – Ap. de 31-1-95; de 20-11-90 – Ap. de 22-3-95, de 5-2-91 – Rec. 26979; de 29-6-93 – Rec. 31131; de 20-10-94 – Rec. 32172; de 16-1-97 – Rec. 38869; de 23-1-97 – Rec. 38950; de 5-2-98 – Rec. 42368 e de 17-2-99 – Rec. 41088 ; 6-3-97 – Rec 41112.

É verdade, *em segundo lugar*, que o exercício de tal poder só pode ser sindicado, pelos vícios típicos de tal exercício. É certo que a fiscalização contenciosa da actividade jurisdicional, devido ao aumento do número de vinculações legais que a jurisprudência e a doutrina têm assinalado, tem vindo também a aumentar. É o caso do (i) *admissão do erro de facto*, (ii) *da existência ou inexistência de pressupostos de facto*, (iii) *da fundamentação*, (iii) *da sujeição aos princípios gerais de direito* – audiência prévia, igualdade, proporcionalidade, justiça e imparcialidade.

Em todos estes casos, porém, não se põe em causa o núcleo de autonomia ou de reserva administrativa insidicável jurisdicionalmente, uma vez que previamente são definidas as vinculações legais. Como se disse, por exemplo, no Acórdão de 6-3-97 – Rec 41112, seguindo jurisprudência uniforme *"os tribunais não podem substituir-se à Administração na fixação concreta da pena, pelo que a graduação da pena disciplinar, não sendo posta em causa a qualificação jurídico-disciplinar das infracções, não é contenciosamente sindicável, salvo erro grosseiro ou manifesto, ou seja, se a medida da pena for ostensivamente desproporcionada, uma vez que tal actividade se insere na chamada actividade discricionária da Administração"*. Erro grosseiro (como se diz no Acórdão deste Tribunal de 7-2-2002, Rec. 48149) que pode consistir na *"manifesta desproporção entre a sanção e a falta cometida, com violação clara do princípio da proporcionalidade (art. 266.º, n.º 2 da CRP), princípio que funciona como limite intrínseco ao exercício de poderes discricionários* – cfr. os Acs. de 30.03.95, 20.10.94 e 03.03.94, nos Recs. n.º 35.892, 32.172 e 32.180, respectivamente". Também na doutrina, FREITAS DO AMARAL defende que *"as hipóteses de erro manifesto de apreciação, correspondem dogmaticamente, a situações de desrespeito do princípio da proporcionalidade,*

na sua vertente da adequação" – Curso de Direito Administrativo, Vol II, 2002, pág. 84. Igualmente ESTEVES DE OLIVEIRA e outros, só entendem relevante para a invalidade dos actos os casos de *"desproporcionalidade manifesta ou grosseira"*. Na verdade, continuam os autores citados, a invalidade por desadequação (modalidade da desproporcionalidade) não abrange *"as hipóteses em que a medida tomada se situa dentro de um círculo de medidas possíveis, embora possa ser discutível se a mais proporcionada é aquela que a Administração se serviu"* – Cód. Proc. Adm. anotado, pág. 104 e 105.

E é, *finalmente verdade*, que a entidade punitiva tomou em conta o quadro factual que o recorrente referiu, sem que tenha incorrido no vício que lhe foi imputado (erro grosseiro ou manifesto).

Tomou em conta os factos, dando-os como provados, no ponto 14, alíneas *a*) a *k*) do despacho recorrido. Está assim claramente acolhida a matéria de facto que o recorrente invoca como relevante para a ponderação e graduação da pena, pelo que neste aspecto não há qualquer erro, e muito menos manifesto.

Quanto ao relevo de tais factos, não podemos afirmar que impunham necessariamente não só a graduação mínima da pena aplicada, bem como a suspensão da sua execução por um ano.

Tais factos, recorde-se, foram os seguintes:

"(i) *doença do recorrente* ("houve uma real e forte razão na base da infracção do dever de pontualidade, que foi a doença do recorrente"); – (ii) *a violação dos seus deveres funcionais não afectou o atendimento pelo recorrente de todos os utentes inscritos diariamente;* – (iii) *apesar de não ter ficheiros clínicos actualizados para os utentes que seguia, demonstrou-se que a circunstância de conhecer bem os doentes e de tomar notas pessoais sobre a situação clínica de cada um deles permitiram ao recorrente elaborar relatórios, informações e declarações, não sendo conhecido caso algum de doentes prejudicados pela falta daqueles ficheiros;* – (iv) *constatou-se que o recorrente é considerado um "médico humano, dedicado e amigo, gozando da estima de todos."*

Ora estes factos, foram acolhidos – como acima vimos – e foram casuisticamente ponderados: quanto à sua situação de doença – diz o despacho recorrido – a lei prevê mecanismos próprios para que os funcionários doentes possam ausentar-se justificadamente (ponto 16, pag. 11); tais faltas poderiam ser justificadas, o que não aconteceu (ponto 18, pág. 11); o facto de ter requerido alteração do horário ao director do Centro de Saúde e continuar a não respeitar o horário depois de tal requerimento ser indeferido só releva uma atitude de insubordinação (ponto 18); o facto de atender todos os doentes inscritos, por vezes 50 a 60, só por si não constitui causa justificativa, dado que viu em poucas horas o que deveria ver durante as horas normais do horário de trabalho (ponto 20 e 21); a falta de ficheiros viabiliza o acesso a esses dados pelas pessoas autorizadas, a gestão dos Centros e o tratamento de dados, para os quais é irrelevante que o recorrente tenha notas pessoais (pontos 22 a 24); ficou provado que o recorrente nem sempre forneceu dados estatísticos mas apenas de forma pontual (ponto 25); aceitam-se as qualidades pessoais do recorrente (26). Conclui-se que as referidas circunstâncias não eram *"susceptíveis de importarem a diminuição do grau de culpa do recorrente"* (ponto 27).

Como se vê, as razões e argumentos que levaram a Administração a não atribuir a estes factos o relevo pretendido pelo recorrente, são coerentes e plausíveis. Por outro lado, dos factos constitutivos da ilicitude disciplinar e dos termos em que foram ponderadas as alegadas circunstâncias susceptíveis de dimuirem o grau da culpa, resulta que a graduação da pena (*60 dias numa moldura abstracta de 20 a 120 dias de suspensão*) não é manifestamente errada.

Deste modo, consideramos válidas as premissas do Acórdão recorrido, e por isso também válida e correcta a conclusão a que chegou, julgando improcedente o recurso contencioso, não merecendo, assim, qualquer censura.

3. DECISÃO

Face ao exposto, os juízes da 1ª Secção do Supremo Tribunal Administrativo acordam em negar provimento ao recurso jurisdicional.

Custas pelo recorrente.
Taxa de justiça: 350 €. Procuradoria: 50 %.
Lisboa, 3 de Novembro de 2004.

São Pedro (Relator)
Fernanda Xavier
João Belchior

Recurso n.º 329/04

PROGRAMA RECRIA.
OBRAS DE REABILITAÇÃO.
COMPARTICIPAÇÃO CAMARÁRIA.
DIREITO DE PROPRIEDADE.
PRINCÍPIO DA IGUALDADE.
PRINCÍPIO DA BOA FÉ.

(Acórdão de 21 de Outubro de 2004)

SUMÁRIO:

I – A decisão de indeferimento de pedido de comparticipação camarária nas obras de reabilitação e determinado prédio urbano, formulado ao abrigo do programa RECRIA, regulado pelo DL 197/92, de 22 de Setembro, não atenta contra o direito de propriedade dos interessados sobre esse mesmo prédio urbano.

II – Cabe ao recorrente a indicação de elementos concretos substanciadores da alegação de violação do princípio da igualdade.

III – A indicação, dada pelos técnicos camarários aos interessados, no sentido de que rectificassem o orçamento das obras a realizar não justifica, razoavelmente, a criação nestes da convicção de deferimento do referido pedido de comparticipação, nem implica a violação do princípio da boa fé, pela decisão final de indeferimento desse mesmo pedido.

ACORDAM, NA SECÇÃO DO CONTENCIOSO ADMINISTRATIVO, DO SUPREMO TRIBUNAL ADMINISTRATIVO:

1. *António Varela* e *António Agostinho Paula Varela*, melhor identificados nos autos, interpuseram, no Tribunal Administrativo do Circulo (TAC) de Lisboa recurso contencioso de anulação do despacho, de 5.5.99, do Vereador do Pelouro de Reabilitação Urbana da Câmara Municipal de Lisboa, que indeferiu o pedido formulado pelos recorrentes de comparticipação nas despesas com as obras a realizar no prédio de que são proprietários e sito na Rua das Escolas Gerais, n.ºs 100 a 106, na cidade de Lisboa.

Invocaram a violação, geradora de nulidade do acto impugnado, dos princípios e das normas relativas ao princípio da igualdade – art. 13.º da CRP; da garantia do direito – a propriedade privada – art. 62.º, n.º 1 da mesma CRP; princípios da imparcialidade, da proporcionalidade e da justiça – art. 266.º, n.º 2 da CRP; violação dos direitos e interesses protegidos dos recorrentes, como o direito à boa fé, direito ao património, direito à iniciativa privada, direito à atribuição dos subsídios legalmente estabelecidos para a recuperação de imóveis arrendados, nas condições em que são atribuídos aos restantes senhorios/donos – art. 266.º, n.º 1 da CRP; e, para o caso de improcedência desses fundamentos do recurso, invocaram ainda a existência de vícios de lei, determinantes da anulação do acto recorrido, por inaplicação das normas dos Dec. Leis 197/92, de 22.09, e 105/96, de 31.07; erro de facto nos pressupostos de facto e de direito, desvio de poder, ofensa dos princípios da boa fé e da desburocratização e da eficiência, da legalidade e da prossecução do interesse público e vício de forma, por falta de fundamentação.

Por sentença de 15.4.2002 (fls. 161 a 179, dos autos), foi negado provimento ao recurso contencioso.

Inconformados com esta decisão, dela os recorrentes vieram interpor o presente recurso, tendo apresentado alegação (fls. 181 a 226), com as seguintes **conclusões**:

1ª – Está a correr termos no S.T.A. o processo de recurso contencioso n.º 408/97, o qual representa, relativamente a este processo, uma causa prejudicial do objecto do presente recurso;

2ª – Existindo a referida causa prejudicial, ainda não transitada em julgado, deveriam ter sido suspensos os termos deste processo;

3ª – Não tendo ordenado a referida suspensão – obrigação vinculada e não discricionária – o Meritíssimo Senhor Juiz recorrido, salvo o devido respeito, desrespeitou as normas dos artigos 276.º, n.º 1, alínea *c*), e 279.º, n.º 1, ambos do C.P.C., aplicáveis por força do artigo 1.º, da L.P.T.A.;

4ª – Deve, por isso, anular-se a decisão recorrida, substituindo-a por douto acórdão que ordene a suspensão da instância até que seja proferida decisão, com trânsito em julgado, no recurso contencioso n.º 408/97, da 1.ª Secção do T.A.C. de Lisboa, trânsito em julgado este que ainda não se verificou

Se assim se não entender:

5ª – É entendimento dos Recorrentes que a matéria de facto relevante para decisão da causa, assente quer pelos documentos juntos aos autos, quer pelos documentos constantes do processo instrutor, quer por acordo das partes, deve ser a constante das alíneas A) a BT) supra, e não apenas a matéria de facto seleccionada pela douta sentença recorrida, a qual, neste aspecto e salvo o devido respeito, sofre de omissão, geradora de nulidade, (por força do disposto na alínea b), do n.º 1, do artigo 668.º, do C.P.C.);

6ª – Em pedidos idênticos ao formulado pelos Recorrentes neste processo e em situações de facto idênticas à destes autos, a Autoridade recorrida deferiu pedidos de comparticipação para obras, ao abrigo dos programas Recria/Rehabita, no prazo de três meses;

7ª – No caso destes autos, a Autoridade recorrida, mais de dois anos depois da apresentação do pedido de comparticipação para obras apresentado pelos Recorrentes, decidiu indeferi-lo;

8ª – Pelos motivos expostos nas anteriores conclusões 6ª e 7ª, o acto recorrido viola o princípio da igualdade, consagrado no artigo 13.º, n.º 1, da C.R.P., o que é motivo de nulidade do acto recorrido;

9ª – Sufragando entendimento diferente, a sentença recorrida fez incorrecta interpretação e aplicação do apontado princípio da igualdade;

10ª – Está assente que os Recorrentes quiseram e querem efectuar no prédio destes autos as obras de que ele carece e, por indicação dos Funcionários da Autoridade recorrida, agindo eles no exercício das suas funções, os Recorrentes elaboraram e entregaram na Autoridade recorrida o processo para a candidatura às comparticipações previstas nos regimes do Recria e do Rehabita, constantes dos Decretos-Leis n.º 197/92, de 22 de Setembro, e 105/96, de 31 de Julho;

11ª – Propuseram-se os Recorrentes reabilitar todo o prédio pela quantia de 21.745.564$20, ao passo que a Autoridade recorrida pretende nele efectuar obras parciais pelo preço de 76.325.433$00, preço este que os Recorrentes não aceitam e, por isso, impugnaram judicialmente;

12ª – As obras necessárias para a total reabilitação do imóvel destes autos não são de valor superior ao limite que pode ser comparticipado ao abrigo dos programas Recria/Rehabita;

13ª – A actuação da Autoridade recorrida traduz-se, na prática, no confisco do prédio dos Recorrentes;

14ª – O indeferimento do pedido de comparticipação nas obras provoca a não feitura das obras por carência de recursos dos proprietários do prédio para as pagar integralmente, com a consequente desvalorização do prédio, ou, em alternativa, a realização de obras pela Autoridade recorrida, com manifesto dano para os Recorrentes;

15ª – Indeferindo o pedido dos Recorrentes de realizar obras totais de recuperação do seu imóvel pelo preço de 21.745.564$20, sujeito a comparticipação, o acto recorrido viola o conteúdo essencial do direito de propriedade dos Recorrentes, o que, traduzindo a violação da norma do artigo 62.º da C.R.P., gera a nulidade do acto recorrido;

16ª – A sentença recorrida, adoptando entendimento diferente, fez incorrecta interpretação e aplicação, neste caso concreto, do indicado artigo 62.º, da C.R.P.;

17ª – O prédio destes autos está dado de arrendamento a terceiros, sendo de cerca de 40.000$00 mensais o valor de todas as rendas;

18ª – Não obstante o disposto na conclusão anterior, querem os proprietários, aqui Recorrentes, realizar no prédio as obras de que o mesmo carece, em ordem à sua reabilitação total, pelo preço de 21.745.564$20;

19ª – A Autoridade recorrida indeferiu o pedido dos Recorrentes e, sem ter feito qualquer vistoria ao imóvel, propõe-se pagar a terceiros, a expensas dos Recorrentes, a quantia de 76.325.433$00, para realização de parte das referidas obras;

20ª – A postura da Autoridade recorrida traduz-se num encargo totalmente desrazoável para o resultado pretendido, onerando gravemente o prédio dos Recorrentes;

21ª – É desproporcional a diferença entre o valor imposto pela Autoridade recorrida (e contenciosamente impugnado pelos Recorrentes) e o valor do orçamento apresentado pelos Recorrentes;

22ª – Existe, neste caso, uma diferença contra os Recorrentes de pelo menos 64.551.000$00;

23ª – Das anteriores conclusões resulta uma clara e gritante desadequação ou desproporcionalidade do acto recorrido;

24ª – O acto recorrido, praticado sob a alegação da existência de poderes discricionários, viola, pois, o princípio da proporcionalidade, consagrado no artigo 266, n.º 2, da C.R.P. e no artigo 5.º do C.P.A., o que o fere de nulidade;

25ª – Sufragando entendimento diverso, a sentença recorrida fez incorrecta interpretação e aplicação das normas dos artigos 266.º, n.º 2, da C.R.P., e 5 do C.P.A.;

26ª – Resulta das conclusões anteriores que o empreiteiro consultado pelos Recorrentes propôs-se fazer a obra de recuperação do prédio destes autos por um valor notoriamente inferior ao imposto pela Autoridade recorrida;

27ª – Resulta do exposto nas anteriores conclusões 18ª, 19ª e 26ª que o acto recorrido ofende o princípio da imparcialidade, consagrado nos artigos 266.º, n.º 2, da C.R.P., e 6.º do C.P.A. aderindo a entendimento diverso, a sentença recorrida violou, por incorrecta interpretação e aplicação, o referido princípio da imparcialidade;

28ª – Pelos motivos expostos nas conclusões anteriores, o acto recorrido viola também o princípio da justiça, consagrado nos artigos 266.º, n.º 2, da C.R.P., e 6.º do C.P.A., vício este que, por incorrecta aplicação e interpretação, se estende à sentença recorrida;

29ª – A Autoridade recorrida, com o comportamento dos seus Funcionários, actuando no exercício das suas funções, criou no espírito dos Recorrentes a garantia de que o pedido de comparticipação para obras seria deferido;

30ª – Na verdade, a Autoridade recorrida parou totalmente com as obras no prédio destes autos em Novembro de 1996; através dos seus Funcionários, no exercício das suas funções públicas, sugeriu expressamente aos Recorrentes que apresentassem um pedido de comparticipação para obras no prédio, ao abrigo do programa Recria, o que os Recorrentes fizeram;

31ª – Seguindo instruções da Autoridade recorrida, os Recorrentes rectificaram o orçamento anteriormente apresentado e, em finais do ano de 1997, os Recorrentes foram verbalmente informados de que o pedido de comparticipação fora deferido;

32ª – Resulta das anteriores conclusões 29ª, 30ª e 31ª que o acto recorrido sofre do vício de violação de lei, por ofensa do princípio da boa fé, o que representa desrespeito da norma do artigo 6.º-A, do C.P.A.;

33ª – Sufragando entendimento diverso, a sentença recorrida fez incorrecta interpretação e aplicação da norma do artigo 6.º-A do C.P.A.;

34ª – O acto recorrido foi proferido sob a invocação da existência, neste caso, de um poder discricionário da

Autoridade recorrida, que lhe daria a faculdade de escolher livremente a solução que lhe parecesse mais acertada;

35ª – A Autoridade recorrida, porém, errou, porquanto, neste caso, os seus poderes são vinculados e não discricionários;

36ª – Houve, pois, neste caso, erro de direito nos pressupostos, de que resultou má aplicação e má interpretação das normas dos artigos 2.º, n.º 1, do Decreto-Lei n.º 197/92, de 22 de Setembro, e artigo 3.º, n.ºs 1 e 2, do Decreto-Lei n.º 105/96, de 31 de Julho, o que fere de violação de lei o acto recorrido;

37ª – Entendendo e decidindo de maneira diversa, a sentença recorrida desrespeitou as apontadas normas dos artigos 2.º, n.º 1, do Decreto-Lei n.º 197/92, de 22 de Setembro, e 3.º, n.ºs 1 e 2, do Decreto-Lei n.º 105/96, de 31 de Julho;

38ª – Em 1996, a Autoridade recorrida comunicou aos Recorrentes que dava por finda a sua intervenção no prédio destes autos, o que ocorreu na realidade em 14 de Novembro de 1996, pelo que, na data em que foi lavrada a informação que serve de fundamento ao acto recorrido não existiam quaisquer obras no prédio destes autos, ou seja, não estava em curso a intervenção coerciva no imóvel pelo Município de Lisboa;

39ª – As obras a realizar pelos Recorrentes não são de valor superior ao limite que pode ser compartilhado;

40ª – Inexistia, quer à data da informação que fundamenta o acto recorrido, quer à data do próprio acto recorrido, a situação de obras de grande urgência, bem como inexistiam incontáveis prejuízos para os moradores do prédio, os quais, aliás, subscreveram acordos com os Recorrentes, tendo em vista a feitura das obras ao abrigo dos programas Recria/Rehabita;

41ª – Inexiste, neste caso, qualquer colisão de direitos;

42ª – O acto recorrido padece, pois, de erro de facto nos pressupostos, vício este que se reconduz à violação de lei, mais concretamente das normas dos artigos 2.º, n.º 1, do Decreto-Lei n.º 197/92, de 22 de Setembro, e 3.º, n.ºs 1 e 2, do Decreto-Lei n.º 105/96, de 31 de Julho;

43ª – Entendendo e decidindo de maneira diversa, a sentença recorrida fez incorrecta interpretação e aplicação das normas dos artigos 2.º, n.º 1, do Decreto-Lei n.º 197/92, de 22 de Setembro, e 3.º, n.ºs 1 e 2, do Decreto-Lei n.º 105/96, de 31 de Julho;

44ª – Por todo o exposto e pelo mais de direito, cujo douto suprimento respeitosamente se solicita, deve dar-se provimento ao presente recurso e, em consequência, revogar-se a sentença recorrida, substituindo-a por douto acórdão que declare nulo ou, se assim se não entender, anule o acto recorrido.

A entidade recorrida contra-alegou (fls.254 a 274), pugnando pela manutenção da sentença.

Neste Supremo Tribunal, o representante do **Ministério Público** emitiu parecer fls. 282 e v., no qual, considerando que, apesar de se lhe referirem nas alegações, os recorrentes não foram regularmente notificados do despacho (fls. 124) que, acolhendo parecer do Ministério Público junto do tribunal recorrido, ordenou a desapensação do recurso n.º 408/97, por não existir relação de prejudicialidade com os presentes autos, terminou por sugerir que estes fossem «devolvidos ao TAC, a fim de proceder a essa notificação».

Face à arguição de nulidade da sentença recorrida, deduzida pelos recorrentes na respectiva alegação, determinou o Relator determinou a baixa dos autos remetidos ao tribunal recorrido, onde foi proferido, a fls. 289/290, despacho que considerou inexistente a invocada nulidade, mantendo integralmente a sentença.

Por despacho de Relator, a fls. 310, dos autos, foi indeferido requerimento dos recorrentes no qual pedia a rectificação de alegado erro de escrita constante na conclusão 5ª da alegação de recurso.

Colhidos os vistos legais, cumpre decidir.

2. Com relevo para a decisão, a sentença recorrida apurou a seguinte **matéria de facto**:

i) Os recorrentes são donos do prédio urbano sito na Rua das Escolas Gerais, l00 a 106, descrito na 58 Conservatória do Registo Predial de Lisboa, sob o n.º 168//970310, da freguesia de S. Vicente de Fora, inscrito na matriz predial urbana sob o art. 350;

ii) A Câmara Municipal de Lisboa resolveu tomar posse administrativa do prédio em referência, em 1993, com o argumento de que o prédio se encontrava em adiantado estado de degradação, exigindo a intervenção urgente da Câmara, a qual iria proceder de imediato das obras de reabilitação do imóvel;

iii) O prédio tem 21 fogos, está dado de arrendamento a terceiros, sendo 1 arrendamento comercial e os restantes 20 para habitação;

iv) Em 20.06.96, os recorrentes tiveram conhecimento de que estavam a ser realizadas obras, por parte da Câmara, naquele prédio, nomeadamente obras com a implantação de um telhado;

v) Os recorrentes interpuseram recurso contencioso contra a Câmara de Lisboa, tendo em vista a anulação do acto que decretou a posse administrativa do prédio por parte da mesma Câmara, processo a que coube o n.º 408/97, da 18 secção deste TAC.

vi) Em Maio de 1997, seguindo instruções da Câmara Municipal de Lisboa, os recorrentes apresentaram na Câmara um dossier, contendo o pedido de comparticipação ao abrigo do programa RECRIA, tendo em vista a realização, por parte dos recorrentes de todas as obras de que o edifício carecesse, e a sua reabilitação.

vii) Em acta de reunião do Gabinete Local de Alfama e Colina do Castelo realizada em 25.06.1997, sobre o assunto "rectificação do orçamento de candidatura RECRIA/REHABITA, com a presença do primeiro recorrente e dois técnicos da Câmara (Arquitecto Oliveira Pinto e Eng.ª Sandra Roque, foram explicadas as correcções a fazer no orçamento e suas implicações a nível de descrição dos trabalhos e preços. Foi acordado um prazo de 30 dias para devolução com as correcções necessárias ao complemento do orçamento de candidatura. E foi entregue a documentação rectificativa constante de documento anexo – doc. 8 a fls. 51;

viii) A rectificação pedida pela Câmara foi apresentada pelos recorrentes sendo de 21.745.564$00, o preço total das obras de recuperação do imóvel – doc. 9 a fls. 53 e sgs.;

ix) Por oficio 941/DMRU/99, datado de 30.03.99, subscrito pelo Director Municipal, foram os recorrentes notificados do projecto de decisão de indeferimento do requerimento onde era solicitada a comparticipação das obras a realizar no edifício dos autos, sendo-lhe enviado parecer jurídico – doc. 12 a fls. 59.

x) Os recorrentes responderam e juntaram memorando nos terrenos dos docs. n.ºs 13 e 14 a fls. e fls. 60 e 63;

xi) Por oficio 1689 de 23.07.99, foram os recorrentes notificados de que na sequência da tomada de posse administrativa pela CML, do imóvel dos autos, por despacho do Sr. Vereador do Pelouro, fora aprovado o orçamento da obra coerciva a executar no imóvel, com um valor máximo de Esc.: 76.325.433$00 – doc. 15 a fls. 70;

xii) E por ofício n.º 1509/DMRU/99 – processo n.º 16//RH/97, datado de 23.06.1999, do mesmo Director Municipal, eram os recorrentes notificados de que tal processo referente a comparticipação das obras a realizar no edifício sito na Rua das Escolas Gerais. Foi **"Indeferido"**, por despacho do Exmo. SR. Vereador do Pelouro, de 05.05.1999, com competência delegada, dado o teor do ofício mencionado em ix) supra – doc. 1 a fls. 33.

xiii) Era acompanhado de informação jurídica, datada de 08.03.98, que concluía propondo «O indeferimento do pedido de habilitação às comparticipações legais tendo em consideração:

a) Não ser possível aprovar as obras a realizar pelo requerente, por estarem em causa as obras coercivas (parte delas já executadas e outras em vias de execução);

b) Obras essas que, em qualquer dos casos, são prioritárias e são de valor superior ao limite que poderia ser comparticipado;

c) Estar em causa a prossecução do interesse público na salvaguarda de direitos fundamentais como são o da habitação em condições de segurança e salubridade dos moradores do edifício que, ameaçando ruína se não compadecesse com mais demoras;

d) Mesmo que, por hipótese, houvesse de se considerar estarmos perante colisão de direitos, sempre deveria prevalecer o dos moradores, uma vez que vivem sob a ameaça de ruína do edifício; – doc. 3 a fls. *39140;*

3. Na respectiva alegação, começam os recorrentes por defender que, em lugar da sentença recorrida, deveria ter sido ordenada a suspensão da instância até ser proferida decisão, com trânsito em julgado, no recurso n.º 408/97-1ª Secção, do TAC de Lisboa. A qual seria «susceptível de poder gerar situação de contradição ou de desconcerto com a sentença sob recurso». Pelo que a sentença teria desrespeitado as disposições dos arts 276/1/c) e 279/1, do CPCivil.

Estabelece este preceito legal que «*o tribunal pode ordenar a suspensão quando a decisão da causa estiver dependente do julgamento de outra já proposta ou quando ocorrer outro motivo justificado*».

Ora, naquele recurso n.º 408/97 os recorrentes impugnam a decisão, de 29.10.93, da autoria da entidade também aqui recorrida, que decretou a posse administrativa do prédio dos recorrentes, para realização nele de obras de reabilitação urgentes – cfr. pontos ii) e v), da **matéria de facto**.

O recurso contencioso a que respeitam os presentes autos tem por objecto, como se viu, o despacho, de 5.5.99, do vereador da Câmara de Lisboa, que indeferiu pedido dos ora recorrentes, formulado ao abrigo do programa RECRIA/REHABITA, de comparticipação camarária nas despesas com obras que os próprios recorrentes pretendiam realizar naquele mesmo prédio.

São, pois, distintas as questões jurídicas a apreciar na decisão de cada um dos referidos recursos. E não se vê que a solução do recurso contencioso a que respeitam estes autos estivesse dependente da que for proferida naquele recurso n.º 408/97. Nem os recorrentes demonstram em que medida essas decisões poderão estar, como referem, em risco de contrariedade ou desencontro, limitando-se, a propósito, a invocar as referências feitas na sentença sob impugnação ao despacho que decretou a referida posse administrativa do prédio e às obras cuja realização a mesma se destinou. O que em nada evidencia a existência da pretendida relação de prejudicialidade.

Bem andou, pois, a sentença recorrida, ao não decidir pela suspensão da instância.

Improcedem, assim, as conclusões 1ª a 4.º da alegação dos recorrentes.

A conclusão 6ª da alegação, os recorrentes defendem que a matéria de facto relevante para a decisão da causa deve ser a que longamente indicam, e não apenas a que foi seleccionada pela sentença. A qual, por isso, padeceria da nulidade prevista na al. *b)* do n.º 1 do art. 668 CPCivil.

Não lhe assiste razão.

Nos termos do invocado preceito a sentença será nula «*quando não especifique os fundamentos de facto e de direito que justificam a decisão*».

Assim, tal como tem sido o entendimento reiteradamente afirmado pela jurisprudência[1], só ocorrerá essa causa de nulidade quando se verifique omissão total dos fundamentos, designadamente de facto, para a decisão. O que, como se viu, não acontece no caso da sentença sob impugnação, que explicita os fundamentos em quer se baseia. Pelo que não padece do invocado vício.

Para além disso, importa recordar que, na sentença recorrida, estava em causa a apreciação do pedido de anulação de decisão que indeferiu o requerimento dirigido pelos recorrentes à câmara Municipal de Lisboa, de comparticipação, ao abrigo dos programas Recria/Rehabita, nas despesas que os mesmos recorrentes se propunham efectuar com obras de reabilitação de prédio urbano de que são proprietários.

Ora, os recorrentes não demonstram em que medida os factos apurados na sentença se mostram insuficientes para a decisão a proferir sobre aquele pedido de anulação contenciosa. E, no essencial, limitam-se a descrever, de forma pormenorizada, as circunstâncias em que se verificou a intervenção camarária no prédio em causa, designadamente as que respeitam à respectiva posse administrativa e, depois, à decisão de fixação do valor da obras a realizar pela Câmara Municipal. Daí que, para além da relevância de que poderá revestir-se na apreciação da legalidade dessas decisões camarárias, tal matéria não interessasse à decisão tomada na sentença recorrida.

É, pois, improcedente a conclusão 6ª da alegação dos recorrentes.

Estes alegam, depois, que a sentença julgou erradamente, ao concluir pela improcedência do vício de violação do princípio da igualdade, que persistem em imputar ao acto impugnado. Pois que, segundo afirmam, a entidade recorrida decidiu, em menos tempo e em sentido favorável aos interessados requerentes, pedidos de comparticipação para a realização de obras de reabilitação de prédios em situação idêntica à do referido nos autos.

---

[1] Vd., p. ex., ac. STJ de 15.3.74, BMJ, 235, 152, de 14.5.74, BMJ, 248, 166, de 8.4.75, BMJ, 246, 131.

Porém, como bem nota a sentença recorrida, os recorrentes não concretizam a indicação das situações concretas às quais teria sido dispensado o alegado tratamento diferente, de modo a que o tribunal ficasse habilitado a concluir pela violação do invocado princípio da igualdade. Sendo que, ao contrário do que alegam, era aos recorrentes que cabia o ónus de demonstração dos factos concretos substanciadores da alegação de violação desse princípio. Neste sentido, e entre outros, vejam-se os acórdãos de 3.5.90-R.º 25490, de 5.5.94-R.º 34 187, de 1.3.95-R.º 34274, de 13.12.97-R.º 33065 e de 28.3.00.R.º 45752.

Assim, improcedem as conclusões 6ª a 9ª da alegação dos recorrentes.

Alegam também os recorrentes que o despacho impugnado atenta contra o respectivo direito de propriedade, violando o disposto no art. 62 CRP. Pois que, segundo os recorrentes, o indeferimento do pedido de comparticipação nas obras, no valor de cerca de 21.000.000$00, que se propunham realizar no prédio em causa implica que nele serão realizadas pela própria Câmara Municipal obras cujo valor, fixado em cerca de 76.000.000$00, é muito superior aquele e representa um encargo que dificilmente poderão suportar. Daí que, concluem os recorrentes, o indeferimento do pedido de comparticipação se traduza, na prática, em confisco do referido prédio.

Assim, o que os recorrentes contestam é a decisão de posse administrativa do prédio bem como a decisão que fixou o valor das obras que nele a Câmara se propõe realizar, às quais respeitam actos administrativos distintos do que constituiu o objecto do recurso contencioso apreciado na sentença recorrida. Sendo que, como nesta bem se refere, este último se limitou a indeferir o referenciado pedido de comparticipação, sem pôr em causa, por qualquer forma, o direito de propriedade dos recorrentes sobre o prédio em questão.

São, pois, improcedentes as conclusões 10ª a 16ª da alegação dos recorrentes.

Pela mesma razão, ou seja, por não ter sido o acto impugnado nestes autos a decidir a posse administrativa do prédio nem a fixar o valor das obras a realizar pela câmara, não colhe a alegação de que esse valor é excessivo e representa um encargo desrazoável e desproporcionado imposto aos recorrentes. Pelo que, como decidiu a sentença, não tem fundamento a imputação àquele acto de violação dos princípios da proporcionalidade, da imparcialidade e da justiça.

São, pois, improcedentes as conclusões 17ª a 28ª da alegação dos recorrentes.

Alegam também os recorrentes que foi violado o princípio da boa fé, consagrado no art. 6-A do CPA. Pois que, segundo defendem, o comportamento dos funcionários camarários criou neles a convicção de que seria deferido o pedido de comparticipação que formularam.

Esta alegação, porém, carece de fundamento.

Como bem considerou a sentença, não se apurou a existência de qualquer acto da Administração que, razoavelmente, pudesse levar os recorrentes a formar tal convicção de deferimento.

A actuação dos técnicos camarários com quem estes contactaram, designadamente o convite que formularam para que os recorrentes rectificassem o orçamento que apresentaram (ponto vii da **matéria de facto**), correspondeu a diligências de instrução do procedimento. Sem que pudesse justificar a criação da invocada convicção de deferimento. Tanto mais que os recorrentes bem sabiam que não cabia a esses técnicos camarários a decisão sobre o pedido de comparticipação formulado.

Improcedem, pois, as conclusões 29ª a 33ª da alegação.

Por fim, alegam os recorrentes a existência de erro nos pressupostos de direito e de facto do acto impugnado.

Uma vez mais, porém, sem razão.

O acto impugnado indeferiu pedido de habilitação à comparticipação de obras, formulado ao abrigo do DL 197/92, de 22.9, e DL 105/96, de 31.7.

O primeiro destes diplomas legais (DL 197/92) regula o Regime Especial de Comparticipação na Recuperação de Imóveis Arrendados (RECRIA), visando a recuperação de imóveis degradados mediante concessão de comparticipação financeira (art. 1.º) e estabelecendo, nesse sentido, que terão acesso a essa comparticipação os proprietários e senhorios que procedam nos fogos e nas partes comuns do prédio a obras de conservação ordinária, a obras de conservação extraordinária ou a obras de beneficiação, desde que, por acordo expresso com o arrendatário, não haja lugar a ajustamento de renda na parte comparticipada (art. 2.º).

E, como refere a sentença, o DL 105/96 estabelece o Regime de Apoio à Recuperação Habitacional em Áreas Urbanas Antigas (REHABITA), segundo os mesmos princípios daquele DL 197/92, mas ampliando os índices de comparticipação nele previstos e instituindo uma comparticipação adicional.

O parecer jurídico em que se fundou o despacho impugnado analisou os preceitos dos diplomas legais referidos e invocados no pedido formulado, concluindo com a proposta de que este fosse indeferido, com fundamento em que não era possível aprovar as obras a comparticipar, por ter sido decidida a realização, no mesmo prédio, de obras pela Câmara Municipal, parte delas executadas e outras em vias de execução.

O que corresponde à realidade. Não obstante a impugnação, pelos também aqui recorrentes, da legalidade das decisões relativas à posse administrativa do prédio, com vista à realização coerciva das obras, e à fixação do correspondente valor. Matéria esta que, como bem considerou a sentença, não cabe conhecer no âmbito dos presentes autos.

Assim sendo, deve concluir-se que o acto de indeferimento impugnado nestes autos fez correcta interpretação da lei aplicável ao caso, não padecendo dos invocados erros nos pressupostos de direito e de facto nem incorrendo na violação de qualquer preceitos legais invocados pelos recorrentes, designadamente, dos arts. 2.º do DL 197/92 e 3 do DL 105/96.

São, pois, igualmente improcedentes as conclusões 34ª a 44ª da alegação dos recorrentes.

4. Pelo exposto, acordam em negar provimento ao recurso e em confirmar a sentença recorrida.

Custas pelos recorrentes, fixando-se a taxa de justiça e a procuradoria, respectivamente, em €400,00 (quatrocentos euros) e €200,00 (duzentos euros).

Lisboa, de 21 de Outubro de 2004.

Adérito Santos (Relator)
Cândido de Pinho
Azevedo Moreira

Recurso n.º 1 264/02

RECLASSIFICAÇÃO PROFISSIONAL. REQUISITOS. PROVA DO ESTÁGIO.

(Acórdão de 2 de Dezembro de 2004)

SUMÁRIO:

I – A reclassificação profissional dos funcionários da DGCI, por desajustamento funcional, nos termos dos arts. 4.º, al. e), do DL n.º 497/99, de 19/11, depende da verificação cumulativa dos quatro requisitos previstos nas alíneas a) a d), do n.º 1 do artigo 15.º do mesmo diploma.

II – O regime da reclassificação profissional, enquanto instrumento de mobilidade e de intercomunicabilidade de carreiras, não pode ser prejudicado pelas regras relativas ao ingresso e acesso na Administração Pública.

III – Se a reclassificação profissional por desajustamento funcional se pretende para carreira, cujo ingresso normal depende da frequência de um estágio probatório com aproveitamento, os requisitos do n.º 1, al. b), do citado diploma exigíveis ao reclassificando são apenas os de admissão ao concurso para esse estágio.
Isto é, torna-se necessária a devida habilitação literária, mas não já o próprio estágio.

IV – O serviço que um técnico profissional de 2ª classe desempenha no Centro de Recolha de Dados, com a preparação, recolha e correcção dos elementos e declarações relacionados com o Imposto sobre o Rendimento, só parcialmente corresponde ao conteúdo funcional dos liquidadores tributários, mais vasto, mais complicado, mais técnico e de maior responsabilidade. Não se pode, portanto, dizer que nessas condições o interessado desempenha as funções dos liquidadores tributários (actualmente, técnicos de administração tributária).

V – Basta a falta deste requisito (art. 15.º, n.º 1, al.a) do cit. DL n.º 497/99) para não haver lugar à reconversão.

ACORDAM NA 1ª SUBSECÇÃO DA 1ª SECÇÃO DO STA:

I – Fernanda Maria Lopes Pereira Caetano, com a categoria de Técnico Profissional de 2ª classe do quadro da DGCI, residente na Rua do Salgueiro, n.º 8, Arnal, Maceira, recorre jurisdicionalmente do acórdão do TCA que lhe negou provimento ao recurso contencioso movido contra o indeferimento tácito imputado ao **Secretário de Estado dos Assuntos Fiscais** ocorrido na sequência de recurso hierárquico do também indeferimento tácito do seu requerimento dirigido do Director Geral dos Impostos visando a sua reclassificação profissional ao abrigo do art. 15.º do DL n.º 497/99, de 19/11.

Nas alegações respectivas, *concluiu* da seguinte maneira:

«1) A recorrente ingressou nos quadros da DGCI como técnico auxiliar de 2ª classe.

2) Até ao seu ingresso no quadro permaneceu 3 anos e 9 meses na situação de contratada a termo certo desempenhando funções correspondentes à categoria de Liquidador Tributário não obstante ter sido contratada para exercer funções correspondentes à categoria de técnico Auxiliar de 2ª classe.

3) Verifica-se assim que existe uma situação de desajustamento funcional porquanto não há coincidência entre o conteúdo funcional da carreira em que está integrada e as funções efectivamente exercidas e que continua a exercer, pelo que requereu a sua reclassificação profissional para a carreira técnica da Administração Tributária de acordo com o art.º 15.º do DL 497/99 de 19/11.

4) Na verdade a recorrente exerce as funções correspondentes à categoria de liquidador tributário (actualmente Técnico de administração tributária adjunto) desde que iniciou funções como contratada possuindo os requisitos habilitacionais exigidos para o provimento na carreira técnica da administração fiscal, sendo certo que as funções que vem desde então assegurando correspondem a necessidades permanentes dos serviços.

5) É certo que o douto Acórdão "a quo" afirma que, não obstante a recorrente desempenhar algumas funções inerentes ao conteúdo funcional dos Técnicos de Administração Tributária, tal não lhe confere o direito a que lhe seja atribuída essa categoria, uma vez que as funções desempenhadas não esgotam as funções dos TAT que têm um conteúdo funcional mais amplo, mas, salvo o devido respeito, tal argumentação não deve ser acolhida, pois não resulta da lei a necessidade das funções desempenhadas esgotarem o conteúdo funcional da categoria de Liquidador Tributário (actual Técnico de Administração Tributário Adjunto) e o próprio Acórdão, com base na declaração passada pelos serviços, reconhece que a recorrente exercia funções básicas cometidas àquela categoria.

6) Também quanto à alegada pelo douto Acórdão "a quo" falta do requisito a que alude o art. 15.º n.º 1 al. b) in fine do DL 497/99 de 19.11 se afigura no entender da recorrente que a mesma não corresponde à exigência do período de estágio porquanto de outro modo jamais os funcionários na situação do recorrente poderiam aspirar a ser reclassificados uma vez que se possuíssem o dito estágio não teriam por natureza necessidade de reclassificação.

7) Na verdade não faria sentido a exigência feita nos termos do mesmo art. 15.º n.º 1 al. a) do exercício das funções da categoria pretendida há mais de um ano se, concomitantemente, fosse exigível a posse de estágio por um ano por força da al. b).

8) Quanto ao argumento invocado no douto Acórdão "a quo" que, à data em que se completam 180 dias da entrada em vigor do DL 497/99, a recorrente ainda não exercia funções há mais de um ano na categoria de técnico auxiliar de 2ª classe, diga-se que o que é exigido nos termos do art. 15.º, n.º 1, al. a) do mesmo diploma é o exercício, pelo período mencionado, das funções correspondentes à categoria para a qual é efectuada a reclassificação, no caso, a categoria de Técnico de Administração Tributária, funções essas que o próprio douto Acórdão a quo reconhece que a recorrente exerce, ao menos em parte, desde que iniciou funções como contratada em 03/04/95.

9) Quanto ao requisito, existência de disponibilidade orçamental, só a Autoridade Recorrida poderia infirmar a sua existência, o que não fez.

10) Por todo o exposto entende a recorrente que o douto Acórdão recorrido ao entender que não reúne as condições previstas nas als. *a)*, *b)* e *d)* do art. 15.º n.º 1 do DL 497/99 de 19.11 para efeitos da reclassificação pretendida, enferma de erro nos pressupostos de direito com violação desses mesmos preceitos legais.

Termos em que e invocando-se o douto suprimento de V. Exas. deve revogar-se o douto Acórdão recorrido com as legais consequências.»

***

Alegou, igualmente, o recorrido, pugnando pelo improvimento do recurso.

***

O digno Magistrado do MP opinou no sentido da confirmação do acórdão impugnado.

***

Cumpre decidir.

II – OS FACTOS

O acórdão recorrido deu por assente a seguinte factualidade:

«1. Por contrato a termo certo celebrado em 15.12.95, a recorrente passou exercer as funções na Direcção Geral de Impostos, com a categoria de técnico auxiliar de 2ª classe. – cfr. fls.5 e 6 do PA.

2. Ingressou nos quadros da DGCI, na sequência do processo de regularização instituído pelo Dec. Lei n.º 81-A/96, de 21.06 e Dec. Lei n.º 195/97, de 31.07, na categoria de técnico profissional de 2ª classe, em 23.09.99.

3. A Recorrente, Técnica Profissional de 2ª Classe desempenha, neste momento, funções no Centro de Recolha de dados, executando todas as tarefas relacionadas com a preparação, tratamento, recolha e correcção dos elementos e declarações relacionadas com o IR – cf. declaração de fls. 9.

4. Em 8.02.2000, o recorrente requereu ao Director Geral dos Impostos a sua reclassificação profissional, nos termos do art.15° do Dec. Lei n.º 497/99, de 19.11, sendo integrado na categoria de liquidador tributário.

5. Este requerimento não foi objecto de pronúncia.

6. Em 21.06.2000, o recorrente dirigiu ao Sr. Secretário dos Assuntos Fiscais recurso hierárquico do despacho de indeferimento tácito que recaiu sobre o requerimento mencionado em 4.

7. Este recurso hierárquico não foi objecto de pronúncia.»

III – O DIREITO

1 – Dizendo ter sido contratada para exercer funções correspondentes à da categoria de **técnico auxiliar de 2ª classe**, refere contudo a recorrente ter permanecido durante 3 anos e 9 meses desempenhando funções inerentes à categoria de **liquidador tributário**.

Por essa razão, entendendo haver desajustamento funcional entre o conteúdo funcional da carreira em que se encontra integrada e as funções efectivamente exercidas, requereu, em 8/02/2000, ao DGCI a sua **reclassificação profissional** para a carreira **Técnica de Administração Tributária** ou para a que resultasse da entrada em vigor do DL n.º 557/99, de 17/12, de acordo com o disposto no art. 15.º do DL n.º 497/99, de 19/11, preceito cuja violação imputou ao acto tácito de indeferimento que constituiu o objecto do recurso contencioso.

O acórdão recorrido, porém, não lhe concedeu razão, com fundamento em quatro ordens de razões.

Ajuizou:

a) Que sempre ao recorrente faltaria o requisito do *estágio*, como condição de acesso à categoria de liquidador tributário (actualmente TAT);

b) Ponderou que as funções efectivamente exercidas não correspondem *inteiramente* ao conteúdo funcional dos TAT (Técnicos da Administração Tributária);

c) Asseverou que no período de 180 dias posteriores à entrada em vigor do diploma em causa (DL n.º 497/99, de 19/11) a recorrente ainda *não exercia tais funções há mais de um ano;*

d) Finalmente, concluiu que a recorrente não demonstrou a *disponibilidade financeira* da DGCI para assegurar a pretendida reclassificação.

E com estes fundamentos, retirados do art. 15.º daquele articulado legal, negou provimento ao recurso.

Vejamos.

A situação é igual à que por nós foi tratada em recente aresto (Proc. n.º 02040/03, de 3/06/2004), pelo que dele transcreveremos, por comodidade, a parte que aqui interessa evidenciar:

"O DL n.º 497/99, de 19/11, na perspectiva de um estímulo à mobilidade inter-carreiras, estabelece novos «*instrumentos de gestão, optimização e motivação do capital de recursos humanos de que dispõe*» (lê-se no preâmbulo).

Assim, e escapando ao concurso como forma normal de ingresso em lugares dos quadros da Administração, o diploma permite que o funcionário possa, em certos casos, aceder a categoria e carreira diferentes daquelas de que até então tenha sido titular.

Os principais instrumentos utilizados para o efeito são a "***reclassificação***" e a "***reconversão profissional***" (art. 3.º, cit. dip.).

Todavia, o articulado em apreço prevê duas vias para a densificação do primeiro dos conceitos. Uma, diríamos "ordinária" e "facultativa", a valer para o futuro, sujeita às regras do art. 6.º e sgs; Outra, a que chamaríamos "especial", "transitória" e "obrigatória", de utilização imediata, dominada pela disciplina do art. 15.º.

Da primeira sobressaem, desde logo, dois aspectos importantes:

1.º – A "***reclassificação***" fica sujeita à reunião simultânea dos «*requisitos legalmente exigidos para a nova carreira*» (n.º1, art. 3.º); e,

2.º – Deve ser «*precedida do exercício, em comissão de serviço extraordinária, das funções correspondentes à nova carreira por um período de seis meses ou pelo período legalmente fixado para o estágio de ingresso, se este for superior*» (art. 6.º, n.º 2).

Mas a necessidade destes requisitos foi de novo retomada no art. 7.º, que dispõe da seguinte forma:

«1 – São requisitos da reclassificação profissional:

a) A titularidade das habilitações literárias e das qualificações profissionais legalmente exigidas para o ingresso e ou acesso na nova carreira;

b) O exercício efectivo das funções correspondentes à nova carreira nos termos do n.º 2 do artigo anterior;

c) O parecer favorável da secretaria-geral ou do departamento responsável pela gestão dos recursos humanos do ministério da tutela.

2 – O requisito na alínea b) do número anterior pode ser dispensado quando seja comprovado com informação favorável do respectivo superior hierárquico o exercício, no mesmo serviço ou organismo, das funções correspondentes à nova carreira por período não inferior a um ano ou à duração do estágio de ingresso, se este for superior».

Por seu turno, o art. 27.º do DL n.º 557/99, de 17/12 (diploma que aprovou o novo estatuto de pessoal e regime das carreiras da Direcção Geral dos Impostos) estabelece que «*o recrutamento para as categorias de ingresso nas carreiras do GAT faz-se de entre indivíduos aprovados em estágio*».

Portanto, na 1ª hipótese, além da titularidade das habilitações literárias e profissionais, é suposto um exercício efectivo de funções na nova carreira (*em comissão de serviço extraordinária*) durante seis meses ou pelo tempo legalmente previsto para o estágio, se este for superior. Exercício efectivo (*em comissão de serviço extraordinária*) que poderá, no entanto, ser "*dispensado*" se for comprovado pelo respectivo superior hierárquico do interessado que este exerceu funções correspondentes à nova carreira por período não inferior a um ano ou à duração de estágio de ingresso, se este for superior.

Porquê a exigência do exercício de funções em *comissão de serviço extraordinária*?

Porque, como resulta do art. 24.º do DL n.º 427/89, de 7/12, ela é a forma de nomeação do funcionário para a prestação, por tempo determinado, de *serviço legalmente considerado estágio de ingresso na carreira.*

Isto é, o serviço prestado em comissão de serviço extraordinária equivale, ele mesmo, a **estágio** de ingresso, precisamente por ser ele um requisito profissional de provimento na carreira e categoria, como o assinala o citado art. 27.º do DL 557/99.

Porém, se na reclassificação ordinária o estágio, sob a forma de serviço prestado em comissão de serviço extraordinária, como se disse, surge como condição legal de provimento, nem sempre é certo que esta seja uma *conditio sine qua non.*

Com efeito, pode acontecer que esse exercício efectivo em comissão de serviço seja "dispensado", desde que o superior hierárquico confirme que o funcionário tem vindo a prestar as funções correspondentes à nova carreira por período não inferior a um ano ou à duração do estágio de ingresso, se este for superior (art. 7.º, n.º 3).

O que se privilegia, neste caso, é a *prática* efectiva das funções em carreira diferente daquela em que se encontra provido. Ou seja, cedendo o formal ao material e ao facto naturalístico, o factor dominante deixa de ser o estágio (que, como se sabe, é o período de aprofundamento de conhecimentos e aplicação prática do saber adquirido), para ser o seu sucedâneo directo que realize os mesmos fins: potenciação da reclassificação como instrumento de gestão em ordem a facilitar a redistribuição dos efectivos e o aproveitamento mais racional dos mesmos (Sentença n.º 18/03NOV03/3ªS, Proc. N.º 01/JC/03, da 3ª Secção do Tribunal de Contas; Tb. Parecer da P.G.R., n.º 032002, de 2/05/2002).

Portanto, na economia do DL n.º 497/99, nem mesmo na reclassificação "ordinária" o estágio se apresenta sempre como pressuposto indispensável: o exercício efectivo do serviço em estágio durante *seis meses* ou pelo período legalmente previsto para estágio, se for superior (o mesmo é dizer, em comissão extraordinária de serviço), é substituído pelo exercício efectivo das mesmas funções por período *não inferior a um ano* ou à duração do estágio, se este for superior.

Significa também, neste caso, que não é no requisito da qualificação profissional previsto na al. a), do n.º 1 do art. 7.º do diploma que a posse do estágio se inclui.

Mas se isto é assim no modelo de reclassificação dito "facultativo", mais nos parece que o seja no "obrigatório" a que atrás nos referimos.

No elenco das situações que o legislador entendeu darem lugar à reconversão, integrou o «*desajustamento funcional*», caracterizado pela «*não coincidência entre o conteúdo funcional da carreira de que o funcionário é titular e as funções efectivamente exercidas*» (cfr. art. 4.º, al. e), do cit. dip.).

O que está em causa nesta condição é uma desconformidade entre o conteúdo funcional da carreira e categoria em que o funcionário se encontra provido e as funções efectivamente exercidas, próprias que são de carreira diferente.

Trata-se de uma "*reclassificação obrigatória*" – que, necessariamente, haveria de ter lugar nos 180 dias posteriores à entrada em vigor do DL 497/99 – e que dependia dos seguintes requisitos de verificação cumulativa (art. 15.º):

a) Os funcionários deveriam vir a exercer há mais de um ano funções correspondentes a carreira distinta daquela em que estivessem integrados;

b) Deveriam possuir os requisitos habilitacionais e profissionais exigidos para o provimento na nova carreira;

c) As funções que viessem assegurando deveriam corresponder às necessidades permanentes do serviço;

d) Deveria existir disponibilidade orçamental.

A sentença considerou que o recorrente não reunia os requisitos da alínea *b*), por não ter demonstrado possuir o estágio aludido no art. 27.º do DL n.º 557/99.

Em nossa opinião, trata-se de um argumento que fatalmente soçobra.

O referido art. 27.º limita-se a estabelecer os requisitos de recrutamento "normal" para as categorias de ingresso na carreira do GAT. O estágio seria uma condição essencial, sem a qual nunca, em caso algum, poderia o interessado almejar a admissão na Administração Tributária.

O estágio funcionaria, assim, como uma espécie de regime probatório, sujeito a concurso, a que poderiam aceder indivíduos habilitados com o 12.º ano ou com "curso adequado" (*art. 29.º do DL 557/99*), no termo do qual seriam avaliados e sujeitos a aprovação ou não.

Ora, sendo o concurso o "*normal*" modo de recrutamento de pessoal (cfr. DL n.º 204/98, de 11/07), e sabido que o ingresso em cada carreira pode ser condicionado à frequência com aproveitamento em estágio probatório (caso em que a admissão a estágio deve ser precedida de concurso: *art. 26.º, n.ºs 2 e 3 do DL n.º 184/89, de 2/06*), não faria sentido apelar a um "concurso de estágio" para o recrutamento de pessoal num regime "*especial*", como é este de que vimos tratando. Na verdade, se o interessado tivesse concorrido a esse estágio e o tivesse já realizado com aproveitamento, o seu ingresso na categoria e carreira far-se-ia segundo um *procedimento comum de recrutamento* para o *provimento de vagas*, nunca por este *instrumento de mobilidade inter-carreiras,* fundado que é em razões de operacionalidade de meios e racionalização de recursos.

Exigir para este mecanismo de mobilidade as regras de provimento que são próprias do concurso seria total despropósito e desvirtuamento dos fins que lhe estão subjacentes (cfr. art. 23.º do DL n.º 184/89, de 2/06), sabido que é, além do mais, que o regime de intercomunicabilidade de carreiras não pode ser prejudicado pelas regras relativas ao ingresso e acesso na Administração Pública (cfr. art. 31.º do DL n.º 184/89, de 2/06).

Seria ilógico, de resto, impor que o funcionário desempenhasse as funções próprias da nova carreira durante pelo menos um ano (supondo-se que nesse período adquiriu conhecimentos, experiência e traquejo bastantes a fim de ser reconvertido) para logo depois dele se exigir a posse de um estágio (precisamente com o mesmo fim de aquisição de conhecimentos) pelo mesmo período de um ano.

É por isso que, quando a reclassificação é feita para carreira cujo ingresso dependa de estágio, os requisitos exigíveis ao reclassificando serão apenas os de admissão ao concurso para esse estágio.

Ou seja, se o estágio é condição para o ingresso normal numa carreira, os requisitos a que alude a al. b) do n.º 1, do art. 15.º do DL n.º 497/99 são apenas aqueles de que depende a própria frequência do estágio e nenhuns outros, nomeadamente os profissionais ali referidos (neste sentido, **Paulo Veiga e Moura**, in Função Pública, vol. I, pag. 428; Também, o Ac. do Tribunal de Contas, de 21/12/1993, proferido nos Autos de Reclamação n.º 235//93, no Processo n.º 33 612/93).

E isto entende-se perfeitamente. Na verdade, a frequência do estágio apenas serviria para se presumir o interessado dotado das indispensáveis capacidades e aptidão para o exercício das funções próprias do conteúdo funcional da nova carreira.

Ora, mais do que mera presunção dessas qualidades, a reclassificação deriva precisamente de um exercício real de funções em que a adequação das capacidades e aptidões do funcionário ao conteúdo funcional da nova carreira se mostra já plenamente comprovado (**P. Veiga e Moura**, ob. e loc. cit.).

Assim, e volvendo ao caso em apreço, não sufragamos o entendimento do douto acórdão recorrido sobre a necessidade que o recorrente tinha de demonstrar a posse do estágio, bastando que possuísse as habilitações literárias estabelecidas no art. 29.º, n.º 1, do citado DL n.º 557/99 (nesta parte, o relator afasta-se, assim, da posição assumida, enquanto adjunto, no acórdão de 10/03/2004, proferido no Proc. N.º 01755/03)» (cit. Ac. do STA de 3/06/2004, Proc. n.º 02040/03; neste sentido, também, o Ac. deste STA de 7/10/2004, Proc. n.º 0288/04).

2 – Vejamos agora se os restantes argumentos do acórdão são procedentes.

O acórdão considerou que as funções exercidas pela recorrente só parcialmente se ajustam ao conteúdo funcional dos liquidadores tributários.

Ora, de acordo com a declaração de fls. 9 dos autos, a recorrente desempenha «funções no Centro de Recolha de Dados, executando tarefas relacionadas com a preparação, tratamento, recolha e correcção dos elementos e declarações relacionadas com o IR.

Fora dos períodos de recolha, o que não acontece neste momento, executa quaisquer outras funções nos diversos Serviços desta Divisão».

A recorrente está inserida, realmente, na carreira de técnico auxiliar do grupo de pessoal técnico profissional, que pertence ao grupo de pessoal do regime geral da DGCI, face ao disposto no art. 1.º, n.º 2, al. d) e anexo IV, ambos do DL n.º 557/99, de 17/12, cujo conteúdo profissional vem definido no art. 5.º e anexo III, da Portaria n.º 663/94, de 19/07.

Mas o conteúdo funcional da categoria a que pretende aceder não se esgota na execução das tarefas que vêm descritas na declaração de fls. 9.

Na realidade, se a preparação, tratamento, recolha e correcção dos elementos e declarações relativos ao Imposto sobre o Rendimento é serviço de apoio que cabe no âmbito do conteúdo funcional dos liquidadores tributários, muito mais vasta e complexa é a tábua de funções técnicas que aos liquidadores é exigida, segundo o disposto no anexo II, 1.º da mesma Portaria.

Pode até dizer-se que a preparação, tratamento, recolha e correcção das declarações dos contribuintes será a parte menos difícil. Mais complicada e de maior responsabilidade será, como resulta do ponto 1.º do anexo II, a tarefa de «elaborar informações sobre questões emergentes de dúvidas ou consultas suscitadas quer pelos serviços, quer pelos contribuintes», ou mesmo, «efectuar trabalhos relacionados com a administração dos impostos e desempenhar as demais tarefas adequadas à correcta aplicação da política e da legislação fiscal», que implica um conhecimento mais profundo das matérias necessárias à prossecução das atribuições dos serviços da administração fiscal.

Isto quer dizer que a condição da coincidência funcional não se verifica no caso em apreço. Andou bem, pois, o acórdão nesta parte.

3 – Quanto ao pressuposto retirado do exercício das funções há mais de um ano – contado até ao limite do prazo máximo de 180 dias após a entrada em vigor do diploma – que o aresto impugnado entendeu não estar preenchido, não sufragamos a conclusão do julgado.

Na verdade, não é possível afirmar peremptoriamente, face aos elementos dos autos, que a recorrente não exerceu tais funções dentro daquele período de tempo. Aliás, ela mesma afirmava ter permanecido durante 3 anos e 9 meses no desempenho de tais funções, desde a data da sua contratação (15/12/95) até ao momento em que ingressou nos quadros da DGCI (23/09/99).

Simplesmente, do mesmo se nos afigura impossível concluir o contrário. Ou seja, os dados instrutórios e as posições processuais das partes nos autos não nos permitem retirar qualquer ilação segura em qualquer dos sentidos. Com efeito, ao contrário do que lhe cumpria, por ser seu o ónus da prova, a recorrente não foi capaz de demonstrar a afirmação, visto que se limitou a juntar uma declaração datada de 15/06/2000, que alude simplesmente a esse desempenho «neste momento», sem precisar desde quando.

Significa que não fez prova cabal do período mínimo necessário ao preenchimento da condição da al. a), do n.º 1, do art. 15.º citado.

4 – Quanto à disponibilidade orçamental, necessária à reclassificação (art. 15.º, n.º 1, al. d)), ao contrário do decidido, entendemos que não se trata de facto que o interessado deva e possa provar. É condição relacionada com existência de provisão orçamental, do conhecimento interno do serviço respectivo e ao qual aquele não tem acesso. Por conseguinte, a condição só não estará preenchida caso seja invocada, devidamente fundamentada, pela entidade competente a inexistência de disponibilidade orçamental.

5 – Em suma, pese embora a procedência das conclusões respeitantes aos pontos abordados em 1 e 4, o

acórdão deve manter-se por falta de prova das condições tratadas nos pontos 2 e 3, sabido que se trata de requisitos cumulativos, em que a falta de um basta para inviabilizar a reconversão.

IV – DECIDINDO
Face ao exposto, acordam em negar provimento ao recurso, confirmando o acórdão recorrido.
Custas pela recorrente.
Taxa de justiça: € 300.
Procuradoria: € 150.
Lisboa, 2 de Dezembro de 2004.

Cândido de Pinho (Relator)
Azevedo Moreira
Pais Borges

Recurso n.º 661/04

RECORRIBILIDADE CONTENCIOSA.
ACTO ADMINISTRATIVO.
ACTO ADMINISTRATIVO LESIVO.
ACTO MATERIAL.
ACTO DE GESTÃO PRIVADA.

(Acórdão de 3 de Novembro de 2004)

SUMÁRIO:

I – A recorribilidade do acto é de conhecimento oficioso.
II – Acto administrativo é "a conduta voluntária de um órgão da Administração que, no exercício de um poder público e para prossecução de interesses postos por lei a seu cargo produza efeitos jurídicos num caso concreto." (Marcelo Caetano, "Manual", I, 9.ª edição, 410).
III – Acto administrativo lesivo é o acto administrativo que projecta, só por si, os seus efeitos negativamente na esfera jurídica do interessado, violando direitos ou interesses legalmente protegidos.
IV – Acto (ou operação) material é a conduta que não produz efeitos imediatos na ordem jurídica (a produção de efeitos jurídicos num caso concreto distingue o acto jurídico da operação material).
V – Acto de gestão privada é aquele em que o órgão se limita "a exercer a capacidade de direito privado da pessoa colectiva, procedendo como qualquer outra pessoa no uso das suas faculdades reguladas pelo Direito Civil ou Comercial."
VI – Não é acto administrativo o despacho de um Presidente de Câmara que tem o seguinte teor: "*Instaure-se a correspondente acção judicial*".

ACORDAM NA SECÇÃO DE CONTENCIOSO ADMINISTRATIVO DO SUPREMO TRIBUNAL ADMINISTRATIVO:

I – RELATÓRIO
Ivo – Sociedade de Exploração Hoteleira, SA, com melhor identificação nos autos, vem recorrer da sentença do Tribunal Administrativo do Círculo de Coimbra (TAC), de 15.10.03, que negou provimento ao recurso contencioso que interpôs do despacho do **Presidente da Câmara Municipal de Santarém**, de 20.9.01, que determinou a instauração de uma acção de reversão de um prédio seu que lhe havia sido vendido pela Câmara mediante certas condições.
Terminou a sua alegação formulando as seguintes conclusões:
1.ª Ao contrário do pressuposto na sentença recorrida, o regime de revogação de actos administrativos constante do artigo 140°, n.º 1, al. *b*) do CPA, não está confinado à categoria dos actos *constitutivos de direitos*, sendo igualmente aplicável aos *actos constitutivos de interesses legalmente protegidos*.
2.ª Ao contrário do entendimento expresso na decisão recorrida, a deliberação de 9 de Out. de 1999, ao decidir no sentido de que as alterações de uso propostas pela recorrente seriam aceites no âmbito do processo de revisão do PDM de Santarém, havendo todo *"o interesse em viabilizar tal pretensão, de modo a tirar partido da construção já erigida"*, colocou a ora recorrente numa posição jurídica de vantagem, consubstanciando uma promessa a cujo respeito o Município ficou obrigado sob pena de violação do princípio da boa fé e da protecção da confiança (cfr. art. 6.°-A do CPA), tratando-se por isso de um acto *constitutivo de interesses legalmente protegidos* e enquanto tal insusceptível de revogação (v. artigo 140.°, n.° 1, al. b) do CPA).
3.ª A sentença recorrida enferma de erro de julgamento e viola por errada interpretação e aplicação o disposto no artigo 140°/1/b) do CPA, pois ao contrário do entendimento expresso na sentença recorrida, o despacho impugnado pela recorrente junto do Tribunal *a quo*, produziu efeitos incompatíveis com os efeitos que para a recorrente decorreram da deliberação camarária de 7 de Out. de 1999, procedendo a uma revogação ilegal e implícita desse anterior acto constitutivo de interesses legalmente protegidos, em violação do disposto no artigo 140.°, al. *b*) do CPA.
4.ª Ao decidir que o despacho impugnado junto do Tribunal *a quo* "não careceria de audiência prévia "*porque*" *a recorrente defendeu-se na acção judicial interposta* "e porque" *a sua oposição à reversão sempre seria inócua atentas as reiteradas decisões de reversão* "(cfr. sentença recorrida), a sentença recorrida enferma de erro de julgamento e viola por errada interpretação e aplicação o disposto nos arts. 267.° n.ºs 1 e 5 da CRP, 8.° e 100.° e ss. do CPA.
5.ª Ao decidir que o acto impugnado não enferma de um vício de falta de fundamentação porque *"as razões da decisão estão amplamente expressas ao longo de todo o processo administrativo"* (v. sentença recorrida), a sentença *sub judice* enferma de erro de julgamento e viola por errada interpretação e aplicação o disposto nos artigos 124.° e 125.° do CPA e 268.°, n.º 3 da CRP, normativos que impõem que os fundamentos, ainda que por remissão, devam constar expressos do próprio acto (cfr.

Acs. do Pleno da Secção de Contencioso Administrativo do STA, de 19/01/93, no Proc. N.º 011427 e de 06/07/93, no Proc. N.º 025609).

A autoridade recorrida concluiu a sua contra-alegação referindo que:

"Ao negar provimento ao recurso, ante a fundamentação, suficiente e congruente, que adopta, a sentença fez correcta aplicação das Leis Constitucional e Ordinária. Ante o exposto, e pelo sempre mui douto suprimento de V. Exas, deve o recurso ser havido por improcedente, mantendo-se, em consequência, a decisão recorrida."

O Magistrado do Ministério Público junto deste Tribunal emitiu o seguinte parecer:

"Em nosso parecer, a deliberação camarária, de 7/10/99, não revoga, expressa ou tacitamente, as anteriores deliberações camarárias de proceder à reversão do terreno em causa, nos termos da cláusula 5.ª da escritura de compra e venda respectiva, celebrada entre as ora recorrida e recorrente – cfr. n.ºs 5/6 e 7/10 da matéria de facto provada.

Ela limitou-se unicamente a *"remeter o processo à Comissão para que seja considerado na próxima reunião ao Plano Director Municipal a alteração do uso de unidade"* turística *"do espaço para equipamento"*, considerando o *"interesse em viabilizar a pretensão"* da ora recorrente *"de se proceder à remodelação do projecto do hotel com vista à utilização do edifício para clínica médica privada"* – cfr. fls. 239 do processo instrutor apenso.

Ora, nem esta pretensão foi formulada em alternativa à reversão do terreno, antes apenas ao objecto contratual inicial, nem o seu acolhimento, nos sobreditos termos, se mostra necessariamente incompatível com a deliberação de reversão, decorrente, em paralelo, do incumprimento contratual.

Certo é também que todas as soluções precedentes, objecto de deliberação camarária, nunca prescindiram do exercício do direito de reversão, mesmo a manter-se a obrigação de construção da unidade hoteleira, assumida contratualmente pela recorrente, ou a ocorrer eventualmente a reformulação do projecto inicial em programa de construção habitacional, de harmonia com anterior proposta da mesma recorrente – cfr. n.ºs 7, 9 e 10 da matéria de acto e doc. de fls. 228/229 do processo instrutor apenso.

Assim, a deliberação contenciosamente impugnada, de 20/9/01, do Presidente da Câmara de Santarém, ao determinar a instauração da correspondente acção judicial para reversão da parcela de terreno vendida à recorrente não se afirma, nesta matéria, como revogatória da deliberação camarária, de 7/10/99, com ela não colidindo na produção plena dos respectivos efeitos jurídicos.

Aliás, o objecto último do acto impugnado é o de possibilitar a reponderação efectiva da utilização do terreno, destinada anteriormente à construção de um hotel, conforme resulta da informação sobre que foi proferido, havendo assim, sintonia de objectivos prosseguidos por aquela deliberação camarária e o mesmo acto. Consequentemente, este não extingue os efeitos jurídicos de anterior acto administrativo, no caso, aquela deliberação, não se mostrando prejudicada a pretensão da recorrente por esta acolhida, em 7/10/99, na medida em que a reformulação do projecto de construção por ela proposta não se mostra inviabilizada, por si só, por efeito da propositura da dita acção de reversão, caso as necessárias alterações ao PDM venham a ser aprovadas.

Improcederá, nestes termos, o alegado erro de julgamento concernente ao invocado vício de violação de lei, por revogação ilegal, com ofensa do Art.º 140.º, n.º 1, alínea b) do CPA.

Através do acto contenciosamente impugnado, a autoridade recorrida acolheu, sem mais, a proposta no sentido de, *"por despacho, ordenar que os serviços jurídicos instaurem a devida acção judicial"*, pelas razões de facto e de direito nela enunciadas precedentemente.

Pela forma como o fez, exarando despacho correspondente, no rosto da informação onde tal proposta foi formulada, a autoridade recorrida remeteu inequivocamente para as respectivas razões subjacentes, dando a conhecer aos destinatários do acto recorrido, sem qualquer margem para dúvidas, de modo claro, suficiente e congruente, o seu iter cognoscitivo e valorativo.

Improcederá, assim, também o alegado erro de julgamento sobre a improcedência do arguido vício de forma, por falta de fundamentação.

Neste sentido, o Acórdão deste STA, de 30/01/03, rec. 02026/02.

Por fim, não obstante o acto impugnado ter sido antecedido de parecer, este não encerra uma verdadeira actividade instrutória, já que se limita a enunciar uma solução perante a pretensão manifestada no ofício de Fatimob – Promoção Imobiliária de Fátima, Lda, que o autor do acto poderia, por si só, sem mais, ter aplicado.

Em nosso entender, não tendo havido instrução, não havia lugar à audiência de interessados, nos termos do Art.º 100.º do CPA, improcedendo também aqui o alegado erro de julgamento – cfr. Acórdão do STA, de 28/01/04, rec. 047678 – Pleno da 1ª Secção.

Improcedendo todas as conclusões das alegações da recorrente, deverá, nos termos expostos, em nosso parecer, ser negado provimento ao recurso."

Por despacho do Relator ordenou-se a notificação das partes para se pronunciarem sobre a "natureza administrativa do acto impugnado ou da sua lesividade"

O requerente manifestou a sua posição da seguinte forma:

"1. A questão suscitada pelo Ilustre Juiz Conselheiro Relator respeita à *natureza administrativa do acto impugnado, ou da sua lesividade,* ou seja, à insusceptibilidade do acto impugnado nos autos poder ser objecto de impugnação contenciosa.

Salvo o devido respeito, tal questão não pode ser suscitada no presente recurso, pois nesta sede ao Supremo Tribunal Administrativo só é possível, nos termos da alínea b) do art. 110.º da LPTA (D.L. n.º 267/85, de 16 de Julho, aqui aplicável), *"julgar excepções ou questões prévias de conhecimento oficioso e não decididas com trânsito em julgado"* – cfr. art. 110.º/b) da LPTA.

2. Ora, no caso dos autos, embora esteja em causa uma questão de conhecimento oficioso, a mesma já se encontra *decidida com trânsito em julgado* por ter sido suscitada junto do Tribunal *a quo* e então expressamente decidida no sentido da *"lesividade própria e imediata"* do acto recorrido *"no seguimento, aliás, da posição sustentada pela recorrente ao pronunciarem-se sobre esta questão, concluindo-se então que a decisão teve efeitos directos e imediatos na esfera jurídica da recorrente"*

sendo *"contenciosamente recorrível"* (cfr. ponto A) da sentença do TACL, sob a epígrafe " *Quanto às questões prévias"*).

3. Tal decisão do Tribunal *a quo* não foi objecto de impugnação através de recurso jurisdicional interposto pela parte da entidade recorrida (cfr. autos), nem constitui objecto do recurso jurisdicional interposto pela recorrente (cfr. conclusões da alegação de recurso), pelo que a mesma transitou em julgado (cfr. art. 677.º do CPC), não podendo integrar o âmbito do presente recurso, cujo o bjecto são os vícios ou erros da decisão impugnada, pois o recurso *"visa modificar a decisão submetida a recurso e não conhecer matéria nova, salvo se se tratar de matéria de conhecimento oficioso e não decidida com trânsito em julgado."* – Acs. STA de 07.04.2002, Proc. n.º 1041/02 e de 03/18/2003 no Proc. n.º 01787/02.

O recorrido referiu que "O concreto acto administrativo recorrido não é lesivo dos interesses do recorrente. Quando muito, a questão da eventual lesividade de interesses deste poderá, apenas, colocar-se em sede de acção de reversão.

****

Colhidos os vistos cumpre decidir.

II – FACTOS

Matéria de facto dada como assente no TAC:

1. Por escritura pública outorgada em 24/01/1991, a Câmara Municipal de Santarém (CMS) vendeu à recorrente um terreno com a área de 83.520 m2, sito nas Encostas da Carmona, freguesia de Marvila – *cfr. documento de fls. 11 a 14 dos autos.*

2. De acordo com a cláusula terceira daquele contrato de compra e venda, o terreno destinava-se *"única e exclusivamente à implantação de uma Unidade Hoteleira, com cento e vinte quartos na primeira fase".*

Na cláusula quarta, do mesmo contrato, a recorrente obrigou-se *"a fazer aprovar o projecto do Hotel no prazo de seis meses e a construí-lo no prazo de dois anos após a aprovação"*.

Na cláusula quinta, ficou acordado *"Que o terreno reverterá para o Município de Santarém, com todas as suas benfeitorias, no caso de incumprimento das condições referidas nos números segundo, terceiro e quarto".*

3. Em 1992.03.04, a CM de Santarém emitiu em nome da recorrente o Alvará de Licença de Construção n.º 1079/92, titulando o licenciamento de obras de construção da unidade hoteleira, válido até 3/6/1992, licença que foi renovada através do Alvará n.º 3440/92, válido até 9/12/1993.

4. Por deliberação camarária de 14/3/1994 foi indeferido o pedido da recorrente para prorrogação do prazo de licença daquelas obras, solicitado em 14/2/94 até 9/12/94 – *cfr. fls. 59 do PA.*

5. Em reunião da CMS, de 31/3/1994, ao abrigo do clausulado supra, mencionado no contrato de compra e venda, *dito em I e 2*, foi deliberado *"proceder à reversão do respectivo terreno, com a área de oitenta e três mil quinhentos e vinte metros, localizado nas Encostas da Carmona (...) bem como as benfeitorias existentes ..."* – *cfr. fls. 82 do PA.*

6. Em reunião de 20/2/1995, a CM de Santarém, depois de ter ordenado a avaliação do imóvel *(deliberação de 915194 – fls. 101 do PA)*, após o envolvimento no processo do "Fundo de Turismo", deliberou manter a deliberação de 31/3/94 *(cfr. fls. 109/108 do PA).*

7. Em reunião de 25/9/1995, a requerimento da recorrente de 19/9/95, a CMS deliberou, por unanimidade, proceder à escritura de reversão, e efectuar nova escritura de venda daquela parcela de terreno – *cfr. fls. 121 do PA.*

8. Em reunião tripartida de 13/8/1996, foi alcançado acordo entre a CMS, a recorrente e a Secretaria de Estado do Comércio e Turismo, ratificado pelo executivo camarário em reunião de 26/8/1996, assumindo os respectivos compromissos, onde se previa o prazo de dois anos para conclusão do Hotel – *cfr. fls. 150 a 148 do PA.*

9. Em reunião de câmara de 28/01/1998, foi deliberado aprovar "Protocolo" a celebrar entre a Câmara Municipal de Santarém e "IVO – Sociedade de Exploração Hoteleira, SA".

10. A CM de Santarém, por deliberação de 24/8//1998, com fundamento na falta de novo protocolo com a *"IVO – Sociedade de Exploração Hoteleira, SA"* e o manifesto incumprimento dos prazos, decidiu confirmar a deliberação de 31 de Março de 1994 e solicitar a *"IVO – Sociedade de Exploração Hoteleira, SA."* que, *"... para cumprimento do estabelecido pela autarquia em vinte e oito de Janeiro de mil novecentos e noventa e oito, subscreva a respectiva escritura de reversão, marcando-se este acto para 10 de Setembro e encarregando-se os serviços jurídicos das necessárias diligências"* – *cfr. fls. 207 do PA.*

11. A recorrente foi notificada, por carta registada com A/R, em 2/9/1998, dos termos desta deliberação, e nada disse ou fez – *cfr. fls. 215 e 216 do PA.*

12. Atento o requerimento da recorrente de 27/9/99, onde solicitava a reformulação do projecto em negociações/construção, com vista a convertê-lo numa Clínica Médica Privada e uma Unidade para Vida Activa, por deliberação da CMS de 7/10/99, foi decidido, com base em Parecer do Chefe de Divisão do Departamento de Gestão Urbanística e Ambiente, *"remeter o processo à Comissão para que seja considerado na próxima revisão do PDM, a alteração ao uso de unidade do espaço para equipamento".*

13. Da decisão dita 12, foi a recorrente notificada em 15/11/99 – *fls. 246 do PA*

14. Apresentado ao Presidente da CMS o requerimento de fls. 247 do PA, onde a sociedade *"FATIMOB – Promoção Imobiliária de Fátima, Lda"* se propunha adquirir o "HOTEL" para fins assistenciais (Clínica Feriátrica), foi lavrada a Informação N.º 41-A/DAF/2001, de 20/9//2001, pelo Director do Departamento Administrativo e Financeiro *(que constitui fls. 248/247 do PA e que aqui se dá como reproduzida)*, onde se propunha a instauração de acção judicial para obter a reversão da parcela vendida à recorrente, na falta de escritura de reversão.

15. Na informação, dita em 14, a entidade recorrida – Presidente do CMS –, manuscreveu o despacho *"Instaure-se a correspondente acção judicial"* – acto recorrido.

16. Na sequência da decisão, referida em 15, em 3 de Dezembro de 2001, o Município de Santarém, representado pelo Presidente da CMS, propôs no Tribunal Judicial de Santarém acção declarativa, com processo ordinário, onde corre termos com o n.º 725/2001, no 3º Juízo, e em que se pede, para além do mais, a resolução do contrato de compra e venda, titulado pela supra referida escritura pública, e o reconhecimento do Município como dono e legítimo possuidor do prédio e benfeitorias nele existentes – *cfr. fls. 100 e ss. dos autos.*

III – DIREITO

1. Vejamos, em primeiro lugar, a questão suscitada pela recorrente no sentido de que a recorribilidade do acto e a sua lesividade estavam definitivamente fixadas na sentença recorrida já que ali se decidira as questões prévias, invocadas pela autoridade recorrida, da qualificação do acto como acto interno e como acto de mera execução.

Vista a sentença constata-se, de facto, terem-se apreciado, e julgado improcedentes, as questões suscitadas, concluindo-se que o acto recorrido não era um acto interno nem tão pouco um acto de execução (esgota--se aí o caso julgado constituído). Mas nada mais se decidiu para além disso. Portanto, como não pode haver decisões implícitas nesta matéria, e situando-se a questão da natureza administrativa do acto a montante delas seguramente que este Supremo Tribunal dela pode conhecer, o que, de resto, a recorrente aceita (a objecção da recorrente resulta simplesmente do facto de entender que o indeferimento daquelas questões determinaria a impossibilidade de apreciar esta matéria)

2. O acto impugnado nos autos[1] é um despacho do Presidente da Câmara Municipal de Santarém que decidiu pela instauração de uma acção judicial[2] (*"Instaure-se a correspondente acção judicial"*). Visava essa acção a reversão de uma parcela de terreno vendida pelo Município à recorrente, com determinadas condições não cumpridas, reversão essa prevista no próprio contrato de compra e venda.

Nos termos da Constituição – art.º 268, n.º 4, da CRP – É garantida aos administrados "a impugnação de quaisquer actos administrativos que os lesem"... . O padrão da recorribilidade contenciosa é, assim, determinado, em primeiro lugar, pela natureza administrativa do acto praticado, e, em segundo, pela sua lesividade.

Acto administrativo é "A conduta voluntária de um órgão da Administração que, no exercício de um poder público e para prossecução de interesses postos por lei a seu cargo produz efeitos jurídicos num caso concreto." (Marcelo Caetano, "Manual", I, 9.ª edição, 410).

Acto administrativo lesivo "é o acto administrativo que projecta os seus efeitos negativamente na esfera jurídica do interessado, violando direitos ou interesses legalmente protegidos" (acórdão STA de 20.2.02 no recurso 44194[3]). Numa outra formulação "Só os actos administrativos que operam, por si, a modificação da situação jurídica concreta dos recorrentes podem ser considerados lesivos, sendo que, a lesividade é condição "sine qua non" da recorribilidade contenciosa." (acórdão STA de 5.11.03 no recurso 569/03).

O confronto destes conceitos com a realidade inserta no acto impugnado mostra-nos não estarmos perante um acto administrativo[4] e muito menos, perante um acto administrativo lesivo. Com efeito, do acto administrativo apenas conecta a conduta voluntária de um órgão da Administração (mesmo para a prática de actos de gestão privada, não sendo os órgãos da Administração pessoas físicas, existe sempre um certo ritualismo na forma de o expressar) já que não é a manifestação do exercício de um poder público – a expressão contida no acto sempre seria a manifestação de um qualquer particular que pretendesse accionar judicialmente um terceiro – não produz efeitos jurídicos num caso concreto – a produção de efeitos jurídicos depende da existência de norma que atribua essa eficácia à conduta do órgão da Administração[5] – nem corresponde, finalmente, à prossecução de um específico interesse público posto por lei a cargo do seu autor.

Portanto, não sendo acto administrativo, será, numa vertente, um acto material, por não produzir efeitos imediatos na ordem jurídica (a produção de efeitos jurídicos num caso concreto distingue o acto jurídico da operação material[6]), e noutra, um acto de gestão privada por se constatar que o órgão se limitou "a exercer a capacidade de direito privado da pessoa colectiva, procedendo como qualquer outra pessoa no uso das suas faculdades reguladas pelo Direito Civil ou Comercial.[7]"

Mas, ainda que pudesse qualificar-se como acto administrativo ele não seria lesivo e por isso, também não seria recorrível. Pois se a lesividade é determinada pela violação de direitos subjectivos ou interesses legalmente protegidos, onde estão esses direitos ou interesses quando se decide instaurar uma acção judicial? Onde estão as normas que os prevêem e protegem? Não foram apontados pela recorrente nem identificados pela decisão recorrida.

A recorribilidade do acto é de conhecimento oficioso (acórdão do Pleno da Secção de 30.7.97 no recurso 30441[8]).

IV – DECISÃO

Assim, nos termos e com os fundamentos expostos, acordam em negar provimento ao recurso, revogar a sentença recorrida e em rejeitar o recurso contencioso, por ilegalidade na sua interposição.

Custas a cargo da recorrente fixando-se a Taxa de Justiça e a Procuradoria em, respectivamente, 400 e 200 euros.

Lisboa, 3 de Novembro de 2004.

Rui Botelho (Relator)
Santos Botelho
Freitas Carvalho

Recurso n.º 221/04

---

[1] A esse acto estão imputadas ilegalidades, só que tais ilegalidades, como vícios do acto administrativo, só podem ser apreciadas se tal acto puder ser qualificado como acto administrativo. A lógica do sistema assenta justamente na natureza administrativa do acto, de tal modo que se o não for também não poderão ser ponderadas como tais. Assim, para se poder entrar na apreciação do mérito do recurso terá de se definir, antes de tudo, que o acto impugnado nos autos é um verdadeiro acto administrativo lesivo.

[2] Nos tribunais comuns, sublinhe-se.

[3] No mesmo sentido, entre muitos outros, os acórdãos STA de 8.10.03 no recurso 1494/03, de 8.7.03 no recurso 998/03, de 17.6.03 no recurso 262/03 e de 1.4.03 no recurso 1581/02.

[4] Aliás, seria bom perguntar-se de que modo poderia executar-se a decisão que o anulasse.

[5] Marcelo, "Manual", I, 9.ª edição, 417.

[6] Idem, 416.

[7] Idem, 413.

[8] "A questão da natureza do acto contenciosamente impugnado, no tocante à sua recorribilidade em juízo, é do conhecimento oficioso do tribunal, em qualquer altura da instância."

RECRUTAMENTO DE OFICIAIS DE JUSTIÇA. SELECÇÃO. FORMAÇÃO.

(Acórdão de 7 de Outubro de 2004)

SUMÁRIO:

I – O DL 376/87, de 11.12, conhecido como Lei Orgânica das Secretarias Judiciais e Estatuto dos Funcionários de Justiça previa nos art.ºs 58.º a 61.º o estágio como forma de ingresso na carreira de oficial de justiça.

II – A Portaria n.º 961/89, de 31.10, (Regulamento das acções de recrutamento, selecção e formação para ingresso e acesso nas carreiras do grupo de pessoal oficial de justiça) foi emitida a coberto do art.º 180.º do Estatuto, previa duas fases no processo de recrutamento dos oficiais de justiça (escriturários judiciais e técnicos de justiça auxiliares), uma referente ao processo de selecção para admissão ao estágio (art.ºs 5.º a 15.º) e outra respeitante a formação (art.ºs 20.º a 35.º, mais especificamente a partir do art.º 29.º, já que os antecedentes são genéricos para o ingresso e o acesso). Cada uma dessas fases iniciava-se com a publicação de um aviso no DR.

III – Portanto, havia um processo de selecção para ingresso nos estágios que terminava com a publicação de uma lista no DR (fase de selecção) e depois, de entre esses, havia um outro processo para a admissão ao estágio e, finalmente, um terceiro para a realização de testes públicos (fase de formação).

IV – Cada um desses avisos, porque integrado em fases distintas e autónomas, estabelecia as suas próprias regras e fixava a sua disciplina jurídica.

V – O art.º 133.º do novo Estatuto (DL 343/99, de 26.8) segundo o qual "*É prorrogada até 30 de Setembro de 2003 a validade do processo de selecção de candidatos a que se refere a lista publicada no Diário da República, 2.ª série, de 2 de Setembro de 1996*." veio salvaguardar, apenas, o processo de selecção traduzido na lista publicada na II Série do DR de 2.9.96, cuja validade foi prorrogada até 30.9.03.

ACORDAM NA SECÇÃO DE CONTENCIOSO ADMINISTRATIVO DO SUPREMO TRIBUNAL ADMINISTRATIVO:

I – RELATÓRIO

CREMILDE ISABEL BRUÇÓ PINHEIRO MIRANDA DE MAGALHÃES, com melhor identificação nos autos, vem interpor recurso do acórdão do Tribunal Central Administrativo (TCA), de 5.2.04, que negou provimento ao recurso contencioso que interpôs do despacho do **Secretário de Estado Adjunto do Ministro da Justiça**, de 11.2.02, que indeferiu a reclamação deduzida da sua exclusão do processo de ingresso na carreira de oficial de justiça.

Terminou a sua alegação formulando as seguintes conclusões:

1. O douto Acórdão recorrido, ao manter a decisão recorrida no Tribunal *a quo,* viola o disposto no art.º 133.º do Dec-Lei n.º 343/99, onde, expressamente, se diz que "é prorrogada até 30 de Setembro de 2003 a validade do processo de selecção de candidatos a que se refere a lista publicada no Diário da República, 2ª série, de 2 de Setembro de 1996".

2. Tendo sido prorrogada a validade do processo de selecção de candidatos a que se refere a lista publicada no Diário da República, 2.ª série, de 2 de Setembro de 1996, onde se inclui a recorrente, o procedimento iniciado teria de manter-se com as regras que inicialmente se encontravam fixadas e publicitadas no aviso do concurso, sob pena de se violar o princípio da não retroactividade das leis consagrado no art.º 12.º do Código Civil, aplicável, também às situações de facto e às relações jurídicas presentes e não terminadas, pelo que, ao confirmar a decisão recorrida, que entendeu em sentido contrário, o douto Acórdão violou o art. 12.º do CC. Veja-se, por todos, o Acórdão do Tribunal Constitucional n.º 287/90, de 30 de Outubro, publicado no DR., II Série, n.º 42, de 20 de Fevereiro de 1991.

3. Ao confirmar a decisão recorrida no Tribunal a quo, violou, ainda, o douto Acórdão os art.ºs 31.º e 35.º do Regulamento aprovado pela Portaria n.º 961/89, de 31 de Outubro, em cujos termos devia ter sido atribuída ao estágio da recorrente uma classificação de 0 a 20 (art.º 31.º), e não, como aconteceu de apta, e a graduação final dos testes públicos devia ser a resultante da média da classificação obtida nos mesmos testes e no estágio (art.º 358.º)

4. Na interpretação que dele faz o douto Acórdão recorrido, o art.º 133.º do Dec-Lei n.º 343/99, viola os princípios constitucionais da segurança jurídica e da protecção da confiança ínsitos no princípio do Estado de direito consagrado no art.º 2º da Constituição da República Portuguesa.

A autoridade recorrida concluiu assim a sua:

a) O artigo 133.º do D.L. n.º 343/99, de 26 de Agosto, ao prorrogar até 30 de Setembro de 2003, a validade do processo de selecção a que se reportava a lista publicada no DR II Série de 26 de Setembro de 1996 – na qual se incluía a recorrente – não prorrogou o prazo de validade do concurso a que aquela lista se referia.

b) Apenas permitiu que os concorrente que tinham sido seleccionados com vista ao processo de ingresso na carreira de oficiais de justiça – entre os quais se encontrava a recorrente – não vissem gorada essa sua legítima expectativa, por facto que lhes não era imputável.

c) Com efeito, e como frisa o douto aresto impugnado, de resto na esteira do parecer do M.ºP.º, essa expectativa tinha como limite 02/09/00, caso o Dec-Lei n.º 343/99 não contivesse a norma do seu artigo 133.º, que permitiu a prorrogação da validade do seu processo de selecção até 30 de Setembro de 2003.

d) Com efeito, o artigo 133.º do Dec-Lei n.º 343/99 "mais não disse do que o que efectivamente resulta do seu conteúdo", ou seja, que o legislador entendeu dever aproveitar essa selecção de candidatos, já existente, substituindo, no seu caso, a prova de aptidão a que se refere o artigo 23.º do diploma, o que de forma alguma implica que lhes deixasse de aplicar os artigos 29.º e 30.º, que regulam o estágio e a prova final.

e) Aliás, como também sublinha o Ministério Público, no seu parecer, iniciando-se o concurso de admissão a fase de formação – que é autónoma do processo de selecção de candidatos – já na vigência do Dec-Lei n.º 343/99, o regime daquele diploma teria que ser necessariamente, aquele que lhes é aplicável.

f) De resto, o aviso n.º 2038/2001, publicado após a entrada em vigor do Dec-Lei n.º 343/93, não hesitou em determinar, no seu n.º 2, que os candidatos realizam a prova referida no artigo 30.º do E.F.J., aprovado pelo mencionado D.L. n.º 343/99.

g) Nem, tão pouco, o n.º 8 do mesmo aviso de dizer explicitamente que o programa da prova é o constante do aviso n.º 13.860/2000, o que significa que a graduação dos candidatos – entre os quais se encontra a recorrente – resulta da classificação da prova final, sendo excluídos os concorrentes com classificação inferior a 9,5 valores.

h) Consequentemente, o douto acórdão recorrido ao considerar, como não podia deixar de fazer, aplicável ao concurso de admissão à fase de formação – que é autónoma do procedimento de selecção dos candidatos – o regime do Dec-Lei n.º 343/99, nada mais fez do que aplicar o disposto no artigo 133.º daquele diploma legal dentro dos seus exactos parâmetros, pelo que é válido e legal, improcedendo as supostas patologias que a recorrente lhe assaca.

i) Do mesmo modo, não foi "in casu" cometido o menor atropelo às regras de aplicação da lei no tempo, porquanto, consoante sublinha o douto aresto ora recorrido, no momento da publicação do aviso n.º 2038/2001, a lista dos candidatos aprovados e excluídos, publicitada no D.R. II Série de 02/09/96, já estaria caducada se não fora a disposição do seu artigo 133.º do D.L. n.º 343/99.

j) Disposição essa, que teve como única finalidade salvaguardar essa lista, permitindo que o respectivo processo de selecção fosse prorrogado até 30/09/2003, o que, de forma alguma, significa que os candidatos aprovados nessa lista, tivessem que se avaliados de acordo com a lei, ao tempo, vigente,

l) Pelo que, como conclui e bem o douto aresto que a recorrente põe em crise, não ocorre no caso vertente a violação do artigo 12° do Código Civil,

m) o mesmo se dizendo dos artigos 31.º a 35.º da Portaria n.º 961/89, de 31/10 que, face a este entendimento – único de resto possível – também aqui não são aplicáveis.

n) Improcede, igualmente, a invocada violação dos princípios constitucionais da segurança jurídica e protecção dos cidadãos, tendo "in casu" o douto aresto recorrido observado escrupulosamente esses princípios.

o) Com efeito, a recorrente, por um lado, não era detentora de quaisquer direitos adquiridos e, por outro, as suas legítimas expectativas foram totalmente salvaguardadas pelo artigo 133.º do Dec.-Lei n.º 343/98, ao evitar que se tivesse que candidatar a um novo processo de selecção.

p) O douto acórdão recorrido é, consequentemente, válido e legal, improcedendo todos os vícios que a recorrente lhe imputa, designadamente por violação dos artigos 133.º do Dec-Lei n.º 343/99, 12.º do Código Civil, 31.º a 35.º do Regulamento aprovado pela Portaria n.º 961/89, de 31 de Outubro e 2° da C.R.P., patologias de que manifestamente não enferma.

A Magistrada do Ministério Público junto deste Tribunal pronunciou-se pela manutenção do julgado.
Colhidos os vistos cumpre decidir.

II – FACTOS

Matéria de facto relevante dada como assente no TCA:

1– Foi aberto concurso para admissão ao estágio para ingresso nas carreiras de oficial de justiça por aviso publicado na II Série do DR. de 20/6/95, do qual constava designadamente:

"Aviso –1– Faz-se público que, autorizado por despacho do director-geral dos Serviços Judiciários de 10/4/95, se encontra aberto, pelo prazo de 15 dias contados a partir da data da publicação do presente aviso no DR., processo de admissão ao estágio para ingresso nas carreiras do grupo de pessoal oficial de justiça.

2– legislação aplicável:

2.1– Dec-lei 376/87, de 11/12, com as alterações decorrentes dos Decs-lei 167/89, de 23/5, 270/90, de 3/9, 378/91 de 9/10, 364/93, de 22/10, e 167/94, de 15/6, e regulamento das acções de recrutamento, selecção e formação para ingresso e acesso nas carreiras do grupo de pessoal oficial de justiça, aprovado pela Port. 961/89, de 31/10.

3– Local e duração do estágio:...
4– Requisitos de admissão: ...
5– Prova de aptidão:...
5.4– A validade da prova de aptidão é de quatro anos, contados desde a data da publicação dos resultados das provas.
6– Formalização das candidaturas:
7– Composição do júri:

2– A lista dos candidatos aprovados e excluídos foi publicitada através do aviso publicado no DR., II série, n.º 203, de 2/9/1996.

3– Os pontos 1, 2 e 7 do Aviso n.º 13869/2000, publicado no DR., II Série, n.º 223, de 26 de Setembro de 2000, têm o seguinte teor:

" 1– Ao abrigo do art. 25.º do Estatuto dos Funcionários de Justiça, aprovado pelo Decreto-Lei n.º 343/99, de 26 de Agosto" na redacção dada pelo Decreto-Lei n.º 175/2000, de 9 de Agosto, faz-se público que se encontra aberto, pelo prazo de 10 dias úteis, concurso de admissão à fase de formação em teoria e prática de Secretarias dos Tribunais, adiante designada por fase de formação (actual designação do estágio para ingresso no quadro de oficiais de justiça).

2– Podem candidatar-se à fase de formação os indivíduos que constam da lista de graduação dos candidatos aprovados nas provas de aptidão, publicada no Diário da República, 2.ª Série, n.º 203, de 2 de Setembro de 1996.

7– Atento o disposto no n.º 1 do art. 29.º do Estatuto dos Funcionários de Justiça, aprovado pelo Decreto-lei n.º 343/99, de 26 de Agosto, com redacção dada pelo Decreto-lei n.º 175/2000, de 9 de Agosto, os formandos são classificados de Apto e Não Apto. Os classificados de Não Apto são excluídos do procedimento de admissão. A prova final é classificada de 0 a 20 valores. Os formandos que obtiverem classificação inferior a 9,5 valores são excluídos do procedimento de admissão".

4– De acordo com o ponto n.º 2 do aviso n.º 2038//2001, publicado no DR. n.º 31, II série, de 6/2/2001, "Os candidatos realizarão a prova referida no artigo 30.º do

Estatuto dos Funcionários de Justiça, aprovado pelo Dec-lei n.° 343/99 de 26 de Agosto ...".

5– A recorrente obteve na prova de aptidão prevista no ponto 5.2 do Aviso referido em 1 a classificação de 12,75, e no estágio e exame realizados ao abrigo do Aviso referidos em 2 e 3, a classificação de apto e de 8,85 valores, respectivamente.

6– A recorrente foi excluída do processo de admissão para ingresso nas carreiras do grupo de pessoal de oficial de justiça por ter obtido na prova final classificação inferior a 9,5 valores (cfr. lista publicada no DR., II série, de 13/3/01, através do aviso n.° 3949).

7– Por despacho do Director-Geral da A. da Justiça de 12/6/01 foi indeferida a reclamação apresentada pela recorrente.

8– A recorrente interpõe recurso hierárquico para o AS do MJ em 18/9/01.

(Não existe ponto 9 na matéria de facto)

10– Sobre este recurso foi emitido o Parecer DSJCJI//MIF/2001 de 12/10/01, junto ao p.a. e aqui rep.

11– Em 29/1/02 a Auditoria Jurídica do MJ emite a Informação n.° 32/02/AJ junta ao p.a. e aqui rep., donde se extrai o seguinte:

"(...) em parte alguma, o artigo 133.° do Dec-lei n.° 343//99, obriga a que os candidatos, a que se refere a lista publicada no Diário da República, 2ª Série, de 2 de Setembro de 1996, sejam avaliados de acordo com a lei ao tempo vigente. Permite, o que é substancialmente diferente, que o período de validade do respectivo processo de selecção seja prolongado até 30 de Setembro de 2003. O que é o mesmo que dizer, que até essa poderão candidatar à prova final, salvaguardando consequentemente, a sua legítima expectativa de acesso à carreira de oficiais de justiça, que tinha que lhes ser assegurada, uma vez que a haviam adquirido no processo de selecção a que se submeteram em 1996.

Não existe "in casu" consequentemente qualquer atropelo às regras de aplicação da lei no tempo, nem tão pouco a alegada violação dos princípios constitucionais da segurança jurídica e protecção da confiança.

Na verdade, a prova final consta do aviso publicado no DR. II Série, n.° 31 de 6 de Fevereiro de 2001, portanto em plena vigência do Dec-lei n.° 343/99, na redacção de Dec-lei n.° 175/2000 de 9 de Agosto, aviso esse que, logo no seu ponto 2, determina que: "Os candidatos realizarão a prova referida no artigo 30.° do Estatuto dos Funcionários de Justiça, aprovado pelo Dec-lei n.° 343/99 de 26 de Agosto".

Ora, isto implica, necessariamente, a submissão daquela prova à disciplina deste preceito legal, no seu todo, que por definição é coeso e harmónico.

De resto, o ponto 8 do mesmo aviso, para que dúvidas não subsistam quanto ao processo final de avaliação, prescreve de forma inequívoca que:

"a graduação dos candidatos resultará da classificação obtida prova final e em caso de igualdade, pela maior idade", ou seja, nos termos do n.° 4, que por sua vez, sempre na sequência do n.° 3 daquele preceito, manda excluir do processo de admissão aqueles que obtiveram classificação inferior a 9,5. O que é o caso da recorrente.

4. Note-se, que a lista dos candidatos admitidos à prova final, que consta do próprio aviso, não contém qualquer informação sobre as classificações obtidas pelos concorrentes no processo de selecção a que haviam sido submetidos. Procedimento este, em perfeita sintonia com o disposto no n.° 4 do artigo 29.° do Dec-lei n.° 343/99 que apenas considera os estagiários, aptos e não aptos.

5. O que não aconteceria, de acordo com a interpretação que a recorrente dá ao artigo 133.° do Dec-lei n.° 343/99, uma vez que à face da lei anterior, que reclama subsumível ao seu caso, a graduação final dos estagiários, resultava da média simples ou ponderada das classificações obtidas nos testes públicos (agora prova final) e do estágio, o que o n.° 8 do aviso, incontornavelmente, afasta. Aliás, a recorrente não podia deixar de ter tido prévio e pleno conhecimento da legislação a que iria ser submetida a sua prova final, uma vez que ela constava do respectivo aviso, o que parece ter aceitado pacificamente. Efectivamente, embora o aviso em causa, consubstancie, em princípio, um mero acto preparatório e como tal insindicável, poderia ser impugnado, definitivamente desde que assumisse a natureza de acto lesivo dos interesses da recorrente, conforme jurisprudência do S.T.A. de que se cita o douto acórdão de 30.04.97 (processo n.° 039257– 1ª Subsecção). O que poderia sempre suceder, na óptica da interpretação do artigo 133.° do D.L. n.° 343/99 que a recorrente sustenta.

Pelo que se conclui:

a) Ser de aceitar como tempestivo o presente recurso hierárquico, tendo em conta o princípio da Boa-fé que deve nortear a Administração Pública no seu relacionamento com os particulares, e o facto da notificação em causa não haver obedecido ao estabelecido no n.° 1, alínea c) do artigo 68.° do C.P.A.

b) O presente recurso hierárquico deverá, porém ser indeferido, uma vez que o acto ora impugnado é perfeitamente válido e legal, tendo feito correcta interpretação dos preceitos legais que lhe são aplicáveis, designadamente da disposição transitória do artigo 133.° do D.L. n.° 343/99, pelo que não assiste, a menor razão à recorrente."

12– Em 11.2.02 a entidade recorrida profere o seguinte despacho:

"Concordo pelo que indefiro o presente recurso".

III – DIREITO

Refere a recorrente, em primeiro lugar, ter o acórdão recorrido violado o art.º 133.º do DL 343/99, de 26.8. De acordo com o que aí se diz *"É prorrogada até 30 de Setembro de 2003 a validade do processo de selecção de candidatos a que se refere a lista publicada no Diário da República, 2.ª série, de 2 de Setembro de 1996."* Ora, essa lista é aquela a que alude o ponto 2 da matéria de facto, a lista final organizada na sequência do procedimento iniciado com o aviso parcialmente transcrito no ponto 1, em cujo n.º 1 se assinalava que "... por despacho do director-geral dos Serviços Judiciários de 10/4/95, se encontra aberto, pelo prazo de 15 dias contados a partir da data da publicação do presente aviso no DR, **processo de admissão** ao estágio para ingresso nas carreiras do grupo de pessoal oficial de justiça, e em cujo n.º 2.1 se indicava o DL 376/87, de 11.12 (contém o estatuto dos Funcionários de Justiça), e a Portaria n.º 961/89, de 31.10, (Regulamento das acções de recrutamento, **selecção** e **formação** para ingresso e acesso nas carreiras do grupo de pessoal oficial de justiça). Esta Portaria, emitida a coberto do art.º 180.º do Estatuto, previa duas fases no processo de recrutamento dos oficiais de justiça (escriturários judiciais e técnicos de justiça auxiliares), uma referente ao processo de selecção para admissão ao estágio (art.ºs 5.º a 15.º) e outra respeitante a formação (art.ºs 20.º a 35.º, mais especificamente a partir do art.º 29.º, já que os antecedentes são genéricos para o ingresso e o acesso). Cada uma dessas fases inicia-se com a publicação de um aviso no DR. (para o processo de selecção o art.º 7.º, para estágios o art.º 20.º e para os testes públicos que se seguem aos estágios o art.º 33.º). Portanto, há um processo de selecção para ingresso nos estágios que termina com a publicação de uma lista no DR. (**fase de selecção**) e depois, de entre esses, há um outro processo para a admissão ao estágio e, finalmente, um terceiro para a realização de testes públicos (**fase de formação**). E cada um desses avisos, porque integrado em fases distintas e autónomas, estabelece as suas próprias regras e fixa a sua disciplina jurídica.

O que o referido art.º 133.º do novo Estatuto (DL 343//99) veio salvaguardar foi apenas o processo de selecção em que a recorrente estava envolvida, traduzido na lista publicada na II Série do DR. de 2.9.96 (ponto 2 dos factos provados), cuja validade foi prorrogada até 30.9.03. E bem se compreende que assim tenha sido. Não fora esta prorrogação a validade dessa lista teria terminado 4 anos depois, em 2.9.00, por caducidade, nos termos do n.º 5.4 do aviso de abertura desse procedimento, parcialmente transcrito no ponto 1 da matéria de facto. Sem que a recorrente pudesse reagir e, portanto, sem que pudesse invocar qualquer direito positivo seu que obstaculizasse à sua consumação. O art.º 133.º visou, assim, apenas salvar o que iria naturalmente caducar (dessa forma protegendo a posição jurídica da recorrente e dos restantes membros da lista), mas nada mais do que isso. As restantes fases do procedimento de recrutamento iriam prosseguir com naturalidade, respeitando as normas vigentes que lhes fossem aplicáveis e que seriam, evidentemente, as que estivessem em vigor no momento em que os respectivos avisos fossem publicados nos termos legais.

Por isso, o n.º 1 do Aviso n.º 13869/2000, publicado no DR., II Série, n.º 223, de 26 de Setembro de 2000 – que visou anunciar o "concurso de admissão à fase de formação em teoria e prática de Secretarias dos Tribunais, adiante designada por fase de formação (actual designação do estágio para ingresso no quadro de oficiais de justiça)" – se sustentou no "art. 25.º do Estatuto dos Funcionários de Justiça, aprovado pelo Decreto-Lei n.º 343/99, de 26 de Agosto" na redacção dada pelo Decreto-Lei n.º 175/2000, de 9 de Agosto" enquanto o n.º 2, fixou como universo de candidatos "os indivíduos que constam da lista de graduação dos candidatos aprovados nas provas de aptidão, publicada no Diário da República, 2.ª Série, n.º 203, de 2 de Setembro de 1996." (ponto 3 dos factos provados). Por isso, também, o n.º 2 do aviso n.º 2038/2001, publicado no DR. n.º 31, II série, de 6/2/2001, definiu que "Os candidatos realizarão a prova referida no artigo 30.º do Estatuto dos Funcionários de Justiça, aprovado pelo Dec-lei n.º 343/99 de 26 de Agosto ...". (ponto 4).

Em conclusão, quando o aviso referido no ponto 1 da matéria de facto, que se reportava unicamente ao processo de selecção para ingresso no estágio com vista ao ingresso nas carreiras do grupo de pessoal oficial de justiça, indicava o DL 376/87, de 11.12 (estatuto dos Funcionários de Justiça), e a Portaria n.º 961/89, de 31.10, (Regulamento das acções de recrutamento) como sendo os diplomas legais que se lhe aplicavam, estava a fixar a disciplina jurídica dessa fase, e somente dessa fase, no procedimento complexo que visava o recrutamento de oficiais de justiça, não determinando, todavia, a disciplina das fases posteriores. Essa seria a que resultasse dos diplomas legais que vigorassem no momento da publicação dos respectivos avisos no Diário da República, nos termos da lei.

De tudo quando se disse resulta patente não ter sido violada nenhuma das normas do Portaria n.º 961/89, de 31.10. Com efeito, como essa Portaria deixou de vigorar com a revogação parcial (art.ºs 28 a 208) do DL 376/87, de 11.12, operada pelo art.º 2, alínea a), do DL 343/99 e se entendeu que o DL 376/87 não era aplicável à situação dos autos, tal portaria também não tem aplicação.

Finalmente, tal como se decidiu, também não saiu violado nenhum dos princípios constitucionais – segurança e protecção da confiança – referidos pela recorrente. Estando o procedimento delineado nos termos acima expostos, com fases autónomas e independentes, o respeito por esses princípios apenas impunha que em cada uma delas não houvesse mudanças das regras a meio do percurso. Como se viu, na fase de selecção de candidatos, aquela que estava em causa nos autos, tudo se processou com respeito pelas normas para ela previstas, de modo que as situações jurídicas aí constituídas não saíram alteradas não se frustrando a confiança gerada na recorrente.

Não se mostram, assim, violados nenhuns dos preceitos ou princípios jurídicos constantes da alegação da recorrente.

IV – DECISÃO

Nos termos e com os fundamentos expostos, acordam em negar provimento ao recurso, assim se confirmando o acórdão recorrido.

Custas a cargo da recorrente, fixando-se a Taxa de Justiça e a Procuradoria, em, respectivamente, 250 e 125 euros.

Lisboa, 7 de Outubro de 2004.

Rui Botelho (Relator)
Santos Botelho
Cândido de Pinho

Recurso n.º 660/04

RECURSO GRACIOSO. RECURSO HIERÁRQUICO. JÚRI. ÓRGÃO COLEGIAL. PRINCÍPIO DO RECURSO ÚNICO. DEVER DE REMESSA. ARTIGO 34.º DO CPA.

(Acórdão de 3 de Novembro de 2004)

SUMÁRIO:

Enquanto o órgão incompetente para o recurso não cumprir o dever de remessa determinado pelo artigo 34.º, n.º 1, alínea a), do CPA, o interessado pode apresentar o recurso à entidade competente.

ACORDAM EM SUBSECÇÃO, NA SECÇÃO DO CONTENCIOSO ADMINISTRATIVO DO SUPREMO TRIBUNAL ADMINISTRATIVO:

1.
1.1. MARIA ANGELINA DA MOTA NOGUEIRA interpôs, no Tribunal Central Administrativo, recurso do despacho de 12.6.97, do Sr. Secretário de Estado da Administração Educativa, que negou provimento a recurso respeitante a graduação em concurso para celebração de contrato a termo certo de ajudantes de cozinha na Escola C+S de Celorico de Basto.
1.2. Por acórdão de fls. 201/2002 foi rejeitado o recurso, por manifesta ilegalidade.
1.3. Inconformada, a recorrente veio impugnar a sentença, concluindo nas respectivas alegações:
"1 – Não decorre da lei, e nem da fundamentação do acórdão, que o director Geral da Educação não fosse um órgão competente na matéria sobre a qual versava o recurso hierárquico interposto, pelo que não pode por aí ser arrazoada a sua inércia;
2 – Pelo que, lhe incumbia o dever legal de decidir sobre a matéria sobre a qual versava o recurso hierárquico interposto pela recorrente, não podendo a sua inércia ser por esse meio justificada;
3 – No nosso sistema legal, vigora o princípio da competência própria separada, e não reservada ou exclusiva dos Director Geral, tendo a competência exclusiva deste de resultar de atribuição expressa da lei ou aferir-se do regime jurídico dos poderes que lhe forem conferidos;
4 – Como já decidiu o Tribunal Central Administrativo no seu Ac. 4268 da 2ª Sec. C.A. não sendo recorríveis, directamente, os actos praticados pelos Directores Regionais de Educação, uma vez que, tratando-se de órgãos com autonomia administrativa limitada a autorização de despesas e seu pagamento, dos demais actos cabe recurso hierárquico necessário, para se obter a recorribilidade dos mesmos, nos termos gerais;
5 – A unicidade do recurso hierárquico, aludido no Acórdão e que motivou a absolvição formal do Secretário de Estado recorrido, constitui uma interpretação que impede a concretização do Princípio da Tutela Jurisdicional Efectiva prevista, essa sim, no art.º 268.º n.º 4 da Constituição;
6 – Não podendo prevalecer uma interpretação da lei – que não resulta expressamente da própria lei – que implica a derrogação da Lei Matricial do Estado;
7 – Pelo que, os Senhores Desembargadores, deveriam ter-se pronunciado no seu douto Acórdão sobre a questão material invocada e controvertida, o que não fizeram;
8 – Assim, o douto Acórdão recorrido violou, para além de outros, os art.º 9.º e 169.º do CPA, bem como o art.º 268.º n.º 4 da CRP.
Termos em que deverá o douto acórdão ser revogado e substituído por outro que anule o despacho recorrido".
1.4. A autoridade recorrida não alegou.
1.5. O EMMP emitiu parecer no sentido da improcedência do recurso.
Colhidos os vistos, cumpre apreciar e decidir.

2.
2.1. O aresto impugnado deu como assente a seguinte matéria, no que não vem contrariado:
"a) A recorrente concorreu ao concurso de ajudantes de cozinha realizado na Escola C+S de Celorico de Basto, para contratação a termo certo de duas ajudantes de cozinha;
b) Tendo sido inicialmente classificada em segundo lugar na lista de classificação;
c) Todavia, após reclamação apresentada pela concorrente Maria do Sameiro da Silva Matos, esta foi colocada em 2º lugar, passando a recorrente Maria Angelina para o terceiro lugar;
d) Os critérios adoptados pelo júri para a selecção foram os constantes da circular 36/92/DGAE, de 9.11.92, nos quais prevalece a qualificação e experiência profissional;
e) Da decisão final do grupo seleccionador, a recorrente interpôs recurso hierárquico necessário para o Sr. Director Regional da Educação do Norte;
f) E, invocando indeferimento tácito daquela entidade, interpôs novo recurso hierárquico necessário, desta vez para o Sr. Ministro da Educação;
g) Recurso esse a que foi negado provimento por despacho de 12.06.97, do Sr. Secretário de Estado da Administração Educativa;
h) Do qual, finalmente, a recorrente interpôs o presente recurso contencioso".
2.2.1. Está em discussão a bondade da rejeição do recurso contencioso.
É de todo o interesse, para a melhor compreensão do presente aresto, transcrever a fundamentação de direito e a decisão do acórdão impugnado:
"3. Direito Aplicável
No caso vertente, e como nota a Digna Magistrada do Ministério Público, verifica-se, antes de mais, que houve dois recursos hierárquicos necessários: o primeiro da decisão do grupo seleccionador do concurso para o Sr. Director Regional de Educação, e o segundo do presumido indeferimento tácito desta entidade para o membro do Governo competente.
Ora, como dispõe o n.º 2 do art. 169.º do Código do Procedimento Administrativo, o recurso hierárquico necessário é dirigido ao mais elevado superior hierárquico do autor do acto, salvo se a competência para a decisão se encontrar delegada ou subdelegada.

Trata-se, aliás de uma norma que visou poupar passos ao interessado, evitando uma penosa subida de todos os degraus hierárquicos (cfr. Freitas do Amaral e outros, Código do Procedimento Administrativo Anotado, 4ª edição, p. 291).

Mas o certo é que, como se escreveu no Ac. do S.T.A. de 22.10.1998, Rec. n.ºs 40659, "Nos termos dos arts. 167.º e 169.º do Código do Procedimento Administrativo vigora o regime do recurso hierárquico único, que deve ser dirigido ao mais elevado superior hierárquico, sendo ilegal o recurso dirigido a órgão intermédio (sublinhado nosso) – cfr. no mesmo sentido o Ac. do STA de 18.11.97, Rec. n.º 40383, referido no parecer da Digna Magistrada do Ministério Público.

Em face de tais princípios, conclui-se que, no caso vertente, deveria ter sido interposto recurso hierárquico necessário directamente para o membro do Governo competente, da decisão do grupo seleccionador, uma vez que o Director Regional de Educação não tem competência exclusiva para proferir a última palavra sobre a questão, nem por atribuição legal, nem por delegação de poderes. Nestes termos, sendo ilegal o recurso gracioso dirigido ao órgão intermédio, não tinha este o dever legal de o decidir, não se formando, consequentemente, qualquer acto de indeferimento tácito.

E, assim sendo, o recurso hierárquico do mesmo interposto não tem objecto, sendo ilegal o recurso do acto do Sr. Secretário de Estado que o apreciou e decidiu, por violação do n.º 2 do art. 169.º do Código do Procedimento Administrativo".

Em face do exposto, acordam em rejeitar o presente recurso contencioso, por manifesta ilegalidade da sua interposição (art. 57.º par. 4.º do Regulamento do Supremo Tribunal Administrativo)".

2.2.2. Iniciemos o debate com uma primeira nota.

Verifica-se que o Acórdão gira em torno do recurso hierárquico, sujeito ao princípio do recurso único. E, no mais saliente para o julgamento que profere, afirma que não tinha objecto o recurso dirigido ao membro do Governo.

Todavia, o objecto do recurso contencioso não é o objecto do recurso hierárquico.

O objecto dos autos é a decisão do membro do Governo naquele recurso gracioso que o tribunal *a quo* diz que não tinha objecto.

É a decisão do membro do Governo que vem atacada contenciosamente, é face a ela que se há-de decidir da legalidade da interposição do recurso.

Ora, a decisão contenciosamente recorrida negou provimento a determinado requerimento. Que esse requerimento não tinha objecto diz o tribunal *a quo*, mas o certo que é sobre ele incidiu decisão administrativa, e de mérito; ademais, decisão contrária à pretensão manifestada, por isso, com aparência de lesiva, com aparência de recorrível.

O aresto manteve-se na fase anterior à decisão contenciosamente impugnada.

Disse que era ilegal o recurso hierárquico, por violação do artigo 169.º, n.º 2, do CPA, mas não chegou a dizer, explicitamente, a razão da ilegalidade do recurso contencioso do acto que apreciou esse ilegal recurso hierárquico.

Por isso, não ficou claramente especificado o fundamento para o julgamento de manifesta ilegalidade da interposição do recurso contencioso.

2.2.3. O presente recurso jurisdicional é apreciado no quadro das limitações decorrentes daquela insuficiência de especificação, e no quadro das conclusões do presente recurso jurisdicional e dos elementos de facto fornecidos pelo processo administrativo apenso.

Neste contexto, admite-se como certa a afirmação de que da decisão de graduação no concurso havia recurso necessário para o membro do Governo.

Mas esclareça-se que não se pode tratar de o membro do Governo ser o mais elevado superior hierárquico do autor do acto primário, que vem considerado ser o grupo seleccionador do concurso. É que, "os júris dos concursos são órgãos colegiais ad hoc e extraordinários da Administração que exercem funções extraordinárias e transitórias, e que não estão inseridos numa cadeia de hierarquia administrativa" (do Ac. do pleno de 15.11.2001, rec. 41151, *Apêndice Diário da República*, de 16.4.2003, pág. 1103). Do que se trata é, apenas, de aceitar que era aquele a entidade para quem se devia interpor o recurso.

Não revelam os autos que a interessada haja sido informada do órgão competente para a impugnação do acto, ou seja, que tenha sido dado cumprimento ao disposto no artigo 68.º, n.º 1, alínea *c)*, do CPA.

A interessada apresentou recurso da sua graduação dirigido ao Director Regional da Educação do Norte.

Aquele erro no endereço do recurso haverá de ser considerado desculpável, não se podendo exigir a uma candidata a ajudante de cozinha que saiba qual a entidade exactamente competente para o recurso, se em nenhum documento do concurso em causa (pelo menos dos constantes dos autos) esse elemento é revelado.

Nos termos do artigo 34.º, n.º 1, alínea *a*), do CPA, o recurso deveria ter sido remetido oficiosamente ao membro do Governo.

Não foi, mas devia ter sido remetido, e incumbia, então, ao membro do Governo decidir.

É isto o que resulta, directamente, do artigo 34.º, n.º 1, do CPA.

O Director Regional da Educação do Norte não procedeu à remessa, e manteve o silêncio. E, no silêncio, a interessada apresentou um outro requerimento, agora dirigido ao membro do Governo, requerimento que apelidou de recurso hierárquico necessário do indeferimento tácito.

Ora, nesse recurso, a interessada, para além das referências ao silêncio do DREN (artigos 1.º a 5.º), repete, sem tirar nem pôr, o texto do requerimento (recurso) que dirigira ao Director Regional.

Ou seja, na substância, o seu apelidado requerimento de recurso hierárquico do indeferimento tácito não cumpre senão a actividade de remessa do seu primeiro recurso, remessa que deveria ter sido realizada pelo DREN.

O membro do Governo veio a decidir este recurso, de mérito, como deveria ter decidido de mérito perante o requerimento dirigido ao DREN, se ele lhe tivesse sido remetido oficiosamente.

Não há, afinal, dois recursos, nem duas decisões.

Há um único recurso e uma única decisão, um recurso da graduação, e uma única decisão de não provimento, da autoria do membro do Governo.

É assim que deve ser visto.

Outro modo de entender colocar-nos-ia em completa oposição com o que se dispõe no artigo 34.º, n.º 1 e n.º 2, do CPA.

Com efeito, nos casos de o recurso ser dirigido a órgão incompetente, sendo competente órgão pertencente a outro ministério ou a outra pessoa colectiva, o requerimento é devolvido ao autor acompanhado da indicação da entidade competente e começando a correr prazo novo prazo para o recurso; o que significa que, enquanto a entidade incompetente não proceder àquela devolução, o interessado está em tempo para o recurso adequado (n.º 1, alínea b) e n.º 2).

Pois bem, quando o erro de endereço ocorre no seio do mesmo ministério, se for cumprida a regra da alínea a) do n.º 1 tudo se passa como se o recurso haja sido enviado, ab initio, *à entidade competente*. Mas se não for cumprido o dever de remessa, e enquanto não for cumprido, o menos que se pode dizer é que não está a correr qualquer prazo para o recurso adequado.

Nestas condições, o relevante é que venha a chegar à entidade competente a manifestação da pretensão em causa, mesmo que por uma via diversa da que a lei entendeu impor à Administração para facilitação dos interessados [neste sentido, o parecer do Conselho Consultivo da PGR, n.º 17/95, de 8 de Junho, em particular o que respeita às suas conclusões 5ª e 6ª (em http://www.dgsi.pt.pgrp).

E essa pretensão não muda de natureza ainda que venha formalmente atacado um indeferimento tácito, quando, materialmente, a discordância é manifestada sobre a decisão primária e seus fundamentos.

2.2.4. Note-se, finalmente.

Em primeiro lugar, a situação dos autos é diversa de um tipo de situações que se tem posto à consideração deste Tribunal e em que também tem estado em discussão a aplicação do artigo 34.º do CPA. Referimo-nos ao caso de recurso contencioso interposto de alegado indeferimento tácito de entidade que se reconhece não ser competente para o recurso gracioso em causa. Embora essa entidade não haja cumprido o dever de remessa determinado pelo artigo 34.º, n.º 1, alínea a), do CPA, tem-se entendido que o incumprimento de tal dever não a transforma de órgão incompetente em competente, ficando, desse modo, prejudicada a faculdade de presumir o indeferimento da pretensão manifestada, pelo que o respectivo recurso contencioso carece de objecto (por exemplo, o citado Ac. do pleno de 15.11.2001, rec. 41151; no mesmo sentido, o citado parecer do CCPGR, n.º 17/95, de 8 de Junho). Diferente, portanto, do caso dos autos, em que não só a entidade que está demandada no processo é a entidade que o tribunal *a quo* declara ser a competente para a decisão do recurso gracioso, como houve decisão expressa, de mérito, sendo a decisão o acto contenciosamente recorrido;

Em segundo lugar, a solução a que se chega, e pelo menos no que respeita à existência de objecto do recurso contencioso, será a mesma, ainda que se venha a concluir que, afinal, a entidade competente para o recurso gracioso era o Director Regional e não o membro do Governo. Nessa circunstância, não tendo o Director Regional proferido decisão, e vindo ela a ser proferida pelo membro do Governo, é esta que fica a produzir efeitos jurídicos na situação individual e concreta, não tendo qualquer relevo o silêncio do Director Regional, que se configurava como mera presunção de indeferimento para facultar o exercício do meio legal de impugnação.

3. Pelo exposto, não estando revelada a manifesta ilegalidade da interposição do recurso contencioso, nos termos aqui analisados, concede-se provimento ao presente recurso jurisdicional, revoga-se o acórdão impugnado e ordena-se a baixa para prosseguimento dos autos.

Sem custas.

Lisboa, 3 de Novembro de 2004.

Alberto Augusto Oliveira (Relator)
Políbio Henriques
Rosendo José

Recurso n.º 732-04

RESPONSABILIDADE CIVIL EXTRACONTRATUAL. CAUSALIDADE ADEQUADA. CULPADO LESADO. DANOS MORAIS (DECEPAÇÃO DE UM DEDO).

(Acórdão de 03 de Novembro de 2004)

SUMÁRIO:

I – **Nas situações de risco permitido as condições naturalisticamente condicionantes de um evento, apenas são causa adequada do mesmo quando o agente violar o dever de cuidado que sobre ele impende de evitar a produção dos resultados típicos. Há violação desse dever de cuidado quando o agente aumentar o risco de verificação do dano.**

II – **O IEP ao deixar um rail de protecção com a ponta em forma de cunha, em vez de terminar como os outros existentes no local "com uma chapa espalmada encurvada para trás" aumentou o risco da produção de algumas consequências danosas, emergentes de acidentes de viação no local, designadamente, dos danos causados directamente por essa ponta em forma de cunha (decepação do dedo indicador esquerdo do condutor de veículo que se despistou no local).**

III – **O despiste da autora não pode ser considerado causa adequada dos danos que só surgiram dadas as particulares circunstâncias do referido rail (decepação do dedo), pelo que não há, neste caso "culpa do lesado" nos termos e para os efeitos do art. 570.º do C.Civil.**

ACORDAM NA 1ª SECÇÃO DO SUPREMO TRIBUNAL ADMINISTRATIVO:

1. RELATÓRIO

IEP – INSTITUTO DE ESTRADAS DE PORTUGAL recorreu para este Supremo Tribunal da sentença proferida no TAC de Coimbra que, na acção ordinária para efectivação da responsabilidade civil extracontratual, o condenou a pagar a DONZÍLIA RAMALHO DOS SAN-

TOS CANÃO, a quantia de 5.500.000$00 a título de danos não patrimoniais.

Formulou as seguintes conclusões:

a) nenhum nexo de causalidade existe entre o facto de ter sido retirado um rail de protecção da zona da estrada, e a saída de uma viatura automóvel da faixa de rodagem que lhe foi embater;

b) e mesmo que nenhum rail de protecção faltasse, a viatura poderia embater nos rails e voltar para a estrada, e despistado colidir com viaturas que circulassem em sentido contrário, sendo nesse caso, os danos também maiores;

c) o condutor do veículo deve circular dentro da faixa de rodagem e em princípio pela direita (art.ºs 13.º e seguintes do Código da Estrada) e bem assim deve regular a velocidade de modo a fazer para o veículo no espaço livre e visível à sua frente (art. 24.º do C.E.) disposições que se mostram violadas, e por isso, o acidente é da única e exclusiva culpa da autora;

d) existindo culpa do lesado, como há, mal se compreende que o IEP continuasse a ter de suportar uma presunção tão gravosa, como a estatuída pelo art. 487.º, 1 do C.Civil, sendo tal caso de excluir a sua responsabilidade, até por força do disposto no art. 570.º, 2 do C.Civil, disposições estas que a sentença viola;

e) igualmente a sentença é nula, na medida em que havendo culpa do lesado, a decisão este em oposição com os seus fundamentos (art. 6698.º, 1 c) do C.P.C.) incorrendo em erro de julgamento por errónea avaliação e integração dos factos perante o disposto nos artigos 13.º e seguintes e 24.º do C.Estrada;

f) a condenação em 5.500.000$00 em danos morais, atenta a culpa do lesado e a natureza do acidente não merece a tutela do direito, e é de montante exagerado – art. 496.º do C.Civil.

Nas contra alegações a recorrida defendeu a manutenção da sentença.

Neste Supremo Tribunal o Ex.mo Procurador-Geral Adjunto emitiu parecer no sentido de ser concedido provimento ao recurso, por entender que não há nexo de causalidade adequada ente o facto imputado ao réu e os danos sofridos pela autora e ainda que o montante da indemnização é excessivo.

Colhidos os vistos legais, foi o processo submetido à conferência.

2. FUNDAMENTAÇÃO
2.1. Matéria de facto

A sentença recorrida deu como assentes os seguintes factos:

a) No dia 7-2-98, cerca das 9 horas, a autora deslocava-se no seu veículo ligeiro de matrícula 37-47-GR, na Estrada Nacional n.º 109, entre Aveiro e Figueira da Foz;

b) quando circulava ao Km 103,5 no lugar de Loureiros a autora perdeu o controle do veículo, que fez um "pião", ficando virado em sentido oposto ao da marcha;

c) e foi embater com o lado esquerdo na extremidade do rail de protecção do lado direito da estrada considerando o sentido Figueira – Aveiro.

d) o rail perfurou a parte superior da chapa do veículo, entrando junto ao bordo inferior da janela lateral esquerda e enfiando-se no tablier do carro;

e) e ao raspar o volante, a ponta afiada do rail decepou pela base o dedo indicador da mão esquerda da autora;

f) a ponta do rail terminava em cunha viva.

g) o rail devia terminar com uma chapa espalmada encurvada para trás, tal como acontecia com outros existentes perto do local, que amorteceria o choque;

h) a intervenção cirúrgica de reimplantação do dedo da autora fracassou;

j) a autora teve de permanecer no Hospital de Aveiro entre 8/2 a 23/2 para consolidação da lesão;

l) após essa consolidação foi ainda necessária uma operação de implante de pele e eliminação de cicatrizes que foi efectuada na clínica de Santa Filomena;

m) o decepamento do dedo causou à autora dores lancinantes e as operações provocaram-lhe dores intensas e mal – estar físico e psíquico;

n) em três intervenções efectuadas foi submetida a anestesia geral;

p) a mão ficou extremamente feia, quer pelo coto, quer pelo aspecto da pele;

q) a autora sofre grande desgosto com o estado da mão, nomeadamente por ser professora de matemática do ensino básico, sendo a mão um instrumento de trabalho que está à vista dos alunos;

r) a autora evita o contacto social, por forma a evitar mostrar a mão, que sente como uma coisa repelente;

s) tem um complexo de inferioridade que afecta a sua alegria de viver e passou a ser uma pessoa tímida e triste.

2.2. Matéria de direito

O recorrente imputa à sentença a (i) nulidade prevista no art. 668.º, 1, c) do C.P.Civil, por haver oposição entre a decisão e os seus fundamentos; ii) erro de julgamento quanto ao nexo de causalidade entre o facto que lhe é imputado e o dano; iii) por não ter sido considerada a culpa do lesado; iv) e por ser excessivo o montante da condenação.

Vejamos as questões por esta ordem.

i) Nulidade da sentença

O recorrente entende que há nulidade da sentença, decorrente da oposição entre os fundamentos e a decisão. Tal oposição, em seu entender, ocorre porque a sentença não considerou a culpa do lesado, tal não foi tomado em consideração (conclusão e)).

Este vício da sentença dá-se quando a fundamentação acolhida levaria logicamente a uma decisão diversa da que foi tomada – art. 668.º, 1, c) do C.P.Civil. Trata-se de um vício na estrutura lógico-formal da decisão, que ocorre quando as premissas (fundamentos de facto e de direito) implicam uma conclusão (decisão) diversa. Como se explicita no Acórdão deste STA de 21-2-2002 (recurso 34852) "*a causa de nulidade de sentença prevista na al. c) do n.º 1 do art. 668.º do C. P. Civil reside na oposição entre a decisão e os seus próprios fundamentos, e não entre aquela e a argumentação do recorrente, exterior à decisão*".

No presente caso, a sentença recorrida considerou que se verificavam todos os pressupostos da responsabilidade civil extracontratual e por isso condenou o réu na obrigação de indemnizar. Não considerou haver culpa do lesado, e, por isso, não reduziu o montante de tal prestação.

É assim claro que a decisão está em conformidade com os respectivos fundamentos. É verdade que a questão da culpa do lesado poderia ter tido outra resposta (ou outra análise). Pode haver erro de julgamento quanto a este aspecto – questão que também faz parte do

objecto do recurso, e que oportunamente será apreciada – mas não há qualquer oposição entre os fundamentos e a decisão.
Improcede assim a arguida nulidade da sentença.

ii) nexo de causalidade
Entende o recorrente que o facto de ser retirado um rail de protecção de uma zona da estrada não é causa adequada da saída de um automóvel da sua faixa de rodagem (conclusão a). É verdade que é assim. Mas a questão do nexo de causalidade não se coloca assim.

A questão do nexo de causalidade coloca-se entre o *facto imputável ao réu*, no caso, a existência de um rail de protecção que terminava em cunha viva – al. *f)* da matéria de facto) em vez de terminar como os outros existentes perto do local "com uma chapa espalmada encurvada para trás" – al. g da matéria de facto, *e o dano* – na sequência de despiste, o carro conduzido pela autora embateu no aludido rail, cuja ponta afiada lhe decepou o dedo da mão – alíneas *c)* e *d)* da matéria de facto.

Se suprimirmos a existência do rail com uma ponta terminando em cunha, não se daria a decepção do dedo da autora. Tanto basta para considerarmos que o rail, tal como a ré o tinha colocado, ou permitido que fosse colocado, é também uma das condições *naturalísticas* do aludido dano.

Mas, será uma condição em termos de causalidade adequada? Ou, utilizando as expressões do Ex.mo Sr. Procurador-Geral Adjunto, neste Supremo Tribunal, será que o resultado aconteceu fruto de *"circunstâncias extraordinárias, designadamente o despiste do automóvel da recorrida"*?

Para a causalidade adequada, não são relevantes todas as condições, mas só aquelas que, segundo as máximas da experiência comum e a normalidade do acontecer – e portanto segundo o que é em geral previsível – são idóneas para produzir o resultado. Consequências imprevisíveis, anómalas ou de verificação rara serão juridicamente irrelevantes. A esta luz, o facto imputável ao réu (o rail com a ponta em forma de cunha) só teria causado o dano devido a circunstâncias extraordinárias, designadamente o despiste do automóvel.

Julgamos, porém que não é assim.

Como refere FIGUEIREDO DIAS (ob. cit. pag. 157 e 158) "*as dificuldades da adequação sobem de ponto, porém, nas hipóteses do chamado risco permitido, isto é, daquelas condutas que, embora em si perigosas e portanto adequadas a produzir certos resultados, não podem ser – nem são proibidas – quando até mesmo são impostas*". Nestes casos, adianta o mesmo autor, só deve imputar-se objectivamente o evento à conduta do agente quando este *"violar o dever objectivo de cuidado, que sobre ele impende de evitar a produção de resultados típicos"* (pág. 158/159). Uma das situações em que há violação desse dever objectivo de cuidado dá-se precisamente quando o agente aumenta o risco permitido, ou seja quando *ultrapasse o limite do risco permitido e faça aumentar as probabilidades de certo evento* (TERESA BELEZA, Direito Penal, 2.º Vol. Tomo I, pág. 271). Também ANTUNES VARELA ao referir-se às situações em que, no processo causal se intromete uma acção de terceiro, defende que só é afastada a causalidade adequada, ou seja, a intromissão do terceiro no processo causal é completamente indiferente quando "*não aumentou*

nem alterou essencialmente o risco da verificação do dano" – ob. cit. pág. 753.

O nosso caso, que se inclui claramente no âmbito de uma actividade perigosa, onde é aceite e permitido algum risco (a circulação rodoviária), visto a esta luz, coloca a questão de saber se o réu, ao deixar um rail com a ponta em forma de cunha, está a violar o dever objectivo de cuidado na colocação dos rails, tendo em vista a sua utilidade e função, e se com tal conduta aumentou ou alterou essencialmente o risco da verificação do dano.

A resposta parece ser intuitivamente afirmativa.

Deixar um rail com a ponta em cunha, à beira de uma estrada, é, precisamente transformar um meio de protecção de eventuais despistes, num meio adicional de risco. A violação do dever objectivo de cuidado, que se dá através do aumento das probabilidades da ocorrência do evento faz, neste caso a ligação objectiva da omissão do réu ao dano sofrido pela autora. Assim julgamos que existe adequação da conduta do réu em deixar o rail, nos referidos termos, e o "decepar do dedo" da autora.

Portanto, nesta parte improcede o recurso.

iii) culpa do lesado
Diz o recorrente que, no presente caso houve culpa do lesado. De tal forma até que deve ser excluída a sua responsabilidade, nos termos do art. 570.º, 2 do C.Civil.

A sentença recorrida entendeu que não se provou que a autora circulasse a uma velocidade superior a 50 km/hora, sabendo-se apenas que perdeu o controle do veículo. Dessa forma afastou a culpa da autora. Deste modo, e por não se ter ilidido a presunção de culpa do réu (art. 493.º do C.Civil), ficou assente apenas a culpa deste.

Nos termos do art. 570.º do Código Civil pode vir a ser reduzida, ou mesmo excluída a indemnização, quando "um facto culposo" do lesado tenha concorrido para a produção, ou agravamento do dano. No caso dos autos, não estão em causa os danos sofridos no veículo da autora, mas apenas os danos traduzidos na decepação do dedo da autora. É, portanto, apenas relativamente a este dano que se coloca a questão da culpa da autora, na sua concretização.

Para haver culpa não se exige que o réu tenha previsto o evento (a *previsão* do evento coloca o agente nos domínios do dolo, ou na negligencia consciente). O que se exige é que o agente, *pudesse* e *devesse prever o resultado*, ou como se diz no art. 15.º do C.Penal haverá negligência inconsciente, quando o agente, "por não proceder com o cuidado a que segundo as circunstâncias, está obrigado e de que é capaz", não previu o evento. "*O limite inferior, o mínimo necessário, é, pois a previsibilidade do resultado. Esta é a linha de fronteira, além da qual começa o império do caso fortuito*" – cfr. SIMAS SANTOS E LEAL HENRIQUES, Código Penal Anotado, Vol. I, pág. 194. Existe *previsibilidade* quando o agente nas circunstâncias em que se encontrava podia, segundo a experiência geral, ter representado como possível as consequências da sua acção ou omissão – FIGUEIREDO DIAS, Pressupostos da Punição, pág. 7. Sobre a exigência da previsibilidade como pressuposto da imputação a título de culpa, cfr. o Acórdão deste STA de 12-12-2002, recurso 46687, e as referências doutrinárias citadas.

No presente caso provou-se que a autora perdeu o controle do veículo onde seguia, que fez um pião, ficou virada em sentido oposto ao da marcha e foi embater com o lado esquerdo na extremidade do rail de protecção situado do lado direito da estrada (*alíneas b) e c) da matéria de facto*). O rail perfurou a parte superior da chapa do veículo, entrando junto ao bordo inferior lateral da janela esquerda e enfiando-se no tablier do carro (*al. d) da matéria de facto*). E ao raspar o volante, a ponta afiada do rail decepou pela base o dedo indicador da mão esquerda da autora (*alínea e) da matéria de facto*).

Estes factos, embora sem um total esclarecimento das causas do despiste, permitem imputar o acidente à conduta da autora. Não permitem, todavia, imputar-lhe as consequências que só surgiram por o rail de protecção ter, naquele local, uma ponta em forma de cunha. As consequências que esta circunstância provocou não se inserem no processo causal normal de um despiste numa estrada protegida com rails, não sendo assim previsíveis. Em bom rigor, nem sequer há, neste caso, um nexo de causalidade adequada entre a conduta da autora e a decepação do dedo, uma vez que tal decepação só se deu devido à interferência de uma circunstância extraordinária e anómala – imputável a um terceiro. Sem nexo de causalidade adequada, também não há, por razões óbvias, culpa: o que faz da condição do dano uma causa adequada é a previsibilidade, em termos objectivos, do evento (aqui da decepação do dedo). A falta de previsibilidade normal que afasta o nexo de causalidade, por maioria de razão, afasta a culpa.

Nem se argumente com o despiste da autora, isto é, alegando que se a autora não se despistasse, não teria ocorrido o referido dano. Isto é verdade, mas não é suficiente. Ou seja transforma o despiste numa condição do dano, mas não numa causa adequada. É que a colocação dos rails na berma da estrada tem como finalidade a protecção dos condutores em caso de despiste (amortecer o choque), e se o mesmo rail não terminasse em "cunha viva", as consequências do despiste não seriam aquelas que *essa ponta em "cunha viva" provocou no dedo da autora*. O despiste da autora não pode, assim, ser considerado causa de um dano que só surgiu porque a protecção contra despistes, por motivo imputável ao réu, funcionou não como amortecimento, mas como factor de agravamento das respectivas consequências danosas.

Temos, neste caso, dois processos causais autónomos: um cujo facto determinante é o despiste do veículo; outro cujo facto determinante é a colocação de um rail de protecção com a ponta terminando em cunha. Estes factos nem sequer estão, entre si, numa relação de *causalidade cumulativa*, ou *hipotética (interrompida)*, uma vez que o primeiro facto não foi causa real, nem virtual do efeito final verificado. Apenas o segundo facto foi causa efectiva do efeito (decepação do dedo) – cfr. sobre a distinção e outros exemplos, Pereira Coelho, o Problema da Causa Virtual na Responsabilidade Civil, Coimbra, pág. 13, nota 13.

Estando, assim, provado, e devidamente individualizado, o agravamento do dano (decepação do dedo) resultante exclusivamente do facto imputável ao réu, impõe-se afastar essa imputação ao despiste do veículo da autora.

Deste modo, julgamos que a conduta da autora não pode subsumir-se "num facto culposo" que tenha concorrido para a produção ou agravamento do dano.

Improcede, assim, também nesta parte o recurso do réu.

iv) Montante da indemnização

A sentença fixou os danos não patrimoniais em Esc. 5.000.000$00, que actualizou na data da sentença em mais Esc. 500.00$00.

O réu limita-se a por em causa o montante da indemnização, sem aduzir qualquer argumento. O M.P. defende que o montante é excessivo, também sem qualquer específica argumentação.

Os danos não patrimoniais são fixados equitativamente tendo em atenção as circunstâncias do art. 494.º do C.Civil, isto é, ao grau da culpa, situação económica do agente e do lesado e demais circunstâncias do caso (art. 494.º e 496.º do C.Civil).

A autora, de acordo com a matéria provada, sofreu dores físicas decorrentes de três intervenções cirúrgicas e sofre, desde o acidente, um complexo de inferioridade que afecta a sua alegria de viver sem o dedo indicador da sua mão esquerda. Sofre também grande desgosto com o estado da mão, nomeadamente por ser professora de matemática do ensino básico, sendo a mão um instrumento de trabalho que está à vista dos alunos – *alíneas n) a s) da matéria de facto*.

Tendo em atenção a dor física com as intervenção cirúrgicas, o sofrimento pelo dano estético são danos morais muito relevantes e o critério legal com referência à equidade, julgamos que a quantia arbitrada na 1ª instância se mostra adequada.

Improcedem assim todas as conclusões do recurso.

3. DECISÃO

Face ao exposto, os juízes da 1ª Secção do Supremo Tribunal Administrativo acordam em negar provimento ao recurso.

Sem custas.

Lisboa, 3 de Novembro de 2004.

São Pedro (Relator)
Fernanda Xavier
Alberto Augusto Oliveira

Recurso n.º 1603/03

RESPONSABILIDADE CIVIL EXTRACONTRATUAL. SINALIZAÇÃO DA VIA PÚBLICA.

(Acórdão de 19 de Outubro de 2004)

SUMÁRIO:

I – **Compete às câmaras municipais o encargo de sinalização temporária de trabalhos, obras e obstáculos existentes nas estradas, ruas e caminhos municipais, tendo em vista prevenir os utentes do perigo que representam.**

II – **Esse dever não é afastado pelo facto de se tratar de um poste pertencente a terceiro, que ficou localizado em plena faixa de rodagem,** em virtude de obras adjudicadas pela Câmara, em regime de empreitada pública.

III – E não cessa nem se suspende durante a execução dessas obras, mesmo que exista cláusula no caderno de encargos a atribuir ao empreiteiro, a responsabilidade pela sinalização provisória.

IV – É que a responsabilidade do empreiteiro é meramente contratual e perante a Câmara, pelo que não exclui a responsabilidade desta perante terceiros, pelo incumprimento da sinalização, como acto de gestão pública, a que está obrigada nos termos da lei, sem prejuízo de eventual direito de regresso contra o empreiteiro.

ACORDAM, EM CONFERÊNCIA, OS JUÍZES DA SECÇÃO DE CONTENCIOSO ADMINISTRATIVO DO SUPREMO TRIBUNAL ADMINISTRATIVO:

I – RELATÓRIO

A CÂMARA MUNICIPAL DA MARINHA GRANDE interpôs a fls.122, recurso do despacho saneador e a fls.158, recurso da sentença do Mmo. Juiz do Tribunal Administrativo de Círculo de Coimbra, que julgou procedente, por provada, a presente *acção declarativa ordinária para efectivação da responsabilidade civil extracontratual por facto ilícito*, que JORGE MIGUEL PEREIRA LOPES, com os sinais dos autos, propôs contra a ora recorrente e condenou esta a pagar ao Autor a quantia de € 1.282,86, acrescida de juros de mora, à taxa legal, desde a citação até pagamento.

Quanto ao *recurso do despacho saneador*, admitido por despacho de fls. 118, a recorrente não alegou, já que as alegações juntas a fls.106 e segs. têm apenas por objecto a sentença proferida a fls.142 e segs., pelo que se verifica a deserção desse recurso, atento o disposto no art.º 690.º, n.º 3 do CPC, o que se decidirá a final.

Quanto ao recurso da sentença, a recorrente termina as suas alegações, formulando as seguintes CONCLUSÕES:

1.ª O poste que esteve na origem do alegado acidente não é propriedade da ora recorrente, a qual solicitou reiteradamente aos proprietários a sua remoção daquele local, pelo que a existência no local do referido poste não pode ser imputada à ora recorrente, uma vez que não tinha legalmente poderes para retirá-lo dali.

2.ª Nos termos do disposto no 13.8.3 e 13.8.4 do Caderno de Encargos e no art.º 36.º do Decreto Lei n.º 59/99, de 2 de Março, o dever de observância, no local, das regras de sinalização é do empreiteiro, pelo que a culpa, a ser atribuída, só o poderia ser ao empreiteiro e não à ora recorrente.

3.ª A aliás douta sentença recorrida considerou presumida a culpa da ora recorrente, em oposição, com os factos provados nos autos, dos quais resulta que a culpa só poderia ser atribuída ao empreiteiro, pelo que a aliás douta sentença é nula, nos termos do disposto na alínea c) do n.º 1 do art.º 668.º do CPC, aplicável *ex vi* do disposto no art.º 1.º da LPTA.

4.ª A conduta da ora recorrente não é facto ilícito, porquanto resulta do disposto no Caderno de Encargos e no art.º 36.º do DL. n.º 59/99, que não era à ora recorrente que competia zelar pela sinalização correcta do poste, mas sim o empreiteiro, e, finalmente,

5.ª Não se verificou o requisito do nexo de causalidade entre a conduta da ora recorrente e os danos sofridos por Jorge Miguel Pereira Lopes, porquanto resultou dos factos provados que a única causa adequada para os danos sofridos foi a omissão de sinalização correcta por parte do empreiteiro, pelo que os danos sofridos não resultaram, nem poderiam resultar, da conduta da ora recorrente.

***

Não houve contra-alegações.

O Digno Magistrado do MP emitiu o seguinte parecer: «A nosso ver, o recurso jurisdicional não merece provimento.

Conforme se entendeu no acórdão deste STA de 95.02.09, no processo n.º 34825 (citado na sentença), o dever das Câmaras Municipais de sinalização temporária de trabalhos, obras e obstáculos ocasionais, existentes nas estradas, ruas e caminhos municipais, não cessa nem se suspende durante a execução de obras adjudicadas em regime de empreitada pública pelo Município, pelo que este é civilmente responsável pelos danos causados em veículo automóvel de terceiro, pela omissão de tal dever, mesmo que exista cláusula no contrato de adjudicação da obra a atribuir a implementação da sinalização ao adjudicatário.

Assim, como ponderou a sentença recorrida, recaía sobre a ré o dever legal de sinalizar o obstáculo constituído pelo poste colocado na faixa de rodagem, na rotunda onde ocorreu o acidente.

E como também resulta da matéria de facto dada como provada, o acidente ficou a dever-se a essa falta de sinalização.»

***

Colhidos os vistos legais, cabe decidir.

II – OS FACTOS

A decisão recorrida considerou provados os seguintes factos:

1.º Em 2000/04/01, pelas 2h, na faixa de rodagem que circunda a rotunda existente na rua da Ponte, em Picassinos, para a rua dos Fundadores, Marinha Grande, existia um poste localizado na faixa de rodagem, conforme está retratado na fotografia de fls.13.

2.º Este poste não pertence à ré, que sabia que o poste ali se encontrava.

3.º A Câmara Municipal sabia que o poste estava na faixa de rodagem.

4.º Naquele dia, o arruamento estava aberto à circulação, sem restrições.

5.º O local estava em obras por determinação da Câmara Municipal e efectuadas pela chamada "Construções Cunha dos Anjos Lda.".

6.º Nos termos do caderno de encargos, o empreiteiro era responsável por toda a sinalização provisória durante a execução da empreitada, sujeitando-se ao pagamento de multa e a responsabilidade civil em caso de incumprimento.

7.º Em 2000/04/01, pelas 2h, o autor circulava pela rua da Ponte, em Picassinos, para a rua dos Fundadores, Marinha Grande, conduzindo o seu veículo XB-95-08.

8.º Ao chegar à rotunda e quando a estava a contornar o autor embateu no poste referido em A.

9.º A iluminação no local era reduzida e o poste só estava sinalizado com uma cinta plastificada agarrada a ele, conforme consta das fotografias de fls.12 e 13.

10.º Em consequência do embate, o veículo sofreu danos no pára-choques e *capot*, cuja reparação importou em 242.190$00 (1.208,04€).
11.º Para efeitos de ser reparado, o veículo esteve imobilizado 3 dias.
12.º O autor usava o veículo nas deslocações de e para o trabalho e naquele período sofreu um dano diário de 5.000$00 (24,94€).
13.º O autor não viu o poste a tempo de parar ou se desviar.

III – O DIREITO

O Mmo. Juiz *a quo* julgou a acção procedente por considerar verificados, no caso dos autos, todos os requisitos da responsabilidade civil, por facto ilícito, pelo que condenou a Ré Câmara Municipal, ora recorrente, no pedido, ou seja, a pagar ao Autor a quantia de € 1.282,86, acrescida de juros de mora, à taxa legal, desde a citação, pelos danos causados no seu veículo, resultantes de acidente de viação, causado por omissão culposa de adequada sinalização, por parte da Ré, relativamente a um poste existente na faixa de rodagem, quando esta estava já aberta ao trânsito.

A Ré discorda da decisão, considerando que, contrariamente ao decidido, se não verificam os requisitos da responsabilidade extracontratual, e, desde logo, a culpa da Ré, que o tribunal presumiu. É que, diz, face aos factos provados, só o empreiteiro a quem a Ré adjudicou as obras no local, é responsável pelo acidente, de acordo com o disposto no 13.8.3 e 13.8.4 do Caderno de Encargos, que atribuía aquele, no âmbito da referida empreitada, a responsabilidade por toda a sinalização provisória durante a respectiva execução, sujeitando-o, em caso de incumprimento das regras de sinalização, ao pagamento de multa e a responsabilidade civil pelos prejuízos, quer da obra, quer de terceiros. Por outro lado, nos termos do art.º 36.º do DL 59/99, de 02.03, «*1. O empreiteiro é responsável por todas as deficiências e erros relativos à execução dos trabalhos ou à qualidade e forma e dimensões dos materiais aplicados quer nos casos em que sejam diferentes dos aprovados. 2. A responsabilidade do empreiteiro cessa quando os erros e vícios da execução hajam resultado de obediência a ordens ou instruções escritas transmitidas pelo fiscal da obra, ou que tenham obtido a concordância expressa deste, através de inscrição no livro da obra*» e, no caso, não se verificaram tais "*ordens*" ou "*instruções*".

Refere também que, pertencendo o poste a terceiro e tendo a Ré diligenciado pela sua remoção, sem êxito, não é responsável pelo acidente.

Considera ainda que a sentença é nula, por contradição entre a decisão e os seus fundamentos, nos termos da alínea c) do n.º 1 do art.º 668.º do CPC.

Comecemos pela **nulidade da sentença**:

Segundo a recorrente existe oposição entre a decisão e os factos provados, já que destes resultaria provada a ausência de culpa da recorrente, pelo que a decisão acabou por contradizer os seus próprios fundamentos, ao considerar presumida a culpa.

Mas não tem razão.

O Mmo. Juiz, concluiu face aos factos provados e ao enquadramento jurídico que deles fez, que existiu culpa (presumida) da recorrente na produção do acidente e, porque considerou também verificados os restantes requisitos, julgou a acção procedente.

Ou seja, a decisão proferida pelo Mmo. Juiz é a consequência lógica da interpretação e qualificação jurídica dos factos provados, efectuada na sentença.

Se tal interpretação e qualificação dos factos, feita pelo juiz, está certa ou errada, é questão que já se não prende com a estrutura, mas sim com o mérito da decisão, e, portanto, com a existência ou não de erro de julgamento.

Pelo que improcede a nulidade invocada.

***

Quanto ao **erro de julgamento**:

O Mmo. Juiz considerou provados todos os requisitos da responsabilidade civil por factos ilícitos.

A recorrente não concorda com tal decisão, considerando não ser responsável pelo acidente referido nos autos, por duas razões essenciais:

Primeira, porque o poste que esteve na origem do acidente não é sua propriedade, mas da Portugal Telecom e da EDP, a quem, diz, solicitou reiteradamente a sua remoção daquele local, pois não tem legalmente poderes para dali o retirar.

Segunda, porque, no que concerne à alegada violação do dever de cuidado pela inobservância, no local, das regras de sinalização, a responsabilidade também nunca seria sua, mas sim da empreiteira a quem a obra foi por si adjudicada, como resulta, a seu ver, dos pontos 13.8.3 e 13.8.4 do Caderno de Encargos e do art.º 36.º do DL 59/99, de 02.03.

Vejamos:

Quanto à primeira razão invocada pela recorrente, de o poste que originou o acidente não ser sua propriedade e de não ter poderes para o retirar da faixa de rodagem, sendo que diligenciou pela sua remoção, há que dizer que, para além de não estar provado nos autos que a recorrente, antes do acidente, diligenciou pela remoção do poste, certo é que o alegado pela recorrente não afasta a sua culpa pelo acidente, já que, como bem se diz na decisão recorrida, às câmaras municipais incumbe zelar para que o trânsito se faça em segurança e, por isso, incumbia-lhe sinalizar devidamente tal obstáculo, tivesse ele sido criado por si ou por terceiros (cf. art.º 2.º da Lei n.º 2110, de 19.08.1965, art.º 51.º, n.º 4, d) do DL 100/84 de 29.03 e art.º 1.º e 2.º, n.º 1 do Dec. Reg. 33/88, de 12.09), sendo certo que o poste só ficou localizado na faixa de rodagem devido às obras nela efectuadas pela recorrente, pelo que, ainda que não pudesse ordenar a remoção do poste por não ser sua propriedade, sempre teria o dever de o sinalizar devidamente, enquanto o mesmo lá se mantivesse, já que é manifesto, pela sua localização, que aquele poste constituía um obstáculo perigoso à circulação.

Ora, o que resulta da matéria fáctica provada é que o poste estava insuficientemente sinalizado à data em que ocorreu o acidente, já que este teve lugar de noite, às 2h, a iluminação era reduzida no local e o poste apresentava apenas uma cinta plastificada agarrada a ele, na parte inferior, quase junto ao solo, situando-se numa rotunda, em plena faixa de rodagem (cf. fotografias juntas a fls. 12 e 13), pelo que há que concluir que não foi observado o referido dever de sinalização.

Quanto à segunda razão invocada pela recorrente, para excluir a sua responsabilidade, também não procede.

É certo que está provado que as obras levadas a cabo na rotunda onde ocorreu o acidente referido nos autos, foram adjudicadas pela Câmara Municipal, ora recorrente, à empresa "Construções Cunha e Anjos Lda".

Mas, contrariamente ao que pretende a recorrente, não é a empreiteira a responsável perante terceiros, pelos danos causados pela falta de sinalização do dito poste.

Com efeito e como se refere na sentença, é jurisprudência deste STA, que o dever de sinalização temporária de trabalhos, obras e obstáculos ocasionais existentes nas estradas municipais não cessa nem se suspende durante a execução das obras adjudicadas pela Câmara, em regime de empreitada pública, pois a sinalização da via pública é um acto de gestão pública que, compete, nos termos da lei, como vimos, à entidade pública adjudicante e não à entidade particular adjudicatária (cf. Por exemplo, Acs. STA de 09.02.95, Rec. 34 825 e de 18.12.2002, rec. 1683/02).

Isto sem prejuízo da Câmara, nos termos do contrato de empreitada, responsabilizar o empreiteiro pela falta sinalização provisória da obra e obstáculos por ela criados ou dela derivados. Mas a responsabilidade do empreiteiro, nesse campo é meramente contratual e perante a Câmara, pelo que não exclui a responsabilidade desta perante terceiros, pelo incumprimento da sinalização, como acto de gestão pública, a que está obrigada nos termos da lei.

Assim, o facto de nos pontos 13.8.2 e 13.8.4 do Caderno de Encargos quanto à sinalização de obras constar que «*O empreiteiro obriga-se a colocar na estrada, precedendo a execução de qualquer tipo de trabalhos, os sinais e marcas considerados necessários tendo em vista garantir as melhores condições de circulação e segurança rodoviárias durante as obras, em estrita obediência ao Decreto Regulamentar n.º33/88, de 12.09. O dono da obra, por intermédio da fiscalização, verificará o cumprimento rigoroso do estipulado no número anterior de acordo com o projecto aprovado.*» e que, «*Toda a sinalização de carácter temporário, quer da empreitada, quer das obras constituem encargo da responsabilidade do empreiteiro*», apenas significa que o empreiteiro é responsável perante o dono da obra, pelo incumprimento da sinalização devida, sujeitando-se a multas e respondendo perante este, pelos prejuízos causados quer à obra quer a terceiros, mas não exclui a responsabilidade do dono da obra perante terceiros prejudicados pelo incumprimento do empreiteiro, sem prejuízo do eventual direito de regresso contra este. É que as obrigações estipuladas no caderno de encargos só podem, naturalmente, vincular as partes contratantes, pelo que, perante terceiros, a responsabilidade decorrente da falta ou insuficiência da sinalização da obra e obstáculos à circulação existentes no local da mesma, é da responsabilidade da entidade com competência na matéria, nos termos da lei e essa entidade é a Câmara Municipal, ora recorrente (cf. citados art.º 1.º e 2.º, n.º 1 do Dec. Reg. 33/88, de 12.09, em conjugação com o art.º 5.º do Código da Estrada). E isto mesmo que exista cláusula no contrato de adjudicação da obra a atribuir a implementação da sinalização ao adjudicatário, já que o princípio da irrenunciabilidade e alienabilidade da competência apenas sofre excepções nos casos de delegação de poderes ou de substituição (cf.citado Ac. STA de 09.02.1995, rec. 34 825). Daí que caiba ao dono da obra fiscalizar o cumprimento, pelo empreiteiro, das obrigações neste campo assumidas, como, aliás, de toda a execução do contrato, sendo, porém, o responsável perante a colectividade, pela segurança da obra e satisfação desta nas melhores condições do interesse público que lhe está subjacente, já que o empreiteiro não é, neste campo, mais do que um seu colaborador.

Finalmente, também não decorre do art.º 36.º do DL 55/99, de 02.03, como pretende a recorrente, que seja o empreiteiro e não a recorrente a responsável pelo acidente dos autos, pois aquele preceito legal apenas se reporta à responsabilidade pela boa execução dos trabalhos da empreitada e à qualidade, forma e dimensões dos materiais aplicáveis, como se vê do respectivo texto já supra transcrito.

O referido dever de sinalização está previsto no Código da Estrada e é da competência da Câmara Municipal, a quem cabe deliberar sobre tudo o que interesse à segurança e comodidade do trânsito, nas ruas e demais lugares públicos e, designadamente, a sinalização de obras e obstáculos ocasionais nas vias municipais (cf. já citados art.º 5.º do C.E., art.º 51.º, n.º 4, d) da Lei 100/84, de 29.03 e art.º 1.º e 2.º, n.º 1, do Decreto Regulamentar 33/88, de 12.09).

A violação de tal dever pela Câmara, tratando-se de acto de gestão pública, sujeita-a à responsabilidade civil extracontratual, por facto ilícito, nos termos dos art.º 2.º e 6.º do DL 48 051, de 21.01.67.

Ora, não restam dúvidas face à matéria fáctica provada e ao anteriormente exposto, que o acidente referido nos autos se deveu a omissão, pela Câmara, ora recorrente, do referido dever de sinalização, omissão que se tem de presumir culposa, nos termos do art.º 483.º do CPC, aqui aplicável, conforme jurisprudência deste STA (cf. Ac. Pleno do STA de 29.04.98 e de 27.04.99, rec. 34463 e 41712 e Ac STA de 30.01.2003, rec. 47471), presunção que se não mostra ilidida.

Pelo que estando também provados os danos sofridos pelo autor, por força desse acidente, provados estão todos os requisitos de responsabilidade civil extracontratual da Ré, ora recorrente, ou seja, o facto ilícito e culposo, o dano e o nexo de causalidade entre o facto e o dano.

Assim, e atento o anteriormente exposto, o recurso não pode lograr provimento.

IV – DECISÃO

Termos em que acordam os juízes deste Tribunal:
a) em **julgar deserto o recurso interposto do despacho saneador, por falta de alegações.**
b) em **negar provimento ao recurso interposto da sentença.**

Sem custas, pela recorrente delas estar isenta.
Lisboa, 19 de Outubro de 2004.

**Fernanda Xavier (Relatora)
João Belchior
Alberto Augusto Oliveira**

Recurso n.º 74/04

SERVIDÃO ADMINISTRATIVA. DECLARAÇÃO DE UTILIDADE PÚBLICA. COMPETÊNCIA. DL 34021, DE 11.10.

(Acórdão de 3 de Novembro de 2004)

SUMÁRIO:

I – O Código das Expropriações, aprovado pelo Decreto-Lei n.º 438/91, de 9 de Novembro, revogou tacitamente o Decreto-Lei n.º 34021, de 11 de Outubro, cujo artigo 5.º atribuía ao Governo, pelo Ministro das Obras Públicas e das Comunicações, a competência para a declaração da utilidade pública da servidão administrativa imposta aos terrenos necessários à execução e manutenção de infra-estruturas de saneamento de aglomerados populacionais.

II – Nos termos do artigo 14.º, número um, do Código das Expropriações aprovado pelo Decreto-Lei n.º 168/99, de 18 de Setembro, cujo artigo 3.º expressamente revogou aquele Código das Expropriações de 1991, a competência para a declaração referida em 1. cabe ao ministro a cujo departamento compete a apreciação final do processo.

III – Assim, é nula, por força do artigo 133.º, n.º 2, alínea b) do Código do Procedimento Administrativo, a deliberação do conselho de administração de uma empresa municipal que declara a utilidade pública de uma servidão administrativa para os efeitos indicados em 1.

ACORDAM, NA SECÇÃO DO CONTENCIOSO ADMINISTRATIVO, DO SUPREMO TRIBUNAL ADMINISTRATIVO:

1. O Conselho de Administração de Águas de Gaia, Empresa Municipal, veio recorrer da sentença do Tribunal Administrativo do Circulo do Porto que, concedendo provimento ao recurso contencioso interposto por Alexandre de Faro Barros e mulher Maria Lama Giesteira Machado de Almeida Faro Barros, declarou nulas, por incompetência absoluta, a seguintes deliberações da recorrente:

– a de 12.3.01, que, por impossibilidade de contactar os seus proprietários, por desconhecimento do respectivo nome e residência, declarou, ao abrigo do DL 34021, de 11.10, a utilidade pública de uma parcela de terreno dos ora recorridos, sita no lugar de Ribas, concelho de Vila Nova de Gaia, para efeito da realização, nesse terreno de obras de saneamento; e

– a de 30.4.01, que decidiu dar seguimento a essas obras, sem prejuízo de se manter a proposta de acordo por via do direito privado para a utilização da referida parcela de terreno.

A recorrente apresentou alegação, com as seguintes **conclusões**:

A) Ao conceder provimento ao recurso, a sentença recorrida fez um julgamento incorrecto da realidade normativa subjacente ao caso em apreço.

1) DA LITISPENDÊNCIA

B) Entendeu a sentença recorrida que o pedido formulado pelos ora recorridos em sede de acção cível é um pedido aparente, e não um verdadeiro e autónomo pedido;

C) Neste ponto não assiste razão ao juiz a quo, porquanto o pedido de declaração de nulidade é claramente formulado na réplica, sendo resultado de uma possibilidade que a lei confere às partes processuais, a de ampliar, na réplica, o pedido apresentado na petição inicial;

D) Por conseguinte, não há por parte dos ora recorridos, como parece pretender a sentença a quo, qualquer intenção de relembrar ao tribunal qual a sua competência e possibilidade de intervenção, havendo, ao invés, a formulação de um pedido autónomo e verdadeiro, o qual passou a cumular-se com o pedido formulado na petição inicial;

E) Sendo o pedido formulado na acção de responsabilidade que os ora recorridos movem contra o ora recorrente, repita-se, de declaração de nulidade dos actos administrativos, igual ao pedido formulado no recurso contencioso sub judicio, para além de haver igualmente uma repetição dos sujeitos e da causa de pedir, verifica-se no caso sub judicio a excepção de litispendência a qual determina a absolvição da instância do ora recorrente;

F) Com efeito, verificam-se no caso em análise todos os requisitos que lei faz depender a existência da excepção de litispendência: além da identidade do pedido, a identidade dos sujeitos e também da causa de pedir;

G) Verificando-se a excepção de litispendência, deverá a sentença recorrida ser revogada neste ponto, declarando-se a procedência desta excepção e, em resultado, absolver-se o ora recorrente "da instância;

2) DO VÍCIO DE INCOMPETÊNCIA ABSOLUTA

H) A sentença em crise julgou procedente o vício de incompetência absoluta arguido pelos recorrentes, ora recorridos, declarando nulos os actos praticados pela ora recorrente ao abrigo do disposto no artigo 5.º do DL n.º 34021 de 11 de Outubro de 1944;

I) O entendimento acolhido pelo tribunal a quo resulta de uma visão restrita da lei e da atribuição de competências, porquanto assenta numa desactualizada e desajustada interpretação literal do artigo 5.º do Decreto-Lei n.º 34.021, de 11.10.1944, claramente contrária e desrespeitadora da autonomia local, enquanto valor fundamental digno de tutela constitucional (n.º 1 do artigo 6.º e n.º 2 do artigo 235.º, ambos da CRP).

1) Na verdade, a norma do artigo 5.º do diploma enunciado no artigo anterior insere-se num contexto temporal e normativo totalmente ultrapassado, típico de uma época histórica (relativamente recente) "em que não era reconhecido às autarquias locais um núcleo de atribuições próprias, tal e qual é reconhecido hodiernamente. Esse panorama (legal e constitucionalmente) sofreu importantes mutações, de modo que actualmente, em resultado da consagração constitucional da autonomia local, e como consequência do labor concretizador desse valor constitucional levada a cabo pelo legislador ordinário, é reconhecido em exclusivo aos órgãos municipais atribuições nas matérias de planeamento e gestão

de equipamentos e realização de investimentos nos sistemas municipais de abastecimento de água em baixa (sistemas municipais) e de drenagem e tratamento de águas residuais e urbanas – cfr. al. *a*) e *h*) do n.º 1 do artigo 26.º da Lei n.º 159/99, de 14 de Setembro, designada por Lei-Quadro de transferência de atribuições e competências para as autarquias locais.

K) Sob pena de flagrante violação do disposto no artigo 6.º n.º 1 e artigo 235.º n.º 2 da CRP, aquela norma tem que ser interpretada no sentido de atribuir às autarquias locais – ou às empresas municipais, neste último caso, por intermédio do respectivo conselho de administração –, e não ao "ministro da tutela", a competência para o exercício das actividades de determinação (escolha) e identificação dos terrenos a onerar com servidão administrativa.

L) Em bom rigor pois, e uma vez que a matéria sobre a qual incidiu o acto administrativo recorrido está inserida no conjunto de atribuições das empresas municipais, é totalmente improcedente a invocação de nulidade, com fundamento em incompetência absoluta, por violação de competências estaduais (nesta matéria inexistentes).

M) Por outro lado, e em reforço desta tese, relembre-se que a competência para a prática de determinados actos não tem de ser necessariamente atribuída de forma explicita e expressa, podendo sê-lo, como se verifica no caso sub judicio, de modo implícito.

N) Na verdade, atribuindo a lei competências às autarquias locais para atingir determinados fins nas áreas de planeamento e gestão de equipamentos e realização de investimentos nos sistemas municipais de abastecimento de água (sistemas municipais) e de drenagem e tratamento de águas residuais e urbanas, indubitavelmente terá de se entender que as autarquias locais podem e devem dispor de todos os meios legais necessários para alcançar esses objectivos, nos quais se enquadra a possibilidade de prática de actos como os actos recorridos – sob pena de, se assim não se entender, as competências atribuídas por lei ás autarquias locais se esvaziarem de sentido por impossibilidade de recurso aos diferentes meios necessários para os alcançar.

O) No mesmo sentido concorre o princípio da subsidiariedade, de acordo com o qual a intervenção em determinada área deve ser levada a cabo pelos agentes integrantes do nível de decisão mais próximo da situação. Ora, estando as autarquias locais no nível mais próximo do cidadão e dos problemas com que este se debate diariamente, lógico é que caiba àquelas entidades intervir nesses problemas, nomeadamente os relativos à gestão, abastecimento e tratamento da água.

P) Se assim é, se às autarquias é confiada esta missão por serem quem tem melhores condições para a levar a cabo, tem obrigatoriamente de se reconhecer competência para a prática dos actos necessários para o efeito, designadamente, no que ao caso sub judicio respeita, competência para o exercício das actividades de determinação (escolha) e identificação dos terrenos a onerar com servidão administrativa, bem para efeitos de proceder à instalação de equipamentos integrados no sistema de recolha e tratamento de águas.

Q) Enfim, e contrariamente ao entendimento vertido na sentença recorrida, a competência das autarquias locais para a prática dos actos recorridos existe, sendo implicitamente determinada, não padecendo os actos recorridos de qualquer vício de incompetência absoluta.

R) A tal circunstância, não obsta o facto de os actos recorridos terem sido levados a cabo não pelo município, mas pelo Conselho de Administração de uma Empresa Pública Municipal.

S) Desde logo, porque a AGEM, empresa pública municipal na qual se integra o órgão recorrido, ora recorrente, é uma pessoa colectiva pública, dotada de personalidade jurídica e de autonomia administrativa, financeira e patrimonial, ficando sujeita à superintendência da Câmara Municipal de Vila Nova de Gaia, nos termos do n.º 1 do artigo 1.º dos seus estatutos.

T) Por outro lado, dispõe o n.º 2 deste normativo que a AGEM dispõe de plena capacidade jurídica abrangendo a mesma todos os direitos e obrigações necessários à prossecução do objecto abaixo referenciado, o qual consiste, entre outras tarefas, na *"gestão e exploração dos sistemas públicos de captação e distribuição de água e de drenagem e tratamento de águas residuais na área do município de Vila Nova de Gaia."*

U) Mais dispõe este normativo que *"para efeitos do disposto no n.º 1, e nos termos dos n.ºs 2 e 3 do artigo 6.º da Lei n.º 58/98, de 18 de Agosto, o pessoal de Águas de Gaia, EM, fica investido dos correspondentes poderes de autoridade administrativa do município de Vila Nova de Gaia, nomeadamente os decorrentes do decreto-lei n.º 433/82 de 27 de Outubro e dos artigos 85.º a 89.º do Decreto-Lei n.º 46/94 de 22 de Fevereiro".*

V) Significa isto portanto, que os municípios transferiram para estas novas formas de gestão as atribuições e tarefas que lhes são incumbidas por lei, sucedendo as empresas nos direitos, obrigações e poderes de autoridade dos municípios.

W) Foi esta possibilidade legal que sofreu concretização no caso sub judicio, legitimando a intervenção de autoridade do ora recorrente, para, entre outras medidas, declarar a utilidade pública dos terrenos dos ora recorridos, determinando a intervenção nos mesmos como meio necessário para atingir o fim que constitui o seu objecto legal no âmbito da exploração do serviço público municipal de gestão, abastecimento e tratamento de águas.

X) Por conseguinte, tendo o município, por inerência à transferência da gestão e exploração do sistema público de água na área do município, investido a AGEM com os necessários poderes de autoridade – os quais, como referido supra, no que ao caso sub judicio respeita, são resultado de uma interpretação actualista conforme à Constituição e à autonomia local por esta consagrada – indubitavelmente se conclui que a AGEM tinha e tem competência para, entre outras actividades, declarar a utilidade pública dos terrenos propriedade do ora recorridos e determinar a realização das necessárias obras.

Y) Nestes termos, os actos recorridos não padecem de qualquer vício de incompetência absoluta (ou qualquer outro), porquanto foram praticados de acordo com a lei, devendo a sentença recorrida ser revogada e, consequentemente, os actos recorridos serem declarados válidos.

Z) Mais se diga ainda que, contrariamente ao entendimento da sentença recorrida, não se aplica ao caso sub judicio o Código das Expropriações, de acordo com o qual a competência para a declaração de utilidade pública é do ministro do departamento competente, prevista no artigo 11.º, normativo que teria revogado o Decreto-lei n.º 34.021 de 11 de Outubro de 1944.

AA) Ora, a verdade é que, por um lado, não há qualquer razão suficientemente forte para considerar que o artigo 11.º do CE de 1991 revogou o estabelecido no DL 34.021 de 11 de Outubro de 1944.

BB) Ao invés, a inexistência de qualquer revogação é reforçada pelo disposto no artigo 8.º do CE aprovado pelo DL 168/99 de 18 de Setembro, de acordo com o qual à constituição de servidões aplica-se o normativo previsto no Código mas, essa aplicação é feita com ressalvas, sendo a mais importante a ressalva feita ao disposto em legislação especial.

CC) Ora, esta legislação especial é, entre outros, o normativo legal previsto no referido DL 1944 o qual será aplicado nas situações que preencham os elementos legais nele previstos, só se aplicando o Código das Expropriações quando a lei especial não der solução ao problema.

DD) Por conseguinte, o entendimento vertido na sentença recorrida, salvo o devido respeito, não procede de uma interpretação correcta da lei, tendo o Decreto-lei n.º 34.021 plena aplicação ao caso sub judicio, sendo ele a fonte legal que legitima a prática dos actos recorridos.

Os recorridos apresentaram alegação, a qual formularam as seguintes **conclusões**:

1 – Vem o presente recurso da douta sentença proferida pelo Tribunal a quo a 29.10.2003, que concedendo provimento ao recurso contencioso interposto, declarou nulos os actos recorridos praticados pela entidade recorrida, em 12 de Março de 2001 e 30 de Abril de 2001.

2 – Todavia, com tal entendimento não se conformou o aqui Recorrente ao considerar que a sentença recorrida, ao conceder provimento ao recurso contencioso, fez um julgamento incorrecto da realidade normativa subjacente ao caso em apreço.

3 – Em primeiro lugar, certo é que, e inversamente ao entendimento do Recorrente, não se verifica no caso em apreço qualquer identidade de sujeitos, pedido e causa de pedir entre a acção declarativa de condenação intentada pelos ora Recorridos e o recurso contencioso pelos mesmos interposto.

4 – Isto porque, enquanto no recurso contencioso interposto se pede que os actos impugnados sejam declarados nulos ou anulados, já na acção declarativa, o pedido de declaração da nulidade de tais actos, porque feito na réplica, não constitui um verdadeiro pedido, mas tão só um pedido aparente, formulado como uma resposta à excepção deduzida pelo Réu na contestação apresentada.

5 – De facto, o que os AA. pretendem verdadeiramente através da presente acção é que lhes seja restituída a plena propriedade e que as RR sejam condenadas a pagar uma determinada quantia a liquidar em execução de sentença pela respectiva inviabilização do negócio de venda dos prédios em causa.

6 – Logo, não corresponde à verdade que os AA/Recorrentes, ora Recorridos, pretendam obter o mesmo efeito jurídico através de ambas as acções propostas, isto é, a invalidade dos actos em causa.

7 – Ora, igualmente não existe a alegada identidade de sujeitos e da causa de pedir.

8 – Quantos aos sujeitos, basta constatar que a acção de Vila Nova de Gaia é proposta contra duas Rés, a saber, "Aguas de Gaia – Empresa Municipal e "Socopul – Sociedade de Construções e Obras, S.A.", enquanto no recurso contencioso, entidade recorrida é "O Conselho de Administração de Aguas de Gaia, Empresa Municipal."

9 – O que, está plenamente de acordo com o modelo tradicional do nosso contencioso administrativo, em vigor à data da interposição do recurso contencioso em causa, isto é, enquanto as acções são propostas contra as pessoas colectivas, quem defende a legalidade do impugnado em recurso contencioso é o órgão que o praticou.

10 – Logo, uma vez mais somos a concluir que não existe a alegada identidade de sujeitos entre a acção e o recurso contencioso.

11 – O mesmo valendo, em relação à identidade de causa de pedir entre ambos os processos.

12 – Na verdade, os factos concretos que servem de fundamento aos pedidos nos processos apresentados não são os mesmos.

13 – Pois enquanto no recurso contencioso a causa de pedir consiste nos factos integradores dos vícios de nulidade por incompetência absoluta e violação de lei, por erro nos pressupostos de facto e de direito, já na acção apenas é imputado ao acto recorrido o vício de violação de lei por violação do disposto no art. 134, n.º 2 do C.P.A.

14 – Tanto mais que, ainda que assim não se entendesse, o que se alega por mero esforço de raciocínio, sempre seria de concluir pela não verificação da referida excepção de litispendência, dado estarem em causa duas ordens jurisdicionais diferentes.

15 – A que acresce a circunstância de, igualmente não ter qualquer relevância a excepção ora suscitada, dado que, por sentença de 27.05.2002, já transitada em julgado o Tribunal Judicial de Vila Nova de Gaia, considerou-se incompetente em razão da matéria.

16 – Por outro lado igualmente carecem de qualquer fundamento as alegações do Recorrente, no que se refere à suposta inexistência do vício de incompetência absoluta arguido pelos Recorrentes, ora Recorridos.

17 – Isto porque, ao longo de toda a sua argumentação parte o Recorrente de um pressuposto errado, isto é, a da suposta possibilidade de atribuição implícita de competência para a prática dos actos em causa aos órgãos municipais.

18 – É que, a este respeito é claro o art. 5.º do D.L. 34.021, de 11 de Outubro, ao referir expressamente, *"O Governo, pelo Ministro das Obras Públicas e Comunicações, determinará, em cada caso e sob proposta dos serviços oficiais competentes, os terrenos onerados nos termos deste decreto-lei."*

19 – Logo, cabendo a atribuição e respectiva competência para declarar a utilidade pública dos trabalhos de abastecimento de águas potáveis ou de saneamento ao Governo e não aos órgãos municipais, tal como pretende o Recorrente, é claro, que ao praticar um acto estranho às suas atribuições, praticou o Recorrente um acto nulo, por força do disposto no art. 133.º, n.º 2 alínea b) do C.P.A.

20 – Deste modo, bem andou a decisão do MM Juiz a quo ao considerar que esta competência das autarquias locais não poderia ser considerada válida e legal, por não ter na sua base uma norma que expressamente a preveja.

21 – Pois não obstante, considere o Recorrente ser necessário proceder a uma interpretação actualista do preceito em causa, nomeadamente atendendo a novos valores constitucionais, não pode a mesma ter lugar, dado não ter na letra da lei o mínimo de correspondência.

22 – E não se diga tal como pretende o Recorrente em abono da sua posição, que tal interpretação é a que

melhor se coaduna com a consagração constitucional da autonomia local bem como, com o disposto nas alíneas *a)* e *b)* do n.º 1 do art. 26.º da Lei n.º 159/99.

23 – Pois, se é certo que entre as competências atribuídas aos órgãos municipais se encontram as relativas às matérias de planeamento e gestão de equipamentos e realização de investimentos nos sistemas municipais de abastecimento de água e de drenagem e tratamento de águas residuais urbanas, não é menos verdade que, tal atribuição de competências pressupõem uma lei habilitante.

24 – Lei habilitante essa que, no caso em apreço o Recorrente tenta arranjar através da suposta existência de uma atribuição implícita de competências para a prática dos actos em questão, quando é claro o art. 5.º do D.L. 34.021, ao atribuir expressamente tal competência ao Governo, pelo Ministro das Obras Públicas e Comunicações.

25 – Logo, encontrando-se tal norma plenamente em vigor, constitui a mesma a base legal expressamente exigida, determinando o afastamento da pretensa atribuição implícita de competências.

26 – Deste modo, igualmente não tem qualquer fundamento o argumento utilizado pelo Recorrente de que, "quem pode o mais pode o menos", uma vez que, a consagração por parte do legislador ordinário das competências referidas nas alíneas *a)* e *b)* do art. 26.º da Lei n.º 159/99, não dispensa a existência de uma norma que expressamente atribua tal competência para a pratica dos actos em questão, por parte dos órgãos municipais.

27 – Doutro passa, uma vez mais não assume qualquer relevância o alegado pelo Recorrente, no que se refere a suposta aplicação do princípio da subsidiariedade.

28 – É que, tal princípio apenas poderia vingar, se não existisse uma qualquer norma de atribuição da competência relativa aos actos administrativos impugnados, o que, como facilmente se constata, não sucede no presente caso.

29 – Tanto mais que, a tal posição não obsta a circunstância do acto ter sido praticado por o Conselho de Administração de uma empresa municipal.

30 – De facto, dado tais competências não se encontrarem atribuídas aos órgãos municipais através de uma lei habilitante, logicamente que não é possível falar de uma pretensa transferência para novas formas de gestão dos interesses e necessidades do município.

31 – Por último, uma vez mais carece o Recorrente de qualquer fundamento no que se refere à argumentação utilizada relativa à aplicabilidade do Código das Expropriações.

32 – É que, igualmente utiliza o Recorrente uma argumentação de base inexistente, isto é, a da suposta atribuição implícita de competências para a prática dos actos em questão por parte dos órgãos municipais.

33 – Por conseguinte, bem andou a douta sentença recorrida, ao decidir pela procedência do recurso contencioso interposto, declarando nulos os actos administrativos praticados pela entidade recorrida em 12 de Março e 30 de Abril de 2001.

34 – Ainda que se entenda que os actos recorridos não padecem do vício de nulidade, o que não se concede e por mera hipótese se coloca, sempre seriam anuláveis por força de violação de lei, nomeadamente, do disposto no art. 5.º do D.L. 34.021 de 11.10.1944.

35 – Por outro lado, igualmente é de imputar a tais actos o vício de violação de lei desta feita, por erro sobre os pressupostos de facto.

36 – É que, nenhum dos pressupostos de facto em que se baseiam os actos recorridos, isto é, urgência das obras e desconhecimento dos proprietários do terreno, correspondem à verdade.

37 – Por conseguinte, e atento o supra alegado, somos a concluir que, padecem os actos recorridos do vício de violação de lei quer por erro sobre os pressupostos de direito, quer por erro sobre os pressupostos de facto, o que igualmente se invoca para todos os efeitos legais.

38 – Por todo o exposto, ao decidir pela procedência do recurso contencioso, não fez a douta sentença recorrida, tal como pretende o Recorrente, um incorrecto enquadramento da realidade normativa subjacente ao caso em apreço.

Neste Supremo Tribunal, a Exma. Magistrada do **Ministério Público** emitiu parecer (fls. 201/202), no sentido de que deverá negar-se provimento ao recurso jurisdicional. Refere que o trânsito em julgado da sentença proferida na 2ª Vara Mista de Vila Nova de Gaia, que, por incompetência material do tribunal, absolveu os RR da instância, fará com que se conclua pela improcedência da alegação do recorrente, quanto à excepção da litispendência. E que o Código das Expropriações de 1991, ao estabelecer uma nova disciplina em matéria de competência para declarar a utilidade pública da servidão para implantação e manutenção de esgotos, regulada pelo DL 34021, derrogou este diploma legal.

Colhidos os vistos legais, cumpre decidir.

2. A sentença recorrida deu como provados os seguintes **factos**:

Os Recorrentes são donos e legítimos possuidores de dois prédios rústicos sitos um no Lugar de Ramos e outro no Lugar de Ribas, ambos na freguesia de Canelas, concelho de Vila Nova de Gaia, inscritos na matriz predial rústica sob os artigos 1663 e 1645 e descritos na 28 Conservatória do Registo Predial de Vila Nova de Gaia sob os números 02277 e 02279.

O Conselho de Administração das Águas de Gaia, E.M., em 12 de Março de 2001, deliberou, "...no que respeita à parcela de terreno sita no Lugar de Ribas, e à impossibilidade de contactar os seus proprietários por desconhecimento do nome e residência dos mesmos, dever proceder-se de acordo com o disposto no D.L. 34.021 de 11 de Outubro e ser considerado de utilidade pública, nos termos do art. 1.º desse diploma, o terreno onde haja de realizar-se os trabalhos de saneamento. "tendo em vista executar trabalhos de "construção das redes de drenagem de águas residuais do sistema de Canelas – Subsistemas C11, C12 e C1".

A supra mencionada deliberação foi objecto de notificação por edital, datado de 16 de Março de 2001, notificando os proprietários da parcela de terreno do teor da referida decisão.

Os recorrentes são os proprietários da parcela de terreno em apreço.

O respectivo edital esteve afixado por um período de 30 dias sem que os recorrentes tivessem tomado qualquer posição quanto à aludida deliberação.

O mesmo órgão, ora recorrido, em 30 de Abril de 2001, deliberou "tendo em conta o disposto no artigo 103.º n.º 1 alínea *a)* do CPA dar seguimento às obras, sem prejuízo de manter a proposta de acordo por via de direito privado para utilização da parcela de terreno."

Os recorrentes intentaram no Tribunal Judicial da Comarca de Vila Nova de Gaia acção declarativa de condenação, sob a forma ordinária, contra a Águas de Gaia, Empresa Municipal e Socopul – Sociedade de Construções e Obras, S.A., acção que corre seus termos na 2ª Vara Mista do aludido Tribunal sob o n.º 88//2002, processo no qual, na respectiva réplica formularam, em 17 de Abril de 2002, ao abrigo do disposto no artigo 134 n.º 2 do CPA pedido de declaração de nulidade dos actos administrativos praticados pelo Recorrido em 12 de Março de 2001 e 30 de Abril do mesmo ano, pedido esse com fundamento igual ao utilizado no presente recurso.

A petição de recurso deu entrada neste Tribunal no dia 27 de Maio de 2002.

3. Alega o recorrente que a sentença recorrida julgou erradamente, ao decidir pela improcedência da invocada excepção de litispendência e, depois, pela existência da alegada nulidade dos actos impugnados, por incompetência absoluta do recorrente para a respectiva prática.

3.1. Vejamos, pois, se procede ou não tal alegação, no que respeita, desde logo, à questão da litispendência.

Os ora recorridos intentaram no tribunal judicial da comarca de Vila Nova de Gaia (2ª Vara Mista) acção declarativa de condenação (n.º 88/2002) contra a Águas de Gaia, Empresa Municipal (AGEM) e Socopul-Sociedade de Construções e Obras, SA, na qual formularam, na réplica, pedido de declaração de nulidade dos actos administrativos, com fundamento idêntico ao que, depois, invocaram, no recurso contencioso a que respeitam estes autos, no qual também pediram a declaração de nulidade daqueles actos.

Entendeu a sentença sob impugnação que os ora recorridos só aparentemente formularam, naquela acção, pedido de declaração de nulidade dos actos em causa. Pois que, em vez de um verdadeiro pedido, se limitaram, ali, a responder à excepção de incompetência absoluta do tribunal, suscitada pela Ré AGEM e, apenas, com o objectivo de demonstrar a improcedência dessa excepção.

Certo é, porém, que tal pedido de declaração de nulidade dos actos contenciosamente impugnados foi formulado na indicada acção, em conformidade, aliás, com a previsão do art. 273.º, n.º 2 do CPCivil, que permite que o pedido feito na petição inicial seja ampliado ou alterado na réplica.

E, tal como alega o recorrente, certo é também que, depois, esse mesmo pedido de declaração de nulidade veio também a ser formulado no recurso contencioso a que respeitam os presentes autos.

O que, todavia, não basta para que se conclua pela existência da invocada litispendência. Pois que esta pressupõe, ainda, a identidade da causa de pedir e dos sujeitos, como estabelece o art. 498, n.º 1 do CPCivil. Sendo que a identidade de sujeitos existe quando as partes são as mesmas sob o ponto de vista da sua qualidade jurídica (n.º 2).

Ora, na situação em apreço, não se verifica tal identidade de sujeitos na referenciada acção, proposta no tribunal judicial de Vila Nova de Gaia, e no recurso contencioso a que respeitam estes autos.

Com efeito, na indicada acção, para além da firma Socopul, era Ré a AGEM. Já o recurso contencioso não foi interposto contra esta empresa, mas sim contra o respectivo Conselho de Administração, autor das deliberações impugnadas. Aliás, o recurso contencioso não poderia mesmo ser interposto contra a própria AGEM, sob pena de ilegitimidade passiva (art. 36, n.º 1, al. c) da LPTA e art. 51.º, als a), b), c) e d) do ETAF)

Por outro lado, importa notar, ainda, que a litispendência supõe a pendência da causa anterior (art. 497, n.º 1 do CPCivil). O que já não ocorre na situação em análise. Pois que, como referem os recorridos, na respectiva alegação, transitou em julgado a sentença proferida, em 27.5.02, na referenciada acção n.º 88/2002 da 2ª Vara Mista do Tribunal Judicial de Vila Nova de Gaia, que julgou procedente a excepção de incompetência material do tribunal e, em consequência, absolveu os réus da instância (doc. de fls. 176/177).

Assim sendo, e ainda que por razões diversas daquela em que se baseou a sentença, é de manter o decidido, quanto à improcedência da invocada excepção da litispendência.

3.2. E, como se verá, a sentença é também de manter, por ter decidido acertadamente, ao julgar pela nulidade dos actos impugnados.

No primeiro destes actos, de 12.3.01, o ora recorrente Conselho de Administração da AGEM declarou, sob invocação do DL 34021, de 11.10.44, a utilidade pública de parcela de terreno dos ora recorridos, a fim de nela serem realizados trabalhos de saneamento.

A sentença entendeu que tal decisão não cabia nas atribuições da AGEM, de que é órgão o respectivo Conselho de Administração, ora recorrente. E, por consequência, decidiu pela nulidade desse acto, nos termos do art. 132.º, n.º 2, al. b) do CPA.

O recorrente impugna o decidido, defendendo ser o competente para a prática desse acto.

Nesse sentido invoca o disposto no art. 5.º do DL 34021, que, segundo sustenta, deve ser interpretado de forma actualística e à luz da autonomia constitucionalmente consagrada para as autarquias locais e concretizada, ao nível legal, na atribuição aos órgãos municipais das competências em matéria de planeamento e gestão de equipamentos e realização de investimentos nos sistemas municipais de abastecimento de água e de drenagem e tratamento de águas residuais e urbanas (art. 26.º, n.º 1, als a) e b) da Lei 159/99, de 14.9). E, atribuindo-lhes a lei competência para prosseguir estes fins, terá de se entender, defende o recorrente, que as autarquias locais dispõem dos meios legais para atingir tais objectivos, nos quais se enquadra a possibilidade da prática de actos como os que foram impugnados nos autos.

Pelo que, alega o recorrente, a competência para a prática de tais actos cabia à Câmara Municipal de Vila Nova de Gaia. Tendo sido transferida para a AGEM, nos termos dos respectivos estatutos, publicados no DR III Série, n.º 151, de 1.7.99, conforme os quais esta empresa municipal dispõe de plena capacidade jurídica que abrange todos os direitos e obrigações necessários à promoção do objectivo traduzido na «gestão e exploração dos sistemas públicos de captação de água e da drenagem e tratamento de águas residuais na área do município» (arts. 1.º e 3.º).

Não colhe, porém, esta alegação.

O indicado DL 34021, prossegue o propósito, declarado na respectiva nota preambular, de facilitar a eficácia da acção das autarquias locais no melhoramento das condições de saneamento das povoações. Nesse sentido, começa por declarar a utilidade pública, designadamente, dos trabalhos de saneamento dos aglomerados populacionais (art. 1.º), estabelecendo, depois, que os proprietários, arrendatários ou a qualquer título possuidores dos terrenos em que hajam de realizar-se são obrigados, enquanto durarem tais trabalhos, a consentir na sua ocupação e trânsito, na execução de escavações, assentamento de tubagens e seus acessórios, desvio de águas superficiais e subterrâneas e vias de comunicação (art. 2.º). Por fim, no art. 5.º, dispõe, que «*O Governo, pelo Ministro das Obras Públicas e Comunicações, determinará, em cada caso, e sob proposta dos serviços oficiais competentes, os terrenos onerados nos termos do presente decreto-lei*».

O teor literal deste preceito legal não consente a interpretação que dele defende o recorrente, no sentido de que atribuiu às autarquias locais a competência para a constituição de servidões administrativas como a que está em causa nos autos. O que, desde logo, compromete e inutiliza todo o esforço argumentativo com que procura demonstrar que lhe cabia a competência para a prática dos actos impugnados.

E, de todo o modo, não poderia colher a invocação do referido DL 34021. Uma vez que, tal como entendeu a sentença recorrida, esse diploma legal foi derrogado pelo Código das Expropriações (CE) de 91, aprovado pelo DL 438/91, de 9.11.

Com efeito, tal como refere a nota preambular deste último diploma, o CE 91 veio estabelecer, em conformidade com os princípios constitucionais, a disciplina jurídica a observar «sempre que a realização do interesse público implique a ablação, restrição ou qualquer outra limitação ao direito de propriedade». Assim, e na sequência do CE aprovado pelo DL 845/76, de 11.12, e da Lei 2030, de 22.6.48 (art. 3.º, n.º 1) o CE 91 abrange na respectiva previsão não só a expropriação propriamente dita mas, ainda, a constituição de servidões administrativas (art. 8.º¹), em que, embora em grau menor, se verifica uma compressão do referido direito de propriedade[2]. Veja-se, neste sentido, o acórdão do Pleno desta 1ª Secção, de 17.6.04, proferido no R.º 45296/02.

Ora, dispõe o art. 11.º do CE 91, que «*1. É da competência do ministro a cujo departamento compete a apreciação final do processo: a) A declaração de utilidade pública da expropriação dos bens imóveis e direitos a eles inerentes*». E o mesmo regime estabeleceu, depois, o art. 14.º do CE 99, aprovado pelo DL 169/99, de 18.9, e vigente na data da prática dos actos impugnados, ressalvando, apenas, a competência da assembleia municipal, para a declaração de utilidade pública das expropriações de iniciativa da administração local autárquica, para efeitos de concretização de plano de urbanização ou plano de pormenor eficaz (n.º 2) e a competência do Primeiro-Ministro, nos casos em que não seja possível determinar o departamento a que compete a apreciação final do processo (n.º 6).

Pelo que, como decidiu a sentença recorrida, deve concluir-se que era do Governo, pelo ministro a cujo departamento coubesse a apreciação final do processo (art. 14.º do CE 99), a competência para a declaração da utilidade pública da referenciada servidão para a realização das obras de saneamento.

Quanto ao segundo dos actos impugnados, de 30.4.01, em que o ora recorrente decidiu dar 'seguimento' à execução dessas mesmas obras, trata-se de um acto consequente do antes referido, e, por isso, ferido, como ele, de nulidade (art. 133.º, n.º 2, al. *i*) do CPA), como também decidiu sentença recorrida.

A alegação do recorrente é, pois, totalmente improcedente.

4. Nos termos e com os fundamentos expostos, acordam em manter a decisão recorrida, negando provimento ao recurso jurisdicional.

Sem custas, por isenção da entidade recorrente.
Lisboa, 3 de Novembro de 2004.

Adérito Santos (Relator)
Cândido de Pinho
Azevedo Moreira

Recurso n.º 592/04

---

[1] **Artigo 8.º (Constituição de servidões administrativas)**: *1. Podem constituir-se sobre imóveis as servidões administrativas necessárias à realização de fins de interesse público. 2. ... .*
[2] Vd., a propósito, F. Alves Correia, *Manual do Direito do Urbanismo*, I, Liv. Almedina 2001, 213, ss..

2.ª Secção (Contencioso Tributário)

ACTO DE APURAMENTO DA MATÉRIA COLECTÁVEL. IMPUGNABILIDADE CONTENCIOSA À LUZ DO ARTIGO 89.º DO CÓDIGO DE PROCESSO TRIBUTÁRIO.

(Acórdão de 27 de Outubro de 2004)

SUMÁRIO:

I – No regime do artigo 89.º do Código de Processo Tributário, não é autonomamente impugnável o acto de apuramento de matéria colectável em imposto sobre o rendimento das pessoas colectivas que dê origem a liquidação.

II – Tal regime é aplicável a um caso em que o contribuinte, sem aguardar a liquidação, que só ocorreu em 3 de Junho de 1994, impugnou, em 25 de Julho de 1991, aquele acto de apuramento da matéria colectável, ainda que os factos tributários remontem ao ano de 1989.

III – O falado regime não ofende a garantia dada pelo artigo 268.º da Constituição, da plena tutela judicial dos direitos e interesses do contribuinte, pois as ilegalidades praticadas na determinação da matéria colectável, ou a sua errónea quantificação, são sindicáveis pelos tribunais na impugnação do acto de liquidação.

ACÓRDÃO

1.1. M. MENDES, LDA., com sede em Aveiro, recorre da sentença do Mm.º. Juiz do Tribunal Administrativo e Fiscal de Viseu que julgou extinta e instância, por inutilidade superveniente da lide, no tocante à impugnação de liquidações de contribuição industrial relativa aos exercícios dos anos de 1986 a 1988; e julgou improcedente a impugnação da liquidação de imposto sobre o rendimento das pessoas colectivas (IRC) respeitante ao exercício do ano de 1989.

Formula as seguintes conclusões:

«A douta decisão recorrida enferma de erro de julgamento e de erro na determinação da norma aplicável, uma vez que a Questão a decidir deveria ser resolvida à luz das normas do C.P.C.I. e do C.I.R.C. (e não do C.P.T.), invocadas na impugnação.

Deve, pois, ser revogada e substituída por outra que ordene o prosseguimento da instância».

1.2. Não há contra-alegações.

1.3. O Mm.º Juiz sustentou a sua decisão.

1.4. O Exm.º Procurador-Geral Adjunto junto deste Tribunal entende que o recurso não merece provimento, já que foi bem eleita e correctamente aplicada a norma legal que a recorrente pretende inaplicável.

1.5. O processo tem os vistos dos Exm.ºs Adjuntos.

2. A decisão recorrida assentou na seguinte base factual:

«De fls. 262 e 263 resulta que "a liquidação de IRC de 1989 n.º 0006306, foi feita em 03-06-1994;

A petição inicial que deu origem aos presentes autos deu entrada em 25-07-91, cfr. carimbo aposto a fls. 2».

3.1. Ao apresentar a petição que originou o presente processo, em 25 de Julho de 1991, a agora recorrente afirmou «deduzir impugnação judicial relativamente às correcções ao apuramento da matéria colectável em contribuição industrial (...), bem como em relação aos actos de liquidação daí resultantes de contribuição industrial e de IRC».

A final da mesma petição requereu que fossem «anuladas parcialmente as correcções matéria colectável da impugnante em sede de contribuição industrial (...) e IRC (...) e anulados totalmente os actos de liquidação da referida contribuição industrial e imposto sobre o rendimento das pessoas colectivas, consequentes às liquidações impugnadas, tudo com as legais consequências».

No tocante à contribuição industrial, a correspondente obrigação foi pela sentença agora posta em crise declarada prescrita e, consequentemente, a instância julgada extinta, por inutilidade superveniente da lide.

Contra este segmento da decisão impugnada não se insurge a recorrente, nas alegações de recurso que apresenta, pelo que é matéria que fica fora do objecto do presente recurso, por isso que dela nos não cabe agora cuidar.

3.2. No que concerne ao IRC, a impugnação não mereceu procedência por se ter entendido que, à luz do disposto no artigo 89.º do Código de Processo Tributário (CPT), ao caso aplicável por força do artigo 2.º n.º 1 do decreto-lei n.º 154/91, de 23 de Abril, não é autonomamente impugnável o acto de apuramento da matéria colectável de IRC, a não ser quando não dê origem a liquidação, o que não foi o caso.

Porém, para a recorrente, a questão não devia ter sido apreciada segundo aquela disposição legal, pois aplicáveis são, antes, atenta a data do facto tributário, que situa em 1989, as normas – que não identifica, e cujo regime não aponta – do Código de Processo das Contribuições e Impostos (CPCI) e do Código do Imposto sobre o Rendimento das Pessoas Colectivas (CIRC).

Como nota o Exm.º Procurador-Geral Adjunto junto deste Tribunal, a recorrente podia, ao abrigo do disposto nos artigos 54.º e 55.º do CIRC, na sua redacção originária, ter reclamado para a comissão distrital de revisão do lucro tributável que lhe fora fixado, mas não lhe era possibilitado impugnar depois, autonomamente, a decisão que recaísse sobre tal reclamação.

Todavia, não alega a recorrente que tenha suscitado a intervenção da comissão, nem tal se noticia no processo. O que fez foi impugnar a fixação do lucro tributável, sem aguardar a liquidação, a qual, como vem fixado na decisão recorrida, ocorreu em 3 de Junho de 1994, sendo que a petição inicial entrou em juízo em data muito anterior, conforme revela o carimbo que lhe foi aposto – 25 de Julho de 1991.

Esta impugnação rege-se pelas disposições insertas no CPT, o qual entrou em vigor em 1 de Julho de 1991, conforme dispõe o artigo 2.º n.º 1 do decreto-lei n.º 154/91, de 23 de Abril – antes, pois, de iniciado o processo de impugnação judicial –, e foi mandado aplicar, em regra, aos processos então pendentes – e, por maioria de razão, aos posteriormente nascidos, como é o caso do presente.

Daí que tenha bem decidido a sentença impugnada, ao considerar aplicável ao caso o regime do CPT, e que não eram autonomamente impugnáveis as correcções ao apuramento da matéria colectável, por isso não dando provimento, nesta parte, à impugnação judicial.

Nem com isso resulta ofendido o artigo 268.º da Constituição da República (assim genericamente invocado pela recorrente, sem referência a nenhum dos seus seis números), uma vez que o regime legal que rege o presente caso não obsta à impugnação judicial de qualquer acto administrativo lesivo dos direitos ou interesses legalmente e protegidos dos contribuintes. Tudo o que fica vedado pelo n.º 1 do referido artigo 89.º do CPT é a impugnação autónoma do acto de fixação da matéria tributável, quando der origem à liquidação de imposto; mas logo o n.º 2 do mesmo artigo estabelece que as ilegalidades praticadas na determinação dessa matéria, ou a sua errónea quantificação, são susceptíveis de invocação na reclamação ou impugnação do acto tributário de liquidação originado pelo acto de fixação da matéria tributável, deste modo assegurando a plena tutela dos direitos ou interesses do contribuinte eventualmente ofendidos.

Improcedem, pelo exposto, todas as conclusões das alegações do recurso.

4. Termos em que acordam, em conferência, os juízes da Secção de Contencioso Tributário deste Supremo Tribunal Administrativo em, negando provimento ao recurso, confirmar a decisão impugnada.

Custas a cargo da recorrente, com 50% de procuradoria.

Lisboa, 27 de Outubro de 2004.

Baeta de Queiroz (Relator)
Brandão de Pinho
Fonseca Limão

Recurso n.º 706/04

ANULAÇÃO DA VENDA. PRAZOS.

(Acórdão de 23 de Novembro de 2004)

SUMÁRIO:

I – O prazo para deduzir o incidente de anulação da venda é um prazo processual, pelo que se conta nos termos do CPC, atento o disposto no artigo 20.º n.º 2 do CPPT.

II – Notificada a exequente da proposta de venda e de que se lhe concedia o prazo de 20 dias para sobre ela se pronunciar, não podia o chefe da repartição de finanças proceder à venda antes do decurso de tal prazo, sendo tempestiva a proposta apresentada nesse prazo pela exequente.

ACÓRDÃO

Caixa Geral de Depósitos requereu no Tribunal Tributário de 1ª Instância de Lisboa, na execução em curso contra Rui Manuel Lima Miranda Coutinho e mulher, a anulação da venda por negociação particular de um imóvel penhorado.

Por sentença do M.º Juiz daquele Tribunal foi julgada totalmente procedente o incidente de anulação de venda.

Não se conformando com a decisão recorreu a adquirente do bem, Cheila Cristina Melo Delgado para este Supremo Tribunal Administrativo pedindo a sua revogação, formulando as seguintes conclusões:

A. Atento o disposto na al. c) do n.º 1 do art.º. 257.º, do CPPT, o prazo de que a exequente dispunha para deduzir o incidente de anulação de venda era de 15 dias, computados a partir de 11 de Julho de 2001, dia que se seguiu ao da efectivação da venda.

B. Entende a ora recorrente que o prazo a que alude a al. c) do n.º I do art. 257.º do CPPT deve ser contado de acordo com as regras definidas no âmbito do n.º 1, do art. 20.º, do mesmo diploma, pelo que não se suspende durante as férias judiciais.

C. Consequentemente, o prazo para que a exequente tivesse deduzido o incidente de anulação de venda que está na origem dos presentes autos expirava em 25 de Julho de 2001.

D. Como tal, o requerimento apresentado pela exequente em 08 de Agosto de 2001 foi intempestivo, porquanto, atento o disposto na al. c) do n.º 1 do art. 257.º do CPPT, na data em questão, já não lhe era possível requerer a anulação da venda efectuada.

E. Ainda que assim não fosse, o que só por cautela no patrocínio e a título de hipótese de trabalho se concede, cumpre dizer o seguinte.

F. Recorda-se que, *"através de ofício datado de 21/6/ /2001, enviado para o domicílio do seu douto mandatário, foi dado conhecimento à exequente e requerente do teor da proposta de compra"* apresentada pela ora recorrente, *"igualmente se concedendo o prazo de vinte dias para a exequente se pronunciar sobre a mesma proposta".*

G. Entende a ora recorrente que também neste caso a contagem do prazo concedido pelo 1.º Serviço de Finanças de Loures deveria ter obedecido às regras definidas pelo n.º I do art. 20.º do CPPT, não havendo lugar à suspensão daquele durante as férias judiciais.

H. Como tal, a proposta apresentada pela exequente em 16 de Julho de 2001 não poderia ter sido levada em consideração, uma vez que o prazo de vinte dias de que esta dispunha para a proceder à respectiva apresentação havia expirado em 12 de Julho de 2001.

L. Assim sendo, não se chegou a verificar qualquer irregularidade, uma vez que a proposta apresentada pela exequente, tendo sido apresentada após o decurso do prazo que lhe havia sido concedido para o efeito pelo 1.º Serviço de Finanças de Loures, não deveria efectivamente ter sido levada em consideração.

J. Neste contexto, quaisquer eventuais irregularidades – a terem ocorrido, o que, pelos motivos supra explanados, não se concede – seriam imputáveis, em exclusivo, ao 1.º Serviço de Finanças de Loures, não tendo qualquer influência na decisão da causa e não justificando, por isso, a decretação da nulidade da venda.

Contra-alegou a Caixa Geral de Depósitos no sentido da manutenção do decidido, formulando as seguintes conclusões:

I. O prazo de 15 dias previsto pela al. c) do n.º 1 do art.º 257.º do CPPT é de natureza processual e, por esse motivo, a respectiva contagem efectua-se nos termos do art.º 144.º do C.P.C., suspendendo-se durante as férias judiciais.

II. Tendo a venda judicial do bem penhorado ocorrido no dia 10.07.2001, o prazo para dedução do respectivo incidente de anulação terminou a 25.09.2001.

III. O incidente de anulação de venda encontra-se de entre o conjunto de actos elencados na al. o) do artigo 97.º do CPPC, que considera compreendidos no processo judicial tributário *"A oposição, os embargos de terceiros e outros incidentes e a verificação e graduação de créditos;"* (sublinhado nosso).

IV. Encontrando-se, portanto, sujeito, nos termos do art.º 20, n.º 2 deste código, às regras do 144.º do CPC, no que respeita a prazos.

V. Mesmo que se considerasse, por algum motivo, o que não se concebe, que o mencionado prazo de 15 dias, não se encontrava submetido às regras do art.º 144.º do CPC,

VI. De acordo com o disposto no n.º 2 do citado art.º 257.º do CPPT, *"O prazo contar-se-á da data da venda ou da que o requerente tome conhecimento do facto que servir de fundamento à anulação, ..."* (sublinhado nosso).

VII. Ora, a ora recorrida CGD apenas em 24.07.2001 tomou conhecimento da venda do imóvel penhorado nos autos executivos, pelo que até à data de entrada do incidente de anulação de venda (2 de Agosto de 2001), passaram-se apenas 8 dias.

Por outro lado,

VIII. A desconsideração pelo 1.º Serviço de Loures da proposta apresentada pela recorrida consubstancia uma nulidade, nos termos do art.º 201.º, n.º 1 do CPC, pois que se trata de uma irregularidade susceptível de influenciar a decisão da causa (neste caso a venda, designadamente porque a proposta da recorrida era substancialmente superior à da recorrente).

IX. Ao contrário do que a ora recorrente afirma, o prazo para apresentação da proposta da recorrida foi respeitado, quer se entenda que o mesmo se encontra sujeito às normas do 144.º do C.P.C., quer não.

X. Pois, ao contrário do que a ora recorrente alega, mesmo que se considerasse que o prazo não se suspendia em férias, nunca o mesmo terminaria antes de 16 de Julho de 2001, data em que deu entrada a referida proposta.

Pelo Ex.mo Magistrado do Ministério Público foi emitido parecer no sentido do não provimento do recurso e confirmação do julgado por os prazos, quer para o exequente se pronunciar sobre a proposta de compra quer para pedir a anulação da venda são prazos processuais, pelo que se suspendem durante as férias judiciais.

Colhidos os vistos legais cumpre decidir.

A sentença recorrida considerou provados os seguintes factos:

1 – Em 27/4/1994, no âmbito do processo de execução fiscal n.º 1520-93/160117.2, que corre seus termos no 1.º Serviço de Finanças de Loures, no qual figura como exequente a requerente "Caixa Geral de Depósitos, S.A." e, como executados, Rui Manuel Lima Miranda Coutinho e esposa, Ana Bárbara Quintão Oliveira Coutinho, foi efectuada penhora de imóvel, tudo conforme auto exarado a fls.18 do processo de execução que se encontra apenso e se dá aqui por integralmente reproduzido;

2 – Em 10/5/1994, foi efectuado o registo da penhora identificada no n.º 1 (cfr. certidão junta a fls.21 a 28 do processo de execução apenso);

3 – Em 11/1/2001, foi ordenada a venda judicial do imóvel penhorado, através de propostas em carta fechada (cfr. despacho exarado a fls.31 do processo de execução apenso);

4 – Em 19/2/2001, não existindo propostas de compra do imóvel penhorado, foi ordenada a venda do mesmo através de negociação particular, encarregando-se para o efeito a firma "Baluarte – Agência de Leilões, L.da" e fixando-se o preço mínimo para o efeito em € 62.848,54 (cfr. despacho exarado a fls.47 do processo de execução apenso);

5 – Através de ofício, datado de 21/2/2001, foi dado conhecimento à exequente e requerente do teor do despacho identificado no n.º 4 (cfr. documento junto a fls.50 do processo de execução apenso);

6 – Através de requerimento junto a fls.61 do processo de execução apenso, o qual se dá aqui por integralmente reproduzido, a firma encarregue da venda veio aos autos informar que a maior proposta de compra do imóvel penhorado que conseguiu angariar foi a apresentada pela Srª Cheila Cristina Melo Delgado no valor de € 34.915,85 (cfr. documento junto a fls.61 do processo de execução apenso);

7 – Através de ofício datado de 21/6/2001, enviado para o domicílio do seu douto mandatário, foi dado conhecimento à exequente e requerente do teor da proposta de compra identificada no n.º 6, igualmente se concedendo o prazo de vinte dias para a exequente se pronunciar sobre a mesma proposta (cfr. documento junto a fls.70 do processo de execução apenso);

8 – Em 10/7/2001, o Chefe do 1.º Serviço de Finanças de Loures exarou despacho no qual decide, além do mais, aceitar a proposta de venda identificada no n.º 6 (cfr. despacho exarado a fls.71 do processo de execução apenso);

9 – Em 12/7/2001, a compradora do imóvel, Cheila Cristina Melo Delgado, efectuou o depósito do montante pecuniário pelo qual adquiriu a fracção autónoma penhorada (cfr. guia de pagamento junta a fls.73 do processo de execução apenso);

10 – Através de requerimento datado de 16/7/2001, a exequente e requerente enviou à firma encarregue da venda, proposta de aquisição do imóvel penhorado no montante de € 54.867,77 (cfr. documento junto a fls. 80 do processo de execução apenso);

11 – Através de ofício datado de 19/7/2001, foi dado conhecimento à exequente e requerente de que a proposta de compra do imóvel penhorado identificada no n.º6 havia sido adjudicada em 12/7/2001 (cfr. documento junto a fls. 82 do processo de execução apenso);

12 – Em 2/8/2001, deu entrada no 1.º Serviço de Finanças de Loures o requerimento da exequente "Caixa Geral de Depósitos, S.A." que deu origem ao presente incidente e que se dá aqui por integralmente reproduzido (cfr. data de entrada aposta a fls. 1dos autos).

Assentes tais factos apreciemos o recurso.

A questão que no presente recurso se controverte reporta-se ao modo de contagem dos prazos para exercer a preferência e para requerer a anulação da venda, entendendo a recorrente que tais prazos se devem contar nos termos do artigo 20.º n.º 1 do CPPT, o que levaria à intempestividade dos actos praticados pela exequente Caixa Geral de Depósitos.

Prescreve o artigo 20.º do CPPT, epigrafado "contagem dos prazos":

1 – Os prazos do procedimento tributário e de impugnação judicial contam-se nos termos do artigo 279.º do Código Civil.

2 – Os prazos para a prática de actos no processo judicial contam-se nos termos do Código de Processo Civil.

Quer isto dizer que os prazos substantivos se contam de acordo com o Código Civil e os processuais de acordo com o CPC, isto é, que os primeiros correm durante as férias judiciais, ao contrário dos segundos que, em geral, se suspendem nesses períodos.

Sendo o processo executivo um processo judicial, os prazos para os actos nele praticados interrompem-se durante as férias judiciais nos termos do n.º 2 do artigo 20 do CPPT. Assim, quer o incidente de anulação da venda quer o prazo para apresentação de proposta de aquisição na sequência de notificação para tal efeito eram prazos processuais e como tal se contavam, interrompendo-se durante as férias judiciais.

Como se decidiu na sentença recorrida, face aos factos provados constantes do probatório, que se impõem a este Supremo Tribunal Administrativo, considerando-se a exequente notificada em 25 de Junho de 2001 – uma segunda-feira – do teor da proposta da adquirente, pelo ofício enviado em 21 do mesmo mês que lhe concedia 20 dias para se pronunciar sobre a mesma, só em 17 de Setembro de 2001, primeiro dia útil após as férias judiciais, terminava o seu prazo. Tendo a exequente apresentado a sua proposta de aquisição em 16 de Julho de 2001, tal apresentação era tempestiva, pelo que não podia o chefe da repartição de finanças aceitar em 10 de Julho anterior a proposta da ora recorrente. Tendo nesta data tido lugar a venda e apresentando a Caixa Geral de Depósitos o seu pedido de anulação da venda em 2 de Agosto de 2001, estava ainda muito longe o termo do prazo de 15 dias que tinha para o efeito e que só terminaria em 25 de Setembro de 2001. Falece pois total razão à recorrente quer quanto à intempestividade do pedido de anulação da venda quer quanto à apresentação extemporânea da proposta da exequente.

***

Em conformidade com o exposto, acorda-se em conferência neste Supremo Tribunal Administrativo em negar provimento ao recurso, assim mantendo a sentença recorrida.

Custas pela recorrente, fixando em 60% a procuradoria.

Lisboa, 23 de Novembro de 2004.

Vítor Meira (Relator)
António Pimpão
Brandão de Pinho

Recurso n.º 713/04

ART.º 11.º DO CCA.

(Acórdão de 20 de Outubro de 2004)

SUMÁRIO:

O art.º 11.º 1 do CCA utiliza a expressão presunção com sentido diverso daquele que tal expressão possui nos art.ºs 349.º e 350.º do C. Civil pois que o legislador pretendeu com tal expressão afirmar que os prédios urbanos se consideram concluídos na mais antiga das datas que enumera nas quatro alíneas seguintes, ficando, por isso, a partir de qualquer desses factos, o respectivo valor tributável sujeito a contribuição autárquica.

ACORDAM, EM CONFERÊNCIA, NA 2ª SECÇÃO DO SUPREMO TRIBUNAL ADMINISTRATIVO:

1. *O ERFP recorre da sentença que, no Tribunal Tributário de 1ª Instância do Porto, 1.º Juízo, 2ª Secção, julgou procedente a impugnação do acto tributário da liquidação de contribuição autárquica relativa aos anos de 1997 a 1999 e, por isso, anulou a respectiva liquidação.*

Alegou formulando o seguinte quadro conclusivo:

1. – Em causa está a liquidação da contribuição autárquica dos anos de 1997 a 1999, apurada com base no valor tributável encontrado na avaliação efectuada na sequência da apresentação da declaração modelo 129 para inscrição matricial de um prédio construído pelos impugnantes, na qual fizeram constar como data de conclusão das obras 28/6/96;

2. – Na sentença sob recurso deu-se por provado que o dito imóvel apenas foi concluído no ano 2000, atenta a data em que foi concedida a licença de habitação ou ocupação, 4/3/00, iniciando-se a partir daqui a tributação em sede de contribuição autárquica, por enquadramento na previsão contida na alínea *a)* do n.º 1 do art.º 11.º do CCA;

3. – Contrariamente ao decidido, sustenta-se que, resultando da conjugação do preceituado nos art.ºs 10.º e 11.º n.ºs 1, alíneas *c)*, corpo e *b)*, respectivamente, que a contribuição é devida a partir do ano inclusive da conclusão das obras, presumindo-se esta na mais antiga das datas referidas nas alíneas do n.º 1 do aludido art.º 11.º, que "in casu", coincide com a data da apresentação da declaração para inscrição matricial, 2/7/96, será esta a data a partir da qual a contribuição se mostra devida, e não a partir da obtenção no ano 2000 da licença camarária;

4. – Da prova documental que se produziu não resulta ilidida a presunção legal contida no referido n.º 1 do art.º 11.º, seja por não poder retirar-se da falta de licença anteriormente a 2000 que as obras só ficaram concluídas no ano 2000, em que finalmente a licença foi concedida após várias tentativas fracassadas por motivos que se não impediam uma normal utilização e ocupação do imóvel, seja por aquela presunção legal ter deixado de o ser por se ter consolidado na ordem jurídica o resultado da avaliação, efectuada com base na declaração mod.

129, cujo conteúdo incluía o momento da conclusão das obras (momento este que nunca foi alvo de rectificação) e com o qual os impugnantes se conformaram, uma vez que dele não reagiram em tempo útil;

5. – A não ser assim entendido chegar-se-ia à situação paradoxal de, o mesmo facto dado a conhecer à AT pelos próprios contribuintes – o momento da conclusão das obras reportado ao ano de 1996 – servir para efeitos de fixação do valor patrimonial do prédio mas já não servir para efeitos de liquidação e pagamento da contribuição autárquica apurada com base, precisamente, no valor patrimonial encontrado na avaliação;

6. – Inexiste qualquer ilegalidade na impugnada liquidação que justifique a sua anulação;

7. – A sentença recorrida violou o disposto nos art.ºs 10.º, n.º 1 al. c), 11.º n.º 1 al. b) do CCA.

Os impugnantes apresentaram alegações nas quais formularam as seguintes conclusões:

1 – O presente recurso vem interposto da sentença que julgou procedente impugnação deduzida contra as liquidações da contribuição autárquica referente aos anos de 1997 a 1999, relativa ao prédio urbano dos recorridos, sito na Rua Antero Quental, n.ºs 338/442, da cidade do Porto, por a mesma estar ferida de ilegalidade.

2 – Neste recurso a questão a resolver é precisamente a de saber se houve ou não uma errada aplicação da "lei" aos factos dados como provados, os quais a recorrente não põe em causa, pelo que versa matéria de direito, sendo o tribunal competente para o julgar o Supremo Tribunal Administrativo e não o Tribunal Central Administrativo, para onde foi interposto, nos termos do n.º 4 do art.º 21.º, al. b) do n.º 1 do 32.º e al. a) do n.º 1 do art.º 41.º do ETAF.

3 – A violação das regras de competência em razão da hierarquia ou da matéria determina a incompetência absoluta do Tribunal, excepção dilatória, que impede o tribunal de conhecer do mérito da causa, conduz à absolvição da instância, "in casu" à improcedência do recurso, declarando o TCA, como incompetente, nos temos dos art.ºs 101.º, al. a) do n.º 1 do 288.º, n.º 2 do 493.º e al. a) do n.º 1 do 494.º do CPC, aplicáveis por força da al. e) do art.º 2.º do CPPT.

4 – A recorrente, Fazenda Nacional, fundamenta o seu recurso numa presunção legal, resultante da alínea b) do n.º 1 do art.º 11.º do CCA, presumindo o prédio em causa ter sido concluído na data de apresentação da declaração para inscrição na matriz, por ser esta mais antiga, na qual foi declarado estar o prédio concluído em 28/06/96, com excepção da fracção "B".

5 – Acrescenta ainda que os recorridos nunca puseram em causa a sua declaração quanto à data de conclusão do seu prédio, constante do modelo 129, bem sabendo que o fizeram na Reclamação Graciosa e não antes, por não adivinharem que a administração iria proceder a uma liquidação autárquica ferida de ilegalidade.

5 – Insurge-se a A. F. contra a ilação extraída dos pontos 5 a 9 do probatório de que o prédio só deve dar-se por concluído, para efeitos de tributação em contribuição autárquica no ano em que lhe foi concedido o alvará de licença de "Habitação ou Ocupação", com o n.º 295, emitido em 14/03/2000, estribando-se na al. c) do n.º do art.º 10.º e na al. b) do n.º do art.º 11.º, mantendo o entendimento que já defendera na fase administrativa do processo.

6 – A prova documental veio claramente demonstrar que o prédio só ficou efectivamente concluído no ano 2000, depois de feitos os acabamentos na fracção "B", realizadas as obras adicionais, corrigidas as deficiências, em suma satisfeitas as exigências das entidades municipais competentes, ou seja, com emissão da licença de habitabilidade.

7 – As presunções do n.º 1 do art.º 11.º são meras presunções juris tantum, ilidíveis por prova em contrário (N.º 2 do art.º 350.º do CC), tendo a impugnante afastado essa presunção, através da prova supra descrita como muito bem se decidiu na sentença recorrida, que não merece censura alguma.

8 – Por último, a tese defendida pela A. F, de que a inexistência da licença de habitabilidade não prejudica a normal utilização ou ocupação, não pode ter acolhimento, pelas razões alegadas, designadamente com a publicação dos D. L 46/85 de 20/9, (Art.º 44.º), 321-B/90 de 15/10 e 281/99 de 26/7.

O EMMP junto deste STA acompanha o parecer de fls. 67/68 o qual se pronuncia pelo não provimento do recurso uma vez que o imóvel em questão só estaria sujeito a CA a partir de 2000.

***

2. A sentença recorrida fixou o seguinte quadro factual:

1. Em 02/07/1996 foi entregue no 5.º SF do Porto uma declaração modelo 129 em nome de João Macedo Leitão e José de Macedo Leitão, ora impugnantes, referente a um bloco composto por R.Ch., três andares e um recuado, destinado a comércio e habitação, sito na Rua Antero de Quental, n.º 438/442, nesta cidade;

1.1 – nesta declaração foi indicada a data de 28/06/96 como a da conclusão da construção, com excepção para a fracção "B";

2 – os impugnantes, em 04/11/96, requereram aos SMAS vistoria às 4 fracções e vão das escadas;

3 – em 10/12/96 o projecto do SMAS foi indeferido, exigindo-se, entre outros pontos, a instalação de um segundo grupo hidro-pneumático;

4 – feitas as alterações exigidas, este processo foi aprovado em 14/07/97;

5 – a licença de habitabilidade daquele prédio foi requerida em 11/12/97;

6 – o pedido referido em 5) foi indeferido em 23/02/98, por não ter sido paga uma licença de alterações no estabelecimento;

7 – a licença referente às obras de alterações foi concedida em 31/07/98;

8 – pedida nova licença de habitabilidade foi a mesma indeferida por faltarem "acabamentos na fracção B", "electricidade nas habitações" e "deficiente ventilação no estabelecimento";

9 – corrigidas as deficiências contidas no n.º anterior e requerida nova licença de habitabilidade, foi concedido pela CMP, em 02/03/00, o alvará de licença de utilização;

10 – em 27/04/00 foi constituída a propriedade horizontal;

11 – em 04/05/2000 o SF procedeu à avaliação do prédio aludido em 1);

12 – em 09/06/00 e 13/06/2000 foram os impugnantes notificados, através de carta registada com aviso de recepção, do resultado da avaliação mencionada em 11) e de que poderiam, querendo, apresentar reclamação no prazo de 8 dias;

13 – não tendo sido apresentada reclamação contra o resultado da dita avaliação, foi liquidada, em 22/03//2001, a CA referente às diversas fracções do prédio mencionado – art.º U-11484, fracções "A", "B", "C", "D", e "E" dos anos de 1997, 1998, 1999 e 2000, num total de € 8.382,74-fls. 04 a 08 do processo de reclamação apenso –;
14 – a data limite de pagamento daquela soma ocorreu em 30/04/01;
15 – em 16/07/01 foi apresentada a reclamação graciosa apensa a estes autos;
16 – esta reclamação foi indeferida por despacho proferido pelo Chefe do SF em 30/01/02 – cfr. a proposta de decisão e o despacho juntos a fls. 53/55 do apenso, cujo teor aqui se dá por reproduzido para todos os efeitos –;
17 – os impugnantes foram notificados daquele indeferimento em 04/02/02 e 13/02/02;
18 – esta impugnação deu entrada no SF em 19/02/02.

3.1. A sentença recorrida começou por delimitar o objecto da impugnação ao acto tributário da liquidação da contribuição autárquica de 1997, 1998 e 1999 uma vez que tendo os impugnantes questionado, na reclamação graciosa, estes actos tributários e o de 2000 o certo é que, em sede de impugnação, apenas questionaram aqueles.

A sentença recorrida afirma que a factualidade levada ao probatório não permite concluir que as obras tenham ficado prontas em 1996 pois que o imóvel em apreço só obteve a licença de habitabilidade em 2-3-2000. É que apesar de esta ter sido requerida em 1997 foi indeferida porque os serviços camarários impuseram aos autores a realização de várias obras pelo que até à realização destas "o prédio não pode considerar-se pronto, plenamente construído".

Acrescenta que "os impugnantes lograram demonstrar o suporte fáctico da sua pretensão, ou seja, provaram que as obras do falado prédio só ficaram concluídas em 2000".

Concluiu, por isso, que o prédio dos autos só está sujeito a tributação em sede de contribuição autárquica a partir do ano de 2000, inclusive.

3.2. Sustenta a recorrente FP que é devida a contribuição autárquica referente aos anos de 1997 a 1999 relativamente às fracções A, B, C, D e E a que se refere a presente impugnação pois que apresentaram os impugnantes, em 02/07/1996, declaração modelo 129 na qual foi indicada a data de 28/06/96 como a da conclusão da construção.

Estabelecia a alínea c) do n.º 1 do art.º 10.º do Código da Contribuição Autárquica que, a contribuição é devida a partir "do ano, inclusive, da conclusão das obras de edificação, e melhoramento ou de outras alterações que hajam determinado a variação do valor tributável de um prédio, quando qualquer destes factos tenha ocorrido até 30 de Junho."

Acrescentava o n.º 1 do art.º 11.º do mesmo diploma legal que:

"Os prédios urbanos presumem-se concluídos ou modificados na mais antiga das seguintes datas:

a) Em que for concedida licença camarária, quando exigível;

b) Em que for apresentada a declaração para inscrição na matriz;

c) Em que se verificar uma qualquer utilização, desde que a título não precário;

d) Em que se tornar possível a sua normal utilização para os fins a que se destina."

Dos preceitos transcritos resulta que a contribuição autárquica era devida a partir do ano, inclusive, da conclusão das obras de edificação quando esta tenha ocorrido até 30 de Junho (al. c), n.º 1 art.º 10.º) presumindo-se concluídos os prédios urbanos na mais antiga das datas referenciadas nas alíneas do n.º 1 do art.º 11.º.

À situação concreta dos presentes autos não são aplicáveis as alíneas c) e d) deste último preceito legal pois que não se discute qualquer utilização das ditas fracções.

Igualmente não se discute que em 02/03/00 foi concedido o alvará de licença de utilização como não se questiona que apresentaram os impugnantes, em 02/07//1996, declaração modelo 129 na qual foi indicada a data de 28/06/96 como a da conclusão da construção.

Fixou, contudo, do probatório (pontos 2 e seguintes) que os impugnantes, em 04/11/96, requereram aos SMAS vistoria às 4 fracções e vão das escadas e que, em 10/12/96, o projecto do SMAS foi indeferido, exigindo-se, entre outros pontos, a instalação de um segundo grupo hidro – pneumático e que feitas as alterações exigidas, este processo foi aprovado em 14/07/97, que a licença de habitabilidade foi requerida em 11/12/97 e que tal pedido foi indeferido, em 23/02/98, por não ter sido paga uma licença de alterações no estabelecimento e que a licença referente às obras de alterações foi concedida em 31/07/98, que pedida nova licença de habitabilidade foi a mesma indeferida por faltarem "acabamentos na fracção B", "electricidade nas habitações" e "deficiente ventilação no estabelecimento", que corrigidas as deficiências contidas no n.º anterior e requerida nova licença de habitabilidade, foi concedido pela CMP, em 02/03/00, o alvará de licença de utilização e que, em 27/04/00, foi constituída a propriedade horizontal.

E perante este quadro factual entendeu a sentença recorrida que foi ilidida a presunção de que as ditas fracções se encontravam concluídas desde a data em que foi apresentada a declaração para inscrição na matriz e que se deveria entender que as mesmas foram concluídas quando foi concedida licença camarária.

Contra o assim decidido insurge-se a FP sustentando, em síntese, que a contribuição autárquica foi liquidada com base no que consta da declaração modelo 129, apresentada pelos impugnantes em 2/7/96, com vista à inscrição matricial de um imóvel construído em regime de propriedade horizontal, constando de tal declaração, no quadro 10, campo 01, como data da conclusão das obras 96/06/28, e no quadro 15, que a fracção "B" se encontra em fase de acabamentos.

Sustenta, ainda, que nos n.ºs 5) a 9) do probatório, deu o Tribunal como provados factos que se prendem com as diligências levadas a cabo pelos impugnantes no sentido de conseguirem o alvará de licença de habitação ou ocupação, vulgo licença de habitabilidade, obtido em 14/3/00, por despacho datado de 2/3/00.

Conclui que as obras de edificação de prédios se presumem concluídas na mais antiga das datas referenciadas nas alíneas do n.º 1 do art.º 11.º pelo que sendo a mais antiga daquelas datas, a da apresentação da declaração para inscrição matricial, será esta a ter em conta para determinar quando tem lugar o início da tributação.

E o citado n.º 1 do art.º 11.º do código da contribuição autárquica estabelecia que os prédios urbanos se presumem concluídos na mais antiga das datas, além das constantes das alíneas c) e d) que na situação concreta irrelevam, em que for concedida licença camarária, quando exigível ou em que for apresentada a declaração para inscrição na matriz.

No caso dos autos só seria relevante a data da licença camarária se não tivesse sido apresentada a mencionada declaração para inscrição na matriz.

Na verdade o art.º 11.º citado utiliza a expressão presunção com sentido diverso daquele que tal expressão possui nos art.ºs 349.º e 350.º do C. Civil pois que o legislador pretendeu com tal expressão afirmar que os prédios urbanos se consideram concluídos na mais antiga das datas que enumera nas quatro alíneas seguintes.

E pode o particular, na situação concreta dos presentes autos, alegar e demonstrar que não apresentou a declaração para inscrição na matriz ou que não ocorreu qualquer dos factos referidos nas diversas alíneas do n.º 1 do mencionado art.º 11.º.

Contudo desde que ocorra qualquer dessas situações deve considerar-se concluído o prédio que, por isso e a partir dessa data, terá determinado valor tributável sujeito a contribuição autárquica.

O indicado preceito legal permite apenas optar pela mais antiga das quatro situações descritas nas diversas alíneas referidas no mencionado preceito legal para sujeitar o respectivo prédio urbano a contribuição autárquica.

Daí que apresentada a declaração para inscrição na matriz se deva considerar concluído o prédio na data em que a mesma afirmar tal conclusão se esta for anterior a qualquer das restantes situações descritas nas diversas alíneas do art.º 11.º citado.

E é realidade diferente a conclusão do prédio e a necessidade de efectuar ajustamentos para a concessão da licença de utilização ou outros de beneficiação que sempre poderão efectuar-se em todas ou algumas fracções o que não impede que para o efeito pretendido não tenha de se considerar concluído o prédio até porque sempre seria difícil afirmar que num prédio concluído não faltaria efectuar um qualquer pequeno ajustamento ou correcção de uma qualquer pequena e ligeira deficiência.

De qualquer forma tais obras, necessárias para a obtenção da licença de utilização, não permitem concluir que, para os efeitos do art.º 11.º 1 b) citado, não se encontrava concluído o referido prédio para efeitos da sua sujeição a contribuição autárquica.

É, por isso, de concluir que, embora não se encontrando em condições de ser emitida a licença de utilização pode o mesmo prédio considerar-se concluído para efeitos de inscrição na matriz, ficando imediatamente sujeito ao pagamento do tributo questionado na data em que, na declaração para inscrição na matriz, se afirma tal conclusão.

Com efeito não é a demora na concessão da licença de utilização que impede a declaração para inscrição da matriz ou qualquer utilização a título não precário ou a normal utilização para os fins a que se destina.

Na verdade qualquer das quatro situações descritas nas diversas alíneas do mencionado art.º 11.º 1 conduz a considerar concluído o prédio com o consequente valor tributável sujeito imediatamente a contribuição autárquica.

E as duas últimas alíneas do mencionado preceito legal, que se referem a qualquer utilização, desde que a título não precário ou para os fins a que se destina o prédio, imediatamente levam a inferir que o prédio se encontra concluído efectivamente e por isso com valor tributável e sujeito, por isso, a contribuição autárquica alheando-se o legislador da efectiva ou não conclusão do dito prédio.

Daí que se entenda que os actos tributários da liquidação de contribuição autárquica impugnados são de manter.

4. Nos termos expostos acorda-se em conceder provimento ao recurso, em revogar a sentença recorrida e, consequentemente, em não anular os actos tributários da liquidação da contribuição autárquica impugnados.

Custas pelos impugnantes na 1ª instância e neste STA fixando-se neste em 50% a procuradoria.

Lisboa, 20 de Outubro de 2004.

António Pimpão (Relator)
Baeta de Queiroz
Lúcio Barbosa

Recurso n.º 466/04

BENEFÍCIOS FISCAIS. ART. 36.º DO EBF (HOJE ART. 27.º). JUROS DE CAPITAIS PROVENIENTES DO ESTRANGEIRO, REPRESENTATIVOS DE EMPRÉSTIMOS. EFICÁCIA DIFERIDA.

(Acórdão de 23 de Novembro de 2004)

SUMÁRIO:

I – Pedida a isenção total ou parcial de IRS ou de IRC, relativamente a juros de capitais provenientes do estrangeiro, representativos de empréstimos, nos termos do art. 36.º do EBF (hoje, art. 27.º) os pressupostos referidos neste dispositivo legal devem estar já preenchidos à data da decisão.

II – O reconhecimento do dito benefício tem natureza declarativa.

III – Tal reconhecimento, na medida em que carece, previamente, da prova dos respectivos pressupostos e da emissão do parecer referido nesse normativo, não pode ter eficácia diferida, sujeita à verificação futura dessas duas condicionantes.

ACORDAM, EM CONFERÊNCIA, NA SECÇÃO DE CONTENCIOSO TRIBUTÁRIO DO SUPREMO TRIBUNAL ADMINISTRATIVO:

1. TEJO ENERGIA – PRODUÇÃO E DISTRIBUIÇÃO DE ENERGIA ELÉCTRICA, SA, com sede na Central Termoeléctrica do Pego, EN 118, KM 142, 1, ABRANTES, interpôs, no Tribunal Central Administrativo, recurso contencioso de anulação do despacho do Senhor Secretário de Estado dos Assuntos Fiscais, que lhe indeferiu o pedido de concessão de benefícios fiscais, previsto no art. 36.º do EBF.
Invocou vício de violação de lei.
O TCA negou provimento ao recurso.
Interposto recurso para este STA, foi aqui proferido acórdão, anulando-se o aresto recorrido por omissão de pronúncia.
Baixaram os autos ao TCA.
Este, por acórdão de 13 de Maio de 2003, negou provimento ao recurso contencioso.
Inconformada, a recorrente interpôs recurso jurisdicional para este Supremo Tribunal.
Formulou as seguintes conclusões nas respectivas alegações de recurso:
A. Vem o presente recurso interposto do Acórdão proferido pelo Tribunal *a quo*, o qual negou provimento ao recurso contencioso de anulação interposto pela ora Recorrente do despacho proferido pelo Senhor Secretário de Estado dos Assuntos Fiscais que indeferiu o requerimento, apresentado pela mesma em 17.06.1997, de reconhecimento de isenção fiscal ao abrigo do artigo 36.º do Estatuto dos Benefícios Fiscais.
B. A decisão do Tribunal *a quo* quanto aos factos provados, no âmbito do acórdão aqui recorrido, datado de 13.05.2003 – e proferido, na sequência da anulação do anterior acórdão proferido pelo mesmo Tribunal em 16.05.2000 – é substancialmente diversa da que consta do acórdão de 16.05.2000.
C. O Tribunal *a quo* apenas poderia ter alterado tal matéria de facto, aditando-a, no âmbito do acórdão agora proferido e aqui recorrido (face ao decidido no acórdão de 16.05.2000), na hipótese de se entender que o acórdão do Supremo Tribunal de Justiça de 28 de Fevereiro de 2002 anulou totalmente o acórdão do Tribunal Central Administrativo de 16.05.2000, interpretação esta que se afigura como correcta face à anulação da totalidade do acórdão então recorrido (artigo 1100.º da LPTA), e não apenas de parte deste.
D. Sucede que o Tribunal *a quo*, no acórdão recorrido, não especifica quaisquer fundamentos legais para a alteração da decisão, face à anterior (de 16.05.2000), no que diz respeito à matéria de facto, sendo certo que a indicação de tais fundamentos é absolutamente necessária para efeitos de se conhecer e compreender o porquê da alteração da matéria de facto anteriormente fixada.
E. Assim, o acórdão recorrido é nulo, por falta de especificação dos fundamentos legais pelos quais foi alterada a matéria de facto anteriormente fixada, nos termos da al. *b)* do n.º 1 do art. 668.º do CPC, aplicável *ex vi*, artigo 1.º da LPTA, nulidade essa que se impõe reconhecer e declarar.
F. Como é evidenciado pelo teor do acórdão recorrido e pelos documentos juntos aos autos a Recorrente não podia ter requerido e obtido, em 1994 e em 1996, a isenção então prevista no artigo 36.º do EBF em virtude do refinanciamento negociado e concluído em 1997, pelo que não é correcta, nem corresponde ao alegado, documentado e ocorrido, a descrição dos factos na aliena *d)* da matéria de facto dada como provada no acórdão recorrido.
G. Assim, face aos factos alegados, aceites pela Autoridade Recorrida e documentados (cfr. Documentos n.ºs 5 a 8 juntos à petição de recurso), deve ser alterado acórdão recorrido – ao abrigo do disposto no artigo 712.º n.1 alínea *a)* do Código de Processo Civil, aplicável *ex vi* artigos 749.º e 762.º do mesmo Código, todos aplicáveis por força do disposto no artigo 102.º da LPTA no que diz respeito aos factos incluídos na respectiva alínea *d)* da matéria de facto dada como provada, sugerindo-se a seguinte redacção:
"d). A Recorrente:
a) requereu, em 1993, ao abrigo do artigo 36.º do EBF, reconhecimento da isenção de IRC a cuja retenção se encontra obrigada, incidente sobre os rendimentos derivados dos juros incidentes sobre os capitais provenientes do estrangeiro incluídos nos financiamentos obtidos junto do sindicato bancário composto exclusivamente por bancos não residentes e nos empréstimos obtidos, na forma de suprimentos, junto dos accionistas acima referidos.
Tal isenção foi-lhe concedida através do despacho do Sr. SEAF de 14/2/1994 proferido no âmbito do processo n.º 231/93;
b) requereu, em 1996 – e no pressuposto de poder vir retitular os financiamentos contraídos junto do sindicato bancário composto exclusivamente por bancos não residentes e os empréstimos obtidos, na forma de suprimentos, junto dos accionistas através da concessão de novos financiamentos – a isenção de IRC prevista no artigo 36.º do EBF para os rendimentos derivados dos juros dos financiamentos referidos em Anexo ao requerimento, na medida em que tais empréstimos viessem a ser, em cada momento, contraídos junto de Bancos não residentes.
Tal isenção foi-lhe concedida através do despacho do Sr. SEAF de 21/10/1996 proferido no âmbito do processo n. 231/93."
(novo número de matéria de facto dada como provada)
"Em Junho de 1997*, a Recorrente, após negociações relativas ao refinanciamento do citado projecto, contratou um novo financiamento ("Novo Financiamento") e contratou também a reconversão dos financiamentos originais referidos em 3. supra, e por virtude dessa reconversão, requereu, em 17.06.1997, a isenção prevista no artigo 36.º do EBF: relativamente aos juros decorrentes do empréstimo que contraíra no mercado doméstico através do designado escudo Facility Agreement referido, no montante de Esc. 52.200.000.000$00, na medida em que o mesmo fosse concedido por bancos não residentes.*
Tal requerimento foi indeferido por Despacho do Senhor Secretário de Estado dos Assuntos Fiscais, de 10 de Fevereiro de 1998."
H. A Recorrente interpôs o presente recurso contencioso de anulação do despacho acima identificado, arguindo os seguintes vícios:
(i) vício de violação de lei, por violação do disposto no artigo 36.º do EBF, na parte em que o despacho recorrido justifica a recusa do reconhecimento do benefício com base em elementos que, para além de serem estra-

nhos à aplicação daquela norma, não têm correspondência em termos fácticos com a realidade;

(ii) vício de violação de lei, por violação do disposto no artigo 36.º do EBF, na parte em que o despacho recorrido justifica o indeferimento do reconhecimento do benefício com base num requisito adicional – o da necessidade do empréstimo ser celebrado originariamente com entidade não residente, não podendo, nos termos do empréstimo, ser transmitido a entidade residente; e

(iii) e vício de violação de lei, por violação das disposições conjugadas dos artigos 4.º, 11.º e 36.º, todos do EBF, na parte em que o despacho recorrido justifica a recusa do reconhecimento do benefício fiscal com base na exigência da verificação fáctica, à data do requerimento de concessão, dos pressupostos previstos no artigo 36.º do EBF.

I. O Acórdão recorrido concluiu que da interpretação conjugada das normas constantes dos artigos 4.º, n.º 2 e 11.º do EBF resulta que, estando em causa um benefício fiscal dependente de reconhecimento por requerimento do particular interessado, é exigível a verificação dos pressupostos previstos no artigo 36.º do EBF à data do requerimento para efeitos do pretendido reconhecimento porquanto *"o reconhecimento tem natureza declarativa e não constitutiva do direito ao benefício fiscal respectivo, pelo que o nascimento desse direito deve reportar-se sempre ao momento da verificação histórica dos respectivos pressuposto legais e não ao momento da prática do próprio reconhecimento".*

J. O citado fundamento está em manifesta oposição com a decisão sob recurso, na medida em que logicamente conduziria a decisão contrária, ou seja, a de que é possível reconhecer o benefício fiscal (reconhecimento, enquanto acto declarativo previsto no artigo 40 n.º 2 do EBF), sem a concreta verificação dos pressupostos legais previstos no artigo 360.º do EBF (momento a que se reporta, nos termos do artigo 11.º do EBF o acto constitutivo do direito), pelo que, nessa parte o Acórdão recorrido é nulo nos termos da alínea c) do n.º 1 do artigo 668.º do Código de Processo Civil, aplicável *ex vi,* artigo 10.º da LPTA, nulidade essa que se impõe reconhecer e declarar.

K. O Tribunal *a quo* concluiu que não se mostravam verificados os pressupostos de que a lei faz depender a concessão do benefício fiscal – sendo este o único fundamento do despacho recorrido, no entendimento do Tribunal *a quo* – e que, consequentemente, não se verificava o vício referido na conclusão H, (iii) supra, entendendo que ficava prejudicada a apreciação dos restantes vícios do acto alegados pela Recorrente (identificados na conclusão (i) e (ii) supra).

L. Na parte em que se afirma, no Acórdão recorrido, que tais circunstâncias traduzem meros *"comentários",* e que o despacho recorrido teve um *"único fundamento",* que seria o de que *"na fase do processo em que o benefício foi requerido, não se verificavam os requisitos previstos na lei",* o acórdão violou o disposto no artigo 125.º do CPA.

M. Ao decidir que a apreciação dos dois vícios alegados pela Recorrente – e admitidos pelo Acórdão recorrido – ficava prejudicada, o acórdão recorrido não só violou a eficácia de caso julgado formal (artigo 672.º do Código de Processo Civil) que resultava da anterior decisão do Supremo Tribunal Administrativo que expressamente concluiu que não ficava prejudicada a apreciação pela solução encontrada quanto ao outro vício – como violou o disposto no n.º 2 do artigo 660.º do Código de Processo Civil, aplicável *ex vi,* artigo 1.º da LPTA.

N. Sem prejuízo das conclusões anteriores, – cuja procedência apenas por hipótese se admite sem conceder – não deve manter-se o Acórdão recorrido, porquanto o mesmo viola as normas constantes do artigo 4.º, 11.º, 17.º e 36.º do EBF errada interpretação das referidas normas.

O. A verificação histórica, isto é concreta, dos pressupostos legais constitui o momento relevante para a constituição do direito ao benefício, aspecto que se encontra regulado no artigo 11.º do EBF, sendo que o acto de reconhecimento não corresponde ao acto constitutivo do direito mas antes ao acto declarativo, nos termos do n.º 2 do artigo 4.º do EBF.

P. No artigo 36.º do EBF prevêem-se as condições para o deferimento do pedido de reconhecimento do benefício fiscal, pelo que no momento em que o pedido é feito não se está a solicitar o reconhecimento do direito subjectivo à isenção porque o nascimento deste, sim, estará dependente, nos termos do artigo 11.º do EBF, da verificação histórica dos pressupostos de que depende – mas apenas a manifestação de vontade da Administração Fiscal para que uma vez verificados em concreto os pressupostos do benefício, nesse momento, surja o direito subjectivo ao benefício fiscal.

Q. Assim, dos artigos 4.º e 11.º do EBF não decorre a interpretação sustentada pelo Acórdão recorrido sendo perfeitamente possível que no momento em que é apreciado o pedido de isenção não estejam, em concreto, verificados os pressupostos de que depende a constituição do direito subjectivo ao benefício fiscal, sendo conferida à entidade recorrida a possibilidade de praticar um acto administrativo com eficácia diferida; ou seja, conceder a isenção com base na verificação em concreto do pressuposto em falta do qual dependeria a concessão da isenção, nos termos dos art.ºs 121.º, 127.º, n.º 1 e 129.º, al. b) artigos esses que foram assim violados pelo acórdão recorrido.

R. Sendo certo que da interpretação do Acórdão recorrido resulta que no caso dos benefícios fiscais dependentes de reconhecimento a constituição do direito subjectivo à isenção decorreria do reconhecimento, o que contraria a eficácia declarativa do reconhecimento consagrada no n.º 2 do artigo 4.º do EBF.

S. O disposto no artigo 14.º do EBF – que regula o processo de reconhecimento de benefícios fiscais – não é conjugável com artigo 11.º do mesmo diploma, o qual se refere momento relevante para a constituição do direito e não ao momento relevante para reconhecimento da isenção.

T. Assim, a prova da verificação dos pressupostos a que se refere a alínea c) do n.º 1 do artigo 14.º necessária para o reconhecimento da isenção, não corresponde à prova da verificação em concreto dos pressupostos constantes no artigo 36.º do EBF, sendo suficiente, no quadro de um pedido de reconhecimento sujeito condição suspensiva, como ocorreu nos presentes autos, a prova da existência da condição, pelo que é incorrecta a interpretação desta norma constante do Acórdão recorrido;

U. Por fim, o processo de consulta prévia previsto no artigo 17.º não decorre que esse seja o único processo que se abre ao contribuinte no caso de não estarem verificados os pressupostos previstos no artigo 36.º do

EBF, pois a lei consagra uma mera possibilidade nesses casos, sendo perfeitamente possível recorrer ao processo de reconhecimento para efeitos de solicitar a declaração de um direito sob condição da verificação dos respectivos pressupostos, no caso de esta verificação futura ser, desde logo, demonstrável, o que igualmente ocorreu nos presentes autos.

V. Assim, *porque* dos artigos invocados no acórdão recorrido não decorre a exigibilidade da verificação, concreta e à data do requerimento para efeitos de reconhecimento do benefício fiscal, dos pressupostos previstos no artigo 36.º do EBF, o Acórdão recorrido viola as referidas normas devendo por isso, conceder-se provimento ao presente recurso, anulando-se o despacho do Senhor Secretário de Estado dos Assuntos Fiscais, por violação de lei.

Contra-alegou o recorrido, sustentando que deve ser negado provimento ao recurso.

Neste STA, o EPGA defende que o recurso não merece provimento.

Colhidos os vistos legais, cumpre decidir.

2. É a seguinte a matéria de facto fixada no TCA:

a) A Tejo Energia – Produção e Distribuição de Energia Eléctrica, SA, tem por objecto social a produção, transporte e distribuição de energia eléctrica em alta, média e baixa tensão, bem como todas as actividades conexas ou afins e está matriculada na CRC de Lisboa, 3ª secção, matrícula n.º 1169/921104 – cfr. certidão junta ao apenso administrativo.

b) A Recorrente foi constituída no âmbito do projecto respeitante à aquisição à EDP – Electricidade de Portugal, SA., e subsequente exploração, da Central Termo Eléctrica do Pego.

c) Para financiamento de tal projecto, em regime de «project finance» a Tejo Energia, SA, contraiu, em 1993:

– financiamentos sob a forma de abertura de crédito no mercado doméstico, junto de um sindicato bancário constituído apenas por bancos residentes, no montante de Esc. 56.200.000.000$00, denominado «Escudo Facility Agreement».

– financiamentos junto de um outro sindicato bancário, composto exclusivamente por bancos não residentes, no montante de DM 1.140.000.000, denominado "Offshore Facility Agreement".

– empréstimos junto dos seus accionistas, sob a forma de suprimentos, no montante global máximo de ECU 149.789.749.

d) Em Junho de 1997, a Tejo Energia, SA., após negociações relativas ao refinanciamento do citado projecto, contratou um novo financiamento ("Novo Financiamento") e contratou também a reconversão dos financiamentos referidos no n.º antecedente e, por virtude dessa reconversão:

1.) Relativamente aos capitais provenientes do estrangeiro incluídos em cada um dos financiamentos acima referidos, a Tejo Energia, SA., requereu, ao abrigo do artigo 36.º do EBF, reconhecimento da isenção de IRC a cuja retenção se encontra obrigada, incidente sobre os rendimentos derivados dos juros incidentes sobre os mesmos.

Tais isenções foram-lhe concedidas através dos Despachos do Sr. SEAF, de 14/2/1994 e 21/10/1996, ambos proferidos no âmbito do processo n.º 231/93 – cfr. processo instrutor.

2.) Relativamente ao empréstimo que contraíra no mercado doméstico através do designado Escudo Facility Agreement referido, no montante de Esc. 56.200.000.000$00, a Tejo Energia, SA, requereu, em 17/6/1997, a isenção prevista no artigo 36.º do EBF, relativamente aos juros decorrentes desse citado financiamento (Escudo Facility Agreement), na medida em que o mesmo fosse concedido por bancos não residentes.

Este pedido de isenção deveu-se a:

– Ter a recorrente entendido que se verificavam agora, também relativamente a tal financiamento, os pressupostos que haviam justificado a concessão da isenção aos anteriores financiamentos de origem externa, na medida em que era concedido por bancos não residentes.

– No quadro do acordo alcançado no âmbito da reconversão de financiamento global do projecto, os bancos financiadores terem exigido a eliminação da restrição de sindicação.

Este pedido de isenção veio a ser indeferido por Despacho do Sr. SEAF, de 2/2/1998.

e) Esse despacho, que é o recorrido, é do teor seguinte:

«Indefiro com base nos fundamentos constantes na presente informação. Envie-se cópia desta informação ao Grupo de Trabalho dos Benefícios Fiscais e ao CEF para reflexão (ponto "7 desta informação").

f) Tal despacho foi exarado numa informação elaborada em 16/10/97 pelos serviços da AT na qual foram também exarados estes outros despachos:

Despacho do Sr. Director de Serviços, de 19/12/97:
«Confirmo.

Afigura-se-me ser de indeferir o pedido com os seguintes fundamentos:

1)– Nos termos do artigo 11.º do EBF o direito aos benefícios fiscais deve reportar-se à data de verificação dos respectivos pressupostos.

2)– Como medida de controlo, a isenção prevista no artigo 36.º do EBF deverá ser concedida relativamente ao juros devidos mediante contrato de empréstimo, celebrado com entidade com residência, sede ou direcção efectiva no estrangeiro, sendo ainda condição necessária, que esse contrato não seja negociável com entidades residentes.

À Consideração Superior".

– Despacho do Sr. Subdirector -Geral do IR, de 29/12/97: *"Concordo ser de indeferir pelos fundamentos expressos. À consideração Superior"*

– Despacho do Sr. Director -Geral dos Impostos, de 30/12/97:

«*Concordo, no sentido do indeferimento. À consideração do Senhor SEAF.)*

– Despacho do Sr. Secretário de Estado dos Assuntos Fiscais, de 11/11/99: «*Concordo no sentido do indeferimento. À consideração do Senhor SEAF".*

g) A informação elaborada em 8/10/99 pelos serviços da AT (pela DSBF), na qual foram exarados todos os supra citados despachos, é do seguinte teor no que ao caso importa:

3. *A concessão sucessiva de benefícios fiscais às operações de financiamento externo realizado pela "Tejo Energia" foi fundamentada no art. 36º do EB – aprovado pelo Decreto-Lei n.º 215/89, de 1 de Julho, norma que confere ao Ministro das Finanças a faculdade de conce-*

der isenção total ou parcial de IRC relativamente a juros de capitais provenientes do estrangeiro, representativos de empréstimos a empresas que prestem serviços públicos, desde que os credores tenham a residência, sede ou direcção efectiva no estrangeiro.

4. Face ao estatuído na citada norma fiscal, a atribuição de isenção com incidência em IRC fica subordinada à verificação dos seguintes pressupostos:

– existência de juros de capitais provenientes do estrangeiro representativos de empréstimos;
– tenha a entidade credora residência, sede ou direcção efectiva no estrangeiro;
– ser a entidade devedora prestadora de serviço público;

Todavia, no âmbito da concessão de crédito à empresa para o projecto de exploração da "Central Termoeléctrica do Pego" constata-se que foi negociado no "mercado doméstico, junto de um sindicato bancário constituído apenas por bancos residentes o contrato de empréstimo no montante de Esc. 56.200.000.000$00 (cinquenta e seis mil e duzentos milhões de escudos) " cuja natureza e características não se revelam conexas com os pressupostos cumulativos exigidos, nomeadamente no que concerne à origem dos capitais e à localização da sede da entidade credora.

5. Efectivamente, a argumentação aduzida pela empresa para fundamentar a sua pretensão revela uma ambiguidade factual no pedido de isenção na medida em que ao fazer repercutir o benefício fiscal sobre os rendimentos derivados dos juros do empréstimo bancário no montante de Esc. 56.200. 000. 000$00 organizado com operadores e capitais nacionais, preconiza, concomitantemente, que parte desse financiamento poderá, eventualmente, ser contraído junto de bancos não residentes.

6. Ora, um dos princípios fundamentais consagrados no Estatuto dos Benefícios Fiscais apenas faculta o direito aos benefícios quando estiverem reunidos os respectivos pressupostos (art. 11.º), isto é desde que verificadas as circunstâncias e as condições de facto e de direito de que depende a sua atribuição e não sobre uma dada situação tributária ainda não concretizada. A Administração fiscal deve decidir sobre situações tributárias actuais e não sobre uma situação tributária hipotética, salvo no âmbito do processo de consulta prévia previsto no art. 17.º do EBF: circunstância que, mesmo neste tipo de consulta, não exime os contribuintes de requerer o reconhecimento do benefício fiscal respectivo quando verificada a situação tributária concreta.

7. Consequentemente, antes de verificados os pressupostos dos benefícios fiscais previstos na lei não podem os mesmos ser objecto de concessão, pelo que se conclui, que, nesta fase do processo não estão reunidos os requisitos de enquadramento da referida norma fiscal susceptível de merecer atendimento a pretensão requerida. Todavia, convém notar que a existência cumulativa de múltiplos benefícios fiscais incidentes sobre juros de dívidas sucessivos relacionados com um só empréstimo externo (financiamento original) deve merecer uma ponderação e reflexão doutrinal, na medida em que, o objectivo e o sentido finalístico do benefício fiscal não é propriamente abranger situações de permanentes financiamentos para pagamento de dívidas por incumprimento das obrigações subjacentes ao contrato de mútuo.

À Consideração Superior

Direcção de Serviços dos Benefícios Fiscais, 16 de Outubro de 1997
A Técnica-Economista
Margarida Canhota"

3. São várias as questões postas à consideração deste Supremo Tribunal. Vejamos cada uma de per si.

a) Nas 4 primeiras conclusões das alegações de recurso, a recorrente insurge-se contra o acórdão recorrido, arguindo-o de nulidade, por, no seu entender, estar vedado ao Tribunal recorrido alterar a matéria de facto já fixada no acórdão anulado, sem explicitar as razões dessa mudança.

Mas não é assim. Na verdade, anulado um acórdão, deixa este de figurar na ordem jurídica, pelo que o novo aresto não está subordinado ao anterior, *maxime* no tocante à matéria de facto que se tem como provada. Ponto é que o acórdão recorrido fundamente o seu juízo quanto à matéria de facto que dá como provada. O que, no caso acontece.

Não ocorre assim a alegada nulidade, pelo que improcedem as ditas conclusões.

b) Defende igualmente a recorrente (conclusões I e J) que o acórdão é nulo porque um dos fundamentos utilizados está em manifesta oposição com a decisão sob recurso.

Não pensamos assim.

Na verdade, a nosso ver, o citado fundamento conduz à decisão produzida, pelo que não procede também esta alegada nulidade.

c) Defende ainda a recorrente (conclusões K, L e M) que o acórdão violou o caso julgado formal, resultante de anterior decisão deste STA, e ainda o disposto no art. 660.º, 2 do CPC.

Mas também aqui não tem razão.

É certo que o acórdão deste STA, proferido nestes autos, anulou o primitivo acórdão do TCA, por omissão de pronúncia.

Escreveu-se no citado aresto:

"Ora, na conclusão II das alegações para o TCA, a recorrente havia suscitado um vício de violação de lei do despacho recorrido por erro nos pressupostos de direito e de facto: socorrer-se o mesmo de *elementos estranhos ao art. 36.º do EBF* e inexistência de *incumprimento de qualquer obrigação subjacente ao contrato de mútuo ...*

"Sendo que o aresto recorrido não apreciou efectivamente tal alegação..."

Sobre esta questão escreveu-se no acórdão sob censura:

"Seja como for, mesmo que se entendesse que o aludido comentário tecido no ponto 7, in fine, da Informação é parte integrante da fundamentação do acto recorrido, é nosso entender que a solução que se vier a encontrar para a única questão a decidir nos autos e que é a *da impossibilidade de concessão do benefício previamente à verificação dos respectivos pressupostos*, prejudica a apreciação do invocado vício de violação de lei por o acto recorrido se ter socorrido de elementos estranhos ao art. 36.º do EBF e por inexistência de "incumprimento de qualquer obrigação subjacente ao contrato de mútuo".

"Significa isto que se a resposta à questão decidenda for no sentido de que não se mostram verificados os pressupostos de que a lei faz depender a concessão do benefício fiscal, prejudicada fica toda e qualquer outra das questões suscitadas (melhor dizendo, *argumentos utilizados pela recorrente*".

Quer isto dizer que no acórdão recorrido se emitiu pronúncia, não se desrespeitando assim o caso julgado formal. Nem se cometeu qualquer nulidade. Pode, isso sim, é ter sido cometido um erro de julgamento. Veremos depois que não. E o acórdão recorrido pronunciou-se sobre todas as questões submetidas à sua apreciação.

Não procede pois esta questão suscitada pela recorrente.

d) Questiona depois a recorrente o probatório (conclusões F e G).

Tem razão a recorrente.

Na verdade, face aos documentos juntos aos autos, altera-se a al. *d)* do probatório (como é consentido pelo art. 712.º, 1, *a)* e 2 do CPC e pelo art. 21.º do anterior ETAF), nos termos sugeridos pela recorrente, que fica assim com a seguinte redacção:

"d). A Recorrente:

aa) requereu, em 1993, ao abrigo do artigo 36.º do EBF, reconhecimento da isenção de IRC a cuja retenção se encontra obrigada, incidente sobre os rendimentos derivados dos juros incidentes sobre os capitais provenientes do estrangeiro incluídos nos financiamentos obtidos junto do sindicato bancário composto exclusivamente por bancos não residentes e nos empréstimos obtidos, na forma de suprimentos, junto dos accionistas acima referidos.

Tal isenção foi-lhe concedida através do despacho do Sr. SEAF de 14/2/1994 proferido no âmbito do processo n.º 231/93;

bb) requereu, em 1996 – e no pressuposto de poder vir retitular os financiamentos contraídos junto do sindicato bancário composto exclusivamente por bancos não residentes e os empréstimos obtidos, na forma de suprimentos, junto dos accionistas através da concessão de novos financiamentos – a isenção de IRC prevista no artigo 36.º do EBF para os rendimentos derivados dos juros dos financiamentos referidos em Anexo ao requerimento, na medida em que tais empréstimos viessem a ser, em cada momento, contraídos junto de Bancos não residentes.

Tal isenção foi-lhe concedida através do despacho do Sr. SEAF de 21/10/1996 proferido no âmbito do processo n.º 231/93."

cc) "Em Junho de 1997, a Recorrente, após negociações relativas ao refinanciamento do citado projecto, contratou um novo financiamento ("Novo Financiamento") e contratou também a reconversão dos financiamentos originais referidos em 3. supra, e por virtude dessa reconversão, requereu, em 17.06.1997, a isenção prevista no artigo 36.º do EBF: relativamente aos juros decorrentes do empréstimo que contraíra no mercado doméstico através do designado escudo Facility Agreement referido, no montante de Esc. 52.200.000.000$00, na medida em que o mesmo fosse concedido por bancos não residentes.

Tal requerimento foi indeferido por Despacho do Senhor Secretário de Estado dos Assuntos Fiscais, de 10 de Fevereiro de 1998."

e) Quanto à questão de fundo.

Defende-se no acórdão recorrido que o "benefício fiscal nasce no momento em que se verificam os respectivos pressupostos e os efeitos do acto de reconhecimento reportam-se à mesma data, por isso não sendo possível a eventual atribuição de eficácia diferida", pelo que "a verificação dos citados tem de operar-se previamente à emissão do acto de reconhecimento de isenção".

Escreveu-se nomeadamente no citado aresto:

"O caso *sub judicio*, em que se trata de uma isenção ao abrigo do art. 36.º do EBF, insere-se num acto de reconhecimento que carece de requerimento do interessado posteriormente à ocorrência do facto tributável, em similitude com os casos dos benefícios a que se reportam, designadamente, os art.ºs. 42.º, 44.º, 45.º, 47.º, 48.º e 49.º do mesmo Estatuto.

"Assim, não merece qualquer censura o despacho recorrido quando nele se consigna que não se mostram comprovados e verificados os pressupostos objectivos estabelecidos nos Art.ºs 11.º e 36.º do EBF visto que o referido empréstimo de 56.200.000$00 não havia sido constituído junto de credores não residentes e inexistiam juros de capitais provenientes do estrangeiro, faltando fundamento legal para a pretendida isenção".

Merece realmente o nosso acordo este entendimento.

Na verdade, assentamos também nós que os pressupostos para a isenção têm que se mostrar preenchidos aquando da decisão sobre o pedido de isenção.

Isto numa interpretação adequada das normas respectivas (art.ºs. 36.º e 11.º do EBF, na redacção então vigente).

Vejamos o que dizem tais normativos.

ART. 36.º (hoje, art. 27.º):

"O Ministro das Finanças pode, a requerimento e com base em parecer fundamentado da Direcção Geral das Contribuições e Impostos, conceder isenção total ou parcial de IRS ou de IRC, relativamente a juros de capitais provenientes do estrangeiro, representativos de empréstimos e rendas de locação de equipamentos importados, de que sejam devedores o Estado (...) e as empresas que prestem serviços públicos desde que os credores tenham residência, sede ou direcção efectiva no estrangeiro".

ART. 11.º:

"O direito aos benefícios fiscais deve reportar-se à data da verificação dos respectivos pressupostos, ainda que esteja dependente de reconhecimento declarativo pela administração fiscal ou de acordo entre esta e a pessoa beneficiada, salvo quando a lei dispuser de outro modo".

A nosso ver, os pressupostos referidos e exigidos no art. 36.º (juros de capitais provenientes do estrangeiro, representativos de empréstimos, empresas que prestem serviços públicos e credores que tenham residência, sede ou direcção efectiva no estrangeiro) devem co-existir à data da decisão sobre o requerimento da concessão de isenção.

Navegando nestas águas, o acórdão recorrido não merece censura.

Por outras palavras: o reconhecimento do benefício não pode ter eficácia diferida.

Escreveu-se no acórdão deste STA de 3/7/2002 (rec. n.º 99/02):

"... o reconhecimento do dito benefício tem natureza declarativa, depende, para além do mais, da prova da verificação dos respectivos pressupostos e é precedido do parecer da Direcção Geral dos Impostos.

"Dito de outro modo, tal reconhecimento não pode ter lugar enquanto não for feita a prova nem emitido o dito parecer.

"Assim sendo, o dito reconhecimento, na medida em que carece previamente, da prova dos respectivos pressupostos e da emissão do parecer da Direcção Geral, não pode ter eficácia diferida, sujeita à verificação futura dessas duas condicionantes...".

Refira-se, num parêntesis final, que a recorrente sustenta que o despacho recorrido sofre de dois outros vícios de violação de lei (vide, supra, 1.H. i e ii).

Porém, são vícios (não do acto, mas de fundamentos do próprio acto) cujo conhecimento é absolutamente despiciendo, por isso que são aspectos que, mesmo a considerarem-se procedentes, não contendem com a decisão impugnada.

Na verdade, e como se colhe da leitura respectiva, reportam-se a fundamentos (*argumentos*, na tese do acórdão recorrido), que mesmo a procederem, não alteram a decisão, pois que a fundamentação do despacho impugnado na sua última vertente (vide supra, 1, H, iii) tem por si a virtualidade bastante para justificar o indeferimento da pretensão da recorrente.

É certo que a questão suscitada em H), ii), que a seguir se transcreve, mereceria um tratamento autónomo, aprofundado e de solução complexa. Se fosse caso disso.

Vejamos o que se escreveu em H), ii):

(ii) vício de violação de lei, por violação do disposto no artigo 36.º do EBF, na parte em que o despacho recorrido justifica o indeferimento do reconhecimento do benefício com base num requisito adicional – o da necessidade do empréstimo ser celebrado originariamente com entidade não residente, não podendo, nos termos do empréstimo, ser transmitido a entidade residente.

Estamos realmente perante uma questão complexa, que mereceria um amplo desenvolvimento. Na verdade, é questionável se um tal empréstimo deveria ser celebrado, originária e necessariamente, com entidade não residente, com a inerente impossibilidade de transferência de empréstimo de entidade residente para entidade não residente, para efeito do benefício fiscal aqui em causa.

Porém, o problema não se põe, por isso que essa transferência não se efectivou, como resulta aliás do teor do requerimento em que se solicitavam os pertinentes benefícios fiscais.

São do seguinte teor os n.ºs 10 e 12 desse requerimento (vide fls. 23 e 24):

"10. Atento o exposto, vem a Tejo Energia requerer a isenção prevista no artigo 36.º do EBF e correspondente dispensa de retenção na fonte, relativamente aos juros decorrentes do *empréstimo* referido no n.º 2, supra, *originalmente contraído no mercado doméstico*, no montante de 56.200.000.000, na medida em que tal empréstimo seja *concedido por bancos não residentes*.

"
...
"12. Sendo ainda certo que, por força das sindicações dos empréstimos, bancos não residentes poderão alterar a sua participação no montante global de crédito concedido, vem a Tejo Energia requerer que a isenção de retenção na fonte de IRC relativamente ao *empréstimo em Escudos* referido no parágrafo 10, supra, abranja os rendimentos derivados dos juros correspondentes à parcela de capital mutuada em *cada momento por bancos não residentes, ao longo da vida do mesmo*".

E daí o pedido final:

"Nestes termos e com estes fundamentos, vem a Tejo Energia requerer a V.Exª isenção total de IRC incidente sobre os rendimentos derivados dos juros do empréstimo bancário supra mencionado, na medida em que tal empréstimo seja, *em cada momento, contraído junto de bancos não residentes*".

Ou seja: a recorrente reporta-se, também aqui, a situações ainda não concretizadas, meramente hipotéticas. O que, como vimos não é consentido pelo referido art. 36.º do EBF.

E daí que esta relevante questão não possa ser apreciada, porque se trata de situação hipotética, diferida no tempo. Logo, e no caso concreto, questão absolutamente despicienda.

Não procedem pois as restantes conclusões das alegações de recurso.

4. Face ao exposto, acorda-se em negar provimento ao recurso.

Custas pela recorrente, fixando-se a taxa de justiça em 450 € e a procuradoria em 50%.

Lisboa, 23 de Novembro de 2004.

Lúcio Barbosa (Relator)
Fonseca Limão
Pimenta do Vale

Recurso n.º 24/04

CONTRA-ORDENAÇÃO FISCAL NÃO ADUANEIRA. PODERES DE COGNIÇÃO DO TRIBUNAL DE RECURSO. PRESCRIÇÃO DO PROCEDIMENTO CONTRA-ORDENACIONAL. APLICAÇÃO DO REGIME MAIS FAVORÁVEL. SUSPENSÃO DA PRESCRIÇÃO.

(Acórdão de 30 de Novembro de 2004)

SUMÁRIO:

I – Em recurso jurisdicional em processos de contra-ordenações fiscais não aduaneiras o tribunal de recurso pode alterar a decisão do tribunal recorrido sem qualquer vinculação aos termos e ao sentido da decisão, podendo, designadamente, alterar o decidido em pontos que não sejam discutidos pelo recorrente.

II – Em matéria de direito sancionatório, vale o princípio constitucional da aplicação do regime globalmente mais favorável ao infractor que, embora apenas previsto expressamente para as infracções criminais (art. 29.º, n.º 4, da C.R.P.), é de aplicar analogicamente aos outros direitos sancionatórios.

III – Por isso, para além de nunca poder ser aplicável uma lei sobre prescrição mais gravosa para o arguido do que a vigente no momento da prática da infracção, será mesmo aplicável retroactivamente o regime que, globalmente, mais favoreça o infractor.
IV – Era aplicável subsidiariamente às contra-ordenações fiscais não aduaneiras a norma do n.º 3 do art. 121.º do Código Penal.

ACORDAM NA SECÇÃO DO CONTENCIOSO TRIBUTÁRIO DO SUPREMO TRIBUNAL ADMINISTRATIVO:

1 – O Excelentíssimo Magistrado do Ministério Público no Tribunal Administrativo e Fiscal de Coimbra recorre para este Supremo Tribunal Administrativo da sentença daquele Tribunal de 19-12-2003, que anulou a decisão administrativa de aplicação de coima à arguida LITOGRAFIA COIMBRA, S.A., e declarou extinto o procedimento contra-ordenacional respeitante à contra-ordenação que lhe foi imputada de não ter efectuado pagamento de I.V.A. relativo ao período de Janeiro de 1996.
O Recorrente Ministério Público apresentou motivação em que concluiu da seguinte forma:
1 – À sociedade "LITOGRAFIA COIMBRA, SA", foi aplicada uma coima, pela prática de factos que integram a contra-ordenação referenciada nos autos.
2 – Não se conformando com o despacho através do qual foi aplicada aquela coima, a dita sociedade interpôs dele recurso contencioso para este tribunal, pedindo a respectiva anulação, alegando, para o efeito, além do mais que é estranho ao objecto deste recurso, em síntese, que, mostrando-se aqueles factos susceptíveis de integrar o crime de abuso de confiança fiscal e tendo-se extinguido a sua responsabilidade criminal, em virtude de ter, entretanto, aderido ao regime de regularização de impostos em atraso, previsto no DL 124/96, de 10/8, tal como foi declarado num inquérito que correu termos no DIAP de Coimbra, para conhecer daquele eventual crime, tal extinção de responsabilidade criminal determina, por consumpção, a extinção da responsabilidade contra-ordenacional.
3 – A Srª Juíza recorrida, invocando as normas constantes dos art.ºs 82.º, do DL 433/82, de 27/10, 231.º e 193.º, al. d), ambos do CPT, 61.º, al. d), do RGIT, e 2.º e 3.º do DL 51-A/96, 09/12, decidiu julgar extinto o procedimento contra-ordenacional em causa, desse modo dando provimento ao aludido recurso contencioso, "por força da conjugação de todos os supra mencionados preceitos legais".
4 – Sucede, por um lado, que a decisão a proferir neste processo nada tem a ver com a proferida no dito inquérito crime, desde logo porque o objecto deste processo é diverso do citado inquérito, pois diversos são os factos que originaram os mesmos, circunstância que, de per si, põe, desde logo, em crise a conexão que, de forma ilegal se estabeleceu entre ambos.
5 – Mas, ainda que assim se não entendesse, sempre se deveria concluir, por outro lado, que as normas aludidas na conclusão terceira são inaplicáveis in casu.
6 – Efectivamente, no que concerne às normas constantes dos n.ºs 1 dos arts. 82.º, do DL 433/82, e 231.º, do CPT – onde se preceitua que "a decisão de autoridade (...) que aplicou a coima caduca quando o arguido for condenado em processo criminal pelo mesmo facto" –, são as mesmas inaplicáveis ao caso em apreço, desde logo por que a citada sociedade não chegou, sequer, a ser objecto de qualquer acusação, pelo que não poderia ter sido condenada, como efectivamente não foi.
7 – Também as normas dos arts. 193.º, al. d), do CPT, e 61.º, al. d), do RGIT – onde se dispõe que o procedimento contra-ordenacional se extingue em resultado do recebimento de acusação em processo crime – se não aplicam neste caso, visto que, como atrás se referiu, nem sequer foi deduzida acusação, no supracitado inquérito.
8 – Finalmente, para decidir como decidiu, a Srª Juíza a quo também aplicou, ao caso objecto destes autos, as normas dos arts. 2.º e 3.º da Lei n.º 51-A/96, de 09/12, sustentando, para o efeito, que "embora não contendo uma referência expressa aos procedimentos contra-ordenacionais, estes preceitos, na medida em que se aplicam aos crimes fiscais e ao processo penal, devem aplicar-se igualmente ao processo sub judice, por maioria de razão, na medida em que o mais engloba o menos".
9 – E não observou, como devia, o consignado no art. 1.º da mesma Lei, que é imperativo ao preceituar, inequivocamente, que tal diploma só é aplicável "aos crimes de fraude fiscal, abuso de confiança fiscal e frustração de créditos fiscais (...)" e não também às contra-ordenações, sendo certo que, se o legislador quisesse que tal diploma abrangesse, também, estas, tê-la-ia referido expressamente, ao invés de restringir a sua aplicação àqueles crimes. Efectivamente, tratando-se de norma excepcional e especial é insusceptível de aplicação analógica ou, sequer, de interpretação extensiva.
10 – Em conclusão, a Srª Juíza violou, por erro de aplicação e interpretação, as normas referenciadas na conclusão terceira, bem assim a constante do art. 1.º da Lei n.º 51-A/96, por se tratar de um diploma unicamente aplicável a certos crimes fiscais e não também às contra-ordenações.
11 – Daí que a decisão recorrida deva ser revogada e substituída por douto acórdão, através do qual se negue provimento ao recurso contencioso interposto pela mencionada sociedade.
A Arguida contra-alegou, defendendo a que decisão de aplicação de coima é nula, por não conter todos os requisitos exigidos por lei, designadamente a indicação dos elementos que contribuíram para a fixação da coima, em referência à situação económica da arguida.

***

Corridos os vistos legais, cumpre decidir.

2 – Na sentença recorrida deu-se como assente a seguinte matéria de facto:
a) Foi levantado auto de notícia de fls. 2, em 12/11/96, que aqui se dá por reproduzido, e condenada a recorrente, por decisão de 27/09/00, na coima de 270.000$00 (duzentos e setenta mil escudos) por não ter entregue a prestação tributária do IVA de Janeiro de 1996, no montante de 1.345.563$00 (um milhão trezentos e quarenta e cinco quinhentos e sessenta e três escudos), cujo prazo de pagamento terminou em 01/04/96 – cfr. fls. 2 e 8.
b) Em 04/12/96 a recorrente requereu o pagamento das dívidas ao abrigo do regime do DL n.º 124/96 de 10 de Agosto, sendo que, o plano de pagamento prestacional ao Estado foi deferido por despacho de 17/04/97 – cfr. fls. 21 dos presentes autos.

c) A recorrente foi notificada para efeitos do art. 199.º do CPT em 14/02/97 – cfr. fls. 4 dos presentes autos.
d) O imposto foi pago em 31/03/00, ao abrigo do DL. n.º 124/96 – cfr. fls. 8.
e) O processo crime foi arquivado em 12/05/00 – cfr. fls. 26.

3 – Na sentença recorrida foi apreciada a questão da prescrição, entendendo-se que ela não ocorreu.

Em recurso jurisdicional em processos de contra-ordenações fiscais não aduaneiras o tribunal de recurso pode alterar a decisão do tribunal recorrido sem qualquer vinculação aos termos e ao sentido da decisão [art. 75.º, n.º 2, alínea a), do Regime Geral das Contra-Ordenações, aplicável por força do disposto no art. 3.º, alínea b), do R.G.I.T., e, anteriormente, o art. 223.º, n.º 4, do C.P.T.], podendo, designadamente, alterar o decidido em pontos que não sejam discutidos pelo recorrente, pelo que não há qualquer obstáculo a que a questão seja reapreciada.

Constata-se nos autos que a infracção foi praticada em Janeiro de 1996.

Em matéria de direito sancionatório, vale o princípio constitucional da aplicação do regime globalmente mais favorável ao infractor que, embora apenas previsto expressamente para as infracções criminais (art. 29.º, n.º 4, da C.R.P.), é de aplicar analogicamente aos outros direitos sancionatórios.[1]

Por isso, para além de nunca poder ser aplicável uma lei sobre prescrição mais gravosa para o arguido do que a vigente no momento da prática da infracção, será mesmo aplicável retroactivamente o regime que, globalmente, mais favoreça o infractor.

Assim, para apreciar se ocorreu ou não a prescrição, deverá apreciar-se se ela ocorre à face de qualquer dos regimes vigentes desde a data da infracção até ao presente.

Tendo o decurso do prazo de prescrição o efeito de extinguir o procedimento [art. 27.º do Decreto-Lei n.º 433/82, de 27 de Outubro[2]] e, consequentemente, a responsabilidade do arguido pela infracção, será de aplicar em tal matéria qualquer dos regimes vigentes desde a prática da infracção que conduza a tal extinção, pois, obviamente, não poderá haver regime mais favorável do que algum que extinga a responsabilidade do arguido.

Na aplicação de tais regimes, deverá considerar-se a aplicação em bloco das normas de cada um deles e não a parte mais favorável de cada um deles, como vem sendo jurisprudência pacífica.

Por força de tal princípio constitucional, estará afastada, também, a possibilidade de fazer aplicação, nesta matéria, da norma sobre sucessão no tempo de leis sobre prazos, contida no art. 297.º do Código Civil.[3]

Por outro lado, verificando-se actos interruptivos da prescrição do procedimento, é aplicável subsidiariamente, nesta matéria, por força do preceituado no art. 32.º do Decreto-Lei n.º 433/82[4] a norma do n.º 3 do art. 121.º do Código Penal (na redacção do Decreto-Lei n.º 48/95, de 15 de Março, a que correspondia o art. 120.º, n.º 3, na redacção inicial), que determina que a prescrição ocorrerá sempre que, ressalvado o tempo de suspensão, tiver decorrido o prazo normal de prescrição acrescido de metade.[5]

4 – Assim, passar-se-á a apreciar se a prescrição ocorreu à face do regime vigente à data da prática das infracções.

O regime da prescrição das contra-ordenações fiscais não aduaneiras vigente à data da prática da infracção (1996) constava do art. 35.º do C.P.T. que estabelecia o seguinte:

Artigo 35.º
**Prescrição do procedimento
por contra-ordenações fiscais**

1 – O procedimento por contra-ordenações fiscais prescreve no prazo de cinco anos a contar do momento da prática da infracção.

2 – Sempre que o processo por contra-ordenações fiscais for suspenso por motivo da instauração de processo gracioso ou judicial onde se discuta situação tributária de que dependa a qualificação da infracção, fica também suspenso o prazo de prescrição do respectivo procedimento.

3 – No caso de pedido de pagamento da coima antes de instaurado o processo de contra-ordenação fiscal, o prazo de prescrição suspende-se desde a apresentação do pedido até à notificação para o pagamento.

---

[1] Neste sentido, podem ver-se os seguintes acórdãos do Supremo Tribunal Administrativo:
– de 19-6-91, proferido no recurso n.º 13160, publicado em *Apêndice ao Diário da República* de 30-9-93, página 746, e em *Acórdãos Doutrinais do Supremo Tribunal Administrativo*, n.º 362, página 224;
– de 22-5-92, proferido no recurso n.º 14170, publicado em *Apêndice ao Diário da República* de 22-2-95, página 1619;
– de 1-7-92, proferido no recurso n.º 13546, publicado em *Apêndice ao Diário da República* de 30-6-95, página 1961;
– de 15-7-92, do Pleno, proferido no recurso n.º 13156, publicado em *Apêndice ao Diário da República* de 30-9-94, página 174;
– de 30-9-92, proferido no recurso n.º 14110, publicado em *Apêndice ao Diário da República* de 30-6-95, página 2382.
– de 25-3-92, do Pleno, proferido no recurso n.º 13148, publicado em *Apêndice ao Diário da República* de 30-9-94, página 54.
No mesmo sentido, podem ver-se os seguintes acórdãos do Tribunal Constitucional
– n.º 227/92, de 17-6-92, proferido no recurso n.º 388/91, publicado no *Boletim do Ministério da Justiça* n.º 418, página 430; e
– n.º 150/94, de 8-2-94, proferido no recurso n.º 603/93, publicado no *Boletim do Ministério da Justiça* n.º 434, página 126.
No mesmo sentido pronunciam-se J. J. Gomes Canotilho e Vital Moreira, *Constituição da República Portuguesa Anotada*, de 3.ª edição, página 195.

[2] Nem no R.J.I.F.N.A. nem no C.P.T. se inclui norma que preveja as consequências do decurso do prazo de prescrição do procedimento por contra-ordenações e, por isso, será aplicável este art. 27.º, nessa parte, por força do disposto no art. 4.º alínea b), do R.J.I.F.N.A. e do art. 2.º, alínea e), do C.P.T..

[3] Neste sentido, podem ver-se os seguintes acórdãos do Supremo Tribunal de Justiça:
– de 5-3-86, publicado no *Boletim do Ministério da Justiça* n.º 355, página 180;
– de 7-5 86, publicado no *Boletim do Ministério da Justiça* n.º 357, página 205; e
– de 29-10-86, publicado no *Boletim do Ministério da Justiça* n.º 360, página 490.

[4] Que é globalmente aplicável subsidiariamente ao R.J.I.F.A., por força do disposto no seu art. 4.º, alínea b).

[5] Neste sentido, podem ver-se, entre muitos outros, os seguintes acórdãos do Supremo Tribunal Administrativo:
– de 17-4-91, proferido no recurso n.º 13155, publicado em *Apêndice ao Diário da República* de 30-9-93, página 382;
– de 20-10-93, do Pleno, proferido no recurso n.º 13260, publicado em *Apêndice ao Diário da República* de 31-10-95, página 256;
– de 26-1-94, do Pleno, proferido no recurso n.º 14675, publicado em *Apêndice ao Diário da República* de 22-8-96, página 56;
– de 6-5-98, proferido no recurso n.º 18173; e
– de 17-3-99, proferido no recurso n.º 19484, publicado no *Boletim do Ministério da Justiça* n.º 485, página 207;
– de 26-5-1999, proferido no recurso n.º 20918, publicado no *Apêndice ao Diário da República* de 26-6-2001, página 202.

No mesmo sentido, se pronunciou o Supremo Tribunal de Justiça, no acórdão de 7-5-2, proferido no recurso n.º 42475.

4 – A prescrição do procedimento por contra-ordenações fiscais interrompe-se com qualquer notificação ou comunicação ao arguido dos despachos, decisões ou medidas contra ele tomados, com a realização de quaisquer diligências de prova ou com quaisquer declarações que o arguido tenha proferido no exercício do direito de audição e defesa.

5 – Em caso de concurso de crimes e contra-ordenações, a interrupção da prescrição do procedimento criminal determina a interrupção do procedimento por contra-ordenação.

Como se vê, prevêem-se neste artigo causas especiais de suspensão e interrupção da prescrição, sem qualquer remissão para legislação subsidiária, pelo que é de concluir que são apenas estas as causas de suspensão e interrupção a considerar, para além da prevista no n.º 4 do art. 203.º do mesmo Código, para os casos em que houve suspensão do processo contra-ordenacional, o que não ocorreu.

Não havendo indicação nos autos da existência de qualquer causa de suspensão da prescrição, e sendo de 5 anos o prazo de prescrição, por força da aplicação subsidiária do art. 121.º, n.º 3, do Código Penal, o prazo máximo de prescrição será de 7 anos e meio, a contar da data da prática de cada uma das infracções.

Assim, tendo a infracção sido praticada em Janeiro de 1996, tem de concluir-se que, se não antes, pelo menos em Julho de 2004 ter-se-á completado o prazo de prescrição.

Por isso, tem de se declarar extinto o procedimento contra-ordenacional, ficando prejudicado o conhecimento das questões colocadas no presente recurso jurisdicional.

Termos em que acordam em
– negar provimento ao recurso jurisdicional
– confirmar a sentença recorrida, quanto à declaração de extinção do procedimento contra-ordenacional, com esta fundamentação.

Sem custas.

Lisboa, 30 de Novembro de 2004.

Jorge de Sousa (Relator)
Pimenta do Vale
Vítor Meira

Recurso n.º 1 017/04

DECISÃO DE ÓRGÃO DE EXECUÇÃO FISCAL QUE DETERMINA PENHORA DE CHEQUES TITULANDO REEMBOLSO DE IRS PARA OPERAR A COMPENSAÇÃO COM DÍVIDA EXEQUENDA. SINDICÂNCIA JUDICIAL. MEIO PROCESSUAL PRÓPRIO. CONVOLAÇÃO.

(Acórdão de 13 de Outubro de 2004)

SUMÁRIO:

I – **A forma adequada (o processo próprio) para sindicar o despacho que, na execução fiscal, mandou penhorar cheques que titulavam créditos do executado para, depois, operar a compensação com a dívida em execução, é, nos termos dos artigos 276.º e seguintes do CPPT a reclamação judicial e não o interposto recurso contencioso de anulação daquela decisão administrativa.**

II – **Impede ou obsta a que se opere a legalmente recomendada convolação para a forma de processo adequada – cfr. artigos 97.º n.º 3 da LGT e 199.º do CPC – a aqui apurada intempestividade da sindicância perseguida, em virtude de respectivo prazo legal ser menor e se verificar que, ao tempo, quando o ora Recorrente entendeu recorrer aos tribunais, estava já largamente excedido.**

EM CONFERÊNCIA, ACORDAM OS JUIZES DA SECÇÃO DE CONTENCIOSO TRIBUTÁRIO DO SUPREMO TRIBUNAL ADMINISTRATIVO:

Inconformado com a douta decisão do Tribunal Tributário de 1ª Instância de Lisboa, que lhe negou provimento ao recurso contencioso de anulação dos despachos, do Exm.º Sr. Chefe do Serviço de Finanças de Oeiras, 3.º Serviço, que determinaram a penhora dos cheques n.ºs 2630742941 e 2760944876 referentes ao reembolso de IRS dos anos 2000 e 2001, para compensação da dívida tributária relativa ao processo de execução fiscal n.º 3522-01/700081.2, por dívidas ao IRS durante o exercício de 1994, nos termos do n.º 1 do artigo 89.º do CPPT, dele interpôs recurso jurisdicional para esta Secção do Supremo Tribunal Administrativo o recorrente JOSÉ LUIS DE OLIVEIRA PINTO nos autos convenientemente identificado.

Apresentou tempestivamente as respectivas alegações de recurso, pugnando pela revogação do impugnado julgado e consequente procedência do recurso contencioso, formulou, a final, as seguintes conclusões:

1. Na sentença que ora se recorre, o Tribunal a quo considerou a compensação feita pelos Serviços de Finanças por meio da penhora dos dois cheques como um mero procedimento integrante da tramitação do processo da execução fiscal, e consequentemente, dele dependente.

2. *Formando a sua convicção neste pressuposto errado, concluiu que o meio processual adequado para impugnar a referida compensação seria a reclamação prevista no artigo 276.º do CPPT e não o recurso contencioso de anulação interposto, para o efeito, pelo ora recorrente.*
3. *Do cotejo das normas legais reguladoras da compensação com os preceitos delineadores do processo de execução fiscal, resulta, inequivocamente, a natureza autónoma do instituto da compensação.*
4. *Este asserto é retirado dos requisitos legais que o n.º 1 do artigo 89.º do CPPT exige para ocorrer a compensação.*
5. *No momento em que a administração detecta a existência de uma dívida por parte do contribuinte, havendo um crédito a favor deste de que é devedora, procede à extracção das correspondentes certidões e faz, obrigatoriamente, a respectiva compensação.*
6. *Independentemente de se encontrar instaurado ou não, um processo de execução fiscal.*
7. *Vem corroborar este entendimento o n.º 5 do mesmo artigo que faz referencia à compensação antes da instauração do processo fiscal.*
8. *A acepção defendida no presente recurso jurisdicional resulta, pois, da análise do que vem prescrito nos normativos legais reguladores da matéria em apreço.*
9. *O tribunal recorrido parece ter-se esquecido de analisar o fundamental, isto é, os contornos da figura da compensação e a tramitação do processo de execução fiscal, deste modo confundido o que se afigura como claro:*
— *A compensação é uma forma geral de extinção das obrigações tributárias, e como tal é possível, no âmbito de um processo de execução fiscal, ocorrer a compensação.*
— *Porém, não é pelo facto de haver essa possibilidade, e de, porventura, até suceder muitas vezes, que se pode concluir que a compensação é tão só um acto inserido no processo de execução fiscal sem existência própria para além daquele.*
10. *Como consequência, considerou, erradamente, o recurso contencioso de anulação interposto pelo ora recorrente, como inadequado para a impugnação das dívidas fiscais.*
11. *A decisão do ilustre Tribunal recorrido de considerar ter havido erro na forma de processo não passível de convolação, e consequentemente, ter absolvido a entidade recorrida da instância, que se declara, assim extinta.*
12. *Consubstancia, por tudo o que foi dito, manifesta ilegalidade, por incorrecta interpretação do n.º1 do artigo 89.º e do artigo 276.º, ambos do CPPT.*

Não foram apresentadas contra alegações.
Neste Supremo Tribunal Administrativo, o Ex.mo Magistrado do Ministério Público, emitiu depois sucinto mas douto parecer pronunciando-se pela confirmação do julgado, pelos fundamentos nele invocados.
Colhidos os vistos legais, e porque nada obsta, cumpre apreciar e decidir.
A impugnada decisão judicial que, por erro insanável na forma do processo, absolveu da instância de recurso contencioso o recorrido Chefe de Finanças de Oeiras e declarou aquela instância consequentemente extinta, fundamentou-se, de facto e de direito, em síntese, no acolhido entendimento de que para reagir contra os despachos daquele Chefe que, na execução fiscal pendente contra o ora Recorrente — execução fiscal n.º 3522-01/ /700081.2 —, determinaram a penhora dos cheques n.º 2630742941 e 2760944876, referentes a reembolsos de IRS dos anos de 2000 e 2001, era a reclamação prevista no artigo 97.º n.º 1 al. n) e 276.º a 278.º do CPPT e não o interposto recurso contencioso de anulação e que, na apurada impossibilidade de operar a legalmente recomendada (cfr. artigos 199.º do CPC e 52.º do CPPT) convolação, pois das penhoras o Recorrente tivera conhecimento pelos ofícios de 06.05.02 e 28.01.03 e só instaurou o processo (recurso contencioso) em 27.03.03, sabido que é ser de 10 dias o prazo para válida e tempestivamente deduzir aquela reclamação — cfr. art.º 277.º n.º 1 do CPPT.

Ora, é contra o assim decidido e nos termos das alegações oportunamente juntas, de que as transcritas conclusões são síntese legal, se insurge o Recorrente.

Sem qualquer razão ou hipóteses de êxito, porém.

Com efeito e uma vez que, tal como bem atentamente anota o Ex.mo Magistrado do Ministério Público junto deste Supremo Tribunal, o recurso contencioso oportunamente interposto pelo ora Recorrente jurisdicional tinha por objecto a eventual sindicância da decisão do órgão de execução fiscal que determinou a compensação dos seus créditos tributários titulados pelos penhorados cheques de reembolso de IRS com a dívida tributária em execução fiscal no referido processo n.º 3522-01/700081.2, e não a decisão de penhora daqueles cheques, o meio processual adequado e próprio à perseguida sindicância judicial era, tal como vem julgado, a dita reclamação prevista no referido artigo 276.º do CPPT.

Na verdade, a questionada decisão do órgão de execução fiscal competente, o Chefe da Repartição de Finanças de Oeiras, fora proferida no respectivo processo de execução fiscal e mostrava-se, tal como os presentes autos o evidenciam bem exuberantemente, susceptível de afectar direitos e interesses do executado, aqui o Recorrente, destinando-se a perseguida sindicância judicial mais do que à eventual anulação do despacho em que se consubstancia à desejada revogação pelo tribunal tributário competente daquela mesma decisão administrativa, tal como vem entendido e julgado.

E o Recorrente, tal como claramente emerge do teor das conclusões do seu recurso jurisdicional, discordando, é certo, daquele entendimento — cfr. conclusão 2ª — não demonstra, explana ou justifica, de qualquer jeito ou forma, a razão ou razões da declarada discordância com aquele segmento decisório da impugnada decisão judicial.

Na verdade, limita-se, adiante, a discorrer sobre o instituto da compensação e seus requisitos legais, face ao invocado artigo 89.º do CPPT, para concluir, tal como iniciara, pela afirmação, não demonstrada ainda, de que o entendimento sufragado pelo tribunal recorrido era errado, como errada fora a decisão que considerara insusceptível de convolação o apurado erro na forma de processo.

Revelam-se, assim, absolutamente ineficazes as conclusões do presente recurso jurisdicional.

Mas ainda que assim não fosse e já de acordo com Jorge Sousa, em Código de Processo e Procedimento Tributário, anotado, 4ª edição de 2003, pag. 1043 e seguintes, é antes seguro e certo que

"Esta reclamação corresponde ao recurso judicial previsto no art.º 355.º do CPT."

"o processo de execução fiscal (deve) ser considerado um processo de natureza judicial ... e por essa razão,

pode entender-se que ele já está na dependência do juiz do tribunal tributário, mesmo na fase em que corre termos perante as autoridades administrativas, ... "
"tendo o processo de execução fiscal natureza judicial mesmo na fase em que corre perante as autoridades administrativas (art.º 103 n.º 1 da LGT) deverão considerar-se susceptíveis de reclamação, no mínimo, todos os actos que seriam susceptíveis de recurso jurisdicional se a decisão fosse proferida por um juiz ... "

Daí que a forma adequada (o processo próprio) para sindicar o questionado despacho que, na execução fiscal, mandou penhorar os referidos cheques que titulavam créditos do executado para, depois, operar a compensação com a dívida em execução, fosse, tal como vem decidido, a reclamação prevista nos artigos 276.º e seguintes do CPPT e não, como alega, o recurso contencioso de anulação daquela decisão administrativa.

E, pela apontada e, em bom rigor, não controvertida, razão invocada no sindicado despacho judicial ora impugnado não era também caso de ordenar o que quer que fosse em sede de convolação processual, já que, como se evidenciou, o prazo respectivo – 10 dias cfr. art.º 277.º n.º 1 do CPPT – estava já largamente excedido quando o ora Recorrente entendeu recorrer aos tribunais.

Sobre o ponto a jurisprudência desta Secção do Supremo Tribunal Administrativo vem reiteradamente afirmando e o citado autor anota também que
"A haver erro na forma de processo utilizada, deverá efectuar-se a convolação para a forma de processo adequada, sempre que não haja obstáculo intransponível (arts. 97.º n.º 3 da LGT, 98.º n.º 4 deste Código e 199.º do CPC)".

E, de entre estes, apontam, como mais frequentes, o da eventual intempestividade da reclamação, por o seu prazo legal ser o menor, precisamente o que aqui se verifica ocorrer.

Não merece pois qualquer reparo ou censura a decisão jurisdicionalmente impugnada.

Termos em que acordam os Juízes desta Secção do Supremo Tribunal Administrativo em negar provimento ao presente recurso, assim confirmando antes a impugnada decisão judicial.

Custas pelo Recorrente, fixando a procuradoria em 50%.

Lisboa, 13 de Outubro de 2004.

Alfredo Madureira (Relator)
Brandão de Pinho
Lúcio Barbosa

Recurso n.º 1 538/03

DERROGAÇÃO DO SIGILO BANCÁRIO. ART. 63.º-B, N.º 2, AL. *C*) DA LGT. QUANTIFICAÇÃO OU DETERMINAÇÃO DA MATÉRIA COLECTÁVEL.

(Acórdão de 13 de Outubro de 2004)

SUMÁRIO:

I – A derrogação do sigilo bancário, nos termos da al. *c*) do n.º 2 do art. 63.º-B da LGT, por acto da Administração Fiscal, só pode ter lugar "quando existam indícios da prática de crime doloso em matéria tributária" designadamente nos "casos de utilização de facturas falsas" e, em geral, nas "situações em que existam factos concretamente identificados gravemente indiciadores da falta de veracidade do declarado".

II – O vocábulo de carácter exemplificativo "designadamente" abrange e refere-se tanto às facturas falsas como às situações referidas na parte final do mesmo segmento normativo.

III – Pelo que a dita derrogação só pode ser admitida quando e sempre que "existam indícios da prática de crime doloso em matéria tributária".

IV – E relacionados com a quantificação ou determinação da matéria colectável do contribuinte, como logo resulta da inserção do preceito, no título III da LGT, referente ao procedimento tributário, e não no título V, relativo às infracções fiscais.

ACORDAM NA SECÇÃO DO CONTENCIOSO TRIBUTÁRIO DO STA:

Vem o presente recurso jurisdicional, interposto pela Fazenda Pública, da sentença do TAF de Coimbra, que julgou procedente o recurso interposto por Paula Cristina Jacinto Serra Leitão e Daniel Pinto Bicho Marques da Costa, da decisão do Director Geral dos Impostos que determinou o acesso directo da Administração Fiscal às respectivas contas bancárias.

Fundamentou-se a decisão, no que ora importa, em que a al. *c*) do n.º 2 do art. 63.º-B da LGT (aditado pelo art. 13.º, n.º 2 da Lei n.º 30-G/00, de 29 de Dezembro) só contempla casos de foro criminal, que não de mero ilícito contra-ordenacional, sendo que não vem imputado aos recorrentes "qualquer comportamento criminal, sem (se) fazer qualquer juízo sobre a gravidade do seu comportamento, (ou) sequer alusão aos elementos de algum tipo de crime fiscal", indiciando-se apenas "que o valor do imóvel era superior ao declarado".

A Fazenda recorrente formulou as seguintes conclusões:
"1 – A sentença recorrida fez errada interpretação e aplicação da lei (art. 63.º-B, n.º 2, *c*) da L.G.T.) ao caso concreto;

2 – Entendeu o Meritíssimo Juiz a quo que «as situações em que existam factos concretamente identificados

gravemente indiciadores da falta de veracidade do declarado» só poderiam ser aquelas que também constituam «indícios de prática de crime doloso em matéria tributária»;

3 – Recorrendo ao elemento literal e analisando o preceito gramaticalmente, é por demais evidente não ser esse o sentido que dele resulta;

4 – A primeira parte do preceito refere-se à situação da existência de indícios da prática de crime doloso, situação essa que tem como exemplo a utilização de facturas falsas;

5 – Se a situação, descrita na segunda parte do preceito (situações em que existam factos concretamente identificados gravemente indiciadores da falta de veracidade do declarado) fosse um dos exemplos das que constituam "indícios da prática de crime doloso", então o exemplo anterior (utilização de facturas falsas) nunca dela deveria estar separado através de vírgula, mas, apenas, através da conjunção e, dado existirem apenas esses dois exemplos;

6 – O Meritíssimo Juiz, na sua transcrição (fls. 74 v.º), omitiu a existência da dita vírgula imediatamente antes da conjunção e, constante do texto original do preceito;

7– Tal omissão faz a completa diferença na leitura do preceito legal – sem o referido sinal de pontuação, e como acima foi referido, já faz sentido a interpretação acolhida na sentença ora recorrida;

8 – Na alínea c) do n.º 2 do art. 63.º-B, estão previstas duas situações em que pode ser admitida a quebra do sigilo bancário: uma delas no caso de existirem indícios da prática de crime doloso em matéria tributária (com o exemplo do caso da utilização de facturas falsas); outra, nas situações em que existam factos concretamente identificados gravemente indiciadores da falta de veracidade do declarado;

9 – Ambas as situações constituem duas orações que estão ligadas por uma conjunção copulativa, que determina a paridade da sua função dentro da frase;

10 – Esta interpretação faz sentido se se tiver em conta outros elementos:

11 – Na primeira parte, o legislador exige, apenas, a existência de indícios, não os qualificando (como fortes ou graves, etc.), i.e., no caso da prática de crime doloso o legislador contenta-se, apenas, com a existência de indícios;

12 – Na segunda parte, precisamente por se tratar de situações que não entram na esfera do crime doloso em matéria tributária, o legislador foi mais rigoroso, exigindo que os factos fossem gravemente indiciadores da falta de veracidade do declarado;

13 – O Regime Geral das Infracções Tributárias tem um carácter particular, que pode explicar esta solução legal;

14 – Neste podem-se configurar várias situações que, em abstracto, poderiam preencher um tipo de crime, mas que, apenas devido ao seu valor, podem passar a ser qualificadas de contra-ordenações (ex. crime de abuso de confiança e crime de fraude).

15 – O legislador com a fórmula adoptada terá pretendido abranger ambas as situações, para permitir a derrogação do sigilo bancário também nos casos que, apenas pelo valor, não se enquadrem em nenhum tipo de crime em matéria fiscal;

16 – O caso em apreciação não é o único em que são utilizados conceitos imprecisos e genéricos nesta matéria;

17 – Na fixação dos pressupostos do recurso à avaliação indirecta, cuja verificação pode permitir a derrogação do sigilo bancário, nos termos da alínea a) do preceito em análise, o legislador socorreu-se, muitas vezes, de conceitos indeterminados e imprecisos (ex. "Existência de manifesta discrepância entre o valor declarado e o valor de mercado de bens ou serviços" – 88.º, d) L.G.T.; "insuficiência de elementos de contabilidade ou declaração" – 88.º, a) L.G.T., etc.).

18 – Tendo a A.F. conseguido demonstrar a existência de factos gravemente indiciadores de que o valor do imóvel era superior ao declarado, não houve erro de direito, enquadrando-se o comportamento indiciado nas exigências legais da alínea c) do n.º 2 do art. 63.º-B da LGT.

Nestes termos e com o douto suprimento de V. Ex.as, deve a sentença recorrida ser revogada e substituída por douto acórdão que julgue improcedente o recorrido recurso".

Não houve contra-alegações.

O Ex.mo magistrado do Ministério Público emitiu parecer no sentido do provimento do recurso, nos termos seguintes:

"A questão decidenda a resolver consiste em saber se o último segmento da norma constante do art. 63.º-B, n.º 2, al. c) LGT deve ser interpretado (como sustenta o tribunal de 1ª instância) no sentido de que as situações citadas na previsão como pressuposto do acesso directo aos documentos bancários pela administração tributária se devem restringir às que configurem a prática de crime doloso em matéria tributária.

A resposta deve ser negativa, pelos motivos seguintes:

a) convincência dos argumentos condensados pela Fazenda Pública, designadamente nas 11ª/17ª conclusões das alegações de recurso

b) a distinção afirmada na sentença entre indícios fortes e indícios graves é especiosa, sem fundamento jurídico válido, e irrelevante porque não elimina o fundamento da errónea interpretação efectuada (ou seja, o erro de interpretação subsiste, ainda que se admita que no segmento controvertido da norma a expressão factos gravemente indiciadores tem significado distinto de factos fortemente indiciadores)

c) a tese sustentada pelo tribunal recorrido tem subjacente uma violação do princípio hermenêutico segundo o qual se presume que o legislador soube exprimir o seu pensamento em termos adequados (art. 9.º, n.º 3 C Civil)

– se consagrasse a interpretação restritiva adoptada pelo tribunal, o segmento controvertido da norma incluiria o termo específico crimes em lugar do termo genérico situações

– a interpretação adoptada pelo tribunal conduziria à incongruência da previsão global da norma (art. 63.º-B, n.º 2, al. c) LGT) enunciar como pressupostos do acesso directo à documentação bancária tanto os meros indícios da prática de qualquer crime doloso em matéria tributária (1.º segmento) como fortes indícios (ou graves indícios) da prática de crimes dolosos em matéria tributária (já incluído na primeira categoria) configurados por falta de veracidade do declarado pelos arguidos".

Vejamos, pois:

A questão dos autos é a da interpretação do aludido segmento normativo, do teor seguinte:

"A administração tributária tem o poder de aceder a todos os documentos bancários, excepto as informações prestadas para justificar o recurso ao crédito, nas situações de recusa de exibição daqueles documentos ou de autorização para a sua consulta, quando existam indícios da prática de crime doloso em matéria tributária, designadamente nos casos de utilização de facturas falsas, e, em geral, nas situações em que existam factos concretos identificados gravemente indiciadores da falta de veracidade do declarado".

1 – Como é entendimento generalizado, o sigilo bancário tem como escopo, simultaneamente, a salvaguarda de interesses públicos e privados.

"Os primeiros têm a ver com o regular funcionamento da actividade bancária, o qual pressupõe a existência de um clima generalizado de confiança nas instituições que a exercem, que se revela de importância fundamental para o correcto e regular funcionamento da actividade creditícia e, em especial, no domínio do incentivo ao aforro".

E os segundos com o facto de que "a finalidade do instituto do segredo bancário é também o interesse dos clientes, para quem o aspecto mais significativo do encorajamento e tutela do aforro é a garantia da máxima reserva a respeito dos próprios negócios e relações com a banca.

Com o sigilo bancário, o legislador pretende, pois, rodear da máxima discrição a vida privada das pessoas, quer no domínio dos negócios, quer dos actos pessoais a eles ligados".

Cfr. o Ac' do TC de 31/05/1995, Colectânea, 31.º vol., 1995, págs. 371 e segts., que, aliás, aqui se seguiu de perto.

Assim, o segredo ou sigilo bancário dimana da boa fé e é condição sine qua non do negócio bancário, pelo que não pode confinar-se a uma natureza contratualista bilateral, antes tendo a ver com direitos de personalidade e inerente tutela constitucional.

Nos termos da jurisprudência do TC, o sigilo bancário integra-se, pois na própria intimidade da vida privada – art. 26.º, n.º 1 da CRP – pelo que, aí, se justificará numa intromissão externa nos casos especialmente previstos e em articulação com os respectivos mecanismos do direito processual.

Para outros, porém, o bem jurídico protegido é apenas o da reserva da privacidade, o que consentirá uma maior compressão, em função de valores ou interesses supra-individuais, justificando-se então mais facilmente o dever de cooperação das instituições de crédito nomeadamente para com a Administração Fiscal com base na necessidade de harmonizar esses valores com o dever fundamental de pagar impostos e com as exigências sociais de arrecadar justa e atempadamente as receitas fiscais.

Cfr. Casalta Nabais, O Dever Fundamental de Pagar Impostos, págs. 616/619 e Saldanha Sanches in CTF 377 /379.

Como se refere no mesmo aresto, "tendo em conta a extensão que assume na vida moderna o uso de depósitos bancários em conta corrente, é, pois, de ver que o conhecimento dos seus movimentos activos e passivos reflecte grande parte das particularidades da vida económica, pessoal ou familiar dos respectivos titulares. Através da investigação e análise das contas bancárias, torna-se, assim, possível penetrar na zona mais estrita da vida privada. Pode dizer-se, de facto, que, na sociedade moderna, uma conta corrente pode constituir "a biografia pessoal em números" – cfr. 7.2 in fine.

O segredo bancário constitui, assim, um dever geral de conduta, a observar pelas instituições de crédito e seus representantes, um princípio de ética profissional, que tem como principal finalidade a eficaz protecção do consumidor de serviços financeiros, nos termos do Regime Geral das Instituições de Crédito.

Cfr. o Ac' do STJ de 16/0/1998, Colectânea, tomo 2°, pág.37/38.

Todavia, o segredo bancário não é um direito absoluto, antes podendo sofrer restrições impostas pela necessidade de salvaguardar outros direitos ou interesses também constitucionalmente protegidos: cooperação com a justiça, combate à corrupção e criminalidade económica e financeira, dever fundamental de pagamento dos impostos, etc.

2 – Por outro lado, e como é sabido, na actividade interpretativa, a letra da lei constitui o primeiro passo da interpretação, constituindo simultaneamente seu ponto de partida e seu limite.– cfr. art. 9.º do CC.

Mas, assim sendo, o intérprete não pode limitar-se ao sentido aparente e imediato, ao seu sentido literal, antes tendo que perscrutar a sua finalidade, em suma, o seu sentido e força normativa.

Cfr. Francisco Ferrara, Interpretação e Aplicação das Leis, 4ª edição, tradução de Manuel Andrade, pág. 128.

Pelo que, para se fixar o sentido e alcance da norma jurídica, intervêm, para além, desde logo, do elemento gramatical (o texto ou letra da lei) elementos vários que a doutrina vem considerando: de ordem sistemática, histórica e racional ou teleológica.

Consiste este na razão de ser da lei (ratio legis), no fim visado pelo legislador ao editar a norma.

Como escreve Baptista Machado, in Introdução ao Direito e ao Discurso Legitimador, págs. 182/183, "o conhecimento desse fim, sobretudo quando acompanhado do conhecimento das circunstâncias (políticas, sociais, económicas, morais, etc.) em que a norma foi elaborada ou da conjuntura político-económico-social que motivou a "decisão" legislativa (ocasio legis) constitui um subsídio da maior importância para determinar o sentido da norma. Basta lembrar que o esclarecimento da ratio legis nos revela a "valoração" ou a ponderação dos diversos interesses que a norma regula e, portanto, o peso relativo desses interesses, a opção entre eles traduzida pela solução que a norma exprime. Sem esquecer, ainda, que, pela descoberta daquela "racionalidade" que (por vezes inconscientemente) inspirou o legislador na fixação de certo regime jurídico particular, o intérprete se apodera de um ponto de referência que ao mesmo tempo o habilita a definir o exacto alcance da norma e a advinhar outras situações típicas com o mesmo ou com diferente recorte".

Toda a norma assenta, pois, num certo fundamento ou razão de ser que é a finalidade a que se dirige, sendo a ratio legis reveladora da valoração ou ponderação dos diversos interesses que a norma jurídica disciplina.

Por sua vez, o elemento sistemático "funda-se na circunstância de que um preceito jurídico não existe por si só, isoladamente, antes se encontrando ligado a vários outros de modo a constituírem todos eles um sistema", podendo a sua confrontação "vir a revelar um nexo de subordinação, uma relação de analogia ou paralelismo (lugares paralelos) ou ainda um certo grau de conexão".

Cfr. parecer da PGR, de 27/02/2003 in DR, II série, de 05/08/2004, que, aliás, aqui se segue de perto.

3 – É já tempo de voltar à referida questão dos autos.

A Fazenda recorrente socorre-se essencialmente do elemento literal de interpretação que – há-de reconhecer-se – favorece a sua tese (ainda que não seja definitivamente determinante, como se verá).

Na verdade a primeira parte do preceito referido é separada da segunda por uma vírgula sequente à expressão "facturas falsas", separando a matéria criminal das restantes situações, o que levaria literalmente a considerar aquela segunda parte como independente da primeira: a derrogação do sigilo bancário teria, assim, lugar a) quando existissem indícios da prática de crime doloso em matéria tributária, exemplificando-se, então, através do advérbio "designadamente", com a utilização de facturas falsas, e b) ainda noutras situações gravemente indiciadoras da falta de veracidade do declarado embora estas não constituíssem crime.

Todavia, mesmo no aspecto da respectiva literalidade, há uma outra explicação para o dito sinal ortográfico, igualmente correcta deste ponto de vista, que é a de utilizar entre vírgulas uma expressão complementar circunstancial, ou seja, "designadamente nos casos de utilização de facturas falsas".

Como é sabido, a vírgula utiliza-se antes da conjunção coordenativa copulativa "e" para separar os elementos coordenados da frase pelo que supressão da dita vírgula faria incluir a parte final do preceito, tal como a "utilização de facturas falsas", na mera exemplificação do "crime doloso em matéria tributária".

O preceito ler-se-ia então, do modo que segue: a derrogação do sigilo bancário é permitida "quando existam indícios da prática de crime doloso em matéria tributária" designadamente nos casos de utilização de facturas falsas e, em geral, nas demais situações ali previstas.

Teria, pois, sempre de estar em causa um "crime doloso em matéria tributária" – expressão subordinante ou dominante –, exemplificando-se depois – "designadamente" – com "os casos de utilização de facturas falsas" e, em geral, nas demais situações de existência de graves indícios da falta de veracidade do declarado.

Tal derrogação necessitaria sempre, pois, da verificação da existência de indícios da prática de crime doloso – isto no que se refere, como é óbvio, à dita al. c).

Ou seja: não pode ser a mera existência de uma vírgula a ditar, em definitivo, a hermenêutica decisiva do preceito.

Tanto mais que, no ponto, de outras imprecisões sofre a sua redacção.

Na verdade, não se conhecem, em matéria tributária, crimes que não sejam dolosos, i. e., cometidos por negligência, ao contrário do que sucede com as contra-ordenações – cfr. arts. 87.º e segts. e 108.º e segts. do RGIT.

E a expressão "crime" é suficientemente incisiva, no seu significado, para se não ter por equivalente a "infracção" dolosa que abrangeria as contra-ordenações.

Ao utilizar esta expressão, a lei quis e bem excluir o ilícito contra-ordenacional.

Tese que, aliás, está de acordo com a ratio, mesmo constitucional, do preceito.

Sendo a derrogação do sigilo bancário, ela própria uma restrição a um direito fundamental – art. 26.º, n.º 1 da CRP – justificada, como se disse, e nomeadamente, por outro direito fundamental – o de pagar impostos (cfr. Casalta Nabais, cit., sobretudo págs. 183 e segts. – se efectuada administrativamente, como é o caso, constitui uma excepção face à derrogação judicial, só muito excepcionalmente devendo ser aplicada, caso o recurso aos tribunais não seja viável ou praticável em termos aceitáveis, dado até o seu "carácter preventivo e pedagógico".

Sendo, ainda de acentuar, a sua subordinação ao princípio da proporcionalidade ou da proibição do excesso pelo que as respectivas restrições terão de ser necessárias, adequadas e proporcionais, devendo ter-se por excluída em matéria do mero ilícito de contra-ordenação social, alheio, por princípio, a qualquer conteúdo eticamente censurável.

Cfr. Casalta Nabais, Fiscalidade, n.o 10, págs. 19 e segts..

Aliás, a tese da Fazenda Pública tornaria inútil o preceituado nas als. a) . e b) do dito n.º 2, por estarem então abrangidos na al. c) pois em todos os casos se verifica a "falta de veracidade do declarado": avaliação indirecta, rendimento declarado que não possa razoavelmente permitir as manifestações de riqueza evidenciadas pelo sujeito passivo.

Como bem se refere na sentença, "a interpretação que a A.F. faz daquele dispositivo dispensaria o recurso às outras alíneas em praticamente todas as situações. A fórmula da parte final da alínea c) não seria residual mas abrangente e as demais alíneas não seriam restritivas mas exemplificativas.

O sigilo bancário deixaria de ter expressão perante a A.F.; deixaria de ser a regra e passaria a verdadeira excepção.

Não faria sentido que o legislador tivesse sido particularmente escrupuloso na descrição de situações concretas em que seria excepcionalmente admitida a derrogação do sigilo bancário e deixasse, no meio delas, uma cláusula que a permitisse em todas as demais ... em que houvesse indícios de falta de veracidade do declarado. Não faria sentido, designadamente, que o legislador tivesse o cuidado de restringir a derrogação do sigilo bancário aos casos em que estão verificados os pressupostos da avaliação indirecta (na alínea a) para depois a estender à avaliação directa (alínea c).

É, assim, de concluir que a derrogação do sigilo bancário, nos termos da al. c) do n.º 2 do art. 63.º-B da LGT, por acto da Administração Fiscal, só pode ter lugar "quando existam indícios da prática de crime doloso em matéria tributária", designadamente nos "casos de utilização de facturas falsas" e, em geral, nas "situações em que existam factos concretamente identificados gravemente indiciadores da falta de veracidade do declarado".

Como referem Leite de Campos, Benjamim Rodrigues e Jorge de Sousa, LGT Anotada, 2ª edição, em adenda, «... será de restringir o campo de aplicação desta norma aos casos de crime doloso em matéria tributária que possam estar relacionados com a quantificação da matéria colectável.

A parte final desta al. c) ... não pode ser interpretada como permitindo tal acesso também em casos em que existam indícios de crime em matéria não tributária, doloso ou não, ou de contra-ordenação tributária, dolosa ou não, com o fundamento na existência daqueles graves indícios de falta de correspondência entre o declarado e

a realidade da matéria colectável do contribuinte, pois esta parte final da al. *c)* está conexionada com a inicial referência a "crime doloso em matéria tributária", como mostra o advérbio "designadamente".»
Cfr ., no mesmo sentido, Casalta Nabais, Fiscalidade, n.º 10, pág. 22.
Como bem se refere na sentença, "no caso dos autos, a A.F. recorre à citada al. *c)* do n.º 2 do art. 63.º-B da LGT sem imputar aos recorridos, ou a outrem, qualquer comportamento criminal, sem fazer qualquer juízo sobre a gravidade do seu comportamento, sem fazer sequer alusão aos elementos de algum tipo de crime fiscal. A única coisa que se pretendeu indiciar foi que o valor do imóvel era inferior ao declarado" pelo que "o comportamento indiciado não se enquadra nas exigências legais do normativo citado".

Termos em que se acorda negar provimento ao recurso, confirmando-se a decisão recorrida.
Sem custas.
Lisboa, 13 de Outubro de 2004.

Brandão de Pinho (Relator)
Lúcio Barbosa
Jorge de Sousa

Recurso n.º 950/04

EMPRESA MUNICIPAL. LEI N.º 58/98, DE 18/8. CUSTAS. ISENÇÃO. REGULAMENTO DAS CUSTAS DOS PROCESSOS TRIBUTÁRIOS.

(Acórdão de 13 de Outubro de 2004)

SUMÁRIO:

As empresas municipais não estavam isentas de custas no domínio do Regulamento das Custas dos Processos Tributários.

ACORDAM, EM CONFERÊNCIA, NA SECÇÃO DE CONTENCIOSO TRIBUTÁRIO DO SUPREMO TRIBUNAL ADMINISTRATIVO:

1. ÁGUAS DE GAIA, Empresa Municipal, com sede na rua 14 de Outubro, 343, Vila Nova de Gaia, impugnou judicialmente, junto do então Tribunal Tributário de 1ª Instância do Porto, a liquidação do imposto municipal de Sisa, praticada pelo chefe da repartição de Finanças de Vila Nova de Gaia.
Invocou ainda estar isenta do pagamento de custas, nos termos do art. 3.º do Regulamento das Custas dos Processos Tributários.
O Mm. Juiz do 1.º Juízo daquele Tribunal, para além de ter admitido liminarmente a impugnação, decidiu que a impugnante não goza da invocada isenção do pagamento de custas.
Inconformada com a decisão, no tocante a este último segmento, a impugnante interpôs recurso para este Supremo Tribunal.
Formulou as seguintes conclusões nas respectivas alegações de recurso:
A. A questão que se coloca neste recurso jurisdicional é a de saber se as empresas municipais – categoria na qual se insere a recorrente – se enquadram no tipo legal de isenção do artigo 3.º do Regulamento das Custas dos Processos Tributários (RCPT);
B. Não se contesta que as empresas públicas, face ao disposto no artigo 416.º do Código Administrativo (CA), não se enquadram na categoria de pessoas colectivas de utilidade pública administrativa;
C. O mesmo já não se pode dizer quanto ao entendimento vertido no despacho judicial objecto do presente recurso de as empresas públicas municipais, para efeitos da alínea *a)* do n.º 1 do artigo 3.º do RCPT, não serem consideradas como uma espécie do género dos institutos públicos nem como fazendo parte integrante do conjunto de entidades públicas por intermédio das quais pode ser desenvolvida a administração pública indirecta e, por consequência, recusar-se a sua integração na expressão legal *"Estado, incluindo os seus serviços e organismos, ainda que personalizados";*
Senão vejamos,
D. É indiscutível que a formulação legal do preceito normativo referido no ponto anterior (especialmente na parte em que se refere aos *"serviços e organismos")* abarca a chamada administração pública indirecta;
E. A administração pública indirecta é desenvolvida através dos institutos públicos – e, para aqueles que entendam que as empresas públicas (designadamente as municipais) não se inserem na categoria dos institutos públicos, pelas próprias empresas públicas;
F. Por sua vez, a categoria de institutos públicos engloba várias espécies de organismos, entre as quais se destacam as empresas públicas, designadamente as municipais;
G. Por uma forma (pela sua qualificação como espécie do género de institutos públicos) ou por outra (pela sua integração na administração pública indirecta), o certo é que as empresas públicas (designadamente as municipais) integram aquilo que se designa de administração pública indirecta, pelo que não se vislumbra, como é que as empresas públicas municipais possam, sem mais, ser subtraídas do tipo legal da alínea *a)* do n.º 1 do artigo 3.º do RCPT;
H. Não pode proceder tal interpretação, porquanto, em primeiro lugar, no caso em apreço, o elemento gramatical (o texto ou a "letra da lei") não (pode) desempenha (r) a função negativa que lhe é reconhecido em matéria de interpretação de normas;
I. Em segundo lugar, de modo algum se pode considerar compreendido entre os sentidos possíveis da lei o putativo pensamento legislativo (subtracção das empresas públicas municipais do âmbito de incidência da alínea *a)* do n.º 1 do artigo 3.º do RCPT), pois aquele não tem um mínimo de correspondência na letra da lei;
Sem prejuízo,
O resultado a que se pretende chegar (isenção de custas das empresas públicas municipais) pode igualmente ser alcançado pela via de uma interpretação

extensiva (não da alínea a), mas da alínea e) do n.º 1 do artigo 3.º do RCPT, dada a estreita ligação entre as empresas públicas municipais e as autarquias locais;

Não houve contra-alegações.
Neste STA, o EPGA defende que o recurso não merece provimento.
Colhidos os vistos legais, cumpre decidir.

2. Em causa nos autos está saber se a impugnante goza ou não de isenção de custas.
A recorrente, "Águas de Gaia, Empresa Municipal", defende que sim, encontrando arrimo legal, seja na alínea a) do n.º 1 do artigo 3.º do Regulamento das Custas dos Processos Tributários (RCPT), seja, em última análise, na alínea e) do citado normativo.
Vejamos.
Estatui o n.º 1 do art. 3.º do Regulamento das Custas dos Processos Tributários (DL n.º 29/98, de 11/2):
"Sem prejuízo do disposto em lei especial, são unicamente isentos de custas:
a) O Estado, incluindo os seus serviços e organismos, ainda que personalizados;
...
e) As autarquias locais e as associações e federações de municípios.
...".
Quid juris?
Será que a recorrente beneficia da isenção de custas?
Como vimos acima, a recorrente centra prevalentemente o seu discurso na al. a) do n.º 1 do art. 3.º do RCPT.
E defende que, tratando-se de um instituto público, ou, ao menos, integrando-se na chamada administração pública indirecta, por isso goza da pretendida isenção de custas.
E toda esta argumentação visa contrariar a posição expressa pelo Mm. Juiz a quo que decidiu que as empresas municipais não gozam de isenção de custas "por se entender que não se enquadram no género institutos públicos, para o efeito da alínea a) do n.º 1 do art. 3.º do RCPT".
Será assim?
Será que as empresas municipais são institutos públicos, ou, ao menos, será que se integram na administração indirecta do Estado?
Entendemos que não.
As empresas municipais não são institutos públicos, nem se integram na denominada administração indirecta do Estado.
Na verdade, as empresas públicas municipais (como a recorrente), regem-se, nos termos do n.º 3 da Lei n.º 58/98, de 18/8, pela "presente lei, pelos respectivos estatutos e, subsidiariamente, pelo *regime das empresas públicas* e, no que neste não for especialmente regulado, pelas *normas aplicáveis às sociedades comerciais*".
Trata-se pois de "administração sob a forma empresarial", como lhes chama Rui Guerra da Fonseca, in Rev. Ministério Público, n.º 90, págs. 125/6, pelo que se tratará de "novas formas de administração pública" (vide acórdão deste STA de 6/11/2002 – rec. n.º 1135/02).
Falece pois, e desde logo, a argumentação aduzida pela recorrente, neste segmento do recurso.
Só que a nosso ver a questão pode ser vista noutra perspectiva, que é a seguinte:

A expressão "serviços e organismos, ainda que personalizados", referida na citada al. a) do n.º 1 do preceito citado, há-de reportar-se ao Estado: ou seja, serão serviços e organismos do Estado.
Ora, as empresas municipais, criadas por "municípios ... associações de municípios e ... regiões administrativas" (para utilizar a expressão do art. 1.º da referida Lei n. 58/98) não se integram no conceito de "serviços e organismos" do *Estado*.
Não se lhes aplica assim a alínea a) do citado normativo, por isso que a recorrente foi criada pelo Município de Vila Nova de Gaia, como reconhece a recorrente no art. 2.º da petição inicial.
A nosso ver, mais relevante seria a alegação de que a isenção estaria prevista na já citada alínea e) do n.º 1 do art. 3.º do Regulamento das Custas dos Processos Tributários, interpretada extensivamente.
Mas não cremos que este seja o melhor entendimento da norma citada. Na verdade, se o legislador quisesse que as empresas municipais estivessem isentas de custas referi-lo-ia expressamente, à semelhança do que fez para os "serviços e organismos do Estado", como se vê da já referida alínea a) do n.º 1 do citado normativo.
Depois porque a moderna tendência no tocante ao pagamento de custas é no sentido inverso, a pontos de actualmente nem o Estado nem as autarquias beneficiarem de isenção de custas – vide, a propósito o actual Código das Custas Judiciais, na versão do DL n.º 324/2003, de 27/12 (vide art. 2.º).
Concluimos assim que a recorrente não beneficia da isenção de custas.

4. Face ao exposto, acorda-se em negar provimento ao recurso.
Custas pela recorrente, fixando-se a procuradoria em 50%.
Lisboa, 13 de Outubro de 2004.

Lúcio Barbosa (Relator)
Fonseca Limão
Pimenta do Vale

Recurso n.º 470/04

IMPOSTO AUTOMÓVEL. COMPATIBILIDADE DA TABELA DO DECRETO-LEI N.º 40/93 DE 18/11, NA REDACÇÃO INTRODUZIDA PELO ART.º 8.º DA LEI N.º 85/01 DE 4/8, COM O ART.º 90.º DO TRATADO DE ROMA.

(Acórdão de 29 de Setembro de 2004)

SUMÁRIO:

I – Tendo o veículo automóvel sido importado em 23/11/01, posteriormente à entrada em vigor da Lei n.º 85/01 de 4/8 e da Portaria n.º 1.291/01 de 16/11, não é possível, neste caso, fazer aplicar a jurisprudência tirada pelo TJCE a propósito do Decreto-lei n.º 40/93 de 18/11, já que o regime legal então vigente e que foi tido em conta no Proc. N.º 393/98, era totalmente diferente e na medida em que as garantias então preconizadas foram instituídas por aqueles diplomas legais.

II – Com a introdução pelo art.º 8.º da citada Lei n.º 85/01 dos n.ºs 12 e 13 do art.º 1.º do Decreto-lei n.º 40/93, a liquidação de imposto automóvel relativo a veículos automóveis usados adquiridos em Estado-Membro da EU, efectuada nos termos do disposto naquele art.º 1.º, não viola o art.º 90.º do Tratado de Roma, dado que o impugnante tem sempre ao seu dispor um método alternativo (cfr. n.º 12), explicitado na referida Portaria n.º 1.291/01.

ACORDAM NESTA SECÇÃO DO CONTENCIOSO TRIBUTÁRIO DO SUPREMO TRIBUNAL ADMINISTRATIVO:

1 – JORGE MANUEL CABRAL MORAIS, residente na rua da Serra, n.º 309, 2.º dt.º, Perosinho, não se conformando com a sentença do Tribunal Tributário de 1ª Instância do Porto que julgou improcedente a impugnação judicial da liquidação do imposto automóvel, no valor de 6.357,15 euros, dela vem interpor o presente recurso, formulando as seguintes conclusões:

1. Ao contrário do afirmado na sentença recorrida, a jurisprudência do TJCE emanada do ac. de 22.02.2001, no recurso prejudicial do caso *António Gomes Valente* continua a ter plena aplicação ao caso *sub judicio*, pois que as normas aplicadas ao acto tributário de liquidação do IA não excluem que, em qualquer caso, os produtos importados não sejam tributados mais gravosamente do que os produtos importados.

2. O caso *sub judicio* tem de ter idêntica solução à que o TJCE e o STA sentenciaram ser a adequada para o caso *António Gomes Valente* (e para tantos outros) pela simples razão de que, ao contrário do afirmado na sentença, não estamos perante uma situação diversa da suscitada no acórdão que motivou aquele reenvio prejudicial, por não se reportar à interpretação de diferentes normas jurídicas.

3. O facto de o art. 1.º do DL n.º 43/93, de 28 de Fevereiro, ter sido alterado pelo art. 8.º da Lei n.º 85/2001, de 4 de Agosto, mediante o aditamento de dois novos números (12 e 13), por forma a ser criado o chamado "método alternativo", posteriormente desenvolvido pela Portaria n.º 1291/2001, de 16 de Novembro e pelo seu Regulamento de Aplicação, associado ao facto de o impugnante não ter optado pela aplicação deste novo método de liquidação do IA, contrariamente ao afirmado na sentença, não produz o efeito de o acto sindicado não padecer de ilegalidade, por erro nos pressupostos de direito.

4. Tal método alternativo, contrariamente ao afirmado na sentença, não garante que o montante do IA devido não excede, em caso algum, o montante do imposto residual incorporado no valor dos veículos similares já matriculados no território nacional e, por isso, também ele viola o § 1 do art. 90.° do TR e contraria a jurisprudência do TJCE e deste STA.

5. As normas contidas nos n.ºs 2 do art. 1°, n.º 1 do art. 2.° e als. *b*) e *c*) do n.º 1 e o n.º 3 do art. 14.º do seu Regulamento de Aplicação são inconstitucionais, não podendo ser aplicadas ao caso concreto, para definir os efeitos jurídicos do acto tributário praticado pela AT.

6. A sentença recorrida, por errada interpretação e aplicação, contraria, designadamente, o § 1 do art. 90.° do TR e a invocada jurisprudência do TJCE e deste STA, os n.ºs 1 e 3 do art. 8.°, os n.ºs 2 e 3 do art. 103.º, a al. *i*) do n.º 1 do art. 165.°, o n.º 2 do art. 202.°, os n.ºs 2 e 3 art. 205.º da CRP, o art. 9° CC e os arts. 8.º e 43.º da LGT.

A Fazenda Pública não contra-alegou.

Entretanto e a fls. 74 e segs., o recorrente veio requerer que a instância fosse suspensa, a fim de que fossem colocadas ao TJCE as seguintes questões, para além de outras que este Supremo Tribunal considere relevantes:

1ª questão – Será compatível com o § 1.º do artigo 90.º do TR um conjunto de normas do direito interno de um EM que, ao regulamentar o procedimento de liquidação do imposto devido pela entrada no consumo interno de um automóvel usado proveniente de outro EM, prevê que, em opção a uma tabela de reduções do imposto, que se aplica em função do número de anos do veículo e que os tribunais nacionais passaram a considerar contrária ao mencionado §, possa o seu proprietário solicitar à Administração, como alternativa à aplicação dessa tabela, a utilização de um método assente no valor comercial do veículo, a atribuir por uma comissão de avaliação, que permita ter em conta a depreciação efectiva do veículo avaliado, resultante da consideração, na sua avaliação, de factores como a marca, o modelo, a quilometragem, o modo de propulsão, o estado mecânico e de conservação do veículo?

2ª questão – Será conforme com o § 1.º do artigo 90.º do TR um sistema de tributação de veículos usados importados, tal como o descrito na questão anterior, se, nesse EM, a aquisição feita no mercado nacional de um qualquer veículo usado não está sujeita à liquidação nem ao pagamento de qualquer imposição interna?

3ª questão – Será conforme com o direito comunitário, particularmente com o § 1.º do artigo 90.º do TR, um sistema de liquidação do imposto considerado devido pela entrada no consumo interno de um veículo usado proveniente de outro EM que permite a aplicação de uma tabela de reduções desse imposto, que não é aplicada aos veículos adquiridos no mercado nacional?

4ª questão – Será conforme com as exigências do direito comunitário, particularmente com a proibição contida no § 1.º do artigo 90.º do TR, a coexistência de dois métodos de liquidação de imposto automóvel devido pela entrada no consumo interno de veículos usados provenientes de outros EM, tais como os descritos na 1ª questão, em que a matéria colectável utilizada no método das tabelas não coincide totalmente com a utilizada no método da avaliação do veículo; em que o imposto é calculado de maneira diferente num e noutro método; em que a matéria colectável utilizada nos dois métodos, para os usados importados, não se aplica aos produtos similares adquiridos no país; e em que a tributação aplicada aos veículos usados importados (quer pelo método das tabelas, quer pelo método da avaliação do veículo) não é aplicada aos veículos adquiridos no mercado nacional?

5ª questão – Será conforme ao direito comunitário, particularmente ao § 1.º do artigo 90.º do TR um sistema de tributação de um EM que, para os veículos usados importados, concebe um duplo método de cálculo e de liquidação do imposto, que conduzem ou podem conduzir a diferentes colectas, sendo um dos métodos abstracto, porque baseado em tabelas legais, e o outro concreto, porque baseado nos resultados de uma avaliação feita ao veículo?

6ª questão – Será conforme ao direito comunitário, particularmente ao § 1.º do artigo 90.º do TR, e respeitará os princípios da transparência e da igualdade de tratamento fiscal um sistema de tributação de um EM que se caracteriza por tomar em conta fases de comercialização diferentes na tributação que incide sobre veículos novos e usados, na medida em que o imposto de um veículo usado (similar ao importado) já matriculado no território nacional pode ter sido liquidado com base no valor de aquisição do veículo praticado pelo importador oficial (que exclui a margem de lucro dos grossistas e retalhistas), enquanto que o imposto devido pelos veículos usados importados é calculado com base no preço de aquisição, para o consumidor, de um veículo novo similar que, geralmente, é mais elevado?

A Fazenda Pública respondeu nos termos que constam de fls. 89 e segs., que aqui se dão por integralmente reproduzidos para todos os efeitos legais, concluindo pelo indeferimento do referido requerimento.

O Exm.º Procurador-Geral Adjunto emitiu douto parecer no sentido do indeferimento do pedido de recurso prejudicial, por inutilidade para a solução jurídica da causa, bem como da improcedência do recurso.

Colhidos os vistos legais, cumpre decidir.

2 – A sentença recorrida fixou a seguinte matéria de facto:
– Em Novembro de 2001, o impugnante comprou na Alemanha o veículo automóvel, ligeiro de passageiros, usado, marca Mercedes Benz, modelo C 220 CDI, com 2.151 cc de cilindrada, a gasóleo, o qual tinha sido posto em circulação nesse país em 02.06.1998.
– Em 23 de Novembro de 2001, o impugnante procedeu à importação definitiva do veículo para Portugal, através da Alfândega do Freixieiro, a qual, na mesma data, liquidou o imposto automóvel (IA), mediante a liquidação n.º RLQ 0313206, no montante de 6.357,15 €.
– O impugnante pagou tal montante em 04.01.2002.

3 – Do que acima fica exposto, ressalta à evidência que o recorrente, para além da ter requerido a suspensão da instância, imputa à sentença recorrida o vício de violação do art.º 90.º do Tratado de Roma e da jurisprudência do TJCE, que cita, bem como a inconstitucionalidade das normas contidas no n.º 2 do art.º 1.º, n.º 1 do art.º 2.º e als. b) e c) do n.º 1 e o n.º 3 do art.º 14.º do Regulamento de Aplicação, por violação do disposto nos art.ºs 8.º, n.ºs 2 e 3, 165.º, n.º 1, al. i), 202.º, n.º 2, 205.º, n.ºs 2 e 3 da CRP.

Assim e em primeiro lugar, vejámos se se justifica a requerida suspensão da instância.

Dispõe o art.º 234.º do Tratado de Roma que:

"O Tribunal de Justiça é competente para decidir, a título prejudicial:
a) Sobre a interpretação do presente Tratado;
b) Sobre a validade e a interpretação dos actos adoptados pelas Instituições da Comunidade pelo BCE;
c) Sobre a interpretação dos estatutos dos organismos criados por acto do Conselho, desde que os Estatutos o prevejam.

Sempre que uma questão desta natureza seja suscitada perante qualquer órgão jurisdicional de um dos Estados-Membros, esse órgão pode, se considerar que uma decisão sobre essa questão é necessária ao julgamento da causa, pedir ao tribunal de Justiça que sobre ela se pronuncie.

Sempre que uma questão desta natureza seja suscitada em processo pendente perante um órgão jurisdicional cujas decisões não sejam susceptíveis de recurso judicial previsto no direito interno, esse órgão é obrigado a submeter a questão ao Tribunal de Justiça".

A este propósito, escreve Miguel Almeida Andrade, in Guia Prático do Reenvio Prejudicial, pág. 63, que *"a expressão sempre que uma questão desta natureza seja suscitada...deve ser entendida como implicando a existência de uma dificuldade de um problema.*

O Juiz passa, assim, a ter, ele próprio, competência para a interpretação do direito comunitário. Apenas em caso de dúvida razoável é obrigado a efectuar o reenvio".

No caso em apreço e como iremos ver, não existem dúvidas quanto à solução a dar à questão de direito comunitário arguída nos autos, conforme adiante se demonstrará.

Pelo que e não sendo necessário o reenvio prejudicial requerido pelo recorrente, se indefere o presente requerimento de suspensão da instância.

4 – Passando agora ao objecto do recurso, vejámos, em primeiro lugar, se ocorre ou não a arguída inconstitucionalidade.

Todavia e no que tange a esta questão, não indicou o recorrente, nas respectivas conclusões da sua motivação do recurso, as razões por que entende que a interpretação feita pela sentença "a quo" afronta o estatuído nos citados preceitos constitucionais, perfilhando, antes, uma alegação genérica, que, por isso mesmo, é inidónea para alicerçar qualquer alteração ou revogação daquela decisão.

E tanto basta para que, face ao disposto nos art.ºs 684.º e 690.º do CPC, se considere improcedente a respectiva arguição.

5 – Quanto ao demais objecto do recurso, importa referir que o Mm.º Juiz "a quo" julgou improcedente a impugnação judicial com o fundamento de que não se aplicava, ao caso dos autos, a jurisprudência do TJCE tirada a propósito do art.º 1.º, n.º 7 do Decreto-lei n.º 40/93 de 18/2 dado que, tendo o veículo em causa sido importado em 23/11/01, vigorava já o regime legal previsto na Lei n.º 85/01 de 4/8 e na Portaria n.º 1.291/01 de 16/11, regime este completamente diferente daquele que vigorava e que foi tido em conta por aquele Tribunal quando proferiu o acórdão de 22/2/01 (Proc. N.º C-398/98).

"*Na verdade, a partir de 17.11.2001 passou a ser possível a qualquer pessoa ver o cálculo do imposto automóvel ser efectuado em concreto pois o valor do veículo é calculado de acordo com as regras do mercado, atendendo-se ao estado mecânico e estado geral de utilização e de conservação do veículo: cfr. arts. 9.º, 10.º n.º 1, 11.º e 14.º do Anexo à Portaria n.º 1291/2001".*

Sendo assim e uma vez que o impugnante não fez uso desta prerrogativa legal do método alternativo, que lhe assegurava as garantias que invoca "não padece a liquidação da invocada ilegalidade, por vício de lei, uma vez que o regime legal sob a alçada do qual foi efectuada a liquidação não viola o art. 90.º do TCE".

Alega, porém, o recorrente que a citada jurisprudência ainda se aplica ao caso em apreço, por um lado e, por outro, que tal método alternativo viola o art.º 90.º parágrafo 1.º do Tratado de Roma, uma vez que "não garante que o montante de IA devido não excede, em caso algum, o montante do imposto residual incorporado no valor dos veículos similares já matriculados no território nacional".

Não lhe assiste, porém, razão.

Desde e logo e como bem se salienta na sentença recorrida, não é possível fazer aplicação aqui da jurisprudência tirada a propósito do Decreto lei n.º 40/93, de 28/2, na redacção anterior a 17/11/01, já que o regime legal então vigente e que foi tido em conta pelo TJCE no acórdão de 22/2/01, prolatado no Proc. n.º 393/98, era totalmente diferente do que se encontra em vigor à data a que se reportam os autos, já que as garantias então preconizada por este acórdão foram instituídas pela Lei n.º 85/01 de 4/8 e pela Portaria n.º 1.291/01 de 16/11.

Por outro lado, com a entrada em vigor do art.º 8.º da prédita Lei n.º 85/01, o citado art.º 1.º do Decreto-lei n.º 40/93, sofreu um aditamento, já que lhe acrescentou os n.ºs 12 e 13.

E dispõe este n.º 12 que "em opção à aplicação da tabela constante do n. 7, o proprietário do veículo admitido poderá solicitar a utilização de um método alternativo, baseado no valor comercial do veículo, a determinar por comissões de peritos, em que o imposto a pagar seja igual ao IA residual incorporado em veículos da mesma marca, modelo e sistema de propulsão ou, na sua falta, de veículos idênticos ou similares, introduzidos no consumo em Portugal no mesmo ano da data de atribuição da primeira matrícula".

Por sua vez, o n.º 13 estabelece que "as comissões de peritos referidas no número anterior são constituídas por um representante da Direcção-Geral de Viação e pelo proprietário do veículo ou por representante por ele nomeado".

"Quer isto dizer que não pode mais dizer-se que os critérios e as tabelas do referido normativo não são susceptíveis de garantir que o montante do imposto devido não excede, ainda que apenas em certos casos, o montante do imposto residual incorporado no valor dos veículos similares já matriculados no território nacional", por isso que, no dizer da lei, sempre "o proprietário do veículo admitido poderá solicitar a utilização de um método alternativo, baseado no valor comercial do veículo, a determinar por comissões de peritos, em que o imposto a pagar seja igual ao IA residual incorporado em veículos da mesma marca, modelo e sistema de propulsão ou, na sua falta, de veículos idênticos ou similares, introduzidos no consumo em Portugal no mesmo ano da data de atribuição da primeira matrícula".

E a Portaria n. 1291/2001, de 16/11, veio concretizar esse "método alternativo", dizendo-se no preâmbulo deste diploma que "este novo método de tributação assente no valor comercial do veículo a atribuir por uma comissão de peritos constituída para o efeito permite ter em conta a depreciação efectiva do veículo avaliado, resultante da consideração na sua avaliação de factores como a marca, o modelo, a quilometragem, o modo de propulsão, o estado mecânico e o estado de conservação do veículo".

Ou seja, quem não aceitar as tabelas referidas no n.º 7 tem ao seu dispor um método alternativo, que dá corpo aos ditames comunitários.

Vale isto por dizer que a lei em causa já não viola preceito comunitário" (Ac. desta Secção do STA de 12/11/03, in rec. n.º 1.350/03).

No mesmo sentido, vide Acórdão desta Secção do STA de 3/4/04, in rec. n.º 1.457/03.

6 – Nestes termos, acorda-se em negar provimento ao presente recurso e manter a decisão recorrida.

Custas pelo recorrente, fixando-se a procuradoria em 50%.

Lisboa, 29 de Setembro de 2004.

Pimenta do Vale (Relator)
Lúcio Barbosa
António Pimpão

Recurso n.º 1 992/03

IMPOSTO AUTOMÓVEL. PEDIDO DE REVISÃO DO ACTO DE LIQUIDAÇÃO. INDEFERIMENTO POR EXTEMPORANEIDADE. MEIO PROCESSUAL ADEQUADO. CONVOLAÇÃO.

(Acórdão de 20 de Outubro de 2004)

SUMÁRIO:

I– **O despacho de Director de Alfândega que indefere, por extemporaneidade, pedido de revisão de acto de liquidação de IA é susceptível de** recurso contencioso, que não de impugnação judicial.

II– Deduzida impugnação judicial contra tal despacho, deve ordenar-se a convolação para a forma de recurso contencioso, se a causa de pedir e o pedido se ajustarem a esta mesma forma e se perfilar tempestiva a interposição.

ACORDAM, EM CONFERÊNCIA, NA SECÇÃO DE CONTENCIOSO TRIBUTÁRIO DO STA:

M3-AUTO – Comércio de Automóveis, Lda., com sede na Rua Capitão Valente, 109, em Vilar – Vila Verde, não se conformando com a sentença do 2° Juízo do TT de 1ª Instância do Porto de fls. 76-80 v.º, que julgou esta impugnação improcedente, vem até nós, culminando a sua alegação de recurso com as seguintes conclusões:

1. Não houve erro na forma de processo ao ser escolhida a impugnação judicial, pois que o recorrente cumulou vários pedidos com uma conexão lógica entre si: anulação do despacho de indeferimento do pedido de revisão do IA e anulação do acto de liquidação, sendo certo que tais pedidos não são substancialmente incompatíveis.
2. Os pedidos encontram-se em "cumulação aparente" e, nesta forma de cumulação, não se pode opor a diversidade da forma de processo aplicável.
3. Sendo a impugnação judicial o meio mais adequado para conhecer do pedido de anulação do acto tributário de liquidação do IA (e da consequente restituição da quantia paga) e existindo uma forte corrente no sentido de o acto de indeferimento do pedido de revisão ser na mesma forma processual, a escolha processual do impugnante não merece censura.
4. Deduzidas, como foram, diversas pretensões, mesmo que se entenda que estão sujeitas a diferentes formas de processo, não pode o juiz ordenar a convolação do processo para uma das formas consideradas adequadas, pois isso seria substituir-se à parte na eleição de uma pretensão contra as outras, assim violando os princípios da autonomia da vontade e do dispositivo do processo.
5. A inidoneidade do meio processual e a possibilidade da convolação para o que se mostre adequado tem de aferir-se fundamentalmente pela tempestividade do exercício do direito da acção apropriada, pela pertinência da causa de pedir e pela conformidade desta com o correspondente pedido.
Tais requisitos verificam-se no processo.
6. Não se verifica a extemporaneidade da apresentação da impugnação, tendo a petição dado entrada no Tribunal em 24.IV.2002, proveniente do órgão da AT periférico local competente para a prática e para a revogação do acto, onde ela deu entrada a 02.IV.2002.
7. Por errada aplicação ou interpretação, foram violados os artigos 9.°, 95.°, n.ºs 1 e 2, d), e 101.°, a), da LGT, 10.°, e), 97.°, 1, e 103.°, 1, do CPPT (na redacção dada pela Lei n.° 15/2001), 28.°, 1, a), e 35.° da LPTA, 9.° do CC e 267.° do CPC.

Não houve contra-alegação.
O distinto PGA entende que o recurso não merece provimento.
Corridos os vistos, cumpre decidir.

E a primeira questão que a Rct. nos coloca prende-se com a forma de processo, que considera correcta, contrariamente ao entendido pelo tribunal a quo, que proclamou a existência de atinente erro, pois que o meio processual idóneo para sindicar o acto recorrido do Director da Alfândega de Leixões seria, não a impugnação judicial, antes o recurso contencioso.
Vejamos.
Como se alcança da petição inicial, a ora recorrente deduziu impugnação judicial contra despacho do sobredito Director "que declarou não existir o dever de decidir o pedido de revisão do acto de liquidação de imposto automóvel", pedindo, a final, a anulação de tal decisão e a declaração da existência do dever de a Administração Tributária decidir tal pretensão. Pedido único, pois, como realçado no acórdão desta Secção de 3 de Dezembro último – rec. 1193/03-40, "a solicitada declaração da existência do dever de a Administração Tributária decidir a pretensão do impugnante não é mais que consequência daquele pedido: entendendo-se ser o pedido de revisão tempestivo, é óbvio que a Administração teria de apreciar 'tal pretensão', ainda que não competisse ao tribunal, que não faz administração activa, declará-lo nesta fase processual."
Regista-se na sentença recorrida que "o indeferimento do pedido de revisão por banda do Sr. Director da Alfândega teve por único fundamento a respectiva extemporaneidade, tendo-se ele abstido de se pronunciar sobre questões atinentes ao acto de liquidação do imposto automóvel".
Ora, segundo o artigo 97.°, 1, do CPPT, o processo judicial tributário compreende:

d) A impugnação dos actos administrativos em matéria tributária que comportem a apreciação da legalidade do acto de liquidação;
...
p) O recurso contencioso do indeferimento total ou parcial ou da revogação de isenções ou outros benefícios fiscais, quando dependentes de reconhecimento da administração tributária, bem como de outros actos administrativos relativos a questões tributárias que não comportem apreciação da legalidade do acto de liquidação.

Ante tais estatuições legais, é entendimento pacífico e reiterado deste Supremo que de acto de indeferimento de pedido de revisão de liquidação de imposto automóvel que não aprecie a legalidade da mesma cabe recurso contencioso, não impugnação judicial – inter alia, os acórdãos proferidos nos recursos n.ºs 1258/03-40, de 19.XI.03; 1193/03-40, de 03.XII.03; 1298/03-40, de 10.XII.03; 1300/03-40, de 19.XI.03 ; 1301/03-40, de 10.XII.03, e 1846/03-40, de 04.II.04.

Decidindo neste pendor, a sentença recorrida não merece, no ponto, censura. Sucede, porém, que a instância não operou a adequada convolação, por se lhe afigurar manifesta a extemporaneidade da petição.
Aqui, mal andou o Mmo Juiz de Direito a quo.
Na verdade, a contribuinte dispunha de dois meses (contados da data da notificação do despacho de indeferimento do Director da Alfândega de Leixões e nos termos artigo 279.°, c), do Código Civil) para a sua apresentação "no tribunal tributário competente ou no serviço periférico local onde haja sido ou deva legalmente considerar-se praticado o acto" – artigos 28.°, 1, a), da anterior LPTA (vigente ao tempo), e 103.°, 1, do CPPT, redacção introduzida pela Lei n.° 15/2001, de 5 de Junho.

Como expressamente referido pela instância, a contribuinte foi notificada da decisão de indeferimento em foco em 11.II.2002.

E do carimbo aposto pela Alfândega de Leixões na petição inicial se vê que ela aí deu entrada em 02.IV.2002, data em que, patentemente, não havia transcorrido o sobredito prazo legal [dies ad quem: 12.IV.2002].

Seguro é, pois, que não se perfila o dito obstáculo da caducidade, por isso que, no ponto, não pode manter-se na ordem jurídica a sentença recorrida.

É sabido que, segundo o artigo 199.º do CPC, o erro na forma de processo importa unicamente a anulação dos actos que não possam ser aproveitados, devendo praticar-se os que forem estritamente necessários para que o processo se aproxime, quanto possível, da forma estabelecida pela lei.

De modo semelhante dispõe o n.º 3 do artigo 98.º do CPPT, cujo n.º 4 estatui que, em caso de erro na forma de processo, este será convolado na forma do processo adequada, nos termos da lei.

E no artigo 97.º, 3, da LGT se impõe a correcção do processo quando o meio usado não for o adequado segundo a lei.

Termos em que se acorda anular todo o processado a partir da petição inicial, aproveitando-se, porém, os documentos com ela juntos, prosseguindo os autos como recurso contencioso, assim se provendo o presente recurso jurisdicional.

Não é devida tributação.

Lisboa, 20 de Outubro de 2004.

Mendes Pimentel (Relator)
Vítor Meira
Baeta de Queiroz

Recurso n.º 554/04

INFORMAÇÃO VINCULATIVA. OBRIGAÇÃO DE A PRESTAR APÓS A PRÁTICA DO ACTO TRIBUTÁRIO DE LIQUIDAÇÃO RESPEITANTE À SITUAÇÃO OBJECTO DO PEDIDO DE INFORMAÇÃO.

(Acórdão de 7 de Dezembro de 2004)

SUMÁRIO:

I – A informação vinculativa a que se referem os artigos 68.º da Lei Geral Tributária e 57.º do Código de Procedimento e de Processo Tributário concretiza o princípio da colaboração da Administração Tributária com os contribuintes, e realiza o direito destes à informação.

II – A Administração está obrigada a prestar a informação vinculativa solicitada pelos contribuintes, quer relativamente a situações de facto já ocorridas, quer relativamente a situações de facto que ainda se não deram, mas que o contribuinte configure como concretizáveis.

III – Não assim quando tais situações ocorreram, a Administração tomou delas conhecimento, e reagiu, praticando o acto tributário de liquidação que entendeu devido.

IV – Neste caso, já não é possível à Administração colaborar com o contribuinte, e o seu direito à informação está satisfeito.

ACÓRDÃO

1.1. A **FAZENDA PÚBLICA** recorre da sentença do Mmo. Juiz do Tribunal Administrativo e Fiscal de Castelo Branco que julgou procedente a intimação, requerida por **MÁRIO JOSÉ ALEGRIA NEVES**, residente em Seia, do Director-Geral dos Impostos, para prestar a informação vinculativa que lhe solicitara, atinente à sua situação em matéria de imposto sobre o rendimento das pessoas singulares (IRS).

Formula as seguintes conclusões:

«A) A, aliás, douta sentença recorrida ao ter concluído que, no caso "sub judice" a AT tinha que prestar informação vinculativa fez, salvo o devido respeito, uma incorrecta interpretação e aplicação do art. 68.º da LGT aos factos, motivo pelo qual não deve ser mantida.

B) Na verdade, resulta provado nos autos que, "... o *Rte impetrou a emissão de informação vinculativa, versando a sua situação tributária, concretamente, a tributação, em cédula de IRS, de rendimentos auferidos no decurso do ano de 1997"*. E que acerca de tais rendimentos, foi efectuada liquidação adicional.

C) Ora a consagração de um dever de informação da AT perante os sujeitos passivos, não implica que esse dever exista sempre que aqueles tenham potencialmente um interesse acerca de uma matéria ou assunto de natureza tributária. Tal interesse tem que ser legítimo.

D) E tal legitimidade afere-se pelo interesse directo e útil em obter uma informação sobre a qualificação jurídico-tributária de uma situação concreta que vincule a AT.

E) No caso "sub judice" falta esse interesse directo e útil, uma vez que a vinculação da AT, pretendida com o pedido de informação, resulta do acto de liquidação que já foi efectuado.

F) Não faz qualquer sentido e carece de utilidade o pedido de obtenção de informação vinculativa, efectuado em 15/10/02, quando o acto final com os seus pressupostos vinculativos já foi emitido.

G) Logo, o pedido de informação vinculativa, por ser posterior ao acto que se pretendia vinculado, perdeu qualquer utilidade.

H) Por outro lado, entende a sentença recorrida que não está contemplada na lei qualquer restrição expressa à emissão de informação vinculativa, nos casos em que já existe uma liquidação e sobre a mesma já foi interposta reclamação graciosa e que, por isso, a informação vinculativa tinha que ser prestada no caso em concreto.

I) Salvo o devido respeito, tal "restrição" resulta de uma interpretação sistemática da lei, veja-se a colocação sistemática do art. 57.º do CPPT, referente a informação vinculativa, no seu capitulo II, numa determinada fase, que expressamente se prevê como sendo prévia ao procedimento de liquidação, e de uma tipificação dos meios, graciosos ou contenciosos, de reacção ao acto tributário.

J) Se fosse permitido ao então requerente a utilização da informação vinculativa como meio de vinculação em sede de processo gracioso tributário, que poderia, inclusive, conduzir à revogação da decisão proferida em sede de reclamação graciosa, estar-se-ia a acrescentar um novo meio de reacção ao mesmo acto tributário – liquidação. Ora, tal efeito não foi, com certeza, o pretendido pelo legislador quando acolheu a informação vinculativa como um meio de colaboração da AT com os contribuintes.

Termos pelos quais e, com o douto suprimento de V. Exas., deve ser concedido provimento ao presente recurso jurisdicional e, em consequência, revogar-se a sentença recorrida, com todas as legais consequências».

1.2. O recorrido, a final das suas contra-alegações, extrai as conclusões seguintes:

«I – O processo de intimação para um comportamento, embora tendo uma tramitação especial, não tem a natureza de processo urgente, pelo que não se lhe aplica o disposto no artigo 283.º do CPPT.

II – As presentes alegações são, por isso, tempestivas.

III – O recorrido tem um interesse directo e legítimo na informação vinculativa requerida em tempo à administração fiscal.

IV – A lei não exclui o direito à informação vinculativa sobre um facto em razão de haver sido deduzida uma reclamação graciosa contra o acto de liquidação susceptível de estar influenciado por esse facto.

V – A informação vinculativa deixou, com a Lei Geral Tributária, de ter carácter ou natureza prévia.

VI – Assim, a aliás, douta sentença recorrida, porque fez uma correcta interpretação e aplicação da lei aos factos, e não violou qualquer norma legal, deve ser mantida.

Nestes termos, e nos mais que V. Ex.ªs doutamente suprirão, deve ser negado provimento ao recurso jurisdicional interposto pela entidade recorrente e, em consequência, deve manter-se a sentença recorrida, com todas as legais consequências».

1.3. O Exm.º Procurador-Geral Adjunto junto deste Tribunal é de parecer que o recurso merece provimento, devendo ser indeferido o pedido de intimação de comportamento ou, subsidiariamente, deve convolar-se o requerimento para petição de acção para reconhecimento de direito e interesse legítimo em matéria tributária.

1.4. O processo tem os vistos dos Exm.ºs Adjuntos.

***

2. A sentença recorrida estabeleceu como provado que:

«1. Em 15.10.2002, o requerente/Rte apresentou, no Posto de Atendimento Personalizado, R/C – Ed. Satélite, o requerimento fotocopiado a fls. 8/9 *(aqui tido por totalmente reproduzido)*, onde, dirigindo-se ao Ex.mo Sr. Director Geral dos Impostos – Direcção de Serviços de IRS, solicitava "... nos termos do disposto no art. 68.º da Lei Geral Tributária (...) informação vinculativa relativamente à sua situação tributária (...)", requerendo, a final, "... se digne precisar o momento em que a parte social em causa é considerada adquirida".

2. Por ofício datado de 21.1.2004 (fotocopiado a fls. 12 e *aqui tido por totalmente reproduzido)*, a Sr.ª Directora de Serviços do IRS informou o mandatário judicial do Rte de que não seria "nesta fase, prestada a informação vinculativa solicitada".

3. O Rte requereu, então, certidão da "fundamentação jurídica" do indeferimento aludido em 2., o que, após determinação judicial, foi satisfeito por intermédio do ofício 009939 de 19.3.04 e informação que o acompanhou, expediente junto a fls. 16/18 e cujo conteúdo aqui se tem por integralmente reproduzido.

4. Na sequência de acção inspectiva ao aqui Rte, os serviços da AT emitiram, com data de 2.10.2002, liquidação adicional de IRS n.º 5323846497, referente a rendimentos auferidos no ano de 1997, no valor a pagar de 6.386.471,19, com data limite de pagamento em 20.11.2002.

5. Versando a liquidação identificada em 4., o Rte, a 31.1.2003, apresentou petição de reclamação graciosa, fotocopiada e certificada a fls. 49 segs., processo que, em 8.7.2004, se encontrava "em fase de análise, aguardando decisão"».

***

3.1. O recorrido dirigiu ao Director Geral dos Impostos em 15 de Outubro de 2002, um requerimento em que descrevia a seguinte situação:

– em 12 de Maio de 1996 adquiriu parte do capital social de uma sociedade, ainda não titulado por acções, por não estar senão parcialmente realizado;

– em 17 de Julho de 1996 o capital foi integralmente realizado e, emitidas que foram as 1818 acções correspondentes ao adquirido pelo recorrido, este vendeu-as a terceiros, em 4 de Agosto de 1997.

O requerimento concluía com este pedido:

«Assim, e tendo em vista a posterior alienação onerosa da parte social representada pelas 1818 acções parcialmente representativas do capital social de Cunha & Branco, Distribuição Alimentar, S. A., requer-se a V. Exª. se digne precisar o momento em que a parte social em causa é considerada adquirida».

Ora, em 2 de Outubro de 2002, a Administração Fiscal procedera a uma liquidação adicional de IRS na qual atendeu aos factos descritos no pedido de informação que lhe havia de ser apresentado, retirando deles as consequências fiscais que entendeu pertinentes.

Ou seja, a informação vinculativa foi solicitada num momento (15 de Outubro de 2002) em que tinham já ocorrido os factos (1996 e 1997), chegado ao conhecimento da Administração Fiscal (Maio de 2002), e esta feito a respectiva valoração fiscal, procedendo a uma liquidação adicional que considerou os ditos factos (2 de Outubro de 2002).

Daí que a Administração tenha entendido não estar obrigada a prestar a informação vinculativa pedida, pois o requerente já não tinha interesse directo e útil em tal informação.

O Mm.º. Juiz julgou, porém, que o facto de ter sido efectuada a liquidação, e deduzida reclamação graciosa contra ela, ainda por decidir, não tornava inútil a prestação da informação vinculativa; esta teria, ademais, a utilidade de vincular a Administração naquela decisão, por isso que julgou ter o requerente interesse legítimo na satisfação do pedido.

Idêntica é a posição do agora recorrido.

3.2. O direito à informação era configurado já pelo artigo 14.º do Código de Processo das Contribuições e

Impostos (CPCI), em vigor a partir de 1963, como uma garantia dos contribuintes. Nesta norma se consagrava, ainda que sem se aludir à designação *informação vinculativa*, o direito a essa informação.

Dispunha-se que «constituem garantias gerais do contribuinte (...) o esclarecimento (...) acerca da interpretação das leis tributárias e do modo mais cómodo e seguro de lhes dar cumprimento», e «a informação sobre a sua concreta situação tributária».

Esta última, quando o pedido fosse feito pelo interessado e a resposta confirmada pelo dirigente máximo do serviço, impedia os serviços de «proceder por forma diferente em relação ao objecto exacto do pedido, salvo em cumprimento de decisão judicial».

Nos termos do artigo 35.º n.º 1 alínea c) do decreto-lei n.º 363/78, de 28 de Novembro, «os esclarecimentos [prestados verbalmente aos contribuintes pelos funcionários afectos à actividade de informações fiscais] não vinculam os órgãos do Estado, administrativos ou judiciais, chamados a decidir questões relativas a informações solicitadas» àqueles funcionários.

Na vigência deste quadro normativo, ALBERTO XAVIER distingue, a pág. 141 a 144 do vol. I do seu MANUAL DE DIREITO FISCAL, entre o esclarecimento, a informação, e a consulta prévia. Segundo este Autor, «os esclarecimentos [nunca vinculantes para a Administração] respeitam à interpretação das leis em abstracto, enquanto as informações respeitam à aplicação da lei no caso concreto».

A diferença entre a informação e a consulta prévia resultaria de, naquela, o interessado submeter uma situação tributária actual, enquanto que «na consulta prévia ele submete-lhe uma situação tributária *hipotética*, pretendendo assim conhecer antecipadamente o ponto de vista da Administração no caso de ela se verificar».

O artigo 17.º do decreto-lei n.º 215/89, de 1 de Julho (que viria a ser revogado pela lei que aprovou o Código de Procedimento e de Processo Tributário (CPPT), estabelecia que «antes de verificados os pressupostos dos benefícios fiscais previstos na lei, podem os interessados requerer (...) que se pronunciem sobre uma dada situação tributária ainda não concretizada», sendo que a pronúncia obtida vincula os serviços, «que, verificados os factos previstos na lei, não poderão proceder por forma diversa, salvo em cumprimento de decisão judicial»; e a entidade com competência para o reconhecimento do benefício deve «conformar-se com o anterior despacho, na medida em que a situação hipotética objecto da consulta prévia coincida com a situação de facto objecto do pedido de reconhecimento».

Também o posterior Código de Processo Tributário (CPT), entrado em vigor em 1991, elenca o direito à informação constitucionalmente garantido entre as garantias dos contribuintes, afirmando expressamente que ele compreende «a informação prévia vinculativa» – artigos 19.º alínea a) e 20.º alínea c) do citado Código.

O artigo 72.º do mesmo diploma prescrevia sobre o modo como pode ser pedida a informação prévia vinculativa: o interessado devia, além do mais, descrever «os factos cuja qualificação técnico-tributária pretenda» – a informação vinculativa prévia destina-se, pois, a obter da Administração a qualificação jurídico-tributária de factos.

O artigo 73.º dispunha sobre as consequências da prestação da informação: «os serviços da administração fiscal não poderão proceder de forma diversa em relação ao sentido da informação prestada (...), salvo em cumprimento de decisão judicial».

Deste modo, a figura, que começara por surgir como *consulta prévia* no campo do direito aduaneiro, aparecendo, depois, no dos benefícios fiscais, ganhou, com o CPT, consagração geral, sob a designação *informação prévia vinculativa*.

A Lei Geral Tributária (LGT), que entrou em vigor em 1999, ocupou-se da matéria no artigo 59.º, que trata do princípio da cooperação. Nos termos da alínea e) do n.º 3, a colaboração da Administração com os contribuintes compreende «a informação vinculativa sobre as situações tributárias ou os pressupostos ainda não concretizados dos benefícios fiscais». Às informações vinculativas dedica a LGT todo o seu artigo 68.º. Aí, nos n.ºs 1, 2, e 7, se estabelece, à semelhança do que já acontecia nos artigos 72.º e 73.º do CPT, que o interessado deve identificar os «factos cuja qualificação técnico-tributária se pretenda», «não podendo a administração tributária proceder posteriormente no caso concreto em sentido diverso da informação prestada», sujeição esta que, todavia, «não abrange os casos em que actue em cumprimento da decisão judicial».

A matéria mereceu, ainda, a atenção do já aludido CPPT, que vigora desde 2000, e cujo artigo 57.º é votado às informações vinculativas, nele se dizendo, nomeadamente, que elas recaem «sobre a concreta situação tributária dos contribuintes ou os pressupostos de quaisquer benefícios fiscais», «vinculando os serviços a partir da notificação que, verificados os factos previstos na lei, não poderão proceder de forma diversa, salvo em cumprimento de decisão judicial». Acrescenta, no que toca aos benefícios fiscais, que deve «a entidade competente para a decisão [do pedido de reconhecimento do benefício] conformar-se com o anterior despacho, na medida em que a situação hipotética objecto do pedido de informação vinculativa coincida com a situação de facto objecto do pedido de reconhecimento».

Fora do âmbito do direito tributário a figura da informação vinculativa também não é desconhecida, ainda que assuma contornos diferentes. O artigo 10.º do decreto-lei n.º 445/91, de 20 de Novembro, dispõe que pode ser requerida à câmara municipal «informação sobre a possibilidade de realizar determinada obra (...) e respectivos condicionamentos urbanísticos (...)», provocando tal requerimento uma deliberação que, sendo favorável, é constitutiva de direitos; nos termos do artigo 13.º do mesmo diploma, «o conteúdo da informação prestada pela câmara municipal é vinculativo para um eventual pedido de licenciamento, desde que este seja apresentado dentro do prazo de um ano relativamente à data da sua comunicação ao requerente».

A jurisprudência da Secção de Contencioso Administrativo deste Tribunal entende que se trata, aqui, «de uma informação e não de um acto de definição da situação jurídica, ainda que a título provisório, nem de deferimento ou indeferimento de uma pretensão do requerente», estando limitados «os efeitos constitutivos da informação favorável ao respectivo conteúdo» – acórdão de 21 de Janeiro de 2003, recurso n.º 830/02.

Após este excurso pelas normas legais que, ao longo do tempo, se ocuparam da matéria, apresenta-se-nos claro que, concretizando o princípio da colaboração e o direito à informação, o legislador instituiu que os administrados podem pedir e obter da Administração pronúncia relativa às incidências fiscais de uma dada situação de facto, ficando ela obrigada a actuar, oportunamente, conforme a informação prestada, verificado que seja um certo circunstancialismo.

No domínio fiscal, é fácil aperceber a utilidade do instituto para o contribuinte. Este pode conhecer, antecipadamente, as consequências fiscais de um negócio projectado, o que lhe permite avaliar com mais certeza e segurança os benefícios que da sua concretização lhe advirão; como poderá configurar diferentemente o mesmo negócio, de modo a evitar uma excessiva onerosidade fiscal; e, no tocante a factos já ocorridos, pode ficar ciente das suas consequências fiscais, tomando as medidas que entenda adequadas, quer procurando atenuá-las, quer preparando-se a tempo para as suportar; por último, no concernente a benefícios fiscais, pode procurar colocar-se em posição de deles auferir. Voltando ao Autor citado: «trata-se (...) de um limite à revogabilidade de uma informação na qual o contribuinte assentou as suas expectativas e desenvolveu confiadamente a sua actividade».

O direito à informação concretiza-o a informação vinculativa na medida em que a Administração dá a conhecer ao contribuinte o modo como procederá, quando se lhe deparar a situação que ele configura. O princípio da colaboração realiza-se porque a Administração anuncia ao contribuinte os seus direitos e obrigações decorrentes de uma dada circunstância de facto, antecipando qual será o seu procedimento perante ela e obrigando-se a não actuar de forma diversa.

3.3. No caso que agora nos ocupa, o requerente formulou, em Outubro de 2002 – na vigência, portanto, da LGT e do CPPT – um requerimento em que, invocando o artigo 68.º daquela lei, pediu uma informação vinculativa, pretendendo, relativamente a factos que eram, então, passados, que lhe fosse dito qual o momento em que a Administração considerava que adquirira parte do capital de uma sociedade.

A questão não era líquida porque, como resulta da factualidade fixada, o então requerente adquirira, em 12 de Maio de 1996, parte desse capital, mas ele não estava ainda titulado por acções, por não ter sido senão parcialmente realizado; essa integral realização só ocorreu em 17 de Julho de 1996 e, emitidas que foram as 1818 acções correspondentes ao adquirido pelo recorrido, este vendeu-as a terceiros, em 4 de Agosto de 1997. Tudo antes de ser formulado o pedido de informação vinculativa.

Porém, já em 2 de Outubro de 2002 – antes, ainda, desse pedido – a Administração Fiscal procedera a uma liquidação adicional de IRS na qual atendeu aos factos descritos no falado pedido de informação, chegados ao seu conhecimento através de uma acção inspectiva, retirando deles as consequências fiscais que entendeu pertinentes.

Deste modo, no momento em que o ora recorrido pediu a informação, já a Administração Fiscal se não podia vincular ao que quer que fosse, uma vez que já retirara dos factos apresentados pelo peticionante as consequências fiscais que eles comportavam. Não lhe era possível dizer como iria proceder, posto que já procedera.

Também o direito que o contribuinte tem à informação já estava plenamente satisfeito, pois o requerente conhecia a resposta à pergunta formulada. Sabia, mais do que como iria a Administração actuar, como ela actuara.

Por último, a obrigação de colaboração a que a Administração Fiscal está adstrita não mais tinha lugar, pois ela já dera a conhecer, mediante o acto tributário de liquidação praticado, quais os direitos e obrigações emergentes dos factos relatados pelo contribuinte. Esgotara-se, com a prática do acto final do procedimento de liquidação do imposto, a possibilidade de colaboração.

Ora, é manifesto, face ao que atrás se deixou dito, que a informação vinculativa só pode referir-se a uma situação factual da qual a Administração ainda não retirou as respectivas consequências em matéria fiscal.

Nem vale argumentar com o desaparecimento do termo *prévia* que constava da lei anterior e não figura na LGT e no CPPT.

Conforme aponta o Autor citado, já na vigência do CPCI existia a informação vinculativa e a consulta prévia (esta no âmbito do direito aduaneiro). A consulta prévia relacionava-se com «uma situação tributária *hipotética*», o que não é o caso da exposta pelo aqui recorrido, que se refere a uma situação concreta e já verificada. A eliminação do termo *prévia* não implica que tenham deixado de existir as duas modalidades de informação apontadas por ALBERTO XAVIER: a relativa a factos actuais e a respeitante a factos hipotéticos. O que deixou de haver foi a diversidade de nomenclatura: hoje, seja qual for o objecto do pedido do requerente, estamos perante um pedido de *informação vinculativa*. Mas a informação, se não é, forçosamente, *prévia*, relativamente à eclosão dos factos, é-o, seguramente, relativamente à sua consideração pela Administração, pela prática do acto que, considerando tais factos, deles retire as consequências fiscais que couberem.

Não é por força do desaparecimento do termo *prévia* que o recorrido tem direito à informação que pretende: tê-lo-ia se a Administração ainda não tivesse procedido à liquidação a que nos referimos. A Administração não está obrigada a satisfazer o seu pedido pelas razões já ditas, a saber, que não há nenhuma informação a prestar sobre o modo como agirá, porque já (re)agiu aos factos, retirando deles as consequências fiscais que entendeu devidas; e não há, da parte do requerente, qualquer interesse na obtenção da informação, por já dispor dela.

Em qualquer dos casos, ou seja, quer o pedido de informação respeite a uma situação factual actual, quer hipotética, sempre se trata de saber como é que a Administração procederá. Se ela já procedeu, o instituto da informação vinculativa não tem qualquer espaço.

Por último, também não releva o argumento retirado da utilidade que pode advir para o recorrido da prestação da informação vinculativa, face à reclamação graciosa do acto de liquidação que está pendente.

É que não se trata de obter, através da informação vinculativa, a decisão da reclamação. A informação vinculativa não existe para substituir as decisões administrativas a tomar em cada procedimento, nem para as antecipar. O instituto da informação vinculativa não pode ser usado para conseguir a sujeição da Administração à resolução, num dado sentido, de uma pretensão que já está submetida à sua apreciação. O pedido de informação vinculativa não foi concebido pelo legislador como um *enxerto* num procedimento já em curso, mas como o iniciar de um procedimento autónomo, cujo acto final é, precisamente, a prestação da informação.

Procedem, pelo exposto, as conclusões das alegações da recorrente.

***

4. Termos em que acordam, em conferência, os juízes da Secção de Contencioso Tributário deste Supremo Tribunal Administrativo em, concedendo provimento ao recurso, revogar a sentença recorrida, indeferindo o pedido de intimação.

Custas a cargo do requerente, na 1ª instância e neste STA, fixando-se a taxa de justiça em 4 e 6 UCs, respectivamente, e a procuradoria em 1/6, em ambos os Tribunais.

Lisboa, 7 de Dezembro de 2004.

Baeta de Queiroz (Relator)
Brandão de Pinho
Fonseca Limão

Recurso n.º 908/04

IRC. DEDUÇÃO DE PREJUÍZOS FISCAIS. ART. 46.º, 2, DO CIRC.

(Acórdão de 29 de Setembro de 2004)

SUMÁRIO:

I – Os prejuízos fiscais, referentes aos exercícios em que teve lugar o apuramento do lucro tributável com base em métodos indiciários, no domínio da primitiva redacção do art. 46.º, 2, do CIRC, são dedutíveis nos termos desta disposição legal.
II – Este normativo foi alterado pela Lei n.º 30-C/92, de 31/12, sendo que nos termos da nova disposição legal, a referida dedução de prejuízos sofreu alterações.
III – Porém, esta lei vale apenas para o futuro.
IV – Assim, os prejuízos anteriores a 1993 são dedutíveis nos termos do primitivo texto to legal.

ACORDAM, EM CONFERÊNCIA, NA SECÇÃO DE CONTENCIOSO TRIBUTÁRIO DO SUPREMO TRIBUNAL ADMINISTRATIVO:

1. **VIOLANTE & FILHOS, SA**, com sede em Travassós de Baixo, Rio de Loba, Viseu, impugnou judicialmente, junto do Tribunal Tributário de 1ª Instância de Viseu, a liquidação de IRC e juros compensatórios, referente ao exercício económico de 1993.

Invocou vício de violação de lei (defendendo que, no tocante à dedução de prejuízos fiscais é aplicável a Lei n.º 30-C/92, de 28/12 de aplicação imediata).

O Mm. Juiz do Tribunal Administrativo e Fiscal de Viseu julgou a impugnação procedente, por entender que a lei aplicável (no tocante à dedução de prejuízos fiscais) é a vigente ao tempo da declaração de IRC (art. 46.º do CIRC na redacção introduzida pela Lei n. 30-C/92, de 31/12).

Inconformado, o **representante da FAZENDA PÚBLICA** interpôs recurso para este Supremo Tribunal.

Formulou as seguintes conclusões nas respectivas alegações de recurso:
A. Vem impugnada a liquidação adicional de IRC do exercício de 1993, e que teve por base correcções técnicas processadas no âmbito do art. 46.º, n.º 2, do CIRC;
B. Tais correcções têm a ver com um prejuízo apurado no exercício de 1988, sendo que nos exercícios de 1989 e 1990, a matéria tributável foi encontrada através da aplicação dos métodos indiciários;
C. A Administração Fiscal, e bem, considerou perdidos os valores apurados segundo tais métodos já que, pela impugnante, não foram utilizados, ficando-lhe vedado tal direito para os exercícios seguintes;
D. Daí que os montantes utilizados nos exercícios de 1991 e 1992, não se mostram correctos;
E. Como incorrecto se deve considerar o montante utilizado no exercício de 1993;
F. Do exposto se infere que a sentença recorrida, fez uma aplicação inadequada do disposto no art. 46.°, n.ºs 2 e 3, do CIRC.

Não houve contra-alegações.

Neste STA, o EPGA defende que o recurso merece provimento.

Colhidos os vistos legais, cumpre decidir.

2. É a seguinte a matéria de facto fixada na instância:
A. A impugnante dedica-as ao comércio de peças e acessórios para veículos automóveis;
B. A liquidação de IRC, do ano de 1993 da impugnante foi corrigida pela Direcção Distrital de Finanças de Viseu, no montante de PTE 1.702.441$00, sendo PTE 954.447$00 de imposto, e PTE 736.994$00 de juros compensatórios;
C. A motivação utilizada radicou no disposto no art. 46.º do CIRC, não devendo ser considerados os prejuízos fiscais deduzidos pelo contribuinte no lucro tributável, porque nos anos de 1989 e 1990, o lucro tributário foi estimado por presunção;
D. Na declaração modelo DC 22, a impugnante declarou os resultados fiscais (Q17– campos 355 ou 356), e utilizou os prejuízos fiscais (Q18 – campo 407) de acordo, com os seguintes valores: 1988 – (7.088.692$00); 1989 – (11.192.819$00) [MI 1.201.309$00]; 1990 – (11.192.819$00) [MI– 1.480.489$00]; 1991 -7.48.376$00 – [prejuízos utilizados: 748.376$00; a utilizar: 4.406.867$00]; 1992 -1.966.418$00 – prejuízos utilizados 1.966.418$00; a utilizar: 3.658.491$00]; 1993 -5.827.658$00 [prejuízos utilizados: 4.373.871$00, prejuízos a utilizar: 1.692.073$00; prejuízos indevidos: 2.681.798$00].

3. Sendo estes os factos, vejamos agora o direito.
A questão colocada a este Supremo Tribunal é linear: é aplicável o art. 46.º, n.º 2, do CIRC, na sua redacção primitiva, ou, pelo contrário, é aplicável a nova versão do mesmo normativo, introduzida pela Lei n. 30-C/92, de 31/12?

Vejamos as versões em causa.

Rezava assim o n.º 2 do art. 46.º, 2, do CIRC, na sua primitiva redacção:
"Nos exercícios em que tiver lugar o apuramento do lucro tributável com base em métodos indiciários, os prejuízos fiscais não são dedutíveis, ainda que se encontrem dentro do período referido no número anterior, não ficando, porém, prejudicada a dedução, dentro daquele período, dos prejuízos *que excedam o lucro tributável determi-*

nado nos referidos termos e que não tenham sido anteriormente deduzidos".

A referida Lei n.º 30-C/92, de 31/12 (art. 24.º), veio alterar a redacção deste normativo, como segue:

"Nos exercícios em que tiver lugar o apuramento do lucro tributável com base em métodos indiciários, os prejuízos fiscais não são dedutíveis, ainda que se encontrem dentro do período referido no número anterior, *não ficando porém prejudicada a dedução dentro daquele período dos prejuízos que não tenham sido anteriormente deduzidos*".

O Mm. Juiz defende que é aplicável o dito normativo nesta última redacção, pelo que eram dedutíveis os prejuízos, não anteriormente deduzidos, e respeitantes aos períodos respectivos anteriores.

A ser aplicável o normativo citado, parece que a impugnante teria eventualmente razão, reconhecida aliás pelo Mm. Juiz.

A própria recorrente Fazenda Pública inculca talvez até aceitar que a interpretação do referido normativo, na versão introduzida pela Lei n. 30-C/92, de 31/12, conduziria ao resultado propugnado pela impugnante.

O que entende, porém, é que não é aplicável o normativo segundo esta última versão, mas antes tal normativo, segundo a versão primitiva.

Já vimos que o Mm. Juiz defende aplicável a versão da lei de 1992, por isso que, em seu entender, é aplicável a lei vigente à data de declaração de IRC, que é de 1993.

Outra e diversa é a perspectiva da recorrente Fazenda Pública, bem como do MP.

Na verdade, segundo estes, é aplicável ao caso a lei na sua redacção anterior a 1992.

E têm razão.

Na verdade, a impugnante obteve (ou não) o direito à dedução dos seus prejuízos nas datas dos respectivos exercícios, num momento em que estava em vigor o normativo na redacção anterior a 1992.

E, como é sabido, a lei tem aplicação apenas para o futuro – art. 12.º do CC –, não estando nós perante qualquer norma interpretativa.

Coisa diversa é saber se esta norma é ou não inconstitucional, como parece sugerir a impugnante.

Aspecto que terá que ser o Mm. Juiz a decidir, bem como terá que decidir se a liquidação está ou não correcta, e ainda se são ou não devidos juros compensatórios, aspecto que não considerou, por entender esta questão prejudicada pela resposta que deu à questão nuclear da dedução dos prejuízos fiscais.

Haverá assim o Mm. Juiz que apreciar a pretensão da impugnante, à luz do art. 46.º, 2, do CIRC, na redacção anterior à Lei n.º 30-C/92, de 28/12, bem como dos impugnados juros compensatórios.

A sentença recorrida não pode pois manter-se.

4. Face ao exposto, acorda-se em conceder provimento ao recurso, revogando-se a sentença recorrida, que deverá ser substituída por outra, balizada nos parâmetros atrás fixados.

Sem custas.
Lisboa, 29 de Setembro de 2004.

Lúcio Barbosa (Relator)
Fonseca Limão
Pimenta do Vale

Recurso n.º 687/04

IRS. MAIS VALIAS.
ART. 5.º DO DL N.º 442-A/88, DE 30/11.
PRÉDIO URBANO ADQUIRIDO NA VIGÊNCIA DO CIMV.

(Acórdão de 04 de Novembro de 2004)

SUMÁRIO:

I – Adquirido, por sucessão, um prédio urbano em 1985, não estão sujeitos a mais-valias os ganhos resultantes da transmissão do mesmo em 1996.

II – Isto mesmo que o prédio tenha sido demolido em 1989 por ordem camarária, com a inerente e posterior inscrição matricial do imóvel como terreno para construção.

ACORDAM, EM CONFERÊNCIA, NA SECÇÃO DE CONTENCIOSO TRIBUTÁRIO DO SUPREMO TRIBUNAL ADMINISTRATIVO:

1. Maria Adelina Figueiredo Lucas, identificada nos autos, impugnou judicialmente, junto do então Tribunal Tributário de 1ª Instância do Porto, a liquidação adicional de IRS do ano de 1996, e respectivos juros compensatórios.

Alega que o prédio que vendeu não pode ser considerado terreno para construção, já que o mesmo foi demolido por ordem da Câmara Municipal do Porto. Ora, tinha adquirido tal prédio, por sucessão, como prédio urbano. Não estão assim sujeitos a mais-valias os ganhos resultantes da transmissão.

O Mm. Juiz do 3.º Juízo daquele Tribunal julgou a impugnação improcedente.

Inconformada, a impugnante interpôs recurso para este Supremo Tribunal.

Formulou as seguintes conclusões nas respectivas alegações de recurso:

1. Vem o presente recurso interposto da douta sentença, que julgou improcedente a impugnação da liquidação adicional de IRS do ano de 1996, no montante de € 31.677,63.

2. A questão a decidir no presente recurso pode resumir-se assim: Tendo a recorrente adquirido por sucessão hereditária, parte indivisa de um imóvel urbano em 1984 e 1985, e demolido em 14 de Março de 1989, por imposição da Câmara Municipal do Porto, a venda efectuada em 1996 dessa parte indivisa é geradora de mais valias tributáveis em sede de imposto sobre o rendimento das pessoas singulares?

3. A recorrente entende que tendo adquirido na vigência do DL n.º 46373, de 09 de Junho de 1965, um prédio urbano, que só o deixou de ser por imposição da Câmara Municipal do Porto, já na vigência do Código do IRS, a venda desse bem não está sujeita ao imposto de mais valias por aplicação do art. 5.º n.º 1 do DL n.º 442-A/88, de 30 de Novembro.

4. Posição diferente é a da douta sentença recorrida que julgou ser legal a liquidação efectuada, porquanto face ao art. 1.º n.º 1 do CIMV, os ganhos obtidos com as

vendas de terrenos para construção encontravam-se sujeitos a imposto de mais-valias. Como a recorrente alienou um terreno para construção encontrava-se sujeita ao imposto de mais-valias.

5. Sinceramente se pensa que a razão não está com a douta sentença recorrida.

6. Em primeiro lugar porque o terreno para construção vendido em 1996, veio-lhe à posse por sucessão hereditária em 1985.

7. O que a recorrente recebeu em herança em 1985 foi metade de um prédio urbano.

8. Só em 1989, já na vigência do Código de IRS, por ordem da Câmara Municipal do Porto, foi o referido prédio urbano demolido.

9. Assim o prédio em causa e objecto da venda em 1996, só passou a ser terreno para construção na vigência do CIRS e por imposição das Autoridades Públicas.

10. Ora, nos termos do art.º 50.º do DL n.º 442-A/88, de 30 de Novembro, os ganhos que não eram sujeitos ao imposto de mais-valias, só ficam sujeitos a IRS se a aquisição dos bens ou direitos a que respeitam tiver sido efectuada depois da entrada em vigor do Código do IRS.

11. A razão não está com a douta sentença recorrida, quando afirma que não é relevante que, à data da entrada em vigor do CIRS, a impugnante tivesse no seu património, não uma parte de um terreno para construção mas antes uma parte de um edifício implantado nesse terreno e entretanto demolido.

12. Quando um dos conceitos para a qualificação dos ganhos obtidos com a alienação do imóvel em causa como mais-valias e para apreciar da sua sujeição à tributação ou não, é um conceito jurídico, cuja interpretação não pode deixar de ser rígida e de estar fora de qualquer discussão – o da aquisição.

13. Ao considerar tributável a venda do terreno em questão, a Administração Fiscal subordinou, portanto, o seu regime, a uma lei que lhe não era aplicável, por não ser a lei vigente quando da aquisição.

14. E tendo a transformação do prédio urbano em terreno para construção ocorrido na vigência do CIRS, previa-se neste diploma a exclusão do imposto de mais-valias dos ganhos derivados com a alienação de direitos relativos a prédios rústicos ou urbanos adquiridos, a título oneroso ou gratuito, antes de 01 de Janeiro de 1989.

15. E na vigência do CIMV a recorrente tinha na sua posse um prédio urbano.

16. Que só passou a terreno para construção na vigência do Código do CIRS, não por vontade da recorrente, mas por imposição da Câmara Municipal do Porto.

17. Por tudo o exposto só se poderá concluir pela ilegalidade da liquidação adicional de IRS, por violação do disposto no art. 5.º n.º 1 do DL n.º 442-A/88, de 30 de Novembro.

Não houve contra-alegações.

Neste STA, o EPGA defende que o recurso não merece provimento.

Colhidos os vistos legais cumpre decidir.

2. É a seguinte a matéria de facto fixada na instância:

a) No dia 18 de Outubro de 1985, faleceu sem descendentes nem ascendentes vivos, Líria Emília dos Santos Falcão, a qual fez testamento através do qual instituiu como sua única herdeira Maria Adelina Figueiredo Lucas, aqui impugnante.

b) Da herança fazia parte metade do prédio urbano sito na Rua Senhora do Porto n.º 574, freguesia de Ramalde, concelho do Porto, inscrito na matriz urbana sob o artigo 1347.

c) Em 14 de Março de 1989, o edifício que constituía aquele prédio foi totalmente demolido por ordem da Câmara Municipal do Porto.

d) Em 24 de Abril de 1996, a impugnante e outros, apresentaram declaração para inscrição na matriz da parcela de terreno para construção que resultou da mencionada demolição.

e) Em 5 de Setembro de 1996, foi o terreno de construção referido na alínea anterior vendido pelo preço global de 67.000.000$00.

f) Na declaração modelo 2 de IRS, referente ao ano de 1996, a impugnante, no anexo G, declarou relativamente à venda daquele prédio o valor de realização de 35.500.000$00 e o da aquisição em 24 de Abril de 1996, no valor de 21.887.999$00.

g) A Administração Tributária alterou os elementos declarados por entender que a data da aquisição ocorreu em 18 de Outubro de 1985 e o valor de aquisição foi de 81.600$00.

h) De tal alteração resultou um acréscimo à matéria colectável no montante de 15.535.431$00.

i) Em consequência foi efectuada a liquidação de imposto cuja nota demonstrativa consta de fls. 11 e que aqui se dá por reproduzida.

j) A data limite de pagamento da quantia de imposto liquidada foi de 10 de Dezembro de 2001 e a presente impugnação foi apresentada em 11 de Março de 2002.

3. Sendo estes os factos vejamos agora o direito.

A questão:

O Mm. Juiz definiu-a assim: a questão que aqui importa decidir é a de saber se os ganhos obtidos pela impugnante com a alienação de parte de um terreno para construção de que era proprietária, estão ou não sujeitas a tributação como rendimentos da categoria G de IRS (mais-valias).

Por sua vez, com mais precisão, a recorrente equaciona a questão do seguinte modo:

Tendo a recorrente adquirido por sucessão hereditária, parte indivisa de um imóvel urbano em 1984 e 1985, e demolido em 14 de Março de 1989, por imposição da Câmara Municipal do Porto, a venda efectuada em 1996 dessa parte indivisa é geradora de mais valias tributáveis em sede de imposto sobre o rendimento das pessoas singulares.

A formulação da questão nestes termos é mais precisa, por isso que a formulada pelo MM. Juiz não abrange a totalidade da situação fáctica.

O que, como veremos, inquinou a decisão de direito.

É óbvio, como resulta do probatório, que a recorrente adquiriu um prédio urbano.

Sendo que, nos termos da disposição legal então vigente (art. 1.º do CIMV) a posterior alienação desse imóvel urbano não estava sujeito ao imposto de mais-valias.

Dispunha com efeito o citado dispositivo legal:

"O imposto de mais-valias incide sobre os ganhos realizados através dos actos que a seguir se enumeram:

"1.º Transmissão onerosa de terrenos para construção, qualquer que seja o título por que se opere quando dela resultem ganhos não sujeitos a encargo de mais-valias previstos no art. 17.º da Lei n.º 2030, de 22/1/48, ou no art. 4.º do DL n.º 41.616, de 10/5/58, e que não tenham a natureza de rendimentos tributáveis em contribuição industrial.

"2.º Transmissão onerosa, qualquer que seja o título por que se opere, de elementos do activo imobilizado das empresas ou de bens ou valores por elas mantidos como reserva ou para fruição.
"3.º Trespasse de locais ...
"4.º Aumento do capital das sociedades ...
" ...".
Entrou depois em vigor o Código do IRS, que vem abolir nomeadamente o imposto de mais-valias, relativamente aos sujeitos passivos de tal imposto, mas regulando e tributando as mais valias em local próprio (Secção VI, art. 43.º).
Mas há aí uma norma que contempla expressamente as situações anteriores.
Dispõe, com efeito, o art. 5.º do DL n.º 442-A/88, de 30/11:
"1– Os ganhos que não eram sujeitos ao imposto de mais-valias, criado pelo Código aprovado pelo DL n.º 46.373, de 9/6/65, bem como os derivados da alienação a título oneroso de prédios rústicos afectos ao exercício de uma actividade agrícola ou da afectação destes a uma actividade comercial ou industrial, exercida pelo respectivo proprietário, só ficam sujeitos a IRS se a aquisição dos bens ou direitos a que respeitam tiver sido efectuada depois da entrada em vigor deste Código".
É assim evidente que, quando entrou em vigor o CIRS, inequivocamente o prédio em questão não estava, em caso de transmissão, sujeito a imposto, no tocante a mais-valias.
É um facto indiscutível e incontestável.
A situação altera-se, para o Sr. Juiz *a quo*, com a demolição do prédio (por ordem da Câmara) e a subsequente inscrição do prédio na matriz, agora como terreno para construção, pois o prédio urbano pré-existente fora demolido.
E daí que, corroborando o entendimento da Fazenda Pública, entenda ter o recorrente que pagar imposto pelas referidas mais valias.
Entendemos que não é correcto este entendimento.
Na verdade, estamos perante um facto tributário de formação sucessiva, integrado por dois momentos: a aquisição e a transmissão.
Já vimos que, à data da aquisição, não havia lugar a imposto de mais valias (na hipótese óbvia de uma transmissão onerosa, com os inerentes ganhos).
Daí que se deva concluir que a venda posterior não pode ter como consequência a sujeição do ganho (mais-valia) a imposto.
Sob pena de aplicação retroactiva da lei. O que no caso não é consentido.
A demolição do prédio, no tocante ao recorrente, não o pode afectar, sendo assim irrelevante quanto à sua sujeição ou não a imposto.
A decisão recorrida não pode pois manter-se.

4. Face ao exposto, acorda-se:
Conceder provimento ao recurso, revogar a sentença recorrida, julgar procedente a impugnação e anular a liquidação impugnada.
Sem custas.
Lisboa, 04 de Novembro de 2004.

Lúcio Barbosa (Relator)
Fonseca Limão
Pimenta do Vale

Recurso n.º 659/04

IRS. PROVENTOS RESULTANTES DA VENDA DE LOTES DE TERRENO. ESCRITURA PÚBLICA DE QUE CONSTA PREÇO INFERIOR AO CONSIDERADO PELO FISCO. ARTIGO 32.º DO CÓDIGO DE PROCESSO TRIBUTÁRIO. FUNDADA DÚVIDA SOBRE A EXISTÊNCIA E QUANTIFICAÇÃO DO FACTO TRIBUTÁRIO.

(Acórdão de 15 de Dezembro de 2004)

SUMÁRIO:

I– O artigo 32.º do Código de Processo Tributário não impede a Administração Fiscal de, perante uma escritura pública da qual consta determinado preço de venda, tributar em IRS o correspondente provento, considerando, por presunção, um preço superior ao declarado.
II– Fazendo-o, a Administração não viola o princípio da reserva de jurisdição, pois a lei não exige, para tanto, declaração judicial de nulidade do negócio jurídico simulado, porque constante de escritura pública, já que a mera simulação do preço não é causa da nulidade de tal negócio.
III– O tribunal de revista não pode ajuizar sobre se o tribunal recorrido, a partir dos factos apurados, devia, ou não, ter formulado o juízo de «fundada dúvida» a que se refere o artigo 121.º do Código de Processo Tributário.

ACÓRDÃO:

1.1. ANTÓNIO XAVIER DE LIMA e MARIA DE FÁTIMA PIRES FERREIRA LIMA, residentes em Paivas, Amora, Seixal, recorrem do acórdão do Tribunal Central Administrativo (TCA) que confirmou a sentença da 1ª instância que julgara improcedente a impugnação da liquidação de imposto sobre o rendimento das pessoas singulares (IRS) relativo ao ano de 1989.
Formulam as seguintes conclusões:
«A) *Quanto ao tratamento fiscal dos proventos ligados a escrituras públicas de 1991, mas objecto de contratos promessa celebrados em anos diversos*
1. O Acórdão violou o princípio da especialização de exercícios (art. 18.º, CIRC e arts. 6.º e 22.º, CCI): se a promessa com tradição (transmissão económica) preceder a escritura (transmissão jurídica), é naquele e não neste momento que se contabilizam os proventos.
2. Os recorrentes, em cumprimento do seu dever de colaboração, alegarem e demonstraram que contabilizaram os proventos, antes de 1989, com a transmissão económica.
3. Fizeram-no da melhor e única forma possível (exibição dos contratos promessa e inventário, alegação da

tradição, demonstração que sempre a especialização lhe era aplicável na vigência do CCI).

4. Nada mais se lhes podia exigir, porque na inspecção e liquidação (em 1994) já tinham passado mais do que 5 anos sobre os factos tributários, não havendo já a obrigação de guardar os comprovativos dos registos das transmissões económicas (cfr. art. 94.º e 134.º, do CCI).

5. A AF não provou quaisquer factos que lhe competiam: a invocação de que os recorrentes em 1989 celebraram escrituras sem terem registado os proveitos é irrelevante e inócua, face às explicações fornecidas.

6. Havendo fundada dúvida sobre a existência do facto tributário (se a transmissão económica ocorreu ou não antes de 1989), impõe-se a anulação do acto tributário (art. 121.º do CPT e art. 100.º do CPPT).

7. Violou-se a presunção de verdade da contabilidade: art. 75.º, LGT, art. 78.º, CPT e já vigente na pendência do CCI para os contribuintes do Grupo A, como os recorrentes – pois esta presunção é a contraface do sistema de auto declaração e auto liquidação, sendo o imposto apurado com base na contabilidade.

8. In casu, a contabilidade do ano de 1989 está correcta pois a transmissão económica precedeu a jurídica; a dos anos anteriores nunca foi posta em causa.

B) *Correcção de valores suportados em escrituras públicas*

9. O Acórdão violou o art. 32.º, CPT: a AF para retirar as consequências fiscais da simulação de negócios constantes de escritura pública, não pode pura e simplesmente assumi-los como inválidos; tem antes de intentar uma específica acção nos tribunais cíveis.

10. O art. 32.º, CPT – preceito sem paralelo no direito anterior – passou a prever, entre outras coisas, a invalidade (nulo ou anulável) do negócio simulado quanto ao preço, com o intuito de prejudicar o Fisco e constante de documento autêntico.

11. Seria aliás estranho que o art. 32.º, CPT não se aplicasse à simulação relativa quanto ao preço no intuito de enganar o Fisco – a forma mais usual de simulação no domínio tributário.

12. A tributação do negócio dissimulado implica a invalidade do negócio simulado (art. 32.º, n.º 2, CPT).

13. Só se prescinde da prévia declaração judicial cível, em "situações excepcionais, expressamente previstas nas leis tributárias" (art. 32.º, n.º 1, CPT).

14. As situações excepcionais não se reconduzem às normais e gerais faculdades de correcção da AF (arts. 83.º, 91.º e 95.º, CIRC), como sustentou o Acórdão, sob pena da *excepção* se converter em regra e a *expressa determinação* em geral previsto.

15. As situações excepcionais englobam os casos em que exista de presunções legais a cargo do contribuinte e na utilização de critérios presuntivos.

16. O Acórdão viola o princípio da reserva de jurisdição, ao permitir que um órgão administrativo pratique actos judiciais por natureza, quais sejam, assunção da simulação e definição do preço do negócio dissimulado.

17. O Acórdão viola os arts. 40.º, 121.º do CPT e art. 8.º do Código Civil: a aplicação do art. 121.º do CPT não depende de alegação pelos recorrentes.

18. O art. 121.º do CPT não é mais um argumento factual ou jurídico. É antes uma indicação (obrigação) dirigida ao Juiz, quanto ao comportamento a tomar no final do seu iter cognoscitivo e avaliativo.

19. Como está vedado o *non liquet,* caso subsistam fundadas dúvidas no *se* e *quantum* do facto tributário, mesmo com a intervenção do poder de investigação, impõe-se a anulação do acto tributário – *in dubio contra fiscum.*

20. Se o Juiz pode decidir independentemente dos argumentos das partes – poder de investigação (art. 40.º do CPT) – então, se com esses tópicos ficar com dúvidas, terá de anular o acto, mesmo que as partes nada tenham alegado quanto aos factos e argumentos eleitos pelo Juiz.

TERMOS EM Q<small>UE</small> DEVE SER DADO PROVIMENTO AO RECURSO E REVOGADO O ACÓRDÃO RECORRIDO, COM TODAS AS CONSEQUÊNCIAS LEGAIS».

1.2. Não há contra-alegações.

1.3. O Exm.º. Procurador-Geral Adjunto junto Tribunal é de parecer que o recurso não merece provimento: os fundamentos das conclusões 1ª a 8ª «assentam em pressupostos de facto que não estão estabelecidos no acórdão recorrido»; no que respeita às demais conclusões, entende que o Tribunal recorrido «fez boa interpretação das regras do art.º 32.º do CPT, de resto na linha da jurisprudência deste STA que cita», e que a «fundada dúvida» «é matéria de facto que o tribunal "a quo" não estabeleceu».

1.4. O processo tem os vistos dos Exm.ºs Adjuntos.

2. Vem fixada a factualidade seguinte:

«1.º Os impugnantes são contribuintes de IRS, na qualidade de cônjuges, não separados nem de facto nem de direito, dedicando-se António Xavier de Lima, enquanto empresário em nome individual às actividades de realização de empreendimentos urbanísticos, com o loteamento de imóveis e sua promoção e venda – vulgarmente designada por promoção e intermediação imobiliária – solicitação de alvarás na realização de projectos, exploração agrícola e agro-pecuária e promoção no ramo turístico, bem como a compra e revenda de terrenos em avos indivisos com vista à constituição de loteamentos para efeitos de construção.

2.º A escrita dos impugnantes do ano de 1989 foi objecto de uma acção de fiscalização.

3.º Em resultado dessa acção foi pela Inspecção tributária decidido corrigir o valor do IRS a pagar pelos impugnantes.

4.º Foi corrigido, nomeadamente, em primeiro lugar, na contabilidade do impugnante, para mais, esc: 14.749.978$00, que a administração fiscal não aceitou como custo fiscal legalmente dedutível ao lucro tributável.

5.º Tal valor refere-se a importância pagas pelos impugnantes a pessoas com quem tinham outorgado contratos-promessa de compra e venda de terrenos, em anos anteriores, os impugnantes na qualidade de promitentes-vendedores.

6.º (5.º no original)
Tais importâncias foram pagas para se conseguir que os referidos contratos-promessa deixassem de produzir efeitos jurídicos, deixando os impugnantes de estar obrigados a vender os lotes em troca do dinheiro entregue aos promitentes-compradores.

7.º (6.º no original)
As razões pelas quais as partes quiseram que os referidos contratos-promessa deixassem de os obrigar, foram porque os lotes em causa não puderam em sede

de loteamento ser destinados a construção urbana como os promitentes-compradores pretendiam, por se tratarem de operações de loteamento para construção que a lei não permitia naqueles termos.

8.º (7.º no original)
Nos contratos-promessa em causa ou estava feita a menção "parcela de terreno não aprovada", ou "parcela de terreno aprovada", ou não estava feita nenhuma menção sobre a situação dos prédios.

9.º (8.º no original)
Os impugnantes lançaram tais despesas na rubrica "conta clientes", a crédito.

10.º (9.º no original)
A inspecção tributária entendeu que tais despesas deviam ser lançadas em sede de oneração de existências e afectarem o custo do exercício no período em que seja considerado o respectivo proveito.

11.º (10.º no original)
Foi também corrigido, em segundo lugar, vendas não contabilizadas no valor de esc: 225.423.040$00.

12.º (11.º no original)
Os impugnantes aceitaram a correcção nos montantes de esc: 500.000$00 (venda a Maria Isabel Lima Esteves) e esc: 5.700.000$00 (venda a Fernando J. Ramalheira Amaral).

13.º (12.º no original)
A inspecção tributária corrigiu, averbando como receita, esc: 95.035.040$00 referente a valores recebidos em escrituras públicas celebradas em 1989 pelos impugnantes na qualidade de vendedores, escrituras essas efectivamente celebradas em 1989, não contabilizadas pelos impugnantes.

14.º (13.º no original)
Tais prédios foram entregues aos compradores em anos anteriores.

15.º (14.º no original)
A inspecção tributária corrigiu, averbando como receita, esc: 130.388.000$00, de diferença entre o valor declarado em contratos-promessa e o valor que consta das escrituras públicas, sendo que o valor das escrituras é inferior.

16.º (15.º no original)
Os recorrentes integraram até final de 1988 o Grupo A da Contribuição Industrial, tal como consta da declaração de rendimentos relativa a esse ano documentada a fls. 94 e segs, cujo teor aqui se dá por reproduzido

17.º (16.º no original)
Dá-se aqui por integralmente reproduzido o teor do inventário das existências reportado a 31/12/88, que discrimina, além do mais, todos os imóveis que nessa altura constavam das existências do impugnante, documentada a fls. 102 a fls 107.

18.º (17.º no original)
Dá-se aqui por reproduzido o teor das declarações de rendimentos relativas aos anos de 1985 a 1988, juntas a fls. 273 a 296.

19.º (18.º no original)
A liquidação adicional de IRS relativa ao ano de 1989, no valor de 247.196.955$00 foi efectuada em 14/10/1994 (cfr. Fls. 25 e 26).

20.º (19.º no original)
Os impugnantes deduziram reclamação graciosa em 07/12/1994, contra essa liquidação que veio a ser desatendida por despacho proferido em 27/04/1995 do Sr. Director Distrital de Finanças de Setúbal (cfr. Fls. 2; 39 a 41 do processo apenso) e desta decisão interpuseram recurso hierárquico o qual obteve provimento parcial em 02/08/1995 nos termos constantes de fls. 120 a 130

21.º (20.º no original)
Em 02/06/1995 os impugnantes apresentaram a presente impugnação.

22.º (21.º no original)
O pedido de revisão para a Comissão de revisão, supra referido, foi apreciado pelo respectivo Presidente face à falta de acordo dos vogais, tendo na decisão ficado consignado que nela só era apreciada a matéria relativa aos métodos indiciários, nos moldes seguintes: "Confrontados com os valores da matéria colectável fixada com recurso a métodos indiciários, porque só desses cabe reclamação para esta comissão e só esses são susceptíveis de apreciação nesta sede, ambos os vogais se manifestaram irredutíveis (...). Assim e nos termos do n.º 3 do art.º 87.º do CPT, cabe a decisão ao Presidente da dita comissão. Decidindo: Com base nos fundamentos constantes do relatório da fiscalização que faz parte integrante do processo de decisão desta comissão e com os quais concordo, e aderindo às razões justificativas, que reforçam as conclusões daquele relatório, constantes do laudo do vogal da Fazenda Pública, mantenho a matéria colectável fixada com recurso a métodos indiciários que originou o rendimento colectável global de IRS nos valores de 626.678.581$00, 639.671.371$00 e 5.133.713.573$00 respeitantes aos exercícios de 1989, 1990 e 1991 (...)" – (cfr. Fls. 154 e 155 do proc. Apenso)

23.º (22.º no original)
Da decisão final do recurso hierárquico supra referido não foi interposto recurso contencioso.

24.º (23.º no original)
Foi efectuado exame à escrita dos impugnantes relativo aos exercícios de 1989, 1990 e 1991, cujo relatório consta de fls. 44 a 93 do apenso, cujo teor, já parcialmente destacado supra, aqui se dá por inteiramente reproduzido».

3.1. A impugnação judicial deduzida pelos ora recorrentes fundou-se em «várias ilegalidades substanciais, ligadas à errónea quantificação e qualificação dos factos tributários», conforme escreveram no artigo 116.º da sua petição inicial.

A sentença do tribunal tributário de 1ª instância identificou assim «as questões a resolver:

A devolução de dinheiro como resultado do distrate de contratos-promessa deve ser contabilizada como custo do exercício no ano da sua entrega ou apenas no ano em que o imóvel será vendido?

As verbas recebidas em escrituras pública celebradas em 1989 devem ser contabilizadas como receitas em 1989 ou em anos anteriores?

Pode a F. P. não aceitar como correctos valores constantes de escrituras públicas?».

Das respostas dadas a estas questões resultou a improcedência da impugnação, por se terem havido por legais as correcções introduzidas pela Administração Fiscal.

As mesmas questões que apreciara a 1ª instância foram pelos impugnantes, também então recorrentes, colocadas ao TCA, o qual entendeu «manter a sentença questionada» «com excepção dos montantes de "penalidades" acrescido ao rendimento dos impugnantes», do que resultou o parcial provimento do recurso jurisdicional, e a também parcial anulação do acto de liquidação.

É contra esta decisão que os recorrentes aduzem os fundamentos que constam das conclusões acima transcritas.

3.2. Afirma o Exm.º. Procurador-Geral Adjunto que as primeiras oito conclusões «assentam em pressupostos de facto que não estão estabelecidos no acórdão recorrido: que ficou provado que a transmissão económica precedeu a transmissão jurídica. A esse propósito o tribunal "a quo" estabeleceu matéria diferente: que a ora Recorrente não logrou provar – sendo que lhe cabia tal ónus – que recebeu o preço das vendas em anos anteriores aos das escrituras».

Na verdade, os recorrentes defendem, nas apontadas conclusões, que «se a promessa com tradição (transmissão económica) preceder a escritura (transmissão jurídica), é naquele e não neste momento que se contabilizam os proveitos»; e que «alegarem e demonstraram que contabilizaram os proveitos, antes de 1989, com a transmissão económica»; e que, «havendo fundada dúvida sobre a existência do facto tributário (se a transmissão económica ocorreu ou não antes de 1989), impõe-se a anulação do acto tributário»; insistindo, por último, que «a transmissão económica precedeu a jurídica».

Porém, no acórdão recorrido não só se não deu como provado que a promessa com tradição precedeu a escritura pública, e que a contabilização do correspondente proveito foi feita aquando daquele primeiro acontecimento, como não se manifestou qualquer dúvida «sobre a existência do facto tributário».

O Tribunal houve por provado que os recorrentes celebraram, no ano de 1989, escrituras públicas de compra e venda de imóveis que haviam entregue aos compradores em anos anteriores, cujo preço não foi lançado nem registado na contabilidade desse ano, sem que se tenha provado que tal preço foi recebido e contabilizado antes de 1989.

Prosseguiu o Tribunal recorrido dizendo que, tendo a Administração Fiscal demonstrado que, no ano de 1989, foram celebradas as escrituras de compra e venda dos imóveis, sem que o correspondente preço figure na contabilidade dos recorrentes desse ano, a eles cabia demonstrar que o tinham recebido e contabilizado em exercício anterior – o que, não tendo acontecido, legitima a actuação da Administração.

Assim, ao alegarem, nas conclusões em apreço, que os proveitos respeitantes aos contratos feitos em 1989 foram obtidos e contabilizados em anos anteriores, os recorrentes invocam uma factualidade que o Tribunal recorrido não estabeleceu, questionando a bondade do seu julgamento feito sobre os factos.

E, ao afirmarem que o Tribunal devia ter concluído pela dúvida sobre a existência do facto tributário, quando ele não manifestou qualquer dúvida, os recorrentes questionam, ainda, o julgamento feito em sede factual.

É que, para o acórdão impugnado, os recorrentes, posto que não levaram à contabilidade desse ano o valor recebido dos compradores a quem venderam os imóveis, deviam provar que o tinham feito em anos anteriores. O ónus da prova deste facto era seu, pelo que, não o cumprindo, comprometeram, nesta parte, o êxito da demanda.

Este julgamento sobre o modo como foi repartido o ónus probatório pretendem questioná-lo os recorrentes dizendo que «o Acórdão (...) subverte, por completo, as regras sobre o ónus da prova», ao sustentar que lhes cabia «provar, o que não lograram, que apesar das escrituras serem de 1989, a transferência económica deu-se em exercícios anteriores».

Mas, se bem lermos as conclusões das suas alegações, bem como estas últimas, o que os recorrentes sustentam não é, em rigor, que o Tribunal tenha repartido mal o ónus da prova, mas que *não atendeu à prova que produziram sobre o momento em que os proventos resultantes dos negócios titulados pelas escrituras de 1989 foram obtidos e contabilizados, da qual resultaria, ao menos fundada dúvida sobre a existência do facto tributário.*

Ou seja, ainda aqui, e embora situem a questão em sede de ónus probatório, o que fazem os recorrentes é questionar os juízos probatórios feitos pelo Tribunal recorrido.

Ora, o erro na apreciação das provas e na fixação dos factos materiais da causa em que, porventura, haja incorrido o TCA, não pode ser conhecido por este Tribunal, a não ser que tenha havido ofensa de norma legal que exija certa espécie de prova ou que fixe a força probatória de determinado meio, como nos diz o artigo 722.º, n.º 2, do Código de Processo Civil (CPC), o que não é o caso.

E, como vem sendo entendido pela doutrina e pela jurisprudência, os juízos de valor sobre a matéria de facto, quando a sua formulação não dependa do sentido de norma legal ou dos critérios de valorização da lei, integram-se no domínio da actividade da fixação da matéria de facto, não podendo, pelas ditas razões, ser criticados pelos tribunais que não têm senão poderes de revista, como é o caso deste Supremo Tribunal Administrativo que, em processos como o presente, julgado, em primeiro grau, por um tribunal tributário de 1ª instância, não conhece de matéria de facto – cfr. o artigo 21.º n.º 4 do Estatuto dos Tribunais Administrativos e Fiscais aprovado pelo decreto-lei n.º 129/84, de 27 de Abril.

Por último, definir se, perante determinado quadro factual, fica ou não fica «fundada dúvida sobre a existência ou quantificação do facto tributário» é, ainda, questão que se põe em sede de matéria de facto, porquanto a «fundada dúvida» respeita aos factos, e resulta da livre ponderação dos elementos de facto recolhidos, e de um juízo crítico sobre eles – vejam-se, entre muitos, os acórdãos deste Tribunal de 20 de Novembro de 2002, 30 de Abril de 2003 e 28 de Janeiro de 2004, nos recursos n.ºs 1483/02, 241/03 e 1836/03, respectivamente.

3.3. As conclusões sobrantes giram à volta da interpretação e aplicação do artigo 32.º do Código de Processo Tributário.

Dispunha esta norma que «os actos ou negócios jurídicos nulos ou anuláveis constantes de documentos autênticos produzem os correspondentes efeitos jurídico-tributários enquanto não houver decisão judicial a declará-los nulos ou a anulá-los, salvo as excepções expressamente previstas nas leis tributárias. A decisão judicial referida no número anterior implica a não tributação dos respectivos actos ou negócios jurídicos, sem prejuízo, porém, da tributação dos actos ou negócios jurídicos que subsistam».

Esta norma foi sucedida pelo artigo 39.º da Lei Geral Tributária (LGT), que assim dispõe:

«Em caso de simulação de negócio jurídico, a tributação recai sobre o negócio jurídico real e não sobre o negócio jurídico simulado.

Sem prejuízo dos poderes de correcção da matéria tributável legalmente atribuídos à administração tributária, a tributação do negócio jurídico real constante de documento autêntico depende de decisão judicial que declare a sua nulidade».

Esta Secção de Contencioso Tributário do Supremo Tribunal Administrativo decidiu já casos semelhantes ao presente, à luz do transcrito artigo 39.º da LGT, nos recursos n.ºs 1757/02, 89/03 e 1756/02, em 19 de Fevereiro de 2003, 26 de Fevereiro de 2003 e 2 de Abril de 2003, respectivamente.

Defendia-se nesses recursos que a norma transcrita da LGT impede que a Administração Fiscal considere como proveitos valores diferentes dos constantes das escrituras de compra e venda antes de proferida sentença judicial que conhecesse da simulação.

Escreveu-se no acórdão de 19 de Fevereiro de 2003, de que foi relator o mesmo do presente, que este entendimento assenta na última parte do n.º 2 do artigo em análise, aonde se diz que «a tributação do negócio jurídico real constante de documento autêntico depende de decisão judicial que declare a sua nulidade».

Textualmente:

«Lido, isoladamente, este segmento da norma, as coisas aparentam estar aí configuradas como diz o recorrente: constando um dado negócio jurídico de documento autêntico, mas sendo ele simulado, e havendo, por detrás, o negócio real, a Administração Fiscal, para tributar este último (como parece impor o n.º 1 do mesmo artigo), tem, antes, que obter a declaração judicial de nulidade daquele primeiro negócio.

Mas importa não esquecer a primeira parte do falado n.º 2, aonde se diz que o que segue (a dependência da tributação do negócio real da declaração judicial de nulidade do negócio constante de documento autêntico) é estatuído "sem prejuízo dos poderes de correcção da matéria tributável legalmente atribuídos à administração tributária".

Poderes que, no caso do IRS, são conferidos pelos artigos 90.º e 74.º n.º 3 da mesma LGT, e 38.º n.º 1 do Código do IRS (CIRS), como apontou a sentença recorrida.

De resto, já assim era na vigência do Código de Processo Tributário (CPT), cujo artigo 32.º n.º 1 dispunha que "os actos ou negócios jurídicos nulos ou anuláveis constantes de documentos autênticos produzem os correspondentes efeitos jurídico-tributários enquanto não houver decisão judicial a declará-los nulos ou anulá-los, salvo as excepções expressamente previstas nas leis tributárias".

Ou seja, o fisco não pode ignorar os negócios jurídicos fiscalmente relevantes que constem de documento autêntico, pretextando a sua nulidade ou anulabilidade, enquanto tal não for judicialmente declarado. Tem, pois, que os considerar e retirar deles as consequências fiscais que couberem. O que não obsta a que possa, nos termos da lei, introduzir as correcções que couberem à matéria tributável, socorrendo-se, se for caso disso, de métodos presuntivos.

·E, se assim era enquanto vigorou o CPT, não deixou de o ser com a entrada em vigor da LGT.

Também no artigo 39.º deste diploma se dispõe, no seu n.º 1, aplicando, de resto, os princípios gerais do inquisitório e da descoberta da verdade material, que a tributação não incide sobre a aparência, mas sobre a realidade.

Todavia, quando o negócio jurídico esteja reduzido a documento autêntico, o real subjacente, encoberto pelo simulado (este, revelado pelo documento), não pode ser tributado sem que os tribunais declarem a nulidade do negócio simulado. Com a excepção da primeira parte do n.º 2 do artigo 39.º da LGT, ou seja, "sem prejuízo dos poderes de correcção da matéria tributável legalmente atribuídos à administração tributária".

O que vale por dizer que esta não pode ignorar o negócio que consta de documento autêntico só porque o entende simulado; nem pode tributar outro, que cuide real. O que se lhe admite é, só, que, atendendo, sempre, ao negócio que consta do documento autêntico, corrija a matéria colectável dele resultante, se tanto lhe permitir a lei.

Foi o que, no caso, aconteceu. O negócio jurídico tributado é o que consta do documento autêntico em causa, que a Administração Fiscal não disse ser simulado. O que fez foi, apenas, corrigir a matéria tributável declarada, presumindo uma que é superior à que resulta do que desse documento consta. Mas sem que tenha tributado outro negócio que não o que consta do dito documento.

A simulação do preço (e outra aqui não é aventada) não é uma simulação absoluta, mas tão só, relativa. Na simulação absoluta só há o negócio simulado, ou seja, não há nenhum negócio real. Por isso, a nulidade do negócio é absoluta. Mas na simulação relativa ou há o negócio aparente (ainda que um ou vários dos seus elementos possam não ser reais), ou um negócio distinto, dissimulado, latente, oculto, por detrás do ostensivo, fictício. Por isso, a nulidade não é absoluta, valendo o negócio dissimulado, desde que estejam satisfeitos os requisitos da sua validade, se não enfermar de vício formal (vd. o artigo 241.º do Código Civil).

Ora, a simulação relativa, limitada ao preço da compra e venda, não é bastante para tornar nulo o negócio, face ao disposto no referido artigo. Ou seja, ainda que o preço declarado não seja o real, não deixa de existir um negócio jurídico, a compra e venda que transparece da escritura pública – e esse foi o negócio aqui tomado como facto tributário.

Numa palavra, a Administração Fiscal não tinha que obter uma declaração de nulidade da compra e venda titulada para a tributar, pois nunca questionou a existência e validade do negócio, apenas entendeu que um dos seus elementos, o preço, não era o que declarado fora na escritura pública.

De resto, mal se compreenderia que, consagrando a LGT a presunção de veracidade das declarações dos contribuintes apresentadas à Administração Fiscal, e nem por isso lhe proibindo o recurso a métodos presuntivos (artigo 75.º), atribuísse às declarações prestadas perante outro oficial público – o notário – valor superior, tal que a Administração ficasse manietada, dependente da obtenção de uma declaração judicial de nulidade. Não se vislumbra razão para conferir maior força à declaração feita perante um notário do que àquela que é produzida perante a Administração Fiscal».

Estas considerações, que continuamos a subscrever, são aplicáveis ao nosso caso.

Também aqui os recorrentes defendem que a Administração, para considerar, para efeitos de tributação, um preço diferente do que consta das escrituras públicas, estava obrigada a obter decisão judicial de anulação ou declaração de nulidade dos negócios titulados pelas ditas escrituras, por força do artigo 32.º do CPT.

O que, como se decidiu nos citados acórdãos, não corresponde à realidade, pois os negócios em causa não foram tidos, pela Administração, como nulos ou anuláveis, e, menos, ela os tratou como tal, substituindo-se a uma decisão jurisdicional.

3.4. Acrescentam os recorrentes que «o Acórdão viola o princípio da reserva de jurisdição, ao permitir que um órgão administrativo pratique actos judiciais por natureza, quais sejam, assunção da simulação e definição do preço do negócio dissimulado».

Esta crítica não colhe, pois parte de que a assunção da simulação e definição do preço do negócio dissimulado são questões só jurisdicionalmente definíveis. Asserção que, como se viu, não é correcta, num caso em que, como é o presente, a Administração não pôs em causa a existência e validade do negócio titulado por escritura pública, antes se limitou a, aceitando-o, presumir um preço diferente daquele que nela os contratantes haviam afirmado.

3.5. Dizem, por último, os recorrentes, que «o Acórdão viola os arts. 40.º, 121.º do CPT e art. 8.º do Código Civil: a aplicação do art. 121.º do CPT não depende de alegação pelos recorrentes. O art. 121.º do CPT não é mais um argumento factual ou jurídico. É antes uma indicação (obrigação) dirigida ao Juiz, quanto ao comportamento a tomar no final do seu iter cognoscitivo e avaliativo. Como está vedado o *non liquet,* caso subsistam fundadas dúvidas no *se* e *quantum* do facto tributário, mesmo com a intervenção do poder de investigação, impõe-se a anulação do acto tributário – *in dubio contra fiscum.* Se o Juiz pode decidir independentemente dos argumentos das partes – poder de investigação (art. 40.º do CPT) – então, se com esses tópicos ficar com dúvidas, terá de anular o acto, mesmo que as partes nada tenham alegado quanto aos factos e argumentos eleitos pelo Juiz».

Porém, o acórdão recorrido não fez a afirmação que os recorrentes reputam de errónea, ou seja, não disse que a aplicação do artigo 121.º do CPT depende de alegação pelos recorrentes.

Exprimiu-se, quiçá, de modo menos claro, ao afirmar que os recorrentes «não assacaram (...) qualquer outro vício (....), designadamente falta ou insuficiência de razões juridicamente válidas para proceder à correcção ou, sequer, incerteza ou dúvida sobre a existência e conteúdo do facto tributário (...)».

O que assim se terá querido dizer é que os recorrentes não alegaram que a Administração actuou na dúvida sobre a existência do facto tributário, alegação que podiam ter feito, pois que integraria um vício do acto, já que a Administração Fiscal, na dúvida, deve abster-se de praticar o acto. Mas não se disse que tal alegação era imprescindível, isto é, quem sem ela, não podia o Tribunal, perante o acervo factual apurado, exprimir essa mesma dúvida e, com base nela e naquele artigo 121.º, anular o acto de liquidação.

Foi o próprio Tribunal a, perante a factualidade que houve por provada, ficar sem dúvidas sobre a existência e quantificação do facto tributário.

Questão que, como atrás se disse, está fora dos poderes de cognição deste Tribunal, por se inserir no âmbito da matéria de facto, que o Tribunal, funcionando como de revista, não sindica.

4. Termos em que acordam, em conferência, os juízes da Secção de Contencioso Tributarão deste Supremo Tribunal Administrativo, em negar provimento ao recurso, confirmando a sentença impugnada.

Custas a cargo dos recorrentes, com 50% de procuradoria.

Lisboa, 15 de Dezembro de 2004.

Baeta de Queiroz (Relator)
Brandão de Pinho
Fonseca Limão

Recurso n.º 1 083/04

IVA. AQUISIÇÃO INTRACOMUNITÁRIA DE VEÍCULO USADO SEGUIDA DE REVENDA. LIQUIDAÇÃO. DEDUÇÃO.

(Acórdão de 30 de Novembro de 2004)

SUMÁRIO:

I – O sujeito passivo de IVA que importa de país comunitário um veículo usado deve liquidar o respectivo IVA, incluindo no respectivo cálculo o IA devido, podendo deduzir o IVA liquidado, tudo nos termos dos artigos 23.º n.º 1 alínea *a*), 17.º n.º 3 e 19.º n.º 1 do Regime do IVA nas Transacções Intracomunitárias.

II – Porém, aquela dedução obsta a que, aquando da revenda do veículo, o IVA seja apurado segundo o "método da margem", referido no então vigente artigo 2.º n.º 1 do decreto-lei n.º 504-G/85, de 30 de Dezembro, por força do disposto nos artigos 3.º n.º 1 deste diploma e 21.º n.º 3 do CIVA.

ACÓRDÃO

1.1. AUTO SPORT DA BEIRA, LDA., com sede em Abraveses, Viseu, recorre da sentença do Mm.º Juiz do Tribunal Tributário de 1ª Instância de Viseu que julgou improcedente a liquidação adicional de imposto sobre o valor acrescentado (IVA) relativo ao ano de 1994.

Formula as seguintes conclusões:

«1.º As correcções técnicas (como são as presentes) não cabem no crivo dos métodos indirectos, Art.º 81.º a 83.º do CPT e 84.º do CIVA *(vício de ilegalidade).*

2.º Nem no filtro do Art.º 84.º CPT *(vício de ilegalidade).*

3.º Não obstante, existe ilegalidade ao Art.º 266.º, n.º 2, da CRP e Art.º 71.º, n.ºs 15 16 (Dec. Lei n.º 87-B/98 de 31.12.) ao manter-se as liquidações impugnadas.

4.º Sem prescindir, que a administração tributária devia ter-se substituído oficiosamente nas autoliquidações nas AICB, pela lei superveniente, Art.º 78.º, n.º 2, da LGT.

5.º Sem prescindir ainda, que se falta existe da impugnante, nas AICB, não é por via do imposto e juros compensatórios, que devem ser sancionadas.

6.º Relativamente ao direito de opção, pelo método da margem, não se apura, como a hipótese do errado exercício do direito à dedução nas AICB transforma o método da margem (Art.º 6.º do Dec. Lei n.º 504-G/85, de 30.12.) em submissão ao regime geral *(Vício de ilegalidade)*.

Assim deve proceder-se à anulação total de toda a liquidação adicional praticada

Pelo que na verificação de tudo quanto se alega e **no provimento do presente recurso, devem os referidos actos**, em sede de IVA, praticados pelos serviços da administração tributária, serem declarados nulos e de nenhum efeito».

1.2. Não há contra-alegações.

1.3. Ao Exm.º Procurador-Geral Adjunto junto deste Tribunal parecem obscuras as conclusões das alegações da recorrente. Promove, por isso, que seja convidada a apresentar melhores conclusões. Para o caso de assim se não entender, reedita o parecer do Ministério Público já emitido junto do Tribunal Central Administrativo, para onde o presente recurso foi inicialmente interposto, e que é no sentido do não provimento do recurso.

1.4. O processo tem os vistos dos Exm.ºs. Adjuntos.

***

2. A matéria de facto vem assim estabelecida:

«1. Resultante de visita de Fiscalização efectuada à impugnante, foi elaborado o relatório de fls. 34 a 152 (junto ao processo de Impugnação n.º 206/98), cujo teor dou reproduzido.

2. Com base nesse relatório resultaram as seguintes liquidações:

– n.º 97197215 **referente a Imposto sobre o Valor Acrescentado do 1994**, no montante de 35 816 224$00 (processo n.º 210/98);

– n.º 97017323 **referente a Imposto sobre o Valor Acrescentado do 1994**, no montante de 5.483.934$00 (processo n.º 198/98);

– n.º 97017320 **referente a juros compensatórios de 9406T** no montante de 517.090$00 (processo n.º 199/98);

– n.º 97017321 **referente a juros compensatórios de 9409T94** no montante de 334.674$00 (processo n.º 200/98);

– n.º 97017322 **referente a juros compensatórios de 9412T** no montante de 854.797$00 (processo n.º 201/98).

3. Os prazos para pagamento voluntário dos impostos terminaram em 31-08-97 (processo n.º 210/98) – fls. 28-29 – e em 30-06-97 (restantes processos).

4. A Impugnante reclamou para a Comissão de Revisão, tendo a reclamação sido indeferida – fls. 23, cujo teor dou aqui por reproduzido.

5. Dou por reproduzido o teor dos laudos do vogal da Fazenda Pública e do Contribuinte – fls. 21 e 22.

6. As Impugnações foram deduzidas em 28-11-97 (processo n.º 210/98) – fls. 2 – e em 09-97 (restantes processos)».

***

3.1. A recorrente deduziu cinco impugnações judiciais contra outras tantas liquidações adicionais de IVA, todas relativas ao ano de 1994, as quais vieram a ser apensadas.

Na última das impugnações deduzidas, sintetizou a impugnante os respectivos fundamentos como respeitando a «errónea quantificação e qualificação dos rendimentos» e «fundada dúvida sobre a existência e quantificação do facto tributário».

A sentença examinou, separadamente, cada uma das liquidações impugnadas, e entendeu não verificado qualquer dos vícios que lhes são imputados.

3.2. Começa a recorrente por dizer, pretendendo contrariar a decisão recorrida, nas duas primeiras conclusões das suas alegações, que «as correcções técnicas (como são as presentes) não cabem no crivo dos métodos indirectos, Art.º 81.º a 83.º do CPT e 84.º do CIVA *(vício de ilegalidade)*. Nem no filtro do Art.º 84.º CPT *(vício de ilegalidade)*».

Lendo as alegações de onde esta conclusão parece extraída – artigos 1.º a 5.º –, entende-se que a recorrente discute a verificação dos pressupostos para aplicação de métodos indirectos, defendendo que apenas havia lugar a correcções técnicas, pois a sua contabilidade não enfermava de erros graves que impossibilitassem o apuramento do imposto devido, após aquelas correcções.

Refere-se, pois, à liquidação impugnada no processo principal, que foi a única em que a Administração se socorreu de métodos indirectos, conforme consta da sentença recorrida.

Porém, esta questão não foi colocada na petição inicial, nem a sentença a apreciou, pelo que não pode agora ser discutida.

Na verdade, os recursos jurisdicionais não se destinam a decidir questões novas, anteriormente não colocadas pelo recorrente, e não abordadas pela decisão judicial recorrida, mas a reexaminar esta última, verificando a sua regularidade formal (com vista à anulação) e substancial (tendo em vista a revogação ou alteração). É o que se extrai do disposto nos artigos 676.º n.º 1, 684.º n.º 2, 690.º n.º 1 e 2 e 690.º-A do Código de Processo Civil.

3.3. Na 3ª conclusão afirma-se que «não obstante, existe ilegalidade ao Art.º 266.º, n.º 2, da CRP e Art.º 71.º, n.ºs 15 16 (Dec. Lei n.º 87-B/98 de 31.12.) ao manter-se as liquidações impugnadas».

Aqui, o que a recorrente invoca (lendo a conclusão conjuntamente com as alegações) é a ofensa dos princípios da proporcionalidade e da proibição do excesso, defendendo que a Administração, liquidando o IVA, devia, logo, deduzi-lo, pois já apresentou declarações de substituição daquelas em que não incluíra o IA no cálculo do imposto – alegações n.ºs 6.º a 11.º.

Porém, a sentença não deu por provada a apresentação de tais declarações de substituição – e é nessa apresentação que, embora não invocada nas conclusões, o é nas alegações, a recorrente funda a sua pretensão, neste particular –, nem estabeleceu que o imposto liquidado não foi deduzido.

Ora, este Supremo Tribunal Administrativo não conhece de matéria de facto, posto que o processo foi julgado, em primeiro grau de jurisdição, por um tribunal tributário de 1ª instância, nem a recorrente aponta, nas suas conclusões, erro no julgamento da matéria de facto – caso em que, aliás, não seria este Supremo Tribunal Administrativo, mas o Tribunal Central Administrativo, o competente para o recurso.

De resto, a recorrente não expressa, de forma inteligível, em que consistiu a violação, pela sentença recorrida, das normas jurídicas que nesta conclusão aponta.

3.4. Na 4ª conclusão afirma a recorrente: «sem prescindir, que a administração tributária devia ter-se substituído oficiosamente nas autoliquidações nas AICB, pela lei superveniente, Art.º 78.º, n.º 2, da LGT».

Esta norma da Lei Geral Tributária considera imputáveis aos serviços da Administração os erros havidos na autoliquidação, para efeito de revisão dos actos tributários.

Ora, a revisão só tem lugar «quando, por motivos imputáveis aos serviços, tenha sido liquidado imposto superior ao devido», conforme se lê no artigo 91.º n.º 1 do Código do IVA.

Conjugadas as duas disposições, resulta delas que quando haja erro na autoliquidação, e dele resulte a liquidação de imposto superior ao devido, a Administração deve proceder à revisão oficiosa da liquidação.

No nosso caso, e uma vez que não se mostra que tenha havido erro na autoliquidação, com liquidação de imposto superior ao devido, a referida disposição legal não é aplicável.

Mal se entenderia, de resto, que, tendo a Administração liquidado imposto adicionalmente – o que se justifica por ele não ter sido devida e oportunamente liquidado –, procedesse, também, à revisão das liquidações – a qual só tem lugar quando tenha sido liquidado imposto em excesso.

3.5. Na conclusão 5ª lê-se que «se falta existe da impugnante, nas AICB, não é por via do imposto e juros compensatórios, que devem ser sancionadas».

Dificilmente se alcança o que pretende dizer a recorrente, sabendo-se, como se sabe, que, nas declarações de IVA que apresentou, relativas à aquisição intracomunitária, não incluiu o IA devido no cálculo do imposto, assim desobedecendo à imposição do n.º 3 do artigo 17.º do Regime do IVA nas Transacções Intracomunitárias aprovado pelo decreto-lei n.º 290/92, de 28 de Dezembro, o que fez com que a Administração procedesse a liquidações adicionais.

O facto de o IVA liquidado nas transacções intracomunitárias ser dedutível, por força do disposto no artigo 19.º n.º 1 do mesmo diploma, não extingue a obrigação de declaração e auto-liquidação, a que, como se viu, a recorrente faltou.

Diga-se, em todo o caso, que os impostos não têm carácter sancionatório de qualquer «falta» dos contribuintes, de acordo com a sua natureza, que exclui esse carácter. E os juros compensatórios destinam-se, como a sua designação aponta, a «compensar» a Administração pelo arrecadamento tardio do imposto, por motivo imputável ao contribuinte, não constituindo, também, uma sanção.

A imposição da obrigação de imposto e juros compensatórios tem origem, não numa «falta» da recorrente, mas no facto de, sendo sujeito passivo da relação de imposto, ter, com a sua actuação, dado causa ao retardamento da sua liquidação.

3.6. A última das conclusões da recorrente tem este teor: «relativamente ao direito de opção, pelo método da margem, não se apura, como a hipótese do errado exercício do direito à dedução nas AICB transforma o método da margem (Art.º 6.º do Dec. Lei n.º 504-G/85, de 30.12.) em submissão ao regime geral *(Vício de ilegalidade)*».

Também quanto a esta conclusão, tal como acontece com as anteriores, não é fácil descortinar qual a crítica que a recorrente dirige à sentença impugnada.

A recorrente afirma que lhe era possível optar pelo regime especial (método da margem), na revenda, liquidando o IVA, mas sem o deduzir, na transacção intracomunitária, ao contrário do que erroneamente fez, não podendo a Administração submetê-la ao regime geral, como fez.

Mas, como a própria recorrente parece admitir, a escolha que fez, de deduzir o IVA suportado na aquisição intracomunitária, é incompatível com a opção pelo método da margem na posterior revenda.

Conforme se diz na sentença, a recorrente «para efeitos de liquidação do imposto na venda dos veículos usados aplicou o regime de tributação dos bens em segunda mão, mas para efeitos de dedução do imposto aplicou o regime geral do Imposto sobre o Valor Acrescentado».

As aquisições intracomunitárias de bens são caracterizadas, pelo artigo 3.º do Regime do IVA nas Transacções comunitárias, pela transferência «do poder de dispor, por forma correspondente ao exercício do direito de propriedade, de um bem móvel corpóreo», sendo essencial que esse bem seja expedido ou transportado de um para outro Estado-membro.

Trata-se de operações sujeitas a IVA, de acordo com o artigo 1.º alínea a) do mesmo diploma.

Viu-se já que, como consta da sentença impugnada, a recorrente liquidou esse IVA, como lhe impunha o artigo 23.º n.º 1 alínea a) do mesmo diploma, ainda que não tenha incluído no valor tributável o IA, o que era sua obrigação, por força do artigo 17.º n.º 3, ainda do mesmo diploma, e deduziu o IVA suportado.

Ao vender as viaturas em Portugal, deu lugar a nova transmissão delas, sobre a qual incide, também, IVA, constituindo matéria tributável «a diferença (...) entre o preço de venda e o preço de compra», nos termos da alínea a) do n.º 1 do artigo 1.º e da alínea f) do n.º 2 do artigo 16.º do Código do IVA (regime geral).

Se for adoptado o método da margem (regime especial), a matéria tributável consiste na diferença entre o valor de venda e o de compra, com inclusão do IVA, mas sem contemplar o IA suportado, e sem que o imposto assim liquidado confira direito à dedução – artigos 2.º n.º 1 do decreto-lei n.º 504-G/85, de 30 de Dezembro, e 21.º n.º e do Código do IVA.

Como a recorrente deduzira o IVA anteriormente suportado, deixou de estar ao seu alcance a opção pelo método da margem, pois a tanto obsta o n.º 1 do artigo 3.º do decreto-lei n.º 504-G/85, de 30 de Dezembro, ao estabelecer que «não é dedutível pelos sujeitos passivos a quem se aplica este regime particular, o imposto sobre o valor acrescentado que tenha onerado a aquisição ou importação dos bens referidos no n.º 1 do artigo 1.º (...)». Idêntica disciplina contem o n.º 3 do artigo 21.º do CIVA: «não conferem também direito à dedução do imposto as aquisições de bens referidos na alínea f) do n.º 2 do artigo 16 quando o valor tributável da sua transmissão posterior, de acordo com legislação especial, for a diferença entre o preço de venda e o preço de compra».

Não é, pois, a Administração Fiscal que impõe à recorrente a sujeição ao regime geral: foi ela mesma a fazer a opção, ao exercer o direito à dedução do imposto suportado na aquisição intracomunitária.

Improcedem, pelo exposto, as conclusões das alegações de recurso.

4. Termos em que acordam, em conferência, os juízes da Secção de Contencioso Tributário deste Supremo Tribunal Administrativo em, negando provimento ao recurso, confirmar a sentença impugnada.
Custas a cargo da recorrente, fixando-se em 50% a procuradoria.
Lisboa, 30 de Novembro de 2004.

Baeta de Queiroz (Relator)
Brandão de Pinho
Fonseca Limão

Recurso n.º 579/04

IVA. FIXAÇÃO DA MATÉRIA TRIBUTÁVEL POR MÉTODOS INDICIÁRIOS. ACORDO ENTRE OS VOGAIS NA COMISSÃO DE REVISÃO. INCONSTITUCIONALIDADE DO ART.º 86.º, N.º 4 DA LGT. IMPUGNAÇÃO CONTENCIOSA. NULIDADES DA SENTENÇA. OPOSIÇÃO ENTRE OS FUNDAMENTOS E A DECISÃO. OMISSÃO DE PRONÚNCIA.

(Acórdão de 23 de Novembro de 2004)

SUMÁRIO:

I– O art.º 86.º, n.º 4 da LGT ao não permitir que, quando a liquidação tiver por fundamento o acordo obtido no processo de revisão da matéria tributável, na impugnação do acto tributário de liquidação, em que a matéria tributável tenha sido determinada com base em avaliação indirecta, possa ser invocada qualquer ilegalidade desta, não viola o princípio constitucional contido no art.º 268.º, n.º 4 da CRP, já que não pode considerar-se o sujeito passivo vinculado pelo acordo que seja obtido, sempre que não se demonstre que o representante agiu dentro dos limites dos seus poderes de representação e não agiu em sentido contrário a estes poderes.

II– Não é nula a sentença por oposição entre os fundamentos e a decisão se o juiz, fazendo aplicação do disposto no art.º 86.º, n.º 4 da LGT, que na sua parte final não permite que na impugnação do acto tributário de liquidação seja invocada qualquer ilegalidade desta, na medida em que houve acordo prévio entre o perito do contribuinte e o da Fazenda Pública no processo de revisão da matéria tributável, se decidiu pela ilegalidade da interposição da impugnação judicial com fundamento em errónea quantificação e qualificação da matéria tributável, ilegalidade de recurso a métodos indiciários e inexistência de facto tributário.

III– Entendendo o Tribunal que, nos termos do disposto na parte final do art.º 86.º, n.º 4 da LGT, não é possível invocar na impugnação judicial do acto tributário de liquidação qualquer ilegalidade desta, na medida em que houve acordo entre os peritos da Comissão de Revisão, fica prejudicado o conhecimento de qualquer outra questão que com ela esteja ligada, pois é corolário desta decisão que não é possível conhecer da pretensão formulada.

ACORDAM NESTA SECÇÃO DO CONTENCIOSO TRIBUTÁRIO DO SUPREMO TRIBUNAL ADMINISTRATIVO:

1 – Alfatubo-Empresa de Plásticos Técnicos, Lda., com sede na rua do Poente-Paços-Serzedo-Vila Nova de Gaia, não se conformando com a decisão do Tribunal Administrativo e Fiscal do Porto que julgou improcedente a impugnação judicial das liquidações adicionais de IVA relativo a 1996 e 1997, nos montantes de 16.227.111$00 e 12.554.885$00, respectivamente, dela vem interpor o presente recurso, formulando as seguintes conclusões:
A) O art.° 86.° da L.G.T., a coberto do qual a impugnação foi julgada improcedente é inconstitucional;
B) A norma aplicável ao caso "sub judice" teria de ser o art.° 89.° do CPT e não o art.° 86.° n.° 4 da L.G. T.;
C) Apenas o fundamento do "quantum" da matéria colectável estaria associado ao acordo na comissão de Revisão;
D) Ficaram por apreciar todos os outros invocados na p.i. da impugnação judicial;
E) Violou, a sentença recorrida os art.ªs 20, n.° 1 e 268.° n.° 4 da Constituição da República Portuguesa e 84.°, n.° 2, 89.°, n.° 1, 120.°, alínea a) 136.° n.º 1, todos do revogado C.P.T. e ainda, o art.º 668.°, n.º 1 alíneas c) e d) do Código de processo Civil.

A Fazenda Pública não contra-alegou.
O Exm.º Procurador-Geral Adjunto emitiu douto parecer no sentido da improcedência do presente recurso.
Colhidos os vistos legais, cumpre decidir.

2 – A sentença recorrida fixou a seguinte matéria de facto:
1– A impugnante foi alvo de uma acção de fiscalização tributária, por parte dos Serviços de Prevenção e Inspecção Tributária, cujas conclusões constam dos documentos de fls. 53 a 57 do pa apenso, cujo teor se dá por integralmente reproduzido;
2 – Com base em tais conclusões, foram-lhe efectuadas correcções técnicas que originaram as liquidações adicionais de IVA, relativo aos anos de 1996, e 1997, nos montantes de 16.227.111$00 e 12.554.885$00, conforme douta petição inicial a fls. 2 e seguintes e documentos a fls. 93 a 101 do pa apenso, cujo teor se dá por integralmente por reproduzido;

3 – Os motivos subjacentes às correcções efectuadas são os constantes de informação constante de fls. 68 a 70 do pa apenso, cujo teor se dá por reproduzido;
4 – A impugnante interpôs, nos termos do artigo 91.º da Lei Geral Tributária, para a Comissão de Revisão, um pedido de revisão da matéria tributável fixada por métodos indiciários em sede de IVA, relativamente aos anos de 1996 e 1997, nos montante de 16.227.111$00 e 12.554.885$00, respectivamente, conforme douta petição de fls. 2 e seguintes e documentos a fls. 44 a 52, cujo teor se dá por integralmente por reproduzido;
5 – Aos fundamentos invocados pela impugnante na petição apresentada são os constantes da informação a fls. 48, cujo teor se dá por integralmente reproduzido;
6 – Por deliberação da Comissão de Revisão de 9 de Novembro de 2001, mediante acordo dos vogais da Contribuinte e da Fazenda Pública, expressamente referido e justificado na acta da reunião, o IVA em falta foi fixado nos montantes de Esc. 9.374.256$00, 8.570.556$00, 0$00, para os anos de 1996, 1997 e 1998, respectivamente, conforme cópia da acta n.º 217 de fls. 44 a 52, cujo teor se dá integralmente por reproduzido...

1 – Do relatório da fiscalização efectuada inserto a fls. 68 e seguintes do p.a. apenso, consta que: "MOTIVOS E EXPOSIÇÕES DOS FACTOS QUE IMPLICAM O RECURSO A MÉTODOS INDICIÁRIOS: – Em face do já atrás exposto, nomeadamente: – Do teor da "Denúncia" em Anexo I que se refere expressamente que o sujeito em causa "ALFATUBO" emitiu durante os anos de 1996 e 1997, regularmente facturas para a sua "cliente" "POLINTER", facturas falsas e/ou de favor, porque os materiais referidos nessas facturas nunca deram entrada na "POLINTER", e o relacionamento comercial entre as duas empresas limitava-se ao lançamento de facturas e regularização contabilística das mesmas, não existindo na realidade qualquer venda; o valor total da facturação nestas condições foi de 21.217.672$00 em 1996 e 24.857.500$00 em 1997; Dos elementos constantes da informação recebida da Direcção de Finanças de Aveiro, em Anexo II, onde é confirmado o movimento financeiro do pagamento das facturas falsas veiculadas na "Denúncia" atrás referida; Da análise efectuada aos indicadores obtidos em face da contabilidade do sujeito passivo e indicadores do sector; Do aumento dos capitais próprios, consubstanciado nos valores entregues e transferidos para Prestações Suplementares de Capital, e/ou Prestações Suplementares de Capital, ao longo dos anos, conforme actas, em anexo VIII e não devidamente justificada a proveniência dos referidos valores; Do nível dos rendimentos declarados dos sócios e dos seus agregados familiares, ao longo dos últimos dez anos, conforme foi referido nos pontos 2.9, 2.10 e 2.11 do capítulo III; Conclui-se que o sujeito passivo – "ALFATUBO"– para além da emissão das facturas em causa, terá efectuado vendas sem a emissão dos respectivos documentos e com a consequente falta da liquidação dos impostos devidos, de modo a gerar meios financeiros (dinheiro líquido) que posteriormente deu entrada na empresa através de Suprimentos e/ou Prestações Suplementares de Capital e, ainda para devolver aos sócios da empresa receptora das facturas de favor/facturas falsas a base tributária contida nas mesmas (valor das facturas menos o IVA liquidado nas mesmas.) A emissão de facturas de favor/facturas falsas, nos anos de 1996 e 1997, nos montantes de 22.214.672$00 e 24.857.500$00, respectivamente, têm origem, e resultam do mesmo facto – vendas sem emissão dos respectivos documentos – e serviram, para além do mais, documentar custos no receptor, dar cobertura a parte do volume de negócios não facturado e compor indicadores do sector emitente.(..) Assim, em face da situação exposta, e dada a impossibilidade de obtermos outros elementos credíveis para quantificar o volume de negócios não declarado e/ou simulado, e porque a conduta do sujeito passivo é fortemente indiciadora da existência de uma relevante economia paralela, procurando obter vantagens patrimoniais indevidas, lesando o credor tributário (Estado) em matéria de IVA e IRC, propomos uma correcção ao volume de negócios para efeitos dos referidos impostos, aos exercícios de 1996, 1997 e 1998, com base nos excedentes líquidos libertos, provenientes da actividade paralela desenvolvida pela empresa, e que são: Os valores que deram entrada na empresa, através de suprimentos e/ou Prestações Suplementares de Capital; e o valor do retorno da base tributável das facturas de favor/facturas falsas, emitidas para a firma "POLINTER", constantes da relação, em anexo X, e a descrição dos respectivos movimentos a crédito da conta n.º 123//08.0007396.2, do Banco Pinto & Sotto Mayor – agência Macieira da Cambra –, em nome de dois gerentes da "POLINTER", e que corresponderam ao recebimento da base tributável das referidas facturas.

2 – Para os exercícios em causa, os valores acima indicados consubstanciam-se: Base tributável das referidas facturas: 1996: 21.049.350$00 e 1997: 28.858.000$00, e Suprimentos e/ou Prestações Suplementares de Capital: 1996 – 3.000.000$00, 1997 – 39.700.000$00, 1998 – 27.200.000$00.

3 – O total dos valores acima referidos, em cada um dos anos: 1996 – 24.049.350$00, 1997 – 64.558.000$00 e 1998 – 27.200.000$00, corresponderão à diferença entre compras e/ou outros custos relacionados com estas, suportados à margem da contabilidade e as respectivas vendas efectuadas na mesma situação, ou seja, a margem de lucro obtida, em cada um dos exercícios.

4 – Como a margem de lucro obtida com base nos elementos da contabilidade, é variável, no triénio em análise (1996 a 1998), e a obtida, em face dos indicadores do sector, também é bastante variável de ano para ano, a média (do sector comercial e sector produtivo) revelada pela própria contabilidade do sujeito passivo, do exercício de 1998, ou sejam 42.0%, por ser, dos três anos, a mais elevada (...), e também mais próxima da dos indicadores do sector da respectiva unidade orgânica, e ainda, neste caso, menos punível para o sujeito passivo.

5 – Como resultado dos pressupostos acima numerados, o sujeito passivo teria efectuado vendas, sem a emissão dos respectivos documentos e com a consequente falta de liquidação do imposto devido (IVA, à taxa de 17%), e de igual modo não incluídas no apuramento de resultados para efeitos de IRC, nos exercícios de 1996, 1997 e 1997 (..) O sujeito passivo infringiu o disposto nos artigos 28.º e 40.º e 44.º do Código de IVA e artigos 94.º e 96.º do Código de IRC, sendo as penalidades as previstas no artigo 23.º do RJIFNA."

3 – À impugnante, após inspecção à sua escrita, foi fixado o lucro tributário relativo aos exercícios de 1996 e 1997, por métodos indiciários, em consequência do que

foram efectuadas liquidações adicionais de IVA respeitantes aos referidos exercícios.

A impugnante reclamou para a Comissão de Revisão, tendo obtido êxito parcial.

Posteriormente, impugnou judicialmente os citados actos tributários de liquidação, apontando "inexistência de facto tributário", "vício de forma", "ausência ou vício de fundamentação legalmente exigida" e "errónea qualificação e quantificação dos valores tributáveis".

A referida impugnação foi julgada improcedente com fundamento, por um lado, de que, tendo havido acordo no processo de revisão da matéria tributável entre o perito da contribuinte e da Fazenda Pública, não era possível a impugnação da liquidação com fundamento na ilegalidade ocorrida no procedimento de avaliação indirecta, atento o disposto na parte final do n.º 4 do art.º 86.º da LGT e, por outro, por a decisão da tributação das liquidações aqui em causa não padecer do vício de ausência de fundamentação.

Contra esta decisão reage a recorrente alegando, em síntese, que o art.º 86.º, n.º 4 da LGT é inconstitucional, que a norma aplicável ao caso subjudice devia ser o art.º 89.º do CPT e não o prédito art.º 86.º, n.º 4 e que a sentença é nula por omissão de pronúncia e por os fundamentos estarem em oposição com a decisão (art.º 668.º, n.º 1, als. d) e c) do CPC e 125.º do CPPT).

Vejamos se lhe assiste razão.

4 – Comecemos, então, pela apreciação da alegada inconstitucionalidade do art.º 86.º, n.º 4 da LGT.

Desde logo, importa salientar que, a este propósito, refere apenas a recorrente que a limitação contida no citado preceito legal, a coberto do qual a impugnação foi julgada improcedente, é inconstitucional.

Não apresenta, porém e de um ponto de vista jurídico, as razões em que se baseia essa inconstitucionalidade, nem sequer a que modalidade reverte o vício afirmado.

E tanto bastaria para que o fundamento vertido na al. A) da sua motivação do recurso improcedesse.

Todavia e a este propósito, importa trazer à colação o que opinam Diogo Leite Campos, Benjamim Rodrigues e Jorge Sousa, in LGT anotada, 3ª ed., pág. 429 e seg..

Escrevem estes ilustres doutrinadores que a limitação contida naquele preceito legal era de duvidosa constitucionalidade à face da impugnação contenciosa de todos os actos lesivos e do direito de acesso aos tribunais para defesa dos direitos, garantido pelo n.º 4 do art.º 268.º da CRP. Esta não vinculação do contribuinte pelo acordo no procedimento de revisão impunha-se, no domínio do C.P.T., pelo facto de o próprio vogal nomeado não agir na comissão como um representante do contribuinte, tendo antes o dever legal de agir com imparcialidade e independência técnica (art.º 86.º, n.º 5, na redacção dada pelo Decreto-lei n.º 47/95 de 10/3), pelo que não havia justificação razoável para vincular este pela actuação de alguém que não o representava".

Todavia, acrescentam que, com a LGT, esta "veio introduzir uma importante alteração deste regime, que pode permitir encarar esta questão com outra perspectiva.

Na verdade, neste diploma, deixou de fazer-se qualquer referência a deveres de imparcialidade e independência técnica da pessoa nomeada pelo sujeito passivo para participar na avaliação indirecta, aludindo-se à relação de representação entre o sujeito passivo e o perito por si designado (art. 91.º, n.º 1).

Configurando-se esta relação como de representação, justificar-se-à que se estabeleça a vinculação do sujeito passivo pela actuação deste perito, da mesma forma que tal vinculação existe no domínio do direito civil (arts. 1178.º, n.º 1, e 258.º do Código Civil).

Porém, não poderão também deixar de aplicar-se a esta vinculação as restrições que a mesma lei civil estabelece em relação à vinculação dos representados pelos actos dos seus representantes, por não haver qualquer razão para, numa matéria em que está em causa a possibilidade de exercício de um direito de natureza análoga a um direito fundamental, estabelecer um regime mais oneroso para o representado do que o se estabelece, em geral, para qualquer relação jurídica. Ora, nos termos da lei civil, mesmo quando o mandatário é representante, por ter recebido poderes para agir em nome do mandante, os seus actos só produzem efeitos em relação à esfera jurídica deste se forem praticados dentro dos limites dos poderes que lhe foram conferidos ou sejam por este ratificados, expressa ou tacitamente (arts. 258.º, n.º 1, e 268.º, n.º 1, aplicáveis por força do preceituado no art. 1178.º, n.º 1, e art. 1163.º, todos do Código Civil) regime este que, aliás, encontra suporte legal expresso em matéria tributária no n.º1 do art. 16.º da L.G.T., que estabelece genericamente que os actos em matéria tributária praticados por representante em nome do representado só produzem efeitos na esfera jurídica deste dentro dos limites dos poderes de representação.

Assim, nos casos em que o representante do sujeito passivo defender ou aceitar, no procedimento de avaliação indirecta, posições distintas das defendidas por este, designadamente ao formular o pedido de revisão da matéria colectável, não poderá considerar-se o sujeito passivo vinculado pelo acordo que seja obtido, se não se demonstrar que o representante agiu dentro dos limites dos seus poderes de representação e não agiu em sentido contrário a estes poderes".

Ora, no caso dos autos, esta prova não só não foi feita, como também nem sequer vem alegada.

Sendo assim, não se pode falar aqui de inconstitucionalidade no sentido de que foi violado o direito de impugnação contenciosa consagrado no art.º 268.º, n.º 4 da CRP, já que não se pode invocar qualquer excesso ou abuso dos poderes de representação.

Pelo que improcede, assim, a conclusão A) da motivação do recurso.

5 – Alega, porém, a recorrente, na al. B) da sua motivação do recurso, que a norma aplicável ao caso "sub judice" teria de ser o art.º 89.º do CPT e não o art.º 86.º, n.º 4 da LGT, já que as liquidações de IVA em causa se reportam a 1996 e 1997, logo com aquele preceito legal em plena vigência. "E se assim fosse, como devia, não haveria qualquer limitação à sindicabilidade da liquidação mesmo que esta fosse precedida de reclamação em razão de tributação por métodos indirectos, porquanto aí o perito não agia em representação do sujeito passivo, mas com o dever de imparcialidade e independência técnica".

Pelo que conclui que, ao ter-se decidido em sentido contrário, houve oposição entre os fundamentos e a decisão, o que torna nula a sentença, por força do disposto no art.º 668.º, n.º 1, al. c) do CPC.

Mais uma vez sem razão.

Como é sabido, esta nulidade apenas ocorre quando entre os fundamentos e a decisão existir um vício lógico.

Neste caso, como ensina Aberto dos Reis, in CPC anotado, vol. V, pág. 141, "a construção da sentença é viciosa, pois os fundamentos invocados pelo juiz conduziram logicamente, não ao resultado expresso na decisão, mas a resultado oposto".

Ora, no caso em apreço tal não acontece.

Com efeito, tendo o pedido de revisão da matéria tributável sido efectuado em 2001 e a presente impugnação judicial autuada em 18/2/02, era o regime consagrado no prédito art.º 86.º, n.º 4 o aqui aplicável, uma vez que a LGT já se encontrava em vigor (art.º 6.º do Decreto-lei n.º 398/98 de 17/12) e o regime de revisão da matéria tributável nela prevista aplica-se às reclamações apresentadas após a sua entrada em vigor (art.º 3.º, n.º 1 da LGT).

Sendo assim, outro não podia deixar de ser o resultado expresso na decisão que não fosse a improcedência da impugnação judicial, uma vez que ao aplicar ao caso em apreço o disposto no citado art.º 86.º, n.º 4, na sua parte final, este não permite que na impugnação do acto tributário de liquidação seja invocada qualquer ilegalidade desta, na medida em que tenha havido acordo entre o perito do contribuinte e o da Fazenda Pública no processo de revisão da matéria tributável, como foi o caso.

Deste modo, poder-se-á falar de erro de julgamento quanto à aplicação no tempo do citado preceito, mas não ocorre a alegada oposição entre os fundamentos e a decisão.

Pelo que improcede também esta al. B) da sua motivação do recurso.

6 – Por último, nas als. C) e D) da sua motivação do recurso argui a recorrente a nulidade da sentença recorrida com fundamento em omissão de pronúncia (cfr. art.ºs 668.º, n.º 1, al. d) do CPC e 125.º do CPPT).

Também não lhe assiste qualquer razão.

A nulidade da sentença por omissão de pronúncia verifica-se quando o tribunal deixe de se pronunciar sobre questões que devia apreciar (art.º 125.º do CPPT).

Na falta de norma neste diploma sobre os deveres de cognição do tribunal, há que recorrer à norma do art.º 660.º, n.º 1 do CPC, por força do disposto no art.º 2.º, al. e) do CPPT.

Naquele normativo impõe-se ao juiz o dever de conhecer todas as questões que as partes tenham submetido à sua apreciação, exceptuadas aquelas cuja decisão esteja prejudicada pela solução dada a outras.

O Supremo Tribunal Administrativo vem entendendo que, quando o tribunal consciente e fundamentadamente não toma conhecimento de qualquer questão, poderá haver erro de julgamento, se for errado o entendimento em que se baseia esse conhecimento, mas não nulidade por omissão de pronúncia.

Esta só ocorrerá nos caso em que o tribunal, pura e simplesmente, não tome posição sobre qualquer questão que devesse conhecer, inclusivamente, não decidindo explicitamente que não pode dela tomar conhecimento.

No caso dos autos, a nulidade invocada pela recorrente tem por base o facto de, restringindo-se a inimpugnabilidade ao objecto do acordo obtido, face ao disposto no art.º 86.º, n.º 4 da LGT – e aqui tal acordo restringir-se-ia ao "quantum" da matéria colectável –, para além dessa ilegalidade outras foram invocadas, tais como vício de forma, ausência ou vício de fundamentação legalmente exigida e mesmo a inexistência de facto tributário e sobre as quais o Mm.º Juiz "a quo" não tomou posição ou decidiu.

Na verdade, na sentença recorrida não se toma posição sobre as referidas questões, à excepção do vício por falta de fundamentação, decidindo-se pela improcedência da impugnação judicial apenas com base na excepção contida na parte final do n.º 4 do art.º 86.º da LGT, já que tendo havido acordo no procedimento de revisão, não podia agora o sujeito passivo vir impugnar as liquidações adicionais em causa socorrendo-se, para tal, dos mesmos fundamentos aduzidos no referido procedimento de revisão da matéria tributável, apenas podendo impugnar a liquidação feita com base no acordo por razões que não lhe estejam ligadas e/ou associadas.

É certo, assim, que não se tomou posição sobre as referidas questões, pelo que, tendo sido elas colocadas expressamente na petição inicial, só não existirá nulidade se não for de entender que a resolução das questões está prejudicada pela solução dada àquela única questão, nos termos da parte final do art.º 660, n.º 2 do CPC.

Contudo, a solução dessas questões deve considerar-se prejudicada pela solução dada à questão da impossibilidade de impugnar as liquidações em causa socorrendo-se para o efeito dos mesmos fundamentos invocados no procedimento de revisão da matéria tributável, depois de sobre esta matéria ter sido obtido acordo entre o perito da recorrente e o perito da Fazenda Pública.

Assim, tendo o Tribunal "a quo" concluído pela inadmissibilidade da impugnação judicial com os fundamentos invocados, não tinha de conhecer de qualquer outra questão, pois é corolário desta decisão que não é possível conhecer do mérito da pretensão formulada.

Pelo que, as referidas questões de vício de forma, inexistência de facto tributário e errónea qualificação e quantificação dos valores tributáveis devem julgar-se prejudicadas pela solução dada à questão da impugnabilidade judicial das liquidações invocadas.

Assim sendo, a decisão recorrida não enferma também da nulidade que a recorrente lhe imputa.

7 – Nestes termos, acorda-se em negar provimento ao recurso e manter a decisão recorrida.

Custas pela recorrente, fixando-se a procuradoria em 50%.

Lisboa, 23 de Novembro de 2004.

Pimenta do Vale (Relator)
Lúcio Barbosa
António Pimpão

Recurso n.º 657/04

IVA. PRESTAÇÃO DE SERVIÇOS.

(Acórdão de 30 de Novembro de 2004)

SUMÁRIO:

Consubstancia o contrato de prestação de serviços tributável em IVA o acordo celebrado entre

duas partes pelo qual uma delas procede à construção de edifício em terreno da outra parte, recebendo como contrapartida parte do edificado e uma quantia determinada em dinheiro.

ACÓRDÃO

ANTÓNIO TEIXEIRA REGO impugnou judicialmente no Tribunal Tributário de 1ª Instância de Viana do Castelo a liquidação de IVA relativo ao ano de 1986, que lhe foi fixado e respectivos juros compensatórios.

Por sentença do M.º Juiz daquele Tribunal foi julgada procedente a impugnação anulando-se a liquidação impugnada.

Tendo a Fazenda Pública recorrido de tal decisão para o Tribunal Central Administrativo foi aí proferido acórdão que revogou a sentença e julgou improcedente a impugnação judicial.

De tal acórdão recorreu então o impugnante para este Supremo Tribunal Administrativo pedindo a sua revogação, formulando as seguintes conclusões:

1ª – O douto acórdão recorrido padece de erro de julgamento, por não ter feito correcto enquadramento legal do contrato celebrado, em consonância com a factualidade apurada, pois tal demonstra, inequivocamente, estarmos em presença de um contrato de permuta, ainda que mesclado de acessão imobiliária industrial, mas nunca de um contrato de prestação de serviços, nos termos do n.º 1, do art.º 4.º, do CIVA;

2ª – Como transparece da conjugação das cláusulas quarta com a cláusula vigésima segunda, do contrato, que são essenciais na sua regulamentação bem como das várias escrituras públicas entre ambos (nuns casos, os sucessores de um dos contratantes falecido) celebradas com destaque para a de 27 de Julho de 1994:

3ª – Sendo certo que tudo o resto, na regulamentação contratual, é meramente preparatório, não podendo cindir-se para efeitos de tributação, sob pena de violação dos princípios constitucionais da legalidade e da taxatividade, consagrados no artigo 103.º, n.º 2, da CRP;

4ª – E não se encontra demonstrado nos autos, por outro lado, que o contrato ou "protocolo" em causa, tenha sido celebrado com o único ou principal objectivo de redução ou eliminação dos impostos, concretamente da tributação do IVA, na senda do art.º 32.º-A, do CPT, em vigor à altura dos factos;

5ª – As partes contratantes quiseram celebrar um contrato de permuta à luz do princípio da liberdade contratual, entre nós consagrado no artigo 405.º, do Código Civil, aqui manifestado no seu número dois: *"As partes podem ainda reunir no mesmo contrato regras de dois ou mais negócios, total ou parcialmente regulados na lei";*

6ª – E que a Lei Geral Tributária, no seu artigo 36.º, n.º 4 (sem correspondência no CPT), referindo que *"A qualificação do negócio jurídico efectuado pelas partes, mesmo em documento autêntico, não vincula a administração tributária",* não permite "convolar", por falta de pressupostos de facto e de direito, em contrato de prestação de serviços;

7ª – Para que de contrato de prestação de serviços, na modalidade de empreitada, pudesse falar-se, era também essencial que no contrato em causa houvesse um preço e, imperativamente, em moeda corrente o que não sucede;

8ª – É que, ao contrário do que refere o acórdão recorrido, o valor de pte 1.000.000$00 (um milhão de escudos), recebido pelo recorrente, não é contrapartida de nada, como resulta da conjugação das cláusulas 5ª e 8ª, do contrato, mas tão só foi para pagar mão de obra e comprar materiais para levar a cabo obra em terreno alheio;

9ª – E no resto, como doutamente a decisão de primeira instância referiu, *"Não podia o José Costa Gomes (ou os seus sucessores) pagar uma eventual prestação de serviços com a entrega das fracções, pela simples razão de que estas não lhe pertenciam";*

10ª – Com mais razoabilidade, dir-se-á que os actos de construção, insusceptíveis de autonomização para efeitos tributários, ainda que apenas sob o ponto de vista económico, foram meros actos preparatórios do acto tributário que originou a liquidação de sisa e imposto sobre o rendimento;

11ª – Aliás, mesmo quando o n.º 1, do art.º 4.º, do CIVA fala em "operações", pressupõe-se que têm que possuir a essencial autonomia e definitividade, não apenas económica, mas jurídico-tributária, não podendo esta incidir sobre meros actos interlocutórios não autónomos;

12ª – De outro modo, a admitir-se a tributação em IVA de tais actos preparatórios ou, se quisermos, da "construção", estaríamos em presença de uma manifesta dupla tributação para uma só unidade negocial, com manifesta violação dos princípios da certeza, segurança, legalidade e da taxatividade, no direito fiscal;

13ª – O acórdão recorrido não fez, pois, uma correcta interpretação e aplicação da lei, tendo violado, entre outros, os artigos 13.º e 103.º, n.º 2, da CRP, 4.º, n.º 1, e 9.º, n.º 31, do CIVA, 17.º, als. b) e e), do CPT (certeza e segurança nas operações tributárias), e 405.º, n.º 2, do Código Civil.

14ª – Diga-se, por último, e tal é de conhecimento oficioso deste Venerando Supremo Tribunal, que haverá sempre dupla tributação por, relativamente ao período em causa e de acordo com a factualidade dada como provada, o recorrente ter pago a contribuição industrial.

Não houve contra-alegações.

Pelo Exmo Magistrado do Ministério Público foi emitido parecer no sentido do não provimento do recurso por não estar em causa uma permuta mas uma prestação de serviços cuja tributação tem fundamento legal.

***

Colhidos os vistos legais cumpre decidir.

O acórdão recorrido, por remissão para o probatório da sentença, considerou provados os seguintes factos:

a) Os serviços da Direcção de Finanças de Viana do Castelo levaram a efeito uma visita de fiscalização à contabilidade do impugnante.

b) Na sequência dessa visita elaboraram a informação cuja cópia consta de fls. 19 a 21 e que aqui se dá por reproduzida no seu teor.

c) Nos termos constantes dessa informação, foi considerado pela Administração Fiscal que o impugnante constituiu com Manuel Teixeira Pires e Manuel Pinto Gonçalves uma sociedade irregular e que esta procedeu à construção de um prédio num terreno pertencente aos herdeiros de José Costa Gomes.

d) Tal construção configura, no entender da Administração Fiscal, uma prestação de serviços, que foi concluída em Outubro de 1986, sendo devido o respectivo IVA.

e) A Administração Fiscal apurou uma matéria colectável no montante de 23.771.778$00.

f) Em 6 de Junho de 1991, o Chefe da Repartição de Finanças de Monção procedeu à liquidação do IVA no montante de 3.803.484$00.

g) O impugnante apresentou reclamação dessa fixação de imposto nos termos do art. 84.º do CIVA.

h) Tal reclamação não foi atendida, tendo-se mantido a anterior fixação do imposto.

i) Em 18 de Dezembro de 1991 foi a assim considerada pela Administração Fiscal "sociedade irregular" constituída pelo impugnante, Manuel Teixeira Pires e Manuel Pinto Gonçalves, notificada para pagar IVA, juros compensatórios e agravamento no montante global de 7.919.930$00.

j) Em 13 de Janeiro de 1992 foi efectuado débito ao tesoureiro da Fazenda Pública de Monção.

k) O impugnante, Manuel Pinto Gonçalves e Manuel Teixeira Pires, acordaram, por escrito, com José Costa Gomes, em 26 de Março de 1981, o seguinte:

l) Os três primeiros executariam o projecto de construção aprovado na Câmara Municipal de Monção a levar a efeito num terreno do José Costa Gomes.

m) Essa construção seria feita em 4 fases, tantas quantas os blocos projectados.

n) Os trabalhos iniciar-se-iam com a 1ª fase correspondente ao bloco A.

o) O impugnante, Manuel Pinto Gonçalves e Manuel Teixeira Pires, comprometeram-se a levar a efeito a construção da primeira fase.

p) Ficou ainda acordado que, dessa construção, caberia ao José Costa Gomes a cave e o rés-do-chão e ao impugnante, ao Manuel Pinto Gonçalves e Manuel Teixeira Pires caberiam os primeiro, segundo, terceiro e quarto andares.

q) Nos termos do dito acordo, o José da Costa Gomes entregaria àqueles, independentemente do referido na alínea anterior, a importância de 1.000.000$00 em diversas prestações.

r) E que os construtores executariam a obra contribuindo com mão de obra e materiais, de acordo com a planta respectiva.

s) Acordaram ainda as partes entre si que o impugnante, o Manuel Gonçalves e o Manuel Teixeira poderiam renunciar à construção de qualquer uma das 2ª ou 3ª fases antes do seu início.

t) Foi com base neste acordo que a Administração Fiscal considerou existir a prestação de serviços a que se refere a alínea *d)* supra.

Assentes tais factos apreciemos o recurso.

A questão fundamental que se coloca no presente recurso respeita à classificação do contrato celebrado para efeitos tributários de modo a determinar-se se está ou não sujeito a IVA. Entendeu o acórdão recorrido que o dito contrato consubstanciava uma prestação de serviços e pretende o recorrente que se trata de um contrato de permuta de um terreno por uma parte do edificado. Em termos factuais a situação pode resumir-se na existência de um contrato pelo qual o ora recorrente e mais dois indivíduos se comprometem a construir num terreno do outro contratante uma edificação, fornecendo a mão-de-obra e os materiais, recebendo como contrapartida alguns dos andares construídos acrescidos de 1.000.000$00 pagos em diversas prestações. Em presença desta situação o acórdão recorrido entendeu estar-se perante um contrato de prestação de serviço pelo qual o impugnante se obrigou, através do protocolo que assinou, a proporcionar a outrém certo resultado do seu trabalho intelectual e/ou manual, mediante certa retribuição.

O artigo 1154.º do Código Civil define o contrato de prestação de serviço como aquele em que uma das partes se obriga a proporcionar à outra certo resultado do seu trabalho intelectual ou manual, com ou sem retribuição. No artigo 1207.º do mesmo código define-se contrato de empreitada como aquele pelo qual uma das partes se obriga em relação à outra a realizar certa obra, mediante um preço. Por seu turno o contrato de troca é aquele pelo qual uma pessoa permuta coisa sua, por outra, presumivelmente de valor igual, pertencente ao outro permutante (cfr. Cunha Gonçalves – Dos Contratos em Especial, fls. 224). Estas noções do direito civil têm porém de se conjugar com o direito fiscal porquanto o que está aqui em causa é a incidência ou não de IVA. Refere o artigo 4.º do respectivo código que são consideradas prestações de serviços as operações efectuadas a título oneroso que não constituem transmissões ou importações de bens, além de outras situações que para este efeito não relevam.

Como resulta dos factos dados como provados o impugnante comprometeu-se a construir, como construiu, em terreno pertencente a outrém, um prédio, mediante remuneração efectuada parcialmente em dinheiro e sendo a parte restante consubstanciada pela entrega de andares. O recorrente diz que não podia pagar uma eventual prestação de serviços com a entrega das fracções "pela simples razão de que estas não lhe pertenciam". Mas tal argumento é reversível. Não ocorria no momento em que as partes celebraram o contrato qualquer permuta pois que, por um lado, as construções ainda não existiam para serem permutadas e por outro não se prova que tenha havido qualquer transferência da propriedade do terreno, tendo mesmo sido acordado que os construtores poderiam renunciar à construção de qualquer das fases antes do seu início, sendo certo que parte do pagamento era efectuada em dinheiro. Como se refere no acórdão do STJ de 15 de Março de 1974 (BMJ 235-269), há empreitada sempre que o objecto do respectivo contrato seja a realização de uma obra e ainda que o preço não esteja indicado com precisão. E a empreitada é uma forma de prestação de serviços.

Diga-se por fim que, contrariamente ao entendimento da recorrente não se vê que possa haver qualquer dupla tributação em IVA, Sisa e IRS pois que nada nos autos refere que tenha havido qualquer tributação em tais impostos, sendo certo que na sua petição o impugnante se referia a dupla tributação em IVA e Contribuição Industrial que também se não provou.

***

Em conformidade com o exposto, acorda-se em conferência neste Supremo Tribunal Administrativo em negar provimento ao recurso, assim mantendo o acórdão recorrido.

Custas pelo recorrente, fixando em 60% a procuradoria.

Lisboa, 30 de Novembro de 2004.

Vítor Meira (Relator)
António Pimpão
Brandão de Pinho

Recurso n.º 806/04

JUROS INDEMNIZATÓRIOS. REGIME DO CÓDIGO DE PROCESSO TRIBUTÁRIO. INCONSTITUCIONALIDADE DECLARADA COM FORÇA OBRIGATÓRIA GERAL.

(Acórdão de 7 de Dezembro de 2004)

SUMÁRIO:

I – O Código de Processo Tributário reconheceu de forma genérica o direito dos contribuintes a juros indemnizatórios, no seu art. 24.º, estabelecendo dois regimes:
– um para as situações de em que, em reclamação graciosa ou processo judicial, fosse determinado que tinha havido erro imputável aos serviços (n.º 1);
– outro para as situações de não cumprimento pela Administração tributária dos prazos de restituição oficiosa dos impostos (n.º 2).
II – Apenas a estas situações previstas no n.º 2 era aplicável o regime dos juros compensatórios, por ser apenas relativamente a elas que o n.º 3 do mesmo artigo o determinava.
III – Às situações previstas no n.º 1 do art. 24.º, na falta de norma especial, era aplicável o regime de juros previsto no art. 559.º, n.º 1, do Código Civil e Portarias nele previstas.
IV – Às situações previstas no n.º 1 do art. 24.º, na falta de norma especial, era aplicável o regime de juros previsto no art. 559.º, n.º 1, do Código Civil e Portarias nele previstas.
V – O n.º 4 do artigo 10.º da Lei n.º 85/2001, de 4 de Agosto, é materialmente inconstitucional, na parte em que mandar deduzir à quantia a pagar em execução de julgado anulatório de acto de liquidação de emolumentos a parcela correspondente à participação emolumentar dos funcionários dos registos e do notariado, como foi declarado pelo Tribunal Constitucional, com força obrigatória geral.

ACORDAM NA SECÇÃO DO CONTENCIOSO TRIBUTÁRIO DO SUPREMO TRIBUNAL ADMINISTRATIVO:

1 – MODELO, SOCIEDADE GESTORA DE PARTICIPAÇÕES SOCIAIS, S.A., requereu no Tribunal Tributário de 1.ª Instância de Lisboa execução de sentença anulatória de um acto de liquidação de emolumentos do registo comercial.

Aquele Tribunal proferiu sentença em que declarou a inexistência de causa legítima de inexecução e ordenou, após o trânsito em julgado, a restituição do montante de 4.505,43 euros, acrescido de juros legais computados sobre a quantia a restituir desde a data da transferência bancária (6-1-2003) até à emissão da nota de crédito a favor da Requerente, e o pagamento de juros indemnizatórios em falta, no montante correspondente à aplicação, no período que decorreu de 13-2-96 a 31-12-98, da taxa de 13,75%.

Desta sentença foram interpostos dois recursos para este Supremo Tribunal Administrativo, pelo Senhor Director-Geral dos Registos e Notariado e pelo Excelentíssimo Magistrado do Ministério Público naquele Tribunal.

No primeiro destes recursos foram apresentadas alegações com as seguintes conclusões:

1. O recurso interposto pela Direcção-Geral dos Registos e do Notariado tem por objecto a douta decisão proferida pelo tribunal a quo no incidente de execução de sentença, na parte em que condenou a Administração no pagamento de juros indemnizatórios a uma taxa fixa até à entrada em vigor da L.G.T..
2. Ao contrário do que defende a "Modelo – Sociedade Gestora de Participações Sociais, S.A.", no cálculo dos juros indemnizatórios dever-se-á atender às taxas que sucessivamente vigoraram desde a data da liquidação de emolumentos judicialmente anulada até ao termo do prazo de execução espontânea da decisão judicial anulatória, dado que estas exprimem a medida legal considerada idónea para a mensuração do dano respeitante a uma obrigação pecuniária, tal como doutamente foi decidido pelo Venerando Supremo Tribunal Administrativo, no acórdão proferido, em 20 de Fevereiro de 2002, no recurso n.º 26.669.
3. Os juros indemnizatórios devidos pela anulação de um acto de liquidação de emolumentos registrais ocorrido em 14 de Janeiro de 1993, devem, nos termos do disposto nos artigos 83.º, n.º 4 do Código de Processo Tributário e 35.º, n.º 10 da Lei Geral Tributária, ser contabilizados de acordo com as seguintes taxas:
– 15% – de 14-01-1993 a 30-09-1995 (art. 559.º, n.º 1 do Código Civil e Portaria n.º 339/87, de 24 04);
– 10% – de 01-10-1995 a 12-02-1996 – (n.º 1 do art. 559.º do C. Civil e Portaria n.º 1171/95, de 25/09) ;
– 13,75% – de 13-02-1996 a 23-04-1996 (art. 3.º, n.º 4 do C.P.T. e Aviso n.º 1/96, de 19.01.1996, publicado no D.R. n.º 27 (II série) de 01.02.1996);
– 13,25% – de 24-04-1996 a 12-12-1996 (art. 83.º, n.º 4 do C.P.T. e Aviso n.º 2/96, de 04.04.1996, publicado no D.R. n.º 96 (II série) de 23.04. 1996);
– 12% – de 13-12-1996 a 06-05-1997-(art. 83.º, n.º 4 do C.P.T. e Aviso n.º 5/96, de 22.11.96, publicado no D.R. n.º 287 (II série) de 12.12.1996);
– 11% – de 07-05-1997 a 25-02-1998 (art. 83.º, n.º 4 do C.P.T. e Aviso n.º 180/97, de 22.04.97. publicado no D.R. n.º 104 (II série) de 06.05.1997);
– 10% – de 26-02-1998 a 06-11-1998 (art. 83.º, n.º 4 do C.P.T. e Aviso n.º 1/98, de 16.02.98, publicado no D.R. n.º 47(I série – B) de 25.02.1998);
– 9,25% – de 07-11-1998 a 19-12-1998 (art. 83.º, n.º 4 do C.P.T. e Aviso n.º 3/98, de 30.10.98, publicado no D.R. n.º 257 (I série – B) de 06.11.1998);
– 8,25% – de 20-12-1998 a 31-12-1998 (art. 83.º, n.º 4 do C.P.T. e Aviso n.º 4/98, de 14.12.98, publicado no D.R. n.º 292 (I série – B) de 19.12.1998);
– 10% – de 01-01-1999 a 16-04-1999 (arts 35.º, n.º 10, 43.º, n.º 4 da L.G.T., n.º 1 do art. 559.º do C. Civil e Portaria n.º 1171/95, de 25 de Setembro);

– 7% – de 17-04-1999 a 06-01-2003 (arts 35.º, n.º 10, 43.º, n.º 4 da L.G.T., n.º 1 do art. 559.º do C. Civil e Portaria n.º 263/99, de 12 de Abril).

4. É de referir ainda que a presente questão da aplicação da lei no tempo das normas sobre juros indemnizatórios, em particular no período que medeia entre a data da entrada em vigor do Decreto-Lei 7/96, de 7 de Fevereiro – 12.02.1996 – e a data da entrada em vigor da LGT – 01.01.1999 –, aguarda decisão a proferir pelo Pleno da Secção do Contencioso Tributário do Supremo Tribunal Administrativo no âmbito de vários recursos para uniformização de jurisprudência.

Nestes termos e nos demais de direito que V. Ex.as doutamente suprirão, deve o presente recurso ser julgado totalmente procedente, revogando-se a douta decisão recorrida na parte em que condena a Administração no pagamento de juros indemnizatórios a uma taxa fixa até à entrada em vigor da L.G.T., e, em consequência, dever-se-á determinar que no cálculo de juros indemnizatórios sejam atendidas as taxas que sucessivamente vigoraram desde a data do pagamento da liquidação de emolumentos judicialmente anulada, nos termos acima mencionados.

No recurso interposto pelo Excelentíssimo Magistrado do Ministério Público são apresentadas as seguintes conclusões:

1 – A "compensação" ou "acerto de contas" a que se refere o art. 10.º, n.º 5 da Lei n.º 85 de 2001 de 04/08 resulta obrigatória da lei, pelo que

2 – A Direcção-Geral do Registo do Notariado ao proceder à sua aplicação não ofendeu o caso julgado formado pela sentença anulatória da liquidação de emolumentos, estando a mesma correcta.

3 – O mesmo acontecendo com a fixação dos juros calculados, face ao disposto no art. 35.º n.º 10 da L.G.T..

4 – Ao decidir como decidiu a douta sentença "a quo" violou o disposto nos arts. 10.º n.º 5 da Lei n.º 85.º de 2001 de 04/08 e 35.º n.º 10 da Lei Geral Tributária.

5 – Nestes termos, deve a douta decisão recorrida ser revogada e substituída por outra em que se julgue improcedente a pretensão da Requerente "Modelo, Sociedade Gestora de Participações Sociais, S.A".

A Requerente da execução contra-alegou, concluindo da seguinte forma:

1 – A participação emolumentar questionada nos presentes autos foi calculada nos termos da Tabela de Emolumentos aprovada pela Portaria n.º 883/89, pelo que a sua exigência constitui uma flagrante violação do caso julgado, pois a sua imposição foi anulada pelo Tribunal por decisão transitada em julgado proferida no processo de impugnação n.º 15/93, que correu os respectivos termos pela 2ª secção do 1.º juízo do Tribunal Tributário de 1ª Instância de Lisboa;

2 – O fundamento da anulação da liquidação, decidida no mencionado processo de impugnação, residiu na desconformidade da lei – Tabela de Emolumentos aprovada pela Portaria n.º 883/89 – com o direito comunitário, designadamente com o disposto na Directiva 69/335/CEE;

3 – A participação emolumentar foi calculada nos termos daquela Tabela, pelo que a sua actual exigência infringe o âmbito do caso julgado, pois está a criar-se um tributo que comunga com o anterior do mesmíssimo vício;

4 – O acto de liquidação em causa foi, portanto, praticado em violação do caso julgado, pelo que se encontra ferido de nulidade, consoante decorre da al. h) do n.º 2 do art. 133.º do C. P. A.;

5 – A parte final do n.º 4 do art. 10.º da Lei n.º 85/2001, de 4 de Agosto, enferma de patente inconstitucionalidade, por violação do disposto do n.º 2 do art. 205.º da C. R. P. e, bem assim, por infracção do conteúdo essencial do princípio da separação e interdependência dos poderes (art. 111.º da C. R. P.) e do núcleo fundamental do princípio do Estado de Direito (art. 2.º da C. R. P.);

6 – A exigência da participação emolumentar viola ainda o princípio constitucional da igualdade, previsto no art. 13.º da C. R. P., pois pelo mesmo serviço público a MODELO é tributada de uma forma mais onerosa do que os restantes particulares.

Termos em que deverá negar-se provimento ao recurso, mantendo-se a douta decisão recorrida.

***

Corridos os vistos legais, cumpre decidir.

2 – Na sentença recorrida deu-se como assente a seguinte matéria de facto:

1. Em 31-12-1992, a impugnante celebrou no 6.º Cartório Notarial do Porto escritura pública de "aumento de capital e alteração de contrato social. (cfr. fls. 8 a 13 do processo apenso)

2. Em 14-01-1993, a Conservatória do Registo Comercial da Amadora efectuou a liquidação da conta derivada do registo da escritura identificada em i., tendo sido debitada e paga a quantia de 21.006.000$00, correspondente a tal inscrição. (cfr. fls. 14 do processo apenso)

3. Em 14-04-1993 deu entrada na Repartição de Finanças da Maia uma impugnação apresentada por Modelo – Sociedade Gestora de Participações Sociais SA, tendo por objecto a liquidação identificada em 2., a qual deu origem ao processo de impugnação n.º 15/93, do 1.º Juízo – 2ª Secção do extinto Tribunal Tributário de Lisboa, apenso a estes autos.

4. Por sentença exarada em 10-08-2001 no processo identificado em 3. foi anulada a liquidação emolumentar identificada em 2. e ordenada a restituição à impugnante da quantia paga a título de emolumentos. (cfr. fls. 100 a 104 do processo apenso)

5. Em 23-07-2002 a Direcção Geral dos Registos e do Notariado procedeu à emissão de nota discriminativa da quantia a restituir à requerente da qual consta, com relevância para os autos, o seguinte:

ACTO QUE ORIGINOU A IMPUGNAÇÃO	Inscrição de alteração do contrato com reforço de capital requerida na Conservatória do Registo Comercial da Amadora (Ap. 01/140193)

MONTANTE DA LIQUIDAÇÃO ANULADA			104 777,49 €
JUROS INDEMNIZATÓRIOS			108 231,56 €
JUROS MORATÓRIOS			
QUANTIA DEVIDA PELO REGULAMENTO EMOLUMENTAR DOS REGISTOS E NOTARIADO:	Art. 22.º n.º 1.2 TOTAL	63,00 € 63,000 €	
PARTICIPAÇÃO EMOLUMENTAR		4 505,43 €	
QUANTIA A RESTITUIR			208 440,62 €
FÓRMULA DO CÁLCULO	Q.R. = M.L.A. + J.I. + J.M. = (R.E.R.N. + P.E.) em que: Q.R. = QUANTIA A RESTITUIR M.L.A. = MONTANTE DA LIQUIDAÇÃO ANULADA J.I. = JUROS INDEMNIZATÓRIOS J.M. = JUROS MORATÓRIOS R.E.R.N. = QUANTIA DEVIDA PELO REGULAMENTO EMOLUMENTAR DOS REGISTOS E DO NOTARIADO (Decreto-Lei n.º 322-A/2001, de 14 de Dezembro) P.E. = PARTICIPAÇÃO EMOLUMENTAR		

6. Em 18-11-2002 a requerente deduziu junto da Conservatória do Registo Comercial da Amadora pedido de execução da sentença identificada em 4., pugnando pela restituição integral da quantia liquidada e paga e que havia sido anulada, acrescida de juros legais, incluindo o montante de juros indemnizatórios em falta. (cfr. fls. 7 a 10 dos autos).

7. Em 6-1-2001 foi restituída à requerente a quantia de € 208.440,62, calculada nos termos da nota transcrita em 5., acrescida do montante de euros 3.375,12, relativo a juros de mora. (cfr. documentos. de fls. 26 a 31 dos autos).

8. O requerimento inicial do presente incidente de execução de julgado deu entrada no extinto Tribunal Tributário de Lisboa em 17-02-2003. (cfr. carimbo aposto a fls. 2 dos autos)

3 – A única discordância com o decidido pelo Tribunal Tributário de 1.ª Instância manifestada pelo Senhor Director-Geral dos Registos e Notariado é relativa à fixação de juros no período anterior à entrada em vigor da L.G.T..

Sendo permitido ao recorrente limitar, nas conclusões da alegação, o objecto do recurso (art. 684.º, n.º 3, do C.P.C.), é apenas esta parte da sentença que fixou juros indemnizatórios no período de 13-2-96 a 31-12-98 à taxa de 13,75% que deve ser apreciada.

4 – Antes de mais, importa precisar qual o regime de cálculo dos juros indemnizatórios **antes da entrada em vigor do Decreto-Lei n.º 7/96**, que, deu nova redacção ao art. 83.º do C.P.T., introduzindo-lhe o n.º 4.

O art. 24.º do C.P.T. reconheceu genericamente o direito dos contribuintes a juros indemnizatórios, quando, em reclamação graciosa ou processo judicial, se determinasse que houve erro imputável aos serviços (n.º 1).

No n.º 2 do mesmo artigo estabeleceu-se que haverá também direito aos juros indemnizatórios quando, por motivo imputável aos serviços, não fosse cumprido o prazo legal da restituição oficiosa dos impostos.

No que concerne ao montante dos juros indemnizatórios, o n.º 3 deste art. 24.º, estabelece, apenas para as situações previstas no n.º 2 («*o montante dos juros referidos no número anterior*», que ele «*será calculado, para cada imposto, nos termos dos juros compensatórios devidos a favor do Estado, de acordo com as leis tributárias*».

No caso em apreço, não se está perante situação em que não houvesse sido cumprido o prazo legal de restituição oficiosa dos impostos e, por isso, está afastada a possibilidade de, com base no n.º 3 e na sua remissão para os termos do cálculo dos juros compensatórios, se calcularem os juros indemnizatórios.

Para as situações previstas no n.º 1, antes da entrada em vigor do Decreto-Lei n.º 7/96, na falta de norma especial que indicasse a taxa de juro aplicável, teria de se fazer apelo ao preceituado no art. 559.º do Código Civil que estabelece que «*os juros legais e os estipulados sem determinação de taxa ou quantitativo são os fixados* em portaria conjunta dos Ministros da Justiça e das Finanças e do Plano».[1]

5 – O n.º 4 do art. 83.º do C.P.T., introduzido pelo *Decreto-Lei n.º 7/96*, veio estabelecer que «*a taxa de juros compensatórios corresponde à taxa básica de desconto do Banco de Portugal em vigor no momento do início do retardamento da liquidação do imposto, acrescida de cinco pontos percentuais*».

No entanto, esta norma, como resulta do seu próprio texto, reporta-se directamente apenas ao cálculo dos juros compensatórios e não dos juros indemnizatórios.

Por outro lado, como se referiu, a remissão feita no n.º 3 do art. 24.º para o regime dos juros compensatórios como aplicável ao cálculo dos juros indemnizatórios restringe-se às situações previstas no seu n.º 2, de atraso na restituição oficiosa dos impostos, pois a referência feita no n.º 3 aos «*juros referidos no número anterior*» tem forçosamente o alcance de excluir do seu âmbito de aplicação os casos de juros indemnizatórios previstos no n.º 1, derivados de anulação de liquidação de tributos pagos.

Assim, tem de concluir-se que o referido n.º 4 do art. 83.º é inaplicável à situação em apreço, pelo que não pode ser perfilhada nem a posição defendida pelo Senhor Director-Geral dos Registo e Notariado, em que entende serem aplicáveis as sucessivas taxas de desconto do Banco de Portugal, acrescidas de cinco pontos percentuais, nem a que foi adoptada na sentença recorrida, de ser aplicável ao cálculo dos juros indemnizatórios a taxa desconto, acrescida de cinco pontos percentuais, que vigorava no início do período de contagem.

Por isso, o regime de contagem dos juros indemnizatórios, nas situações previstas no n.º 1 do art. 24.º do C.P.T., não foi alterado por este Decreto-Lei n.º 7/96, continuando, até à entrada em vigor da L.G.T., a ser aplicável o referido art. 559.º, n.º 1, do Código Civil e Portaria n.º 1171/95.

Em todo o período anterior à entrada em vigor da L.G.T. relativamente ao qual está em causa nos autos o pagamento de juros indemnizatórios (entre 13-2-96 e 1-1-99) não houve qualquer alteração da taxa de juros aplicável pois aquela Portaria vigorou até à entrada em vigor da Portaria n.º 263/99, de 12 de Abril.

Por isso, tem se concluir que em todo o período referido os juros indemnizatórios são calculados com base na taxa de juro de 10% ao ano, fixada na Portaria n.º 1171/95.[2]

6 – A única questão colocada no recurso interposto pelo Excelentíssimo Magistrado do Ministério Público é a da aplicação do disposto no n.º 5 do art. 10.º da Lei n.º 85/2001, de 4 de Agosto.

Este art. 10.º estabelece o seguinte:

Artigo 10.º
Sistema de financiamento da justiça

1 – Mantêm-se em vigor as tabelas emolumentares aplicáveis aos actos registrais e notariais aprovadas pela Portaria n.º 996/98, de 25 de Novembro, com as alterações introduzidas pelas Portarias n.ºs 1007-A/98, de 2 de Dezembro, e 684/99, de 24 de Agosto. 2 – Fica o Governo autorizado, pelo período de 90 dias, a alterar as tabelas emolumentares dos registos e notariado, com o seguinte sentido e alcance:

a) Conformação das tabelas emolumentares ao disposto na Directiva n.º 69/335/CEE, do Conselho, de 17 de Julho, relativa aos impostos indirectos que incidem sobre as reuniões de capitais;

b) Adaptação das demais tabelas em conformidade com o princípio de proporcionalidade da taxa ao custo do serviço prestado.

3 – As tabelas emolumentares a aprovar nos termos do número anterior aplicam-se aos actos registrais e notariais cuja anterior liquidação emolumentar tenha sido anulada por sentença judicial transitada em julgado.

4 – No prazo de 30 dias, contados da entrada em vigor das tabelas previstas no n.º 2, serão integralmente executadas as sentenças anulatórias dos actos de liquidação, mediante a restituição da quantia paga, deduzida do valor correspondente aos emolumentos devidos nos termos das novas tabelas, e da parcela correspondente à participação emolumentar dos funcionários dos registos e notariado.

No caso em apreço, na sequência de sentença anulatória de liquidação de emolumentos do registo comercial, a Administração deu-lhe execução, calculando a quantia da liquidação anulada e os respectivos juros indemnizatórios, mas não entregou à Requerente a totalidade da quantia assim encontrada, pois deduziu-lhe o valor correspondente aos emolumentos devidos nos termos das novas tabelas, e da parcela correspondente à participação emolumentar dos funcionários dos registos e notariado, e conformidade com o transcrito n.º 4 do art. 10.º.

A questão que se coloca no presente recurso jurisdicional é a de saber se este n.º 4 do art. 10.º é materialmente inconstitucional, por ofender o art. 205.º, n.º 2, da C.R.P., que estabelece que «*as decisões dos tribunais são obrigatórias para todas as entidades públicas e privadas e prevalecem sobre as de quaisquer outras autoridades*».

Esta questão está hoje resolvida pelo acórdão do Tribunal Constitucional n.º 564/2004, de 21-9-2004, publicado no *Diário da República*, I Série, de 20-10-2004, página 6364, que declarou «*a inconstitucionalidade, com força obrigatória geral, por violação do disposto nos artigos 2.º, 111.º, n.º 3, e 205.º, n.º 2, da Constituição, da norma constante do n.º 4 do artigo 10.º da Lei n.º 85/2001, de 4 de Agosto, na parte em que determina que, na execução das sentenças anulatórias dos actos de liquidação, será deduzida, na restituição da quantia paga, a parcela correspondente à participação emolumentar dos funcionários dos registos e do notariado*».

Assim, é correcta a posição assumida na sentença recorrida, que considerou inconstitucional aquele n.º 4 do art. 10.º.

Termos em que acordam em:
– negar provimento ao recurso interposto pelo Excelentíssimo Magistrado do Ministério Público;
– conceder parcial provimento ao recurso interposto pelo Senhor Director-Geral dos Registos e Notariado e revogar a sentença recorrida na parte em que fixou a taxa de juros indemnizatórios relativa ao período entre

---

[1] Assim, em 1996, os juros indemnizatórios seriam calculados à taxa de 10%, prevista na Portaria n.º 1171/95, de 25 de Setembro.
[2] Neste sentido, pode ver-se o acórdão do Pleno de 27-10-2004, proferido no recurso n.º 1076/03, com o mesmo Relator, que se reproduz, no essencial.

13-2-96 e 31-12-98, que devem ser calculados com base na taxa de juro de 10% ao ano, fixada na Portaria n.º 1171/95;
– confirmar a sentença recorrida na parte restante.

Custas pela Requerente Modelo – Sociedade Gestora de Participações Sociais, S.A., que contra-alegou relativamente ao recurso do Senhor Director-Geral que obteve parcial provimento, com procuradoria de 50%.

Lisboa, 7 de Dezembro de 2004.

Jorge de Sousa (Relator)
Pimenta do Vale
Vítor Meira

Recurso n.º 995/04

MANIFESTAÇÕES DE FORTUNA. VALOR DE AQUISIÇÃO.

(Acórdão de 7 de Dezembro de 2004)

SUMÁRIO:

Não contendo a tabela inserta no artigo 89.º-A da LGT qualquer indicação do que se deve entender por valor de aquisição, não pode a administração fiscal pretender que nesse valor se incluem os montantes pagos de sisa e encargos com a escritura, por tal entendimento não ter na letra da lei um mínimo de correspondência, sendo certo que o próprio CIRS, no artigo 46.º n.º 1, considera valor de aquisição o que tiver servido para efeitos de liquidação da sisa, isto é, o preço do imóvel.

ACÓRDÃO

Patrícia Martins Teles impugnou no Tribunal Administrativo e Fiscal de Mirandela a fixação do rendimento tributável em IRS do ano de 2002 através da aplicação de métodos indirectos.

Por sentença da Mª Juíza daquele Tribunal foi a impugnação julgada procedente, anulando-se a decisão recorrida.

Não se conformando com o decidido recorreram o Ministério Público e o Director-Geral dos Impostos para este Supremo Tribunal Administrativo, formulando, respectivamente, as seguintes conclusões:

Recurso do Ministério Público:

1 – No conceito legal "valor de aquisição" de um imóvel a que se refere o n.º 4 do art. 89-A da LGT cabe todo o montante despendido na compra do bem, nomeadamente, além do preço da coisa, os encargos com a escritura e o montante pago a título de imposto de sisa.

2 – A sentença recorrida não perfilhando tal entendimento violou o art. 89-A da LGT.

3 – Pelo que deve ser revogada e substituída por outra que julgue improcedente o recurso interposto por Patrícia Martins Teles.

4 – Com o que se julgará procedente, como é de lei e de justiça, o nosso recurso aqui interposto.

Recurso do Director-Geral dos Impostos:

1 – A douta sentença recorrida fez uma incorrecta interpretação e aplicação da lei aos factos ao fazer uma interpretação meramente literal do artigo 89.º-A da LGT, devendo, em consequência, ser revogada.

2 – A interpretação das normas fiscais está sujeita às regras consagradas no artigo 11.º da LGT e 9.º do Código Civil.

"...não deve cingir-se à letra da lei, mas reconstituir a partir dos textos o pensamento legislativo, tendo sobretudo em conta a unidade do sistema jurídico, as circunstâncias em que a lei foi elaborada..." e, havendo dúvidas sobre o sentido das normas a aplicar "deve atender-se à substância económica dos factos tributários".

3 – No caso sub judice a substância económica é a capacidade contributiva que subjaz à manifestação de fortuna (aquisição do bem que a exibe).

4 – O conceito de "valor de aquisição" utilizado no n.º 1 da Tabela constante do n.º 4 do artigo 89.º-A da LGT integra necessariamente, pois, o preço de aquisição, o imposto da sisa e as despesas de escritura.

5 – A douta sentença recorrida enferma de vício de violação de lei por erro nos pressupostos de direito, devendo, por isso, ser anulada.

***

Cumpre decidir.

A sentença recorrida considerou provados os seguintes factos:

1. Por decisão datada de 18-02-2004, o Sr. Director-Geral dos Impostos fixou à Recorrente, para o ano de 2002, o conjunto de rendimentos líquidos, no montante de 122.844,65 Euros, por recurso aos métodos indiciários – documento n.º 2 (Nota de fixação/alteração) junto com a petição.

2. A fundamentação da decisão foi remetida para a informação 24/2003 da Direcção-Geral dos Impostos – Gabinete do Director-Geral, cujo teor dou aqui por reproduzido.

3. A Recorrente, oportunamente, entregou no serviço competente a sua declaração modelo 3 de Imposto sobre o Rendimento das Pessoas Singulares, do ano de 2002, na qual mencionou no anexo A – Rendimentos de Trabalho Dependente – 1.115,03 Euros e no anexo F – Rendimentos Prediais – 66.054,45 Euros.

4. A Recorrente, por escritura pública de 18-01-2002, comprou várias fracções autónomas, pelo preço de 554.164, 47 Euros.

5. Pagou de sisa pela transacção referida em 4) 55.416,45 Euros e 4.642,32 de despesas de escritura.

6. A decisão referida em 1) foi notificada à Recorrente em 09-03-2004, por carta registada com aviso de recepção – fls. 58 a 60.

Assentes tais factos apreciemos o recurso.

A divergência suscitada no recurso entre os recorrentes e a sentença recorrida respeita ao conceito de valor de aquisição para efeitos do artigo 89.º-A da LGT e sobre quais os elementos que para tal deverão ser considerados.

O artigo 89.º-A da LGT, na parte aqui relevante, preconiza a avaliação indirecta da matéria colectável quando sejam declarados rendimentos que mostrem uma desproporção superior a 50%, para menos, em relação ao rendimento padrão constante da tabela nele contida. Nessa tabela considera-se rendimento padrão, no caso de imóveis de valor de aquisição igual ou superior a 50.000 contos (correspondentes a 249.398,95€), 20% do valor de aquisição. Neste artigo não se indica como se deve interpretar a expressão "valor de aquisição" e daí resulta a divergência de entendimentos questionada nos autos. A questão é especialmente relevante porque, se se entender que o valor de aquisição é o valor da venda não existe a desproporção que justifique a avaliação indirecta nos termos deste artigo. Se porém se entender que a sisa paga e o custo da escritura se integram no valor de aquisição já se verificará a desproporção superior a 50% referida, justificativa de tal avaliação.

Prescreve o artigo 11.º n.º 1 da LGT que "Na determinação do sentido das normas fiscais e na qualificação dos factos a que as mesmas se aplicam, são observadas as regras e princípios gerais de interpretação e aplicação das leis. E o art.º 9.º do C. Civil prescreve que a interpretação não deve cingir-se à letra da lei, mas reconstituir a partir dos textos o pensamento legislativo, tendo em conta a unidade do sistema jurídico, as circunstâncias em que foi elaborada e as condições temporais de aplicação (n.º 1), salvaguardando, porém, não poder ser considerado pelo intérprete um pensamento legislativo que não tenha na letra da lei um mínimo de correspondência verbal, ainda que imperfeitamente expresso (n.º 2). Face a estes princípios gerais de interpretação vejamos agora que entendimento dar à norma em causa relativamente ao conceito de "valor de aquisição".

Que em sentido literal o valor de aquisição é o que for pago pelo comprador ao vendedor parece não oferecer dúvidas. Mas será esse o entendimento a dar à expressão para efeitos da tabela inserta no artigo 89.º-A da LGT? No caso vertente está em causa a tributação em IRS. Por isso, vejamos o que consta das normas do respectivo código referentes a situações diferentes mas que poderão ajudar na interpretação do sentido da expressão em causa. No artigo 46.º n.º 1 do CIRS, cuja epígrafe é "Valor de aquisição a título oneroso de bens imóveis", consigna-se, para efeitos de mais-valias, que "se o bem imóvel houver sido adquirido a título oneroso, considera-se valor de aquisição o que tiver servido para efeitos de liquidação da sisa". E no artigo 51.º al. b) do mesmo código, sob a epígrafe "Despesas e encargos", também para efeitos de mais-valias, refere-se que ao valor de aquisição acrescem as despesas necessárias e efectivamente praticadas, inerentes à alienação. Ora, como diz a sentença recorrida, se ao valor de aquisição acrescem as despesas tal significa que estas se não contêm naquele valor, sendo algo que, para aquele efeito, acrescerá, mas que não tem necessariamente que acrescer em outros casos. Afigura-se-nos por isso que, sendo distintos o valor de aquisição e os encargos e referindo a tabela apenas o valor de aquisição, a interpretação pretendida pelos recorrentes não tem, in casu, um mínimo de correspondência na letra da lei, não podendo por isso sufragar-se tal entendimento. Não havendo correspondência na letra da lei, ainda que mínima, não há que recorrer aos demais elementos de interpretação das normas. Tendo a sentença recorrida julgado desse modo a situação, fê-lo correctamente.

Em conformidade com o exposto, acorda-se em conferência neste Supremo Tribunal Administrativo em negar provimento a ambos os recursos, assim mantendo a sentença recorrida.

Custas apenas pelo Director-Geral dos Impostos com 1/6 de procuradoria.

Lisboa, 7 de Dezembro de 2004.

Vítor Meira (Relator)
Jorge de Sousa
Brandão de Pinho

Recurso n.º 1248/04

PRESCRIÇÃO DA DÍVIDA EXEQUENDA.

(Acórdão de 15 de Setembro de 2004)

SUMÁRIO:

A prescrição da dívida exequenda é de conhecimento oficioso, nos termos do art.º 259.º do CPT.

ACORDAM, EM CONFERÊNCIA, NA 2ª SECÇÃO DO SUPREMO TRIBUNAL ADMINISTRATIVO:

1. José Maria Ferreira Conceição recorre da sentença que, no Tribunal Administrativo e Fiscal – Lisboa 2 (Restelo), julgou totalmente improcedente a reclamação deduzida e, por isso, manteve o despacho reclamado datado de 12-11-2003 e que consta de fls. 78.

Alegou formulando o seguinte quadro conclusivo:
1. A Exequente dispõe, no processo de execução fiscal, da faculdade de demandar os responsáveis subsidiários, quando ao devedor originário não forem encontrados bens ou direitos, tomando estes o lugar daquele e a figurar na execução fiscal revertida como partes;
2. Por conseguinte, o facto de terem deduzido incidentes de oposição à execução fiscal autónomos, há identidade de partes, de processo, de causa de pedir e de pedido, já que estes mais não são que meros incidentes do processo principal, e as decisões neles tomadas projectam naquele a sua força de caso julgado;
3. Sem embargo da regra geral, ser a eficácia *inter partes* do caso julgado, contudo o caso julgado material goza da susceptibilidade de expandir a sua força a processo distinto daquele em que foi proferido – art. 671.º, n.º 1, do CPC;
4. Pelo que, aquele formado na oposição do outro sócio-gerente, em que se apreciou excepção peremptória, igualmente invocada pelo aqui Recorrente, constitui caso julgado material, e por isso, dotado de vinculatividade na execução fiscal em que este é também parte;
5. Todavia, também, noutro sentido, o caso julgado pode aproveitar a terceiros que se encontrem numa posi-

ção de garantes da obrigação, *in casu,* de fiadores – art. 635.º do CC;

6. Os responsáveis são também eles sujeitos passivos da obrigação tributária, seus fiadores legais, pois, garantem o respectivo pagamento, quando não o possa ser, em execução fiscal, obtido do contribuinte devedor, por insuficiência patrimonial – arts. 10.º e 11.º, n.º 1, do CPT;

7. Ora, como decorre do citado regime da fiança, o fiador pode, ele próprio, ou o devedor, prevalecerem-se do caso julgado formado em processo onde se conheça da dívida afiançada, nos termos do art.º 635.º do CC;

8. Sob pena, de assim não ser entendido, lhe ser vedado o direito de regresso que sempre lhe assiste contra o devedor principal ou o co-obrigado subsidiário, este pelo excesso do que lhe competiria, atento também, que, entre si, vigora o regime da solidariedade – art. 13.º, n.º 1, do CPT;

Assim, ao decidir como decidiu a decisão recorrida equivocou-se quanto ao modo como entendeu o conceito de identidade de partes, porquanto tendo apenas tomado tal em sentido meramente formal, i. e., segundo o vertido no acórdão primeiramente transitado, onde não figurava o ora Recorrente, mas desconsiderou a sua qualidade jurídica de garante da obrigação tributária a que respeita o processo principal, e com isso violou o disposto no art. 498.º, n.ºs 1 e 2, do CPC, e, em consequência, do previsto no art. 675.º, n.º 1, do mesmo diploma, como também dele fez interpretação inconstitucional, por ofensa ao disposto no art. 205.º, n.º 2, da Constituição, normativo que estabelece a obrigatoriedade e a prevalência do caso julgado.

O EMMP entende que o recurso não merece provimento pois que:

Constitui questão objecto do presente recurso jurisdicional saber se ocorre ou não a excepção peremptória de caso julgado invocada pelo recorrente, face ao teor dos acórdãos do TCA referenciados nos pontos 4 e 5 da factualidade considerada apurada na sentença recorrida.

Rebatendo o decidido, o recorrente vem sustentar nas suas alegações de recurso a verificação de todos os pressupostos da referida excepção, nomeadamente a existência de identidade de sujeitos, apesar de, reconhecidamente, as decisões em oposição terem sido proferidas no âmbito de distintos processos de oposição a execução fiscal deduzidos por diferentes executados.

Ao recorrente nenhuma razão assiste pois dúvidas se não suscitam a respeito da inexistência da alegada identidade, como bem resulta dos elementos constantes dos autos e a decisão recorrida evidencia.

Mas, ainda que assim se não entendesse, não seria de acolher a pretensão do recorrente na medida em que, e retomando a posição já assumida pelo Ministério Público junto do tribunal recorrido (vide fls 234 e v.º), do confronto das certidões juntas a fls 215 a 217 e a fls 223 a 228 antes resulta que a decisão que primeiro transitou em julgado se pronunciou no sentido da não verificação da prescrição da dívida exequenda relativa a Dezembro de 1991, portanto em sentido contrário ao defendido pelo recorrente e a este claramente desfavorável.

2. A decisão recorrida fixou o seguinte quadro factual:

1 – Em 12/11/2003, no âmbito do processo de execução fiscal n.º 1481-92/100496.4, o qual corre termos no Serviço de Finanças de Azambuja, o Chefe do Serviço de Finanças de Azambuja ordenou o prosseguimento do identificado processo executivo contra o executado e ora reclamante José Maria Ferreira Conceição, com vista à cobrança da dívida de I.V.A., relativa a Dezembro de 1991 e no montante de € 3.582,26, tudo conforme despacho que se encontra exarado a fls.78 dos autos e se dá aqui por integralmente reproduzido;

2 – Em 27/11/2003, José Maria Ferreira Conceição deduziu reclamação do despacho identificado no n.º 1, a qual deu origem ao presente processo (cfr. documento junto a fls.85 e seg. dos autos);

3 – Em 9/1/2004, o Chefe do Serviço de Finanças de Azambuja ordenou a remessa do processo executivo ao Tribunal com vista à apreciação da reclamação identificada no n.º 2 (cfr. despacho exarado a fls.159-verso dos autos);

4 – Em 27/5/2003, foi exarado acórdão pelo T.C.A. – 2ª Secção no âmbito do processo de oposição n.º 92//2001 que correu termos no 3.º Juízo – 2ª Secção, do Tribunal Tributário de 1ª Instância de Lisboa, tendo sido deduzida por António Luís Ferreira da Conceição, o qual já transitou em julgado, tudo conforme certidão junta a fls.189 a 196 dos presentes autos a qual se dá aqui por integralmente reproduzida;

5 – Em 17/6/2003, foi exarado acórdão pelo T.C.A. – 2ª Secção no âmbito do processo de oposição n.º 91//2001 que correu termos no 2.º Juízo – 1ª Secção, do Tribunal Tributário de 1ª Instância de Lisboa, tendo sido deduzida por José Maria Ferreira Conceição, o qual já transitou em julgado, tendo ordenado o prosseguimento da execução 1481-92/100496.4, com vista à cobrança da divida de I.V.A., relativa a Dezembro de 1991 e no montante de € 3.582,26, tudo conforme certidão junta a fls.214 a 232 dos presentes autos a qual se dá aqui por integralmente reproduzida;

6 – Com base no acórdão identificado no n.º 5 é que foi proferido o despacho objecto da presente reclamação e referido no n.º.1.

3.1. Perante o quadro factual exposto a decisão recorrida julgou totalmente improcedente a reclamação deduzida e, por isso, manteve o despacho reclamado datado de 12-11-2003 e que consta de fls. 78 (cfr. fls. 240).

Para tanto começou por afirmar que, nos termos dos art.ºs 276.º e segs, do C.P.P. Tributário, as decisões proferidas pelo órgão de execução fiscal e outras autoridades da administração fiscal que afectem os direitos e interesses legítimos do executado ou de terceiro directa e efectivamente prejudicado são susceptíveis de reclamação para o Tribunal Tributário de 1ª Instância, a interpor no prazo de dez dias e após a sua notificação.

Acrescentou que a tramitação da reclamação prevista no art.º 276.º e seg., do C.P.P. Tributário, apenas prevê a subida diferida ao Tribunal do processo, após a realização da penhora e da venda (cfr. art.º 278.º, n.º 1, do C.P.P.Tributário) justificando-se tal regra, dado que a reclamação se deve processar nos próprios autos de execução (cfr. art.º 97.º, n.º.1, al.n), do C.P.P.Tributário). Só assim não será, admitindo a lei a subida imediata da reclamação a Tribunal, quando esta se fundar em prejuízo irreparável causado pelas ilegalidades taxativamente enumeradas no art.º 278.º, n.º 3, do C.P.P. Tributário, as quais se reconduzem à existência de uma penhora indevida e/ou à determinação de uma garantia superior à devida.

Referiu, ainda, que não é o caso dos autos, nem da argumentação do reclamante se pode retirar que o diferimento da apreciação jurisdicional da legalidade dos actos praticados pela A. Fiscal no âmbito do processo de execução fiscal n.º 1481-92/100496.4 que corre actualmente seus termos no Serviço de Finanças de Azambuja, possa causar um prejuízo irreparável ao mesmo ou faça perder utilidade à própria reclamação.

Concluiu, por isso, que deve entender-se que a presente reclamação padece do vício de extemporaneidade, excepção que implica, desde logo, a sua total improcedência.

3.2. Como a mesma decisão seguidamente refere e apreciando o mérito da reclamação entendeu que (cfr. fls. 240) "in casu" "todos estes pressupostos se verificam (cfr. n.ºs 5 e 6 da matéria de facto provada), pelo que se deve considerar procedente a excepção de caso julgado nesta reclamação.

O mesmo se não pode dizer face ao douto acórdão do T.C.A. – 2ª Secção lavrado no âmbito do processo de oposição n.º 92/2001 e identificado no n.º 4 da matéria de facto provada, pois que face ao mesmo não existe identidade de partes, como muito bem refere o Digno R. F. Pública na sua resposta.

Atento o referido, sem necessidade de mais amplas considerações, é óbvia a conclusão de que o despacho reclamado deve ser confirmado por esta instância judicial de controle, assim não padecendo do vício que lhe é imputado pelo reclamante.

Julgou, por isso, totalmente improcedente a reclamação deduzida e manteve o despacho reclamado datado de 12-11-2003 e que consta de fls. 78.

3.3. A decisão recorrida na parte a que se refere o antecedente ponto 3.1 não vem questionada nas conclusões das alegações do presente recurso.

Daí que se pudesse concluir que não controverte a recorrente aquela parte da decisão quando afirma que a presente reclamação padece do vício de extemporaneidade, excepção que implica, desde logo, a sua total improcedência.

Não imputando o recorrente a tal segmento decisório qualquer vício nem afirmando que o mesmo incorre em erro de julgamento ficou tal pronúncia fora do objecto do recurso dirigido a este Tribunal não podendo este, nos termos do art.º 684.º 4 do CPCivil, reapreciar o que sobre tal matéria foi decidido na sentença recorrida.

Por isso o presente recurso jurisdicional estaria condenado ao insucesso não podendo deixar de se manter a decisão recorrida na parte ora em apreciação.

Concorda-se que, nos termos dos art.ºs 276.º e segs, do C.P.P. Tributário, as decisões proferidas pelo órgão de execução fiscal e outras autoridades da administração fiscal que afectem os direitos e interesses legítimos do executado ou de terceiro directa e efectivamente prejudicado são susceptíveis de reclamação para o Tribunal Tributário de 1ª Instância, a interpor no prazo de dez dias e após a sua notificação e que a tramitação de tal reclamação apenas prevê a subida diferida ao Tribunal do processo, após a realização da penhora e da venda (cfr. art.º 278.º, n.º 1, do C.P.P.Tributário) justificando-se tal regra, dado que a reclamação se deve processar nos próprios autos de execução (cfr. art.º 97.º, n.º 1, al. *n*), do C.P.P.Tributário) e que só assim não será, admitindo a lei a subida imediata da reclamação a Tribunal, quando esta se fundar em prejuízo irreparável causado pelas ilegalidades taxativamente enumeradas no art.º 278.º, n.º 3, do C.P.P. Tributário, as quais se reconduzem à existência de uma penhora indevida e/ou à determinação de uma garantia superior à devida.

Concorda-se também com a afirmação da decisão recorrida de que este não é o caso dos autos e que nem da argumentação do reclamante se pode retirar que o diferimento da apreciação jurisdicional da legalidade dos actos praticados pela A. Fiscal no âmbito do processo de execução fiscal n.º 1481-92/100496.4 que corre actualmente seus termos no Serviço de Finanças de Azambuja, possa causar um prejuízo irreparável ao mesmo ou faça perder utilidade à própria reclamação.

Contudo a consequência a retirar de tal situação seria a subida mediata e não a improcedência da reclamação.

3.4. Contudo e como se referiu no ponto 3.2 a decisão recorrida apreciando o mérito da reclamação depois de afirmar que se verificavam todos os pressupostos acrescentou que se deve considerar procedente a excepção de caso julgado nesta reclamação quanto a um dos acórdãos o mesmo não se podendo dizer face ao acórdão do T.C.A. – 2ª Secção lavrado no âmbito do processo de oposição n.º 92/2001 e identificado no n.º 4 da matéria de facto provada, pois que face ao mesmo não existe identidade de partes.

E sem mais julgou improcedente a reclamação deduzida e manteve o despacho reclamado datado de 12-11--2003 e que consta de fls. 78.

É certo que o acórdão de fls. 190 e seguintes tinha como recorrente um outro oponente (António Luís Ferreira da Conceição) e neste foi declarada prescrita a dívida de IVA referente ao mês de Dezembro de 1991.

E tal prescrição não foi apreciada no acórdão de fls. 214 em que era oponente o ora reclamante.

Aquele acórdão, proferido em processo com outro oponente, em que o ora reclamante não teve intervenção, tem sujeitos diferentes porque diferentes são os oponentes.

Contudo uma vez que a prescrição é de conhecimento oficioso não podia deixar de ser apreciada pelo tribunal recorrido como não pode deixar de ser apreciada neste recurso se a mesma tiver ocorrido nos termos do art.º 259.º do CPT como do actual art.º 175.º do CPPT.

Como já se referiu nos presentes autos apenas se questiona a dívida de IVA referente ao mês de Dezembro de 1991.

É, por isso, de dez anos o prazo de prescrição de tal crédito nos termos do artigo 34.º 1 do CPT.

Por força do seu n.º 2 "o prazo de prescrição conta--se desde o início do ano seguinte àquele em que tiver ocorrido o facto tributário, salvo regime especial".

E tal prazo de direito substantivo conta-se seguidamente, nos termos do artigo 279.º do Código Civil.

Contudo a instauração da execução interrompe a prescrição, cessando, porém, esse efeito se o processo estiver parado por facto não imputável ao contribuinte durante mais de um ano, somando-se, neste caso, o tempo que decorrer após este período ao que tiver decorrido até à data da autuação, nos termos do n.º 3 do citado artigo 34.º.

Daí que tal hipótese se transmute em suspensão do prazo de prescrição que não corre durante esse período de um ano.

E na situação concreta dos presentes autos, como se escreveu no acórdão já referido que se pronunciou sobre a prescrição, cfr. fls. 194, a execução esteve parada mais de um ano por facto não imputável ao executado pois que o processo foi instaurado em 11-05-92 e esteve sem ser tramitado desde essa altura até 22-03-99.

Por isso o efeito interruptivo originado pela instauração da execução cessou na altura em que decorreu um ano sobre a referida paragem da instância ou seja em 11-05-93 e daí que deva somar-se ao tempo decorrido a partir daí o que já havia decorrido desde o início do ano seguinte àquele em que ocorreu o facto tributário até à autuação da execução.

De qualquer forma desde 11-05-93 até à presente data decorreu lapso de tempo superior ao indicado período de dez anos.

Daí que se imponha declarar prescrita a dívida em referência.

4. Termos em que se acorda em conceder provimento ao recurso, revogar a decisão recorrida e julgar extinta a execução contra José Maria Ferreira Conceição.

Sem custas.
Lisboa, 15 de Setembro de 2004.

António Pimpão (Relator)
Domingos Brandão de Pinho
Mendes Pimentel

Recurso n.º 895/04

RECLAMAÇÃO DE DESPACHO DO CHEFE DA REPARTIÇÃO DE FINANÇAS. COMPENSAÇÃO DA DÍVIDA COM CRÉDITO DE REEMBOLSO.

(Acórdão de 7 de Dezembro de 2004)

SUMÁRIO:

Existindo um crédito de reembolso do executado pode a administração tributária utilizá-lo no pagamento da dívida, nos casos previstos no artigo 89.º n.º 5 do CPPT, sem necessidade de efectivar a penhora de tal título de crédito.

ACÓRDÃO

"Interlog – Sociedade Gestora de Participações Sociais, S.A." reclamou no Tribunal Administrativo e Fiscal de Lisboa do despacho do chefe da repartição de finanças que lhe indeferiu a arguição de nulidade por falta de citação no processo executivo, invocando falta de audição prévia, nulidade de citação e afectação de um cheque de reembolso ao pagamento de parte da dívida exequenda sem previamente ter sido citado.

Por sentença do M.º Juiz daquele Tribunal foi julgada parcialmente procedente a reclamação.

Não se conformando com o decidido recorreu aquela reclamante para este Supremo Tribunal Administrativo, formulando as seguintes conclusões:

1. A douta Sentença violou o disposto no n.º 2 do artigo 165.º do CPPT, do qual se extrai que a falta de citação no processo de execução fiscal implica a anulação do processado subsequente, designadamente da compensação "sub judice".

2. A douta Sentença interpretou e aplicou erradamente o disposto no artigo 89.º n.º 1 e 5 do CPPT, do qual se extrai que a compensação pressupõe necessariamente que o titular do crédito tributário seja executado em processo de execução fiscal à data da efectivação do reembolso.

3. A douta Sentença recorrida omitiu indevidamente o disposto no n.º 2 do artigo 267.º do CPC, do qual se extrai que, quando no n.º 1 do artigo 89.º do CPPT se fala em "créditos do executado", essa a expressão não pode deixar de obrigar que o titular do crédito tributário, à data do reembolso, haja sido validamente citado para qualquer processo de execução fiscal, pois só então é "executado".

4. A douta Sentença incorre em contradição quando, por um lado, admite que não se poderia passar à fase de penhora (por falta de citação do executado) e, por outro, omite que a compensação concretamente efectuada efectivou-se precisamente por meio de um acto de penhora (de título de crédito emitido pela AF) nos termos do artigo 226.º do CPPT.

Não houve contra-alegações.

Pelo Exmo Magistrado do Ministério Público foi emitido parecer no sentido do não provimento do recurso por a compensação de dívidas de tributos por iniciativa da administração fiscal não depender da instauração da execução, mas, mesmo que assim se não entendesse, não nascer a execução com a citação nem depender da compensação da mesma.

Cumpre decidir.

A sentença recorrida considerou provados os seguintes factos:

1. Contra a reclamante foi instaurada a execução fiscal n.º 3328-01/100452.2 para pagamento de IRC de 1995 no montante de 45.176.082$00, bem como a execução fiscal n.º 3328-01/102786.7 para pagamento de Imposto de selo no montante de 5.661.934$00 (77 e 78).

2. No primeiro processo de execução fiscal para citação da reclamante foi remetida, em 14/2/2001, carta registada com aviso de recepção para a Rua Prof. Mira Fernandes, lote 20, 21 r/c 1900 Lisboa, a qual veio devolvida pelos CTT, em 15/2/2003, com a indicação "informaram que já não se encontra na morada indicada 15/2/2003 (fls. 68).

3. No segundo processo de execução fiscal para citação da reclamante foi remetida carta registada com aviso de recepção, em 18/10/2001, para a Rua Prof. Mira Fernandes, lote 20, 21 r/c 1900 Lisboa, a qual veio devolvida pelos CTT, em 25/10/2001, com a indicação "mudou-se" (fls. 69).

4. Esta última execução foi apensa à primeira mediante termo de apensação de 23/10/2001, perfazendo a quantia exequenda a totalidade de 50.838.016$00 (fls. 70).

5. Nesta mesma data foi emitido mandado de citação pessoal por funcionário, nos termos de fls. 71, tendo

sido lavrada a certidão de diligência de fls. 72, cujo teor aqui se dá por inteiramente reproduzido.

6. Em 4/9/2003 foi ordenada a aplicação, por compensação, por conta da dívida exequenda de IRC, de um reembolso de IRC, no valor de € 91.749,89 existente a favor da executada (fls. 73).

7. Em 24/10/2003 deu-se execução à referida compensação (fls. 74).

8. Dá-se aqui como reproduzido o documento de fls. 54 a 56 "DECLARAÇÃO DE ALTERAÇÕES" entregue pela reclamante no serviço de finanças Lisboa 9 em 1/8/97.

9. A reclamante, em requerimento apresentado ao CRF, arguiu a nulidade insanável da falta de citação e requereu a anulação de todo o processado (fls. 25 e 26).

10. Sobre este requerimento recaiu o despacho do CRF de fls. 34 a 36, cujo teor aqui se dá por inteiramente reproduzido.

11. Deste despacho foi a reclamante notificada por oficio emitido em 10/12/2003 e remetido por carta registada (fls.33 a 37).

12. Apresentou a reclamante o requerimento de fls. 35, remetido ao serviço de finanças por carta registada em 19/12/2003, solicitando a notificação de todos os documentos invocados no despacho supra referido, bem como a informação dos meios e prazos de reacção contra o mesmo.

13. Por ofício emitido em 5/1/2004 e remetido por carta registada com A/R foi dado cumprimento ao solicitado pela reclamante (fls. 40 e segs.)

14. A reclamação foi apresentada em 16/1/2004 (fls. 4). Assentes tais factos apreciemos o recurso.

Como se vê das conclusões das alegações supra transcritas a recorrente assenta o seu recurso na falta de citação no processo executivo anterior à compensação, daí retirando que ainda não era executado e que, assim, não podia haver compensação por esta dever realizar-se por penhora de título de crédito.

Prescreve o artigo 89.º n.º 1 do CPPT que os créditos do executado resultantes de reembolso são obrigatoriamente aplicados na compensação das suas dívidas à administração tributária, salvo se pender reclamação, impugnação, recurso, oposição à execução, ou se a dívida exequenda estiver a ser paga em prestações e estiver garantida. E o n.º 5 estabelece que, no caso de já estar instaurado processo de execução, tal compensação se efectua através da emissão de título de crédito destinado ao pagamento da dívida exequenda e acrescido.

Resulta pois do que fica referido que, contrariamente ao que a recorrente pretende, não é necessário haver citação para que se possa proceder à compensação. Donde se terá de concluir que a eventual falta de citação no processo executivo não seria impeditiva da compensação. É certo que este artigo não se mostra muito claro ao referir no n.º 1 o reembolso de créditos do executado e no n.º 5 admitir implicitamente que a execução pode ainda não estar instaurada, mas, contrariamente ao que a recorrente pretende, não é a citação que determina a existência da execução. Já antes dela se verificar há execução que se inicia com a respectiva instauração com base em certidão da dívida, como se refere no artigo 88.º n.º 4 do CPPT, sendo a citação um acto posterior a ordenar no prazo de 24 horas após o registo como estipula o artigo 188.º n.º 1 do mesmo diploma legal. Não pode por isso pretender-se que não se é executado enquanto não houver citação. Mas havendo execução, pode fazer-se a compensação sem necessidade de efectuar penhora do título de crédito, aplicando-se o montante do crédito no pagamento da dívida exequenda e acrescido, conforme determina expressamente o n.º 5 do artigo 89.º citado, que não é incompatível com o disposto no artigo 226.º do CPPT que tem um âmbito mais vasto por se referir à generalidade dos títulos de crédito. Tendo a sentença recorrida decidido desse modo não há que fazer-lhe qualquer censura.

Em conformidade com o exposto, acorda-se em conferência neste Supremo Tribunal Administrativo em negar provimento ao recurso, assim mantendo a sentença recorrida.

Custas pela recorrente fixando em 70% a procuradoria.

Lisboa, 7 de Dezembro de 2004.

Vítor Meira (Relator)
Brandão de Pinho
Jorge de Sousa. (vencido nos termos da declaração anexa).

Declaração de voto

Votei a decisão, mas não a totalidade da fundamentação.

Para ser viável a compensação não é necessário que tenha ocorrido a citação no processo de execução fiscal, mas é necessário que ele tenha sido instaurado.

A comparação do texto do n.º que do art.º 89.º do C.P.P.T., em que se alude aos «créditos do executado» com o n.º do art.º 110.º-A do C.P.T., que era a norma equivalente antecedente, não deixa dúvidas de que se pretendeu restringir a compensação aos casos em que há já um «executado», pois esta expressão substituiu a anterior de «beneficiário que seja simultaneamente devedor de impostos», fórmula esta adequada a exprimir a possibilidade de compensação em relação à generalidade dos devedores fiscais.

Por outro lado, não se pode admitir que ocorra a privação coerciva de um direito de crédito, como sucede nos casos de compensação forçada previstos no art.º 89.º, sem que sejam concedidas ao afectado por ela todas as possibilidades de defesa que são concedidas à generalidade dos executados fiscais.

Assim, a interpretação do art.º 89.º que restringe a compensação aos casos em que já há um «executado», atribuindo-lhe na respectiva execução fiscal todos os direitos de defesa dos executados, para além de ser a que tem mais adequado suporte no texto do seu n.º 1 e se impõe em face da devolução que esta norma representa em relação ao anterior art.º 110.º-A do C.P.T. é a única que se compagina com o princípio constitucional da igualdade.

Por isso, à compensação seguir-se-á o processo de execução fiscal em termos idênticos os da penhora de créditos prevista no art.º 226.º do C.P.P.T.

A compensação antes da instauração da execução fiscal só será possível nos termos do art.º 90.º do C.P.P.T.

Lisboa, 7 de Dezembro de 2004.

Jorge de Sousa

Recurso n.º 1 245/04

RECLAMAÇÕES E RECURSOS DAS DECISÕES DO ÓRGÃO DA EXECUÇÃO. SUBIDA DA RECLAMAÇÃO. ARTS. 276.º E 278.º DO CPPT.

(Acórdão de 22 de Setembro de 2004)

SUMÁRIO:

I – O conhecimento judicial das reclamações de decisões proferidas pelo órgão da execução fiscal é, em regra, diferido para depois da penhora e da venda quando, a final, o processo for remetido a tribunal – art. 278.º do CPPT.
II – A menos que a reclamação se fundamente em prejuízo irreparável causado, desde logo, por qualquer das ilegalidades elencadas no seu n.º 3, em que a subida é imediata.
III – A que haverá que equiparar quaisquer outras de relevância semelhante em termos de garantia do direito à tutela judicial efectiva previsto na Constituição – art. 268.º, n.º 4.

ACORDAM NA SECÇÃO DO CONTENCIOSO TRIBUTÁRIO DO STA:

Vem o presente recurso jurisdicional, interposto por CRUZ & COMPANHIA, LDA, da sentença do TAF de Viseu, que lhe indeferiu reclamação do despacho do Chefe do Serviço de Finanças de Tondela, emitido em 14/06/2004 que ordenara a instauração de execução fiscal contra a mesma.

Fundamentou-se a decisão, em que, nos termos do art. 278.º do CPPT, o conhecimento das reclamações aí previstas é, em regra, diferido para depois de realizada a penhora e a venda, não se incluindo o caso presente em nenhuma das hipóteses ressalvadas pelo seu n.º 3 nem vindo, ademais, alegado qualquer prejuízo irreparável: aquele "cuja extensão não possa ser avaliada pecuniariamente".

A recorrente formulou as seguintes conclusões:
"1) A prolação de despachos de indeferimento liminar insere-se no princípio básico de economia processual, que contém a sua expressão máxima na proibição de actos inúteis (art. 137.º do CPC), pelo que: apenas se for evidente que a pretensão não pode proceder, apenas nestes casos, deve o juiz indeferir, sem mais delongas, pretensão que lhe for presente.
2) A falta de pressuposto processual e a falta de requisitos essenciais do título executivo não constituem fundamento de oposição, enquadrável nas alíneas do n.º 1 do art. 204.º do CPPT, pelo que: devem ser invocadas em requerimento na execução fiscal, tal como fez a recorrente.
3) Não sendo evidente que a pretensão da recorrente não pode proceder, não cabe despacho de indeferimento liminar pelo motivo de apenas se poder conhecer da mesma após a realização da penhora e da venda; trata-se de interpretação da lei que viola o princípio da economia processual e é, por isso, ilegal a decisão recorrida que deverá vir revogada e substituída por outra que, admitindo a reclamação/recurso, profira decisão de mérito, com as legais consequências."

Não houve contra-alegações.

O Ex.mo magistrado do Ministério Público emitiu parecer no sentido do não provimento do recurso, por a decisão ter "feito correcta interpretação e aplicação do direito, não merecendo, por isso, qualquer censura", tendo-se a sentença limitado "a observar a estatuição adjectiva constante do n.º 3 do art. 278.º do CPTA que determina o momento adequado ao conhecimento do mérito da reclamação ..., o que não vem impugnado pela recorrente" sendo, assim, "despropositada e, como tal, inócua a argumentação desenvolvida no sentido de demonstrar que a decisão judicial proferida violaria o princípio da economia processual."

Vejamos, pois:
Como resulta dos autos, o Chefe do Serviço de Finanças de Tondela, com base em certidão emitida pelo Instituto da Vinha e do Vinho (IVV) ordenou a instauração, contra a ora recorrente, do processo de execução fiscal n.º 2704200401002600.

Do que a mesma reclamou, não tendo ainda sido efectuada a penhora de quaisquer bens.

A sentença, como se disse, indeferiu a reclamação, ordenando a baixa dos autos à Repartição de Finanças, para aí prosseguirem os seus termos.

A reclamante havia invocado "falta de pressuposto processual" e "falta de requisitos essenciais do título executivo".

Todavia, apesar daquele "indeferimento", o meritíssimo juiz a quo não apreciou o mérito da reclamação.

Antes, como resulta da fundamentação da decisão, considerou prematura a subida dos autos que, nos termos do art. 278.º do CPPT, só podia ter lugar após a penhora e a venda.

Daí que ordenasse o prosseguimento dos autos de execução.

Pelo que em vão esgrime o recorrente contra um indeferimento liminar que não teve lugar, à míngua de qualquer pronúncia sobre o mérito.

Este será, ainda, apreciado mas, oportunamente, após a penhora e a venda.

Assim, e em rigor, a recorrente não ataca a decisão recorrida pelo que o recurso improcede necessariamente.

Concorda-se com o recorrente ao observar, citando Jorge de Sousa e como é jurisprudência uniforme do STA, que "a prolação de despachos de indeferimento liminar insere-se no principio básico de economia processual, que contém a sua expressão máxima na proibição de actos inúteis (art. 137.º do CPC)", pelo que só deve ter lugar quando, de todo, a pretensão não pode proceder.

Não é, todavia, como se disse, o caso dos autos em que não houve qualquer indeferimento desse tipo, apenas se diferindo para mais tarde, por imperativo legal, o conhecimento das questões invocadas.

Na verdade, como se refere na sentença e resulta do disposto no art. 278.º do CPPT, o conhecimento judicial das reclamações de decisões proferidas pelo órgão da execução fiscal é, em regra, diferida para depois da penhora e da venda quando, a final, o processo for remetido a tribunal.

A menos que a reclamação se fundamente em prejuízo irreparável causado, desde logo, por qualquer das ilegalidades elencadas no seu n.º 3, em que a subida é imediata.

A que haverá que equiparar quaisquer outras de relevância semelhante, em termos de garantia do direito à tutela judicial efectiva, previsto na Constituição – art. 268.º, n.º 4 – cfr. Jorge de Sousa, cit. págs. 1049/50, notas 5 e 6.

Não se vislumbra, pois, da decisão sub judice qualquer violação do invocado princípio da economia processual.

Antes, entendida nos expostos termos, tem expressa consagração legal em vista do disposto naquele art. 278.º.

Pelo que se acorda em negar provimento ao recurso, confirmando-se a sentença recorrida.

Custas pela recorrente, fixando-se a procuradoria em um sexto.

Lisboa, 22 de Setembro de 2004.

Brandão de Pinho (Relator)
Lúcio Barbosa
Jorge de Sousa

Recurso n.º 897/04

RECURSO CONTENCIOSO. FALTA DE ALEGAÇÕES. ART.º 67.º DO RSTA. REMISSÃO PARA A PETIÇÃO INICIAL. DESERÇÃO DO RECURSO.

(Acórdão de 22 de Setembro de 2004)

SUMÁRIO:

I – A falta de alegações determina a deserção do recurso contencioso, art.º 67.º, § único do RSTA.
II – Tal ónus de alegar consubstancia a necessidade de apresentação de uma peça processual autónoma, com os requisitos formais previstos no art.º 690.º do CPC pelo que não é de considerar como alegação, para o efeito, a mera remissão para o conteúdo da petição, para mais omissa de conclusões.
III – Tal remissão pura e simples é de equivaler à falta de alegações, consequenciando a deserção do recurso contencioso.

ACORDAM NA SECÇÃO DO CONTENCIOSO TRIBUTÁRIO DO STA:

Vem o presente recurso jurisdicional, interposto por Dourogás – Companhia Produtores e Distribuidores de Gás, S.A., do acórdão TCA proferido em 23/09/2003 que julgou deserto, por falta de alegações, o recurso contencioso de anulação que a mesma interpusera contra o despacho do SEAF que lhe indeferia recurso hierárquico de decisão do Director de Finanças de Vila Real, de 25/10/2001.

Fundamentou-se a decisão no carácter obrigatório de tais alegações, nos termos do art. 67.º, § único do RSTA, já que, nelas, o recorrente pode abandonar vícios que tenha referido na petição e arguir novas ilegalidades desde que ali não tenha podido invocá-las.

A recorrente formulou as seguintes conclusões:

"I – No entender da recorrente a posição por si assumida no recurso contencioso de anulação acima assinalado, designadamente aquando da sua notificação para produção de alegações, não pode configurar a deserção do recurso tal qual foi entendido pelo Tribunal recorrido.

II – Quando notificada para produzir alegações esta, por via do articulado apresentado em 31.01.2003, veio requerer o prosseguimento do recurso por considerar que as questões de facto e de direito já estavam suficientemente alegadas na sua petição de recurso onde deixou indicados os vícios que, no seu entender, enfermavam o acto recorrido e as razões que justificavam o provimento do recurso.

III – De forma inequívoca para ela remeteu em tudo aquilo que respeitava ao objecto e à finalidade do recurso, assim não se furtando à sua obrigação de alegar.

IV – No recurso contencioso de anulação o pedido e a causa de pedir têm necessariamente de constar da petição inicial, sendo também certo que esta não pode ser alterada nas alegações a produzir posteriormente.

V – Por consequência, na petição inicial deverão constar todos os elementos de facto e de direito necessários à decisão a proferir.

VI – Assim, no recurso contencioso, ao contrário do que sucede no recurso jurisdicional onde são as alegações e não a petição de recurso que delimitam o seu objecto, as alegações finais são uma peça processual que, em regra, nada adianta ao que já foi aduzido na petição inicial.

VII – Só assim não será, quando haja a possibilidade de arguir novos vícios cujo conhecimento adveio após a interposição do recurso ou aquando da junção do processo administrativo.

VIII – No caso em apreço não ocorreu nenhuma das situações enunciadas.

IX – A questão que se discutia no recurso consistia em se determinar se determinados custos com deslocações e estadas de administradores ou colaboradores de nível superior da recorrente, deveriam ou não concorrer para o prejuízo fiscal referente ao exercício do ano de 1996 e nele serem englobados.

X – Mais concretamente, em causa estava a não consideração da importância de 35.469,77 € como custo do exercício de 1996, decorrente da errada interpretação e aplicação do art.º 23.º do CIRC.

XI – Isto porque, no entender da Administração Fiscal, o custo com aqueles deslocações e estadas encontrava-se indevidamente documentado, facto que determinou a não aceitação deste valor como custo do exercício de 1996 e, subsequentemente, a correcção oficiosa da declaração Mod. 22 de IRC apresentada pela recorrente com a consequente rectificação do prejuízo fiscal declarado de 85.015,41 € para 3.502,52 €.

XII – Conforme se extrai dos autos, os argumentos invocados e expendidos pela recorrente em ordem a demonstrar a sua razão no recurso contencioso são exactamente iguais àqueles que invocou na reclamação graciosa e no recurso hierárquico que o antecederam.

XIII – Idêntica similitude de argumentos verifica-se do lado contrário, designadamente nas decisões proferidas no âmbito da reclamação graciosa e do recurso hierárquico, bem como na resposta apresentada pelo Senhor Secretário de Estado dos Assuntos Fiscais.

XIX – Trata-se pois de uma questão sobre a qual nada de novo havia a dizer, que não o reiterar dos argumentos até então dirimidos.

XX – Nesta medida, as alegações a produzir mais não seriam que nova repetição dos mesmos argumentos por ambas as partes, entendendo-se por isso injusta e desproporcionada a deserção por falta de alegações quando do processo constam todos os elementos necessários à prolação da decisão.

XXI – Em bom rigor, a finalidade de tais alegações não é a de sobrecarregar o julgador com uma fastidiosa repetição de argumentos já desenvolvidos ao longo da petição de recurso, mas antes de, após o conhecimento da resposta da entidade recorrida, impor ao recorrente o ónus de vir ao processo revelar se ainda mantém interesse na continuação do recurso e se o respectivo objecto continua ou não a ser balizado nos mesmos termos.

XXII – Tal ónus foi inquestionavelmente cumprido pela recorrente.

Termos em que, dando-se provimento ao recurso, deve a sentença recorrida vir a ser revogada por forma a que, em sua substituição, seja proferida decisão de mérito sobre o objecto do recurso, determinando-se para esse efeito, a remessa dos autos ao Tribunal recorrido."

E contra-alegou a autoridade recorrida pugnando pelo acerto da decisão.

O Ex.mo Magistrado do Ministério Público emitiu parecer no sentido do não provimento do recurso, já que, "no recurso contencioso, as alegações constituem uma peça processual com significado próprio distinto da petição inicial e efeito útil, na medida em que permite ao recorrente:

– a renúncia à imputação ao acto administrativo de vícios arguidos na petição inicial

– a arguição de novos que vícios que não tenha podido invocar na petição inicial em virtude de o seu conhecimento ser superveniente, por via da consulta do processo administrativo a remeter ao tribunal com a resposta da autoridade recorrida (art.º 46.º LPTA aprovada pelo D.L. n.º 267/85, de 16 de Julho)."

E, corridos os vistos legais, nada obsta à decisão.

Segundo se mostra dos autos, a recorrente, notificada "para alegações" no presente recurso contencioso, veio "declarar que prescinde de tal faculdade considerando que as questões de facto e de direito estão já suficientemente alegadas na sua petição de recurso".

Ora, tal requerimento não pode, a nosso ver, interpretar-se como de mera "renúncia" à apresentação da dita peça processual mas, antes e também, como de remissão para a petição inicial.

O que a recorrente quer significar é que, de momento, nada mais se lhe oferecia dizer face ao que consta da petição inicial pois que aí considera "suficientemente alegadas" as respectivas "questões de facto e de direito".

De modo que a questão dos autos não é tanto a deserção do recurso por falta de alegações mas, sobretudo, a da insuficiência processual de tal remissão, isto é, se naquelas é legalmente suficiente a remissão pura e simples para a petição inicial.

Questão que deve ter resposta negativa.

Os arts. 34.º e 67.º do RSTA obrigam à apresentação de alegações e o parágrafo único deste último manda aplicar à sua falta o disposto nos arts. 292.º (leia-se, ora, art. 291.º) e 690.º do CPC onde ela é cominada com a deserção do recurso.

A recorrente tem, assim, "o ónus de alegar, apresentando uma peça autónoma, com os requisitos formais previstos no art. 690.º do CPC, pelo que não é de considerar como alegação uma mera remissão para o conteúdo da parte da petição em que se produzem considerações sobre a matéria da causa", devendo ainda conter conclusões nos termos do n.º 2 do mesmo normativo.

Cfr. Jorge de Sousa, CPPT Anotado, 4ª edição, 2003, pág. 422.

Na verdade, aquele art.º 67.º exige a produção de alegações e, na sua ratio, está, sobretudo, uma concretização do princípio do contraditório.

Tal peça processual, a ter lugar após a resposta da autoridade recorrida, da apresentação, por esta, do processo instrutor e de concluída a instrução do recurso contencioso, não se destina meramente à apresentação do feito em juízo – para isso serve a petição inicial – antes tem finalidades próprias, de um repensar da situação face à conclusão da fase instrutora do processo.

Aí tem a recorrente de apreciar aquela resposta onde naturalmente se discreteia sobre a inexistência dos vícios ou ilegalidades por aquela invocadas – e, bem assim, o processo instrutor donde resulta, passo a passo, o conhecimento pleno do procedimento administrativo que culminou na concretização do acto contenciosamente impugnado.

A petição inicial e as alegações situam-se, pois, num plano axiológico-jurídico completamente distinto por modo que se complementam, não se auto-substituem.

Logo por aí, pois, a petição inicial não pode nunca substituir a dita alegação; a petição funciona como uma apresentação do caso em juízo, as alegações como um exame crítico da posição adversa e da prova produzida.

Nem, ainda em tal aspecto, será despiciendo lembrar, num processo, ora, senão total pelo menos essencialmente subjectivo, de partes, o dever de estas contribuírem, de modo decisivo, para o próprio julgamento e decisão do tribunal.

A nosso ver, é essencial tal contraditório, mesmo em sentido formal, seja, no plano legal, do direito constituído.

Certo que pode a recorrente postar-se processualmente no mesmo plano do petitório inicial, sem qualquer sentido crítico ou sem considerar o desenvolvimento processual mas, aí, trata-se de um débito relacionado com o mérito, que já não contende com o dever alegatório formal.

É justamente a preponderância do elemento racional de interpretação, nos termos expostos, "entendido em termos de um referente axiológico-fundamental sempre actual na vida da norma", que postula a solução aqui defendida.

Nem a reforma do processo civil de 95/96 como nem a reforma do contencioso administrativo ora em vigor, suprimem as alegações, apesar da pretendida "atenuação da excessiva rigidez de certos efeitos cominatórios ou preclusivos".

Por outro lado, longe vão os tempos da chamada "justice retenue ou délégué", do século XIX e princípios do século XX.

E não é aí que se encontra o fundamento da norma processual em causa.

Esta tem que ser entendida no contexto supra, de concretização de deveres processuais plenamente actuais em termos de realização da justiça em que as partes têm papel preponderante.

Nem se vê, por outro lado, como o dito art. 67.º, entendido nos presentes termos, possa ter-se como prejudicial à garantia constitucional fundamental do acesso ao direito.

Cfr. o Ac. do TC de 09/10/2002, proc. n.º 496/01, in DR, II série, de 16/12/2002, pág. 2051.

Pelo contrário parece que é este a postulá-lo e exigi--lo com acento na cooperação das partes com o tribunal, seja, como administração da justiça.

Certo que até se pode reconhecer que, em tese, a petição conterá elementos bastantes para servir de base a uma alegação mas isto só em sentido formal que não substancial ou funcional, nos aludidos termos.

Na versão da recorrente, despreza-se tudo o exposto, acabando por se exigir apenas um articulado verdadeiro e próprio: a petição.

Aí, as alegações são pura fictio juris, são pura remissão para uma peça que essencial e intrinsecamente não pode, logo por natureza, satisfazer a exigência legal.

Termos em que se acorda negar provimento ao recurso, confirmando-se o aresto recorrido.

Custas pela recorrente, fixando-se a taxa de justiça em 250 € e a procuradoria em 50%.

Lisboa, 22 de Setembro de 2004.

Brandão de Pinho (Relator)
Lúcio Barbosa
Jorge de Sousa (Vencido nos termos da declaração junta). Voto de vencido. Uma vez que a questão que é objecto do presente recurso jurisdicional já foi decidida em sentido contrário pelo Plenário deste STA no processo n.º 21240, proferido em 30.1.2002, decidiria neste sentido, por entender que em questões processuais é valor prioritário a uniformidade de decisões.
Jorge de Sousa.

Recurso n.º 464/04

REVISÃO OFICIOSA DO ACTO TRIBUTÁRIO. INDEFERIMENTO DO PEDIDO. RECURSO. FORMA DE PROCESSO. ART.º 97.º DO CPPT. AMPLIAÇÃO DA MATÉRIA DE FACTO.

(Acórdão de 20 de Outubro de 2004)

SUMÁRIO:

I – O indeferimento do pedido de revisão do acto tributário, pode ser atacado, seja através de recurso, seja através de impugnação judicial.
II – O recurso contencioso cabe de decisão que não comporte a apreciação da legalidade do acto de liquidação.
III – A impugnação, por sua vez, cabe de decisão que aprecie a legalidade do acto de liquidação.
IV – Se do probatório não constar o teor do despacho de indeferimento, impõe-se ordenar a ampliação da matéria de facto.

ACORDAM, EM CONFERÊNCIA, NA SECÇÃO DE CONTENCIOSO TRIBUTÁRIO DO SUPREMO TRIBUNAL ADMINISTRATIVO:

1. PORTO EDITORA, LDA., com sede na Rua da Restauração, 365, Porto, impugnou judicialmente, junto do então Tribunal Tributário de 1ª Instância do Porto, "o indeferimento do pedido de revisão oficiosa do acto de liquidação de emolumentos notariais", praticado por aplicação do art. 5.º da "Tabela de Emolumentos do Notariado".

O Mm. Juiz do TAF do Porto decidiu do seguinte modo:

– Absolveu a Fazenda Pública da instância, por nulidade absoluta de erro na forma do processo, no tocante ao pedido de que seja "(...) anulado, ou dado sem efeito, o acto de indeferimento (...) do pedido de revisão efectuado, impondo que a mesma se decrete, sob a forma que se pretendia: a efectiva anulação do acto tributário de liquidação (...).

– Absolveu a Fazenda Pública no que tange à impugnação, por julgar caducado o direito de deduzir impugnação, no tocante ao "pedido de anulação do acto tributário de liquidação dos emolumentos notariais".

Inconformada, a impugnante trouxe recurso para este Supremo Tribunal, formulando as seguintes conclusões nas respectivas alegações de recurso:

A. As possibilidades de reacção dos particulares contra actos ilegais de liquidação de tributos, quando está em causa a violação de normas de direito comunitário ou inconstitucionais, não se esgotam na impugnação judicial, sendo, entre o mais, admissível a revisão do acto tributário, nas condições referidas no art. 78.º da LGT, seguida de eventual impugnação contenciosa de decisão de indeferimento.

B. A forma de processo adequada para reagir contra um acto de indeferimento do pedido de revisão de actos tributários é, efectivamente, a impugnação judicial (art.ºs 97.º, n.º 1, al. d), do CPPT e 95.º, n.ºs 1 e 2 da LGT), e não, manifestamente, o recurso contencioso previsto nos art.ºs 101.º, al. j) da LGT e 97.º, n. 1, al. p) do CPPT, que se referem a questões tributárias que não comportem apreciação da legalidade do acto de liquidação.

C. Na recusa do pedido de revisão solicitado, qualquer que seja a fundamentação (que pode ser a extemporaneidade ou *até nenhuma, como é o caso do indeferimento tácito*), sempre estará em causa a apreciação da legalidade do acto de liquidação, porque entre o mais, *tal recusa vem dar efectiva confirmação de legalidade ao mesmo*.

D. O prazo para tal impugnação é de noventa dias, a contar da notificação do indeferimento (art. 102.º, n.º 1, al. e) do CPPT).

E. Mesmo que se entenda que na impugnação da recusa do pedido de revisão de um acto tributário, o que está em causa, o que é objecto da mesma impugnação é o acto de liquidação e não o próprio acto de indeferimento, sempre o prazo para a propositura da acção se iniciará na data precedente e não da prática do acto a anular.

F. Ao contrário do que entendeu a Mmª Juíza *a quo*, estão reunidos os pressupostos para que, ainda que se verificasse o erro na forma de processo, tivesse, de qualquer modo, lugar a convolação para a forma adequada em ordem ao n.º 4 do art. 98.º do CPPT, porquanto:
 – Não se mostra caducado o direito de interpor recurso contencioso e,
 – A causa de pedir formulada e o pedido ajustam-se a essa forma de processo.

Não houve contra-alegações.
Neste STA, o EPGA defende que o recurso merece provimento.
Colhidos os vistos legais, cumpre decidir.

2. É a seguinte a matéria de facto fixada na instância:
 – No dia 23/12/96 foi celebrada escritura pública de compra e venda de um prédio urbano, outorgada no 1.º Cartório Notarial do Porto, tendo sido debitada à impugnante a quantia de 1.890.000$00, a título de emolumentos devidos por este acto notarial:
 – A impugnante liquidou tal quantia nessa data – 23//12/96.
 – A presente impugnação foi instaurada em 31/1//2002.

3. O EPGA defende, no seu douto parecer, que para decidir se ao caso cabe impugnação ou antes recurso contencioso e ainda se a petição inicial foi introduzida tempestivamente, impõe-se determinar não só "o teor do despacho do DGRN que indeferiu o pedido de revisão" mas também "a data em que esse despacho foi notificado à recorrente", pelo que se impõe a ampliação da matéria de facto.

Tem razão o EPGA.
Já veremos porquê.
O Mm. Juiz decidiu que, no tocante ao pedido, cabia recurso contencioso, havendo assim erro na forma do processo. Mas não ordenou a convolação por isso que o pedido subsidiário (que a recorrente também fez) era a impugnação do acto de liquidação (pedido de anulação do acto tributário de liquidação dos emolumentos notariais), e, quanto a este ponto, a forma de processo (impugnação) era a adequada. E pronunciou-se no sentido de julgar improcedente a impugnação. Decidiu do seguinte modo, nos termos atrás descritos, que de novo se transcrevem:

"Absolveu a Fazenda Pública da instância, por nulidade absoluta de erro na forma do processo, no tocante ao pedido de que seja " (...) anulado, ou dado sem efeito, o acto de indeferimento (...) do pedido de revisão efectuado, impondo que a mesma se decrete, sob a forma que se pretendia: a efectiva anulação do acto tributário de liquidação (...).

"Absolveu a Fazenda Pública no que tange à impugnação, por julgar caducado o direito de deduzir impugnação, no tocante ao "pedido de anulação do acto tributário de liquidação dos emolumentos notariais".

Importa dizer o seguinte:
Caberá *recurso contencioso* do despacho de indeferimento, convolando-se o presente processo para tal forma processual se o despacho do DRRN não comportou a apreciação da legalidade do acto de liquidação (v.g., ter indeferido a pretensão do ora recorrente por extemporaneidade do pedido).

Mas já caberá *processo de impugnação* se tal despacho comportou a referida apreciação da legalidade do acto de liquidação.
É isto que resulta do art. 97.º, als. d) e p) do art. 97.º do CPPT.
Vale isto por dizer que a decisão a proferir em 1ª Instância não pode ter o alcance e a dimensão da já proferida (ora sob censura), mas sim terá que se balizar dentro do entendimento agora expresso.

Mas é igualmente verdade que para dar resposta a tais questões o probatório não é suficiente.
Impõe-se pois ampliar a matéria de facto, de forma a dar resposta às seguintes questões:
 – Qual o teor do despacho de indeferimento do DGRN, objecto de recurso?
 – Qual a data em que tal despacho foi notificado à recorrente?

Só após tal julgamento em sede de matéria de facto é possível determinar qual a forma de processo aplicável, com o consequente julgamento da matéria de direito, dentro dos pertinentes parâmetros legais (art. 729.º, 3, do CPC).

4. Face ao exposto, acorda-se em conceder provimento ao recurso, revoga-se a sentença recorrida, ordenando-se a ampliação da matéria de facto, nos termos atrás fixados.
Sem custas.
Lisboa, 20 de Outubro de 2004.

Lúcio Barbosa (Relator)
Fonseca do Vale
Pimenta do Vale

Recurso n.º 629/04

SANTA CASA DA MISERICÓRDIA DE LISBOA. TARIFA DE CONSERVAÇÃO DE ESGOTOS. ISENÇÃO. DECRETO-LEI N.º 40.397, DE 25/11/55.

(Acórdão de 6 de Outubro de 2004)

SUMÁRIO:

A Santa Casa de Misericórdia de Lisboa está isenta de tarifas de conservação de esgotos liquidadas pelas autarquias locais.

ACORDAM, EM CONFERÊNCIA, NA SECÇÃO DE CONTENCIOSO ADMINISTRATIVO DO SUPREMO TRIBUNAL ADMINISTRATIVO:

1. SANTA CASA DA MISERICÓRDIA DE LISBOA, com sede no Largo Trindade Coelho, Lisboa, impugnou judicialmente, junto do então Tribunal Tributário de 1ª Instância de Lisboa o "acto de cobrança da *tarifa de conservação de esgotos*", praticado pelos Serviços Municipalizados de Agua e Saneamento de Oeiras.

Alega beneficiar de isenção pessoal.

O Mm. Juiz do TAF de Sintra julgou a impugnação procedente, anulando a liquidação impugnada.

Inconformado o MUNICÍPIO DE OEIRAS interpôs recurso para este Supremo Tribunal.

Formulou as seguintes conclusões nas respectivas alegações de recurso:

a) As isenções de tarifas ou taxas municipais não se presumem e terão de estar determinadas em norma jurídica válida e eficaz.

b) A alínea *a)* do art. 13.º do Decreto-Lei n.º 40397, na parte que isenta a Misericórdia de Lisboa de impostos, contribuições, taxas ou licenças municipais, foi derrogada pelo disposto no art. 293.º, n.º 1, da Constituição de 1976, na sua versão inicial, uma vez que a mesma contrariava o princípio da autonomia do poder local consignado no n.º 1 do art. 6.º e nos art.ºs 237.º e segs. da Lei Fundamental.

c) Mesmo que assim se não entenda, a norma da referida alínea *a)* do art. 13.º do Decreto-Lei n.º 40397 foi derrogada pela Lei n.º 1/79, que passou a regular tudo o que respeita a receitas municipais.

d) Por outro lado, passando as isenções de taxas a estar estabelecidas no art. 29.º do Decreto-Lei n.º 98/84 (2ª Lei das Finanças Locais) deixaram de vigorar todas as isenções que constavam em diplomas anteriores, designadamente as que provinham da legislação do chamado Estado Novo, isto na hipótese de se considerar que a Misericórdia de Lisboa continuava a gozar de isenção.

e) A interpretação do art. 34.º dos Estatutos aprovados do Decreto-Lei n.º 322/91, na parte que pretende abranger as autarquias locais, quando se reafirma a manutenção das isenções previstas no Decreto-Lei n.º 40397, é inconstitucional.

f) Com efeito, falecia competência ao Governo legislar sobre o regime de finanças locais, porquanto a Constituição, na versão então em vigor, deferia no seu art. 168.º, n.º 1, alínea *s)*, essa competência à Assembleia da República, que a podia autorizar ao Governo, o que não foi o caso.

g) Por outro lado, mesmo que se entenda que a Misericórdia goze actualmente das isenções previstas no aludido Decreto-Lei n.º 40397, as tarifas são realidades distintas das taxas, distinção essa que a Lei n.º 1/87, então em vigor, teve a preocupação de evidenciar nos seus art.ºs 11.º, 12.º e 27.º.

h) Finalmente e na hipótese remota da vigência das isenções consignadas na alínea *a)* do art. 13.º do Decreto-Lei n.º 40397, a actual interpretação dessa norma terá de ser feita considerando as regras constantes do art. 9.º do Código Civil, designadamente a unidade do sistema jurídico e as circunstâncias em que aquele diploma foi elaborado e as condições especificas do tempo em que é aplicado, o que conduz necessariamente à sua não aplicabilidade às tarifas de conservação de esgotos.

i) A sentença recorrida não teve em conta o que se acaba de referir, pelo que não poderá ser mantida na ordem jurídica.

Não houve contra-alegações.

Neste STA, o PGA defende que o recurso não merece provimento.

Colhidos os vistos legais, cumpre decidir.

2. É a seguinte a matéria de facto fixada na instância:

1. Pela factura n.º 24978, pagável até 25 de Setembro de 1995, os Serviços Municipalizados de Agua e Saneamento de Oeiras liquidaram à impugnante a tarifa de conservação de esgotos do ano de 1995, referente ao prédio nela identificado, no montante de 2713$00;

2. Pela factura n.º 44342, pagável até 25 de Setembro de 1995, os Serviços Municipalizados de Agua e Saneamento de Oeiras liquidaram à impugnante a tarifa de conservação de esgotos do ano de 1995, referente ao prédio nela identificado, no montante de 210559$00;

3. Pela factura n.º 45835, pagável até 25 de Setembro de 1995, os Serviços Municipalizados de Agua e Saneamento de Oeiras liquidaram à impugnante a tarifa de conservação de esgotos do ano de 1995, referente ao prédio nela identificado, no montante de 1 159$00;

4. Pela factura n.º 70334, pagável até 25 de Setembro de 1995, os Serviços Municipalizados de Agua e Saneamento de Oeiras liquidaram à impugnante a tarifa de conservação de esgotos do ano de 1995, referente ao prédio nela identificado, no montante de 1159$00;

5. Pela factura n.º 100740, pagável até 25 de Setembro de 1995, os Serviços Municipalizados de Agua e Saneamento de Oeiras liquidaram à impugnante a tarifa de conservação de esgotos do ano de 1995, referente ao prédio nela identificado, no montante de 423$00;

6. Pela factura n.º 113555, pagável até 25 de Setembro de 1995, os Serviços Municipalizados de Agua e Saneamento de Oeiras liquidaram à impugnante a tarifa de conservação de esgotos do ano de 1995, referente ao prédio nela identificado, no montante de 9184$00.

3. Sendo estes os factos vejamos agora o direito.

São duas as questões que o recorrente coloca à consideração deste Supremo Tribunal, a saber:

— Se a impugnante, ora recorrida, ainda goza da isenção de taxas e nomeadamente da tarifas de conservação de esgotos, liquidadas pelas autarquias locais.

– Por outro lado, mesmo a considerar-se tal, ou seja, e mesmo que se considere que a recorrida beneficia da isenção de taxas, mesmo assim, e porque estamos perante uma tarifa e não perante uma taxa, se tal isenção abrange ou não as tarifas.

Vejamos cada questão de per si.

3.1. Da isenção de taxas.

Estabelece a alínea *a)* do art. 13.º do Decreto Lei n.º 40.397, de 24/11/55, que a Misericórdia de Lisboa goza de isenção de impostos, contribuições, taxas ou licenças do Estado ou corpos administrativos, seja de que natureza forem.

O recorrente sustenta que a recorrida não goza da isenção que lhe foi inicialmente atribuída por lei, pois, na sua perspectiva, a referida alínea *a)* do art. 13.º do Decreto Lei n.º 40397 foi revogada pela Constituição (art.ºs 293.º, 1, da Constituição de 1976), ou, a não se entender assim, pela Lei n.º 1/79, que passou a regular tudo o que respeita a receitas municipais, sendo que o Diploma que substituiu aquele Dec.-Lei n.º 40397 (o DL 322/91), é inconstitucional, no segmento respeitante a isenções respeitantes às finanças locais, por o Governo não estar provida da necessária credencial passada pela Assembleia da República, pois se estava no domínio reservado desta. Acresce que o art. 29.º do DL n.º 98/84 (2ª Lei das Finanças Locais) passou a estabelecer quais as entidades isentas de taxas, aí não figurando a recorrida.

Que dizer?

Pois bem.

No tocante a este último aspecto, não é possível dele extrair tal conclusão, pois pelo facto de aí se estabelecer que o Estado e seus institutos e organismos autónomos personalizados (e a Misericórdia de Lisboa era então não um instituto público mas uma pessoa colectiva de direito privado e utilidade pública administrativa) estão isentos de taxas não significa que outras entidades não estejam igualmente isentos das referidas taxas. Ponto é que diploma legal apropriado fixe tais isenções para outras entidades.

Assim sendo, resta-nos a outra tese do recorrente que sustenta que o primitivo diploma (Decreto-Lei n.º 40397) foi revogado, seja pela Constituição, seja pela Lei das Finanças Locais, sendo que o Diploma que o substituiu (o DL 322/91) é inconstitucional.

Que dizer.

Entendemos que, quer a Constituição quer a Lei das Finanças Locais não revogaram o já citado Decreto. Lei n.º 40397, no segmento ora em apreciação. Não se vê em que medida tal isenção tenha sido revogada, pois a autonomia do poder local, vazada na lei constitucional, não pode ter como consequência o termo dessas isenções. A menos que o legislador ordinário o declarasse expressamente. O que não aconteceu.

Defende o recorrente que o art. 34.º do Decreto-Lei n.º 322/91, de 26/8 é inconstitucional, já que este Diploma, no que contende com as finanças locais é inconstitucional, por não estar o governo provido com a necessária credencial da Assembleia da República para legislar no sentido de isentar a Santa Casa da Misericórdia de Lisboa da tarifa em causa.

O art. 34.º do citado diploma estatui: "mantêm-se a favor da Misericórdia de Lisboa todas as isenções que lhe foram conferidas por lei". Significa isto desde logo que o legislador ordinário entende que o referido Dec.-Lei n.º 40397 estava em vigor, no tocante à referida isenção, ao referir expressamente a palavra *"mantêm-se"*.

A alegada inconstitucionalidade desta norma, mesmo a verificar-se, não pode ter pois a virtualidade pretendida pelo recorrente.

Assim, e no tocante à citada isenção, a mesma encontra arrimo legal na já citada alínea *a)* do art. 13.º do Decreto. Lei n.º 40397.

Não procede assim, no tocante a este ponto, a alegação do recorrente.

3.2. A tarifa de conservação de esgotos. Sua natureza.

Defende o recorrente que as tarifas são realidades distintas das taxas.

Que dizer?

Afigura-se-nos desde logo óbvio que a denominada "tarifa de conservação de esgotos" não é um imposto. Será uma taxa? Será uma tarifa? Ou a tarifa será uma taxa?

Vejamos.

Nesta denominada "tarifa" há uma utilização individualizada de bens públicos ou semi-públicos, característica da taxa, no seu carácter sinalagmático, não unilateral. E é realmente no carácter sinalagmático da taxa, por oposição ao carácter não sinalagmático do imposto, que Soares Martinez acentua para os distinguir *(Direito Fiscal,* 8ª Edição, pág. 37).

Há na verdade entre o contribuinte e a Câmara Municipal uma relação entre a importância paga e o serviço de saneamento prestado.

Como se escreveu no Acórdão deste STA de 1994 (rec. n.º 17.363), in Ap.-DR de 28/11/96, pág. 794 e ss., "a referida prestação, atinente à conservação da rede geral de esgotos, tem, assim, a natureza de uma taxa, por se tratar, como o próprio nome indica, de uma prestação pecuniária autoritariamente imposta sem carácter de sanção, pela Câmara Municipal, e a pagar a esta, com relação ao serviço recebido: a dita conservação, em benefício dos prédios respectivos e seus proprietários".

Cremos assim que a quantia reclamada, impropriamente designada como tarifa, é uma verdadeira taxa. Veremos de seguida que a tarifa é apenas uma modalidade especial de taxa.

E é óbvio que a tratar-se de uma tarifa, estar-se-ia perante "uma prestação pecuniária paga pelo particular de prestação de serviços de natureza privada", sendo um preço "predeterminado e expressado em tabelas ou pautas reportadas a índices valorimétricos das realidades".

E é bom não esquecer o que se diz no Acórdão do Tribunal Constitucional de 7/4/88, in BMJ, n.º 376-179: "a tarifa, se ao nível da lei ordinária, pode ter significação própria, não releva, porém, numa perspectiva constitucional, como categoria tributária autónoma. Nesta óptica, ela constitui apenas uma modalidade especial de taxa e nada mais".

Também a Procuradoria-Geral da República, sempre qualificou tal prestação como verdadeira taxa – cf. os Pareceres de 18/4/85 e 11/3/88, in DR, II Série, de 2/10/85 e de 8/9/88.

Assentamos assim que a quantia exigida ao recorrido é uma taxa e não um imposto, com previsão na Lei das Finanças Locais e no Regulamento Geral das Canalizações de Esgotos da cidade de Lisboa. Concordando que a denominada tarifa é, ao cabo e ao resto uma taxa, sucedendo que a nível de lei ordinária, sendo embora uma taxa, tem aqui significação própria, sendo uma modalidade especial de taxa.

Reconhece-se pois que a tarifa tem uma explicitação individualizada, ao nível das Finanças Locais, como se vê do disposto no art. 12.º da Lei n.º 1/79. Porém, a distinção, no caso é despicienda.

Escreveu-se, com efeito, no acórdão deste STA de 9/10/2002 (Rec. n. 793/02):

"Independentemente da natureza jurídica da denominada tarifa de conservação de esgotos torna-se irrelevante ... determinar se estamos perante uma tarifa ou taxa pois que merecerá o mesmo tratamento jurídico quer se trate de uma ou outra realidade já que a mencionada isenção de impostos, contribuições taxas ou licenças do Estado ou corpos administrativos, seja de que natureza forem, sempre englobará ... a quantia liquidada ... ainda que a mesma fosse de qualificar como tarifa".

A recorrida goza pois da isenção aqui em causa.

E não se vê como é que o art. 9.º do CC possa ser aqui trazido à colação, como o faz a recorrente, para daí extrair a conclusão de que "a unidade do sistema jurídico e as circunstâncias em que aquele diploma foi elaborado e as condições especificas do tempo em que é aplicado, o que conduz necessariamente à sua não aplicabilidade às tarifas de conservação de esgotos".

Na verdade, o que importa saber é se há norma que consagre tal isenção.

E já vimos que há.

4. Face ao exposto, acorda-se em negar provimento ao recurso.

Sem custas.

Lisboa, 6 de Outubro de 2004.

Lúcio Barbosa (Relator)
Fonseca Limão
Pimenta do Vale

Recurso n.º 703/04

Tribunal Central Administrativo

1.ª Secção (Contencioso Administrativo)

CAIXA GERAL DE APOSENTAÇÕES (CGA). DESPACHO DA DIRECÇÃO DA CGA. EX-COMBATENTES SUBSCRITORES DA CGA. DIREITO À APOSENTAÇÃO E À FIXAÇÃO DE UMA DÍVIDA DE QUOTAS. APOSENTAÇÃO E SOBREVIVÊNCIA (ART.ºS 3.º E 9.º, DA LEI N.º 9/2002, DE 11-02).

(Acórdão de 28 de Outubro de 2004)

SUMÁRIO:

I – Os ex-combatentes subscritores da CGA podem gozar dos benefícios da contagem do tempo de serviço efectivo, bem como da bonificação da contagem de tempo de serviço militar prestado em condições especiais de dificuldades ou perigo, para efeitos de pensão de aposentação.

II – Os ex-combatentes referidos em I) devem requerer à CGA a contagem do tempo de serviço militar, para efeitos de aposentação ou reforma.

III – Não tendo a CGA cumprido o art.º 9.º, da Lei n.º 9/2002, de 11-02, acabou por proceder, ela própria, à contagem do tempo, fixando a dívida de quotas, violando aqueles dispositivos legais, dado que poderia vir a acontecer que a pensão não fosse, exactamente, aquela ou que a dívida de quotas, que lhe foi fixada, não pudesse existir.

IV – Conquanto a CGA sustente que o despacho recorrido apenas se pronunciou acerca de um dos requerimentos do recorrente – o de 26-02-02 – e não também acerca do requerimento de 14-03--2002, onde era solicitada a atribuição de complemento especial de pensão, o certo é que aquela decisão incidiu sobre ambos os requerimentos, que apresentavam um tronco comum (a aposentação), sendo o segundo um aditamento ou complemento do primeiro.

V – A consideração por parte da Direcção da CGA do disposto no art.º 9.º, da Lei n.º 9/2002, de 11-02, e na Portaria 141-A/02, de 13-02, poderia determinar a rejeição do requerimento de 14-03 ou a sua remessa, como se impunha, para os competentes serviços militares, como perpassa, aliás, pelos art.ºs 74.º, 76.º e 77.º, do CPA.

ACÓRDÃO

O recorrente veio interpor recurso contencioso de anulação do despacho da Direcção da CGA (proferido por delegação de poderes) e notificado ao recorrente por carta datada de 10-05-2002.

A fls. 22 e ss, foi proferida douta sentença, no TAC do Porto, pela qual decidiu julgar provado e procedente o vício de violação de lei invocado pelo recorrente, e, em conformidade, anulado o acto recorrido.

Inconformada com a sentença, a Direcção da CGA interpôs recurso jurisdicional da mesma, apresentando as suas alegações de fls. 40 e ss, com as respectivas conclusões de fls. 45 a 47, que de seguida se juntam por fotocópia extraída dos autos.

O recorrente, ora recorrido, veio apresentar as suas contra-alegações de fls. 50 e 51, com as respectivas conclusões de fls. 50 verso, que de seguida se juntam por fotocópia extraída dos autos.

No seu douto e fundamentado parecer, de fls. 58 a 59, o Sr. Procurador-Geral Adjunto entendeu que deverá negar-se provimento ao recurso jurisdicional, assim se mantendo a sentença recorrida.

MATÉRIA DE FACTO

Com interesse para a decisão, considero provados e relevantes os seguintes factos:

1) Em 26-02-2002, o recorrente solicitou a sua aposentação voluntária, nos termos do DL n.º 116/85, de 19-03.

2) Datado de 14-03-2002, o recorrente juntou requerimento, dirigido ao Presidente do Conselho de Administração da CGA, pedindo atribuição de complemento especial de pensão, por se considerar abrangido pelo art.º 1.º, n.º 2, alínea a), da Lei n.º 9/02, de 11-02.

3) Juntou, para o efeito, certidão emitida pelo Arquivo Geral do Exército, segundo a qual foi incorporado, em

03-10-66, desembarcou em Moçambique, em 02-05-67, e passou à disponibilidade, em Moçambique, em 10-12-69.

4) Por despacho de 10-05-2002, subscrito por dois Directores da CGA, foi reconhecido o seu direito à aposentação, tendo sido considerada a situação existente, em 09-05-2002, e foi-lhe considerada uma dívida de quotas para efeitos de aposentação e de sobrevivência nos valores de € 2419,42 e de € 806,49, respectivamente (acto recorrido).

5) Por carta datada de 10-05-2002, o recorrente foi notificado deste despacho.

6) Em 11-06-2002, deu entrada em Tribunal o presente recurso contencioso.

O DIREITO

Nas conclusões das suas alegações a CGA refere, designadamente, que o despacho, de 10-05-2002, proferido pela CGA não padece de qualquer ilegalidade, designadamente não viola o disposto no art.º 3.º, da Lei 9/2002, de 11-02.

É que a coberto do ofício de 19-03-2002, da CM de Gondomar, foram apresentados, junto da CGA, dois requerimentos distintos: um requerimento, datado de 26-02--2002, no qual o recorrente solicitou a sua aposentação voluntária, nos termos do DL n.º 116/85, de 19-03, e um outro, datado 14-03-2002, no qual solicitou a atribuição do complemento extraordinário da pensão, por se considerar abrangido pela Lei n.º 9/2002.

O requerimento de 14-03-2002, no qual o recorrente requereu a atribuição do acréscimo vitalício da pensão, não foi apreciado pela CGA.

Consequentemente formou-se acto tácito de indeferimento, o qual poderia ser impugnado graciosa ou contenciosamente pelo recorrente, o que não aconteceu.

A CGA desconhece, em absoluto, se o recorrente requereu a contagem do tempo de serviço militar ao abrigo do art.º 9.º, da Lei n.º 9/2002, de 11-02.

Por esta razão, não competindo à CGA determinar quais as situações abrangidas pelo citado diploma, pois trata-se de matéria da competência do respectivo Ramo das Forças Armadas, o requerimento apresentado em 14-03-02 não podia deixar de ser, como tacitamente foi, indeferido.

O despacho de 10-05-02 não padece de qualquer vício de violação de lei, devendo manter-se na ordem jurídica.

A sentença recorrida violou o disposto no art.º 109.º, do CPA, bem como o disposto no art.º 3.º, da Lei n.º 9//2002, de 11-02.

Deve ser concedido provimento ao presente recurso, anulando-se a sentença recorrida.

Nas conclusões das suas contra-alegações, de fls. 50 verso, o recorrente refere que o despacho recorrido decidiu os dois pedidos, já que o último era, necessariamente, complemento do primeiro.

Sendo certo que o despacho recorrido não refere, nem menciona que o objecto da decisão é o requerimento de 22-02.

Tem a Administração a obrigatoriedade, antes de proferir os actos, de convidar os requerentes a suprir deficiências ou supri-las, oficiosamente ,e, nesta situação assim não procedeu, criando, ficticiamente, um indeferimento tácito que é inexistente.

Deve ser confirmada a sentença.

Entendemos que o recorrente tem razão.

Como refere o Digno Magistrado do M.º P.º, a fls. 26 e verso, pela aplicação do art.º 3.º, da Lei n.º 9/2000, o valor a pagar seria muito inferior.

Porém, de acordo com o art.º 9.º de tal Diploma legal, conjugado com a Portaria 141-A/2002, de 13-02, tal direito tem que ser exercido mediante requerimento preenchido pelos interessados e entregue na Direcção-Geral de Pessoal e Recrutamento Militar do MDN, o qual é remetido, posteriormente, ao Ramo das FA, onde o requerente prestou serviço, para aí ser instruído com certidão do tempo de cumprimento do serviço Militar.

O recorrente não entregou o requerimento, na entidade referida, apenas tendo entregue o requerimento de fls. 3 do PA -de 14-03-2002 –, dirigido ao Presidente do Conselho de Administração da CGA, no qual requeria a atribuição de complemento especial de pensão e juntando a certidão comprovativa do tempo de serviço militar.

Face ao acima referido parece não competir à Caixa determinar quais as situações abrangidas pelo citado diploma, pois trata-se de matéria da competência do respectivo Ramo das FA, e, só após a instrução do processo por esta entidade e de acordo com os elementos fornecidos, é que a CGA fica habilitada a fixar a dívida de quotas nos termos do citado diploma .

Assim, no caso dos autos, a entidade recorrida decidiu mal.

É que, no seu requerimento de fls. 3, de 14-03-2002, o aqui recorrente apenas requereu a atribuição de complemento especial de pensão, nos termos do art.º 1.º, da Lei n.º 9/2002, de 11-02.

Pelo que de duas uma, ou lhe indeferia o requerimento, com base em incompetência, ou como cremos ser o adequado enviava tal requerimento para os serviços competentes acima referidos, quiçá após cumprimento do disposto nos art.ºs 76.º, n.º 1, 77.º, n.º 1 e 74.º, do CPA.

O que não podia era decidir, como decidiu, impondo ao recorrente, sem que este lhe solicitasse e sem se ver benefício relevante para ele, um ónus no montante acima referido.

O Mm.º juiz «a quo» acolheu o vício indicado pelo M.ºP.º, na douta sentença recorrida, repetindo, com oportunidade, que a Direcção da CGA ou devia rejeitar o requerimento que o recorrente datou, de 14-03-02, ou o devia enviar para os serviços competentes, não podendo impor ao recorrente o pagamento de um montante de quotas liquidado sem atender à sua pretensão.

Nessa medida, o despacho recorrido viola, efectivamente, o preceituado no art.º 3.º, da Lei 9/02, de 11-02, e deve ser anulado.

Ora, entendemos que, realmente, não tendo a CGA cumprido o art.º 9.º, da Lei n.º 9/2002, de 11-02 – os ex--combatentes referidos no art.º 1.º, daquela Lei, devem requerer à CGA a contagem do tempo de serviço militar para efeitos de aposentação ou reforma – *acabou por proceder, ela própria, à contagem do tempo, fixando a dívida de quotas*, acabando por violar o art.º 9.º e art.º 3.º, da mesma Lei, dado que poderia vir a acontecer que a pensão não fosse exactamente aquela ou que a dívida, que lhe foi fixada, não pudesse existir.

Aliás, e nessa linha de raciocínio, como muito bem refere o Digno Magistrado do MP.º, junto do TCA, a fls. 58, embora a recorrente (Direcção da CGA) sustente que o seu despacho de 10-05-2002 apenas se pronunciou acerca do requerimento de 26-02-2002 e não também acerca do requerimento de 14-03-20022, onde era solicitada a atribuição de complemento especial de pensão, a verdade é que *aquela decisão incidiu sobre ambos os requerimentos, concedendo a aposentação e estabelecendo o tempo de serviço e o pagamento de quotas.*

O que de resto se compreende, pois os pedidos apresentavam um tronco comum (a aposentação), sendo o segundo apenas um aditamento ou complemento do primeiro.

Improcede, assim, a alegação da recorrente de que teria existido um relevante indeferimento tácito, no tocante ao requerimento de 14-03-2002.

Assim, e tal como refere a douta sentença recorrida, a consideração por parte da Direcção da CGA, do disposto no art.º 9.º, da Lei n.º 9/2002, de 11-02, e na Portaria n.º 141-A/02, de 13-02, não poderia senão determinar a rejeição do requerimento de 14-03, ou a sua remessa para os competentes serviços militares, como perpassa pelos art.ºs 74.º, 76.º e 77.º, do CPA.

O que, de todo, estaria vedado à CGA era a imposição do pagamento de um montante de quotas liquidado, sem atender à pretensão do interessado.

Verifica-se, pois, a violação dos art.ºs 3.º e 9.º, da Lei n.º 9/2002, de 11-02.

DECISÃO
Acordam os Juízes do TCA, em conformidade, em negar provimento ao recurso jurisdicional, mantendo-se a sentença nos seus precisos termos.
Sem custas.
Lisboa, 28 de Outubro de 2004

**António Forte
Carlos Araújo
Fonseca da Paz**

Recurso n.º 12 880/03

COMPETÊNCIAS DO PRESIDENTE DA CÂMARA MUNICIPAL. ABERTURA DE CONCURSOS E HOMOLOGAÇÃO DE LISTAS CLASSIFICATIVAS. LEI 18/91, DE 12 DE JUNHO.

(Acórdão de 11 de Novembro de 2004)

SUMÁRIO:

I – Ao transferir os poderes de superintender na gestão e direcção do pessoal para o Presidente da Câmara Municipal, a Lei 18/91 revelou uma clara intenção de harmonizar o regime de competência para homologar as actas das reuniões dos júris dos concursos para recrutamento de pessoal.

II – Nessa medida, e por força do disposto no n.º 3 do art. 7.º do Código Civil, deve considerar-se tacitamente revogado o art. 9.º, n.º 1, alínea *a*) do Dec.-Lei 52/91, que atribuía aquelas competências à Câmara Municipal.

ACORDAM NO 1.º JUÍZO LIQUIDATÁRIO DO T.C.A. – SUL

1. RELATÓRIO
MARIA JOSÉ FREITAS VIEIRA interpôs no T.A.F. do Funchal recurso contencioso de anulação do despacho de 6.7.98 do Sr. Presidente da Câmara Municipal de Ponta do Sol, que homologou a lista de classificação final do concurso externo geral de ingresso para preenchimento de duas vagas de categoria e carreira de auxiliar dos serviços gerais do quadro de pessoal da Câmara Municipal da Ponta do Sol.

Invocou, em síntese, os vícios de incompetência e de violação de lei.

O Mmo. Juiz do T.A.F. do Funchal, por decisão de 7.01.02, concedeu provimento ao recurso e anulou o acto impugnado.

É dessa sentença que vem interposto o presente recurso jurisdicional pelo Sr. Presidente da Câmara Municipal da Ponta do Sol, em cujas alegações formula as conclusões seguintes:

1ª) A douta sentença recorrida julgou mal o caso dos autos, porquanto se entende que o Presidente da Câmara não tem poderes para homologar a lista de classificação final, então também não teria para proceder à abertura do concurso;

2ª) Em tal caso, e embora o Aviso de Abertura do Concurso revista, normalmente, a natureza de mero acto preparatório, a verdade é que, tanto a Jurisprudência e a Doutrina entendem que sendo tais actos lesivos, devem ter-se por destacáveis e autónomos, e passíveis de impugnação contenciosa (aliás, numa interpretação conforme à C.R.P., art. 268.º n.º 4), sob pena de precludir tal direito, por decurso do prazo (art. 28.º da L.P.T.A.) de impugnação contenciosa, e como tal, se consolidar o acto, tornando-se inatacável;

3ª) No caso dos autos, se ocorresse falta de competência do Presidente da Câmara, tal constituiria violação de lei, que comprometeria o concurso e os direitos dos concorrentes, pelo que então o Aviso deveria ter sido impugnado e, não o tendo sido, precludiu também qualquer hipótese de impugnação do acto de homologação, com fundamento no mesmo vício;

4ª) Acresce que se verificou, há muito, a nomeação dos candidatos para o preenchimento das vagas, no âmbito do concurso em causa, e o despacho do Presidente da Câmara, que procedeu a tal nomeação, não foi impugnado pela recorrente, ora recorrida, consolidando-se definitivamente na ordem jurídica, prejudicando, como verdadeiro caso julgado, a impugnação do acto de homologação;

5ª) Efectivamente, as vagas em causa estão definitivamente preenchidas e, uma vez que não houve impugnação judicial, no prazo legal, de tal acto, (art. 28.º da L.P.T.A.), formou-se quanto a esta matéria caso decidido ou resolvido;

6ª) Daqui decorre que a recorrente, ora recorrida, não tem legitimidade activa, por não ter interesse directo, pessoal e legítimo no provimento do recurso tal como o exige o art. 821.º n.º 2 do Código Administrativo ("ex vi" do art. 24.º da L.P.T.A.), excepção dilatória (art. 494.º n.º 1, alínea c) do C.P. Civil), e determina a absolvição da instância da recorrida;

7ª) Em consequência, há também inutilidade superveniente da lide, pelo que deveria a decisão sob recurso ter declarado extinta a instância, nos termos do art. 287.º, alínea e) do C.P. Civil, aplicável "ex vi" do art. 1.º da L.P.T.A;

8ª) Em qualquer caso, diga-se ainda que é evidente que a Lei 18/91, através da nova redacção dada ao n.º 2 do art. 53.º da Lei 100/84, veio atribuir competência ao Presidente da Câmara para "superintender na gestão e direcção do pessoal ao serviço do município", consagrando-o como dirigente máximo do funcionalismo municipal, o que lhe confere competência para o recrutamento, selecção e a avaliação do pessoal, incluindo os concursos;

9ª) Esta interpretação é, aliás, reforçada por força do disposto no art. 4.º do Dec. Lei n.º 238/99, de 25 de Junho, que adaptou à Administração local o Dec. Lei n.º 204/98, de 11 de Julho, cujo art. 52.º revogou o Dec. Lei n.º 498/88, de 30.12

10ª) Acresce que, por falta da necessária autorização legislativa (que não abrangia esta matéria, o art. 9.º do Dec. Lei n.º 52/91 é inconstitucional, por violação do então art. 168.º n.º 1, alínea b) da C.R.P., já que, como refere a Doutrina, a matéria em causa inclui-se no Estatuto das Autarquias Locais e, como tal, faz parte da reserva relativa de competência legislativa da Assembleia da República;

11ª) A douta sentença recorrida violou, entre outras disposições legais, o art. 168.º n.º 1, alínea b) (ao tempo vigente), art. 204.º e art. 268.º n.º 4 da C.R.P., arts. 24.º e 28.º da L.P.T.A., art. 821 n.º 2 do Código Administrativo, arts. 288.º, 494.º e 495.º do C.P. Civil e n.º 2 do art. 53.º da Lei 100/84.

A recorrida contra-alegou, pugnando pela manutenção do julgado. O Digno Magistrado do M.ºP.º emitiu parecer no sentido de ser negado provimento ao recurso.

2. MATÉRIA DE FACTO

A sentença recorrida considerou provada a seguinte factualidade relevante:

a) Em 14.7.98, a recorrente tomou conhecimento da acta n.º 3 do júri de selecção do concurso externo geral de ingresso para preenchimento de duas vagas da categoria e carreira de auxiliar de serviços gerais do grupo de pessoal auxiliar da C.M.P.S.;

b) O juri aprovou a classificação das candidatas, atribuindo à recorrente o 7.º lugar;

c) A classificação final foi homologada pelo Presidente da CMPS, por despacho exarado na acta da deliberação do juri, datado de 3.7.98;

d) Foi também o Presidente da CMPS quem mandou abrir o concurso;

e) A CMPS não delegou no seu Presidente tais competências;

f) Em 22.4.98 reuniu o júri nomeado para o concurso, «a fim de ... proceder à concepção e aprovação do conteúdo da prova de conhecimentos...» o qual, "tendo presente que o método de selecção adoptado se destina a avaliar o nível de conhecimentos académicos e ou profissionais dos candidatos exigíveis para o exercício da função ..., o júri deliberou aprovar para o efeito o teste constante da ficha anexa à presente acta..."»

g) No Aviso publicado no D.R. consta que «a prova de conhecimentos terá o programa constante do titulo V do despacho do Secretário Regional da Administração Pública datado de 17.7.89, publicado no JORAM;

3. DIREITO APLICÁVEL

A decisão recorrida considerou procedente o vício de incompetência relativa, assim anulando o despacho impugnado do Sr. Presidente da Câmara Municipal da Ponta do Sol, que homologou a lista de classificação final do concurso em referência.

Para tanto, expendeu, nomeadamente, o seguinte:

«A Lei 18/91, de 12 de Junho, procedeu à alteração do regime de atribuições das autarquias locais e das competências dos respectivos órgãos. Mas não revogou o art. 9.º n.º 1 do Dec. Lei 52/91, pois não se debruçou sobre a matéria do recrutamento do pessoal.

Aliás, a norma invocada (art. 53.º, n.º 2, al. a) da L.A.L. 84 na redacção de 1991) correspondia já antes de 1991 a uma competência delegada no presidente pela lei (v. arts. 51 n.º 1, b) e 52.º-1 da L.A.L. 84: «superintender na gestão e direcção do pessoal ao serviço do município".

Refere ainda a decisão recorrida que "Esta competência nada tem a ver com a contratação de pessoal e seus concursos. Refere-se ao pessoal ao serviço do município e não ao seu recrutamento".

Ora, a competência para abrir o concurso, tal como para o despacho final era então da C.M., com a possibilidade de delegação no presidente (v. o art. 32 n.º 3 do Dec. Lei 498/88, Dec. Lei 215/95 e o art. 9.º do Dec. Lei 52/91).

No caso presente, a delegação não existe.

Pelo que – conclui a decisão "a quo" – o PCMPS era incompetente para tais actos, tratando-se do vício de incompetência relativa gerador de anulabilidade.

O Digno Magistrado do Ministério Público e a recorrida acompanham este entendimento.

Quanto ao recorrente, Presidente da Câmara Municipal de Ponta do Sol, insurge-se contra o mesmo, invocando a ilegitimidade da recorrente, a inutilidade superveniente da lide e, quanto à questão de fundo, a inconstitucionalidade do art. 9.º do Dec. Lei 52/91 de 25 de Janeiro.

Quanto à legitimidade da recorrente, cremos que a mesma se mantém, atento o seu interesse directo na anulação do acto impugnado, e no tocante à extinção da lide, não vemos motivo para o seu decretamento.

Todavia, a questão de fundo merece uma análise mais aprofundada.

Como é sabido, todo o processo de recrutamento e selecção de pessoal se inicia com um acto de autorização de abertura do concurso, cuja competência na Administração Local, o n.º 1 do art. 9.º do Dec. Lei 52/91, de 25 de Janeiro atríbuia às Câmaras Municipais, às Juntas de Freguesia e às Assembleias Distritais.

Sucede, porém, que a partir da entrada em vigor da Lei 18/91, de 12 de Junho, que alterou alguns artigos do Estatuto das Autarquias Locais, aprovado pelo Dec. Lei 100/84, de 29 de Março, começou a questionar-se o poder de autorizar a abertura dos concursos, assim como de homologar as actas contendo as listas de classificação final, que, segundo a actual tendência evolutiva do Direito Administrativo, teria passado a pertencer ao Presidente da Câmara Municipal.

Na verdade, e como escreve Freitas do Amaral, "O Presidente da Câmara é hoje um órgão de vasta competência executiva, a figura emblemática do municipio, e o verdadeiro chefe da administração municipal: pretender negá-lo é contraditório com o sistema de eleição directa do Presidente da Camara estabelecido na legislação portuguesa" (cfr. Curso de Direito Administrativo", vol. I, 2ª edição, Almedina, p. 497 e seguintes).

Além das funções presidenciais e executiva, cabe ao Presidente da Câmara (arts. 52.º e 53.º da LAL) a função decisória, competindo-lhe dirigir e coordenar os serviços municipais – *como superior hierárquico dos respectivos funcionários* – e resolver todos os problemas que a lei lhe confie ou que a Câmara lhe delegue.

Nas suas doutas alegações, diz o recorrente que é inconstitucional o art. 9.º do Dec. Lei n.º 52/91, mas cremos que a questão se deve colocar antes no âmbito da sua revogação.

Senão vejamos:

A Lei 18/91, de 12 de Junho, introduziu alterações significativas ao Dec. Lei 100/84, que se explicam pela crescente importância do Presidente da Câmara no seio das autarquias locais, procedendo assim ao reforço dos seus poderes.

Nomeadamente, o poder de superintender na *gestão e direcção do pessoal* passou a integrar o elenco das competências do Presidente (art. 53.º/2/a), pelo que a este passou a competir exercer todos os poderes que, desde a Lei 79/77, estavam englobados naquela expressão (cfr. Paulo Veiga e Moura, "Função Pública", 1.º volume, Coimbra Editora, p. 102 e seguintes).

Cremos, assim, não ser lícito efectuar qualquer cisão entre os poderes relativos à selecção e recrutamento do pessoal e os poderes relativos ao pessoal que já se encontra ao serviço, por não haver qualquer fundamento lógico para tal distinção.

Ora, ao transferir para o P.C.M. o poder de gestão e direcção do pessoal, a Lei 18/91 revelou uma clara intenção de harmonizar o regime de competência para homologar as actas das reuniões dos Júris dos concursos para recrutamento de pessoal.

Como diz Paulo Veiga e Moura, "É esta inequívoca intenção harmonizadora que legitima a revogação de uma norma especial – o art. 9.º n.º 1, al. *a)* do Dec-Lei 52/91 – por uma norma geral – o art. 53.º/2/a do Dec-Lei 100/84 (v. neste sentido o n.º 3 do art. 7.º do Código Civil). – ob. cit. p. 105.

Em abono desta posição concorre a certeza de que a regra *lex posterior generalis non derrogat legi priori speciali* não se revela infalível, sendo perfeitamente admissível que um diploma de carácter geral derrogue outro especial – v. neste sentido, P. Lima e A. Varela, "Noções Fundamentais de Direito Civil", vol. I, 5ª edição, Coimbra, 1965, p. 116

Ou seja: deverá concluir-se pela intenção revogatória sempre que da lei nova e geral se possa retirar a pretensão de regular totalmente a matéria, não deixando subsistir leis especiais, ou de pôr termo a regimes especiais antigos que deixaram de se justificar (cfr. Oliveira Ascensão, "O Direito – Introdução e Teoria Geral", 4ª ed. 1987, p. 493).

É, assim, inteiramente correcto, como diz o recorrente nas suas alegações, que "por via da Lei 18/91, e mais precisamente por via da alínea *a)* do n.º 2 do art. 53.º na nova redacção dada à Lei n.º 100/84, (...) compete ao Presidente da Câmara Municipal "Superintender na gestão e direcção do pessoal ao serviço do município", norma que lhe confere o estatuto de dirigente máximo do serviço em todas as matérias, inclusive o recrutamento, a selecção e a avaliação de pessoal no âmbito dos concursos (sua abertura e homologação das listas classificativas). Tal interpretação é reforçada pela solução seguida no art. 4.º do Dec-Lei n.º 238/99, de 25 de Junho, que adaptou à Administração Local o Dec-Lei n.º 204/98, de 11 de Julho, cujo art. 52.º revogou o Dec-Lei n.º 498/88, de 30 de Dezembro.

Conclui-se, pois, ao contrário da decisão recorrida, que o despacho impugnado não enferma do vício de incompetência relativa.

4. DECISÃO

Em face do exposto, acordam em revogar a sentença recorrida e em manter na ordem jurídica o despacho impugnado.

Custas pela recorrente em ambas as instâncias, fixando a taxa de justiça em 200 € e a procuradoria em 100 €.

Lisboa, 11 de novembro de 2004

**as.) António de Almeida Coelho da Cunha (Relator)
Maria Cristina Gallego dos Santos
Teresa Maria Sena Ferreira de Sousa**

Recurso n.º 11 516/02

DEC. LEI N.º 197/04, DE 8 DE JUNHO. PROGRAMAS DO CONCURSO. SUA NATUREZA JURÍDICA. RECONHECIMENTO NA QUALIDADE DAS ASSINATURAS DOS PROPONENTES.

(Acórdão de 28 de Outubro de 2004)

SUMÁRIO:

I – Os programas de concurso, quanto à sua natureza jurídica, são regulamentos "ad hoc", destinados a colmatar as eventuais insuficiências ou a imprevisão decorrente da lei base.

II – Como tal, tais programas podem explicitar e até ampliar os motivos da não admissão de propostas, nomeadamente no âmbito do Dec. Lei n.º 197/99, de 8 de Junho.

III – A exigência regulamentar, prevista num programa de concurso, de impor o reconhecimento na qualidade das assinaturas dos proponentes, certificando os poderes de representação das empresas que concorreram do concurso, não é ilegal, nem viola o disposto no art. 104.º n.º 3, alínea *c)* do Dec. Lei n.º 197/99 ou os princípios da proporcionalidade, igualdade ou concorrência.

IV – As normas regulamentares do programa do concurso são imperativas, vinculando as deliberações do respectivo júri do concurso.

ACORDAM NO 2.º JUÍZO – TCA – SUL:

1. RELATÓRIO

Onitelecom – Infocomunicações, S.A. e Novis Telecom, S.A., vieram interpor recurso jurisdicional do Acórdão proferido nos autos pelo Mmo. Juiz do T.A.F. de Lisboa, que julgou improcedente a acção de processo de contencioso pré-contratual, que não admitiu a proposta apresentada pelas recorrentes no âmbito do concurso público aberto pelo Ministro da Educação e pela Fundação para a Computação Científica Nacional, para a aquisição de um serviço de migração para banda larga das escolas dos 1.º, 2.º e 3.º ciclos do Ensino Básico e das Escolas Secundárias do Ensino Público e aquisição de serviço de voz para as escolas públicas do 5.º ao 12.º anos.

Formulam, para tanto, as conclusões seguintes:

1) A douta sentença recorrida, ao considerar pela validade do acto administrativo recorrido, que tinha determinado a exclusão da proposta apresentada pelas Autoras por as assinaturas constantes da mesma não se encontrarem "reconhecidas na qualidade", apesar de ter verificado que as mesmas eram de quatro administradores das duas sociedades agrupadas, violou os artigos 10.º, 12.º e 104.º n.º 3, al. c) do Dec. Lei n.º 197/99;

2ª) Em primeiro lugar, porque o acto administrativo é anulável por violação do art. 104.º n.º 3, al. c). Com efeito, segundo este preceito, apenas constituem motivos de exclusão das propostas, *no que toca ao seu modo de apresentação* (única questão aqui em apreciação, as desconformidades com os requisitos no art. 97.º daquele diploma – acrescentando ainda que essas faltas terão de ser consideradas essenciais.

3ª) Ora, a exigência do "reconhecimento na qualidade" das assinaturas não é uma exigência que conste do art. 97.º do Dec. Lei n.º 197/99, pelo que o não cumprimento desse requisito nunca poderia dar lugar à exclusão de uma proposta; é, assim, ilegal o art. 20.º do Programa do Concurso, no segmento em que acrescenta como causas de exclusão de propostas critérios que não se encontram legalmente definidos.

4ª) A ilegalidade do art. 20.º do Programa do Concurso resulta, aliás, de forma evidente, tanto do art. 104.º, n.º 3, al. c), que não inclui entre os possíveis motivos de não admissão das propostas a violação de qualquer critério regulamentar fixado, como do art. 89.º do Dec. Lei n.º 197/99, que não confere ao Programa de Concurso a possibilidade de criar motivos de exclusão das propostas;

5ª) É, assim, evidente a ilegalidade do art. 20.º do Programa do Concurso, pelo que o acto administrativo é anulável – o que determina a revogação da sentença recorrida por erro de julgamento;

6ª) Ainda que assim não fosse, e se considerasse, indevidamente, que o Programa do Concurso poderia criar novos critérios que pudessem determinar a exclusão de propostas, sempre se teria de concluir pela anulabilidade do acto de exclusão das propostas;

7ª) É que, como resulta do art. 104.º n.º 3, al. c) do Dec. Lei n.º 197/99, as faltas relativas ao modo de apresentação das propostas só podem determinar a não admissão destas quando as mesmas sejam essenciais – o que não sucede no presente caso;

8ª) Em primeiro lugar, a não essencialidade desse requisito resulta logo do facto de esse critério nem sequer se encontrar legalmente previsto. Com efeito, como resulta do art. 41.º do Dec. Lei n.º 197/99, que apenas exige a assinatura da proposta. É que seria estranho que o legislador não incluísse entre os diversos requisitos que estabeleceu alguns que pudessem não ser considerados como essenciais;

9ª) É que, como resulta do art. 104.º n.º 3, al. c), do Dec. Lei n.º 197/99, nem todos os requisitos legalmente exigidos quanto ao modo de apresentação das propostas se podem ter como essenciais. Deste modo, nunca se poderá considerar que critérios que têm um assento meramente regulamentar possam ser considerados essenciais;

10ª) Por outro lado, e ainda que se considerasse que aquele critério seria, em abstracto, essencial, ter-se-ia de concluir que ele não o era neste caso concreto;

11ª) Com efeito, a finalidade que se visava alcançar era a de assegurar que as assinaturas constantes da proposta eram dos administradores das sociedades envolvidas;

12ª) Ora, como ficou provado pela sentença recorrenda, o Júri verificou que as assinaturas constantes da proposta eram dos administradores das sociedades envolvidas;

13ª) Como já afirmou o STA: «uma formalidade essencial degrada-se em não essencial quando o resultado em vista acaba por ser atingido" – cfr. Ac. STA de 26.6.86, in Ac. Dout. n.º 306, p. 780;

14ª) É, assim, inequívoca a anulabilidade do acto recorrido, já que aquela falta nunca poderia ser reputada de essencial, pelo que a sentença padece de erro de julgamento por força da errada interpretação do art. 104.º n.º 3, al. c) do Dec. Lei n.º 197/99;

15ª) O acto é ainda inválido por força da manifesta violação do princípio da proporcionalidade (cfr. art. 12.º n.º 2 do Dec. Lei n.º 197/99), já que a exclusão de uma proposta apenas pelo facto de as assinaturas dos administradores das sociedades envolvidas no agrupamento não se encontrarem reconhecidas nessa qualidade seria um formalismo totalmente desproporcionado;

16ª) Este acto – o de exclusão – nunca poderia ser configurado como um acto que "... se revela indispensável à prossecução dos fins que legitimamente se visam alcançar" (cfr. art. 12.º n.º 2 do Dec. Lei n.º 197/99), já que, como se demonstrou, se atingiu neste caso o fim que se visava alcançar com aquele requisito, pelo que é evidente a violação do princípio da concorrência;

17ª) Por último, o acto adoptado viola o princípio da concorrência, que reclama que «na formação dos contratos deve garantir-se o mais amplo acesso aos procedimentos dos interessados em contratar ...» (cfr. art. 10.º do Dec. Lei n.º 197/99);

18ª) Com efeito, a exclusão de candidatos quando todos os objectivos visados pelas exigências legais e concursais quanto ao modo de apresentação das propostas se encontram preenchidos – e quando a sua admissão não põe em causa os direitos ou interesses legalmente protegidos de quaisquer interessados –

constitui uma manifesta violação desse princípio, já que determinaria a redução do número de concorrentes sem que nada o possa justificar.

Contra-alegaram as entidades recorridas e a contra--interessada PT PRIME – Soluções Empresariais de Telecomunicações e Sistemas, S.A., pugnando pela manutenção do decidido em 1ª instância

O Digno Magistrado do Ministério Público não emitiu parecer sobre o mérito do recurso.

2. MATÉRIA DE FACTO

A sentença recorrida considerou provada a seguinte factualidade relevante:

a) Mediante despacho de 9 de Janeiro de 2004 do Ministro da Educação foi determinada a abertura do concurso público para "Migração para Banda Larga das Escolas do 1.º, 2.º e 3.º Ciclos do Ensino Básico e das Escolas Secundárias do ensino público e aquisição de voz para as escolas públicas dos 5.º ao 12.º anos (vol. 1, proc. instrutor);

b) O concurso público n.º 2/2004 supra identificado foi lançado pelo Ministério da Educação e pela Fundação para Computação Científica Nacional;

c) O acto público de abertura do concurso teve lugar no dia 30 de Março de 2004, na sede da Fundação para a Computação Científica Nacional;

d) Ao concurso público em causa apresentaram-se as seguintes empresas:
– JAZZTEL PORTUGAL, Serviços de Telecomunicações (concorrente n.º 1);
– COLTEL – Serviços de Telecomunicações Unipessoal, Lda (concorrente n.º 2);
– PT PRIME, SA – Soluções Empresariais de Telecomunicações e Sistemas S.A. (concorrente n.º 3);
– NOVIS TELECOM, S.A. e ONI TELECOM, SA (concorrente n.º 4);

e) No acto público do concurso foram admitidos os concorrentes n.ºs 1 e 3, e admitidos condicionalmente os concorrentes n.ºs 2 e 4, os quais na sequência de reclamação vieram a merecer admissão definitiva ao concurso;

f) As propostas apresentadas pelos concorrentes n.ºs 1, 2, 3 e 4 foram inicialmente admitidas por deliberação do Júri do concurso;

g) Pelo concorrente n.º 3 foi apresentada reclamação quanto à proposta do concorrente n.º 4, por este não ter apresentado as assinaturas constantes da Proposta reconhecidas na qualidade;

h) O Júri do concurso, após apreciação de tal reclamação, constatou que na proposta apresentada pelo concorrente n.º 4, constam quatro assinaturas dos administradores das duas empresas agrupadas, mas que tais assinaturas não se encontram reconhecidas na qualidade de pessoas com poderes para obrigar essas empresas;

i) O Júri, com fundamento no apurado e referido, deliberou, por unanimidade e com fundamento na segunda parte do art. 20.º do mesmo programa, não admitir a proposta do concorrente n.º 4;

j) Na proposta apresentada pelo concorrente n.º 1, JAZZETEL Portugal, bem como nas propostas apresentadas pelos concorrentes n.ºs 2 e 3, respectivamente COLTEL e PT PRIME SA, constam as assinaturas dos representantes com poderes para obrigar essas empresas, com reconhecimento da qualidade;

k) Na proposta apresentada pela concorrente n.º 4, NOVIS TELECOM, S.A e ONI TELECOM, SA, constam quatro assinaturas de administradores, mas sem reconhecimento da qualidade.

3. DIREITO APLICÁVEL

A sentença recorrida julgou improcedente a acção interposta, mantendo o acto impugnado que não admitiu a proposta apresentada pelas A.A., no âmbito do concurso público lançado e aberto pelo Ministério da Educação e pela Fundação para a Companhia Científica Nacional para a aquisição de um serviço de migração para banda larga das escolas dos 1.º, 2.º e 3.º ciclos do Ensino Básico e das Escolas Secundárias do ensino público e aquisição de serviço de voz para as escolas públicas do 5.º ao 12.º ano.

Para tanto, considerou, designadamente, que "o Programa de Concurso, no art. 9.º n.º 7, exige o reconhecimento da qualidade daqueles que assinam e subscrevam a proposta apresentada, o que se traduz em requisito de conteúdo e não de forma, já que a exigência imposta pela norma regulamentar visa aferir da qualidade dos autores das assinaturas e se possuem ou não poderes de representação para vincular legalmente o concorrente" (...) sendo certo que "a exigência do reconhecimento da qualidade previsto e estatuído no art. 9.º n.º 7 do Dec. Lei n.º 197/99, de 8 de Junho, não viola o regime jurídico do Dec. Lei n.º 197/99 de 8 de Junho, por se conformar com a norma aberta contida no art. 89.º, alínea *e*), do Dec. Lei n.º 197/99, de 8 de Junho".

Considerou ainda a sentença recorrida que o reconhecimento da qualidade, nos termos e para os efeitos do disposto nos arts. 5.º e 6.º do Dec. Lei n.º 237/2001, de 30 de Agosto, constitui elemento essencial no domínio da vontade de contratar, dotando a proposta de certeza jurídica quanto ao grau e natureza da vinculação dos proponentes.

E, finalmente, concluiu que a formalidade preterida pelas A.A. merece a qualificação de formalidade essencial, insusceptível de degradação em formalidade não essencial.

Perfilhar a tese das A.A. seria, assim, efectuar uma interpretação abrogante das normas regulamentares constantes do Programa do Concurso.

Insurgindo-se contra tal entendimento, as recorrentes alegam que a decisão recorrida violou o disposto no art. 104.º do Programa do Concurso e ignorou a teoria das formalidades essenciais e não essenciais vigente no Direito Administrativo, para além dos princípios da proporcionalidade, da concorrência e da prossecução do interesse público.

Vejamos, separadamente, cada uma destas questões.

Quanto à alegada violação do art. 104.º n.º 3, al. *c*) do Dec. Lei n.º 197/99, as recorrentes não se conformam com o entendimento de que o *Programa do Concurso* possa criar livremente novos critérios de exclusão da proposta, por força do art. 89.º, alínea *e*) do Dec. Lei n.º 197/99. Antes defendem a tese de que as causas de não admissão das propostas obedecem ao princípio da tipicidade, decorrente daquela norma, da qual se infere que só podem ser excluídas as propostas que não observem o disposto no art. 97.º, e desde que a falta seja essencial.

Acentuam as recorrentes que o art. 89.º, alínea *e*), do Dec. Lei n.º 197/99, apenas se refere à possibilidade de exigência de requisitos adicionais quanto ao *modo de apresentação* das propostas, e já não à possibilidade de exclusão das propostas que não os cumpram.

A nosso ver não é assim.

Os Programas de Concurso destinam-se a definir os termos a que obedece o respectivo processo, constituindo "regulamentos ad hoc" onde se inscrevem, de forma imperativa, os trâmites e formalidades do procedimento adjudicatório.

Constam, pois, de tais programas, disposições vinculantes para a autoridade procedimental, bem como para todos os intervenientes no processo concursal. O não cumprimento das mesmas por parte dos concorrentes determina, por via de regra, a sua não admissão ao concurso (cfr. M. Esteves de Oliveira, "Concursos e Outros Procedimentos de Adjudicação Administrativa", Almedina, 2003, p. 135).

Ou seja, o programa de concurso constitui um acto jurídico unilateral, ao qual os concorrentes aderem, e não precisa do seu acordo para ser eficaz, visto que o conhecem previamente. A impugnação de quaisquer normas desse programa, de acordo com o princípio da boa fé, deverá ser efectuada previamente, e não depois do momento de apreciação das propostas. No caso concreto, as normas dos arts. 9.º e 20.º do Programa do Concurso são de meridiana clareza ao exigirem o *reconhecimento na qualidade* dos concorrentes (art. 9.º), o que significa a imposição do dever de as entidades concorrentes demonstrarem, inequivocamente, que estão devidamente representadas, em nome da segurança e certeza jurídicas, ou seja, certificando que as assinaturas apostas o são por quem tem *poderes para obrigar os concorrentes em causa*. Trata-se de uma exigência adicional que não colide, mas antes complementa e é um corolário lógico da lei, destinada a garantir o grau e natureza da vinculação dos proponentes e a seriedade e estabilidade do procedimento concursal.

A inobservância de tal formalismo é cominada com a não admissão das propostas, mediante uma decisão vinculada do júri a que este se não pode subtrair, em função da sua necessária obediência ao definido na lei e no programa de concurso (cfr. Margarida O. Cabral, ob. cit. p. 176 e seguintes).

A clareza das normas referidas, transcritas nas alegações de ambas as partes, não necessita de especiais cuidados interpretativos, recordando até o velho brocardo "in claris non fit interpretatio", visto que os elementos gramaticais, lógico e sistemático da interpretação se mostram coincidentes.

Em suma, é de concluir que os artigos 9.º e 20.º do Programa do Concurso não colidem com o disposto no art. 104.º n.º 3 do Dec. Lei n.º 197/99, uma vez que tal norma não procede a uma enumeração taxativa das causas de não admissão das propostas. E não se pode inferir dos requisitos cumulativamente previstos nos arts. 97.º e 104.º n.º 3 do Dec. Lei n.º 197/99 a impossibilidade de o programa do concurso prever outros motivos de exclusão (para alguma coisa servem os regulamentos), ainda que de ordem aparentemente formal, desde que justificados pelos princípios nucleares do procedimento concursal. Tanto assim é que o art. 89.º do Dec. Lei n.º 197/99 reconhece que o Programa do Concurso se destina a definir os termos a que obedece o concurso, referindo-se aos requisitos necessários à admissão dos concorrentes. O que implica a possibilidade de fixação de exigências adicionais, nomeadamente quanto ao modo de apresentação das propostas, entendendo, aliás, a doutrina que o elenco das causas de exclusão das propostas não está sujeita a uma enumeração taxativa, podendo o programa de concurso exercer a sua função de prescrever outros motivos de exclusão, desde que logicamente condicionados aos princípios que presidem ao concurso (cfr. Margarida O. Cabral, ob. cit. p. 177).

Isto posto, e verificando-se que as concorrentes ONITELECOM e NOVIS não apresentaram o reconhecimento de qualidade no momento próprio (art. 9.º n.º 7 do Programa do Concurso), certificando que as assinaturas apostas o foram por quem tinha *poderes para se obrigar*, é de concluir que a decisão do júri só poderia ser a de determinar a exclusão da proposta por elas apresentada.

Consequentemente, a decisão recorrida não violou o disposto no art. 104.º n.º 3 do Dec. Lei n.º 197/99, de 8 de Junho

Cumpre, seguidamente, analisar a questão da essencialidade (ou não) da falta cometida.

Nas suas alegações, as recorrentes distinguem entre *faltas essenciais e faltas não essenciais* como factor determinante da exclusão das propostas, apoiando-se na chamada "teoria das formalidades essenciais".

Sustentam que a exigência do *reconhecimento de qualidade* das assinaturas, não sendo exigência que conste do art. 97.º do Dec. Lei n.º 197/99, nunca poderia dar lugar à exclusão de uma proposta. Na sua óptica é ilegal o disposto no art. 20.º do Programa do Concurso, no segmento em que acrescenta como causas de exclusão de propostas "critérios que não se encontram legalmente definidos.".

Alegam, ainda, que o Júri do concurso acabou por verificar que as assinaturas apostas pertenciam a quatro administradores das A.A., pelo que a falta cometida não pode ser tida como essencial, tendo-se degradado em não essencial, fazendo crer que o resultado em vista da exigência postergada sempre acabou por ser atingido (cfr. o Ac. STA de 28.6.86, in Ac. Dout. n.º 206, p. 780).

Dizem isto os recorrentes sem razão.

Como escreve Esteves de Oliveira, "no direito adjudicatório concursal (...), a sequência procedimental apresenta-se bem circunscrita e desenhada na lei. Os órgãos encarregados da instrução do procedimento e a entidade que o decide têm (nuns casos mais, noutros menos, alguma margem de discricionariedade em matéria de formalismo sequencial, mas, fora dos domínios de apreciação e ordenação das propostas – onde há necessariamente mais tarefas, tempos e espaços – o percurso de ambos através do procedimento está bem marcado, com pouca liberdade instrutória.

Por isso se diz valer aqui o *princípio da formalidade* – ou do *formalismo essencial* (ob. cit. pág. 91 e ss.).

Os interesses protegidos por este princípio derivam das preocupações crescentes em matéria de rigor, e transparência no modo de actuar da Administração Pública (...) como também da crescente complexidade das condições de concorrência, nomeadamente quanto à idoneidade jurídica, técnica, económica e financeira de concorrentes e suas propostas.

Para atenuar o excesso formalista, a denominada *teoria das formalidades* (não) essenciais pretende constituir uma válvula de escape, preconizando o entendimento de que as formalidades impostas em procedimento de concurso só assumem carácter essencial quando da sua omissão resultar a *ofensa dos princípios que se considera deverem reger o procedimento*, como são os da publicidade, da concorrência, da imparcialidade e da transparência (cfr. Esteves de Oliveira, "Direito Administrativo", Almedina, 1998, p. 460; Ac. do STA de 20.11.86, in Ac. Dout., n.º 303, p. 364 e seguintes; Ac. do STA (Pleno) de 17 de Janeiro de 2001, Rec. n.º 44249, in "Antologia de Acórdãos do Supremo Tribunal Administrativo e do Tribunal Central Administrativo", Ano IV, n.º 2, p. 11 e seguintes).

Ou seja: só a inobservância de formalismo que lese os valores essenciais do concurso pode conduzir à exclusão de uma proposta, o que pressupõe a ofensa de normas a que o Júri do concurso está vinculado.

Tal implica, naturalmente, a avaliação dos interesses em jogo no caso concreto (da Administração e dos concorrentes).

Importa, na situação dos autos, que as recorrentes atribuem especial relevo às faltas derivadas dos critérios regulamentares para efeitos de classificação como faltas não essenciais, defendendo como que uma *presunção de não essencialidade* em virtude do disposto no art. 97.º do Dec-Lei n.º 197/99.

Sucede, porém, que esta norma não prevê a situação desenhada nos autos, referindo-se tão somente ao modo *de apresentação da proposta* nos respectivos invólucros.

De tal norma não se pode inferir a não essencialidade da falta cometida, que diz respeito ao reconhecimento das *assinaturas na qualidade*, do qual deriva a atribuição de valor probatório à proposta dos concorrentes. Ou seja: sem o reconhecimento de que as assinaturas apostas na proposta pertencem às pessoas com *poderes para obrigar os concorrentes*, não pode o júri do concurso efectuar um juízo seguro sobre a natureza da vinculação operada.

A razão de ser de tal exigência não é de somenos importância, antes constituindo um concreto interesse vital da Administração na segurança e estabilidade, de molde a evitar, por exemplo, a eventual recusa de um dos alegados proponentes em honrar a proposta, com o argumento de a mesma ter sido subscrita por quem não detinha os necessários poderes.

O reconhecimento da qualidade por notário é, portanto, por força do estatuído na segunda parte do art. 20.º do Programa do Concurso, uma *formalidade essencial* imperativamente estabelecida com a finalidade de garantir a autenticidade e credibilidade da proposta.

Ou seja, e em conclusão, tanto é essencial a declaração de vontade do concorrente como a força probatória de tal declaração (art. 9.º n.ºs 6 e 7 do Programa do Concurso), sendo a falta de qualquer delas cominada com a não admissão do concorrente.

Falecem, por isso, também quanto a este ponto, as razões invocadas pelas recorrentes nas suas alegações.

Cumpre, finalmente, analisar a alegada violação dos princípios da proporcionalidade, da imparcialidade, da concorrência e da prossecução do interesse público.

Quanto ao princípio da proporcionalidade, consideram as recorrentes que uma medida administrativa tão gravosa como a não admissão de uma proposta não pode derivar de razões que relevam de uma concepção meramente formalista.

Esqueceu, todavia, e como resulta do anteriormente exposto, que não estamos perante uma exigência formal vazia de sentido ou meramente burocrática, mas antes perante uma exigência que radica num interesse material fundamental, que confere a necessária segurança ao procedimento, possibilitando à entidade adjudicante o controlo da veracidade da proposta que representa a vontade contratual do concorrente. Evitando, por exemplo, que alterações na investidura dos administradores que formalizaram a vontade das concorrentes possam violar a estabilidade e as regras do concurso, colocando a entidade adjudicante e os outros concorrentes numa situação de imprevista dificuldade.

É de concluir, pois, que a formalidade exigida se mostra proporcional à natureza da falta cometida, no sentido de racional, adequada e necessária.

Quanto à pretensa violação do princípio da concorrência por parte da deliberação do júri, não se vê como se possa sustentar tal tese. A exigência imposta pelos arts. 9.º e 20.º do Programa do Concurso é igual para todos os concorrentes, e o exame formal das propostas ocorre no mesmo momento procedimental e tem as mesmas consequências. Não se vislumbra, pois, qualquer discriminação ou desfavorecimento que tenha ofendido os interesses das recorrentes com base numa qualquer interpretação desfavorável ou atentatório das regras de funcionamento do mercado concursal.

Do exposto resulta igualmente claro que não foram violados os princípios da igualdade e da imparcialidade, assim como o não foi o princípio *pro concurso*, pois que as razões que determinaram a não admissão das recorrentes ONITELECOM – Infocomunicações, SA. e NOVIS TELECOM S.A. não assentam em qualquer dúvida interpretativa insanável, mas sim na aplicação das normas dos artigos 9.º e 20.º do Programa, nomeadamente no disposto na segunda parte do art. 20.º.

Normas essas que, como já se disse, são de meridiana clareza e não permitiam ao Júri do concurso outra deliberação que não fosse a não admissão das propostas.

Conclui-se, pois, que não só não houve qualquer violação dos princípios invocados, como também foram rigorosamente observadas as exigências de precaução decorrentes do mesmo.

Improcedem, assim, na íntegra as conclusões das alegações das recorrentes.

4. DECISÃO

Em face do exposto, acordam em negar provimento ao recurso e em confirmar a sentença recorrida.

Custas pelas recorrentes, no montante de 10 UC (cfr. arts. 446.º n.º do C. Proc. Civil e art. 73.º-D n.º 3 do C.C.J., na redacção conferida pelo Dec. Lei n.º 324//2003, de 27 de Dezembro).

Lisboa, 28 de Outubro de 2004

as.) **António de Almeida Coelho da Cunha (Relator)**
Maria Cristina Gallego dos Santos
Teresa Maria Sena Ferreira de Sousa

Recurso n.º 00340/04

DEC. LEI N.º 498/88, DE 30 DE DEZEMBRO DE 2004

(Acórdão de 9 de Dezembro de 2004)

SUMÁRIO:

I – Nada obsta a que o recorrente contencioso invoque nesta fase do recurso vícios que não tinham sido utilizados no recurso hierárquico necessário.

II – No regime do Dec. Lei n.º 498/88 de 30 de Dezembro de 2004/98 de 11 de Julho, embora a divulgação do sistema de classificação final e dos critérios de avaliação não tivesse de ser necessariamente efectuada no aviso de abertura, deveria sê-lo sempre antes do conhecimento dos currículos, dos candidatos, a fim de prevenir a violação dos princípios da transparência e da imparcialidade.

ACORDAM NO 1.º JUÍZO LIQUIDATÁRIO DO T.C.A. – SUL

1. RELATÓRIO

O Sr. Presidente da Câmara Municipal de Santa Cruz veio interpor recurso jurisdicional da decisão proferida em 13.6.02, do Mmo. Juiz do TAF do Funchal, que anulou o despacho impugnado de 13.12.95, na sequência de recurso interposto por Isabel Maria Fonseca Ferreira.

Após convite para tanto formulado apresentou as conclusões das suas alegações, com o seguinte enunciado:

1.º) A recorrente, ora recorrida, interpôs recurso hierárquico da decisão do juri do concurso a que se apresentou para a Câmara Municipal de Santa Cruz;

2.º) Nessa impugnação administrativa não arguiu nenhum dos vícios mais tarde invocados nestes autos, como fundamento da impugnação contenciosa e que determinaram a sua anulação pelo Tribunal "a quo"

3.º) Ora, como se pode ver dos Acórdãos do STA de 27.10.92 e de 7.10.93, a jurisprudência pugna, e bem, pela inadmissibilidade da arguição de novos vícios no recurso contencioso, para além dos alegados em recurso hierárquico, por elementares razões de princípio, de ética e de segurança jurídica;

4.º) Sendo assim, é evidente que o acto administrativo em causa nunca podia ser anulado com base em vícios não suscitados no recurso hierárquico, pelo que a douta sentença recorrida dever-se-ia, pura e simplesmente, ter abstido de conhecer tais vícios, pelo que conheceu de questões que não podia conhecer, enfermando de nulidade por excesso de pronúncia;

5.º) Acresce que os vícios invocados na douta sentença recorrida para fundamentar a anulação do acto, além de não se verificarem, sempre seriam irrelevantes, pois mesmo que ocorressem (e não ocorrem), seriam insusceptíveis de alterar a classificação atribuída a cada um dos candidatos, ou seja, não tinha qualquer efeito ou alcance útil;

6.º) A fundamentação dos actos administrativos deve ser entendida de forma global, pelo que a eventual não fundamentação expressa relativamente a determinada vertente de um dos vários itens considerados na classificação (que aliás não ocorre) nunca determinaria de per si a falta de fundamentação do acto (v – Acs STA de 21.12.92, de 31.3.02 e de 8.04.97);

7.º) Por outro lado, atendendo quer à letra da lei (art 125.º CPA), quer a interpretação que lhe é dada pela Doutrina e pela jurisprudência, temos de concluir pela suficiência da fundamentação do acto impugnado, pelo que a douta sentença recorrida, ao decidir em contrário, violou os arts. 124.º e 125.º do C.P.A.

8.º) Por último, refira-se que o concurso em causa é regido por força dos princípios da aplicação nas leis no tempo, pelo Dec. Lei 498/88 antes da alteração introduzida pelo Dec. Lei n.º 215/95;

9.º) Ora, este último diploma não prevê, em preceito algum, a obrigatoriedade dos critérios de classificação e pontuação, e tendo-o feito em relação a outros actos, é de presumir, de acordo com o art. 9.º do Cod. Civil, que o legislador o fez propositadamente e de acordo com as soluções mais adequadas;

10.º) Aliás, tanto é assim, que na referida alteração introduzida através do Dec. Lei n.º 215/95, veio a consagrar-se que do Aviso de Abertura deveria a constar "A especificação dos métodos a utilizar, com menção dos factores de apreciação, quando se trate de avaliação curricular ou entrevista profissional de selecção ..."

11.º) Se o legislador teve a necessidade de alterar a lei neste sentido, foi porque reconheceu que a lei, na versão anterior que é a aplicável ao caso dos autos, não exigia a publicitação dos critérios, optando agora por fazê-los constar do Aviso de Abertura que, esse sim, era já objecto de publicitação obrigatória.

12.º) Andou, assim, mal a douta sentença recorrida ao pronunciar-se no sentido da obrigatoriedade de publicação dos critérios e ao considerar ter havido violação de lei, por entender, erradamente, aplicável o Dec. Lei n.º 215/95, pelo que, ela sim, violou o disposto no art. 12.º do Cod. Civil.

A recorrida Isabel Maria Fonseca Ferreira contra-alegou, pugnando pela manutenção do julgado

O Digno Magistrado do Ministério Público emitiu douto parecer no sentido de ser negado provimento ao recurso.

Colhidos os vistos legais, cumpre decidir.

2. MATÉRIA DE FACTO

A matéria de facto é a fixada em 1ª instância, para cujos termos se remete na íntegra. (art. 713.º n.º 6 do C. Proc. Civil).

3. DIREITO APLICÁVEL

Em primeiro lugar, o recorrente, Sr. Presidente da Câmara Municipal de Santa Cruz alega que no âmbito da impugnação administrativa, a recorrente não arguiu nenhum dos vícios mais tarde invocados nestes autos, como fundamento da impugnação contenciosa e que determinaram a sua anulação pelo Tribunal "a quo".

Na tese do recorrente é inadmissível a arguição de novos vícios no recurso contencioso, para além dos alegados no recurso.

Todavia, as coisas evoluiram, e é hoje ponto assente que o recorrente contencioso pode neste recurso invocar vícios não utilizados no recurso hierárquico necessário, em ordem à tutela dos direitos substantivos e em detrimento das regras formais (cfr. entre outros, os Acs. STA de 23.9.98, Rec. 40876; Ac. STA de 1.04.03, Rec. n.º 042197; Ac. STA Pleno, 1ª secção, de 19.3.99, Rec. n.º 28.127.

Improcede, assim, a primeira linha de argumentação do recorrente.

Passando à questão de fundo, alega o recorrente que os vícios invocados na sentença recorrida para fundamentar a anulação do acto, além de se não verificarem, sempre seriam irrelevantes, pois mesmo que ocorressem (e não ocorrem), seriam insusceptíveis de alterar a classificação atribuída a cada um dos candidatos, ou seja, não tinha qualquer efeito ou alcance útil. (conclusão 5ª).

Outro ponto essencial da aliás douta argumentação do recorrente é a afirmação de que o concurso em causa nos autos é regido, por força dos princípios da aplicação da lei no tempo, pelo Dec. Lei n.º 498/88, antes da alteração introduzida pelo Dec. Lei n.º 215/95.

Ora – acentua o recorrente, este último diploma não prevê em preceito algum, a obrigatoriedade de publicação dos critérios de classificação e pontuação, e tendo-o feito em relação a outros actos, é de presumir, de acordo com o art. 9.º do Cod. Civil, que o legislador o fez propositadamente e de acordo com as soluções mais adequadas.

Aliás, tanto é assim que na referida alteração introduzida pelo Dec. Lei n.º 215/95, veio a consagrar-se que do Aviso de Abertura deveria passar a constar: «A especificação dos métodos a utilizar, com a menção dos factores de apreciação quando se trate de avaliação curricular ou entrevista profissional de selecção. (conclusão 10ª).

Se o Legislador teve necessidade de alterar a lei neste sentido foi porque reconheceu que a lei na versão anterior, que é a aplicável ao caso dos autos, não exigia a publicitação dos critérios, optando agora por fazê-los constar do Aviso de Abertura que, esse sim, era já objecto de publicação obrigatória.

É esta a questão a analisar.

Como é sabido, a divulgação atempada do sistema de classificação e dos critérios de avaliação destina-se a permitir ao candidato definir a estratégia que entender mais correcta para poder alcançar o fim a que se propõe com a sua candidatura: ser nomeado.

Dir-se-ia, então, que para esse efeito bastaria que o sistema de classificação final e os critérios de avaliação fossem definidos imediatamente antes da realização dos métodos de selecção.

Como escreve Paulo Veiga e Moura: "Julga-se ser de recusar semelhante possibilidade, por a mesma permitir a suspeição de que os critérios de avaliação sejam alcançados em função do currículo ou de uma ou outra das provas efectuadas por um ou outro candidato" – cfr. Paulo Veiga e Moura, "Função Pública", 1.º vol. p. 91 e 92; Ac. T.C.A. de 2.05.02, Rec. 1977/98, in "Antologia de Acórdãos do Supremo Tribunal Administrativo e do Tribunal Central Administrativo".

Era, assim, essencial, no regime do Dec. Lei n.º 498/88 que, fosse *no Aviso de Abertura ou posteriormente, mas sempre antes da aferição do mérito dos candidatos*, cada um destes pudesse saber com antecedência os parâmetros da avaliação, os critérios de classificação dos diversos itens em que se decompõem as provas, enfim a grelha classificativa.

No caso concreto estes princípios não foram inteiramente respeitados.

Como nota o Mmo. Juiz "a quo" o Aviso apenas divulgou os *métodos de selecção*, omitindo os critérios de pontuação para cada tábua de matérias, surgido com a Acta n.º 2, conhecida da recorrente imediatamente antes da decisão final e elaborada posteriormente à apresentação da candidatura.

É certo que a lei vigente não impunha a menção no Aviso de Abertura da chamada grelha classificativa, mas deveria o juri, posteriormente e sempre antes do conhecimento dos currículos dos candidatos, proceder à divulgação do sistema classificativo, de modo a acautelar qualquer suspeição de imparcialidade.

Ora, como escreveu o Mmo. Juiz "a quo", ao elaborar a acta n.º 2 em 11.10.95 e ao dar conhecimento à recorrente do conteúdo da acta n.º 2 antes da decisão final, foram violados os princípios contidos nos arts. 266.º n.º 2 da C.R.P. e 5.º e 6.º do C.P.A.

E tudo porque a acta n.º 2 do concurso dos autos, que continha o critério de pontuação, foi elaborada depois da apresentação das candidaturas, o que viola o princípio da imparcialidade e dá origem à decisão surpresa, o que é proibido (cfr. o douto Parecer do Ministério Público a fls. 36).

Improcedem, assim, as conclusões das alegações do recorrente.

4. DECISÃO

Em face do exposto, acordam em negar provimento ao recurso e em confirmar a decisão recorrida.

Sem custas, por isenção do recorrente

Lisboa, 9 de Dezembro de 2004

**as.) António de Almeida Coelho da Cunha (Relator)
Maria Cristina Gallego dos Santos
Teresa Maria Sena Ferreira de Sousa**

Recurso n.º 12 293/03

EQUIVALÊNCIA DE HABILITAÇÕES ACADÉMICAS OBTIDAS NO ESTRAGEIRO. ART. 13.º N.º 3 DO DEC. LEI N.º 283/83, DE 21 DE JUNHO. ATRIBUIÇÃO DE CLASSIFICAÇÃO NUMÉRICA. PODER DISCRICIONÁRIO DO CONSELHO CIENTÍFICO DAS UNIVERSIDADES.

(Acórdão de 18 de Novembro de 2004)

SUMÁRIO:

I – O art. 13.º n.º 3 do Dec. Lei n.º 283/83, de 21.º de Junho, regulando as equivalências de habilitações estrangeiras, atribui ao Conselho Científico das Universidades o poder discricionário de atribuir ou não uma classificação numérica em caso de uma concessão de equivalência.

II – Com efeito, tal classificação numérica só será atribuída se o Conselho Científico entender que do processo constam elementos idóneos e suficientes para tal, o que implica o preenchimento de conceitos indeterminados, no exercício de uma actividade insindicável pelos tribunais Administrativos.

III – Sendo evidente a improcedência da pretensão a deduzir no processo principal (art. 120.º n.º 1, al. a) do CPTA), a medida cautelar deverá, desde logo, ser rejeitada.

ACORDAM NO 2.º JUÍZO DO T.C.A. – SUL

1. RELATÓRIO

Fernanda Gregória Gonçalves Catanho, educadora de infância intentou no T.A.F. do Funchal, contra a Universidade da Madeira, providência cautelar para adopção de conduta, nos termos dos n.ºs 1 e 2, alínea c) e f) do art. 112.º do C.P.T.A., pedindo a condenação da requerida, a título provisório, na prática do acto de atribuição da classificação numérica de 14,9 valores relativa ao grau de licenciado em Educação de Infância.

O Mmo. Juiz do T.A.F. do Funchal, por sentença de 7.7.04, julgou o pedido improcedente.

É de tal decisão que vem interposto o presente recurso, no qual a recorrente enunciou as conclusões seguintes:

1ª) A decisão recorrida deverá ser revogada e substituída por outra atribuindo a classificação numérica de 14,9 valores relativa ao grau de licenciado em Educação de Infância pela U.M. à recorrente e condenando a recorrida nessa atribuição;

2ª) A recorrente logrou provar perfunctoriamente a probabilidade de procedência da sua pretensão;

3ª) Na própria decisão recorrida se afirma que "a fundamentação apresentada surge-nos neste processo como racional, compreensível e razoável;

4ª) Resulta meridianamente demonstrado que, caso a recorrida U.M. não tivesse noção dos critérios de avaliação das disciplinas do curso que a recorrente fez na Universidade na Venezuela, e não tivesse conhecimento mínimo das provas prestadas na escola de origem, nem tivesse conhecimento da avaliação dessas provas, jamais teria conferido o grau de licenciada em Educação de Infância pela Universidade da Madeira;

5ª) Sendo exacto que, não pediu quaisquer outros elementos para completar o processo exactamente porque entendeu pela idoneidade e/ou suficiência daqueles que lhe foram apresentados no âmbito do processo de equivalência – aliás, a recorrente não pode adivinhar quais os elementos em falta;

6ª) O facto de as certidões passadas pela universidade venezuelana mencionarem a classificação numérica de cada disciplina do curso de Educadora de Infância e não apenas a aprovação no grau de licenciada, é elemento idóneo suficiente para que a recorrida realize a operação matemática de conversão numérica entre as duas escalas;

7ª) O acto de indeferimento na atribuição de classificação numérica na escala portuguesa não se encontra fundamentado em virtude da recorrente não ter sido esclarecida de quais os elementos idóneos e suficientes em falta para poder suprir;

8ª) A falta de esclarecimento resulta em falta de fundamentação do acto lesivo geradora de vício de forma e de nulidade do acto lesivo;

9ª) O único método de conversão da classificação numérica da escala venezuelana (1 – 9) para a escala de classificação portuguesa (0 – 20) é o matemático da relação linear;

10ª) Através da aplicação da relação linear, a classificação numérica da escala portuguesa é de 14,9 valores, pretensão perfunctoriamente demonstrada na acção;

11ª) O critério da coerência invocado pela recorrida no acto lesivo de indeferimento da atribuição da classificação numérica não tem existência nem é requisito no âmbito do Dec. Lei 283/83, de 21.06;

12ª) Neste sentido, salvo o devido respeito e melhor opinião, a decisão recorrida violou as normas dos art. 12.º e do n.º 3 do art. 13.º do D.L. 283/83, de 21.06, ao entender à semelhança da recorrida pela inexistência de elementos idóneos e suficientes para atribuição de classificação numérica quando dos documentos que serviram de instrução de pedido de equivalência constam todos os elementos necessários e notas atribuídas a cada disciplina relativa ao curso de Educadora de Infância em Faculdade Venezuelana;

13ª) Por outro lado, a sentença recorrida viola as normas da alínea g) do n.º 3 do art. 114.º e n.º 4 do art. 118.º do C.P.T.A., na medida em que o tribunal "a quo" produziu uma decisão final sem audição da prova testemunhal arrolada pela recorrente;

14ª) O Tribunal "a quo", ao não permitir a prova da probabilidade da sua pretensão, inclusive através da audição de testemunhas, violou a norma da alínea c) do art. 120.º do C.P.T.A.;

15ª) Perante isto, a douta decisão tem que ser revogada, nos termos já apresentados na primeira conclusão.

A recorrida Universidade da Madeira contra-alegou, pugnando pela manutenção do julgado.

O Digno Magistrado do Ministério Público emitiu douto parecer no sentido de ser negado provimento ao recurso.

2. MATÉRIA DE FACTO

A matéria de facto é a fixada na decisão de 1ª instância, para cujos termos se remete na íntegra (art. 713.º n.º 6 do Cód. Proc. Civil).

3. DIREITO APLICÁVEL

a) Questão prévia.

A recorrida Universidade da Madeira entende que o recurso deve ser considerado *deserto*, uma vez que a recorrente apresentou requerimento de interposição de recurso sem apresentar, simultaneamente, as respectivas alegações; como determina o art. 144.º do C.P.T.A.

Por essa razão, o recurso deveria ter sido considerado deserto.

Acresce, diz a recorrida, que foi proferido despacho que permitiu à recorrente vir apresentar novo requerimento de interposição de recurso acompanhado das alegações, despacho esse que é nulo.

O Mmo. Juiz "a quo" entendeu, todavia, baseando-se em jurisprudência do S.T.A. e do T.C.A. que a apresentação das alegações após o requerimento de interposição do recurso, mas ainda dentro do prazo deste, não gera a deserção do mesmo, tal como se entendia no âmbito da legislação anterior.

Trata-se de uma orientação não muito ortodoxa, mas aceitável, sobretudo no que diz respeito ao convite feito, visto que no contencioso administrativo o juiz deve exercer um *papel activo* na direcção do processo, contribuindo para superar as limitações irracionais à decisão de fundo, que possam resultar das falhas de conhecimento ou da diligência processual das partes (cfr. Ac. STA de 5.3.98, Rec. 42 115; J. C. Vieira de Andrade, "A Justiça Administrativa", Almedina, p. 205 e ss; Ac. T.C.A. de 6.7.00, Rec. 4016/00).

Tal orientação doutrinal e jurisprudencial poderá compreender-se à luz do direito à tutela judicial efectiva (arts. 268.º n.º 4 da C.R.P., 2.º, 3.º n.º 2 e 7.º do C.P.T.A), e impõe aos tribunais administrativos o dever de, oficiosamente, efectuar as diligências que reputem necessárias à descoberta da verdade, sendo de realçar que "as normas processuais devem ser interpretadas no sentido de promover a emissão de pronúncia sobre o *mérito* das pretensões formuladas" (art. 7.º do C.P.T.A.).

Com base nestes princípios, conhecer-se-á do objecto do recurso.

b) Questão de fundo.

A recorrente alega que a sentença recorrida violou as normas da alínea g) do n.º 3 do art. 114.º e n.º 4 do art. 118.º do C.P.T.A., na medida em que o tribunal "a quo" produziu uma decisão final sem audição da prova testemunhal arrolada. Esta omissão não terá permitido à recorrente efectuar a prova da probabilidade da sua pretensão (art. 120.º do C.P.T.A.).

Salvo o devido respeito, entendemos que a recorrente não tem razão.

Como justamente observou o Mmo. Juiz "a quo" a fls. 291, a prova testemunhal era desnecessária (art. 118.º n.º 3 do C.P.T.A.), visto que a ora recorrente não alinhou nenhum facto material relevante necessitado do prova testemunhal, além dos considerados provados.

Na verdade, a questão dos autos é, essencialmente, uma questão de direito, que pode ser conscienciosamente decidida face aos elementos de prova documental constantes dos autos, não estando o juiz vinculado à audição de testemunhas neste contexto.

Isto posto, cumpre entrar no cerne da questão.

A recorrente concluiu (conclusão 12ª) que a decisão recorrida violou as normas constantes do art. 12.º e do n.º 3 do art. 13.º do Dec. Lei 283/83, de 21 de Junho, por ter considerado que inexistiam elementos idóneos e inexistentes para a atribuição de classificação numérica, na escala portuguesa, à licenciatura que lhe foi reconhecida em Educação de Infância, obtida numa Universidade Venezuelana.

Alega a recorrente que o facto de as certidões passadas pela Universidade Venezuelana mencionarem a classificação numérica de cada disciplina do curso de Educadora de Infância, e não apenas a aprovação no grau de licenciada, é elemento idóneo suficiente para que a recorrida realize a conversão numérica entre as duas escalas (conclusão 6ª).

Na óptica da recorrente, o único método de conversão da classificação numérica da escala venezuelana (1 – 9) para a escala de classificação portuguesa (0 – 20) é o matemático de relação linear.

Através da aplicação da relação linear a classificação numérica da escala portuguesa é de 14,9 valores (cfr. conclusões 9ª e 10ª).

É esta a questão a analisar.

Em relação à pretensão formulada pela ora requerente, o Sr. Vice-Reitor para a Área Académica da U.M., com base no parecer do Presidente do Departamento de Ciências da Educação, proferiu o seguinte despacho de indeferimento (cfr. fls. 42 dos autos):

«... a comissão científica deste departamento deliberou, por unanimidade, indeferir o pedido de atribuição de classificação numérica à requerente Fernanda Gregório Gonçalves Catanho, por considerar não ser possível apurar os critérios de avaliação das disciplinas do curso a que pretende equivalência. Essa decisão, coerente com decisões anteriores sobre matéria idêntica, está prevista no n.º 3 do art. 13.º do Decreto-Lei n.º 283/83, de 21 de Junho, segundo o qual "o conselho científico poderá deliberar atribuir uma classificação na escala em uso nos estabelecimentos de ensino superior português, se entender que do processo constam elementos idóneos e suficientes para tal."»

Ora, a comissão científica deste departamento, sem ter cabal conhecimento das provas prestadas pela candidata na escola de origem, e sem conhecer os critérios utilizados na avaliação dessas provas, apenas pode analisar o que é factual, ou seja, o desenho curricular do curso e o conteúdo programático das respectivas disciplinas, que foram fornecidos, não sendo possível converter, com rigor e objectividade, a nota de origem na nossa escala de 0 a 20».

Desde logo se vê, pela leitura do despacho transcrito, que não estamos perante uma simples operação de conversão matemática das classificações obtidas na Venezuela para as que a recorrente pretende que lhe sejam atribuídas na Universidade da Madeira.

A razão invocada para a impossibilidade de tal conversão é o facto de a U.M. *não ter cabal conhecimento das provas prestadas pela candidata na escola de origem*, bem como *os critérios utilizados na avaliação dessas provas*, pelo que a comissão científica apenas pode verificar o desenho curricular do curso e o conteúdo programático das respectivas disciplinas.

Numa situação deste tipo, e sabendo a diversidade de critérios, sobretudo de ordem subjectiva, existentes nas diversas Universidades, e ainda para mais, em países diferentes, seria demasiado simplista recorrer ao tipo de operação matemática preconizado pela recorrente.

Tal operação não teria, a nosso ver, qualquer rigor científico, como se refere no despacho transcrito.

Acresce que o art. 13.º n.º 3 do Dec. Lei n.º 283/83, de 21 de Junho, preceitua o seguinte:

"Em caso de concessão de equivalência o Conselho Científico poderá deliberar atribuir uma classificação na escala em uso nos estabelecimentos de ensino superior português, se entender que do processo constam elementos idóneos e suficientes para tal.

A forma verbal poderá e o último segmento da norma conferem, nitidamente, ao Conselho Científico, um poder discricionário na decisão de atribuição de uma classificação numérica em caso de concessão de equivalência.

Por outro lado a norma do n.º 3 do art. 13.º do Dec. Lei n.º 283/83 contém conceitos indeterminados (*idóneos* e *suficientes*) cujo preenchimento compete, em cada caso concreto, ao Conselho Científico enquanto órgão da Universidade.

Trata-se de matéria que o tribunal não pode sindicar, por não dispor de conhecimentos especializados para tal, (neste caso em matéria pedagógica), sob pena de se intrometer no exercício da função administrativa. Mais exactamente, podemos dizer que estamos perante um caso de discricionariedade imprópria, próximo da discricionariedade técnica, excluído do controlo jurisdicional por envolver zonas do conhecimento que em regra os tribunais não dominam, podendo tão somente efectuar um controlo da legalidade do procedimento (por incompetência, vício de forma, violação de lei, desvio de poder, erro de facto, etc) – cfr. Freitas do Amaral, "Direito Administrativo", 1988, vol. II, p. 168 e seguintes; André Gonçalves Pereira, "Erro e ilegalidade no Acto Administrativo", p. 266; Ac. STA de 23.5.2000, Rec. 40313, in "Ac. Dout.", Ano XXIX, p. 1529; Ac. TCA de 21.02.02, Rec. 10876/01, in "Antologia de Acórdãos do STA e do TCA", Ano V, n.º 2, p. 244 e seguintes).

Explicitando, compete ao Conselho Científico, e não ao Tribunal, optar entre atribuir ou não uma classificação numérica em caso de concessão de equivalência, e compete-lhe, no exercício dessa actividade, preencher os conceitos indeterminados constantes da norma.

Daí que não tenham sido violadas as normas indicadas pela recorrente.

Resulta, assim, evidente, que a recorrente não tem razão quanto ao fundo da causa, sendo evidente a improcedência da pretensão a deduzir no processo principal, o que necessariamente implica a rejeição da presente medida cautelar (cfr. art. 120.º, n.º 1, alínea *a*) do C.P.T.A., a contrario) – cfr. Mário Aroso de Almeida, "O Novo Regime do Processo nos Tribunais Administrativos", 3ª edição, Almedina, p. 294.

4. DECISÃO

Em face do exposto, acordam em negar provimento ao recurso e em confirmar a sentença recorrida.

Custas pela recorrente em ambas as instâncias.

Lisboa, 18 de Novembro de 2004

**as.) António de Almeida Coelho da Cunha (Relator)
Maria Cristina Gallego dos Santos
Teresa Maria Sena Ferreira de Sousa**

Recurso n.º 378/04

HIERARQUIA. TUTELA. SUPERINTENDÊNCIA. ACTO LESIVO. ACTO RECORRÍVEL

(Acórdão de 22 de Setembro de 2004)

SUMÁRIO:

I – Os poderes de tutela e superintendência excluem a hierarquia, na medida em que esta pressupõe o poder de direcção por meio de comandos concretos, a tutela o poder de controlo sobre a regularidade ou adequação da actuação e a superintendência o poder de orientação por orientações genéricas e conselhos.

II – O princípio constitucional favorável à recorribilidade imediata – art.º 268.º n.º 4 CRP – só é posto em causa quando a lei determine inequivocamente de outro modo.

III – A questão da lesividade do acto administrativo à luz do princípio vazado no art.º 268.º n.º 4 CRP resolve-se em sede adjectiva e não substantiva.

ACÓRDÃO:

Maria Luísa Santos Dias Colaço, com os sinais nos autos, inconformada com a sentença proferida pelo Mmo. Juiz do Tribunal Administrativo de Círculo de Lisboa que rejeitou o recurso de anulação por si deduzido, dela vem recorrer para o que formula as seguintes conclusões:

A) O acto recorrido é contenciosamente impugnável, uma vez que foi praticado no âmbito de poderes delegados pelo Conselho Directivo do CRSSLVT – o qual é uma pessoa colectiva dotada de autonomia administrativa e financeira, autónoma da administração central, fazendo parte da administração indirecta do Estado, na dependência do Governo.

B) Não existe uma relação hierárquica entre os órgãos daquele Centro Regional e o membro do Governo como órgão tutelar, não existindo, portanto, qualquer recurso hierárquico necessário.

C) Assim, o n.° 5 do art.° 21° do DL 404-A/98, de 18/12, não cria nenhum recurso gracioso, obrigatório ou facultativo.

D) Por outro lado, não existe qualquer disposição legal que preveja qualquer recurso tutelar das decisões tomadas no âmbito daquela matéria pelos órgãos do CRSSLVT.

E) Finalmente, o acto recorrido apresenta-se lesivo.
***
A AR não contra-alegou.

O EMMP junto deste TCA Sul emitiu parecer no sentido da improcedência do recurso.

Colhidos os vistos legais, vem para decisão em conferência.
***
Pelo Senhor Juiz foi julgada provada a seguinte matéria de facto:

1. A chefe de repartição de Administração de Pessoal

elaborou a informação junta a fls. 35 a 37 do processo instrutor apenso, referente à aplicação do DL n.º 404-A/98, de 18 de Dezembro, na qual refere ter procedido ao estudo individual das situações de todos os funcionários, por categorias, conforme consta dos mapas de fls. 2 a 33 daquele mesmo processo, que anexou à informação e da qual fazem parte integrante.

2. A directora de serviços de Gestão de Pessoal após na primeira folha dessa informação, a fls. 35, parecer de concordância, datado de 12-1-99, propondo "que seja autorizado o procedimento proposto, tendo em vista a aferição do DL identificado nesta informação".

3. O recorrido após na mesma folha o seguinte despacho, datado de **12-1-99**: "Por delegação do Conselho Directivo: Concordo".

4. Encontra-se a fls. 6 dos autos uma certidão datada de 8-2-99, emitida pela Directora de Serviços de Gestão de Pessoal do Centro Regional de Segurança Social de Lisboa e Vale do Tejo, cujo teor aqui se dá por integralmente reproduzido.

DO DIREITO

Vem assacada a sentença de incorrer em violação primária de direito substantivo por erro de julgamento nas seguintes matérias:
1. recorribilidade contenciosa do acto impugnado .... ítens A), C), D) e E) das conclusões;
2. inexistência de relação hierárquica .... ítem B) das conclusões.

O despacho recorrido, da autoria do vogal do Conselho Directivo do CRSS de Lisboa e Vale do Tejo no uso de delegação de competências publicada no DR, II Série, n.º 255 de 04.11.96, data de **12.01.99**, pelo que é à luz do regime legal vigente nesta data que cumpre saber do âmbito e pressupostos das garantias contenciosas accionáveis pelos interessados, em consonância com o princípio da contemporaneidade da lei vigente à data da prática do acto para aferir da sua validade.

Àquela data e conforme disposto nos **art.ºs. 6.º e 31.º n.º 1 do DL 115/98 de 4.5**, os Centros Regionais de Segurança Social "(..) são organismos dotados de personalidade jurídica de direito público, com autonomia administrativa, financeira e patrimonial (..)", que "prosseguem atribuições cometidas ao Ministro do Trabalho e Solidariedade, sob superintendência e tutela do respectivo Ministro (..)".

Em consonância com o modelo funcional administrativo estatuído no **art.º 1.º do DL 260/93 de 23.7**, segundo o qual, os CRSS, enquanto institutos públicos dotados de autonomia administrativa e financeira "(..) funcionam sob a tutela do Ministro do Emprego e da Segurança Social".

***

Em termos elementares, "(..) existe administração autónoma quando uma determinada esfera da administração está confiada, em maior ou menor medida, aos próprios interessados, que assim se auto-administram, em geral por intermédio de um órgão ou organismo representativo. (..)" reflectindo-se a **autonomia administrativa** na capacidade de praticar actos jurídicos susceptíveis de surtir efeitos jurídicos imediatos na esfera jurídica dos destinatários individualizados, cfr. art.º 120.º CPA, os denominados actos lesivos, art.º 268.º n.º 4 CRP, pelo tanto, apenas sujeitos a controlo judicial, e a **autonomia financeira** na "(..) garantia de receitas próprias e [n]a capacidade de as afectar segundo orçamento próprio às despesas definidas e aprovadas com independência (..)"[1].

Se entendermos a **hierarquia** como um "(..) conjunto de órgãos administrativos ligados por um vínculo de subordinação que se revela no agente superior pelo poder de direcção e no subalterno pelo dever de obediência(..)", a **tutela** como consistindo no "(..) conjunto dos poderes de intervenção de uma pessoa colectiva pública na gestão de outra pessoa colectiva, a fim de assegurar a legalidade ou o mérito da actuação(..) daqui resultando que a tutela administrativa pressupõe a existência de duas pessoas colectivas distintas e a **superintendência** como "(..) o poder conferido ao Estado, ou a outra pessoa colectiva de fins múltiplos, de definir os objectivos de guiar a actuação das pessoas colectivas públicas de fins singulares colocadas por lei na sua dependência (..)[2], vemos que os poderes de tutela e superintendência excluem a hierarquia, na medida em que esta pressupõe o **poder de direcção** por meio de comandos concretos, a tutela o **poder de controlo** sobre a regularidade ou adequação da actuação e a superintendência o **poder de orientação** por orientações genéricas e conselhos.

***

Cotejando o disposto nos art.ºs 166.º e 177.º ambos do CPA, define-se o âmbito de aplicação do **recurso hierárquico** como o meio gracioso em sede de actos praticados por órgãos administrativos numa relação de hierarquia e o **recurso tutelar** em sede de actos praticados por órgãos de pessoas colectivas públicas sujeitas a tutela ou superintendência.

O despacho a que se reportam os autos insere-se no domínio de aplicação do **DL 404-A/98 de 18.12**, cumpre determinar a natureza do meio de impugnação graciosa previsto no **art.º 21.º n.º 5**[3].

À luz do disposto no art.º 177.º n.ºs 2 e 3 do CPA "(..) Não basta .. que a lei preveja a existência de uma relação de tutela: é preciso que essa tutela abranja especificamente poderes de supervisão (revogação ou recurso) do órgão tutelar em relação aos actos do tutelado (ou outros poderes que o pressuponham).(..)" – "(..) O recurso tutelar – sem qualificativo legal especial –, é um recurso respeitante à legalidade do acto administrativo, só se estendendo ao seu mérito se a relação tutelar em que esse recurso se insere respeitar também à conveniência ou oportunidade administrativa da actuação do ente tutelado. Ou seja: desde que a lei admita (directa ou indirectamente) o recurso tutelar, já não é necessário que se diga que ele também abrange o mérito dos actos do tutelado, se a relação tutelar for legalmente (..) extensiva ao mérito da actividade do órgão infra-ordenado (..)"[4].

Do que vem dito se conclui que o meio impugnatório gracioso previsto no **art.º 21.º n.º 5 do DL 404-A/98 de**

---

[1] VITAL MOREIRA, *Administração autónoma e associações públicas* (reimpressão) Coimbra Editora, págs. 46, 194 e 199.
[2] FREITAS DO AMARAL, *Curso de direito administrativo*, Vol. I, Almedina/1992, págs.636, 692 e 709.
[3] **DL 404-A/98 de 18.12, art.º 21.º n.º 5** – "Os recursos apresentados com fundamento na inversão das posições relativas detidas pelos funcionários ou agentes à data da publicação do presente diploma e que violem o princípio da coerência e da equidade que presidem ao sistema de carreiras serão resolvidos por despacho conjunto dos ministros da tutela, das Finanças e do membro do Governo responsável pela administração pública."
[4] ESTEVES DE OLIVEIRA, COSTA GONÇALVES, PACHECO DE AMORIM, *CPA Comentado*, 2ª edição, Almedina, 1998, pág. 803.

18.12 tem natureza de **recurso tutelar necessário em matéria de legalidade e mérito** na medida em que, naquela específica matéria em sede de gestão de recursos humanos, o **citado normativo comete** ao despacho conjunto ministerial **competência revogatória** dos actos praticados pelo conselho directivo do CRSS ou pelo vogal com competência delegada – cfr. art.ºs. 5.º b), 9.º n.º 1, 10.º n.º 6 e 11.º todos do DL 260/93 de 23.7, requisito necessário nos termos do art.º 177.º n.ºs 2 e 3 CPA.

***

Avançando na análise do despacho de **12.01.99** temos que, de um ponto de vista substantivo, **em princípio** aquele despacho está apto a projectar de imediato os efeitos jurídicos inerentes sobre a esfera jurídica do ora Recorrente, atenta a concreta relação jurídica de emprego público que titula ambas as partes, o ora Recorrente e a Administração.

E diz-se "em princípio" porque, de um ponto de vista processual, os efeitos não se repercutirão na esfera jurídica do destinatário caso por este seja accionado o meio impugnatório do recurso tutelar necessário previsto no art.º 21.º n.º 5 DL 448-A/98 de 18.12, atento o efeito suspensivo do art.º 170.º n.º 1 ex vi art.º 177.º n.º 5 CPA.

Pelo que vem dito e na medida em que vigora desde 1989 "(..) um princípio constitucional favorável à recorribilidade imediata que só é posto em causa quando a lei vier determinar inequivocamente de outro modo (..)"[5], a questão da lesividade do acto e suas implicações à luz do princípio vazado no art.º 268.º n.º 4 CRP há-de resolver-se em sede adjectiva e não substantiva[6].

***

Donde se conclui pela irrecorribilidade contenciosa do despacho de 12.01.99 pelo que não assiste razão ao Recorrente no que respeita aos erros de julgamento imputados no domínios das questões de recurso suscitadas nas conclusões sob os ítens A) a E).

***

Termos em que acordam, em conferência, os juízes da Secção de Contencioso Administrativo do Tribunal Central Administrativo Sul, 1.º Juízo Liquidatário em negar provimento ao recurso e confirmar a sentença recorrida.

Custas pelo Recorrente, com taxa de justiça que se fixa em € 200 (duzentos) e procuradoria em metade.

Lisboa, 22 de Setembro de 2004.

Cristina Santos
Teresa de Sousa
Coelho da Cunha

Recurso n.º 11 199/02

---

[5] António Cândido de Oliveira, *O silêncio e a última palavra da administração*, CJA/19, pág. 24.

[6] Mário Aroso de Almeida, *Implicações de direito substantivo da reforma do contencioso administrativo*, CJA/34, págs. 71/72;*O novo regime do processo nos tribunais administrativos*, Almedina, 2003, págs.58/59.

INCONSTITUCIONALIDADE DO N.º 1, DO ART.º 3.º, DO DL N.º 204/91, DE 07-06, E DO N.º 1, DO ART.º 3.º, DO DL N.º 61/92, DE 15 DE ABRIL. ACÓRDÃO DO TRIBUNAL CONSTITUCIONAL N.º 254/00, DE 26-04-2000.

(Acórdão de 21 de Outubro de 2004)

SUMÁRIO:

I – A declaração de inconstitucionalidade pelo Tribunal Constitucional do n.º 1, do art.º 3.º, do DL n.º 204/91, de 07-06, e do n.º 1, do art.º 3.º, do DL n.º 61/92, de 15-04, no sentido de que aqueles normativos não poderiam beneficiar apenas os funcionários promovidos após 01-10-1989 e não abranger os promovidos antes de 01-10-89, implica uma interpretação de conteúdo aditivo da lei declarada inconstitucional, por via da qual é alargado o âmbito de aplicação da norma declarada inconstitucional.

II – Face àquela «decisão interpretativa de conteúdo aditivo», às recorrentes, promovidas a 2.º oficial em 18-05-71 e a 1.º oficial em 30-12-86, logo antes de 01-10-89, deve ser reconhecido o direito a progredirem na carreira, da mesma forma que aqueles que foram promovidos após aquela data (01-10-89).

ACÓRDÃO

Recorrentes: Laura Maria Lopes Forra, oficial administrativo principal, residente na Rua Cidade da Praia, 5.º, 1.º, Esq., Quinta da Lomba, 2830 – Barreiro, e Maria de Lurdes Gonçalves Vintem Azevedo Xavier, oficial administrativo principal.

A recorrentes vieram interpor recurso contencioso de anulação do despacho, de 03-07-1996, do Brigadeiro Director de Administração e Mobilização de Pessoal do Ministério da Defesa, no uso de competência subdelegada, que indeferiu os pedidos de revisão de posicionamento na escala remuneratória.

A fls. 35 e ss, foi proferida douta sentença, no TACL, datada de 26-06-2000, pela qual foi negado provimento ao recurso, mantendo-se o acto recorrido.

Inconformadas com a sentença, as recorrentes vieram interpor recurso jurisdicional da mesma, apresentando as suas alegações de fls. 40 e ss, com as respectivas conclusões de fls. 54 a 55, que de seguida se juntam por fotocópia extraída dos autos.

Não foram apresentadas contra-alegações.

No seu douto e fundamentado parecer, de fls. 75 e 76, a Srª Procuradora-Geral-Adjunta entendeu que deverá ser concedido provimento ao recurso, revogando-se a sentença recorrida e anulando-se o acto impugnado.

MATÉRIA DE FACTO:

Com interesse para a decisão, considero provados e relevantes os seguintes factos:

1) As recorrentes iniciaram funções, na categoria de oficial administrativo, em 07-04-1967 e 01-05-1968, respectivamente, e foram promovidas a 2.º oficial, em 18-05-1971 e a 1.º oficial, em 30-12-1986.

2) As recorrentes foram posicionadas, no escalão 2, da categoria de 1.º oficial, com efeitos reportados a 01-10-1989, por força da entrada em vigor do Novo Sistema Retributivo (NSR), criado pelo DL n.º 184/89, de 02-06, e regulado pelo DL n.º 353-A/89, de 16-10.

3) Com efeitos reportados a 01-10-1992, as recorrentes foram posicionadas no escalão 3, da categoria de 1.º oficial, ao abrigo do disposto, no art.º 2.º, do DL n.º 61/92, de 15-04.

4) Funcionários que tinham sido promovidos a 2.º oficial, em 07-03-74 e a 1.º oficial, em 05-07-88 – portanto em datas posteriores à data da promoção das recorrentes – foram integrados no escalão 5, da categoria de 1.º oficial, com efeitos reportados a 01-10-89, por aplicação do disposto no art.º 3.º, do DL n.º 61/92.

5) As recorrentes requereram ao CEME que fosse revisto o seu posicionamento nos escalões da categoria, tendo em consideração o teor do Ac. do STA, de fls. 7 a 10, dos autos.

6) Por despacho, de 03-07-1996, proferido pelo Brigadeiro DAMP (Direcção de Administração e Mobilização do Pessoal), no uso de competência subdelegada, o pedido das recorrentes foi indeferido – doc. de fls. 11-12 e 13-14.

O DIREITO

Nas conclusões suas alegações as recorrentes referem, designadamente, que a sentença ao decidir que as mesmas não têm legitimidade para questionar a constitucionalidade do art.º 3.º do DL n.º 61/92, de 15-04, fez errada interpretação e aplicação do disposto no art.º 46.º, do RSTA.

Mais refere que o art.º 3.º, do DL n.º 61/92, na interpretação dada pela douta sentença recorrida, é inconstitucional por ofensa das citadas normas constitucionais, como é hoje inquestionável, face à decisão do Ac. n.º 254/2000, do Tribunal Constitucional.

Ora, a sentença recorrida reconheceu que o art.º 3.º, do DL n.º 61/92, de 15-04, «acaba por criar situações de tratamento diferenciado, sem qualquer justificação material, permitindo que funcionários mais antigos na mesma categoria, também prejudicados, em menor grau, pelo congelamento, aufiram uma remuneração inferior a colegas mais novos na mesma categoria», acrescentando que tal «constitui, manifestamente, um caso de inconstitucionalidade material, por violação do princípio da igualdade e, em particular, do princípio de que trabalho igual deve ser retribuído com salário igual – art.ºs 13.º e 59.º, n.º 1, al. a), ambos da CRP».

Mais pondera a sentença que da simples não aplicação do citado art.º 3.º, do DL n.º 61/92, com fundamento em inconstitucionalidade, não resulta qualquer benefício para as recorrentes, pois o que estas pretendem é, precisamente, o contrário, ou seja, a extensão da norma ao seu caso; o que retira legitimidade às recorrentes para invocar a inconstitucionalidade da norma.

Entendemos que esta fundamentação, como refere o Digno Magistrado do M.ºP.º, é insustentável.

Com efeito, à data da prolação da sentença (26-06-2000) já havia sido publicado o Ac. do Tribunal Constitucional n.º 254/2000, que decidiu «declarar inconstitucionais com força obrigatória geral, por violação do disposto na alínea a), do n.º 1, do art.º 59.º, da CRP, enquanto corolário do princípio da igualdade, consagrado no art.º 13.º, as normas constantes do n.º 1, do art.º 3.º, do DL n.º 204/91, de 07-06, e do n.º 1, do art.º 3.º, do DL n.º 61/92, de 15-04, na medida em que, limitando o seu âmbito a funcionários promovidos após 01-10-1989, permitem o recebimento de remuneração superior por funcionários com menor antiguidade na categoria».

Ora, o entendimento sufragado pela decisão recorrida não pode, pois, subsistir, dado o teor do referido Acórdão do TC.

Como bem refere aquele Magistrado, esta decisão, com força obrigatória geral, é uma decisão interpretativa de conteúdo aditivo, por via da qual é alargado o âmbito de aplicação da norma declarada inconstitucional.

Ou se antes se quiser, como se refere, no Ac. do STA, de 02-05-2000, Rec. n.º 40 005, em caso semelhante, o Tribunal Constitucional acabou por ter uma decisão modificativa, do carácter restritivo da lei declarada inconstitucional, que de qualquer modo conduz a um alargamento do campo de aplicação da Lei.

A decisão do TC (vide Rui Medeiros, A decisão de inconstitucionalidade, Lisboa 1999, págs. 456-491) traduz-se, concretamente, numa interpretação dos artigos declarados inconstitucionais, no sentido do alargamento do seu âmbito, de forma a que também as recorrentes promovidas antes de 01-10-89, possam progredir na carreira da mesma forma que aqueles que foram promovidos após 01-10-89.

Este princípio de alargamento dos «benefícios» concedidos por lei declarada inconstitucional por violação do princípio da igualdade, assenta igualmente, no carácter universal do princípio da igualdade. (Jorge Miranda, Manual de Direito Constitucional, IV, Coimbra, 1998, pág. 220 e ss) e defendida, também, por Gomes Canotilho e Vital Moreira (CRP Anotada, 3ª edição, Coimbra 1993, pág. 129).

Assim, a sentença recorrida, ao considerar, no seu todo, o art.º 3.º, do DL n.º 61/92, inconstitucional, por violação do princípio da igualdade e, em particular, do princípio de que trabalho igual deve ser retribuído com salário igual, deveria ter considerado incluídas no seu âmbito de aplicação as recorrentes, e, nessa medida, deveria ter dado provimento ao recurso contencioso.

Enferma, assim, o acto recorrido do vício de violação de lei por violação daqueles preceitos constitucionais.

DECISÃO

Acordam os Juízes do TCA, em conformidade, em conceder provimento ao recurso jurisdicional, revogando-se a sentença recorrida e anulando-se o acto impugnado.

Sem custas.

Lisboa, 21 de Outubro de 2004

António Forte
Carlos Araújo
Fonseca da Paz

Recurso n.º 12 053/03

INTIMAÇÃO CAMARÁRIA AO SENHORIO PARA EXECUÇÃO DE OBRAS DE CONSERVAÇÃO.

(Acórdão de 28 de Outubro 2004)

SUMÁRIO:

I – O artigo 12.º n.º 1 do RJAU (DL 321-B/90, de 15.10) determina que (n.º 1) "as obras de conservação ordinária estão a cargo do senhorio, sem prejuízo do disposto no artigo 1043º do Código Civil e nos artigos 4.º e 120.º do presente diploma".

II – Recai sobre a sociedade comercial proprietária de prédio arrendado em mais de 50%, o dever de realizar as obras de conservação, assegurando as condições de habitabilidade, segurança e salubridade que não ponham em risco os direitos contratuais dos inquilinos, os direitos pessoais dos transeuntes e os interesses comunitários do correcto ordenamento urbanístico.

III – Constitui competência – mas também dever – do Município, fiscalizar e adoptar as medidas que previnam a eclosão de situações de risco para os interesses mencionados, desde que adequadas.

IV – Considerando o estado de degradação do prédio especificada no probatório, o conhecimento que em 1995 a sociedade proprietária do imóvel já possuía da necessidade de obras de conservação e a aceitação manifestada por carta de 15.12.03 da necessidade de obras de conservação no prédio, demonstram que o acto de intimação camarária de 16.01.2004, devidamente publicitado, para execução de obras de conservação (art.º 91.º Lei 169/99 de 18.09) não padece de ilegalidade em nenhum dos seus elementos.

ACÓRDÃO

Seone & Vidal, S.A, sociedade com os sinais nos autos, inconformada quer com o despacho interlocutório a fls. 170/171 que admitiu a oposição aos contra-interessados Maria do Céu Vieira e Custódia do Nascimento Amarelo, quer com a sentença proferida pelo Mmo. Juiz do Tribunal Administrativo e Fiscal de Lisboa que indeferiu o pedido de suspensão de eficácia do acto de intimação camarária para a realização pela requerente, na qualidade de proprietária, de obras de conservação no prédio, dela vem recorrer concluindo como segue:

1. Não pode ser aceite como contra interessada a Sra. D. Maria do Céu Vieira, por a mesma não ter feito prova de todos os factos necessários para que se opere a transmissão do arrendamento, nos termos do RA.U.;

2. Não pode a Sra. D. Custódia do Nascimento Amarelo, ser admitida como contra interessada por a mesma não ser porteira do prédio há muitos anos;

3. Deve o Despacho de fls. 169 a 171 ser revogado;

4. Não pode ser dado como provado que a Sra. D. Julieta Teixeira Cardoso é transmissária de Mário Teixeira Cardoso, inquilino do 3.º andar Esquerdo, como consta da alínea ee) dos factos provados;

5. A Sra. D. Julieta Cardoso não é transmissária do falecido inquilino Mário Teixeira Cardoso, nem tampouco a mesma se arroga de tal direito;

6. A Requerente apresentou uma estimativa, em termos de valor, para a execução das obras, embora sem ser um valor exacto;

7. É facto notório que uma obra da dimensão da que consta da intimação camarária, custa largos milhares de euros;

8. Fundamental não é a requerente provar que apresenta uma situação económico-financeira que a impeça de fazer face a tais custos mas, antes, como o fez, que no quadro factual em apreço é absolutamente injusto e violador do princípio da proporcionalidade obrigar a Requerente a despender verbas daquela ordem quando aguarda que a Câmara Municipal e Lisboa se digne pronunciar-se sobre o processo de eventual classificação;

9. O processo de classificação não impedindo em termos absolutos, que a Requerente apresente um projecto para apreciação da Câmara, torna-o, na prática, absolutamente inviável;

10. Se Câmara Municipal de Lisboa vier a classificar o prédio, as condicionantes que daí advêm tornarão qualquer projecto que agora se apresentar absolutamente inútil;

11. Nestas circunstâncias, não faz também sentido, uma vez mais com o devido respeito, estar a Requerente a candidatar-se ao programa RECRIA, já que as obras de conservação do prédio, que a Câmara Municipal de Lisboa impôs à Requerente, ficarão totalmente desaproveitadas;

12. Logo, os custos que a Requerente vier a ter com estas obras repercutir-se-ão, necessariamente, de forma negativa na sua esfera jurídica;

13. Nas circunstâncias apresentadas o exercício do direito da C.M.L. impor a realização de obras no prédio em causa constituiu um verdadeiro abuso.

14. O prédio não apresenta risco de ruína e encontra-se afastado do passeio, pelo que não constitui qualquer risco para os transeuntes.

15. Encontra-se já desocupado em mais de 50%.

16. Sem saber que intervenção poderá ser feita no prédio, a Requerente não pode celebrar arrendamentos dos andares vagos, já que a ocupação constituiria também um entrave a essa futura intervenção.

17. Termos em que, e nos termos de Direito aplicáveis, sempre contando com o mui douto suprimento de V.Exas. deve ser concedido total provimento ao presente Recurso, revogando-se "*in tottum*" a douta sentença em crise, bem como o douto Despacho de fls. 169 a 171, com todas as legais e demais consequências.

***

O Município de Lisboa apresentou contra-alegações, como segue:

1. O acto que impôs a realização das obras de conservação foi proferido no culminar de um procedimento administrativo que cumpriu com todos os requisitos legais. Tal acto não enferma de quaisquer vícios ou ilegalidades, pois não há nenhum obstáculo ou impedimento legal à intimação em causa. O estado de degradação do prédio está devidamente comprovado e a própria Recorrente o

aceitou. Como proprietária, a Recorrente tem o dever de realizar as obras de conservação em causa, pondo termo às actuais condições de insegurança, insalubridade e risco de incêndio. A eventual classificação do imóvel não invalida a intimação para a realização de obras coercivas de conservação, nem impede que a A. entregue um projecto de arquitectura para o local. A falta de fundamento da pretensão da Recorrente é manifesta. Decidiu bem e, por isso, deve ser mantida a Sentença recorrida (art. 120.º, n.º 1 a) do CPTA);

2. O cumprimento da intimação não causa à Recorrente prejuízos de difícil reparação, nos termos e para os efeitos do art. 120.º, n.º 1 b) CPTA, pelo que também neste aspecto não merece censura a Sentença recorrida. Na verdade, após a realização das obras, o imóvel de que a Recorrente é proprietária ficará valorizado. O único custo que a Recorrente terá efectivamente de suportar é o da remuneração do empreiteiro, não o dos materiais, que se incorporam na sua propriedade. O cumprimento do acto administrativo em causa não traz, portanto, para a Recorrente prejuízos de difícil reparação. Desde logo pela sua natureza, de carácter pecuniário, logo não de difícil reparação. Mas também devido ao seu montante, que pelas razões expostas nunca será significativo. Acresce que a Recorrente não apresentou qualquer valor para as referidas obras, nem demonstrou que a sua situação económico-financeira lhe impedisse de suportar esse custo;

3. A concessão da providência acarreta prejuízos para o interesse público, pois o imóvel apresenta condições de insegurança, insalubridade e risco de incêndio que urge remediar com a imediata realização das obras. Conceder a providência seria manter por mais tempo uma situação de risco para os habitantes do imóvel, vizinhos, transeuntes, para a cidade em geral. Em contrapartida, o único resultado que a não concessão da suspensão da eficácia produz consiste em impedir a especulação urbanística associada ao promover da degradação de um imóvel. O princípio da proporcionalidade, aplicado à ponderação dos interesses em jogo e demais circunstâncias do caso concreto, leva a que a providência não deva ser concedida (art. 120.º, n.º 2 do CPTA).

***

O EMMP junto deste TCA Sul pronunciou-se no sentido de que "(..), notificada no processo à margem referenciado, nos termos dos arts. 146.º e 147.º do CPTA, vem dizer que, merecendo-lhe concordância a douta sentença recorrida, é de parecer que ao presente recurso jurisdicional deve ser negado provimento. (..)"

***

Substituídos os vistos pelas competentes cópias entregues aos Exmos. Adjuntos, vem para decisão em conferência – art.ºs 36.º n.ºs 1 e 2 CPTA e 707.º n.º 2 COC, ex vi art.º 140.º CPTA.

***

Pelo Senhor Juiz foi julgada provada a seguinte factualidade:

1. No contrato celebrado em 23 de Julho de 1975 entre Custódia do Nascimento Amarelo e os anteriores proprietários do prédio urbano situado na Rua do Arco de S. Mamede, n.º 08 4, 4-A e 4-B, Freguesia de S. Mamede, em Lisboa, foi estipulado pelas partes que o primeiro exerce no mesmo as funções de porteira, usufruindo, como contrapartida, designadamente, do direito de aí dispor de local apropriado para a sua habitação (cfr. doc. de fls. 159 e 160 e doc. de fls. 161, cujo teor se dá por integralmente reproduzido).

2. Por escritura de 9 de Novembro de 1994, foi adquirido pela requerente, aos anteriores proprietários, o prédio urbano situado na Rua do Arco de S. Mamede, n.ºs 4-A e 4-B, Freguesia de S. Mamede, em Lisboa (cfr. doc. de fls. 133 a 138 e doc. de fls. 142, cujo teor se dá por integralmente reproduzido).

3. Em 23 de Outubro de 1995, foi publicado, no Jornal "Diário de Notícias", Edital do Município de Lisboa, por meio do qual a proprietária do prédio da Rua do Arco de S. Mamede n.ºs 4/4-B é intimada a realizar obras ao abrigo do disposto nos artigos 9.º, 10.º, 12.º, 165.º e 168.º do RGEU (cfr. doc. de fls. 111, cujo teor se dá por integralmente reproduzido).

4. O "prédio [é] composto de cave, rés-do-chão, três andares e águas furtadas, com mansarda, com cinco vãos exteriores por pavimento e janelas de sacada nos andares. Na mansarda tem varanda corrida, englobando os três vãos centrais. A construção encontra-se recuada da via pública e tem dois andares laterais, um de acesso à escada de serviço e casa da porteira com o n.º 4-A e outro com o n.º 4-B que dá serventia ao jardim, logradouro da propriedade.

Habitação da porteira c/ entrada pelo n.º 4-A – 1 divisão.
Cave-Dta – 8 divisões.
Cave-Esq. – 8 divisões.
R/Chão Dto. – 8 divisões.
R/Chão Esq. – 8 divisões.
1.º andar Dto. – 9 divisões.
1.º andar Esq. – 8 divisões.
2.º andar Dto. – 9 divisões.
2.º andar Esq. – 8 divisões.
3.º andar Dto. – 9 divisões.
3.º andar Esq. – 8 divisões.
Água – Furtada Dta. – 9 divisões.
Água – Furtada Esq. – 8 divisões", tal como consta da respectiva certidão do teor matricial, emitida em 23.03.01 (cfr. carimbo aposto a fls. 150, verso) (cfr. doc. de fls. 147 e 148, cujo teor se dá por integralmente reproduzido).

5. No ofício do IPPAR, s.d., dirigido à requerente, esta é informada de que o pedido de informação sobre o processo de classificação dos prédios da Rua do Arco de S. Mamede, n.08 6 a 8 foi arquivado por "ausência objectiva de valores patrimoniais de âmbito nacional" (cfr. doc. de fls. 15, cujo teor se dá por integralmente reproduzido).

6. No ofício do IPPAR, s.d., dirigido à requerente, afirma-se, designadamente, que "foram remetidas fotocópias da documentação técnica do processo à Câmara Municipal de Lisboa, a fim da autarquia ponderar a inscrição do conjunto no inventário municipal do Património, bem como a sua eventual classificação como interesse municipal (...)" (cfr. doe. de tis. 17, cujo teor se dá por integralmente reproduzido),

7. No ofício da Direcção Municipal de Cultura da CML, de 16.04.04, a requerente é informada de que o requerimento de classificação dos prédios dos n.08 6 a 8 da Rua do Arco de S. Mamede está em fase de apreciação (cfr. doc. de fls. 18, cujo teor se dá por integralmente reproduzido),

8. Na informação da Unidade de Projeto de S. Bento, de 13.03.03, solicita-se autorização superior para a realização de uma vistoria ao prédio dos autos, dadas "**as graves deficiências e patologias construtivas**" (cfr. doc. de fls. 3, do processo administrativo apenso, cujo teor se dá por integralmente reproduzido),

9. A informação referida na alínea anterior foi objecto de despacho de concordância da mesma data (ibidem, assinatura aposta na parte direita do documento),

10. Em 22.07.03, a requerente foi notificada da determinação de realização de vistoria ao prédio dos autos (cfr. docs. de fls. 4 e 5 do processo administrativo apenso, cujo teor se dá por integralmente reproduzido),

11. Na carta de 30.07.03, dirigida pela requerente à Directora Municipal da UPSB, afirma-se, designadamente, "(...) serve a presente para nomear no nosso representante para intervir na realização da vistoria:
– José Augusto Carvalho Raposo" (cfr. doe. de fls. 6, do processo administrativo apenso, cujo teor se dá por integralmente reproduzido).

12. Em 5 de Agosto de 2003 e em 31 de Outubro de 2003, foi elaborado pela **Unidade de Projecto de São Bento da Direcção Municipal de Conservação e Reabilitação Urbana da Câmara Municipal de Lisboa (UPSB)** e subscrito pelo Engenheiro civil Vasco Fernandes, pela Arquitecta Sofia Segurado, pelo T.C.C. João Castiço e pelo Perito João Augusto Raposo, **auto de vistoria** ao prédio da Rua do Arco de S. Mamede. n.º 08 4. 4a e 4B (cfr. doc. de fls. 15 a 20 do processo administrativo apenso, cujo teor se dá por integralmente reproduzido), no qual se afirma, designadamente, que (sublinhado nosso):
"Do presente Auto de Vistoria faz parte integrante o documento anexo, enviado pela firma proprietária, aonde constam os quesitos, que irão ser seguidamente respondidos:
– A iniciativa da vistoria em causa foi da CML.
– Os fundamentos são: o prédio apresenta graves deficiências e patologias construtivas resultantes da falta de conservação.
Em face do exposto e do que foi dado observar, de que resultam:
Relativamente ao edifício n.º 4, grave insegurança, insalubridade e risco de incêndio, a Comissão emite o seguinte parecer
1. O edifício é recuperável.
2. Os elementos estruturais que apresentam maior risco são as estruturas da cobertura, das paredes de fachada e dos pavimentos junto destas ao nível dos pisos superiores bem como a estrutura metálica das varandas a tardoz e escada de serviço exterior.
3. As causas de insalubridade devem-se a infiltrações provenientes da cobertura, das paredes de fachada e dos pavimentos junto destas ao nível dos pisos superiores bem como a estrutura metálica das varandas a tardoz e a escada de serviço exterior, (sublinhado nosso).
4. Deverá se examinada.
4.1. A execução de obras de consolidação e reparação no edifício, com vista à eliminação das anomalias indicadas de modo a garantir a indispensável solidez e salubridade da edificação devendo aquelas incidir prioritariamente sobre os elementos descritos no ponto 2 e 3.
4.2. A interdição de utilização das escadas de serviço a tardoz.

4.3. A revisão da instalação eléctrica colectiva e individual dos fogos.
5. Relativamente ao logradouro comum, deverá ser ainda determinada a execução de obras de consolidação e reparação nos muros existentes, com vista à eliminação das anomalias indicadas de modo a garantir a indispensável solidez e salubridade deste, devendo ser ainda determinada a execução de trabalhos de limpeza e desmatação do logradouro.
6. Para além dos trabalhos acima descritos deverão ser igualmente efectuados todos os que no decorrer da obra se venham a verificar necessários.
7. Deverão ser respeitados, durante a execução das obras, os artigos 15.º e 16.º do RGEU.

A. Relativamente às edificações com acesso pelo n.º 4:
A.1. – O edifício é recuperável.
A.2. – Não se detectam elementos estruturais que ofereçam risco.
A.3. – *As causas de insalubridade presumem-se ter origem em infiltrações provenientes da cobertura bem com da falta de infra-estruturas sanitárias e à ausência de obras de conservação*, (sublinhado nosso).
A.4. – Deverá ser determinada a execução de obras de consolidação e reparação no edifício com vista à eliminação da anomalias indicadas de modo a garantir a indispensável solidez e salubridade da edificação devendo aquelas incidir prioritariamente sobre os elementos descritos no ponto A.3., devendo o fogo ser dotado das condições mínimas de habitabilidade com introdução de instalação sanitária.
A.5. – Para além dos trabalhos acima descritos deverão ser igualmente efectuados os que no decorrer da obra se venham a verificar necessários.
A.6. – Deverão ser respeitados durante a execução das obras os artigos 15.° e 16.° do RGEU.

B. "Villa Mon Repôs" que apresenta insegurança e insalubridade, a Comissão emite o seguinte parecer:
B.1. – O edifício é recuperável.
B.2. – Os elementos estruturais que apresentam risco são as paredes das fachadas e empenas.
B.3. – *As causas de insalubridade devem-se a infiltrações provenientes da cobertura junto às paredes de fachada e a humidade proveniente do solo, por capilaridade, no piso térreo*, (sublinhado nosso).
B.4. – Deverá ser determinada a execução de obras de consolidação e reparação no edifício com vista à eliminação das anomalias indicadas de modo a garantir a indispensável solidez e salubridade da edificação devendo aquelas incidir prioritariamente sobre os elementos descritos nos pontos B.2. e B.3. B.5.
– Para além dos trabalhos acima descritos deverão ser igualmente efectuados todos os que no decorrer da obra se venham a verificar necessários.
– B.6. Deverão ser respeitados, durante a execução das obras, os artigos 15.º e 16.º do RGEU.

Relativamente à edificação com acesso pelo n.° 4B:
C. "Oásis e Fátima", que apresenta insegurança e insalubridade, a Comissão emite o seguinte parecer:
C.1. – O edifício é recuperável.
C.2. – Os elementos estruturais que aparentemente apresentam risco são o pavimento do 1.° piso e cobertura.

C.3. – As causas de insalubridade devem-se a infiltrações provenientes da cobertura e presumivelmente ao desenvolvimento, sem controlo, da trepadeira que reveste a parede meeira com o prédio vizinho e parte significativa da cobertura, (sublinhado nosso).

C.4. – Deverá ser determinada a execução de obra de consolidação e reparação no edifício com vista à eliminação das anomalias indicadas de modo a garantir a indispensável solidez e salubridade da edificação devendo aquelas incidir prioritariamente sobre os elementos descritos nos pontos C.2. e C.3.

C.5. – Para além dos trabalhos acima descritos deverão ser igualmente efectuados todos os que no decorrer da obra se venham a verificar necessários.

C.6. – Deverão ser respeitados, durante a execução das obras, os artigos 15.º e 16.º do RGEU".

13. Em 25 de Novembro de 2003, foi elaborada pela Unidade de Projecto de São Bento (UPSB) e subscrita pela Arquitecta Sofia Segurado, a informação n.º 410/ /UPSB/03, relativa à "proposta de intimação com base em auto de vistoria" ao prédio da Rua do Arco de S. Mamede n.º 4, 4A e 4B, na qual se afirma, designadamente, que:

"Na sequência da determinação de realização de vistoria, por despacho da Senhora Directora Municipal Malfada Magalhães de Barros, de 13-03-2003, foi efectuada uma vistoria ao Prédio, tendo sido elaborado Auto de Vistoria, de que resulta grave insegurança, insalubridade para os utentes e risco de incêndio. Face ao exposto, submete-se à consideração superior:

– a intimação para as obras constantes do Auto de Vistoria, assim como a interdição de utilização das escadas de serviço localizadas a tardoz do n.º 4, nos termos do n.º 2 do art.º 89.º do D.L. n.º 555/99 de 16.12, com as alterações introduzidas pelo D.L. n.º 177/2001 de 4/6.

Condições da licença: 1ª, 2ª, 3ª e 11ª
Início das obras: 90 dias;
Prazo de execução: 18 meses

Notas:
1. Havendo necessidade de ocupar a via pública com andaimes, amassadouros, caldeiras, tubos de descarga, apetrechos, acessórios, materiais para obras e tapumes, deverá ser requerida a respectiva licença de ocupação da via pública.
2. No caso de não serem mantidas as cores existentes nos paramentos exteriores do prédio, deverá se requerida licença para aplicação das novas cores.
3. Deve ser cumprido o disposto no art.º 135.º do RGEU.
4. Conjuntamente com o mandado de intimação, deve ser entregue ao intimado, impressão com as condições gerais das Licenças de Obras" (c/r. doc. de fls. 21 do processo administrativo apenso, cujo teor se dá por integralmente reproduzido).

14. Por meio dos ofícios n.ºs 380/UPSB/03 a 388/ /UPSB/03, emitidos pela UPSB, de 25.11.03, são notificados os vários inquilinos a viver no prédio dos autos para se pronunciarem sobre "o projecto de decisão constante da *informação n.º 410/UPSB/03* e Auto de Vistoria dos quais se junta cópia" (cfr. doc de fls. 22 a fls. 30, inclusive, do processo administrativo apenso, cujo teor se dá por integralmente reproduzido) (sublinhado nosso).

15. No ofício n.º 379/UPSB/03 da UPSB, de 25.11.03, dirigido à requerente, afirma-se, designadamente, que:

"Vimos por este meio notificar V. Ex.a, na qualidade de proprietário do Prédio sito na Rua do Arco de São Mamede, n.º 4, 4a e 4B, para, no prazo de 10 dias a contar da data do recebimento do presente ofício, *se pronunciar por escrito* sobre o projecto de decisão, constante da *informação n.º 410/UPSB/03 e Auto de Vistoria* dos quais se junta cópia (sublinhado nosso).

Mais se informa da *possibilidade de recorrer ao programa RECRIA – Regime Especial de Comparticipação na Recuperação de Imóveis Arrendados*, sobre o qual poderá ser informado no Núcleo de Atendimento do Departamento Municipal de Conservação e Reabilitação Urbana (DMCRU), na Rua do Machadinho, n.º 20, em Lisboa, das 8h00 às 20h00 (sublinhado nosso).

Para quaisquer esclarecimento poderá contactar a Unidade de Projecto de São Bento, sito na Rua de S. Bento n.º 422, 1° andar, entre as 9h00 e 12h00 e as 13h30 e 17h30, mediante marcação prévia com o técnico instrutor do processo, Arq. Sofia Segurado, através dos telefones 21 3944180/181." (cfr. doc. de fls. 31 do processo administrativo apenso, cujo teor se dá por integralmente reproduzido) (sublinhado nosso).

16. O ofício referido na alínea anterior foi recebido pela requerente em 02.12.03 (cfr. doc. de fls. 32 do processo administrativo apenso, cujo teor se dá por integralmente reproduzido).

17. Na carta dirigida pela requerente à Directora da Unidade de Projecto de São Bento (UPSB), e, por esta recebida, em 15.12.03 (cfr. carimbo aposto a fls. 37, verso), afirma-se, designadamente, que:

"4 – (...) *a requerente é a primeira a reconhecer a necessidade de intervenção no local em causa. Porém, entende que não deverá ser uma intervenção destinada a tapar apenas alguns "buracos";* (sublinhado nosso).

5 – Todo o espaço em causa, pela zona em que se insere, pelo facto de ser privilegiadamente contíguo a um monumento nacional – o Aqueduto das Águas Livres – merece um estudo, um planeamento adequado com vista à transformação de todo o espaço com o valor e a dignidade que merece;

6 – *A atitude de inércia da Requerente e proprietária do prédio* apenas se deve ao facto de há vários anos, praticamente desde que adquiriu o prédio, estar pendente de apreciação um projecto relacionado com eventual classificação dos espaços que estão em causa; (sublinhado nosso).

7 – *A requerente adquiriu os prédios em finais de 1994:* (sublinhado nosso).

8 – Com vista à execução de obras de intervenção geral no espaço, com vista a dotá-lo das condições e da dignidade que o mesmo merece, a Requerente teve já preparado um projecto de arquitectura para os prédios entre o n.º 4 e o n.º 8, a fim de ser submetido a apreciação camarária;

9 – Porém, foi desencadeado, entretanto, junto do IPPAR um processo, a que foi atribuído o n.º 91/3 (59), com vista à classificação daqueles espaços, conforme já se referiu e é aliás do conhecimento desses serviços;

10 – Enquanto o referido processo se encontra pendente, a Requerente não pode preparar qualquer projecto de arquitectura para o local nem submetê-lo a apreciação da Câmara;

11 – A Requerente está, pois, dependente a conclusão do processo para poder iniciar as obras que tem em vista, após a necessária apreciação e licenciamento camarário;
12 – Assim que o processo de classificação se encontre concluído pela Câmara Municipal de Lisboa, já que o IPPAR foi do parecer de não classificar, a Requerente pretende imediatamente avançar com todo o processo de reabilitação daquele espaço;
13 – Até lá, apenas se justifica que sejam tomadas as medidas necessárias à eliminação dos riscos de segurança que tenham sido detectados.
14 – É o caso da interdição da utilização das escadas de serviço localizadas a tardoz do prédio com entrada pelo n.º 4;
15 – *Se a referida estrutura oferece perigo, a Requerente desde já aceita tomar os procedimentos que a Câmara entender adequados para remover quaisquer riscos de segurança para utentes do prédio e terceiros:* (sublinhado nosso).
16 – *É, igualmente, a situação da necessidade de limpeza dos jardins por questões de salubridade:* (sublinhado nosso).
17 – *Quanto às obras referidas no Auto para melhoramentos do edifício, não fazem neste momento qualquer sentido*, de acordo com o que já foi explanado e também pelas razões que se expõem de seguida; (sublinhado nosso).
18 – Conforme já se disse, a requerente pretende executar uma intervenção geral em todo o espaço, nos termos que vierem a ser aprovados pelos Serviços Camarários responsáveis;
19 – Apenas aguarda pelo desfecho do processo de classificação que se encontra em curso;
20 – Por outro lado, os prédios em causa *estão devolutos de pessoas e bens em 50% de toda a sua capacidade*, decorrendo, actualmente, em relação a quase todos os outros os inquilinos processos de negociação com vista a ser encontrada uma solução a contento das duas partes, salvaguardando os legítimos interesses e expectativas de ambas; (sublinhado nosso).
21 – Pelo que não se afigura razoável, com o devido respeito, obrigar agora a proprietária a realizar as obras que fazem parte do Projecto de Decisão constante da notificação;(...)
35 – Nestes termos, e por todo o exposto, *se requer a V. Ex.a. que sejam determinadas apenas os procedimentos necessários a afastar situações de risco de segurança e salubridade, como sejam a interdição da escada a tardoz do prédio com o n.º 4 e a limpeza dos jardins por questões de salubridade.*" (sublinhado no original).
(cfr. doc. de fls. 33 a 37 do processo administrativo apenso, cujo teor se dá por integralmente reproduzido).
18. Na informação n.º 439/UPSB/2003, de 17 de Dezembro de 2003, elaborada pela UPSB, afirma-se, designadamente, que:
"Considerando que a proprietária se pronunciou por escrito, através de carta, recebida no dia 15.12.2003, sobre o projecto de decisão apresentado através do ofício n.º 379/UPSB/03, de 25.11.2003 e constante da informação n.º 410/UPSB/2003, de 25.11.2003, e após análise da mesma, informa-se que:
– Os argumentos apresentados não constituem fundamento para o não prosseguimento da intimação proposta.
O prédio encontra-se em muito mau estado de conservação de que resulta grave insegurança, insalubridade para os utentes e risco de incêndio, não se compadecendo com a espera de um eventual projecto a apresentar à Câmara Municipal de Lisboa; (sublinhado nosso).
– A eventual classificação do prédio referido, não invalida que seja dado prosseguimento ao processo de intimação preconizado, nem que a proprietária entregue para apreciação da Câmara um projecto de arquitectura para o local;
– em relação ao facto de haver fogos que se encontram devolutos de pessoas e bens, também não invalida que se façam obras, e caso a proprietária o entenda poderá arrendá-los novamente.
Mais se informa que não constam, em anexo à carta resposta, os recibos de renda referidos na mesma.
Assim, face ao exposto, julga-se de indeferir o requerido pela proprietária, e propor a abertura de processo 1 e intimação para execução de obras de conservação e constantes do Auto de Vistoria, nos termos do art.º 89.º do D. L. n.º 555/99, de 16 de Dezembro, com as alterações introduzidas pelo D.L. n.º 177/2001 de 4 Junho."
(cfr. doc. de fls. 41 e 42 do processo administrativo apenso, cujo teor se dá por integralmente reproduzido).
19. Na informação referida na alínea anterior foi aposto o despacho de concordo da Vereadora Eduarda Napoleão de 09.01.04 (cfr. carimbo e assinaturas no canto inferior direito do doc. de fls. 41, cujo teor se dá por integralmente reproduzido).
20. No ofício n.º 805/DRGUP/D/OF/2003, de 22 de Dezembro, o Departamento de Reabilitação e Gestão de Unidades de Projecto da Direcção Municipal de Conservação e Reabilitação Urbana da CML (DRGUP) afirma-se, designadamente, que:
"1. (...) não obstante as alegações escritas apresentadas, o conteúdo das mesmas não altera a situação jurídico-factual subjacente à proposta de decisão em apreço, pelo que os argumentos apresentados não constituem fundamento para o não prosseguimento do projecto de intimação, em causa;
2. Que a eventual classificação do prédio em causa, como edifício e jardim, não invalida que seja dado prosseguimento ao projecto de decisão.
3. Tal também não obsta a que a proprietária entregue para a competente apreciação da CML um projecto de arquitectura para o local, em apreço;
4. O facto de os edifícios se encontrarem devolutos de pessoas e bens, também não invalida que se executem as necessárias e indispensáveis obras de conservação, de que o imóvel carece;
5. Sendo certo, que após a conclusão das obras e caso a proprietária o entenda poderá arrendá-los novamente;
6. Mais se informa, que não constam, em anexo à carta – resposta os recibos de renda, referidos na mesma;
7. Pelo que, *a Câmara Municipal de Lisboa irá prosseguir com o procedimento coercivo, relativo às obras de conservação, em causa*, por tal se afigurar necessário para dotar o edifício com as condições mínimas de segurança e salubridade; (sublinhado nosso).
8. Uma vez que, *o imóvel se encontra em péssimo estado de conservação, de que resulta grave insegurança, insalubridade para os utentes e risco de incêndio não se compadecendo com a espera de um eventual projecto a apresentar à CML;* (sublinhado nosso).

9. Que, caso V. Ex.a inicie as obras particulares antes da adjudicação da empreitada, que englobará os trabalhos de reabilitação deste edifício, serão os mesmos suspensos, ficando a seu cargo o cumprimento do disposto no Auto de Vistoria, (c/r. doc. de fls. 38 e 39 do processo administrativo apenso, cujo teor se dá por integralmente reproduzido).

21. O ofício referido na alínea anterior foi recebido pela requerente em 30.12.03 (cfr. doe. de fls. 40 do processo administrativo apenso, cujo teor se dá por integralmente reproduzido).

22. Foram dirigidos pelo DRGUP aos inquilinos do prédio dos autos, ofícios com os n.08 46, 49, 50, 51, 52, 53, 54, 55, 56/DRGUO/D/OF/2004, de 16 de Janeiro de 2004, (cfr. respectivamente, docs. de fls. 51 e 52, 59 e 60, 61 e 62, 63 e 64, 65 e 66, 67 e 68, 69 e 70, 71 e 72 e 43 e 44 e 90 e 91, todos do processo administrativo, cujo teor se dá por integralmente reproduzido), nos quais se afirma, designadamente, que:

"1. Em 05 de Agosto e 31 de Outubro de 2003, foi realizada uma vistoria ao imóvel sito na morada referenciada [Rua do Arco de S. Mamede n.º 4, 4Ae 4B], cuja fotocópia do auto se anexa à presente notificação, tendo-se constatado a necessidade de:

a) executar obras de consolidação e reparação do edifício com vista à eliminação das anomalias e deficiências indicadas, de modo a garantir a indispensável solidez e salubridade da edificação, bem como eliminar todos os elementos dissonantes constantes do autos de vistoria;

b) Interdição de utilização das escadas de serviço a tardoz; (negrito no original)

c) A revisão da instalação eléctrica colectiva e individual dos fogos;

d) Eliminar todas as anomalias e deficiências determinadas a folhas 10 e 11 do auto de vistoria no tocante à casa da porteira, "Villa Mon Repôs" e "Oásis" e "Fátima"; (negrito no original)

e) Cumprir tudo o demais constante das determinações discriminadas no auto de vistoria.

2. Na sequência da referida vistoria, foi notificada a proprietária para executar as obras necessárias à correcção das deficiências e anomalias descritas no auto de vistoria, com o prazo de 90 dias úteis para o seu início, e com o prazo de 18 meses para a sua conclusão, contado do início das obras.

3. A decisão constante da presente notificação foi proferida por despacho da Ex.ma Senhora Vereadora Eduarda Napoleâo, de 09/01/2004 com fundamento: no artigo 64.º, n.º 5, al. *c)* da Lei n.º 169/99, de 18/09, que comete à câmara competência para ordenar, precedendo vistoria, a beneficiação de construções que ameacem ruína ou constituam perigo para a segurança das pessoas; no artigo 89.º, n.º 2 do Decreto-Lei n.º 555/99, de 16/12, que comete à câmara competência para determinar a execução de obras de conservação necessárias à correcção de más condições de segurança ou de salubridade; na delegação e subdelegação de competências, efectuadas por Sua Exa o Presidente da Câmara, concretizadas no Despacho n.º 199/P/2003 (publicado no Suplemento ao Boletim Municipal n.º 484 de 29/05/2003; na audiência prévia, realizada nos termos dos artigos 100.º e 101.º do Código do Procedimento Administrativo, aprovado pelo Decreto-lei n.º 442/91, de 15/11).

23. Os ofícios referidos na alínea anterior foram recebidos pelos inquilinos referidos nas datas seguintes:

n.º 4, cave Esq. – 21/01/2004 – doc. de fls. 73 do p.a.*
n.º 4, 1.º, Esq. – 21/01/2004 – doc. de fls. 74 do p.a.
n.º 4, A – 20/01/2004 – doc. de fls. 75 do p.a.
n.º 4, 4.º, Dto. – 20/01/2004 – doc. de fls. 76 do p.a.*
n.º 4, 3.º, Oto. – 20/01/2004 – doc. de fls. 77 do p.a.*
n.º 4, 3.º, Esq. – 20/01/2004 – doc. de fls. 78 do p.a.*
n.º 4, 2.º, Dto. – 20/01/2004 – doc. de fls. 83 do p.a.*
n.º 4, B, "Oásis" – 20/01/2004 – doc. de fls. 92 do p.a.

(*cfr., também, os documentos de fls. 88 e 89 do processo administrativo, cujo teor se dá por integralmente reproduzido).

24. No ofício n.º 45/DRGUP/D/OF/2004, de 16 de Janeiro de 2004, a Directora do Departamento de Reabilitação e Gestão de Unidades de Projecto do Município de Lisboa (DRGUP) solicita ao Chefe de Divisão de Imprensa Nacional, a publicação do *Anúncio n.º 14/DRGUP/2004. "Intimação para execução de obras de conservação" (nos termos do artigo 91.º da lei n.º 169/99. de 18 de Setembro)"*, constante de fls. 46 e 47 do processo administrativo apenso, cujo teor se dá por integralmente reproduzido, "nos termos e para o efeito do disposto no art. 91.º da lei 169/99 de 18 de Setembro (LAL) (cfr. doc. de fls. 45 do processo administrativo apenso, cujo teor se dá por integralmente reproduzido) (sublinhado nosso).

25. No ofício n.º 44/DRGUP/D/OF/2004, de 16 de Janeiro de 2004, a Directora do DRGUP solicita ao Presidente da Junta de Freguesia de São Mamede que proceda à afixação do *Edital n.º 15/DRGUP/2004. "Intimação para execução de obras de conservação (nos termos do artigo 91.º da lei n.º 169/99. de 18 de Setembro)* na Rua do Arco de S. Mamede, n.08 4, 4A e 4B (cfr. doe. de fls. 48 a 50 do processo administrativo apenso, cujo teor se dá por integralmente reproduzido) (sublinhado nosso).

26. Nos ofícios n.º 47/DRGUP/D/OF/2004 e n.º 48/ /DRGUP/D/OF/2004, emitidos pelo DRGUP e dirigidos à requerente, relativos ao prédio da Rua do Arco de S. Mamede, n.º 4, 4A e 4B, datados de 16 de Janeiro de 2004 e dirigidos à requerente, afirma-se, designadamente, que:

"1. Em 05 de Agosto e 31 de Outubro de 2003, foi realizada uma vistoria ao imóvel sito na morada referenciada, cuja fotocópia do auto se anexa à presente notificação, tendo-se constatado a necessidade de:

a) executar obras de consolidação e reparação do edifício com vista à eliminação das anomalias e deficiências indicadas, de modo a garantir a indispensável solidez e salubridade da edificação, bem como eliminar todos os todos os elementos dissonantes constantes do auto de vistoria;

b) Interdição de utilização das escadas de serviço a tardoz;

c) A revisão da instalação eléctrica colectiva e individual dos fogos;

d) Eliminar todas as anomalias e deficiências determinadas a folhas 10 e11 do auto de vistoria no tocante à casa da porteira, "Villa Mon Repôs" e "Oásis" e "Fátima".

e) Cumprir tudo o demais constante das determinações discriminadas no auto de vistoria.

2. Na sequência da referida vistoria, *notifico V. Exa. na sua qualidade de proprietária do imóvel, para executar as obras necessárias à correcção das deficiências e anomalias descritas no auto de vistoria, com o prazo*

de 90 dias úteis para o seu início, contado da data da recepção da presente notificação e com prazo de 18 meses para a sua conclusão, contado do início das obras. (sublinhado nosso).

3. A decisão constante da presente notificação foi proferida por despacho da Ex.ma Senhora Vereadora Eduarda Napoleão, de 09/01/2004 com fundamento:
– no artigo 64.º, n.º 5, al. c) da Lei n.º 169/99, de 18/09, que comete à Câmara competência para ordenar, precedendo vistoria, a beneficiação de construções que ameacem ruína ou constituam perigo para a segurança das pessoas;
– no artigo 89.º, n.º 2 do Decreto-Lei n.º 555/99, de 16/12, que comete à Câmara competência para determinar a execução de obras de conservação necessárias à correcção das más condições de segurança ou de salubridade;
– na delegação e subdelegação de competências, efectuadas por sua Exa. o Presidente da Câmara, concretizadas pelo Despacho n.º 199/P/2003 (publicado no Suplemento ao Boletim Municipal n.º 484 de 29/05//2003);
– na audiência prévia, realizada nos termos dos **artigos 100.º e 101.º** do Código do Procedimento Administrativo, aprovado pelo **Decreto-Lei n.º 442/91, de 15/11**.

4. Deverá ainda executar as restantes obras de conservação necessárias para manter a edificação nas condições existentes à data da sua construção, de modo a dar cumprimento ao dever estatuído no artigo 89.º, n.º 1 do Decreto-Lei n.º 555/99, de 16/12.

Em conformidade com o disposto neste artigo, a edificação atrás identificada deveria ter sido objecto de obras de conservação pelo menos em cada período de oito anos, resultando o seu incumprimento directamente da lei *(salienta-se que o diploma anteriormente em vigor – Regulamento Geral das Edificações Urbanas – Decreto-Lei 38382 de 7/8/51, já estabelecia no seu artigo 9.º a mesma obrigatoriedade)* (sublinhado nosso).

5. Para a execução das obras terá de:
– apresentar termo de responsabilidade do técnico responsável pelas obras;
– apresentar declaração da empresa que executará as obras, anexando fotocópia do certificado de classificação ou do título de registo emitido pelo IMOPPI;
– executar obras sem alterar o projecto aprovado e cumprindo integralmente as condições de licença, respeitando as determinações constantes do auto de vistoria;
– conservar em bom estado no local da obra, todas as peças do projecto, licenças e documentos camarários;
– não encher caboucos, cobrir canalizações de esgoto ou executar betonagens, sem prévia vistoria de fiscalização da unidade de Projecto;
– comunicar à Unidade de Projecto de São Bento, sita na Rua de S. Bento, n.º 422-1., 1200-822 Lisboa, até 5 dias úteis antes, o início das obras, através do telefone n.º 21 394 41 80 ou por Fax: 21 394 42 00;
– havendo necessidade de ocupar a via pública com andaimes, amassadouros, caldeiras, tubos de descarga, apetrechos, acessórios, materiais para obras e tapumes, deverá ser requerida a respectiva licença de ocupação de via pública;
– não pintar, colorir ou revestir os paramentos nem quaisquer elementos exteriores, sem prévia consulta a Unidade de Projecto. No caso de ter sido armado andaime, não deverá o mesmo ser retirado sem prévia autorização daquela. Devendo ser requerida licença no caso de pretensão de aplicação de novas cores, devendo ser mantidos os materiais de revestimento e tipo de acabamento existentes originarmente nas fachadas e cobertura, bem como os elementos referidos no auto de vistoria;
– no caso de não serem mantidas as cores existente nos paramentos exteriores do prédio, deverá ser requerida licença para aplicação de novas cores.

6. Caso V. Ex.a pretenda recorrer ao programa RECRIA//RECRIPH, para eventual comparticipação nos encargos com as obras de conservação, poderá dirigir-se ao Núcleo de Atendimento da Direcção Municipal de Conservação e Reabilitação Urbana, sito na Rua do Machadinho, n.º 20, e, Lisboa, das 8h ás 20h.

7. Fica, ainda notificada de que:
– Caso não cumpra, no prazo estabelecido o determinado na presente notificação, *será instaurado processo de contra-ordenação nos termos do artigo 98.º, n.º 1 alínea c) e alíneas s) do Decreto-Lei n.º 555/99 de 16/12, cuja coima está graduada entre os 498,79 Euros*, ou
– Caso não dê execução no prazo estipulado às necessárias obras, a câmara poderá tomar posse administrativa do imóvel para executar as obras coercivamente (cfr. doe. de fls. 53 a 55 e 56 a 58 do processo administrativo, cujo teor se dá por integralmente reproduzido).

27. Os ofícios mencionados na alínea anterior foram recebidos pela requerente em 20.01.04 (cfr. doc. de fls. 79 do processo administrativo, cujo teor se dá por integralmente reproduzido).

28. Em 20.01.04, o funcionário da CML, João José Barbosa Castiço, procedeu à afixação no prédio dos autos do Edital n.º 15/DRGUP/2004 (cfr. doe. de fls. 85 do processo administrativo apenso, cujo teor se dá por integralmente reproduzido), cc) Em 23.01.04, é dirigido pela Junta de freguesia de S. Mamede ao DRGUP, o ofício n.º 047, certificando de que se procedeu à afixação do Edital n.º 15/DRGUP/2004 – "Intimação de obras de conservação" (cfr. doe. de fls. 81 e 82 do processo administrativo, cujo teor se dá por reproduzido),

29. No Boletim Municipal de Lisboa de 12 de Fevereiro de 2004 é publicado o anúncio n.º 14/DRGUP/2004, relativo ao prédio dos autos, constante de fls. 86 e 87 do processo administrativo, cujo teor se dá por integralmente reproduzido),

30. A situação de cada um dos fogos do prédio dos autos é a seguinte:

fracção	ocupante	Renda mensal
Habitação da porteira c/ entrada pelo n.º 4-A – 1 div. *	Custódia do Nascimento Amarelo *	*
Cave – Dta – 8 divisões. *1	A. Ribeiro de Almeida, Lda. – cessação consensual do contrato de arrendamento em Junho/04 *1	_*1
Cave – Esq. – 8 divisões. *2	Viúva de Fernando da Cruz Dias – Dina Marques Gomes Inês Dias *2	€ 74,43 *2
R/Chão Oto. – 8 divisões. *3	Fernanda Manuela Leal Fernandes "3	€ 86, 88 *3
R/ Chão Esq. – 8	Devoluto *4	_*4
divisões. "4		
1.º andar Dto. – 9 divisões. *5	Devoluto *5	_*5
1.º andar Esq. – 8 divisões. *6	Maria do Céu Vieira, viúva de Augusto Vieira *6	€ 97,15*6
2.º andar Dto. – 9 divisões. *7	Á. Ribeiro de Almeida, Lda. – cessação consensual do contrato de arrendamento em Junho/04 *7	_*7
2.º andar Esq. – 8 divisões. *8	Devoluto *8	_*8
3.º andar Dto. – 9 divisões. *9	cessação consensual do contrato de arrendamento em Junho/04 *9	_*9
3.º andar Esq. – 8 divisões. *10	**Julieta Teixeira Cardoso, transmissária de Mário Teixeira Cardoso *10**	€ 89, 27 *10
Água – Furtada Dta. – 9 divisões. *11	Hermínio Lícinio Albuquerque Rocha *11	€ 48,70*11
Água – Furtada Esq. – 8 divisões M 2	Despejo judicial – devoluta *12	_*12
"Villa Mon Repos" (n.º 4-A) – dois pisos: no 1.º – 2 compartimentos, cozinha, dispensa e instalação sanitária; no 2.º – 4 assoalhadas e instalação sanitária; sótão dividido em 3 compartimentos *13	António Pedro Costa Bandeira *13	€ 149,32*13
"Casa Oásis", n.º 4-B*14	Maria Amélia Soares Martins *14	€ 22, 02 *14

(* – cfr. doc. de fls. 107 a 110 e 159 a 161, cujo teor se dá por integralmente reproduzido);
(*1 – cfr. doc. de fls. 107 a 110, cujo teor se dá por integralmente reproduzido e alegações das partes);
(*2 – cfr. doc. de fls. 42, doc. de fls. 107 a 110, cujo teor se dá por integralmente reproduzido);
(*3 – cfr. doc. de fls. 44 e doc. de fls. 107 a 110, cujo teor se dá por integralmente reproduzido);
(*4 – cfr. alegações das partes);
(*5 – cfr. doc. de fls. 107 a 110, cujo teor se dá por integralmente reproduzido e alegações das partes);
(*6 – cfr. doe. de fls. 46, doe. de fls. 107 a 110, cujo teor se dá por integralmente reproduzido);
(*7 – cfr. doe. de fls. 107 a 110, cujo teor se dá por integralmente reproduzido);
(*8 – cfr. alegações das partes);
(*9 – cfr. alegações das partes);
(*10 – cfr. doc. de fls. 49, doc. de fls. 107 a 110, doc. de fls. 176 a 178, cujo teor se dá por integralmente reproduzido);
(*11 – cfr. doc. de fls. 50, doe. de fls. 107 a 110, cujo teor se dá por integralmente reproduzido);
(*12 – cfr. doc. de fls. 107 a 110, cujo teor se dá por integralmente reproduzido);
(*13 – cfr. doc. de fls. 51, doc. de fls. 107 a 110, cujo teor se dá por integralmente reproduzido);
(*14 – cfr. doc. de fls. 52, doc. de fls. 107 a 110, cujo teor se dá por integralmente reproduzido).
(cfr., também, sobre a descrição física e estado de conservação do prédio dos autos, doc. de fls. 112 a 132, doc. de fls. 154 a 158 e doc. de fls. 147 e 148, cujo teor se dá por integralmente reproduzido).

31. Em 28 de Abril de 2004, deu entrada neste Tribunal, o presente requerimento de suspensão da eficácia (carimbo de fls. 3).

32. A data referida na aliena anterior, deu entrada neste Tribunal, p.i., apresentada pela requerente, de acção administrativa especial de impugnação do acto sub judice, que corre termos neste Tribunal com o n.º 874/04.6 BELSB (carimbo aposto a fls. 2).

DO DIREITO
A – suspensão de eficácia de intimação camarária que ordena a realização de obras

Para julgar improcedente a providência cautelar requerida, o Senhor Juiz fundamentou a decisão os seguintes fundamentos jurídicos, que se transcrevem na íntegra, com evidenciado a negrito nossos:
(..)
1. Enquadramento
A providência cautelar solicitada tem em vista garantir a efectividade do eventual julgado anulatório que a requerente venha a obter na acção administrativa especial, que corre termos neste Tribunal com o n.º 873/04.6BELSB, de anulação da intimação camarária de realização das obras determinadas na sequência do auto de vistoria de Agosto e Outubro de 2003.

O deferimento ou não da medida requerida depende do preenchimento dos critérios de concessão da tutela cautelar.

Nenhuma providência pode ser concedida se não observar a subsidiariedade, a instrumentalidade em relação à causa principal, a ingerência mínima na esfera jurídica do(s) requerido(s).

Importa, pois, determinar quais são os ónus de alegação e da prova indiciaria da matéria de facto e de direito que consubstanciam os pressupostos do decretamento da providência pretendida para depois aferir do seu preenchimento ou não.

***

Da factualidade dada como assente resulta que por não se conformar com a determinação administrativa para a realização das obras de conservação do prédio dos autos, constante dos ofícios de 16 de Janeiro de 2004 (alínea z) [26] dos factos assentes), **a requerente intentou o presente processo cautelar, procurando suster a eficácia de um acto administrativo que reputa ilegal e iníquo.**

Trata-se de paralisar a acção administrativa em nome de interesses e valores que considera serem de maior valia, cujo alegado défice de ponderação e tutela inquinaria o acto, isto é, encontramo-nos no domínio das **providências conservatórias**, as quais têm por fim por fim "acautelar o efeito útil da acção principal, assegurando a permanência da situação existente quando se despoletou o litígio ou aquando da verificação da situação de "*perículum in mora*" [1].

A qualificação da providência dos autos como conservatória tem importantes consequências no tocante ao grau de exigência de certeza, quer no que respeita ao *perículum in mora*, quer no que concerne ao *fumus boni iuris*, quer até mesmo no momento de proferir o juízo de prognose sobre os prejuízos que advêm, seja do decretamento da medida, seja da efectividade da medida que lhe é simétrica.

O deferimento da mesma será obtido, no caso de ter sido demonstrado, pela requerente que a eficácia imediata do acto suspendendo causa prejuízos de difícil reparação, opondo-se, em desrespeito pelo princípio da tutela judicial efectiva, à reconstituição *in natura* da esfera jurídica da requerente, uma vez obtida a composição definitiva da lide (artigo 120.º, n.º 1, alínea *b*) do CPTA).

O deferimento pretendido repousa, também, no carrear de elementos para os autos, por parte da requerente, capazes de sustentar a convicção, ainda que perfunctória, sobre a probabilidade da decisão final confirmativa do juízo antecipatório, que lhe seja favorável, proferido em sede cautelar (artigo 120.º, n.º 1, alínea *b*), in fine do CPTA).

Ainda assim, a providência pode ser recusada se não for adequada à composição provisória dos interesses da requerente e dos requeridos (artigo 112.º, n.º 1 do CPTA e artigo 381.º, n.º 1 do CPC, in fine) ou se for excessivamente gravosa para os interesses destes últimos (artigo 387.º, n.º 2 do CPC) ou, ainda, se os danos que causa aos segundos se mostrarem superiores àqueles que tem por fim evitar (artigo 120.°, n.° 2, in fine, do CPTA).

2. Quanto ao *periculum in mora*
Os prejuízos que a requerente considera advirem da executividade imediata da intimação camarária dos autos são pela mesma computados como os custos de uma obra a "descoberto", uma vez que o prédio se encontraria devoluto em mais de 50%.

Considera mesmo que estão em causa largos milhares de euros, quando o prédio lhe garante apenas um rendimento mensal de €567,77 (alínea ee) [31] dos factos assentes).

No entanto, a requerente não apresenta qualquer valor global, por si estimado, para a realização das obras em causa, sendo certo que se trata de assegurar a reparação e consolidação do edifício, concretamente de reparar infiltrações na cobertura, nas paredes de fachadas e no pavimento (cfr. pontos 3., A3., B3 e C3 do auto de vistoria elevado à alínea l) [13] dos factos assentes), assim como não apresenta uma situação económico-financeira que a impeça de fazer face a tais custos (não constam dos autos documentos sobre a situação económico-financeira da requerente), bem assim como não comprova que as medidas de compartipação financeira (Programa RECRIA) postas à sua disposição (cfr. ponto 6. do ofício, constante da alínea z) [26] dos factos assentes), não sejam capazes de minorar tais custos.

Ao que acresce que o prédio ainda não se encontra devoluto em mais de 50% (cfr. alínea ee) [31] dos factos assentes).

A requerente, também, não logrou demonstrar que tais custos se irão repercutir, de forma negativa, na sua esfera jurídica, seja porque, nos termos do artigo 38.° do Regime Jurídico do Arrendamento Urbano – RAU (na versão que lhe foi conferida pelo Decreto-Lei n.° 329-B//2000, de 22 de Dezembro), o senhorio que realize obras de conservação por determinação camarária, pode exigir aos arrendatários a actualização das respectivas rendas, seja, porque, considerando os fogos devolutos e os fogos ocupados, as obras de conservação permitem prognosticar melhorias sensíveis nos rendimentos que para a requerente advém do prédio dos autos, atendendo

---
[1] ABRANTES GERALDES, *Temas da Reforma do Processo Civil*, III Volume, Coimbra, 2004, p. 107.

às possibilidades abertas de melhor aproveitamento do mesmo.

A requerente invoca ainda a necessidade de um projecto de arquitectura global, o qual, tendo em conta o valor patrimonial e histórico do edificado na zona, concretamente dos prédios entre o n.º 4 e o n.º 8 da Rua do Arco de S. Mamede, e a pretendida classificação dos mesmos como de interesse municipal, permitiria uma verdadeira requalificação urbanística daquela, a qual não se compadece, e será até, prejudicada, por uma obra pontual, como é aquela que os autos de vistoria determinam.

A este propósito, e sem prejuízo do carácter pertinente e fundado das expectativas e preocupações manifestados pela requerente quanto à utilização urbanística do edificado em apreço, cumpre referir que a mesma não demonstrou que o projecto global de urbanização que planeia concretizar seja, de algum modo, impossibilitado ou sequer prejudicado pelas obras de conservação, que qualifica de pontuais e de beneficiação (trata-se de assegurar a reparação e consolidação do edifício dos autos, (cfr. alínea l) [12] dos factos assentes), e que, por isso, mesmo, não são de índole a impossibilitar uma intervenção edificatória ou urbanística mais aprofundada, por parte da proprietária, no exercício legítimo do *jus aedificandi* que lhe assiste *qua tale*.

Donde se conclui pela não verificação do requisito do *periculum in mora*.

3. Quanto ao *fumus boni iuris*

A requerente censura o acto de intimação dos autos, seja imputando-lhe ilegalidades, seja arguindo a violação de princípios materiais.

Importa, todavia, proceder ao enquadramento prévio das posições jurídicas subjectivas da requerente, enquanto proprietária do prédio dos autos e do município, investido do poder funcional de tutela da legalidade urbanística.

As regras jurídicas sobre segurança e salubridade dos prédios urbanos encontram-se estabelecidas no **Regulamento Geral das Edificações Urbanas (RGEU – aprovado pelo Decreto-Lei n.º 38 282, de 7 de Agosto de 1951)**.

Assim, nos termos do **artigo 15.º do RGEU**, "todas as edificações, seja qual for a sua natureza, deverão ser construídas com perfeita observância das melhores normas da arte de construir e com todos os requisitos necessários para que lhes fiquem asseguradas, de modo duradouro, as condições de segurança, salubridade e estética mais adequadas à sua utilização e às funções educativas que devem exercer."

Seja no que respeita às paredes das edificações (**artigo 23.º do RGEU**), seja no que concerne aos pavimentos e coberturas (**artigo 35.º do RGEU**), as normas em apreço são claras nas exigências que estabelecem em nome da segurança e da salubridade públicas.

Por sua vez, o **artigo 89.º, n.º 1, do Regime Jurídico da Urbanização e da Edificação – RJUE – aprovado pelo Decreto-Lei n.º 555/99, de 16 de Dezembro** (com as alterações introduzidas pelo **Decreto-Lei n.º 177/2000, de 4 de Junho**) dispõe que "*as edificações devem ser objecto de obras de conservação pelo menos uma vez em cada período de oito anos*".[2]

Nos termos **do n.º 2 do preceito referido**, *"(...) a câmara municipal pode a todo o tempo, oficiosamente ou a requerimento de qualquer interessado, determinar a execução de obras de conservação necessárias à correcção de más condições de segurança ou de salubridade"* (sublinhado nosso).

Tal como sucedeu com a prática do acto suspendendo (alínea z) dos factos assentes).

Estabelece, por sua vez, o **artigo 90.º, n.º 1**, do diploma mencionado, que a deliberação camarária referida no preceito anterior deve ser precedida de vistoria "a realizar por três técnicos a nomear pela câmara municipal".

"Do acto que determinar a realização da vistoria e respectivos fundamentos é notificado o proprietário do imóvel, mediante carta registada expedida com, pelo menos, sete dias de antecedência" (**n.º 2 do artigo 90.º, citado**) (cfr. alínea j) [10] dos factos assentes).

"Até à véspera da vistoria, o proprietário pode indicar um perito para intervir na realização da vistoria e formular quesitos a que deverão responder os técnicos nomeados" (**n.º 3 do artigo 90.º, citado**) (cfr. alínea k) [11] dos factos assentes).

Neste quadro normativo, cumpre, ainda, fazer referência ao **artigo 91.º, n.º 1,** do mesmo diploma, nos termos do qual se prevê que "quando o proprietário não iniciar as obras que lhe sejam determinadas nos termos do artigo 89.º ou não as concluir dentro dos prazos que para o efeito lhe forem fixados, pode a câmara municipal tomar posse administrativa do imóvel para lhes dar execução imediata".

Já no plano do direito privado, o artigo 1031.º do Código Civil integra nas obrigações do locador a de "assegurar [ao locatário] o gozo [da coisa locada] para os fins a que a coisa se destina".

Tal significa que "o senhorio para assegurar o gozo do prédio (...) em idênticas condições às que o arrendou, *tem de efectuar, durante a vigência do contrato, as obras necessárias à realização dos fins do arrendamento*"[3] (sublinhado nosso).

A este propósito dispõe o **n.º 1 do artigo 11.º** do Regime Jurídico do Arrendamento Urbano – **RJAU (aprovado pelo Decreto-Lei n.º 321-B/90, de 15 de Outubro)** que "nos prédios urbanos, e para efeitos do presente diploma, podem ter lugar obras de conservação ordinária, obras de conservação extraordinária e obras de beneficiação".

Nos termos do **n.º 2** do preceito em análise, "são obras de conservação ordinária: **(al. a)** "a reparação e limpeza geral do prédio e suas dependências"; **(al .b)** "as obras impostas pela Administração Pública, nos termos da lei geral ou local aplicável, e que visem conferir ao prédio as características apresentadas aquando da concessão da licença de utilização"; **(al. c)** "em geral, as obras destinadas a manter o prédio nas condições requeridas pelo fim do contrato e existentes à data da sua celebração".

O **artigo 12.º** ("obras de conservação ordinária") determina que **(n.º 1)** *"as obras de conservação ordinária estão a cargo do senhorio, sem prejuízo do disposto no artigo 1043.º do Código Civil e nos artigos 4.º e 120.º do presente diploma"*[4].

---

[2] Na sequência, de resto, do preceito com idêntico conteúdo constante do art.º 9.º do RGEU, entretanto revogado pelo art.º 129.º al. e) do DL n.º 555/99, de 16 de Dezembro.

[3] Neste sentido, ARAGÃO SEIA, *Arrendamento Urbano, Anotado e Comentado*, Coimbra, 1998, pp. 165 e 166.

[4] Redacção conferida pelo Decreto-Lei n.º 257/95, de 30 de Setembro.

O n.º 2 do preceito em epígrafe estabelece que "*a realização das obras referidas no número anterior dá lugar à actualização das rendas regulada nos artigos 38.º e 39.º*"[5].
Tal como resulta dos pontos 3., B3. e C3 e 4.1., A.4. e B.4. do auto de vistoria (cfr. alínea *l*) [12] dos factos assentes) integram-se na presente categoria as obras objecto de intimação camarária.

***

Perante o quadro normativo supra descrito e considerando o estado de degradação do prédio dos autos (alínea *l*) [12] do probatório), **o conhecimento que a requerente já possuía, em 1995, da necessidade de obras de conservação** (alínea *c*) [3] dos factos assentes), **a aceitação expressa que manifestou, na carta de 15.12.03, da necessidade de obras de conservação no prédio** (cfr. pontos 4 e 6 da carta elevada a alínea *q*) [17] dos factos assentes)**, não se afigura que a intimação camarária em análise seja manifestamente ilegal.**
Considerando que recai sobre a requerente, como proprietária do prédio dos autos, **o dever de realizar as obras de conservação em causa**, assegurando as condições de **habitabilidade, de segurança e de salubridade que não ponham em risco os direitos contratuais dos inquilinos**, os **direitos pessoais dos transeuntes e os interesses comunitários do correcto ordenamento urbanístico**, e que constitui **competência – mas também dever – do Município, fiscalizar e adoptar as medidas que previnam a eclosão de situações de risco para os interesses mencionados, desde que adequadas**, imperioso se torna concluir que a **intimação suspendenda não se oferece,** *prima facie***, como ilegal.**
Donde se conclui pelo não preenchimento do requisito do *fumus boni iuris*.

4. Quanto à observância do princípio da proporcionalidade
Cumpre, por fim, referir que o deferimento da providência suspensiva implicaria a manutenção de uma situação de insalubridade e de falta de consolidação do prédio dos autos *que, justamente, a determinação camarária, em exame, procura conter*, não se vislumbrando, no leque das medidas alternativas e igualmente idóneas à prossecução do(s) interesse(s) público(s) em causa, outra que se ofereça como menos gravosa para a requerente.
A paralisação da injunção administrativa em referência pode, inclusive, significar, a breve trecho, que as patologias inventariadas no auto de vistoria, se transformem, com o decurso do tempo e a ausência da adopção de medidas preventivas adequadas, numa situação mais grave, de difícil ou impossível recuperação do edificado.
Importa, ainda, notar que as deficiências detectadas nos autos de vistoria permitem já hoje afirmar com certeza que o prédio não garante as condições de habitabilidade a que têm direito os arrendatários das fracções do mesmo, pelo que as obras de reparação são, também, a única forma de assegurar os direitos das pessoas que naquele ou nos prédios vizinhos habitam ou que aí "fazem" o seu dia-a-dia.

Nestes termos, os prejuízos que a medida pretendida provavelmente acarreta são superiores aos custos que se estima venham a resultar para a requerente da executividade imediata do acto em análise. (..)".

***

Dir-se-á, desde já, que o julgado em 1ª Instância é para confirmar, para cujos fundamentos se remete sem qualquer declaração de voto, ao amparo do disposto no art.º 713.º n.º 5 CPC, ex vi art.º 140.º CPTA.
De modo que, as questões suscitadas nas conclusões de recurso sob os **ítens 6 a 17** improcedem por falta de fundamentação legal, pelas razões de direito constantes da sentença recorrida.

B – recurso de despacho interlocutório – art.º 142.º n.º 5 CPTA – legitimidade dos contra-interessados
O **despacho interlocutório proferido a fls. 170/171** no que concerne às questões de recurso suscitadas nos **ítens 1 a 5 das conclusões**, que admitiu a oposição na qualidade de contra-interessada de *Custódia do Nascimento Amarelo,* porteira do prédio n.º 4, é do seguinte teor:
"(..)
A fls. 100 a 106, Custódia do Nascimento Amarelo, residente na Rua do Arco de S. Mamede, n.º 4, porteira do mesmo, m. i. a fls. 100, veio deduzir oposição em conjunto com os demais contra-interessados.

***

Dispõe o artigo 57.º do CPTA que "para além da entidade autora do acto impugnado, são obrigatoriamente demandados os contra-interessados a quem o provimento do processo impugnatório possa directamente prejudicar ou que tenham legítimo interesse na manutenção do acto impugnado e que possam ser identificados e função da relação material em causa o dos documentos contidos no processo administrativo".
Por seu turno, determina o n.º 1 do artigo 10.º do CPTA que "cada acção deve ser proposta contra a outra parte na relação material controvertida e, quando for caso disso, contra as pessoas ou entidades titulares de interesses contrapostos aos do autor".
Este preceito reconhece aos contra-interessados o estatuto de verdadeiras partes demandadas, em situação de litisconsórcio necessário passivo e unitário" (**M. Aroso de Almeida**, *O novo Regime do Processo nos Tribunais Administrativos*, Coimbra, 2003, p. 53).
No presente processo cautelar, no qual é requerida a suspensão de eficácia da intimação da requerente para realizar obras de conservação do prédio do n.º 4, 4A e 4B da Rua do Arco de S. Mamede, em Lisboa, é, também, de considerar como contra-interessada no mesmo a porteira do prédio em causa, pelo que, ao abrigo dos artigos 28.º, n.ºs 1 e 2 e 320.º, al. a) do CPC, admito a oposição deduzida pela própria, em conjunto, com os demais contra-interessados, a fls. 100 a 106. (..)"

***

Em sede de **despacho de sustentação a fls. 243//244** e relativamente à contra-interessada *Maria do Céu Vieira,* viúva de Augusto Vieira, residente do prédio n.º 4, 1.º andar/esq., e ao facto levado à alínea ee) do probatório referente a *Julieta Teixeira Cardoso*, pelo Senhor

---
[5] Redacção conferida pelo Decreto-Lei n.º 329-B/2000, de 22 de Dezembro.

Juiz foi fundamentada a manutenção da qualidade jurídico-processual nos termos que seguem:
"(..)
Do Recurso de fls. 218 a 222:
A. Quanto ao despacho de fls. 169 a 171:
Mantenho na íntegra o despacho em epígrafe, pelos fundamentos constantes do mesmo, os quais, no meu entender, dispensam a invocação de quaisquer outros argumentos na sua sustentação.
B. Quanto à qualidade de contra-interessada de Maria do Céu Vieira, viúva de Augusto Vieira, é de notar que:
Foram aceites pela requerente, quer o facto da fracção do 1.º andar, Esq., do prédio dos autos com o n.º 4 se encontrar ocupada (cfr. doe. de fls. 10), quer o facto de Maria do Céu Vieira ser viúva de Augusto Vieira (cfr. ponto 6. das alegações do presente recurso jurisdicional), pelo que se impõe a sua qualificação como contra-interessada nos presentes autos (cfr. artigo 57.º do CPTA).
C. Quanto ao facto elevado à alínea ee) dos factos assentes, quer no tocante ao ocupante do 3.º andar, Esq., do prédio dos autos com o n.º 4, quer no que respeita ao 1.º andar, Esq. do mesmo prédio, é de notar que:
Sem embargo do contraditório impor a notificação (e pronúncia) da requerente do requerimento de fls. 175 a 178, cabe referir que, na economia do juízo de não decretamento da providência que subjaz à sentença impugnada, o que é relevante não é a qualidade ou o nome do ocupante da fracção em referência, mas, ao invés, se a mesma se encontra (ou não) ocupada, facto dado como assente pela requerente (cfr. artigo 8.º do requerimento inicial e documentos juntos pela própria a fls. 11 e 10, respectivamente).
Nestes termos não se vislumbram quaisquer nulidades na sentença impugnada. (..)".

***

Relativamente a esta matéria é de reter, como se refere a págs. 53 da supra citada Obra de **Mário Aroso de Almeida**, que o objecto dos processos administrativos não se define "(..) por referência às situações subjectivas dos contra-interessados, titulares de interesses contrapostos aos do autor, mas à posição em que a Administração se encontra colocada, no quadro do exercício dos seus poderes de autoridade (..)"
Esta circunstância não retira, no entanto, aos contra-interessados a sua qualidade de **verdadeiras partes na relação jurídica multipolar** e, por isso, no litígio, **para o efeito e deverem ser demandados em juízo.**
É o que resulta do inciso final do art.º 10.º n.º 1, que, portanto, reconhece aos contra-interessados o estatuto de verdadeiras partes demandadas, em situação de **litisconsórcio necessário passivo** – e, importa sublinhá-lo, **unitário** – com a entidade pública, com todas as consequências que daí advêm (..)" à "(..) designação [de contra-interessados] que cabe aos que tenham interesse directo e pessoal em que não se dê provimento à acção (**não é necessária a titularidade de uma posição jurídica substantiva própria**) (..)" [6].

***
Do excerto doutrinário supra decorre, para além da irrelevância da questão substantiva levantada no ítem 5 das conclusões de recurso, que apenas há-de ser patente um interesse **pessoal**, no sentido de a anulação do acto se repercutir imediatamente na sua esfera jurídica e não na de outrém, bem como **directo**, isto é, a prejudicialidade que a anulação do acto assume na sua esfera jurídica configurar-se de forma imediata, actual, que evidencie no contra-interessado uma situação de efectiva necessidade de tutela judiciária.

***

Deste modo, também aqui **o julgado em 1ª Instância é para confirmar pelos fundamentos aduzidos no Tribunal a quo, para os quais se remete sem qualquer declaração de voto,** ao amparo do disposto no art.º 713.º n.º 5 CPC, ex vi art.º 140.º CPTA e, consequentemente, as questões suscitadas nas conclusões de recurso sob os ítens 1 a 5 improcedem por falta de fundamentação legal, pelas razões de direito constantes da sentença recorrida.

***

Termos em que acordam, em conferência, os juízes da Secção de Contencioso Administrativo do Tribunal Administrativo Sul – 2.º Juízo em julgar improcedente o recurso e confirmar a sentença proferida.
Valor da causa – 15 001 € – art.ºs 34.º n.º 2 CPTA e 6.º 4 ETAF.
Custas a cargo da Recorrente, com taxa de justiça que se fixa em 18 (dezoito) UC, reduzida a metade – art.º 73.º-D n.º 3 e 73.º E n.º 1 f) CCJ – e procuradoria que se fixa também em metade.
Lisboa, 28 de Outubro de 2004

Cristina dos Santos
Teresa de Sousa
Coelho da Cunha

Recurso n.º 314/04

INTIMAÇÃO.
PASSAGEM DE CERTIDÃO.
CONSELHO DE ADMINISTRAÇÃO DA EDP DISTRIBUIÇÃO
– ENERGIA, S.A.. PRESSUPOSTOS (ART.º 82.º, DA LPTA).
ART.ºS 51.º, 1, ALÍNEAS D) E O), DO ETAF.

(Acórdão de 23 de Setembro de 2004)

SUMÁRIO:

I– O Conselho de Administração da EDP Distribuição – Energia, S. A., sendo embora uma pessoa colectiva de direito privado, prossegue

---

[6] VIEIRA DE ANDRADE, A justiça administrativa, Almedina, 5ª edição, pág. 253.

fins públicos, sendo concessionária de um serviço público.

II – Nos termos do art.º 51.º, 1, als. *d*), e *o*), do ETAF, compete aos tribunais administrativos de círculo conhecer «dos recursos de actos administrativos dos concessionários» e «dos pedidos de intimação de particular ou concessionário...».

III – Ora, tendo sido dirigido requerimento à entidade competente, a mesma não satisfez a pretensão, além de que não estavam em causa matérias secretas ou confidenciais, razão por que se verificam os pressupostos do art.º 82.º, da LPTA.

ACÓRDÃO

Requerente: Maria Luísa Nunes Lucas de Brito, viúva, residente na Rua Cidade de Silves, n.º 82, 1.º, 2775-310, Parede.

Requerido: Conselho de Administração da EDP – Distribuição de Energia, S.A., com sede na Av. Fernão de Magalhães, n.º 511, 3000-177,Coimbra.

A requerente veio instaurar a presente intimação para passagem de certidão, contra o requerido.

A fls. 114 e ss, foi proferida douta sentença, na qual foi determinada a intimação do requerido Conselho de Administração da EDP, para lhe seja facultada a documentação pedida.

Inconformado, com a sentença, o requerido, ora recorrente, veio interpor recurso jurisdicional da mesma, apresentando as suas alegações de fls. 120 e ss, com as respectivas conclusões de fls. 121, que de seguida se juntam por fotocópia extraída dos autos.

No seu douto parecer, de fls. 132, o Sr. Procurador-Geral Adjunto entendeu que o recurso jurisdicional, ora interposto, não deverá lograr provimento.

MATÉRIA DE FACTO

Com interesse para a decisão, considero provados e relevantes os seguíntes factos:

A) Por ofício de 07-12-2001, fotocopiado a fls. 6, e cujo teor se dá por integralmente reproduzido, a EDP – Distribuição de Energia, S.A., comunicou à requerente que o traçado da linha de 15 Kv, para o Posto de Transformação de Aldeia do Meio, no concelho de Pampilhosa da Serra, incluiria a passagem por uma propriedade do requerente.

B) Por requerimento enviado sob registo do correio, em 12-06-03, e dirigido à entidade requerida, cuja cópia se encontra a fls. 7 e 8, e cujo teor se dá aqui por integralmente reproduzido, a aqui requerente pediu que lhe fosse facultada a seguinte documentação:

«*a*) Levantamento topográfico efectuado, relativamente ao traçado onde será realizada a obra a que aludem V. Exas, na vossa carta de 07-12-2001;

b) Relatório fundamentado pela EDP, S.A., e seus serviços, no que toca à opção pelo traçado referido nesse ofício;

c) Indicação do período temporal de fixação de tais linhas aéreas e suas repercussões na propriedade da Srª Drª Maria Luísa Brito;

d) Que perigos foram avaliados pela EDP, S.A., para a saúde das populações residentes, não só actuais, mas também futuramente».

C) Este requerimento não foi satisfeito.

O DIREITO

Nas conclusões das suas alegações, o Conselho de Administração da EDP Distribuição – Energia S. A, refere, designadamente, que é uma pessoa colectiva de direito privado, com o estatuto de sociedade anónima de capitais exclusivamente públicos.

Consequente, ao caso dos autos, segundo alega, não tem qualquer aplicação a disposição invocada pela requerente, ou seja o art.º 82.º, da LPTA, que se refere, exclusivamente a autoridades públicas, o que não é o caso do recorrente.

Entendemos que não lhe assiste razão.

Nos termos do art.º 82.º, n.º 1, da LPTA, «a fim de permitir o uso de meios administrativos ou contenciosos devem as autoridade s públicas facultar a consulta de documentos ou processos e passar certidões, a requerimento do interessado ou do M.ºP.º, no prazo de 10 dias, salvo em matérias secretas ou confidenciais.

O pedido de intimação para consulta de documentos ou passagem de certidões pode ser apresentado por quem se apresente detentor de legitimidade activa, isto é, quem, de harmonia com o art.º 82.º, n.ºs 1 e 2, seja interessado na satisfação da pretensão.

Segundo a jurisprudência dominante, basta «um interesse atendível», isto é, decorrente de uma situação de necessidade que pode ser satisfeita através do presente meio processual, bastando, como se refere na douta sentença, um perfunctório juízo de verosimilhança dos factos alegados.

Quanto à legitimidade passiva, a lei é clara ao estabelecer que o pedido é formulado contra a «autoridade pública» com competência para facultar a consulta dos documentos ou processos, para passar as certidões ou para prestar as informações directas (art.º 82.º, n.ºs 1 e 2, da LPTA).

Nos termos do art.º 82.º, n.º 2, da LPTA, e em situação paralela à do recurso contencioso de anulação, a intimação para consulta de documentos e passagem de certidões deve ser requerida contra o autor do acto (ou aquele a quem se imputa a conduta omissiva) e não contra a pessoa colectiva ou o estabelecimento de que ele faça parte (CA, Anotado, S.Botelho, pág. 449).

Por outro lado, a jurisprudência tem entendido que «autoridade pública» é toda aquela entidade que exerça poderes de autoridade, independentemente, da sua própria natureza. (Cfr., entre outros, o Ac. do STA, de 27-07-94, Rec. 35 368).

Ora, a EDP, Electricidade de Portugal, S.A., sendo, embora, uma pessoa colectiva de direito privado, prossegue fins públicos, sendo concessionária de um serviço público.

Aliás, o art.º 51.º, 1, als. *d*) e *o*), do ETAF. estabelecem o seguinte:

Compete aos tribunais administrativos de círculo conhecer:

d) Dos recursos de actos administrativos dos concessionários;

o) Dos pedidos de intimação de particular ou concessionário para adoptar ou se abster de certo comportamento, com o fim de assegurar o cumprimento de normas de direito administrativo.

Acresce que com a entrada em vigor do DL n.º 182/95, de 27-07, que estabeleceu as bases do Sistema Eléctrico Nacional, manteve-se a coexistência de dois subsistemas, o Sistema Eléctrico de Serviço Público (SEP), cuja organização tem em vista a prestação de um serviço público, e o Sistema Eléctrico Independente (SEI), organizado segundo uma lógica de mercado.

Integra a SEP, como entidade titular de licença de distribuição de energia eléctrica em MT e AT, no território de Portugal continental, a EDP – Distribuição Energia, S.A. (art.º 28.º, n.º 3, do DL n.º 182/95 (Cfr. DL n.º 198//2000, de 24-08).

Tem, assim, legitimidade processual passiva, como é referido na douta sentença, podendo ser demandada através deste meio processual de intimação para consulta de processos ou documentos e passagem de certidões.

Como se verifica pela matéria fáctica provada – alínea C) – a autoridade requerida, ora recorrente, não satisfez o pedido da requerente.

Por outro lado verificam-se os pressupostos do art.º 82.º, da LPTA, uma vez que foi dirigido requerimento à entidade competente, mas a mesma não satisfez tal pretensão, além de que não se tratava de matérias secretas ou confidenciais (art.º 82.º, n.ºs 1 e 3, da LPTA).

Aliás, como bem refere a douta sentença recorrida, o art.º 82.º, da LPTA, bem como os art.ºs 7.º, 61.º a 64.º, do CPA, têm, hoje, de ser conjugados com normas posteriores, que obrigam à sua leitura actualizada, nomeadamente, o art.º 268.º, 2, do CRP, que consagrou o direito de acesso aos arquivos e registos administrativos, afirmando o princípio da transparência da Administração (cfr., também, o art.º 65.º, do CPA).

Tendo em consideração, ainda, o disposto no art.º 62.º, n.º 3, do CPA, redacção introduzida, pelo DL n.º 6/96, de 31-01, «os interessados têm direito, mediante o pagamento das importâncias que forem devidas, de obter certidão, reprodução ou declaração autenticada dos documentos que constem dos processos a que tenham acesso», conclui-se que a pretensão da requerente, respeita integralmente os citados normativos e não diz respeito a matérias secretas ou confidenciais, pelo que bem andou a douta sentença recorrida em determinar a intimação do Conselho de Administração da EDP, Energia S.A., para que, em 20 dias, dê satisfação ao solicitado pela requerente.

DECISÃO

Acordam os Juízes do TCA, em conformidade, em negar provimento ao recurso jurisdicional, confirmando a sentença recorrida.

Custas pela recorrente, fixando-se a taxa de justiça em € 70.

Lisboa, 22 de Setembro de 2004

António Forte
Carlos Araújo
Fonseca da Paz

Recurso n.º 00306/04

INTIMAÇÃO. PASSAGEM DE CERTIDÃO. INTERESSE DIRECTO, PESSOAL E LEGÍTIMO NA OBTENÇÃO DOS DOCUMENTOS RELATIVOS A NOTAÇÕES DE MILITAR DA MARINHA, NUM CONCURSO DE ADMISSÃO AO CURSO DE FORMAÇÃO DE SARGENTOS EM QUE FICOU EXCLUÍDO. DADOS CONFIDENCIAIS.

(Acórdão de 22 de Setembro de 2004)

SUMÁRIO:

I – **Só o conhecimento das avaliações dos outros candidatos, permite ao candidato excluído avaliar a decisão que lhe é proposta, nomeadamente, por lhe permitir conferir a igualdade//imparcialidade na aplicação, aos diversos candidatos, das condições legais de acesso ao concurso e na valoração dos critérios que lhe estão subjacentes.**

II – **Porém, verificando-se colisão de direitos fundamentais, entre o direito à informação e o direito de reserva e intimidade da vida privada, não pode, linearmente, concluir-se pela prevalência deste último.**

III – **A referida confidencialidade não pode proteger, em absoluto, a divulgação desses dados, nomeadamente, quando o seu conhecimento possa constituir, para outros interessados um verdadeiro pressuposto de facto, para o exercício do direito de impugnação contenciosa, consagrado no art.º 268.º, 4 e 5, da CRP.**

IV – **Em obediência a uma ideia de proporcionalidade, de adequação e de necessidade, as restrições ao direito de informação devem limitar-se ao estritamente necessário, para a salvaguarda de outros direitos ou interesses legalmente protegidos, *in casu*, para a defesa do direito à intimidade das pessoas.**

V – **E em resultado da ponderação dos interesses, o Tribunal Constitucional tem declarado a inconstitucionalidade de normas sobre a avaliação de mérito dos militares da marinha, por violação do n.º 1, em conjugação com o n.º 2, do art.º 268.º, da CRP, na medida em que vedem aos interessados a obtenção dos elementos necessários à instrução de recursos e meios administrativos que eles pretendam interpor.**

VI – **Só o acesso a tais documentos permite aceder à motivação do acto de classificação final ou qualquer outro acto lesivo, nomeadamente, o de exclusão dos candidatos, o que vale dizer que a decisão de impugnar qualquer acto do concurso só se torna possível, se os oponentes** puderem consultar e obter certidões para analise e apreciação dos documentos que estiverem na base da decisão do júri.

ACÓRDÃO

Requerente: Amável Carmo de Oliveira, Segundo-Sargento F Z, dos Quadros Permanentes da Armada, residente na Rua 25 de Abril, n.º 14, Atalaia, 2260-012, VN da Barquinha.
Requerido: Presidente do Júri do Concurso de Admissão ao Curso de Formação de Sargentos.

O requerente veio instaurar a presente providência cautelar de intimação para consulta de processo e passagem de certidão, contra a entidade requerida.

Foi proferida douta sentença, a fls. 151 e ss, dos autos, datada de 22-06-04, pela qual foi decidido intimar a entidade requerida – Marinha – a enviar ao requerente as certidões pedidas.

Inconformada com a sentença recorrida, a entidade requerida – a Marinha – ora recorrente, veio interpor recurso jurisdicional da mesma, apresentando as suas alegações de fls. 173 e ss, com as respectivas conclusões de fls. 272 a 277, que de seguida se juntam por fotocópia extraída dos autos.

O requerente, ora recorrido veio apresentar as suas contra-alegações, de fls. 210 e ss, com as respectivas conclusões de fls. 224 a 226, que de seguida se juntam por fotocópia extraída dos autos.

No seu douto e fundamentado parecer, de fls. 253 a 254, o Sr. Procurador-Geral Adjunto entendeu que deve negar-se provimento ao recurso.

Quanto ao referido parecer, as partes vieram pronunciar-se pela forma constante de fls. 258 (a Marinha) e de fls 283 o recorrido.

MATÉRIA DE FACTO
Com interesse para a decisão, considero provados e relevantes os seguintes factos:

A) Em 26-02-04, o requerente foi notificado, pelo Presidente do Júri do concurso, de que «o sentido da decisão final do procedimento será desfavorável», e foi notificado para, «em dez dias dizer o que se oferecer sobre a mesma, querendo, nos termos e para os efeitos dos art.ºs 100.º e ss, do CPA», com indicação de que «o processo administrativo encontra-se disponível para consulta nas Instalações da Direcção do Serviço de Pessoal».

B) Com a notificação referida em A), foi enviada ao requerente o extracto da Acta da reunião do Júri, datada de 11-02-04, que teve por finalidade «verificar as condições de acesso, apreciar e ordenar os candidatos do citado concurso».

C) Do extracto da Acta, de 11-02-04, foi retirada a parte do texto onde se revelavam as avaliações individuais relativas a um outro candidato.

D) Do Mapa Anexo à Acta referida em B) consta a menção de que o CAB FZ Oliveira foi « excluído, nos termos e condições previstas no art.º 10.º, da Portaria n.º 502/95, de 26-05, com base nas avaliações individuais de 01-01-96, 01-07-95, 01-01-95, 01-07-93, 01-01-93 e 01-07-92».

E) Em 02-03-04, o Mandatário do requerente deslocou-se às instalações referidas em A), e tendo solicitado a consulta do processo, foi-lhe informado pelo Comandante Mendes Correia que apenas poderia consultar o processo do requerente, dado não existir qualquer processo que, no seu todo, contivesse todo o processo administrativo do concurso e, nomeadamente, as avaliações individuais e elementos do concurso relativos aos outros concorrentes.

F) Por requerimento de 05-03-04, dirigido ao presidente do Júri do Concurso, o mandatário do requerente requereu que fosse passada «certidão das Fichas de Avaliação Individual (FAI) de todos os militares concorrentes, efectuadas no posto considerado relevante para efeitos do concurso» e requereu «certidões de todas as punições e louvores e registo disciplinar de todos os militares que foram opositores ao concurso».

G) O Presidente do Júri indeferiu o pedido de passagem das certidões referido em E), por carta de 25-03-04, na qual afirma que o processo (do concurso) existe e encontra-se coligido com todos os elementos pertinentes ao respectivo procedimento, mas que alguns documentos que o integram são confidenciais, por conterem dados pessoais de terceiros, protegidos pela reserva da intimidade da vida privada, estando nessa categoria de documentos, as Fichas de Avaliação Individual e o Registo Disciplinar (onde constam louvores e punições disciplinares). Mais informa que a situação concreta do 2SAR Amável Carmo Pereira, no âmbito do concurso, é independente da dos outros candidatos ou concorrentes, uma vez que não esteve em causa a aplicação de critérios comparativos conducentes ao posicionamento relativo aos mesmos.

H) O formulário intitulado «Avaliação Individual dos Militares da Marinha», publicado em anexo C à Portaria n.º 1380/2002, de 23 de Outubro, contém os seguintes dados principais: identificação dos avaliadores; elementos biográficos do avaliado; aptidões e desempenho a avaliar (que inclui os parâmetros intelectuais, de carácter, sociais e morais, militares de chefia, técnico-profissionais, desempenho); síntese da opinião sobre o avaliado (incluindo estabilidade psicológica compatível com função/cargo e opinião sobre aptidão para promoção); opinião do avaliado ; e opinião do 2.º avaliador.

I) A presente intimação deu entrada, em 12-04-2004.

O DIREITO
Na conclusão 6ª, das suas alegações, a Marinha invoca a nulidade da sentença, por se verificar a hipótese da 1ª parte, da al. d), do n.º 1, do art.º 668, do CPC.

Refere, designadamente, na conclusão 2ª, que na fase de apreciação da vida militar dos candidatos apenas as informações contidas nos Impressos de Avaliações Individuais poderiam ter influência na decisão final do concurso, e em termos, apenas, de poder determinar a exclusão ou a admissão dos candidatos.

Os dados constantes dos Registos disciplinares, à luz dessas regras, não eram idóneos a produzir qualquer efeito na decisão final do concurso, seja na exclusão / admissão de candidatos, seja na sua graduação, ao contrário das Avaliações Individuais, para as quais havia normas expressas acerca do modo como elas actuavam, no concurso.

Apesar disso o Tribunal «a quo» deferiu a pretensão do recorrido, relativamente aos dois documentos em causa, sem se ter debruçado sobre a questão supra mencionada.

Ora, é nula a sentença, «quando o juiz deixe de pronunciar-se sobre questões que devesse apreciar...».
Sobre a nulidade invocada, o recorrido refere que a mesma não se verifica, dado que o Mm.º juiz «a quo» pronunciou-se na sua decisão limitando-a, para que fosse passada, unicamente, «certidão das punições, louvores e registo disciplinar relativos aos militares concorrentes», cujos registos disciplinares «tenham sido tidos em conta na avaliação efectuada no referido concurso».
Existindo, nos autos, uma colisão de direitos entre o direito à informação e o direito de reserva e intimidade da vida privada, não pode, linearmente, concluir-se pela prevalência deste último, pois «uma restrição com essa extensão é desnecessária para protecção daquele direito e dos referidos interesses ».
No seu despacho, de fls. 231, o Mmo Juiz «a quo» refere, e bem, que a questão da confidencialidade dos documentos pedidos pelo requerente (fichas de avaliação e registo disciplinar) foi tratada conjuntamente, por estar em causa a mesma questão jurídica, como, aliás, resulta da sentença recorrida, nos pontos III-2.3 e III-2.4, e das disposições legais aí citadas.
Nesse mesmo sentido, o Digno Magistrado do M.ºP.º também entendeu que o pedido de certidão das fichas de avaliação e dos registos disciplinares reconduz-se à questão da sua confidencialidade, como o reconhece o recorrente nos art.ºs 76 a 80, da sua resposta, uma vez que os dados contidos em ambas não foram, comparativamente, tidos em conta pelo júri, o que vale dizer que se trata da mesma questão de direito e daí, por razões de economia e celeridade, se imponha o seu tratamento unitário.
Improcede, assim, a nulidade invocada.
Quanto ao mérito, entendemos estarem preenchidos os pressupostos exigidos nos art.ºs 104.º e 105.º, do CPTA.
Quando não seja dada integral satisfação aos pedidos formulados no exercício do direito à informação procedimental ou do direito de acesso aos arquivos e registos administrativos, o interessado pode requerer a intimação da entidade administrativa competente, nos termos e com os efeitos previstos na presente secção (art.º 104-1, do CPTA).
E nos termos do art.º 61.º, n.º 1, do CPA, «os particulares têm o direito de ser informados pela Administração, sempre que o requeiram, sobre o andamento dos procedimentos em que sejam directamente interessados, bem como o direito de conhecer as resoluções definitivas que sobre eles forem tomadas».
Este n.º 1, do art.º 61.º reproduz, textualmente, o princípio consagrado no art.º 268.º, n.º 1, da CRP, e como sugere, em anotação a tal dispositivo, no CPA, 2ª edição, Mário Esteves de Oliveira, a fls. 327, o art.º 61.º, n.º 1, não tem outro significado, no Código, senão o de facultar aos interessados o «exercício do direito à informação», não apenas em relação à decisão final (ou às resoluções definitivas) mas também em relação ao próprio decurso do procedimento, ao seu andamento, permitindo-lhes manter-se a par do «iter» da formação da respectiva decisão.
O referido art.º 61.º, n.º 1, do CPA, disciplina, quanto ao seu exercício, o direito à informação procedimental, tendo como requisito subjectivo a titularidade de um interesse directo ou legítimo, no âmbito de um concreto procedimento, o que se encontra, manifestamente, verificado,

na situação em causa, como se refere na douta sentença, uma vez que estão em causa documentos que integram um procedimento de concurso, no qual o requerente é candidato (cfr. Al. A), da matéria fáctica provada).
Também estão preenchidos os pressupostos do art.º 105.º, do CPTA, pois o requerente exerceu previamente o seu direito à informação, junto da requerida, tendo esta indeferido, através do Júri do Concurso, a pretensão do requerente.
Ora, o requerente pretende que lhe seja passada certidão das Fichas de Avaliação Individual (FAI) de todos os militares concorrentes, efectuadas no posto considerado relevante para efeitos do concurso e certidão de todas as punições e louvores e registo disciplinar de todos os militares que foram opositores ao concurso.
Por sua vez, a entidade requerida aduz que tal informação não pode ser prestada, por os documentos pretendidos serem confidenciais, por conterem dados da vida privada, além de que o acesso aos documentos seria ilegítimo, na medida em que a informação neles contida não tem qualquer utilidade para o requerente, no âmbito do concurso, designadamente, porque o seu conhecimento em nada poderia alterar a decisão de exclusão do Concurso de Formação de Sargentos, pois a apreciação da vida militar do requerente foi feita, pelo júri, com independência relativamente à dos outros candidatos.
Ora, como bem se refere, na douta sentença recorrida, não pode aceitar-se a argumentação da requerida, pois, na verdade, só o conhecimento das restantes avaliações permite ao candidato avaliar a decisão que lhe é proposta, nomeadamente, por lhe permitir conferir a igualdade/imparcialidade na aplicação, aos diversos candidatos, das condições legais de acesso ao concurso e na valoração dos critérios que lhe estão subjacentes.
Efectivamente, a cabal instrução dos meios administrativos que, legalmente, assistem ao recorrente e, concretamente, do exercício do direito de audiência prévia, só poderá alcançar-se, facultando o acesso às avaliações que recaíram sobre os outros opositores ao concurso.
Portanto, o requerente tem interesse directo, pessoal e legítimo, na obtenção dos documentos.
Quanto à questão da confidencialidade dos documentos em causa – Fichas de Avaliação Individual (FAI) e punições, louvores e registo disciplinar dos outros militares opositores ao concurso, entendemos que o requerente tem razão.
É certo que dos preceitos legais invocados pela entidade requerida – Portaria n.º 502/95, de 26-05 (Portaria 1380/2002, de 23-10), DL n.º 236/99 de 25-06 (DL n.º 197-A/2003, de 30-08) – resulta, claramente, que os dados relativos à avaliação individual de mérito dos militares da Marinha são confidenciais, só podendo a eles aceder os órgãos competentes, no seio da entidade militar e o próprio, a quem os documentos respeitam.
É certo que os documentos em causa contêm dados pessoais que, à partida, devem estar protegidos de um acesso generalizado. Designadamente, a ficha de avaliação individual contém *elementos biográficos* do avaliado, bem como *juízos de valor* sobre o seu desempenho técnico-profissional, sobre o *carácter* e o *perfil psicológico* do avaliado.
Simplesmente, verificando-se, como é o caso, uma colisão de direitos fundamentais, entre o direito à infor-

mação e o direito à reserva e intimidade da vida privada, não pode, linearmente, concluir-se pela prevalência deste último.

Como se sumaria, no douto Ac. do STA, de 03-04-9, Recurso n.º 35368, sobre documentos relativos a notação de funcionários e quanto a dados confidenciais, «a referida confidencialidade não protege em termos absolutos a divulgação desses dados, pois o seu conhecimento poderá constituir para outros interessados um verdadeiro pressuposto de facto para o exercício do direito de impugnação contenciosa, dos actos administrativos lesivos dos seus interesses, consagrado no art.º 268.º, n.ºs 4 e 5, da CRP».

Também, o Tribunal Constitucional, no seu douto Acórdão n.º 43/96, de 23-01, no Processo n.º 539/94, e no mesmo sentido, salienta que «na verdade se se pesar que o conhecimento de elementos curriculares e pessoais de outro (ou outros) candidato(s), elementos esses constantes das actas, pode ser o factor primordial para que o candidato requerente do exame das actas ponder se vai ou não impugnar o concurso em que ele e o(s) outro(s) FORAM INTERVENIENTES, ENTÃO PODER-SE-Á SER CHEGADO A CONCLUIR QUE ESSE CONHECIMENTO É UM PRESSUPOSTO PRÉVIO DE FACTO SOBRE O EXERCÍCIO DA GARANTIA DE RECURSO QUE, COMO JÁ FOI ASSINALADO POR ESTE TRIBUNAL (cfr., entre outros, os Acs. n.ºs 36/88 e 90/88, publicados no DR, I Série, de 03-03-88 e 13-05-88), É UM DESENVOLVIMENTO DO DIREITO DE ACESSO AOS TRIBUNAIS.

Assim, em obediência a uma ideia de proporcionalidade, de adequação e de necessidade, as restrições ao direito de informação devem limitar-se ao estritamente necessário, para a salvaguarda de outros direitos ou interesses legalmente protegidos, «in casu», para a defesa do direito à intimidade das pessoas.

No referido Ac. do TC, e em resultado da ponderação dos interesses citados, declarou-se a inconstitucionalidade de normas idênticas às acima referidas, sobre a avaliação de mérito dos militares da Marinha, por violação do n.º 1, em conjugação com o n.º 2, do art.º 268.º, da CRP, na medida em que vedem aos interessados a obtenção dos elementos necessários à instrução de recursos e meios administrativos que eles pretendem interpor.

Como bem refere o Digno Magistrado do M.ºP.º, no seu douto parecer, de fls. 254, encontrando-se as fichas de avaliação e os registos disciplinares, nos documentos apresentados por cada um dos concorrentes ao procedimento de concurso público, em causa, estes documentos perderam a confidencialidade, não só pela natureza do concurso, que é público e de cujo procedimento aqueles documentos fazem parte, mas também porque os próprios opositores, ao integrá-los na sua documentação concursal, deles deram livre acesso a todos os sujeitos procedimentais, por força do disposto, no art.º 61.º, do CPA, para, assim, como se refere no art.º 5.º, do DL n.º 204/98, de 11-07, paradigma do concurso público, o Concurso se realizar à sombra dos princípios da liberdade de candidaturas, igualdade de condições e garantia de recurso contra todos os actos lesivos.

Ora, só o acesso a tais documentos permite aceder à motivação do acto de classificação final ou qualquer outro acto lesivo, nomeadamente, o de exclusão dos candidatos, o que vale dizer que a decisão de impugnar qualquer acto do concurso só se torna possível se os oponentes puderem consultar e obter certidões para análise e apreciação dos documentos que estiverem na base da decisão do júri e só assim o concurso será público.

Pelo exposto, a decisão recorrida não merece censura.

DECISÃO
Acordam os Juízes do TCA, em conformidade, em negar provimento ao recurso, confirmando a sentença recorrida.

Sem custas (art.º 73.º-C, n.º 2, al. *b*), do CCJ).

Lisboa, 22 de Setembro de 2004

**António Forte
Carlos Araújo
Fonseca da Paz**

Recurso n.º 00264/04

MILITARES NA RESERVA FORA DA EFECTIVIDADE DE SERVIÇO. PENSÃO DE REFORMA. EMFAR/99.

(Acórdão de 28 de Outubro de 2004)

SUMÁRIO:

I – **O art. 44.º, n.º 3, do actual EMFAR, aprovado pelo DL 236/99, de 25.06. não assume a natureza de norma interpretativa, sendo, pelo contrário, uma norma verdadeiramente inovadora, só dispondo para o futuro.**

II – **Dispondo o EMFAR/99 só para o futuro (art. 12.º, n.º 1 do CC), não pode ser aplicado o disposto no seu art. 44.º, n.º 3 (redacção dada pela Lei 25/00, de 23.08), os militares que se aposentaram em data anterior à da entrada em vigor de tal EMFAR.**

ACORDAM NO TCAS, SECÇÃO CONTENCIOSO ADMINISTRATIVO, 2.º JUÍZO

A DIRECÇÃO DA CAIXA GERAL DE APOSENTAÇÕES interpôs recurso jurisdicional da sentença do TAC de Lisboa que concedeu provimento ao recurso contencioso de anulação interposto por **MAXIMIANO CONCEIÇÃO OLIVEIRA** do despacho de 29.11.00, que lhe indeferiu o pedido de lhe ser considerado o tempo como militar na reserva fora da efectividade de serviço, no cálculo da sua pensão de reforma.

As conclusões das suas alegações de recurso são as seguintes:

"1ª O EMFAR/99 não é interpretativo do EMFAR/90. Antes, pelos motivos expostos, a norma do seu art.º 44.º, n.º 3, é inovatória.

2ª E, na verdade, contrariamente ao decidido, o princípio da igualdade não impõe a conclusão de que o artigo 44.º, n.º 3 do EMFAR /99 tenha de ser entendido como norma interpretativa. É apenas um problema de aplicação das leis no tempo.
3ª A Lei 25/00, de 23 de Agosto, não é interpretativa do EMFAR/90, a sê-lo, realmente, é do Estatuto de 1999.
4ª O EMFAR/99, com a redacção introduzida pela Lei n.º 25/00, não tem eficácia retroactiva.
5ª À data da vigência do Estatuto de 1999, o ora recorrente nenhuma relação jurídica funcional mantinha já com as Forças Armadas, e a sua situação encontra-se consolidada na ordem jurídica desde a data do despacho que o aposentou. Pelo que só através de normativo legal que mande alterar as situações já decididas (caso julgado formal) é que seria possível concluir no sentido da sentença ora recorrida.
6ª Por todo o exposto, a douta sentença recorrida violou o disposto no EMFAR/99, nomeadamente o seu art.º 44.º, n.º 3, assim como o art. 12.º do Código Civil e art.º 43.º, n.º 1, do EA."

Em contra-alegações, o recorrido, concluiu:
"1ª O problema prende-se com o pedido que o recorrente formulou ao abrigo do n.º 3 e 4 do art.º 44.º do EMFAR/99 de relevância no cálculo da pensão de reforma dos descontos de quota efectuados, obrigatoriamente, durante o tempo em que permaneceu na situação de reserva fora do serviço efectivo.
2ª O Tribunal a quo, considerou que a disciplina contida no n.º 3 da citada norma, limitou-se a consagrar uma regra que já resultava da interpretação adequada do art.º 26.º n.º 1 al. a) do EA e do art.º 127.º do EMFAR/90;
3ª e do propósito que o legislador anunciou, no preâmbulo do Decreto-Lei n.º 34-A/90, de *não consagrar soluções que trouxessem quaisquer prejuízos* de natureza pecuniária, designadamente, no que toca à *pensão de reforma* dos militares *antecipadamente reformados*.
4ª Tomando por base o n.º 3 do art.º 125.º do EMFAR/90, a Caixa alega que
para efeitos de reforma, as regras de contagem de tempo de serviço são diferentes em ambos os Estatutos. Ora, como conclui o Meritíssimo juiz a quo, este argumento não pode ser aceite porque o novo EMFAR contém igual regra no art.º 121.º n.º 3.
5ª Na reserva fora do serviço efectivo, o militar auferiu uma *remuneração mensal e fez o desconto de* quota que sempre foi obrigatório (n.º 1 a) do art.º 26.º, e art.º 114.º ambos do EA). Para efeitos do cálculo da pensão de reforma esse tempo não pode deixar de relevar até ao limite de 36 anos de serviço (art.º 53.º do EA e art.º 63.º n.º 4 da CRP).
6ª Este á aliás, o sentido que melhor se conjuga com a determinação contida no art.º 26.º n.º 1 al. a) do EA.
7ª O novo Estatuto dos militares também se aplica aos que se encontram na situação de reforma (art.º 2.º, al. c) do art.º 141.º, art.º 152.º, art.º 162.º e art.º 191.º); inclusive continua sujeito às restrições e punições estabelecidas pelas leis militares.
8ª Se o legislador não excluiu expressamente a situação dos militares antecipadamente reformados no âmbito do anterior EMFAR, não deve o intérprete proceder a essa distinção, porque se presume que soube expressar correctamente o seu pensamento.

9.ª Por força do princípio ínsito no n.º 2 segunda parte do art.º 12.º do CC, se a lei dispõe directamente sobre o conteúdo das relações jurídicas, abstraindo-se dos factos que lhes deram origem abarcará as próprias relações já constituídas que subsistam à data da sua entrada em vigor (Parecer da Procuradoria-Geral da República n.º 111 /87).
10ª Este entendimento não é susceptível de provocar qualquer colisão com o n.º 1 do art.º 43.º do EA, atenta a norma de salvaguarda estabelecida no n.º 2 deste preceito, o art.º 13.º da CRP e o preâmbulo do anterior EMFAR, pois que o legislador quis dar tratamento igual a situações juridicamente idênticas o que se mostra justificado.
11ª À luz do art.º 13.º da CRP e do art.º 9.º do CC, não é configurável a não contabilização do tempo em que o militar esteve na reserva fora do serviço efectivo, com direito a remuneração mensal e em que o desconto de quota para a CGA foi obrigatório, quando nomeadamente se contabilizam as situações previstas no art.º 189.º do EMFAR/90, as situações de tempo sem serviço dos MILITARES QUE ESTIVERAM AFASTADOS DO SERVIÇO, o tempo de duração normal dos cursos de ensino superior dos CIDADÃOS RECRUTADOS, a licença sem vencimento do funcionalismo público, e a situação de disponibilidade dos diplomatas.
12ª Em suma, na *mens legislatoris* propulsora da nova regulamentação do EMFAR/99, sempre esteve preste o pressuposto da relevância do tempo de reserva fora da efectividade de serviço, para efeitos do cálculo da pensão de reforma.
13ª Comentando o Estatuto de Aposentação, o distinto Conselheiro do STA Dr. José Cândido de Pinho conclui que esta é também a solução que melhor se harmoniza com o sistema normativo do EA e do EMFAR.
14ª A interpretação adoptada no acto impugnado é claramente violadora do princípio da igualdade, como bem decidiu a sentença sob recurso."

Neste TCAS o Exmo Magistrado do M.ºP.º emitiu parecer no sentido de o recurso merecer provimento, devendo a sentença recorrida ser revogada

OS FACTOS
Nos termos do disposto no art.º 713.º, n.º 6 do CPC, remete-se a fundamentação de facto para a constante da sentença recorrida.

O DIREITO
Com base na factualidade apurada nos autos, a sentença recorrida considerou que o despacho de 29.11.00, da autoridade recorrente, que recusou ao ora recorrido a contagem do tempo de permanência na reserva fora da efectividade de serviço para efeitos de cálculo da sua pensão de reforma, está ferido de vício de violação de lei, designadamente por violar os preceitos legais invocados pelo ora recorrido – art.º 13.º da CRP, art.º 44.º, n.º 3 do EMFAR (DL 236/99, de 25.06) e art.º 26.º, n.º 1-*b*) do EA.
Vejamos.
Contra o entendimento acolhido pela sentença recorrida se insurge a recorrente, alegando, em síntese, que o EMFAR/ de 1999 não é interpretativo do EMFAR de 1990, que o princípio da igualdade não impõe a conclusão de que o artigo 44.º, n.º 3 do EMFAR /99 tenha de

ser entendido como norma interpretativa, não sendo a Lei 25/00, de 23.08, interpretativa do EMFAR/90, e que o EMFAR/99, com a redacção introduzida pela Lei n.º 25/00, não tem eficácia retroactiva.

O art.º 44.º do EMFAR, aprovado pelo DL 236/99, de 25.06, estabelecia o seguinte: "*1 – Conta-se como tempo de serviço, no sentido de serviço prestado ao Estado, o tempo de serviço militar, acrescido do prestado no exercício de funções públicas. 2 – O tempo de serviço é contado para efeitos de cálculo de pensão de reforma e da remuneração da reserva. 3 – Releva ainda, para efeito do cálculo da pensão de reforma, o tempo da permanência do militar na reserva fora da efectividade de serviço.*"

A Lei 25/00, de 23.08, deu nova redacção ao n.º 3 deste normativo, tendo o mesmo passado a dispor: "*Releva ainda, para efeito de cálculo da pensão da reforma, o tempo da permanência do militar na reserva fora da efectividade de serviço, passando o desconto de quotas para a Caixa Geral de Aposentações a incidir sobre a remuneração relevante para o cálculo da remuneração da reserva.*"

Acrescentou ainda a Lei 25/00, o n.º 4 que reza: "*A contagem para efeito do cálculo da pensão de reforma, do tempo da permanência do militar na reserva fora da efectividade do serviço, anterior à entrada em vigor do presente Estatuto, implica o pagamento das quotas para a Caixa Geral de Aposentações relativas à diferença entre a remuneração da reserva auferida e a remuneração referida no número anterior.*"

Ora, o anterior EMFAR, aprovado pelo DL 34-A/90, de 24.01, não tinha norma idêntica ao n.º 3 do actual art.º 44.º, supra citado. Coloca-se, assim, a questão de se saber se os militares já reformados à data da entrada em vigor do novo EMFAR têm direito à contagem do tempo que permaneceram na reserva, fora da efectividade de serviço, para efeitos de cálculo de pensão de reforma.

A questão reconduz-se a saber se o art.º 44.º, n.º 3 do actual EMFAR assume a natureza de norma interpretativa ou se é, pelo contrário, uma norma verdadeiramente inovadora, só dispondo para o futuro.

Em situação semelhante à dos autos, e no sentido de tal norma não ser interpretativa, considerou-se no Ac. de 27.02.00, in Rec. n.º 1658/02, deste TCAS, que: "*(...) Primeiro não surge expressa qualquer indicação retroactiva destes preceitos, depois, porque temos a norma geral do art.º 12.º, n.º 1, do Código Civil no sentido de que a lei só dispõe para o futuro, e mesmo que lhe seja atribuída eficácia retroactiva, presumir-se-á que ficam ressalvados os efeitos já produzidos pelos factos que a lei nova se destina a regular. No caso de aposentação, como é o caso dos autos, tal princípio surge ainda reforçado pelo disposto no art.° 43.° do E.A., que se refere ao regime legal relevante para efeitos da fixação da aposentação, o existente à data em que se reconheça o direito à aposentação. Isto sem prejuízo de, aqui, como naquele art.º 12.º do CC estar prevista a possibilidade de a lei nova concretamente mandar aplicar retroactivamente os respectivos efeitos, casos em que ficariam revogados tais princípios da irretroactividade da lei, e da lei aplicável à aposentação. Ora, como resulta do disposto no art.º 31.º do DL 236/99, que aprovou o EMFAR, este entrou em vigor imediatamente à sua publicação, não resultando em lado algum expressa menção de que aqueles dispositivos se aplicavam retroactivamente ou que o relevo ali concedido ao tempo de serviço prestado na reserva fora da efectividade se aplicasse aos casos em que já fora fixada a pensão de aposentação. E veja--se que em outras situações tal ficou expressamente previsto – cfr. v.g., o disposto no art.º 9.º, n.ºs 4, 5 e 6, resultante da alteração do art.º 1.º da Lei 25/00, ou a repristinação efectuada pelo art.º 5.º, entre outros. O que significa, além do que se disse que, se fosse intenção do legislador aplicar a norma nova a actos passados, tê--lo-ia dito expressamente, sob pena de, não o fazendo, e presumindo-se que soube expressar correctamente o seu pensamento, ser entendido que a lei nova valia apenas para o futuro. A aplicação retroactiva do tempo de reserva, como bem refere a EMMP, trazida pela alteração da Lei 25/00, e aqui mais uma vez, expressamente, como teria de o ser, cinge-se à relevância do tempo anterior para os destinatários da lei nova, e não aos militares anteriormente reformados, pois, a ser assim, teria de ficar isso expresso, derrogando-se as regras resultantes dos citados art.º 12.º, n.º 1, do C. Civil, e 43.º, n.º 1, do E.A.. (...).*"

Por outro lado, não tendo o legislador feito qualquer declaração sobre o carácter interpretativo de tal norma, sempre será de ter em consideração o critério definidor de lei propriamente interpretativa. Como se considerou, entre outros, no Ac. deste TCAS, datado de 14.10.04, in Rec. 06368/02, e Acs. deste TCAS aí citados, "*(...) atendendo à razão de ser da retroacção da lei interpretativa, que se justifica por não envolver uma violação de quaisquer expectativas seguras e legítimas dos interessados, a doutrina considera leis interpretativas as «leis que, sobre pontos ou questões em que as regras jurídicas aplicáveis são incertas ou o seu sentido controvertido, vêm consagrar uma solução que os tribunais poderiam ter adoptado»* (cfr. Baptista Machado, Introdução ao Direito e Discurso Legitimador, Almedina, 1983, pag. 246). *Perante essa noção, e para saber se a nova lei introduziu "jus novum" ou se limitou a resolver dúvidas suscitadas pela lei anterior, tem que se responder a duas questões: no anterior EMFA a relevância do tempo de reserva para cálculo da pensão de reforma era uma questão de direito controvertida e incerta? a nova lei consagrou uma solução a que a jurisprudência, pelos seus próprios meios, poderia ter chegado no domínio da legislação anterior? (...)*" Em resposta a estas interrogações, referiu-se no citado Ac. deste TCAS, datado de 14.10.04, que "*(...) pela interpretação que acima fizemos das normas do E.A., o n.º 3 do art.º 44.º do EMFA/99 é uma norma inovadora. (...) O n.º 3 do art.º 44.º, visando regular "ex novo" o tempo de reserva fora da efectividade, é uma norma relativa à constituição de uma relação jurídica legal. Enquanto na lei antiga, o tempo de reserva fora da efectividade era um facto irrelevante ou valorado negativamente para efeito de pensão de reforma, na nova lei é relevante e valorado positivamente para esse efeito. Ora, segundo o esquema lógico do n.º 2 do art.º 12.º do C. Civil, a lei que regula um facto constitutivo de uma situação jurídica só se aplica às situações jurídicas a constituir no futuro (1ª parte do n.º 2). Do princípio da não-retroactividade resulta que a lei nova não pode aplicar-se a um facto passado para lhe atribuir, a partir da sua entrada em vigor, uma relevância jurídico-constitutiva que ele era insusceptível de desencadear no momento em que se produziu. Como à data da entrada em vigor do*

EMFA/99 o(s) recorrente(s) já estavam reformado(s), situação jurídica constituída no pressuposto de que o tempo da reserva fora da efectividade não releva para esse efeito, a nova lei que valora "ex novo" esse tempo, dando-lhe relevância que antes não tinha, não pode agir sobre a situação jurídica já constituída. (...)."

Assim, o despacho impugnado contenciosamente pelo ora recorrido não se apresenta ferido dos vícios de violação de lei que lhe são assacados no recurso contencioso, pelo recorrente contencioso, quando não atendeu à relevância do tempo de serviço em causa, falecendo a argumentação da sentença recorrida em tal sentido.

Não houve, pois, qualquer violação dos preceitos legais indicados pelo recorrente, nomeadamente o disposto nos art.ºs 2.º, 43.º, 44.º, n.º 3 e 141.º do EMFAR/99, não se verificando errada interpretação do disposto no art.º 26.º, n.º 1-*b*) do EA, ou do art.º 12.º do CC, não podendo manter-se o decidido em 1ª instância quanto à verificação de tais vícios de violação de lei.

Quanto à violação do princípio da igualdade, a mesma também se não verifica.

O recorrente contencioso alegou apenas que a autoridade recorrida *"fez tábua rasa da garantia dada pelo Decreto-Lei n.º 34-A/99, violou o princípio constitucional da igualdade"*. Todavia, não especificou em que casos individualizados e concretos tal tenha acontecido e, por isso, ficamos sem poder aferir da eventual existência da invocada violação do princípio da igualdade. Por outro lado, a sentença recorrida fundamenta tal violação no facto de a norma contida no art.º 44.º, n.º 3 do EMFAR/99 ter obrigatoriamente natureza interpretativa, derivando o entendimento contrário em violação do princípio da igualdade.

Tal entendimento não pode ser sustentado, pois a questão não é a natureza interpretativa da norma, que não é interpretativa como se disse, mas sim a da aplicação de normas no tempo, não ocorrendo qualquer violação do princípio da igualdade no caso dos autos, porque, apesar do universo de destinatários da norma ser constituído por militares, estes não se encontram todos na mesma situação jurídica: uns já são reformados e outros são ou serão reservistas. A igualdade de situações deve plasmar-se, e, consequentemente, aferir-se, no momento do reconhecimento do direito à aposentação. Ora, segundo este critério, as situações a que nos vimos referindo são diversas, pois, nuns casos a situação jurídica já está constituída e noutros ainda vai ser constituída, não sendo arbitrário ou desrazoável estabelecer regime diferenciado em função da diferente data em que o direito já foi constituído, não ocorrendo a alegada violação do princípio da igualdade quando se interpreta o disposto no art.º 44.º, n.ºs 3 e 4 do EMFAR/99, no sentido de que o novo regime de cálculo da pensão da reforma então instituída só se aplica aos militares reformados depois da sua entrada em vigor (neste sentido, Acs. do TC n.º 95/04, proc.º 356/03 e n.º 99/04, proc.º 355/03, de 12.02.04, in DR, II Série, n.º 78, de 01.04.04, pag. 5232 e 5235, respectivamente).

Pelo exposto, atentos os fundamentos invocados, as conclusões das alegações do presente recurso mostram-se procedentes, tendo a sentença recorrida errado na interpretação e aplicação das normas jurídicas que invoca, não podendo manter-se.

Acordam, pois, os juízes da Secção Contencioso Administrativo, 2.º Juízo, do TCAS, em:

a) – **conceder provimento ao recurso jurisdicional**, revogando a sentença recorrida, e **negar provimento ao recurso contencioso**;

b) – condenar o recorrido nas custas, em ambas as instâncias, fixando-se a taxa de justiça em 200 euros na 1ª instância e 300 euros nesta instância, e a procuradoria em 50%.

Lisboa, 28 de Outubro de 2004

Magda Geraldes
Gonçalves Pereira
António Paulo Vasconcelos

Recurso n.º 12/04

PETIÇÃO DE RECURSO. VÍCIOS ARGUIDOS GENERICAMENTE. VÍCIOS INVOCADOS NAS ALEGAÇÕES. MILITARES. INGRESSO NA ACADEMIA MILITAR APÓS A PASSAGEM À RDL. MANUTENÇÃO DO POSTO HIERÁRQUICO.

(Acórdão de 4 de Novembro de 2004)

SUMÁRIO:

I – Em obediência ao princípio da inalterabilidade da causa de pedir, todos os vícios devem ser arguidos na petição inicial de recurso contencioso, só podendo sê-lo nas alegações quando os respectivos factos integradores chegaram ao conhecimento do recorrente após a apresentação da petição.

II – A arguição de vícios só se considera adequadamente efectuada quando se especificam as razões pelas quais o recorrente entende que eles se verificam, não constituindo forma atendível de efectuar essa arguição a mera invocação de vício pelo seu "nomen juris" ou através de mera indicação do preceito legal pretensamente violado.

III – Se a petição de recurso omite qualquer referência à preterição da formalidade de audiência prévia e se limita a afirmar genericamente que o acto recorrido carece de fundamentação, deve-se entender que estes vícios de forma só foram invocados nas alegações, não devendo o tribunal deles conhecer por, à data da interposição do recurso, o recorrente já dispor dos elementos que o habilitavam a argui-los.

IV – O recorrente, que após ter ingressado na Marinha em regime de voluntariado, passou à reserva de disponibilidade e licenciamento (RDL) em

7.8.95 e ingressou na Academia Militar em Outubro de 1995, não tem direito à manutenção do posto hierárquico que detinha na Marinha, nem ao abono das remunerações correspondentes, durante a frequência do curso de admissão, visto que o art.112.º, n.º 2, do Reg. Da Academia Militar, aprovado pela Portaria n.º 425/91, de 24/5 e o n.º 2 da Portaria n.º 147/86, de 16/4, pressupõem que durante esse curso ele ainda seja militar.

ACORDAM, EM CONFERÊNCIA, NA 1ª SECÇÃO, 1.º. JUÍZO, DO TRIBUNAL CENTRAL ADMINISTRATIVO SUL

1. MIGUEL ANTÓNIO GOMES ARAÚJO, Oficial da Guarda Nacional Republicana, residente na Rua Alexandre O'Neil, n.º 19 – 19 A, em Charneca da Caparica, interpôs recurso contencioso de anulação do despacho, de 21/3/2002, do Chefe do Estado-Maior da Armada, pelo qual foi indeferido um seu requerimento a solicitar que lhe fosse atribuído o posto de 2.º. Tenente e que lhe fossem pagos os vencimentos que lhe deveriam ter sido processados desde o momento do seu ingresso na Academia Militar, no curso de GNR/Armas.

A entidade recorrida respondeu, concluindo pela improcedência do recurso.

Cumprido o preceituado no art. 67.º, do RSTA, o recorrente apresentou alegações, onde enunciou as seguintes conclusões:

"I – Tendo o recorrente concorrido e sido admitido ao concurso para a Academia Militar quando ainda se encontrava ao serviço da Armada, tinha direito a manter o seu posto e a respectiva remuneração, nos termos do art. 112.º n.º 2 da Portaria n.º 425/91, de 24/5;

II – Ao não processar ao recorrente a remuneração a que este tinha direito a Armada violou aquele preceito legal;

III – Decorridos três anos sobre a sua promoção a Sub-Tenente tinha direito a ser promovido a 2.º Tenente;

IV – O despacho do Exmo. Almirante Chefe do Estado Maior da Armada, datado de 21/3/2002, que indeferiu o requerimento do recorrente para que lhe fosse atribuído o posto de 2.º. Tenente e lhe fosse pago o valor dos vencimentos a que tinha direito enquanto aluno da Academia Militar, onde ingressou como militar, está ferido do vício de violação de lei, não se conformando com o disposto no Regulamento da Academia Militar (Portaria n.º 425/91, de 24/5), nomeadamente com o seu art. 112.º. n.º 2;

V – Aquele mesmo despacho não está fundamentado, uma vez que não expõe de forma clara, congruente e suficiente os fundamentos de facto e de direito que o motivaram;

VI – Enferma assim o despacho também de vício de forma, por falta de fundamentação, contrariando o art. 268.º da C.R.P. e os arts. 124.º e 125.º. do CPA;

VII – Acresce ainda que o citado despacho obrigava à audição prévia do recorrente, nos termos dos arts. 100.º e 101.º do C.P.A., o que não aconteceu, preterição essa que inquina o acto recorrido irremediavelmente, também por vício de forma".

A entidade recorrida contra-alegou, concluindo que não se verificava qualquer dos vícios invocados pelo recorrente, pelo que se deveria negar provimento ao recurso.

A digna Magistrada do M.P. emitiu parecer, onde concluíu pela improcedência do recurso.

Colhidos os vistos legais, foi o processo submetido à Conferência para julgamento.

2.1. Consideramos provados os seguintes factos:

a) O recorrente ingressou na Marinha, como cadete em regime de voluntariado, em 6/10/93;

b) Em 7/2/94, o recorrente foi promovido ao posto de Aspirante da Classe de Fuzileiros, em regime de voluntariado;

c) Através de requerimento registado com a data de entrada de 7/4/95 e dirigido ao Chefe da Repartição de Oficiais da D.S.P., o recorrente solicitou autorização para concorrer à Guarda Nacional Republicana (GNR);

d) Sobre esse requerimento foi emitida a seguinte informação, datada de 27/4/95:
"(...) 1. Dados sobre o requerente:
a) Data de nascimento – 6/4/74
b) Data de incorporação – 6/10/93
c) Início do RV/Data de promoção ao posto actual – 7/2/94
d) Presta serviço no FZ – BAT2 desde – 7/3/94
2. Sobre a pretensão salienta-se o seguinte:
a) O EMFAR é omisso sobre o assunto, em relação aos oficiais em RV.
b) Pedidos idênticos têm sido autorizados
3. Informação da Unidade:
"Visto".
4. O requerente terminará o seu tempo de serviço em RV, passando à RDL em 7/8/95 caso não ingresse em RC, admitindo-se que alterará a sua situação militar durante o período de concurso.
5. Submete-se o assunto à consideração superior";

e) Sobre o requerimento referido na al. c), foi proferido o seguinte despacho, por subdelegação do V/Alm. SSPA, datado de 15/5/95:
"Autorizo a apresentação a concurso. Eventual ingresso na GNR fica porém condicionado a decisão posterior";

f) Em 16/5/95, a Repartição de Oficiais informou, por mensagem, a Academia Militar que os oficiais autorizados a concorrerem ao concurso de admissão ao ano lectivo 1995/96, entre os quais o recorrente, podiam alterar a sua situação militar durante o período do concurso, passando à situação de Reserva Disponibilidade e Licenciamento (RDL);

g) Através de requerimento registado com a data de entrada de 7/6/95, o recorrente solicitou, ao Chefe do Estado-Maior da Armada, a admissão ao regime de contrato, em virtude do tempo de serviço em regime de voluntariado terminar em 7/8/95;

h) Com a data de 7/7/95, foi emitida informação onde se concluía que não era de aceitar o pedido, dado que, "de acordo com o PAP95, o número máximo de admissões ao Regime de Contrato de Oficiais FZ no ano de 1995 foi fixado em 10, tendo este número já sido atingido";

i) Sobre o requerimento referido na al. g), foi proferido o seguinte despacho, por subdelegação do V/Alm. SSPA, datado de 10/7/95:
"Não aceite por exceder o quantitativo superiormente fixado para o ano de 1995";

j) Através do requerimento constante de fls. 13 dos autos e cujo teor aqui se dá por reproduzido, o recorrente solicitou, ao Chefe do Estado-Maior da Armada, a atribuição do posto de 2.º Tenente e o pagamento dos vencimentos pelo posto de Sub-Tenente desde o seu ingresso na Academia Militar no curso de Oficiais da GNR/Armas;

l) Sobre esse requerimento foram emitidas informações, datadas de 4/2/2002 e de 19/3/2002, que constam de fls. 46 e 47 dos autos e cujo teor aqui se dá por reproduzido;

m) Em 21/3/2002, o Chefe do Estado-Maior da Armada exarou, no requerimento aludido na al. *j)*, o seguinte despacho:

"Indefiro por o requerente ser STEN, FZ em Regime de Voluntariado à data da passagem à Reserva de Disponibilidade, reforçado pelo facto de naquela forma de prestação de serviço não existir o posto de 2TEN e, por tal, não haver qualquer suporte legal para a promoção a 2TEN";

n) O recorrente ingressou na Academia Militar, no Curso de Formação de Oficiais da GNR, em Outubro de 1995.

2.2. Objecto do presente recurso contencioso, é o despacho transcrito na al. *m)* dos factos provados, pelo qual a entidade recorrida indeferiu a pretensão do recorrente de que lhe fosse atribuído o posto de 2.º Tenente e que lhe fossem pagos os vencimentos que lhe deveriam ter sido processados desde o momento em que ingressara na Academia Militar.

Das conclusões da alegação do recorrente que ficaram transcritas, infere-se que são os seguintes os vícios que nele se invocam:

– Violação de lei por infracção do n.º 2 do art. 112.º do Regulamento da Academia Militar, aprovado pela Portaria n.º 425/91, de 24/5, dado que havia concorrido e sido admitido ao concurso para a Academia Militar quando ainda se encontrava ao serviço da Armada, pelo que tinha direito a manter o seu posto e remuneração e, decorridos três anos sobre a sua promoção a Sub-Tenente, tinha direito a ser promovido a 2.º Tenente;

– Vício de forma por falta de fundamentação, contrariando os arts. 268.º, da CRP e 124.º e 125.º, do CPA, visto que não se expõem de forma clara, congruente e suficiente os fundamentos de facto e de direito que motivaram o indeferimento da pretensão do recorrente;

– Vício de forma por preterição da formalidade da audiência prévia do recorrente prevista nos arts. 100.º e 101.º, ambos do CPA, por este não ter sido ouvido antes da prolação do despacho.

Como é entendimento uniforme da jurisprudência, em obediência ao princípio da inalterabilidade da causa de pedir, todos os vícios devem ser arguidos na petição inicial de recurso contencioso, só podendo sê-lo nas alegações quando os respectivos factos integradores chegaram ao conhecimento do recorrente após a apresentação da petição (cfr., entre muitos, os Acs. do STA de 9/6/88 in BMJ 378.º-516, de 14/6/94 in A.D. 396.º-1392, de 4/6/97 – Rec. n.º 29573 e de 7/7/99 – Rec. n.º 27044, estes dois últimos do Pleno).

Por outro lado, a arguição de vícios só se considera adequadamente efectuada quando se especificam as razões pelas quais o recorrente considera que ele se verifica, não constituindo forma atendível de efectuar essa arguição a mera invocação do vício pelo seu "nomen juris" ou a mera indicação do preceito legal pretensamente violado (cfr. Acs. do STA de 7/3/95 in BMJ 445.º-586 e de 6/10/99 – Rec. n.º 35716). Por isso, no que concerne ao vício de forma por falta de fundamentação, a afirmação genérica que o acto carece de fundamentação é manifestamente insuficiente para permitir ao Tribunal o julgamento do vício, à míngua da enunciação de qualquer facto suporte do desenvolvimento argumentativo da pretensa violação ou da especificação do que se omitiu como essencial à existência da fundamentação (cfr. Acs. do STA de 7/12/94 in A.D. 409.º-16 e de 25/9/97 – Rec. n.º 39659, este último do Pleno).

No caso em apreço, quanto aos aludidos vícios de forma, não se encontra, na petição de recurso, qualquer referência à preterição da formalidade da audiência prévia, enquanto que a falta de fundamentação apenas é afirmada genericamente, com indicação dos preceitos que se consideram violados.

Assim, tem de se entender que nenhum desses vícios de forma foi arguido na petição de recurso.

E, a considerar que eles foram adequadamente invocados nas alegações finais, não podem ser conhecidos pelo Tribunal, porque o recorrente já dispunha dos elementos necessários para os arguir à data da interposição do recurso, visto conhecer o teor integral do acto recorrido (cfr. documento de fls. 14 junto pelo recorrente com a petição) e saber – por ser um facto pessoal – que não fora notificado nos termos do art. 100.º do CPA para se pronunciar sobre aquele.

Nestes termos, apenas há que conhecer do aludido vício de violação de lei.

Vejamos então se ele se verifica.

Conforme resulta da matéria fáctica provada, o recorrente ingressou na Marinha, em regime de voluntariado, em 6/10/93, foi promovido ao posto de Aspirante em 7/2/94, requereu a admissão ao regime de contrato que lhe foi indeferido por despacho de 10/7/95 e, em Outubro de 1995, ingressou na Academia Militar no Curso de Formação de Oficiais da G.N.R.

Infere-se destes factos que o recorrente após prestar o serviço efectivo normal de 4 meses e o serviço efectivo em regime de voluntariado durante 18 meses (duração máxima legalmente prevista) passaria – como ele próprio reconheceu no requerimento referido na al. *g)* dos factos provados –, em 7/8/95, à Reserva Disponibilidade e Licenciamento, o que veio a acontecer por não ter sido aceite a sua admissão ao regime de contracto (cfr. arts. 4.º, 5.º, n.º 1 e 27.º, n.ºs 1 e 2, todos do Lei do Serviço Militar – Lei n.º 30/87, de 7/7 –, na redacção resultante da Lei n.º 22/91, de 19/6).

Assim, porque a passagem à Reserva de Disponibilidade e Licenciamento se verifica a partir da data em que cessou a prestação do serviço militar efectivo, o recorrente a partir de 7/8/95 deixou de ter qualquer vínculo com a Marinha.

Entende, porém, o recorrente que o n.º 2 do art. 112.º do Regulamento da Academia Militar, aprovado pela Portaria n.º 425/91, de 24/5, ao estabelecer que durante o concurso de admissão "os candidatos militares mantêm o posto hierárquico que possuam durante as fases do concurso de admissão", lhe conferia o direito a manter o posto hierárquico que detinha na Marinha, bem como a remuneração, suplementos e regalias sociais a ele inerentes.

Mas não tem razão.

Efectivamente, pressuposto de aplicação deste preceito é que durante o concurso de admissão o candidato ainda fosse militar, o que, como vimos, não era o caso do recorrente, cujo estatuto estava, por isso, sujeito ao regime do n.º 1 daquele art. 112.º.

E o mesmo se diga do n.º 2 da Portaria n.º 147/86, 16/4 – que dispõe que "os militares mantêm-se até à conclusão do curso ou eventual exclusão do mesmo vinculados ao seu ramo de origem, designadamente para efeitos de abono de remunerações a que têm direito" –, aplicável especificamente à situação dos militares admitidos à frequência dos cursos da Escola Naval, Academia Militar e Academia da Força Aérea e que, por isso, não abrange o recorrente que já cessara o seu vínculo militar.

Assim sendo, e porque à data em que ingressou na Academia Militar o recorrente já não tinha qualquer vínculo com a Marinha, deixou de ter direito à manutenção do posto hierárquico e ao abono das remunerações correspondentes.

Improcede, pois, o alegado vício de violação de lei.

3. Pelo exposto, acordam em negar provimento ao recurso, mantendo o despacho impugnado.

Custas pelo recorrente, fixando-se a taxa de justiça e a Procuradoria em, respectivamente, 180 e 90 Euros.

Lisboa, 4 de Novembro de 2004

**as.) José Francisco Fonseca da Paz (Relator)
António Paulo Esteves Aguiar de Vasconcelos
Magda Espinho Geraldes.**

Recurso n.º 06316/02

PROVIDÊNCIA CAUTELAR.
COMPETÊNCIA DOS TRIBUNAIS ADMINISTRATIVOS E FISCAIS

(Acórdão de 16 de Dezembro de 2004)

SUMÁRIO:

I – **De harmonia com o preceituado nos artigos 212.º n.º 3 da CRP e 44.º n.º 1 do CPA, compete aos tribunais administrativos e fiscais conhecer, em 1ª instância, de todos os processos do âmbito da jurisdição administrativa.**

II – **Deverá, pois, ser considerado competente o Tribunal Administrativo e Fiscal onde foram requeridas providências cautelares conservatórias de deliberação municipal, mesmo que estas visem a protecção de interesses de natureza individual.**

ACORDAM OS JUIZES DO 2.º JUÍZO, 1ª SECÇÃO, DO TRIBUNAL CENTRAL ADMINISTRATIVO SUL:

1. JOSÉ FILIPE PEREIRA PATINHAS CARDOSO RAMALHO, com os sinais dos autos, recorre da sentença lavrada a fls. 538 e seguintes dos autos no TAF de Beja, que se julgou incompetente para conhecer do pedido de suspensão da eficácia de dois despachos proferidos no âmbito da Câmara Municipal de Évora, que aprovaram as autorizações administrativas para construção de 2 edifícios de 3 pisos num loteamento da freguesia da Sé, bem como a de quaisquer outros no mesmo sentido; e a intimação dos requeridos particulares a abster-se de requerer licenciamentos ou efectuar construções no dito loteamento, sem autorização prévia do recorrente.

Em sede de alegações, e convidado a sintetizar as 37 conclusões que apresentou, fê-lo do modo seguinte:

1ª) O requerente, ora recorrente, requereu no presente processo o decretamento da suspensão de eficácia dos actos administrativos que aprovaram as autorizações administrativas de construção dos edifícios de 3 pisos previstos na operação de loteamento licenciada por deliberação da C.M. Évora de 25.02.98 e a intimação aos requeridos particulares no sentido de se absterem de praticar quaisquer actos que violem o disposto na referida deliberação.

2ª) Invocou-se na petição inicial que a providência cautelar tinha como processo principal uma acção administrativa especial onde se pedirá a anulação ou a declaração de nulidade dos actos administrativos que aprovaram as autorizações de construção de 2 dos edifícios de 3 pisos que integram o loteamento.

3ª) Na perspectiva adoptada, na qual seguiu jurisprudência e doutrina dominantes, defendeu-se que a ilegalidade dos actos administrativos que aprovaram a alteração à licença de loteamento determinava a ilegalidade consequente dos actos administrativos que aprovaram as autorizações administrativas de construção dos edifícios de 3 pisos que integram o loteamento.

4ª) Na perspectiva adoptada pelo requerente os actos administrativos que aprovaram as autorizações administrativas enfermavam das seguintes ilegalidades consequentes e autónomas: nulidade por prática de ilícitos criminais; nulidade por ininteligibilidade; nulidade pela violação do plano de urbanização; nulidade devido à ausência de consultas; violação do dever de instrução e inclusão de condições ilegais; violação dos pressupostos legais de que depende a alteração; revogação implícita de actos constitutivos de direitos, falta de qualificação do técnico responsável; violação dos fundamentos de indeferimento; vício de incompetência; violação do conteúdo essencial direito de propriedade intelectual e violação do princípio da audiência dos interessados.

5ª) Sendo verdade que a propósito da prática de um ilícito criminal ou da ofensa ao núcleo fundamental dos direitos de propriedade intelectual se discute lateralmente a violação de direitos de autor, a verdade é que essa violação é conformada como pressuposto da declaração de nulidade dos actos administrativos impugnados por virtude do que dispõe o art. 133.º n.º 2, als. c) e d) do CPA.

6ª) Ora, no âmbito da fiscalização de *actos jurídicos emanados por pessoas colectivas de direito público ao abrigo de disposições de direito administrativo e fiscal*, prevista no artigo 4.º n.º 1, al. b) do ETAF, encontramos tradicionalmente a fiscalização da legalidade dos actos administrativos.

7ª) A Constituição e a lei ordinária determinam que pertence à jurisdição administrativa o julgamento dos *recursos contenciosos, a impugnação de quaisquer actos administrativos; a anulação ou a declaração de nulidade ou inexistência de actos administrativos e a adopção das providências cautelares adequadas.*

8ª) Sendo inquestionável que actos de licenciamento impugnados são actos administrativos e tendo presente que a discussão da violação de direitos de autor é trazida à colação em apenas 2 dos vícios invocados e na medida em que mesma esteja conexa ou tenha influência na legalidade (nulidade) dos actos administrativos que aprovaram as autorizações administrativas de construção, é manifesto que a jurisdição administrativa é competente para decretar a suspensão de eficácia e a nulidade ou anulabilidade de tais actos.

9ª) Acresce que os actos administrativos impugnados são actos consequentes dos actos administrativos que alteraram e revogaram parcialmente a deliberação de 25.02.1998 da C.M. Évora, na parte em que se condicionou a aprovação do licenciamento dos edifícios de 3 pisos previstos loteamento "ao cumprimento integral do regulamento de construção a alçado tipo que constam da memória descritiva e desenho 07".

10ª) Assim sendo, como consequência dessa alteração e revogação parcial, quem pretender construir os edifícios de 3 pisos na área em que incide a operação de loteamento aprovada pela deliberação de 25.02.1998 da C.M. Évora deixou de estar obrigada a respeitar o alçado tipo que "constam da memória descritiva e desenho 07".

11ª) Assim, revogado o condicionamento, a entidade que pretender construir os edifícios de 3 pisos deixa de estar vinculado ao cumprimento do alçado tipo o que determina a descaracterização da operação de loteamento inicialmente projectada, bem como a perda, por parte do requerente, dos direitos patrimoniais de autor resultantes da elaboração e execução desses alçados tipo.

12ª) Com tais consequências práticas, não se compreende como é que se pode defender, como se faz na sentença recorrida, que os direitos ou vantagens que o requerente obteve com a aprovação da deliberação de 25.02.98 *subsistiriam sempre na esfera jurídica do requerente*, com a revogação do condicionamento.

13ª) Aliás, muito pelo contrário, podemos afirmar que a deliberação de 25.02.98 ao impor aquele condicionamento constitui um "direito subjectivo" para o requerente, ou seja, *o direito a uma decisão final favorável ao seu interesse*, ou, pelo menos, "um interesse legalmente protegido" e, ainda assim, o requerente tem direito *a que uma decisão desfavorável ao seu interesse não seja tomada ilegalmente.*

14ª) Nesse sentido, os serviços jurídicos da C.M. Évora afirmaram que a revogação do condicionamento que integra a deliberação de 25.02.98, uma vez que se tratava de uma deliberação constitutiva de direitos ou, pelo menos, de interesses legalmente protegidos para o ora recorrente (cfr. art. 140.º n.º 1, al. *b*), do CPA), só com a concordância do recorrente, nos termos previstos no artigo 140.º n.º 2, al. *a*) do CPA, poderia ocorrer.

15ª) Ora, porque dúvidas não há que os artigos 140.º e 141.º do CPA são disposições de direito administrativo (cfr. art. 4.º n.º 1, al. *b*), do ETAF), não se pode compreender que a apreciação do seu alcance e sentido e o seu impacto na *legalidade* de actos administrativos possa ser atribuído a outra jurisdição que não a administrativa.

16ª) Finalmente, cumpre sublinhar que a administração municipal terá sempre de verificar se está a violar uma disposição administrativa de carácter geral, nomeadamente se não está a praticar um acto nulo nos termos dos arts. 133.º n.º 2, al. *c*) e *d*), do CPA, ou um acto ilegal (anulável) por violação dos arts. 140.º e 141.º do CPA, como decorrência geral do princípio da legalidade (cfr. art. 3.º, 133.º a 136.º do CPA e 266.º da Constituição).

17ª) Tanto mais que o próprio RJUE, que regula os procedimentos de licenciamento e autorização administrativa, não só remete para a aplicação subsidiária do CPA, como, com particular relevância para o caso dos autos, determina no seu art. 73.º que *a licença ou autorização só pode ser revogada nos termos estabelecidos na lei para os actos constitutivos de direitos.*

18ª) Aliás, segundo o critério que tem sido acolhido pela nossa jurisprudência, há que concluir que a competência atribuída à administração para apreciar e declarar a nulidade dos actos administrativos que pratica (cfr. art. 134.º n.º 2 do CPA) compreende o poder de apreciar a título incidental da existência de um crime ou da violação do núcleo essencial de direitos fundamentais como são os direitos de propriedade intelectual.

19ª) A matéria relacionada com a apreciação incidental da prática de um crime ou da violação do núcleo essencial de direitos fundamentais para efeitos da sindicância da prática de um acto nulo é da competência da administração, e a sindicância da correcção da apreciação efectuada pela administração através de acto administrativo pertence à jurisdição administrativa (cfr. art. 4.º n.º 1, al. *a*), do ETAF e 2.º n.º 2, al. *i*), e 66.º do CPTA).

20ª) Nestes termos, foi adoptada uma incorrecta interpretação das normas contidas nos artigos 211.º n.º 1, 212.º n.º 3, e 268.º da Constituição, nos artigos 1.º e 4.º n.º 1, al. *b*) do ETAF e nos artigos 66.º do CPC e 18.º da LOFTJ, pelo que a sentença recorrida violou os citados preceitos legais e constitucionais.

21ª) Acresce que a adopção de uma dimensão normativa diferente da defendida nas conclusões anteriores implica a conclusão que a norma que se retira nos artigos 1.º e 4.º n.º 1, al. *b*) do ETAF e nos artigos 66.º do CPC e 18.º da LOFTJ é inconstitucional por violar a garantia da existência de uma jurisdição administrativa e fiscal e o princípio da tutela jurisdicional efectiva consagrados nos artigos 212.º n.º 3 e 268.º da Constituição.

22ª) A norma contida nos artigos 1.º e 4.º n.º 1, al. *b*), do ETAF e nos artigos 66.º do CPC e 18.º da LOFTJ, na interpretação formulada pelo Tribunal *a quo*, é materialmente inconstitucional por violação da garantia de uma jurisdição administrativa e do princípio da tutela jurisdicional efectiva consagrados nos arts. 20.º, 211.º n.º 1, 212.º n.º 3 e 268.º n.º 4 da Constituição, devendo o Tribunal *ad quem* promover a sua desaplicação em sede de fiscalização concreta nos termos do art. 204.º da Constituição e 70.º n.º 1, al. *b*), da Lei do Tribunal Constitucional.

Contra alegou o Município de Évora, pugnando pela confirmação do julgado.

Notificado devidamente o Exm.º Procurador Geral Adjunto neste Tribunal, nada veio requerer no prazo legal.

2. Como se deixou relatado, o Arquitecto José Filipe Cardoso Ramalho requereu no TAF de Beja a suspensão da eficácia dos despachos da C.M. Évora que aprovaram a construção de 2 edifícios de 3 pisos, num lotea-

mento daquela cidade; e a intimação dos requeridos particulares, Leirimundo – Construção Civil, SA e Paul Roy Gonçalves, a absterem-se de requerer licenciamentos e efectuar construções no dito loteamento sem autorização prévia do requerente, autor do primitivo projecto.

O anterior pedido de licenciamento (e consequente alvará), deferido por deliberação de 25/2/98 da C.M. Évora, impunha que os edifícios nele previstos ficassem sujeitos ao cumprimento integral do regulamento de construção e alçado tipo que constavam da memória descritiva e desenho anexo.

O TAF de Beja considerou-se incompetente para conhecer das providências cautelares requeridas, por nelas se pretender acautelar os direitos de autor reivindicados pelo requerente, questão que caberia no âmbito dos tribunais judiciais, e não dos administrativos.

Com efeito, entendeu-se na sentença recorrida que os direitos de propriedade intelectual que o requerente visa defender não derivaram da referida deliberação camarária de 25/2/98, mas sim da lei, subsistindo sempre na sua esfera jurídica, mesmo que tal deliberação não ocorresse.

Este entendimento não é, contudo, de sufragar.

O facto de o requerente, ao propor a competente acção administrativa especial e a presente providência cautelar, daquela dependente, visar em última análise, defender os direitos de propriedade intelectual a que se arroga, como autor do primitivo projecto de loteamento, não retira em nada o carácter de litígios do contencioso administrativo que estes detêm.

Pois neles o autor ou requerente pretende a declaração de nulidade ou a anulação de actos administrativos que, se for obtida, pode contribuir para aquela defesa.

E, como se afirma na própria sentença recorrida e consta do artigo 212.º n.º 3 dda CRP, "compete aos tribunais administrativos e fiscais o julgamento das acções e recursos contenciosos que tenham por objecto dirimir os litígios emergentes das relações jurídicas administrativas e fiscais", bem como das correspondentes providências cautelares.

Mostram-se, assim, procedentes as conclusões 1ª a 19ª das alegações do recorrente.

Por isso, não subsistindo dúvidas sobre a natureza administrativa das deliberações municipais impugnadas, e visando a presente providência conservar anterior deliberação da mesma natureza, temos forçosamente que concluir ser o Tribunal Administrativo e Fiscal de Beja competente para conhecer dos presentes pedidos de suspensão de eficácia e intimação, de harmonia com o preceituado no artigo 44.º n.º 1 do ETAF.

3. Pelo exposto, acordam no 2.º Juízo, 1ª Secção, do TCAS em conceder provimento ao recurso interposto pelo Arquitecto José Filipe Pereira Patinhas Cardoso Ramalho e, consequentemente, revogar a sentença recorrida, julgando o TAF de Beja competente para conhecer da presente providência cautelar.

Custas a cargo dos recorridos Município de Évora (em ambas as instâncias) e Leirimundo – Construção Civil, SA (na 1ª instância), com procuradoria que vai graduada em metade.

Lisboa, 16 de Dezembro de 2 004

**Mário Gonçalves Pereira
António Vasconcelos
Magda Geraldes**

Recurso n.º 357/04

RECURSO CONTENCIOSO. PRAZO DE INTERPOSIÇÃO. REMESSA DA PETIÇÃO POR VIA POSTAL.

(Acórdão de 4 de Novembro de 2004)

SUMÁRIO:

I – Por força da entrada em vigor da revisão do CPC de 1995, ficou revogado o n.º 5 do artigo 35.º da LPTA, face ao disposto no artigo 150.º n.º 1, alínea b), daquele Código.

II – Tal conclusão baseia-se numa interpretação actualizada daquelas disposições, mormente no seu elemento sistemático, e ainda na proibição de discriminação dos administrados no acesso aos tribunais, assegurada pelo artigo 20.º n.º 1 da CRP.

III – Deve, assim, ser considerado tempestivo o recurso contencioso cuja petição foi remetida ao tribunal competente, dentro do prazo e por correio postal registado, mesmo que o mandatário do recorrente tenha escritório na comarca da sede do mesmo tribunal.

ACORDAM OS JUIZES DO 1.º JUÍZO, 1ª SECÇÃO, DO TRIBUNAL CENTRAL ADMINISTRATIVO SUL:

1. Paula Cristina Oliveira Queirós Augusto, com os sinais dos autos, veio recorrer da sentença lavrada a fls. 74 e seguintes dos autos no TAC do Porto, que lhe rejeitou, por extemporâneo, o recurso contencioso que interpusera da deliberação do Conselho de Administração da Unidade Local de Saúde de Matosinhos, proferida em 28/11/2001, aplicando-lhe a pena disciplinar de repreensão escrita.

Em sede de alegações, formulou as seguintes conclusões:

1 – A petição de recurso foi feita em tempo, pois que lhe é aplicável o regime da al. b) do n.º 2 do art. 150.º do CPC, como acima demonstramos e damos como reproduzido

2 – A aliás douta sentença viola, portanto, o referido preceito legal (art. 150.º do CPC) – vício de violação de lei.

3 – Viola, ainda, os princípios da igualdade (art. 13.º da CRP) e da proporcionalidade – vício de violação de lei.

4 – O n.º 5 do art. 35.º da LPTA contém, efectivamente, um regime de excepção para os signatários das petições que não tiverem escritório na comarca da sede desse Tribunal.

5 – Excepção que se tornou regra geral após a publicação do novo CPC.

6 – Tal generalização abrange, como não podia deixar de ser, os signatários das petições com escritório na comarca da sede do tribunal.

7 – Considerar que a norma do art. 35.º da LPTA se mantém em vigor por ser uma norma especial, só pode

resultar de uma visão literal que não tem em conta o elemento lógico da interpretação, designadamente no que concerne ao elemento histórico e ao elemento sistemático.

8 – A evolução do regime jurídico – processual veio demonstrar que, quer a *mens legislatoris,* quer a *mens legis,* vão no sentido da posição defendida pelo recorrente.

9 – Tanto assim que o CPTA, que entrará em vigor previsivelmente no início de Janeiro de 2 004, já consagra no n.º 1 do art. 78.º aquele regime: *...com a remessa da mesma nos termos em que esta é admitida na lei processual civil.*

10 – Portanto, o n.º 5 do art. 35.º da LPTA, que continha uma excepção, não pode ser considerado paralisante: dum lado, está o princípio inovador, do outro o princípio geral comum, à data da sua criação, ao CPC e ao CPP, hoje uniformizado.

11 – Aliás, considerando, como se faz na sentença recorrida, que esta norma está em vigor, ela será inconstitucional.

12 – Por outro lado, atendendo à visão da douta sentença recorrida, podemos estar perante situações aberrantes, como sejam: na comarca do Porto, os escritórios situados na Foz do Douro estão geograficamente mais distantes do TACP do que muitos da comarca de Gondomar; os escritórios situados em Alcântara estão, porventura, geograficamente mais distantes do TCA do que alguns escritórios da comarca de Loures.

O Conselho recorrido pugna pela manutenção do julgado.

O Exm.º Procurador da República neste Tribunal pronuncia-se pelo provimento do recurso.

Colhidos os vistos legais, vem o processo à conferência.

2. OS FACTOS

Ao abrigo do disposto no artigo 713.º n.º 6 do CPC, remete-se para a factualidade assente na decisão recorrida (fls. 75 dos autos), que não foi impugnada nem há necessidade de ser alterada.

3. O DIREITO

Paula Cristina Oliveira Queirós Augusto, enfermeira da Unidade Local de Saúde de Matosinhos, foi notificada em 3/12/2001 de que, por deliberação do respectivo Conselho de Administração de 29/11/2001, lhe fora imposta sanção disciplinar de repreensão escrita.

Inconformada, veio dela recorrer interpor recurso contencioso para o TAC do Porto, através de petição remetida pelo seu mandatário por via postal registada.

Dando procedência à excepção deduzida pelo Ministério Público, a Senhora Juíza *a quo* rejeitou o recurso com fundamento na sua extemporaneidade, por ter sido ultrapassado o prazo de 2 meses, previsto nos artigos 28.º e 29.º da LPTA, para o recurso dos actos anuláveis.

Discordante, a recorrente insiste na tempestividade do recurso.

Vejamos se com razão.

Mostra-se assente nos autos, sem controvérsia, que a recorrente foi notificada da deliberação recorrida em 3/12/2001 (alínea A) da petição de recurso, não contraditada).

E que esse articulado foi remetido ao TAC do Porto sob o registo postal n.º RR287458000PT em 4/2/2002 (fls. 25), tendo dado entrada na Secretaria em 6/2/2002 (fls. 2).

De acordo com o preceituado nos artigos 28.º n.º 1, alínea *a*), e 29.º n.º 1 da LPTA, os recursos de actos anuláveis eram interpostos no prazo de 2 meses (se o recorrente residisse no Continente, como era o caso), contando-se o prazo para o recurso do acto expresso da respectiva notificação ou publicação, quando esta fosse imposta por lei.

Entendeu a sentença que o recurso era extemporâneo, rejeitando-o face ao disposto no artigo 35.º n.ºs 2 e 5 da LPTA, não obstante o preceituado no artigo 150.º n.º 2, alínea *b*), do CPC, por considerar esta disposição uma norma de carácter geral, sem aplicação no caso concreto, cedendo perante norma especial.

Dúvidas não podem restar, portanto, de que o prazo para a interposição do presente recurso contencioso terminou no dia 4/2/2002, contado nos termos do artigo 279.º do CC, atendendo a que o dia 3 de Fevereiro recaiu num Domingo.

Sucede, porém, que as normas previstas no artigo 35.º n.ºs 1 e 5 da LPTA tiveram um carácter manifestamente excepcional perante o normativo processual comum da anterior redacção do artigo 150.º n.º 1 do CPC, permitindo aos mandatários das partes com escritório fora da comarca sede do Tribunal apresentar a petição do recurso na Secretaria de outro tribunal administrativo, que não aquele a que era dirigida; ou remeter a petição, sob registo postal, à Secretaria a que se destinava.

Mas, com a nova redacção dada ao artigo 150.º n.º 2, alínea *b*), do CPC, que acolheu a razão ser dessa norma, facilitando o acesso aos tribunais, temos que entender que o disposto no citado artigo 35.º n.º 5 da LPTA se encontra hoje tacitamente revogado, valendo aquela primeira disposição como norma geral, incluindo para o contencioso administrativo, já que se trata de solução mais prática e expedita na tutela jurisdicional efectiva dos direitos dos administrados (cuja dignidade constitucional não pode ser escamoteada, perante o disposto no artigo 268.º n.º 4 da CRP) e face às regras da interpretação, mormente do seu elemento sistemático.

O regime dos recursos dos actos deixou assim, a partir da entrada em vigor da reforma processual de 1995, de se regular por norma especial, que se deve considerar revogada pelo novo regime comum do CPC, mais favorável, e independentemente de os mandatários terem ou não escritório na comarca da sede do Tribunal (critério que à data da interposição do recurso já não fazia qualquer sentido, perante os meios postos à disposição das partes).

Para além de constituir um retrocesso processual perante o processo comum, tal discriminação para os recorrentes dos actos da Administração ofenderia o princípio da igualdade no acesso aos tribunais, contido no artigo 20.º da CRP.

Assim, e na esteira do decidido por este Tribunal Central no Ac. de 30/1/2003 (Rec. n.º 6691/02), temos forçosamente que concluir, no caso dos autos, ser de atender à data da expedição da petição do recurso contencioso (4/2/2002) e não à data da sua entrada na Secretaria (6/2/2002), ocorrendo erro de direito na sentença recorrida, por se basear em norma que temos que considerar revogada, como ficou atrás exposto.

Mostram-se assim procedentes todas as conclusões das alegações da recorrente, pelo que o recurso merece provimento.

4. Pelo exposto, acordam no 1.º Juízo, 1ª Secção, do TCAS em conceder provimento ao recurso interposto por Paula Cristina Oliveira Queirós Augusto e, em consequência, revogar a sentença recorrida, julgando tempestivo o recurso contencioso por aquela interposto e ordenando o prosseguimento dos autos, caso não se verifique outro impedimento.

Sem custas em ambas as instâncias, face à isenção da autoridade recorrida.

Lisboa, 4 de Novembro de 2 004

Mário Gonçalves Pereira
Fonseca da Paz
Magda Geraldes

Recurso n.º 7 440/03

RESPONSABILIDADE CIVIL EXTRACONTRATUAL. ACÇÃO PARA RECONHECIMENTO DE DIREITO. INADEQUAÇÃO DO MEIO. ACÇÃO DE CONDENAÇÃO.

(Acórdão de 18 de Novembro de 2004)

SUMÁRIO:

I – Como vinha preceituado no artigo 69.º n.º 2 da LPTA, vigente ao tempo, as acções para reconhecimento de direito ou interesse legítimo só podem ser propostas no caso de os restantes meios contenciosos disponíveis não assegurarem a efectiva tutela jurisdicional do direito ou interesse em causa.

II – Mostra-se, assim, inadequado o uso desta acção quando se pretende efectivar a responsabilidade civil de uma entidade pública, pois tal desiderato pode ser alcançado através da normal acção de condenação, mesmo a propor nos tribunais administrativos, e respectiva execução.

ACORDAM OS JUIZES DO 1.º JUÍZO, 1ª SECÇÃO, DO TRIBUNAL CENTRAL ADMINISTRATIVO SUL:

1. Tilita Conceição Deométrio Rodrigues Alves Guerra, com os sinais dos autos, veio recorrer da sentença lavrada a fls. 37 e seguintes no TAC de Lisboa, que lhe rejeitou a Acção para Reconhecimento de Direito que propusera contra o Secretário de Estado da Administração Educativa, por considerar inadequado o meio processual empregado, absolvendo o R. da instância.

Em sede de alegações, formulou as conclusões seguintes:

a) A douta sentença recorrida incorreu em erro de julgamento.

b) Decidiu no pressuposto negativo da existência de "outros meios contenciosos" que viabilizassem a utilização de outro meio processual adequado, mas sem o identificar.

c) Na situação tratada não existe qualquer decisão administrativa que possa constituir-se em "objecto" de recurso contencioso enquanto pressuposto processual negativo considerado pelo n.º 2 do art. 69.º da LPTA.

d) O próprio texto constitucional no seu n.º 4, art. 268.º, hierarquiza a referência aos meios processuais a utilizar pelos administrados, em termos de prevalência favorável à *acção para reconhecimento* quando, na ausência de acto administrativo recorrível, exista uma relação jurídico – administrativa que dê corpo à causa de pedir através da dita *acção para reconhecimento*.

e) Nos autos está apenas em causa superar a inércia da entidade ora recorrida no reconhecimento do direito da Autora recorrente às prestações correspondentes geradas, como efeito legal da ocorrência dos pressupostos definidos pelas normas invocadas na p.i.

f) A acção normal de condenação para efectivação da responsabilidade civil extra contratual não é meio contencioso adequado.

g) Não ocorreu qualquer prescrição, pois a iniciativa do reconhecimento do direito subjectivo da recorrente e a actuação material para cumprimento da obrigação continuam a impender sobre a entidade recorrida.

h) As *acções para reconhecimento* podem ser interpostas a todo o tempo, não tendo ocorrido qualquer prescrição – LPTA, art. 69.º.

i) O meio processual é o próprio e a douta sentença recorrida fez errada aplicação do art. 69.º da LPTA, incorrendo em erro de julgamento com violação do n.º 4 do art. 268.º da CRP.

O recorrido não contra alegou.

O Exm.º Procurador Geral Adjunto neste Tribunal pronuncia-se pelo improvimento do recurso.

2. OS FACTOS

Ao abrigo do disposto no 713.º n.º 6 do CPC, remete-se para a matéria de facto assente na sentença recorrida (fls. 37 verso), que não foi impugnada nem há necessidade de ser alterada.

3. O DIREITO

Tilita Alves Guerra, professora aposentada, veio propor a presente Acção para Reconhecimento de Direito contra o Estado Português e o SEAE, pedindo a sua condenação a pagar-lhe a importância de 252 835$ a título de vencimentos devidos por trabalho prestado em Maio, Junho e Julho de 1992, acrescida de juros no montante de 122 605$, totalizando a quantia de 375 440$.

Julgado o Estado parte ilegítima, prosseguiu a acção contra o Secretário de Estado da Administração Educativa, terminando o seu percurso na 1ª instância com a sentença recorrida, que julgou inadequado o meio processual utilizado pela A.

Inconformada, esta veio recorrer, insistindo na adequação desta acção para a defesa dos interesses que prossegue.

Vejamos se com razão.

Como se diz na sentença recorrida, e vem confirmado na sua conclusão e), com a expressão "está em causa superar a inércia da entidade ora recorrida", o que a A. pretende é manifesta e claramente a condenação do R. no pagamento de quantias que entende serem-lhe devidas.

Ora, esse desiderato pode ser obtido através da normal acção de condenação, visando a declaração da responsabilidade civil extra contratual do R., mesmo que proposta nos tribunais administrativos (artigo 51.º n.º 1, alínea h), do ETAF então em vigor), e não a utilizada acção para reconhecimento de direito ou interesse legítimo, meio processual aqui inadequado.

É que, como deriva do preceituado no questionado artigo 69.º n.º 2 da LPTA, estas acções *só podem ser propostas quando os restantes meios contenciosos, incluindo os relativos à execução de sentença, não assegurem a efectiva tutela jurisdicional do direito ou interesse em causa.*

E, como se sumariou no Ac deste Tribunal de 5/6/ /2003 (Proc. n.º 6101/02), *é indevido o uso da acção para o reconhecimento do direito ou interesse legítimo se, perante a apreciação casuística da situação, o recurso contencioso* (o mesmo se podendo dizer da acção declarativa), *e a consequente execução do julgado, se revelam adequados a garantir a tutela jurisdicional efectiva do direito ou interesse em causa.*

Não se verificou, pois, qualquer erro de julgamento na sentença recorrida, que identificou o meio processual *que devia ter sido empregado, sendo irrelevante a inexistência de acto administrativo, quando se pretende efectivar a responsabilidade civil da Administração, por actos ou omissões no exercício da actividade da gestão pública.*

Improcedem, pois, as conclusões *a*), *b*), *e*) e *f*) das alegações da recorrente, e irrelevantes as demais, independentemente de se considerar ou não prescritas as obrigações que se pretende ver declaradas.

4. Nesta conformidade, acordam no 1.º Juízo, 1ª Secção, do TCAS em negar provimento ao recurso interposto por Tilita Conceição Deométrio Rodrigues Alves Guerra, confirmando-se a sentença recorrida.

Custas a cargo da recorrente, com taxa de justiça que se fixa em 200 € e procuradoria em metade.

Lisboa, 18 de Novembro de 2004

Mário Gonçalves Pereira
Magda Geraldes
Xavier Forte

Recurso n.º 6364/02

2.ª Secção (Contencioso Tributário)

CUSTAS. TAXA DE JUSTIÇA INICIAL. (FALTA DA) COMPROVAÇÃO DO PRÉVIO PAGAMENTO DA TAXA DE JUSTIÇA INICIAL. RECUSA DA PETIÇÃO INICIAL. ART. 474.º, ALÍNEA *F)*, DO CPC. CONSTITUCIONALIDADE DO DL N.º 324/2003, DE 27 DE DEZEMBRO.

(Acórdão de 12 de Outubro de 2004)

SUMÁRIO:

I – Após 1 de Janeiro de 2004, para deduzir processo de impugnação judicial deve o impugnante comprovar, no prazo máximo de dez dias após apresentar a petição inicial, ou o prévio pagamento de taxa de justiça inicial (cfr. arts. 23.º, n.º 1, e 24.º, n.º 1, alínea *a*), do CCJ, aplicáveis *ex vi* do art. 73.º-A, n.ºs 2 e 3, e do mesmo código, aqueles alterados e este aditado pelo Decreto-Lei n.º 324/2003, de 27 de Dezembro, bem como o art. 16.º, n.º 1 deste Decreto-Lei), ou que lhe foi concedido apoio judiciário, sob pena de ver a petição inicial recusada pela Secretaria (cfr. arts. 474.º, alínea *f*), e 476.º, do CPC, e 28.º do CCJ).

II – O processo de impugnação judicial é um processo judicial e, por isso, não pode considerar-se que integra as excepções previstas pelo n.º 6 do art. 4.º do referido Decreto-Lei n.º 324/ /2003 à revogação do Regulamento das Custas dos Processos Tributários, aprovado pelo Decreto-Lei n.º 29/98, de 11 de Fevereiro, excepções que se referem aos «actos respeitantes à fase administrativa dos processos abrangidos pelo artigo 1.º do mencionado Regulamento».

III – Por outro lado, o processo de impugnação judicial não pode considerar-se deduzido senão na data em que é apresentada a petição, sendo irrelevantes para esse efeito os procedimentos administrativos que levaram à prática das liquidações impugnadas ou mesmo os processos de execução fiscal em que estejam a ser cobrados os montantes liquidados.

IV – Sendo certo que o art. 15.º, n.º 2, do Decreto-Lei n.º 324/2003, dispõe que «as disposições do presente diploma que contenham normas sobre custas judiciais tributárias apenas produzem efeitos a partir da data da transferência dos tribunais tributários para a tutela do Ministério da Justiça», esta foi concretizada em 30 de Dezembro de 2003, data da entrada em vigor do Decreto-Lei n.º 325/2003, de 29 de Dezembro (cfr. art. 18.º), diploma que regulamentou os termos em que se processaria a transferência, determinada pela Lei n.º 15/2001, de 5 de Junho.

V – As questões que, tendo sido suscitadas na reclamação deduzida, ao abrigo do art. 475.º do CPC, da recusa da petição inicial pela secretaria, não tiverem sido objecto de apreciação no despacho que decidiu a reclamação, só poderão ser apreciadas em sede de recurso jurisdicional caso o reclamante aí tenha arguido a nulidade daquele despacho por omissão de pronúncia, ou, independentemente desta arguição, caso sejam do conhecimento oficioso (como o é a inconstitucionalidade de norma legal aplicada).

VI– O Decreto-Lei n.º 324/2003 não pode considerar-se como inconstitucional por violação do princípio da confiança do cidadão na ordem jurídica, decorrente do princípio do Estado de direito democrático ínsito no art. 2.º da CRP, por ter sido publicado em 27 de Dezembro de 2003 e nele se determinar a sua entrada em vigor no dia 1 de Janeiro de 2004 pois, por um lado, os quatro dias de *vacatio legis* (a que acresceram mais quatro até à abertura dos tribunais) são um prazo mais do que razoável para os cidadãos se aperceberem das mudanças operadas no regime das custas nos processos judiciais tributários e, por outro lado, o regime jurídico instituído foi objecto de audição prévia junto de diversos órgãos, designadamente dos representativos das classes profissionais ligadas ao foro, e de ampla divulgação, não só nos meios ligados ao foro, como até na comunicação social.

ACÓRDÃO

1. RELATÓRIO

1.1 FERNANDO MANUEL SOARES CABRITA (adiante Impugnante, Reclamante ou Recorrente) fez dar entrada no 2.º Serviço de Finanças de Setúbal (2.ºSFS), em 6 de Janeiro de 2004, uma petição, dirigida ao «Juiz do Tribunal Tributário de Setúbal»[1], pela qual veio impugnar diversas liquidações.

1.2 Essa petição foi remetida pelo 2.ºSFS ao Tribunal Administrativo e Fiscal de Almada[2] (TAFA), que a recusou mediante a invocação do disposto na alínea *f)* do art. 474.º do Código de Processo Civil (CPC).

1.3 Inconformado com essa recusa, o Impugnante dela reclamou, ao abrigo do disposto no art. 475.º, n.º 1, do CPC, para a Juíza do TAFA, pedindo-lhe que «revogue o acto de recusa da Secretaria e ordene *ou* a emissão das competentes guias, *ou* defira o pagamento da taxa de Justiça inicial sem qualquer agravamento julgando-a tempestiva», para o que invocou, em síntese, os seguintes fundamentos:

– o art. 474.º, alínea *f)*, do CPC, não é aplicável ao presente processo, antes se lhe aplicando o disposto nos arts. 15.º e 17.º, do Regulamento das Custas dos Processos Tributários (RCPT), aprovado pelo Decreto-Lei n.º 29/98, de 11 de Fevereiro, motivo por que, uma vez que a petição inicial foi apresentada em 5 de Janeiro de 2004, a taxa de justiça inicial podia ter sido paga até ao dia 15 do mesmo mês e só o não foi porque o 2.º Serviço de Finanças de Setúbal se recusou, no dia 12 de Janeiro de 2004, a emitir guia para o pagamento;

– o art. 4.º, n.º 6, do Decreto-Lei n.º 324/2003, de 27 de Dezembro, diploma que alterou o Código das Custas Judiciais[3] (CCJ), «só revogou parcialmente o "Regulamento das Custas dos Processos Tributários", e o presente caso cabe na "excepção" expressamente referida neste art.º 4.º, n.º 6»;

– por outro lado, o art. 14.º do mesmo Decreto-Lei n.º 324/2003 dispõe que as alterações ao CCJ só se aplicam aos processos instaurados após a sua entrada em vigor, em 1 de Janeiro de 2004, nos termos do art. 16.º do mesmo diploma, e «a petição de impugnação como dela consta reporta-se a processo já instaurado antes de 01.01.04»;

– acresce que o art. 15.º, n.º 2, do mesmo Decreto-Lei, dispõe que as disposições do mesmo que contenham normas sobre custas judiciais tributárias apenas produzem efeitos a partir da data da transferência dos Tribunais Tributários para o Ministério da Justiça, «omitindo qualquer data»;

– a publicação do Decreto-Lei n.º 324/2003 no dia 27 de Dezembro «para entrar em vigor, embora parcialmente, no dia 01.01.2004, *quatro dias depois*... e, em pleno período de férias Judiciais de Natal, constitui clara, e manifesta violação dos princípios legais e constitucionais da confiança dos destinatários, incluindo os operadores judiciais», pois «não é de esperar que o Governo actue de forma a apanhar de surpresa os cidadãos e possa frustrar as suas legítimas expectativas» e «[n]o mínimo violou o Governo o princípio da boa-fé e da segurança jurídico-legal, a que está legal e constitucionalmente obrigado»[4].

1.4 A Juíza do TAFA julgou a reclamação improcedente, confirmando o acto de recusa da petição inicial pela Secretaria com os fundamentos que se reproduzirão na íntegra no ponto 2.2.2.

1.5 Do despacho que julgou improcedente a reclamação, foi interposto o presente recurso pelo Impugnante, o qual foi admitido a subir imediatamente, nos próprios autos e com efeito devolutivo.

1.6 O Recorrente alegou e formulou as seguintes conclusões:

«*a)* – O regime do DL. n.º 324/2003, de 27/12 – bem como o DL. n.º 325/2003 de 29/12... não devem ser aplicáveis ao presente processo, quer por ilegalidade quer por inconstitucionalidade;

b) – A recusa pela Secretaria Judicial foi por isso, ilegal e inconstitucional, pelo que consequentemente, deverá a douta decisão ora recorrida ser totalmente revogada com tais fundamentos legais;

---

[1] As partes entre aspas e com um tipo de letra diferente, aqui como adiante, são transcrições.

[2] Note-se que o Tribunal Tributário de 1.ª instância de Setúbal foi extinto nos termos do art. 10.º do Decreto-Lei n.º 325/2003, de 29 de Dezembro, sendo que a partir de 1 de Janeiro de 2004 a competência para conhecer das impugnações judiciais na área do distrito de Setúbal passou a ser do Tribunal Administrativo e Fiscal de Almada, nos termos dos arts. 45.º, n.ºs 1 e 3, e 49.º, n.º 1, alínea *a)*, do Estatuto dos Tribunais Administrativos e Fiscais, aprovado pela Lei n.º 13/2002, de 19 de Fevereiro, na redacção que lhe foi dada pela Lei n.º 107-D/2003, de 31 de Dezembro, dos arts. 3.º, n.ºs 1 e 2, e 7.º, n.º 1, do referido Decreto-Lei n.º 325/2003 e do mapa anexo ao mesmo, bem como do art. 1.º, n.º 2, alínea *c)*, da Portaria n.º 1418/2003, de 30 de Dezembro.

[3] Nos termos do art. 73.º-A, do CCJ, artigo aditado a este Código pelo art. 2.º do referido Decreto-Lei n.º 324/2003, «O processo judicial tributário, bem como os actos judiciais praticados no âmbito do procedimento tributário, estão sujeitos a custas, nos termos deste Código» (n.º 2) e «Em tudo o que não estiver especialmente regulado neste título, o regime das custas administrativas e tributárias obedece às regras estabelecidas para as custas cíveis, com as devidas adaptações» (n.º 3).

[4] Embora no despacho recorrido não seja feita alusão a este fundamento da reclamação, afigura-se-nos relevante, pelos motivos que adiante exporemos, a ele aqui aludir.

c) – Devendo ser aceite a Impugnação apresentada pelo Recorrente, sem quaisquer sanções».

1.7 Não foram apresentadas contra alegações.

1.8 O Magistrado do Ministério Público emitiu parecer que se transcreve na íntegra:

«Não nos parece ter razão o recorrente.

Com efeito, é a propositura da impugnação que configura a introdução do feito em juízo. Só neste momento passa a haver um processo judicial. Antes disso haveria, quando muito, um processo administrativo.

Ora, o Código das Custas Judiciais aplica-se aos processos judiciais introduzidos em juízo a partir da sua entrada em vigor, isto é, no caso dos autos, a partir de 1 de Janeiro de 2004.

O processo a que os autos se reportam deu entrada em juízo após aquela data.

Somos de parecer que o recurso não merece provimento».

1.9 Colhidos os vistos, cumpre apreciar e decidir.

1.10 A questão que cumpre apreciar e decidir é se a decisão recorrida fez correcto julgamento quando considerou que a Secretaria do TAFA andou bem ao recusar uma petição inicial de impugnação de actos de liquidação apresentada em 6 de Janeiro de 2004 e relativamente à qual não foi comprovado o pagamento prévio da taxa de justiça inicial.

Para apreciar essa questão, para além de termos que indagar se o disposto no CCJ, com as alterações e aditamentos que lhe foram introduzidos pelo Decreto-Lei n.º 324/2003, de 27 de Dezembro, é ou não aplicável à situação *sub judice*, temos ainda que verificar se podemos agora conhecer da questão da constitucionalidade da norma daquele diploma legal que determinou a entrada em vigor no dia 1 de Janeiro de 2004 e, na afirmativa, que conhecer da arguida inconstitucionalidade.

2. FUNDAMENTAÇÃO
2.1 DE FACTO

A fim de proferir decisão, há que ter em conta os seguintes elementos resultantes dos autos:

a) Para citação de Fernando Manuel Soares Cabrita como responsável subsidiário por diversas dívidas em cobrança em execuções fiscal, o 2.º SFS remeteu-lhe dois ofícios, datados de 25 de Setembro de 2003, registados e com aviso de recepção (cfr. cópia dos ofícios que lhe foram remetidos para citação, a fls. 12/13 e 14/15);

b) Desses ofícios constava, para além do mais, o seguinte: «Nos termos legais, poderá ainda, se assim o entender e no prazo de noventa dias a contar da presente citação, apresentar reclamação graciosa ou deduzir impugnação judicial (...)» (cfr. cópia dos ofícios);

c) Em 6 de Janeiro de 2004 Fernando Manuel Soares Cabrita fez dar entrada no 2.º SFS uma petição inicial pedindo ao Juiz do «Tribunal Tributário de Setúbal», para além do mais, a anulação das liquidações das dívidas exequendas (cfr. o articulado de fls. 3 a 11, bem como o carimbo de entrada que lhe foi aposto);

d) Essa petição inicial foi remetida pelo 2.º SFS ao TAFA (cfr. ofício de remessa a fls. 2);

e) Em 11 de Fevereiro de 2004 a Secretaria do TAFA remeteu ao Mandatário do Impugnante ofício registado para notificar este de que a petição inicial fora recusada nos termos do art. 474.º, alínea *f*), do CPC (cfr. cópia do ofício a fls. 19);

f) Em 27 de Fevereiro de 2004 o Impugnante fez dar entrada no TAFA reclamação dirigida ao Juiz daquele Tribunal contra a recusa da petição pela Secretaria (cfr. articulado de fls. 20 a 22, bem como o carimbo de entrada que lhe foi aposto).

2.2 DE DIREITO
2.2.1 AS QUESTÕES A APRECIAR E DECIDIR

O ora Recorrente, citado como responsável subsidiário no âmbito de diversas execuções fiscais, veio impugnar as liquidações que deram origem às dívidas exequendas mediante petição inicial que deu entrada no 2.ºSFS, por onde pendiam as execuções, em 5 de Janeiro de 2004.

A petição foi remetida ao TAFA, cuja Secretaria a recusou, mediante a invocação do art. 474.º, alínea *f*), do CPC, com fundamento em falta de demonstração do pagamento prévio da taxa de justiça inicial.

O Impugnante reclamou para a Juíza do TAFA que, julgando improcedente a reclamação, manteve a recusa da petição inicial.

É dessa decisão que vem interposto o presente recurso.

O Recorrente continua a sustentar, tal como na reclamação, que à situação *sub judice* não é aplicável o disposto no Decreto-Lei n.º 324/2003, de 27 de Dezembro (que introduziu diversas alterações no regime do CCJ, sendo as que ora relevam as dos arts. 23.º, n.º 1[5], e 24.º, n.º 1, alínea *a*)[6], aplicáveis *ex vi* do art. 73.º-A, n.ºs 2 e 3[7]), motivo porque a petição inicial não deveria ter sido recusada (como o foi por força do disposto no art. 474.º, alínea *f*)[8], do CPC, aplicável *ex vi* do art. 28.º do CCJ[9]).

Cumpre, pois, verificar se a decisão recorrida fez correcta interpretação e aplicação da lei. É essa a primeira questão a apreciar e decidir.

O Recorrente insiste também pela inconstitucionalidade da norma do Decreto-Lei n.º 324/2003, de 27 de Dezembro, que determinou a sua entrada em vigor em 1 de Janeiro de 2004, ou seja, o art. 16.º, n.º 1.

---

[5] O n.º 1 do art. 23.º do CCJ dispõe: «Para promoção de acções e recursos, bem como nas situações previstas no artigo 14.º, é devido o pagamento da taxa de justiça inicial autoliquidada nos termos da tabela do anexo I».

[6] Diz o art. 24.º, n.º 1, alínea *a*), do CCJ:

«1 – O documento comprovativo do pagamento da taxa de justiça referida no artigo anterior é entregue ou remetido ao tribunal com a apresentação:

a) Da petição ou requerimento do autor, exequente ou requerente (...)».

[7] Determina o art. 73.º-A, n.ºs 2 e 3, do CCJ:

«(...)

2 – O processo judicial tributário, bem como os actos judiciais praticados no âmbito do procedimento tributário, estão sujeitos a custas, nos termos deste Código.

3 – Em tudo o que não estiver especialmente regulado neste título, o regime das custas administrativas e tributárias obedece às regras estabelecidas para as custas cíveis, com as devidas adaptações.

(...)».

[8] Diz o art. 474.º, alínea *f*), do CPC:

«A secretaria recusa o recebimento da petição inicial indicando por escrito o fundamento da rejeição, quando ocorrer algum dos seguintes casos:

(...)

f) Não tenha sido junto o documento comprovativo do prévio pagamento da taxa de justiça inicial ou o documento que ateste a concessão de apoio judiciário, excepto no caso previsto no n.º 4 do artigo 467.º.

(...)»».

[9] O art. 28.º do CCJ dispõe: «A omissão do pagamento das taxas de justiça inicial e subsequente dá lugar à aplicação das cominações previstas na lei de processo».

Esta questão, suscitada pelo Impugnante na reclamação, não foi apreciada na 1.ª instância, mas o Recorrente não invoca a nulidade da decisão recorrida[10] por omissão de pronúncia; não o tendo feito, poderemos agora conhecer da invocada inconstitucionalidade?

A resposta é afirmativa, uma vez que a apreciação da constitucionalidade da referida norma é do conhecimento oficioso, motivo por que, podendo sempre ser conhecida pelo Tribunal, não faria sentido fazer depender esse conhecimento da arguição da nulidade decorrente da falta de apreciação da mesma em 1.ª instância.

Na verdade, o art. 204.º da Constituição da República Portuguesa[11] (CRP), dispõe: «Nos feitos submetidos a julgamento não podem os tribunais aplicar normas que infrinjam o disposto na Constituição ou os princípios nela consignados». No mesmo sentido, o Estatuto dos Tribunais Administrativos e Fiscais (ETAF), aprovado pela Lei n.º 13/2002, de 19 de Fevereiro, diz no n.º 2 do seu art. 1.º: «Nos feitos submetidos a julgamento, os tribunais da jurisdição administrativa e fiscal não podem aplicar normas que infrinjam o disposto na Constituição ou os princípios nela consagrados».

Assim, como diz JORGE MIRANDA, «O juiz, dado que não está sujeito a invocação da inconstitucionalidade por uma das partes, não tem de aplicar normas que repute inconstitucionais»[12].

Apesar de questão da constitucionalidade não ter sido conhecida em 1.ª instância e de o Recorrente não ter arguido a nulidade da decisão por omissão de pronúncia sempre este Tribunal Central Administrativo poderá conhecer da questão, o que faremos adiante.

2.2.2 É APLICÁVEL À SITUAÇÃO *SUB JUDICE* O DECRETO-LEI N.º 324/2003, DE 27 DE DEZEMBRO?

A este propósito, a decisão recorrida fez a melhor interpretação e aplicação da lei, motivo por que merece o nosso inteiro acordo.

Aliás, fosse esta a única questão suscitada nestes autos e teríamos lançado mão da faculdade prevista no art. 713.º, n.º 5, do CPC. Porque assim não é, limitamo-nos a transcrever aqui o que ficou dito pela Juíza do TAFA:

«O Decreto-Lei n.º 324/2003 de 27 de Dezembro veio alterar o Código das Custas Judiciais tendo entrado em vigor a partir de 1 de Janeiro de 2004 (art. 16.º n.º 1 do diploma preambular).

E a partir dessa data, o Regulamento das Custas dos Processo Tributários aprovado pelo Decreto-Lei n.º 29/98 de 11 de Fevereiro, deixou de ser aplicável aos processos, fases e actos jurisdicionais, sem prejuízo da sua manutenção em vigor, na parte referente às custas relativas a procedimentos de natureza meramente administrativa e para os quais sejam competentes os órgãos da administração tributária. O art. 4.º, n.º 6 do diploma preambular, refere expressamente a revogação das normas do Regulamento das Custas dos Processos Tributários com excepção das referentes a actos respeitantes à fase administrativa dos processos abrangidos pelo art. 1.º do Regulamento.

Como é óbvio, não se inclui nessa excepção o processo de impugnação judicial, que é um processo jurisdicional e não administrativo, pelo que não tem aplicação ao presente processo, ao contrário do que afirma o impugnante, a excepção da parte final do art. 4.º n.º 6.

A partir de 1 de Janeiro de 2004, e de acordo com o disposto no n.º 2 do art.º 73.º-A do Código das Custas Judiciais (CCJ), o processo judicial tributário, no qual se inclui o processo de impugnação judicial, está sujeito a custas nos termos consagrados no referido código.

Vem o impugnante invocar o disposto na norma transitória prevista no art. 15.º, n.º 2, no sentido que as disposições que contenham normas sobre custas judiciais tributárias apenas produzirão efeitos a partir da data da transferência dos tribunais tributários para a tutela do Ministério da Justiça.

Cumpre no entanto esclarecer o impugnante que a Lei n.º 15/2001 de 5 de Junho, determinou a transferência para o Ministério da Justiça das competências do Estado no domínio da organização administrativa dos tribunais tributários de 1ª instância, incumbindo ao Governo, de regular por decreto-lei, os termos em que se processaria essa transferência, que ocorreu através do Decreto-Lei n.º 325/2003 de 29 de Dezembro, tendo entrado em vigor no dia seguinte ao da sua publicação, tendo-se desta forma concretizado em 30/12/2003 a referida transferência.

E não se diga que o Código das Custas Judiciais não é aplicável ao caso concreto porque os processos foram instaurados em data anterior a 1 de Janeiro de 2004, pois como é óbvio, a taxa de justiça é referente ao presente processo de impugnação judicial instaurado em 6 de Janeiro de 2004 e não relativa aos processos instaurados na administração tributária referentes aos actos impugnados.

Face ao exposto conclui-se que o presente processo de impugnação judicial está sujeito às regras de custas previstas no Código das Custas Judiciais, com a redacção do Decreto-Lei n.º 324/2003.

Desta forma, e de acordo com os artigos 23.º e 24.º aplicáveis ex vi do n.º 2 do art. 73.º-A todos do CCJ, a taxa de justiça inicial é autoliquidada previamente e de acordo com a tabela do anexo I. O documento comprovativo do pagamento da taxa de justiça inicial deve ser entregue ou remetido ao tribunal com a apresentação da petição (cfr. art. 24.º, n.º 1, alínea *a*) do CCJ).

O art. 28.º do mesmo Código é claro ao enunciar que a omissão da taxa de justiça inicial e subsequente dá lugar à aplicação das cominações previstas na lei de processo. Ora precisamente no art. 474.º alínea *f*) do Código de Processo Civil aplicável ex vi do art. 2.º, alínea *e*) do Código de Procedimento e Processo Tributário, encontra-se claramente enunciada a consequência para a falta de apresentação da taxa de justiça inicial, que se consubstanciará na recusa da petição inicial pela secretaria do tribunal».

Limitar-nos-emos, em reforço da argumentação de que o processo de impugnação judicial é de natureza judicial e só se pode considerar instaurado no momento em que a petição inicial foi apresentada, a referir a numerosa jurisprudência do Supremo Tribunal Administrativo, suscitada no domínio do Código de Processo das Contribui-

---
[10] Apesar de o art. 668.º do CPC se referir apenas à sentença, deve considerar-se aplicável a todas as decisões judiciais *ex vi* do n.º 3 do art. 666.º do mesmo código.
[11] Na redacção aplicável, que é a Lei Constitucional n.º 1/2001, de 12 de Dezembro.
[12] *Manual de Direito Constitucional*, tomo II, pág. 441.

ções e Impostos[13] quando da controvérsia, agravada com a entrada em vigor do Decreto-Lei n.º 267/85, de 16 de Julho (Lei de Processo nos Tribunais Administrativos[14]), sobre a natureza (substantiva ou adjectiva) e, consequentemente, sobre a forma de contagem do prazo para deduzir impugnação. Como foi então repetido em numerosos acórdãos, antes da entrada da petição inicial não existe processo[15].

Por outro lado, o facto de os montantes liquidados estarem já a ser cobrados coercivamente e, consequentemente, o ora Recorrente, enquanto responsável subsidiário, ter sido citado no âmbito do processo de execução fiscal também para, querendo, deduzir impugnação judicial, em nada altera o que ficou dito. Tal citação é imposta pelo art. 22.º, n.º 4, da Lei Geral Tributária, e apenas releva para efeitos de conferir ao responsável subsidiário legitimidade para impugnar e da contagem do prazo para impugnação judicial, nos termos do disposto nos art. 9.º, n.º 3, e 102.º, n.º 1, alínea c), do CPPT.

Como é manifesto, a impugnação judicial não constitui qualquer incidente no processo de execução fiscal.

Não pode, pois, o recurso proceder com fundamento no invocado erro de julgamento por errada interpretação e aplicação do Decreto-Lei n.º 324/2003, de 27 de Dezembro.

2.2.3 DA CONSTITUCIONALIDADE DO ART. 16.º DO DECRETO-LEI N.º 324/2003, DE 27 DE DEZEMBRO

O Recorrente, que na petição inicial sustentou que a publicação do Decreto-Lei n.º 324/2003 no dia 27 de Dezembro «para entrar em vigor, embora parcialmente, no dia 01.01.2004, *quatro dias depois*... e, em pleno período de férias Judicias de Natal, constitui clara, e manifesta violação dos princípios legais e constitucionais da confiança dos destinatários, incluindo os operadores judiciais», pois «não é de esperar que o Governo actue de forma a apanhar de surpresa os cidadãos e possa frustrar as suas legítimas expectativas» e «[n]o mínimo violou o Governo o princípio da boa-fé e da segurança jurídico-legal, a que está legal e constitucionalmente obrigado», continua, nas alegações de recurso, a sustentar que o «regime do DL. N.º. 324/2003, de 27/12 – bem como o DL. 325/2003 de 29/12... não devem ser aplicáveis ao presente processo [...] por inconstitucionalidade».

Como ficou já dito, apesar de na decisão recorrida não se ter abordado tal questão e de o Recorrente não ter arguido a nulidade da decisão com esse fundamento, nada obsta ao seu conhecimento por este Tribunal Central Administrativo uma vez que se trata de questão do conhecimento oficioso.

A argumentação do Recorrente assenta no facto de o período que mediou entre a publicação do Decreto-Lei n.º 324/2003 – 27 de Dezembro – e a sua entrada em vigor – 1 de Janeiro de 2004 –, a denominada *vacatio legis*, ser de apenas quatro dias e de a publicação e a entrada em vigor terem ocorrido em período de férias judiciais de Natal, assim, e nas suas palavras, "apanhando de surpresa" os cidadãos e os "operadores judiciais".

Salvo o devido respeito, o Recorrente não tem razão.
Diz o art. 5.º do Código Civil (CC):
«1. A lei só se torna obrigatória depois de publicada no jornal oficial.

2. Entre a publicação e a vigência da lei decorrerá o tempo que a própria lei fixar ou, na falta de fixação, o que for determinado em legislação especial»

Desde logo, a regra geral no que respeita à vigência da lei é a da entrada em vigor no dia que nela for fixado, sendo que a única exigência relativamente à publicação é que esta não seja anterior à data da entrada em vigor (cfr. art. 5.º do CC). Como salientam PIRES DE LIMA e ANTUNES VARELA, «O n.º 2 deste preceito não impede que a publicação e a vigência da lei coincidam. O que não é possível (n.º 1) é a lei entrar em vigor antes da data da publicação. A existência jurídica de qualquer diploma legal depende da sua publicação»[16].

O Decreto-Lei n.º 324/2003 foi publicado em 27 de Dezembro e no n.º 1 do seu art. 16.º determinou-se a sua entrada em 1 de Janeiro de 2004.

Será que a *vacatio legis* fixada ou o facto de a lei ter sido publicada e entrar em vigor em período de férias judicias põe em causa o princípio da protecção da confiança do cidadão na ordem jurídica, princípio esse que, embora o Recorrente o não refira, decorre do princípio do Estado de direito democrático consagrado no art. 2.º da CRP?

Afigura-se-nos que não.

É certo que assistimos hoje a uma proliferação de textos legislativos que, por vezes, causam algumas dificuldades aos cidadãos em geral e até aos profissionais do foro. Mas tais dificuldades prendem-se, sobretudo, com a aplicação da lei no tempo, não com o conhecimento do texto da lei que, este, resulta da mera consulta do *Diário da República*.

É da mais elementar prudência que o legislador, face a inovações ou alterações legislativas que, ou pela sua natureza, ou pela sua extensão, tornem difícil a sua imediata percepção pelos destinatários, conceda um prazo razoável entre a publicação da lei e sua entrada em vigor. Caso não seja concedido prazo algum ou o prazo concedido não seja razoável, admitimos, em abstracto, que possa verificar-se uma violação do princípio da protecção da confiança do cidadão na ordem jurídica, decorrente do princípio do Estado de direito democrático ínsito no art. 2.º da CRP.

Não é isso que sucede no caso *sub judice*.

Desde logo, porque as alterações que estão em causa no presente processo operadas pelo Decreto-Lei

---

[13] Com a entrada em vigor do Código de Processo Tributário, a questão passou a estar expressamente regulada pelo art. 49.º, n.º 2, daquele código, nos mesmos termos em que o está hoje pelo n.º 1 do art. 20.º do Código de Procedimento e Processo Tributário.

[14] O art. 28.º da Lei de Processo nos Tribunais Administrativos veio determinar a aplicação das regras previstas no art. 279.º do Código Civil ao prazo do recurso contencioso e a jurisprudência, face à similitude com a impugnação judicial, entendeu que a esta era também de aplicar o disposto naquele artigo.

[15] A título meramente exemplificativo, *vide* os acórdão do Supremo Tribunal Administrativo:
– do Pleno, de 12 de Outubro de 1988, proferido no recurso com o n.º 4.759 e publicado no *Boletim do Ministério Justiça* n.º 380, págs. 346 a 350;
– de 3 de Junho de 1992, proferido no recurso com o n.º 14.171 e publicado no *Apêndice ao Diário da República* de 22 de Fevereiro de 1995, págs. 1761 a 1763;
– de 23 de Outubro de 1996, proferido no recurso com o n.º 19.325 e publicado no *Apêndice ao Diário da República* de 28 de Dezembro de 1998, págs. 2990 a 2996.

[16] *Código Civil Anotado*, 4.ª edição, volume I, nota 2. ao art. 5.º, pág. 55.

n.º 324/2003, de 27 de Dezembro, designadamente no que à forma (prévia) de pagamento (e de liquidação) do preparo inicial respeita e à necessidade da sua comprovação quando da apresentação da petição inicial são facilmente percepcionadas mediante a simples leitura do mesmo. Aliás, se o Recorrente tinha dúvidas quanto à aplicação das alterações em sede do contencioso tributário, bem as podia ter esclarecido junto da Secretaria do TAFA, antes de aí ter apresentado a petição inicial.

Depois, porque a *vacatio legis* resultante do art. 16.º, n.º 1, do Decreto-Lei n.º 324/2003, se nos afigura razoável. Quatro dias são, a nosso ver, mais do que suficientes para os destinatários da legislação tomarem conhecimento da mesma. Aliás, trata-se apenas de menos um dia do que o prazo fixado pelo art. 2.º, n.º 2, da Lei n.º 74/98, de 11 de Novembro, para os casos em que a própria lei não fixa a data da sua entrada em vigor. Acresce que o facto de a publicação e entrada em vigor do Decreto-Lei n.º 324/2003 ter ocorrido no período de férias judiciais significa que os destinatários puderam gozar de mais uns dias (os quatro dias que mediaram entre a entrada em vigor da lei e a abertura dos tribunais[17]) para tomarem conhecimento do diploma.

Se ao fim desses oito dias após a publicação do diploma em causa o Recorrente ainda não se tinha apercebido das alterações legislativas só de si mesmo se pode queixar.

Finalmente, porque o diploma legal foi objecto de amplo debate público prévio e as principais alterações por ele introduzidas no regime das custas foram também amplamente divulgadas pela comunicação social. Não podemos esquecer que hoje, por via de regra, as alterações legislativas são precedidas da audição de diversas entidades interessadas e o Decreto-Lei n.º 324/2003 não é excepção: na parte final do Preâmbulo do diploma refere-se que «Foram ouvidos o Conselho Superior da Magistratura, o Conselho Superior dos Tribunais Administrativos e Fiscais, a Procuradoria-Geral da República, a Associação Nacional de Municípios Portugueses, a Ordem dos Advogados, a Câmara dos Solicitadores, o Conselho dos Oficiais de Justiça e as estruturas associativas e sindicais dos juízes, dos magistrados do Ministério Público e dos funcionários judiciais».

Salvo o devido respeito, afigura-se-nos que a argumentação aduzida pelo Recorrente, no sentido de que as datas da publicação e da entrada em vigor do Decreto-Lei n.º 324/2003 terão traduzido uma actuação do Governo «de forma a apanhar de surpresa os cidadãos» e «frustrar as suas legítimas expectativas» ou, pelo menos, violou os princípios da boa-fé e da segurança jurídico-legal, não justifica essa conclusão, motivo por que o recurso não pode proceder com esse fundamento.

2.2.4 CONCLUSÕES

Preparando a decisão, formulamos as seguintes conclusões:

VII – Após 1 de Janeiro de 2004, para deduzir processo de impugnação judicial deve o impugnante comprovar, no prazo máximo de dez dias após apresentar a petição inicial, ou o prévio pagamento de taxa de justiça inicial (cfr. arts. 23.º, n.º 1, e 24.º, n.º 1, alínea *a*), do CCJ, aplicáveis *ex vi* do art. 73.º-A, n.ºs 2 e 3, e do mesmo código, aqueles alterados e este aditado pelo Decreto-Lei n.º 324/2003, de 27 de Dezembro, bem como o art. 16.º, n.º 1 deste Decreto-Lei), ou que lhe foi concedido apoio judiciário, sob pena de ver a petição inicial recusada pela Secretaria (cfr. arts. 474.º, alínea *f*), e 476.º, do CPC, e 28.º do CCJ).

VIII – O processo de impugnação judicial é um processo judicial e, por isso, não pode considerar-se que integra as excepções previstas pelo n.º 6 do art. 4.º do referido Decreto-Lei n.º 324/2003 à revogação do Regulamento das Custas dos Processos Tributários, aprovado pelo Decreto-Lei n.º 29/98, de 11 de Fevereiro, excepções que se referem aos «actos respeitantes à fase administrativa dos processos abrangidos pelo artigo 1.º do mencionado Regulamento».

IX – Por outro lado, o processo de impugnação judicial não pode considerar-se deduzido senão na data em que é apresentada a petição, sendo irrelevantes para esse efeito os procedimentos administrativos que levaram à prática das liquidações impugnadas ou mesmo os processos de execução fiscal em que estejam a ser cobrados os montantes liquidados.

X – Sendo certo que o art. 15.º, n.º 2, do Decreto-Lei n.º 324/2003, dispõe que «as disposições do presente diploma que contenham normas sobre custas judiciais tributárias apenas produzem efeitos a partir da data da transferência dos tribunais tributários para a tutela do Ministério da Justiça», esta foi concretizada em 30 de Dezembro de 2003, data da entrada em vigor do Decreto-Lei n.º 325/2003, de 29 de Dezembro (cfr. art. 18.º), diploma que regulamentou os termos em que se processaria a transferência, determinada pela Lei n.º 15/2001, de 5 de Junho.

XI – As questões que, tendo sido suscitadas na reclamação deduzida, ao abrigo do art. 475.º do CPC, da recusa da petição inicial pela secretaria, não tiverem sido objecto de apreciação no despacho que decidiu a reclamação, só poderão ser apreciadas em sede de recurso jurisdicional caso o reclamante aí tenha arguido a nulidade daquele despacho por omissão de pronúncia, ou, independentemente desta arguição, caso sejam do conhecimento oficioso (como o é a inconstitucionalidade de norma legal aplicada).

XII – O Decreto-Lei n.º 324/2003 não pode considerar-se como inconstitucional por violação do princípio da confiança do cidadão na ordem jurídica, decorrente do princípio do Estado de direito democrático ínsito no art. 2.º da CRP, por ter sido publicado em 27 de Dezembro de 2003 e nele se determinar a sua entrada em vigor no dia 1 de Janeiro de 2004 pois, por um lado, os quatro dias de *vacatio legis* (a que acresceram mais quatro até à abertura dos tribunais) são um prazo mais do que razoável para os cidadãos se aperceberem das mudanças operadas no regime das custas nos processos judiciais tributários e, por outro lado, o regime jurídico instituído foi objecto de audição prévia junto de diversos órgãos, designadamente dos representativos das classes profissionais ligadas ao foro, e de ampla divulgação, não só nos meios ligados ao foro, como até na comunicação social.

3. DECISÃO

Face ao exposto, os juízes da Secção do Contencioso Tributário deste Tribunal Central Administrativo acordam,

---

[17] Nos termos do art. 12.º da Lei de Organização e Funcionamento dos Tribunais Judiciais, aprovada pela Lei n.º 3/99, de 13 de Janeiro, é de férias judiciais o período compreendido entre 22 de Dezembro e 3 de Janeiro. Por outro lado, o dia 4 de Janeiro de 2004 foi um domingo.

em conferência, em negar provimento ao recurso, mantendo a decisão recorrida.
Custas pelo Recorrente, fixando-se a taxa de justiça em três UCs.
Lisboa, 12 de Outubro de 2004

Francisco Rothes
Jorge Lino
Pereira Gameiro

Recurso n.º 191/04

EXECUÇÃO FISCAL. RECLAMAÇÃO DE CRÉDITOS. PREFERÊNCIA DO DIREITO DE RETENÇÃO FACE Á HIPOTECA E SUA CONSTITUCIONALIDADE.

(Acórdão de 21 de Setembro de 2004)

SUMÁRIO:

I – Em relação a terceiros que não tenham intervindo na acção em que o caso julgado se formou, a sentença é «res inter alios acta», ou seja, não lhes aproveita nem os prejudica.
II – Este princípio não tem carácter absoluto pois, quanto à extensão a terceiros da eficácia do caso julgado material, há que distinguir entre os «terceiros juridicamente indiferentes» e os «terceiros juridicamente interessados»; quanto aqueles, a sentença judicial que tenha reconhecido um crédito e a respectiva garantia (direito de retenção), oponível à exequente, apesar de o crédito desta estar garantido por hipoteca registada anteriormente.
III – A preferência do direito de retenção face à hipoteca não redunda em violação do princípio da protecção da confiança consagrado no art.º 2.º da CRP.

ACORDAM NA SECÇÃO DO CONTENCIOSO TRIBUTÁRIO DO TRIBUNAL CENTRAL ADMINISTRATIVO:

I – A Caixa Geral de Depósitos, não se conformando com a decisão do Tribunal Tributário de 1ª Instância de Lisboa, que julgou procedente a reclamação de créditos deduzida por Manuel António Vieira da Mota Martins e outros, dela veio interpor o presente recurso, formulando as seguintes conclusões:
1 – Dado que a CGD – credora hipotecária em relação ao imóvel em discussão nos autos – não teve qualquer intervenção, como deveria, na acção judicial onde foi reconhecido o direito de retenção sobre fracções que lhe estavam hipotecadas, a sentença aí proferida é-lhe absolutamente inoponível.

2 – De facto, a regra é a de que as decisões judiciais apenas produzem efeitos *inter partes,* não podendo afectar interesses e direitos de terceiros não intervenientes.
3 – Pelo menos, de terceiros não juridicamente indiferentes em relação à matéria em discussão, mas antes juridicamente interessados, ou seja, aqueles cujos direitos são juridicamente afectados pela decisão judicial, que poria em causa a existência, validade ou conteúdo do direito de que o terceiro é titular – como é, claramente, o caso do credor hipotecário na acção intentada para reconhecimento de direito de retenção sobre o bem objecto da hipoteca.
4 – Pelo que, a CGD não pode considerar-se abrangida pelos efeitos do caso julgado da sentença judicial em causa; não podendo, consequentemente, os créditos reconhecidos por tal sentença judicial serem opostos à CGD, e, como tal, graduados à frente. Cfr. arts. 671.º e 673.º do CPC;
5 – Acresce que a preferência do direito de retenção face à hipoteca redunda em violação do princípio da protecção da confiança consagrado no art. 2.º da CRP inerente à ideia de um Estado de Direito democrático, manifestamente posto em crise quando se admite a possibilidade de um credor que acautelou a boa cobrança do seu crédito, através dos competentes e exigíveis meios legais e registais, poder ver completamente frustrada a fiabilidade que o registo lhe mereceu, ao ter que ceder o passo a um crédito supostamente privilegiado que não conhecia, nem tinha possibilidades de conhecer ou prever – cfr. para tudo, nomeadamente, acórdão do T.C. n.º 160/2000 de 22-03-2000;

Os recorridos contra-alegaram, concluindo da seguinte forma:
1 – A Caixa Geral de Depósitos nunca teve qualquer direito ao prédio ou fracção, tendo defendido o seu crédito pela instauração da Execução;
2 – Por não ter direito à coisa, a Recorrente não tem de ser convencida do direito de retenção que assiste aos Recorridos, em que havia um interesse directo;
3 – E embora a sentença em princípio constitua caso julgado material entre as partes e com limitação do seu conteúdo, sempre se tem entendido que é extensível aos terceiros juridicamente indiferentes, sujeitos de relações conexas, ou seja, todos aqueles a quem a sentença não causa qualquer prejuízo jurídico deixando intacta a validade do seu direito, a consistência jurídica, embora lhe possa causar prejuízo económico, por ser afectada a solvabilidade do devedor,
4 – Ora no caso dos autos não há afectação jurídica, continuando o direito o mesmo, com o mesmo conteúdo e a mesma garantia havendo sim afectação na prioridade de graduação, com possível prejuízo de ordem económica, pelo que a sentença é oponível aos Recorridos;
5 – Em conflito de interesses é inteiramente razoável atribuir prioridade à defesa do consumidor, dado que, o crédito hipotecário pode ser escolhido ou seleccionado em concorrência com as deficiências e a solvência das Empresas construtoras;
6 – Quando foi constituída a garantia hipotecária, há muito que vigorava o normativo, devendo o credor hipotecário usar de toda a prudência, e,
7 – A Recorrente não pode dizer que vê frustrada a possibilidade de cobrança do seu crédito, pois tinha de

representar que segundo o direito constituído, havendo direito de retenção, tal implicava prioridade sobre a hipoteca, não vendo gorada a confiança anterior;

8 – Qualquer decisão do Tribunal Constitucional nunca pode ser aplicada analogicamente, uma vez que a analogia de decisões por si proferidas, como decisões excepcionais, são limitadas ao caso em apreciação, e,

9 – O Registo Predial apenas garante prioridade de direitos, com a mesma característica ou origem, nunca a direitos que a própria Lei atribui primazia ou prioridade;

10 – O Douto despacho recorrido fez correcta aplicação do disposto nos Art°s 498.°, n.° 2 e 865.° do Cód. Proc. Civil, Art.° 2.° da CRP, 759°, n° 2 do Cód. Civil.

O Exm° Procurador-Geral Adjunto emitiu douto parecer suscitando a questão prévia da incompetência, em razão da hierarquia, do STA para conhecer do recurso, uma vez que, nas conclusões 1ª e 5ª das suas alegações, das quais pretende extrair consequências jurídicas, afirma factos que o Mm° Juiz "a quo" não estabeleceu nem considerou na sentença recorrida.

O STA, em via de conhecimento da falada excepção, julgou-se incompetente em razão da hierarquia, afirmando a competência deste TCA aos quais os autos vieram a ser remetidos.

A EMMP junto desta instância emitiu parecer no sentido do improvimento do recurso.

Colhidos os vistos legais, cumpre decidir.

2 – A sentença recorrida fixou a seguinte matéria de facto:

1 – Em 3/12/87, foi registada uma hipoteca a favor da exequente "Caixa Geral de Depósitos", incidente sobre o terreno para construção urbana com a área de 880 m.2, devidamente identificado na certidão junta a fls. 107 a 143 do processo de execução, com vista à garantia de empréstimo para construção de um edifício para venda em regime de propriedade horizontal concedido à firma "Gomes & Neto – Estudos e Projectos, Lda.", no montante de Esc. 25.000.000$00, juro anual até 20,5% e despesas emergentes do contrato de mútuo (cfr. cópia autenticada do mútuo com hipoteca junta a fls. 6 a 21 do processo de execução principal; certidão da C.R.P. junta a fls. 107 a 143 do processo de execução principal);

2 – Em 25/7/90, a "Caixa Geral de Depósitos" instaurou contra a firma "Gomes & Neto – Estudos e Projectos, Lda.", por dívida derivada do empréstimo identificado no n.º 1, no montante de Esc. 17.227.428$00, acrescida de juros vincendos, a execução fiscal n.º 6807/90, e de que os presentes autos de reclamação de créditos constituem apenso (cfr. requerimento inicial junto a fls. 2 e seg. do processo de execução; nota de débito junta a fls. 24 do processo de execução);

3 – Em 24/4/91, no âmbito do processo de execução identificado no n° 2, para pagamento da dívida nele referida, foram penhoradas as fracções autónomas designadas pelas letras "B", "E", " J", "M", "N", "O", "P", "Q", "R", "S", "T", "U", "V", "X", "Z" e "AA", relativas ao prédio urbano em regime de propriedade horizontal omisso na matriz e construído no terreno identificado no n.º 1, tudo conforme autos de penhora de fls. 86 a 101 do processo de execução, os quais se dão aqui por integralmente reproduzidos;

4 – Em 26/4/91, as penhoras identificadas no n.º 3 foram registadas a favor da Fazenda Nacional, tudo conforme certidão da C.R.P. junta a fls. 107 a 143 do processo de execução, a qual se dá aqui por integralmente reproduzida;

5 – Em 12/3/93, foi autorizada a venda de fracções autónomas identificadas no n° 3, tudo conforme autos de venda judicial juntos a fls. 242 a 251 do processo de execução, os quais se dão aqui pôr integralmente reproduzidos;

6 – Manuel Américo Vieira da Mota Martins e esposa, Fernanda da Silva Soares Martins, são titulares de crédito no montante de Esc. 8.000.000$00, acrescido de juros vencidos e vincendos, resultante de direito de retenção incidente sobre as fracções autónomas designadas pelas letras "B" e "N" penhoradas e vendidas no processo de execução de que o presente constitui apenso, o qual resulta de promessa de compra e venda com tradição da coisa realizada pelos reclamantes com a firma executada, "Gomes & Neto – Estudos e Projectos, Lda.", tudo reconhecido por sentença transitada em julgado, a qual deu origem a execução e no âmbito da mesma se tendo procedido à penhora dos mencionados imóveis e posterior registo desta (cfr. documentos juntos a fls. 5 a 23 dos presentes autos);

7 – Albina Margarida Alves de Almeida, é titular de crédito no montante de Esc. 236.438$00, acrescido de juros vencidos e vincendos, resultante de direito de retenção incidente sobre a fracção autónoma designada pela letra "O" penhorada e vendida no processo de execução de que o presente constitui apenso, o qual resulta de promessa de compra e venda com tradição da coisa realizada pela reclamante com a firma executada "Gomes & Neto – Estudos e Projectos, Lda.", tudo reconhecido, por sentença transitada em julgado, a qual deu origem a execução e no âmbito da mesma se tendo procedido à penhora do mencionado imóvel (cfr. documentos juntos a fls. 29 a 36 dos presentes autos).

Adita-se, ainda, ao Probatório supra, os seguintes factos, que se julgam também provados e com interesse para a decisão:

8.– A exequente CGD não interveio nas acções judiciais referidas em 6 e 7, supra.

3 – O recurso interposto pela CGD, delimitado pelas respectivas conclusões, circunscreve-se às questões de saber:

a)– Se o caso julgado formado pela sentença judicial proferida na acção declarativa que reconheceu os créditos dos reclamantes e o direito de retenção destes sobre os imóveis objecto de penhora e venda nos autos, é, ou não oponível à exequente credora hipotecária (que não foi demandada naquela acção declarativa) e, consequentemente, se tal direito de retenção frui de prioridade na graduação, relativamente ao crédito exequendo e, ainda, se por não ter intervindo na acção declarativa referida, a CGD se pode, ou não, opor à admissão e graduação desse crédito pelos fundamentos com que o fez – conclusões 1 a 4.

Visto que na sentença recorrida se decidiu que relativamente aos *imóveis* vendidos havia que graduar o crédito dos reclamantes porque providos do direito de retenção, antes do crédito hipotecário, vejamos se assiste ou não razão à recorrente ao pretender que o seu crédito seja graduado antes daqueles, posto que se mostra provado que esta é titular de um direito real de garantia (hipoteca) devidamente registado e, nos termos do disposto no art. 686.º n.º 1 do Código Civil, a hipoteca confere ao credor o direito de ser pago pelo valor de certas coisas imóveis, ou equiparadas, pertencentes ao devedor ou a terceiro com preferência sobre os demais credores que não gozem de privilégio especial ou de prioridade de registo.

Sobre esta questão se pronunciou com brilhantismo o *Acórdão deste TCA de 30/06/98, tirado no recurso n.º 653/98* cuja fundamentação, com a devida vénia e por razões de uniformidade e economia, passamos a seguir na íntegra:

"4.1.1. Nos termos do art. 673.º do CPC, a sentença constitui caso julgado, nos precisos limites e termos em que julga.

É função do caso julgado, assinalada no n.º 2 do art. 497.º do CPC, «evitar que o tribunal seja colocado na alternativa de contradizer ou de reproduzir uma decisão anterior»; é, pois, sobre a decisão contida na sentença, e não sobre os fundamentos desta, que se forma, em princípio, o caso julgado, embora a motivação da decisão seja de considerar quando se torne necessário reconstruir e fixar o seu conteúdo (cfr. Manuel de Andrade, Noções Elementares de Processo Civil, 124; A. Reis, CPC Anotado, Vol. III, 139 e ss; Ac. STJ, de 17/1/80, BMJ, 253, 235, entre outros).

Os limites do caso julgado são traçados pelos elementos identificadores da relação ou situação jurídica substancial definida pela sentença: sujeitos, objecto e fonte ou título constitutivo (arts. 497.º e 498.º do CPC).

Quando na sentença se tenha conhecido da relação jurídica substancial forma-se caso julgado material (e não apenas caso julgado formal) que projecta a sua força e efeitos para fora do processo em que foi proferida.

Por isso, em princípio, a sentença só tem força de caso julgado entre as partes (n.º 2 do art. 498.º do CPC), considerando-se aqui não apenas a identidade física, mas também a da sua posição jurídica.

Relativamente a terceiros, que não tenham intervindo na acção em que o caso julgado se formou, a sentença é «res inter alios acta», ou seja, não lhes aproveita nem os prejudica.

4.1.2. Mas este princípio não é absoluto e a doutrina e a jurisprudência têm vindo a reconhecer a extensão a terceiros da eficácia do caso julgado material.

Assim, distingue-se entre os chamados «terceiros juridicamente indiferentes» (todos aqueles a quem a sentença não causa qualquer prejuízo jurídico, porque deixa íntegra a consistência jurídica do seu direito, embora lhes possa causar prejuízo económico, por ser afectada a solvabilidade do devedor) e os terceiros juridicamente interessados (aqueles a quem a sentença pode causar prejuízo jurídico, invalidando a própria existência ou reduzindo o conteúdo do seu direito).

Exemplo característico daquela primeira categoria é, precisamente, o do credor perante a sentença proferida em pleito em que seja parte o devedor. Tal sentença não invalida, nem de qualquer modo, afecta o seu direito, na sua consistência jurídica, apenas o poderá afectar na sua consistência económica, enquanto reduz o património do devedor e, consequentemente, a sua solvabilidade.

Com efeito, com o reconhecimento do crédito da reclamante e da garantia real de que frui, por sentença judicial, o direito de crédito da recorrente não é afectado juridicamente, pois continua o mesmo, com o mesmo conteúdo e a mesma garantia hipotecária.

É certo que é afectado na prioridade da graduação, por passar a ficar a seguir ao crédito da reclamante, mas isso não configura um prejuízo de natureza jurídica, podendo ser, ou não, de natureza económica, consoante o património do devedor não chegue ou chegue para o pagar.

Assim sendo, e porque, atenta a distinção que deve fazer-se entre os «terceiros juridicamente indiferentes» e os «terceiros juridicamente interessados», se entende ser esta a posição mais consentânea com o regime legal da eficácia do caso julgado material, a sentença judicial que, no caso, reconheceu o crédito da reclamante e a respectiva garantia, é oponível à aqui recorrente, pese embora esta não tenha intervindo na acção judicial onde a mesma foi proferida (cfr. neste sentido, Ac. STJ, de 12/1/93, Proc. n.º 83928, CJ, I, 30; Ac. RL, de 22/3/90, Rec. 2975, CJ, 1990, II, 140; Ac. deste TCA, 2ª Secção, de 18/11/97, Rec. 65290; no sentido da não oponibilidade, cfr. Acs. STJ, de 10/10/89, Proc. n.º 77867, BMJ, 390, pgs. 363 ss. e de 15/12/92, Proc. n.º 82737, BMJ 421, 348 e ss.).

Logo, também não podia a recorrente CGD impugnar, como o fez, o crédito reclamado e já reconhecido por sentença judicial, com fundamento apenas na não oponibilidade do caso julgado quanto a ela (al. g) do art. 813.º do CPC, aplicável por força do disposto no n.º 4 (segunda parte) do art. 866.º do mesmo CPC), pois que só podia impugnar esse crédito com os fundamentos previstos no citado art. 813.º, na parte em que fosse aplicável e, como se viu, aqui não se verifica tal oponibilidade do caso julgado.

4.1.3. Quanto à prevalência do direito de retenção sobre a garantia hipotecária:

Como se escreve no citado acórdão deste TCA, quer face ao art. 442.º, n.º 3 do CC, na redacção que lhe foi dada pelo DL n.º 236/80, de 18/7, quer face à al. f) do n.º 1 do art. 755.º do CC, introduzida pelo DL 379/86, de 11/11, o promitente comprador, no caso de ter havido tradição da coisa objecto do contrato promessa, como aconteceu no caso presente, goza de direito de retenção, sobre ela, pelo crédito resultante do incumprimento pelo promitente vendedor.

Direito de retenção que, nos termos do art. 759.º do CC, lhe confere o direito de ser pago com preferência sobre os demais credores do devedor e prevalece sobre a hipoteca, ainda que esta tenha sido registada anteriormente.

É, assim, irrelevante para o caso, que o registo da hipoteca a favor da CGD tenha siso feito anteriormente.

Na verdade, o direito de retenção, como garantia real, não sujeita a registo, vale como direito absoluto «erga omnes» e onera a coisa, qualquer que seja o seu proprietário, prevalecendo, mesmo, sobre a hipoteca, ainda que esta esteja registada anteriormente.

Esta foi mais uma das soluções encontradas pelo legislador para proteger o promitente comprador, aliás, o objectivo principal dos citados DL n.ºs 236/80, de 18/7 e 379/86, de 11/11.

Pode entender-se como injusto e imoral que se opte por privilegiar a garantia de retenção sobre a garantia de hipoteca, nos casos em que esta tenha registo anterior, mas a lei determina este regime e é, então, aplicável (art. 8.º, n.º 2 do CC).

Por isso, estando reconhecido o direito de retenção do reclamante sobre o imóvel penhorado e vendido nos autos, não podem merecer provimento as Conclusões (...)" sob análise.

***

A questão decidenda passa ainda por saber se:

b) Se a preferência do direito de retenção face à hipoteca redunda em violação do princípio da protecção da confiança consagrado no art. 2.º da CRP inerente à ideia de um Estado de Direito democrático, manifestamente posto em crise quando se admite a possibilidade de um credor que acautelou a boa cobrança do seu crédito, através dos competentes e exigíveis meios legais e registrais, poder ver completamente frustrada a fiabilidade que o registo lhe mereceu, ao ter que ceder o passo a um crédito supostamente privilegiado que não conhecia, nem tinha possibilidades de conhecer ou prever – conclusão 5.

Tendo em conta o que dito ficou quanto à oponibilidade à CGD da sentença que declarou o direito de retenção, não se vê como poderá ter-se violado o princípio constitucional da confiança.

E isso pelas razões também expostas no douto Acórdão supra citado segundo o qual "Aliás, como se escreveu no Ac. do STJ, de 15/5/90, Rec. 77549, BMJ 397, pags. 478 e ss, o DL n.º 236/80, de 18/7, ao definir em abstracto um novo caso de direito de retenção, não está a ofender um direito anterior do credor que, no momento da constituição da garantia hipotecária estivesse seguro da impossibilidade de nenhum outro direito prioritário, pois que, na graduação entre as garantias especiais das obrigações já desde 1966 que o actual CC confere ao direito de retenção prevalência sobre a hipoteca, ainda que esta tenha sido registada anteriormente (art. 759.º, n.º 2 do CC).

O mesmo sucede com o DL 379/86, de 11/11, que alguma jurisprudência entendeu, mesmo, como interpretativo do regime instituído pelo DL 236/80 (cfr. Ac. RL, de 11/1/90, CJ, 1990, I, 137)." [1]

O princípio da confiança, ínsito na ideia de Estado de direito democrático, não foi violado pois o direito de retenção, por tudo quanto dito ficou, aparece aos olhos de uma pessoa normal como verosímil ou provável.

À luz de tal princípio não merece guarida a pretensão da recorrente dado o "grau de concretização" (com patente "subjectivação") que o direito de retenção tinha adquirido na ordem jurídica.

Há, com efeito, o direito à não frustração de expectativas jurídicas ou à manutenção do regime legal em relações jurídicas duradouras ou relativamente a actos complexos já parcialmente realizados.

A conduta do julgador mereceu a cobertura legal configurando tal actuação uma lesão tolerável das expectativas da recorrente. É que a afectação das expectativas, em sentido desfavorável, é admissível quando, como no caso concreto, constituir uma actuação com que, razoavelmente os destinatários podiam contar e ainda quando não foi ditada pela necessidade de salvaguardar direitos ou interesses também constitucionalmente protegidos.

É que, como dizem os recorridos nas suas contra-alegações, em conflito de interesses é inteiramente razoável atribuir prioridade à defesa do consumidor, dado que, o crédito hipotecário pode ser escolhido ou seleccionado em concorrência com as deficiências e a solvência das Empresas construtoras.

Ora, quando foi constituída a garantia hipotecária, há muito que vigorava o normativo, devendo o credor hipotecário usar de toda a prudência, e, a Recorrente não pode dizer que vê frustrada a possibilidade de cobrança do seu crédito, pois tinha de representar que segundo o direito constituído, havendo direito de retenção, tal implicava prioridade sobre a hipoteca, não vendo gorada a confiança anterior.

Assim, a "afectação de expectativas" revela-se ordinariamente onerosa e essa operosidade não se revela excessiva, inadmissível ou intolerável, porque injustificada ou arbitrária, na ponderação dos interesses em conflito.

Não ocorrem, assim, as inconstitucionalidades invocadas e improcede, pois, a Conclusão 5ª do Recurso

4 – Termos em que acordam, em conferência, os Juizes da Secção de Contencioso Tributário deste Tribunal Central Administrativo em, negando provimento ao recurso, manter a sentença recorrida e a consequente admissão e graduação de créditos nela operadas.

Custas pela recorrente, fixando-se em 10 (dez) UCs a taxa de justiça.

Lisboa, 21 de Setembro de 2004

**Gomes Correia
Casimiro Gonçalves
Ascensão Lopes**

Recurso n.º 17/04

IMPOSTO ESPECIAL DE CONSUMO. LEI N.º 52-C/96, DE 27 DE DEZEMBRO (LOE PARA 1997). EFICÁCIA JURÍDICA DOS DIPLOMAS LEGAIS. PUBLICAÇÃO DA LEI. DISTRIBUIÇÃO DO DIÁRIO DA REPÚBLICA. RETROACTIVIDADE DA LEI FISCAL.

(Acórdão de 7 de Dezembro de 2004)

SUMÁRIO:

I – O art. 122.º da CRP, na redacção da Lei Constitucional n.º 1/92, de 25 de Novembro (em vigor à data dos factos e a que corresponde hoje o art. 119.º), o art. 5.º, n.º 1, do CC, e o art. 1.º, n.º 1, da Lei n.º 6/83, de 29 de Julho (em vigor à data dos factos), impõem a publicação no jornal oficial dos diplomas legislativos, sob pena de ineficácia jurídica.

---

[1] Nesse sentido se pronunciou o *Acórdão do STA de 03/05/2000, no Recurso n.º 24063:*

I – O titular de direito de retenção sobre coisa imóvel tem o direito de ser pago com preferência aos demais credores do devedor, prevalecendo sobre a hipoteca, ainda que esta tenha sido registada anteriormente – art.º 759.º do Cód. Civil. II – Os arts.º 442.º n.º 3 e 755.º al. f) do Cód. Civil não padecem de inconstitucionalidade, orgânica ou material.

II – Nos termos do disposto no art. 1.º, n.ºs 2 e 3, da referida Lei n.º 6/83, presume-se que a data da distribuição do *Diário da República* é a que consta dos diplomas nele inseridos, mas tal presunção, como é aceite pela generalidade da doutrina e pela jurisprudência, pode ser ilidida pelos interessados, mediante a demonstração de que não coincidem as datas do diploma e da distribuição.

III – Assim, estando demonstrado que o *Diário da República* em que foi publicada a Lei n.º 52-C/96, de 27 de Dezembro (LOE para 1997), só ficou disponível para a generalidade dos cidadãos em 10 de Janeiro de 1997, o art. 39.º daquela Lei só é juridicamente eficaz a partir dessa data.

IV – A esta conclusão não obsta o facto de o art. 84.º da LOE para 1997 dispor que a mesma entra em vigor em 1 de Janeiro de 1997, pois nada faz crer que o legislador tenha pretendido conferir efeitos retroactivos ao referido art. 39.º e, se assim não fosse, este haveria de ter-se por inconstitucional pois, apesar da versão da Lei Fundamental em vigor à data não impedir a retroactividade da lei fiscal, no caso *sub judice* essa retroactividade brigaria com o princípio da confiança ínsito no art. 2.º da CRP.

ACÓRDÃO

1. RELATÓRIO

1.1 A "UNICER – UNIÃO CERVEJEIRA, S.A." (adiante Impugnante ou Recorrida) impugnou judicialmente a liquidação adicional de Imposto Especial de Consumo (IEC) sobre o Consumo de Bebidas Alcoólicas, do montante de esc. 1.770.676$00, que lhe foi efectuada pela Alfândega de Leixões com fundamento em erro quanto à taxa aplicada na autoliquidação[1] referente às introduções no consumo de cerveja verificadas entre 1 e 10 de Janeiro de 1997, por a Impugnante ter utilizado as taxas constantes do art. 10.º da Decreto-Lei n.º 104/93, de 5 de Abril, na redacção que lhe foi dada pela Lei n.º 39-B/94, de 27 de Dezembro – Lei do Orçamento de Estado (LOE) para 1995 –, quando, na perspectiva da Administração, deveria ter utilizado as taxas constantes daquela norma na redacção que lhe foi dada pela Lei n.º 52-C/96, de 27 de Dezembro – LOE para 1997.

Na petição inicial, a Impugnante alegou, em síntese, o seguinte:

– a Lei n.º 52-C/96, apesar de publicada com data de 27 de Dezembro, «só veio a ser efectivamente divulgada em 10 de Janeiro de 1997»[2], data em que ficou disponível para o público o 3.º Suplemento ao *Diário da República* n.º 299/96, de 27 de Dezembro;

– apesar de, nos termos do art. 1.º, n.º 3, da Lei n.º 6/83, de 22 de Julho, se presumir que as datas de publicação e distribuição dos diplomas legais coincidem, por vezes essas datas divergem entre si, como sucedeu na situação *sub judice*;

– nestes casos, como é doutrina e jurisprudência firmada, os interessados podem ilidir a presunção e fazer prova da data da efectiva distribuição, sendo que só a partir desta o diploma tem eficácia jurídica;

– a Administração sustenta que a liquidação se deve manter com base no disposto no art. 84.º da Lei n.º 52-C/96, de 27 de Dezembro, que fixou o início da sua vigência em 1 de Janeiro de 1997;

– mas não pode ser assim, atenta a natureza do IEC, que determinou que a Impugnante tivesse procedido à liquidação do imposto no momento em que introduziu no consumo os bens em causa – antes da publicação da LOE para 1997 –, sob pena de a Impugnante se ver impedida de repercutir no preço de venda dos bens o valor resultante da liquidação adicional, tendo ela que suportar esse valor, fazendo-se «substituir os consumidores responsáveis pelo pagamento do IEC pelos operadores económicos, que, embora formalmente sejam sujeitos passivos, apenas exercem a função de cobrança e liquidação do imposto»;

– a aplicação retroactiva da LOE para 1997, no que respeita ao agravamento da taxa do IEC, «não poderá deixar de se entender como injustificada, desrazoável e altamente lesiva dos direitos e expectativas da Impugnante, privada, como já se disse, da possibilidade de repercutir o imposto»;

– tem direito a juros indemnizatórios, nos termos do art. 24.º do Código de Processo Tributário (CPT), desde a data em que efectuou o pagamento da liquidação adicional – 15 de Abril de 1997 – até à data da emissão da nota de crédito.

1.2 O Tribunal Fiscal Aduaneiro do Porto julgou a impugnação judicial procedente e, em consequência, anulou a liquidação impugnada[3] e condenou a Administração ao pagamento de juros indemnizatórios.

Para tanto, considerou a Juíza do Tribunal Fiscal Aduaneiro do Porto, em síntese, o seguinte:

– nos termos do art. 122.º, n.º 2, da Constituição da República Portuguesa (CRP), da Lei n.º 6/83, de 29 de Julho e do Código Civil (CC), a lei só se torna obrigatória depois de publicada em jornal oficial;

– assim, «não tendo sido publicada antes do dia 9 de Janeiro de 1997 a **L 52-C/96, de 27/12**, começando a ser distribuída no dia 9 desse mês, não é possível exigir à impugnante que aplique nas suas introduções no consumo uma taxa contida numa lei que, porque ainda não publicada, não podia produzir efeitos, desde logo, o efeito de alterar a lei até aí vigente»;

– o montante pago em consequência da liquidação adicional ficou a dever-se a erro imputável às autoridades aduaneiras, motivo por que são devidos juros indemnizatórios à Impugnante desde a data do pagamento.

1.3 A Fazenda Pública, através do seu Representante junto do Tribunal Fiscal Aduaneiro do Porto, veio interpor recurso dessa sentença para o Supremo Tribunal Administrativo, recurso que foi admitido e subiu imediatamente, nos próprios autos.

---

[1] Autoliquidação efectuada nos termos do art. 5.º, n.º 1, do Decreto-Lei n.º 104/93, de 5 de Abril.

[2] As partes entre aspas e com um tipo de letra diferente, aqui como adiante, são transcrições.

[3] Apesar de na sentença se ter escrito «determino a anulação parcial da liquidação na parte em que contabilizou até ao dia 1º de Janeiro a taxa constante da L. 52-C/76, de 27/12», não há dúvida de que se anulou na totalidade a liquidação impugnada, que é a liquidação adicional efectuada com referência ao período compreendido entre 1 e 10 de Janeiro de 1997.

1.4 A Recorrente alegou e formulou as seguintes conclusões:

«1ª Nos termos do artigo 84.º da Lei n.º 52-C/96, de 27 de Dezembro, esta entrou em vigor no dia 1/1/97, em conformidade com o critério legal estabelecido no artigo 2.º n.º 1 da Lei n.º 6/83, de 26 de Julho, para o início de vigência dos diplomas legais, ou seja, na data por estes expressamente fixada.

2ª A circunstância de o diploma em causa só ter sido distribuído em 9-1-97 faz concluir que produziu efeitos retroactivos a 1-1-1997.

3ª Antes da última revisão (Lei Constitucional n.º 1/97, de 20 de Setembro) sempre se entendeu que a Constituição não proibia a retroactividade da lei fiscal, salvo em certas circunstâncias, designadamente quando a aplicação retroactiva da lei fiscal significasse uma violação do princípio da confiança ínsito no princípio do Estado de Direito Democrático.

4ª No entender da Administração Aduaneira, tal não se verifica no caso "sub judice", uma vez que o Orçamento do Estado é debatido durante um período largo, com grande publicidade e intervenção dos parceiros e associações empresariais, pelo que as alterações previstas eram já amplamente conhecidas dos seus destinatários.

5ª Por outro lado, no domínio especial da execução orçamental, estabelece o artigo 16.º da Lei n.º 6/91, de 20 de Fevereiro, que se aplicam imediatamente as normas do Orçamento que sejam directamente exequíveis, sem prejuízo de outras medidas legislativas de execução posteriormente adoptadas.

6ª Assim, o artigo 39.º da Lei n.º 52-C/96 de 27 de Dezembro (Lei do Orçamento para 1997), ao dar nova redacção aos artigos 10.º, 16.º e 18.º do Decreto-Lei n.º 104/93, de 5 de Abril, e sem depender de posteriores medidas de execução, era directa e imediatamente exequível a partir do dia 1/1/97.

7ª Entendendo que a Lei n.º 52-C/96, de 27 de Dezembro, entrou em vigor só depois de 10-1-97, a douta sentença "a quo" violou por erro de interpretação e aplicação os artigos 39.º e 84.º da aludida Lei e o n.º 1 do artigo 2.º da Lei n.º 6/83, de 29 de Julho.

Neste termos e nos demais de Direito doutamente supridos por V. Ex.as deverá ser dado provimento ao presente recurso, revogando-se a douta sentença recorrida, como é de JUSTIÇA!».

1.5 A Impugnante não contra-alegou.

1.6 O Supremo Tribunal Administrativo declarou-se incompetente em razão da hierarquia para conhecer do recurso, declarando competente para o efeito o Tribunal Central Administrativo.

1.7 Recebidos os autos neste Tribunal Central Administrativo, onde foram remetidos mediante requerimento da Fazenda Pública, foi dada vista ao Ministério Público, cujo Representante considerou que a sentença recorrida deve manter-se.

1.8 Colhidos os vistos dos Juízes adjuntos, cumpre apreciar e decidir.

1.9 A questão sob recurso, suscitada e delimitada pelas conclusões da Recorrente, é a de saber se a sentença recorrida fez errado julgamento quando considerou que a Administração não podia exigir à Impugnante que liquidasse o IEC respeitante às introduções no consumo que fez no período compreendido entre 1 e 10 de Janeiro de 1997 à taxa prevista na LOE para 1997, uma vez que o *Diário da República* em que esta foi inserida apenas foi distribuído no dia 10 daquele mês, não podendo o agravamento da taxa imposto por aquela lei produzir efeitos em data anterior à da sua efectiva publicação.

2. FUNDAMENTAÇÃO
2.1 DE FACTO
2.1.1 A sentença recorrida efectuou o julgamento de facto nos termos que ora se reproduzem *ipsis verbis*:

«Pelos documentos juntos aos autos e depoimento da testemunha ouvida, estão provados os seguintes factos:

– A impugnante, é uma Sociedade que, para o exercício da sua actividade detém o estatuto de depositária autorizada de cerveja n.º 1500 820 155, mantendo um entreposto fiscal de armazenagem e produção dessa substância com os n.º 39 910 570, subordinado à Alfândega de Leixões;

– No exercício da sua actividade, em 1 a 10 de Janeiro de 1997, procedeu à venda de cerveja, a diversas entidades, tendo elaborado as correspondentes declarações de introdução no consumo (DIC);

– Tendo procedido à autoliquidação do imposto devido pelas referidas vendas de cerveja apurou os montantes de:
26 150 625$00, relativamente à Alfândega de Faro,
27 942 249$00, relativamente à Alfândega do Jardim do Tabaco,
281 280 064$00, relativamente à Alfândega de Leixões,
106 008 947$00, relativamente à Alfândega de Peniche,
2 372 166$00, relativamente à Alfândega de Setúbal,
no valor global de 443 754 051$00;

– Para cálculo da sua autoliquidação, a impugnante, relativamente às vendas efectuadas entre 1 e 10 de Janeiro de 1997, fez aplicação da taxa constante do art.º 10.º, do DI 104/93, de 05.04 na redacção que lhe foi dada pela L. 39-B/94, de 27.12;

– Para cálculo da sua autoliquidação, a impugnante, relativamente às vendas efectuadas entre 11 e 31 de Janeiro de 1997, fez aplicação da taxa constante do art.º 10.º, do DI 104/93, de 05.04 na redacção que lhe foi dada pela L. 52 - C/96, de 27.12;

– A Alfândega de Leixões notificou a impugnante para proceder ao pagamento de 1 770 676$00 correspondentes à aplicação da taxa constante do art.º 10.º, do DI 104/93, de 05.04 na redacção que lhe foi dada pela L. 2 -C/96 [4], de 27.12, às vendas por ela efectuadas no período que decorreu entre 1 e 10 de Janeiro de 1997;

– A impugnante pagou quer o montante que autoliquidou quer a quantia referente à liquidação adicional promovida pela Alfândega, em 15 de Abril de 1997, suportando o prejuízo de 1 770 676$00 correspondente à diferença entre o que foi liquidado e pago a título de IEC e o montante que cobrou dos seus clientes também a título de IEC;

– O Orçamento de Estado para 1997 (L. 52-C/96, constante do 3.º suplemento ao Diário da República, 1ª série A, n.º 299/96, de 27.12, foi posto à venda pela Imprensa Nacional – Casa da Moeda, E.P., no dia 9 de Janeiro de 1997, pelas 11 horas».

---
[4] Trata-se, manifestamente, de lapso de escrita. Pretendia dizer-se "L. 52-C/96" onde ficou escrito «L. 2-C/96».

2.1.2 Porque concordamos integralmente com o julgamento de facto efectuado em 1.ª instância e porque este não vem posto em causa pela Recorrente, consideramos fixada a matéria de facto acima transcrita, acrescentando-lhe apenas mais um facto, ao abrigo do disposto no art. 712.º, do Código de Processo Civil, atento o teor dos documentos de fls. 75 e 29:
– o 3.º suplemento ao *Diário da República*, 1.ª série A, n.º 299/96, de 27 de Dezembro, apenas foi entregue nos CTT para efeitos de distribuição em 10 de Janeiro de 1997.

2.2 DE FACTO E DE DIREITO
2.2.1 A QUESTÃO A PRECIAR E DECIDIR
A "UNICER – União Cervejeira, S.A.", titular de um entreposto fiscal de produção e armazenagem de cerveja e depositária autorizada dessa bebida alcoólica, vendeu diversas quantidades da mesma bebida no período compreendido entre 1 e 10 de Janeiro de 1997, tendo procedido à autoliquidação do IEC devido por aquelas introduções no consumo à taxa prevista no art. 10.º da Decreto-Lei n.º 104/93, de 5 de Abril, na redacção que lhe foi dada pela Lei n.º 39-B/94, de 27 de Dezembro (LOE para 1995).

A Administração, porque considerou que as taxas a utilizar naquela liquidação eram as constantes daquela norma na redacção que lhe foi dada pela Lei n.º 52-C/96, de 27 de Dezembro (LOE para 1997), procedeu à liquidação adicional do IEC com base na referida diferença de taxas.

A "UNICER" discordou dessa liquidação adicional e veio impugná-la judicialmente, sustentando, em síntese, que a LOE para 1997, apesar de ter data de publicação de 27 de Dezembro de 1996, só ficou à disposição do público em 10 de Janeiro de 1997, data da distribuição do *Diário da República* em que foi publicada, motivo por que não pode considerar-se em vigor, nem produzir efeitos, antes dessa data, pese embora o art. 84.º daquela Lei fixar o dia 1 de Janeiro de 1997 como data da sua entrada em vigor.

Mais sustentou não ser admissível a aplicação retroactiva daquela Lei, na parte em que agravou as taxas do IEC, sob pena de intolerável violação dos direitos e legítimas expectativas da Impugnante, que já não podia fazer repercutir sobre os consumidores a diferença de imposto resultante do agravamento da taxa.

A Juíza do Tribunal Fiscal Aduaneiro do Porto acolheu a argumentação da Impugnante quanto à ineficácia jurídica da lei antes da sua efectiva publicação, motivo por que anulou a liquidação adicional impugnada.

A Fazenda Pública não se conformou com o decidido e interpôs recurso daquela sentença. Se bem interpretámos as suas alegações e respectivas conclusões, a Recorrente, embora aceitando que o *Diário da República* em que foi inserida a LOE para 1997 só foi posto à venda em Lisboa em 9 de Janeiro de 1997 e distribuído para o resto do País no dia seguinte, discorda do decidido por entender que a referida Lei deve considerar-se em vigor desde 1 de Janeiro de 1997, data fixada para o início da sua vigência pelo seu art. 84.º, sustentando assim que a lei «retroagiu os seus efeitos» a essa data.

Considerou ainda que a CRP, na redacção anterior à Lei Constitucional n.º 1/97, não proibia a retroactividade da lei fiscal, a menos que houvesse violação do princípio da confiança, a verificar caso a caso, violação essa que se não verificaria na situação *sub judice*, pois o «o Orçamento do Estado é debatido durante um período largo, com grande publicidade e intervenção dos parceiros e associações empresariais, pelo que as alterações previstas eram já amplamente conhecidas dos seus destinatários».

Daí que tenhamos considerado como questão a apreciar e decidir a que ficou enunciada em 1.9 e que se resume, afinal, a saber qual a data em que entrou em vigor a alteração ao art. 10.º do Decreto-Lei n.º 104/93, de 5 de Abril, introduzida pelo art. 39.º da LOE para 1997, uma vez que, apesar de o art. 84.º desta Lei fixar o dia 1 de Janeiro de 1997 como data de início da sua vigência, o *Diário da República* em que a mesma foi inserida só foi posto à disposição do público em 10 de Janeiro do mesmo ano.

2.2.2 DA EFICÁCIA DA ALTERAÇÃO DA TAXA DO IEC IMPOSTA PELA LOE PARA 1997

Nos termos do disposto no art. 122.º, n.ºs 1, alínea c), e 2, da CRP, na redacção da Lei Constitucional n.º 1/92, de 25 de Novembro, que era a que estava em vigor à data a que se reportam os factos[5], as leis devem ser publicadas no *Diário da República*, sob pena de ineficácia jurídica.

Também no art. 5.º, n.º 1, do CC, se determina que «A lei só se torna obrigatória depois de publicada no jornal oficial».

À data a que se reportam os factos, a Lei n.º 6/83, de 29 de Julho[6], dispunha também, logo no n.º 1 do seu art. 1.º, que «A eficácia jurídica de qualquer diploma depende da publicação».

É a estas disposições legais que cumpre atender para solucionar a questão que nos ocupa, pois não existe para as leis tributárias regime diverso do consagrado para o direito comum no que respeita à determinação do início da vigência dos normativos legais[7].

Nos termos das referidas normas, a lei faz depender a eficácia jurídica dos diplomas legais da sua publicação no *Diário da República*. O que bem se compreende, pois só depois da publicação a lei está em condições de se considerar conhecida e, consequentemente, obrigatória para todos.

Ora, no caso *sub judice* está demonstrado que, apesar de a LOE para 1997 ter a data de 27 de Dezembro de 1996, o *Diário da República* em que foi inserida só foi posto à disposição do público em geral no dia 10 de Janeiro de 1997.

Assim, bem andou a sentença recorrida ao desvalorizar a data de início da vigência fixada pelo art. 84.º da LOE para 1997 – 1 de Janeiro de 1997 – e ao considerar que a lei não entrou em vigor antes da sua efectiva publicação. Assim o impõem os citados preceitos legais, *maxime* a norma constitucional, que estabelece como condição da eficácia jurídica dos diplomas legais a sua publicação.

Neste sentido tem vindo a decidir uniformemente a jurisprudência[8].

---

[5] E que tem hoje correspondência no art. 119.º da CRP, na redacção da Lei Constitucional n.º 1/2004, de 24 de Julho.
[6] Que veio a ser revogada pela Lei n.º 74/98, de 11 de Novembro.
[7] Cfr., hoje, o art. 11.º, n.º 1, da Lei Geral Tributária.
[8] Cfr., para além dos indicados pela Impugnante, os seguintes acórdãos do Supremo Tribunal Administrativo:
– de 10 de Outubro de 1990, proferido no processo com o n.º 10.639 e

As alterações introduzidas ao art. 10.º da Lei n.º 104/93, de 5 de Abril, pelo art. 39.º da LOE para 1997, não podem considerar-se juridicamente eficazes senão a partir da data da efectiva publicação do *Diário da República*, que é, não a que consta impressa do mesmo, mas antes aquela em que o jornal oficial foi posto à disposição do público.

A sentença recorrida, que decidiu em conformidade com o exposto, não merece censura, pelo que, a final, será mantida, assim se negando provimento ao recurso.

2.2.3 DA IR(RETROACTIVIDADE) DA LEI

Argumentou ainda a Recorrente, aceitando que a publicação da LOE para 1997 só foi feita em 9 de Janeiro de 1997, que aquela lei «retroagiu os seus efeitos a 1-1--1997», por força do disposto no seu art. 84.º.

Salvo o devido respeito, não podemos acompanhar tal argumentação, pelo menos na parte (única de que nos cumpre apreciar) em que aquela Lei, através do seu art. 39.º, deu nova redacção ao art. 10.º do Decreto-Lei n.º 104/93, de 5 de Abril.

Desde logo, nada permite concluir que o legislador pretendeu conferir efeitos retroactivos ao art. 39.º da Lei n.º 52-C/96, de 27 de Dezembro. A própria lei tem data anterior àquela que lhe foi fixada para o início da sua vigência, o que, na ausência de expressa menção em contrário, logo afasta qualquer intenção de efeitos retroactivos.

Mas, ainda que se pudesse (e não pode) concluir que o legislador pretendeu conferir efeitos retroactivos ao referido art. 39.º da LOE para 1997, sempre haveria que se considerar, como considerou a Impugnante, que a norma, nessa interpretação, padeceria de inconstitucionalidade.

Na verdade, sendo certo que, à data, a retroactividade da lei fiscal não era constitucionalmente vedada[9], já o Tribunal Constitucional vinha entendendo que o princípio da protecção da confiança, ínsito na ideia de Estado de direito democrático, consagrado no art. 2.º da CRP, excluía a possibilidade de leis fiscais retroactivas quando se estivesse perante uma retroactividade intolerável, que afectasse de forma inadmissível ou arbitrária os direitos e expectativas legítimas dos contribuintes[10].

---

publicado no *Apêndice ao Diário da República* de 14 de Abril de 1993, págs. 1012 a 1017;
– de 5 de Junho de 1991, proferido no processo com o n.º 13.128 e publicado nos *Acórdãos Doutrinais*, ano XXXI, n.º 372, págs. 1328 a 1331;
– de 18 de Janeiro de 1995, proferido no processo com o n.º 18.508 e publicado no *Apêndice ao Diário da República* de 31 de Julho de 1997, págs. 185 a 188;
– de 25 de Janeiro de 1995, proferido no processo com o n.º 18.692 e publicado no *Apêndice ao Diário da República* de 31 de Julho de 1997, págs. 282 a 285;
– de 11 de Junho de 1997, proferido no processo com o n.º 18.107 e publicado no *Apêndice ao Diário da República* de 9 de Outubro de 2000, págs. 1748 a 1750;
– de 9 de Março de 2000, proferido no processo com o n.º 22.883 e publicado no *Apêndice ao Diário da República* de 10 de Julho de 2001, págs. 40 a 44 (este tirado em situação de facto em tudo semelhante à que ora nos ocupa).

Vide também, com interesse, os seguintes Pareceres da Procuradoria--Geral da República:
– parecer com o n.º 265/78, de 1 de Março de 1979, publicado no *Boletim do Ministério da Justiça* n.º 290, págs. 115 a 123;
– parecer com o n.º 5/84, de 10 de Janeiro de 1985, publicado no *Boletim do Ministério da Justiça* n.º 348, págs. 107 a 115.

[9] O que apenas veio a suceder com a redacção dada ao art. 103.º da CRP pela Lei Constitucional n.º 1/97, de 20 de Setembro.

[10] Cfr. DIOGO LEITE DE CAMPOS, BENJAMIM SILVA RODRIGUES e JORGE LOPES DE SOUSA, *Lei Geral Tributária Comentada e Anotada*, 2.ª edição, nota 3 ao art. 12.º, pág. 75.

Ora, atenta a natureza do IEC, a conferir-se efeitos retroactivos ao art. 39.º da Lei n.º 52-C/96, de 27 de Dezembro, todos os depositários autorizados, como a Impugnante, ficariam impossibilitados de fazer repercutir o valor do excesso do imposto (resultante do agravamento da taxa determinado por aquele artigo) no preço por que venderam os bens entre 1 e 10 de Janeiro de 1997. Seriam, assim, frustradas a segurança jurídica e a confiança que aqueles operadores económicos hão-de depositar na ordem jurídica, valores indispensáveis ao estabelecimento das relações comerciais.

Por outro lado, não se verifica qualquer razão, material ou circunstancial, justificadora do atraso da publicação, nem qualquer motivo razoável que pudesse justificar a concessão de efeitos retroactivos àquela norma.

Assim, caso pudesse concluir-se (e entendemos que não pode) que o legislador conferiu efeitos retroactivos ao art. 39.º da LOE para 1997, afigura-se-nos que sempre haveria de considerar-se que a mesma, nessa interpretação, por contender com direitos e legítimas expectativas dos depositários autorizados, seria inconstitucional por violação do princípio da confiança ínsito no princípio do Estado de direito democrático, consagrado no art. 2.º da CRP.

2.2.4 CONCLUSÕES

Preparando a decisão, formulamos as seguintes conclusões:

V – O art. 122.º da CRP, na redacção da Lei Constitucional n.º 1/92, de 25 de Novembro (em vigor à data dos factos e a que corresponde hoje o art. 119.º), o art. 5.º, n.º 1, do CC, e o art. 1.º, n.º 1, da Lei n.º 6/83, de 29 de Julho (em vigor à data dos factos), impõem a publicação no jornal oficial dos diplomas legislativos, sob pena de ineficácia jurídica.

VI – Nos termos do disposto no art. 1.º, n.ºs 2 e 3, da referida Lei n.º 6/83, presume-se que a data da distribuição do *Diário da República* é a que consta dos diplomas nele inseridos, mas tal presunção, como é aceite pela generalidade da doutrina e pela jurisprudência, pode ser ilidida pelos interessados, mediante a demonstração de que não coincidem as datas do diploma e da distribuição.

VII – Assim, estando demonstrado que o *Diário da República* em que foi publicada a Lei n.º 52-C/96, de 27 de Dezembro (LOE para 1997), só ficou disponível para a generalidade dos cidadãos em 10 de Janeiro de 1997, o art. 39.º daquela Lei só é juridicamente eficaz a partir dessa data.

VIII – A esta conclusão não obsta o facto de o art. 84.º da LOE para 1997 dispor que a mesma entra em vigor em 1 de Janeiro de 1997, pois nada faz crer que o legislador tenha pretendido conferir efeitos retroactivos ao referido art. 39.º e, se assim não fosse, este haveria de ter-se por inconstitucional pois, apesar da versão da Lei Fundamental em vigor à data não impedir a retroactividade da lei fiscal, no caso *sub judice* essa retroactividade brigaria com o princípio da confiança ínsito no art. 2.º da CRP.

3. DECISÃO

Face ao exposto, os juízes da Secção do Contencioso Tributário deste Tribunal Central Administrativo acordam, em conferência, negar provimento ao recurso, mantendo a sentença recorrida.

Sem custas, por delas estar isenta a Recorrente.
Lisboa, 7 de Dezembro de 2004

Francisco Rothes
Jorge Lino
Lucas Marins

Recurso n.º 3 055/99

IMPUGNAÇÃO DE DESPACHO QUE DETERMINOU A AVALIAÇÃO DE UM BEM IMÓVEL E DOS ACTOS CONSEQUENTES DE INSCRIÇÃO NA MATRIZ E DE LIQUIDAÇÃO DO CA. NULIDADE DA SENTENÇA POR OMISSÃO DE PRONÚNCIA E DEFICIÊNCIA DE FUNDAMENTAÇÃO DE SENTENÇA.

(Acórdão de 3 de Novembro de 2004)

SUMÁRIO:

I – Se o sr. Juiz «a quo» justificou a falta de decisão mostrando que não lhe passou despercebida a possibilidade de a apreciar, não silenciando a questão em referência, não há omissão de pronúncia.
II – Decorrendo do alegatório que a recorrente não invoca a falta absoluta da motivação, excluída ficou a sentença da previsão do n.º 1 do art.º 144.º do CPT (vd. a al. b) do n.º 1 do art.º 668.º do CPC), irrelevando que ela seja deficiente ou que ocorra mesmo a falta de justificação dos fundamentos.
III – É que na lei só se considera a falta absoluta de motivação sendo a insuficiência ou mediocridade da motivação espécie diferente que apenas afecta o valor doutrinal da sentença, sujeitando-a ao risco de ser revogada ou alterada em recurso, mas não produzindo a sua nulidade.
IV – Determinando o Ac. do STA de 06-11-2002, tirado no Recurso n.º 0968/02, sob os descritores VALORES PATRIMONIAIS – IMPUGNAÇÃO JUDICIAL – SEGUNDA AVALIAÇÃO – IMPUGNABILIDADE, que o artigo 155.º, n.ºs 1, 2 e 6, do Código de Processo Tributário, deve interpretar-se com o sentido de obstar a que, antes de requerida segunda avaliação do bem, se recorra a juízo para discutir o valor fixado na primeira avaliação, mas não com o sentido de impedir a dedução de impugnação judicial, sem que tenha havido segunda avaliação, nos casos em que a impugnação se funde, não na errónea fixação do valor, mas só na não verificação dos pressupostos legais que autorizam essa fixação mediante avaliação, há que conhecer da ilegalidade do despacho que determinou a avaliação com fundamento em erro sobre os pressupostos de direito.
V – Acto pressuposto é o que tem por objecto fazer a qualificação jurídica de determinada situação da vida, qualificação essa que funciona como pressuposto de acto definitivo.
VI – Assim, o acto de inscrição e fixação da matriz constitui um autêntico acto pressuposto, porque não só prepara, como verdadeiramente condiciona e influencia o acto final de liquidação.
VII – O artigo 214° do CCP é claro e inequívoco no sentido de que só em caso de construção, reconstrução, modificação ou melhoramento de prédio urbano, deve o facto ser declarado e, porque nenhum destes factos ocorreu, não havia que apresentar qualquer declaração pois, a passagem de prédio urbano ao regime de propriedade horizontal não dará origem a qualquer avaliação, excepto em casos de reconstrução, modificação ou melhoramento do referido prédio, que implique alguma variação do seu valor tributável, não devendo por isso ser entregue a declaração referida no Art. 214.º do Código da Contribuição Predial e do Imposto sobre a Indústria Agrícola (CPIIA).
VIII – Ainda que ao caso fosse aplicável a alínea b) do n.º 1 do artigo 14.º do Código da Contribuição Autárquica que dispõe:" a inscrição dos prédios na matriz e a actualização desta é feita com base em declaração do contribuinte.... a partir da ocorrência de qualquer das circunstâncias seguintes: (...) b) Verificar-se um evento susceptível de determinar uma alteração da classificação de um prédio", «in casu» não ocorreu uma situação susceptível de alterar a classificação do prédio a alteração da descrição de um prédio urbano, pois a passagem do regime global para o regime de propriedade horizontal, não é susceptível de pôr em dúvida a sua classificação de prédio urbano.
IX – Com efeito, segundo a lei civil, os prédios classificam-se *em rústicos e urbanos* (artigo 204.º, n.º 2 do C. Civil) e, segundo a lei fiscal, em rústicos, urbanos e mistos (cfr. artigos 3.º, 4.º e 5.º do C.C.A.). Ora, constituição da propriedade horizontal não tem o condão de passar um prédio urbano a rústico ou a misto.
X – Provando-se que foi em decorrência do despacho proferido no processo de reclamação que foi operada a liquidação de CA impugnada, esta é uma consequência do ajustamento obrigatório resultante do caso resolvido formado por aquele.
XI – A esta luz, a liquidação configura a prática de um acto administrativo consequente uma vez que foi praticado ou dotado de um certo conteúdo em virtude de um acto administrativo anterior; em vista da situação vertente, caso fosse determinada a anulação do despacho impugnado, em relação à liquidação aqui em causa, operaria o regime segundo o qual um acto

"subsequente de um acto anterior revogado", e como tal abrangido pela previsão do art. 133.º, n.º 2, al. *i*), do CPA.
XII – Desde que tal acto insubsista, perecem, necessariamente, os que lhe são consequentes, a saber, a inscrição na matriz do valor que apurou, e as liquidações que partiram desse valor.

ACORDA-SE, EM CONFERÊNCIA, NESTE TCA SUL:

RELATÓRIO
1.1. JOSÉ MARIA ALENTISCA, com os sinais dos autos, recorre da sentença proferida pelo Mm.º Juiz do Tribunal Tributário de 1ª Instância de Coimbra que julgou improcedente a presente impugnação, concluindo assim as suas alegações:
1ª.– A falta de pronúncia pelo Meritíssimo Juiz sobre questões que devesse apreciar é fundamento de nulidade da sentença. O Meritíssimo Juiz "a quo" não se pronunciou sobre a inalterabilidade do valor patrimonial dos prédios arrendados em 31/12/1988.
2ª.– A modificação de um prédio urbano, para efeitos do artigo 214.º do C.C.P.I.I.A., tem que ser uma modificação física e objectiva.
3ª.– O prédio do recorrente não foi física ou objectivamente modificado. As informações oficiais confirmam-no.
4ª.– As obras que o inquilino levou a cabo no seu estabelecimento, sito no rés-do-chão do prédio do recorrente, nada tiveram a ver com o prédio ou com a estrutura do prédio. As informações oficiais confirmam-no.
5ª.– As informações oficiais quando exigidas pela lei (artigos 98.º, n.º 2 e 129.º, n.º 2 *b*). do C.P.T.) têm força probatória, quando devidamente fundamentadas (art. 134.º, n.º 2). Nem o Sr. Director distrital, por delegação, nem o Representante da Fazenda Pública, nem o Meritíssimo Juiz do Tribunal "a quo" puseram em causa a sua fundamentação, pelo que deviam ser respeitadas.
6ª.– A classificação dos prédios, em rústicos e urbanos, consta do artigo 204.º do Código Civil; e em rústicos, urbanos e mistos, consta dos artigos 3.º, 4.º e 5.º do C.C.A., para efeitos fiscais. Após a 1ª avaliação, o prédio do recorrente, que os Serviços Fiscais tinham classificado como urbano, continuou e continua como urbano, pelo que, contrariamente ao que afirma o Meritíssimo Juiz "a quo", os Serviços Fiscais não podem alterar a sua classificação.
7ª.– O artigo 269.º, n.º 9 do C.C.P.I.I.A. é o normativo que permite aos contribuintes reclamarem a passagem dum prédio, descrito em propriedade global, ao regime de propriedade horizontal.
8ª.– A apresentação da declaração modelo 129 a que se referem os artigos 208.º e 214.º do C.C.P.I.I.A. foi apresentada indevidamente, pelo representante do recorrente, sem qualquer fundamento legal. O fundamento invocado (melhoramento) não existe. Foi apenas invocado para que a declaração fosse recebida.
9ª.– Não se verificando nenhum dos factos constantes do artigo 214.º inexiste fundamento para a apresentação da declaração m/129.
10ª.– Como não se verificou nenhum dos factos constantes do artigo 214.º do C.C.P.I.I.A. e artigo 14.º b. do C.C.A., a avaliação feita ao prédio do recorrente é anulável *por inexistência de facto tributário*, que a fundamente.

11ª.– O artigo 215.º do C.C.P.I.I.A. pressupõe a existência de algum dos factos constantes do artigo 214.º. Se estes se não verificarem não há que apresentar qualquer declaração modelo 129, embora o prédio ou prédios tenham sido construídos em propriedade horizontal ou a ela submetidos posteriormente. Este normativo é adjectivo ou instrumental.
12ª.– O Meritíssimo Juiz "a quo" interpretou erradamente os artigos 214.º, 215.º do C.C.P.I.I.A e artigo 14.º b. do C.C.A., atribuindo-lhes "força" e " poderes" que só cabem no n.º 9 do artigo 269.º do primeiro Código.
13ª.– As liquidações são efectuadas sobre valores ou rendimentos *definitivamente fixados e inscritos*. Os valores resultantes da 1ª avaliação ainda não são definitivos e não deviam ter sido inscritos até à decisão da impugnação, que os impugnou.
14ª.– A Comissão de Avaliação da Propriedade Urbana, ao alterar o valor patrimonial inscrito na matriz com fundamento nas rendas de 31/12/1988, *violou os artigos 113.º e 116.º do C.C.P.I.I.A. e os artigos 6.º 8.º e 9.º do decreto-lei n.º 442-C/88, de 30/11. que aprovou o Código da Contribuição Autárquica (C.C.A)*
15ª.– A avaliação do prédio urbano, levada a efeito pela Comissão de Avaliação da Propriedade Urbana e mantida pela sentença do Meritíssimo Juiz "a quo", sem que tivesse sido ordenada uma avaliação geral, com o valor tributável actualizado, nos termos do n.º 2 do artigo 6.º do decreto-lei n.º 442-C/88, de 30/11 e sem fundamento que a justifique, *cria uma discriminação tributária em relação ao recorrente, ofensiva dos artigos 13.º e 103.º da Constituição da República Portuguesa*.
16ª.– A fixação de valor patrimonial com fundamento diferente do legalmente exigido para a generalidade dos contribuinte em iguais circunstâncias, cria para o recorrente uma discriminação fiscal, ofensiva do artigo 13.º e n.º 3 do artigo 103.º da Constituição da República Portuguesa.
17ª.– Concordando a Administração com a posição do recorrente em toda a sua extensão, não pode o Representante da Fazenda Pública continuar a sustentar **contra legem e contra a posição da Administração** a posição inicialmente assumida.
Pelo exposto entende que deve o presente recurso ser julgado procedente e em consequência:
a) – Ser declarada nula a sentença por violação das alíneas b. e d. do artigo 668.º do Código de Processo Civil e 144.º do Código de Processo Tributário;
b) – Ser a mesma anulada por inexistência de facto tributário;
c) – Ser a mesma ainda anulada por errada interpretação dos artigos 214.º, 215.º e 269.º, n.º 9° do C.C.P.I.I.A. e artigo 14.º, n.º I b. do *CC.Á.;*
d) – Ser ainda anulada por violação dos artigos 113.º e 116.º do C.C.P.I.I.A. e artigos 6.º, 8.º e 9.º do decreto-lei n.º 442-C/88, de 30/11, pela Comissão de Avaliação A Propriedade Urbana.
e) – Ser o valor patrimonial de 19.065.120$00 (dezanove milhões, sessenta e cinco mil, cento e vinte escudos) anulado, repristinando-se o valor patrimonial.
f) – Serem anuladas as importâncias liquidadas indevidamente sobre o valor patrimonial de 19.065.120$00, diferença entre o valor patrimonial inicial e o fixado pela Comissão de Avaliação.
Não houve contra – alegações.
A EPGA pronunciou-se pelo improvimento do recurso.
Colhidos os Vistos legais, cabe decidir.

2.- Com base nos documentos e demais elementos juntos aos Autos e aos apensos autos de reclamação, dão-se como assentes os seguintes factos relevantes para a decisão da causa

a) – O recorrente é proprietário de um prédio urbano, sito na Rua do Brasil n.° 250 a 254, inscrito na matriz predial urbana da freguesia da Sé Nova, do concelho de Coimbra sob o artigo 2458.º e descrito na Conservatória do Registo Predial de Coimbra sob o n.° 57.140, a fl. s 80 v°, do Livro B 146, que se encontra, desde a sua aquisição (1968) e na sua totalidade, no regime de arrendamento.

b) – O prédio encontrava-se descrito na matriz predial Urbana da freguesia da Sé Nova, sob o artigo 1510.º, em regime de propriedade global, embora com o rendimento colectável separa do por andares susceptíveis de arrendamento separado.

c) – Em 17 de Setembro de 1993, pediu na Repartição de Finanças competente que a descrição matricial passasse do regime global ao regime de propriedade horizontal.

d) – Para o efeito referido no ponto anterior, por intermédio do seu advogado, o recorrente apresentou uma declaração mod. 129 e a que se refere o artigo 214.° do Código da Contribuição Predial e do Imposto Sobre a Indústria Agrícola (CCPIIA).

e) – No quadro 08 da dita declaração, o mandatário não encontrou quadrícula para assinalar o pedido de passagem ao regime de propriedade horizontal tendo, para que esta pudesse ser recebida, assinalado com um "x" a quadrícula de "prédio modificado".

f) – A Administração Fiscal procedeu à avaliação do prédio e de seguida notificou o recorrente da referida avaliação.

g) – A notificação foi efectuada pelo ofício n.° 3491 de 22.XI.1994, no sentido, além do mais, de o recorrente "reclamar, querendo, contra o rendimento ilíquido de 2 520 000$00, a percentagem de 10% para despesas de conservação, os encargos de 32 400$00, o rendimento colectável de 2 235 600$00 e o valor tributável de 33 534 000$00, fixados ao seu prédio destinado a habitação e comércio, que possui na Rua do Brasil, 250-252--254, freguesia de Sé Nova, e que acaba de ser avaliado sob o n.° 1579 da respectiva caderneta de avaliação de prédios urbanos".

h) – Em 23.XI.1994, o ora impugnante, José Maria Alentisca, apresentou ao Director de Finanças do Distrito de Coimbra reclamação, "nos termos do artigo 97.° do Código de Processo Tributário, contra a avaliação que alterou os rendimentos e valores inscritos na matriz para os agora notificados", pedindo a anulação da avaliação, com fundamento em que para pedir a descrição de um prédio em regime de propriedade horizontal, vindo do regime global, bastava formular um pedido nos termos do n.º 9.º do artigo 269.° do CCPIIA, e declarou sujeitar-se a todas as despesas feitas pela AF, com a avaliação, por lhe ter dado causa indevidamente.

i) – Em 11.V.1995, foi pedida aos serviços de Fiscalização informação sobre "Se desde a data da sua construção, se verificou no prédio (...) qualquer das circunstâncias previstas no art.º 214.º do Código da Contribuição Predial, designadamente se o mesmo foi objecto de qualquer reconstrução, modificação ou melhoramento, susceptível de alterar a sua configuração física ou o seu valor".

j) – A Fiscalização informou que "o prédio inscrito na matriz predial da freguesia da Sé Nova, sob o artigo 1510 (...) não se vislumbra que tenha sido objecto de quaisquer obras de melhoramento, ampliação, reconstrução ou modificação, que tenham alterado a sua estrutura física com a susceptibilidade de alteração do seu valor tributável".

k) – Em 24.V.1995 o Sr. Chefe da Repartição de Finanças, ao abrigo do art.º 98.º n.º 2 do CPT, elaborou uma proposta de decisão segundo a qual "...não se verifica qualquer das circunstâncias previstas no artigo 14.º do Código da Contribuição Autárquica que obrigassem à entrega da declaração mod. 129 e que esta foi entregue por lapso da reclamante pois este deveria ter apresentado reclamação da descrição do prédio nos termos do n.º 9 do artigo 269.º do Código da Contribuição Predial, PROPONHO, nos termos do artigo 98 do Código de processo Tributário, que a reclamação seja deferida".

l) – Também os Serviços Técnicos da Direcção de Finanças, em informação prestada em 12.VII.1995, é do parecer de que " O art.º 14.º do CCA, é peremptório no facto das inscrições dos prédios nas matrizes. Verifica--se que dos condicionalismos deste artigo, nenhum se aplica ao presente caso.

O contribuinte, pelo facto de ter requerido a passagem do prédio a propriedade horizontal, não devia ter entregue o Mod. 129 a declarar melhoramentos.

Importa assim, rectificar os valores indicados na matriz. Aliás as obras de melhoramento efectuadas no estabelecimento comercial sito no r/c do prédio, conforme n.º 4 de fls. 2 –v dos autos, apenas visam obter nova imagem comercial, não concorrendo para melhoramentos na estrutura física do prédio.

É tudo o que me cumpre informar, e submeter à Consideração Superior".

m) – Em 24.VI.1996, o Sr. Chefe de Divisão emitiu parecer no sentido do indeferimento do pedido, com os seguintes fundamentos:" Ao ser constituída a propriedade horizontal, o prédio deixou de constituir propriedade comum, tendo-se verificado assim um evento susceptível de determinar uma alteração da classificação do prédio, que obriga a apresentação de declaração para actualização da matriz, no prazo de *90 dias* (art.º 14.º n.º 1 *b*) CCA).

Segundo o art.º 8.º do *CCA*, vigoram as normas do *CCPIIA* enquanto não entrarm vigor o Código das Avaliações. Ora, o art.º 215.º do *CCPIIA* determina a apresentação de declarações relativamente aos prédios construídos em regime de propriedade horizontal ou a ele *posteriormente submetidos.*

Razões porque me parecer de *INDEFRIR* o pedido.

À consideração Superior".

n) – O sr. Director Distrital, por delegação, em seu despacho de 1996/06/25, indeferiu a reclamação com fundamento em que a declaração era, neste caso concreto, de apresentar e consequentemente o prédio tinha que ser avaliado, sendo do seguinte teor:

"Concordo com o Sr. Chefe de Divisão. Assim, com base nos fundamentos que validamente invocou e atendendo ainda a que, para efeitos de Contribuição Autárquica, cada fracção autónoma, no regime de propriedade horizontal, será havida como constituindo um prédio (n.º 4 do artigo 2.º do Código respectivo), sendo evidente existirem prédios distintos antes e depois da respectiva constituição naquele regime, tornando-se indispensável

a inscrição prevista no artigo 14.° daquele Código e logo a competente avaliação, indefiro o pedido.
Notifique-se.
Cª, 96-06-25.
O Director de Finanças, por delegação
Manuel Joaquim da Silva Marcelino."

o) – Em 25.IX.1996, foi o recorrente notificado do despacho de indeferimento que recaiu sobre tal pretensão de "anulação da avaliação efectuada".

p) – Tendo impugnado esta decisão no dia 02/10//1996.

3 – Fixada a factualidade relevante, vejamos agora o direito donde emerge a solução do pleito, sendo certo que as conclusões de quem recorre balizam o âmbito de um recurso concreto (art.ºs 684.º e 690.º do CPC).

É inquestionável o regime segundo o qual este Tribunal aplica o Direito ao circunstancialismo factual que vem fixado, pelo que a questão que se impõe neste recurso é a de juridicamente fundamentar se a **sentença padece de nulidade nos termos do art.º 144.º, n.º 1 do CPT,** devendo ser declarada nula por violação das alíneas b. e d. do artigo 668.° do Código de Processo Civil, por não se pronunciar sobre os factos articulados pelo recorrente na sua p.i. e por **e deficiência de fundamentação de sentença;** se os actos devem ser anulados por inexistência de facto tributário, errada interpretação dos artigos 214.°, 215.° e 269.°, n.° 9 do C.C.P.I.I.A. e artigo 14.°, n.° 1b. do CCA –, por violação dos artigos 113.° e 116.° do C.C.P.I.I.A. e artigos 6.°, 8.° e 9.° do decreto-lei n.° 442-C/88, de 30/11, pela Comissão de Avaliação A Propriedade Urbana, ser o valor patrimonial de 19.065.120$00 (dezanove milhões, sessenta e cinco mil, cento e vinte escudos) anulado, repristinando-se o valor patrimonial e serem anuladas as importâncias liquidadas indevidamente sobre o valor patrimonial de 19.065.120$00, diferença entre o valor patrimonial inicial e o fixado pela Comissão de Avaliação.

Assim:
I – DA NULIDADE DA SENTENÇA POR OMISSÃO DE PRONÚNCIA:

Nos termos do n.º 1 do art.º 144.º do CPT e à semelhança do que sucede no processo judicial comum conforme o estatuído na al. *d)* do n.º 1 do art.º 668.º do CPC, é causa de nulidade da sentença em processo judicial tributário a falta de pronúncia sobre questões que o juiz deva apreciar.

Aquela regra comporta a excepção prevista no n.º 2 do art.º 660.º do CPC que estipula que

«*O juiz deve resolver todas as questões que as partes tenham submetido à sua apreciação, exceptuadas aquelas cuja decisão esteja prejudicada pela solução dada a outras*». E **as questões** suscitadas pelas partes e que justificam a pronúncia do Tribunal terão de ser determinadas pelo **binómio causa de pedir-pedido**. A ser assim e de acordo com o entendimento do Prof. J.A.Reis, Anotado, Coimbra, 1984, Vol. V, pág. 58, haverá tantas questões a resolver quantas as causas de pedir indicadas pelo recorrente no requerimento e que fundamentam o pedido de anulação do acto impugnado.

Como se vê do petitório, as questões suscitadas pela impugnante sob as quais o juiz tinha de se pronunciar na sentença, sob pena de omissão de pronúncia, foram a inexistência de facto tributário, a anulação das liquidações de CA referentes aos anos de 1989 a 1993 operadas com fundamento no aumento de valor patrimonial resultante da questionada avaliação e a represtinação dos valores anteriores à avaliação impugnada, com os quais a descrição na matriz deve continuar a figurar.

Da análise da sentença recorrida resulta que a M.º Juiz «a quo» se pronunciou especificamente e de forma clara, rigorosa e explícita sobre todas as causas de pedir invocadas pela impugnante para justificar o pedido de anulação do acto, ainda que não aluda a sobre todos e cada um dos argumentos aduzidos por aquela pois, como ainda ensina o ilustre Prof., Anotado, 1981, V, pág. 143, «*Quando as partes põem ao tribunal determinada questão, socorrem-se, a cada passo, de várias razões ou fundamentos para fazer valer o seu ponto de vista; o que importa é que o tribunal decida a questão posta; não lhe incumbe apreciar todos os fundamentos ou razões em que eles se apoiam para sustentar a sua pretensão*».

Doutro modo, a sentença é uma decisão jurisdicional, dos tribunais no exercício da sua função jurisdicional que, no caso posto à sua apreciação, dirimem um conflito de interesses públicos e privados no âmbito das relações jurídicas administrativas fiscais (art.º 3.º do ETAF). Ela conhece do peido e da causa de pedir, ditando o direito para o caso concreto, pelo que a sentença pode estar viciada de duas causas que poderão obstar à eficácia ou validade da dicção do direito: – por um lado, pode ter errado no julgamento dos factos e do direito e então a consequência é a sua revogação; por outro, como acto jurisdicional, pode ter atentado contra as regras próprias da sua elaboração e estruturação ou contra o conteúdo e limites do poder à sombra da qual é decretada e então torna-se passível de nulidade, nos termos do art.º 668.º do CPC.

Cremos que o caso «sub judicio» se integra na primeira hipótese já que o que o recorrente pretende é que os factos admitidos na sentença não se verificaram (erro de julgamento da matéria de facto).

Na verdade na sentença o Sr. Juiz expendeu que:
«Decorre, por sua vez, do art. *214.° do Código da Contribuição Predial* que «em caso de construção, reconstrução, modificação ou melhoramento de prédio urbano, *deverá o facto ser declarado no impresso do modelo referido no art. 209.º*...»

Com este objectivo, – conceda-se que *modificação*, mais não é que o acto ou efeito de modificar; mudança; alteração (LAT. modificatione). Que mais não foi do que aquilo a que o impugnante procedeu ao apresentar na respectiva Repartição de Finanças, em 17 de Setembro, de 1993, uma declaração modelo 29, para constituir em propriedade horizontal o prédio urbano inscrito na matriz predial da freguesia da Sé Nova, sob o artigo 1510. Sendo que, no quadro 8 desta mencionou, que o motivo da entrega era a modificação do prédio; e tendo sido com base na referida modelo 129 que a Repartição procedeu à avaliação do prédio.

Ou seja, com base num comportamento proactivo do impugnante, operou-se um procedimento reactivo da Administração de correspondência legal ao pretendido pelo requerente. E que não podia deixar de levar à avaliação do prédio, considerando a sua novel consideração patrimonial, de rendimento e plural individualização concebida. (art. 14149.º do C.Civil – «As fracções de que um edifício, se compõe, em condições de constituírem unidades independentes, podem pertencer a proprietários diversos em regime de propriedade horizontal», sem que a lei postergue a sua pertença – como nos Autos – a um mesmo sujeito).

Sem que possa olvidar-se a realidade factual expressa no art. 4.º da "reclamação" (fls. 2 verso) de que «o inquilino do rés do chão alterou as suas instalações comerciais».

Tendo o impugnante apresentado uma declaração m/129, assinalando com X a quadrícula, «modificado» do, quadro «08», bem andou, em termos de adequação legal.

Retenha-se, apreciativamente, para o efeito, a própria consideração diferenciada do *art. 215.º do Código da Contribuição Predial* ao considerar «as declarações, a que obriga o artigo anterior, quando respeitem a prédios construídos em regime de propriedade horizontal» ou *«posteriormente a ele submetidos»* deverão ser apresentadas. Assim a eleger, em termos declarados hipótese equivalente à que os Autos conformam.

Destaca-se, por este modo, igualmente a nova realidade e aptidão económica «ex vi» de tal "modificação". E nem se diga que a anterior a esta equivale, pois que diversa é não só a sua conformação, mas também a sua «individualidade» e vocação.

Para este tipo de incidência, o direito fiscal basta-se, apenas, em qualquer *situação de facto* ou *realidade económica* reveladora da capacidade contributiva, desde que se apresente como unidade económica–: cfr. Alfredo *José de Sousa José Silva Paixão Código de Processo Tributário, Comentado e Anotado, 4ª edição; Pedro Soares Martinez, Da Personalidade Tributária. pág. 320.*

(...).

Tal obrigatoriedade decorre, exactamente, da consagração legal existente (tipologicamente) *arts. 214.º e 215.º do Código da Contribuição Predial* e da realidade factual expressa que os Autos evidenciam e a ela se subsume, ressurgindo a própria exigência administrativa da propriedade horizontal.

(...)

Não pode deixar de reter-se, de resto, de acordo com o próprio *art. 8.º do Dec.Lei 442-C/88, de 30 de* Novembro, que vem aprovar o Código da Contribuição Autárquica, que «enquanto não entrar em vigor o Código das Avaliações, os prédios continuarão a ser avaliados segundo as correspondentes regras do Código da Contribuição Predial e do Imposto Sobre a Indústria Agrícola, aprovado pelo Decreto-Lei n.º 45.104, de I de Julho de 1963, determinando-se o seu valor tributável de acordo com o disposto nos n.ºs I dos artigos 6.º e 7.º do presente decreto-lei».

Quanto à própria concepção do *art. 14.º do Código da Contribuição Autárquica,* também referenciado na informação de folhas 19 verso, a verdade é que, também por aí, *(Inscrição nas matrizes)*

«A inscrição dos prédios na matriz e a actualização desta é feita com base em declaração do contribuinte, a qual deve ser apresentada no prazo de 90 dias contados a partir da ocorrência de qualquer das circunstâncias seguintes:

.../...

b) *verificar-se um evento susceptível de determinar uma alteração da classificação de um prédio;»*

Isto porque a própria contribuição predial autárquica foi concebida como um imposto analítico específico, de taxas moderadas, sobre o património predial, rústico e urbano, arrendado e não arrendado, mas, em qualquer caso, para ser pago pelo rendimento dos contribuintes. – *cfr. Nuno Sá Gomes, Considerações em torno da Contribuição Predial Autárquica, in CTF.,* PAGS. *25/26.*

(...)

Deste modo, pode concluir-se que feita declaração nos termos do art. 214.º CCP., efectuada a subsequente avaliação e inscrito o seu resultado que comportará a incidência da contribuição predial.

Até a própria eventual falta de notificação a que alude o *art. 278.º do mesmo Código,* não integra fundamento autónomo na impugnação da contribuição liquidada com base no dito rendimento, antes se tornando necessário argui-la no processo de avaliação e conseguir a alteração do seu resultado, o que, depois, se repercutiria na impugnação da contribuição entretanto liquidada.

Sempre a impugnação daquela liquidação terá de improceder quando, como no caso, o resultado da avaliação, considerado e inscrito, se tornou definitivo por já haverem decorrido os prazos para requerer segunda avaliação. – *cfr. Ac. STA de 2 de Fevereiro, de 1983. A.D. n.º 259. pr. 906 sstes.*

Face a esta fundamentação da sentença não pode afirmar-se, como o faz o recorrente, que O Meritíssimo Juiz "a quo" não se pronunciou sobre a inalterabilidade do valor patrimonial dos prédios arrendados.

Termos em que também por estes motivos o provimento do recurso somente poderá determinar a revogação da sentença e a anulação do acto da liquidação impugnada e não a anulação daquela.

Donde se conclui que a sentença não está afectada na sua validade jurídica por omissão de pronúncia, não se verificando a arguida nulidade.

II – DA DEFICIÊNCIA DE FUNDAMENTAÇÃO DA SENTENÇA:

Sustenta o recorrente que a sentença incorreu na nulidade consistente em deficiência de fundamentação (violação das alíneas *b)* do artigo 668.º do Código de Processo Civil e 144º do Código de Processo Tributário).

Como decorre do art.º 158.º e da al. *b)* – do n.º 1 do art.º 668.º ambos do CPC e do n.º 1 do art.º 144.º do CPT, as decisões proferidas sobre qualquer pedido controvertido são sempre fundamentadas, sendo nula a sentença que não contenha a «especificação dos fundamentos de facto e de direito da decisão».

No entanto como se refere no douto *Ac. Da Relação de Lisboa de 17/1/91, Col. Jur., XVI, tomo 1.º, pág. 122,* há que distinguir entre a *«falta absoluta de motivação da motivação deficiente, medíocre ou errada. O que a lei considera é a falta absoluta de motivação; a insuficiência ou mediocridade da motivação é espécie diferente, afecta o valor doutrinal da sentença, sujeita-a ao risco de ser revogada ou alterada em recurso, mas não produz nulidade».*

Ora e como se vê do alegatório, a recorrente não diz que há falta absoluta da motivação, pelo que excluída ficou a sentença da previsão do n.º 1 do art.º 144.º do CPT (vd. a al. *b)* do n.º 1 do art.º 668.º do CPC), irrelevando, contra o que sustenta a recorrente, que ela seja deficiente ou que ocorra mesmo a falta de justificação dos fundamentos, sendo certo que na nela se declaram as razões de facto e de direito porque entende que deve manter-se a liquidação em virtude de o resultado da avaliação, considerado e inscrito, se ter tornado definitivo por já haverem decorrido os prazos para requerer a 2ª avaliação.

Termos em que também não se verifica a nulidade da sentença sob análise.

III – DAS DEMAIS ILEGALIDADES:

O regime jurídico do presente caso foi fixado no douto Acórdão do STA proferido a fls. 160 e ss e o mesmo deve ser acatado.

Assim, como doutamente expendido no aresto daquele Tribunal Supremo, no entender do recorrente, nada na lei autoriza a Administração Fiscal a avaliar o seu imóvel, só porque passou a estar constituído em propriedade horizontal. Daí que tenha recorrido a juízo com o intuito de provocar o desaparecimento do acto avaliativo. Desde que tal acto insubsista, perecem, necessariamente, os que lhe são consequentes, a saber, a inscrição na matriz do valor que apurou, e as liquidações que partiram desse valor. Por isso o recorrente não só não requereu segunda avaliação, visando um valor inferior (pois se, para ele, nem a primeira devia ter tido lugar!...), como não impugnou os actos de liquidação (que não entende enfermos de qualquer vício próprio).

Como claramente afirma (...), *"pediu sempre e só a anulação da avaliação e sempre, como consequência dessa anulação, a anulação do valor patrimonial a mais determinado e a anulação da contribuição autárquica, correspondente a esse valor patrimonial a anular".*

Mas, será que o podia fazer?

No douto acórdão fixou-se o quadro jurídico de acordo com o qual não existe norma legal impeditiva de que se impugne o acto de fixação de valor patrimonial, quando administrativamente esgotada a questão (ainda que por não ter sido requerida segunda avaliação), desde que, neste caso, tal impugnação não questione o valor fixado, *mas apenas suscite uma questão de direito, como é a do erro sobre os pressupostos de direito do acto praticado, por falta de previsão normativa para a avaliação ordenada na sequência da constituição da propriedade horizontal relativamente a um imóvel já antes inscrito na matriz.*

Donde que e como também decorre do douto Acórdão tirado no Pleno da Secção de Contencioso Tributário do STA em 24/09/2003, constante de fls. 198 e ss, "Volvendo à presente impugnação judicial, logo se vê do intróito da petição inicial, apresentada em 02.X.1996, que tal contribuinte "vem, nos termos da al. e) do n.º 1 e n.º 2 do artigo 123.º do Código de Processo tributário, impugnar o despacho proferido no processo de reclamação(...)".

Neste âmbito e como ficou exposto, sustenta o recorrente que a sentença deve ser anulada por inexistência de facto tributário, errada interpretação dos artigos 214.º, 215.º e 269.º, n.º 9 do C.C.P.I.I.A. e artigo 14°, n.º I b. do CCA –, por violação dos artigos 113.º e 116.º do C.C.P.I.I.A. e artigos 6.º, 8.º e 9.º do decreto-lei n.º 442--C/88, de 30/11, pela Comissão de Avaliação A Propriedade Urbana, ser o valor patrimonial de 19.065.120$00 (dezanove milhões, sessenta e cinco mil, cento e vinte escudos) anulado, repristinando-se o valor patrimonial e serem anuladas as importâncias liquidadas indevidamente sobre o valor patrimonial de 19.065.120$00, diferença entre o valor patrimonial inicial e o fixado pela Comissão de Avaliação.

Assim, a questão que se pretende discutir em juízo não tem a ver com o valor atribuído, mas com a verificação dos pressupostos legais para que pudesse proceder-se à avaliação.

Diga-se desde logo que o acto de inscrição e fixação da matriz constitui, não um m mero acto preparatório, mas um autêntico acto pressuposto, o qual, não só prepara, como verdadeiramente condiciona e influencia a liquidação.

Sucede na verdade que em conformidade com os artigos 269.º, 275.º e 289.º do Código da Contribuição Predial e do Imposto sobre a Indústria Agrícola, as alterações às matrizes prediais são instruídas, verificadas e julgadas em processo de reclamação próprio que constitui um verdadeiro procedimento autónomo, prejudicial e destacável, contra a decisão do qual pode inclusivamente ser deduzida impugnação e, embora tal processo de reclamação possa ser deduzido a todo o tempo, enquanto não foram competentemente modificadas as matrizes, as suas inscrições obrigam a todos, nos seus precisos termos, incluindo os Tribunais, visto que se trata de documentos oficiais autênticos.

O recorrente, como se provou, reclamou junto da AF quanto à inscrição na matriz o na senda de *Alberto Xavier in Conceito e Natureza do Acto Tributário, p. 193*, o acto de inscrição e fixação da matriz constitui, na verdade, não um mero acto preparatório, mas um autêntico acto pressuposto, o qual, não só prepara, como verdadeiramente condiciona e influencia o acto final de liquidação.

Na verdade, o acto pressuposto é o que tem por objecto fazer a qualificação jurídica de determinada situação da vida, qualificação essa que funciona como pressuposto de acto definitivo (cfr. *Ac. do STA de 30/04/81, Ads 241-1*). «In casu» o acto definitivo é a liquidação do tributo que pressupõe a prévia determinação da matéria colectável, do seu valor tributável e do respectivo titular

Assentando, pois, em que acto pressuposto é o que tem por objecto fazer a qualificação jurídica de determinada situação da vida, qualificação essa que funciona como pressuposto de acto definitivo e em que o acto de inscrição e fixação da matriz constitui um autêntico acto pressuposto, porque não só prepara, como verdadeiramente condiciona e influencia o acto final de liquidação, apreciaremos agora, em respeito pela ordem do STA, a legalidade (erro nos pressupostos de direito) do despacho do Sr. DD.

Ancora-se tal despacho na alínea b) do n.º I do artigo 14.º do Código da Contribuição Autárquica, aprovado pelo decreto-lei n.º 442-C/88, de 30 de Novembro, para indeferir a reclamação, na consideração de que "o prédio deixou de constituir propriedade comum, tendo-se verificado assim um evento susceptível de determinar uma alteração de classificação do prédio, que obriga à apresentação de declaração, para actualização da matriz...".

Mais aduz o DD que "segundo o artigo 8° do decreto-lei que aprova o C.C.A. vigoram as normas do C.C.P. 1.1. A., enquanto não entrar em vigor o Código das Avaliações. Ora o artigo 215.º do C.C.P.I.I.A. determina a apresentação de declarações relativamente aos prédios construídos em regime de propriedade horizontal *ou a ele posteriormente submetidos".*

Para o impugnante, tendo em conta que o prédio não era propriedade comum pois a mesma pertencia, continuou a pertencer e ainda hoje pertence na totalidade ao impugnante, com a passagem ao regime de propriedade nenhuma modificação se verificou a não ser quanto à sua descrição na matriz.

Quid juris?
Estamos de acordo com impugnante quando afirma que o Sr. Director de Finanças labora em erro quando afirma que o artigo 8.º do decreto-lei n.º 442-C/88 de 30 de Novembro, que aprova o C. C. A. manda aplicar todas as normas do C.C. P. I.I.A., quando este artigo só manda aplicar o Código da Contribuição Predial e Indústria Agrícola nas avaliações e que a apresentação da declaração é uma obrigação acessória que ali não está compreendida.

No que concerne ao quadro legal que o recorrente reputa violado pelo acto inicialmente recorrido e, subsequentemente, pelas liquidações de CA também em apreciação nos autos na medida em que lhe deu cobertura, se bem entendemos a posição do recorrente, quando sustenta a aplicabilidade do CCP, mais não visa do que defender a tese de que se bem que legalmente possível, o Código da Contribuição Predial e da Indústria Agrícola (C. C. P. I.I. A.), lhe é aplicável visto que foi em 1988 que constituiu o seu prédio em propriedade horizontal, tal constituição apenas implica alteração da descrição na matriz, do regime de descrição global para o regime de propriedade horizontal e que tal alteração não obriga à apresentação de qualquer declaração, como erradamente pressupôs, devendo suportar as custas que sejam devidas por ter dado causa ao processo.

É verdade que não existe no Código da Contribuição Predial e do Imposto sobre a Indústria Agrícola, alguma disposição que obrigue a isso.

Depois, a Cpredial correspondia a imposto sobre o rendimento colectável dos imóveis, decorrendo a ilegalidade da liquidação da CA em causa, ainda, por um lado de, à data a que ela se reporta, já não existir a realidade jurídica "rendimento colectável" e, por o conceito de rendimento tributável, na medida em que considerado como o resultado da aplicação do factor 15 àquele rendimento colectável, corresponderia, desde logo ao valor patrimonial do prédio.

Afigura-se-nos assistir razão ao recorrente.

Assim e quanto à existência da realidade jurídica "rendimento colectável",[1] importa considerar, desde logo, que só em 17 de Setembro de 1993, o impugnante pediu na Repartição de Finanças competente que a descrição matricial passasse do regime global ao regime de propriedade horizontal, embora reconheça na sua p.i. que foi em 1988 que esta última foi constituída.

Vale isto por dizer que a propriedade horizontal foi constituída antes do DL 442-C/88, de 30 de Novembro, o que significa que o facto ocorreu quando era estava ligado ao vigente conceito jurídico o valor dos imóveis para efeitos fiscais, o dito "rendimento colectável".

E daqui decorre que a AF não tinha autonomia, na determinabilidade das do valor patrimonial para efeitos da CA em causa, que não a de aplicar o factor 15 àquele valor correspondente ao "rendimento colectável".

Na verdade, o CCA veio passar a considerar, para efeitos de tributação, o valor tributável dos imóveis, em lugar do seu rendimento colectável; sem embargo, o DL 442-C/88, não deixou de contemplar, nesta matéria, normas de direito transitório, e que nessa medida, terão o seu campo de aplicação em todo o ordenamento jurídico vigente que esteja dependente daquela dita realidade jurídica "rendimento colectável".

A ser assim, como é, os art.ºs. 6.º/1 e 8.º/1, vieram, não só estipular determinabilidade vinculada, mas ainda do valor tributável de todos os prédios urbanos, pela aplicação do factor 15 ao rendimento colectável respectivo reportado a 31 de Dezembro de 1988 (actualizado), sendo os que, entretanto viessem a ser objecto da avaliação e à míngua do previsto Código de Avaliações, o teriam de ser segundo as regras aplicáveis do CCPIIA, e subsequentemente, apurado o respectivo valor tributável de acordo com o preceituado no referido art.º 6.º.[2]

Determinava o art. 214.º do CCP63 que em caso de construção, reconstrução, modificação ou melhoramento de prédio urbano, devia o facto ser declarado no impresso do modelo referido no art. 208.º, a apresentar no mês imediato ao da obtenção da licença exigida pelo art. 8 do RGEU51 ou ao da ocupação, se anterior, ou, enfim, ao da conclusão das obras, se a sua ocupação não dependesse de nova licença.

No capítulo da liquidação, ao dispor sobre o início da tributação dos prédios urbanos, o aludido código não contemplava expressamente os reconstruídos mas tão só os novos (art. 232.º) e os omissos (art. 233.º, que mandava liquidar imposto por todo o tempo da omissão, com o limite de 5 anos), além de no art. 234.º determinar: "O rendimento que acrescer em virtude de alteração em prédios já inscritos será colectado pela contribuição que lhe corresponda, desde o mês em que o aumento se verifique (...)".

Por força deste art. 234 só era tributável o aumento de rendimento verificado em virtude da **_alteração_**: naturalmente por partir do princípio de que não haveria razão para a parte restante (primitiva) do rendimento não continuar (ou não ter continuado) a ser tributada normalmente.

A essa luz (do CCP), para se poder decidir o tratamento jurídico a dar ao caso sub judice era necessário ter uma noção tanto quanto possível exacta da dimensão das obras feitas (pressupondo sempre estas): se houve uma substituição total ou se parte do prédio ficou intacta; qual o destino do "reconstruído" (habitação ou utilização própria, arrendamento, venda); se a ocupação de todo o prédio (ou só da parte nova) dependia de licença camarária e qual a data em que foi declarado habitável; enfim, se até quando e em que medida foi liquidada contribuição predial em relação ao primitivo (ou à parte primitiva do) prédio.

Isto é e em plena concordância com o impugnante: o artigo 214.º do CCP é claro e inequívoco:— Só em caso de construção, reconstrução, modificação ou melhoramento de prédio urbano, devia o facto ser declarado e, porque nenhum destes cactos ocorreu, não havia que apresentar qualquer declaração.

De facto, **o prédio não foi construído de novo, reconstruído, modificado ou melhorado. Os Serviços *Oficiais confirmam-no.***

---

[1] Neste particular, estamos seguindo, com a devida vénia, a fundamentação vertida no *Ac. deste TCA de 19/10/04, no Recurso n.º 6901/02.*

[2] Este entendimento encontra-se plasmado no *Ac. do STA de* **04-12-91, Recurso n.º 013612, do qual dimana a doutrina de que** Contribuição predial e contribuição Autárquica são conceitos jurídicos diversos, correspondendo a impostos diferentes: enquanto aquela era um imposto sobre o rendimento, esta o em imposto novo sobre o património e no *Ac. do mesmo Tribunal de* **21-11-2000, tirado no Recurso n.º 2685/99,** em que se doutrina que a contribuição autárquica surgiu com a feição de um imposto novo face à contribuição predial, que incide sobre o valor patrimonial dos prédios, não obstante os prédios continuarem a ser avaliados de acordo com as regras do Código da Contribuição Predial, enquanto não entrar em vigor o Código das Avaliações.

Na verdade e como se provou, o impugnante deduziu reclamação nos termos do artigo 97.º do Código de Processo Tributário, contra a avaliação que alterou os rendimentos e valores inscritos na matriz que lhe foram notificados, pedindo a anulação da avaliação, com fundamento em que para pedir a descrição de um prédio em regime de propriedade horizontal, vindo do regime global, bastava formular um pedido nos termos do n.º 9.º do artigo 269.º do CCPIIA, e declarou sujeitar-se a todas as despesas feitas pela AF, com a avaliação, por lhe ter dado causa indevidamente.

Os serviços de Fiscalização sobre a questão de saber "Se desde a data da sua construção, se verificou no prédio (...) qualquer das circunstâncias previstas no art.º 214.º do Código da Contribuição Predial, designadamente se o mesmo foi objecto de qualquer reconstrução, modificação ou melhoramento, susceptível de alterar a sua configuração física ou o seu valor", informaram que "o prédio inscrito na matriz predial da freguesia da Sé Nova, sob o artigo 1510 (...) não se vislumbra que tenha sido objecto de quaisquer obras de melhoramento, ampliação, reconstrução ou modificação, que tenham alterado a sua estrutura física com a susceptibilidade de alteração do seu valor tributável".

Também o Sr. Chefe da Repartição de Finanças, ao abrigo do art.º 98.º n.º 2 do CPT, elaborou uma proposta de decisão segundo a qual "...não se verifica qualquer das circunstâncias previstas no artigo 14.º do Código da Contribuição Autárquica que obrigassem à entrega da declaração mod. 129 e que esta foi entregue por lapso da reclamante pois este deveria ter apresentado reclamação da descrição do prédio nos termos do n.º 9 do artigo 269.º do Código da Contribuição Predial, PROPONHO, nos termos do artigo 98.º do Código de processo Tributário, que a reclamação seja deferida".

Por isso, os Serviços Técnicos da Direcção de Finanças, em informação prestada em 12.VII.1995, é do parecer de que "O art.º 14.º do CCA, é peremptório no facto das inscrições dos prédios nas matrizes. Verifica-se que dos condicionalismos deste artigo, nenhum se aplica ao presente caso.

O contribuinte, pelo facto de ter requerido a passagem do prédio a propriedade horizontal, não devia ter entregue o Mod. 129 a declarar melhoramentos.

Importa assim, rectificar os valores indicados na matriz. Aliás as obras de melhoramento efectuadas no estabelecimento comercial sito no r/c do prédio, conforme n.º 4 de fls. 2 -v dos autos, apenas visam obter nova imagem comercial, não concorrendo para melhoramentos na estrutura física do prédio.

Apesar disso, o sr. Director Distrital, por delegação, em seu despacho de 1996/06/25, indeferiu a reclamação com fundamento em que a declaração era, neste caso concreto, de apresentar e consequentemente o prédio tinha que ser avaliado, sendo do seguinte teor, para o que acolheu o parecer do Sr. Chefe de Divisão que no sentido de que ao ser constituída a propriedade horizontal, o prédio deixou de constituir propriedade comum, tendo-se verificado assim um evento susceptível de determinar uma alteração da classificação do prédio, que obriga a apresentação de declaração para actualização da matriz, no prazo de *90 dias* (art.º 14.º n.º 1 *b*) CCA).

Segundo o art.º 8.º do *CCA*, vigoram as normas do *CCPIIA* enquanto não entrarm vigor o Código das Avaliações. Ora, o art.º 215.º do *CCPIIA* determina a apresentação de declarações relativamente aos prédios construídos em regime de propriedade horizontal ou a ele *posteriormente submetidos*.

Mais acrescentou o decisor que, para efeitos de Contribuição Autárquica, cada fracção autónoma, no regime de propriedade horizontal, será havida como constituindo um prédio (n.º 4 do artigo 2.º do Código respectivo), sendo evidente existirem prédios distintos antes e depois da respectiva constituição naquele regime, tornando-se indispensável a inscrição prevista no artigo 14.º daquele Código e logo a competente avaliação, indefiro o pedido.

Mas, como já considerámos que o art.º 214.º do C.C.P.I.I.A. não se aplica, também não pode aplicar-se o art.º 215.º, porquanto, este pressupõe a aplicação obrigatória do artigo 214.º para poder ser aplicado, ou seja, era preciso que o impugnante estivesse sujeito à apresentação da declaração por força do artigo 214.º, o que não é o caso.

Mas existe uma outra razão que para o impugnante e para nós é decisiva:

Tendo sempre presente que a este caso se aplica o Código da Contribuição Predial e do Imposto sobre a Indústria Agrícola, dado que a constituição da propriedade horizontal ocorreu em 1988, o rendimento do prédio em causa seria igual às rendas efectivamente recebidas em cada ano, líquidas de uma percentagem para despesas de conservação e dos encargos referidos no artigo 115.º, quando suportados pelo senhorio (artigo 113.º). Ora como o prédio sempre esteve em regime de arrendamento e na data da constituição da propriedade horizontal se encontrava arrendado, o seu rendimento estava actualizado e só esse, resultante das rendas, podia ser tido em consideração pela AF conforme o referido artigo 113.º do C.C.P.I.I.A. determina, ainda que com a aplicação do factor 15, nos termos já aflorados.

Acresce que, ainda que ao caso fosse aplicável a alínea *b*) do n.º 1 do artigo 14.º do Código da Contribuição Autárquica que dispõe:" a inscrição dos prédios na matriz e a actualização desta é feita com base em declaração do contribuinte.... a partir da ocorrência de qualquer das circunstâncias seguintes: (...) *b*) Verificar-se um evento susceptível de determinar uma alteração da classificação de um prédio", não há dúvida de que « in casu» não ocorreu uma situação susceptível de alterar a classificação do prédio a alteração da descrição de um prédio urbano, pois a passagem do regime global para o regime de propriedade horizontal, não é susceptível de por em dúvida a sua classificação de prédio urbano.

Com efeito, segundo a lei civil, os prédios classificam-se *em rústicos e urbanos* (artigo 204.º, n.º 2 do C. Civil) e, segundo a lei fiscal, em rústicos, urbanos e mistos f artigos 3.º, 4.º e 5.º do C.C.A.).

Ora, constituição da propriedade horizontal não tem o condão de passar um prédio urbano a rústico ou a misto.

Assim, é de acolher a solução perfilhada na decisão administrativa constante de fls. 112 de acordo com a qual, a passagem de prédio urbano ao regime de propriedade horizontal não dará origem a qualquer avaliação, excepto em casos de reconstrução, modificação ou melhoramento do referido prédio, que implique alguma variação do seu valor tributável, não devendo por isso ser entregue a declaração referida no Art.º 214.º do Código da Contribuição Predial e do Imposto sobre a Indústria Agrícola (CPIIA).

Mais se determina no referido instrumento da actividade administrativa editado para fins de uniformização procedimental, que sempre que for apresentada reclamação/ nos termos do n.º 9 do Art.º 269.º do CCPIIA, para passagem de prédio urbano ao regime de propriedade horizontal, deverá proceder-se à sua entrega aos Serviços de Inspecção Tributária.. para que estes procedam a uma vistoria do prédio, com vista a apurar se se verificam as circunstâncias referidas no Art.º 214.º do CCPIIA, reconstrução, ampliação ou melhoramento do prédio. Proceder-se-á depois, em função da informação daqueles serviços, à avaliação das fracções autónomas em que ocorreram tais circunstâncias, atribuindo a cada uma das restantes fracções os valores constantes da matriz ou os que daí resultarem caso haja que efectuar a dedução respeitante à administração da propriedade horizontal, referida na tabela das percentagens para cálculo dos encargos dedutíveis ao valor locativo dos prédios urbanos, a que se referem os Art.ºs 115.º e 121.º do CCPIIA, constante da portaria 214/97, de 31 de Março.

Termos em que procede o presente recurso.

4 – Pelo exposto, acorda-se em conceder provimento ao recurso, revogar a sentença recorrida e julgar procedente a impugnação anulando-se, em consequência, o despacho que determinou a avaliação e as consequentes inscrição na matriz e liquidações de CA nele baseadas.

Sem custas por delas estar isenta a parte vencida.

Lisboa, 03 de Novembro de 2004

Gomes Correia
Casimiro Gonçalves
Ascensão Lopes

Recurso n.º 3 439/00

IMPUGNAÇÃO JUDICIAL. IRC. CUSTOS. DONATIVO. CONTABILIZAÇÃO. PRINCÍPIO DA ESPECIALIZAÇÃO DOS EXERCÍCIOS.

(Acórdão de 12 de Outubro de 2004)

SUMÁRIO:

I – As componentes negativas do lucro tributável são imputáveis ao exercício a que digam com o princípio da especialização dos exercícios, só podendo ser imputadas a exercício posterior quando, na data de encerramento das contas do exercício a que deveriam ser imputadas, eram imprevisíveis ou manifestamente desconhecidas (cfr. art. 18.º, n.ºs 1 e 2, do CIRC).

II – De acordo com o princípio da especialização dos exercícios, os custos devem ser reconhecidos quando incorridos, independentemente do seu pagamento (tal como os proveitos devem ser reconhecidos quando, quando obtidos, independentemente do seu recebimento).

III – Para efeitos fiscais, as liberalidades não são consideradas como indispensáveis à realização dos proveitos ou ganhos sujeitos a imposto e para a manutenção da fonte produtora, e daí que não sejam consideradas custos nem variações patrimoniais negativas, a menos que a lei expressamente as qualifique de outro modo, como sucede relativamente a algumas liberalidades de cariz social, que, por razões de política fiscal, a lei qualifica como custos (cfr. art. 40.º do CIRC).

IV – Verificando-se um donativo que a lei considera como custo ou perda, o mesmo deve ser contabilizado no ano em que a doação se tornou eficaz, mediante a aceitação da proposta negocial, em obediência ao princípio da especialização dos exercícios, que pode não ser aquele em que o dinheiro foi efectivamente entregue ao donatário.

ACÓRDÃO

1. RELATÓRIO

1.1 A sociedade denominada "SOFALCA – Sociedade Central de Produtos de Cortiça, Lda." (adiante Recorrida, Impugnante ou Contribuinte) impugnou judicialmente a liquidação adicional de Imposto sobre o Rendimento das Pessoas Colectivas (IRC) e juros compensatórios, no total de esc. 22.448.194$00, na parte resultante da correcção à matéria colectável que lhe foi efectuada por a Administração tributária (AT) ter desconsiderado como custo (majorado em 40%) do ano de 1991 um donativo do montante de esc. 25.000.000$00, por este montante não ter sido entregue ao donatário no ano de 1991.

Na petição inicial a Impugnante pediu a anulação da liquidação, na parte que teve origem na referida correcção. Para tanto, e em síntese, invocou os seguintes fundamentos:

– por carta de 27 de Novembro de 1991 propôs à "Fundação Ernesto Lourenço Estrada, Filhos" a concessão de um donativo de esc. 25.000.000$00, que esta aceitou expressamente por carta de 14 de Dezembro[1] do mesmo ano;

– perante essa aceitação expressa, a Impugnante contabilizou o donativo;

– no entanto, porque o montante destinado ao donativo se encontrava afecto a uma aplicação financeira, «e aproveitando-se da tolerância da Fundação»[2], a Impugnante só entregou o dinheiro no ano de 1992;

– a AT entende que o donativo não foi feito no exercício do ano de 1991 e, por isso, não o considerou como custo desse ano, motivo por que procedeu à liquidação ora impugnada;

---

[1] Apesar de no art. 14.º da petição inicial se referir que essa carta é de 27 de Novembro de 1991, pensamos que se trata de lapso, como resulta da cópia da carta que a Impugnante apresentou com aquele articulado.

[2] As partes entre aspas e com um tipo de letra diferente, aqui como adiante, constituem transcrições.

– contrariamente ao que entendeu a AT, a doação da quantia de esc. 25.000.000$00 ocorreu em 1991, e não em 1992, pois com a aceitação da mesma por escrito pela referida fundação, a propriedade do bem doado transferiu-se para a donatária, independentemente da sua tradição, a qual não constitui nem requisito de validade nem requisito de eficácia da doação.

1.2 O Juiz do Tribunal Tributário de 1.ª instância de Santarém proferiu sentença na qual considerou que o princípio da especialização dos exercícios, consagrado no art. 18.º, n.º 1, do Código do Imposto sobre o Rendimento das Pessoas Colectivas[3] (CIRC), tem vindo a ser entendido jurisprudência como «o instrumento que visa alcançar a tributação da "riqueza gerada em cada exercício independentemente do seu efectivo recebimento"». Assim, fazendo apelo à semelhança do caso *sub judice* com o relatado no acórdão do Supremo Tribunal Administrativo de 9 de Fevereiro de 2000[4], proferido no processo com o n.º 22.208, concluiu que «foi correcto o procedimento da Ite em contabilizar, no exercício de 1991, a verba de 25.000.000$00 que decidiu doar à identificada Fundação, doação que esta instituição aceitou ainda no ano de 1991» e se «[é] certo que a entrega efectiva do dinheiro só ocorreu já no ano de 1992», tal circunstância não releva para efeitos de imputação do custo ao ano de 1991, uma vez que «[f]oi no ano de 1991 que a Ite assumiu o custo respectivo e apenas, por razões circunstanciais, não entregou de imediato a verba envolvida à donatária; entrega que, contudo, veio a efectivar-se [...], tornando a doação em causa plenamente eficaz».

Consequentemente, julgou a impugnação judicial procedente e anulou a liquidação na parte correspondente à correcção da matéria tributável determinada pela não aceitação como custo do donativo de esc. 25.000.000$00 e da respectiva majoração de 40%, que ascende a esc. 10.000.000$00.

1.3 Inconformada com essa sentença, a Fazenda Pública, através do seu representante junto do Tribunal Tributário de 1.ª instância de Santarém, dela recorreu para este Tribunal Central Administrativo e o recurso foi admitido com subida imediata, nos próprios autos e com efeito meramente devolutivo.

1.4 A Recorrente apresentou as alegações de recurso, que resumiu nas seguintes conclusões:

«– A douta sentença de que se recorre fez incorrecta interpretação do preceituado no n.º 3 do artigo 40.º do CIRC (vigente em 1991), e concerteza por lapso aplicou a doutrina resultante do n.º 2 do artigo 24.º do CIRC ao caso em análise, considerando que a missiva de 14.12.1991, remetida pela donatária é expressão de aceitação, pelo que à luz do citado normativo, o custo do donativo terá de ser imputado no exercício de 1991.

– Apoiou-se erroneamente a douta sentença no aresto n.º 222208 [5], de 09.02.2000, do Supremo Tribunal Administrativo, olvidando que este versava sobre factualidade diversa relativamente ao caso *sub judice* e mais relevante, consagrava distinto critério de imputação de custos, isto é, aplicou à situação vertente, solução jurisprudencial versando sobre diferente factualidade e antagónica solução do ponto de vista jurídico-tributário (n.º 2 do artigo 24.º do CIRC).

– O legislador no n.º 2 do artigo 24.º do CIRC, tal como refere o douto aresto, quis objectivamente que, não obstante a entrega de gratificações aos membros dos órgãos sociais de sociedade se consumar no exercício posterior àquele a que respeitam, sempre tal variação será de imputar ao exercício de onde provêm as gratificações.

– Igualmente, no campo das variações patrimoniais negativas relativas a liberalidades, o legislador afastou as condições estabelecidas no domínio dos custos (artigo 18.º do CIRC), ou seja, afastou relativamente às liberalidades, as limitações às excepções do princípio da especialização dos exercícios.

– Sendo certo que *in casu,* não estamos perante variação patrimonial negativa, não é menos verdade que se está perante liberalidade, nos termos do n.º 3 do artigo 40.º do CIRC.

– O legislador, para efeitos de aceitação do custo referente a donativos, exige que se mostre efectivamente concedido o donativo, isto é, que este se mostre entregue ao donatário.

– No caso *sub judice,* o donativo apenas se efectuou em 1992, pelo que teria a impugnante de o imputar a esse mesmo exercício, o que não sucedeu.

– Perfilhando o entendimento decorrente da douta sentença de que se recorre, designadamente de permitir levar a custo donativo, no exercício em que este se vinculou à liberalidade, estar-se-ia a abrir uma janela de oportunidade para que, independentemente da concretização ou não do donativo (através da sua entrega ao donatário), o doador pudesse deduzir o custo fiscal do mesmo, ainda que este não o viesse a efectuar, uma vez que seria relevante, não a sua entrega efectiva, mas a manifestação de o efectuar, o que potencialmente conduziria a permitir deduzir fiscalmente um custo que efectivamente e na realidade nunca existira.

– Pelo exposto, falece a fundamentação aduzida na sentença de que se recorre, tendo o donativo concedido pela impugnante, em 1992, à Fundação Ernesto Lourenço Estrada, de ser, à luz do disposto no n.º 3 do artigo 40.º do CIRC, contabilizado como custo do exercício em que efectivamente o mesmo se verificou, isto é, em 1992.

Nestes termos e nos melhores de Direito, deve o presente recurso ser julgado procedente, considerando-se as correcções controvertidas legalmente efectuadas, revogando-se a douta sentença do Meritíssimo Juiz "a quo", substituindo-a por outra em que seja julgada totalmente improcedente a presente impugnação judicial».

1.5 A Impugnante contra alegou, pugnando pela manutenção da sentença.

1.6 Recebido o processo neste Tribunal Central Administrativo, foi dada vista ao Representante do Ministério Público, que emitiu parecer no qual sustenta que o recurso merece provimento pelas seguintes razões:

«(...) o princípio da especialização de exercício a que se reportam os artigos 18 e seguintes do CIRC impõe que os custos sejam imputados ao exercício em que os mesmos são efectivamente suportados.

---

[3] A versão do CIRC a que nos referimos, aqui como adiante, é a anterior à revisão operada pelo Decreto-Lei n.º 198/2001, de 3 de Julho.

[4] No qual se decidiu que o princípio da especialização «impõe que se contabilize como custo do exercício em que foi tomada a decisão da atribuição de uma gratificação aos membros dos órgãos sociais de uma empresa, ainda que a mesma não seja distribuída até ao termo deste», nos termos do n.º / do respectivo sumário doutrinal.

[5] Trata-se de lapso de escrita. A Recorrente pretende referir-se ao acórdão proferido no processo com o n.º 22.208.

Só assim não será no caso do artigo 24 n.º 2 do mesmo diploma, já que, ainda que os custos sejam efectivamente suportados noutro exercício eles devem ser imputados ao exercício em que se verificou o resultado que determinou a atribuição das gratificações ou outras variação negativas aí referidas.

Isto é, a regra deste n.º 2 constitui uma excepção à regra geral.

Consequentemente, não pode aplicar-se, por analogia, uma regra excepcional às situações que constituem a regra geral.

A concessão de uma liberalidade só deve, pois, ser inscrita como variação patrimonial negativa no ano em que efectivamente é posta à disposição da entidade beneficiada».

1.7 Colhidos os vistos legais, cumpre apreciar e decidir.

1.8 A questão a apreciar e decidir, suscitada e delimitada pelas conclusões da Recorrente, é a de saber se a sentença recorrida enferma de erro de julgamento de direito por ter considerado que o custo correspondente ao donativo efectuado pela Contribuinte a uma fundação deve ser imputado ao exercício de 1991 – período em que considerou ter sido tomada a decisão de conceder o donativo e em que este foi aceite pela donatária –, apesar de a efectiva entrega do montante doado não ter ocorrido nesse ano.

2. FUNDAMENTAÇÃO
2.1 DE FACTO

Na sentença recorrida deu-se como provada a seguinte matéria de facto que, porque não vem posta em causa, ora consideramos fixada:

«*FACTOS PROVADOS*

1. A Ite encontrava-se, em 1991, pelo exercício da actividade principal de exportação de aglomerado negro de cortiça – CAE 610123, colectada em IRC (regime geral de tributação), área da RF de Abrantes/2ª.

2. Com relação ao exercício de 1991, os serviços de fiscalização tributária da DF de Santarém efectuaram correcções à matéria colectável declarada pela Ite no sentido de:
– acrescerem o valor de 338.148$00, relativo ao lucro tributável do agrupamento complementar de empresas Isocor – Aglomerados de Cortiça, ACE, imputado à Ite como membro;
– não aceitarem, como custo para efeitos fiscais, o donativo, no valor de 25.000.000$00, bem como o acréscimo de 40%, efectuado ao Jardim de Infância de Abrantes, "por não ter sido efectivamente efectuada a doação".

3. Em virtude do constatado e aludido no item 2. e em resultado da sequente elaboração do mapa de apuramento mod. DC-22 o lucro tributável, do exercício de 1991, foi alterado, pelo acréscimo de 35.338.148$00, para 57.421.991$00, em vez do declarado de 22.083.843$00.

4. No seguimento e em 2.7.1996, foi efectuada a liquidação adicional de IRC, n.º 8310014629, do ano de 1991. no valor total a pagar de 22.665.074$00, incluindo JC de 9.943.341$00, com termo do prazo de cobrança voluntária em 28.8.1996.

5. A Ite, versando a liquidação identificada em 4., apresentou, a 14.8.1996, reclamação graciosa, que, em 10.2.1997 – *dia em foi apresentada a p. i. deste processo de impugnação judicial* –, ainda não se mostrava decidida.

6. Por carta datada de 27.11.1991, *fotocopiada a fls. 26 e aqui tida por integralmente reproduzida,* a Ite comunicou à administração da Fundação Ernesto Lourenço Estrada, Filhos a decisão de lhe ser concedido um donativo, para instalação e manutenção de uma creche/jardim de infância, no concelho de Abrantes, no valor de 25.000.000$00.

7. Na sequência da carta aludida em 6., a identificada Fundação dirigiu à Ite a missiva, datada de 14.12.1991, *fotocopiada a fls. 27 e aqui tida por integralmente reproduzida.*

8. Em face do teor desta missiva, lida pelos responsáveis da Ite, como aceitação expressa do donativo em causa, esta procedeu à contabilização do mesmo no exercício de 1991.

9. Porque o montante do versado donativo se encontrava afecto a uma aplicação financeira, a Ite, com a aquiescência da Fundação/donatária, aguardou o termo do prazo dessa aplicação e só, então, no decurso do ano de 1992, procedeu à entrega da importância de 25.000.000$00.

10. Por despacho de 25.10.1991, do Secretário de Estado da Segurança Social, a Fundação Ernesto Lourenço Estrada. Filhos, na qualidade de IPSS, foi reconhecida como pessoa colectiva de utilidade pública.

***

FACTOS NÃO PROVADOS

Para a decisão da causa, sem prejuízo dos factos prejudicados pelos provados, das conclusões ou alegações de matéria de direito, aduzidas na p.i., *nada mais se provou.*

***

A convicção do Tribunal no estabelecimento deste quadro factológico fundou-se, em primeira linha, no teor das informações de fls. 34, 37/38, complementadas a fls. 26/27 do apenso de reclamação graciosa, conjugado com o dos documentos que as acompanham, bem como no conteúdo da demais documentação disponível em ambos os processos.

Por outro lado, no que concerne à factualidade, concretamente, vertida nos itens 8. e 9., relevou o conteúdo dos depoimentos prestados pelas testemunhas inquiridas».

2.2 DE DIREITO
2.2.1 A QUESTÃO A APRECIAR E DECIDIR

A sociedade ora Recorrida fez um donativo de esc. 25.000.000$00 a uma instituição particular de solidariedade social para instalação e manutenção de uma creche/jardim-de-infância e na declaração de IRC do ano de 1991 declarou como custo tal donativo, acrescido de 40%, ao abrigo do disposto no art. 40.º, n.ºs 3 e 4[6], este com a redacção que lhe foi dada pela Lei n.º 34/91, de 27 de Julho.

---
[6] Dispunham os n.ºs 3 e 4 daquele artigo:

« 3 – São ainda considerados custos ou perdas do exercício os donativos concedidos pelo contribuinte até ao limite de 2% do volume das vendas e ou dos serviços prestados no exercício se as entidades beneficiárias forem pessoas colectivas de utilidade pública administrativa, instituições particulares de solidariedade social, instituições de beneficência e centros de cultura e desporto ou centros populares de trabalhadores organizados nos termos dos estatutos do Instituto Nacional para Aproveitamento dos Tempos Livres dos Trabalhadores.

4 – Quando os donativos referidos no presente artigo se destinarem a custear a instalação e ou manutenção de creches e jardins-de-infância, são considerados como custos em valor correspondente a 140% do total desses donativos».

A AT, considerando que o donativo não foi entregue à donatária em 1991, desconsiderou como custo o respectivo montante e acréscimo e procedeu à correspondente liquidação adicional.

A Contribuinte insurgiu-se contra essa liquidação sustentando que o processo constitutivo do negócio jurídico (doação) se concluiu com a aceitação da doação, feita expressamente e por escrito pela donatária no ano de 1991, motivo por que o respectivo montante foi registado na sua contabilidade com referência ao exercício daquele ano e o mesmo (e respectivo acréscimo) foi também por ela declarado como custo fiscal daquele exercício em obediência ao princípio da especialização dos exercícios, uma vez que o custo relativo àquele donativo deve reportar-se "foi incorrido durante o exercício de 1991".

O Juiz do Tribunal Tributário de 1.ª instância de Santarém aderiu à tese da Impugnante, considerando, com base no princípio da especialização dos exercícios, que «[f]oi no ano de 1991 que a Ite assumiu o custo respectivo e apenas, por razões circunstanciais, não entregou de imediato a verba envolvida à donatária; entrega que, contudo, veio a efectivar-se [...], tornando a doação em causa plenamente eficaz», chamando à colação, em apoio da sua tese, o acórdão do Supremo Tribunal Administrativo de 9 de Fevereiro de 2000, proferido no processo com o n.º 22.208.

A Fazenda Pública não concordou com a sentença e dela veio recorrer para este Tribunal Central Administrativo. Entende, em síntese, que o donativo só pode ser considerado como custo do exercício em que foi efectivamente concedido ao donatário, nos termos do disposto no art. 40.º, n.º 3, do CIRC, não estando sujeito ao princípio da especialização dos exercícios e não lhe sendo aplicável o disposto no art. 24.º, n.º 2, do CIRC, que constitui disposição especial que visa regular uma situação de facto distinta.

Assim, a questão que ora cumpre apreciar e decidir, a fim de aferir se a sentença fez correcto julgamento, é, como adiantámos no ponto 1.8, a de saber se o custo correspondente ao donativo efectuado pela Contribuinte a uma instituição particular de solidariedade social deve ser imputado ao exercício de 1991 – período em que considerou ter sido tomada a decisão de conceder o donativo e em que este foi aceite pela donatária –, apesar de a efectiva entrega do montante doado não ter ocorrido nesse ano.

2.2.2 DO PRINCÍPIO DA ESPECIALIZAÇÃO DOS EXERCÍCIOS E DA SUA (IN)APLICABILIDADE AOS DONATIVOS QUE A LEI CONSIDERA COMO CUSTOS

Não se coloca qualquer dúvida relativamente à dedutibilidade do donativo em causa, uma vez que, apesar da lei não considerar como custos nem como variações patrimoniais negativas as liberalidades, existe norma expressa – o art. 40.º, n.ºs 3 e 4, este com a redacção que lhe foi dada pela Lei n.º 34/91, de 27 de Julho, do CIRC – a equipará-lo a custo ou perda do exercício.

Aliás, a fundamentação externada pela AT para proceder à correcção da matéria tributável declarada, na parte que ora nos interessa, foi, exclusivamente, que no ano de 1991 não houve qualquer doação, não pondo em causa que essa doação tenha sido realmente efectuada no ano seguinte. Ora, como é sabido, a legalidade dos actos deve aferir-se perante os fundamentos que o sustentaram e não face a quaisquer outros.

A questão que se coloca é exclusivamente quanto à imputação temporal do custo respeitante a esse donativo: pode ela ser feita ao exercício do ano de 1991, como entenderam a Contribuinte e a sentença recorrida, ou apenas pode imputar-se ao ano de 1992, como consideraram a AT, pelo menos indirectamente, e a Recorrente?

Nos termos do art. 17.º do CIRC, é «O lucro tributável das pessoas colectivas e outras entidades mencionadas na alínea a) do n.º 1 do artigo 3.º é constituído pela soma algébrica do resultado líquido do exercício e das variações patrimoniais positivas e negativas verificadas no mesmo período e não reflectidas naquele resultado, determinados com base na contabilidade e eventualmente corrigidos nos termos deste código».

Ou seja, o 17.º do CIRC estabelece que o lucro tributável é o resultado líquido do exercício expresso na contabilidade, sendo este resultado uma síntese de elementos positivos (proveitos ou ganhos) e elementos negativos (custos ou perdas), e o critério geral definidor do que são essas componentes negativas encontra-se no artigo 23.º, n.º 1, do CIRC, onde se preceitua «Consideram-se custos ou perdas os que comprovadamente forem indispensáveis para a realização dos proveitos ou ganhos sujeitos a imposto ou para a manutenção da fonte produtora, nomeadamente os seguintes: [...]», seguindo-se a enunciação, a título exemplificativo, de algumas situações que integram o conceito.

Serão, assim, custos fiscais todas as despesas que, devidamente comprovadas, sejam indispensáveis para a realização dos proveitos ou ganhos sujeitos a imposto e para a manutenção da respectiva fonte produtora.

Nos termos do disposto no art. 18.º, n.º 1, do CIRC, «Os proveitos e os custos, assim como as outras componentes positivas ou negativas do lucro tributável, são imputáveis ao exercício a que digam respeito, de acordo com o princípio da especialização dos exercícios».

De acordo com o princípio da especialização dos exercícios, consagrado no citado preceito legal, os proveitos e os custos devem ser tomados em consideração quando obtidos ou incorridos e não quando recebidos ou pagos, integrando-se os recebimentos e pagamentos nas demonstrações financeiras dos períodos a que respeitam[7]. A determinação do lucro tributável anda, pois, associada, à noção de proveitos e custos e não à de receitas e despesas.

Este princípio assume relevância nos casos em que o exercício em que os ganhos ou perdas são contabilizados não é o mesmo em que os recebimentos ou despesas que lhes correspondem têm lugar, nos casos em

---

[7] Neste sentido, entre muitos outros, os seguintes acórdãos do Supremo Tribunal Administrativo:
– de 13 de Janeiro de 1999, proferido no processo com o n.º 22.554 e publicado no *Apêndice ao Diário da República* de 23 de Maio de 2002, págs. 86 a 91;
– de 26 de Maio de 1999, proferido no processo com o n.º 22.607 e publicado no *Apêndice ao Diário da República* de 19 de Junho de 2002, págs. 2023 a 2027;
– de 17 de Novembro de 1999, proferido no processo com o n.º 22.183 e publicado no *Apêndice ao Diário da República* de 30 de Setembro de 2002, págs. 3750 a 3755;
– de 9 de Fevereiro de 2000, proferido no processo com o n.º 22.208 e publicado no *Apêndice ao Diário da República* de 21 de Novembro de 2002, págs. 365 a 371.

que os custos são contabilizados num exercício mas em que a despesa efectiva é suportada noutro e em que o proveito é contabilizado num exercício e é recebido noutro, sendo geralmente, num e noutro caso, no exercício imediatamente seguinte.

Nestes casos, por força do referido princípio da especialização dos exercícios, custos e proveitos são contabilizados à medida que sejam incorridos e obtidos e não à medida em que ocorram os respectivos pagamento e recebimento. Assim, imputam-se ao exercício os custos que, não suportados efectivamente nele, todavia emergem de operações nele realizadas; do mesmo modo, os proveitos ainda não arrecadados, mas resultantes de operações feitas durante um dado exercício, devem ser-lhe imputados.

Deverá, contudo, ter-se sempre presente que o princípio da especialização dos exercícios é um princípio contabilístico e, como tal, não é absoluto, antes devendo ser conjugado e, eventualmente, subordinar-se ao princípio constitucional da tributação do lucro real.

Por via de regra, as liberalidades, porque não são indispensáveis à realização dos proveitos ou ganhos sujeitos a imposto e para a manutenção da fonte produtora, não são consideradas custos nem variações patrimoniais negativas (cfr. art. 24.º, n.º 1, alínea a), do CIRC).

No entanto, por razões de política fiscal, por vezes a lei expressamente qualifica algumas liberalidades como custos. É o que sucede no caso *sub judice*: a lei, excepcional e expressamente, qualifica como custos os donativos concedidos pelo contribuinte que, não ultrapassando 2‰ do volume das vendas e ou dos serviços prestados no exercício quando as beneficiárias forem instituições particulares de solidariedade social e aceitando que o custo ascenda a 140% do donativo quando se destine a custear a instalação e ou a manutenção de creches e jardins de infância (cfr. o citado art. 40.º, n.ºs 3 e 4, do CIRC, na referida redacção).

Foi ao abrigo desta norma que a Contribuinte declarou como custo do exercício do ano de 1991 o montante de esc. 40.000.000$00, correspondente ao donativo de esc. 25.000.000$00 e respectivo acréscimo.

Nos presentes autos, ninguém questiona a dedutibilidade deste custo; questiona-se apenas a imputação temporal do mesmo. Isto, porque, o custo correspondente a esse donativo foi contabilizado no exercício do ano de 1991 e a entrega do respectivo montante só teve lugar em 1992.

Afigura-se-nos que o custo deve ser imputado ao exercício do ano de 1991, data em que foi contabilizado, por força do predito princípio da especialização dos exercícios, como aliás bem se decidiu na sentença recorrida e melhor procuraremos demonstrar adiante. Onde já não acompanhamos a argumentação aduzida na sentença é quando nesta se pretende estabelecer paralelismo entre a situação dos autos e a que foi objecto do recurso do Supremo Tribunal Administrativo com o n.º 22.208. Na verdade, não há semelhança evidente entre uma e outra situação: enquanto nos presentes autos existe disposição expressa a considerar o donativo em causa como custo ou perda do exercício (o art. 40.º, n.ºs 3 e 4, do CIRC, na referida redacção), motivo por que entendemos ser-lhe aplicável o princípio da especialização dos exercícios por força do disposto no art. 18.º do CIRC, naquele recurso estava em causa a distribuição de lucros da sociedade contribuinte pelos seus corpos sociais, que constituiu uma variação patrimonial negativa, a imputar ao exercício em que se decidiu a sua distribuição, nos termos do art. 24.º, n.º 2, do CIRC.

Em todo o caos, salvo o devido respeito, afigura-se-nos que a tese da Fazenda Pública não tem apoio legal, não havendo por que considerar que o supra referido princípio da especialização dos exercícios não logra aplicação no caso das liberalidades que a lei qualifica como custos.

O art. 40.º, n.º 3, do CIRC, não afasta, nem face ao teor literal, nem face à teleologia da norma, a aplicação do disposto no art. 18.º, n.º 1, do mesmo código. Porque haveria o legislador, que neste último preceito, adoptou o princípio contabilístico da especialização dos exercícios relativamente a todas os proveitos e custos, afastar a aplicação desse princípio relativamente aos custos decorrentes das liberalidades?

Note-se que, mesmo a sustentar-se que as liberalidades que a lei excepcional e expressamente qualifique como custos hajam de ser tratadas como "custos de período", a imputação temporal destes é a fazer «de acordo com um critério consistente e sistemático que tenha em conta a sua associação com o período em causa», ainda que a obrigação de efectuar um pagamento surja apenas num período seguinte[8].

A Fazenda Pública, para sustentar o contrário, argumenta com o disposto no art. 24.º, n.º 2, do CIRC, porque o legislador não estipulou para as liberalidades a que alude na alínea a), do n.º 1, daquele artigo, redacção idêntica à que fez consignar para "as variações patrimoniais negativas relativas a gratificações e outras remunerações do trabalho de membros de órgãos sociais e trabalhadores da empresa, a título de participação nos resultados", relativamente às quais deixou expresso que «concorrem para a formação do lucro tributável do exercício a que respeita o resultado em que participam»[9].

Mas, salvo o devido respeito, o legislador não tinha necessidade de norma especial para prever a sujeição ao princípio da especialização relativamente à contabilização do donativo em causa. É que a própria lei qualifica esse donativo como custo ou perda do exercício e, portanto, sujeito ao regime do art. 18.º do CIRC.

Sempre salvo o devido respeito, a Fazenda Pública parece também ter considerado que na sentença se aceitou que fosse contabilizada a mera intenção de conceder um donativo subsumível à previsão do citado n.º 3 do art. 40.º do CIRC. Mas não é assim.

De acordo com a factualidade que ficou assente, na situação *sub judice* a Impugnante não se ficou pela mera declaração de intenções. A doação ocorreu realmente em 1991: houve uma proposta negocial de doação feita pela Contribuinte, ora Recorrida, que foi aceite pela instituição donatária, por escrito dirigido à doadora, motivo por que, como salienta a Recorrida, se concluiu «o processo constitutivo do negócio jurídico»[10], do qual resultou de imediato a transferência da propriedade para

---

[8] Cfr. Freitas Pereira, *A periodização do Lucro Tributável*, Cadernos de Ciência e Técnica Fiscal n.º 152, págs. 138 a 142.

[9] Referimo-nos à redacção inicial do preceito, que é a aplicável. Ulteriormente, através da Lei n.º 30-C/92, de 28 de Dezembro (Orçamento de Estado para 1993), o n.º 2 do art. 24.º do CIRC veio ainda exigir que «as respectivas importâncias sejam pagas ou colocadas à disposição dos beneficiários até ao fim do exercício seguinte».

[10] Cfr. Pires de Lima e Antunes Varela, *Código Civil Anotado*, II vol., 1968, nota 1. ao art. 945.º, pág.

a donatária e a obrigação para a doadora de entregar o dinheiro (cfr. arts. 940.º, n.º 1, 945.º, n.º 3, 947.º, n.º 2, e 954.º, a) e b), todos do Código Civil (CC)).

É certo que, como sustenta a Recorrente, poderia a Contribuinte não ter entregue o dinheiro do donativo. Mas isso é uma situação patológica, que cumpriria à AT fiscalizar e corrigir, não podendo erigir-se essa possibilidade em argumento para recusar a aplicação do princípio da especialização dos exercícios.

Em todo o caso, a correcção do lucro tributável declarado não foi efectuada com esse fundamento, sendo certo que a própria AT reconhece que o dinheiro do donativo foi entregue à instituição donatária em 1992.

Por tudo o que ficou dito, entendemos que o recurso não merece provimento e que a sentença recorrida deve manter-se na ordem jurídica.

2.2.3 CONCLUSÕES

Preparando a decisão, formulam-se as seguintes conclusões:

V – respeito, de acordo As componentes negativas do lucro tributável são imputáveis ao exercício a que digam com o princípio da especialização dos exercícios, só podendo ser imputadas a exercício posterior quando, na data de encerramento das contas do exercício a que deveriam ser imputadas, eram imprevisíveis ou manifestamente desconhecidas (cfr. art. 18.º, n.ºs 1 e 2, do CIRC).

VI – De acordo com o princípio da especialização dos exercícios, os custos devem ser reconhecidos quando incorridos, independentemente do seu pagamento (tal como os proveitos devem ser reconhecidos quando, quando obtidos, independentemente do seu recebimento).

VII – Para efeitos fiscais, as liberalidades não são consideradas como indispensáveis à realização dos proveitos ou ganhos sujeitos a imposto e para a manutenção da fonte produtora, e daí que não sejam consideradas custos nem variações patrimoniais negativas, a menos que a lei expressamente as qualifique de outro modo, como sucede relativamente a algumas liberalidades de cariz social, que, por razões de política fiscal, a lei qualifica como custos (cfr. art. 40.º do CIRC).

VIII – Verificando-se um donativo que a lei considera como custo ou perda, o mesmo deve ser contabilizado no ano em que a doação se tornou eficaz, mediante a aceitação da proposta negocial, em obediência ao princípio da especialização dos exercícios, que pode não ser aquele em que o dinheiro foi efectivamente entregue ao donatário.

3. DECISÃO

Face ao exposto, os juízes da Secção do Contencioso Tributário deste Tribunal Central Administrativo acordam, em conferência, em negar provimento ao recurso, confirmando a sentença recorrida, embora com fundamentação parcialmente diversa.

Sem custas.

Lisboa, 12 de Outubro de 2004

Francisco Rothes
Jorge Lino
Pereira Gameiro

Recurso n.º 184/04

IRC 1992. DETERMINAÇÃO DO LUCRO TRIBUTÁVEL POR MÉTODOS INDIRECTOS. ERRO NA QUANTIFICAÇÃO DA MATÉRIA TRIBUTÁVEL. ÓNUS DA PROVA. CUSTOS.

(Acórdão de 21 de Setembro de 2004)

SUMÁRIO:

I – A tributação das empresas deve fazer-se pelo lucro real, sendo a regra geral a da determinação do lucro tributável com base na respectiva declaração de rendimentos e tendo por base a contabilidade (arts. 107.º, n.º 2, da CRP, e 16.º do CIRC, nas redacções vigentes à data), donde resulta deverem aquelas manter contabilidade organizada nos termos da lei comercial e fiscal (art. 78.º do CPT, em vigor à data, e 98.º, n.º 1, do CIRC) e apresentar as pertinentes declarações de rendimentos (arts. 94.º, n.º 1, alínea b) e 96.º do CIRC).

II – Excepcionalmente, em determinadas circunstâncias, designadamente quando a contabilidade enfermar de omissões ou inexactidões que não permitam que o apuramento do lucro tributável se faça com base nela e se mostrar inviável a quantificação directa, permite-se à AT que proceda à sua fixação mediante o recurso a métodos indiciários (arts. 16.º, n.º 3 e 51.º, n.ºs 1 e 2, do CIRC), devendo fundamentar a sua decisão (arts. 268.º, n.º 3, da CRP, 125.º do CPA, 21.º e 81.º, do CPT e 53.º, n.º 1, do CIRC).

III – De acordo com o entendimento actual do princípio da legalidade administrativa, incumbe à AT o ónus de prova da verificação dos requisitos legais das decisões positivas e desfavoráveis ao destinatário, como sejam a existência dos factos tributários e a respectiva quantificação (ressalvadas as excepções do art. 121.º, n.º 2, do CPT), isto quando o acto por ela praticado tem por fundamento a existência do facto tributário e a sua expressão quantitativa.

IV – Assim, compete à AT demonstrar a verificação dos pressupostos legais que permitem a tributação por métodos indiciários, designadamente a impossibilidade de tributação com base na declaração do contribuinte e na respectiva contabilidade, e, feita essa prova, porque em relação à quantificação com recurso a métodos indiciários, pela sua própria natureza, não se pode exigir a mesma precisão que na quantificação feita com base na declaração do contribuinte, não basta a este criar uma dúvida razoável, antes se lhe exigindo a prova de que os elementos utilizados pela AT ou o método que utilizou são errados (cfr. art. 121.º do CPT, aplicável à situação *sub judice*).

V – A AT está legitimada no recurso a métodos indirectos para a fixação do lucro tributável se, na

sequência de uma fiscalização à Contribuinte, verifica que:
– a Contribuinte contabilizou despesas que não respeitam à empresa e/ou não respeitam ao exercício em causa e
– a Contribuinte não procedia ao registo contabilístico dos apuros diários resultantes da venda ao balcão de electrodomésticos, o que, tudo, leva à conclusão de que a contabilidade não é credível e, a segunda circunstância referida, também à impossibilidade de determinar o lucro tributável de forma directa por se desconhecerem com exactidão as vendas da Contribuinte.

VI – Não logrando o Contribuinte demonstrar a realidade dos factos alegados com vista a demonstrar o excesso na quantificação da matéria tributável e o erro no método utilizado pela AT, não merece censura alguma a sentença que julgou improcedente a impugnação judicial deduzida com esse fundamento.

VII – Nos termos do disposto no art. 23.º do CIRC, só podem considerar-se como custos para efeitos da terminação do lucro tributável «os que comprovadamente forem indispensáveis para a realização dos proveitos ou ganhos sujeitos a imposto ou para a manutenção da fonte produtora».

ACÓRDÃO

1. RELATÓRIO

1.1 A sociedade denominada "J.S. REPRESENTAÇÕES, LDA." (adiante Recorrente, Contribuinte ou Impugnante) impugnou judicialmente a liquidação de Imposto sobre o Rendimento das Pessoas Colectivas (IRC) do ano de 1992, derrama e respectivos juros compensatórios, do montante global de esc. 10.171.031$00, que lhe foi efectuada na sequência da fixação pela Comissão de Revisão (CR) do lucro tributável com recurso a métodos indiciários.

1.2 Na petição inicial a Impugnante alegou, em resumo, o seguinte:
– aceita que a contabilidade «não terá sido elaborada da melhor forma»[1], por o contabilista a quem encarregou da respectiva organização não ter usado nessa tarefa do cuidado necessário, designadamente, não ter discriminado quais as compras e vendas relativamente a cada uma das diversas actividades exercidas pela Contribuinte e nunca ter pedido a esta o inventário físico das existências, antes forjando ele mesmo um inventário «para cumprir a formalidade legal, mas sem que espelhasse a realidade»;
– aceita que a Administração tributária (AT) tenha procedido à fixação da sua matéria tributável por métodos indirectos (dizendo expressamente a Contribuinte que «não se insurge contra o facto de se ter partido para a sua tributação por métodos indiciários, pois a sua contabilidade não está bem elaborada»), mas não concorda que a contabilidade, tendo sido desconsiderada, o não tenha sido por todo, não podendo a AT «aproveitar os dados que convêm e desprezar os que não convêm»;

– a AT «não seguiu o princípio da tributação do rendimento real», mas «[m]al viu que lhe era possível [sic] partir para presunções, julgou o seu campo aberto a todas as arbitrariedades», quando, nas hipóteses em que lhe não é possível apurar o rendimento real, «a Administração Fiscal poderá reconstituir o resultado declarado», reconstituição que «terá de enquadrar dentro dos parâmetros previstos no art.º 107.º, n.º 2 da Constituição da República Portuguesa»;
– seja como for, a Impugnante «elaborava diariamente o "Caixa"» e também «contabilizou sempre correctamente a conta "Bancos"», factos a que o relatório dos Serviços de Prevenção e Inspecção Tributária (SPIT) nem sequer alude e que permitem uma certeza: «que todos os fluxos financeiros estão aí retratados»;
– pelo contrário, no relatório dos SPIT refere-se um facto que não corresponde à verdade, qual seja o de que a Contribuinte não procedeu ao registo contabilístico dos apuros diários resultantes das vendas de electrodomésticos efectuadas ao balcão, quando todas essas vendas foram contabilizadas, sendo apenas que «a impugnante não discriminou o que eram electrodomésticos das restantes mercadorias, não emitindo talões de venda discriminados»;
– apesar disso «as importâncias totais recebidas acabaram por ser contabilizadas, se bem que em global»;
– existindo, como existe, incoerência entre as facturas de aquisições e as de vendas, deveriam desprezar-se as existências, e «no que respeita aos electrodomésticos, o apuramento só deveria ter sido feito através das compras, considerando a mesma quantidade de mercadorias vendidas, sem considerar as existências»;
– os preços médios dos televisores e dos "vídeos" não são os referidos no relatório;
– a AT também não aceitou custos sem qualquer fundamentação concreta;
– as ofertas realizadas, porque relacionadas com a actividade, são custos da Contribuinte;
– também as despesas de telefone, apesar da assinatura estar em nome do sócio-gerente, são custos da Contribuinte, bem como as despesas com aulas de inglês, que foram ministradas a empregados da Impugnante;
– acresce que a acta da comissão de revisão (CR) deveria ter discriminado os valores fixados por exercício económico e, não o tendo feito, enferma de vício de preterição de formalidades legais.

1.3 Na sentença recorrida, a Juíza do Tribunal Tributário de 1.ª instância do Porto considerou que a Impugnante «alicerçou a sua pretensão [...] em três tipos de argumentos, a saber: – falta de fundamentação do acto impugnado, falta de fundamentação da decisão da C.R. e preterição de formalidades legais nesta mesma decisão» e enunciou as questões a decidir como sendo as seguintes:
«1 – falta de fundamentação do acto impugnado;
2 – ilegalidade, por preterição de formalidades legais, da decisão da Comissão de Revisão;
3 – falta de fundamentação desta mesma decisão».
Depois, debruçando-se sobre cada uma das consideradas causas de pedir, entendeu a Juíza do Tribunal Tributário de 1.ª instância do Porto, em síntese:
– quanto à falta de fundamentação, como vício de forma, que a Impugnante «soube "o porquê" da liquidação impugnada – a constatação da inexactidão na con-

---
[1] As partes entre aspas e com um tipo de letra diferente, aqui como adiante, constituem transcrições.

tabilização das operações impeditivas do controlo eficaz do resultado obtido e da comprovação directa e exacta da quantificação dos elementos indispensáveis à determinação da matéria colectável no exercício em apreço»;

– quanto à falta fundamentação substancial, que a AT, para lançar mão dos métodos indiciários, «baseou-se no não correcto procedimento do registo contabilístico dos apuros diários, conforme imposição da al. *a*), do n.º 1, do art. 39.º do CIVA – cfr. o art. 84.º do CIVA» e «agiu de acordo com o disposto no art. 51.º, n.º 1, al. *d*), do CIRC, já que a contabilidade e os resultados líquidos apresentados não traduziam com fidelidade a exacta situação patrimonial e o resultado efectivamente obtido pela aqui impugnante»;

– quanto à preterição de formalidades legais na decisão da CR, também a Recorrente não tem razão, dado que, «estando em causa reclamações referentes a exercícios seguidos (92 a 94) da mesma sociedade e reclamante, nada obstava a que aquela entidade decidisse globalmente como fez, analisando, embora, e de forma expressa, cada uma das questões suscitadas pela então reclamante»; assim, «não tem apoio legal a pretensão feita a propósito da necessidade de elaboração de uma acta para cada reclamação», tanto mais que «o exame à escrita abrangeu todos estes exercícios, e, mesmo o bom senso (para além das exigências de economia de meios), justifica uma apreciação em bloco da realidade da empresa».

Por tudo isto, considerou a Juíza do Tribunal Tributário de 1.ª instância do Porto que a liquidação não padecia dos vícios que lhe foram assacados e julgou improcedente a impugnação judicial.

1.4 A Impugnante recorreu da sentença e o recurso foi admitido, a subir imediatamente, nos próprios autos e com efeito devolutivo.

1.5 A Recorrente alegou e formulou as seguintes conclusões:

«1.– A recorrente alicerçou a sua impugnação no exagero da tributação, na violação do princípio da proporcionalidade e do controle financeiro que sempre foi tido por aquela.

2.– Provou com os documentos juntos à sua impugnação a falta de verdade da amostragem do Fisco relativamente às vendas de mercadorias.

3.– Provou o exagero que houve por parte do Fisco nessa sua busca, através de margens de lucro irreais.

4.– Provou que não era possível, até pela proximidade das grandes superfícies em relação à recorrente – o que é, aliás, do domínio público e não necessitaria de prova.

5.– Provou, também, testemunhalmente alguns dos preços que eram praticados.

6.– A recorrente não tem capacidade contributiva para suportar tamanha carga fiscal, sendo, aliás, obrigado a cessar a sua actividade e que vinha apresentando sempre o seu lucro real e cumprindo também sempre com as suas obrigações fiscais, bem como todas as outras suas obrigações.

7.– Possuía, desde sempre, a recorrente um apertado controle financeiro.

8.– Elaborava diariamente o seu "Caixa" e mantinha em devida ordem a sua com de [sic] "Depósitos Bancários".

9.– Provou isso e bem assim que todas as suas vendas eram registadas em globo.

10.– Assim, todo o seu movimento de vendas estava espelhado no movimento financeiro.

11.– A ser posto em crise, seria a proporcionalidade entre os tipos de mercadorias vendidas, mas nunca se poderia alterar o volume global de vendas.

12.– Provou, ainda, que os custos com o curso de inglês e do telefone foram indispensáveis para a realização dos proveitos e, como tal teriam de ser considerados.

13.– A tributação não seguiu os princípios constitucionais da tributação do lucro real nem da proporcionalidade.

14.– A recorrente vê-se numa situação de "confiscada" e daí o seu recurso às instâncias judiciais, únicas que lhe poderão proporcionar a justiça.

15.– A douta sentença recorrida violou o disposto nos art.ºs 20.º e 23.º do CIRC, os princípios da Auditoria e do Plano Oficial de contabilidade, o art.º 104.º da CRP e os art.ºs 121.º, 142.º e 143.º do CPT.

Nestes termos e naqueles que v. ex.ᵃˢ doutamente suprirão, deve ser dado provimento ao recurso, revogando-se q douta sentença recorrida, como é de inteira justiça».

1.6 A Fazenda Pública não contra-alegou.

1.7 O Magistrado do Ministério Público emitiu parecer no sentido de que seja negado provimento ao recurso, por a sentença ter feito correcto julgamento de facto e de direito.

Depois de tecer diversos considerandos sobre os métodos de quantificação da matéria tributável, o Procurador-Geral Adjunto concluiu que no caso concreto estão verificados os pressupostos da aplicação dos métodos indiciários e que, embora estes visem «na medida do possível, alcançar e determinar o rendimento real dos contribuintes, é obvio que nem sempre será possível obter com exactidão e certeza desejáveis a quantificação exacta desse rendimento», incumbindo então aos contribuintes «alegar e provar, através dos meios legais admissíveis, a quantificação exacta da matéria colectável ou, pelo menos, produzir prova credível e objectiva que permitisse criar fundada dúvida sobre a existência e quantificação da matéria colectável», o que a Recorrente não fez.

1.8 Colhidos os vistos, cumpre apreciar e decidir.

1.9 As questões sob recurso, suscitadas e delimitadas pelas conclusões da Recorrente, são as de saber se a sentença recorrida:

– enferma de erro de julgamento de facto, por nela não ter sido dada como assente diversa factualidade (cfr. conclusões do recurso com os n.ºs 2 a 5, 7 a 10 e 12);

– enferma de erro de julgamento de direito

– por ter considerado legal o recurso aos métodos indiciários para a fixação do lucro tributário (cfr. conclusões do recurso com os n.ºs 7 a 11);

– por ter considerado que a Impugnante não logrou demonstrar, como lhe competia, o invocado erro na quantificação da matéria tributável (cfr. conclusões do recurso com os n.ºs 2 a 6);

– por ter considerado legal, por falta de prova da sua indispensabilidade para a formação dos proveitos, a correcção dos custos com o telefone em nome do sócio-gerente da Contribuinte e com o curso de inglês (cfr. conclusão do recurso com o n.º 12).

2. FUNDAMENTAÇÃO
2.1 DE FACTO
2.1.1 A sentença recorrida procedeu ao julgamento de facto nos seguintes termos:
«Fundamentos de Facto
Dos elementos contidos nos autos – documentos, relatório elaborado pelos serviços da fiscalização, acta da C.R. e informações oficiais – resulta provada a seguinte factualidade:
1 – A sociedade "J. S. Representações, Lda", tem por objecto o comércio e representações de material eléctrico e electrodomésticos – CAE 620430;
2 – na sequência de fiscalização levada a cabo em 1994, os Serviços de Prevenção e Inspecção Tributária (SPIT) apuraram, além do mais, que: "aquela, nos exercícios de 1991 a 1994, não procedeu ao registo contabilístico dos apuros diários.... resultantes das vendas ao balcão de electrodomésticos, pelo que existe omissão de vendas.... perante aquele facto foram accionados os métodos indiciários.... dado existir, no exercício de 1992, uma inequívoca falta de coerência entre as referências constantes das facturas de venda de electrodomésticos,.... as vendas presumidas dos diversos electrodomésticos foram determinadas tendo em consideração o seguinte: calculámos o preço médio venda a partir das vendas declaradas e contabilizadas.... (fls. 38, in fine);.... o valor presumido foi equitativamente distribuído pelos 12 meses do ano dado não dispormos de elementos concretos das vendas efectivamente realizadas.... do exame à escrita.... concluímos inequivocamente que a contabilidade e os resultados líquidos apresentados não traduzem com fidelidade a exacta situação patrimonial e o resultado efectivamente obtido.... o sujeito passivo contabilizou indevidamente.... custos não indispensáveis para a realização dos proveitos ou ganhos da empresa.... contabilizou.... no exercício de 1993 o documento.... relativo a uma despesa de conservação da viatura Maserati.... que é custo no exercício da data da emissão do documento, 1992.... foram corrigidos custos que a empresa contabilizara indevidamente por não serem indispensáveis para a realização dos proveitos, já que se referem, na sua maioria, a aquisições de artigos para ofertas não justificadas, nem justificáveis, em que se destacam obras de arte adquiridas em leilões e outras, enciclopédias, jóias, antiguidades.... contabilizou o montante de 500.000$00, relativo às reintegrações da viatura ligeira de passageiros, Honda Civic CRX VTI, que, embora fazendo parte do activo imobilizado da empresa, não se encontrava ao serviço da mesma, mas da esposa do sócio-gerente.... foi proposto para o exercício de 92 um volume de negócios presumido de 13.753.309$00;
3 – em consequência, em lugar do lucro declarado de 12.663.625$00, foi proposto o de 28.997.531$00;
4 – a ora impugnante reclamou para a Comissão de Revisão;
5 – esta, por unanimidade, e com os fundamentos constantes de fls. 95 a 98, deliberou fixar para os exercícios de 1992, 1993 e 1994 o valor da matéria tributável em 65.301.911$00, tendo corrigido o lucro fiscal do ano de 1992, aqui em causa, para o quantitativo de 27.647.385$00; aí se afirma, além do mais, que «.... não ficou demonstrada a indispensabilidade dos custos contabilizados (obras de arte, despesas com automóveis não pertencentes à firma, jóias....) para a obtenção dos proveitos.... a comissão apenas deliberou aceitar os custos com a aquisição de fatos de trabalho....

6 – esta impugnação foi apresentada em 08/09/97.
***
Factos não provados – os alegados na p.i. –; efectivamente, os depoimentos das testemunhas ouvidas, para além de contraditórios e imprecisos, não lograram convencer o Tribunal quanto aos factos sobre os quais depuseram; veja-se, p. ex., a 1ª testemunha que ignorou, de todo, os seus deveres enquanto tal, vindo tentar convencer-nos de que era normal, no exercício da actividade desenvolvida pela autora, presentear os clientes com "ofertas de valor significativo" como... objectos em prata, relógios, canetas (no que, aliás, foi logo desmentido pelas demais).
A impetrante não provou, pois, que os bens adquiridos através dos documentos identificados estavam relacionados com o objecto da empresa ou que se tratava de custos indispensáveis à realização dos proveito, nos termos contidos no art.º 23.º do CIRC».
2.1.2 Apesar das críticas feitas pela Recorrente ao julgamento de facto efectuado em 1.ª instância, este não nos merece censura.
Vejamos porquê, sendo que seguiremos de muito perto, quando não transcrevermos, o que ficou dito no acórdão deste Tribunal Central Administrativo de 28 de Outubro de 2003, proferido no recurso com o n.º 5048/01, em que a Recorrente é a mesma e é idêntica a situação de facto e de direito, se bem que a liquidação impugnada seja a do IRC do ano de 1994:
A Recorrente sustenta que provou
– mediante a apresentação de documentos, «a falta de verdade da amostragem da AT relativamente às vendas de mercadorias», «o exagero que houve por parte da AT nessa sua busca, através de margens de lucro irreais» e que não eram possíveis, «até pela proximidade das grandes superfícies em relação à recorrente», sendo aliás este último facto «do domínio público», pelo que «não necessitaria de prova» (cfr. conclusões do recurso com os n.ºs 2 a 4);
– através do depoimento das testemunhas: «alguns dos preços que eram praticados»; que «não tem capacidade contributiva para suportar tamanha carga fiscal»; que foi obrigada a cessar a sua actividade; que «vinha apresentando sempre o seu lucro real e cumprindo também sempre com as suas obrigações fiscais»; que «possuía, desde sempre, [...] um apertado controle financeiro»; que «elaborava diariamente o seu "Caixa" e mantinha em devida ordem a sua conta de "Depósitos Bancários"»; que «todas as suas vendas eram registadas em globo» e por isso, «todo o seu movimento de vendas estava espelhado no movimento financeiro»; que «os custos com o curso de inglês e do telefone foram indispensáveis para a realização dos proveitos» (cfr. conclusões do recurso com os n.ºs 5 a 10 e 12).
Alega ainda a Recorrente que a sentença não podia ter dado como não provados os factos alegados na petição inicial, já que, tendo alicerçado a sua pretensão «também e sobretudo no exagero da tributação, da falta de proporcionalidade da tributação e do controle que era possível fazer (e é) pelo sistema financeiro para se apurar o correcto volume de negócios», quer a prova documental que juntou (documentos comprovativos das margens de lucro) demonstra serem irreais as margens apuradas pelo Fisco, quer a prova testemunhal demonstra os preços que a Recorrente praticava e que, «embora [...] não procedesse à emissão de talões de venda, procedia à

elaboração de umas folhas, que no final do dia serviam para elaborar o "Caixa"», bem como que «o dinheiro recebido era depositado nos Bancos», pelo que daí resulta que a Recorrente tinha um controlo perfeito do movimento financeiro, face ao qual «fácil era proceder ao apuramento dos índices que se pretendessem», até porque todos os *inputs* e *outputs* estavam em ordem e os seus valores totais estavam registados como volumes de negócios realizados, pelo que «o que faltava era saber quais desses valores correspondia a cada tipo de mercadoria», «mas o total estava correcto» (cfr. alegações do recurso com os n.ºs 6, 9 a 14, 25 a 39 e 42 a 46).

Como adiantámos já, a nosso ver a Recorrente não tem razão.

Antes do mais, boa parte da matéria que pretende que deveria ter sido dada como assente não constitui matéria de facto susceptível de ser levada ao probatório, mas sim conclusões a extrair de factos. Mas será que a prova produzida nos autos permite dar como provados os factos referidos pela Recorrente?

Quanto à prova documental, a que a Recorrente apresentou com a petição inicial (de fls. 33 a 99) não é senão a cópia do relatório do exame à escrita que esteve na base das correcções do lucro tributável declarado nos anos de 1992 a 1994, a cópia da acta da reunião da CR que decidiu as reclamações contra essas correcções e a cópia do documento de cobrança respeitante à liquidação impugnada, da qual consta a «nota demonstrativa da liquidação do tributo».

Não se vê, portanto, que a prova documental junta comprove, só por si, a irrealidade das margens de lucro apuradas pelo Fisco.

Quanto à prova testemunhal, cumpre relembrar o que disseram as testemunhas (fls. 202 a 203) a fim de, em seguida, averiguar da sua relevância para o fim pretendido pela Recorrente:

A testemunha António José dos Anjos, que indica como razão de ciência a circunstância de ser revisor oficial de contas e ter feito assessoria à Impugnante, nos domínios da contabilidade e fiscalidade, desde meados de 1994, depôs que a Impugnante tinha como objecto o comércio e representação de material eléctrico e objectos e que, tendo em conta este objecto social e a preocupação da empresa em angariar e segurar os clientes, era prática oferecer a esses clientes objectos em prata, relógios, canetas, objectos esses valiosos; daí que a esse nível «encontrou na contabilidade da Impugnante uma "verba com sentido"»; disse ainda que se tratava de ofertas significativas mas que, «em termos numéricos, não pode adiantar nada». Relativamente à conta do telefone pessoal do sócio-gerente, disse que «é prática corrente das empresas esses custos serem contabilizados como custos da sociedade, embora também não possa precisar as verbas aqui em causa». Disse ainda que se recorda de ter encontrado uma verba correspondente a um custo relativo a um curso de inglês, mas não sabe quem frequentou essas aulas, se bem que «alguém da firma tinha que cursar o inglês para contactar com clientes estrangeiros». Mais disse que verificou, através da análise dos exercícios da firma a partir de 1990, que os inventários não tinham aderência à realidade, que as compras eram registadas de forma global e que faltavam talões de vendas mas, a nível financeiro, «observou que havia um controle dos apuros diários e dos depósitos bancários».

A testemunha Maria Angelina Cardoso Silva Martinho que, como razão de ciência, declarou que, embora não tendo qualquer ligação à empresa impugnante, trabalhou cerca de 10 anos para uma outra empresa pertencente ao mesmo sócio-gerente, confirmou que a impugnante se dedicava ao comércio de electrodomésticos e disse que «o preço médio dos televisores e vídeos era de 50.000$00».

A testemunha José Daniel Correia Monteiro, que indicou como razão de ciência o facto de ter trabalhado cerca de 10 anos na sociedade impugnante, como empregado de escritório, declarou que não tinha conhecimento que aquela presenteasse os clientes, a não ser com uma ou outra esferográfica «tipo BIC» de pequeno valor. Disse, ainda, que frequentou um curso de inglês no "Cambridge" com o sócio-gerente da Impugnante, o qual teve a duração de um ano e meio, a três horas por semana, sabendo que «foi caro», mas não sabendo precisar quanto custou. Disse também que a Recorrente tinha um telefone próprio e que no ano de 1992 a empresa vendia poucos electrodomésticos, fruto da concorrência dos hipermercados que ali estavam instalados. Mais disse que «todos os dias faziam o caixa».

Finalmente, a testemunha José Fernando Cunha da Silva, que como razão de ciência apontou a circunstância de ser cliente da Impugnante e ter conhecido o sócio-gerente, disse que entre 1991 e 1993 comprou à Impugnante vários electrodomésticos e que nunca lhe foi oferecido qualquer objecto, designadamente pratas, salvas, relógios, etc. Disse ainda recordar que pagou cerca de 62.000$00 por um "vídeo", 47.000$00 por um televisor pequeno e 57.000$00 por um outro de maiores dimensões.

Poderá, em face destes depoimentos, dar-se como provado que a Recorrente possuía um controle financeiro que permitia apurar a correcta margem de lucro e o correcto volume de negócios e que os custos em causa foram mal desconsiderados pela AT?

A resposta é, do nosso ponto de vista, negativa.

Os depoimentos das testemunhas são vagos quanto aos factos relativos à emissão de talões de venda (só a primeira testemunha se lhes refere para dizer que verificou a «ausência de talões de vendas») e são omissos quanto à factualidade atinente à elaboração das alegadas «folhas que no final do dia serviam para elaborar o Caixa» e ao modo como o dinheiro recebido era depositado nos bancos (só a primeira testemunha declarou que tinha observado que a nível financeiro havia um controlo dos apuros diários e dos depósitos bancários, mas sem especificar qualquer outra factualidade que permita saber como era feito esse controlo).

Quanto à questão das ofertas, os depoimentos são, mesmo, contraditórios, devendo merecer maior relevo, face à razão de ciência invocada, o depoimento das terceira e quarta testemunhas.

Relativamente aos preços de venda, à concorrência dos hipermercados e aos custos de telefone e do curso de Inglês, os depoimentos pouco ou nada adiantam. É certo que a terceira testemunha, que disse ter sido empregado de escritório da Impugnante disse ter frequentado um curso de inglês, mas nada foi referido, nem por ela nem por quem quer que seja quanto às razões dessa frequência, designadamente quanto à eventual necessidade da testemunha, enquanto empregado de escritório da Impugnante, saber inglês para desempenhar as suas funções.

Nenhuma censura merece, pois, a valoração feita na sentença recorrida, no sentido de que «os depoimentos das testemunhas ouvidas, para além de contraditórios e imprecisos, não lograram convencer o Tribunal quanto aos factos sobre os quais depuseram» e que a Impugnante «não provou, pois, que os bens adquiridos através dos documentos identificados estavam relacionados com o objecto da empresa ou que se tratava de custos indispensáveis à realização dos proveito, nos termos contidos no art. 23.º do CIRC».

Ou seja, em face da documentação junta e dos factos verificados pela Fiscalização e constantes do respectivo relatório de exame à escrita, o teor destes depoimentos não permite, de forma alguma, gerar convicção fundada de que houve o alegado exagero e falta de proporcionalidade da tributação e de que a Recorrente possuía um controle financeiro que permitia apurar a correcta margem de lucro e o correcto volume de negócios, bem como não permite concluir que as referidas despesas com telefone e com o curso de inglês fossem indispensáveis para gerar os proveitos. Nem a prova documental junta pela Recorrente nem a prova testemunhal que vimos de apreciar contradizem ou infirmam os factos constantes do Relatório, apurados mediante o exame à escrita da Recorrente, nem infirmam a prova documental nele recolhida.

Assim, nenhuma censura merece o julgamento de facto feito pela 1.ª instância.

2.2 DE DIREITO
2.2.1 DA LEGALIDADE DA DETERMINAÇÃO DO LUCRO TRIBUTÁVEL POR MÉTODOS INDIRECTOS

Embora a alegação da Impugnante não seja inequívoca a esse propósito, dizendo umas vezes que aceita o recurso aos métodos indiciários (cfr. art. 36.º da petição inicial), para logo depois dar a entender que considera que não se verificam os pressupostos que autorizavam o recurso a esse método de fixação da matéria tributável, afigura-se-nos que nas alegações de recurso questiona a sentença na parte em que nesta se considerou justificada a determinação do lucro tributável por métodos indirectos.

Ou seja, aceitando embora a Recorrente que a sua contabilidade enfermava das deficiências que lhe foram apontadas pela AT e que não procedia ao registo contabilístico dos apuros diários resultantes da venda ao balcão de electrodomésticos, como estava obrigada por força do art. 39.º, n.º 1, alínea a), do Código do IVA, já não aceita que esses factos retirem credibilidade à sua contabilidade por forma a impedir o apuramento do lucro tributável do ano de 1992 com base nela e a legitimar, para esse efeito, o recurso aos métodos indiciários.

Vejamos:

O imperativo constitucional de que a tributação das empresas deverá incidir sobre o seu rendimento real (cfr. art. 107.º, n.º 2, da Constituição da República Portuguesa[2] *(CRP)*), implica um acréscimo dos deveres de cooperação do sujeito passivo para com a AT.

Entre eles, destaca-se a obrigação que decorre do art. 78.º do Código de Processo Tributário (CPT), em vigor à data, e 98.º do Código do Imposto sobre o Rendimento das Pessoas Colectivas[3] (CIRC): ter contabilidade organizada nos termos da lei comercial e fiscal.

Outro daqueles deveres é o da entrega da declaração periódica de rendimentos (arts. 94.º, n.º 1, alínea *b)* e 96.º do CIRC).

Nos n.ºs 1 e 2 do art. 76.º do CPT dizia-se:

«1. O processo de liquidação instaura-se com as declarações dos contribuintes ou, na falta ou vicio destas, com base em todos os elementos de que disponha a entidade competente.

2. O apuramento da matéria tributável far-se-á com base nas declarações dos contribuintes, desde que sejam apresentadas nos termos previstos na lei e sejam fornecidos à administração fiscal os elementos indispensáveis à verificação da sua situação tributária».

Como dizem ALFREDO JOSÉ DE SOUSA e JOSÉ DA SILVA PAIXÃO, «A declaração é um acto pelo qual o contribuinte leva ao conhecimento da Administração Fiscal a existência da matéria tributável que integra o facto tributário, indicando o seu montante e todos os elementos necessários para o cálculo do imposto (encargos, deduções, etc.).

A declaração é exigida pela lei e traduz um acto de colaboração do contribuinte face à natureza pública do imposto justificada peta ideia de que a obrigação tributária não é uma obrigação voluntária, contratual, mas o cumprimento de um dever legal. É um acto obrigatório e se o contribuinte, estando nas condições previstas na lei, não o cumprir, está sujeito a sanções (arts. 31.º e 32.º do RJIFNA).

A declaração é uma base suficiente para a imposição e é um elemento justificativo da receita correspondente.

Além de ser uma obrigação do contribuinte traduz uma prova de matéria colectável»[4].

Também no art. 16.º, n.º I, do CIRC, se estabelece como regra geral a determinação da matéria colectável com base na declaração do contribuinte.

O sistema fiscal português consagra, pois, o método da declaração do contribuinte no apuramento da matéria tributável (arts. 57.º a 61.º do CIRS, 16.º do CIRC e 28.º a 40.º do CIVA). No entanto, nem sempre o apuramento da matéria colectável se fará com base na declaração do contribuinte: desde logo, como é óbvio, não se fará quando o contribuinte não apresente a declaração, caso em que a AT procederá oficiosamente à sua determinação, com base nos elementos de que dispuser ou que lhe sejam fornecidos pelos serviços de fiscalização; não se fará quando, como resulta do citado n.º 2 do art. 76.º do CPT, a declaração não seja apresentada nos termos previstos na lei ou quando o contribuinte não forneça à AT os elementos indispensáveis ao controlo da situação tributária dele; não se fará também quando do controlo efectuado resultar que a matéria colectável apurada na declaração ou com base nos elementos por ela fornecidos não corresponde à realidade.

Nos termos do art. 78.º do CPT[5], «quando a contabilidade ou escrita do sujeito passivo se mostre organizada segundo a lei comercial ou fiscal, presume-se a veracidade dos dados e apuramentos decorrentes, salvo se se

---

[2] Na redacção da Lei Constitucional n.º 1/89, de 8 de Julho, em vigor à data.

[3] As referências ao CIRC reportam-se ao que foi aprovado pelo Decreto-Lei n.º 422-B/88, de 30 de Novembro, que é o aplicável.

[4] *Código de Processo Tributário Comentado e Anotado*, 3.ª edição, nota 4 ao art. 76.º, pág. 162.

[5] Que hoje tem correspondência no art. 75.º da Lei Geral Tributária.

verificarem erros, inexactidões ou outros indícios fundados de que ela não reflecte a matéria tributável efectiva do contribuinte».

Assim, se a declaração do contribuinte estiver de acordo com os elementos constantes da sua contabilidade ou escrita, esta se mostrar organizada nos termos da lei e não se verificarem erros, inexactidões ou outros indícios fundados de que ela não corresponde à realidade, presume-se que a matéria tributável declarada é a real.

Reportando-nos ao imposto em causa, do art. 16.º, n.º 3, do CIRC, resulta que a determinação do lucro tributável por métodos indiciários só pode ocorrer quando se verifique um dos factos previstos no n.º 1 do art. 51.º do mesmo código, que passo a citar:

«*a)* Inexistência de contabilidade, falta ou atraso de escrituração dos seus livros e registos e, bem assim, irregularidades na sua organização ou execução;

b) Recusa de exibição da contabilidade e demais documentos legalmente exigidos, bem como a sua ocultação, destruição, inutilização, falsificação ou viciação;

c) Existência de diversas contabilidade com propósito de dissimular a realidade perante a administração fiscal;

d) Erros e inexactidões na contabilização das operações ou indícios fundados de que a contabilidade não reflecte a exacta situação patrimonial e o resultado efectivamente obtido».

Por outro lado, porque a tributação das empresas deverá incidir sobre o seu rendimento real (cfr. art. 107.º, n.º 2, da CRP, na referida redacção), mesmo verificadas irregularidades ou inexactidões na contabilidade, o recurso aos métodos indiciários para a fixação do lucro tributável só pode verificar-se quando não for de todo possível efectuar esse cálculo com base na contabilidade. Assim, no n.º 2 do artigo 51.º do CIRC diz-se: «A aplicação de métodos indiciários em consequência de anomalias e incorrecções da contabilidade só poderá verificar-se quando não seja possível a comprovação e quantificação directa e exacta dos elementos indispensáveis à determinação da matéria colectável de harmonia com as disposições da secção II deste capítulo».

A fixação da matéria tributável por métodos indiciários constitui, pois, um método excepcional de tributação do rendimento que, em regra, se fará com base na declaração do sujeito passivo, alicerçada nos elementos constantes da respectiva contabilidade.

Tenha-se presente que é à AT que compete demonstrar, fundamentadamente, que a contabilidade não merece confiança, para que seja possível recorrer a estimativas ou presunções (métodos indiciários) na fixação da matéria tributável[6]. Feita essa demonstração, cabe então ao contribuinte demonstrar, e não só gerar fundada dúvida,

---

[6] Neste sentido, SALDANHA SANCHES, *Manual de Direito Fiscal*, Lex – 1998, pág. 281, e VIEIRA DE ANDRADE, *Direito Administrativo e Fiscal*, parte I, págs. 150 a 152. Na jurisprudência, sobre o ónus da prova, vide, por todos, o acórdão do Supremo Tribunal Administrativo de 17 de Abril de 2002, proferido no recurso com o n.º 26.635, e em cujo sumário pode ler-se, no ponto III: «Tendo em conta o princípio da legalidade administrativa, tal qual é hoje entendido, incumbe à administração, em termos correspondentes aos que são afirmados pelo art. 342.º do C. Civil, o ónus da prova da verificação dos requisitos legais das decisões positivas desfavoráveis ao destinatário, como sejam a existência dos factos tributários e respectiva quantificação, ressalvadas as excepções constantes do art. 121.º do CPT, quando o acto por ela praticado se fundamente nessa existência do facto tributário e na sua quantificação».

que houve «erro ou manifesto excesso na matéria tributável quantificada» (cfr. art. 121.º, n.º 3, do CPT).

De tudo isto deu conta a Juíza do Tribunal *a quo*.

No caso *sub judice* estavam verificados os pressupostos que permitem à AT, afastando-se dos valores declarados pela ora recorrente, recorrer a estimativas ou presunções para determinar o seu lucro tributável?

A AT e a CR concluíram que a contabilidade não merecia credibilidade pelos seguintes motivos:

– a Contribuinte contabilizou despesas que não respeitam à empresa e/ou não respeitam ao exercício em causa;

– a Contribuinte não procedia ao registo contabilístico dos apuros diários resultantes da venda ao balcão de electrodomésticos.

Estas circunstâncias afastam a credibilidade da contabilidade da Contribuinte. E se a primeira seria passível de correcção através das chamadas "correcções técnicas", já a segunda, indiciando a existência de vendas omitidas, determina a impossibilidade de se apurar com exactidão, de forma directa, a matéria tributável.

Daí que a AT, considerou estar verificada a situação prevista na citada alínea *d)* do art. 51.º, n.º 1, do CIRC, que legitima a fixação do lucro tributável por métodos indiciários, porque considerou existirem indícios fundados de que a contabilidade da Contribuinte não reflecte a exacta situação patrimonial e o resultado efectivamente obtido, ou seja, que a contabilidade não merece credibilidade, e não poder comprovar e quantificar, directa e exactamente, a matéria tributável.

A Recorrente não se conforma com o recurso à tributação por métodos indiciários, sustentando que, apesar de não proceder ao registo contabilístico dos apuros diários, tinha «um controle financeiro completamente correcto», que permitiria, afinal, a tributação pelo lucro real. No entanto, como já ficou dito, não logrou demonstrar, como lhe competia, os factos que alegou como suporte de tal conclusão, quais sejam os de que todas as vendas efectuadas eram registadas numas folhas que no final do dia serviam para elaborar o "Caixa" e que todo o dinheiro recebido era depositado nos bancos, pelo que o «movimento financeiro» permitiria a determinação do lucro real.

Assim, como bem se decidiu no Tribunal *a quo*, estavam verificados os pressupostos que permitem à AT, afastando-se dos valores constantes da contabilidade da Contribuinte, recorrer a estimativas ou presunções para determinar o seu lucro tributável.

Aliás, aceitando a Contribuinte a fixação do lucro tributável por métodos indiciários, não se compreende como vem agora sustentar que a tributação seja feita pelo lucro real, o que, como ficou já dito, sempre pressuporia a tributação com base na contabilidade da Contribuinte.

Afigura-se-nos, pois, que a sentença recorrida nenhuma censura merece quando considerou que a AT tinha agido legitimamente ao recorrer a métodos indiciários para determinar a matéria tributável.

2.2.2 A QUANTIFICAÇÃO DO LUCRO TRIBUTÁVEL

Estando perfeitamente justificado o recurso aos métodos indiciários para a fixação do lucro tributável e, bem assim, estando fundamentado o critério utilizado na respectiva quantificação, é sobre a Recorrente, como adiantámos já, que recai o ónus de demonstrar o erro ou manifesto exagero desta quantificação (art. 121.º, n.º 3, do CPT), não bastando que o mesmo crie dúvida sobre a quantificação do facto tributário. Como adverte SALDANHA SANCHES, «o regime de dúvida razoável aplicado à prova indirecta levaria longe de mais, na medida em que a avaliação indirecta é sempre menos exacta da que é feita, nos termos legais, pelo contribuinte»[7]. Bem se compreende que assim seja. Como ficou dito no acórdão deste Tribunal Central Administrativo, de 22 de Maio de 2001, proferido no recurso com o n.º 4016/00, esta posição menos favorável do contribuinte compreende-se «porque a quantificação por presunção só a si lhe é imputável, pelo que o contribuinte, se queria ser tributado pelo lucro real, deveria ter uma contabilidade sã, que permitisse o controlo dos dados nela constante»[8].

Ora, como resulta da matéria de facto que foi dada como assente, a Recorrente não logrou provar a existência de qualquer erro na quantificação efectuada por presunção, nem quanto aos pressupostos factuais em que assentou o juízo presuntivo, nem quanto ao método utilizado.

A CR externou o critério utilizado para determinar o lucro tributável do ano de 1992, critério que se afigura formal e materialmente justificado. Cumpria à Impugnante a prova de que os elementos utilizados pela AT ou o método que utilizou são errados, o que ela não logrou demonstrar.

Foi nesse sentido que decidiu a sentença recorrida que, por isso, também não merece reparo quanto a este ponto.

2.2.3 A DESCONSIDERAÇÃO DE CUSTOS

Finalmente, resta-nos averiguar se a sentença fez errado julgamento quando decidiu que a liquidação não enfermava de vício de violação de lei por ter desconsiderado os custos com o curso de inglês e com o telefone, por a AT ter considerado que não eram indispensáveis para a realização dos proveitos.

A Recorrente alega na conclusão com o n.º 12 que provou que os custos com o curso de inglês e do telefone em nome do sócio-gerente foram indispensáveis para a realização dos proveitos e, como tal teriam de ser considerados.

No entanto, afigura-se-nos que não fez tal prova.

Quanto ao telefone, o respectivo contrato está em nome do sócio-gerente da Impugnante, a título individual, não tendo a Impugnante apresentado prova algum de que o mesmo estivesse ao serviço da empresa, tanto mais que, como afirmou a terceira testemunha, a Impugnante tinha um telefone próprio.

É certo que, como afirmou a primeira testemunha, é prática corrente em algumas empresas tais custos serem contabilizados como custos da empresa. No entanto, na ausência de justificativo legalmente relevante, é manifesto que não é uma prática generalizada que poderá servir para os custos sejam considerados para efeitos de determinação do lucro tributável.

Quanto ao curso de inglês e atento o objecto social da Impugnante e a sua actividade no ano de 1992, cumpriria que fosse feita prova suficiente de que a empresa tinha necessidade que alguém dentro da sua estrutura tivesse conhecimentos da língua inglesa e de quem frequentou o referido curso.

Nada disso foi feito: a primeira testemunha referiu um custo relativo a um curso de inglês, mas não sabe quem o frequentou nem explicita por que refere que «alguém da firma tinha que cursar o inglês para contactar com clientes estrangeiros» (haveria número de clientes estrangeiros que o justificasse?); a terceira testemunha, embora tenha afirmado que frequentou um curso de inglês que teve a duração de um ano e meio, a três horas por semana, nada soube adiantar quanto ao custo concreto do curso e à necessidade do mesmo para a empresa.

Assim, entendemos, tal como a Juíza do Tribunal a quo, que a AT andou bem ao recusar a aceitação das verbas correspondentes como custos fiscais, porquanto não foi demonstrada a sua indispensabilidade para a realização dos proveitos da empresa (art. 23.º, n.º 1, do CIRC).

***

Por tudo o que ficou dito, entendemos que a sentença recorrida não enferma dos erros de julgamento de facto e de direito que a Recorrente lhe assacou[9], motivo por que deve manter-se, como decidiremos a final.

2.2.4 CONCLUSÕES

Preparando a decisão, formulamos as seguintes conclusões:

I – A tributação das empresas deve fazer-se pelo lucro real, sendo a regra geral a da determinação do lucro tributável com base na respectiva declaração de rendimentos e tendo por base a contabilidade (arts. 107.º, n.º 2, da CRP, e 16.º do CIRC, nas redacções vigentes à data), donde resulta deverem aquelas manter contabilidade organizada nos termos da lei comercial e fiscal (art. 78.º do CPT, em vigor à data, e 98.º, n.º 1, do CIRC) e apresentar as pertinentes declarações de rendimentos (arts. 94.º, n.º 1, alínea b) e 96.º do CIRC).

II – Excepcionalmente, em determinadas circunstâncias, designadamente quando a contabilidade enfermar de omissões ou inexactidões que não permitam que o apuramento do lucro tributável se faça com base nela e se mostrar inviável a quantificação directa, permite-se à AT que proceda à sua fixação mediante o recurso a métodos indiciários (arts. 16.º, n.º 3 e 51.º, n.ºs 1 e 2, do CIRC), devendo fundamentar a sua decisão (arts. 268.º, n.º 3, da CRP, 125.º do CPA, 21.º e 81.º, do CPT e 53.º, n.º 1, do CIRC).

III – De acordo com o entendimento actual do princípio da legalidade administrativa, incumbe à AT o ónus de prova da verificação dos requisitos legais das decisões positivas e desfavoráveis ao destinatário, como sejam a existência dos factos tributários e a respectiva quantificação (ressalvadas as excepções do art. 121.º, n.º 2, do CPT), isto quando o acto por ela praticado tem por fundamento a existência do facto tributário e a sua expressão quantitativa.

---

[7] Ob. cit., pág. 281.

[8] Neste sentido, entre outros, os acórdãos deste Tribunal Central Administrativo de 5 de Fevereiro de 2002 e de 5 de Março de 2002, proferidos nos recursos com os n.ºs 4775/01 e 3472/00.

[9] Neste sentido, decidiu o já referido acórdão deste Tribunal Central Administrativo de 28 de Outubro de 2003, proferido no recurso com o n.º 5048/01, que foi confirmado pelo acórdão do Supremo Tribunal Administrativo de 29 de Junho de 2004, proferido no recurso com o n.º 471/04 e com texto integral disponível em htpp://www.dgsi.pt/.

IV – Assim, compete à AT demonstrar a verificação dos pressupostos legais que permitem a tributação por métodos indiciários, designadamente a impossibilidade de tributação com base na declaração do contribuinte e na respectiva contabilidade, e, feita essa prova, porque em relação à quantificação com recurso a métodos indiciários, pela sua própria natureza, não se pode exigir a mesma precisão que na quantificação feita com base na declaração do contribuinte, não basta a este criar uma dúvida razoável, antes se lhe exigindo a prova de que os elementos utilizados pela AT ou o método que utilizou são errados (cfr. art. 121.º do CPT, aplicável à situação sub judice).

V – A AT está legitimada no recurso a métodos indirectos para a fixação do lucro tributável se, na sequência de uma fiscalização à Contribuinte, verifica que:
– a Contribuinte contabilizou despesas que não respeitam à empresa e/ou não respeitam ao exercício em causa;
– a Contribuinte não procedia ao registo contabilístico dos apuros diários resultantes da venda ao balcão de electrodomésticos, o que, tudo, leva à conclusão de que a contabilidade não é credível e, a segunda circunstância referida, também à impossibilidade de determinar o lucro tributável de forma directa, por se desconhecerem com exactidão as vendas da Contribuinte.

VI – Não logrando o Contribuinte demonstrar a realidade dos factos alegados com vista a demonstrar o excesso na quantificação da matéria tributável e o erro no método utilizado pela AT, não merece censura alguma a sentença que julgou improcedente a impugnação judicial deduzida com esse fundamento.

VII – Nos termos do disposto no art. 23.º do CIRC, só podem considerar-se como custos para efeitos da terminação do lucro tributável «os que comprovadamente forem indispensáveis para a realização dos proveitos ou ganhos sujeitos a imposto ou para a manutenção da fonte produtora».

3. DECISÃO

Face ao exposto, os juízes da Secção do Contencioso Tributário deste Tribunal Central Administrativo acordam, em conferência, negar provimento ao recurso, mantendo a sentença recorrida.

Custas pela Recorrente, fixando-se a taxa de justiça em seis UCs.

Lisboa, 21 de Setembro de 2004

Francisco Rothes
Gomes Correia
Pereira Gameiro

Recurso n.º 5 046/01

IRC. CONCEITO DE RELAÇÕES ESPECIAIS ENTRE EMPRESAS POR REFERÊNCIA NO ART. 9.º, N.º 1, AL. B) DO MODELO DE CONVENÇÃO DA OCDE DE 1977, COMPLEMENTADO POR NOVO RELATÓRIO DE 84, E NO ART. 57.º-C, N.º 2, DO CIRC. AVALIAÇÃO DIRECTA. DÚVIDA NOS TERMOS DO ART.º 121.º DO CPT. TRIBUTAÇÃO DO NEGÓCIO CONSTANTE DE DOCUMENTO AUTÊNTICO. DEVER DE PRONÚNCIA COMO DEVER DE DECIDIR DA AF.

(Acórdão de 19 de Outubro 2004)

SUMÁRIO:

I – De acordo com o disposto no art.º 57.º do *CIRC*, a DGCI poderá efectuar correcções que sejam necessárias para a determinação do lucro tributável sempre que, em virtude das relações especiais entre o contribuinte e outra pessoa, sujeita ou não a IRC, tenham sido estabelecidas condições diferentes das que seriam normalmente acordadas entre pessoas independentes, conduzindo a que o lucro apurado com base na contabilidade seja diverso do que se apuraria na ausência dessas relações.

II – Embora o citado normativo não defina o que deve entender-se por "relações especiais", a doutrina fiscal vem considerando que tais relações existem quando haja situações de dependência, nomeadamente no caso de relações entre a Sociedade e os sócios, entre empresas associadas ou entre sociedades com sócios comuns ou ainda entre empresas mães e filiadas.

III – Compete à Fazenda Pública o ónus da prova da existência dessas relações especiais, bem como os termos em que normalmente decorrem operações da mesma natureza entre pessoas independentes e em idênticas circunstâncias, devendo o acto ser anulado se tal prova não for feita.

IV – A correcção a que se refere o art. 57.º do CIRC não pode, pois, assentar em indícios ou presunções, impondo-se à AF que prove os supra mencionados pressupostos legais para que possa corrigir a matéria colectável do contribuinte ao abrigo do art. 57.º do CIRC.

V – Sendo assim, é de aplicar o citado normativo, considerando-se a existência de relações especiais, quando a recorrente é participada por uma SGPS, com uma participação superior a 70%, integrando o mesmo grupo económico, pertencendo o controlo e a direcção efectiva do Grupo pertence à empresa mãe.

VI – A determinação da situação de condições especiais, diferentes das que seriam normalmente acordadas entre empresas independentes, poderá ser feita pela AF com uma certa margem de discricionariedade técnica desde que adopte um método legítimo e devidamente fundamentado, e que tal situação se enquadre no conceito de relações especiais previsto no art. 9.º, n.º 1, al. *b*) do Modelo de Convenção da OCDE de 1977, complementado por novo Relatório de 84, e no art. 57.º-C, n.º 2, do CIRC.

VII – O relatório referido em 6. admite, face às inúmeras dificuldades, teóricas e práticas, resultantes da complexidade das situações que se deparam às diversas Administrações Fiscais, a aplicação de outros métodos residuais ou mesmo a combinação dos métodos indicados, posto que a AF descreva e fundamente em que é que consistiu a manipulação dos preços.

VIII – É aceitável, correcta e justificada a aplicação do falado método na situação em que se prova que mediante escritura a recorrente comprou as quotas de dois sócios por 105.000.000$00 cada, vendendo-as, na mesma data, pelo seu valor nominal, 1.540.000$00 cada, à SGPS, que assim se constituiu como empresa – mãe; que, em decorrência da referida aquisição das duas quotas por 210.000.000$00 e da venda simultânea pelo valor nominal, 3.080.000$00, obteve a recorrente uma variação patrimonial negativa de 206.920.000$00; que o valor nominal de 3.080.000$00, que a recorrente considerou como preço de venda das quotas, representa 13,7% do capital social de 22.500.000$00 e os capitais próprios declarados à data de 31/12/97 ascendem a 449.546.128$00, excluindo a dedução de 61.087.500$00 de perdas em quotas próprias, acrescendo que o capital social de 22.500.000$00, corresponde a valores relativos à década de 50, altura em que a sociedade foi constituída mas do seu património fazem parte um prédio rústico e um urbano com valor contabilístico desactualizado, além do valor das imobilizações, bem como o valor de rendimento da empresa ou valor imaterial abrangendo a clientela, a capacidade de inovação, e de outros valores não quantificados.

IX – Face à presunção de veracidade da contabilidade e das declarações do contribuinte (art. 78.º do CPT), cabe à AF o ónus de prova dos pressupostos que justificam a correcção bem como do valor do preço de plena concorrência, não podendo a correcção a que se refere o art. 57.º do CIRC assentar em indícios ou presunções, impondo-se à AF que prove os supra mencionados pressupostos legais para que possa corrigir a matéria colectável do contribuinte ao abrigo do art. 57.º do CIRC.

X – Em termos gerais e como decorre do disposto no n.º 2 do art.º 87.º da LGT, procede-se *à avaliação indirecta* nas situações em que não existem elementos fiáveis e suficientes para demonstrar exactamente o valor dos rendimentos ou bens sujeitos a tributação e, por essa razão, a sua tributação é feita com base em indícios, presunções ou outros elementos de que a AT disponha, inclusivamente aqueles que poderiam ser utilizados na avaliação directa.

XI – A avaliação indirecta é, de resto, excepcional, a ela apenas se procedendo quando não seja viável a determinação da matéria tributável por meio da avaliação directa, seja por falta de elementos para se operar com esta, seja por existirem razões para suspeitar que o valor a que conduz a aplicação dos métodos de avaliação directa não é a matéria tributável real – cfr. art.ºs 87.º, n.º 1, al. *c*), e 89.º da LGT).

XII – Provando-se que as correcções quantitativas à contabilidade foram feitas com base nos elementos retirados desta, não é incongruente que, com base neles, se conclua que a quantificação da matéria tributável esteja errada, até porque não se provaram outros elementos de facto que conduzam a outra quantificação, tal como era seu ónus, face ao disposto no artigo 74.º, n.º 3 da LGT, sendo aqui inoperante o regime da dúvida consagrado no art.º 121.º do CPT..

XIII – É que o art.º 121.º do CPT (ou 100.º do CPPT) contém uma norma que se reporta à questão do ónus da prova, destruindo a presunção legal a favor da AF (in dubio pro Fisco), estabelecendo uma verdadeira repartição do ónus da prova (que se coloca apenas em relação a questões de facto), de acordo com os princípios da legalidade e da igualdade, e em termos de que a incerteza sobre a realidade dos factos tributários reverte, em regra, contra a AF, não devendo ela efectuar a liquidação se não existirem indícios suficientes daqueles.

XIV – Havendo a liquidação impugnada sido efectuada na vigência do Código de Processo Tributário, há que ter em conta que art. 32.º n.º 2 desse diploma ao prever que os actos ou negócios jurídicos nulos ou anuláveis constantes de documentos autênticos produzem os correspondentes efeitos jurídico – tributários enquanto não houvesse decisão judicial a declará-los nulos ou anuláveis, salvo as excepções expressamente previstas nas leis tributárias.

XV – Mas isso não impõe que a AF não ignore tais negócios jurídicos enquanto não for declarada a sua nulidade ou anulabilidade, devendo proceder a correcções à matéria colectável, introduzindo as que forem pertinentes face aos elementos que possam ser apurados através da avaliação directa.

XVI – Como se diz no n.º 2 do art.º 39.º da LGT, a tributação do negócio constante de documento autêntico é feita *sem prejuízo dos poderes de correcção da matéria tributável legalmente atribuídos à AF,* poderes que, no que respeita ao IRC, lhe são conferidos nos termos do art. 57.º do CIRC, bem como dos artigos 58.º, 74.º, 81.º a 84.º da LGT.

XVII – No procedimento administrativo o dever de pronúncia da Administração, face às petições de particulares, é um dever de decisão; fora dele, é um dever de resposta. Por isso, só no n.º 2 do art.º 9.º do CPA o legislador usou o conceito de decisão, referindo-se antes no n.º 1 ao dever de pronúncia.

XVIII–Seja como for, no n.º 1, afirma-se, como princípio geral, a obrigação em que a Administração está constituída de se pronunciar – i. é, de decidir – sobre todas as pretensões de particulares cuja realização dependa da prática de um acto administrativo sendo, portanto, nele que reside o núcleo dos "actos administrativos" tácitos, regulados nos art.ºs 108.º e 109.º do Código.

ACORDA-SE, EM CONFERÊNCIA, NA 2ª SECÇÃO DO TCA SUL:

1.– SOFALCA– Sociedade Central DE Produtos de Cortiça, Ldª, com os sinais dos autos, interpôs recurso contencioso de anulação do despacho, do SEAF datado de 03 de Junho de 2002, que indeferiu o recurso hierárquico que interpôs relativo ao IRC do exercício de 1997, pelos fundamentos expressos no requerimento inicial que se dá por reproduzido.

Após Vista inicial ao EMMP, a entidade recorrida respondeu remetendo o processo instrutor, após o que as partes vieram alegar concluindo a recorrente do seguinte modo:

a) A autoridade recorrida praticou um vício de violação de lei, visto que, preteriu o ónus probatório que sobre si impendia;

b) Assim, e não tendo sido feita prova material e substancial das relações especiais, a Administração Fiscal dever-se-ia ter abstido de praticar o acto tributário, em conformidade com o disposto no artigo 121.º do CPT;

c) Porquanto, existindo dúvida quanto à existência e quantificação do facto tributário, deve esta ser valorada processualmente a favor do contribuinte e conduzir à anulação do acto recorrido, pôr vício de violação de lei, derivado de erro sobre os pressupostos de facto.

d) Ainda assim, importa também referir que, a autoridade recorrida não analisou a questão da nulidade do contrato suscitada pela Inspecção Tributária, designadamente, nulidade do contrato, porquanto, encontramo-nos face a um vício de forma por omissão de pronúncia.

e) Existindo um dever especial de fundamentação, ínsito no artigo 80.º do CPT, e não tendo a autoridade recorrida descrito de forma clara, objectiva e congruente, ainda que sucintamente, as relações especiais e o *modus faciendi*, da determinação do preço de livre concorrência, encontramo-nos face a um vício de forma, por falta de fundamentação.

f) Até porque, enfatize-se «*A ponderação da suficiência da declaração, dos motivos pêlos quais algumas questões permanecem irredutivelmente obscuras e do grau de certeza do acto vai decidir a validade do acto*», in Saldanha Sanches, A quantificação da Obrigação Tributária, in Caderno CTF n.º 173, páginas 438 e 439.

g) Existe uma clara insusceptibilidade de enquadramento jurídico no artigo 57.º do CIRC, visto que, no caso vertente, não estamos face a preços fictícios e, portanto, a desencadear um mecanismo de planeamento fiscal ilícito.

Nestes termos, em face de tudo quanto se alega, conclui-se como na petição de recurso contencioso de anulação, requerendo-se, portanto, a anulação do despacho recorrido, e consequentemente a anulação da correcção à matéria tributária no montante de euros 1.032.112,60.

Por sua vez, a entidade recorrida concluiu assim as suas alegações:

1.– No caso em concreto, não há dúvida que existem, entre a recorrente e a E. Estrada, Filhos, SGPS, relações especiais capazes ou susceptíveis de conduzirem a um efectivo estabelecimento de condições diferentes das que seriam normalmente acordadas entre empresas independentes, **como, aliás, a própria recorrente o admite**.

2. Uma vez que a E. Estrada, Filhos, SGPS, detém 70% do capital da recorrente.

3. Existe, deste modo, vínculo de dependência jurídica – relacionamento especial entre as empresas associadas e dependentes da posição dominante do accionista/ sócio comum –, susceptível de influenciar decisivamente a actuação das duas empresas.

4. Relações especiais estas que permitiram, efectivamente, o estabelecimento de condições diferentes das que seriam normalmente acordadas entre empresas independentes.

5. Na verdade, o acto recorrido ao acolher o relatório da IGF, a informação n.º 401/2002, da DSIRC, e todos os pareceres sobre os mesmos emitidos, preenche todas as exigências legais e não fere, em nada, os direitos e garantias da recorrente.

6. Finalmente, no acto recorrido não se acolheu, através da sua Adenda e no qual é lavrado o despacho do SEAF, o argumento da nulidade do negócio, tendo sobre esse aspecto sido lavrado" Auto de Notícia".

7. O método empregue pela AF para apurar e determinar o estabelecimento dessas condições, diferentes das normalmente acordadas entre empresas independentes, foi conforme os pressupostos constantes do art. 57.º do CIRC.

8. Não obstante o referido confere à Administração uma certa discricionariedade técnica na interpretação e aplicação de tais pressupostos, nomeadamente, o da escolha do método adequado à determinação do estabelecimento de condições diferentes das normalmente acordadas entre pessoas independentes

9. A AF actuou de acordo com os pressupostos estabelecidos no art. 57.°, e dentro da margem de discricionariedade técnica conferida pela mesma norma, *tendo descrito e fundamentado, clara e suficientemente, a aplicação de cada um daqueles pressupostos, motivo pelo qual o acto recorrido não padece de quaisquer vícios devendo ser mantido na íntegra*.

Termos pelos quais entende que deve ser negado provimento ao presente recurso, com todas as legais consequências.

O EMMP pronunciou-se no sentido do improvimento do recurso por considerar que a AF actuou de acordo com os pressupostos estabelecidos no art.º 57.º do CIRC.

Cobrados os Vistos legais, há que decidir por a tal nada obstar.

2.– Para tanto, dão-se como provados os seguintes factos com base na prova documental produzida nos autos (no presente recurso e no p.i.) com interesse para a decisão:

a) A recorrente tem como objecto social o fabrico de aglomerado negro de cortiça, estando enquadrada para o efeito no CAE 20522 (cfr. doc. n.º 1 junto com a p.i.);

b) A recorrente apresentou a Declaração de Rendimentos Mod. 22 relativa ao exercício de 1997, dentro do prazo legal (cfr. doc. n.º 1 junto com a p.i.);

c) Em 30/11/2000, por decisão do chefe de Divisão de Prevenção e Inspecção Tributária (SPIT), teve início uma acção inspectiva, a nível interno, à declaração Mod. 22 referida em b), na sequência da qual, foi proposta e efectuada, ao abrigo do art. 57.º do CIRC, uma correcção daquela declaração, de natureza quantitativa, no montante de 206.920.000$00, que a Administração Fiscal fez acrescer ao lucro do exercício ao abrigo do art. 57.º do CIRC, com base em que aquele montante foi registado a titulo de Variações Patrimoniais Negativas (Q17 L3), resultantes, segundo documentos em anexo fornecidos pela Sociedade, da perda registada na alienação de Quotas Próprias, conforme melhor consta do relatório elaborado pelo SPIT, que nessa parte aqui se dá por integralmente reproduzido (cfr. doc. n.º 2 junto com a p.i.);

d) De acordo com esse relatório, a aludida correcção baseou-se, em síntese, no facto existirem duas situações distintas embora simultâneas, a **Compra** por parte da Sociedade de duas Quotas Próprias e a imediata **Venda** das mesmas. Na primeira situação a sociedade SOFALCA comprou 2-Quotas Próprias com o valor nominal de 1.540 contos, pelo valor de 105.000 contos cada, aos sócios Maria da Madre de Deus M. T. P. Ribeirinho e José de Matos Torres, facto que ao abrigo dos números 2 e 3 do art.º 220.º do Código das Sociedades Comerciais, ter-se-á que considerar nulo pois a sociedade não dispunha, no momento, em Reservas Livres, do valor mínimo legal exigido, correspondente ao dobro do contravalor a prestar; na segunda situação, considerando-se a hipótese que a compra das quotas próprias não era anulável, salienta-se que no mesmo dia que a venda das referidas Quotas Próprias à E. Estrada, Filhos, SGPS, S.A., que haviam sido adquiridas pelo valor da 105.000 contos cada, peto seu valor nominal de 1.540 contos cada, indiciam um claro ajustamento do preço em favor dos sócios da E. Estrada, Filhos SGPS, S.A. ou seja, parece ter existido um aproveitamento por parte dos sócios da empresa, por força da relação especial que mantêm com essa mesma empresa, fazendo baixar o preço da transacção.

Importa referir que paralelamente a esta venda de Quotas Próprias por parte da SOFALCA, outros sócios da mesma empresa venderam igualmente à E. Estrada, Filhos SGPS, SA. as suas quotas, só que por valores muito superiores conforme a seguir se descrimina de acordo com a escritura de compra e venda que se junta em anexo.

Sócio da SOFALCA	Valor Nominal da Quota	Preço da Venda
António Luís de Sousa Falcão Estrada	750.000$	37.500.000$
Henrique M. de Sousa Falcão Estrada	750.000$	37.500.000$
João Miguel de Sousa Falcão Estrada	750.000$	37.500.000$
Nuno de Sousa Falcão Estrada	750.000$	37.500.000$
Paulo Guilherme de Sousa Falcão Estrada	1.170.000$	58.500.000$
Ernesto Lourenço Estrada Júnior	604.000$	30.200.000$

Neste caso e ao abrigo do disposto no n.º 1 do art.º 57.º do CIRC, este facto seria susceptível de correcção, dado existirem relações especiais entre os sócios da sociedade compradora e a sociedade vendedora, sendo evidente o ajustamento do valor das Quotas em favor dos compradores, tendo sido estabelecidas condições diferentes das que seriam normalmente acordadas por pessoas independentes. revelando esta operação não mais do que uma redistribuição do Capital Social da empresa que não deve influenciar o Lucro tributável, não cabendo assim no conceito de variação patrimonial negativa, referida no art.º 24.º do CIRC.

Assim, considerou-se que a operação de aquisição de quotas próprias é nula à luz do disposto nos n.ºs 2 e 3 do art.º 220.º do Código das Sociedades Comerciais, não se aceitando por esse facto o lançamento de qualquer perda registada em alienação de Quotas Próprias, nem a existência de quaisquer variações patrimoniais negativas. (cfr. doc. n.º 2 junto com a p.i.);

e) A ora recorrente foi notificada dessa correcção ao lucro tributável reportado ao exercício de 1997 pelo ofício n.º 3694, de 26/06/2001, da DDF de Santarém, bem como direito de interpor recurso hierárquico dessa decisão para o Ministro das Finanças, nos termos do art. 112.º do CIRC (cfr. doc. n.º 2 junto com a p.i.);

f) Na sequência dessa notificação, a ora recorrente interpôs, em 30/07/01, recurso hierárquico ao abrigo do art.112.º do CIRC, nos termos que constam do doc. n.º 3 junto com a p.i. e cujo teor integral aqui se dá por reproduzido;

g) Esse recurso hierárquico mereceu, em 2/06/02, o seguinte despacho de Sua Ex.ª o Secretário de Estado dos Assuntos Fiscais: «*Concordo.*» (cfr. doc. n.º 1 junto com a p.i. e processo apenso);

h) Esse despacho, ora recorrido, baseou-se na informação n.º 410/2002, prestada pelo Sr. Inspector Tributário em 13/03/02, confirmada pelo Exm.º Coordenador em 18/03/2002 e pelo Exm.º Director de Serviços em 19/03/02, que, nessa medida, em 13/03/02 elaborou "Projecto de Despacho", e obtendo a concordância do Exm.º Sr. Subdirector-Geral em 22/03/2002, e que é do seguinte teor:

«(...)
2 – NATUREZA E FUNDAMENTOS DA CORRECÇÃO.

Em 30 de Dezembro de 1997 a recorrente adquiriu para si, por 105.000.000$00 cada, duas quotas, uma da soda Maria de Madre de Deus de Matos Torres Pereira Ribeirinho e outra do sócio José de Matos Torres, com o valor nominal de 1.540.000$00 cada, vendendo-as nessa mesma data, pelo seu valor nominal, conjuntamente com outras quotas, à sociedade E. Estrada, Filhos, SGPS, que desta forma se constituiu como empresa-mãe.

Procedeu a Inspecção à correcção 206.920.000$00, registados como variação patrimonial negativa, no exercício de 1997, com fundamento nas seguintes disposições legais:

– Nulidade da compra, por incumprimento do disposto no n.º 2 do artigo 220.º do Código das Sociedades Comerciais (CSC), em virtude da recorrente não dispor em reservas livres, à data da escritura, de um montante não inferior ao dobro do contravalor a prestar como era exigido;

– Ao abrigo do disposto no n.º 1 do Artigo 57.º do C1RC, por se entender que a venda das quotas próprias à E. Estrada, SGPS. naquelas circunstâncias, pelo seu valor nominal, constituía uma operação entre pessoas dependentes em que o preço não correspondia ao valor real.

3.- RECURSO HIERÁRQUICO.
3.1 – FUNDAMENTOS DO RECURSO HIERÁRQUICO.

A recorrente não concorda com a correcção efectuada alegando:
– Que a aquisição das quotas se insere em determinada estratégia de gestão, visando o afastamento dos seus titulares, pôr estes se oporem ò vontade majoritária de renovação dos objectivos de gestão, daí resultando o seu elevado preço;
– Que ao invés do considerado pela Administração Fiscal, de facto, à data da celebração da escritura, a recorrente dispunha em reservas livres do montante exigido nos termos do n.º 2 do artigo 220.º do CSC. Que em Junho de 1997, data em que procedeu à entrega dos documentos necessários para efeitos de escritura de aquisição de quotas. Já dispunha, de 369.872.747$00 em reservas livres, e de 68.764.000$00 em resultados líquidos, conforme Balanço apresentado no notário. Que o valor do resultado teria ainda aumentado até à data da escritura no final do exercício de 1997, chegando a 112.212.303$00. Pelo que, nessa data, já dispunha do montante necessário de reservas livres, que ascendiam a 482.085.050$00, constituindo 369.872.747$00, das quais, o saldo da 57.4 Reservas livres, e os restantes 112.212.303$00 estarem "expressados nos resultados do exercício";
– Que: "Após o compromisso perante o notário, que o Resultado líquido iria ser transferido para Reservas Livres, ficaram reunidos os requisitos legais para que se procedesse à aquisição das quotas próprias", sendo refutável a fundamentação invocada pela Inspecção Tributária da nulidade da operação;
– Que, a referida aquisição de quotas é um negócio Jurídico perfeitamente legitimo, enquadrável no n.º 3 de artigo 220.º do CSC, que não pode ser arguido de nulidade, e que a Administração Fiscal ao considerar o referido acto nulo violou o disposto nos artigos 363.º e 371.º do Código Civil, ilidindo a força probatória de factos atestados em documento autêntico;
– Que, mesmo que não fosse de considerar o anteriormente referido, ainda assim, seria de aplicar o prescrito no artigo 32.º do Código de Processo Tributário, onde se determina que os actos ou negócios Jurídicos nulos ou anuláveis constantes de documento autêntico produzem os correspondentes efeitos jurídico – tributários enquanto não houver decisão Judicial a declará-los nulos ou a anulá-los. Acrescentando: "aliás, não é aceitável, nem podemos concordar, que sendo função primordial do direito fiscal buscar e analisar as realidades de facto para as tributar, desprezando nessa função as formalidades dos actos ou contratos, no caso em apreço, apreciando apenas o aspecto formal dum negócio que subsiste, a Administração o considere inexistente só para o poder tributar";
– Que, a alienação das outras quotas, igualmente vendidas à E. Estrada, SGPS, não foi feita pelo valor considerado pela Inspecção, mas pelo valor rectificado atra vês de duas escrituras, efectuadas quatro meses após a venda, por 10% do valor inicial, ou seja, 20.850.000$00 em vez de 208.500.000$00, como foi indicado;
– Que na fundamentação não foram satisfeitos os requisitos exigidos segundo n.º 3 do artigo 77.º da LGT, porque embora se verificassem as condições que caracterizam as relações especiais, não foi Identificada e quantificada a operação idêntica comparável que se estabeleceria entre pessoas independentes segundo o previsto nas alíneas b) e c) daquele preceito legal.

3.2 – ANÁLISE DO RECURSO HIERÁRQUICO

Através de escritura celebrada em 30/12/97, procedeu a recorrente à compra da quota da sócia Maria de Madre de Deus de Matos Torres Pereira Ribeirinho e da quota do sócio José de Matos Torres, por 105.000.000$00 cada, vendendo-as, na mesma data, pelo seu valor nominal, 1.540.000$00 cada, à E. Estrada, Filhos, SGPS, que assim se constituiu como empresa-mãe.

Em resultado da aquisição das duas quotas por 210.000.000$00 e da venda simultânea pelo valor nominal, 3.080.000$00, obteve a recorrente uma variação patrimonial negativa de 206.920.000$00.

Constituem pressupostos da correcção nos termos do n.º 1 do art.º 57.º do CIRC a realização de operações comerciais, entre duas pessoas dependentes, em condições diferentes daquelas que seriam normalmente ditadas pelas leis de mercado, com efeito no resultado liquido do exercício.

Enquanto, a relação de dependência entre as duas sociedades é reconhecida pela recorrente, o mesmo não acontece quanto à fundamentação do valor de alienação atribuído pela Inspecção.

A recorrente comprou, e vendeu de seguida, se o fizesse como entidade independente num mercado de plena concorrência, não o faria com o objectivo de perder, pelo contrário, o seu fito, como empresa, só poderia ser o lucro, admitir-se-ia, quando muito, atendendo aos objectivos específicos da operação, que o fizesse pelo mesmo valor.

Considerar o valor nominal, como preço de venda, de quotas de uma empresa constituída em 1950, com um Capital social de 22.500.000$00, cujos capitais próprios declarados ascendem a 388.458.628$00, e com um património onde se inclui um prédio rústico e um urbano com valor contabilístico desactualizado, corresponde a uma arbitrariedade conexa com o relacionamento especial dos intervenientes.

Acresce que, regra gera, o valor contabilístico do capital próprio declarado revela sempre uma subavaliação do valor da empresa. Àquele haverá ainda que adicionar, a actualização do valor das imobilizações, bem como o valor de rendimento da empresa, isto é o seu valor imaterial que conta com a clientela, a capacidade de inovação, e de outros valores não quantificados, para se determinar o valor intrínseco da empresa.

O preço de venda correcto seria aquele que correspondesse ao de mercado de livre concorrência e o método preferível da sua determinação a comparação com o preço dum bem o mais idêntico possível, ou, em condições ideais, igual, transaccionado em idênticas condições, entre pessoas independentes e em que fosse possível identificar e quantificar as diferenças, entre as duas operações, se as houvesse.

Exigia-se que a comparação fosse feita com o bem mais idêntico possível, no caso presente, foi possível fazê-la com o próprio bem, fez-se a comparação ideal, de forma que nem se justificaram ajustamentos.

Quanto aos intervenientes: reflectindo sobre as duas transacções, compra e venda de imediato, verificamos que a primeira se fez entre pessoas independentes e a segunda entre dependentes. Na compra são intervenientes a recorrente e os sócios cedentes, que negoceiam exclusivamente no seu interesse, sem condicionalismos *de qualquer vinculo com a sociedade, agindo mesmo no sentido de finalizar a relação existente. Ao Invés, na venda, há dependência, existe mesmo uma relação de domínio total da SGPS sobre a sociedade afiliada (a E. Estrada. Filhos, SGPS detém uma participação superior a 70% do capital da Sofalca).*

Assim, resulta inequívoco, que a Inspecção subordinou o seu procedimento ao principio do preço de livre concorrência e que nessa perspectiva aplicou o método correcto e considerou a operação comparável adequada.

Conclui-se, pelo exposto, não haver qualquer Justificação, inclusive de âmbito teórico, para que, as mesmas quotas, no mesmo momento, para a mesma pessoa, tenham dois valores diferentes, a não ser, claro está, o da evasão fiscal, e que o valor determinado pela Inspecção se encontra devidamente fundamentado, nomeadamente quanto aos requisitos previstos no n.° 3 do art.° 77.° da LGT.

4 – DIREITO DE AUDIÇÃO
Nos termos da alínea b) do n.° 1 do artigo 60.° da Lei Geral Tributária deve ser enviado ao sujeito passivo o projecto de decisão do presente recurso hierárquico para» querendo, exercer o direito de audição.

5 – CONCUSÕES
A recorrente adquiriu para si, por 105.000.000$00 cada, duas quotas, vendendo-as na mesma data, pelo seu valor nominal, 1.540.000$00 cada, à empresa-mãe, E. Estrada, Filhos, SGPS.

A relação de dependência entre ambas não é contestada pela recorrente. Existe mesmo uma relação de domínio total da SGPS sobre a afiliada, resultante duma participação superior a 70% do capital.

O valor nominal de 3.080.000$00, que a recorrente considerou como preço de venda das quotas, representa 13,7% do capital social de 22.500.000$00. Os capitais próprios declarados à data de 31/12/97 ascendem a 449.546.128$00, excluindo a dedução de 61.087.500$00 de perdas em quotas próprias. O capital social de 22.500.000$00, corresponde a valores relativos à década de 50, altura em que a sociedade foi constituída. Do seu património fazem parte um prédio rústico e um urbano com valor contabilístico desactualizado. Faz ainda parte do seu valor intrínseco um considerável valor imaterial, que se manifesta na sua capacidade de gerar rendimentos, proveniente da sua longevidade e rentabilidade.

Do exposto resulta bem claro, que o preço de venda das quotas próprias à SGPS, não corresponde ao valor real, sendo um preço artificial, impraticável entre pessoas independentes.

Na determinação do preço pela Inspecção se procedeu em conformidade com o princípio dos preços de plena concorrência. Utilizou-se, para o efeito, o método dos preços comparáveis e tornou-se como referência o preço atribuído às mesmas quotas em adequada operação comparável, ou seja. segundo os "termos em que normalmente decorrem operações da mesma natureza entre pessoas independentes e em idênticas circunstâncias".

Pelo exposto, se conclui, não haver qualquer justificação, inclusive, de âmbito teórico, para que, as mesmas quotas, no mesmo momento, para a mesma pessoa, tenham diferentes valores, a não ser, claro está, o da evasão fiscal, e ainda, que o valor determinado pela Inspecção se encontra devidamente fundamentado, nomeadamente quanto aos requisitos previstos no n.° 3 do art.° 77.° da LGT.

Face ao exposto, deverá **ser indeferido** *o presente recurso hierárquico.*
À Consideração Superior." – Cfr. PA.

i) O despacho recorrido está suportado ainda na "Adenda à Informação n.º 401/02", atrás transcrita, em que, ao que ao caso importa, se expende que o direito de audição *"...foi exercido pela recorrente, em tempo, não tendo contudo, apresentado quaisquer elementos novos que, nos termos do n.º 6 do já citado artigo 60.º (da LGT), sejam tidos em conta na fundamentação da decisão".*

Tendo a presente correcção sido fundamentada na existência de relações especiais e na nulidade do acto de compra das acções e uma vez que através do Projecto de Despacho é a mesma enquadrada como relações especiais, deverá consequentemente ficar sem efeito outra fundamentação.

Face ao exposto é de considerar definitivo o Projecto de Despacho, sendo de **indeferir** *o recurso hierárquico"* – cfr. PA e doc. n.º 1, fls. 53 e ss.

j) A recorrente foi notificada do despacho referido em h) por ofício n.º 6757 de 19/06/02 e interpôs o presente recurso contencioso em 16/08/02 (*cfr. doc. junto ao PA e fls. 2 deste processo*);

k) A recorrente é participada pela E. ESTRADA, FILHOS, SGPS, com uma participação superior a 70%, integrando o mesmo grupo económico;

l) O controlo e a direcção efectiva do Grupo pertence à empresa mãe – a E. Estrada, Filhos, SGPS.

m) Mediante *escritura outorgada em 30/12/97, a recorrente comprou a quota da sócia Maria de Madre de Deus de Matos Torres Pereira Ribeirinho e da quota do sócio José de Matos Torres, por 105.000.000$00 cada, vendendo-as, na mesma data, pelo seu valor nominal, 1.540.000$00 cada, à E. Estrada, Filhos, SGPS, que assim se constituiu como empresa – mãe.*

n) *Decorrentemente da referida aquisição das duas quotas por 210.000.000$00 e da venda simultânea pelo valor nominal, 3.080.000$00, obteve a recorrente uma variação patrimonial negativa de 206.920.000$00.*

o) *O valor nominal de 3.080.000$00, que a recorrente considerou como preço de venda das quotas, representa 13,7% do capital social de 22.500.000$00.*

p) *E os capitais próprios declarados à data de 31/12/97 ascendem a 449.546.128$00, excluindo a dedução de 61.087.500$00 de perdas em quotas próprias.*

q) *O capital social de 22.500.000$00, corresponde a valores relativos à década de 50, altura em que a sociedade foi constituída mas do seu património fazem parte um prédio rústico e um urbano com valor contabilístico desactualizado, além do valor das imobilizações, bem como o valor de rendimento da empresa ou valor imaterial abrangendo a clientela, a capacidade de inovação, e de outros valores não quantificados.*

***

3.– Estes os factos a que cabe aplicar o Direito.

A questão decidenda agora suscitada, consiste em saber se o acto recorrido sofre ou não de vício de violação de lei.

O acto recorrido é o despacho do Secretário de Estado dos Assuntos Fiscais, que indeferiu o recurso hierárquico, interposto nos termos do art. 112.° do CIRC, de correcções de natureza quantitativa ao lucro tributável de IRC do exercício de 1997 da ora recorrente, efectuadas de acordo com o n.º 1 do art. 57.º do CIRC.

Alega a recorrente que o acto recorrido padece de vício de violação de lei, por a AF ter preterido o ónus probatório e por não ter feito prova material e substancial das relações especiais, o que a deveria ter levado a abster-se de praticar o acto tributário, além de que não se pronunciou sobre a questão da nulidade do contrato suscitada pela inspecção Tributária, encontrando-se assim face a um vicio de forma por omissão de pronúncia, ao mesmo tempo que incorreu no mesmo vicio, agora, por falta de fundamentação, quando não fundamenta, clara, objectiva e congruentemente "as relações especiais e o modus faciendi, da determinação do preço de livre concorrência.

A entidade recorrida pronunciou-se no sentido de que cumpriu o ónus da prova lhe competia demonstrando a existência de relações especiais entre a ora recorrente e a empresa do mesmo grupo e que entre aquela e a empresa com quem tinha essas relações especiais se estabeleceram condições diferentes das normalmente acordadas entre pessoas independentes (cfr. art.º 57.º do CIRC).

Dispõe o art.º 57.º, n.º 1 do CIRC, na redacção vigente à data em que ocorreram os factos, que *"A Direcção-Geral das Contribuições e Impostos poderá efectuar as correcções que sejam necessárias para a determinação do lucro tributável sempre que, em virtude de relações especiais entre o contribuinte e outra empresa, sujeita ou não a IRC, tenham sido estabelecidas condições diferentes das que seriam normalmente acordadas entre pessoas independentes, conduzindo a que o lucro apurado com base na contabilidade seja diverso do que se apuraria na ausência dessas relações"*.

Decorre do inciso legal transcrito que a AF pode introduzir correcções ao lucro tributável declarado desde que existam relações especiais entre o contribuinte e outra empresa que levou ao estabelecimento de condições diferentes das que se fixariam entre pessoas independentes.

Assim, são os seguintes os pressupostos legais para que a DGCI possa corrigir a matéria colectável ao abrigo do art. 57.º do CIRC, por forma a que seja respeitado o princípio de plena concorrência consagrado no art. 9.º da Convenção Modelo OCDE de que Portugal é membro:

I. a existência de relações especiais entre o contribuinte e outra pessoa;

II. que entre ambos se estabeleceram condições diferentes das normalmente acordadas entre pessoas independentes;

III. que tais relações especiais são causa adequada das ditas condições;

IV. que aquelas conduziram a um lucro apurado diverso do que se apuraria na sua ausência (cfr. sobre esta mesma temática, os *acs. do STA, de 6/11/96, Rec. 20.188 e de 9/12/98, Rec. 19.858*).

Como se expendeu no acórdão deste T.C.A. proferido no recurso contencioso n.º 1572/98 (confirmado no S.T.A. por acórdão de 23.05.01/Rec.n.º 25915), *«o citado art. 57.º do CIRC, embora considerado, pela doutrina, uma norma de carácter genérico, já que a lei não define o que entende por relações especiais (pois só a partir do DL n.º 5/96, de 29/01, que aditou o art. 57.º-C do CIRC, a lei passou a referir quando considera existirem relações especiais, embora só para situações de subcapitalização, pelo que se têm levantado dúvidas sobre a sua aplicação noutras situações), nem indica a metodologia a adoptar para determinação do preço de plena concorrência, conferindo, desse modo, à AF uma certa flexibilidade, não contém, todavia, um "cheque em branco" para a AF usar como bem entenda, nem qualquer inversão do ónus da prova, pelo que, tratando-se de uma norma de incidência, cabe à AF a prova dos pressupostos ali previstos, interpretando-a de acordo com as orientações da OCDE na matéria.*

Não se trata, também, de uma avaliação indirecta do lucro tributável, que só pode ter lugar nos casos expressamente previstos na lei (cf. art. 51.º a 56.º do CIRC), até porque, nas situações enquadráveis no art. 57.º do CIRC, a contabilidade das empresas, em regra, retrata a realidade das operações, não carecendo de credibilidade que justifique o uso de presunções.

Estamos, pois, aqui no âmbito da avaliação directa.

Assim, face à presunção de veracidade da contabilidade e das declarações do contribuinte (art. 78.º do CPT), cabe à AF o ónus de prova dos pressupostos que justificam a correcção bem como do valor do preço de plena concorrência.».

Flui do exposto que a correcção a que se refere o art. 57.º do CIRC não pode assentar em indícios ou presunções, impondo-se à AF que prove os supra mencionados pressupostos legais para que possa corrigir a matéria colectável do contribuinte ao abrigo do art. 57.º do CIRC.[1]

No caso vertente, entendemos que a AF demonstrou o primeiro requisito (a existência de relações especiais entre a recorrente e as empresas do mesmo grupo).

Embora o citado normativo não defina o que deve entender-se por "relações especiais", a doutrina fiscal vem considerando que tais relações existem quando haja situações de dependência, nomeadamente no caso de relações entre a Sociedade e os sócios, entre empresas associadas ou entre sociedades com sócios comuns ou ainda entre empresas mães e filiadas.

Ora, no caso vertente, como consta do Probatório, a existência de relações especiais entre a recorrente e a empresa envolvidas decorre, desde logo do facto de a recorrente é participada pela E. ESTRADA, FILHOS, SGPS, com uma participação superior a 70%, integrando o mesmo grupo económico.

O controlo e a direcção efectiva do Grupo pertence à empresa mãe – a E. Estrada, Filhos, SGPS.

Na verdade, volveu provado que mediante escritura outorgada em 30/12/97, a recorrente comprou a quota da sócia Maria de Madre de Deus de Matos Torres Pereira Ribeirinho e da quota do sócio José de Matos Torres, por 105.000.000$00 cada, vendendo-as, na mesma data, pelo seu valor nominal, 1.540.000$00 cada, à E. Estrada, Filhos, SGPS, que assim se constituiu como empresa – mãe.

E, em decorrência da referida aquisição das duas quotas por 210.000.000$00 e da venda simultânea pelo valor nominal, 3.080.000$00, obteve a recorrente uma variação patrimonial negativa de 206.920.000$00.

---

[1] Esta possibilidade de correcção da determinação do lucro tributável a que se refere o art. 57.º do CIRC, configura-se, na opinião do *Dr. Nuno Sá Gomes (As Garantias dos Contribuintes, CTF 371, 127 e sgts.)*, como um poder quase discricionário da AF, pelo que esta deve descrever os termos em que normalmente decorrem operações da mesma natureza entre pessoas independentes e em idênticas circunstâncias.

O certo é que o valor nominal de 3.080.000$00, que a recorrente considerou como preço de venda das quotas, representa 13,7% do capital social de 22.500.000$00 e os capitais próprios declarados à data de 31/12/97 ascendem a 449.546.128$00, excluindo a dedução de 61.087.500$00 de perdas em quotas próprias.

Acresce que o capital social de 22.500.000$00, corresponde a valores relativos à década de 50, altura em que a sociedade foi constituída mas do seu património fazem parte um prédio rústico e um urbano com valor contabilístico desactualizado, além do valor das imobilizações, bem como o valor de rendimento da empresa ou valor imaterial abrangendo a clientela, a capacidade de inovação, e de outros valores não quantificados.

Tal situação, enquadra-se perfeitamente no conceito de relações especiais previsto no art. 9.º, n.º 1, al. b) do Modelo de Convenção da OCDE de 1977 e no art. 57.º-C, n.º 2, do CIRC.

É que, como se disse e saalienta a entidade recorrida, inexistindo na lei, à data dos factos, uma definição do conceito de "relações especiais", embora o art. 57.º-C do CIRC já indicasse, em casos de subcapitalização, alguns critérios para apuramento da existência dessas mesmas relações especiais, podia entender-se, de acordo com o art. 9.º n.º 1 do Modelo da Convenção da OCDE de 77, que existiam tais relações "*quando uma empresa de um Estado contratante participar directa ou indirectamente na direcção, no controle ou no capital de uma empresa de outro Estado contratante, ou, as mesmas pessoas participarem directa ou indirectamente na direcção, no controle ou no capital de uma empresa de um Estado contratante e de uma empresa de outro Estado contratante*".

E é a tal propósito pertinente a citação feita pela entidade recorrida de J.J. Amaral Tomás em "Preços de Transferência", artigo publicado na revista Fisco, n.º 29, pág. 23: " *Realça-se que a existência de relação especial ou vínculo de dependência tanto pode decorrer de uma dependência jurídica (v.g. participação no capital; designação dos órgãos sociais) como de origem contratual; ou ainda de um sistema ou dependência de facto.*"

No caso sub judicibus, enfatiza-se que entre a recorrente e a E. Estrada, Filhos, SGPS, existem relações especiais capazes ou susceptíveis de conduzirem a um efectivo estabelecimento de condições diferentes das que seriam normalmente acordadas entre empresas independentes, visto que a E. Estrada, Filhos, SGPS, detém 70% do capital da recorrente, o que é constitui prova directa do vínculo de dependência jurídica – relacionamento especial entre as empresas associadas e dependentes da posição dominante do accionista/sócio comum –, susceptível de influenciar decisivamente a actuação das duas empresas.

Mas será que isso legitima a conclusão de que entre a recorrente e a empresa com quem tinha essas relações especiais se estabeleceram, efectivamente, condições diferentes das normalmente acordadas entre pessoas independentes?

Se é certo que a recorrente praticou preços artificiais nas vendas uma vez que as efectuou exclusivamente a empresa do mesmo grupo económico e a sua contabilidade parecer revelar alguns sinais que podem indicar práticas enquadráveis numa "lógica de grupo" de desviar os lucros para onde a tributação seja menos pesada, o certo é a correcção aqui em questão não pode assentar em meros indícios ou presunções, *tendo a AF de provar que se verificavam os pressupostos legais que permitem a correcção do lucro efectuada e o valor do preço de plena concorrência.*

Na verdade, o procedimento questionado pela AF pode ser visto na lógica de gestão do grupo de empresas em que a mesma está inserida.

Mas isso levanta a controvérsia gerada pelo confronto entre a lógica empresarial, que tem que ver com o sucesso económico de diversas empresas cujos sócios são comuns e a lógica jurídico – fiscal que impõe a autonomização de instituições que, sob esse ponto de vista, nada tinham em comum.

Claro que nem sempre estas lógicas colidem, antes se moldando reciprocamente, embora a realidade empresarial tenha obrigatoriamente de se enquadrar na realidade jurídica em que está inserida, enquanto esta se mantiver inalterada. Por outro lado, também não é verdade que esta limite sempre aquela, pois, em muitas situações como a dos autos, em que diversas empresas tem em comum os mesmos sócios, esta divisão empresarial pretende justamente usufruir das vantagens jurídicas e fiscais dessa divisão. Logo, nem sempre são realidades antagónicas. Isto para dizer que a lógica formal nem sempre é contra a empresarial, mas esta sempre tem de obedecer aquela, enquanto a mesma não for modificada.

Ora, no caso dos autos, o que a recorrente pretende é justamente sobrepor a sua lógica de gestão (inclusive enquanto grupo) à realidade jurídica em que aquela não pode deixar de estar inserida. A recorrente sustenta a verificação do invocado vício de violação de lei, por errada interpretação e aplicação da lei já que sendo várias as Empresas e existindo relações especiais entre elas, a correcção do lucro tributável de uma delas, impõe que se observe o disposto no corpo do art.º 80.º do C.P.T., sendo que a tal exigência, designadamente à al. c) deste artigo, satisfaz a indicação dos montantes efectivos, além da descrição, conforme exige a alínea b) do art. 80.º do CPT dos *"termos em que normalmente decorrem operações da mesma natureza entre pessoas independentes e em idênticas circunstâncias".*

Vale isto por dizer que tem a AF de justificar a razão por que o fez, não bastando a mera descrição das relações especiais entre a recorrente e a empresa do mesmo grupo, se nada referir quanto aos termos em que normalmente decorrem operações da mesma natureza entre pessoas independentes em idênticas circunstâncias.

Cumpre, pois, determinar, se as relações especiais permitiram, efectivamente, o estabelecimento de condições diferentes das que seriam normalmente acordadas entre empresas independentes.

Manifestamente que, a nosso ver, essas especiais relações vieram a reflectir-se no preço de venda por que foram cedidas à referida E. Estrada Filhos, SGPS, as quotas previamente adquiridas pela Solfaca aos sócios Maria de Madre de Deus de Matos Torres Pereira Ribeiro e José de Matos Torres.

E isso porque a recorrente adquiriu para si, por 105.000.000$00 cada, em 30 de Dezembro de 1997, àqueles dois sócios, as suas duas quotas, que tinham o valor nominal de 1.540.000$00 cada, vendendo-as nessa mesma data pelo seu valor nominal conjuntamente com outras quotas à referida E. Estrada, Filhos, SGPS, que desta forma se constituiu como empresa-mãe.

Donde se conclui, tal como o fez a entidade recorrida, que esse desiderato só se tornou viável porque entre a recorrente e a E, Estrada; Filhos SGPS, existem relações especiais, comunicabilidade de interesses ou interesses submetidos a uma vontade única, ou, como refere ainda a entidade recorrida louvando-se em Vítor Faveiro " Noções Fundamentais de Direito Fiscal Português", fls. 654, porque existiam relações de dependência ou subordinação que podem justificar que uma empresa imponha a outra ou com ela acorde, condições diferentes das que decorreriam nas relações de mercado livre.

E que condições foram essas?

Nesse sentido, e como reclama a entidade recorrida, a determinação da situação de condições especiais, diferentes das que seriam normalmente acordadas entre empresas independentes, poderá ser feita pela AF com uma certa margem de discricionariedade técnica desde que adopte um método legítimo e devidamente fundamentado.

Quanto a tal método, evoca a entidade recorrida o relatório da OCDE, complementado por novo Relatório de 84, segundo o qual existem três métodos como preferenciais, a saber:

a) o método de comparação com os preços de mercado de plena concorrência;

b) o método do preço de revenda e o do preço de custo acrescido de uma margem de lucro; e

c) face às inúmeras dificuldades, teóricas e práticas, resultantes da complexidade das situações que se deparam às diversas Administrações Fiscais, a aplicação de outros métodos residuais ou mesmo a combinação dos métodos indicados, posto que a *AF descreva e fundamente em que é que consistiu a manipulação dos preços.*[2]

Vejamos se a AF o fez no caso em apreço.

É manifesto que o critério usado pela AF foi a quantificação do valor pelo qual foi adquirido pela Sofalca as quotas aos dois referidos sócios.

A adopção desse método afigura-se legal e correcta porquanto, em condições normais ou de plena concorrência entre empresas, não seria celebrado um negócio como o levado a cabo pela recorrente que não contemplasse, no mínimo, os custos que a cedente teve quando suportou os custos com a aquisição das referidas quotas aos dois sócios.

É que, como se verteu na informação n.° 401/2002 que fundamentou o acto recorrido, inexiste "qualquer justificação, inclusiva de âmbito teórico, para que, as mesmas quotas, no mesmo momento, para a mesma pessoa, tenham diferentes valores, a não ser, claro está, o da evasão fiscal, e ainda, que o valor determinado pela Inspecção se encontra devidamente fundamentado, nomeadamente quanto aos requisitos previstos no n.° 3 do art.° 77.° da LGT."

Fundamentar o acto tributário consiste na indicação dos factos e das normas jurídicas que o justificam, na exposição das razões de facto e /ou de direito que determinam a AF a proferir uma decisão, enfim, em deduzir expressamente a resolução tomada das premissas em que assenta, ou em exprimir os motivos por que se resolve de certa maneira, e não de outra.

Assim, o acto tributário tem de ser sustentado por um mínimo suficiente da fundamentação expressa, ainda que operada por forma massiva e sendo produto de um poder legalmente vinculado, aspectos estes que só poderão ser valorados dentro do grau de exigibilidade da declaração de fundamentação, quer porque a massividade intui maior possibilidade de entendimento dos destinatários, quer porque a vinculação dispensa a enunciação da motivação do agente que decorrerá imediatamente da mera descrição dos factos – pressupostos do acto.

Apoiando-se o acto em causa no relatório da IGF, a informação n.° 401/2002, da DSIRC, e em todos os pareceres sobre os mesmos emitidos, e resultando da análise dos elementos de suporte para onde remete a decisão em causa, que a fundamentação neles contida é clara e congruente e permite à recorrente a reconstituição do itinerário cognoscitivo e valorativo percorrido pela entidade decidente, manifestamente que é suficiente a **fundamentação formal não** ocorrendo a violação do disposto nos artigos 268.°, n.° 3, da Constituição da República, dos art.ºs 124.º, n.º 1, *a)* e *b)* 125.º e 133.º, n.º 1 e n.º 2, al. *d)*, todos do Código do Procedimento Administrativo e 80.º do CPT.

Os actos tributários carecem de fundamentação, a qual consiste numa declaração formal, externa ou explícita, i. é, numa manifestação exterior consubstanciada num discurso expresso num texto, não bastando que resulte implicitamente da actuação administrativa.

E tal discurso tem de ser contextual, expresso e externado pelo autor do acto por forma a dar a conhecer ao seu destinatário, pressuposto este como um destinatário normal ou razoável colocado perante as circunstâncias concretas, a motivação funcional do acto, os motivos por que se decidiu num determinado sentido e não em qualquer outro, permitindo àquele optar conscientemente entre a aceitação da legalidade do acto ou a sua impugnação.

A fundamentação aduzida pela AF preenche todas as exigências legais e não fere, em nada, os direitos e garantias da recorrente que demonstra conhecer perfeitamente, no presente recurso contencioso, os motivos de facto e de direito que levaram à prolação do acto recorrido, tendo a recorrente ficado em perfeitas condições de conhecer as suas motivações e de se opor às mesmas como, aliás, fica provado com o presente recurso contencioso.

Assim, tem razão a entidade recorrida quando afirma que a recorrente apreendeu as razões porque a entidade decidente decidiu no apontado sentido pois da decisão decorre que a mesma se baseou na consideração da existência das relações especiais, que o critério adoptado pela AF para efectuar as correcções, consistiu em que, em condições normais entre pessoas independentes e em idênticas circunstâncias, o negócio não se teria processado da mesma forma, fazendo, por fim, a descrição e quantificação do montante efectivo que serviu de base à correcção.

Destarte, a AF cumpriu o ónus probatório de que as relações especiais entre a recorrente e a E Estrada, Filhos, SGPS, levaram o estabelecimento de condições diferentes das que seriam normalmente acordadas entre pessoas independentes, conduzindo a que o lucro apu-

---

[2] Também Nuno Sá Gomes em "As garantias dos contribuintes", CTF, n.° 371, pág. 127 e segs., sustenta tal possibilidade de correcção do lucro tributável, afirmando a existência de **"um poder quase discricionário da AF", que lhe permite, nomeadamente, a escolha das metodologias mais correctas à determinação do preço de concorrência,** pelo que esta deve descrever os termos em que normalmente decorrem operações da mesma natureza entre pessoas idênticas e em idênticas circunstâncias.

rado na contabilidade fosse diverso do que se apuraria na ausência dessas relações.

É que, se por um lado se pode aceitar, num juízo de normalidade, que aquelas referidas circunstâncias determinaram necessariamente o estabelecimento de condições diferentes das que decorreriam normalmente entre pessoas independentes, também, por outro lado, se prova que a AF logrou demonstrar os termos em que, normalmente, operações da mesma natureza decorreriam se fossem efectuadas entre pessoas independentes e em idênticas circunstâncias.

Por outro lado, como resulta do disposto no art.º 23.º n.º 1 do CIRC, consideram-se custos ou perdas as que comprovadamente forem indispensáveis para a realização de proveitos ou ganhos sujeitos a imposto ou para a manutenção da fonte produtora.

É pressuposto desta norma a consideração individualizada de cada empresa ou instituição pelo que não podem interferir aqui raciocínios do tipo daqueles que fazem apelo a critérios de gestão do "grupo" ou mesmo dos financiamentos – ainda que gratuitos – dos seus sócios ou mesmo a vontade destes que nessa matéria é irrelevante, visto que se trata de um critério legal, sendo unicamente relevante a pessoa colectiva cujos custos estão em apreciação.

***

A recorrente ainda esgrime que, não tendo sido feita prova material e substancial das relações especiais, a Administração Fiscal dever-se-ia ter abstido de praticar o acto tributário, em conformidade com o disposto no artigo 121.º do CPT porquanto, existindo dúvida quanto à existência e quantificação do facto tributário, deve esta ser valorada processualmente a favor do contribuinte e conduzir à anulação do acto recorrido, por vício de violação de lei, derivado de erro sobre os pressupostos de facto.

Estipula o art.º 121.º do CPT que *"sempre que da prova produzida resulte a fundada dúvida sobre a existência e quantificação do facto tributário, deverá o acto impugnado ser anulado".*

No Acórdão do STA de 14/3/01, tirado no recurso n.º 25.744, expendeu-se que *"as correcções do lucro tributável previstas no n.º 1 do art.º 57.º do C.I.R.C. inserem-se num procedimento tributário para determinação da quantificação do facto tributário relevante em matéria de I.R.C., pelo que se enquadram directamente na previsão deste artigo, que, de resto, constitui um aflorameto de um princípio geral adoptado pelo C.P.T. de presumir a veracidade das declarações dos contribuintes, como se proclama no 2.º parágrafo do preâmbulo do Decreto-lei n.º 154/91, de 23 de Abril, que aprovou aquele Código.*

Assim, a dúvida gerada quanto àquele ponto da matéria de facto, necessário para a quantificação do facto tributário (matéria colectável de I.R.C.), tem de ser valorada processualmente a favor do contribuinte e conduzir à anulação do acto impugnado.

Por isso, o acto impugnado tem de ser anulado, por vício de violação de lei derivado de erro nos pressupostos de facto".

Ora, como já se afirmou, no caso concreto não subsiste fundada dúvida entre os valores fixados para as transmissões e os valores que seriam normalmente acordados entre pessoas independentes pelo que não opera o regime do art. 121.º do CPT.

Já vimos que não estamos aqui perante uma avaliação indirecta do lucro tributável, que só pode ter lugar nos casos expressamente previstos na lei (cf. art. 51.º a 56.º do CIRC), mas, antes, no campo da avaliação directa pois, nas situações enquadráveis no art. 57.º do CIRC, a contabilidade das empresas, em regra, retrata a realidade das operações, não carecendo de credibilidade que justifique o uso de presunções.

Assim, face à presunção de veracidade da contabilidade e das declarações do contribuinte (art. 78.º do CPT), cabe à AF o ónus de prova dos pressupostos que justificam a correcção bem como do valor do preço de plena concorrência.».

Flui do exposto que a correcção a que se refere o art. 57.º do CIRC não pode assentar em indícios ou presunções, impondo-se à AF que prove os supra mencionados pressupostos legais para que possa corrigir a matéria colectável do contribuinte ao abrigo do art. 57.º do CIRC.

Em termos gerais e como decorre do disposto no n.º 2 do art.º 87.º da LGT, procede-se *à avaliação indirecta* nas situações em que não existem elementos fiáveis e suficientes para demonstrar exactamente o valor dos rendimentos ou bens sujeitos a tributação e, por essa razão, a sua tributação é feita com base em indícios, presunções ou outros elementos de que a AT disponha, inclusivamente aqueles que poderiam ser utilizados na avaliação directa.

A avaliação indirecta é, de resto, excepcional, a ela apenas se procedendo quando não seja viável a determinação da matéria tributável por meio da avaliação directa, seja por falta de elementos para se operar com esta, seja por existirem razões para suspeitar que o valor a que conduz a aplicação dos métodos de avaliação directa não é a matéria tributável real – cfr. art.ºs 87.º, n.º 1, al. c), e 89.º da LGT).

«In casu», provando-se que as correcções quantitativas à contabilidade foram feitas com base nos elementos retirados desta, não é incongruente que, com base neles, se conclua que a quantificação da matéria tributável esteja errada, até porque não se provaram outros elementos de facto que conduzam a outra quantificação, tal como era seu ónus, em face do disposto no artigo 74.º, n.º 3 da LGT.

Mas também não é de admitir a possibilidade de operar com a fundada dúvida a que se refere o art.º 121.º n.º 1 do CPT (ou 100.º do CPPT), preceito que abrange os actos da administração que, como no caso concreto, se traduzam no não reconhecimento das situações declaradas pelo contribuinte dado que aqui a dúvida se refere à legalidade da actuação da administração e não à existência dos factos tributários que são afirmados pelo contribuinte como tendo acontecido.

É que o art.º 121.º do CPT (ou 100.º do CPPT) contém uma norma que se reporta à questão do ónus da prova, destruindo a presunção legal a favor da AF (in dubio pro Fisco), estabelecendo uma verdadeira repartição do ónus da prova (que se coloca apenas em relação a questões de facto), de acordo com os princípios da legalidade e da igualdade, e em termos de que a incerteza sobre a realidade dos factos tributários reverte, em regra, contra a AF, não devendo ela efectuar a liquidação se não existirem indícios suficientes daqueles.

Ora, não é para nós legítima a dúvida alicerçada numa escrita que não merece qualquer credibilidade por falta de elementos minimamente rigorosos pois em conformidade com o art.º 100.º CPPT, se o facto tributário, no que respeita aos pressupostos e quantificação, resulta duvidoso pese embora a prova produzida pela parte a quem compete o ónus subjectivo – o impugnante – cabe resolver contra a parte contrária – a Fazenda Pública – e dar como não existente o facto tributário, anulando a liquidação, princípio inverso do que vigora no direito adjectivo comum, v.g. art.ºs. 516.º CPC e 346.º CC, que impõe a decisão da dúvida contra a parte onerada com a prova.

É que, tendo a AT procedido a correcções meramente quantitativas para determinar o lucro tributável do contribuinte, competia-lhe demonstrar a verificação dos pressupostos legais que permitem o uso da avaliação directa consentida pelos art.ºs. 57.º do CIRC e 80.º do CPT e, feita essa prova, recai sobre o contribuinte o ónus de demonstrar que houve erro ou manifesto excesso na quantificação.

Em tal situação, porque em relação à quantificação segundo o método adoptado pela AF, pela própria e concreta natureza das correcções efectuadas, era exigível ao contribuinte a prova de que os elementos utilizados pela AT ou o método que utilizou são errados.

Ora, o contribuinte não demonstrou o erro na quantificação do lucro tributável porque não conseguiu provar, como alegou, que um dos pressupostos factuais utilizados excede o realmente verificado e, pelo contrário, a prova apresentada confirma o acerto desse facto.

Como ficou demonstrado, para a aplicação do regime do art.º 57.º do CIRC podem ser utilizados os meios que se deixaram analisados, um dos quais dos escolhido e justificado pela AF de modo que cessou a presunção de veracidade dos elementos e colocados à disposição da AF e directamente recolhidos da actividade do contribuinte.

E, porque o acto tributário preenche os requisitos legais de fundamentação, porque as correcções operadas pela AT, desde logo, foram justificadas através de uma declaração formal, externa ou explícita, ou seja, numa manifestação (declaração) exterior consubstanciada num discurso expresso pelo autor do acto num texto e que deu a conhecer ao seu destinatário, pressuposto este como um destinatário normal ou razoável colocado perante as circunstâncias concretas, a motivação funcional do acto, os motivos por que se decidiu num determinado sentido e não em qualquer outro, permitindo àquele optar conscientemente entre a aceitação da legalidade do acto ou a sua impugnação, não pode afirmar-se a existência de dúvida quanto à existência e quantificação do facto tributário, que possa e deva ser valorada processualmente a favor do contribuinte e conduzir à anulação do acto recorrido, por vício de violação de lei, derivado de erro sobre os pressuposto de facto.

***

A recorrente também refere que a autoridade recorrida não analisou a questão da nulidade do contrato suscitada pela Inspecção Tributária, designadamente, nulidade do contrato, porquanto, encontramo-nos face a um vício de forma por omissão de pronúncia.

A esse propósito, provou-se (vd. als. c) a g)) do probatório) que, no âmbito de acção inspectiva a nível interno, de que a recorrente foi alvo, foi elaborado relatório pelo SPIT, de acordo com o qual e ao que ao caso releva, a aludida correcção se baseou, além do que já foi atrás analisado, ainda na consideração de que a operação de aquisição de quotas próprias é nula à luz do disposto nos n.ºs 2 e 3 do art.º 220.º do Código das Sociedades Comerciais, não se aceitando por esse facto o lançamento de qualquer perda registada em alienação de Quotas Próprias, nem a existência de quaisquer variações patrimoniais negativas. A ora recorrente foi notificada dessa correcção ao lucro tributável reportado ao exercício de 1997 pelo ofício n.º 3694, de 26/06/2001, da DDF de Santarém, bem como direito de interpor recurso hierárquico dessa decisão para o Ministro das Finanças, nos termos do art. 112.º do CIRC. Na sequência dessa notificação, a ora recorrente interpôs, em 30/07/01, recurso hierárquico ao abrigo do art.112.º do CIRC. Esse recurso hierárquico mereceu, em 2/06/02, o seguinte despacho de Sua Ex.ª o Secretário de Estado dos Assuntos Fiscais: «*Concordo.*».

Ora, da base fundamentadora do despacho recorrido, vê-se que pelo SEAF não foi tomado em conta para decidir, a nulidade do contrato à luz do disposto nos n.ºs 2 e 3 do art.º 220.º do CSC.

Configurará isso um vício de forma por omissão de pronúncia?

Como já se disse atrás, a avaliação indirecta é excepcional, a ela apenas se procedendo quando não seja viável a determinação da matéria tributável por meio da avaliação directa, seja por falta de elementos para se operar com esta, seja por existirem razões para suspeitar que o valor a que conduz a aplicação dos métodos de avaliação directa não é a matéria tributável real – cfr. art.ºs 87.º, n.º 1, al. c), e 89.º da LGT).

Mas, como se demonstrou à saciedade, a recorrente parte na sua defesa de dois pressupostos que não são verdadeiros: o de que o *critério empresarial* na fixação dos valores das vendas é insindicável e o de que os valores das vendas declaradas nas escrituras goza da presunção de verdade que se atribui a tais documentos.

E, no que tange ao primeiro pressuposto, dúvidas não sobram de que não é o *critério empresarial* na fixação dos valores das vendas que se põe em causa mas a impossibilidade de confirmar através da escrita um qualquer *critério empresarial*.

Na verdade, a existência de valores significativamente inferiores ao normal constitui indício seguro de fraude fiscal, sendo critério legal de admissão do recurso a métodos indiciários com base nos indicadores objectivos de base técnico – científica que está consagrado hoje no artigo 87.º da Lei Geral Tributária, *salvo, – como aconteceu no caso concreto –, se não for possível a avaliação directa.*

Daí que não mereça qualquer censura o proceder da AF ao não ter acolhido, no acto recorrido, através da sua Adenda e no qual é lavrado o despacho do SEAF, o argumento da nulidade do negócio, tendo sobre esse aspecto, como justifica nas suas alegações, sido lavrado "Auto de Notícia" pois, o art. 57.º do CIRC, à data dos factos, enunciava, claramente, os pressupostos que permitem à AF as correcções à matéria colectável. Não obstante, conferia à mesma uma certa discricionariedade técnica na interpretação e aplicação de tais pressupostos, nomeadamente, o da escolha do método adequado à determinação do estabelecimento de condições diferentes das normalmente acordadas entre pessoas independentes. Contudo, como bem o afirma o acórdão do TC n.º 285/92, DR – I Série-A, de 17/8/92 "a Constituição não veda, por um lado, ao legislador a possibilidade de este conferir à Administração a faculdade de actuar ao abrigo de poderes discricionários, desde que as balizas de exercício de tais poderes constem de forma suficientemente identificada na própria lei".

Acresce que e no que às escrituras diz respeito, só gozam de fé pública os factos declarados como percepcionados pelo Notário e não a veracidade das declarações das partes que no documento são atestadas. Ou seja, goza de fé pública o facto de as partes terem declarado a venda por determinado montante porque o Notário ouviu essa declaração; mas não goza de fé pública a correspondência à realidade de tal declaração – artigo 371.º, n.º 1, do Código Civil.

E não se diga, como o faz a recorrente, que o negócio jurídico titulado por documento autêntico, como é a escritura pública, carecia de prévia declaração de nulidade pela via judicial para que pudesse ser corrigida a matéria colectável, como poderia entender-se em face do disposto nos arts. 32.º do CPT e 39.º n.º 2 da LGT.

É que, na senda do *Acórdão deste TCA de 29/04/03, tirado no Recurso n.º 3101/0*1, o acto impugnado foi praticado na vigência do Código de Processo Tributário, pelo que há que ter em conta que o art. 32.º n.º 2 desse diploma dispunha que os actos de negócios jurídicos nulos ou anuláveis constantes de documentos autênticos produziam os correspondentes efeitos jurídico – tributários enquanto não houvesse decisão judicial a declará-los nulos ou anuláveis, salvo as excepções expressamente previstas nas leis tributárias.

Assim sendo e também de acordo com a doutrina vazada no acórdão do STA proferido em 26/02/03, no Recurso n.º 89/03, citado naquele aresto do TCA, a AF não pode ignorar tais negócios jurídicos enquanto não for declarada a sua nulidade ou anulabilidade, *mas não está impedida de proceder a correcções à matéria colectável, introduzindo as que forem pertinentes face aos elementos apurados.*

E prossegue o mencionado aresto, citando o acórdão de 4/12/73 do STJ e a anotação a ele feita pelo Prof. Vaz Serra na RLJ, ano 107, fls. 309-314, «*(...) "a simples simulação do preço não torna nulo o contrato, ainda que feita para prejudicar o direito do Estado ao imposto". E acrescentava adiante: "o contrato não é nulo por motivos de natureza fiscal, sendo a sua validade ou nulidade determinada pelas regras do direito privado. A lei fiscal não impõe, consequentemente, a nulidade do contrato em que exista simulação do valor; e essa nulidade não resulta também da lei civil, pois, ainda que se trate de contrato sujeito legalmente a uma forma especial, como acontece com o contrato de compra e venda de coisa imóvel, a razão da exigência da forma não abrange o montante do preço, o qual não tem de ser determinado no contrato, bastando que seja determinável".*

No Manual dos Contratos em Geral, fls. 151 e segs., definia o Prof. Galvão Teles os vários tipos de simulação. Assim:

I. simulação: divergência entre a vontade e a declaração, estabelecida pôr acordo entre as partes com o intuito de enganar terceiros;

1. – simulação absoluta: quando na aparência se celebra um contrato, mas na realidade nenhum contrato se quer;

3. – simulação relativa: dá-se quando as partes pretendem realizar, e de facto realizam, um contrato, mas para iludir terceiros o ocultam, o encobrem, com um contrato diverso pela sua função e natureza, ou divergente em algum aspecto. No caso vertente estamos perante uma simulação relativa. O negócio existe (...), cingindo-se a simulação ao preço pago pelo mesmo. Como atrás referimos tal simulação não torna nulo o negócio que consta da escritura e foi esse o que a Administração Fiscal tomou em consideração como facto tributário. Mas, tendo encontrado elementos indiciadores de que o preço pago não correspondia ao declarado, procedeu à correcção à matéria colectável nos termos que a lei lhe permitia.

O Prof. Leite de Campos (Simulação dos negócios jurídicos in Problemas fundamentais do Direito Tributário, fls. 224), após referir a necessidade da via judicial para declarar a nulidade do negócio jurídico simulado, escreve "Isto não impede, nos termos da primeira parte do n.º 2 (do artigo 39.º da Lei Geral Tributária), que a Administração Fiscal corrija a matéria tributável revelada pelo negócio real, nos termos indicados na última parte do n.º 2. O facto de constar da escritura um preço determinado apenas demonstra ter sido esse o declarado pelas partes perante o notário mas não inibe a Administração Fiscal de ter outro entendimento face aos elementos que apura. Como bem se referiu no acórdão 1757/02 de 19 de Fevereiro de 2003 "mal se compreenderia que, consagrando a Lei Geral Tributária a presunção de veracidade das declarações dos contribuintes apresentadas à Administração Fiscal, e nem pôr isso lhe proibindo o recurso a métodos presuntivos (artigo 75.º), atribuísse às declarações prestadas perante outro oficial público – o notário – valor superior, tal que a Administração ficasse manietada, dependente da obtenção de uma declaração judicial de nulidade. Não se vislumbra razão para conferir maior força à declaração feita perante um notário do que àquela que é produzida perante a Administração Fiscal".

Esta doutrina é, aliás, a acolhida pelo art. 39.º da LGT, onde se estipula o seguinte:

"I. Em caso de simulação de negócio jurídico, a tributação recai sobre o negócio jurídico real e não sobre o negócio jurídico simulado. 2. Sem prejuízo dos poderes de correcção da matéria tributável legalmente atribuídos à administração tributária, a tributação do negócio jurídico real constante de documento autêntico depende de decisão judicial que declare a nulidade".

Como se diz no n.º 2 desse preceito, a tributação do negócio constante de documento autêntico é feita *sem prejuízo dos poderes de correcção da matéria tributável legalmente atribuídos à AF*, poderes que, no que respeita ao IRC, lhe são conferidos nos termos do art. 57.º do CIRC, bem como dos artigos 58.º, 74º 81.º a 84.º da LGT.

Destarte, porque a recorrente não provou a falta ou insuficiência da prova material e substancial das relações especiais aduzida pelo Fisco, ou, sequer, a incerteza ou dúvida sobre a existência e conteúdo do facto tributário, nem tão pouco que exista erro ou manifesto excesso na quantificação da matéria tributável, haverá que aceitar a legalidade do método directo.

De resto, se é certo que por força do disposto no art.º 9.º n.º 1 do CPA, que consagra o princípio da decisão, os órgãos administrativos se devem pronunciar sobre todos os assuntos da sua competência, que lhes forem apresentados pelos particulares, há que distinguir o **dever de pronúncia ou resposta** desses órgãos de **dever de decidir.**

É que o **dever de pronúncia ou resposta** dos órgãos administrativos existe sempre face a toda e qualquer petição, ainda que a resposta se limite a informar os interessados do destino dado àquela, bem como dos fundamentos da posição que tomar em relação a ela – cfr. n.º 2 do art.º 115.º do CPA –, constituindo um dever de carácter constitucional correspondente ao direito fundamental de petição dos cidadãos em matérias que lhes dizem respeito ou à Constituição e às leis (art.º 52.º da CRP); já o **dever de decisão** procedimental apenas existe quando a pretensão é formulada visando a defesa de interesses próprios do peticionante e tem por objecto o exercício de uma competência jurídico – administrativa (normativa ou concreta) de aplicação da lei à situação jurídica do autor da pretensão.

Em todo o caso e como afirma *M. Esteves de Oliveira, P. Costa Gonçalves e J. Pacheco de Amorim, CPA Comentado, 2ª Ed., pág. 126,* "... **no procedimento administrativo** o dever de pronúncia da Administração, face às petições de particulares, é um dever de decisão; fora dele, é um dever de resposta. Por isso, só no n.º 2 do art.º 9.º o legislador usou o conceito de decisão, referindo-se antes no n.º 1 ao dever de pronúncia.

O facto não diminui em nada a enorme importância jurídico – procedimental desse dever do n.º 1. É nele que se afirma, afinal, **como princípio geral,** a obrigação em que a Administração está constituída de se pronunciar – neste caso, de decidir – sobre todas as pretensões de particulares cuja realização dependa da prática de um acto administrativo e é, portanto, nele que reside o núcleo dos "actos administrativos" tácitos, regulados nos art.ºs 108.º e 109.º do Código".

Logo, são espúrias as considerações da recorrente de que a entidade recorrida "omitiu pronúncia" sobre a ajuizada questão pois esta cumpriu o seu dever de decisão no procedimento concreto, *decidiu* dentro da margem de discricionariedade técnica conferida pela norma do art.º 57.º do CIRC, tendo descrito e fundamentado, clara e suficientemente, a aplicação de cada um daqueles pressupostos nela previstos.

***

Termos em que improcedem, «in totum» as conclusões do presente recurso.

4.– Em conformidade com o exposto, acorda-se em conferência nesta 2ª Secção do Tribunal Central Administrativo em negar provimento ao recurso contencioso mantendo, consequentemente, o acto recorrido.

Custas pela recorrente, fixando-se a taxa de justiça em 300 euros e a procuradoria em metade.

Lisboa, 19 de Outubro de 2004

**Gomes Correia
Casimiro Gonçalves
Ascensão Lopes**

Recurso n.º 7 127/02

IRC. CONSEQUÊNCIA DA FALTA DE INTERVENÇÃO DE PERITO INDEPENDENTE REQUERIDA PELA CONTRIBUINTE AO ABRIGO DO ART. 91.º N.º 4 DA LGT E QUANDO JÁ SE ENCONTRAVA DISPONÍVEL A LISTAGEM DOS PERITOS INDEPENDENTES PUBLICADA NO DIÁRIO DA REPÚBLICA DE 25.07.2000 (DR, II SÉRIE, N.º 170, AVISO N.º 11545/2000). PRETERIÇÃO DE FORMALIDADE ESSENCIAL COM EFEITOS INVALIDANTES.

(Acórdão de 16 de Novembro de 2004)

SUMÁRIO:

I – Por injunção normativa dos arts. 93.º e 94.º da LGT, haveria ainda que proceder à designação de peritos independentes, mediante listas distritais a serem organizadas por uma Comissão Nacional, cujo funcionamento e estatuto ficou também para ser posteriormente regulamentado.

II – Como à data em que foi realizado o debate contraditório no procedimento de revisão (26.07.2000) já se encontrava disponível a listagem dos peritos independentes pois esta só foi publicada no Diário da República de 25.07.2000 (DR, II Série, n.º 170, Aviso n.º 11545/2000), isso era impeditivo da reunião.

III – É que com o art. 86.º, n.º 4, da LGT, introduziu-se uma mudança radical pois deixou de fazer-se qualquer referência a deveres de imparcialidade e independência técnica da pessoa nomeada pelo sujeito passivo para participar na avaliação indirecta, aludindo-se a relação de representação entre o sujeito passivo e o perito por si designado (art. 91.º, n.º 1).

IV – Por força da LGT, configurando-se esta relação como de representação, justificar-se-á que se estabeleça a vinculação do sujeito passivo pela actuação deste perito, da mesma forma que tal vinculação existe no domínio do direito civil (arts. 1178.º, n.º 1, e 258.º do Código Civil), ao ponto de, em caso de falta injustificada ao procedimento de revisão ou a sua não comparência à segunda reunião valerem como desistência da reclamação (art.º 91.º n.º 6 da LGT).

V – A não intervenção do perito independente reconduz-se a um vício de forma, por preterição de uma formalidade essencial, estando essa formalidade instituída para assegurar as garantias de defesa dos interessados, contribuinte e AT, por forma a garantir a justeza e correcção do acto final do procedimento pelo que, tratando-se de um trâmite destinado a assegurar os interesses da ambas as partes (particular e público) ocorre a possibilidade de também aqui eclodir a sua degradação em formalidade não essencial, quer dizer que a preterição poderá não implica necessariamente a invalidade do acto final.

VI – Mas, provando-se que a nomeação do perito independente não foi efectuada apesar de a publicação das listas distritais das personalidades aludidas no n.º 1 do art. 93.º da LGT, para sorteio do perito independente referido no n.º 1 do art. 92.º da mesma LGT, ter ocorrido antes do debate contraditório, independentemente da questão de saber se o momento próprio para arguir a preterição da formalidade em causa era o do decurso da reunião da comissão ou o da impugnação, o que é verdade é que, no caso, tal ilegalidade ocorre porquanto, sem que existisse impedimento jurídico ou prático, como acontecia antes da publicação das listas de peritos, assim se inviabilizou o uso da faculdade que estava ao alcance do contribuinte (e que também estava atribuída ao órgão da AT – art.º 91.º, n.º 4, da LGT) de fazer intervir o perito independente que era uma via certa e segura de obter um resultado, em primeira linha, tecnicamente sólido e impressivo e, por tal, justo e equitativo, acrescido do cunho da independência e inerente imparcialidade, que poderão constituir o tónico para assumir uma fixação da matéria tributária (que até lhe pode ser desfavorável).

VII – E visto que a recorrente deduziu impugnação judicial, mas podia exigir-se da Administração Tributária que procedesse à nomeação do perito independente no procedimento de revisão da matéria colectável adiando o debate contraditório, tem aquela preterição relevância invalidante pois da preterição da formalidade resultou para a impugnante uma lesão efectiva e real dos interesses ou valores protegidos pelo preceito violado, não podendo aqui afirmar-se que, não obstante tal preterição, veio a atingir-se o resultado que com ela se pretendia alcançar, que é a completa defesa da recorrente e do próprio interesse público, contra o acto tributário que realizou de forma limitada através do acordo a que chegou o seu representante com o da AT, pelo que o vício da forma pode ter efeitos invalidantes.

ACORDA-SE, EM CONFERÊNCIA, NA 2ª SECÇÃO DO TCA SUL:

1. – RELATÓRIO
1.1 A FAZENDA PÚBLICA, através do seu Digno Representante, vem interpor recurso jurisdicional da sentença do Tribunal Tributário de I.ª Instância da Guarda (actual TAF de Castelo Branco) que julgou procedente a impugnação judicial deduzida por **JOSÉ HENRIQUES, Ldª**, contra a liquidação de IRC do exercício do ano de 1995.

1.2 Em alegação, a recorrente formula conclusões que se apresentam do seguinte modo:

1 – A data da marcação da reunião para decidir o pedido de revisão da matéria tributável não haviam sido publicadas as listas de peritos independentes;

2 – As listas foram publicadas apenas no dia anterior ao da realização da reunião de peritos, não havendo viabilidade para comunicar em tempo útil uma eventual alteração da data da reunião.

3 – O art. 91.º da LGT não prevê a possibilidade de alteração da data da realização da reunião, mas apenas a marcação de nova reunião no caso de falta justificada do perito do contribuinte.

4 – A falta do perito independente, mesmo quando nomeado, não tem qualquer relevância no tocante à realização ou adiamento da reunião.

5 – O procedimento de revisão da matéria tributável assenta num debate contraditório entre o perito do contribuinte e o da administração tributária.

6 – Não é essencial a intervenção do perito independente, porque a sua nomeação é de carácter facultativo, a sua presença não é indispensável para a realização da reunião, a sua falta (mesmo justificada) não implica marcação de nova reunião e o seu parecer pode ser objecto de rejeição pelo órgão competente (o que não se verifica em relação a eventual acordo entre os outros dois peritos).

7 – As normas relativas à intervenção de perito independente no procedimento de revisão careciam, de acordo com a própria lei, de posterior regulamentação; não obstante terem sido publicadas as listas (mas após a marcação da reunião), à data da reunião não haviam sido regulados outros aspectos fundamentais àquela intervenção, designadamente os referentes à remuneração (valor, forma de depósito e consequências da sua falta e pagamento).

8 – A falta dessa regulamentação constitui motivo justificativo para a realização do procedimento sem a intervenção do perito independente

9 – Pelo exposto, conclui-se que não sendo essencial a intervenção do perito independente no procedimento de revisão da matéria tributável e justificando-se, no caso concreto, a falta da sua nomeação e participação, pôr não terem sido ainda publicadas as listas à data da marcação da reunião dos peritos, pôr a lei prever a possibilidade de cancelamento ou alteração da data da reunião, e porque à data da própria realização da reunião não fora ainda emitida a necessária regulamentação quanto a outros aspectos fundamentais da nomeação do perito independente, não pode considerar-se ter havido qualquer no referido procedimento preterição de formalidade legal essencial ou ilegalidade, com reflexos na liquidação impugnada.

Pelo que, entende que deve ser dado provimento ao recurso e em consequência ser revogada a decisão recorrida que julgou procedente a impugnação.

Não houve contra-alegações.

A EPGA emitiu douto parecer a fls. 63 no sentido de que o recurso não merece provimento.

Satisfeitos os vistos legais, cumpre decidir.

2. – FUNDAMENTAÇÃO
2.1. – DOS FACTOS
O Tribunal «a quo» deu como assentes as seguintes realidades e ocorrências, com base no acervo documental constante dos autos, que por nossa iniciativa se subordinam a alíneas:

a) a impugnante foi fiscalizada aos exercícios de

1995, 1996, e 1997 – com início da acção em 23/06/98 (cfr. fls. 28 do proc. adm. ap.) –, quer em sede de IVA, quer em sede de IRC, do que resultou relatório nos termos de fls. 26 e ss. do proc. adm. ap., termos esses conhecidos dos intervenientes e que aqui se têm presentes;

b) ao que se apurou em matéria colectável, para IRC de 1995, o valor de 1.706.350$00, vindo a resultar da correspondente liquidação um imposto de 6 3.822,23 (cfr. fls. 66 do proc. adm. ap.);

c) a impugnante, por intermédio do seu sócio-gerente José Ponciano Neves Henriques, exerceu direito de audição prévia (cfr. fls. 16 e ss. e 37 do proc. adm. ap.);

d) do relatório de inspecção e despacho que recaiu foi a impugnante notificada por comunicações recepcionadas em 09/07/99 e em 30/05/2000 (cfr. 20 e 21 do proc. adm. ap.; fls. 36 e 37);

e) a impugnante solicitou em Junho de 2000 procedimento de revisão ao abrigo do art.º 91.º da LGT, requerendo, entre o mais, a nomeação de perito independente (cfr. fls. 43 e fls. 44 do proc. adm. ap.);

f) nenhum perito independente veio a ser nomeado e a intervir em tal procedimento, reunindo os peritos (do contribuinte e da FP) em 26/07/2000, não obtendo acordo (cfr. fls. 45 e ss. do proc. adm. ap.).

Tanto basta, servindo e bastando à decisão estes factos.

2.2. – DA APLICAÇÃO DO DIREITO AOS FACTOS

Exposta a factualidade relevante, importa decidir de direito quando, atenta a ordem do julgamento estabelecida no art.º 660.º do CPC, aplicável ao recurso por força das disposições combinadas dos art.ºs. 713.º n.º 2 e 749.º, ambos daquele Código, vemos que a questão sob recurso, suscitada e delimitada pelas conclusões da Recorrente, é a de saber se, tendo ela solicitado a revisão da matéria tributável fixada por métodos indirectos e, ao mesmo tempo, requerido a nomeação de perito independente faculdade que a impugnante exercitou em Junho de 2000, tendo sido atendida quanto ao procedimento de revisão, sem, contudo, haver logrado a nomeação e intervenção do perito independente, porque não estavam elaboradas e publicadas as listas distritais previstas no art. 94.º da mesma L.G.T., tal configura ou não preterição de formalidades legais, passível de integrar fundamento, enquanto determinante de ilegalidade, válido e relevante desta impugnação – cfr. art. 99.º al. d) do C.P.P.T

Na p.i. (v. Art.ºs 12.º a 14.º), a recorrente afirma que «...os actos tributários impugnados sofrem, ainda, de(...) preterição de formalidades legais e essenciais relativas ao procedimento para a fixação da matéria colectável com recurso a hipotéticos métodos indirectos – art. n.º 36.º do CPPT; 77, 91, 92, 93 e ss da LGT e 64 n.º 2, 19 al. b), 21, 81 e 82 do CPT)

«Na verdade a impugnante, na reclamação requereu que fosse nomeado um perito independente – ver reclamação.

«Ora, nunca foi nomeado nenhum perito independente neste processo. Outra ilegalidade gritante».

Na sentença recorrida reconhece-se que constitui fundamento de impugnação a preterição de formalidades legais e, sob a questão de saber a que momento ou a que tipo de formalidades legais se reporta este normativo, fundamenta o M.º Juiz que "sempre no nosso caso particular, subsiste para a contribuinte a prerrogativa de fazer intervir o perito independente.

Publicada a lista em 25/07/2000, ainda sequer tinham reunido os peritos do contribuinte e da FP.

Quando foi feito o debate contraditório no procedimento de revisão (26/05/2000) encontrava-se já publicada a lista.

Portanto, em condições de poder intervir perito independente.

Certo que na prática das coisas, porventura não de imediato.

Mas certo, também, que tinha sido solicitada a sua intervenção e que era alcançável a satisfação do pedido, mesmo que/e apesar do sacrifício da data que já havia sido designada.

É o que se colhe de se entender o direito como então já constituído, é o que emana do princípio geral do art.º 12.º, n.º 3, da LGT.

Em suma, ocorre a apontada ilegalidade, que, geneticamente, se transferiu e comunicou ao acto de liquidação de IRC impugnado, que, pôr isso, tem de ser anulado – cfr. art. 86.º n.º 4 da L.G.T.".

A EPGA junto desta instância sustenta no seu douto parecer a manutenção do julgado, expendendo, para o efeito que

"A reunião da comissão de revisão ocorreu a 26 de Julho de 2000, sendo certo que a listagem dos peritos independentes a nomear para tais actos foi publicada através do Aviso n.º 11545/2000 no DR 170 – 2ª série de 25 de Julho de 2000.

Pese embora a bondade da argumentação da recorrente, a circunstância de a listagem dos peritos independentes só ter sido publicada na véspera da reunião da comissão de revisão, não desonerou a AT da obrigação de cumprir a determinação legal de nomeação do perito independente, requerido pela reclamante.

O não cumprimento desta formalidade legal já então exigível pela publicação da listagem faz incorrer a actuação da AT em vício de violação de lei, determinante da anulação da liquidação impugnada.

Todas as considerações referidas nas alegações de recurso são insuficientes para afastar o ónus de cumprimento pela AT, do disposto no art. 91.º n.º 4 da LGT."

Quid juris?

Como se vê, na sentença recorrida reconhece-se que constitui fundamento de impugnação qualquer ilegalidade, designadamente, a preterição de formalidades legais: art. 99.º al. d) do CPPT.

Essas formalidades legais reportam-se ao percurso ou às formalidades inerentes e anteriores ao acto de fixação bem como às corporizadas no próprio acto ou decisão em si.[1]

Assim sendo, o procedimento de revisão da matéria colectável previsto no art. 91.º da LGT integra um dos passos no percurso inerente à liquidação e é-lhe anterior, uma vez que é com base no que aí for decidido que se procederá à liquidação do(s) imposto(s).

Nessa acepção, a omissão de qualquer acto previsto legalmente para esse procedimento constitui preterição

---
[1] No sentido de que a preterição de formalidades legais se reporta às formalidades atinentes à formação do acto tributário (quer na fase de formação do acto quer na própria decisão final) se pronunciam Alfredo José de Sousa e José da Silva Paixão («Código de Processo Tributário», Comentado e Anotado, Almedina, 3ª edição, notas 14 e 15 ao artigo 120', pág. 260), bem como Jorge Lopes de Sousa («Código de Procedimento e de Processo Tributário», Anotado, 2ª edição, da Vislis Editores, pág. 468, nota 17).

de uma formalidade legal atinente à formação do acto tributário.

Protestou a impugnante que, para intervir nesse acto, requereu a intervenção de um perito independente, ao abrigo do art. 91.º n.º 4 da LGT e decorre dos autos que esse perito não interveio, sendo que a reunião teve lugar em 26.07.2000 – (fls.45 e ss do p.i.).

Por força do disposto nos arts. 93.º e 94.º da LGT, haveria ainda que proceder-se à designação de tais peritos independentes, mediante listas distritais a serem organizadas por uma Comissão Nacional, cujo funcionamento e estatuto ficou também para ser posteriormente regulamentado.

Portanto, à data em que foi realizado o debate contraditório no procedimento de revisão (26.07.2000) já se encontrava disponível a listagem dos peritos independentes pois esta foi publicada no Diário da República de 25.07.2000 (DR, II Série, n.º 170, Aviso n.º 11545/2000).

Nesta perspectiva, na presença de listagem dos peritos, temos de concluir que se incorreu na preterição de formalidade legal.

Se é certo que,[2] na data em que foi requerida a intervenção do perito independente, ainda não tinha sido elaborada a respectiva lista pela Comissão Nacional de Revisão, e a falta de organização das listas não poderia funcionar como impedimento da tramitação normal dos procedimentos de revisão da matéria fixada por métodos indirectos pois o prazo de caducidade estava em curso e a AT não podia estar à espera que fosse elaborada a lista, também o é que, como salienta o M.º Juiz «a quo», como a lista foi publicada em 25/07/2000, ainda sequer tinham reunido os peritos do contribuinte e da FP e, quando foi feito o debate contraditório no procedimento de revisão (26/07/2000) encontrando-se já publicada a lista, havia condições de poder intervir perito independente cuja intervenção havia sido oportunamente e que era alcançável a satisfação do pedido, mesmo que/e apesar do sacrifício da data que já havia sido designada, relevando aqui o facto de tal direito estar já constituído por respeito ao princípio geral do art.º 12.º, n.º 3, da LGT.

Acresce que com o art. 86.º, n.º 4, da LGT, se introduz uma mudança radical pois deixou de fazer-se qualquer referência a deveres de imparcialidade e independência técnica da pessoa nomeada pelo sujeito passivo para participar na avaliação indirecta, aludindo-se a relação de representação entre o sujeito passivo e o perito por si designado (art. 91.º, n.º 1).

Configurando-se esta relação como de representação, justificar-se-á que se estabeleça a vinculação do sujeito passivo pela actuação deste perito, da mesma forma que tal vinculação existe no domínio do direito civil (arts. 1178.º, n.º 1, e 258.º do Código Civil), ao ponto de, em caso de falta injustificada ao procedimento de revisão ou a sua não comparência à segunda reunião valerem como desistência da reclamação (art.º 91.º n.º 6 da LGT).

A isto pode contrapor-se, como o faz a recorrente Fªpª, que o perito da recorrente chegou a acordo com o da AT, não poderá aquela, agora, sustentar que houve violação de lei, sendo que a alegação de vício de forma (preterição de formalidade) não colhe na medida em que, como decorre do disposto no n.º 7 do art.º 91.º da LGT, a falta do perito independente, a existir, não obstava sequer à realização das reuniões.

Tal como referimos no *Acórdão de 21/01/03*, a possibilidade intervenção de perito independente a requerimento do contribuinte ou da própria AT (cfr. n.º 4 do art.º 91.º da LGT) visa mais a concretização do princípio democrático na sua dimensão participativa, e não tanto a ideia garantística inerente ao princípio do Estado de Direito, pois o que aí está em causa é fundamentalmente um princípio de organização e acção administrativa, sendo por isso que já anteriormente o CPA veio estabelecer como forma de participação no procedimento administrativo, tanto mais que a intervenção procedimental daquele perito, que tanto pode interessar ao particular, como à Administração, se justifica em razão da verdade material e da defesa antecipada dos respectivos interesses e, por isso, corresponde à ideia do contraditório e não ao conceito de participação funcional. Na verdade e conforme formulação feita por G. Berti Procedimento, procedura, partecipacione" in Scritti Guicciardi, 1975, pp, 801 e 802, *"a participação diferencia-se do contraditório seja porque prescinde de toda a ideia de conflito entre interesses e as correspondentes posições subjectivas, seja porque não define uma forma de tutela ou de garantia mas uma modalidade de acção".*

Porque estamos em presença de um conflito entre interesses e as correspondentes posições subjectivas, diríamos que estamos no âmbito do contraditório e por isso não se impunha a audiência pretendida pela impugnante.

A não intervenção do perito reconduz-se a um vício de forma, por preterição de uma formalidade essencial, estando essa formalidade instituída para assegurar as garantias de defesa dos interessados contribuinte e AT, por forma a garantir a justeza e correcção do acto final do procedimento.

Ora, tratando-se de um trâmite destinado a assegurar os interesses da ambas as partes (particular e público) a possibilidade de também aqui ser possível ocorrer a sua degradação em formalidade não essencial, quer dizer que a preterição não implica necessariamente a invalidade do acto final.

Seria o caso, como o apreciado no aresto deste TCA já citado e tirado no recurso n.º 6914/02, em que as listas não tinham ainda sido publicadas quando se realizou o debate contraditório em que, visto que a aí impugnante deduzira impugnação judicial, se considerou que não tinha aquela preterição relevância invalidante pois da preterição da formalidade não resultou para ela uma lesão efectiva e real dos interesses ou valores protegidos pelo preceito violado. Ou seja, não obstante tal preterição, veio a atingir-se o resultado que com ela se pretendia alcançar, que é a defesa da recorrente contra o acto tributário que alcançou através do acordo a que chegou o seu representante com o da AT, pelo que o vício da forma pode ter efeitos invalidantes.

Mas, «in casu» prova-se que a nomeação do perito independente não foi efectuada apesar a **publicação das listas** distritais das personalidades aludidas no n.º 1 do art. 93.º da LGT, para sorteio do perito independente referido no n.º 1 do art. 92.º da mesma LGT, ter ocorrido através do DR do dia 25/07/2000 (II série, n.º 170, Aviso n.º 11545/2000).

Ora, tal como se vem decidindo neste TCA (cfr. acs. de 21/1/2003 e de 14/10/2003, respectivamente nos

---

[2] Como deixamos expendido no *Ac. de 21/01/2003. no Recurso n.º 6914/02*

recs. n.ºs 06914/02 e 07289/02), só a partir daquela data (25/07/2000) é que pode exigir-se da Administração Tributária que proceda, à nomeação do perito independente no procedimento de revisão da matéria colectável.

Destarte, visto que no caso vertente a reunião ocorreu em 26/07/2000, na lógica da doutrina dimanada do Acórdão deste TCA de 14/10/2003, recurso n.º 07289/02, é manifesto que à data da reunião de **peritos** aqui em causa podia estar presente o perito independente requestado, por não se verificar uma absoluta e, por isso, irremovível impossibilidade material de isso acontecer, já que nessa data a competente Comissão tinha publicitado as **listas** distritais das individualidades, aludidas no n.º 1 do art. 93.º da LGT, de entre as quais podia ser sorteado o porfiado perito independente.

E, como se mostravam cumpridas todas as condições da exequibilidade da lei, impõe-se-nos concluir que no caso concreto houve preterição de formalidade legal, por não ter havido, no procedimento de revisão da matéria colectável, a participação do perito independente, a que alude o n.º 1 do art. 92.º da LGT.

Assim, independentemente da questão de saber se o momento próprio para arguir a preterição da formalidade em causa era o do decurso da reunião da comissão ou o da impugnação, o que é verdade é que, no caso, tal ilegalidade ocorre porquanto assim se inviabilizou o uso da faculdade que estava ao alcance do contribuinte (e que também estava atribuída ao órgão da AT – art.º 91.º, n.º 4, da LGT) de fazer intervir o perito independente que, tal como refere o M.º Juiz «a quo», era uma via certa e segura de obter um resultado, em primeira linha, tecnicamente sólido e impressivo, e por tal, justo e equitativo, acrescido do cunho da independência e inerente imparcialidade, que poderão constituir o tónico para assumir uma fixação da matéria tributável (que até lhe pode ser desfavorável).

De resto e como se considerou no *Ac. deste TCA Sul de 03/11/2004, no recurso n.º 217/04, "...a reunião deveria ter sido adiada e só designada nova data após o sorteio do perito tal como previsto no art. 93 da LGT",* sendo que"*... a invocação pela Fazenda Pública de que a lei não prevê a alteração da data da realização da reunião, mas apenas a marcação de nova reunião no caso de falta justificada do perito do contribuinte, tem subjacente a ideia de que todos os intervenientes foram devidamente convocados para a reunião e não a situação em apreço em que não foi convocado o perito independente constante de lista existente antes da reunião. O disposto no n.º 7 do art. 91.º da LGT tem como pressuposto que o perito independente foi convocado devidamente para a reunião, pois que se o não foi a reunião não se deverá realizar e se realizada sem a convocação do mesmo isso constituirá ilegalidade pôr preterição de formalidade legal."*

No tocante à falta de regulamentação da remuneração dos peritos que só foi feita pela portaria 78/2001, ainda na senda do citado aresto, *"... isso não obstava à intervenção dos peritos nas reuniões, sendo o próprio n.º 5 dessa portaria a prever essa intervenção antes da sua publicação quando dispõe: "Nos procedimentos em que houve nomeação de perito independente, já concluídos ou em curso à data da publicação da presente portaria, deverão...."*.

Perante o exposto, o vício invocado inquina o acto tributário impugnado, improcedendo todas as conclusões de recurso por se oporem ao entendimento expresso até porque, como salienta a EPGA, todas as considerações referidas nas alegações de recurso são insuficientes para afastar o ónus de cumprimento pela AT, do disposto no art. 91.º n.º 4 da LGT.

4 – Pelo exposto, nega-se provimento ao recurso e confirma-se a sentença recorrida.
Sem custas por delas estar isenta a parte vencida.
Lisboa, 16 de Novembro de 2004

Gomes Correia
Casimiro Gonçalves
Ascensão Lopes

Recurso n.º 190/04

IRS. RENDIMENTO TRIBUTÁVEL. REMUNERAÇÃO ACESSÓRIA. EXCLUSÃO DE TRIBUTAÇÃO: LIMITES E CONDIÇÕES LEGAIS. DESPESAS DE DESLOCAÇÃO, VIAGENS OU REPRESENTAÇÃO. PRESSUPOSTOS DA LIQUIDAÇÃO. ÓNUS DA PROVA.

(Acórdão de 12 de Outubro de 2004)

SUMÁRIO:

I – Todos os *direitos*, benefícios ou regalias *não incluídos na remuneração principal*, que sejam auferidos devido à prestação de trabalho ou em conexão com esta e constituam para o respectivo beneficiário uma vantagem económica, designadamente as *ajudas de custo* e os recebimentos a título de utilização de *automóvel próprio* em serviço da entidade patronal, constituem *remuneração acessória*, e, como tal, consideram-se ainda *rendimentos do trabalho dependente* – de harmonia com a definição da alínea b) do n.º 3 do artigo 2.º do Código do IRS (na redacção do Decreto Lei n.º 198/2001 de 3-7), e com a disposição genérica do artigo 2.º do Código do IRS (na sua redacção originária).

II – Contudo, respectivamente, na 1.ª e 2.ª parte da alínea e) do n.º 3 do mesmo artigo 2.º do Código do IRS (na mesma redacção originária) – verdadeira *norma de delimitação negativa de incidência* ou de exclusão de tributação em IRS – consagram-se *restrições ao conceito de remuneração*.

III – Por um lado, arreda-se do conceito de remuneração as *ajudas de custo* e os recebimentos a título de utilização de *automóvel próprio* em serviço da entidade patronal, até certo limite.

IV – E, por outro, no conceito de remuneração não entram as *verbas recebidas para despesas de deslocação, viagens ou representação*, sob determinada condição: que dessas verbas tenha havido *prestação de contas* até ao termo do respectivo exercício.

V – O *ónus da prova* da verificação em concreto dos *pressupostos da norma de tributação* recai sobre a Administração Tributária – de harmonia com o disposto no artigo 121.º do Código de Processo Tributário.

ACÓRDÃO

1.1 A Fazenda Pública vem interpor recurso jurisdicional da sentença do Tribunal Tributário de 1.ª Instância de Santarém, de 29-7-2003, que julgou procedente a impugnação judicial contra a liquidação adicional de IRS do ano de 1998, e respectivos juros compensatórios, deduzida por António Maria Carapinha Mira, e mulher, devidamente identificados nos autos – cf. fls. 114 e seguintes.

1.2 Em alegação, a recorrente Fazenda Pública formula conclusões que se apresentam do seguinte modo – cf. fls. 130 a 138, e 148.

a) Está em causa a qualificação de pagamentos feitos ao impugnante pela "Carsul" durante o ano de 1998, e que este pretende serem 'ajudas de custo'.

b) Entendimento contrário tem a Fazenda Pública, que, face ao probatório, continua a entender estarmos perante meros 'complementos de vencimento'.

c) Na verdade, quanto à verba em causa, trata-se de meros adiantamentos mensais, de valor fixo.

d) E a entidade pagadora, para além deste complemento de vencimento, de montante fixo, liquidava ao impugnante, regularmente também, as despesas em que este incorria, ao seu serviço nas deslocações que efectuava.

e) E só estas tinham a natureza de 'ajudas de custo'.

f) Ao contrário do que parece resultar da mui douta sentença recorrida, não está em causa o limite legal fixado para as compensações em causa, mas a sua natureza.

1.3 Não houve contra-alegação.

1.4 O Ministério Público neste Tribunal emitiu o parecer de que o recurso não merece provimento, pois que, diz no essencial, «não tendo a Administração Tributária demonstrado a falsidade da declaração e documentos exibidos pelo impugnante, e recaindo tal ónus sobre si (cf. artigo 121.º do CPT e acórdão do TCA *in* proc. 07332/02 de 28.10.03) as ajudas de custo recebidas não podiam integrar a categoria A, já que se encontram comprovadas as deslocações efectuadas e que as quantias o foram a título compensatório» – cf. fls. 143 a 144.

1.5 Colhidos os vistos, cumpre decidir, em conferência.

Em face do teor das conclusões da alegação da recorrente Fazenda Pública, bem como da posição do Ministério Público, a questão que aqui se põe é a de saber se estamos, ou não, em presença de quantias recebidas a título de 'complementos de vencimento' (e, como tal, tributáveis em IRS).

2.1 Remetemos para os termos da decisão da 1.ª instância em matéria de facto, de acordo com o disposto no n.º 6 do artigo 713.º do Código de Processo Civil.

2.2 Estamos claramente em face de rendimentos obtidos em conexão directa ou indirecta com a prestação de trabalho por conta de outrem, ou seja, resultantes da existência de um vínculo laboral.

Todos os direitos, benefícios ou regalias não incluídos na remuneração principal que sejam auferidos devido à prestação de trabalho ou em conexão com esta e constituam para o respectivo beneficiário uma vantagem económica, designadamente as ajudas de custo, constituem remunerações acessórias, considerando-se, como tal, ainda rendimentos do trabalho dependente – nos termos da definição da alínea *b)* do n.º 3 do artigo 2.º do Código do IRS (na redacção do Decreto Lei n.º 198/2001 de 3-7).

Há um princípio básico geralmente relevado pelos autores que se debruçam sobre a temática das vantagens acessórias, e que, aliás, tem consagração na quase generalidade das legislações fiscais, segundo o qual todos os benefícios em numerário ou em espécie, auferidos pelo trabalhador em resultado dos serviços prestados ou a prestar à entidade patronal, devem concorrer para a formação do seu rendimento tributável.

O peso relativo das vantagens acessórias na remuneração global é muito variável, podendo atingir percentagens mais ou menos expressivas, nomeadamente (mas não só) quando os beneficiários exercem funções de gerência ou de administração na empresa em causa.

Pode até suceder, nos casos em que a parte fixa da remuneração seja reduzida ao salário mínimo, que a parte variável se transforme, afinal, na sua componente principal.

Cf. Maria dos Prazeres Rito Lousa, *Aspectos Relativos à Tributação das Vantagens Acessórias*, na Ciência Técnica Fiscal n.º 374, pp. 8 e ss.

A sujeição a IRS das chamadas «vantagens acessórias» poderá resultar da definição ampla de rendimentos do trabalho fornecida pela lei.

No artigo 2.º do Código do IRS (na sua redacção originária, aqui aplicável) encontra-se uma referência expressa à consideração como remunerações, *v.g.*, de subsídios, prémios, emolumentos e outras remunerações acessórias [n.º 2], e de benefícios ou regalias auferidos pela prestação ou em razão da prestação do trabalho dependente [alínea c) do n.º 3].

A 1.ª parte da alínea *e)* do n.º 3 do mesmo artigo 2.º do Código do IRS diz que se consideram ainda rendimentos do trabalho dependente «as ajudas de custo e as importâncias auferidas pela utilização de automóvel próprio em serviço da entidade patronal, na parte em que ambas excedam os limites legais».

A 2.ª parte da alínea *e)* do n.º 3 do mesmo artigo 2.º do Código do IRS diz que se consideram ainda rendimentos do trabalho dependente «as verbas para despesas de deslocação, viagens ou representação de que não tenham sido prestadas contas até ao termo do exercício».

Parece que o n.º 3 deste artigo 2.º do Código do IRS vem alargar o âmbito dos rendimentos tributáveis do trabalho dependente.

Isso acontece em relação a algumas situações. Em relação a outras, porém, esse dispositivo limita-se a confirmar o que já decorreria das disposições anteriores do mesmo artigo.

Mas, em relação a ajudas de custo e a importâncias auferidas pela utilização de automóvel próprio em serviço da entidade patronal, o dispositivo em foco expressa, pelo contrário, restrições ao conceito de remuneração, constituindo, deste modo, uma norma de incidência negativa ou de exclusão de incidência do IRS.

Com efeito, a previsão da 1.ª parte da alínea e) do n.º 3 do artigo 2.º do Código do IRS, quanto a ajudas de custo e a importâncias auferidas pela utilização de automóvel próprio em serviço da entidade patronal, assenta no raciocínio de que a entrada no património do trabalhador de determinadas importâncias não corresponde propriamente a rendimento do trabalhador, mas a uma compensação dos serviços prestados ou a prestar por ele à sua entidade patronal, quando essas importâncias não excederem o limite legal anualmente fixado para os servidores do Estado (cf. também o n.º 6 do mesmo artigo 2.º do Código do IRS).

Aqui intervém fundamentalmente uma razão de igualdade fiscal dos trabalhadores por conta de outrem com os trabalhadores remunerados através do regime da função pública.

O regime decorrente da 1.ª parte da alínea e) do n.º 3 do artigo 2.º do Código do IRS, se aplicado cegamente, pode até enfermar de uma excessiva rigidez, na medida em que ignora o facto de trabalhadores poderem necessitar de ajudas de custo de montantes muito diferentes consoante a actividade por si exercida.

Esta rigidez foi temperada administrativamente através da Circular da DGCI 12/91 de 29-4, em que se estabelece que o limite para as ajudas de custo conferidas por entidades não públicas aos seus trabalhadores e titulares de órgãos sociais pode tomar como referência o valor estabelecido para as ajudas de custo atribuídas a membros do Governo, sempre que as funções exercidas ou o nível remuneratório não sejam comparáveis às dos funcionários públicos.

Cf. André Salgado de Matos, *Código do Rendimento das Pessoas Singulares (IRS) Anotado*, revisão de Rodrigo Queiroz e Melo, Instituto Superior de Gestão, 1999, na anotação 18. ao artigo 2.º.

O artigo 87.º do Regime Jurídico do Contrato Individual de Trabalho, aprovado pelo Decreto Lei n.º 49 408, de 24-11-1969, não considera retribuição «as importâncias recebidas a título de ajudas de custo, abonos de viagem, despesas de transporte, abonos de instalação, e outras equivalentes».

É evidente que essas importâncias representam uma compensação ou reembolso pelas despesas a que o trabalhador foi obrigado pelo facto de deslocações ao serviço da empresa.

Não há, pois, na sua percepção qualquer correspectividade relativa ao trabalho.

A causa jurídica da atribuição está na indemnização da adiantada cobertura de despesas efectuadas pelo trabalhador por facto de serviço.

A parte final do referido artigo 87.º exceptua certas situações especiais.

Na verdade, em certas actividades as deslocações do trabalhador são constantes e os abonos respectivos estão estruturados em termos de cobrir com larguezas as respectivas despesas.

Ora, nesse caso, e na medida em que excedem as despesas normais, tais abonos podem fazer parte da retribuição.

Cf. Bernardo da Gama Lobo Xavier, *Curso de Direito do Trabalho*, 2.ª edição, Verbo, pp. 389 e 390.

Diremos ainda do nosso entendimento de que, dentro do limite legal de ajudas de custo, e de recebedoria a título de utilização de automóvel próprio em serviço da entidade patronal, estamos, não no plano de isenção de imposto, mas no domínio de incidência da norma de tributação (*rectius*: no campo de delimitação negativa da norma de incidência, ou no âmbito de não incidência da norma ou de exclusão de tributação).

E, se é certo que é sobre o contribuinte que recai o ónus da prova de preenchimento dos pressupostos de isenção do imposto, não há dúvida de que – de harmonia com o disposto no artigo 121.º do Código de Processo Tributário, aplicável ao caso – é sobre a Administração Tributária que impende o ónus da prova da verificação dos pressupostos de incidência da norma de tributação (balizada pela delimitação negativa que a si própria faz a mesma norma de incidência).

Cf. tudo o que vem de ser dito nos acórdãos desta Secção deste Tribunal Central Administrativo, de 18-2-2003 (n.º 7280-02); de 25-2-2003 (n.ºs 7364-02 e 7485-02); e de 4-11-2003 (n.º 490-03).

2.3 No caso *sub judicio*, a bondade da liquidação impugnada pretende apresentar-se estribada na afirmação (não fundamentada, adiante-se) de que estamos em presença de "complemento de vencimento" – uma vez que, como diz o relatório da Inspecção Tributária, «constatou-se que as "ajudas de custo" não têm como suporte o respectivo Boletim Itinerário ou qualquer outro documento donde se conclui corresponderem a complemento de ordenado» (cf. fls. 81).

Mas a verdade é que, diversamente do que alcança a Fazenda Pública, prova-se, por meio dos documentos juntos com a petição inicial e pelos depoimentos das testemunhas, e consoante, de resto, se regista no probatório da sentença recorrida, que o impugnante, ora recorrido, deslocando-se em viatura automóvel propriedade da sua entidade patronal, que lhe estava atribuída para o exercício das suas funções, tinha de contactar directa e localmente os clientes, bem como se lhe impunha a realização de acções de prospecção de potenciais clientes, na sua zona de actuação, para o que tinha de se deslocar a partir da sede da sua entidade patronal, na maioria dos dias de cada semana de trabalho; que, durante o ano de 1998, os responsáveis da sua entidade patronal decidiram pagar ao impugnante o montante semanal de 20 000$00, que podia ser sujeito a acertos posteriores e em função das despesas efectivamente feitas e apresentadas; que esses montantes se destinavam a cobrir os gastos que o impugnante, ora recorrido, tinha com eventuais estadias (quando não regressava à sua residência habitual, por visitar locais distantes do seu local de trabalho) e outros encargos suportados com a busca de potenciais clientes, quando se encontrava fora das instalações da sede e no exercício das suas funções; e que estas quantias em causa, (incluindo os casos em houve necessidade de acertos por gastos superiores a 20 000$00) ascenderam, para o ano de 1998, ao montante global de 1 000 000$00.

Assim sendo, perante a matéria de facto provada, não pode legitimamente concluir-se (senão ao invés) que este dito montante de 1 000 000$00 corresponda ao recebimento pelo impugnante, ora recorrido, de um complemento de ordenado – antes parece seguro respeitar tal montante ao pagamento ou compensação de despesas feitas pelo impugnante, ora recorrido, ao serviço da sua entidade patronal.

E, como assim, tudo indica tratar-se de «verbas para despesas de deslocação, viagens ou representação», consagradas na 2.ª parte da alínea e) do n.º 3 do supracitado artigo 2.º do Código do IRS – verbas acerca das quais reza o mesmo dispositivo legal só deverem ser consideradas rendimentos do trabalho dependente aquelas em relação às quais «não tenham sido prestadas contas até ao termo do exercício».

Portanto: nos termos da lei, as verbas para despesas de deslocação, viagens ou representação só constituem rendimentos do trabalho, se delas não tiverem sido prestadas contas até ao termo do respectivo exercício.

Ora, é manifesto que a Administração Fiscal no caso não alega tanto, porque nem alega sequer isso.

Evidencia-se deste modo que a Administração Fiscal não apresenta fundamentos válidos para a liquidação aqui impugnada.

A terminar, portanto, e em resposta ao *thema decidendum*, devemos concluir que no caso não se prova que estejamos em presença de quantias recebidas a título de 'complementos de vencimento' – pelo que não há lugar a tributação em IRS.

Conseguintemente, a sentença recorrida, que essencialmente laborou neste entendimento, deve ser confirmada, com a presente fundamentação.

2.4 Do exposto podemos extrair, entre outras, as seguintes proposições, que se alinham em súmula.

I. Todos os *direitos*, benefícios ou regalias *não incluídos na remuneração principal*, que sejam auferidos devido à prestação de trabalho ou em conexão com esta e constituam para o respectivo beneficiário uma vantagem económica, designadamente as *ajudas de custo* e os recebimentos a título de utilização de *automóvel próprio* em serviço da entidade patronal, constituem *remuneração acessória*, e, como tal, consideram-se ainda *rendimentos do trabalho dependente* – de harmonia com a definição da alínea b) do n.º 3 do artigo 2.º do Código do IRS (na redacção do Decreto Lei n.º 198/2001 de 3-7), e com a disposição genérica do artigo 2.º do Código do IRS (na sua redacção originária).

II. Contudo, respectivamente, na 1.ª e 2.ª parte da alínea e) do n.º 3 do mesmo artigo 2.º do Código do IRS (na mesma redacção originária) – verdadeira *norma de delimitação negativa de incidência* ou de exclusão de tributação em IRS – consagram-se *restrições ao conceito de remuneração*.

III. Por um lado, arreda-se do conceito de remuneração as *ajudas de custo* e os recebimentos a título de utilização de *automóvel próprio* em serviço da entidade patronal, até certo limite.

IV. E, por outro, no conceito de remuneração não entram as *verbas recebidas para despesas de deslocação, viagens ou representação*, sob determinada condição: que dessas verbas tenha havido *prestação de contas* até ao termo do respectivo exercício.

V. O *ónus da prova* da verificação em concreto dos *pressupostos da norma de tributação* recai sobre a Administração Tributária – de harmonia com o disposto no artigo 121.º do Código de Processo Tributário.

3. Termos em que se decide negar provimento ao recurso, e, em consequência, confirmar a sentença recorrida.

Sem custas, por delas estar isenta a recorrente Fazenda Pública.

Lisboa, 12 de Outubro de 2004

Jorge Lino
Pereira Gameiro
Gomes Correia (com a declaração anexa)

Recurso n.º 10-04

Declaração de voto

Com a declaração de, na disciplina processual e no que tange à fundamentação fáctica, o acórdão não tem pura e simplesmente probatório contendo os factos com base nos quais decidiu. Com todo o respeito por diverso entendimento, é para nós inquestionável a relevância e, por isso, a utilidade da indagação sobre todas as questões factuais incluso das que sejam suscitadas no presente recurso. Como decorre das disposições combinadas dos arts.713.º,2, e 659.º, 2, ambos do CPC, o acórdão conterá necessariamente os factos que o Tribunal considera provados.

Para tanto, o tribunal deverá necessariamente efectuar o julgamento da matéria de facto, para depois proceder à subsunção segundo as várias soluções plausíveis de direito.

Como resulta expressamente do disposto no n.º1 do art. 729.º do CPC, para aplicar o direito, o tribunal de recurso tem que se socorrer dos factos que lhe servem de suporte.

Afigura-se-nos, pois, que este TCA, até porque tem competência para julgar de facto e de direito, poderá e deverá indagar de todas as questões factuais tendentes à fixação do probatório formalmente autonomizado e prévio á fundamentação de direito.

Eventualmente, votaria a decisão caso o acórdão contivesse a matéria de facto discriminada nos termos supra aludidos até porque entendo, face à fundamentação aduzida no douto acórdão, que ocorre a fundada dúvida quanto á existência de facto tributário nos termos do art. 121.º do CPT.

Gomes Correia

IVA INCIDENTE SOBRE A AQUISIÇÃO DE VEÍCULOS USADOS NO ESPAÇO INTRACOMUNITÁRIO. FALTA DE FUNDAMENTAÇÃO.

(Acórdão de 26 de Outubro 2004)

SUMÁRIO:

I – Fundamentar o acto tributário consiste na indicação dos factos e das normas jurídicas que o justificam, na exposição das razões de facto e/ou de direito que determinam a AF a proferir uma decisão, enfim, em deduzir expressamente a resolução tomada das premissas em que assenta, ou em exprimir os motivos por que se resolve de certa maneira, e não de outra.

II – Assim, o acto tributário tem de ser sustentado por um mínimo suficiente da fundamentação expressa, ainda que operada por forma massiva e sendo produto de um poder legalmente vinculado, aspectos estes que só poderão ser valorados dentro do grau de exigibilidade da declaração de fundamentação, quer porque a massividade intui maior possibilidade de entendimento dos destinatários, quer porque a vinculação dispensa a enunciação da motivação do agente que decorrerá imediatamente da mera descrição dos factos – pressupostos do acto.

III – Não estando expressamente referidos no acto os elementos indispensáveis à formação de um correcto juízo de valor, omitindo-se os fundamentos que, de acordo com as bases legais, permitiram aferir do acerto jurídico do acto final, o mesmo não fundamentado inexistindo, insofismavelmente, o mesmo nexo lógico que entre as premissas de um silogismo e a sua conclusão.

IV – À luz dos requisitos expostos em I) a III), o acto de fixação da matéria colectável pela Comissão Distrital de Revisão tem de ser fundamentado por força do disposto no art.º 268.º n.º 3 da CRP e do art.º 21.º do CPT (hoje revogado e substituído pelo art.º 77.º da Lei Geral Tributária).

V – A fundamentação do acto administrativo tem de ser clara suficiente e congruente, demonstrando as razões de facto e de direito da decisão de modo a que um destinatário normal possa compreender o percurso cognoscitivo e valorativo do autor do acto ainda que possa consistir em mera declaração de concordância com os fundamentos de anteriores pareceres, informações ou propostas, que constituirão neste caso parte integrante do respectivo acto.

VI – Nos termos do disposto no art.º 87.º, n.º 3 do CPT "Não havendo acordo, o Director Distrital de Finanças decidirá fundamentadamente no prazo de oito dias".

VII – Na falta de acordo dos vogais, a fundamentação da decisão do DDF fica submetida às regras gerais da fundamentação dos actos tributários ínsitas no art.º 82.º do CPT e isso mesmo que se decida por um valor correspondente a um dos laudos dos vogais.

VIII – Em tal desiderato, incumbia ao Sr. DDF referir se decidia no sentido da proposta do vogal da Fazenda Pública ou no sentido proposto pelo vogal da reclamante ou, ainda, decidir num outro sentido devendo, em qualquer dos casos, explicitar as razões da sua decisão, referindo se aderia ou rejeitava os argumentos de um ou outro dos vogais, e porquê, ou invocando outros, caso se decidisse num terceiro sentido.

IX – Objectivando os autos que nada disso foi observado, já que, após os votos dos vogais, que foram em sentido contrário, se limitou a referir unicamente " *por consenso dos intervenientes*

na reunião, foram alterados os valores inicialmente fixados pela Administração fiscal para os que a seguir se indicam (...) M.L.B.(3%)(...)", não pode ter-se o acto por fundamentado, assim se preterindo essa formalidade legal.

X – É que o não está suficientemente fundamentada a deliberação da comissão de revisão que baixa de 15% para 3% a margem de lucro estabelecida pela Administração Fiscal, para efeitos de fixação da matéria colectável por métodos indiciários, sem explicar se se funda no parcial ou pleno acolhimento das razões invocadas pelos vogais designados pela contribuinte e pela Fazenda.

XI – Essa fundamentação, se basta para que se entenda a razão por que não foi mantida a margem de lucro considerada pela Administração, não é suficiente para que se perceba por que foi adoptada a de 9%, e não qualquer outra, abaixo de 15%.

ACORDA-SE NESTA SECÇÃO DO CONTENCIOSO DO TRIBUNAL CENTRAL ADMINISTRATIVO SUL:

1.– RELATÓRIO

ANTÓNIO MANUEL FERNANDES CARVALHO, com os sinais identificadores dos autos, recorre da sentença proferida pelo sr. Juiz do Tribunal Tributário de 1ª Instância de Leiria, no processo de impugnação que deduziu contra a liquidação de IVA e respectivos juros compensatórios, no valor global de 2.830.229$00, referente ao ano de 1995.

Alega e termina formulando as seguintes conclusões:
I – Face à prova produzida e constante da matéria assente da douta sentença, deveria o Mmº Juiz ter-se decido pela anulação parcial do acto tributário impugnado – anulação do imposto correspondente à base tributável de 2.071.311 $00.

II – A Acta da Comissão Distrital de Revisão, que está sujeita a fundamentação, deve enunciar expressamente os motivos de facto e de direito, não podendo contentar-se com simples afirmações vagas e genéricas, como é o caso dos autos.

III – Pelo que, estamos, no mínimo, perante uma fundamentação insuficiente gerando um vício de forma, que tem como efeito a anulação do acto tributário praticado.

IV – A fundamentação do acto de fixação dos valores tributáveis, deverá sempre obedecer aos requisitos gerais previstos no art.º 125.º CPA, ou seja, deve ser expressa e contextual, clara, suficiente e congruente.

V – Não pode, a nosso ver, o acto de fixação, aqui em causa, considerar-se fundamentado nos termos legais.

VI – A sentença errou, quanto à impossibilidade de liquidação do imposto segundo o regime da tributação da margem.

VII – Por imperativo legal, no caso em apreço, apenas tem aplicação o regime da tributação da margem, cujo regime se encontrava estabelecido, à data dos factos, no DL 504-G/85, de 30/12.

VIII – Pese embora o Impugnante, não tenha observado os requisitos formais, a que alude o art.º 4.º do DL 504-G/85 de 30/23, não deverá a situação de facto, aqui em causa, deixar de ser subsumida no regime legal de tributação da margem, uma vez que se tratam de bens em 2ª mão.

IX – O facto de não terem sido cumpridos os requisitos formais, exigidos no citado diploma legal, não é condição de exclusão do regime legal da tributação pela margem, é apenas passível de procedimento contra – ordenacional.

Nestes termos, entende que deverá ser concedido provimento ao presente recurso e, em consequência, revogada a decisão recorrida, devendo a final ser julgada procedente a impugnação oportunamente deduzida pelo ora recorrente, pois, assim fazendo, vossas excelências, **farão** como sempre a costumada e hab**itual ju**stiça.

Não houve contra – alegações.

A EPGA pronunciou-se pelo improvimento do recurso por sufragar inteiramente a fundamentação expressa na sentença recorrida quer quanto à matéria de facto quer de direito que se lhe afigura não merecer censura.

Satisfeitos os vistos legais, cumpre decidir.

2.– FUNDAMENTAÇÃO:
2.1.– DOS FACTOS
2.1.1.– Na sentença recorrida deram-se como provados e não provados os factos seguintes:

1. – Na sequência de uma visita de fiscalização efectuada ao contribuinte, constatou-se ter adquirido um total de 10 veículos, pelo preço de 7.679.100$ e 5062600$ de IA, totalizando assim a quantia de 12.841.700$.

2. – A Administração Fiscal considerou que tal operação configurava a prática de actos isolados de comércio, pelo que deveria o contribuinte ter entregue na Repartição de Finanças a declaração a que alude o artigo 42 do CIVA e procedido à liquidação de IVA à taxa de 17%.

3. – Não tendo indicados os preços de venda, nem o IVA liquidado, procedeu-se à estimativa dos preços de venda considerando uma margem de lucro bruta de 15% sobre o preço de aquisição, adicionando o IA pago, e sobre este valor incidiu a taxa de IVA de 17%.

4. – Não tendo indicado as datas de venda, a Fazenda Pública optou por considerar os veículos vendidos em Dezembro de 1995 (tudo como consta da informação de fls. 12 e segs. cujo conteúdo se dá por integralmente reproduzido).

5. – O impugnante reclamou para a Comissão de Revisão nos termos que constam de fls. 37 e segs. cujo conteúdo se dá por integralmente reproduzido.

6. – No âmbito da Comissão de Revisão foi alcançado acordo quanto à alteração dos valores inicialmente fixados pela Administração Fiscal, reduzindo-se a MLB para 3%, como consta de fls. 29 e segs. cujo conteúdo se dá por integralmente reproduzido.

7. – Na data em que ocorreram os factos, o impugnante encontrava-se desempregado, exercendo as funções de comandante do corpo activo de Bombeiros, sendo apenas remunerado em períodos sazonais da época estival.

8. – Os veículos Mercedes 200 n.º 17337 e Golf foram adquiridos pelos Srs. Pedro Costa e Silva e Mário Rui Costa Pinto, amigos do impugnante.

9.– A aquisição dos veículos ocorreu apenas no período compreendido entre Março a Dezembro de 1995.

10.– Em 1995 o impugnante encontrava-se desempregado.

***

FACTOS NÃO PROVADOS.
Com interesse para decisão da causa, não se provou que

O veículo marca Onda tenha sido adquirido por sua prima Ana Filomena Marques Pereira;

O veículo marca Mercedes 190 D tenha sido adquirido por José Carlos de Almeida Lopes, colega do impugnante;

O veículo marca Mercedes 200 -D (124) n.º 2119, tenha sido adquirido pelo Sr. Lúcio Ferreira Vaz, pai da companheira, na altura, do impugnante;

Subjacente à aquisição dos veículos haja relação de amizade com o adquirente dos mesmos,

Em todas as aquisições houvesse relação de conhecimentos e amizade, e ausência de fins lucrativos.

***

MOTIVAÇÃO.

A convicção do tribunal baseou-se na análise critica do conjunto da prova produzida, com destaque para a seguinte

Prova testemunhal:
As testemunhas inquiridas mencionaram que o impugnante se encontrava desempregado na altura dos factos, e no caso do Sr. Mário Rui Costa também se esclareceu o modo como foi combinada a aquisição. Nas outras situações, nada foi referido, nem sequer o grau de familiaridade ou amizade com os restantes adquirentes. Acresce que dos dez veículos vendidos, o impugnante só indica o nome de 5 compradores, e mesmo em relação a estes só arrolou dois, dos quais apenas um confirmou ter pago as viagens ao impugnante.

Daí os factos não provados.

Quanto à prova documental, relevam os documentos de fls. 12 (informação), fls. 29 e segs. (acta n.º 19/98 da Comissão de Revisão); fls. 37 e segs. (reclamação para a Comissão de Revisão).

2.2.– DA APLICAÇÃO DO DIREITO AOS FACTOS
Atenta a factualidade apurada e aquelas conclusões que delimitam o objecto do recurso, são as seguintes as questões a apreciar no presente recurso:
a)– Saber se ocorre a Falta de fundamentação do acto tributário recorrido (conclusões II a V).
b)– Saber se a sentença errou, quanto à impossibilidade de liquidação do imposto segundo o regime da tributação da margem (Conclusões VI a IX).

***

Na disciplina processual, impõe-se-nos agora conhecer da **falta de fundamentação dos actos tributários** tendo em conta o art.º 124.º do CPPT, que é uma pura transcrição do art.º 57.º da LPTA, em cujo n.º 1 se estabelece a ordem de conhecimento dos vícios, impondo que serão prioritariamente conhecidos os que conduzam à declaração de inexistência ou nulidade do acto impugnado e, depois, os vícios arguidos que conduzam à sua anulação.

Todavia, afora as situações específicas em que se verifiquem vícios causadores de nulidade ou de inexistência jurídica ou em que se deva acatar o regime de subsidariedade definido pela recorrente autorizado pela al. b) do n.º 2 do mencionado preceito legal, o vício de violação de lei em que se enquadrariam as ilegalidades arguidas por aquela e consistentes na inexistência do acto tributário, em regra e por injunção do dito artigo do CPPT, deve ser apreciado antes do vício de forma, na medida em que aquele impede a renovação do acto.

Mas essa regra comporta uma excepção no caso da falta de fundamentação do acto (que é vício de forma porque promana da preterição de formalidade essencial prevista na lei), pois quando a fundamentação é inexistente ou de tal modo insuficiente deve a mesma ser conhecida prioritariamente em relação ao vício de violação de lei.

Conforme douto ensinamento contido nos Acórdãos do STA de 9/11/84, recurso n.º 22 684, 15/1/87, recursos 13 305 e 16 096 e de 28/1/87, recurso n.º 22 075, «*O conhecimento do vício de forma por falta de fundamentação deve preceder o de violação de lei por erro nos pressupostos de facto, quando a apreciação deste erro dependa da averiguação dos fundamentos da decisão*».

Protestou o recorrente na posição inicial, que ora mantém, que o acto tributário não se acha fundamentado como se impunha por força de um princípio geral de direito consagrado na Constituição e na lei.

Diz o recorrente que a fundamentação do acto de fixação dos valores tributáveis, deverá sempre obedecer aos requisitos gerais previstos no art.º 125.º CPA, ou seja, deve ser expressa e contextual, clara, suficiente e congruente, pelo que, a Acta da Comissão Distrital de Revisão, que estava sujeita a fundamentação, devia enunciar expressamente os motivos de facto e de direito, não podendo contentar-se com simples afirmações vagas e genéricas, como é o caso dos autos.

Assim, diz o recorrente, estamos, no mínimo, perante uma fundamentação insuficiente gerando um vício de forma, que tem como efeito a anulação do acto tributário praticado.

Quid juris?

A determinação da matéria colectável e a liquidação devem ser vistas conjuntamente, porque esta é incindível daquela, em louvação de *Casalta Nabais, Direito Fiscal, Almedina, 2001, pp 252 e segs*.:– "*A liquidação "lato sensu" ou seja enquanto conjunto de todas as operações destinadas a apurar a apurar o montante do imposto, compreende:– 1) o lançamento subjectivo destinado a determinar ou identificar o contribuinte ou sujeito passivo da relação jurídica fiscal, 2) o lançamento objectivo através do qual se determina a matéria colectável ou tributável do imposto, 3) a liquidação "stricto sensu" traduzida na determinação da colecta através da aplicação da taxa à matéria colectável ou tributável, e 4) as (eventuais) deduções à colecta'.*

Para o M.º Juiz resulta claro que se a impugnante analisar o conteúdo das liquidações em conjunto com o relatório da inspecção tributária, do qual também tem conhecimento, a fundamentação do acto tributário resulta cristalina, sem ambiguidades, obscuridades, ou qualquer contradição pois a fundamentação exaustiva dos factos tributários foi devidamente comunicada ao contribuinte através da informação anexa à notificação de fls. 11 e, por outro lado, o contribuinte não alegou quaisquer outros factos susceptíveis de demonstrar a falta de fundamentação da liquidação, depreendendo-se antes do articulado inicial a total compreensão destes.

O imperativo da fundamentação do acto tributário, como acto administrativo, apresenta uma complexidade funcional que se não reduz apenas à vertente da garantia de protecção dos administrados, com vista ao efectivo direito ao recurso contencioso, antes exige também a satisfação de outros interesses, como o da **racionalidade da própria decisão e o da transparência da actuação administrativa, de maneira a ficar claro porque não se decidiu num sentido e não noutro, não se desprezando os critérios de vinculação elencados no regime legal em termos de não prejudicar a compreensão da sua motivação.**

Assim, para que o acto cumprisse **o dever de fundamentação formal,** não bastava que contivesse qualquer declaração fundamentada, antes tal declaração devia consistir num discurso aparentemente capaz de fundar a decisão administrativa.

E para isso, a fundamentação tinha de conter um esclarecimento concreto suficientemente apto para sustentar a decisão, não podendo assentar em meros juízos conclusivos ou em factos que os não suportam, sob pena de ficar prejudicada a compreensão da sua motivação e, consequentemente, qualquer das suas funções.

Para a FªPª e para o julgador, é por demais evidente que da exposição de motivos aduzidos pela entidade decidente ficou a recorrente a saber o porquê de tal decisão já que se esclarecem as razões de facto e de direito que determinaram aquela.

E, na verdade, a fundamentação do acto administrativo tem como escopo fundamental evitar tratamento discriminatório e a permissão do administrado do uso correcto de todos os meios processuais de defesa em relação à Administração, defesa essa que só é susceptível de ser bem sucedida se àquele for dada a conhecer a razão de ser do procedimento tomado e que ao caso se ajuste.

Ora, o recorrente diz que não foram suficientemente apontados pela entidade decidente os motivos que em base coerente e credível serviram de suporte do acto de que visam ser fundamento e que o seu destinatário não ficou em condições de entender porque razão a entidade decidente actuou daquela forma e não de outra.

O certo é que os actos administrativos devem apresentar-se formalmente como disposições conclusivas lógicas de premissas correctamente desenvolvidas e permitir, através da exposição sucinta dos factos e das regras jurídicas em que se fundam, que os seus destinatários concretos, pressupostos cidadãos diligentes e cumpridores da lei, **façam a reconstituição do itinerário cognoscitivo e valorativo percorrido pela entidade decidente.**

Decorre do exposto que não está abrangido pelo dever legal de fundamentação a **fundamentação substancial** que é caracterizada pela exigência da existência dos pressupostos reais e dos motivos concretos aptos a suportarem uma decisão legítima de fundo (nesse sentido vide *Prof. Vieira de Andrade, in O Dever da Fundamentação Expressa dos Actos Administrativos», p. 231).*[1]

Neste contexto, o que se impõe, a nosso ver é a análise da prova recolhida nos autos sob o prisma da fundamentação formal, captando da decisão os elementos que comprovem ou infirmem que se trata de uma exposição sucinta dos factos e das regras jurídicas em que se fundam, que os seus destinatários concretos, pressupostos cidadãos diligentes e cumpridores da lei, ficam

---

[1] O recorrente também arguiu a *errada fundamentação* ou *fundamentação substancial* como se alcança do art.º 52.º da sua p.i. ao alegar que "*...como as presunções e as correcções técnicas feitas não são correctas, a fundamentação do acto (...), também é errada...*" e no art.º 54.º da mesma peça processual ao alegar que "*...a rectificação que foi levada a cabo, não foi efectuada fundamentadamente(...) pelo que o acto tributário, por falta e errada fundamentação, está inquinado de vício de forma e preterição de formalidades legais...*".

em condições de fazer a reconstituição do itinerário cognoscitivo e valorativo percorrido pela entidade decidente.

Como se disse, impende sobre a Administração a obrigação de fundamentar os seus actos que possam afectar os direitos e os interesses legalmente protegidos do contribuinte sob pena de tais actos serem susceptíveis de anulação.

É entendido na Doutrina e Jurisprudência Portuguesas que a fundamentação há-de ser «**a indicação dos factos e das normas jurídicas que a justificam**» *(Prof. J. Alberto Reis, in vol. V – pág. 24)*.

Ou ainda como diz *Henri Capitant, no seu «Vocabulaire Juridique»*, a «**exposição das razões de facto e/ou de direito que determinam... uma decisão**».

Ou, também, como diz *Prof. Marcelo Caetano, no seu Manual, pág. 477*, «*a fundamentação consiste em deduzir expressamente a resolução tomada das premissas em que assenta,ou em exprimir os motivos pôr que se resolve de certa maneira, e não de outra*».

Constituindo um direito essencial dos administrados a defesa dos seus direitos a qual se traduz, duma banda, na participação activa na fase que conduz à produção do acto administrativo (v. art.º 48.º, n.ºs 1 e 2 e 268.º n.º 1 da CRP) e, doutra, pela possibilidade de recorrer contenciosamente contra quaisquer actos administrativos definitivos e executórios (art.ºs 20.º e 268.º n.º 4 da CRP) é inquestionável que a obrigação de enunciar expressamente os fundamentos de facto e de direito que determinaram o autor do acto é de extrema relevância porquanto, face à fundamentação do acto é que se podem verificar a legalidade da actuação e conhecer as razões que determinaram o órgão administrativo.

É que a fundamentação do acto constitui um meio importante para a realização do princípio da verdade material ao obrigar a Administração a aprofundar as razões da sua conduta, a buscar a conformidade completa entre o direito e a realidade na consideração de que a realização do interesse público exige o respeito pela legalidade e a obediência ao princípio da igualdade perante a lei.

As decisões administrativas, quando devidamente fundamentadas, constituirão para os contribuintes não um produto da mera intuição dos seus autores, mas o produto de um juízo lógico de ponderação, facilitando as relações entre os sujeitos da relação jurídica tributária.

A fundamentação é ainda relevante para a apreciação contenciosa da legalidade do acto pois é face aos motivos determinantes do acto que o interessado poderá decidir mais seguramente sobre a sua conformidade com a lei, facilitando, por essa via, o controle jurisdicional ao possibilitar a verificação da existência ou não de diversos vícios não só os respeitantes à forma, como também ao desvio de poder, a incompetência e a violação de lei, sem descurar a sua extrema utilidade como elemento interpretativo ao permitir o conhecimento da vontade manifestada e do poder que se procurou exercer.

Assim, quando é desconhecido o itinerário cognitivo e valorativo seguido pelo autor do acto deve concluir-se que houve preterição de formalidades legais.

Em consonância com o ponto de vista atrás afirmado e porque no n.º 3 do art.º 1.º do Dec.-Lei n.º 256-A/77, de 17 de Junho e agora no n.º 1 do art.º 21.º do CPTe no art.º 125.º do CPA, se faz equivaler à falta de fundamentação a adopção de fundamentos que, por **obscuridade, contradição ou insuficiência,** não esclareçam concretamente a motivação do acto o que vai contra quer o art.º 1.º, n.º 1 do próprio diploma, quer o art.º 268.º da Constituição da República, em termos de se considerar preterida uma formalidade essencial, teremos de concluir que o acto recorrido se encontra claramente suportado pelos elementos de facto e de direito como o revela a materialidade que deflui dos autos.

Na verdade e numa primeira aproximação concreta ao caso dos autos, a fundamentação do acto recorrido não está vazada em termos claros, suficientes e congruentes sobre o motivo determinante do acto por remissão para o Relatório da inspecção tributária.

Ora, a fundamentação prossegue ainda o princípio da verdade material na medida em que como *ensina Osvaldo Gomes in «Fundamentação do Acto Administrativo» pag 21 e segs.*– obriga a administração a aprofundar as razões da sua conduta, a procurar a conformidade completa entre o direito e a vida.

É facto que a realização do interesse público postula o respeito pela legalidade e a obediência ao princípio da igualdade perante a lei acarreta a irrenunciabilidade aos poderes que esta atribui aos órgãos administrativos.

A fundamentação realiza uma espécie de «*aveu pré-constitué*» das razões do acto pela administração funcionando coma um processo de autolimitação.

Por outro lado, sujeita-se indirectamente a certas regras de trabalho na medida em que a toma mais prudente, mais atenta e mais respeitadora do direito e lhe impõe a racionalização dos métodos de trabalho administrativo servindo de meio de reacção contra o comodismo a rotina e o arbítrio.

Evidenciam os autos que as correcções foram efectuadas na sequência da informação da inspecção tributária que, sob o tema "Aquisição de veículos automóveis na União Europeia e comercialização no mercado nacional" é do seguinte teor:

"*1.º – O contribuinte não se encontra inscrito em Imposto Sobre o Valor Acrescentado nem em IRS – categoria C;*

2.º – Na sequência da visita de fiscalização efectuada ao contribuinte, este foi questionado sobre a quantidade de veículos adquiridos e transaccionados no mercado nacional, afirmou-nos que os adquiridos foram os constantes da relação em anexo num total de 10 veículos, sendo o preço de aquisição total de 7679100$00 e 5062600$00, totalizando 12741700$00;

3.º – Conforme consta do auto de declarações em anexo o contribuinte declara que só utilizou para efeitos de organização no processo da alfândega o número de identificação fiscal de pessoa singular e com carácter de favor, sem que tenha recebido qualquer contrapartida, o que não podemos concordar, visto que a deslocação à União Europeia, transporte e legalização dos veículos ascende a cerca de 250000$00 por cada veículo adquirido;

4.º – Por não haver a intenção do contribuinte de exercer a actividade de compra e venda de automóveis, iremos tributar o acto praticado como acto isolado de comércio previsto no n.º 1 alínea a) do art.º 2.º do CIVA e na alínea g) n.º 2 do art.º 4.º do Código do IRS. Pela prática do acto isolado de comércio deveria ter entregue na Repartição de Finanças de Pedrógão Grande a declaração a que alude o art.º 42.º do CIVA;

5.º – O contribuinte não liquidou IVA nas transacções mencionadas por força da alínea a) do RITI, alínea a) do art.º 1.º e n.º 1 do art.º 16.º do CIVA à taxa de 17% (n.º 1 art.º 18.º), o qual devia ter entregue na Tesouraria da Fazenda Pública de Pedrógão Grande no prazo estabelecido no n.º 2 do art.º 26.º do CIVA;

6.º – Não tendo o contribuinte indicado os preços de venda nem o IVA liquidado, recorreu-se à estimativa dos preços de venda, considerando uma margem de lucro bruto de 15% sobre o preço de aquisição, adicionando o IA pago, e sobre este valor incidiu a taxa de IVA de 17%.

Não tendo indicado o contribuinte as datas de venda optou-se por considerar os veículos vendidos em Dezembro de 1995;

7.º – Não tendo apresentado apresentada a declaração mod. 2 IRS referente ao ano de 1995, recorreu-se a métodos indiciários para apuramento da matéria colectável categoria C, considerando os proveitos e os custos calculados para efeitos de IVA;

8.º – Assim, propõe-se para efeitos de IVA:

Preço de aquisição dos veículos	7.679.100$00
M.L.B.(15%)	1.151.865$00
IA	5.062.600$00
Preço de venda	13.893.565$00
IVA (13893.565x17%)	2.361.906$00

(....)"

Por seu turno, a deliberação da Comissão de Revisão está consubstanciada na acta n.º 19/98, que se encontra a fls. 29 e ss, destacando-se do seu conteúdo e com relevância para o caso vertente, que a Comissão foi constituída por Vasco António dos Santos, P.F.T. 1ª classe, na qualidade de presidente, e pelos vogais Manuel Lopes dos Santos Bernardino (nomeado pela Fazenda Pública) e Amável Lameiras (nomeado pela impugnante) por ela tendo sido exarado em sede de DELIBERAÇÃO que «...por consenso dos intervenientes na reunião, foram alterados os valores inicialmente fixados pela Administração fiscal...»

Na parte decisória e ao que ao caso importa, exarou-se que:

"Depois de breves considerações pelo presidente da Comissão de Revisão, passou-se à análise dos factos e cálculos determinantes dos valores fixados por métodos indiciários, centrando o vogal do reclamante a sua discordância em relação a (...)

Por outro lado, o vogal da Fazenda Pública, face à análise por si efectuada defendeu que: (...)

Discutido este ponto, procurou-se com intervenção do Presidente da Comissão, chegar a um acordo na determinação dos valores tributários em sede de IVA e IRS.

Nesta perspectiva, por consenso dos intervenientes na reunião, foram alterados os valores inicialmente fixados pela Administração fiscal para os que a seguir se indicam:

Preço de aquisição dos veículos	7.679.100$00
M.L.B.(3%)	1.151.865$00
IA	5.062.600$00
Preço de venda	12.9723.073$00
IVA (12.972.073$00x17%)	2.205.252$00

(....)"

Para o M.º Juiz, se bem perscrutamos, se a contribuinte fizer a leitura conjunta do relatório da inspecção tributária e da acta da reunião da Comissão de Revisão, saberá de onde provêm os motivos para fundamentos da fixação dos valores tributáveis.

Mas o certo é que, ainda que se possa admitir que se mostra justificada a aplicação dos métodos indiciários, um destinatário normal não consegue perceber porque é que, no plano da quantificação, *não tendo o contribuinte indicado os preços de venda nem o IVA liquidado, recorreu-se à estimativa dos preços de venda, considerando uma margem de lucro bruto de 15% sobre o preço de aquisição adicionando o IA pago, e sobre este valor incidiu a taxa de IVA de 17%".*

Mais incompreensível se afigura àquele destinatário que *"... por consenso dos intervenientes na reunião, foram alterados os valores inicialmente fixados pela Administração fiscal para os que a seguir se indicam... M.L.B. (3%)...".*

Perante todo o exposto, afigura-se-nos que deve entender-se que em relação ao caso «sub iudicio» a administração não esclareceu em concreto os motivos da sua decisão, não a motivou clara e congruentemente, tudo indica que no acto impugnado se socorreu a entidade decidente de fórmula tendente a enfrentar os estrangulamentos organizacionais derivados da prática massiva de actos administrativos semelhantes.

Todavia, o acto tributário, como salienta *José Carlos Vieira de Andrade no seu «O Dever de Fundamentação Expressa de Actos Administrativos», págs. 153-155,* tem de ser sustentado por um mínimo suficiente da fundamentação expressa, ainda que operada por forma massiva e **sendo produto de um poder legalmente vinculado,** aspectos estes que só poderão ser valorados dentro do grau de exigibilidade da declaração de fundamentação, quer porque a massividade intui maior possibilidade de entendimento dos destinatários, quer porque **a vinculação dispensa a enunciação da motivação do agente que decorrerá imediatamente da mera descrição dos factos-pressupostos do acto.**

Daí a necessidade de que o acto resulte de uma **comunicação clara**– i. é, não indistinta, confusa, dubitativa, obscura ou ambígua-, **congruente**– i. é, que se traduza num processo lógico coerente e sensato, justificativo e com aptidão por si para sustentar o acto, dos factos e razões de direito – tudo apreensível pelo discurso justificativo e sem que esteja dispensada uma certa análise ou interpretação dele.

O acto de fixação da matéria colectável pela Comissão Distrital de Revisão tem de ser fundamentado por força do disposto no art.º 268.º n.º 3 da CRP e do art.º 21.º do CPT (hoje revogado e substituído pelo art.º 77° da Lei Geral Tributária), devendo a fundamentação do acto administrativo ser clara suficiente e congruente, demonstrando as razões de facto e de direito da decisão de modo a que um destinatário normal possa compreender o percurso cognoscitivo e valorativo do autor do acto e podendo consistir em mera declaração de concordância com os fundamentos de anteriores pareceres, informações ou propostas, que constituirão neste caso parte integrante do respectivo acto.

A comissão de revisão reuniu no dia 19.06.998 pelo que vigoravam as prescrições do CPT quanto ao funcionamento das comissões de revisão. Nos termos do art. 87.° do CPT:

1. O director distrital de finanças procurará o estabelecimento de um acordo entre os vogais da comissão e, quando não seja possível, cada um dos vogais lavrará um laudo sucintamente fundamentado.

2. Havendo acordo, o valor encontrado servirá de base à liquidação do imposto.

3. Não havendo acordo, o director distrital de finanças decidirá fundamentadamente no prazo de oito dias.

Face à matéria constante da acta e que se deixou transcrita, fica sem se saber se houve acordo entre apenas entre os vogais, caso em seria acertada a afirmação de que se **deliberou por maioria,** ou se a Comissão resolveu *por unanimidade,* não sendo usado o voto de qualidade pelo Sr. Presidente. É que na acta se aduz apenas que houve *"Consenso" dos interveniente!....*

Todavia, a admitir que **não se obteve acordo entre os vogais,** não se vê da acta que o Presidente da Comissão haja formalmente proferido qualquer decisão fundamentada como lho impunha o n.º 3 do art.º 87.º do CPT ao preceituar que **não havendo acordo, o director distrital de finanças decidirá fundamentadamente no prazo de oito dias, podendo fazê-lo no exercício de um voto de qualidade devidamente fundamentado (cfr. art.º 85.º n.º 1 do CPT na redacção vigente à data da deliberação).**

É certo que da acta resulta que o Presidente não exerceu o voto de qualidade. Mas, tendo cada um dos vogais tomado posição e emitido parecer em sentidos divergentes: depois de explicitarem as suas razões, o da Fazenda Pública opinou no sentido da manutenção da matéria tributável que se tinha apurado em sede de fiscalização, enquanto que o da reclamante se pronunciou em sentido contrário, ou seja, pugnou pela não tributação.

Ora, estando os vogais em desacordo, tinha o Sr. director distrital de tomar não apenas uma decisão, mas uma decisão fundamentada (art. 87.º n.º 3 do CPT).

Como referem A. J. Sousa e Silva Paixão em anotação ao art.º 87.º do CPT, o acordo entre os dois vogais da comissão tendo por objecto a quantificação da matéria colectável que servirá de base à subsequente liquidação, constitui *o escopo prioritário* a alcançar pelo director distrital de finanças, que, nos termos do n.º 1 do art.º 85.º, tem direito a *voto de qualidade fundamentado.*

Quando não se alcance acordo, o n.º 1 do art.º 87.º do CPT é claro e inequívoco na exigência de o laudo de cada um dos vogais ser "sucintamente fundamentado".

Por outro lado, na falta de acordo dos vogais, a fundamentação da decisão do DDF fica submetida às regras gerais da fundamentação dos actos tributários ínsitas no art.º 82.º do CPT e isso mesmo que se decida por um valor correspondente a um dos laudos dos vogais.

Sendo assim, incumbia ao Sr.DDF referir se decidia no sentido da proposta do vogal da Fazenda Pública ou no sentido proposto pelo vogal da reclamante ou, ainda, decidir num outro sentido devendo, em qualquer dos casos, explicitar as razões da sua decisão, referindo se aderia ou rejeitava os argumentos de um ou outro dos vogais, e porquê, ou invocando outros, caso se decidisse num terceiro sentido.

E objectivam os autos que nada disso foi observado, já que, após os votos dos vogais, que foram em sentido contrário, se limitou a referir unicamente *"por consenso dos intervenientes na reunião, foram alterados os valores inicialmente fixados pela administração fiscal para os que a seguir se indicam(...) M.L.B.(3%)....".*

É forçoso concluir que o acto impugnado não se acha fundamentado como se impunha por força de um princípio geral de direito consagrado na Constituição e na lei pois que a decisão proferida pelo Director Distrital de Finanças, contrariamente ao preceituado no art.º 87.º, n.º 3, do Cod. Proc. Tributário e 268.º, n.º 3, da Constituição da República Portuguesa, carece, em absoluto, de fundamentação, nem se podendo considerar que a mesma se apropria de fundamentos vazados em informações ou pareceres nos autos pois que tal não decorre, explícita ou implicitamente, no teor da própria decisão, mesmo que exista uma grande bondade de análise e busca na procura de tal fundamentação.

A fundamentação do acto administrativo é um direito do cidadão constitucionalmente consagrado (art.º 268.º, n.º 3 da CRP) e que a lei ordinária tem vindo a acolher (art.º 1.º do Dec Lei n.º 256-A/77, 124.º do CPA e 21.º do CPT, hoje revogado e substituído pelo art.º 77.º da Lei Geral Tributária).

De todos estes preceitos resulta que a fundamentação deve ser expressa, através de sucinta exposição dos fundamentos de facto e de direito da decisão, podendo consistir em mera declaração de concordância com os fundamentos de anteriores pareceres, informações ou propostas, que constituirão neste caso parte integrante do respectivo acto.

A fundamentação deve permitir que um destinatário normal, através dela, conheça ou possa conhecer o percurso cognoscitivo e valorativo seguido pelo autor do acto, de modo a distinguir as razões por que se decidiu naquele sentido e no noutro.

E a fundamentação não carece de ser exaustiva mas deve ser suficiente, clara e congruente.

Na sentença recorrida considerou-se que tal vício existe no acto impugnado, aduzindo-se toda a argumentação desde logo fazendo apelo à letra do preceito contido no art.º 87.º n.º 3 do CPT na redacção ao tempo em vigor, segundo a qual não havendo acordo, o Director Distrital de Finanças decidirá fundamentadamente no prazo de oito dias.

Ora e como já se consignou, pretendendo garantir o mérito e a legalidade dos actos da Administração Fiscal, o art.º 21.º n.º 1 do CPT prescreve um direito à fundamentação de todas as decisões em matéria tributária que afectem os direitos ou interesses dos contribuintes; da mesma forma, se estatui o correspondente dever (de fundamentação) a cargo da Administração no art.º 124.º do Código de Procedimento Administrativo (CPA)

E, nos termos do art. 125.º n.º 1 e 2 do CPA, *A fundamentação deve ser expressa, através de sucinta exposição dos fundamentos de facto e de direito da decisão, ...,* equivalendo à *falta de fundamentação a adopção de fundamentos que, pôr obscuridade, contradição ou insuficiência, não esclareçam concretamente a motivação do acto.*

A fundamentação, ainda que sucinta, deve ser suficiente para convencer (ou não) o contribuinte e permitir-lhe o controlo do acto.

Traduz-se isto em dizer que o contribuinte deve ficar na posse de todos os elementos de facto e de direito que conduziram à decisão, ou seja, deve dar-se-lhe, ainda que de forma sucinta, nota do "itinerário cognoscitivo e vatorativo" seguido para a tomada da decisão.

Só assim o contribuinte pode analisar a decisão e ponderar se lhe dá ou não o seu acordo; também só por essa via, este fica munido dos elementos essenciais para poder impugnar a decisão; só sabendo quais os **factos concretos** considerados pela Administração, ele pode argumentar se eles se verificam ou não; só conhecendo os **critérios valorativos** da Administração sobre esses factos, ele pode discuti-los, apresentar outros ou até valorá-los doutra forma.

E a análise de tais elementos fundamentadores não permite a um destinatário normal, aperceber-se do iter cognoscitivo e valorativo da decisão tomada.

Ou seja, analisando os elementos de suporte para onde remete a decisão em causa, vê-se que a fundamentação neles contida não é clara e congruente não permitindo à recorrente a reconstituição do itinerário cognoscitivo e valorativo percorrido pela entidade decidente.

Nesse sentido, o recente ACÓRDÃO DE 29 DE JUNHO DE 2004, RECURSO n.º 463/04, com os descritores FIXAÇÃO DA MATÉRIA COLECTÁVEL PELA COMISSÃO DE REVISÃO. FUNDAMENTAÇÃO e de que dimana a seguinte doutrina sobre uma questão muito semelhante à dos autos:

1. Não está suficientemente fundamentada a deliberação da comissão de revisão que baixa de 15% para 9% a margem de lucro estabelecida pela Administração Fiscal, para efeitos de fixação da matéria colectável por métodos indiciários, se apenas se funda no parcial acolhimento das razões invocadas pelo vogal designado pela contribuinte, o qual referira que ela praticara «amortizações elevadas representando 14% e 16% da estrutura dos custos» e que atribuía «remunerações aos seus sócios gerentes, com a consequente redução do lucro declarado».

2. Essa fundamentação, se basta para que se entenda a razão por que não foi mantida a margem de lucro considerada pela Administração, não é suficiente para que se perceba por que foi adoptada a de 9%, e não qualquer outra, abaixo de 15%.

Donde que, não sendo clara a informação dos motivos que levaram a Administração Fiscal a proceder às correcções que consubstanciam a liquidação ora impugnada, até porque, admitindo a lei a denominada fundamentação por referência ao estatuir que ela pode consistir em mera declaração de concordância com os fundamentos de anterior parecer, informação ou proposta, que neste caso constituirão parte integrante do respectivo acto (Cfr. n.º 2 «in fine» do artigo 1.º do Dec. Lei n.º 256-A/77) nem ao menos em termos formais se justifica a adesão a tais elementos, o acto tributário não está fundamentado, pelo que assiste razão ao recorrente/impugnante, tendo a administração fiscal incorrido em preterição de formalidade legal no âmbito da comissão de revisão

Assim, a **fundamentação formal** existe mas é manifestamente insuficiente, obscura e incongruente, pelo que ocorre a violação do disposto nos artigos 268.°, n.° 3, da Constituição da República, dos art.ºs 124.º, n.º 1, a) e b) 125.º e 133.º, n.º 1 e n.º 2, al. d), todos do Código do Procedimento Administrativo.

Conseguintemente, procede o fundamento em causa o que acarreta a prejudicialidade da cognição do outro supra enunciado.

4.– Termos em que acordam os Juízes desta Secção do Contencioso Tributário do TCA em conceder provimento ao recurso, revogar a sentença recorrida e julgar a impugnação procedente.

Sem custas por delas estar isenta a parte vencida.

Lisboa, 26 de Outubro de 2004

**Gomes Correia
Casimiro Gonçalves
Ascensão Lopes**

Recurso n.º 123/04

OPOSIÇÃO À EXECUÇÃO FISCAL. FUNDAMENTO LEGAL. FALTA DE NOTIFICAÇÃO DA LIQUIDAÇÃO EXEQUENDA. NOTIFICAÇÃO DEFICIENTE.

(Acórdão de 16 de Novembro de 2004)

SUMÁRIO:

I – A *oposição à execução fiscal* só pode ter por *fundamento* facto ou factos susceptíveis de serem integrados em alguma das previsões das várias alíneas do n.º 1 do artigo 286.º do Código de Processo Tributário (ou das várias alíneas do n.º 1 do artigo 204.º do Código de Procedimento e de Processo Tributário).

II – A *inexigibilidade da dívida*, por falta de notificação devida da liquidação exequenda, é *fundamento de oposição à execução fiscal*, com previsão na alínea *h*) do n.º 1 do artigo 286.º do Código de Processo Tributário [ou na alínea *e*) do n.º 1 do artigo 204.º do Código de Procedimento e de Processo Tributário].

III – A *notificação deficiente* da liquidação tributária (falta de menção de elementos que devam constar do acto de notificação) não provoca a *invalidade* da mesma notificação.

IV – Perante uma *notificação imperfeita*, o notificado, para remediá-la, não deve lançar mão do processo de impugnação judicial, nem, muito menos, do processo de oposição à execução fiscal; goza, sim, da *faculdade de requerer a notificação dos elementos em falta* – nos termos do n.º 1 do artigo 22.º do Código de Processo Tributário (ou do n.º 1 do artigo 37.º do Código de Procedimento e de Processo Tributário) – *sob pena de sanação das faltas verificadas na notificação*.

V – Aliás, nos termos da alínea *e*) do n.º 1 do artigo 204.º do Código de Procedimento e de Processo Tributário, só a *falta de notificação da liquidação do tributo no prazo de caducidade* – e já não a mera imperfeição ou deficiência da mesma notificação – é que constitui *fundamento de oposição à execução fiscal*.

ACÓRDÃO

1.1 "Saberbeber-Produção e Comércio de Bebidas Alcoólicas, SA", devidamente identificada nos autos, vem interpor recurso jurisdicional da sentença do Tribunal Administrativo e Fiscal de Lisboa, de 27-4-2004, que julgou improcedente a presente oposição à execução fiscal – cf. fls. 58 e seguintes.

1.2 Em alegação, a recorrente formula conclusões que se apresentam do seguinte modo – cf. fls. 71 a 84.

a) As notificações dos actos de liquidação objecto da execução donde se deduziu oposição não contêm a menção ao autor dos actos, à sua fundamentação, à sua data e a outras circunstâncias que deveriam ter sido nelas mencionadas.

b) É inconstitucional, por violação do disposto no artigo 268.º, n.º 3, da Constituição da República Portuguesa, a norma do artigo 37.º, n.º 1, do Código de Procedimento e de Processo Tributário, quando interpretada no sentido de o não exercício da faculdade nela prevista implicar a sanação da nulidade da notificação de actos de liquidação.

c) A falta de notificação válida da liquidação dos tributos integrará o fundamento de oposição previsto na alínea e) do n.º 1 do artigo 204.º do Código de Procedimento e de Processo Tributário.

d) A não se entender assim, integrará, em qualquer caso, o fundamento previsto na alínea i) do mesmo n.º 1 do artigo 204.º do Código de Procedimento e de Processo Tributário.

1.3 Não houve contra-alegação.

1.4 O Ministério Público neste Tribunal emitiu o parecer de que o recurso não merece provimento – cf. fls. 94.

1.5 Colhidos os vistos, cumpre decidir, em conferência.

Na petição inicial dos presentes autos de oposição à execução fiscal, a oponente, ora recorrente, não sustenta, em sede de matéria de facto, a nulidade da notificação das liquidações exequendas, e muito menos a falta dessa notificação.

Diversamente, a oponente, ora recorrente, reconheceu na petição inicial que «a execução relativamente à qual é deduzida oposição tem por títulos executivos certidões de dívida emitidos pelo Director-Geral da Direcção de Serviços de Cobrança do IVA, da Direcção Geral dos Impostos»; e que «dos aludidos documentos de cobrança, que consubstanciam as notificações das respectivas liquidações, não consta, designadamente, nem a identificação do autor dos actos de liquidação, nem as suas datas, nem os procedimentos tributários em que terão, ou na aparência dos quais, terão sido proferidos, nem quaisquer factos concretos (operações comerciais, datas, etc.) que terão motivado as liquidações» – cf. os artigos 1.º e 5.º da petição inicial.

Assim, não vale vir alegar a falta e a nulidade da notificação das liquidações exequendas.

Não faz sentido vir alegar a falta de notificação das liquidações exequendas, quando a oponente, ora recorrente, na sua petição inicial, até apresentou os «documentos de cobrança, que consubstanciam as notificações das respectivas liquidações».

Não faz sentido ainda vir alegar a nulidade da notificação das liquidações exequendas, quando a oponente, ora recorrente, na sua petição inicial, alegou apenas uma notificação deficiente, ao dizer que desta «não consta, designadamente, nem a identificação do autor dos actos de liquidação, nem as suas datas, nem os procedimentos tributários em que terão, ou na aparência dos quais, terão sido proferidos, nem quaisquer factos concretos (operações comerciais, datas, etc.) que terão motivado as liquidações».

Consequentemente, não faz sentido também vir aduzir uma inconstitucionalidade correlacionada com essa aludida, e não substanciada, nulidade da notificação.

E, então, em face do teor das conclusões da alegação do presente recurso, bem como da posição do Ministério Público, as questões que aqui importa resolver – ficando prejudicado o conhecimento de qualquer outra, em caso de resposta negativa a estas – são as de saber se:

a) a deficiente notificação da liquidação tributária gera a invalidade da mesma notificação;

b) e se tal deficiência constitui fundamento legal de oposição à execução fiscal.

2.1 Em matéria de facto, remetemos para os termos da decisão da 1.ª instância, de acordo com o disposto no n.º 6 do artigo 713.º do Código de Processo Civil.

2.2 Como é sabido, a oposição à execução fiscal é permitida só nas hipóteses e com os fundamentos previstos na lei.

Mas, embora legalmente tipificados, os fundamentos-tipo de oposição à execução fiscal não constituem tipos fechados, e sim tipos abertos, onde, em área de defesa dos administrados, se insere o processo de oposição à execução, não se adequam os rigorosos princípios da taxatividade e do exclusivismo, que mais se apropriam a uma tipificação relativa à incriminação penal e à sujeição a tributação.

É jurisprudência corrente que a inexigibilidade da dívida, por falta de notificação devida da liquidação exequenda, constitui fundamento de oposição à execução fiscal, enquadrável na alínea h) do n.º 1 do artigo 286.º do Código de Processo Tributário, a que corresponde a alínea e) do n.º 1 do artigo 204.º do Código de Procedimento e de Processo Tributário.

Na verdade, constituindo a exigibilidade da dívida exequenda um pressuposto específico relativo ao objecto da acção executiva, é evidente que a reacção do executado, quando a dívida for inexigível, terá de ser desferida contra a própria instância executiva, e esse meio processual só pode ser, no processo fiscal, a oposição à execução – cf. a este respeito, por todos, o acórdão da Secção de Contencioso Tributário do Supremo Tribunal Administrativo de 22-5-1996, no recurso n.º 20 342.

O reconhecimento da inexigibilidade da dívida exequenda, por falta de notificação (e ineficácia) da liquidação, nada tem a ver com a apreciação, em concreto, em processo de oposição à execução fiscal, da legalidade da liquidação exequenda.

Com efeito, reconhecer que a liquidação exequenda é inexigível, por falta de eficácia, não envolve apreciação da legalidade (se não apenas da exigibilidade) dessa liquidação; nem representa interferência em matéria da exclusiva competência da entidade que extrai o título executivo; e não requer outro tipo de prova que não o documental – cf., no mesmo sentido, entre outros, o acórdão desta Secção deste Tribunal Central Administrativo, de 2-11-1999, proferido no recurso n.º 1381/98.

A inexigibilidade da dívida exequenda, por causa de o devedor não estar ainda em mora no cumprimento da obrigação em consequência da falta de notificação da liquidação e para o seu pagamento, constitui, assim, fundamento de oposição à execução fiscal, que tem inteiro cabimento, hoje, na alínea e) do n.º 1 do artigo 204.º do Código de Procedimento e de Processo Tributário – como, já no passado, tinha cobertura na cláusula geral da alínea h) do n.º 1 do artigo 286.º do Código de Processo Tributário, e da alínea g) do artigo 176.º do Código de Processo das Contribuições e Impostos (cf. a este respeito, por todos, v. g., o acórdão desta Secção deste Tribunal Central Administrativo, de 29-6-1999, proferido no recurso n.º 1242/98, publicado na *Antologia de Acórdãos do Supremo Tribunal Administrativo e do Tribunal Central Administrativo*, ano II, n.º 3, pp. 289 a 292).

A liquidação, como acto de eficácia externa que é, em princípio, tem que ser notificada aos interessados, de harmonia com o disposto no artigo 268.º, n.º 3, da Constituição da República Portuguesa – pois que os actos de eficácia externa têm de ser notificados aos interessados, mediante uma comunicação oficial e formal, «na forma prevista na lei», de acordo com a imposição do n.º 3 do artigo 268.º da Constituição da República Portuguesa, e essa falta tem como consequência legal a sua ineficácia (cf. Gomes Canotilho, e Vital Moreira, na *Constituição da República Portuguesa Anotada*, 1993, 3.ª edição, revista, em anotação IV. ao artigo 268.º).

O n.º 1 do artigo 64.º do Código de Processo Tributário (a que corresponde o n.º 1 do artigo 36.º do Código de Procedimento e de Processo Tributário) – em concretização, aliás, do imperativo constitucional inserto no n.º 3 do artigo 268.º da Constituição da República Portuguesa – estabelece que os actos em matéria tributária que afectem os direitos e interesses legítimos dos contribuintes só produzem efeitos em relação a estes quando lhes sejam notificados.

Sempre que tenham por objecto actos ou decisões susceptíveis de alterarem a situação tributária dos contribuintes, o n.º 1 do artigo 65.º do Código de Processo Tributário impõe que as notificações sejam feitas por carta registada com aviso de recepção, quando não por mandado pessoal (cf. o n.º 4 deste artigo 65.º) – cf. correspondentemente o artigo 38.º do Código de Procedimento e de Processo Tributário.

Os «actos ou decisões susceptíveis de alterarem a situação tributária dos contribuintes» são, desde logo, actos tributários como a correcção ou a fixação da matéria colectável, e a liquidação de impostos – cf. Alfredo de Sousa, e Silva Paixão, no *Código de Processo Tributário Comentado e Anotado*, 1998, em anotação 4. ao artigo 65.º.

As notificações – diz o n.º 2 do artigo 64.º do Código de Processo Tributário, e, correspondentemente, o n.º 2 do artigo 36.º do Código de Procedimento e de Processo Tributário – conterão sempre a decisão, os seus fundamentos e meios de defesa e prazo para reagir contra o acto notificado, bem como a indicação da entidade que o praticou e se o fez no uso de delegação ou subdelegação de competências.

Claro está que estes requisitos ou elementos da notificação do acto só são exigíveis para as notificações de actos susceptíveis de reclamação, impugnação ou recurso jurisdicional.

Pelo que nenhuma influência pode ter na execução fiscal, e, consequentemente, não constitui motivo de oposição a esta, a falta de indicação na notificação da liquidação dos apontados requisitos ou elementos (os fundamentos da liquidação, os meios de defesa, o prazo para reagir, a entidade que a praticou e se o fez no uso de delegação ou subdelegação de competências).

Se a comunicação da decisão em matéria tributária não contiver os requisitos exigidos pelas leis tributárias (os seus fundamentos e meios de defesa e prazo para reagir contra o acto notificado, bem como a indicação da entidade que o praticou e se o fez no uso de delegação ou subdelegação de competências), pode o interessado, dentro de 30 dias, ou dentro do prazo para reclamação, recurso ou impugnação que desta decisão caiba, se inferior, requerer a notificação dos que tenham sido omitidos ou a passagem de certidão que os contenha – de acordo com o disposto no n.º 1 do artigo 22.º do Código de Processo Tributário, e, correspondentemente, no n.º 1 do artigo 37.º do Código de Procedimento e de Processo Tributário.

Se o notificado, perante uma notificação sem as menções referidas, não usar da faculdade de requerer, no prazo aplicável, a notificação dos elementos omitidos, deverão ser consideradas como sanadas essas faltas, cumprindo a notificação a sua função de conferir eficácia ao acto notificado – cf. Diogo Leite de Campos, Benjamim Silva Rodrigues, e Jorge Lopes de Sousa, na *Lei Geral Tributária Comentada e Anotada*, 1999, em anotação 19, ao artigo 77.º.

E, seguramente, nos termos do artigo 204.º do Código de Procedimento e de Processo Tributário, só a falta de notificação da liquidação do tributo no prazo de caducidade é que constitui fundamento de oposição à execução fiscal – e já não a mera imperfeição ou deficiência da mesma notificação [cf. a alínea e) do n.º 1 do citado artigo 204.º].

De resto, a necessidade de haver um meio de oposição à execução fiscal, a nosso ver, só se justifica e impõe quando houver sido postergado o direito constitucional dos interessados de que lhes sejam notificados os actos externos que lhes digam respeito – o que só acontece em caso de falta absoluta de notificação, ou, quando muito, na hipótese de nulidade desta – mas, firmemente, nunca na eventualidade, facilmente remediável, de notificação deficiente ou imperfeita.

2.3 No caso *sub judicio*, manifestamente, não ocorre a falta (nem, ao menos, a nulidade) da notificação das liquidações exequendas – pela razão de que é a própria oponente, ora recorrente, que não alega tanto, uma vez que não alega sequer isso.

A oponente, ora recorrente, de facto, alega tão somente que «dos aludidos documentos de cobrança, que consubstanciam as notificações das respectivas liquidações, não consta, designadamente, nem a identificação do autor dos actos de liquidação, nem as suas datas, nem os procedimentos tributários em que terão, ou na aparência dos quais, terão sido proferidos, nem quaisquer factos concretos (operações comerciais, datas, etc.) que terão motivado as liquidações» – cf. o artigo 5.º da petição inicial.

Mas, como acima dissemos, se a notificação das decisões em matéria tributária não contiver os requisitos exigidos pelas leis tributárias (os seus fundamentos e meios de defesa e prazo para reagir contra o acto notificado, bem como a indicação da entidade que o praticou e se o fez no uso de delegação ou subdelegação de competências), pode o interessado requerer a notificação dos elementos que tenham sido omitidos ou a passagem de certidão que os contenha.

E o contribuinte não pode lançar mão do meio de oposição à execução fiscal (nem sequer de impugnação judicial), uma vez que deverão considerar-se sanadas as omissões ocorridas ao nível de uma notificação efectivamente realizada, se perante uma notificação sem as menções legalmente exigidas, o notificado não usar da faculdade de requerer, no prazo aplicável, a notificação dos elementos omitidos, para remediar essas faltas.

De resto, e como acima também já se disse, nos termos taxativos da lei, só a falta de notificação da liquidação do tributo no prazo de caducidade – e não a mera imperfeição ou deficiência da mesma notificação – é que constitui fundamento de oposição à execução fiscal.

Estamos, deste modo, a concluir – em resposta ao *thema decidendum* – que a deficiência da notificação da liquidação tributária não gera a invalidade da mesma notificação; pelo que, existindo, ainda assim, da liquidação exequenda uma notificação válida, essa deficiência ou imperfeição não constitui fundamento legal de oposição à execução fiscal.

Como assim, deve ser confirmada, com a presente fundamentação, a sentença recorrida, que essencialmente laborou neste pendor.

2.4 Do exposto podemos extrair, entre outras, as seguintes proposições, que se alinham em súmula.

I. A *oposição à execução fiscal* só pode ter por *fundamento* facto ou factos susceptíveis de serem integrados em alguma das previsões das várias alíneas do n.º 1 do artigo 286.º do Código de Processo Tributário (ou das várias alíneas do n.º 1 do artigo 204.º do Código de Procedimento e de Processo Tributário).

II. A *inexigibilidade da dívida*, por falta de notificação devida da liquidação exequenda, é *fundamento de oposição à execução fiscal*, com previsão na alínea *h*) do n.º 1 do artigo 286.º do Código de Processo Tributário [ou na alínea *e*) do n.º 1 do artigo 204.º do Código de Procedimento e de Processo Tributário].

III. A *notificação deficiente* da liquidação tributária (falta de menção de elementos que devam constar do acto de notificação) não provoca a *invalidade* da mesma notificação.

IV. Perante uma *notificação imperfeita*, o notificado, para remediá-la, não deve lançar mão do processo de impugnação judicial, nem, muito menos, do processo de oposição à execução fiscal; goza, sim, da *faculdade de requerer a notificação dos elementos em falta* – nos termos do n.º 1 do artigo 22.º do Código de Processo Tributário (ou do n.º 1 do artigo 37.º do Código de Procedimento e de Processo Tributário) – *sob pena de sanação das faltas verificadas na notificação*.

V. Aliás, nos termos da alínea e) do n.º 1 do artigo 204.º do Código de Procedimento e de Processo Tributário, só a *falta de notificação da liquidação do tributo no prazo de caducidade* – e já não a mera imperfeição ou deficiência da mesma notificação – é que constitui *fundamento de oposição à execução fiscal*.

3. Termos em que se decide negar provimento ao recurso, e, em consequência, confirmar a sentença recorrida.

Custas pela recorrente.
Taxa de justiça: cinco unidades de conta.
Lisboa, 16 de Novembro de 2004

Jorge Lino
Pereira Gameiro
Gomes Correia (com a declaração de que, a meu ver, deveria ser elaborado o probatório discriminando os factos formalmente autonomizados).

Recurso n.º 233-04

OPOSIÇÃO À EXECUÇÃO FISCAL. ILEGALIDADE ABSTRACTA POR INEXISTÊNCIA DO TRIBUTO.

(Acórdão de 26 de Outubro de 2004)

SUMÁRIO:

I – Ao abrigo do disposto no n.º 1 do art.º 5.º da Lei n.º 1/87, de 6/1, na redacção dada pelo DL 470-B/88, de 19/12, os municípios podem lançar uma derrama, até ao máximo de 10% da colecta de IRC, na parte relativa ao rendimento gerado na respectiva circunscrição.

II – A deliberação sobre o lançamento da derrama deve, por injunção do n.º 3 do art.º 5.º da mesma lei na mesma redacção, ser comunicada pela Câmara Municipal ao director de finanças competente até 30 de Setembro do ano anterior ao da cobrança.

III – Como resulta da al. *p*) do n.º 2 do art.º 39.º do DL. n.º 100/84, de 29/3, na redacção introduzida pela Lei n.º 18/91, de 12/6, a deliberação sobre o lançamento da derrama é da competência do órgão deliberativo (Assembleia Municipal) e não do órgão executivo (Câmara Municipal) ao qual no entanto cabe elaborar e apresentar ao primeiro a respectiva proposta (cfr. al. *a*), do n.º 3 do art.º 51.º do citado diploma).

IV – Ainda que se reconheça a intempestividade da comunicação efectuada por ofício de 10/10//1990 quando o devia ter sido até 30 de Setembro desse ano, sendo o prazo para aquele efeito meramente ordenador ou disciplinador e não preclusivo ou de caducidade, o que verdadeiramente releva é a questão de saber se o órgão deliberativo competente – Assembleia Municipal de Almada – ao deliberar sobre o lançamento da derrama para 1991 em sessão de 10/07//1990, o fez dentro do prazo legalmente fixado.

V – É que o comando do artigo 5.º, n.º 3, da Lei n.º 1/87, na redacção que lhe deu o DL n.º 470-B//88, *pressupõe que a deliberação quanto ao lançamento da derrama já haja sido tomada quando se faça a comunicação ali prevista*.

VI – Adaptando tal doutrina ao caso concreto, teremos que a deliberação tomada em 10/07/90 pela Assembleia Municipal de Almada de lançar derrama sobre o IRC cobrado no ano de 1991, observa o prazo fixado na lei não estando na liquidação reflectida a ilegalidade abstracta prevista na al. *a*) do n.º 1 do art.º 286.º do CPT.

ACORDA-SE, EM CONFERÊNCIA, NESTE TRIBUNAL:

1.– Inconformado com a sentença proferida pelo Sr. Juiz do Tribunal Tributário de 1ª Instância de Setúbal que julgou procedente a oposição deduzida por **FEIJOMAR, PRODUTOS DO MAR, LDª.**, contra a execução instaurada para cobrança de IRC/DERRAMA relativo ao exercício do ano de 1990, no montante de 247 644$00, dela recorre para este Tribunal, com os sinais dos autos, o EMMP junto do referido Tribunal, concluindo as suas alegações como segue:

1.- A derrama é um imposto acessório que incide sobre a colecta de IRC/ pelo que a aprovação do seu lançamento deve ser feita pela Assembleia Municipal mediante proposta da câmara no decurso do ano anterior àquele em que vai ser cobrada;

2.- Aquela deliberação deve ser comunicada ao Director de Finanças até 30 de Setembro do ano anterior ao da cobrança/ nos termos do n.º 3 do art. 5ª da Lei 1/87, de 6 de Janeiro (Lei de Finanças Locais);

3.- Pese embora tal comunicação tenha sido feita no caso concreto apenas em 10 de Outubro (pôr mero lapso/ pois havia sido comunicado à DGCI)/ dado que tal prazo é meramente ordenador/ não resulta daí qualquer vício que afecte aquela deliberação;

4.- Ao entender em sentido contrário o Mmo. Juiz "a quo" fez incorrecta interpretação e aplicação das normas respeitantes à liquidação de tal imposto, violando, assim, o disposto no art. 5.º da Lei n.º 1/87, de 6 de Janeiro, e 39.º, n.º 2, al. p), da Lei n.º 100/84, de 29 de Março;

5.- Por conseguinte e dado que não se verifica o fundamento de inexistência de tributo invocado pela oponente, deve a douta sentença ser revogada e substituída por outra que, apreciando do fundo da questão, considera legal a liquidação da derrama contestada e julgue a oposição improcedente.

Não houve contra-alegações.
Cobrados os Vistos legais, há que decidir por a tal nada obstar.

2.- Da análise crítica dos elementos probatórios recolhidos nos autos, dá-se como assente a seguinte matéria fáctica com relevância para a decisão da causa:

a)- Foi instaurado o processo de execução fiscal n.º 3212-93/100673.8, que corre seus termos pelos SF de Almada – 2ª, por dívida de IRC/DERRAMA do ano de 1990, devida pela sociedade ora recorrente, no montante de 247 644$00, conforme inf. de fls. 15 e documentos de fls 10 e 11.

b)- Em 21/01/1992, a recorrente deduziu reclamação invocando os art.ºs 111 do CIRC, 97.º n.º 1 e 123.º, estes do CPT e alegando que o Município de Almada não tinha "..lançado derrama com referência ao ano de 1990"– cfr. doc. anexado a fls. 9.

c)- Como decorre do doc. junto a fls. 6 e ss pela recorrente e que constitui certidão do Município de Almada, esta atesta que: "No orçamento para o ano de 1991, aprovado pela Câmara Municipal em 03/12/1990 e aprovado pela Assembleia Municipal em 28/12/90, foi lançada pela primeira vez uma derrama calculada em dez por cento do valor do IRC, conforme consta a folhas trinta e seis e trinta e sete do citado orçamento e que se anexam."

d)- Mais se atesta no dito documento, sob o capítulo "linhas de orientação do orçamento", e na rubrica "receitas" que "pela primeira vez o Município lançou uma derrama calculada em 10% do valor do IRC arrecadável na área geográfica do Concelho, cujo destino foi desde logo definido";

e)- E, como emerge do documento de fls. 10, a AT liquidou com referência ao IRC incidente sobre o exercício de 1990, a derrama no valor de esc. 225.919$00, correspondente a 10% da colecta, a qual acrescida de juros compensatórios, resultou imposto a pagar no montante de esc. 247.644$00, imposto este que não foi pago pela oponente – vd. também inf. de fls. 15.

f)- O município de Almada havia comunicado à DDF de Setúbal, por ofício datado de 10/10/90, o propósito do município de lançar tal derrama como decorre do doc. de fls. 12.

g)- A comunicação à D.D.F. da deliberação de lançar uma derrama de 10% sobre o IRC cobrado no ano de 1991, foi feita pelo ofício da Câmara Municipal de Almada, que constitui fls. 31, do qual consta o seguinte:
"... que este município deliberou em reunião camarária de 29/06/90, com posterior aprovação pela Assembleia Municipal, o lançamento de uma derrama de 10% sobre o rendimento de Pessoas Colectivas (IRC) para o ano de 1991,...".

h)- Sobre tal deliberação foi junto o documento que constitui fls. 76 e 77, que certifica o teor da acta da reunião em que tal deliberação foi produzida.

i)- Solicitada a informação sobre a data em que foi aprovada pela Assembleia Municipal a deliberação da reunião camarária, foi dada a resposta que constitui fls. 34, donde se vê que aquele órgão autárquico aprovou tal deliberação em 10/07/1990, sendo do seguinte teor tal deliberação:
"A Assembleia Municipal, nos termos e para os efeitos da alínea p), n.º I, do artigo 39.º, do Decreto – Lei n.º 100//84, de 29 de Março, e do artigo 5.º, da Lei n.º 1/87, de 6 de Janeiro, com a redacção do art. 1.º do Decreto-Lei n.º 440/88, de 19 de Dezembro, delibera o lançamento no ano de 1991 de uma derrama de 10% sobre a Colecta do Imposto Sobre o Rendimento das Pessoas Colectivas (IRC), relativamente ao rendimento gerado na área geográfica do Concelho de Almada, destinada à obtenção de fundos para a construção de equipamento desportivo em Escolas Preparatórias e/ou Secundárias do Concelho, a incluir na Rede Integrada de Infra – Estruturas Desportivas."

3.- Exposta a matéria de facto relevante, cumpre decidir:

Como é pacificamente defendido pela nossa doutrina e decidido na nossa jurisprudência, por força dos termos conjugados dos art.ºs. 684.º, n.º 3 e 690.º, n.º 1 do CPC, o âmbito do recurso é determinado pelas conclusões da alegação do recorrente, só abrangendo as questões que nestas estejam contidas (cfr. Prof. J.A.Reis, in CPC Anotado, Vol. V, pág. 363, Rodrigues Bastos, in Notas ao CPC, Vol. III, pág. 299 e, entre muitos, os Acs. do STJ de 4/7/76, BMJ 258.º-180, de 2/12/82, BMJ 322.º-315 e de 25/7/86, BMJ 359.º-522).

Donde que as questões a apreciar sejam duas:
1ª.- Saber se ocorre a ilegalidade da deliberação de lançamento de derrama por não ter sido tomada até à data em que devia fazer-se a comunicação prevista no n.º 3 do artigo 5.º da Lei n.º 1/87, na redacção do DL. n.º 470-B/88, supondo que a Assembleia Municipal de Barcelos foi no orçamento para o ano de 1991, aprovado pela Câmara Municipal em 03/12/1990, deliberou em reunião camarária de 29/06/90, com aprovação pela Assembleia Municipal em 10/07/1990, o lançamento de uma derrama de 10% sobre o rendimento de Pessoas Colectivas (IRC) para o ano de 1991,..." e que a comunicação à D.D.F. da deliberação de lançar aquela derrama,

foi feita pelo ofício da Câmara Municipal de Almada que de 10/10/97.

2ª.– Saber se foram violadas as normas constantes do art.º 5.º da Lei n.º 1/87, na redacção do DL n.º 470-B/ /88, em termos de se gerar ilegalidade do tributo por inexistência na ordem jurídica enquadrável na al. a) do n.º 1 do art.º 286.º do CPT.

Estas questões serão apreciadas pela ordem por que vêm indicadas.

***

Verifica-se, na parte que ora importa, que a oponente invocou (e esta é a questão que colocou) que a deliberação sobre o lançamento de derrama não tinha sido aprovada pelo órgão competente pelo que não houve qualquer derrama lançada pela CMA para o ano de 1990, pelo que não estava autorizada a respectiva cobrança para o ano em causa, a mesma era ilegal.

Ora, «in casu», verifica-se que o M.mo Juiz «a quo», como refere o recorrente, se limitou no discurso jurídico a referir que, *provado que está que em 1990 não existia a derrama exequenda, que aliás diga-se que só passou a existir em 1991, não pode no ano de 1991 ser cobrada derrama com referência aos rendimentos de 1990, por falta de previsão legal.*

O certo é que, como evidencia o probatório fixado por mor do presente recurso, no orçamento para o ano de 1991, aprovado pela Câmara Municipal em 03/12/ /1990 e aprovado pela Assembleia Municipal em 28/12/90, foi lançada pela primeira vez uma derrama calculada em dez por cento do valor do IRC arrecadável na área geográfica do Concelho, cujo destino foi desde logo definido.

Mais se provou que o município de Almada havia comunicado à DDF de Setúbal, por ofício datado de 10/10/90, o propósito do município de lançar tal derrama, constando dessa comunicação que o município deliberara em reunião camarária de 29/06/90, com posterior aprovação pela Assembleia Municipal, o lançamento de uma derrama de 10% sobre o rendimento de Pessoas Colectivas (IRC) para o ano de 1991, sendo do seguinte teor tal deliberação:

"A Assembleia Municipal, nos termos e para os efeitos da alínea p), n.º I, do artigo 39.º, do Decreto-Lei n.º 100/ /84, de 29 de Março, e do artigo 5.º, da Lei n.º 1/87, de 6 de Janeiro, com a redacção do art. 1.º do Decreto-Lei n.º 440/88, de 19 de Dezembro, delibera o lançamento no ano de 1991 de uma derrama de 10% sobre a Colecta do Imposto Sobre o Rendimento das Pessoas Colectivas (IRC), relativamente ao rendimento gerado na área geográfica do Concelho de Almada, destinada à obtenção de fundos para a construção de equipamento desportivo em Escolas Preparatórias e/ou Secundárias do Concelho, a incluir na Rede Integrada de Infra – Estruturas Desportivas."

Perante esta factualidade, diga-se, desde logo, que o dever de comunicação da deliberação ao Director Distrital de Finanças prossegue objectivos de eficácia administrativa, e releva apenas nas relações entre as autarquias e o Fisco, não lhe estando associada a caducidade do direito de lançar derrama, nessa base se devendo concluir pela legalidade da liquidação com a consequente improcedência da oposição.

Vê-se do exposto que apenas releva a tempestividade da deliberação que criou a derrama a qual poderá ser atingida na sua legalidade se tomada para além do prazo legal, caso em que a liquidação terá de ser anulada.

Importa, por isso, apreciar a eventual violação das normas constantes do n.º 3 do art.º 5.º da Lei n.º 1/87, na redacção do DL n.º 470-B/88.

Desde já se diga que a desconformidade das normas instituidoras de determinado tributo, quer com o ordenamento constitucional, quer com a ordem jurídica em geral, é vício fundamento de impugnação judicial (cfr. art.º 120.º do CPT), sem prejuízo da sua apreciação em sede de oposição à execução fiscal se configurável como ilegalidade absoluta ou abstracta nos termos que adiante se analisarão.

Assim, a verificação da des/conformidade com a ordem jurídica no atinente a regras de direito fiscal tem como finalidade impedir a formação de actos que se revelem incompatíveis com as normas.

Destarte, a exigência de tributo fundada em lei interna que esteja em desconformidade com a ordem jurídica pode configurar ilegalidade absoluta ou abstracta dado que equivale em termos de invocação nos tribunais a *«inexistência de lei em vigor»* que autorize a sua cobrança.

Ora, o recorrente argui ilegalidade do tributo por considerar que ocorre a violação das normas constantes do n.º 3 do art.º 5.º da Lei n.º 1/87, na redacção do DL n.º 470-B/88.

Vejamos se a esta lógica argumentativa corresponde alguma fundamentação material.

Prevê o art. 5.º da Lei n.º 1/87, de 6 de Janeiro, na redacção introduzida pelo Dec.-Lei n.º 470-B/88, de 19 de Dezembro, sob a epígrafe "DERRAMA", que:

I – Os municípios podem lançar uma derrama, que não pode exceder 10% sobre a colecta do imposto sobre o rendimento das pessoas colectivas (IRC), relativa ao rendimento gerado na sua área geográfica.

2 – A derrama só pode ser lançada para acorrer ao financiamento de investimentos ou no quadro de contratos de reequilíbrio financeiro.

3 – A deliberação sobre o lançamento da derrama deve ser comunicada pela câmara municipal ao director de finanças competente até 30 de Setembro do ano anterior ao da cobrança.

4 – A comunicação pela administração fiscal ao contribuinte dos valores postos à cobrança pôr força do disposto neste artigo deve ser feita com menção expressa de que se trata de derrama municipal.".

Como bem refere o recorrente MP, dado que a derrama se tratar de um imposto dito acessório, uma vez que incide sobre o rendimento já objecto de outro imposto, o mesmo será cobrado aquando da cobrança do IRC, dito imposto principal e, vendo-se do orçamento do município para 1991, no âmbito do qual se prevêem receitas provenientes da dita derrama, para derem entrada nos cofres do município no decurso do ano de 1991, tais receitas tinham que ser cobradas aquando da cobrança do IRC referente ao ano de 1990.

Sustenta a oponente que a incidência de tal imposto não estava prevista para o ano de 1990, já que incidindo a derrama sobre os rendimentos obtidos naquele ano, teria que ser previsto e aprovado para esse ano.

Mas, em consonância como o ponto de vista afirmado pelo recorrente MP, a previsão da derrama é direccionada para o ano da cobrança, embora acabe por abranger rendimentos produzidos no ano anterior, pois, a seguir a tese da oponente, para que a derrama pudesse ser cobrada em 1991, tinha que o município aprovar em 1989 uma deliberação sobre o lançamento daquele imposto, o que não é consentâneo com a lei nem com a natureza do questionado tributo.

É que, como vimos, ao abrigo do disposto no n.º 1 do art.º 5.º da Lei n.º 1/87, de 6/1, na redacção dada pelo DL 470-B/88, de 19/12, os municípios podem lançar uma derrama, até ao máximo de 10% da colecta de IRC, na parte relativa ao rendimento gerado na respectiva circunscrição.

Mas a deliberação sobre o lançamento da derrama deve, por injunção do n.º 3 do art.º 5.º da mesma lei na mesma redacção, ser comunicada pela Câmara Municipal ao director de finanças competente até 30 de Setembro do ano anterior ao da cobrança.

Como resulta da al. p) do n.º 2 do art.º 39.º do DL. n.º 100/84, de 29/3, na redacção introduzida pela Lei n.º 18/91, de 12/6, a deliberação sobre o lançamento da derrama é da competência do órgão deliberativo (Assembleia Municipal) e não do órgão executivo (Câmara Municipal) ao qual no entanto cabe elaborar e apresentar ao primeiro a respectiva proposta (cfr. al. a), do n.º 3 do art.º 51.º do citado diploma).

Ainda que se reconheça a intempestividade da comunicação efectuada por oficio de 10/10/1990 quando o devia ter sido até 30 de Setembro desse ano pois que é uniforme a jurisprudência do STA no sentido de que o prazo para aquele efeito é meramente ordenador ou disciplinador e não preclusivo ou de caducidade (veja-se, por todos, o Ac. de 28/4/93, Rec. n.º 14 231), o que verdadeiramente releva é a questão de saber se o órgão deliberativo competente – Assembleia Municipal de Almada – ao deliberar sobre o lançamento da derrama para 1991 em sessão de 10/07/1990, o fez dentro do prazo legalmente fixado.

Ora, na esteira do aresto do STA de 12/5/93, publicado no AD n.º 388 a pág. 446, a cuja solução nos vinculamos, o comando do artigo 5.º, n.º 3, da Lei n.º 1/87, na redacção que lhe deu o DL n.º 470-B/88, *pressupõe que a deliberação quanto ao lançamento da derrama já haja sido tomada quando se faça a comunicação ali prevista.*

Adaptando ainda o decidido naquele Acórdão ao caso concreto, teremos que a deliberação tomada em 10/07/90 pela Assembleia Municipal de Almada de lançar derrama sobre o IRC cobrado no ano de 1991, observa o prazo fixado na lei.

Como assim, porque na liquidação não está reflectida a ilegalidade abstracta, improcede a oposição e o recurso deve ser provido.

4.– Pelo exposto, acordam os Juizes deste Tribunal, em conceder provimento ao recurso, revogar a sentença recorrida e julgar a oposição improcedente, devendo a execução seguir seus termos.

Custas pela recorrida fixando-se a taxa de justiça em 3 (três) UCs.

Lisboa, 26 de Outubro 2004

Gomes Correia
Casimiro Gonçalves
Ascensão Lopes

Recurso n.º 135/04

OPOSIÇÃO À EXECUÇÃO FISCAL. PRESCRIÇÃO DE DÍVIDAS POR PRESTAÇÃO DE SERVIÇO DE FORNECIMENTO DE ÁGUA. NATUREZA DA PRESCRIÇÃO E INÍCIO DA CONTAGEM DO PRAZO.

(Acórdão de 9 de Novembro de 2004)

SUMÁRIO:

I– **O direito de exigir o pagamento por serviço de fornecimento de água prescreve no prazo de seis meses, após a sua prestação, de acordo com o disposto no n.º 1 do artigo 10.º da Lei n.º 23/96, de 26 de Julho.**

II– **A referida prescrição tem natureza extintiva pelo que, se a entidade que prestou o serviço não exigir o respectivo pagamento no citado prazo, e salvo qualquer facto interruptivo ou suspensivo da prescrição, a dívida prescreve.**

ACORDAM NA SECÇÃO DE CONTENCIOSO TRIBUTÁRIO DO TRIBUNAL CENTRAL ADMINISTRATIVO SUL:

1. A Câmara Municipal do Porto veio recorrer da decisão do Mm.º Juiz do Tribunal Tributário de 1ª Instância do Porto, que julgou procedente a oposição deduzida por "Orfeão da Foz do Douro", com sede na Rua das Motas, 19 – Porto, contra a execução fiscal contra si instaurada para cobrança coerciva de dívida por fornecimento de água respeitante ao período de Outubro de 1992 a Fevereiro de 1998, no montante de 291.146$00$00, apresentando, para o efeito, alegações nas quais conclui:

1. Ao presente recurso, deveria ter sido fixado efeito suspensivo nos termos do artigo 740.º, n.º 1 do Código de Processo Civil, aplicável "ex vi" artigo 2.º, alínea e) do CPPT.

2. Face à documentação junta aos autos, resultam provados os seguintes factos relevantes que não foram tidos em conta pelo Tribunal recorrido para a decisão da causa:

– A entidade exequente emitiu as facturas respeitantes aos débitos em causa de que juntou 2ª via aos autos (Doc. 1 a 25 do requerimento apresentado em Juízo a 2002.06.14);

– Desses documentos consta a morada indicada pela oponente aquando da celebração do contrato de fornecimento de água – Rua das Motas, 9 (documentos e contrato de fornecimento de água junto aos autos);

– Dos registos informáticos existentes nos SMAS pode verificar-se que as facturas foram enviadas ao oponente (cfr. datas constantes dos documentos 26 a 28 juntos aos autos com o requerimento supra referido).

3. Não ficou provado ter o oponente comunicado aos SMAS qualquer alteração do seu domicílio, indicado aquando da celebração do contrato.

4. Não tendo sido impugnada a autenticidade dos referidos documentos, ou a sua desconformidade com a realidade, não poderiam estes deixar de ser tidos em conta na decisão recorrida como tendo a força probatória do original (artigos 34.º, n.º 2 do CPPT e 546, n.º 1 do Código de Processo Civil).

5. Tendo em conta a finalidade da lei, os interesses a proteger, e as normas e princípios de direito tributário – designadamente que à liquidação se refere a caducidade e à cobrança coerciva a prescrição – o prazo previsto no n.º 1 do artigo 10.º, n.º 1 da Lei n.º 23/96, de 26 de Julho, terá de ser considerado um prazo de caducidade e não de prescrição, sob pena de incoerência do ordenamento jurídico.

6. A vingar o entendimento supra referido, carece de causa de pedir a petição de oposição, por não ter o oponente alegado e provado a falta de notificação da liquidação no respectivo prazo (artigo 204.º, alínea e) do CPPT).

7. Aliás, tal alegação seria mesmo ineficaz, sendo cedo que lhe cabia o ónus da prova de não ter recebido as facturas em causa por facto que não lhe era imputável (v. as considerações tecidas a este propósito pelo douto Acórdão do Tribunal Constitucional n.º 130/2002, publicado no DR n.º 103, II Série, de 04.05.2002).

8. O Tribunal " a quo" não atentou assim, entre outros, nos artigos 34.º do CPPT, 65.º, n.º 3 do CPT (actual artigo 38.º, n.º 4 do CPPT), 70.º, n.ºs 1 e 2 do CPT (actual artigo 19.º, n.ºs 2 e 3 da LGT) e 6.º-A do CPA, para além de ter decidido em sentido contrário à mais recente jurisprudência da Relação do Porto.

9. Ainda que assim se não entendesse, sempre poderia o Tribunal "a quo" ter considerado suspenso o prazo de prescrição por motivo imputável ao obrigado – artigo 321.º, n.º 2 do Código Civil – na medida em que, desconhecendo a actual morada do oponente, era legítimo ao SMAS presumir o envio das facturas para a morada indicada no contrato.

Termos em que se conclui pela revogação da sentença ora recorrida, como é de inteira e merecida justiça!

2. Em contra-alegações veio o recorrido concluir:

a) A fixação de efeito meramente devolutivo ao recurso está conforme a à lei, pelo que deve improceder a pretensão da recorrente de a ver alterada;

b) A "arquitectura" do recurso é inteligente, mas parte de pressupostos não verificados;

c) Os factos processualmente relevantes e provados não conduzem a outra versão que a da douta sentença recorrida;

d) A qualificação jurídica dos prazos não pode deixar de ser de prescrição, com detrimento para toadas as conclusões almejadas pela recorrente.

Nestes termos, suprido o necessário, deve ser negado provimento ao recurso e, em consequência, mantida a douta sentença recorrida, com o que se fará a costumada justiça.

3. O M.ºP.º emitiu parecer no sentido do não provimento do recurso (v. fls. 205).

4. Colhidos os vistos legais cabe agora decidir.

5. São os seguintes os factos dados como provados em 1ª instância e que relevam para a decisão:

a) Para cobrança coerciva de dívida referente a consumo de água de Outubro a Fevereiro de 1998, a entidade exequente emitiu as certidões de relaxe de que há cópias a fls. 18 a 48 destes autos, em 7 de Abril de 1998, onde se menciona que são devidos juros de mora desde data que em regra é contabilizada em dois meses após a data em que nessas certidões se diz ter sido efectuado o consumo, em causa, que aqui se dão por integralmente reproduzidas;

b) Com base nessas certidões de relaxe foi instaurado em 30 de Outubro de 1998 o processo de execução fiscal n.º 10 968/98;

c) A entidade oponente celebrou com os SMAS, em 11 de Outubro de 1989, um contrato de fornecimento de água para o local onde foi efectuado o consumo, não constando dos autos qualquer elemento que permita concluir que tenha sido denunciado esse contrato;

d) A oposição foi instaurada em 2 de Novembro de 1999.

6. De acordo com as conclusões das alegações, são as seguintes as questões a apreciar no presente recurso:

a) Efeito do recurso, fixado como meramente devolutivo pelo tribunal de 1ª instância (conclusão 1ª);

b) Errado julgamento da matéria de facto (conclusões 2ª a 4ª, 6ª e 7ª);

c) Natureza do prazo referido no artigo 10.º, n.º 1 da Lei n.º 23/96, de 26 de Julho (conclusão 5ª).

6.1. Sendo certo que, atento o disposto no artigo 687.º, n.º 4 do Código de Processo Civil, a decisão que admita o recurso, fixe a sua espécie ou determine o efeito que lhe compete não vincula o Tribunal superior, vejamos então se esse efeito deve ser o fixado ou o pretendido pela recorrente.

De acordo com o disposto no artigo 286.º, n.º 1 do CPPT, os recursos têm efeito meramente devolutivo, salvo se for prestada garantia ou o efeito devolutivo afectar o efeito útil dos mesmos. Sendo assim e constituindo esta norma regime especial relativamente ao CPC, não é aplicável o artigo 740.º, n.º 1 do CPC pretendido pela recorrente.

Não tendo sido requerida nem prestada garantia para efeitos do citado artigo 286.º, n.º 1, o efeito fixado ao recurso em 1ª instância é o legalmente permitido por, pelo que se mantém.

6.2. Relativamente ao errado julgamento da matéria de facto a que se referem as conclusões 2ª a 4ª e 6ª e 7ª, cabe dizer, globalmente, o seguinte:

O Mm.º Juiz recorrido entendeu que se verificava, no caso concreto, a prescrição. A prescrição, tal como resulta do disposto no artigo 175.º do CPPT (e, anteriormente, do artigo 259.º do CPT) é de conhecimento oficioso.

Sendo assim, é absolutamente irrelevante que o oponente não tivesse comunicado a alteração de domicílio ou que tivesse sido notificado para o pagamento das facturas se, à data em que a execução foi instaurada, havia já prescrito a dívida.

Deste modo, não há que fazer apelo à autenticidade dos documentos ou à pretensa notificação do oponente para pagamento, tudo se resumindo a saber se é ou não correcta a decisão ao considerar o prazo a que se refere o artigo 10.º, n.º 1 da Lei n.º 23/96, de 26 de Julho como de prescrição ou de caducidade.

Esta questão – natureza da prescrição referida no citado artigo 10.º e início do prazo de contagem – foi já objecto de várias decisões dos tribunais superiores tributários.

Sobre a natureza da referida prescrição escreveu-se no Acórdão do STA, de 10.12.2003 – Recurso n.º 1.463//2003:

"Na verdade e no que concerne ao primeiro ponto – natureza da prescrição do direito de exigir o pagamento do preço do serviço prestado – in casu, abastecimento de água – e apesar de, com a referida lei e com o controvertido art.º 10.º, n.º 1, o legislador haver operado considerável redução temporal no respectivo prazo legal – de cinco anos no regime legal do Código Civil de 1966 – cfr. art.º 310.º, al. g) (disposição legal onde a doutrina e a jurisprudência sempre consideraram estarem incluídos os créditos por fornecimento de energia eléctrica, água ou aquecimento, por utilização de aparelhos de rádio, televisão ou telefones), para seis meses no novo regime instituído pelo dito art.º 10.º, n.º 1 da referida Lei n.º 23/96, de 26 de Julho.

Não pode olvidar-se que, de harmonia com os melhores ensinamentos da doutrina, *prescrições extintivas ou liberatórias*, ainda que de curto prazo (cinco anos na previsão do art.º 310.º do Código Civil de 1966 e agora de seis meses na previsão do dito art.º 10.º, n.º 1 da Lei n.º 23/96, de 26.07), são as "... destinadas essencialmente a evitar que o credor retarde demasiado a exigência de créditos periodicamente renováveis, tornando excessivamente pesada a prestação a cargo do devedor (Manuel de Andrade, Teoria Geral, II, pag. 452)", como anotam Pires de Lima e Antunes Varela, in Código Civil Anotado, Volume I, 4ª Edição Revista e Actualizada, anotações aos artigos 310.º e 312.º do Código Civil.

E que são *prescrições presuntivas*, aquelas de que trata ex professo a subsecção III (artigos 312.º a 317.º) do Código Civil e que, como o próprio legislador acentua no primeiro dos referidos preceitos, se fundam na presunção de cumprimento e destinam-se "... a proteger o devedor contra o risco de satisfazer duas vezes dívidas de que não é usual exigir recibo ou guardá-lo durante muito tempo (Antunes Varela, Rev. de Leg. e Jur., ano 103, página. 254)".

E, como também se acentua na obra citada e em anotação levada ao texto do artigo 315.º, que estabelece estarem as prescrições presuntivas também subordinadas às regras estabelecidas para a prescrição ordinária, extintiva e liberatória, "Esta disposição põe claramente em destaque a diferença de natureza existente entre as duas prescrições. "Pois, " Estando a dívida sujeita igualmente às regras da prescrição presuntiva e da prescrição ordinária, decorrido o prazo desta, passa a ser irrelevante o reconhecimento da dívida nos termos dos artigos anteriores (313.º e 314.º confissão do devedor e confissão tácita, respectivamente), porque se verifica *uma prescrição extintiva que se sobrepõe à existência da obrigação*. A confissão da sua existência, não havendo renúncia à prescrição, deixa, pois, de ter relevo jurídico." (sublinhado ousadamente nosso.).

Assim, na prescrição extintiva ou liberatória o decurso do respectivo prazo legal e a sua invocação por aquele a quem aproveita, por si só, demanda a extinção da obrigação correspondente ao direito do credor;

E diferentemente, quiçá pela também díspar preocupação subjacente – ali evitar que o credor retarde demasiado a exigência de créditos periodicamente renováveis, nas sábias palavras de Manuel de Andrade, aqui, nas prescrições presuntivas, já de acordo com o não menos sábio ensinamento de Pires de Lima e Antunes Varela, o decurso do respectivo prazo apenas faz presumir o cumprimento da respectiva obrigação no fundo, para a proteger o devedor contra o risco de satisfazer duas vezes dívidas de que não é usual exigir recibo ou guardá-lo durante muito tempo, presunção legal que, ainda assim e nos especiais casos previstos nos artigos 313.º e 314.º do Código Civil, permite o cumprimento daquela obrigação e a respectiva exigência judicial pelo credor mesmo depois de decorrido aquele prazo nos casos em que tenha ocorrido confissão judicial ou extra judicial, expressa ou tácita da dívida pelo devedor.

Daqui que, como também sublinha Calvão da Silva em estudo publicado na RLJ, ano 132, n.º 3901 e 3902 pag. 133 e seguintes, dizer, como se diz no controvertido art.º 10.º n.º 1 da Lei n.º 23/96 "... que o direito de exigir o pagamento do preço (...) prescreve (...) " é consagrar uma prescrição extintiva e não meramente presuntiva.

Com efeito, ao declarar que prescreve o crédito, a nova lei não pretende somente estabelecer uma presunção de pagamento, mas determinar que a obrigação civil se extingue, subsistindo a cargo do devedor apenas uma obrigação natural.

... em bom rigor, a obrigação não se extingue, mas somente o meio de exigir o seu cumprimento e execução, ou seja, a acção creditória (art. 817.º do Código Civil), restando, assim, uma obrigação sem acção.".

E daí que se imponha concluir, agora com este Autor, que quando, como aqui, a prescrição estabelecida atinge a respectiva acção de cumprimento e execução, substituindo ou convertendo a obrigação civil por uma obrigação natural (... não sendo voluntariamente cumprida a obrigação, o direito de exigir judicialmente o pagamento do preço (art. 817.º do Código Civil) prescreve, isto é, extingue-se, com o devedor a poder recusar esse pagamento ou opor-se ao exercício desse direito prescrito ou extinto (art. 304.º, n.º 1 do Código Civil), pois a seu cargo subsiste apenas uma obrigação natural cujo cumprimento não é judicialmente exigível (art. 402.º do Código Civil)), Estamos, assim e tal como vem julgado, perante verdadeira e própria prescrição extintiva ou liberatória, e não perante singela prescrição presuntiva ou de cumprimento, pois que, dela, da sua verificação/ocorrência, decorre antes a extinção do correspondente direito de exigir o pagamento do preço do serviço prestado.

Na verdade e ao contrário do sustentado pela Recorrente no presente recurso jurisdicional, onde a lei estabelece que o direito de exigir o pagamento do preço do serviço prestado prescreve no prazo de seis meses após a sua prestação, não pode ver-se ou ler-se, salvo sempre o respeito devido por opinião diversa, que tal possa equivaler ou significar que aquela prescrição se reporta apenas à apresentação da factura correspondente ao preço do serviço prestado.

Não o consente o texto da lei, pois nele não logra correspondência verbal mínima, e não o permitem também as demais regras que ao intérprete e legislador recomenda – presunção da consagração das soluções mais acertadas, mediante adequada expressão do seu correspondente pensamento – na sempre árdua tarefa da busca do sentido e alcance da lei – cfr. art.º 9.º n.º 1, 2 e 3 do Código Civil –. Estas últimas, designadamente as que mandam atender também à unidade do sistema jurídico, às circunstâncias em que a lei foi elaborada e às condições de tempo em que é aplicada, para porventura viabilizar se descortine o sentido e alcance da lei, quer dizer, o pensamento legislativo, apontam também no acolhido sentido.

Era já conceitual e normativamente extintiva a prescrição do direito de exigir o pagamento do preço dos serviços prestados em sede de fornecimento de água, no domínio do estatuído pelo Código Civil – cfr. art.º 310.º al. g) –, natureza que a questionada lei manifestamente não quis alterar, como emerge do respectivo texto, escopo e trabalhos preparatórios.

Destes, designadamente da exposição dos motivos da lei enunciados na Proposta de Lei n.º 20/VII, aprovada em Conselho de Ministros de 28 de Março de 1996, e publicada no DR II Série A número 33, de 4 de Abril de 1996, emerge antes e bem claramente que, em cumprimento do imperativo constitucional que impõe ao Estado prover à satisfação das necessidades fundamentais e contribuir para o bem estar de todos, no que concerne aos serviços públicos essenciais, como ali bem se evidencia, nas sociedades modernas, os serviços de fornecimento de água, gás, electricidade e telefone, exigem especial atenção do legislador, atenta a sua especial natureza e características, em ordem à protecção do utente.

Pois, tratando-se de domínio tradicional do Estado, Regiões Autónomas, Autarquias e empresas públicas, mercê da sua natureza de serviço público essencial, estão hoje entregues também a empresas privadas, continuando porém a ser considerados "... fundamentais para a prossecução de um nível de vida moderno e caracterizam-se tendencialmente pela sua universalidade, por serem prestados em regime de monopólio (local, regional ou até nacional) e por deverem atender a envolventes especiais, que não a mera óptica comercial ou econimicista.

Isso implica que a prestação de serviços públicos essenciais deva estar sujeita ao respeito por certos princípios fundamentais, em conformidade com a índole e as características desses serviços – princípio da universalidade, igualdade, continuidade, imparcialidade, adaptação ás necessidades e bom funcionamento – assim como implica que ao utente sejam reconhecidos especiais direitos e à contraparte, impostas algumas limitações à sua liberdade contratual.

A necessidade de proteger o utente é maior quando ele não passa de mero consumidor final. "Protecção legal depois concretizada pela sindica Lei n.º 23/96 e materializada pela consagração, entre outros, do direito de participação das organizações representativas dos utentes nos actos de definição do enquadramento jurídico dos serviços públicos e demais actos de natureza genérica que venham a ser celebrados entre o Estado, as Regiões Autónomas ou as autarquias e as entidades concessionárias – art.º 2.º –, o direito à conveniente informação das condições em que o serviço é prestado e aos esclarecimentos que se justifiquem – artigo 4.º – a impossibilidade ou, no mínimo, na particular regulamentação das especiais condições em que poderá verificar-se a suspensão do fornecimento do serviço – artigo 5.º –, o direito à quitação parcial em casos de facturação conjunta de outros serviços – artigo 6.º –, a proibição de cobrança de consumos mínimos – artigo 8.º –, o direito a facturação especificada – artigo 9.º –, e o carácter injuntivo dos direitos consagrados, fulminando o legislador com a nulidade qualquer convenção ou disposição que exclua ou limite os direitos atribuídos aos utentes, nulidade que apenas pode ser invocada pelo consumidor ou utente e nunca pelo prestador do serviço – artigo 11.º n.º 1 e 2 – e ainda assim ressalvando, a final, artigo 12.º, todas as disposições legais que, em concreto, se mostrem mais favoráveis ao utente, bem assim como a imediata aplicação dos direitos atribuídos às relações que subsistam à data da entrada em vigor da mesma lei – artigo 13.º n.º 1.

Ora, assim, não se nos assemelha defensável entender que a prescrição do direito de exigir o pagamento do preço do serviço prestado, fixada em seis meses pelo controvertido artigo 10.º n.º 1 da compulsada lei, equivalha ou signifique, como persegue a Autarquia Recorrente com o apoio jurisprudencial que invoca, apenas a prescrição do direito da apresentação da factura correspondente,

Apresentação da factura que, enquanto verdadeira interpelação extra judicial do devedor ao pagamento, deixa incólume o respectivo prazo prescricional, quer se considere o de cinco anos que a lei ordinária desde 1966 vinha estabelecendo – cfr. art.º 310.º, al. g) do Código Civil –, quer se considere o novo prazo de seis meses que o art.º 10.º, n.º 1 da Lei n.º 23/96 passou a consagrar.

E daí que seja de todo insustentável o entendimento perseguido pela Recorrente que, em última análise, mais não consubstanciava do que verdadeiro aumento do prazo de prescrição estabelecido pelo correspondente período de seis meses agora ex novo concedido para apresentação da factura correspondente e a partir de cuja expiação começaria a contar-se aquele, como sustenta resultar da jurisprudência em que se louva.

Na verdade, cremos não poder sufragar-se entendimento que, perante o disposto na dita Lei n.º 23/96, persista em considerar ser ainda de cinco anos o prazo de prescrição do respectivo direito à exigência judicial ou extrajudicial do preço do respectivo serviço, agora contado, já em face daquela lei, a partir da data da apresentação da respectiva factura.

À luz do escopo da nova lei o nonsense é aqui evidente.

Do que dito fica, e é tempo de concluir, resulta ser de considerar, tal como vem decidido pela impugnada decisão do TT de 1ª Instância, que é de seis meses o prazo da prescrição extintiva que a nova lei, a Lei n.º 23/96, art.º 10.º, n.º 1, de 26.07, estabelece agora para, nos casos de prestação de serviços públicos essenciais, como o são os serviços de fornecimento de água, gás e telefone, o credor exercer o direito de exigir o pagamento do preço do serviço prestado, contado do último dia do período daquela prestação".[1]

Quanto ao momento a partir do qual se inicia a contagem do prazo de prescrição, também a jurisprudência se orienta no sentido de que a mesma tem lugar a partir da prestação do serviço – sendo este, geralmente, reportado a um determinado mês, tal prazo inicia-se a partir

---

[1] Em sentido idêntico se decidiu também no Acórdão do mesmo Tribunal, de 10.10.2001 – Recurso n.º 26.107, Apêndice ao DR, de 13.10.2003, página 2.224. No mesmo sentido e louvando-se no Acórdão supra transcrito, v. também o Acórdão do TCAN (2ª Secção), de 15 de Julho – Recurso n.º 25/2004.

do dia 1 do mês seguinte ao da prestação do serviço (neste sentido, entre outros v. os Acórdãos do STA (2ª Secção), de 20.4.2004 – Recurso n.º 1.867/2003 e de 10.10.2001 – Recurso n.º 26.107, do TCA (2ª Secção), de 18.11.2003 – Recurso n.º 763/203 e do TCAN (2ª Secção), de 15.7.2004 – Recurso n.º 25/2004).

Não vemos razão para alterar o entendimento acima exposto uma vez que se mantém em vigor a legislação na qual tal jurisprudência se baseia.

Aliás, a tese da recorrente de que o prazo de prescrição se contaria a partir da data da apresentação das facturas não colhe apoio, nem na letra, nem no espírito da lei.

Na verdade, o legislador pretendeu que, relativamente a prestação de serviços públicos essenciais, as entidades credoras actuassem com rapidez no sentido da cobrança dos respectivos serviços, de modo a que os cidadãos não estivessem dependentes da boa vontade daquelas quanto aos prazos de cobrança. Deste modo, ou as referidas credoras actuam no referido prazo ou as dívidas se consideram prescritas, perdendo as credoras o direito de exigir o seu pagamento.

Em conclusão: tendo a execução sido instaurada em 30 de Outubro de 1998 (alínea b) do probatório supra), e reportando-se a dívida a consumos de Outubro de 1992 a Fevereiro de 1998 (alínea a) do probatório), o prazo de seis meses previsto no artigo 10.º da Lei n.º 23/96, de 26 de Julho, havia já decorrido e, não se configurando a existência de qualquer causa de interrupção ou de suspensão da prescrição, à data da instauração da execução as dívidas estavam já prescritas.

Em face de tudo o que ficou dito improcedem todas as conclusões e, em consequência, o recurso.

7. Nestes termos e pelo exposto nega-se provimento ao recurso, confirmando-se a decisão recorrida e julgando-se procedente a oposição com a consequente extinção da execução.

Sem custas por a recorrente delas estar isenta.
Lisboa, 9 de Novembro de 2004

Valente Torrão
Casimiro Gonçalves
Ascensão Lopes

Recurso n.º 1 202/2003

OPOSIÇÃO. DISCUSSÃO DA LEGALIDADE CONCRETA. PRAZO DE IMPUGNAÇÃO DA LIQUIDAÇÃO. VÍCIO DO ACTO IMPUGNADO. (IM)POSSIBILIDADE DE CONVOLAÇÃO PARA PROCESSO DE IMPUGNAÇÃO.

(Acórdão de 09 de Novembro de 2004)

SUMÁRIO:

I – São condições de existência do acto administrativo a)– o sujeito: – que é o órgão ou agente administrativo; b)– o objecto: – que é o facto tributário, c)– a forma:– que é dada pela conduta unilateral da administração; d)– o conteúdo: – que abarca a definição de uma situação jurídica concreta no exercício de um poder de autoridade. e)– a publicidade.

II – O acto tributário em causa (i. é, a liquidação) reveste os requisitos necessários de existência na ordem jurídica pois que tem sujeito (foi emanado por um órgão da administração), destinatário; respeita a uma conduta unilateral e definem uma situação jurídica concreta no exercício de um poder de autoridade e foi dado a conhecer ao destinatário. E, na verdade, o Art.º 84.º n.º 1 do CIVA remete para os artigos 87 e 89 da LGT a disciplina da liquidação do imposto com base em presunções ou métodos indirectos, acrescentando o seu n.º 2 que a aplicação de métodos indirectos cabe ao Director de Finanças da área do domicílio ou sede do sujeito passivo.

III – Já o facto tributário consiste no facto gerador do imposto que deriva ou é pelo menos influenciado nos seus contornos pela celebração dum negócio jurídico de determinado tipo, surgindo sempre a obrigação do imposto ligada à prática de actos, ao exercício de actividades e ao gozo de situações, que são disciplinadas enquanto tais pelo direito privado.

IV – A regra geral ínsita no art.º 135.º do CPA é a de que os vícios do acto administrativo conduzem a mera anulabilidade, sendo causas da sua nulidade as tipificadas no artigo 133.º do mesmo diploma.

V – Porque os vícios imputáveis ao acto tributário de liquidação no que concerne à inexistência do facto tributário não se enquadram naquele artigo 133.º, o acto seria meramente anulável e a impugnação deveria ter sido deduzida no prazo previsto no artigo 102.º, n.º 1 a) do CPPT e, visto que a impugnação foi deduzida para além daquele prazo, é a mesma intempestiva.

VI – No caso em que se discuta a ilegalidade concreta no processo de oposição, importa aquilatar da possibilidade de «convolação» da petição de oposição à execução fiscal em petição de impugnação, através da análise da sua estrutura, pedido e tempestividade. E isso porque o Código de Processo Tributário não incluiu o erro na forma do processo entre as nulidades que os artigos 119.°, n.°s 1 e 2 e 251°, n.ºs 1 e 4, consideram insanáveis.

VII– Nesse sentido, dispõe o artigo 199.°, n.° 1, do Código de Processo Civil (aqui supletivamente aplicável por força do disposto no artigo 2.°, alínea f), do Código de Processo Tributário), que o erro na forma do processo importa unicamente a anulação dos actos que não possam ser aproveitados, devendo praticar-se os que forem estritamente necessários para que o processo se aproxime, quanto possível, da forma estabelecida na lei.

VIII– No caso, verifica-se que a oponente já não estava, ao tempo em que deduziu a oposição, em tempo de impugnar a liquidação. A convolação seria, assim, um acto inútil e, por conseguinte, proibido por lei – artigo 137.º do Código de Processo Civil.

ACORDA-SE EM CONFERÊNCIA, NESTA 2ª SECÇÃO DO TCA SUL:

1.– MARIA AMÉLIA DA COSTA SILVA, com os sinais identificadores dos autos, recorreram da sentença do M.º Juiz do 5.º Juízo/2ª Secção do Tribunal Tributário de 1ª Instância de Lisboa que julgou improcedente a oposição à que deduziu à execução fiscal contra si instaurada para cobrança de dívidas provenientes de IVA referente ao período de 97/06, concluindo as suas alegações como segue:

1. O que está em causa nos presentes autos é um caso de inexistência de acto tributário, para o qual foi deduzida, mal, oposição à execução.
2. Tal vício consubstancia um problema de legalidade da liquidação da divida exequenda e, como tal, deveria ser conhecido em sede de impugnação e não de oposição.
3. Aparentemente, quando a petição deu entrada em Tribunal (06-05-1998), estaria há muito esgotado o prazo para impugnar.
4. Com o devido respeito, tratando-se da inexistência de acto tributário, a impugnação pode ser conhecida a todo o tempo e, consequentemente, não há prazo para a impugnação judicial.
5. Deste modo e como está em tempo, a petição de oposição pode ser aproveitada como petição de impugnação.
6. O Meritíssimo Juiz "a quo" tem poderes oficiosos de convolação, alterando a forma de processo, designadamente para a impugnação fiscal.

Termos em que, nos melhores de Direito e com o sempre muito douto suprimento de Vossas Excelências, deve:

Ser dado provimento ao presente agravo e, em consequência, ser revogada a decisão da Primeira Instância.

Ser o processo apreciado nos termos expostos e ser determinada a convolação para a forma processual adequada – impugnação – prosseguindo os seus termos até final.

Determinar-se materialmente a inexistência do acto tributário, ouvindo as testemunhas arroladas, para tanto devendo ser anulado o despacho dispensando a inquirição das testemunhas sobre a matéria de facto.

Não houve contra – alegações.

EPGA em parecer emitido a fls. 94, pronunciou-se no sentido de que o recurso não merece provimento.

Satisfeitos os vistos legais, cumpre decidir em conferência.

2.– Na sentença recorrida fixou-se o seguinte probatório com base nos elementos probatórios existentes nos autos:

1)– Os Serviços respectivos da Direcção de Serviços de Cobrança do Imposto sobre o valor Acrescentado emitiram a liquidação n.º 97421535, relativa ao ano de 1997, período 9706 J, no montante de esc. 3.641. 170$00, sendo esc. 3.538.788$00 respeitante a imposto em falta e esc. 102.382$00 a juros compensatórios.

2)– Em 22. 11.1997, pelos Serviços competentes foi extraída certidão de dívida, respeitante a Maria Amélia Costa Silva, por falta de pagamento da liquidação referida em 1), a que coube o n.º 970176420.

3)– Em 02.01.1998, na Repartição de Finanças da Amadora 2ª – Venda Nova, com base na certidão referida em, 2) foi instaurado processo de execução fiscal, que seguiu termos sob o número 3140– 98/100052.7.

4)– Em 16.04.1998, Maria Amélia Costa Silva foi citada por carta registada com AR.

5)– Em 06.03.1998 foi deduzida a presente oposição.

Ao abrigo do disposto no art.º 712.º do CPC adita-se ao probatório o seguinte facto que se reputa essencial para a decisão do recurso:

6)– O prazo de cobrança voluntária do IVA exequendo terminou em 1997-08-18 como decorre da certidão de fls. 28.

3.– Atenta esta factualidade e aquelas conclusões de recurso, importa determinar a sorte deste.

A nosso ver, ocorre uma questão prévia de prioritária e oficiosa cognição, que é a inidoneidade do meio processual usado e impossibilidade de convolação nos termos pretendidos pela oponente.

Na verdade, inicialmente, e como bem se refere na sentença, a oponente havia fundado a oposição em que, a dívida constante do processo executivo em causa é inexistente; as declarações enviadas criminosamente à Administração Fiscal, são nulas por falsidade absoluta pelo que o título de dívida enferma de falsidade material, e de nulidade, sendo, em consequência, inexequível.

Isso mesmo volta a repetir na síntese conclusiva constante da parte final do petitório, ao peticionar a procedência da oposição com base na inexistência da dívida exequenda, nos termos do disposto na alínea h) do art.º 286.º do Código de Processo Tributário, com a consequente extinção da execução.

Ora, o M.º Juiz, depois de identificar como questão essencial, a decidir como a de apurar da possibilidade de a oponente discutir em sede de oposição questões atinentes à legalidade da liquidação concreta e se tal se enquadra em algum dos fundamentos de oposição legalmente previstos, fundamentou a improcedência da oposição, no essencial:

"Aquela norma (que corresponde a actual alínea h) do art.º 204° do Código de Procedimento e Processo

Tributário estabelece, como fundamento da oposição: "ilegalidade da liquidação da dívida exequenda, sempre que a lei não assegure meio judicial de impugnação ou recurso contra o acto de liquidação.

Em regra, a fase executiva é precedida da uma fase administrativa prévia em que é feita a liquidação da dívida exequenda, sendo esta notificada ao interessado, que a pode impugnar pelos meios administrativos e contenciosos previstos na lei (designadamente reclamação graciosa e impugnação judicial), dentro dos prados legais.

Por isso, como regra, não pode discutir-se na oposição à execução fiscal, a legalidade dessa liquidação, que só pode sê-lo pelos meios próprios de reclamação ou impugnação.

Com efeito, a oposição à execução, em principio, não pode funcionar como uma segunda oportunidade para poderem fazer valer os seus direitos os contribuintes que deixaram passar os prazos de impugnação administrativa ou contenciosa sem os defenderem,

Como fundamento de oposição à execução, apenas está prevista a designada ilegalidade abstracta da liquidação, por a ilegalidade não residir directamente no acto em que faz aplicação da lei ao caso concreto, mas residir na própria lei cuja aplicação é feita, não sendo, por isso a existência de vício dependente da situação real a que a lei foi aplicada nem do circunstancialismo em que o acto foi praticado.

Para maiores desenvolvimento: Senhor Conselheiro Jorge Lopes de Sousa, Código de Procedimento e de Processo Tributário, anotado, 3ª edição, 2002, pág. 970 e ss..

A oponente pretende discutir a Ilegalidade concreta da dívida exequenda.

A lei assegura-lhe meio judicial de impugnação ou recurso contra o acto de liquidação.

Face ao invocado pela oponente, não tendo a mesma reagido contra a ilegalidade da liquidação, em devido tempo e pelo processo adequado, ficou precludida a sua apreciação em sede de execução fiscal; assim, o processo de oposição à execução não é o instrumento processual, adequado para nele ser apreciada a questão da inexistência de facto tributário decorrente da cessação de actividade".

A oponente, como se capta das conclusões de recurso, não se insurge contra o decidido ao aceitar que foi deduzida mal oposição à execução.

Todavia, o que ela vem sustentar é que o que está em causa nos presentes autos é um caso de *inexistência de acto tributário* e que tal vício consubstancia um problema de legalidade da liquidação da divida exequenda e, como tal, deveria ser conhecido em sede de impugnação e não de oposição.

E, segundo a recorrente, o Meritíssimo Juiz "a quo" tem poderes oficiosos de convolação, alterando a forma de processo, designadamente para a impugnação fiscal, porquanto, tratando-se da inexistência de acto tributário, a impugnação pode ser conhecida a todo o tempo e, consequentemente, não há prazo para a impugnação judicial.

Quid juris?

Neste particular é manifesto que a recorrente assaca à sentença uma "omissão" de pronúncia sobre a possibilidade de convolação, questão que é de conhecimento oficioso como adiante se verá.

Não pondo em causa que a oponente veio discutir a legalidade da liquidação e que a oposição à execução

fiscal não é o meio próprio para discutir a legalidade em concreto da mesma, tem de concluir-se que ela devia ter sido apreciada em sede de impugnação judicial ou de reclamação graciosa, meios esses que não foram usados pela oponente.

Donde a conclusão definitiva, que a recorrente não contesta, de que a presente oposição é meio inidóneo para obter a anulação da liquidação.

Mas a oponente esgrime que, porque ocorre **inexistência de acto tributário**, poderá impugnar a questionada liquidação a todo o tempo.

Neste raciocínio, está implícito o entendimento de que, porque só a liquidação afecta, em princípio, os direitos e interesses do contribuinte, só ela é impugnável, abarcando, todavia, essa impugnação todos os referidos actos anteriores, de harmonia com o princípio da impugnação unitária consagrado na nossa lei (impugnação que pode ter por fundamento quaisquer ilegalidades cometidas ao longo do procedimento de liquidação, com vista à respectiva anulação, designadamente a verificação de pressupostos de facto e de direito para determinada isenção que não foi tida em conta pelo órgão liquidador, assegurando-se, desta forma, uma completa e eficaz tutela dos direitos dos contribuintes a não pagarem impostos ilegais).

Vale isto por dizer que a liquidação em sentido estrito se insere num processo típico – processo de liquidação ou liquidação em sentido amplo – e que só esta define a situação jurídica do contribuinte em relação ao imposto.

A *liquidação* em sentido amplo é o «*acto pelo qual se fixa não só o montante da prestação mas todo o conteúdo da relação juridicamente tributária nascida da conjugação do facto concreto com a lei*» (cfr. Rodrigues Pardal e Rúben de Carvalho, in "*Código de Processo das Contribuições e Impostos, Anotado*", Vol. I, pág. 43 e A. Xavier, in "*Conceito e Natureza do Acto Tributário*", pág. 245 e segs.), abarcando toda a actividade desenvolvida pela administração fiscal até à exigência final do tributo: desde a determinação da incidência, das *isenções*, da matéria colectável, da liquidação propriamente dita (*cfr. ob. citada de Rodrigues Pardal e Rúben de Carvalho, pág. 42*).

Assim, porque só a liquidação define a situação jurídica do contribuinte em relação ao imposto, só ela pode afectar ou lesar – como prestação pecuniária que é – os seus direitos e interesses, nomeadamente de carácter patrimonial (cfr., aliás, o Acórdão do STA, Pleno, de 27//06/75, in A.D. n.º 168, pág. 1637).E porque só ela afecta, em princípio, os direitos e interesses dos contribuintes, só ela é impugnável, abarcando todos os actos anteriores, dentro do princípio da impugnação unitária, sem prejuízo dos chamados actos destacáveis que também definem determinada situação jurídica e que por isso são igualmente impugnáveis (cfr. arts. 120.º e segs. do CPT ou arts. 99.º e segs. do CPPT, que prevêem a impugnação do acto tributário com fundamento em qualquer ilegalidade, designadamente, vício de forma, incompetência, violação de lei, inexistência de facto tributário, etc., visando sempre a anulação da liquidação).

No caso vertente, tendo sido efectuada a liquidação adicional de imposto, definindo dessa forma a situação jurídica do contribuinte, há que concluir que aquele acto tributário da liquidação adicional de IVA constitui *o acto tributário definidor da situação tributária do recorrente*, um *acto lesivo dos seus legítimos interesses*, tratando-se, pois, de um acto **definitivo e executório** (na terminologia do art. 25.º da LPTA) ou **lesivo** (na terminologia do n.º 4 do art. 268.º da CRP), contenciosamente impugnável face ao disposto naquele art. 25.º da LPTA conjugado com o art. 268.º n.º 4 da CRP (suposto que constitui acto lesivo aquele que atinge por forma negativa direito ou interesse legítimo legalmente protegido do administrado).

Ora, embora a recorrente tivesse ao seu dispor o processo de impugnação para atacar a liquidação do IVA, tal não o impedia de, em alternativa, usar o meio de reclamação previsto no art.º 95.º do CPT que vigorava ao tempo dos factos e que estabelecia que «*O processo gracioso de reclamação visa a anulação total ou parcial dos actos tributários*». Donde que os meios próprios para atacar qualquer ilegalidade da liquidação eram a impugnação judicial e/ou a reclamação da mesma, nos termos e com os fundamentos estabelecidos no CPT.

Daí que o recorrente podia deduzir a competente impugnação judicial junto do Tribunal Tributário de 1ª Instância para atacar a legalidade dessa liquidação, nos termos do art. 120.º e segs. do CPT (então vigente) e do art. 62.º n.º 1 al. *a*) do ETAF, invocando a pertinente ilegalidade e requerendo a consequente anulação do imposto a mais liquidado.

Mas também podia reclamar nos termos do art.º 95.º e ss, com os mesmos fundamentos e pedido de anulação do acto de liquidação adicional de IVA que constitui o verdadeiro acto definitivo e executório, sendo admissível, outrossim e subsequentemente, o recurso hierárquico e recurso contencioso.

E, como fundamento poderia invocar-se qualquer ilegalidade, designadamente, **inexistência de acto tributário**, como agora o fez a recorrente, depois de na p.i., como vimos, apenas ter invocado a **inexistência de facto tributário decorrente da cessação de actividade**.

Retira-se do que vem dito que a recorrente confunde os dois vícios quando afirma que o dos autos é um **caso de inexistência de acto tributário**.

Mas a doutrina indica como sendo condições de existência do acto administrativo, as seguintes:
a) – o sujeito: – que é o órgão ou agente administrativo;
b) – o objecto: – que é o facto tributário;
c) – a forma: – que é dada pela conduta unilateral da administração;
d) – o conteúdo: – que abarca a definição de uma situação jurídica concreta no exercício de um poder de autoridade.
e) – a publicidade.

Ora, o acto tributário em causa (i. é, a liquidação) reveste os requisitos necessários de existência na ordem jurídica pois que tem sujeito (foi emanado por um órgão da administração), destinatário; respeitam a uma conduta unilateral e definem uma situação jurídica concreta no exercício de um poder de autoridade e foi dado a conhecer ao destinatário.

Por outro lado e no que tange à inexistência de facto tributário, refere CARDOSO DA COSTA, "*Curso de Direito Fiscal*", 2ª ed., 1972, pág. 126, que «*frequentemente o legislador fiscal liga a obrigação do imposto à prática de actos, ao exercício de actividades e ao gozo de situações, que são disciplinadas enquanto tais pelo direito privado*».

Nesses casos, o facto gerador do imposto deriva ou é pelo menos influenciado nos seus contornos pela celebração dum negócio jurídico de determinado tipo.

E, assim, no douto ensinamento de ALBERTO XAVIER, «*Conceito e Natureza do Acto Tributário*», 324.

«*O facto tributável com ser facto típico, só existe como tal, desde que na realidade se verifiquem todos os pressupostos legalmente previstos que, por esta nova óptica, se convertem em elementos do próprio facto*».

Donde que resultam despiciendas e espúrias as afirmações da recorrente, quanto à inexistência do acto tributário porque, o que está em causa e foi alegado na p.i. é a inexistência de facto tributário acabado de conceptualizar.

É que, nos termos do art.º 135.º do Código de Procedimento Administrativo, a regra geral para a invalidade de actos é a sua anulabilidade.

Rege o art.º 133.º do mesmo diploma:
"I– São nulos os actos a que falte qualquer dos elementos essenciais ou para os quais a lei comine expressamente essa forma de invalidade.
2– São, designadamente, actos nulos:
a)– Os actos viciados de usurpação de poder;
b)– Os actos estranhos às atribuições dos ministérios ou das pessoas colectivas referidas no artigo 2.º em que o seu autor se integre;
c)– Os actos cujo objecto seja impossível, ininteligível ou constitua um crime;
d)– Os actos que ofendam o conteúdo essencial de um direito fundamental;
e)– Os actos praticados sob coacção;
f)– Os actos que careçam em absoluto de forma legal;
g)– As deliberações de órgãos colegiais que forem tomadas tumultuosamente ou com inobservância do quorum ou da maioria legalmente exigidos;
h)– Os actos que ofendam os casos julgados;
i)– Os actos consequentes de actos administrativos anteriormente anulados ou revogados, desde que não haja contra-interessados com interesse legítimo na manutenção do acto consequente."

Ora, o vício apontado pela recorrente não se reconduz a esta previsão legal. Logo, não pode haver nenhuma nulidade. Eventualmente, se ela tivesse razão no vício que aponta, seria anulabilidade, mas neste caso a acção seria intempestiva, o que impede o conhecimento do fundo da causa.

Como se vê das conclusões recursivas e também decorre da parte final do corpo alegatório, a Recorrente sustenta que o vício que alegou na petição inicial se reconduz à situação determinante da nulidade do acto impugnável, pelo que a douta decisão recorrida deverá ser revogada e substituída por outra que, dando por verificada a alegação na petição inicial, de fundamento integrador da nulidade do acto tributário impugnado e a consequente tempestividade da respectiva apresentação, determine a convolação para impugnação judicial.

Ora, esse raciocínio tem implícito que se o vício conduzisse a anulabilidade, esta não poderia ser apreciada uma vez que a impugnação seria intempestiva.

Quid Juris?

Importa, antes de tudo o mais, apreciar a questão da tempestividade da impugnação judicial pois a mesma logra prioridade conhecimento da pretendida convolação.

Ora, é assertivo o entendimento de que a regra geral para a invalidade dos actos administrativos como sendo a anulabilidade, consagrada no artigo 135.º do CPA e que os casos de nulidade estão expressos no artigo 133.º do mesmo diploma.

É que, como se expendeu no Acórdão do TCA de 22/10 /2002, no Recurso n.º 6515/02 e nos arestos que aí se citam, mesmo tratando-se de impostos, os actos tributários impugnados – adiante-se já – não são nulos mas meramente anuláveis, pois que mesmo o vício de inconstitucionalidade da respectiva norma jurídica não implica sempre a sua nulidade.

De tais arestos resulta que é este o entendimento que vem sendo afirmado pelo STA, em vários e recentes acórdãos: o de que actos como os aqui sindicados são meramente anuláveis.

Na senda da jurisprudência aludida, a regra geral no regime de invalidade do acto administrativo é a da anulabilidade – art. 135.º do CPA. Sendo, todavia, nulos, nomeadamente – art. 133.º n.º 2 al. d) – os actos que ofendam o conteúdo essencial de um direito fundamental. O que não é o caso já que aí se não insere o disposto no art. 103.º n.º 3 da Constituição da República.

O que aí se confere é um direito de resistência jurídica ao pagamento, o que significa que, na própria execução coerciva, o contribuinte pode alegar, em termos de oposição, a inconstitucionalidade da lei, base da liquidação do tributo.

É certo que os direitos de audiência e à justiça administrativa (artigo 268.º, n.º 5, da Constituição), o direito de participação dos cidadãos na administração pública, o direito ao contraditório, resultante do Direito Internacional, nomeadamente a Convenção europeia sobre os Direitos do Homem, artigo 6.º, o direito à fundamentação dos actos administrativos, enquanto garante de controle de legalidade dos mesmos (artigos 3.º, n.º 2 e 268.º, n.º 3, ambos da Constituição), o princípio do Estado de Direito Democrático (artigo 2.º da Constituição), o princípio da tutela jurisdicional efectiva, acolhido no artigo 268.º, n.º 4, da Constituição, o princípio do direito ao procedimento justo e equitativo, direito a um "due process of law", ínsito no artigo 268.º, da Constituição, o artigo 18.º, n.º 1, da Constituição, o princípio de um "due process of law", a garantia dos particulares que, no artigo 268.º, n.º 3, da Constituição, têm assento constitucional, como é bom de ver.

O *princípio da audiência* e os demais atrás referidos, assumem-se como uma dimensão qualificada do princípio da participação consagrado no artigo 8.º do mesmo CPA, surgindo na sequência e em cumprimento da directriz constitucional contida no n.º 4 do art. 267.º da C.R.P. obrigando o órgão administrativo competente de, alguma forma, associar o administrador à preparação da decisão final, transformando tal princípio em direito constitucional concretizado.

E, para que, com eficácia, sejam cumpridas as formalidades de audiência do interessado e da fundamentação, é necessário que a este seja facultado o expediente administrativo, de modo a que fique habilitado a exercer convenientemente o seu direito.

Sendo também uma das manifestações do princípio da transparência do procedimento, ao se facultar ao interessado a sua audiência e as razões por que se decidiu de um modo e não de outro, no âmbito do procedimento está-se a privilegiar um controle preventivo por parte do particular em relação à Administração.

Todavia, os direitos constitucionais referidos pela recorrente têm natureza instrumental, assumindo a natureza de direito fundamental quando o for o direito dominante.

Ora, no caso concreto, como já se disse, o direito dominante é um interesse particular que se reconduz ao direito de resistência jurídica ao pagamento de impostos ilegais.

Assim, não está em causa a ofensa ao conteúdo essencial do direito fundamental de natureza análoga a que se refere o artigo 17.º da Constituição da República Portuguesa, não lhe sendo aplicável, por isso, o regime constitucional específico dos direitos liberdades e garantias.

O acto tributário de liquidação impugnado não põe, pois, em causa o conteúdo essencial de um direito fundamental e, em consequência, não é **nulo**, porque não é subsumível a nenhuma das causas de nulidade das catalogadas no artigo 133.º do Código do Procedimento Administrativo, não podendo arguir-se a todo o tempo os vícios alegados – cfr. art.º 134.º n.º 2 do CPA.

Destarte, o vício imputado ao acto de liquidação a impugnar, segue o regime da anulabilidade, contando-se o prazo de acordo com o n.º l a) do artigo 102.º do CPPT: 90 dias contados a partir de termo do pagamento voluntário do imposto.

Em face do que vem dito, impõe-se-nos determinar sobre se deve a p.i. de oposição ser convolada para processo de impugnação judicial.

No essencial, consideramos que a possível convolação desta oposição em impugnação está comprometida pelo facto de entre os termos dos prazos para pagamento voluntário e a entrada da petição deste processo terem decorrido mais do que os 90 dias previstos no art.º 102.º 1 a) do CPPT.

Neste passo remetemos para a fundamentação do Acórdão deste TCA, tirado no Recurso n.º 6851/02 em 08.10.2002 e que, com a devida vénia, passamos a transcrever:

"Segundo o ensinamento de Alberto dos Reis, no Código de Processo Civil Anotado, II, p. 291, e em anotação ao acórdão do Supremo Tribunal de Justiça de 19-2-1952, na Revista de Legislação e Jurisprudência, ano 85.º, pp. 222 e 223, o fim concretamente visado pelo autor e o fim abstractamente figurado pela lei tem de ser coincidentes; se assim acontecer, terá sido bem empregado o processo; se, pelo contrário, o pedido não se ajustar à finalidade para que a lei concebeu o processo, há erro na forma de processo; o erro na forma de processo utilizada afere-se, pois, pelo desajustamento à finalidade para a qual a lei criou o respectivo processo.

Verificado o erro na forma de processo, a petição inicial deve ser indeferida, se não puder ser aproveitada; se a acção tiver ultrapassado a fase liminar, há-de anular-se todo o processado, e absolver-se o réu da instância, nos termos do artigo 288.º, n.º 1, alínea b), do Código de Processo Civil – cf., neste sentido, Alfredo de Soveral Martins, Lições de Processo Civil (Pressupostos Processuais), Apontamentos, Coimbra, 1969, p. 263 e 264; cf. também, por exemplo, o acórdão da Secção de Contencioso Tributário do Supremo Tribunal Administrativo, de 7-2-1990, no Apêndice ao Diário da República de 15-10--1992, pp. 25 a 28.

A absolvição da instância, porém, não obsta a que outra acção (apropriada) seja proposta sobre o mesmo objecto – de acordo com os termos do artigo 289.° do Código de Processo Civil.

Por seu turno, o artigo 199.º do Código de Processo Civil – compêndio subsidiariamente aplicável em processo judicial tributário, por força da alínea e) do artigo 2.º do Código de Procedimento e de Processo Tributário, vigente à data de entrada da presente petição inicial, em 09-05-2001 – dispõe que o erro na forma de processo importa unicamente a anulação dos actos que não possam ser aproveitados, devendo praticar-se os que forem estritamente necessários para que o processo se aproxime, quanto possível, da forma estabelecida pela lei (n.º 1); e não devem aproveitar-se os actos já praticados, se do facto resultar uma diminuição de garantias do réu (n.º 2).

De resto, tal solução encontra também fundamento nos princípios da celeridade e da economia processual.

Por força do disposto nos artigos 202.º e 206.º, n.º 2, do mesmo Código de Processo Civil, o erro na forma de processo é de conhecimento oficioso até ao trânsito em julgado da decisão final, inexistindo obstáculos processuais insuperáveis a que um processo de oposição possa ser convolado em processo de impugnação judicial.

Ademais e como já se referiu, alguns fundamentos do processo de impugnação judicial, pela sua particular gravidade, são também fundamentos de oposição à execução fiscal, como são manifestamente os casos de ilegalidade em abstracto da dívida exequenda, de inconstitucionalidade de normas que suportam e regem a liquidação e a execução e de duplicação de colecta.

Com tais fundamentos, é admissível a discussão da legalidade da liquidação em processo de oposição à execução em termos de, se reconhecida a ilegalidade da liquidação, esta ser anulada declarando-se, em consequência, extinta a respectiva execução fiscal.

O próprio Código de Procedimento e de Processo Tributário, no n.º 2 do seu artigo 204.º, prevê casos de oposição à execução fiscal que devem seguir a forma de processo de impugnação judicial

Em boa verdade, toda a oposição à execução fiscal, ao intentar a extinção do processo em que decorre a cobrança coerciva da obrigação liquidada, pode ter como objectivo também a eliminação da liquidação tributária. A liquidação da obrigação tributária constitui, no entanto, apenas o seu objecto mediato – pois que o objecto imediato da oposição é a execução fiscal, tendo em vista a extinção desta, total, ou apenas parcial.

Daqui resulta que não existe essencial antítese entre a impugnação judicial e a oposição à execução fiscal – cf. os acórdãos da Secção de Contencioso Tributário do Supremo Tribunal Administrativo, de 27-5-1992 (recurso n.º 13 840), de 20-10-1993 (o mesmo recurso em Pleno da Secção), e de 2-11-1994, recurso n.º 17891."

Ora, sendo embora certo que a causa de pedir (inexistência de facto tributário) e o pedido (anulação das liquidações) sejam compatíveis com o processo de impugnação judicial, evidenciam os autos que o prazo de pagamento voluntário da quantia exequenda terminou em **18/08/1997** e que a presente oposição foi deduzida em **06.03.1998**.

Assim, independentemente da ocorrência e compatibilidade dos demais requisitos legais, i. é, da causa de pedir e do pedido ao processo de impugnação, falha, desde logo, a tempestividade da respectiva petição inicial.

Tanto basta, a nosso ver, para que a petição inicial no presente caso não possa se convertida em processo de impugnação judicial, como a ora recorrente pretende.

É que, como já se demonstrou, não pode conhecer-se aqui da nulidade cometida no procedimento administrativo por forma a considerar que a recorrente podia a todo o tempo impugnar a liquidação.

Como assim, porque a oposição foi apresentada em **06/03/98**, é forçoso concluir que entre os termos dos prazos para pagamento voluntário e a entrada da petição deste processo decorreram mais do que os 90 dias previstos no art.º 102.º 1 a) do CPPT.

A «convolação» da oposição em impugnação judicial, só poderia operar-se desde que, não sendo manifesta a improcedência, ela fosse tempestiva e a petição se mostrasse idónea para o efeito (tem sido esta, sem discrepância, a jurisprudência do STA cfr., por mais recentes, os acs. de 27/2/2002, Rec. 26722, de 21/6/2000, Rec. 24.605 e de 23/2/2000, Rec. 24.357).

De todo o modo, não pode mandar seguir-se a forma adequada, já que a impugnação para a qual se aproveitaria a presente PI sempre seria intempestiva, dado que entre aquelas duas datas decorreram mais do que os 90 dias previstos no art. 102.º, n.º 21, al. a) do CPPT. A convolação seria, assim, um acto inútil e, por conseguinte, proibido por lei – artigo 137.° do Código de Processo Civil.

4.– Termos em que se acorda negar provimento ao recurso e manter a sentença recorrida.

Custas pela recorrente, fixando-se a taxa de justiça em 3 UCs.

Lisboa, 09 de Novembro de 2004

Gomes Correia
Casimiro Gonçalves
Ascensão Lopes

Recurso n.º 181/04

Índice

SUPREMO TRIBUNAL ADMINISTRATIVO PLENO

1.ª SECÇÃO

Acto administrativo. Fundamentação. Incongruência. Contradição. Classificação de serviço. M.º P.º. Princípio da proporcionalidade. Ac. 13/10/2004. Rec. n.º 44 015/98 3
Acto administrativo. Pluralidade de fundamentos. Recurso contencioso. Invalidade de um dos fundamentos. Apreciação de todos os fundamentos. Ac. 28/10/2004. Rec. n.º 28055 6
Apoios financeiros. Sistema de apoio a jovens empresários (SAJE). Condições de admissão. Ac. 24/11/2004. Rec. n.º 47 094/01 9
Declaração de inexistência de causa legítima de inexecução. Execução de julgado anulatório. Impossibilidade superveniente da lide. Responsabilidade por custas. Ac. 13/10/2004. Rec. n.º 39 766 11
Deficiente das Forças Armadas (DFA). Revisão da pensão de reforma. Aplicação do DL n.º 134/97, de 31 de Maio. Violação do princípio da igualdade (Não). Ac. 13/10/2004. Rec. n.º 1 918/03 14
Expropriação. Vícios e formas de invalidade. Extemporaneidade do recurso contencioso. Ac. 13/10/2004. Rec. n.º 424/02 17
Fundo Social Europeu. Pedido de pagamento de saldo. Delegação de poderes. Indeferimento tácito. Recurso contencioso. Recurso hierárquico facultativo. Ac. 24/11/2004. Rec. n.º 1 402/02-20 22
Inexistência de audiência dos interessados (art. 103.º, n.º 1, alínea a) do C.P.A.). Ac. 13/10/2004. Rec. n.º 1 218/02 24
Património cultural. Recusa de autorização de exportação de pintura. Fundamentação. Direito de preferência. Princípios da justiça, igualdade, confiança, boa-fé e justa indemnização. Ac. 24/11/2004. Rec. n.º 672/02 28
Pensões de aposentação. Pensões degradadas. Actualização. Dec-Lei n.º 110-A/81, de 14 de Maio e Portaria n.º 54/91, de 19 de Janeiro. Ac. 9/11/2004. Rec. n.º 254/03-20 33
Princípio da hierarquia das normas. Art.º 4.º, n.º 3, do ETAF (DL n.º 129/84, de 27/4). Ac. 28/10/2004. Rec. n.º 45 687/02 37
Recurso contencioso. Inquérito. Remessa a diversas entidades. Acto lesivo. Recorribilidade contenciosa. Ac. 13/10/2004. Rec. n.º 194/02 40
Revista Excepcional nos termos do art.º 150.º do CPTA. Contencioso pré-contratual. Processo especial Urgente. Prazo. Ac. 24/11/2004. Rec. n.º 903/04-12 43
Reforma agrária. Indemnização. Perda do direito de uso e fruição. Ac. 24/11/2004. Rec. n.º 1/02-20 52
Revisão de processo disciplinar. Dever legal de decidir. Ac. 28/10/2004. Rec. n.º 508/03 55
Vítimas de lesões corporais graves. Indemnização. Sucessão *mortis causa*. Ac. 13/10/2004. Rec. n.º 44 177 57

2.ª SECÇÃO

Artigo 10.º, 4, in fine, da Lei n.º 85/2001, de 04.VIII. Inconstitucionalidade. Ac. 20/10/2004. Rec. n.º 313/03 60
Juros indemnizatórios. Taxa dos devidos quando em processo judicial se determine ter havido erro imputável aos serviços. Ac. 20/10/2004. Rec. n.º 1 041/03 62

ACÓRDÃOS DO SUPREMO TRIBUNAL ADMINISTRATIVO

1.ª SECÇÃO

Acção procedimental. Idoneidade do meio processual. Art. 7.º do Dec. Lei 48.051, de 21-11-67. Ac. 7/10/2004. Rec. n.º 69/04	69
Acto administrativo contido em diploma legislativo (instalação de Casino em Lisboa). Recurso contencioso. Questões prévias (ordem de conhecimento). Recorribilidade, extemporaneidade, ilegitimidade. Notificação de acto administrativo contido em Decreto-lei. Publicação. Competência administrativa do Governo. Acto nulo. Ac. 23/09/2004. Recurso n.º 731/03-11	70
Acto constitutivo de direitos. Revogação. Ac. 16/11/2004. Rec. n.º 453/04-12	75
Acto implícito. Autorização tácita. Acto recorrível. Tempestividade. Ac. 21/09/2004. Recurso n.º 787/03	81
Administração Pública. Concurso. Lista de Classificação final. Publicação. Notificação. Prazo de recurso. Ac. 3/11/2004. Rec. n.º 185-04	84
Câmara Municipal. Recrutamento de um chefe de serviços. DL 323/89, de 26.9. DL 198/91, de 9.5. Lei n.º 13/97, de 23.5. Ac. 24/11/2004. Rec. n.º 987/04	90
Concessão de serviço público essencial. Prescrição do crédito. Art.º 10.º da lei 23/96, de 26.07. Ac. 3/11/2004. Rec. n.º 33/04	93
Concurso público. Concessão de obras públicas. Prazo da concessão. DL 100/84, de 29.3. Deliberação camarária. Anulabilidade. Ac. 14/10/2004. Rec. n.º 1921/02	97
CPTA. Processo executivo. Contra-interessados. Reversão. Caso julgado no recurso contencioso. Ac. 3/11/2004. Rec. n.º 46233-A	101
Docentes contratados. Docente licenciado não profissionalizado. Exercício transitório de funções. Índice remuneratório. Ac. 30/09/2004. Rec. n.º 1801/03-11	103
Gestão de resíduos. Parecer vinculativo da câmara municipal. Acto contenciosamente recorrível. Ac. 19/10/2004. Rec. n.º 1896/03	105
Informação prévia. Deferimento tácito. Revogação do acto tácito. Audiência prévia. Conceitos indeterminados: – Envolvente e altura e alinhamento dominantes. Ac. 14/10/2004. Rec. n.º 220/04	109
Intimação para passagem de alvará. Loteamento. Montante das taxas. Ac. 6/10/2004. Rec. n.º 901/04-13	115
Intimação para protecção de direitos, liberdades e garantias. Natureza do processo. Pressupostos. Ac. 18/11/2004. Rec. n.º 978/04-11	117
Legitimidade contenciosa activa do município. Ac. 23/10/2004. Rec. n.º 1612/03-11	122
Licenciamento. Embargo de obra. Revogação. Direito de construir. Princípio da proporcionalidade. Embargo parcial. Princípio da participação. Audiência prévia. Notificação. Ac. 26/10/2004. Rec. n.º 498/03	124
Processo disciplinar. Poder discricionário. Medida da sanção. Ac. 3/11/2004. Rec. n.º 329/04	129
Programa RECRIA. Obras de reabilitação. Comparticipação camarária. Direito de propriedade. Princípio da igualdade. Princípio da boa fé. Ac. 21/10/2004. Rec. n.º 1 264/02	132
Reclassificação profissional. Requisitos. Prova do estágio. Ac. 2/12/2004. Rec. n.º 661/04	137
Recorribilidade contenciosa. Acto administrativo. Acto administrativo lesivo. Acto material. Acto de gestão privada. Ac. 3/11/2004. Rec. n.º 221/04	141
Recrutamento de Oficiais de Justiça. Selecção. Formação. Ac. 7/10/2004. Rec. n.º 660/04	145
Recurso gracioso. Recurso hierárquico. Júri. Órgão colegial. Princípio do recurso único. Dever de remessa. Artigo 34.º do CPA. Ac. 3/11/2004. Rec. n.º 732-04	149
Responsabilidade civil extracontratual. Causalidade adequada. Culpa do lesado. Danos morais (decepação de um dedo). Ac. 3/11/2004. Rec. n.º 1603/03	151
Responsabilidade civil extracontratual. Sinalização da via pública. Ac. 19/10/2004. Rec. n.º 74/04	154
Servidão administrativa. Declaração de utilidade pública. Competência. DL 34021, de 11.10. Ac. 3/11/2004. Rec. n.º 592/04	158

2.ª SECÇÃO

Acto de apuramento da matéria colectável. Impugnabilidade contenciosa à luz do artigo 89.º do Código de Processo Tributário. Ac. 27/10/2004. Rec. n.º 706/04	164
Anulação da venda. Prazos. Ac. 23/11/2004. Rec. n.º 713/04	165
Art.º 11.º do CCA. Ac. 20/10/2004. Rec. n.º 466/04	167
Benefícios fiscais. Art. 36.º do EBF (hoje art. 27.º). Juros de capitais provenientes do estrangeiro, representativos de empréstimos. Eficácia diferida. Ac. 23/11/2004. Rec. n.º 24/04	170
Contra-ordenação fiscal não aduaneira. Poderes de cognição do tribunal de recurso. Prescrição do procedimento contra-ordenacional. Aplicação do regime mais favorável. Suspensão da prescrição. Ac. 30/11/2004. Rec. n.º 1 017/04	176
Decisão de órgão de execução fiscal que determina penhora de cheques titulando reembolso de IRS para operar a compensação com dívida exequenda. Sindicância judicial. Meio processual próprio. Convolação. Ac. 13/10/2004. Rec. n.º 1 538/03	179
Derrogação do sigilo bancário. Art. 63.º-B, n.º 2, al. c) da LGT. Quantificação ou determinação da matéria colectável. Ac. 13/10/2004. Rec. n.º 950/04	181

Empresa municipal. Lei n.º 58/98, de 18/8. Custas. Isenção. Regulamento das custas dos processos tributários. Ac. 13/10/2004. Rec. n.º 470/04 185
Imposto automóvel. Compatibilidade da tabela do Decreto-lei n.º 40/93 de 18/11, na redacção introduzida pelo art.º 8.º da Lei n.º 85/01 de 4/8, com o art.º 90.º do Tratado de Roma. Ac. 29/09/2004. Rec. n.º 1 992/03 187
Imposto automóvel. Pedido de revisão do acto de liquidação. Indeferimento por extemporaneidade. Meio processual adequado. Convolação. Ac. 20/10/2004. Rec. n.º 554/04 189
Informação vinculativa. Obrigação de a prestar após a prática do acto tributário de liquidação respeitante à situação objecto do pedido de informação. Ac. 7/12/2004. Rec. n.º 908/04 191
IRC. Dedução de prejuízos fiscais. Art. 46.º, 2, do CIRC. Ac. 29/09/2004. Rec. n.º 687/04 195
IRS. Mais Valias. Art. 5.º do DL n.º 442-A/88, de 30/11. Prédio urbano adquirido na vigência do CIMV. Ac. 04/11/2004. Rec. n.º 659/04 196
IRS. Proventos resultantes da venda de lotes de terreno. Escritura Pública de que consta preço inferior ao considerado pelo Fisco. Artigo 32.º do Código de Processo Tributário. Fundada dúvida sobre a existência e quantificação do facto tributário. Ac. 15/12/2004. Rec. n.º 1 083/04 198
IVA. Aquisição intracomunitária de veículo usado seguida de revenda. Liquidação. Dedução. Ac. 30/11/2004. Rec. n.º 579/04 203
IVA. Fixação da matéria tributável por métodos indiciários. Acordo entre os vogais na Comissão de Revisão. Inconstitucionalidade do art.º 86.º, n.º 4 da LGT. Impugnação contenciosa. Nulidades da sentença. Oposição entre os fundamentos e a decisão. Omissão de pronúncia. Ac. 23/11/2004. Rec. n.º 657/04 206
IVA. Prestação de serviços. Ac. 30/11/2004. Rec. n.º 806/04 209
Juros indemnizatórios. Regime do código de processo tributário. Inconstitucionalidade declarada com força obrigatória geral. Ac. 7/12/2004. Rec. n.º 995/04 212
Manifestações de fortuna. Valor de aquisição. Ac. 7/12/2004. Rec. n.º 1248/04 216
Prescrição da dívida exequenda. Ac. 15/09/2004. Rec. n.º 895/04 217
Reclamação de despacho do chefe da repartição de finanças. Compensação da dívida com crédito de reembolso. Ac. 7/12/2004. Rec. n.º 1 245/04 220
Reclamações e recursos das decisões do órgão da execução. Subida da reclamação. Arts. 276.º e 278.º do CPPT. Ac. 22/09/2004. Rec. n.º 897/04 222
Recurso contencioso. Falta de alegações. Art.º 67.º do RSTA. Remissão para a petição inicial. Deserção do recurso. Ac. 22/09/2004. Rec. n.º 464/04 223
Revisão oficiosa do acto tributário. Indeferimento do pedido. Recurso. Forma de processo. Art.º 97.º do CPPT. Ampliação da matéria de facto. Ac. 20/10/2004. Rec. n.º 629/04 225
Santa Casa da Misericórdia de Lisboa. Tarifa de conservação de esgotos. Isenção. Decreto-Lei n.º 40.397, de 25/11/55. Ac. 6/10/2004. Rec. n.º 703/04 227

TRIBUNAL CENTRAL ADMINISTRATIVO

1.ª SECÇÃO

Caixa Geral de Aposentações (CGA). Despacho da Direcção da CGA. Ex-Combatentes subscritores da CGA. Direito à aposentação e à fixação de uma dívida de quotas. Aposentação e Sobrevivência (art.ºs 3.º e 9.º, da Lei n.º 9/2002, de 11-02). Ac. 28/10/2004. Rec. n.º 12 880/03 231
Competências do presidente da Câmara Municipal. Abertura de concursos e homologação de listas classificativas. Lei 18/91, de 12 de Junho. Ac. 11/11/2004. Rec. n.º 11 516/02 233
Dec. Lei n.º 197/04, de 8 de Junho. Programas do concurso. Sua natureza jurídica. Reconhecimento na qualidade das assinaturas dos proponentes. Ac. 28/10/2004. Rec. n.º 00340/04 235
Dec. Lei n.º 498/88, de 30 de Dezembro de 2004. Ac. 9/12/2004. Rec. n.º 12 293/03 240
Equivalência de habilitações académicas obtidas no estrageiro. Art. 13.º n.º 3 do Dec. Lei n.º 283/83, de 21 de Junho. Atribuição de classificação numérica. Poder discricionário do conselho científico das universidades. Ac. 18/11/2004. Rec. n.º 378/04 242
Hierarquia. Tutela. Superintendência. Acto lesivo. Acto recorrível. Ac. 22/09/2004. Rec. n.º 11 199/02 244
Inconstitucionalidade do n.º 1, do art.º 3.º, do DL n.º 204/91, de 07-06, e do n.º 1, do art.º 3.º, do DL n.º 61/92, de 15 de Abril. Acórdão do Tribunal Constitucional n.º 254/00, de 26-04-2000. Ac. 21/10/2004. Rec. n.º 12 053/03 .. 246
Intimação camarária ao senhorio para execução de obras de conservação. Ac. 28/10/2004. Rec. n.º 314/04 248
Intimação. Passagem de certidão. Conselho de Administração da EDP Distribuição – Energia, S.A.. Pressupostos (art.º 82.º, da LPTA). Art.ºs 51.º, 1, alíneas d) e o), do ETAF. Ac. 23/09/2004. Rec. n.º 00306/04 259
Intimação. Passagem de certidão. Interesse directo, pessoal e legítimo na obtenção dos documentos relativos a notações de militar da Marinha, num Concurso de Admissão ao Curso de Formação de Sargentos em que ficou excluído. Dados confidenciais. Ac. 22/09/2004. Rec. n.º 00264/04 261
Militares na reserva fora da efectividade de serviço. Pensão de reforma. EMFAR/99. Ac. 28/10/2004. Rec. n.º 12/04 264
Petição de recurso. Vícios arguidos genericamente. Vícios invocados nas alegações. Militares. Ingresso na academia militar após a passagem à RDL. Manutenção do hierárquico. Ac. 4/11/2004. Rec. n.º 06316/02 267

Providência cautelar. Competência dos tribunais administrativos e fiscais. Ac. 16/12/2004. Rec. n.º 357/04 270
Recurso contencioso. Prazo de interposição. Remessa da petição por via postal. Ac. 4/11/2004. Rec. n.º 7 440/03 272
Responsabilidade civil extracontratual. Acção para reconhecimento de direito. Inadequação do meio. Acção de condenação. Ac. 18/11/2004. Rec. n.º 6364/02 274

2.ª SECÇÃO

Custas. Taxa de justiça inicial. (Falta da) comprovação do prévio pagamento da taxa de justiça inicial. Recusa da petição inicial. Art. 474.º, alínea f), do CPC. Constitucionalidade do DL n.º 324/2003, de 27 de Dezembro. Ac. 12/10/2004. Rec. n.º 191/04 275
Execução Fiscal. Reclamação de Créditos. Preferência do direito de retenção face à hipoteca e sua constitucionalidade. Ac. 21/09/2004. Rec. n.º 17/04 281
Imposto especial de consumo. Lei n.º 52-C/96, de 27 de Dezembro (LOE para 1997). Eficácia jurídica dos diplomas legais. Publicação da Lei. Distribuição do Diário da República. Retroactividade da lei fiscal. Ac. 7/12/ /2004. Rec. n.º 3 055/99 284
Impugnação de despacho que determinou a avaliação de um bem imóvel e dos actos consequentes de inscrição na matriz e de liquidação do CA. Nulidade da sentença por omissão de pronúncia e deficiência de fundamentação de sentença. Ac. 3/11/2004. Rec. n.º 3 439/00 289
Impugnação judicial. IRC. Custos. Donativo. Contabilização. Princípio da especialização dos exercícios. Ac. 12/ /10/2004. Rec. n.º 184/04 297
IRC 1992. Determinação do lucro tributável por métodos indirectos. Erro na quantificação da matéria tributável. Ónus da prova. Custos. Ac. 21/09/2004. Rec. n.º 5 046/01 302
IRC. Conceito de relações especiais entre empresas por referência no art. 9.º, n.º 1, al. b) do Modelo de Convenção da OCDE de 1977, complementado por novo Relatório de 84, e no art. 57.º-C, n.º 2, do CIRC. Avaliação directa. Dúvida nos termos do art.º 121.º do CPT. Tributação do negócio constante de documento autêntico. Dever de pronúncia como dever de decidir da AF. Ac. 19/10/2004. Rec. n.º 7 127/02 310
IRC. Consequência da falta de intervenção de perito independente requerida pela contribuinte ao abrigo do art. 91.º n.º 4 da LGT e quando já se encontrava disponível a listagem dos peritos independentes publicada no Diário da República de 25.07.2000 (DR, II Série, n.º 170, Aviso n.º 11545/2000). Preterição de formalidade essencial com efeitos invalidantes. Ac. 16/11/2004. Rec. n.º 190/04 322
IRS. Rendimento tributável. Remuneração acessória. Exclusão de tributação: limites e condições legais. Despesas de deslocação, viagens ou representação. Pressupostos da liquidação. Ónus da prova. Ac. 12 /10/ /2004. Rec. n.º 10-04 326
IVA incidente sobre a aquisição de veículos usados no espaço intracomunitário. Falta de fundamentação. Ac. 26/10/2004. Rec. n.º 123/04 329
Oposição à execução fiscal. Fundamento legal. Falta de notificação da liquidação exequenda. Notificação deficiente. Ac. 16/11/2004. Rec. n.º 233-04 336
Oposição à execução fiscal. Ilegalidade abstracta por inexistência do tributo. Ac. 26/10/2004. Rec. n.º 135/04 339
Oposição à execução fiscal. Prescrição de dívidas por prestação de serviço de fornecimento de água. Natureza da prescrição e início da contagem do prazo. Ac. 9/11/2004. Rec. n.º 1 202/2003 342
Oposição. Discussão da legalidade concreta. Prazo de impugnação da liquidação. Vício do acto impugnado. (Im)Possibilidade de Convolação para processo de impugnação. Ac. 9/11/2004. Rec. n.º 181/04 346

Boletim de Assinatura

Antologia de Acórdãos
do
Supremo Tribunal Administrativo
e
Tribunal Central Administrativo

Solicito a assinatura anual de "Antologia de Acórdãos do STA e TCA", constituída por três números dos seguintes anos:

				N.º 1	N.º 2	N.º 3
Ano I ☐	€ 50,00	N.º Avulso	€ 20,00	☐	☐	☐
Ano II ☐	€ 50,00	N.º Avulso	€ 20,00	☐	☐	☐
Ano III ☐	€ 50,00	N.º Avulso	€ 20,00	☐	☐	☐
Ano IV ☐	€ 50,00	N.º Avulso	€ 20,00	☐	☐	☐
Ano V ☐	€ 50,00	N.º Avulso	€ 20,00	☐	☐	☐
Ano VI ☐	€ 50,00	N.º Avulso	€ 20,00	☐	☐	☐
Ano VII ☐	€ 50,00	N.º Avulso	€ 20,00	☐	☐	☐
Ano VIII☐	€ 50,00	N.º Avulso	€ 20,00	☐	☐	☐

Os exemplares devem ser enviados para:
Nome: ....
Morada: ....
Código Postal: .... Localidade: ....
N.º de Contribuinte: ....
Telefone: .... Fax: .... E-mail: ....

O recibo deve ser emitido em nome de:
Nome: ....
Morada: ....
Código Postal: .... Localidade: ....
Telefone: .... Fax: .... E-mail: ....

O pagamento pode ser efectuado:
Por cheque em nome da Livraria Almedina
Por transferência bancária para:
Banco Espírito Santo – NIB 000702020038396000144

Enviar para:
   Livraria Almedina   Telefone: 239 851900
   Arco de Almedina, 15   Fax: 239 851901
   3004-509 Coimbra   www.almedina.net

Encontram-se disponíveis todos os números publicados